(Conserver la Couverture)

COLLECTION DE DOCUMENTS RELATIFS A L'HISTOIRE DE PARIS

PENDANT LA RÉVOLUTION FRANÇAISE

Publiée sous le patronage du Conseil municipal

PARIS

PENDANT LA RÉACTION THERMIDORIENNE ET SOUS LE DIRECTOIRE

RECUEIL DE DOCUMENTS

POUR L'HISTOIRE DE L'ESPRIT PUBLIC A PARIS

PAR

A. AULARD

PROFESSEUR A L'UNIVERSITÉ DE PARIS

TOME IV

DU 24 VENTOSE AN V AU 2 THERMIDOR AN VI
(14 MARS 1797 — 20 JUILLET 1798)

PARIS

LIBRAIRIE LÉOPOLD CERF | LIBRAIRIE NOBLET
12, RUE SAINTE-ANNE | 13, RUE CUJAS

MAISON QUANTIN
7, RUE SAINT-BENOIT

1900

COLLECTION DE DOCUMENTS RELATIFS A L'HISTOIRE DE PARIS
PENDANT LA RÉVOLUTION FRANÇAISE
Publiée sous le patronage du Conseil municipal

PARIS
PENDANT LA RÉACTION THERMIDORIENNE
ET SOUS LE DIRECTOIRE

RECUEIL DE DOCUMENTS
POUR L'HISTOIRE DE L'ESPRIT PUBLIC A PARIS

PAR

A. AULARD
PROFESSEUR A L'UNIVERSITÉ DE PARIS

TOME IV

DU 21 VENTOSE AN V AU 2 THERMIDOR AN VI
(11 MARS 1797 — 20 JUILLET 1798)

PARIS

LIBRAIRIE LÉOPOLD CERF | LIBRAIRIE NOBLET
12, RUE SAINTE-ANNE | 13, RUE CUJAS

MAISON QUANTIN
7, RUE SAINT-BENOIT

1900

PARIS

PENDANT LA RÉACTION THERMIDORIENNE

ET SOUS LE DIRECTOIRE

PARIS

PENDANT LA RÉACTION THERMIDORIENNE

ET SOUS LE DIRECTOIRE

CMLIX

21 VENTOSE AN V (11 MARS 1797).

RAPPORT DU BUREAU CENTRAL DU 22 VENTOSE.

Esprit public. — On n'a paru nullement disposé à ajouter foi à la nouvelle d'une victoire remportée sur mer par les Anglais sur les Espagnols ; le politique d'habitude pense que les dépêches de l'amiral Jervis à la cour de Londres sont controuvées, en ce que les vents contraires auront empêché qu'aucun bâtiment pût arriver en Angleterre ; il présume en général que ce prétendu avantage n'est qu'une ruse imaginée pour tromper le peuple anglais et ranimer le crédit public ; d'autres paraissent indignés d'apprendre que les Espagnols aient succombé dans cette affaire, où ils avaient déployé des forces supérieures. — D'après certains journaux, quelques personnes ont parlé d'une manière satirique d'un repas splendide que le ministre de l'intérieur avait donné à six cents convives, dont le choix, dit-on, n'était pas sans reproches sous le rapport des opinions ; on fait monter la dépense du banquet à une somme énorme ; ensuite venait par contraste un tableau de la misère publique. — On a été à même de remarquer que, dans la classe la plus gênée du peuple, le besoin, l'inactivité, ou la cherté de telle espèce de marchandise arrachaient des regrets pour le passé, des imprécations contre le présent ; quelques individus vont jusqu'à dire qu'ils étaient plus heureux sous le régime de Robespierre, qu'alors les ouvriers ne manquaient de rien ; ils vomissent ensuite mille invectives contre le gouvernement, auquel ils reprochent de vivre dans le luxe, dans l'abondance, tandis

qu'ils sont écrasés d'impôts, qu'il leur faut payer, lorsqu'ils n'ont point de quoi vivre, en sorte qu'il n'est, à leur sens, de métier avantageux que celui de voleur : ceux qui l'exercent semblent protégés par le gouvernement. — Les ennemis invétérés de l'ordre actuel des choses [témoignent] une parfaite insouciance sur l'article des prochaines assemblées primaires, auxquelles ils ne [se] rendront point, à ce qu'il a paru. Leur ressentiment des résultats de la journée de vendémiaire subsiste en son entier ; ils jurent d'être étrangers à toute opération politique ; cette disposition est celle de beaucoup de jeunes gens, qui paraissent assez fortunés. — Lorsqu'il a été question des cédules hypothécaires, chacun s'est à peu près accordé à dire qu'elles ne réussiraient pas mieux que les mandats, et que leur émission, si elle avait lieu, pourrait bien amener quelques mouvements dangereux ; quelquefois on a pensé que tout projet de mettre en circulation un papier-monnaie avant la fin des assemblées primaires serait conçu et exécuté à dessein de produire des troubles à une époque aussi délicate.

Spectacles. — Les théâtres du boulevard, quoique beaucoup plus bruyants que les autres, n'ont rien offert de contraire au bon ordre ; les spectateurs d'habitude y goûtent les équivoques un peu libres, et la morale, lorsqu'elle en est purgée, n'obtient qu'un intérêt secondaire ; il est rarement question des affaires d'opinion. Les autres spectacles ont joui d'un calme parfait.

Commerce. Pain. — Il a été exposé beaucoup de pain ; le blanc a été vendu de 10 à 11 sous les 4 livres ; 8 sous le mi-blanc ; 6 sous 6 deniers le bis.

Viande. — Il y a eu beaucoup de viande de boucherie ; le bœuf a été vendu en détail de 5 à 9 sous la livre ; le veau, de 7 à 14 sous ; le mouton, de 7 à 10 sous ; le porc frais de 11 à 12 sous, et le salé de 10 à 15 sous......

BRÉON.

(Arch. nat., BB 3 85.)

CMLX

22 VENTOSE AN V (12 MARS 1797).

RAPPORT DU BUREAU CENTRAL DU 23 VENTOSE.

Esprit public. — Les conjectures en matière politique ou sur les événements de la guerre ont exclusivement occupé le public. Nombre de personnes, induites en erreur par les journaux qui avaient annoncé la victoire navale remportée sur les Espagnols par les Anglais se [répandent] en reproches amers contre les folliculaires. Cependant on a dit que les premières nouvelles n'étaient point tout à fait dénuées de fondement, et que l'ambassadeur d'Espagne avait fait part au Directoire de la prise d'un vaisseau anglais, qu'avaient coulé à fond quatre autres, et que le reste de la flotte anglaise était tenu en respect. L'administration de l'Opéra, ont ajouté les auteurs de ce bruit, a été aussitôt avertie de cet événement par l'ambassadeur, qui lui est très attaché. Plus certains de la défaite des Espagnols dans cette rencontre que de leur triomphe, des hommes, dont les propos n'annoncent pas beaucoup d'attachement à la République, prévoyaient que l'Espagne, à la suite de cet échec, et craignant pour ses colonies, ferait la paix avec l'Angleterre, qui ne [la] lui donnerait qu'à condition de rompre entièrement avec le gouvernement français. — Une flotte, s'est-il dit dans plusieurs cafés, va sortir du port de Brest, forte de vingt-six vaisseaux, et va faire voile vers les grandes Indes, mesure qui est fort applaudie. — Mais une nouvelle qui afflige tous les bons citoyens, et qui cependant est très répandue, c'est que le roi de Prusse va entrer dans la coalition. Il s'engage, dit-on, moyennant des dédommagements, à faire restituer à l'Empereur l'Italie la Belgique et à rétablir le Stathouder en Hollande. Des malintentionnés d'habitude appuient sur ces présomptions ; ils s'acharnent ensuite à noircir la conduite de Buonaparte, qu'ils accusent de se faire un parti considérable en Italie et d'agir tyranniquement dans toutes ses opérations. Il se trouve, près de ces détracteurs, des hommes froids, qui ne leur répondent qu'en leur objectant la correspondance même de Buonaparte. — Parmi le peuple des faubourgs, l'esprit n'a pas toujours été satisfaisant pour l'ordre actuel des choses, et la misère ne servait pas toujours elle-même d'excuse aux propos atroces qui s'y débitent. — Le Directeur Carnot est celui que les anarchistes haïssent le plus ; ils ne l'accusent pas, mais ils l'invectivent dans les termes les plus grossiers ; ils regrettent profondément leur cher Robespierre (ce sont leurs expressions) et le régime de 93, sous lequel, de leur aveu, ils étaient parfaitement heureux. « Il nous fallait, disaient-ils, des lois organiques, et l'on nous donne (ce mot était plus énergique) une Constitution royaliste, qui, au surplus, ne peut tenir. » Et des femmes, qui semblent ne respirer que le trouble, de faire chorus à ces idées. « Mieux vaudrait, disent-ils, la Constitution de 91. » En un mot la Constitution de 95 n'a pas trouvé tous amis sincères parmi les habitants les moins aisés des faubourgs. — Les élections se préparent paisiblement, et l'on présume, malgré l'insouciance d'un grand nombre de citoyens à lever leur inscription civique, qu'elles ne seront influencées par aucun parti.....

BRÉON.

(Arch. nat., BB 3 85.)

CMLXI

23 VENTOSE AN V (13 MARS 1797).

RAPPORT DU BUREAU CENTRAL DU 24 VENTOSE,

Esprit public. — Les doutes se maintiennent sur le combat naval livré à la flotte anglaise par la flotte espagnole; cependant on penche à croire que l'issue en a été favorable à ces derniers (*sic*). Cette nouvelle cause un sensible déplaisir, amène à décrier la marine espagnole. On a présumé aussi que les émigrés qui s'y trouvent en activité avaient agi avec perfidie dans cette affaire; enfin le Directoire passe pour avoir, sur le résultat de ce combat, des renseignements satisfaisants qu'on lui reproche de ne pas publier officiellement. — On a semblé hier attacher une grande importance au repas donné dernièrement par le ministre de l'intérieur, dont bien des gens, échos de quelques journalistes, font monter les frais à des sommes considérables; mais, partout où l'exagération se découvrait, il s'est rencontré des hommes d'expérience, qui ont cité nombre de fêtes, bien plus dispendieuses en apparence, et qui, dans le fond, n'avaient pas autant coûté. En un mot le ministre de l'intérieur, dont on s'est beaucoup occupé à cette occasion, a été vengé complètement de toutes les calomnies. — Ce n'est pas avec la même faveur que l'on a parlé des députés qui, depuis leur présence au Corps législatif, se sont rendus acquéreurs de domaines nationaux; on citait surtout comme scandaleuse la conduite du représentant Camus, qui, chargé particulièrement des intérêts des rentiers, opposait, disait-on, sa nouvelle aisance à leur misère en soumissionnant une riche propriété dans la vallée de Montmorency. — Un bruit encore qui se répand a occasionné des murmures: c'est qu'il est réservé à la Trésorerie une somme considérable à titre d'indemnité pour le tiers des députés sortants; cette mesure, qui fait jeter les hauts cris, est rapprochée et mise en parallèle avec la situation de tant de rentiers, qui demandent l'aumône. — On annonce, mais à mi-voix et sans aucune certitude, un échec essuyé par l'armée française dans le Tyrol. — Dans les endroits même où, de coutume, les amis de la Constitution et du Directoire sont les plus rares, nombre de citoyens ont entrepris tantôt l'éloge de l'une et [tantôt l'éloge] de l'autre; la modification, le balancement et la démarcation des pouvoirs dans l'ordre actuel des choses étaient considérés comme les meilleures bases possibles d'un gouvernement républicain, et, dans toutes les comparaisons, le régime de 1788 avait le dessous d'une manière marquée. On repassait ensuite les opérations du Directoire depuis son établissement, et l'on remarquait qu'il était parvenu à faire triompher les armées au dehors, à maintenir la paix dans l'intérieur, et à concilier plusieurs puissances à la République après des traités avantageux. — Les doutes planent toujours sur les intentions du roi de Prusse, auquel on présume celle de rentrer dans la coalition. — Les partis paraissent perdre encore de leur animosité, et la satisfaction publique y gagne évidemment.

Spectacles. — La première représentation de *Médée*, opéra, au théâtre de la rue Feydeau, n'a donné lieu à aucune application, ou du moins le public, satisfait de cette nouvelle acquisition (*sic*), n'a manifesté que des applaudissements sans nombre au triomphe complet des artistes en tous genres : A la fin du spectacle, un papier contenant des vers à la louange du citoyen Cherubini a été jeté sur la scène et lu par un acteur, qui a paru oublier que des règlements précis interdisaient des lectures semblables; on aura les éclaircissements nécessaires. — Les autres théâtres ont joui d'une égale tranquillité.....

BRÉON.

(Arch. nat., BB³ 85.)

CMLXII

24 VENTOSE AN V (14 MARS 1797).

RAPPORT DU BUREAU CENTRAL DU 25 VENTOSE.

Esprit public. — Les opinions ont semblé pour la plupart dirigées vers un but sage; l'instruction sur la tenue des assemblées primaires se trouve dans les mains de beaucoup de monde [1], et tout annonce que les élections, premier objet de l'attention publique dans ce mo-

---

[1]. On trouvera cette instruction dans le *Moniteur*, réimpression, t. XXVIII, p. 593 et suivantes.

ment, se passeront dans le plus grand ordre. Les seuls discours alarmants qui aient été tenus avaient trait à la situation actuelle des finances de la République. Les uns pensent qu'il est impossible d'apporter aucun remède à leur état de pénurie ; selon eux, un gouvernement sans finances touche à sa fin. Les autres accusent du désordre qui règne dans cette partie de l'administration l'ineptie et la cupidité du Corps législatif. D'autres enfin font courir le bruit que la Trésorerie a suspendu toute espèce de payement jusqu'au 1er germinal, ce qui affecte douloureusement tous les créanciers de l'État ; les ennemis du gouvernement relèvent cette nouvelle et citent des suicides enfantés par la misère. — Aux alentours de la salle du Conseil des Cinq-Cents, il s'est formé des groupes de citoyens d'un âge mûr, et qu'à leurs plaintes on prenait facilement pour des rentiers. Il n'y a point d'expression qui puisse rendre leur rage contre le Corps législatif ; la plus douce épithète qu'ils donnassent à ses membres était celle de brigands ; ils s'acharnent surtout sur le citoyen Camus, qu'ils accusent, en outre, d'égoïsme. — Le roi d'Espagne, si l'on en croit les politiques accrédités, a fait notifier au Directoire exécutif l'impossibilité de continuer la guerre avec l'Angleterre, vu le délabrement des finances ; nombre de bons citoyens ont eu l'air d'ajouter foi aveuglément à ces conjectures ; ils en étaient affligés, en même temps que d'un autre bruit qui suppose au roi de Prusse l'intention de rentrer dans la coalition. — Dans la classe de ces sortes de nouvelles, il faut ranger encore celle d'une réorganisation de Chouans dans les départements de l'Ouest, en ajoutant que ces rebelles avaient de nombreuses correspondances dans toute la République. — Animées d'un mécontentement particulier, des personnes se sont répandues en plaintes contre la composition des bureaux du ministre de la guerre et de celui de l'intérieur, les uns comme occupés par des employés infidèles qui trafiquaient des congés et des grades, les autres comme remplis d'êtres immoraux et fanatiques ; des femmes d'artisans, peu avantageusement connues, confirmaient et partageaient ces rumeurs. — Les colons de Saint-Domingue et autres colonies se plaignent amèrement de l'inexécution de la loi qui leur accorde une indemnité ; ils se proposent de faire à ce sujet une pétition au Corps législatif. — On paraît goûter beaucoup la résolution qui rétablit la contrainte par corps, et on applaudissait à la discussion solennelle que cette matière a nécessitée au Conseil des Anciens [1].

Spectacles. — Des applaudissements marqués, donnés au théâtre

---

1. Voir t. III, p. 773.

du Vaudeville à un passage de la pièce d'*Honorine*, ont eu pour objet de faire sortir une grande démarcation entre la classe du peuple qui a pu recevoir une éducation cultivée et celle qui ne jouit point de cet avantage. Cette circonstance n'a apporté aucune atteinte au calme que ce théâtre a partagé avec tous les autres.

P.-S. — Une tranquillité parfaite a régné à l'intérieur comme à l'extérieur de la salle des séances de la Commission militaire.

Commerce. Pain. — Il y a eu peu de pain exposé sur les halles ; le blanc a été vendu 10 à 11 sous les 4 livres ; le mi-blanc, 8 sous.

Viande. — A été abondante.....

Limodin.

(Arch. nat., BB³ 85.)

CMLXIII

25 VENTOSE AN V (15 MARS 1797).

Rapport du bureau central du 26 ventose.

Esprit public. — Des intérêts de la République à l'extérieur l'attention générale a passé presque entièrement à ce qui se passe dans son intérieur. Seulement les ennemis de l'ordre actuel des choses croient toujours que Buonaparte a le dessein de se faire un parti en Italie, et présument que le roi de Prusse armera bientôt contre la France. — Plus que jamais les murmures se succèdent sur la composition des bureaux ministériels, la difficulté avec laquelle on parvient à y terminer les affaires. « Autrefois, ont dit quelques citoyens, il fallait protection ; aujourd'hui, il faut protection et argent. » Assez souvent on a prêté aux députés eux-mêmes un caractère de vénalité qui amenait anecdotes sur anecdotes ; ils sont presque toujours traités avec mépris, et les membres du Directoire n'ont pas été oubliés dans une aussi vague censure. — Le décret rendu sur la contrainte par corps satisfait tout le monde, et l'on attend avec impatience une loi définitive sur les transactions. — Hier le calme, sans avoir abandonné les esprits, a cependant reçu quelque altération, et voici quelles étaient les causes de ce léger changement. Les sentiments, d'une part, se sont divisés sur le message du Directoire qui tend à exiger des assemblées électorales la prestation de serment de haine à la royauté ; la discussion qui s'est élevée à ce sujet dans le Conseil des Cinq-Cents a causé une impression désagréable : tantôt cette mesure était considérée comme capable de semer le trouble au moment de la tenue des assemblées primaires et comme impolitique sous ce seul rapport ; tantôt, de l'opposition que cette démarche avait éprouvée dans le Conseil on concluait qu'il existait dans le sein du Corps législatif un parti puissant de royalistes. — D'une autre part, lorsqu'il a été question de la résolution qui autorise à payer les biens nationaux avec les inscriptions, on a prétendu que cette loi n'avait été obtenue que par ceux qu'elle favorisait ainsi dans leurs propres intérêts, que par ce moyen les biens nationaux allaient passer entre les mains des fripons et des agioteurs, que, toutefois, ceux qui s'étaient opposés à cette mesure n'avaient été guidés dans leur opinion que par le royalisme, qu'ils espèrent toujours voir triompher aux dépens du crédit public. — Enfin les plaintes sur la misère sont plus véhémentes que de coutume ; elles ont paru quelquefois même à redouter. — A ces cris se joignent ceux des rentiers, dont le désespoir a été plus apparent que par le passé ; tous les endroits publics retentissent de leurs reproches amers au gouvernement ; ils se disent perdus ; ils citent plusieurs de leurs semblables qui, après avoir reçu des bons sur leurs rentes, ne les avaient vendus que 7 et 8 livres le cent. — Rien n'a blessé extérieurement le bon ordre.

Spectacles. — Un royaliste marqué a fait la plupart du temps tous les frais des conversations au théâtre du Vaudeville, dont le spectacle cependant n'a offert aucune interprétation défavorable à la chose publique. Les principaux traits de *Marius à Minturnes*[1], au théâtre de la République, ont tous été saisis dans un sens favorable au gouvernement républicain. — La tranquillité a été générale.....

BRÉON.

(Arch. nat., BB³ 85.)

CMLXIV

26 VENTOSE AN V (16 MARS 1797).

RAPPORT DU BUREAU CENTRAL DU 27 VENTOSE.

Esprit public. — Les observateurs politiques ne sont rien moins que rassurés sur les dispositions du roi de Prusse ; ils les croient hos-

---

1. *Marius à Minturnes*, tragédie en trois actes par Arnault, avait été représenté pour la première fois au Théâtre-Français le 19 mai 1791.

tiles; ils font aller et venir des courriers chargés de négociations actives; ils pensent et disent que tout présage une paix générale et moins éloignée qu'on ne le présume. Tous les vœux se réunissent pour cette époque désirée; les moindres conjectures qui l'annoncent sont avidement saisies, et, dans ce sens, on affirmait que le Directoire exécutif avait fait demander à l'Empereur, avec les formalités les plus respectueuses, que La Fayette et les autres prisonniers en Empire fussent traités avec égard, et non comme des criminels; beaucoup de personnes approuvaient cette démarche, peu goûtée par quelques autres. — Un autre sujet de réflexions était la plainte que l'on dit avoir été portée à Carnot par Augereau du mépris que les bourgeois affectaient pour les militaires, au point que lui-même avait été obligé, lui faisait-on dire, de cacher son uniforme le long de sa route. — Chacun applaudit à la résolution qui rétablit la contrainte par corps; des hommes cependant, peu disposés en faveur des députés, voulaient qu'on commençât par les renvoyer tous et qu'on leur appliquât ensuite cette loi comme banqueroutiers; la banqueroute dont ils parlaient était celle du papier-monnaie. — Les membres du Conseil des Cinq-Cents surtout sont traités sans aucun ménagement; quelques-uns sont soupçonnés de vouloir renverser le Directoire exécutif, mais ils sont considérés pour la plupart comme attachés à servir un parti plutôt qu'à consolider les intérêts du peuple par des lois sages. — Les débats des séances tenues sur le dernier message du Directoire ont encore animé les esprits contre eux. Le décret qui oblige les électeurs à prêter le serment de haine à la royauté partage, mais ne réunit point les opinions; on traite cette mesure de contrainte d'inconstitutionnelle; on dit que les hommes de parti, d'ailleurs, prêteront tous les serments que l'on voudra; on a murmuré de ce qu'on avait attendu si tard à s'occuper de ce serment et perdu deux jours à discuter une question qui ne peut tourner qu'à l'avantage des fripons, qui prêteront vingt serments de suite pour leur intérêt particulier, tandis que l'honnête homme ne fait jamais de serments pour faire le bien général. Les exemples venaient à la suite et à l'appui de cette opinion, et nombre de personnes sont persuadées que le Conseil des Anciens rejettera cette résolution. D'autres ont regretté que le Corps législatif n'eût point employé le temps de ses dernières séances à la réforme du Code pénal et à des lois sévères contre les voleurs et les filous. Cette résolution a produit au contraire une sensation agréable parmi les groupes qui s'étaient formés aux alentours de la salle du Conseil, lorsque le résultat de la séance a été connu. — On a fait aussi des réflexions contre le Directoire; il est vrai qu'il circule dans les cafés des hommes qui sont intéressés vis-à-vis du gouvernement comme fournisseurs, qui se plaignent de ne rien toucher des sommes considérables qu'ils disent leur être dues, et dont les principes, le ton, les calculs et les propos portent le public à trouver extraordinaire que le Directoire puisse employer de semblables agents. D'un autre côté, on l'accusait de suivre dans ses opérations un système de contrepoids, tandis qu'il ne devait avoir d'égards pour aucun parti, mais s'attacher aux principes seulement ; car, dit-on, tôt ou tard les uns et les autres deviendront dangereux, et pour l'ordre public, et pour l'autorité qui le protège.

Spectacles. — Ce passage du *Mariage secret* a été longtemps et extraordinairement applaudi au théâtre de la rue Feydeau : « Pour moi, je ne fais plus de serment de ma vie. » D'un autre côté, on a semblé vouloir faire sentir des applaudissements au théâtre du Vaudeville à ces mots : « L'ancien durera bien autant que le nouveau. » — Les théâtres en général ont joui d'un calme parfait.

Commerce. Pain. — Exposé passablement de pain sur les halles : le blanc, 10 à 11 sous, et le bis, 6 sous 6 deniers les 4 livres.

Viande. — Beaucoup de viande de boucherie : le bœuf vendu 4 à 9 sous ; le veau, 7 à 13 sous ; le mouton, 7 à 11 ; le porc frais, 10 à 12 sous, et le porc salé, 10 à 15 sous.

Fruits et légumes. — Peu de fruits et légumes ; vendu 150 boisseaux de pommes de terre rouges au prix de 8 à 14 sous.....

BRÉON.

(Arch. nat., BB³ 85.)

JOURNAUX.

Journal de Paris du 27 ventôse : « Le général Augereau assistait, hier 26, à la séance du Conseil des Cinq-Cents, dans une des loges destinées aux journalistes. La présence du brave compagnon d'armes de Bonaparte, sa bonne mine, son air martial, fixaient sur lui tous les regards, et les membres du Conseil ont été un instant plus attentifs à le considérer qu'à suivre la discussion. Un des journalistes a saisi cette occasion pour adresser au vainqueur d'Arcole les vers suivants :

« On regarde Augereau, dit-on, plus qu'on n'écoute.
Eh ! mais rien en cela, sans doute,
Ne vous étonne, mes amis.
Pourquoi n'oserait-on, de grâce,
Ici le regarder en face ?
Sommes-nous donc les ennemis ? »

CMLXV

27 VENTOSE AN V (17 MARS 1797).

RAPPORT DU BUREAU CENTRAL DU 28 VENTOSE.

Esprit public. — Il n'est question, en quelque sorte, que de la discussion sur le serment à exiger des électeurs et sur la formule de ce serment; ce qui a paru frapper d'abord, c'est que cette proposition a été faite si tard, et l'on calcule le peu de temps qui resterait au gouvernement pour faire parvenir cette loi aux départements éloignés ; ensuite on eût voulu que la résolution du Conseil des Cinq-Cents à ce sujet eût obvié à tous les inconvénients qu'elle peut faire naître ; mais, en un mot, on raisonnait davantage sur cette matière, et les esprits offraient moins de fermentation, quoique en général très divisés. — On a pu se convaincre que, parmi ceux qui aiment le moins le gouvernement actuel, il faut compter une grande partie de nouveaux enrichis et même des personnes qui doivent à l'ordre actuel des choses des moyens de conserver ou d'accroître leur fortune ; ils comparent ceux qui gouvernent la France aujourd'hui aux rois qui la gouvernaient autrefois et qui n'auraient pas voulu, pour remplir les moindres fonctions auprès d'eux, un seul de ceux qui occupent maintenant les premières places de la République. Dans le café de Journalier, lorsqu'il s'est agi de la loi du divorce, on s'est sans cesse réuni pour rejeter sur le changement à l'ancien code civil une grande partie des malheurs de la société : dissolutions de familles, immoralités, procès, difficultés à établir et assurer les droits des enfants, tout était cité pour exemple. — L'envoi du citoyen Chamboulas à Berlin, pour savoir, disait-on, l'intention du roi de Prusse au sujet de ses préparatifs militaires, n'a pas été également bien vu de tout le monde. Cette nomination a paru influer sur les espérances des royalistes, qui présument que cette négociation servira leur cause; ils remarquent du découragement parmi ceux dont l'opinion est diamétralement opposée à la leur; ils parlent du délabrement des finances, des vices du gouvernement, et considèrent le peu d'union qui existe, à les entendre, entre les pouvoirs organiques de la République comme un présage certain de sa dissolution. — Dans plusieurs cafés, on parle avec grand plaisir d'un armistice conclu en Italie entre l'armée française et celle de l'Empereur. Quelques personnes ont aussi répandu le bruit que, sur les bords du Rhin, les armées française et impériale avaient respectivement, et comme de concert, levé leurs camps pour se retirer dans l'intérieur. On a dit encore que, dans l'émission des nouveaux papiers de banque à Londres, il s'en trouve beaucoup de faux. — Un autre bruit, dont les conséquences étaient plus sensibles, est celui de la réduction des rentes à un cinquième ; cette mesure, qui, disait-on, était sur le point d'être adoptée, est traitée de banqueroute et affligeait tous ceux qui en entendaient parler. — Il paraît que la proclamation de Sonthonax aux habitants de Saint-Domingue a fait une grande impression sur les colons et les autres politiques, qui accusent le ministre de la marine d'être d'intelligence avec le Directoire pour perdre les colonies.....

Surveillance. — ..... On a arrêté, rue et devant le théâtre Louvois, deux jeunes colporteurs de journaux qui criaient les intitulés en annonçant une dénonciation contre la citoyenne Raucourt, artiste de ce théâtre.....

BRÉON.

(Arch. nat., BB³ 85.)

CMLXVI

28 VENTOSE AN V (18 MARS 1797).

RAPPORT DU BUREAU CENTRAL DU 29 VENTOSE.

Esprit public. — Rien n'a paru menacer la tranquillité publique ; les dissertations sur tous les points ont été paisibles, et la plupart étaient en faveur de l'affermissement de la République. Des opinions émises sur la proposition faite d'exiger un serment des électeurs, deux ont paru principalement s'opposer à cette mesure. L'une se trouve dans la bouche de ceux qui regardent cette formule comme ultra-constitutionnelle (*sic*) ; l'autre est celle des citoyens qui ne la combattent que parce qu'elle peut devenir une pomme de discorde. Beaucoup prétendent que le Conseil des Anciens rejettera cette résolution. — C'est en annonçant beaucoup d'inquiétude que des habitués de cafés assurent qu'il arrive beaucoup de troupes à Paris ; ce bruit a donné lieu à des propos peu mesurés contre le Directoire, dont les intentions étaient soupçonnées ; on augurait qu'un nouveau 13 vendémiaire se préparait sourdement ; on se demandait si ces troupes ne seraient pas plus utiles aux armées ; on rappelait, en le censurant, le

DIRECTOIRE EXÉC... [18 mars 179.]

message du Directoire sur le serm... à exiger des électeurs, le tournait en ridicule pour (sic) ...iger que les femmes portassent la cocarde nationale. — D... citoyens dont le caractère a paru généralement plus grave ...ouvaient dans le Directoire beaucoup de dispositions ...re la paix; on a dit qu'il l'avait proposée lui-même à l'Empereur, aux conditions entre autres de rendre Mantoue et son territoire, les trois Électorats et leurs dépendances. Cette dernière nouvelle est très répandue. Ces espérances d'une paix prochaine sont le principal soutien des rentiers, sur le sort desquels on ne cesse de s'apitoyer; eux-mêmes calculent avec incertitude ce que leur produiront les bons qui doivent leur être donnés en payement et craignent que l'agiotage ne trompe encore une partie de leur attente. — Des colons et des négociants se sont aperçus d'une augmentation dans les denrées des colonies; ils ont parlé d'une expédition que l'on préparait à Brest pour Saint-Domingue, et, en approuvant ces préparatifs, ils ont craint que ce ne fût encore une proie pour les Anglais. Ce n'est qu'avec animadversion que l'on s'entretient de Sonthonax. — La voix publique hier semblait mettre au premier rang de ceux qui doivent entrer à la législature les citoyens Débonnières, Arnault, Desèze, La Harpe et Lacretelle; on a paru désirer cependant que les électeurs nommassent plutôt de riches propriétaires que des gens de lettres.

Spectacles. — Trois nouvelles pièces ont paru hier. La tragédie de *Laurence*, au théâtre Louvois, a obtenu du succès; les seuls applaudissements étrangers au sujet ont frappé sur quelques vers dont le sens est que l'on fait bien des serments auxquels le cœur ne prend aucune part. — Les autres pièces, aux théâtres du Vaudeville et de Molière, sont d'un intérêt imperceptible pour les lettres et indifférentes à l'ordre actuel des choses.

Commerce. Pain. — Le pain a été très abondant sur les halles. Le blanc a été vendu de 10 à 11 sous les 4 livres; le mi-blanc, 8 et 7 sous; le bis, 7 sous. Cependant, sur les autres marchés, il a éprouvé une légère diminution sur les 4 livres.

Viande. — Il y a eu beaucoup de viande de boucherie; le bœuf a été vendu en détail de 4 à 9 sous la livre; le veau, 8 à 13 sous; le mouton, de 8 à 15 sous; le porc frais, de 10 à 11 sous, et de 10 à 15 le porc salé.....

Bréon.

(Arch. nat., BB^3 85.)

CMLXVII

29 VENTOSE AN V (19 MARS 1797).

RAPPORT DU BUREAU CENTRAL DU 30 VENTOSE.

Esprit public. — Le public, avide de toutes les nouvelles qui peuvent laisser des espérances pour la paix, s'entretenait hier avec plaisir d'une entrevue qui, dit-on, a eu lieu entre le général Bonaparte, un ministre prussien et un général autrichien ; on est persuadé que les négociations, quoique très secrètes, sont en pleine activité. — Des réfugiés anglais ont annoncé que leur pays était à la veille de se déclarer et surprendraient beaucoup en France. — C'est avec une sorte d'inquiétude que l'on s'occupe des nouvelles de mer ; la prise de deux frégates, qui se sont séparées de celles commandées par le citoyen Castagnier, a produit quelque sensation, et l'on cherche à pénétrer le but de l'armement qui se prépare à Dunkerque, et que les uns présument destinés contre l'Irlande, d'autres contre la Jamaïque.
— Tout porte à croire que les prochaines élections auront lieu dans le plus grand calme, et chacun applaudit aux mesures de prudence employées pour que rien n'en trouble la durée ou n'en détourne l'intention. Le concours de ceux qui ont droit de voter aux assemblées primaires paraît avoir été général, et l'empressement de ceux qui se mettaient en état de remplir ce devoir a été sensible par l'affluence des citoyens à leurs municipalités. Ce que l'on observe avec plaisir, c'est l'impossibilité de s'occuper aux assemblées de tout autre objet que des élections mêmes, en sorte que les citoyens n'y seront point influencés par les discours. A l'égard du serment qu'une résolution prescrit aux électeurs, on remarque beaucoup de contradiction dans les sentiments. Beaucoup de personnes, par leurs opinions, paraissent désirer que cette résolution soit rejetée par le Conseil des Anciens, comme étant contraire à la Constitution et pouvant troubler la tranquillité publique. On vantait beaucoup le discours fait dans ce sens par le représentant Tronson-Ducoudray. La majorité cependant de ceux qui combattent la résolution du Conseil des Cinq-Cents se déclarent prêts à y obéir, si les Anciens l'approuvent. — Il s'est dit dans un café que les émigrés rentraient tous les jours moyennant 50 louis. On cite quelquefois un particulier qui, actuellement en France, était autrefois en Angleterre. — Enfin, sur

la place de l'Hôtel de Ville, beaucoup de monde, rassemblé à l'heure de la séance du Conseil militaire, [se plaignait] de l'exhibition exigée des cartes pour être introduit. Sans doute, disaient quelques particuliers de ces groupes, on ne laisse entrer que les personnes du même parti. — Tout a semblé disposé au plus grand calme.

Spectacles. — Une femme travestie en homme a été, au théâtre du Vaudeville, le sujet d'une difficulté, que l'inspecteur n'eût pu faire cesser sans l'intervention de quelques fusiliers; mais, pendant qu'il était allé en requérir, cette femme s'est évadée dans la foule. — Rien n'a troublé la tranquillité des théâtres.....

BRÉON.

(Arch. nat., BB 3, 85.)

CMLXVIII

30 VENTOSE AN V (20 MARS 1797).

RAPPORT DU BUREAU CENTRAL DU 1ᵉʳ GERMINAL.

Esprit public. — Bien loin que la tranquillité publique et l'obéissance aux lois fussent menacées d'aucune atteinte, tout au contraire paraît tourner à leur avantage; on est plus que jamais en garde contre les conseils exagérés et les suggestions de la malveillance. Le nombre de ceux qui se sont fait inscrire pour être admis aux assemblées primaires est considérable, et chacun paraît déterminé à remplir ce devoir sans s'occuper d'aucun objet étranger. D'après la disposition des esprits, on pourrait assurer que ces assemblées jouiront d'un calme inaltérable. Bien des personnes espéraient que les Anciens rejetteraient la résolution relative au serment des électeurs, mais l'approbation qu'ils y ont donnée [1] a fermé bien des bouches et allongé bien des physionomies, et les opposants de bonne foi à cette mesure rendent justice aux principes du rapporteur au Conseil des Anciens [2], quoiqu'il ait conclu pour l'affirmative. — Les seules nouvelles politiques dont on se soit occupé étaient goûtées, surtout en ce

---

1. La loi du 30 ventôse an V (résolution du 26 ventôse) était ainsi conçue : « Lorsque les assemblées électorales seront provisoirement constituées, chaque « électeur fera, à haute et intelligible voix, la déclaration suivante : « Je promets « attachement et fidélité à la République et à la Constitution de l'an III. Je m'en- « gage à les défendre de tout mon pouvoir contre les attaques de la royauté et « de l'anarchie. »
2. C'était Baudin (des Ardennes).

qu'elles faisaient espérer la paix ; c'est dans ce sens que l'on ajoutait foi au bruit d'un congrès tenu entre Buonaparte et les ministres de Berlin et de Pétersbourg. Il s'est dit assez vaguement encore que l'on avait saisi un courrier de Venise porteur d'une lettre du Sénat de cette République à l'Empereur pour lui demander trois généraux qui prissent le commandement des troupes vénitiennes contre la République française, que l'on devait, pour punir cet État, retirer de lui 50 millions, et qu'il en avait offert 15. — Les opinions sur l'administration intérieure sont à peu près les mêmes. On redoute cependant davantage que les jours précédents le renchérissement des grains dans l'idée qu'ils sont accaparés à Paris par beaucoup de gros négociants ; mais les cris de misère des rentiers et les murmures des citoyens indigents contre les gens de campagne qui, dans les marchés, donnent deux prix à leurs denrées suivant qu'elles leur sont payées en cuivre ou en argent, se soutiennent au même degré. — On a dit encore que le ministre de l'intérieur allait quitter le ministère pour prendre la direction des postes et messageries. — Parmi les opinions qui choquent journellement les oreilles de tout ami du bon ordre et de tout citoyen attaché à la République, il en est qui, plus dangereuses, passent par la bouche d'hommes revêtus d'un caractère et doués d'un ascendant particulier ; il est tel ecclésiastique qui, devant un nombreux auditoire, se permet d'insinuer dans son prône des passages allégoriques aux événements de la Révolution, des reproches aux fidèles coupables, à son avis, d'avoir toléré les persécutions exercées envers leurs frères, et des vœux pour revoir les beaux temps de la primitive église et la France entière ne faire plus qu'une seule famille, « son chef à la tête »......

Bourse. — ..... La Bourse paraissait peu nombreuse, sans doute à cause des assemblées primaires ; les mandats y ont été faits 2 livres à 2 livres 3 s. 6 d..... .

LIMODIN.

Arch. nat., BB³ 86.)

JOURNAUX.

Plusieurs journaux rendent compte d'un opuscule anonyme (attribué à Pierre Chauvet), intitulé : *Essai sur la propreté de Paris* (Paris, ventôse an V, in-8 de 40 p. Bibl. nat., Lk 7/6619). Voici le début de cet opuscule : « Je suis indigné de la malpropreté de Paris ; je me trouve humilié de ne pouvoir marcher dans la métropole où siège notre Sénat, sans trouver des cloaques, des amas d'immondices, des tas de décombres, des bouteilles et des verres cassés, qui semblent jetés dans certains endroits comme des chausse-trapes pour blesser les hommes et les chevaux; de voir des membres de bêtes mortes; de rencontrer des chiens errants qui me font craindre la rage; des chèvres, des cochons jusque dans les promenades publiques; d'être obligé de marcher sur un pavé inégal, couvert d'une boue grasse, qui me fait glisser, si je veux aller vite, et tomber, si je m'appuie dessus trop longtemps; de voir des femmes, qui sont un modèle de goût pour toute l'Europe, obligées de trotter dans la boue, et souvent forcées, pour traverser une rue, de passer sur une planche mal assurée, qui leur donne une juste crainte de tomber dans un fossé bourbeux; des voitures destinées à nettoyer la ville former elles-mêmes une malpropreté désagréable à l'odorat autant qu'à la vue; enfin de voir des hommes et des femmes, contre la décence et les bonnes mœurs, satisfaire publiquement à leurs besoins. Il faudrait un volume entier, si on voulait décrire tous les désagréments qu'occasionne la mauvaise police sur ces objets..... »

CMLXIX

1ᵉʳ GERMINAL AN V (21 MARS 1797).

Rapport du bureau central du 2 germinal.

Esprit public. — L'objet principal de l'attention publique dans ce moment ne laisse entrevoir aucune alarme. Les opérations des assemblées primaires se sont ouvertes avec un calme qui paraît devoir se maintenir jusqu'à la fin des élections; les conversations générales ont prouvé que cette tranquillité était due à la détermination formelle de tous les citoyens de ne traiter aucuns sujets étrangers au but de leur convocation. La formation de plusieurs bureaux passe déjà pour un bon augure; le choix de ceux qui se trouvent portés est approuvé, et la division Le Peletier, dont on parle comme ayant été la plus turbulente, est citée comme celle où il s'est trouvé le plus de monde et le plus de calme. Il circule des listes de nomination de part et d'autre, et l'on y remarque beaucoup de citoyens connus par leur probité et leur patriotisme. Le seul doute qui s'élève, c'est que le bon ordre soit le même dans les départements qu'à Paris. — Si l'on en croit les nouvelles courantes, l'armée d'Italie vient de remporter encore d'assez grands avantages sur les Autrichiens. Deux mille prisonniers sont les fruits de cette victoire, et il doit y avoir incessamment un coup décisif pour faciliter l'entrée des troupes dans les États de l'Empereur par le Tyrol. — Rien n'affaiblit les espérances d'une paix prochaine; les négociations qui doivent la préparer passent pour très actives, et l'on présume que des événements très graves, qui sont à la veille d'éclater en Angleterre, où les billets de la Banque perdent beaucoup,

Tome IV.

avanceront cette époque. — Il est question aussi d'une seconde expédition en Irlande, d'autres disent pour la Jamaïque, et on assure que, dans cette vue, les troupes qui étaient à Brest vont à Dunkerque pour compléter l'embarquement. — Les plaintes contre le gouvernement ont paru plus fréquentes et plus vives au sujet des sommes énormes dont ses membres se font payer exactement. Cependant on ne particularise aucun grief. Vient ensuite une censure virulente des députés et des ministres; les premiers surtout, si l'on en croit nombre de propos, sont d'un égoïsme difficile à peindre, et plusieurs ont fait des menaces aux commissaires de la Trésorerie, s'ils n'étaient point payés de suite; enfin on a dit qu'il était odieux de voir la cupidité scandaleuse dont étaient animés les députés, les ministres et les membres du Directoire, de voir encore jusqu'où est portée la prodigalité du ministre de la police générale dans ses dépenses, et l'on ajoute qu'aucun d'eux n'a encore donné la plus petite preuve de désintéressement, et que tous sont égoïstes et ruineux à l'État. — Une loge de francs-maçons, établie à la place dite Royale, et composée d'ouvriers, presque tous allemands, laisse entrevoir plutôt une société de gens de table qu'un rassemblement nuisible à la chose publique.....

BRÉON.

(Arch. nat., BB³ 86.)

CMLXX

2 GERMINAL AN V (22 MARS 1797).

RAPPORT DU BUREAU CENTRAL DU 3 GERMINAL.

Esprit public. — Les assemblées primaires, dont on s'occupe dans le public avec un intérêt particulier, se passent dans une parfaite régularité; il s'y trouve, dit-on, peu de monde, mais le nombre des votants est cependant assez considérable; chacun assure que partout on se renferme avec rigueur dans les bornes prescrites par la Constitution et l'instruction, en sorte que les opérations seraient difficilement troublées; elles sont en plusieurs endroits sur le point d'être terminées. Quelques personnes observaient que la plupart de ceux qui composent les bureaux sont les mêmes que ceux qui les composaient en vendémiaire, d'où les ci-devant Jacobins concluent que les choix seront mauvais, et que ces assemblées sont influencées par une coalition qui existe dans le Corps législatif, dont le but, à ce qu'ils disent, est de renverser le gouvernement. — Des citoyens, mais sur-

DIRECTOIRE EXÉCUTIF [22 mars 1797]

...aires, se plaignaient sur les lenteurs et les difficultés que ...re les défenseurs officieux parmi les débats ouverts tant ...te-Cour qu'au Conseil militaire ; ils croyaient découvrir ...idents de ces deux procès étaient des subterfuges à l'aide ...n cherchait à assurer l'impunité des conspirateurs. — Les ... en politique sont d'autant plus en faveur de la tranquillité ...e qu'elles annoncent des succès à l'armée d'Italie ; il s'est dit ...ant qu'il régnait dans cette armée une maladie contagieuse, ...ait enlevé plus de monde que n'en avaient fait les différentes ...ntres ; mais plusieurs fois il s'est trouvé des hommes judicieux ...ont fait sentir l'invraisemblance d'une épidémie dans une saison ...blable et qu'il n'en avait existé aucune trace en automne, temps ... elles se déclarent le plus fréquemment. On a remarqué que la malveillance, pour donner plus de force à des bruits de cette nature, s'autorisait du mécontentement de telle ou telle classe de la société, suivant les plaintes que son intérêt la portait à faire ; il se trouve aussi beaucoup de gens disposés à plaindre les indigents et les créanciers de l'État, plus, si l'on peut parler ainsi, que ceux-ci ne se plaignent eux-mêmes. La vérité est néanmoins que les murmures qu'ils font entendre et les imprécations qu'ils publient contre le gouvernement ont pris ces jours derniers un nouveau degré d'énergie. — Le bruit court aussi que les blés s'accaparent dans les départements, et l'on présume que c'est une tactique de nos ennemis de l'intérieur d'accord avec ceux de l'extérieur. — On a parlé de la paix avec plus de certitude que les jours précédents.....

Surveillance. — ...... Arrestation du nommé Nicolas Le Prince, garçon marchand de vin, prévenu d'avoir chanté des chansons royalistes.....

BRÉON.

(Arch. nat., BB³ 86.)

JOURNAUX.

Courrier républicain du 4 germinal : « *Paris, le 3 germinal.* Le théâtre des Jeunes Artistes avait annoncé hier une nouvelle représentation de *L'Assemblée primaire ou les Élections*[1]. Tout était disposé de la part des artistes pour remplir cet engagement ; grande était l'affluence des spectateurs ; mais les administrateurs du théâtre avaient oublié qu'on n'obtient le silence de Bréon et Limodin qu'avec 40 louis par décade... La pièce a été défendue par le Bureau central. »

---

[1]. Par Martainville. Voir plus loin, p. 24, à la journée du 5 germinal, les extraits de journaux.

CMLXXI

3 GERMINAL AN V (23 MARS 1797).

RAPPORT DU BUREAU CENTRAL DU 4 GERMINAL.

Esprit public. — Tout paraît garantir la plus grande tranquillité dans les assemblées primaires; les opérations s'y font avec régularité, et, de tous côtés, on entend dire que les choix seront excellents; on prétend quelquefois que les suffrages portent aux fonctions d'électeurs plusieurs ci-devant nobles, tels que Choiseul, Brancas, Sesseval, etc. — On ne parle que du message du Directoire exécutif relatif aux prévenus de conspiration royaliste; l'attention publique se concentre dans ce seul objet; dans les cafés de différents quartiers et dans quelques-uns du Jardin-Égalité, ce message et l'ordre du jour auquel a passé le Conseil des Cinq-Cents sur la pétition des défenseurs officieux [1] étaient fortement applaudis; on a tiré occasion de cette affaire pour attaquer la composition des tribunaux comme mauvaise; les démarches des défenseurs officieux, vues avec indignation par quelques citoyens, étaient traitées d'astucieuses; on n'était pas moins affecté de la conduite du Tribunal de cassation, dont les membres ont été considérés comme autant d'usurpateurs de l'autorité judiciaire et comme des royalistes outrés; on a rapproché la conduite qu'ils tiennent en ce moment de celle qu'ils ont tenue à l'égard des séditieux du camp de Grenelle : esprit de parti, négligence de leurs devoirs, prédilection injuste pour les riches, mépris trop marqué pour les pauvres, cupidité scandaleuse, au point d'exiger des rétributions de la part des clients, s'ils veulent hâter leurs affaires : telle est, en général, l'opinion des habitués de cafés sur la majorité des juges, et celle qui l'emporte dans quelques groupes. — Dans d'autres, l'opinion sur la même affaire a été entièrement inverse. Il s'y est dit que

---

1. Le 29 ventôse an V, le Conseil des Cinq-Cents avait reçu une pétition des défenseurs officieux de La Villeheurnois, Brottier et autres inculpés traduits devant le Conseil de guerre de la 17e division, dénonçant le refus fait par ce Conseil de statuer sur le déclinatoire qu'ils avaient proposé. Les Cinq-Cents discutèrent cette pétition dans cette séance et dans les suivantes. Cependant le Tribunal de cassation rendit un jugement qui ordonnait l'apport de la procédure instruite devant le Conseil de guerre. Le Directoire défendit au ministre de la justice et aux autorités militaires de mettre ce jugement à exécution, et informa les Cinq-Cents de cette décision par un message qui fut lu dans la séance du 3 germinal. Dans la même séance, les Cinq-Cents passèrent à l'ordre du jour sur la pétition des défenseurs officieux.

le Directoire tenait une conduite infâme à l'égard des accusés de la conspiration royaliste; que, si l'on n'y prenait garde, il trouverait le moyen de se débarrasser de tout ce qui lui déplairait en créant des conseils militaires dont les membres seront à [sa] dévotion; qu'il lui suffira, pour perdre les citoyens, de les mettre dans une conspiration. « Que les gouvernants rendent heureux les gouvernés, se disait-on, qu'ils payent les rentiers et tous ceux des biens de qui il (sic) s'est emparé, et il n'y aura plus ni conspirations ni conseils militaires. » Ces propos faisaient d'autant plus d'impression sur ceux qui les écoutaient, qu'ils étaient astucieusement combinés. — Enfin, tantôt on a dit que le Conseil des Cinq-Cents a dû passer à l'ordre du jour sur la pétition des défenseurs officieux, parce que, dans le temps, on avait tenu la même conduite à l'égard de ceux des prévenus d'attaque du camp de Grenelle; tantôt on a dit que le Conseil militaire n'avait pas le droit de juger les détenus, que le ministre de la justice s'était compromis dans cette affaire par l'acharnement qu'il y avait montré. L'opinion sur ce point intéressant a paru très divisée.....

BRÉON.

(Arch. nat., BB³ 86.)

CMLXXII

4 GERMINAL AN V (24 MARS 1797).

RAPPORT DU BUREAU CENTRAL DU 5 GERMINAL.

Esprit public. — Des individus, à peu près les mêmes, ne parlent du général Bonaparte qu'avec une sorte de dédain; ils en font tantôt un ambitieux, tantôt un traître dans le fond de l'âme, prêt à jouer à l'égard de la République le rôle que Coriolan a joué à Rome. Ils considèrent les intentions de ce général comme tellement suspectes, qu'ils supposent auprès de lui un agent secret du gouvernement chargé d'observer sa conduite. S'ils parlent des armées, c'est comme d'un composé d'hommes dénués de tout et prêts à déserter; ils n'exceptent l'armée d'Italie que parce qu'ils la croient riche de contributions et des dépouilles que ceux qui la commandent empêchent de parvenir dans l'intérieur. Ces animosités contrastaient avec une nouvelle regardée comme officielle d'un combat au passage de la Drave, dans le Tyrol. Les Autrichiens ont perdu dans cette affaire dix mille hommes, et l'Archiduc a couru lui-même de très grands dangers dans sa retraite : tel est le bruit public. Nos troupes et leurs généraux sont couverts d'éloges, et ce nouveau triomphe semble un acheminement de plus vers la paix. — Quelques rixes se sont élevées, disait-on, dans une section des assemblées primaires du Panthéon et dans celle qui se tient aux Incurables; l'une, à raison d'une identité de noms qui a fait confondre des suffrages; l'autre, parce que des ouvriers non instruits se sont présentés en assez grand nombre pour voter; ces difficultés ont été levées sans qu'il en soit résulté des voies de fait, à ce qu'il a paru, et, dans tous les entretiens, il n'est question que du calme dans lequel, en général, les assemblées primaires conduisent leurs travaux. On ne dit que du bien des élections déjà connues. — Dans les dissertations qui traitaient des dernières séances du Conseil des Cinq-Cents, on a saisi deux opinions, presque balancées l'une par l'autre; mais, comme la classe de ceux qui se répandent en murmures contre le gouvernement était la plus nombreuse, sa conduite était souvent désapprouvée, et celle du Tribunal de cassation jugée avec faveur; cependant bien des citoyens suspectaient de royalisme les membres de ce tribunal et lui reprochaient de n'avoir point fait pour les conspirateurs de Grenelle ce qu'il fait pour ceux-ci. Un grand nombre a dit que les ennemis de la chose publique étaient bien trompés, et qu'ils n'auraient jamais [pensé] que les assemblées primaires fussent aussi calmes après les discussions du Corps législatif sur le message du Directoire relatif aux tribunaux [1]. — Après quelques sorties contre plusieurs membres du Conseil des Cinq-Cents, on a supposé à ceux-ci l'intention de mettre le Directoire en accusation dans deux mois. Cette opinion se répand avec assez d'affectation; on ajoute que ces députés seront bien secondés par la composition des administrations et des tribunaux, et qu'une épuration parmi les fonctionnaires publics serait bien salutaire. — La résolution sur l'établissement d'une loterie nationale est généralement approuvée [2]; on en désire une sur les transactions entre particuliers.

Spectacles. — Dans *L'École des pères*, donnée au théâtre de la rue Feydeau, un père dit : « Point de serment, mon fils », et le passage a été relevé par des applaudissements très vifs; du reste, là comme ailleurs, la tranquillité a été parfaite.....

LIMODIN.

(Arch. nat., BB³ 86.)

1. Voir plus haut, p. 20.
2. Le 4 germinal, le Conseil des Cinq-Cents avait adopté une résolution portant rétablissement de la loterie. Cette résolution fut rejetée par le Conseil des Anciens le 25 germinal.

CMLXXIII

5 GERMINAL AN V (25 MARS 1797).

Rapport du bureau central du 6 germinal.

Esprit public. — Les intentions de différentes cours à l'égard de la République française ont été scrutées hier avec beaucoup d'étude, et toutes les conjectures se sont fixées sur des projets de guerre ou des espérances de paix. On croit la paix plus prochaine encore d'après la victoire que l'armée d'Italie vient de remporter dans les États de l'Empire. Le nombre de ceux qui voulaient que la guerre cessât à tel prix que ce fût n'est pas aussi considérable, et, parmi ceux qui tenaient à ce système, on en voit qui opinent à ce que l'armée d'Italie marche droit à Vienne pour contraindre l'Empereur à accepter les conditions que l'on voudra lui imposer, tandis que, d'un autre côté, les troupes françaises passeront le Rhin et formeront de suite le siège de Mayence. — Un bruit qui a produit une sensation très agréable, c'est que le Directoire venait de conclure un traité d'alliance offensive et défensive avec le roi de Prusse, et que, par dédommagement, le Stathouder de Hollande allait être investi de l'Électorat de Hanovre. Cependant, sur ce dernier point de diplomatie, les avis sont très partagés. Il s'est dit, d'un autre côté, que les Américains faisaient toutes les dispositions nécessaires pour nous déclarer la guerre. — On a entendu assez volontiers murmurer des citoyens contre l'indécence de quelques placards, dans lesquels on envenime les principes et [on] attaque la conduite des magistrats ou des particuliers, et l'on regrettait qu'il ne fût prononcé aucune peine répressive des excès à la faveur desquels on cherche à avilir les autorités constituées. — L'impatience est très vive à connaître le résultat de l'affaire des prévenus de conspiration, traduits devant le Conseil de guerre, et le parti que prendra le Tribunal de cassation par rapport aux ordres qu'a donnés le Directoire pour empêcher l'exécution du jugement de ce tribunal. — Lorsqu'il a été question des assemblées primaires, on a remarqué avec plaisir la bonne harmonie qui accompagnait leurs opérations et l'accord qui régnait parmi les citoyens, qui ne nomment aux fonctions publiques que des hommes de probité et partisans du gouvernement républicain. — Il ne transpire aucun indice de fermentation qui menace de troubler la tranquillité parfaite dont jouissent les esprits.

Spectacles. — L'odeur de quelques hardes brûlées a causé un moment d'alarme parmi les spectateurs au théâtre Feydeau, mais ces craintes ont été aussitôt dissipées, et le calme a duré sans aucune interruption. Tous les autres théâtres ont joui du bon ordre convenable.

Commerce. Pain. — Le pain a été exposé avec abondance et vendu : le blanc, 11 sous les 4 livres; 8 sous le mi-blanc, et 7 sous le bis.

Viande. — La viande a été très abondante; le bœuf a été vendu en détail de 6 à 10 sous la livre; le veau, de 8 à 13; le mouton, de 8 à 14; le porc frais, de 11 à 13, et de 10 à 14 le salé.....

BRÉON.

(Arch. nat., BB ³ 86.)

JOURNAUX.

Rédacteur du 18 germinal : « Bureau central du canton de Paris. Arrêté du 5 germinal an V, approuvé par l'administration centrale du département de la Seine, le 7 du même mois. Le Bureau central, informé que, sous prétexte d'aller offrir des bouquets, des individus de l'un et de l'autre sexe, se permettent de pénétrer dans l'intérieur des maisons, troublent la tranquillité de ceux qui les habitent, et profitent de la crainte qu'ils ont inspirée, ou de la faiblesse, pour extorquer quelques pièces de monnaie; considérant qu'un délit qui blesse si ouvertement l'inviolabilité des maisons particulières et la sécurité de leurs habitants provoque toute la sévérité des lois; que, quel que soit le prétexte dont ce délit est coloré, les individus qui s'en rendent coupables ne peuvent être considérés que comme des vagabonds livrés à la paresse, et d'autant moins dignes d'exciter la bienfaisance en leur faveur qu'ils sont en état de pourvoir à leur existence par des moyens légitimes; ouï le commissaire du pouvoir exécutif; arrête : 1° Il est défendu de violer l'asile des citoyens et de pénétrer dans l'intérieur de leurs habitations, pour leur offrir des bouquets et en exiger de l'argent, sous quelque prétexte que ce soit, à peine d'un emprisonnement, qui pourra être d'une année pour la première fois, et du double en cas de récidive. 2° Les contrevenants seront saisis et traduits, sur-le-champ, devant le juge de paix, qui procédera conformément aux articles 23 et 24 du titre II de la loi du 22 juillet 1791. 3° Le présent arrêté sera imprimé et affiché où besoin sera, et envoyé au commandant temporaire de la place, aux juges de paix, aux administrations municipales et aux commissaires de police. Les administrateurs du Bureau central, *signé* : LIMODIN, BRÉON, COUSIN. Le secrétaire en chef : BAUVE. » — *Courrier républicain* du 7 germinal : « *Paris, le 6 germinal.*... Limodin, membre du Bureau central, nous envoie une réponse à Martainville, pour être insérée dans le *Courrier républicain*... Que fait au *Courrier républicain* la querelle de Limodin et de Martainville? Cependant, puisque nous avons commencé à en parler, achevons. Martainville fait jouer une pièce, *Les Assemblées primaires*. Limodin la met en interdit; Martainville est appelé devant Sa Majesté écharpée; il reçoit une semonce, puis on le renvoie. Il rédige son interrogatoire, y turlupine cruellement Limodin, puis fait afficher le tout à tous les carrefours. Chacun lit et rit largement aux dépens de Limodin.... Celui-ci se croit obligé de répondre, et, au lieu de suivre la même voie que son ennemi, il trouve plus commode de se servir des journaux. Il leur envoie donc une réponse sur papier timbré et au nom du Bureau central, réponse où il nous semble qu'il ne répond rien. Cependant elle a un mérite, c'est celui d'être très courte, et voilà pourquoi nous ne refusons pas de l'insérer. La voici :

LIBERTÉ — ÉGALITÉ.

« *Paris, le 5 germinal an V*. Bureau central du canton de Paris. Réponse
« à Martainville. Je n'ai jamais mieux prouvé mon respect pour le public,
« qu'on empêchant que la plus sainte comme la plus grande de ses actions
« soit jouée et mise en action sur la scène ; et si j'ai un reproche à me faire,
« c'est de n'avoir traduit devant les tribunaux celui qui avait eu l'audace de
« jouer son souverain sur un théâtre. Je réponds en mon nom, parce que la
« calomnie est particulièrement dirigée contre moi. *Signé :* LIMODIN. »

CMLXXIV

6 GERMINAL AN V (26 MARS 1797).

RAPPORT DU BUREAU CENTRAL DU 7 GERMINAL.

Esprit public. — Une satisfaction générale a suivi l'annonce d'une victoire remportée sur l'Archiduc Charles ; le besoin de la paix se fait sentir de plus en plus ; mais on s'écarte moins de l'idée qu'il faut peut-être l'acheter par des conquêtes. Parmi les gens âgés, on accompagne de propos très satiriques la lecture de la lettre écrite aux Belges par le ministre de la police, pour les inviter à nommer des députés ayant fait partie de la Convention. Cette démarche est fort désapprouvée, et le blâme en a rejailli sur le Directoire. La procédure des prévenus de conspiration royaliste était hier le grand sujet d'entretien : d'une part, la conduite du Directoire et du ministre de la justice ; de l'autre, celle du Tribunal de cassation ont trouvé des censeurs amers ou de chauds défenseurs, suivant l'esprit de parti. Dans le Jardin-Égalité et cafés en dépendant, on a témoigné une animosité telle que chacun, suivant son opinion, a traité son adversaire de Jacobin ou de royaliste, et la rumeur a été assez considérable ; les uns, et c'était le plus grand nombre, entraient dans les principes des défenseurs officieux, préjugeaient assassins les membres du Conseil militaire, s'ils venaient à prononcer dans cette affaire, et, comblant d'éloges le Tribunal de cassation, voulaient que tous les bons citoyens fissent à ses membres un rempart de leurs corps dans le cas où ils seraient menacés par l'autorité du Directoire ; les autres répondaient avec beaucoup d'ardeur que le Tribunal de cassation devait garder en cette circonstance le même silence qu'il avait observé envers les prévenus de la conspiration de Grenelle, qu'alors les journalistes n'avaient fait aucun bruit, mais qu'aujourd'hui on traînait en longueur la procédure qui s'instruisait au Conseil militaire, dans l'espérance d'un changement de l'ordre actuel des choses. Ailleurs, on a traité cette dernière conspiration d'invention convenue entre le Directoire, le ministre de la police et Malo, pour faire une diversion dans l'opinion publique en faveur des terroristes, afin que ceux-ci l'emportent dans les assemblées primaires. Ailleurs encore, le résultat jusqu'à ce moment connu de ces assemblées a paru très satisfaisant, tandis que d'autres disaient entachés de royalisme ceux qui avaient reçu les choix. — Quelques gens ont été jusqu'à dire qu'on ne pourrait plus regarder un militaire, si ceux qui composent le Conseil jugeaient les prévenus ; que, dans cette affaire, le Directoire avait commis toute la forfaiture, qu'en vain on voulait rappeler la Terreur, qu'on n'y réussirait pas. Il est à remarquer que ces sentiments se retrouvaient dans les cafés des quartiers éloignés et chez grand nombre de marchands de vin. — Dans quelques-uns de ces derniers endroits encore, quelques personnes de l'un et l'autre sexe se sont répandues en invectives contre les Cinq-Cents, à cause de l'établissement des bons qui vont servir à payer les rentes. De plus, on y a, pour ainsi dire, donné des larmes à la mémoire de Robespierre, dont on vantait la vertu, et [on a dit] qu'on l'y avait [disculpé] de l'assassinat d'un grand nombre d'innocents, en rejetant ses crimes sur Vadier, Jagot et Du Barran. Ce mot surtout a été saisi : « Ils ont détruit les Jacobins, mais ils ne viendront jamais à bout de détruire leur correspondance ; elle existe toujours. » — Quelquefois, l'*Ami du peuple* où Vatar a la main [1], on y a pris avec chaleur la défense de Babeuf, en accusant de faux et de suggestion le ministre de la police. En un mot, on a aperçu hier un peu de fermentation dans les esprits, et la diversité d'opinions a produit quelques rixes particulières. L'ordre public cependant, à ces nuances près, n'a point souffert, et les apparences n'ont point semblé alarmantes.

Spectacles. — Plusieurs ont été bruyants, mais il ne s'est passé dans aucun rien de contraire à l'esprit du gouvernement.

Surveillance. — ... En vertu d'un mandat du Bureau central, on

---

1. Il s'agit du *Journal des hommes libres*, imprimé par R. Vatar.

a arrêté le nommé Durour, ex-membre de la commission (*sic*) du 10 août.....

(Arch. nat., BB³ 86.)

BRÉON.

JOURNAUX.

Gardien de la Constitution du 7 germinal : « Le cercle de l'Harmonie réunit tout ce que les jeux, les talents et les arts peuvent offrir d'agréments. On y retrouvera tous les journaux connus, depuis (dit le prospectus) l'*Historien* jusqu'à la *Sentinelle*. Un jour de chaque décade, il y aura concert, et bal un autre jour aussi de chaque décade. Le prix de l'abonnement est de 48 livres pour trois mois pour les hommes, et de 24 livres pour les dames. Toutefois les artistes connus, hommes et femmes, jouiront de leur entrée, et le directeur les invite à faire par leur présence l'ornement et l'agrément de la société. Nous sommes profondément affligés d'être obligés d'ajouter que c'est au Palais-Royal, dans les appartements mêmes de Mme d'Orléans, que ce club est établi. Il y a eu, hier jeudi, bal au même cercle : il a été très agréable. »

CMLXXV

7 GERMINAL AN V (27 MARS 1797).

RAPPORT DU BUREAU CENTRAL DU 8 GERMINAL.

Esprit public. — La malveillance n'a que faiblement essayé ses forces, et les esprits ont paru se rapprocher sur bien des points. Le Directoire, contre lequel bien des personnes ont parlé, a compté des amis en assez grand nombre, sans acception de ceux qui le composent, et toutes les réflexions dont il était l'objet aboutissaient à celle-ci : qu'inhérent à la Constitution, il était de l'intérêt commun de prendre sa défense dans tous les cas où les factieux conjureraient sa perte. — La sensation agréable qu'ont faite dans le public les dernières victoires de l'armée d'Italie subsiste dans toute sa force ; on remarque cependant une classe d'individus, jeunes, inconséquents et adonnés à leurs plaisirs, qui ne parlent des événements politiques les plus certains qu'avec légèreté et incrédulité, jusqu'à nier ces derniers avantages et le traité conclu avec le Pape. On doit dire aussi, d'après l'évidence, que le crédit et l'opinion de ces citoyens se bornent à peu près à leur seule personne. — Il n'en est pas toujours de même d'une autre classe qui fréquente les lieux publics de réunion au Jardin-Égalité, composée d'hommes grands partisans

[27 mars 1797] DIRECTOIRE EXÉCUTIF 28

de Babeuf; ils déclament hautement contre l'administration actuelle des finances ; ils exaltent les esprits sur la pénurie des ressources du gouvernement ; ils en prévoient les conséquences les plus sérieuses et les annoncent comme inévitables, telles que : l'impossibilité d'admettre aux hôpitaux les malades qui s'y présentent, et ce, faute d'aliments et de drogues ; la chute prochaine de beaucoup d'établissements publics et la nécessité de mettre sous peu de jours tous les prisonniers en liberté, faute par le gouvernement de pourvoir à leur nourriture, les fournisseurs, à défaut de payement, ne voulant plus continuer leurs services. — Ces bruits de détresse ont circulé cependant aussi parmi les habitués d'un café très en règne (sic) au Jardin-Égalité, où l'exagération n'est point du tout celle des partisans de Babeuf ; on y a censuré, dans des discours plus abstraits, le système actuel de nos finances ; les hauts calculateurs parlaient avec une extrême adresse et beaucoup de malignité. — Il y a moins de discordance dans l'opinion publique à l'égard des choix déjà connus des diverses assemblées primaires ; ils passent généralement pour bons, exception faite, de part et d'autre, d'un petit nombre de royalistes ou de Jacobins que l'on se nomme réciproquement. Les patriotes exagérés ne sont point de cet avis, car ils disent que l'on n'a choisi que des royalistes, et que les patriotes ont partout été rejetés avec dédain. — Les ennemis du gouvernement républicain s'appliquent à réveiller dans les cœurs le sentiment des pertes que notre marine a essuyées lors de l'expédition contre l'Irlande. Cette affectation a paru avoir son but. — Au nombre des bruits les plus vagues, il faut compter celui de la prochaine ordination du citoyen La Harpe. — Toutes les parties de la société étaient disposées au calme.

Spectacles. — Une application contre l'usage des serments a été saisie avec avidité, au théâtre de la Cité, dans *La Sorcière,* parodie de *Médée* [1] ; cet incident n'a point altéré la tranquillité que ce théâtre a partagée avec tous les autres.....

LIMODIN.

(Arch. nat., BB³ 86.)

JOURNAUX.

Miroir du 8 germinal : « .... Les assemblées primaires de Paris continuent de jouir d'un calme et d'une tranquillité dignes d'admiration. Un membre d'un

---

1. *Médée*, tragédie en trois actes en vers, paroles de Hoffmann, musique de Cherubini, avait été représentée pour la première fois au théâtre Feydeau le 23 ventôse an V.- Voir plus haut, p. 5.

Comité révolutionnaire, jaloux de cette paix, voulut l'autre jour la troubler. Il demande à parler. La parole lui est accordée. On l'écoute dans le plus grand silence. Quand il a fini sa péroraison, il demande que ses conclusions soient mises aux voix. L'Assemblée passe silencieusement à l'ordre du jour. Le citoyen *bonnet rouge* obtient de nouveau la parole; même silence, même résultat. Il alla jusqu'à cinq fois à la recharge : cinq fois un ordre du jour silencieux accueillit ses propositions. L'énergumène, voyant que le peuple des sections de Paris de 1797 n'est pas le peuple souverain de 1793, jugeant que ses efforts réitérés pour maintenir la paix dans l'Assemblée lui avaient bien mérité à la portion de 750,000 francs [1], s'est retiré et n'y a plus reparu. Avis aux assemblées électorales ».... « *Variétés*. Les spectacles sont en général très déserts, et les bals deviennent de jour en jour moins fréquents. Leur monotonie, la rareté du numéraire et la belle saison qui s'avance à grands pas peuvent expliquer la désertion des premiers; mais quant aux seconds, ce n'est ni la tenue des assemblées primaires, ni la crise violente où nous sommes qui semblent en suspendre le cours; ce sont tout bonnement les thés et les concerts qui ont remplacé les contredanses. Il faut bien qu'un plaisir fasse place à un autre. »

CMLXXVI

8 GERMINAL AN V (28 MARS 1797).

Rapport du bureau central du 9 germinal.

Esprit public. — Le choix à peu près connu entièrement des électeurs est universellement goûté, et les notions qu'on a pu se procurer des travaux des assemblées primaires dans les départements ont aussi paru satisfaisantes. Les troubles qui se sont manifestés dans quelques endroits ont fait cependant une assez vive sensation ; mais on espère que la composition du nouveau tiers vengera la République de tous les efforts des factieux. — Dans plusieurs cafés, on a parlé de persécutions des patriotes de plusieurs départements méridionaux ; la plupart, s'est-il dit, vont se joindre à l'armée d'Italie, autant pour se soustraire aux poursuites de leurs ennemis que pour partager la gloire des troupes françaises dans ces contrées. — L'intention que l'on suppose au Directoire de dénoncer cent quatre-vingt-quatre membres du Corps législatif, d'autres disent soixante, d'autres quinze, comme complices des prévenus de conspiration traduits au Conseil militaire, agitait bien des esprits. Un grand nombre de citoyens révoquaient en doute cette nouvelle,

---

1. Textuel.

qui les afflige, et en tiraient d'avance les plus fâcheuses conjectures.
— Mais l'objet qui revendiquait le plus impérieusement l'attention publique était le conflit de pouvoirs que présente dans ce moment le déclinatoire des prévenus de conspiration. L'opinion est en faveur du Tribunal de cassation, dont la conduite était généralement approuvée. L'intérêt devance la plainte qu'il va porter, dit-on, au Corps législatif à raison de l'inexécution du jugement qu'il a rendu et qu'il a fait dresser par une commission nommée dans son sein. Les hommes ardents considèrent la Commission militaire comme un nouveau Tribunal révolutionnaire et portent la passion encore plus loin; d'autres se récrient que l'on n'a point fait toutes ces réflexions d'incompétence, lorsqu'il s'est agi de la conspiration du camp de Grenelle, et que les difficultés au jugement de ces derniers prévenus ne venaient que de ce qu'il y avait plus de cent députés compromis dans cette affaire. Plus calmes, d'autres habitués des cafés du Jardin-Égalité se déchaînaient contre la conduite du Directoire, trouvée inconstitutionnelle et tyrannique ; on faisait un rapprochement de cette lutte entre les pouvoirs exécutif, judiciaire et législatif, avec celle que les Parlements ont soutenue contre la cour, et l'on en concluait que cette affaire pouvait avoir les suites les plus graves et compromettre la tranquillité. L'espèce d'inquiétude que l'on a remarquée dans le public provenait des réflexions que suggérait cette circonstance, dont on étudie tous les symptômes, dont on cherche à prévoir toutes les conséquences.

Spectacles. — Ce vers de *Paméla* au théâtre Feydeau a été longtemps applaudi :

> Le règne des bourreaux est passé, Dieu merci !

Ce spectacle et tous les autres ont obtenu un calme parfait.....

BRÉON.

Arch. nat., BB 3 86.)

CMLXXVII

9 GERMINAL AN V (29 MARS 1797).

RAPPORT DU BUREAU CENTRAL DU 10 GERMINAL.

Esprit public. — Il paraît que le bruit répandu dans le public, et soutenu dans les feuilles du jour, de la complicité de cent quatre-vingt-quatre députés avec les prévenus de la conspiration royaliste a donné lieu à beaucoup de soupçons; le silence du gouvernement sur un point de cette importance fait croire au plus grand nombre que c'est une imposture, à l'ombre de laquelle on voudrait préparer une proscription, et l'on pense qu'il est de sa dignité autant que de son devoir de dissiper ces bruits, s'ils sont faux, ou d'agir avec fermeté, s'ils sont vrais. — L'attention est plus que jamais suspendue sur l'opposition qui existe entre le Tribunal de cassation et le Conseil militaire relativement à l'affaire dont ce dernier est saisi. Les sentiments à cet égard ne sont pas toujours partagés (sic). Tantôt les membres du Tribunal de cassation sont traités de factieux : ils luttent contre l'autorité du Directoire, à l'exemple du Parlement, qui luttait contre l'autorité royale; tantôt on ne voyait plus en eux que des magistrats intègres et des gardiens impassibles des droits du peuple. C'était le plus souvent en leur faveur que l'opinion se prononçait, en ravalant avec des expressions peu mesurées les principes et les démarches du ministre de la justice dans ce procès. Plusieurs personnes croient au surplus que le Conseil des Cinq-Cents reviendra sur l'approbation qu'il a donnée au message du Directoire exécutif à ce sujet[1]. Les politiques de haute renommée se récrient amèrement contre le ministre de la justice pour avoir envoyé dans le département du Nord une liste indicative des députés ex-conventionnels à porter de nouveau à la législature. Ces plaintes rejaillissent sur le Directoire, qui, disait-on, devait improuver avec vigueur et même punir ces démarches à la fois inconstitutionnelles et impolitiques. Beaucoup de personnes avouaient au surplus que, d'après cette dernière circonstance, elles avaient retiré au Directoire la confiance entière qu'elles lui avaient accordée, et que sa conduite dans l'affaire des prévenus traduits au Conseil militaire les confirmait davantage encore dans cette manière de penser. — Partout où l'on s'est occupé des choix d'électeurs dans cette commune et aux environs, on s'est accordé à les trouver de nature à donner de très bons législateurs. Cependant, si l'on en croit un député qui émettait son opinion à haute voix dans l'un des cafés du Jardin-Égalité, toutes les nominations d'électeurs sont royalistes. Beaucoup pensent ainsi dans les deux Conseils, et l'on espérait que le Directoire allait se prononcer énergiquement pour sauver la République des dangers qui l'entouraient. — Rien n'a paru disposé à interrompre l'harmonie de la société.

BRÉON.

(Arch. nat., BB³ 86.)

1. Voir plus haut, p. 20.

JOURNAUX.

Rédacteur du 9 germinal : « Ministère de l'intérieur. Avis. Le public doit se mettre en garde contre un genre d'escroquerie qui se renouvelle, quoiqu'on ait déjà plusieurs fois excité son attention à ce sujet. Des prisonniers de Bicêtre ou de la Force adressent à des citoyens de Paris ou d'autres communes de la République de mystérieuses lettres, dans lesquelles, après un narré plus ou moins pathétique, plus ou moins adroit, ils s'avouent dépositaires, donataires même, de sommes considérables ou de bijoux précieux, que le temps de la Terreur, une détention non méritée, mille autres circonstances, les ont forcés de cacher dans la terre; ils offrent de désigner le lieu, de partager surtout les richesses dont la mort ou la fuite du propriétaire leur a laissé la jouissance; mais, préalablement, il faut bien s'acquitter envers les honnêtes gens qui, de la prison au dehors, ou du dehors dans la prison, sont les porteurs d'une si importante correspondance : une avance de quelques pièces d'or ou d'argent sur la très prochaine recette devient nécessaire; ils la demandent avec confiance, et donnent, à cet effet, une adresse de domicile à Paris, où l'on peut faire passer en sûreté les fonds; mais si quelques personnes faciles ont la bonhomie d'ajouter foi à ces lettres, et font parvenir quelque argent, tout est bientôt bu dans la prison, moins encore à la santé de la dupe qui l'envoie, que de celui qui l'a soutiré. Le ministre de l'intérieur, *signé :* BÉNÉZECH. »

CMLXXVIII

10 GERMINAL AN V (30 MARS 1797).

RAPPORT DU BUREAU CENTRAL DU 11 GERMINAL.

Esprit public. — Les entretiens qu'ont fait naître les derniers détails des victoires remportées en Empire par l'armée d'Italie ne sont qu'un tissu d'éloges aux troupes qui se sont distinguées et au général qui les conduit. On présage, à l'activité des conquêtes, que l'Empereur sera forcé d'accéder à des négociations et même de les provoquer, et les pertes qu'il éprouve de tous les côtés sont, avec le congrès qui a lieu, dit-on, à Turin, autant de probabilités pour une paix très prochaine. Cependant il est question dans le public de nouveaux préparatifs pour continuer la campagne, notamment d'une réquisition de cent mille hommes, que l'on regarde comme une nouvelle fausse, mais qui n'en fait pas moins naître des inquiétudes très sensibles. — L'opinion s'est généralement prononcée en faveur de l'ordre du jour auquel a passé le Conseil des Cinq-Cents sur le référé

du Tribunal de cassation[1]; une très grande partie même de ceux qui avaient soutenu avec plus de chaleur les démarches du Tribunal de cassation, sans avoir changé d'avis, regardent cet ordre du jour comme très politique et comme le seul parti que le Conseil ait dû prendre pour empêcher que la tranquillité publique ne souffrît. On a entendu dans beaucoup de cafés déclamer contre plusieurs membres du Corps législatif qui s'étaient opposés à cet ordre du jour, et que l'on soupçonne atteints de royalisme, [et on en soupçonne] également le Tribunal de cassation, dont les esprits (sic) même passaient pour n'avoir eu d'autre intention que celle de sauver les prévenus de conspiration royaliste; ailleurs les magistrats sont entièrement lavés de cette inculpation, et leur conduite, quelle qu'en soit l'issue, est approuvée; mais cette lutte des divers pouvoirs donne aujourd'hui moins d'alarme, et on la considère comme terminée au moyen du nouvel ordre du jour.
— Quoique en majorité les opinions soient en faveur de la composition des électeurs[2], nombre de personnes néanmoins pensent qu'elle n'est que le triomphe du royalisme; elles craignent que les ennemis du gouvernement républicain ne fondent sur les choix à venir des espérances pour rétablir la monarchie; elles disent que les royalistes s'agitent en tous sens et regardent leur victoire comme assurée.
— En plusieurs endroits, on a dit que les députés étaient vus très fréquemment dans les maisons de jeu, et on tirait contre eux beaucoup de déductions déshonorantes, et le scandale de leur conduite amenait à des discours désagréables pour la masse des représentants du peuple.

Spectacles. — Quelques rixes particulières ont été promptement apaisées aux théâtres du Vaudeville et de la Cité. A ce dernier, on a beaucoup applaudi à des couplets sur l'usage ou l'abus des serments. Rien n'a blessé le bon ordre partout ailleurs.

Commerce. — Il a été exposé passablement de pain; le blanc a été vendu de 10 à 14 sous les 4 livres; le mi-blanc 8 sous, et 7 sous le bis. — La viande de boucherie a été très abondante; le bœuf en détail, 5 à 9 sous la livre; le veau, 8 à 13; le mouton, 7 à 13; le porc frais, de 11 à 13, et de 10 à 14 le porc salé.....

BRÉON.

(Arch. nat., BB³ 86.)

1. Voir la séance du Conseil des Anciens du 10 germinal.
2. C'est-à-dire de la manière dont les assemblées primaires avaient composé l'assemblée électorale de la Seine.

CMLXXIX

11 GERMINAL AN V (31 MARS 1797).

Rapport du bureau central du 12 germinal.

Esprit public. — Il règne autant d'incertitude que de contradiction dans les nouvelles politiques qui se débitaient hier, à l'exception de ce qui avait trait aux négociations actuellement entamées pour la paix avec l'Empire et sur le succès desquelles on compte beaucoup. Mais du reste, tantôt on annonçait que cette paix était déjà conclue et que le traité en était signé ; tantôt on disait que le prince Charles avait été fait prisonnier avec une partie de son état-major, et les citoyens sur ces deux faits étaient induits en erreur par des colporteurs de journaux. En général la restitution de toute l'Italie paraît être la principale condition du traité de paix dont il s'agit, et cette nouvelle remplit d'alarme ce qui se trouve d'Italiens à Paris, qui présument que cette disposition ne pourrait être que préjudiciable au gouvernement français. — Des particuliers ont dit [avoir vu] un des fils du prince de Condé actuellement à Paris sous divers déguisements ; on ne donnait pas grande confiance au propos. — L'exaspération de quelques citoyens contre la disposition connue du corps électoral, et contre les électeurs en général dans toute la République, est moins sensible, et la satisfaction sur le résultat des assemblées primaires offre plus d'unanimité ; le public est mieux éclairé sur la nature des choix, et apprend avec plaisir que telle commune, que l'on avait dépeinte comme livrée aux troubles, a joui au contraire du calme. — Le bruit court qu'il part beaucoup de monde pour l'armée d'Italie, et qu'il se trouve dans cette transmigration beaucoup d'intrigants dont on redoute l'influence. Cependant le caractère du général Buonaparte, dont on ne s'entretient qu'avec le plus vif enthousiasme, rassure beaucoup sur l'ascendant que ces individus tenteraient de prendre dans les camps. — Un particulier qui se donnait pour plaisant, dans un café du Jardin-Égalité, lisait aux citoyens présents une pièce de vers qui n'est qu'une satire des repas donnés par les ministres en réjouissance de la paix de Mantoue : les premiers orateurs du Corps législatif, Carnot et Barras y jouaient un rôle ; on a remarqué que c'était une rapsodie jacobite débitée par un sectaire. — Lorsque l'on s'entretenait de la procédure des conspirateurs royaux, c'était avec inquiétude ou avec impatience, suivant l'opinion ; l'impatience était plus marquée de la part de ceux qui sont pleins d'espérance de voir sortir triomphants les conspirateurs anarchistes. — Les créanciers de l'État attendent plus impatiemment que jamais le moment où le Corps législatif améliorera leur sort.....

BRÉON.

(Arch. nat., BB³ 86.)

JOURNAUX.

Gazette nationale de France du 12 germinal an V : « *Paris*. Les assemblées primaires ont achevé leurs opérations; elles procèdent, sous le titre d'assemblées communales, au renouvellement des municipalités. La tranquillité publique n'a pas souffert la plus légère atteinte de ces grands rassemblements simultanés.... » — *Courrier républicain* du 13 germinal : « *Paris, le 12 germinal*... Les trois classes de l'Institut national ont renouvelé leurs bureaux conformément aux règlements décrétés par le Corps législatif. La classe des sciences physiques et mathématiques a nommé Fourcroy président. Celle des sciences morales et politiques a nommé Pastoret. La classe de littérature et beaux-arts a nommé Villar. Les secrétaires étant rééligibles une fois, la première a réélu Prony ; la seconde Joachim Le Breton, et la troisième Fontanes. Le Directoire avait ôté à l'Institut national la bibliothèque de l'Arsenal, qui avait appartenu précédemment à Paulmy d'Argenson, puis au comte d'Artois. Le Directoire, pour la remplacer, vient de mettre à la disposition de l'Institut celle dite de la ville, située aux ci-devant Jésuites de la rue Saint-Antoine.... »

CMLXXX

12 GERMINAL AN V (1ᵉʳ AVRIL 1797).

RAPPORT DU BUREAU CENTRAL DU 13 GERMINAL.

Esprit public. — Au commencement de la journée, rien n'avait plus de vogue que la nouvelle d'une paix très prochaine ; déjà même on la disait signée ; ce qui confirmait encore cette espérance était la prise de plusieurs forteresses dans le Tyrol et les succès de l'armée d'Italie, que la plus haute admiration accompagne dans sa marche ; mais ce fut, le soir, un bruit assez général que la paix était encore assez éloignée, que l'Empereur n'avait néanmoins aucune disposition à souscrire aux dispositions qui lui étaient proposées, et que la guerre allait se continuer avec vigueur dans le cours de la campagne. Ceux qui raisonnaient dans la première hypothèse ne voient pas comment la restitution de la Lombardie pourrait entrer au rang des articles du traité, d'autant plus que ce serait exposer les habitants de ce pays au ressentiment de leur souverain pour avoir depuis déclaré leur indépendance, qu'au surplus ce serait beaucoup pour cette restitution (sic) que la marche de l'armée française [a lieu] sur Vienne, [marche] qui pourrait contraindre à recevoir la paix. — Même partage d'opinion sur les droits constitutionnels que font respectivement valoir les autorités judiciaire, législative et exécutive, dans la question de compétence ou d'incompétence du Conseil militaire. Ceux qui s'élèvent contre le Tribunal de cassation en viennent assez volontiers à le soupçonner d'avoir voulu sauver les prévenus de conspiration ; les autres trouvent au contraire qu'il soutenait les véritables principes et sont fort mécontents de la conduite du Directoire et du Corps législatif dans cette affaire, tout en donnant des éloges à l'énergie que déploie le Directoire contre toute espèce de conspirateurs, dans quelque sens qu'ils projettent d'intervertir l'ordre actuel des choses. — Une réflexion souvent saisie, et tout à l'avantage de l'esprit public, c'est que l'on murmure beaucoup plus contre les personnes que contre les choses, qu'il est rare que l'on attaque, même que l'on discute les principes organiques du gouvernement républicain, et que le plus souvent les murmures sont personnels à des hommes en place, dont on censure plutôt la conduite qu'on ne combat les opinions. — Les plaintes des rentiers sont extrêmement vives à raison des payements qui sont effectués avec des rescriptions qui perdent 91 pour 100.

Spectacles. — Du tumulte au théâtre de Louvois, parce qu'au moment de l'ouverture de la scène une pièce fut substituée à celle annoncée; aussitôt ceux qui n'étaient pas satisfaits de ce changement sortirent. — Au théâtre Feydeau, des applications contre les gens improbes. — Au théâtre de la Gaîté, une pièce intitulée *Le Nouvel Orphée au Corps de garde* a présenté quelques passages qui ont paru répréhensibles et qui nécessiteront quelques éclaircissements de la part du directeur de ce spectacle. — Le bon ordre a régné partout.....

BRÉON.

(Arch. nat., BB 3 86.)

CMLXXXI

13 GERMINAL AN V (2 AVRIL 1797).

Rapport du bureau central du 14 germinal.

Esprit public. — Quelles que soient les craintes d'un très petit nombre de citoyens, rien ne prête de fondement aux annonces d'événements sinistres que des malveillants s'efforcent d'accréditer ; tout est disposé au calme, et une immense majorité paraît déterminée à maintenir l'état de quiétude dont elle jouit. — Le renouvellement du tiers des membres du Corps législatif sert de prétexte à ces bruits, et, suivant son opinion sur la nature des élections, on conjecture des commotions de partis ; on y voit un mélange de royalistes et de Jacobins ; ceux-ci se récrient amèrement sur la perfidie et la prépondérance des premiers en les menaçant d'un coup terrible, et ils annoncent cette crise pour quinze jours à dater de celui de l'installation des nouveaux députés dans le Corps législatif. Le plus grand nombre des habitants de cette commune témoigne cependant de la satisfaction du choix des électeurs, et compte sur leur prudence pour porter à la législature des hommes éclairés et fermes appuis du gouvernement. — La principale remarque faite sur les opérations de la Haute-Cour frappait (*sic*) sur ce que l'établissement de ce tribunal n'avait pas présenté d'avantages équivalents aux dépenses considérables qu'il avait déjà occasionnées au gouvernement. — C'est toujours avec un égal intérêt que l'on s'occupe des débats du Conseil militaire. On n'a pu trop saisir les motifs des murmures, beaucoup plus sensibles que d'ordinaire, provenant de citoyens disséminés dans les endroits publics du Jardin-Égalité et qui s'apitoyaient sur le sort des femmes impliquées dans la conspiration de Brottier et autres; ils témoignaient leur surprise de voir traduire des femmes à un Conseil militaire et disaient que cela ne s'était jamais vu. — Les nouvelles politiques étaient, dans le public, aussi avantageuses qu'aux jours précédents ; le détail des dernières conquêtes est un sujet continuel d'éloges pour les généraux de l'armée d'Italie; on est même porté à amplifier les exploits, certain que l'on est qu'ils doivent presser le retour de la paix ; on penche à croire cette paix très prochaine, si le projet que l'on suppose au général Hoche de passer le Rhin avec quatre-vingt mille hommes est suivi de réussite. — Les ennemis ouverts du régime républicain déclament contre ce dernier plan; ils ne veulent pas non plus que Buonaparte avance dans le pays ennemi, et affectent de citer la retraite de l'armée de Sambre-et-Meuse.

Spectacles. — Ils ont été paisibles et n'ont offert aucun événement particulier ; le public a remarqué le citoyen Barras au théâtre de la République, où l'on donnait *Le Roi de Cocagne*....

BRÉON.

(Arch. nat., BB³ 86.)

CMLXXXII

14 GERMINAL AN V (3 AVRIL 1797).

RAPPORT DU BUREAU CENTRAL DU 15 GERMINAL.

Esprit public. — Au premier moment où les décharges d'artillerie ont annoncé quelques événements extraordinaires, beaucoup de personnes ont pensé que la paix était conclue avec l'Empereur et que la nouvelle officielle venait de parvenir au Directoire; d'autres ont cru que le prince Charles avait été fait prisonnier avec un grand nombre d'autres. Le public fut longtemps dans la persuasion de l'une ou de l'autre de ces circonstances; ce ne fut qu'assez tard que l'on parut être assuré que la nouvelle parvenue était celle de la prise du port de Trieste, et tous les politiques éclairés sur l'importance de cette place ont témoigné une joie qui s'est promptement communiquée au reste des citoyens. L'allégresse était sensible, et les conjectures en faveur d'une paix très prochaine ont doublé de force et de crédit. — Le rapprochement des opinions sur la formation de l'assemblée électorale est plus évident, et, à force de discuter les qualités les plus propres au caractère de législateur, on s'accorde à désirer qu'il ne soit promu au Corps législatif aucun citoyen qui ait prouvé de l'ascendant sur tel ou tel parti, aucun homme attaché à un système d'exagération. Les entretiens qui roulent sur cette matière sont plus calmes et mieux conciliés. — On suit avec le plus grand intérêt les débats qui ont lieu à Paris et à Vendôme relativement aux deux conspirations; les deux principales dépositions, celle de Malo, celle de Lamelle, sont comparées; on trouve moins de lumière dans les faits articulés par le premier, et l'on s'exprime sur son compte dans des termes quelquefois peu flatteurs. Cependant on témoigne beaucoup d'incertitude sur le sort de quelques-uns des principaux prévenus de la conspiration qui l'a révélée (sic), et l'on diffère sur la question de savoir si le Conseil militaire, après l'instruction du procès, se récusera ou non. — Une préférence singulière de certaines pièces de 6 livres sur les autres est remarquée aujourd'hui dans le commerce; cette marque à une étoile, et datée des années 1726 et 1726 (sic) gagne, dit-on, dans les mains de quelques négociants ou marchands, 5 à 6 sous. — Les heureuses nouvelles ont occupé presque exclusivement le public, et la satisfaction qu'il a ressentie a tourné encore au profit de la tranquillité.

Spectacles. — *Junius,* nouvelle tragédie du citoyen Monvel fils, eût donné [lieu] à d'assez fréquentes applications [1], si l'étude en quelque sorte de la pièce ne se fût emparée de l'attention du public, dont le jugement n'a pas été très favorable, en sorte que cet ouvrage paraît devoir faire peu de sensation, s'il ne subit des changements. — Rien n'a dépassé les limites du bon ordre.

Commerce. — Il a été exposé peu de pain sur les halles; le blanc a été vendu 11 sous les 4 livres; 8 sous 6 deniers le mi-blanc, et 7 sous le bis. — La viande de boucherie a été très abondante; le bœuf a été vendu en détail de 5 à 8 sous la livre; le veau et le mouton, de 8 à 12; le porc frais, de 11 à 12 sous.....

Bréon.

(Arch. nat., BB 3 86.)

JOURNAUX.

Rédacteur du 15 germinal : « Le journaliste qui se dit, par une sorte d'ironie ou de blasphème, le *Gardien de la Constitution,* annonçait hier dans sa feuille un grand deuil, que quelqu'un disait être celui de ses abonnés. Il y laissait une grande place en noir comme pour voiler la Constitution [2]. C'est ainsi qu'en 1794 (sic) les Cordeliers voilèrent la Déclaration des droits, lorsqu'on ne leur permit pas de la violer. Ces messieurs parlent beaucoup de Constitution, tant qu'elle est nécessaire à la sécurité de certaines intrigues ; elle est le masque sacré dont ils se couvrent, comme les anarchistes se servaient de la Déclaration des droits pour mieux la détruire. » — *Gazette nationale de France* du 15 germinal : « *Paris, 14 germinal.* Des décharges de canon ont annoncé, vers midi, un nouveau triomphe de l'armée d'Italie, la prise des ville et port de Trieste sur la mer Adriatique. Jamais les armes françaises n'ont été portées si loin sur notre continent et avec plus d'éclat;

---

1. *Junius Brutus ou le Proscrit,* par Monvel fils, fut représenté pour la première fois le 14 germinal an V, au théâtre de la République.
2. Il y a, en effet, dans le *Gardien de la Constitution* du 12 germinal, un article violent contre Merlin (de Douai), précédé de la figuration d'un voile noir.

et cependant l'admiration publique ne s'alimente pas de ces merveilles, qu'on aurait célébrées autrefois par mille chansons, hymnes, prologues dramatiques, allégories, arcs de triomphe, etc. L'imagination semble extravaguer à force d'être exigeante : on répandait partout que le bruit du canon annonçait la prise de l'Archiduc Charles ou la conclusion de la paix ; quand on a su qu'il ne s'agissait que de Trieste, on n'a plus été émerveillé, même au Corps législatif ! »

CMLXXXIII

15 GERMINAL AN V (4 AVRIL 1797).

RAPPORT DU BUREAU CENTRAL DU 16 GERMINAL.

Esprit public. — L'opinion publique n'a subi que de légers changements, et ils sont à l'avantage de la chose publique ; les esprits chancelants annoncent une propension plus décidée à s'attacher aux principes républicains. Les victoires d'Italie contribuent évidemment à cette amélioration. L'armée est considérée, non seulement comme le rempart de la République au dehors, mais encore comme sa garantie au dedans ; on annonce sourdement de nouveaux événements dans la Carinthie, et non moins glorieux que les précédents, et le bruit du moment est que l'Archiduc Charles, après avoir perdu dix mille hommes dans une dernière action et un fort pris d'assaut, n'a dû son salut qu'à la vitesse de ses chevaux. — A la suite de ces nouvelles, il s'est élevé, dans la plupart des cafés, nombre de conjectures diplomatiques sur lesquelles les sentiments se sont peu accordés. D'abord on a vu d'un bon œil la proclamation de Buonaparte à ses troupes ; le plus souvent encore, on a approuvé l'intention qu'il manifeste de pénétrer dans l'Allemagne, en ce que ce serait le moyen d'avoir plus tôt la paix. D'autres craignent de bonne foi qu'il n'y ait du danger pour l'armée de s'enfoncer dans le pays ennemi, et les royalistes déboutonnés (*sic*) prédisent à l'armée le sort de celle de Sambre-et-Meuse, car cette retraite est leur argument continuel, et ils s'opposent à tout. — Les politiques mystérieux annoncent d'Italie de grandes nouvelles qu'on ne veut pas encore dire ; ils ajoutent que, de concert, le roi de Prusse et le Directoire vont placer le Stathouder à la tête des républiques d'Italie, et qu'alors la France, l'Espagne, l'Italie et la Prusse se coaliseront pour établir le contrepoids dans le système d'équilibre entre les puissances. — On a vu avec beaucoup de plaisir le Directoire mettre de l'empressement à démentir le bruit de l'accusation préparée contre cent quatre-vingt-quatre membres du Conseil des Cinq-Cents [1]. Une autre nouvelle, c'est que le Directeur Barras a offert sa démission, et que ce qui l'a déterminé à cette démarche, c'est le grand nombre d'ennemis qui outragent journellement sa conduite; déjà on a désigné le citoyen Cambacérès pour le remplacer dans ses fonctions. — L'état défectueux de nos finances, ainsi que du commerce, et la détresse des rentiers sont les causes des vœux les plus ardents que chacun fait pour la paix.....

BRÉON.

(Arch. nat., BB 3 86.)

JOURNAUX.

Courrier républicain du 16 germinal : « Bulletin de la situation des partis. — *Politique*. Guerre entre le Tribunal de cassation et le Directoire ; les Jacobins et les honnêtes gens; le Conseil militaire et la Constitution; l'autorité et les lois; l'opinion politique et les gouvernants; l'*Ami des Lois* et le *Rédacteur;* la *Sentinelle* et la vérité ; Merlin et la justice. Réconciliation entre le ventre, la crête et le Directoire; Louvet, Poultier, Dubois-Crancé et le Directoire. — *Littérature*. Guerre entre Rœderer et La Harpe; Clément et tout le corps littéraire; Baour-Larmion et Cabanis ; Mercier et les beaux-arts ; Saint-Ange et Ferlus ; Chénier et le parterre. Réconciliation entre..: Au Parnasse on ne se réconcilie point. — *Variétés amusantes*. Guerre entre le Bureau central et le théâtre des Jeunes Artistes; le général Augereau et un journaliste. Réconciliation entre monsieur et madame Tallien. » — *Courrier républicain* du 18 germinal : « Séance de l'Institut national du 15 germinal. Après le compte rendu par les secrétaires du travail de chaque classe, ceux qui ont eu le bonheur de se trouver près l'orateur, dans cette salle allongée, assez belle aux yeux, mais cruelle ennemie des oreilles, ceux-là donc ont entendu la lecture de différents mémoires. L'un de chimie par Vauquelin, lu par Fourcroy, qui y a aussi coopéré, décompose les urines de l'homme et des animaux herbivores et y fait remarquer des conformités ou des différences que beaucoup aimeront mieux croire sur parole que d'acquérir par de sales expériences le droit de contredire messieurs les savants. Deux autres se sont succédé : l'un, de Geoffroy, a porté son œil curieux sur ces colosses animés dont a beaucoup parlé, et qu'on connaît cependant assez peu, savoir : le rhinocéros et l'éléphant; l'autre a annoncé la description des sciences et des arts... de quel peuple, se demande-t-on ? Des fourmis, poursuit l'orateur. Il a traité cette matière très gaiement, et si agréablement même qu'il y a tout à craindre qu'il n'ait fait un joli roman au lieu d'un mémoire d'histoire naturelle. Les fourmis, selon lui, se saluent, se donnent la main, ont des officiers

---

1. En effet, le Directoire publia une déclaration officielle, portant que le bruit répandu qu'il devait dénoncer cent quatre-vingt-quatre membres des deux Conseils, comme complices de la conspiration royale, était une imposture perfide. (Voir, entre autres journaux, le *Moniteur* du 16 germinal.)

de tout grade, des conseils militaires aussi, une république monarchique si bien organisée, des finances en si bon état, que si celui qui a lu ensuite un mémoire sur la magie avait voulu pousser son art jusqu'à l'expérience, la salle de l'Institut fût devenue sur-le-champ et par acclamations une fourmilière. Le citoyen Lebrun a déclamé une ode pleine de chaleur et de beautés. M. Talleyrand-Périgord a entretenu l'Assemblée des rapports commerciaux qui existent entre l'Amérique et l'Angleterre beaucoup plus qu'avec la France, quoique cette dernière semble y avoir des droits légitimes. Des observations frappantes faites dans le pays, et rendues avec infiniment d'esprit et de grâce, un peu trop même, si l'on ose se plaindre de ce qui fait plaisir, ont attiré sur le lecteur beaucoup d'applaudissements. L'article des cultes y est fait de main de maître, tant est vrai ce vieux et bon proverbe : « Chacun son métier », etc. Que ne l'avons-nous suivi ! Plusieurs autres mémoires étaient fort beaux sans doute ; heureux qui a pu les entendre ! Molé a lu, avec l'art qu'on avait droit d'attendre de lui, un conte d'Andrieux, intitulé, je crois : *Le Meunier de Sans-Souci et le philosophe roi*. Ce trait est trop connu pour le rappeler ici, surtout lorsqu'on ne peut le faire en vers gracieux et pleins d'esprit ; nous n'avons retenu que le dernier :

On respecte un moulin, on vole une province.

Les républiques, à cet égard, ont au moins les démangeaisons et les caprices des rois. À la gloire, aux dangers on les a vus *voler* en masse ; aux postes importants appellent-elles leurs fidèles enfants ? On sait assez avec quel empressement ils y *volent* en détail. »

CMLXXXIV

16 GERMINAL AN V (5 AVRIL 1797).

RAPPORT DU BUREAU CENTRAL DU 17 GERMINAL.

Esprit public. — La disposition des esprits est absolument la même que les jours précédents. Les extrêmes paraissent tempérés l'un par l'autre, et des raisonnements les plus opposés naissent des conséquences qui sont souvent les mêmes ; la nécessité de concourir à l'affermissement de la République est le résultat de presque toutes les opinions. On en excepte cependant celle d'une certaine classe de citoyens connus pour ne vouloir jamais approuver l'ordre des choses actuelles ; elle n'est sensible qu'aux victoires consécutives que remportent les armées, et sur lesquelles tous les citoyens en général témoignent le plus grand enthousiasme. Quelques piliers de cafés de second ordre attaquent le général Buonaparte, qu'ils peignent comme un despote sanguinaire ; mais, d'un autre côté, ceux qui ont succombé en vendémiaire lui pardonnent, pour ainsi dire, d'avoir figuré dans ces journées critiques. On désire ardemment que le Directoire rende officielle la nouvelle d'une suite d'avantages considérables que l'armée d'Italie a remportés après la prise de Trieste. — L'issue du procès Brottier, Dunan et autres est attendue avec autant de curiosité que d'incertitude, et l'opinion publique se prononce formellement, dans cette affaire, contre Malo [et à] son désavantage. — D'après une note officielle, le public a vu avec plaisir s'évanouir tout à fait le soupçon que des bruits mensongers avaient fait planer sur la tête de cent quatre-vingt-quatre députés [1], mais on dit qu'il y en avait plusieurs dans les deux Conseils qui étaient entièrement dévoués à la faction d'Orléans, faction que l'on présume exister dans toute son étendue ; on ajoute que beaucoup préféreraient au ci-devant Monsieur, dont les principes de clémence ne sont pas bien avérés, le jeune d'Orléans, à cause de son honnêteté. — Les politiques d'habitude sont très intrigués au sujet des préparatifs maritimes qui se font à Dunkerque. — Des nouvelles graves on a passé aux nouvelles futiles, et l'on annonce les promenades prochaines de Longchamp comme devant avoir lieu et déployer l'appareil le plus élégant. Étrangers à ces fêtes, les rentiers ont vomi leurs plaintes dans l'espérance d'un meilleur sort après tant de victoires et de la paix qu'elles préparent. Le plus grand nombre d'entre eux désire que les rentiers à gros capital fussent reversibles sur les rentiers qui n'ont que de faibles intérêts, et il leur semble qu'il serait de la justice du Corps législatif d'adopter cette mesure en leur faveur.

Spectacles. — Les changements apportés à la tragédie de *Junius Brutus* ont réussi [2], et le public a mieux accueilli cet ouvrage. « Le parti qui triomphe est le plus vertueux » : ce passage a été saisi par de nombreux applaudissements. Ce théâtre et les autres ont été parfaitement calmes......

BRÉON.

(Arch. nat., BB [3] 86.)

JOURNAUX.

Gardien de la Constitution du 20 germinal : « *Paris, 18 germinal.* La nuit du 15 au 16, il y a eu au Directoire une séance des plus orageuses. C'est là que les propositions les plus violentes ont été faites par quelques membres. Le courage que Carnot montra dans cette circonstance, la Constitution qu'il jura de défendre contre toutes les attaques, de quelque part qu'elles vinssent, en imposa à ceux qui avaient penché pour de semblables mesures. Le Tour-

---

1. Voir plus haut, p. 41.
2. Voir plus haut, p. 39.

neur (de la Manche) et un troisième finirent par se ranger à l'opinion de Carnot. Les deux autres persistèrent à soutenir qu'il y avait une minorité factieuse dans les Conseils, qui, en imposant à la majorité, l'entraînait dans les pièges de sa perfidie ; que, cette minorité factieuse n'attendant qu'un renfort de royalistes qui lui promettaient les assemblées électorales chouanisées, il fallait la prévenir dans cette circonstance difficile et sauver la République par quelque moyen que ce fût. »

CMLXXXV

17 GERMINAL AN V (6 AVRIL 1797).

RAPPORT DU BUREAU CENTRAL DU 18 GERMINAL.

Esprit public. — La paix, que l'on croit plus prochaine de jour en jour, est le vœu de toutes les classes de la société. Chacun fonde sur la paix l'espoir d'un changement heureux dans son sort. Les circonstances qui doivent la décider sont la source de tous les entretiens publics, et chaque victoire en devient plus intéressante. On est sûr que les préparatifs qui se font sur le Rhin, pour seconder les opérations de l'armée d'Italie, forceront l'Empereur à ouvrir les négociations, et le sentiment contraire ne se trouve que dans la bouche d'un petit nombre de frondeurs, ennemis habituels du gouvernement, qui cherchent à insinuer qu'on veut plutôt faire des conquêtes que terminer la guerre; aussi ces individus présagent-ils de grands revers ; ils déclarent que le général Buonaparte échouera contre le prince Charles et ajoutent que l'Empereur de Russie fait d'immenses préparatifs pour seconder les Autrichiens et faire restituer les pays conquis par les Français. — C'est assez affirmativement que l'on parle d'une grande mésintelligence survenue entre le Directoire et les États-Unis d'Amérique ; la guerre avec cette puissance est considérée comme inévitable. Déjà, dit-on, il part de nos ports beaucoup de négociants de cette nation, qui ne sont pas les moins riches ; leur absence doit apporter un grand dommage à notre commerce, tandis que d'un autre côté, si la guerre se déclare, l'embargo mis sur les bâtiments américains sera peu considérable.—Les élections, dont on parle tantôt en bien, tantôt en mal, suivant la diversité d'opinions, sont trouvées beaucoup meilleures qu'on ne l'aurait cru d'abord ; aussi remarque-t-on qu'en même temps que l'aigreur des partis perd peu à peu de sa force, les vœux pour la prospérité générale et pour l'affermissement de la République sont plus sincères. — Des raisonnements puisés dans des considérations de morale s'élèvent contre l'établissement d'une loterie nationale ; mais le plus grand nombre, par ces considérations mêmes, en réfléchissant au progrès de la passion du jeu impossible à résumer (sic), et au produit que cette loterie apporterait au gouvernement, la regardait comme nécessaire, loin d'être immorale. — A l'égard de la procédure instruite par le Conseil militaire, on témoigne beaucoup d'inquiétude sur le sort des prévenus, que l'on ne considère pas tous également comme coupables; et, quant aux formes, un grand nombre de personnes disputent constamment au Conseil sa compétence dans cette affaire. Elles ne voient le fait d'embauchage constaté que dans les dépositions que plusieurs d'entre elles croient suspectes, vu le caractère de ceux qui les ont faites ; on se dit même quelquefois à l'oreille que le tribunal doit se récuser. — En un mot, beaucoup d'ordre, des indices certains qu'il ne doit pas être troublé, et quelque progrès du vrai patriotisme.

Spectacles. — Tranquilles.....

LIMODIN.

(Arch. nat., BB ³ 86.)

JOURNAUX.

Miroir du 17 germinal : « *Les thés.* Les Français ont toujours eu l'art de perfectionner les modes et d'ajouter aux habitudes prises des peuples voisins. Les thés, qui, depuis quelque temps, sont en vogue à Paris, presque autant que les bals, sont une preuve frappante de cette vérité. Tout le monde sait que c'est un usage universellement suivi à Londres de prendre le thé après dîner; les Anglais se contentent de cette boisson chaude et ne font guère usage que de tartines au beurre; mais à Paris, non seulement les tartines, les gâteaux, les biscuits et les sucreries font une partie essentielle des thés, mais encore un thé n'est point du bon ton, si la dinde aux truffes n'est pas de la partie. Du reste, on se réunit en grande parure, faute de bal ou de concert, ou quelquefois pour se délasser de l'un ou de l'autre; on cherche le plaisir, on court après la gaité, on veut s'étourdir sur sa situation actuelle et échapper aux craintes de l'avenir. Heureux ceux qui, aux bals, aux thés ou au concert, peuvent et croient saisir un instant l'image du bonheur ! » — « *Perruques courtes.* Les inquisiteurs de nattes et les coupeurs d'oreilles de chien vont se trouver tout à fait sans emploi. Grâce à la mode, les jeunes gens, à l'imitation de nos belles, ne font plus aucun usage de leurs cheveux. Cet ornement, désormais incommode et sans utilité, disparaît maintenant sous une perruque courte, sans frisure et sans poudre. Nous craignons fort que la pauvre jeunesse ne tombe de Charybde en Scylla. La conspiration des perruques courtes pourrait bien remplacer la conspiration des cadenettes. On ne peut laisser longtemps sans activité de service les travailleurs de marchandises. »

CMLXXXVI

18 GERMINAL AN V (7 AVRIL 1797).

Rapport du bureau central du 19 germinal.

Esprit public. — Les déclamations contre les membres du gouvernement ont quelquefois été remplacées par des éloges; les espérances de la paix, que l'on regarde comme une suite nécessaire des victoires de l'armée d'Italie, adoucissent bien des esprits; dans presque toutes les conversations il perce un vœu unanime, celui de voir venir l'époque où on pourra jouir en paix de la Constitution de 95, qui a, jusqu'à présent, fait disparaître toutes les factions. Quelques personnes se plaisent à répandre que la paix est plus éloignée qu'on ne le présume, qu'elle s'éloigne à mesure que nous faisons des conquêtes, et que les préparatifs en activité pour une nouvelle campagne sont la preuve que ceux qui gouvernent veulent la guerre et n'ont que leur ambition pour toute règle de leur conduite. On a remarqué que ces propos, assez rares d'ailleurs, étaient peu favorablement écoutés, et, en général, on rejette la confirmation (*sic*) de la guerre sur l'obstination de nos ennemis, qui seront enfin obligés de provoquer eux-mêmes les négociations. — Un assez grand nombre de personnes improuvent le jugement du Conseil militaire [1], en disant que l'on avait eu plus d'indulgence pour ceux-ci que pour ceux du camp de Grenelle; les mêmes suspectent le ministre de la police et celui de l'intérieur d'avoir été d'intelligence avec les prévenus, parce qu'ils avaient été exceptés dans le plan de la dernière conspiration, et parce que, dans le même plan, il était dit que l'on devait chasser tous les Jacobins qui sont en place. Cependant ce jugement, presque partout, est vu très avantageusement pour les membres du Conseil militaire,

---

1. Le jugement du Conseil de guerre fut rendu dans la nuit du 18 au 19 germinal an V. Il a été imprimé sous ce titre, qui en forme un résumé suffisant : *Jugement rendu par le Conseil de guerre, qui condamne à la peine de mort Dunan, Berthelot de La Villeheurnois, Brottier et le baron de Poly, atteints et convaincus du crime d'embauchage, et, attendu la véracité de ces accusés à avouer leurs crimes, le Conseil commue la peine de mort en dix ans de détention pour Dunan et Brottier, celle de cinq ans pour La Villeheurnois, et celle d'un an pour Poly; ordonne que La Houssaie et Lecerteur seront traduits devant le jury d'accusation de Versailles ; acquitte les autres prévenus et les met en liberté.* Imp. Lachave, s. d., in-8 de 4 pages. Bibl. nat., Lb 42/1362. — On trouvera le texte complet de ce jugement dans le *Rédacteur* du 20 germinal.

dépeints comme des hommes d'honneur, remplis d'honnêteté, d'humanité, et pénétrés, dans toute cette affaire, de l'importance de leurs fonctions. — Depuis que le général Bonaparte a dit, dans ses proclamations, qu'il avait envoyé 30 millions au Trésor public, beaucoup de personnes disent ne pas douter des spoliations journalières du gouvernement; elles crient à la déprédation; mais c'est principalement sur les députés que se déverse toute l'animosité en fait de finances; on n'en parle que comme des dévorateurs (sic) de la fortune publique, qui vont achever de ruiner la France. — On a parlé, mais de la manière la plus incertaine, de quelques rassemblements dans les faubourgs, où circulaient, disait-on, quelques anarchistes renommés; mais les porteurs de cette nouvelle paraissaient n'y point croire. — La résolution définitive du Conseil des Cinq-Cents sur les transactions est attendue avec une assez vive impatience, ainsi que la discussion sur les projets d'établissement d'une loterie nationale.

Spectacles. — Ordre et décence.....

Bréon.

(Arch. nat., BB[3] 86.)

Journaux.

Rédacteur du 19 germinal : « Les exclusifs, ou si l'on veut les royalistes, car c'est tout un, ont décidé de hasarder enfin leur dernière tentative. Il faut sauver les accusés de Vendôme, disent les uns; il faut sauver les détenus du Temple, disent les autres; il les faut tous sauver, se disent tout bas les meneurs, dont les factions des deux partis sont également les agents ; il faut surtout faire un mouvement notable dans ce moment où les assemblées électorales vont se former et poser la dernière base à la Constitution républicaine, si elles opèrent dans le calme. Les insensés se sont, en conséquence, assemblés à la campagne, du 15 au 16 de ce mois, pour concerter leurs projets. C'est encore le Directoire qu'il faut égorger d'abord avec les ministres; on fera ensuite bonne justice des deux Conseils; on établira un gouvernement provisoire, la terreur, l'anarchie, et puis, comme de raison, le royalisme. Mais le gouvernement qui veille, le gouvernement dont les agents incorruptibles sont au milieu des conjurés et délibèrent avec eux, comme ils l'ont fait dans les différentes circonstances qui se sont déjà présentées, le gouvernement se rit de ces vains projets; il saura contenir la malveillance et protéger la liberté des citoyens, leur vie, leurs propriétés. Les bons citoyens le seconderont par le calme dont ils ne sortiront pas, et, si leurs ennemis se montraient, soit sous les couleurs anarchiques, soit sous les couleurs royalistes, ils n'en seront dupes d'aucune manière, et, les abandonnant à leur nullité, à la faiblesse de leurs moyens, les laissant à nu, ils contribueront d'une manière efficace, et sans s'exposer, au rétablissement de la tranquillité publique, de l'ordre et au maintien de la République, au sort de laquelle tous les intérêts sont maintenant liés. »

CMLXXXVII

19 GERMINAL AN V (8 AVRIL 1797).

Rapport du bureau central du 20 germinal.

Esprit public. — Rien que de favorable à la tranquillité publique dans l'opinion commune. On y remarque même une tendance plus prononcée vers les principes, seuls capables de consolider la République, moins de divergence dans les idées politiques, dont les nuances se rapprochent, se confondent quelquefois. Tout le monde, en aspirant après la paix, s'accorde à ne vouloir qu'une paix glorieuse, fallût-il l'acheter par de nouvelles conquêtes. Les dernières victoires captivent continuellement l'admiration publique. On en cite d'autres, sur lesquelles on provoque des détails officiels. L'espérance d'un meilleur état de choses anime toutes les classes de la société. — L'attention générale se tourne entièrement sur le jugement rendu par le Conseil militaire. A l'exception de ceux qui raisonnent plus d'après leur sensibilité que d'après les principes, la majorité des citoyens improuve ce jugement. On regarde les accusés comme très heureux de n'avoir pu obtenir leur renvoi à un tribunal ordinaire, qui n'aurait pu se dispenser de condamner à mort ceux qui avaient émigré. Aux uns les formes paraissent avoir été violées; aux autres il semble que le Tribunal militaire, à l'humanité duquel ils applaudissent, eût obtenu de plus grands éloges encore, si, par un procédé régulier, il se fût déclaré incompétent. Les citoyens d'une opinion plus ardente sont très mécontents de ce jugement, qu'ils regardent comme un exemple capable d'enhardir les royalistes à conspirer de nouveau; ils font un rapprochement entre l'époque du camp de Grenelle et le moment présent, et ils trouvent que l'indulgence pour les royalistes est évidente. Quelques-uns ont demandé la raison pour laquelle on avait commué la peine de mort en celle de détention : « Est-ce, disaient-ils, la Constitution qui en donne le droit, ou bien un arrangement avec le gouvernement? » Ce dernier doute agite beaucoup d'esprits, qui rapportent tout à des considérations politiques, et qui imaginent qu'il a bien fallu prendre ce parti afin de ne pas faire passer Malo et le ministre de la justice pour des imposteurs. Enfin, on présume qu'ils n'auront pas beaucoup de peine à se soustraire à leur jugement, les fuites étant très faciles et très communes. Tout, du reste, atteste et promet la plus grande tranquillité.

Spectacles. — Le bon ordre y a régné. L'ouverture de l'Odéon s'est faite par un concert qui, ainsi que le changement du décor de la salle, a procuré à ce nouveau théâtre beaucoup de monde; on ne s'y est occupé que des talents qui ont réuni leurs efforts pour plaire au public.....

BRÉON.

(Arch. nat., BB³ 86.)

CMLXXXVIII

20 GERMINAL AN V (9 AVRIL 1797).

RAPPORT DU BUREAU CENTRAL DU 21 GERMINAL.

Esprit public. — Les nouvelles des armées auxquelles on s'arrête particulièrement sont celles qui leur font remporter des victoires récentes, l'une dans le Tyrol, l'autre sur les bords du Rhin; cette dernière surtout passe pour avoir été considérable, et l'on désire ardemment des nouvelles officielles à cet égard. — Quelques personnes disent que le général Hoche est actuellement à Paris, et sont étonnées de ce séjour dans un moment où la campagne est en pleine activité. — D'autres s'attachent au personnel (*sic*) du général Augereau, et lui reprochent d'avoir même avec des femmes une conduite scandaleuse et presque publique; ils ajoutent qu'à l'une d'elles il a donné pour une somme considérable de diamants qu'il avait volés en Italie et qu'en dernier lieu il ne paya point ses dettes. Ailleurs des éloges de ce général réduisaient à peu de chose ces inculpations. — On a fréquenté les promenades, où le calme a régné; seulement des jeunes gens, se tenant sous le bras, s'emparaient de la voie publique sur le boulevard de Saint-Martin et ont élevé entre eux et deux militaires une conduite (*sic*) dont ils ont dérobé les suites à l'œil de la surveillance. — Une seule circonstance politique agite maintenant les esprits, c'est celle de l'arrêté du Directoire qui traduit au Tribunal criminel du département de la Seine les prévenus de conspiration au nom de Louis XVIII[1]. Cet arrêté est vu avec beaucoup de curiosité;

---

[1]. Cet arrêté a été imprimé sous ce titre : *Liberté, Égalité. Arrêté du Directoire exécutif portant que Brottier, Berthelot de La Villeheurnois, Duverne de Presle, Poly et Sourdat, prévenus de conspiration contre la sûreté intérieure et extérieure de la République, seront poursuivis et jugés comme tels, abstraction faite du crime d'embauchage (19 germinal an V).* Paris, imp. de la République, in-8 de 6 pages. Arch. nat., AD I, 112.

TOME IV.

4

un grand nombre le lit en silence; d'autres paraissent affectés de la conduite du Directoire, dans laquelle ils croient voir une pomme de discorde jetée au sein de la République et l'anéantissement de la garantie des citoyens; ils ajoutent qu'aucun tribunal ne voudra se charger de cette affaire et craignent que cette conduite ne soulève tous les bons esprits, dont l'opinion, disent-ils, est déjà révoltée contre le gouvernement; ils trouvent qu'il n'y a que des anarchistes qui aient pu prendre un arrêté aussi inconstitutionnel, dont au surplus ils redoutent les suites. A la suite de ces réflexions en viennent ordinairement de virulentes contre le ministre de la justice, contre lequel pleuvent les reproches les plus acerbes. — Au contraire, beaucoup d'autres citoyens donnent des éloges au Directoire de cette démarche, qu'ils approuvent d'autant plus que, suivant eux, le royalisme commencerait à lever la tête, et que cette sévérité lui en imposera; ils lisent cet arrêté avec empressement et appellent le Directoire le sauveur de la République, et en font dépendre le salut de cette affaire, qu'ils désirent en conséquence voir très promptement terminée; ils la considèrent maintenant sur la voie dont elle n'eût pas dû s'écarter et dénature (*sic*) au surplus par ce nouvel appareil quiconque serait tenté de conspirer contre la sûreté de l'État [1]. — Une troisième opinion à part est que le Directoire, dans cette affaire, est plutôt mû par l'effet des passions que par le désir du bien public et qu'il devait s'en tenir au jugement du Conseil militaire. Ceux qui sont dans cette idée n'entrevoient pas du reste d'un bon œil les suites de cette affaire. — Cette conjoncture n'a paru produire aucune fermentation dans les esprits, qui sont calmes et ne se livrent qu'avec modération aux discussions qu'elle a fait naître. Rien ne paraît inquiétant pour la tranquillité dont jouit le public.

Spectacles. — Les mêmes effusions et les mêmes nuances d'opinions ont été remarquées dans les moments que laissait libres l'intérêt du spectacle, mais dans aucun théâtre le bon ordre n'en a eu à souffrir.....

Bréon.

(Arch. nat., BB [3] 86.)

1. Textuel.

CMLXXXIX

21 GERMINAL AN V (10 AVRIL 1797).

Rapport du bureau central du 22 germinal.

Esprit public. — Dans la certitude où sont les hauts politiques d'une dernière victoire remportée par l'armée d'Italie, ils s'étonnent que le Directoire n'en publie pas officiellement les détails et présument de son silence qu'il les fera connaître en annonçant la nouvelle de la paix, à l'occasion de laquelle ils croient les négociations en pleine activité vis-à-vis de l'Empereur. — Ce n'est que de la manière la plus satisfaisante que l'on parle de l'union et de l'esprit de l'assemblée électorale de Paris. On applaudit assez généralement aux choix qu'elle a faits, et on augure favorablement de ceux qui doivent désigner les fonctionnaires publics. — La loi définitive sur les transactions est attendue avec beaucoup d'impatience. Il est toujours question, avec un égal intérêt, du jugement de la Commission militaire et de l'arrêté du Directoire qui l'a suivi. Une grande partie de ceux qui avaient désapprouvé hautement l'établissement du Conseil militaire regardent aujourd'hui cette affaire comme ramenée à son véritable point de droit et ne blâment dans le Directoire que les premières démarches, en approuvant son arrêté; ils sont d'ailleurs satisfaits de voir le gouvernement se déclarer autant l'ennemi des royalistes que des anarchistes. Dans beaucoup d'endroits cependant, le sentiment d'improbation l'emporte sur les éloges, et l'on s'apitoie sur le sort des prévenus, réduits à subir toutes les formalités d'un second jugement et à concevoir de nouvelles inquiétudes. Il se rencontre aussi, dans la classe la moins éclairée du peuple, des citoyens qui ne croient point à la réalité de cette conspiration, ou qui la croient imaginée politiquement et consentie par les prévenus, afin d'ôter à la multitude les raisons de penser que le gouvernement protégeait les royalistes. — Les opérations du gouvernement, quelles qu'elles soient au surplus, sont constamment critiquées dans plusieurs cafés du Jardin-Égalité, où se réunissent des citoyens d'une même opinion; là il se dit que le Directoire exécutif et le ministre de la justice exercent une tyrannie révoltante contre les prévenus. Ce qui se débite contre le ministre de la justice surtout est au-dessus de l'expression; on lui donne les qualifications les plus virulentes; on

[10 avril 1797]

traite aussi fort désavantageusement les citoyens Malo et Ramel. Ailleurs, au contraire, on a dit que l'on ne se déchaînait contre ce ministre et que l'on ne demandait sa perte que pour préparer successivement celle de chacun des membres du gouvernement. — Dans chaque classe de la société, les royalistes d'opinion ne cachent point la préférence qu'ils donneraient à un seul Directeur sur cinq, persuadés que, tant que ce dernier nombre subsistera, il y aura toujours opposition entre le Corps législatif et le Directoire. — Les marchands de moyenne fortune et ceux dont les intérêts sont liés à des opérations de finances sont imbus de ces principes et paraissent persuadés que les arts, le commerce et la confiance ne se rétabliront jamais sans une réduction des membres du gouvernement. — La tranquillité est parfaite et promet devoir l'être longtemps.....

Surveillance. — ... Arrestation du nommé Poule, prévenu d'avoir assassiné d'un coup de pistolet le citoyen Siéyès, représentant du peuple, demeurant rue Saint-Honoré, n° 1449 ; on espère que la blessure ne sera pas mortelle.....

Bréon.

(Arch. nat., BB³ 86.)

JOURNAUX.

Rédacteur du 22 germinal [1] : « Le Directoire exécutif vient de recevoir un exemplaire d'une proclamation du soi-disant Louis XVIII aux Français. On ne peut donner trop de publicité à cette pièce, qui ne laisse pas de doute sur le projet insensé de renverser la République et la Constitution adoptée par le peuple français, sur l'existence d'agents royaux et sur les conspirations ourdies par les soins de ces derniers. Persuadé de l'indignation qu'elle excitera dans l'âme de tous les Français, le Directoire exécutif croit ne pouvoir mieux les prémunir contre les pièges tendus sous leurs pas qu'en faisant connaître à toute la France cet odieux manifeste. Son intitulé porte : *Louis XVIII aux Français* ; en voici le contenu :

« Louis XVIII aux Français. Une douleur profonde pénètre notre âme toutes
« les fois que nous voyons des Français gémir dans les fers pour prix de leur
« dévouement au salut de la France. Mais suffira-t-il à vos tyrans de s'être
« procuré de nouvelles victimes ? Dans cette conspiration qu'ils leur imputent,
« dans ces papiers qu'ils publient avec tant d'éclat, ne chercheront ils pas des
« prétextes *pour calomnier nos intentions ?* N'est-il pas à craindre enfin
« que, supposant des pièces ou se permettant de frauduleuses insinuations, ils
« ne s'efforcent de nous peindre à vos yeux sous des couleurs mensongères ?
« C'est un devoir pour nous de vous prémunir contre une perfidie que l'expé-
« rience du passé nous autorise à prévoir ; c'est un besoin pour notre cœur

1. L'extrait du *Rédacteur* qu'on va lire est emprunté à la partie de ce journal qui est intitulée : *Articles officiels.*

« de vous manifester les sentiments qui le remplissent. Les tyrans s'enve-
« loppent des ombres du mystère; un *père* ne craint pas les regards de ses
« *enfants*. Ceux de nos sujets fidèles que nous avons chargés de vous éclairer
« sur vos véritables intérêts retrouveront dans cet écrit les instructions qu'ils
« ont reçues. Ceux que la pureté de leur zèle et la sagesse de leurs principes
« rendront dignes à l'avenir de notre confiance y liront d'avance les instruc-
« tions qui leur seront données. Tous les Français enfin qui partagent notre
« amour pour la patrie voudront concourir à la sauver, s'y instruiront des
« règles qu'ils doivent suivre; et la France entière, connaissant le but auquel
« ils tendront de concert et les moyens qu'ils mettront en œuvre, jugera elle-
« même du bien qu'elle doit en espérer. — Nous avons dit à nos agents, nous
« leur répéterons sans cesse : « Ramenez notre peuple à la sainte religion
« de ses pères et au gouvernement paternel qui fit si longtemps la gloire et
« le bonheur de la France; expliquez-lui la constitution de l'État, qui n'est
« calomniée que parce qu'elle est méconnue; instruisez-le à la distinguer du
« régime qui s'était introduit depuis trop longtemps; montrez-lui qu'elle est
« également opposée à l'anarchie et au despotisme, deux fléaux qui nous sont
« odieux autant qu'à lui-même, mais qui pèsent tour à tour sur la France
« depuis qu'elle n'a plus son roi; consultez des hommes sages et éclairés sur
« les nouveaux degrés de perfection dont elle peut être susceptible, et faites
« connaître les formes qu'elle a prescrites pour travailler à son amélioration;
« affirmez que nous prendrons les mesures les plus efficaces pour la pré-
« server des injures du temps et des attaques de l'autorité même; garantissez
« de nouveau l'oubli des erreurs, des torts, même des crimes; étouffez dans
« tous les cœurs jusqu'au moindre désir de vengeances particulières, que
« nous sommes résolus de réprimer sévèrement; transmettez-nous le vœu
« public sur les règlements propres à corriger les abus dont la réforme sera
« l'objet constant de notre sollicitude; donnez tous vos soins à prévenir le
« retour de ce régime de sang qui nous a coûté tant de larmes, et dont nos
« malheureux sujets sont encore menacés; dirigez les choix qui vont se faire
« sur des gens de bien, amis de l'ordre et de la paix, mais incapables de
« trahir la dignité du nom français, et dont les vertus, les lumières, le cou-
« rage puissent nous aider à ramener notre peuple au bonheur; assurez des
« récompenses proportionnées à leurs services aux militaires de tous les
« grades; aux membres de toutes les administrations qui coopéreront au
« rétablissement de la religion, des lois et de l'autorité légitime; mais gardez-
« vous d'employer, pour les rétablir, les moyens atroces qui ont été mis en
« usage pour les renverser; attendez de l'opinion publique un succès qu'elle
« seule peut rendre solide et durable, ou, s'il fallait recourir à la force des
« armes, ne vous servez du moins de cette cruelle ressource qu'à la dernière
« extrémité, et pour lui donner un appui juste et nécessaire. Français ! tous
« les écrits que vous trouverez conformes à ces sentiments, nous nous ferons
« gloire de les avouer; si l'on vous en présente où vous ne reconnaissiez pas
« ces caractères, rejetez-les comme des œuvres de mensonge; ils ne seraient
« pas selon notre cœur. Donné le 10 mars de l'an de grâce mil sept cent
« quatre-vingt-dix-sept, et de notre règne le deuxième. *Signé :* Louis. »

CMXC

22 GERMINAL AN V (11 AVRIL 1797).

Rapport du bureau central du 23 germinal.

Esprit public. — Un seul fait a été considéré hier comme assez probable : c'est qu'il avait été convenu entre le général Buonaparte et l'Archiduc un armistice de quatre jours. Cependant les explications de part et d'autre pourraient bien amener une paix générale; cette époque est désirée toujours avec une égale impatience. — L'assassinat du député Siéyès a jeté dans la consternation tous les bons citoyens, qui ont aussitôt présumé que le crime servait d'occasion aux différents partis pour se supposer l'un à l'autre des intentions sanguinaires. Des ennemis constants de l'ordre actuel des choses, sur la seule annonce de cet assassinat par les colporteurs de journaux, ont saisi cette circonstance pour déclamer contre ce député, qu'ils traitaient de cœur dur et très humble serviteur de toutes les factions. On a craint que d'autres scélérats ne se permettent un crime semblable, et bientôt, disent quelques personnes, si cet exemple est suivi, les royalistes feraient assassiner le Directoire et tous les républicains. Les patriotes exagérés ajoutent encore ces derniers (*sic*) propos : ils disent qu'on ne sévissait pas assez contre les émigrés et les prêtres réfractaires, qu'il serait nécessaire de faire à Paris des visites domiciliaires, qu'on y trouverait un grand nombre d'émigrés et de conspirateurs pour Louis XVIII. Ailleurs, lorsqu'il a été question de la proclamation du prétendant, on a dit qu'elle n'était pas de lui, qu'il était trop bête pour en concevoir une pareille, et qu'elle était l'ouvrage du gouvernement pour faire croire la conspiration royale. — On entend beaucoup de murmures contre le Directoire exécutif et contre le ministre de la justice, relativement à l'arrêté qui traduit devant les tribunaux les prévenus jugés dernièrement par le Conseil militaire; une plus grande animadversion parut se prononcer principalement contre le ministre de la justice. — Partout l'opinion publique se manifeste fortement en faveur des choix que l'Assemblée électorale a faits des nouveaux représentants du peuple; on dit surtout beaucoup de bien des deux membres du Conseil des Anciens [1], quoique quelques citoyens prétendent [qu'ils sont] de l'an-

---

1. Le 21 germinal an V, l'Assemblée électorale du département de la Seine

cien régime; ceux qui croient être patriotes exclusivement se récrient amèrement contre ces nominations, qu'ils regardent comme le fruit du royalisme; leur imagination se rembrunit, et ils en augurent la prolongation de la guerre civile au dedans, la chute de la République et les plus grands malheurs. Les vrais amis de la Constitution, au contraire, espèrent beaucoup de ces choix. Les royalistes en paraissent également contents. — Il paraît au surplus qu'en général les gens à grande éducation ont une prédilection et une confiance particulière pour les anciens membres du Conseil (sic) de l'Assemblée constituante. — En résultat, indignation presque universelle de l'assassinat du représentant Siéyès, satisfaction sur le choix de l'Assemblée électorale, horreur de toute espèce de soulèvement, haine des Jacobins, mépris des royalistes, éloignement de toute innovation dans la Constitution : telles ont paru en très grand nombre les opinions du jour......

BRÉON.

(Arch. nat., BB 3 86.)

JOURNAUX.

Rédacteur du 24 germinal : « L'assassinat qui vient d'être commis sur la personne du député Siéyès, membre du Conseil des Cinq-Cents, est accompagné de circonstances qui prouvent que le coupable avait réfléchi et médité son crime. L'abbé Siéyès occupe un logement rue Honoré, près l'église Saint-Roch ; la maison est vaste et profonde ; son appartement est au second, sur le derrière. Dans la matinée du 21 germinal, un homme fort mal vêtu s'adressa à la portière et demanda à parler au citoyen Siéyès; on lui répond qu'il ne peut pas le voir à cette heure; il se retire et revient dans l'après-midi, mais il était absent; il promet de revenir le soir; on l'en empêche. Enfin, il se présente de nouveau le 22 au matin et renouvelle ses instances. Il s'annonce comme étant du même département que le citoyen Siéyès, et sur le point de partir, et ayant des affaires de la plus grande importance à lui communiquer. Il était neuf heures du matin environ. Une fille de la maison monte prévenir Siéyès qu'un particulier, qui se dit de son département, demandait à le voir pour affaire, et qu'il était déjà venu trois fois. Siéyès se lève et fait introduire l'homme en question. La domestique avait à peine quitté l'appartement qu'elle entend tirer un coup de pistolet; elle jette un cri d'effroi; l'assassin la menace de son arme, mais le pistolet n'était plus chargé, et, la fille ayant eu assez de présence d'esprit pour tirer la porte derrière elle et tourner la clef en dehors, l'assassin s'est trouvé enfermé dans la chambre. L'alarme se répand bientôt dans toute la maison ; les locataires se rassemblent, la force armée, le commissaire de police arrivent, et le coupable est pris en flagrant

avait élu députés au Conseil des Anciens Claret, comte de Fleurieu, ancien ministre de la marine sous Louis XVI, et d'Aubergeon, comte de Marinais, ex-maréchal de camp.

délit. Sieyès a eu le bras gauche atteint, au-dessus du poignet, par deux balles, dont une a longé le bas-ventre. Ses blessures paraissent d'autant plus graves que le chirurgien a reconnu que les balles avaient été mâchées. L'assassin est un nommé Poule, âgé d'environ trente-six ans, ci-devant moine augustin à Draguignan, département du Var. Loin de désavouer son crime, il a lui-même raconté le fait avec le plus grand sang-froid, et il a dit, en présence des officiers de paix et de police, que son désir eût été de frapper de mort toute la représentation nationale. Effectivement, il s'était déjà présenté chez Bentabole et chez Camus.» (Pendant plusieurs jours de suite, le *Rédacteur*, en tête de sa partie officielle, publia des bulletins de la santé de Sieyès.)
— *Rédacteur* du 27 germinal : « Bureau central du canton de Paris. Arrêté du 22 germinal an V, concernant les cabriolets de place, approuvé par l'administration centrale du département de la Seine. Le Bureau central, considérant que les cabriolets de place sont reconnus infiniment plus nuisibles qu'utiles dans Paris, qu'ils exposent sans cesse au plus grand danger les citoyens qui y circulent, soit par la rapidité avec laquelle ils sont conduits, soit par le défaut d'attention, ou l'inexpérience des conducteurs, en tournant aux encoignures des rues, ou en les traversant ; que le nombre de ces sortes de voitures et celui des accidents qu'elles occasionnent s'accroissent chaque jour ; qu'enfin leur suppression est nécessaire pour la sûreté des habitants de Paris, et ne peut les priver d'aucun avantage, puisque les carrosses de place, beaucoup moins périlleux, ont toujours été suffisants pour le service du public de cette commune ; le commissaire du pouvoir exécutif entendu ; arrête :
1° Les arrêtés du Bureau central des 25 pluviôse, 1er prairial an IV, et 7 vendémiaire an V, concernant les cabriolets de place, sont rapportés et annulés, ainsi que les dispositions de l'article 22 de l'arrêté du 7 brumaire dernier, et toutes les permissions délivrées en conséquence desdits arrêtés. — 2° Il est fait défense aux loueurs de cabriolets et à tous autres d'en exposer ou faire stationner aucun après le 10 floréal prochain, pour être loué, dans aucune rue, ni sur aucune place de cette commune. — 3° Les contrevenants à l'article ci-dessus seront poursuivis comme embarrassant la voie publique, conformément aux articles 605 et 607 du code des délits et des peines du 3 brumaire an IV, et leurs voitures et chevaux pourront être saisis et conduits en fourrière à leurs frais, pour sûreté de l'amende qu'ils auront encourue. — 4° Les commissaires de police seront chargés de tenir la main à l'exécution du présent arrêté, qui sera imprimé et affiché. Tous dépositaires de la force armée sont requis de leur prêter main-forte. — Les administrateurs du Bureau central, *signé* : Limodin, Bréon, Cousin. Le secrétaire en chef : Bauve. » —
Courrier républicain du 29 germinal : « Paris, le *28 germinal*..... Le Bureau central vient de défendre aux loueurs de cabriolets d'en exposer aucun sur les places destinées aux fiacres. Le motif de cet arrêté est le grand nombre d'accidents occasionnés par la maladresse des conducteurs de ces voitures qui, plus légères, marchent plus rapidement que les fiacres..... »
— *Journal des hommes libres* du 23 germinal : « Essai de morale royaliste et sacerdotale. Avant-hier, dimanche des Rameaux, une femme, sortant de l'église, son rameau à la main, disait à sa voisine, d'une voix très forte : « Oui, j'étranglerai moi-même tous les gueux qui ne font pas le dimanche. » J'ai entendu ce propos de mes oreilles. Dans le *Messager* d'hier soir, on lit : « Cicéron, si éloquent tant qu'il eut l'espoir de faire avorter les complots

« de Catilina et les proscriptions d'Octave, se tut et laissa agir Brutus, quand
« César eut fait taire les lois ; Corday ne s'amusa point à convaincre le
« monstre qu'elle frappa ; les thermidoriens n'attaquèrent point avec la
« plume, mais avec un poignard, le roi de la Terreur. » Aujourd'hui entre
neuf et dix heures du matin, Siéyès a été blessé de deux coups de pistolet
par un assassin qui s'était introduit chez lui pour demander des secours, sous les
habits de la misère. Il y avait trois jours qu'il poursuivait sa victime. Siéyès a
eu la force de l'enfermer chez lui et d'appeler des secours. On a trouvé sur
l'assassin une liste de plusieurs députés ; il conservait un grand sang-froid ; il
n'a point déguisé ses intentions et n'a nullement cherché à se sauver. Cet
assassin est un prêtre *fanatique*. On compte déjà un grand nombre de victimes assassinées à domicile par les royalistes. On ne cite pas encore une
seule vengeance privée des républicains, et la vie d'Isnard, de Cadroy, de
Rovère et de cent autres prouve leur longue patience à attendre la justice
des lois. » — *Censeur des Journaux* du 24 germinal : « ... Cent cinquante
ouvriers se sont réunis [avant-] hier dans la rue Verte, faubourg Saint-Antoine,
sous prétexte d'une augmentation de salaire ; mais, si on se rappelle que les
grandes barbes avaient annoncé un ralliement dans la rue Verte et si on rapproche cette réunion de l'assassinat prémédité de l'abbé Siéyès, on croira facilement qu'elle n'était pas plus l'effet du hasard que celui du besoin..... »

CMXCI

23 GERMINAL AN V (12 AVRIL 1797).

Rapport du bureau central du 24 germinal.

Esprit public. — Il est fort question d'une victoire considérable remportée par l'armée d'Italie, et l'on cite pour autorité une lettre du commandant de Milan. Il en résultait que nous aurions fait dans le Tyrol quatorze mille prisonniers, que nous aurions pris cinquante pièces de canon, beaucoup de vivres, que la conquête du Tyrol entier serait faite, et que les deux divisons de l'armée auraient fait leur jonction. — Dans différentes discussions diplomatiques, on a saisi que beaucoup de personnes concevaient de grandes inquiétudes sur les difficultés commerciales qui sont survenues entre la République et les États-Unis, que cependant ces derniers sont disposés à faire disparaître tous les germes de mésintelligence. — A l'égard de la République de Venise, il passe en quelque sorte pour certain qu'elle vient de conclure avec la République française un traité d'alliance offensive et défensive, que le général de l'armée d'Italie a été le médiateur principal dans cette affaire, dont l'issue est d'autant plus favorable au gouvernement que la République de Venise a contracté l'obligation de lui donner, dans l'espace de cinq mois, la somme de 20 millions. — Lorsque l'attention s'est portée sur l'armement préparé dans le port de Dunkerque, on s'est échappé en de vives remarques sur les lumières du ministre de la marine. Le moindre reproche qu'on lui faisait était celui de l'ineptie, et l'on croyait qu'il avait intention d'achever la ruine de la marine française. — La nomination des députés est un sujet continuel de controverses ; cependant elle paraît généralement faire plaisir, et l'on a entendu plutôt des personnalités contre ceux qui ont réuni les choix que des préjugés qui leur fussent défavorables. Dans un café du Jardin-Égalité, des voyageurs, qui paraissaient avoir traversé quelques départements de l'Ouest, disaient que dans plusieurs de ces départements on avait nommé tous nobles pour électeurs, que l'intention des esprits tendait fortement au royalisme, qu'à Rouen surtout ce sentiment était moins contenu, que toutes les nominations y étaient tombées sur les plus grands ennemis de la Révolution, et que même des bourgeois de cette ville disaient qu'avant deux mois ils auront Louis XVIII dans leur sein. — Il entre moins d'esprit de parti dans la manière dont on s'occupe encore de l'assassinat du représentant du peuple Siéyès, et, dans l'opinion publique, la main de l'assassin paraît avoir été guidée par la seule animosité aidée du désespoir. Cette action, au surplus, révolte tout le monde, et l'indignation universelle presse le jugement de ce coupable. Quelques personnes regardaient ce crime comme l'avant-coureur de quelque grand événement et disaient que les royalistes avaient juré la perte de ceux qui avaient voté la mort du roi, et que, si le gouvernement ne prenait des mesures, il serait renversé par les émigrés et les prêtres.

Spectacles et promenades. — Il s'est rendu un nombre assez considérable de voitures à la promenade de Longchamp ; on entendait quelques sarcasmes contre la fortune subite et le luxe des nouveaux riches ; on a donné à quelques équipages des huées sourdes. Rien n'a troublé le bon ordre. — Les spectacles ont été très paisibles.

BRÉON.

(Arch. nat., BB 3 86.)

JOURNAUX.

Miroir du 25 germinal : *Promenade de Longchamp.* On avait cru que la pluie de mercredi avait rendu Longchamp désert ; ceux qui l'ont cru se sont trompés. Il a été nombreux et presque brillant. Quelques équipages à deux ou quatre chevaux, une infinité de cabriolets, beaucoup d'hommes à cheval, assez de spectateurs formaient l'ensemble de cette fête. Il s'était formé à l'entrée des Champs-Élysées un groupe déplaisant, au milieu duquel filaient toutes les voitures. C'était une espèce de chambre ardente, d'où chaque carrosse ne sortait qu'après avoir reçu l'épigramme ou le lazzi que provoquaient l'extérieur, l'existence ou les aventures des maîtres. — Voyez cette grosse femme couverte d'une pluie d'or : elle était jadis cuisinière chez un procureur au Parlement; elle eut des bontés pour le maître clerc; la Révolution est arrivée, le clerc a péroré aux Jacobins, il a eu des places; la cuisinière est aujourd'hui une princesse. — Celui-ci était laquais, il a dénoncé son maître, on lui en a donné la dépouille : hausse. — Voilà tout un Comité révolutionnaire : le père, la mère, le fils, tout en était. — Voyez-vous cette jeune fille : elle a déjà ruiné deux douzaines d'amants; que de beaux chevaux! quelle charmante voiture ! — Ah parbleu ! son monsieur s'y connaît, répondait un autre, etc. — On avait envoyé beaucoup de cavalerie pour faire la police et régler la marche des voitures; mais le général qui commande cette cavalerie paraît plus propre à diriger des bataillons que des wiskis. Le chef de la police est invité d'employer désormais, pour cette besogne, un de ces vieux routiers de guet à cheval qui savent, par pratique, assurer l'ordre au milieu d'un concours immense de piétons, de voitures et de chevaux. Il ne s'agissait pas ici d'une bataille, mais d'une promenade : le général était de trop. »

CMXCII

24 GERMINAL AN V (13 AVRIL 1797).

RAPPORT DU BUREAU CENTRAL DU 25 GERMINAL.

Esprit public. — La fermentation qu'avait produite dans les esprits l'assassinat du représentant du peuple Siéyès est presque entièrement dissipée, et on est venu à croire que le crime avait concentré tous ses éléments, toutes ses causes dans la volonté du criminel, qui a voulu se venger d'un refus. Mais ce fait a donné lieu à raisonner sur les prêtres réfractaires, contre lesquels beaucoup de personnes ont élevé la voix en les accusant de tous les excès qu'elles disent se commettre dans le Midi. Tantôt on les rendait les auteurs de tous les assassinats; tantôt on disait qu'ils en voulaient surtout aux acquéreurs des domaines nationaux ; d'autres ont observé que, depuis l'époque où on avait commencé à réprimer ces prêtres, ils avaient à leur prône nombre de gens, auxquels jusqu'alors la pratique du culte était étrangère, qu'il en résultait que ces ministres avaient de grands moyens de pervertir l'opinion publique. — Toutes les fois que l'on s'est entretenu du jugement rendu contre les prévenus de conspiration par le Conseil militaire, on a été tenté de croire que les membres de ce tribunal avaient été gagnés à prix d'argent; on a été même jusqu'à dire que l'un d'entre eux s'était vanté d'en avoir reçu beaucoup, et que, si l'on n'avait ensuite condamné La Villeheurnois qu'à un an de détention, c'est parce qu'il serait au bout de ce temps remis en liberté, tout juste pour être porté au Corps législatif. — C'est dans ce dernier sens que la plupart du temps on s'est occupé des dernières élections; des individus, qui se disaient informés des choix faits dans les départements du Midi pour la représentation nationale, les assuraient des plus mauvais et croyaient découvrir tous les symptômes de la [contre-]révolution et une sorte de coalition des anciens parlements et de l'ancienne cour pour rétablir la royauté en France. De cette conjecture on rapproche celle d'assassinats, que l'on dit se multiplier plus que jamais dans les contrées méridionales. Des individus, avec l'air de mystère, répandent çà et là le bruit qu'il est question de mettre sur le trône le jeune d'Orléans, que les élections sont très favorables à ce parti, que cependant il s'élève entre le ci-devant Monsieur et ce nouveau prétendant une concurrence qui paraîtrait vouloir se décider en faveur du frère de Louis XVI. — Enfin il s'est dit que les autorités constituées des départements du Midi trompaient le gouvernement sur ce qui se passait dans cette partie de la République. — Dans un café très fréquenté du Jardin-Égalité, les généraux Hoche et Moreau passent pour être entre eux en très grande mésintelligence ; les porteurs de cette nouvelle en concevaient beaucoup d'inquiétude et espéraient que le gouvernement préviendrait les fâcheux effets de cette rupture. — Le bruit d'une nouvelle victoire, dont on ne précise pas les circonstances, répand beaucoup de joie dans le public. — L'opinion est très favorable au rétablissement d'une loterie nationale.

Spectacles et promenades. — La réunion des voitures à Longchamp et l'affluence des curieux ont été assez remarquables ; une singularité a frappé tous les regards ; c'est une mauvaise voiture, attelée de six mauvais chevaux conduits par un jockey mal vêtu ; derrière la voiture, un domestique d'aussi peu d'apparence ; au dedans, deux hommes mis plus que simplement et portant des gants blancs. Cette disparate n'a produit aucun effet fâcheux pour l'ordre public. — A l'Ambigu-Comique des malintentionnés ou des filous, qui voulaient occasionner de la foule, ont crié : *Au feu!* aussitôt la pièce finie. Quelques personnes ont pu être blessées ou volées. L'alarme était fausse, et ceux qui l'avaient donnée n'ont pu être découverts. Le calme a régné partout ailleurs.....

LIMODIN.

(Arch. nat., BB * 86.)

JOURNAUX.

Journal des hommes libres du 25 germinal : « On prétend que le représentant Camus a livré sa fille, qui vient de mourir, aux prêtres non-jureurs de l'église Saint-Roch, qui lui ont expédié son passeport pour le paradis. Il est difficile de croire à cette inconséquence de la part du patriarche de l'église constitutionnelle, et au moment où la discorde entre les jureurs et les non-jureurs est une des torches de la guerre civile. » — *Miroir* du 26 germinal : « La promenade de Longchamp a été [avant-]hier assez brillante ; le peuple commence à voir que ces opulentes niaiseries lui sont de la plus grande utilité. On ne peut compter le nombre des couturières, des marchands de modes que nos jolies promeneuses ont fait travailler, pour fixer sur elles les regards pendant cette fête qui en elle-même ne ressemble à rien. Pendant que les amours s'occupent de leur parure, les forgerons, les charpentiers, les selliers travaillent sans cesse à confectionner, à équiper les chars et les chevaux qui doivent traîner cette foule élégante et badine. Gloire à Longchamp, aux niais qui galopent, aux badauds qui les considèrent ! Ils font travailler, ils font vivre le pauvre monde. »

CMXCIII

25 GERMINAL AN V (14 AVRIL 1797).

RAPPORT DU BUREAU CENTRAL DU 26 GERMINAL.

Esprit public. — Il règne dans le public une tranquillité parfaite, et tous les entretiens, toutes les opinions annoncent l'horreur de toute espèce de mouvement ; on aperçoit aussi plus d'activité parmi les artisans, dont les plaintes sur la misère du temps deviennent plus rares. On remarque encore sur toutes les physionomies la satisfaction qu'occasionne chaque jour la nouvelle d'une victoire. Le bruit courant hier était que l'armée d'Italie, après avoir opéré sa jonction avec la division qui en avait été séparée pour conquérir le Tyrol, ne se trouve plus qu'à 18 lieues de Vienne, que le général Buonaparte, en l'annonçant dans une lettre, datée du 12 germinal, déclarait qu'après deux jours de marche il serait sous les murs de Vienne, et que, pour la continuation de cette campagne, il avait reçu du roi de Sardaigne un renfort de quarante mille hommes. — Ceux qui aspirent le plus après la paix conçoivent de ces détails les plus grandes espérances. — Dans beaucoup de cafés, le midi de la France est présenté sous les couleurs les plus alarmantes ; les uns disent en juger d'après des renseignements particuliers ; les autres en croient des journaux, a la correspondance desquels ils paraissent ajouter beaucoup de foi. Il résulte de leurs opinions que le jugement du Conseil militaire a fait beaucoup de sensation dans les contrées méridionales de la République ; que les royalistes et les anarchistes y avaient levé le masque, et y assassinaient tous les patriotes; que, si le gouvernement ne prenait de grandes mesures pour arrêter le cours de ces excès, bientôt ce pays serait tout à fait en insurrection, et que malheureusement le parti des bons citoyens y succomberait, parce que tous les malveillants se portaient de ce côté. — On a dit des élections qu'elles étaient en majorité composées de royalistes décidés ; on a manifesté, d'un autre côté, beaucoup de joie de voir qu'elles allaient achever de détruire la Montagne. — Dans les petits cafés, on a parlé, tantôt comme d'une supposition, tantôt comme d'un fait, d'un arrêté du Directoire dont l'objet était de dissoudre le nouveau tiers, comme composé de royalistes ; on a dit que cet arrêté n'était signé que de quatre membres, et que c'était le défaut de cette cinquième signature qui en arrêtait la publication. Mais un grand nombre d'artisans qui fréquentent ces cafés regardent ces bruits comme absurdes et même perfides, en ce qu'ils tendent à jeter de la défaveur sur le Directoire en lui supposant l'intention de s'opposer au choix du peuple. — De la satisfaction ou de l'inquiétude que donnait tour à tour la composition du nouveau tiers, nombre de citoyens en concluaient que ces sentiments, si opposés qu'ils fussent, prouvaient un vœu général pour le maintien de la Constitution et l'affermissement de la République.

Spectacles et promenades publiques. — Le concours à Longchamp a été considérable ; on a vu beaucoup de femmes ornées de diamants ; le changement rapide d'état et de fortune de plusieurs d'entre elles a occasionné beaucoup de murmures, et la censure s'est fait souvent entendre assez haut. — Le concert de la rue Feydeau a offert aussi plus de luxe que de coutume, et tout s'y est également passé dans le meilleur ordre. — Le calme a régné partout ailleurs [1].....

LIMODIN.

(Arch. nat., BB³ 86.)

JOURNAUX.

Sentinelle du 26 germinal : «..... Les bons journaux s'évertuent à établir que l'assassin de Siéyès est un Jacobin, et cela parce qu'il l'a été. Mais, Messieurs, distinguons. André Dumont l'a été aussi un peu, Jacobin, j'espère ; au-

1. Le prix des divers objets de subsistance ne varie guère à cette époque dans les rapports.

jourd'hui qu'il professe la toute douce doctrine de l'humanité qui tue, vous avisez-vous encore de dire qu'il l'est ? Or, que ce monsieur Poule, natif de Draguignan, ait été moine et puis soldat, et même terroriste avant le 9 thermidor, qu'importe ? Toute la question est de savoir si depuis, devenu comme vous réacteur ardent, il n'est pas aujourd'hui royaliste fanatique et assassin. Que pouvez-vous opposer aux premières paroles qu'il a dites : « J'ai voulu venger la religion de mes pères? » — *Miroir* du 27 germinal : « *Longchamp*. La dernière promenade a été plus nombreuse, mais beaucoup moins brillante que les deux premières ; il semblait que tous les fiacres de Paris s'étaient donné le mot pour enlaidir la fête. Heureusement que les Champs-Élysées, beaucoup mieux habités que les voitures, offraient une sorte d'indemnité. L'écuyer Franconi avait réuni tous les musiciens de son spectacle dans une vaste gondole que suivaient et précédaient des personnes à cheval. L'orchestre infatigable s'est fait entendre depuis la place de Louis XV jusqu'à Bagatelle. Cette nouveauté a fait plaisir. Beaucoup de figures ridicules et ignobles ont fait sourire les spectateurs. Madame Angot peut se vanter de tenir à ce qu'il y a de mieux aujourd'hui dans la République. De mauvais plaisants avaient prévenu le surveillant Bréon qu'il se tramait une conspiration nouvelle et que la moitié de Paris devait profiter de la fête de Longchamp pour prendre le chemin de la Révolte. Toute la police a été sur pied. Vendredi on avait refortifié la garde de trois ou quatre généraux de plus ; mais tout s'est bien passé ; l'esprit public a paru très calme. » — « *Concert Feydeau*. Au retour de Longchamp, les belles se sont montrées à ce spectacle ; les unes, en amazone et couvertes d'une noble poussière, y ont recueilli les éloges dus à leur dextérité et à leur courage ; d'autres, admirées une heure auparavant dans des voitures charmantes, ont soutenu le même succès dans les loges grillées. Quelques femmes étincelaient de diamants. M. Garat a chanté avec une supériorité toujours nouvelle. Le public, tout à fait entraîné, l'a comblé de bravos et d'applaudissements bien mérités. Un duo de Paisiello, plein de grâce et de mignardise, l'air d'*Alceste* : « Au nom des Dieux », et le délicieux rondeau des *Visitandines* : « Enfant chéri des dames », ont été embellis par son talent. Cet amateur, s'il ne décourage pas les professeurs, doit faire faire à l'art du chant des progrès incalculables. Nous ne nous lasserons pas de répéter aux artistes que leurs *concertos* sont toujours trop longs, et qu'en musique, comme en tout autre plaisir, la satiété dégoûte de la jouissance. » — *Miroir* du 29 germinal : « *Tout Longchamp*. Quoique deux jours suffisent à Paris pour faire oublier les époques les plus remarquables, quelques détails sur Longchamp ne paraîtront pas toujours surannés. Vous connaissez, mon cher *Miroir*, l'origine de ces trois fêtes : comme moi, vous rendez hommage à la mémoire de l'éloquent prédicateur qui, dans la petite chapelle, peignit si bien les dangers du luxe qu'après l'avoir entendu les belles et les petits maîtres d'alors se dépouillèrent de leurs ornements et portèrent l'abnégation mondaine jusqu'à disperser en lambeaux leurs habits les plus somptueux. Mais ce n'est pas de cela que je veux vous entretenir. Le passé nous intéresse beaucoup moins que le présent. Puis le fameux apôtre a trouvé dans la Révolution une redoutable rivale ; il ne déclara la guerre qu'aux colifichets, il ne convertit que quelques dissipateurs : elle a couvert tout un peuple de haillons, elle lui a fait faire un carême de cinq ans. Cela dit, reportons-nous en idée dans les sentiers du bois de Boulogne : ils étaient presque déserts le premier jour ; on ne s'y rendit en quelque sorte que pour reconnaître les lieux. Une seule voiture s'y fit remarquer : elle était traînée par quatre chevaux harnachés très élégamment, mais conduits par des postillons qui, malgré la vérité de leur costume, ressemblaient moins à des jockeys anglais qu'à des jouvenceaux de Normandie. Les femmes, en général, y déployèrent peu d'élégance, et l'on aurait tort d'en être surpris, car l'élégance est indépendante du faste ; elle est fille du goût et de l'éducation ; elle se compose d'avantages naturels et de qualités acquises. Oh! qu'une femme de la cour, que mademoiselle de Sainte-Amaranthe, par exemple, aurait eu de peine à contenir ses bons mots, s'il lui eût été facile de renaître pour figurer sur cette scène! Qu'elle y aurait ri de bon cœur, à moins qu'un sort propice ne l'eût placée dans la voiture de mademoiselle Mézeray, ou dans le karrick de madame Lauxade, que d'autres appellent la Terpsichore de Richelieu. Le second jour fut plus brillant ; le nombre des équipages était doublé ; on avait mis de l'ordre dans la marche ; on allait, on revenait sur deux lignes parallèles, de sorte que tous les acteurs pouvaient à leur aise se considérer en passant. Ceux qui prisent les oppositions et se passionnent pour les contrastes, eurent lieu d'être satisfaits, car ils virent mesdames Récamier et Tallien briller dans la foule comme de douces clartés durant la nuit ; la plus riche berline et les plus beaux coursiers fixaient ici l'admiration, tandis que là roulait modestement, sur quatre mauvaises roues, une vieille caisse numérotée depuis trente ans et que traînaient, sous la conduite de deux manants, quatre chevaux étiques, borgnes et boiteux. Le troisième jour, deux mille voitures marchèrent à la file et formèrent dans le taillis des angles immenses. Tous les Merveilleux de l'un et de l'autre sexe s'étaient entourés d'un éclat nouveau. Des ambassadeurs se mêlaient à la tourbe de nos parvenus ; les belles déjà citées étalaient d'autres atours. Ceux de mademoiselle Lange charmaient les regards ; mademoiselle Mézeray entendait retentir autour d'elle un murmure bien flatteur : on eût dit qu'elle était encore au théâtre de la rue Louvois. Madame Lauxade éclipsait les plus piquantes amazones. Voilà ce que j'ai vu, mon cher *Miroir ;* et comme il est bon qu'aux observations frivoles se joignent quelques réflexions solides, je vous dirai que le peuple regardait tout cela sans déplaisir. Il ne fonde plus son espoir sur les ravages de l'anarchie ; il ne croit plus aux dogmes absurdes d'une parfaite égalité ; il ne traite plus les riches en ennemis : s'il en a hué quelques-uns ces jours derniers, c'est que ces riches étaient pauvres il y a vingt mois, c'est qu'ils doivent leur élévation aux plus honteuses bassesses ; c'est qu'ils trouvent beau d'insulter la misère de ceux qu'ils servaient autrefois ; c'est qu'ils s'attachent au sein de la République, comme la couleuvre de la fable s'attachait au sein de son bienfaiteur..... »

CMXCIV

26 GERMINAL AN V (15 AVRIL 1797).

RAPPORT DU BUREAU CENTRAL DU 27 GERMINAL.

Esprit public. — La situation des esprits est la même que ces jours derniers; on paraît plus disposé à sévir contre toute innovation qui menacerait la Constitution. Une partie des préjugés qui s'élevaient contre les nouveaux législateurs est entièrement dissipée; on voit surtout avec plaisir arriver à la Législature quatre généraux qui ont vaillamment défendu la République et beaucoup d'anciens militaires. Les royalistes se montrent aussi satisfaits des choix jusqu'à ce moment connus; mais [il n'en est pas de même] aux yeux des hommes déterminés à ne pas laisser rétrograder une révolution mémorable, dont les fruits sont dans une paix très prochaine, [que] les royalistes paraissent mépriser. — Quelques citoyens s'attachent, dans les cafés, à présenter la République comme étant dans un danger imminent; ils disent que le Directoire devrait faire un appel à tous les patriotes et prendre un arrêté par lequel il déclarerait les élections nulles, en remplaçant, de son autorité, pour le temps qui s'écoulera jusqu'aux prochaines assemblées primaires, les places (sic) actuellement vacantes, ou qui le seraient par la nullité des choix. D'autres, qui s'étaient déclarés contre la Convention en vendémiaire, prennent feu en entendant de pareilles propositions. — On est dans l'admiration des exploits de l'armée d'Italie, et c'est à qui louera les talents de Bonaparte; on parle avec enthousiasme de sa proclamation au peuple de la Carinthie, et tout porte à croire que la paix avec l'Empereur est sur le point de se conclure. Dans presque tous les lieux publics, on parlait d'un courrier arrivé de l'armée de Sambre-et-Meuse, apportant des dépêches au Directoire; on en conçoit les plus hautes espérances, et on se plaît à croire que l'armée sur le Rhin a fait des mouvements qui inquiéteront encore l'Empereur. En résultat, on croit distinguer de l'aversion pour tout ce qui serait contraire à l'affermissement de la République, et le public menace d'avance les députés nouveaux qui voudraient porter atteinte à la Constitution.

Spectacles. — Ils ont été très tranquilles. Dans le *Tartufe*, rue Feydeau, on a remis l'avant-dernière scène telle qu'elle était avant la Révolution. L'éloge d'un prince juste a remplacé celui du gouvernement, et le public a beaucoup applaudi à ce changement.....

BRÉON.

(Arch. nat., BB 3 86.)

CMXCV

27 GERMINAL AN V (16 AVRIL 1797).

Rapport du bureau central du 28 germinal.

Esprit public. — L'attention publique se porte sur les mêmes objets, savoir : l'état brillant de la campagne d'Italie et des élections faites dans les départements ; il est fort rare de rencontrer des citoyens mécontents de nos succès en Empire; mais, lorsqu'il s'en trouve, on démêle aisément, à leurs discours sur l'inutilité de la guerre, qu'ils ne désirent pas la paix de bonne foi. Ceux qui la désirent avec le plus d'ardeur l'attendent des victoires de l'armée, dont ils ne parlent qu'avec enthousiasme, ainsi que des talents militaires du général Buonaparte et de sa générosité envers les Romains; on le considère aussi, d'après sa correspondance, comme très habile en diplomatie; ces opinions sont générales. On compte sur une paix très prochaine; on paraît même en être assuré. — Beaucoup de députés du nouveau tiers, que la prévention avait devancés, et sur les opinions desquels on avait jeté beaucoup de doutes dans le public, sont mieux vus aujourd'hui ; on s'accorde à dire qu'ils sont pour la plupart doués de talents; il s'élève moins d'équivoque sur leur patriotisme; ceux qui n'osent prononcer sur ce point conviennent que, les opinions à part, ils jouissent d'une réputation de grande probité, et ils en concluent que, du moment qu'ils acceptent, ils rempliront par honneur la tâche dont ils se chargent; ils vont même jusqu'à dire qu'ils feront probablement le bien en consultant non seulement leur cœur, mais aussi leur devoir. Les partisans du régime révolutionnaire ont moins déclamé contre ces choix, et les espérances qu'en avaient conçues les royalistes pour le retour de l'ancien ordre des choses sont à peine sensibles. — Tout est calme ; on fait plus de vœux pour le maintien de la République ; on témoigne encore plus d'aversion pour toute espèce de changement quelconque ; on a cru enfin apercevoir plus de rapprochements dans les esprits opposés par système.

Culte. — Le culte a été très suivi hier; les églises ont été généralement remplies; il y en a eu plusieurs qui contenaient à peine leurs habitués. L'affluence des personnes du sexe y est surtout considérable. Presque dans toutes l'orgue s'est fait entendre; les sermons se sont partout bornés à leur objet, et il n'a été question dans aucun de ce qui concerne le gouvernement. Ces lieux divers ont joui du calme et de la décence ordinaires.

Spectacles. — Ils ont généralement attiré beaucoup de monde, et rien n'y a blessé l'ordre public.....

BRÉON.

(Arch. nat., BB 3 86.)

JOURNAUX.

Censeur des Journaux du 29 germinal : « ..... Les vieux Invalides voulaient entendre hier la messe à leur chapelle ; les jeunes s'y sont opposés, et il n'y a point eu de messe. Mais est-ce que la liberté des cultes signifie en France l'exclusion des cultes ? Est-ce que celui qui n'aime pas la messe peut me forcer de ne pas l'entendre ?..... »

CMXCVI

28 GERMINAL AN V (17 AVRIL 1797).

RAPPORT DU BUREAU CENTRAL DU 29 GERMINAL.

Esprit public. — Un calme parfait, beaucoup de gaîté, de l'ordre et de la décence dans toutes les promenades publiques qui ont été très fréquentées, tels ont été les principaux caractères de la journée ; l'affluence aux endroits publics, sur les quais et aux guinguettes est toujours très remarquable les jours de fêtes catholiques, mais partout on y a paru animé d'un bon esprit. On a observé qu'à l'entrée des jardins, plus des trois quarts des femmes se contentaient de prendre une petite cocarde à leur main, en la portant à leur tête à la porte même du jardin, en murmurant beaucoup contre ce « reste de terreur »; c'était l'expression de plusieurs d'entre elles. — On renomme (*sic*) le jour de la semaine (vieux style) où il se rassemble un plus grand nombre de personnes chez quelques marchands de vin des faubourgs, et l'on soupçonne qu'il s'y trouve beaucoup de Jacobins. Il ne s'est vu aucun groupe ; il ne s'est passé dans les promenades aucun événement à remarquer ; les cafés ont été moins fréquentés, et les opinions y ont été généralement insignifiantes, fondées sur d'autres déjà produites et considérées comme incertaines. Les opinions suivantes ont seules été saisies. On se plaint des allusions injurieuses au Pape, tant dans les journaux que dans les gravures, attendu le respect et les égards dus à tous les alliés de la République. On craint de voir le général Bonaparte engagé trop avant dans les terres de l'Empire et ce qui peut résulter contre lui de la levée en masse des habitants de la Hongrie qui, disait-on, avaient foulé aux pieds la proclamation dans laquelle il leur promettait la liberté. On a pensé que les intentions du Directoire étaient de déclarer la patrie en danger pour s'emparer [de] l'autorité suprême, en observant qu'il s'était assemblé pendant quatorze heures pour délibérer sur ce projet; que, de plus, il allait achever de perdre les colonies par la conduite insultante qu'il tenait à l'égard du gouvernement américain. On disait enfin que Saint-Domingue était presque entièrement sous la domination des Anglais. — Toujours quelques nuances nouvelles du rapprochement des esprits qui manifestent dans tous les sens moins d'exagération.

Culte. — Les églises ont été très fréquentées, mais beaucoup plus par les femmes que par les hommes; on y voit assez de jeunesse. Dans le cours des offices ou des sermons, on n'a rien remarqué contre le bon ordre ni contre les lois. Point de rassemblement, point de mot équivoque.

Spectacles. — Il s'y est rendu assez de monde, et ils ont offert le calme et la décence convenables.

Surveillance. — ... Le nommé Antoine Vauthier, âgé de quarante ans, propriétaire à Saint-Cyr, est entré hier matin chez le citoyen Brun, officier de santé, rue Victor, pour y passer (*sic*) les remèdes, et, le soir, vers sept heures, il s'est coupé le col; on a trouvé dans sa chambre un écrit où il annonçait qu'il s'était suicidé lui-même pour cause de Révolution.....

BRÉON.

(Arch. nat., BB 86.)

CMXCVII

29 GERMINAL AN V (18 AVRIL 1797).

RAPPORT DU BUREAU CENTRAL DU 30 GERMINAL.

Esprit public. — L'opinion générale est bonne et reprend de plus en plus de la consistance. Les hommes exagérés sont moins écoutés; on entend aussi moins de personnalités contre les hommes qui occupent les places éminentes. Le seul contre lequel on entend parler d'une manière peu avantageuse est le ministre de la justice. — La satisfaction est sensible sur la nature des choix qui vont compléter le Corps législatif; quelques personnes observaient avec plaisir qu'il se trouvait des hommes dont les lumières et la pratique en matière de finances achèveraient sans doute de restaurer cette branche d'administration, à laquelle auraient pu nuire les terroriens (sic), qui, peut-être, auraient proposé des systèmes, au lieu d'apporter des correctifs; ces sentiments se sont reproduits en plus d'un endroit. — Les nouvelles extérieures font également plaisir, certaines ou présumées. On est sûr que le général Buonaparte n'est pas éloigné de Vienne ; on parle de paix, et l'on répand partout que les préliminaires avec l'Empereur sont signés, ce qui produit beaucoup de sensation. — Dans les cafés où il se réunit le plus d'étrangers, il se disait que les négociants d'Angleterre avaient refusé de l'argent pour la continuation de la guerre; qu'un levain de mécontentement fermentait à Londres et dans les grandes cités, que le peuple était prêt à demander le bannissement perpétuel des ministres, et que de nouvelles insurrections se manifestaient en Irlande. — On présumait aussi que l'Angleterre tirait une grande partie de l'argent du continent par la voie d'Hambourg, et que la France, d'intelligence avec la Hollande, pouvait mettre des entraves à ce commerce ruineux pour nous, tout se payant en argent et non avec des échanges. — On approuvait beaucoup que le général Hoche eût passé le Rhin.

Culte. — Les églises et oratoires ont été très fréquentés ; il ne s'est rien trouvé dans les discours et prônes qui ait été susceptible de répréhension. Tout s'est passé sans scandale et sans affectation.

Spectacles. — Ils ont joui d'une parfaite tranquillité.....

BRÉON.

(Arch. nat., BB 3 86.)

JOURNAUX.

Courrier républicain du 2 floréal : « *Paris le 1er floréal*..... L'Assemblée électorale de Paris a terminé toutes ses opérations le 29, et elle a été dissoute à six heures du soir. Le jeune Salverte a témoigné, dans un discours, la reconnaissance qu'il sent au fond de son âme pour la conduite assidue, sage et impartiale du bureau. Tout le corps électoral a adhéré à cette déclaration par des applaudissements longtemps prolongés. « Ainsi, dit Rœderer, s'est ter-
« minée la session de cette assemblée qui, par sa religieuse observation de la
« Constitution et des lois, par le calme, la décence, la dignité et le zèle qu'elle
« a mis dans ses opérations, a déjoué bien des intrigues, désespéré bien des
« partis, et mérité peut-être de servir de modèle aux Assemblées électorales
« futures..... »

CMXCVIII

30 |GERMINAL AN V (19 AVRIL 1797).

Rapport du bureau central du 1er floréal.

Esprit public. — Il est plus que jamais question de la paix avec l'Empereur; le public même n'en parle qu'avec le ton de la certitude : elle est signée, dit-on; il ne doit plus paraître étonnant que la réponse de l'Archiduc à la lettre que lui écrivit le général Buonaparte n'était (*sic*) point parvenue. Dans cette persuasion, nombre de personnes sont étonnées que le Directoire ne s'empresse pas d'annoncer cette nouvelle, qui est de nature à faire cesser les discours des royalistes, avides à saisir les bruits vrais ou faux du plus léger échec. Effectivement le bruit circulait dans plusieurs cafés que l'armée d'Italie avait essuyé un revers, et, dans l'un de ceux du Jardin-Égalité où il se réunit le plus souvent des citoyens peu disposés en faveur de l'ordre actuel des choses, cette nouvelle, quoique venue de l'étranger, était crue et donnait déjà lieu de conjecturer qu'il en serait de l'armée d'Italie comme de celle du Rhin, et qu'une prompte retraite était inévitable, et ces raisonnements sont accompagnés d'une sorte de joie. Ailleurs on croit fort peu à ces désavantages. — On commence à s'étonner du silence des autorités au sujet des accusés de conspiration de royalisme remis en jugement. On est surpris que cette affaire n'ait pas de suites plus promptes et tombe, disait-on, dans l'oubli. On a parlé aussi, mais peu, de la lettre écrite au ministre de la justice par le Directoire, sur la question relative à la commutation des peines prononcées par les conseils de guerre, et la curiosité devance le rapport du ministre de la justice à ce sujet. — Toujours la même satisfaction sur les choix faits par les assemblées électorales, et il ne se lève aucun doute sur les talents et la probité des députés nouvellement nommés. Il s'en élève moins sur la nature de leurs opinions; on ne prête même qu'avec répugnance l'oreille aux préjugés que répandent contre eux nombre d'individus convaincus de n'en connaître presque aucun, et connus d'ailleurs par la constante exagération de leurs principes. Enfin, on s'est plu, d'un commun accord, à rendre justice au calme et à la décence avec lesquels avait tenu sa session l'Assemblée électorale de Paris, et il s'élève très peu de voix contre la nature des choix qu'elle a faits. — Le public s'est aussi occupé de la détermination prise par le Bureau central pour faire disparaître des voies publiques les échoppes et boutiques volantes; cet acte d'administration paraît goûté surtout dans la classe des marchands établis.

Spectacles. — Ils ont joui partout du calme ordinaire. La nouvelle pièce, intitulée *Sophocle et Aristophane* [1], donnée hier au Théâtre-Français, a eu très peu de succès et ne contient d'ailleurs rien qui ait trait aux circonstances.....

BRÉON.

(Arch. nat., BB 3 86.)

CMXCIX

1er FLORÉAL AN V (20 AVRIL 1797).

RAPPORT DU BUREAU CENTRAL DU 2 FLORÉAL.

Esprit public. — On remarque à l'extérieur plus de sérénité qu'aux jours précédents; il ne paraît pas qu'un revers essuyé par l'armée d'Italie ait obtenu beaucoup de crédit dans le public; les bruits de paix, au contraire, prennent une grande consistance. On attend avec impatience, d'un moment à l'autre, ce qui pourra parvenir d'officiel à ce sujet, et on est persuadé qu'il y a déjà un armistice de conclu entre l'Empereur et le général Buonaparte, et des paris sont proposés pour et contre l'existence de ce traité. Cependant, les royalistes décidés continuent de dire que nous avons été défaits dans le Tyrol, où nous n'aurions pas dû nous enfoncer, dont nous serons bientôt chassés, et où nous avons perdu plus de mille deux cents hommes. — Les députés appelés à former le nouveau tiers sont connus pour la plupart; aussi les opinions sont-elles décidément prononcées sur leur compte; on en parle avec assez de chaleur, surtout parmi le moindre nombre (*sic*), qui en paraît fort mécontent; cependant, en majorité, on applaudit à ces choix; on regarde même comme une preuve de bonnes dispositions des départements réunis, d'avoir choisi parmi leurs habitants ceux qui doivent les représenter. Les grands patriotes, au contraire, disent que, d'après la mauvaise composition des derniers

---

1. Comédie en deux actes et en vers, par Raffier et Joly. On en trouvera une analyse dans l'*Histoire du Théâtre-Français*, par Étienne et Martainville, t. IV p. 54.

[20 avril 1797]

députés, il y aura un grand coup quelque temps après leur installation au Corps législatif. — Si cette réflexion a été recueillie, c'est que l'opposition qu'apportent quelquefois les Conseils aux vues du Directoire, dans la crainte qu'ils manifestent de le voir dépasser les bornes de son pouvoir, était la garantie de leur attachement à la Constitution. — Dans un café très fréquenté du Jardin-Égalité, on s'est universellement occupé de la situation actuelle des colonies et plus particulièrement de Saint-Domingue; il paraît pour certain que la majeure partie de Saint-Domingue est sous la domination anglaise, que le reste de la colonie n'avait plus aucun moyen de relation avec la métropole, que d'un autre côté le gouvernement allait faire une grande sottise en envoyant de nouveaux commissaires aux colonies orientales. — On ne parle pas d'aucun acte d'administration intérieure. — Tout est calme et paraît devoir l'être à l'avenir.

Spectacles. — Le foyer du théâtre de la citoyenne Montansier offre des rixes assez fréquentes; il s'en est élevé une hier; les turbulents ont le soin de ne point attendre ceux qui sont appelés à maintenir l'ordre, aux regards desquels ils ont la précaution de se soustraire promptement. Les autres théâtres ont joui de la tranquillité convenable.

Commerce. Pain. — Il a été vendu aux halles passablement de pain. Le blanc a été vendu 11 sous les 4 livres; 8 sous 6 deniers le mi-blanc, et 7 sous le bis.

Viande. — La viande de boucherie a été très abondante. Le bœuf a été vendu en détail de 6 à 9 sous la livre; le veau, de 8 à 12 sous; le mouton, de 7 à 12 sous; le porc frais, de 10 à 11, et de 10 à 14 le salé.

Légumes. — Les pommes de terre, de 7 à 12 le boisseau; les asperges, de 2 livres à 17 livres. . . . .

Bréon.

(Arch. nat., BB³ 86.)

Journaux.

Courrier républicain du 2 floréal : « . . . . . M. de La Harpe, qui, comme on sait, ne fait plus d'ouvrages, mais s'amuse à réfuter ceux des autres, a privé de sa présence ses disciples du Lycée, pendant la Semaine-Sainte, consacrée tout entière aux devoirs de la religion ; ç'a été sans doute aussi pour ne pas le déranger de ce pieux exercice qu'aucun corps électoral n'a songé à lui. »

M

2 FLORÉAL AN V (21 AVRIL 1797).

Rapport du bureau central du 3 floréal.

Esprit public. — La paix est l'objet continuel des entretiens publics ; on en parle avec d'autant plus d'ardeur qu'elle paraît certaine, et que l'on compte sur cette époque comme sur celle de la restauration de nos finances, de la réactivité du commerce ; aussi beaucoup de personnes font-elles courir le bruit que déjà les préliminaires sont signés, et que le Directoire exécutif en donnera connaissance incessamment. Ces nouvelles causent une très vive allégresse, et l'on ne cesse, d'un autre côté, de manifester un grand enthousiasme pour l'armée d'Italie et son général. Il se débite, mais avec l'air du mystère, que l'armée de Sambre-et-Meuse, commandée par le général Hoche, avait essayé, mais infructueusement, de passer le Rhin, et que dans cette affaire nous avions perdu cinq mille hommes ; cependant on semble désirer des nouvelles plus positives de ce côté. — Le gouvernement a été assez souvent blâmé dans sa conduite à l'égard des États-Unis d'Amérique ; des hommes accrédités en politique parmi les habitués des cafés témoignaient beaucoup d'inquiétude sur notre situation vis-à-vis de cette puissance ; ils disaient que le gouvernement devrait en général employer plus de douceur et de modestie dans ses relations en diplomatie, que nous n'étions pas assez affermis pour user de vigueur, et qu'une guerre avec les États-Unis amènerait infailliblement la perte entière de nos colonies. — D'un autre côté, Londres s'offre aux nouvellistes d'habitude comme livré à des troubles très graves ; beaucoup d'ouvriers, si ce qu'on répand est vrai, auraient enlevé la Banque et se seraient rassemblés pour demander la destitution des ministres. — On continue à parler beaucoup des élections, mais d'une manière plus favorable qu'on n'en a parlé précédemment ; les choix sont jugés avec moins de sévérité. — Dans les groupes et les réunions sur les marchés, on s'est occupé de la destruction des échoppes ; les plaintes sont vives de la part de ceux qui en possédaient, et ils se répandent en invectives et contre le gouvernement, et contre les autorités administratives. Le résultat de tous ces discours est que les petits pâtissent pour les grands, qu'il n'est question que d'écraser le peuple pour favoriser les riches, que le projet est de reconstruire ces échoppes pour les donner à ferme et en retirer des droits considérables, auxquels les petits ne pourront atteindre ; mais, malgré ces plaintes, la majorité du public applaudit à cette mesure et récapitule les inconvénients que ces boutiques entraînaient et la grossièreté avec laquelle les marchands repoussaient le monde qui pouvait à peine passer. — Tout est disposé au plus grand calme.....

BRÉON.

(Arch. nat., BB ³ 86.)

JOURNAUX.

Journal de Paris du 7 floréal : « *Aux auteurs du journal*, Paris, 2 floréal an V. Je me transporte de bon matin sur le quai de la Ferraille.... et je vois le pouvoir exécutif du marteau qui disloque les ais vermoulus de ces cahutes dégoûtantes érigées aux dépens de la sûreté des passants. Nous avons donc un gouvernement, des magistrats, qui s'occupent du bien-être des citoyens, et les journaux qui ont demandé cette sainte opération sont bons à quelque chose. Mais les rebuts de la fabrique de Jouy et les curiosités rouillées des fripiers s'étalent toujours sur les parapets des ponts. D'autres baraques, couvertes en ardoises auprès du Louvre, insultent par leur présence privilégiée les débris terrassés de leurs rivales. J'invite les défuntes à réclamer les droits de l'égalité contre toute boutique adossée à un édifice public, ou existante sur un sol dont la propriété ne lui est pas acquise. Agréez également, citoyens, que je dénonce une conspiration que j'ai entendu fabriquer sur les lieux. Des tables de sapin portées sur deux chevalets, surmontées de quatre bâtons pointus, et coiffées d'une vieille tapisserie, vont s'emparer, dit-on, de la place occupée par les baraques. Comme on enlèvera tous les soirs corps et biens, elles seront adroitement soustraites au dispositif de l'arrêté. Il est évident que, par ce stratagème vraiment mercantile, le but de la propreté et celui de la sûreté seraient également manqués. J'invite à cet effet tous les journaux, même ceux que l'on débite aux dépens du gosier du colporteur, à prendre ceci en grande considération, et à demander, à la place du Vauxhall que l'on érige dans la plaine des Sablons, vu la fertilité du sol, un bel et bon trottoir, dégagé de toute espèce de banc et longeant le quai de la Mégisserie, ainsi que l'exclusion de tout parasol, couverture, ou tonneau percé que l'on substituerait à ces baraques dont la disparition a coûté tant de paroles et de placets aux demandeurs et à ceux qui étaient chargés du pénible métier de refuser. Je demande que l'on se rappelle la bonne idée de feu M. de Villette, qui voulait transporter le marché aux fleurs sur le quai des Théatins, idée que l'infortuné Bailly a voulu exécuter. Je demande enfin que les marchands abrités du quai de la Ferraille ne couvrent pas la surface du sol de barres de fer, de fontaines, fourneaux et sacs de graines, toutes choses également nuisibles à la conservation des jambes des habitants de cette belle ville. *Un abonné.* »

MI

3 FLORÉAL AN V (22 AVRIL 1797).

Rapport du bureau central du 4 floréal.

Esprit public. — On a pu juger de la situation véritable des esprits par la sensation qu'ont produite les nouvelles d'Italie; on désire fortement la paix, et les démarches qui tendent à l'accélérer sont appréciées dans toutes les classes de la société. Nul doute non plus que le gouvernement ne fasse tous ses efforts pour hâter cette époque. On assurait que les membres du Directoire avaient donné ordre de les réveiller à telle heure de nuit qu'arriverait le courrier porteur de dépêches, et il s'est dit que peut-être avant vingt-quatre heures le traité de paix serait définitivement conclu. — Au surplus, la conduite du général Buonaparte, l'habileté de ses généraux sont un sujet continuel d'éloges, et tout le monde applaudit les dispositions qu'il a faites pour attendre la réponse ultérieure de l'Empereur. A des témoignages aussi éclatants de satisfaction publique s'en joignent d'autres au débit des nouvelles qui ont annoncé une grande victoire sur les bords du Rhin, lors du passage de ce fleuve. — On n'est pas moins satisfait du bruit de l'arrivée d'un commissaire pour rétablir l'harmonie qui a toujours existé entre les deux nations [1], et que quelques difficultés dans les relations commerciales menaçaient d'altérer. On espère que le Directoire se prêtera à toutes les voies de conciliation, et l'on fonde sur l'issue de ces conférences la prospérité future de nos colonies. — Quelques discours recueillis dans l'un des cafés attenant le Jardin-Égalité, ayant trait à la situation du Midi, contrastaient seuls avec ceux qui ne roulaient que sur les victoires et la paix. — Il était question de la situation de l'esprit public dans les départements, et ceux qui traitaient cette matière s'accordaient à les considérer tous comme livrés au royalisme. On appelait l'attention du gouvernement sur des contrées où, disait-on, il ne se faisait rien pour aviver l'esprit républicain. Enfin l'on témoignait de la surprise de ne plus entendre parler des conspirateurs royaux. — Il a été question du renouvellement qui doit s'opérer dans le Directoire ; on désigne comme sortant Carnot, qui, dans le public, passe pour solliciter sa démission, et, comme devant le remplacer, Talleyrand-Péri-

1. Il s'agit sans doute de la France et des États-d'Unis d'Amérique.

gord. Enfin on entend des discours favorables au gouvernement de la part des personnes auxquelles cette sorte de langage était jusqu'alors inconnue. — L'attente de la paix produit dans les esprits les rapprochements les plus sensibles, au point qu'un des cafés du Jardin-Égalité, renommé par l'affluence des individus dont les opinions sont le plus souvent opposées à l'ordre actuel des choses, n'a laissé recueillir que les idées conformes au maintien de la Constitution et à l'affermissement de la République.

Spectacles. — Les opinions sont les mêmes dans les spectacles, qui ont tous joui d'une parfaite tranquillité.....

LIMODIN.

(Arch. nat., BB³ 86.)

MII

4 FLORÉAL AN V (23 AVRIL 1797).

RAPPORT DU BUREAU CENTRAL DU 5 FLORÉAL.

Esprit public. — Il n'est bruit que de la paix, et plus on la croit prochaine, plus on témoigne de joie ; la plupart des conversations roulent sur ses résultats. La concorde parmi les citoyens, l'abondance dans l'intérieur, la confiance et l'activité dans le commerce, tels sont les résultats que l'on entrevoit. Aussi rien n'est au-dessus des vœux que chacun forme pour avoir la paix, et l'empressement que le grand nombre remarque dans les membres du gouvernement pour atteindre à ce but lui concilie bien des esprits, même ceux qui lui paraissent entièrement aliénés. On peut juger, d'après ces dispositions, de l'effet agréable qu'ont produit dans le public les nouvelles du Rhin et les détails que l'on entend faire du passage de ce fleuve par les armées des généraux Hoche et Moreau. — A ces sujets de satisfaction s'en joint un autre, fondé sur la situation déplorable dans laquelle, suivant ce qu'on présume toujours, se trouve la Banque de Londres. Enfin tout prouvait que le public comptait sur une pacification générale. Ces objets sont presque les seuls traités dans les cafés et autres lieux de réunion, où il est cependant faiblement question d'une insurrection anarchique qui éclaterait ces jours-ci. La majorité des citoyens regarde ces craintes comme dénuées de fondement, parce qu'un mouvement, tel qu'en fût le but, tournerait toujours, se disait-il, contre ceux qui le susciteraient. Les exagérés motivent leur opinion sur le système des contrepoids, que le gouvernement suit assez maladroitement, ont-ils ajouté. Ces bruits, effrayants pour quelques-uns, sont par la majorité ou la presque totalité des citoyens écoutés avec une sorte de pitié. — Dans les groupes on accusait beaucoup de caissiers d'administration d'être de connivence avec des prêteurs sur gages qui font valoir l'argent jour par jour. On a parlé encore de l'abus que faisaient plusieurs députés du droit d'affranchir leurs lettres ; on a dit que, par arrangement, ils faisaient jouir aussi leurs amis de cette prérogative. — Tout à l'extérieur annonçait le plus grand calme.

Culte. — Les discours et exhortations qui ont eu lieu dans les églises ou oratoires, où il s'est rendu beaucoup de monde, ne contenaient rien qui fût contraire aux lois et au gouvernement. La seule morale évangélique, expliquée sans équivoque et sans application ou arrière-dessein, en faisait la base ; la décence et la tranquillité ont régné partout.

Spectacles. — Très tranquilles.....

Bréon.

(Arch. nat., BB³ 86.)

JOURNAUX.

Miroir du 4 floréal : « *La Révolution française,* poème en huit chants, par H. B... :

Chant premier.

De par le roi, que, de toute la France,
Les gros bonnets, les experts en finance,
Les médecins viennent guérir nos maux ;
De là, je crois, les États généraux.

Chant deuxième.

Ainsi soit-il. Que la Constituante
Donne des lois à l'Europe tremblante,
Les droits de l'homme à nous ; mais, en retour,
Prenez, messieurs, ces dix-huit francs par jour.

Chant troisième.

Adieu, clergé, privilèges, noblesse ;
Adieu, Bastille, vêpres et messe ;
Il est, je suis un citoyen actif ;
Et passons vite au Corps législatif.

Chant quatrième.

Pour sa santé, le roi fait un voyage,
Grande rumeur ! Arrêtez ! Quel tapage !
Tout est perdu ! Je fais la motion
Que sur-le-champ on soit Convention.

Chant cinquième.

Enfer, nuit! mort! sang! ô race meurtrière!
La République est un grand cimetière!
La France n'a que la peau sur les os;
Mais thermidor survint fort à propos.

Chant sixième.

Vois-tu là-bas cette figure antique?
Là-bas, au loin? — Oui. — C'est la République.
— J'en suis ravi; mais... — Quoi? — Je meurs de faim.
— Tais-toi, maraud, et sois républicain.

Chant septième.

Esprits ardents, dont la muse fertile
Ne fait un vers que pour en faire mille,
Bien mieux que moi vous direz les combats,
Les assignats, les décrets, les mandats.

Chant huitième.

Vous nous peindrez les trous faits à la lune,
Les émigrés, leur mauvaise fortune,
Les parvenus, tout ce qu'il leur plaira,
Et rira bien qui le dernier rira.

MIII

5 FLORÉAL AN V (24 AVRIL 1797).

Rapport du bureau central du 6 floréal.

Esprit public. — L'amélioration de l'esprit public est sensible; les personnalités disparaissent; l'animosité contre le gouvernement se dissipe, et les vœux pour le maintien de la Constitution de 95 sont plus unanimes. Aussi remarque-t-on que la prévention de part et d'autre est moins forte contre les nouveaux députés appelés au Corps législatif. Les hommes paisibles augurent même bien de ces nouveaux représentants, parce qu'ils pensent que l'opinion générale, fortement prononcée pour la République, les maintiendra dans la ligne de leur devoir et les menace d'avance, s'ils étaient tentés de s'en écarter. — On dit Barère nommé dans le département des Hautes-Pyrénées; il est des personnes que ce choix n'étonne pas; il en est d'autres qui en paraissent révoltées et qui croient que cet individu, condamné à la déportation, ne pourra, s'il ose se montrer, échapper à l'exécution de son jugement. — Dans l'un des cafés du Jardin-Égalité, où il se rend beaucoup d'étrangers, un individu s'est élevé à haute voix et avec beaucoup de chaleur sur les mauvais choix des députés; il a dit que la République était perdue, si les patriotes ne se montraient pas, qu'il était temps d'y faire attention. Son dessein évident était de faire impression sur ceux qui l'écoutaient; mais sur l'esprit de quelques-uns il n'a obtenu aucune influence, car la plupart des habitués de ce café ont observé que c'était un terroriste obscur. — La disparition des échoppes qui obstruaient divers endroits publics est toujours approuvée, surtout parmi les marchands établis, qui observaient que ces vendeurs passagers nuisaient infiniment au commerce et cependant ne payaient que très peu de droits à l'État, quoique leur gain fût considérable, et que leurs frais d'établissement fussent en quelque sorte nuls. — On ne s'est occupé d'aucun autre objet d'administration intérieure. — Quant aux opinions sur les affaires du dehors, elles sont de plus en plus favorables à l'ordre actuel des choses; nul décri des victoires, nulle censure des opérations diplomatiques; on sent que les unes et les autres tendent à la paix; on les appuie d'éloges continuels et de vœux très ardents, et jamais la volonté publique ne s'est plus prononcée pour la conclusion [de la paix], que l'on continue à croire très prochaine. On est sûr des intentions du Directoire à cet égard, et l'on espère qu'il employera, dans cette grande circonstance, toute la modération convenable, afin de rendre la paix plus solide. — Tout est disposé au plus grand calme.

Spectacles. — Ils ont joui d'une tranquillité parfaite. *Agamemnon*, tragédie nouvelle [1], au théâtre de la République a eu beaucoup de succès. Un grand caractère, un tableau fidèle des passions héroïques, de l'action, du coloris, du style et une attention sensible à éviter tout ce qui pouvait amener des applications politiques, tels sont les avantages de ce morceau, qui a été accueilli sous tous les rapports......

BRÉON.

(Arch. nat., BB³ 86.)

JOURNAUX.

Ami des Lois du 5 floréal : « *Variétés*..... Il existe à Paris un comité royal, chargé de diriger toutes les élections et qui correspond avec des comités centraux de département. On a découvert l'existence de ces comités dans le Nord, le Pas-de-Calais et la Somme. Leurs instructions sont connues : elles portent en substance de n'admettre dans aucune place les acquéreurs de biens nationaux, les conventionnels sortis ou sortants, ceux qui ont témoigné

1. Par Lemercier.

quelque attachement au régime républicain. Des électeurs ont osé, en pleine assemblée, manifester ces intentions perfides, et depuis cet instant les soumissions ont été suspendues et les ressources produites par les ventes sont paralysées ; les acquéreurs de biens nationaux les revendent à vil prix; la crainte s'est emparée de toutes les âmes, et l'on répand le bruit dans les campagnes que l'entrée du nouveau tiers au Corps législatif sera l'époque assurée de la contre-révolution. Partout, ou presque partout, l'on a nommé pour représentants et pour administrateurs des royalistes effrontés, des émigrés ou des parents d'émigrés, agents de Louis XVIII, et ayant des instructions pour faire rentrer les prêtres et les émigrés, ainsi que pour faire périr tous les républicains. Le Directoire ne peut se dissimuler cet état de choses ; il en est instruit par les dépêches qu'il reçoit tous les jours ; et cependant on ne voit pas qu'il s'en inquiète.... Puisse-t-il n'être pas victime de son insouciance et de son aveuglement !.... »

MIV

6 FLORÉAL AN V (25 AVRIL 1797).

RAPPORT DU BUREAU CENTRAL DU 7 FLORÉAL.

Esprit public. — Un seul sentiment animait hier le public, et c'était celui d'une vive allégresse. La nouvelle des préliminaires de paix signés avec l'Empereur ; la victoire signalée remportée sur le Rhin ; la prise du fort de Kehl, sans blocus, presque sans siège, et en une seule attaque ; l'enlèvement fait à l'ennemi de tous ses bagages et attirails, même de sa caisse militaire ; enfin l'enthousiasme avec lequel ces détails venaient d'être reçus dans les deux Conseils, ont fait une profonde et délicieuse impression dans tous les esprits. On a pu voir, à n'en point douter, que la paix devait concilier irrévocablement tous les cœurs au gouvernement. Il n'était d'entretien dans tous les cafés que sur cette expectative et sur le discours dans lequel Dumolard, au Conseil des Cinq-Cents, avait émis des vœux pour voir la concorde faire disparaître tout esprit de parti et ne voir régner d'autre sentiment que celui d'attachement à la République [1]. La sérénité était peinte sur tous les visages, et, au bruit des salves d'artillerie, nombre de personnes ont paru se porter au palais directorial. Quelques citoyens ont illuminé les maisons pour exprimer leur joie. Tout a été

---

1. *Discours de Dumolard, fait à la suite de la lecture du message du Directoire exécutif relatif aux victoires remportées sur le Rhin ainsi qu'à la signature des préliminaires de la paix. Séance du 6 floréal an V.* Paris, imp. nationale, floréal an V, in-8. — Bibl. nat., Le 43/924.

plus que tranquille, et les groupes que l'on a vus, loin d'être alarmants pour la tranquillité publique, étaient créés pour le plus louable intérêt (sic).

Spectacles. — Rien n'y fut étranger aux événements dont on se réjouissait ; les spectateurs appliquaient souvent des traits aux circonstances présentes, et les acteurs eux-mêmes ont employé l'illusion de la scène à témoigner leur joie particulière et à augmenter celle du public. Dans *Anacréon*[1], les deux citoyens Vestris et la citoyenne Gardel ont figuré dans les ballets une branche d'olivier à la main ; une artiste a joint à son rôle une partie du chant au sujet des victoires et de la paix qu'elles préparent ; on a surtout accueilli par de nombreux applaudissements le début de l'une des scènes chantées par Anacréon : « Laissez en paix le dieu des combats. » L'enthousiasme du public à toutes ces allusions est au-dessus de l'expression. Au théâtre de la rue Feydeau, l'acteur chargé du rôle du barbier de Séville a intercalé aussi quelques vers relatifs aux préliminaires de la paix, et cette attention a été vivement applaudie. Au Vaudeville, même empressement, mêmes productions allégoriques et improvisées. Enfin le même esprit animait tous les théâtres.....

Bourse. — Suivant les rapports, les nouvelles d'hier ont encore augmenté l'affluence déjà très considérable au Palais-Égalité. Il s'y est négocié beaucoup d'inscriptions, dont le cours a été porté rapidement jusqu'à 16 francs..... Les mandats sont à 28 et 25 sous.

BRÉON.

(Arch. nat., BB³ 86.)

JOURNAUX.

Courrier républicain du 7 floréal : « *Paris, 6 floréal.* Tout le monde rit aujourd'hui de Bertrand Barère-Carmagnole ; tous les cafés, tous les lieux publics retentissent comme des échos des jolies phrases de ce gracieux rapporteur du Comité de salut public : *Battre monnaie sur la place de la Révolution. — Guerre à mort. — Point de prisonniers. — La planche de la guillotine n'est qu'un lit un peu plus dur qu'un autre. — Du pain et du fer. — Défleurer la victoire. — Les alarmistes.* — Voilà ce que chacun répète, puis on parle d'autre chose. On est fort peu effrayé de la résurrection de cet échanson qui versait du sang à Robespierre. On observe seulement, avec le ton de la plus froide indifférence, qu'on ne croyait pas qu'il fût éligible. Nous déclarons, nous, qu'il n'était pas éligible. Barère a été condamné par jugement de la Convention à la déportation perpétuelle, avec Collot d'Herbois

---

[1]. Le 6 floréal an V, le théâtre des Arts donna la 16ᵉ représentation d'*Anacréon chez Polycrate*, opéra en trois actes, paroles de Guy, musique de Grétry.

et Billaud-Varenne. Un second décret ordonna son embarquement avec ses deux complices; mais on se rappelle que le vaisseau ne se trouva pas assez grand, et Barère resta à l'île d'Oléron. Ses amis, peu satisfaits de ce premier succès, firent décréter qu'il serait jugé par un tribunal criminel, parce que, disaient-ils, la peine de mort n'était pas suffisante pour d'aussi grands crimes. On savait qu'une procédure criminelle ferait gagner du temps. Barère fut donc traduit devant le tribunal de la Charente-Inférieure, et il s'évada de sa prison par un *trou*, comme Drouet s'évada de la sienne par la *fenêtre*. Depuis, Barère a vécu caché jusqu'après le 13 vendémiaire. S'appliquant fort à propos la loi d'amnistie du 4 brumaire, Barère a vécu tranquillement chez lui. Cependant ses amis savaient que l'amnistie ne lui était point applicable; ils chargèrent Lamarque, il y a quelques mois, de demander grâce pour lui ; mais les *Chouans* du Corps législatif ne voulurent pas en entendre parler; ils le déclarèrent *condamné, déporté, mort civilement*.... » — *Miroir* du 8 floréal : « *Paris*. Avant-hier, quarante-cinq coups de canon ont assuré aux Parisiens la nouvelle si heureuse, si désirée, annoncée par le message du Directoire; elle a répandu la consolation dans toutes les âmes; tous les cœurs se sont épanouis, toutes les figures sont devenues rayonnantes; ainsi l'astre du monde, reprenant sa pompeuse carrière après un orage affreux ou les désastres de l'hiver, fait épanouir la nature, en développe toutes les richesses, tous les charmes, tous les attraits. Les chouettes, les hiboux, les loups, les animaux rapaces ou vénéneux, que son absence avait laissés paraître, rentrent en frémissant dans leurs repaires, et se traînent lentement dans leurs trous. Le bruit du canon d'alarme fut le signal de leur odieuse puissance ; le canon de la paix, celui de leur honte et de leur éternelle dispersion... »

MV

7 FLORÉAL AN V (26 AVRIL 1797).

RAPPORT DU BUREAU CENTRAL DU 8 FLORÉAL.

Esprit public. — On remarque dans le public une satisfaction soutenue et en quelque sorte plus de vivacité ; on ne se salue pour ainsi dire qu'au nom de la paix ; elle semble certaine, et les spéculations commencent à s'établir dans cette perspective. Chaque état fonde une amélioration sur cette époque désirée, et il semblait que l'on était déjà heureux par l'espoir d'un plus grand bonheur. Les personnes plus sensibles et les femmes s'applaudissent déjà des seuls préliminaires, en ce qu'ils nécessitent une suspension d'armes et empêchent l'effusion du sang. Quelques personnes cependant paraissent incertaines, et n'osent en croire ces nouvelles, en objectant qu'elles n'étaient point officielles. Il a circulé aussi un bruit affligeant avec un air de mystère : on se disait que les habitants de Vérone avaient assassiné six cents soldats, et que les mêmes horreurs avaient eu lieu à Lugano ; ceux qui étaient frappés de ces faits appelaient sur les révoltés une vengeance éclatante. — Les combinaisons politiques renaissent sur les données que les victoires ont produites. On suppose que le plan d'un arrangement général est formé entre les puissances intéressées du continent, car on ne parle point de l'Angleterre ; il paraît en conséquence probable aux politiques que l'Empereur, à l'exemple de nos alliés, reconnaîtra la République française, que celle-ci, de son côté, lui garantira une grande partie de l'État vénitien pour le dédommager de la Lombardie, dont l'indépendance sera reconnue. On lui rend également le Mantouan et quelques autres possessions limitrophes. Le Rhin sera reconnu barrière respective ; on garantit ensuite au roi de Prusse l'électorat de Hanovre, qu'il donnera au Stathouder en dédommagement de la Hollande, qui est assurée dans ses limites. Enfin on donne quarante mille hommes à l'Espagne pour lui faciliter la conquête du Portugal. Ces hautes conceptions se reproduisent dans tous les cafés renommés. — La nomination de Barère au Corps législatif contente les uns et en révolte beaucoup d'autres. Il est souvent traité de monstre qui a fait assassiner les meilleurs citoyens en servant alternativement tous les partis, et le plus grand nombre espère qu'il sera rejeté. Au défaut de loi qui puisse l'exclure, ses crimes seuls, a-t-on entendu dire, l'excluraient. Ses partisans, au contraire, que l'on trouve parmi les Jacobins, sont très satisfaits de cette nomination ; ils disent : « C'est un patriote énergique, un honnête homme qu'on aime dans son département, puisqu'il a réuni les suffrages. » Ils appellent détracteurs ou royalistes ceux qui pensent différemment.

Spectacles. — L'air d'allégresse publique est plus sensible encore dans les spectacles. Il est peu de rôles dans lesquels on ne voie ou l'on ne cherche d'allusion à la paix ; l'acteur qui remplissait celui de valet dans *La petite Nanette*, au théâtre de la rue Feydeau, a augmenté dans ce sens un passage qui a été applaudi, redemandé et réapplaudi. Même scène à peu près a eu lieu au Vaudeville. — Les esprits sont dans la situation la plus calme et dans des dispositions très favorables à l'ordre actuel des choses.....

(Arch. nat., BB³ 86.)

LIMODIN.

JOURNAUX.

Rédacteur du 8 floréal : « *Paris, le 7 floréal.* Le courrier qui apporte au Directoire les préliminaires de paix signés avec la cour de Vienne n'est pas encore arrivé. Ainsi nous ne dirons rien des articles de ce traité, qui doit ramener la tranquillité dans tout le continent. Nous nous bornerons à rapporter un fait qui ne peut nous étonner, mais qui est bien digne de Bonaparte. Parmi les propositions qui lui furent faites dans les premières ouvertures de paix, il y avait un article portant que Sa Majesté l'Empereur reconnaissait la République française. La République française, répondit Bonaparte, est comme le soleil sur l'horizon ! Bien aveugles sont ceux que son éclat n'a pas encore frappés ! — L'article fut rayé. » — « Le traité d'alliance offensive et défensive qui vient d'être conclu entre le Directoire exécutif et le roi de Sardaigne sera incessamment soumis à la sanction du Corps législatif. »

MVI

8 FLORÉAL AN V (27 AVRIL 1797).

RAPPORT DU BUREAU CENTRAL DU 9 FLORÉAL.

Esprit public. — Il n'a été nullement question de faits particuliers ou d'administration intérieure ; seulement on s'est récrié en beaucoup d'endroits contre la motion d'ordre faite par Boissy d'Anglas pour obtenir qu'il fût fait une distinction entre les émigrés qui auraient porté les armes contre leur pays et ceux qui se seraient bornés à quitter le territoire de la République; la défaveur a même suivi ce représentant personnellement, quelques personnes ayant [soutenu] qu'il était payé par les nobles pour trahir son pays, et que rien n'était plus propre que sa proposition à ébranler le crédit public et à amener la contre-révolution. — On s'est beaucoup plus étendu sur les affaires du dehors; on a vu que la joie publique était bien diminuée, chacun réfléchissant que rien n'avait encore paru d'officiel sur la signature des préliminaires de paix ; mais les vœux pour la paix n'en sont pas moins ardents, et rien ne surpasse l'impatience avec laquelle on attend les courriers de l'armée d'Italie; il a été aussi question de trahison à Milan et à Vérone, où les soldats français ont été massacrés, disait-on; ces nouvelles se donnent pour certaines, et on y attache une telle importance qu'il n'y a qu'un vœu pour que le Directoire s'explique, soit pour les confirmer, soit pour les démentir. — On annonce comme prévenu venant (*sic*) de Londres un courrier apportant au Directoire la proposition de paix. — Les craintes que l'on manifeste depuis quelque temps d'une rupture entre la République française et les États-Unis se sont encore fortifiées; dans le cas où la guerre serait déclarée entre ces deux puissances, on jette un regard peu satisfait sur la situation de notre marine, on rappelle les dernières opérations et les pertes qui les ont suivies, et l'on témoigne les plus vives inquiétudes sur le sort des colonies, les colons dont les ..... [1] prédominent d'autant plus sur cette matière qu'ils passent pour sentir mieux que d'autres une bonne intelligence avec les États-Unis. — Rien ne paraît menacer la tranquillité publique, plus grande toujours par l'espérance de recevoir des nouvelles positives des préliminaires de paix. Nulle plainte contre le gouvernement ni les autorités.

[*Spectacles.* — Rixe au théâtre d'Émulation. Tranquillité dans les autres.]

BRÉON.

(Arch. nat., BB [3], 86.)

JOURNAUX.

Ami des Lois du 8 floréal : « *Variétés*... Voici ce que le *Journal des Hautes-Pyrénées* dit sur l'élection de Barère : « Après une discussion solennelle de huit séances, le président de l'Assemblée électorale de ce département vient de proclamer, au nom de cette assemblée, Bertrand Barère, ex-député à l'Assemblée constituante et à la Convention, représentant du peuple membre du Conseil des Cinq-Cents. Une multitude de voix a couvert cette proclamation des cris mille fois et mille fois répétés : Vive la République ! Vive la Constitution de l'an III ! Honneur aux électeurs républicains ! Honneur et gloire à l'innocence reconnue ! Et l'Assemblée électorale s'est confirmée dans la pensée que son opération était agréable au peuple. Nous tirons le voile sur les scènes pénibles qui ont précédé ou accompagné cette longue, mais glorieuse, mais honorable discussion ; nous dirons seulement que l'Assemblée et le peuple ont entendu, avec le plus vif intérêt, l'électeur Jean-Pierre Barère, frère du député ; ce jeune républicain, fort de conscience, de principes et de raison, l'acte constitutionnel sur la poitrine et l'éloquence persuasive, entraînante, de la sensibilité fraternelle sur les lèvres, a aplani toutes les difficultés, détruit toutes les préventions, déchiré tous les voiles. La nature a fait parler l'auguste vérité, et Bertrand Barère a été rappelé du fond de sa retraite à la tribune législative, par la majorité absolue des suffrages de ses concitoyens. C'est ainsi que le peuple, anéantissant d'un souffle tous les prestiges qui l'entourent, retire lui-même d'un bras tout-puissant l'homme de sa confiance du bourbier de l'oubli où la haine et la vengeance des ambitieux et des royalistes voulaient le tenir plongé ; il détruit en un instant l'odieux échafaudage de calomnies élevé depuis trois ans sur Bertrand Barère ; il arrache son ami à la proscription et le présente tout à coup au gouvernement républicain comme un rempart inexpugnable à opposer aux derniers efforts des ennemis du dedans et du dehors. Hâte-toi donc, ô Barère, de montrer à tes concitoyens ton front sillonné par les malheurs ! Viens épancher dans leur sein ton âme fortifiée par la souffrance ! Viens recueillir dans les larmes de l'ivresse publique la juste récompense des maux que tu as soufferts pour la

1. Il y a ici dans l'original : *les colons.* C'est un lapsus évident.

patrie ! » — *Journal de Paris* du 13 floréal : « *Aux auteurs du journal. Paris, le 8 floréal an* V. Comme l'ordre et la propreté exigent que les rues soient débarrassées de ces baraques qui obstruent la voie publique, de même aussi il me semble que la Commission des arts devrait porter son attention à ce que les tableaux indicatifs, inscriptions, allégories, etc., soient corrigés des fautes grossières qui y fourmillent tant pour l'orthographe que pour les contre-sens qu'on y rencontre, qui choquent à la fois les yeux et la raison. En effet, n'était-il pas absurde de voir naguère sur un monument, écrit en gros caractères : *Temple de la Raison ?* Et qu'y trouvait-on en y entrant? Ce qui la fait perdre, des barriques de vin. Voilà pour Notre-Dame. — J'entre à l'Ambigu-Comique, je vois sur le rideau d'avant-scène : *Sicut infantes audi nos.* Que vois-je entrer sur le théâtre? Des enfants de quinze à quarante ans. — Je traverse la place des Invalides, je lis sur un atelier : « Ici l'on forge les armes pour donner la mort aux tyrans Liberté, Égalité. » Faute d'un point après le mot *tyrans*, le barbouilleur me laisse indécis sur les dons gracieux à faire à nos ennemis. — Enfin, passant dans la rue Grenelle-Saint-Honoré, je vois sur la porte de l'hôtel des Fermes un Mercure en relief; je sais qu'il est le symbole du commerce, mais je sais aussi qu'il est le dieu des voleurs, et certes les bourgeois de la maison ne méritaient point l'équivoque, d'où je conclus que c'est une faute. Quant à celles d'orthographe, elles sont répandues avec profusion sur les boutiques des artisans, qui, à la vérité, la plupart ne pouvant les distinguer, les souffrent bien volontiers; mais ce qu'on ne devrait pas souffrir, c'est l'ineptie des peintres, qui devraient, par respect pour les arts, se faire instruire avant que d'écrire; mais, chez eux comme chez tant d'autres, les bras dirigent la tête. Il n'en est pas de même chez une nation voisine, où tout est soigné en ce genre; à la vérité, vous y trouveriez peu d'hommes, je n'en excepte pas même les ouvriers, qui ne sussent écrire correctement leur langue. La paix attirera beaucoup d'étrangers à Paris : j'estime qu'il serait bien de remédier à cette défectuosité qui déshonore la langue des Boileau, des Voltaire, etc. — Dubosc, instituteur. »

MVII

9 FLORÉAL AN V (28 AVRIL 1797).

RAPPORT DU BUREAU CENTRAL DU 10 FLORÉAL.

Esprit public. — Il ne paraît à l'extérieur rien d'inquiétant pour la sûreté publique, à l'exception de quelques dissidentes conjectures sur l'esprit, les intentions des députés nouvellement élus et sur les résultats plus ou moins heureux de la paix. Il existe une harmonie certaine dans la masse des citoyens et une réunion imposante de volontés en faveur du maintien de la République, tel système que veulent adopter ou des factieux ou des conspirateurs pour changer ou altérer la forme de la Constitution.— Il existe toujours des doutes sur la réalité de la signature des préliminaires de paix; on suppose que le Directoire exécutif n'en a point adopté tous les articles, et c'est la raison que l'on donne à son silence sur les dernières lettres de Buonaparte. Quant aux principaux articles de ce premier traité, ils consistent, dit-on, dans la cession faite à l'Empereur de la Lombardie et dans la déclaration faite par celui-ci qu'il reconnaissait le Rhin pour limite de la République française. La première de ces dispositions est fortement censurée par ceux qui ne doutent pas de l'existence du traité, et leurs opinions sont épousées par une classe ambulante de malveillants, qui disséminent de tous côtés des craintes de trahisons, tantôt par nos ennemis, tantôt par nos propres généraux. D'après cette manœuvre se trouve encore rembruni le tableau des atrocités qui ont eu lieu, dit-on, à Lugano et à Vérone, et l'on manifeste le désir de les voir venger par le Directoire d'une manière éclatante. — La paix, appelée à grands cris par les citoyens de tous les états, même de ceux qui sont plus lucratifs en temps de guerre paraît partout redoutée par les deux partis. Les royalistes ne voient dans la paix qu'une transmutation de la guerre; au lieu de l'avoir à l'extérieur, on l'aura dans l'intérieur, et les troupes rentrées doivent, à les entendre, susciter elles-mêmes nos déchirements civils; et toujours des prédictions d'une misère générale impossible à réparer; des désordres que doit amener la mésintelligence inévitable entre les autorités supérieures, du mécontentement du peuple, si accoutumé à la licence qu'il brisera tous les freins que l'on tenterait de lui donner. Enfin, mille déclamations semblables, qui en imposent à la classe nombreuse des gens illuminés. — Les exagérés d'un bord opposé voient un malheur dans la paix, parce que les traités ne peuvent pas être respectés; [ils disent] que, dans six mois, la guerre sera aussi vivement allumée à l'intérieur qu'à l'extérieur, et que l'on ne pourra plus tirer du repos le soldat fatigué, dégoûté d'ailleurs de la guerre. Tout ce que cette époque aura de funeste, ils l'imputent d'avance aux royalistes du nouveau tiers; ils le menacent pour le moment où il s'agirait de frapper de grands coups, et voient déjà celui où il faudra disputer la victoire. Leur animosité est extrême contre Carnot : ils l'accusent d'avoir demandé plusieurs fois le rappel de Buonaparte; ils disent que c'est dans cette intention que le général Clarke fut envoyé en Lombardie, où il devait prendre le commandement de l'armée.

Spectacles. — Tranquilles.....

BRÉON.

(Arch. nat., BB³ 86.)

MVIII

10 FLORÉAL AN V (29 AVRIL 1797).

Rapport du bureau central du 11 floréal.

Esprit public. — L'opinion se soutient; les véritables [amis] de la Constitution se montrent chaque jour plus nombreux ; les individus attachés à un système quelconque de la monarchie perdent beaucoup de leur crédit, même dans ce que l'on appelle ordinairement le haut public, où tout se borne à des regrets sur le passé, sans prévoyance pour l'avenir. Cependant les haines personnelles s'éteignent peu à peu ; l'esprit public a paru tendre encore à une amélioration, et l'on semble se rapprocher davantage du gouvernement, contre lequel on entend beaucoup moins de diatribes ; on excepte des habitués connus de certains cafés, qui font profession de tout révoquer en doute, et qui disent que le Directoire trompe le public, que la paix n'est pas signée, comme on l'avait publié. Quelqu'un d'entre eux avait même déjà parié qu'elle ne se ferait pas plus tard ; on a remarqué le silence, lorsque la lettre du général Berthier a été connue; on peut assurer que ces fraudeurs s'attirent bien souvent le regard du mépris, et que les hommes impartiaux ont pitié de leur entêtement. — Moins d'animosité encore contre les nouveaux députés; partout on blâme les préventions injurieuses que quelques journaux et des anarchistes répandent dans le public avant leur arrivée au Corps législatif; les hommes fermes se bornent à garder le silence et se disposent à les juger sévèrement sur leur conduite au Corps législatif. — On s'est très peu appesanti sur ces conjectures, [et celles] que l'on a formées sur les détails politiques ou d'administration intérieure ont été également vagues. Il est assez souvent question dans les cafés de la destitution du ministre de la justice : il a ses partisans parmi les patriotes de diverses nuances, un grand nombre de contradicteurs dans le public, et d'ardents détracteurs dans les gens de haute éducation. On dit aussi que les ministre de l'intérieur ou celui de la police seront l'un ou l'autre nommés au Directoire ; bien des gens désignent à ces fonctions Talleyrand-Périgord [1]. — Les bruits répandus d'une des-

1. On lit dans l'original : *Balleyrand et Périgord*. Il y a souvent d'incroyables lapsus dans ces rapports, qui semblent avoir été copiés par un scribe ignorant et étourdi.

cente des Anglais dans l'île ou atterissements voisins de nos ports de la Manche ont laissé un peu d'inquiétude parmi les personnes qui abondent au Jardin-Égalité; elles soupçonnent que l'Angleterre veut débarquer les forçats qui ont [été] tirés du port de Brest. — Enfin il s'est dit que le Directoire avait donné des ordres pour s'assurer de la liberté de La Fayette et de ses compagnons d'infortune ; leurs détracteurs se gendarment contre cette mesure et témoignent une extrême dureté contre ces prisonniers ; mais les vrais amis de l'ordre et les vrais appréciateurs du mérite s'en réjouissent et en félicitent le Directoire. — L'état actuel et la tendance de l'esprit public sont satisfaisants ; on ne tient nul compte des opinions exagérées ; on juge celles de chacun d'après l'intérêt particulier qui peut la lui suggérer ; on se méfie des apparences ; on distingue surtout dans les discussions politiques le raisonnement simple des sophismes compliqués, l'évidence de la probabilité; l'ordre des idées renaît avec l'ordre des choses, et ces progrès d'amélioration tournent tous à l'avantage du gouvernement républicain.

Spectacles. — On a beaucoup murmuré au Théâtre-Français de ce que l'indisposition subite d'un artiste a empêché la représentation de *La Mort d'Isabelle*. Une grande partie des spectateurs a quitté le théâtre. La garde a maintenu le bon ordre, qui fut bientôt rétabli. Le calme partout n'a reçu aucune atteinte.....

LIMODIN.

(Arch. nat., BB³ 86.)

MIX

11 FLORÉAL AN V (30 AVRIL 1797).

RAPPORT DU BUREAU CENTRAL DU 12 FLORÉAL.

Esprit public. — A la nouvelle officielle de la signature des préliminaires de la paix, il a été facile d'apercevoir tout à fait changé le caractère de physionomie de ceux qui jusqu'à ce moment accusaient le Directoire de tromper le public en laissant circuler des bruits peu fondés. Le silence des cafés, où le doute règne sans cesse sur les succès et où tous les revers sont accrédités et souvent forgés, a été très remarquable. Cette poignée de mécontents, qui perd son influence de plus en plus, a évidemment contrasté hier avec la foule de personnes dans les yeux desquelles on découvrait la joie et toutes les espérances du bonheur; il n'est point d'état qui ne soit animé de ces sentiments, plus sensibles peut-être dans la classe des marchands; mais celle qui jouit le moins d'aisance se félicite beaucoup du retour prochain de la paix, qu'elle considère comme le terme de l'intrigue et de toutes les dilapidations de la fortune publique. — Les rentiers partagent évidemment la satisfaction générale et repoussent[1] l'espoir d'être payés de leurs arrérages sur la valeur réelle de leurs titres. On présume aussi que la paix est prochaine avec l'Angleterre et qu'il y a déjà des négociations d'entamées à ce sujet. Enfin tout reprend un air de contentement. — Pour trouver des oppositions à cet ensemble de véritable esprit public, il faut chercher des lieux de réunion, heureusement rares, où se rendent à l'heure du repas des individus qui ont à se plaindre de la chance des événements, ou plutôt des suites de leur conduite, des citoyens de peu d'aveu ou qui évitent des vengeances personnelles, des militaires destitués surtout; là, tous les intérêts généraux disparaissent devant l'intérêt de chacun; là, on ne parle de la paix que comme d'une circonstance qui présente plus d'inconvénients que d'avantages et presque comme d'une calamité; là enfin, le Directoire reçoit ou des censures ou des menaces, et les caractères de physionomie répondent aux discours. L'œil observateur croit entrevoir que l'aigreur de ces individus vient de leur impuissance de mal faire, et que les progrès de la prospérité semblent contraires à leurs vœux pour un meilleur sort. — Il est toujours, mais faiblement, question de la nature des élections; on est tourmenté d'incertitude sur l'esprit qui les anime, et une partie du peuple ne s'abstient de croire le nouveau tiers disposé à relever le trône, qu'en songeant à la folie de ce projet, à l'impossibilité de l'exécuter, et aux maux inexprimables qu'en amènerait la tentative. Du reste, on remarque que chacun de ceux qui parlent ou pour ou contre le nouveau tiers croit toujours son opinion particulière celle de la majorité; il est encore vrai que l'éloge est souvent à côté de doutes élevés sur les intentions des nouveaux représentants, et que l'animosité avec laquelle on le préjugeait est entièrement dissipée. — Le calme est parfait et s'annonce comme devant l'être longtemps.

Spectacles. — Ils ont été très fréquentés et très paisibles; on y a remarqué l'influence des heureuses nouvelles. — Une pièce qui a paru improvisée, donnée au théâtre d'Émulation, sous le titre de *La Paix*, contenait quelques ressouvenirs de haine pour les Comités révolutionnaires, les bonnets rouges, etc., et l'on a pu voir que le public,

1. Textuel. Il y a sans doute ici un lapsus, et c'est peut-être *reprennent* qu'il faudrait lire.

en partageant l'horreur qu'inspiraient ces institutions, rejetait cependant toutes les images capables d'exciter des vengeances et de rallumer les passions, et cette observation, prise sur une des classes les moins éclairées, est un hommage d'autant plus agréable au bon ordre, dont le règne s'affermit.....

LIMODIN.

(Arch. nat., BB³ 86.)

JOURNAUX.

Messager du Soir du 12 floréal : « *Paris, le 11 floréal*... Les femmes, dit Fiévée, ne portent plus que de la paille, des rubans de paille, des panaches en paille, des ceintures en paille. Je ne sais quel est le méchant qui a donné cette idée aux dames de la nouvelle France, mais il a lancé contre elles une épigramme qu'elles supportent de la meilleure grâce du monde. Pour moi, quand je considère sur la même tête de la paille et des diamants, il me semble voir l'histoire et les résultats de la Révolution française..... »

MX

12 FLORÉAL AN V (1er MAI 1797).

RAPPORT DU BUREAU CENTRAL DU 13 FLORÉAL.

Esprit public. — Même joie, mêmes hommages aux généraux et aux armées qui ont préparé les voies à la paix; on entrevoit à chaque moment de nouveaux avantages, comme une suite nécessaire de ces heureux changements, et, comme il (*sic*) impose un silence absolu à toutes les passions, le nombre des vrais amis de la République paraît dans toute sa force; on découvre même dans ces esprits beaucoup d'opinions qui avaient tardé à s'émettre. Il faut dire encore que l'œil d'un observateur croit découvrir beaucoup de conversions, et que des individus qui semblaient plus s'attacher à un parti quelconque qu'au gouvernement républicain cèdent enfin au torrent de l'opinion générale. — Les conversations publiques ont eu pour objet la teneur des préliminaires signés par l'Empereur. Les conditions auxquelles il s'est rendu sont universellement goûtées, exception faite de quelques contradicteurs qui les trouvent trop modérées, et qui sont surtout mécontents de voir que les limites de la République française n'aient pas été stipulées, surtout le cours inférieur du Rhin. Ce sentiment est celui de tous les cafés connus par l'exagération de ceux qui les fréquentent; mais, sur la presque totalité des citoyens, ces conditions, telles qu'elles ont été convenues, ont produit la plus vive sensation. — Il n'y a non plus qu'un éloge pour le Directoire à raison de ses soins pour tirer de la captivité les Français détenus à Olmütz, et l'esprit public est favorablement disposé pour ces prisonniers, sur l'infortune desquels on se plait à s'étendre. — Il n'a pas été facile de pénétrer l'intention de quelques individus soupçonneux qui, répandus dans les différents cafés du Jardin-Égalité et rues adjacentes, ont l'air étranger à l'allégresse commune et sèment autour d'eux les inquiétudes dont ils se disent agités, tantôt à l'occasion d'un projet de destituer des généraux en chef, tantôt sous le prétexte d'une insurrection prochaine, ou en annonçant un changement prochain dans le gouvernement. Le peu d'importance qu'on attachait à leur prédiction ne prouvait pas (sic) qu'ils fussent dangereux. — Enfin, on est persuadé que le gouvernement s'occupe avec activité des moyens de tirer vengeance de l'Angleterre, dans le cas où elle ne nous restituerait pas celles de nos colonies tombées en sa puissance et ne rendrait pas à nos alliés celles qu'elle a envahies sur eux ; la haine contre cet État, qui a seul profité de la division des puissances de l'Europe, est profonde. — On nomme, et avec plaisir, le citoyen Barthélemy, actuellement agent auprès des Cantons helvétiques, pour remplacer le Directeur que le sort aura exclu.

Spectacles. — Calme et décence.....

Bréon.

(Arch. nat., BB³ 86.)

Journaux.

Ami des Lois du 12 floréal : « *Variétés* ...Les journalistes royaux avaient fabriqué une nouvelle conspiration terroriste, fondée sur la découverte de quelques cachets timbrés *Convention nationale;* mais il est de fait que ces cachets avaient été fabriqués par des faussaires pour contrefaire des actes de l'ancien gouvernement; d'après cela, il sera difficile que ces messieurs s'égaient longtemps sur cette *cochonnerie*..... »

MXI

13 FLORÉAL AN V (2 MAI 1797).

Rapport du bureau central du 14 floréal.

Esprit public. — Encore plus en garde contre les désirs secrets des anarchistes et moins intimidée que jamais de leurs prédictions désastreuses, la presque totalité du public s'attache chaque jour davantage à la Constitution et ne voit dans la paix qui s'approche qu'un nouveau moyen d'affermissement pour la République, au nom de qui elle va se conclure : aussi la joie est-elle universelle et l'esprit de parti presque insensible. Les opinions à travers lesquelles percent les désirs de voir le trône se relever sont très rares, d'ailleurs émises par des individus la plupart sans influence, et en dernière analyse traitées partout de folie et de pitoyables chimères, que fait naître le sentiment de quelques pertes, et que la raison détruit. — Les limites reconnues dans les préliminaires font le sujet de toutes les conversations ; quelques personnes trouvent mauvais qu'étant victorieux on ne garde pas ce que l'on a conquis jusqu'au Rhin, mais le plus grand nombre est si satisfait d'avoir un ennemi de moins et de concevoir l'espérance d'une pacification générale qu'il approuve beaucoup ces nouvelles conditions. — Une réflexion frappante a été faite : quelques citoyens d'âge calculaient entre eux toute la force des dernières nouvelles et se disaient qu'il n'était point sans doute un endroit dans la République où le peuple ne partageât l'ivresse commune ; dans cette certitude ils ne concevaient pas que des feuilles périodiques, dont ils citaient les titres, parlassent du midi de la République comme d'un théâtre de massacres perpétuels, de guerre civile constamment organisée, et de révolte complète contre les lois, tandis que toutes les circonstances tendaient à écarter tous ces nuages sanglants sans cesse offerts dans un lointain d'où la vérité est nécessairement lente à parvenir ; enfin ils remarquaient combien ces récits douloureux agissaient sur l'esprit des gens crédules, qui sont en grand nombre, principalement dans la classe la moins instruite, en sorte qu'ils pouvaient devenir un moyen d'influence dans la main des factieux. — Un café du Jardin-Égalité, connu par le ridicule des opinions de ceux qui le fréquentent d'habitude, seul avait ces jours-ci un air un peu morne ; on y parlait d'une guerre prochaine avec le Portugal, de l'impossibilité de faire jamais la paix avec l'Angleterre, des dilapidations de beaucoup de représentants, et de la nécessité d'une loi qui astreignît tout fonctionnaire public à rendre un compte comparatif de sa fortune avant et depuis la Révolution, ce qui, s'y disait-il, ferait rentrer des sommes immenses dans le Trésor public. Ce petit contraste est le seul que l'on a trouvé au contentement partout exprimé.

Spectacles. — L'opinion publique n'est pas moins satisfaisante dans les spectacles, qui ont été très calmes.....

BRÉON.

(Arch. nat., BB 3 86.)

JOURNAUX.

Journal des hommes libres du 14 floréal : « Aux gens comme il faut qui veulent élever leurs enfants dans la religion de leurs pères. Près de Saint-Denis, deux ex-religieuses, tenant une pension chrétienne, avaient une de leurs élèves sujette aux accidents nocturnes, effet ordinaire de la faiblesse des organes... Elle pissait au lit. Menaces, disciplines, rien n'avait corrigé la nature. — Eh bien ! si elle recommence, elle couchera avec le cochon. L'accident reparaît. — L'arrêt est exécuté. Bientôt des cris affreux se font entendre. — Mais, dit la moins folle de ces malheureuses, il faudrait voir à cette enfant. — Non, non, reprend l'autre institutrice, il n'y a pas de mal : la peur fait effet. Le lendemain, l'effet était fait; il restait la tête de l'enfant dévorée... — Allez, frondeurs insensés, misérables jouets du fanatisme en délire, honnêtes gens religieux par esprit de contradiction, qui ne croyiez pas en Dieu avant que la Révolution n'eût frappé sur vos prêtres... allez faire élever vos enfants dans la foi de vos pères. » — *Miroir* du 13 floréal : « *Paris* ... Depuis quelques jours les atours de nos belles sont tous de paille, chapeaux de paille, bonnets de paille, cornettes de paille, robes de paille, casaquins de paille, paille devant, paille derrière, paille partout. Le *Miroir* faisait observer l'autre jour cette étrange parure à l'un de ses collègues de la Conciergerie : « Tu ne vois « donc pas, mon ami, me répondit-il, que nous avons retrouvé *nos pailleuses.* »

MXII

14 FLORÉAL AN V (3 MAI 1797).

RAPPORT DU BUREAU CENTRAL DU 15 FLORÉAL.

Esprit public. — Si l'on excepte des entretiens publics quelques réflexions affligeantes sur l'état de notre marine et sur la faiblesse des moyens du gouvernement pour apaiser les plaintes des rentiers et adoucir le sort des fonctionnaires et salariés de la République, on aperçoit qu'ils ne renfermaient rien que de favorable à l'ordre actuel des choses. La disposition des esprits est toujours la même, si elle ne s'améliore ; on juge plutôt les opinions et les faits que les individus ; les vengeances semblent s'éteindre et les personnalités disparaître ; enfin on entend plus souvent comparer le calme et le bon ordre dont on jouit depuis la division des pouvoirs législatif et exécutif aux troubles et à la confusion qui ont régné, lorsque ces deux pouvoirs étaient réunis dans les mêmes mains sous le régime de la Convention. — Tout l'embarras des citoyens qui se livrent par étude aux conjectures politiques est de savoir par quels moyens on contraindra l'Angleterre à faire la paix. Telle est la grande question du jour, tel paraît être au plus grand nombre le point essentiel des négociations, celui dont l'éclaircissement doit décider du sort de nos colonies, ainsi que des colonies espagnoles et hollandaises, et par conséquent du commerce de trois grandes puissances. La haine s'accroît cependant contre l'Angleterre, quand on réfléchit que seule elle a tiré tous les avantages de la guerre qu'elle a fomentée de longue main dans le sein de la France, afin d'avoir occasion de se venger de la perte de l'Amérique par suite de la guerre précédente. — Cette haine et ces opinions sont senties dans le public éclairé, dans les principaux cafés et dans presque toutes les réunions littéraires; elles s'y reproduisent de différentes manières. Là encore, et dans toutes les autres classes de la société, on ne tarit point sur les talents de guerre et de cabinet du général Buonaparte. Quelques personnes présument qu'il a offert sa démission et lui supposent dans cette démarche, qu'elles sont loin d'affirmer toutefois, le dessein de faire taire la calomnie qui le peignait comme animé du désir de jouer un grand rôle en Italie. D'autres ont dit que cette démission était l'effet de son mécontentement sur les premières conditions de la paix, qu'il n'a pas trouvées assez honorables pour la République. Il s'est dit encore que le Directoire voulait le nommer ambassadeur à Vienne, et l'on applaudissait généralement à cette marque de reconnaissance, mais on ajoutait qu'on aimerait mieux le voir rester à la tête de son armée, afin d'en imposer aux rebelles. — On présume quelquefois que les limites, telles que les tracent les préliminaires, ne garantissent pas assez l'intérieur du territoire français contre toute espèce d'envahissement ou d'invasion que tenteraient les États voisins, et l'on penche à croire que la conclusion définitive du traité de paix doit changer quelque chose à cette démarcation, comme à celle de la République lombarde, dont l'indépendance est regardée comme très peu assurée, si Mantoue ne lui est cédé pour lui servir de barrière contre la vengeance ou l'ambition de la maison d'Autriche. — Ces grands intérêts occupent tous les esprits ; ils absorbent même toute l'attention, qui ne s'est portée sur aucun objet d'administration intérieure. — Le résultat des observations est qu'à des nuances près, tout le monde est déterminément attaché à la Constitution de l'an III, et que rien ne paraît devoir seconder à l'avenir ni la cruauté des anarchistes, ni la jactance des royalistes.

Spectacles. — Tranquilles.....

BRÉON.

(Arch. nat., BB³ 86.)

MXIII

15 FLORÉAL AN V (4 MAI 1797).

RAPPORT DU BUREAU CENTRAL DU 16 FLORÉAL.

Esprit public. — Il règne dans toutes les classes de la société une tranquillité parfaite ; la confiance et le commerce semblent n'attendre que la paix pour reprendre la plus grande activité ; on croit entrevoir que nombre de spéculations se préparent pour cette époque, à laquelle chacun aspire ardemment. Les conditions acceptées de part et d'autre, par les préliminaires, ne sont pas considérées comme définitives, mais paraissent à la majorité assez avantageuses encore. Telles sont les raisons que l'on oppose au mécontentement peu sensible de ceux qui auraient voulu que les limites eussent été fixées sur tout le cours du Rhin, et que le gouvernement au surplus eût proclamé avec plus d'éclat la signature des préliminaires. — Dans le public éclairé, on est fort occupé de la guerre que se livrent aujourd'hui quelques écrivains renommés, et l'on fronde avec beaucoup de chaleur les chauds partisans de la philosophie moderne ; on en veut surtout à ceux qui supposent parmi le peuple le progrès des lumières assez rapide pour qu'on puisse l'amener à l'oubli de toutes les anciennes institutions et lui en faire goûter des nouvelles. On remarque au surplus qu'il est très commun de voir mal accueillir toute espèce d'écrit dirigé contre les préjugés en matière de religion ; on dit que pareils raisonnements ne tendent qu'à exciter des disputes de controverses qui finiraient par diviser les citoyens entre eux et occasionner des troubles, si le gouvernement n'avait la prudence de fermer les yeux sur les animosités et de laisser ainsi mourir d'elle-même l'importance que ces écrivains tentent de leur donner. Hors des cercles littéraires et des principaux cafés, ces petits intérêts sont pour ainsi dire ignorés ; mais il circule un bruit d'une autre nature, c'est que le prétendant s'est réfugié dans les États du roi de Prusse, qui lui a donné asile ; cette disposition de choses porte ombrage à beaucoup de citoyens ; il en est même qui vont jusqu'à dire que, dans le plan général de pacification, il entre celui de lui donner une partie des pays conquis sur les bords du Rhin. Si cela est, disent les propagateurs de cette nouvelle, ce voisinage ne laisse pas de porter préjudice à la tranquillité de la République française ; aussi affectent-

ils un grand étonnement sur une nouvelle dont les esprits calmes et les bons observateurs les suspectent d'être les auteurs eux-mêmes.
— Du reste, la même activité dans le courant des affaires, la même sérénité à l'extérieur, et de plus un ensemble, un air qui en général annoncent la certitude d'un état de choses encore plus rassurant.

Spectacles. — Dans les spectacles, de nouvelles allusions à la paix, et toujours le même ordre......

LIMODIN.

(Arch. nat., BB 3 86.)

MXIV

16 FLORÉAL AN V (5 MAI 1797).

RAPPORT DU BUREAU CENTRAL DU 17 FLORÉAL.

Esprit public. — Une partie du public paraît persuadée qu'il se rend effectivement des départements du Midi à Paris beaucoup d'individus dont les intentions seraient à redouter ; mais les craintes que ces bruits inspirent ne jettent que très peu de racines; chacun reconnaît l'impossibilité, en quelque sorte, d'un grand attentat, réfléchit que toutes les tentatives de subversion de l'ordre actuellement établi ont été découvertes, poursuivies et punies, avant que leurs auteurs aient pu se procurer les moyens de réussir et de s'assurer même de leurs complices. Ces inquiétudes, qui circulent dans les cafés surtout, ne font que très peu d'impression et n'altèrent point le calme résultant des espérances ou de la certitude d'une paix prochaine ; on la croit plus prochaine encore dans l'idée qui s'accrédite que des dissensions existent [dans] le gouvernement britannique. Partout on a parlé à Paris du général Masséna, porteur de la ratification des préliminaires de paix; l'on aperçoit que la reconnaissance publique devance toujours le retour des généraux, lorsqu'on le croit certain. — Une classe de mécontents discute les articles des préliminaires de la paix, et est indisposée principalement de la cession de la forteresse de Mantoue à l'Empereur. Cette condition est tenue comme peu convenable à la dignité du peuple français, et comme dangereuse à la liberté des Lombards ; on jette aussi quelquefois du louche sur la conduite du roi de Prusse, et, en lui présumant des vues très ambitieuses, on craint qu'il ne veuille que dans l'intention de semer la division un dédommagement pour le Stathouder dans le

TOME IV.

voisinage de la Hollande ; d'avance encore on élève une foule de conjectures sur sa trop grande prépondérance au Congrès. — Dans un café connu du Jardin-Égalité, où il se rend beaucoup d'étrangers, on disait que les assignats continuaient à Lyon et autres endroits du Midi ; on murmurait très haut contre la mauvaise composition des autorités constituées de ces contrées, et l'on accusait le gouvernement d'être sourd aux réclamations des patriotes persécutés. — Enfin, nombre de conversations sont caractérisées par des plaintes amères contre l'usure et contre les intérêts exorbitants qu'exigeaient les prêteurs sur gages, et mille vœux sortent du sein de la classe la plus malaisée du peuple pour voir renaître un établissement équivalent à ce qu'était autrefois celui du Mont-de-Piété, ou même celui-là sous une autre dénomination.

Spectacles. — Tranquilles.... [1].

BRÉON.

(Arch. nat., BB[3] 86.)

MXV

17 FLORÉAL AN V (6 MAI 1797).

RAPPORT DU BUREAU CENTRAL DU 18 FLORÉAL.

Esprit public. — Le caractère dominant est celui d'une sorte d'alternative ou de la crainte ou d'espérance ; on est également impatient de savoir quels seront les agents plénipotentiaires que le Directoire doit nommer pour régler les intérêts de la République au Congrès que l'on dit indiqué à Berne, ensuite quels seront ces intérêts, et, sur ce dernier point, il se forme autant de conjectures qu'il existe de manières de voir. On appréhende seulement que ces débats ne tirent en longueur et que l'Empereur ne profite de ce délai pour encourager adroitement ses sujets et dresser de nouvelles levées aux manœuvres de guerre ; il se dit partout que, malgré la suspension d'armes, il fait des préparatifs considérables et que les généraux qu'il doit employer après la levée de l'armistice sont déjà désignés, en sorte que les voies d'accommodement déjà négociées ne sont, aux yeux d'un assez grand nombre, qu'un piège dont doit se méfier le Directoire. L'opinion la plus générale désigne le citoyen Barthélemy pour plénipotentiaire au Congrès. — Une classe de mécontents, qui a paru plus nombreuse que

1. Le prix des denrées est toujours à peu près le même à cette époque.

d'ordinaire et s'annonçait comme disposée à censurer toutes les opérations du gouvernement, tantôt traitait la paix de chimère, d'un moment de repos demandé pour reprendre haleine, d'un leurre offert au peuple aspirant à la paix, et qui devait être suivie d'une guerre plus opiniâtre que par le passé. Plusieurs, dans ce système de discrédit, cherchent à diminuer la gloire de Buonaparte; ils en font un être plus heureux qu'habile, et qui n'a fait que profiter des trahisons des généraux autrichiens, ou un ambitieux assuré de l'esprit et du dévouement de son armée assez pour prétendre, avec cet appui, à se créer un État dans la Lombardie. Ces opinions ont germé depuis quelques jours et ont été mises plus en évidence hier dans un des cafés principaux du Jardin-Égalité. — On parle de la mésintelligence qui a pris naissance entre la République française et celle de Venise comme sur le point de cesser; des colonies, comme difficiles à recouvrer; de la prochaine session des législateurs, comme devant se tenir avec plus d'accord avec le gouvernement; du calme parfait au dedans, comme devant résulter d'une paix assurée au dehors; enfin on s'occupe, mais sans chaleur de parti, de la petite guerre que se font quelques écrivains.

Spectacles. — Ils ont joui d'un calme parfait.....

Bréon.

(Arch. nat., BB³ 86.)

MXVI

18 FLORÉAL AN V (7 MAI 1797).

Rapport du bureau central du 19 floréal.

Esprit public. — La tranquillité a régné; à force de fausses craintes, le public paraît en être venu à ne voir le danger que là où il peut être, et rien ne prouve mieux l'esprit qui l'anime que la confiance qu'il témoigne généralement dans le Directoire exécutif et le ministre de la police pour déjouer tous les complots qui tendraient à intervertir l'ordre des choses établi par la Constitution de l'an III. Il est encore certain que le nombre de ceux qui se font une habitude de censurer toutes les opérations du gouvernement est nul vis-à-vis du nombre considérable de ceux qui réfléchissent à la différence existante entre la situation actuelle du peuple et celle qu'il éprouvait à partir du commencement de la Révolution. — Il n'est point de café, point de spectacle, point de promenade ou d'endroit public où ces sortes de comparaisons ne soient devenues fréquentes, et les mécontents incurables n'ont d'autre ressource que de témoigner beaucoup d'inquiétudes sur l'avenir; ils sont inquiets des préparatifs de guerre faits à Vienne, des intentions qu'ils supposent au roi de Prusse, des moyens de contraindre l'Angleterre à faire la paix ou de confirmer la guerre contre elle, de la rejection (sic) des volontaires des départements sous leurs drapeaux à l'armée d'Italie, des vues cachées d'ambition qu'ils prétendent toujours au général Buonaparte. Parmi les partisans constants d'un gouvernement d'un seul, un silence remarquable, un air de découragement absolu. Parmi les individus à grande impulsion et mécontents de tout depuis la disparition du régime révolutionnaire, quelques propos d'aigreur, quelques sinistres prédictions, et presque toujours l'annonce d'une dénonciation contre le Directoire pour le conduire en jugement. Hier ils annonçaient avec mystère cette disposition comme certaine, dans le cas où la paix ne serait pas conclue avec l'Empereur. — Au surplus, ces opinions exagérées de part et d'autre sont à peine entendues ; deux seulement ont paru généralement adoptées : l'une favorable aux prisonniers d'Olmütz, sur la mise en liberté desquels on applaudit beaucoup le gouvernement, et l'autre, au contraire, fortement prononcée contre Barère, que le public n'est nullement disposé à voir siéger au Corps législatif. Le résultat de toutes les observations est très satisfaisant : un courant d'affaires assez soutenu, quelques efforts, quelques degrés de plus d'activité dans le commerce, aucune plainte contre les autorités constituées, et beaucoup d'espérance lorsque les regards se portent sur la campagne dont les productions, au dire des voyageurs, pourront abonder en tous genres cette année.

Cultes et oratoires. — Il ne s'est rien passé dans l'enceinte des différents cultes que de conforme aux principes de la plus saine morale, et la doctrine des différents ministres n'offre rien de préjudiciable à l'esprit public des lois de la République, soit dans la lettre, soit dans le sens.

Spectacles. — Des appareils un peu tragiques ont causé quelque sensation dans une pièce au spectacle donné hier au théâtre de la Cité ; mais la tranquillité publique n'a aucunement souffert. L'ordre a régné de même dans les autres théâtres.....

LIMODIN.

(Arch. nat., BB^3 86.)

DIRECTOIRE EXECUTIF [8 mai 1797]

JOURNAUX.

Ami des Lois du 18 floréal : « *Ambigu-Comique*. On joue à ce théâtre un drame en trois actes, intitulé : *L'Abus de la presse,* par Desprez-Valmont. Le fond de ce drame est pris d'un fait historique arrivé au Palais-Égalité à la fille d'un marchand de comestibles, passage du Perron. Cette jeune personne s'empoisonna, parce qu'un libelliste, qu'elle avait dédaigné, l'inscrivit sur un almanach où se trouvaient les noms et la demeure des prostituées. L'auteur a fait de cette anecdote une pièce extrêmement intéressante et fortement écrite. En rendant un hommage éclatant à la liberté de la presse, il en fait voir les abus; il peint à grands traits ces hommes infâmes, toujours avides de déchirer la vertu et de dénigrer les noms les plus honorés. Il caractérise surtout les auteurs du *Miroir*, dont les feuilles sales et ordurières sont l'égout des plus atroces calomnies. La citoyenne Dumas a joué le rôle de Pauline avec un talent supérieur, et le citoyen Isidore a mérité les plus grands éloges dans celui de l'amant. Le public a demandé l'auteur, déjà connu par plusieurs pièces patriotiques... »

MXVII

19 FLORÉAL AN V (8 MAI 1797).

RAPPORT DU BUREAU CENTRAL DU 20 FLORÉAL.

Esprit public. — Les avantages inséparables de la paix paraissent devoir faire encore longtemps, comme ils l'ont fait hier, le sujet des entretiens publics ; tout s'offre à l'imagination comme autant de causes de prospérité pour la République : médiation de la Prusse pour négocier la paix, nomination d'un ministre plénipotentiaire chargé de stipuler au Congrès, détresse dans les finances de l'Angleterre, insurrection sur une de ses grandes escadres, mouvement dans presque toute l'Irlande : tels sont les motifs dont s'appuient toutes les conjectures sur l'obligation où le cabinet de Saint-James se trouve de restituer toutes les colonies et toutes les prises qu'il s'est appropriées durant la guerre. — On a écouté, avec plus de mépris que d'attention, la nouvelle de la reprise de Trieste par les armées de l'Empire depuis la signature des préliminaires de la paix ; outre que notre position ne permet pas d'ajouter foi à cette nouvelle, on disait qu'une perfidie consommerait la ruine de la maison d'Autriche. — Quelques vengeances exercées, disait-on, dans les départements méridionaux sur des individus qui, s'ils sont coupables, ne doivent être punis que par la voie des tribunaux, devenaient un sujet de conversation, etc. A cette occasion, on accusait l'insuffisance des lois qui mettent, a-t-on ajouté, des citoyens en reproches vis-à-vis d'eux-mêmes (sic) en substituant l'arbitraire aux formes de la justice, en se déshonorant par un homicide. — Mais ce dont on s'est le plus occupé, ce fut la difficulté avec laquelle, suivant ce que l'on présume, s'obtiennent les radiations sur la liste des émigrés ; les uns paraissent persuadés que, malgré la légitimité de leur cause, ceux qui poursuivaient leur radiation avec des titres en règle obtenaient rarement justice, s'ils ne faisaient des sacrifices pécuniaires; d'autres assurent, et c'est le plus grand nombre, qu'avec de l'or ceux dont l'émigration se trouvait le mieux constatée, obtenaient facilement leur radiation, et que ce n'était que par crainte de se compromettre que les personnes en place et chargées de cette partie n'accordaient pas plus fréquemment des faveurs de cette nature. — Il se disait encore, avec une sorte de mystère, dans les cafés où l'on aborde les plus hautes questions de politique, que l'un des articles secrets du traité de paix stipulait la rentrée en France des émigrés autres que ceux qui étaient reconnus avoir porté les armes contre leur patrie ; que, pour opérer cette distinction, il serait établi dans chaque département un jury, et que ceux qui seraient acquittés par ces tribunaux rentreraient en jouissance de leurs biens ; que, quant aux possessions réclamées comme ayant été aliénées, il ne serait pas difficile au gouvernement d'en évincer les acquéreurs, qui sont presque tous agioteurs, dilapidateurs de la fortune publique et violateurs des propriétés particulières. — On voyait dans ce plan une véritable source de prospérité publique, qui rendait à l'État beaucoup de ressources d'industrie et tournerait au profit de ses revenus et de sa population, en joignant à cette mesure celle du rétablissement de la peine capitale contre les conspirateurs.

Spectacles. — Tranquilles.....

BRÉON.

(Arch. nat., BB³ 86.)

JOURNAUX.

Courrier républicain du 20 floréal : « Les exclusifs manifestent une joie peu ordinaire; on sait qu'ils ne rient qu'en voyant couper les têtes. En attendant le 21 floréal (anniversaire de la conspiration de Babeuf), ils préludent un grand coup en coupant des cadenettes. Un jeune homme, qui passait hier à la Porte-Saint-Martin, ayant ses cheveux retroussés sous son chapeau, fut assailli par une douzaine d'ouvriers, ameutés par un frère à collet rouge sur un habit bleu. Ils lui arrachèrent les cheveux avec assez de brutalité et de violence pour lui enlever la peau du crâne; ils lui lièrent ensuite les cheveux avec une corde en forme de queue *à la Jeannot* et l'obligèrent de poursuivre sa route en cet état. Le *Messager du Soir* rapporte un autre fait de ce genre qui a eu lieu aux Tuileries. Sans la prudence du jeune homme contre lequel les frères et amis dirigeaient leur attaque, il allait aussi être maltraité, mais il lia lui-même ses cheveux. Pendant qu'on renouvelle ainsi les petites escarmouches de vive force, les journaux de charniers emploient leur ancienne tactique. Partout ce n'est que sang des patriotes répandu; partout c'est l'oppression des patriotes; partout c'est le royalisme et le fanatisme qui sont debout pour égorger les républicains. A les en croire, la Vendée renaît de ses cendres, les Chouans ont repris les armes, etc. Après ces tableaux effrayants, ils en appellent au courage des républicains et, comme le dit Poultier, ne demandent que vingt-quatre heures de pas de charge pour sauver la patrie. » — *Journal de Paris* du 23 floréal : « L'Odéon a ouvert le 19 de ce mois son second thiase[1], ou, pour parler français, son second bal. La salle, que nous avons déjà annoncée être très favorable aux concerts, ne montre pas moins d'avantages pour la danse et autres fêtes de cette nature; les ornements, les décorations, la forme, la richesse des illuminations, tout concourt à la rendre brillante; de toutes parts les aspects en sont beaux, et l'on ne peut savoir à quel degré irait l'enthousiasme, si ce superbe local était rempli et si les danses s'y trouvaient multipliées. » — *Ami des Lois* du 19 floréal : « *Variétés*... Un nouvel établissement religieux vient de se former : des pères de famille en sont les fondateurs; ils ont rassemblé les principes religieux et moraux qui leur ont paru les plus propres à porter les hommes à la pratique de toutes les vertus sociales, et ils les ont publiés sous le nom de *Manuel des Théophilanthropes ou Adorateurs de Dieu et des hommes*. Cette religion a aussi ses fêtes : chaque dimanche (v. s.) et chaque décadi à onze heures du matin, on chante publiquement des hymnes au Dieu de l'univers, et l'on fait au peuple des discours de morale. Les hommes de tous les cultes peuvent assister à ces solennités; ils n'y verront ni n'entendront rien qui puisse contrarier leur croyance..... »

MXVIII

20 FLORÉAL AN V (9 MAI 1797).

Rapport du bureau central du 21 floréal.

Esprit public. — Les idées sur la paix ne sont pas moins satisfaisantes [que] les jours précédents; on paraît même plus persuadé

---

1. A propos du mot thiase, le n° 235 du *Journal de Paris* publie un article dont voici un extrait : « Je lis, citoyens, sur les affiches de l'Odéon : « Aujourd'hui, premier *thiase*; aujourd'hui, second *thiase*. » J'ignore, et je ne suis pas le seul, la signification de ce mot et quel genre de plaisir doit me procurer le spectacle qu'il annonce. » — Gail, professeur de littérature grecque au collège de France, écrit au même journal (n° 242) à ce sujet et il avoue être l'auteur de l'idée d'appliquer ce mot, qui signifie danse, chant et concert, aux représentations de l'Odéon. — Voir un autre article sur le même sujet dans le n° 257 du même journal, du 17 prairial.

qu'elle sera générale, car on parle de l'arrivée à Rochefort d'un ambassadeur des États-Unis d'Amérique et de l'entrée dans l'un de nos ports d'un commissaire envoyé par l'Angleterre. Loin de discuter les conditions sous lesquelles doit être établi le traité de paix, la presque totalité des citoyens s'accorde à dire que la paix est à conserver à tel prix que le gouvernement l'ait exigée des puissances belligérantes.
— Des conjectures occupent en ce moment les curieux en politique ; ils présument d'une part que le Directoire est fort embarrassé, pressé qu'il est par des députés de Bologne et de Ferrare de solliciter leur réunion à la République lombarde. D'un autre côté, ils assurent que le gouvernement médite la conquête du Portugal et envoie en conséquence quarante mille hommes contre cet État. — Il semblait hier que l'opinion hésitait à se prononcer sur la discussion qui a eu lieu au Conseil des Cinq-Cents ; quoique les sentiments fussent très partagés, on était cependant assez disposé à blâmer le discours qu'aurait tenu le président à l'occasion de la loi du 3 brumaire ; quant à Barère, il est généralement reconnu qu'il ne peut siéger au Corps législatif, et, sur le fond de la question agitée dans le Conseil, on se repose sur la sagesse, mais on regarde, à raison surtout du peu de temps qui reste à la session actuelle, le travail proposé sur le rapport des lois révolutionnaires comme dévolu nécessairement à la prochaine session. — L'opinion se maintient la même sur les émigrés. Ce sont des opinions assez répandues qu'ils rentrent facilement en France, et qu'avec de l'or ils finissent par obtenir leur radiation ; on ne croit plus que leur rentrée définitive soit un des articles reçus dans le traité négocié, ni que cette mesure même doive occuper le prochain Congrès; les uns voudraient cependant que le gouvernement fût assez généreux à la paix pour en faire rejaillir les bienfaits sur eux ; les autres se déclarent irréconciliables contre des hommes qui ont quitté leur patrie pour tourner leurs armes contre elle ; un parti moyen se montre quelquefois disposé en faveur des femmes, qu'il voudrait voir mises dans une acception particulière. En général, le mépris public paraît être attaché aux émigrés, notamment à ceux qui ont quitté le territoire français dès le commencement de la Révolution. — Il se débite dans les cafés fréquentés par les étrangers plusieurs versions sur les faits qui se passent à Lyon et dans d'autres contrées méridionales ; on dit qu'il s'y exerce des vengeances continuelles, et que le projet des Lyonnais est de se défaire de tous ceux qu'ils reconnaîtraient pour avoir été employés au siège de Lyon ; les doutes sont tels à cet égard que l'on désire ardemment des renseignements officiels sur la situation des départements méridionaux.

Spectacles. — Le public a saisi par des applaudissements très prolongés ce que les rôles du drame de *La Mère coupable* offraient de sensible et de satirique contre l'institution du divorce. Cette pièce, du reste, produit une vive sensation. La tranquillité a été parfaite à ce théâtre, ainsi qu'aux autres.....

BRÉON.

(Arch. nat., BB ³ 86.)

MXIX

21 FLORÉAL AN V (10 MAI 1797).

RAPPORT DU BUREAU CENTRAL DU 22 FLORÉAL.

Esprit public. — Les discussions politiques restent à peu près dans le même état, ou plutôt l'absence de matières récentes amène à conjecturer sur les avantages ou les mouvements que chacun augure du prochain Congrès; il passe pour très probable que le général Bonaparte doit y présider aux intérêts de la République, et la reconnaissance nationale semble précéder ou indiquer cette nomination. Ce n'est pas que ce général n'ait ses détracteurs, et leur animosité a hier augmenté en raison des éloges plus vifs qu'on lui donnait; les plus déclarés soutenaient dans leur alentour d'habitude que l'armistice n'était que l'effet d'une adroite politique de Bonaparte, qui a senti que d'un côté il allait être enveloppé de toute la levée nouvelle de l'Empire, après s'être trop engagé dans le pays ennemi, que d'un autre côté les habitants de Vérone et villes adjacentes secondaient presque toute la population de la terre ferme de l'État de Venise ; des troupes de la Dalmatie allaient lui couper toute retraite. L'œil impartial, au surplus, a parfaitement remarqué que le rôle constant de ceux qui tiennent à ces opinions était celui de désapprobateurs dans toutes les circonstances possibles : revers, victoires, luttes de partis, ou progrès du calme, ils interprètent tout au gré de leurs désirs ; ils reportent tout à l'espoir de voir le trône se relever plus resplendissant qu'avant sa chute. Leurs idées à ce sujet passent souvent l'imagination, et semblent tenir en quelque sorte à la folie. — L'esprit d'attachement à la Constitution paraît en revanche prendre davantage l'ascendant; ses vues sont meilleures, ses vœux mieux dirigés; on aspire après l'exécution sévère des lois contre les perturbateurs, les conspirateurs et les assassins, quels qu'ils soient; on demande même que ces lois soient plus rigoureuses ; on présume mieux les intentions du nouveau tiers ; on appuie moins contre les opérations du Directoire, à part quelques personnalités contre Carnot, que les anarchistes représentent partout comme opposé à toutes les dernières opérations militaires et diplomatiques, et contre le citoyen La Revellière-Lépeaux, la malignité des demi-savants s'étant emparé d'un ouvrage, lu par lui à la Société (sic) de l'Institut national, considéré par d'autres comme contenant des vues utiles et lumineuses [1]. — Ils n'ont qu'une voix sur le compte de Barère, et l'indignation générale, d'accord avec les dernières décisions du Corps législatif, tend à l'éloigner des fonctions auxquelles il est appelé par les électeurs de son département [2]. On doit ajouter que le public discute encore moins les qualités personnelles de Barère que les principes qui doivent le faire admettre ou rejeter. — On s'étonne qu'il ne soit plus question de La Fayette et de ses compagnons d'infortune, après que chacun a paru prendre tant d'intérêt à son élargissement. — Enfin un bruit circule et traîne après soi beaucoup d'inquiétude : incessamment, dit-on, on va permettre l'exportation des grains ; ce projet, très désapprouvé, a fait germer des craintes assez vives.

Spectacles. — Il s'y est rendu fort peu de monde ; les opinions publiques s'y ressentent de l'état satisfaisant des choses, et tout y était d'autant plus calme.....

BRÉON.

(Arch. nat., BB³ 86.)

JOURNAUX.

Rédacteur du 22 floréal : « Les administrateurs du département de la Seine à leurs concitoyens. Citoyens, nous venons de nous rendre au poste honorable où nous a appelés votre confiance ; nous allons travailler à le justifier. Maintenir la tranquillité publique, assurer le recouvrement des contributions, défendre la Constitution de l'an III contre les tentatives de toutes les factions, faire aimer le gouvernement républicain, tels sont nos principaux devoirs : nous ferons tous nos efforts pour les remplir. Nous comptons sur vous, citoyens, pour nous aider dans cette tâche glorieuse. Bientôt vous embrasserez ces frères, ces enfants chéris que la patrie avait appelés à sa défense et

---

1. *Réflexions sur le culte, sur les cérémonies civiles et sur les fêtes nationales, lues à l'Institut, le 12 floréal an V.* — Bibl. nat., Lb 42/1388, in-8. — Cet opuscule de La Revellière-Lépeaux a été réimprimé dans le tome III de ses mémoires avec la fausse date de l'an VI.

2. La question de l'éligibilité de Barère fut agitée au Conseil des Cinq-Cents dans les séances des 20 et 21 floréal an V. Le 1ᵉʳ prairial suivant, le Conseil déclara cette élection nulle.

dont les périls vous ont coûté tant de larmes. En rentrant dans vos foyers, qu'ils y trouvent cette douce paix qu'ils ont achetée de leur sang. Écartez tout ce qui pourrait la troubler; repoussez tous les souvenirs douloureux; ne songez qu'à jouir des bienfaits d'une paix solide, d'une Constitution sage. Acquittez les contributions : c'est une dette sacrée. Sans contributions, il n'est point de force publique, point de sûreté, point de liberté. Nous veillerons à ce que les contributions soient réparties également. Nous accueillerons toutes les réclamations; toutes nos opérations seront basées sur la justice. Marchons d'un commun accord; prenons la Constitution pour guide. Le moment est arrivé où les cœurs doivent s'ouvrir à la confiance, où les âmes doivent respirer librement, où tous les esprits doivent se tourner vers la grande pensée du bien public. Vous avez été libres, dès que vous avez voulu l'être. Votre bonheur, préparé par vos vertus, deviendra de même l'ouvrage de votre volonté. Les administrateurs du département : POPELIN, président; BOSCHERON, Ch. TRUDON, FIEFFÉ, THION DE LA CHAUME; DUPIN, secrétaire en chef. »

MXX

22 FLORÉAL AN V (11 MAI 1797).

RAPPORT DU BUREAU CENTRAL DU 23 FLORÉAL.

Esprit public. — Actuellement que la suspension d'armes rend moins fréquentes les nouvelles politiques, les conjectures sont plus rares et les discussions plus calmes; les approches de la paix concilient très évidemment les esprits; les réflexions se portent avec plaisir sur la manière tranquille et imposante avec laquelle se sont opérés tout les renouvellements prescrits à cette époque par la Constitution, et cette remarque, partout reproduite et à chaque instant présente, ne laisse pas d'augmenter considérablement le nombre des amis de cette même Constitution que les exagérés de l'un et l'autre extrême déprisaient sans cesse comme inexécutable. Des discours publics sont venus encore hier à l'appui de cette observation. Le Directoire, dans le résumé que l'on fait de sa conduite depuis son installation, reçut aussi quelques éloges sans acception de personnes; l'on aperçut une sorte de méfiance entourer ceux qui se plaisaient à prêter à tel ou tel de ses membres les intentions différentes de celles de ses collègues. — Le citoyen Carnot et le citoyen Reubell sont ceux dont on parle avec la même défaveur; on s'explique souvent aussi défavorablement sur le compte du ministre de la justice. — La nomination de Barère au Corps législatif n'a plus occupé que très peu le public; on s'occupait davantage de la conquête d'une grande partie de l'État vénitien par l'armée d'Italie et d'une population de soixante mille hommes armés dans la Terre-Ferme pour défendre sa liberté en se séparant de la métropole. — A demi-voix, parmi les personnes aisées, la nouvelle affirmative se donnait des efforts actifs, mais cachés, de la faction babouviste pour séduire les troupes en différents endroits, notamment à Paris, où elle sème, disait-on, beaucoup d'argent; cette dernière assertion donnait à quelques-uns des doutes sur la véracité de la chose. Dans les mêmes cercles, il est question de la sensation agréable qu'a produite à Vienne la nouvelle de la signature des préliminaires de la paix; on ajoutait à ce sujet que l'Empereur avait été accueilli le soir au spectacle par des applaudissements extraordinaires en signe de reconnaissance. — Il paraît que la question agitée hier au Conseil des Cinq-Cents, relativement à la grande quantité de monnaies de cuivre mises en circulation, a donné quelques inquiétudes. On convient de l'incommodité de ce numéraire et de sa trop forte émission, mais on craint que bientôt il ne soit reçu qu'avec difficulté dans le commerce et qu'il ne perde beaucoup de sa valeur dans la démonétisation. Les habitués de la Bourse paraissent désirer que le gouvernement ou les résolutions du Corps législatif préviennent l'un ou l'autre de ces inconvénients. — Les espérances des rentiers sont sensibles, ainsi que celles de presque tout le public, quelques partisans de la baisse exceptés; en voyant hausser les inscriptions et quelques autres effets sur la place, les regards se tournent encore vers le gouvernement pour soutenir cette favorable disposition du crédit national.

Spectacles. — La première représentation du *Vieillard des Vosges*[1] a réussi au théâtre des Italiens; il ne s'y trouve rien de contraire aux mœurs, non plus qu'au gouvernement. Là, comme partout ailleurs, on applaudit tout ce qui révoque en doute la délicatesse des fournisseurs et fronde l'athéisme. Cette pièce est du citoyen Marsollier. Les autres spectacles ont joui d'une égale tranquillité.....

BRÉON.

(Arch. nat., BB³ 86.)

1. *La Maison isolée ou le Vieillard des Vosges*, comédie en deux actes, en prose, mêlée d'ariettes, représentée sur le Théâtre-Italien le 22 floréal an V, paroles de Marsollier, musique de Dalayrac. Paris, Barba, an V, in-8. — Bibl. nat., Yth, 10676.

MXXI

23 FLORÉAL AN V (12 MAI 1797).

Rapport du bureau central du 24 floréal.

Esprit public. — Le plus grand calme a régné dans tous les lieux publics; les opinions sur les affaires du gouvernement ont été très rares, faute de nouvelles récentes; aussi a-t-on plutôt causé que disserté. Ce que l'on a pu remarquer de saillant était l'impatience extrême avec laquelle on attend la réunion du Congrès, la connaissance des plénipotentiaires qui doivent le composer, et les intérêts qui seront l'objet des débats. Ce qu'il y a de malveillants démasqués répand de tout côté que cette paix promise n'est qu'une suspension d'armes, et que la guerre ne tardera pas à recommencer avec plus d'acharnement que jamais, et ces individus, coureurs de cafés, ont grand soin d'ajouter que le gouvernement en est aux dernières ressources pour l'entretien des troupes, et que jamais il ne pourra satisfaire à ses engagements. — Deux nouvelles obtiennent plus d'attention : le départ pour l'Angleterre d'agents chargés de missions importantes, et l'arrivée en France d'un agent du gouvernement anglais. — Il passe pour certain, dans une classe d'individus intéressés au sort des colonies, que le gouvernement anglais fait passer beaucoup d'émigrés dans nos îles conquises, notamment à Saint-Domingue, afin d'y fomenter la guerre civile, et de nous empêcher de profiter de la restitution de ces îles, lorsque la paix le commandera. En général, les colons ne cessent de se plaindre du ministre de la marine, et, parmi le public aisé, ce ministre ainsi que celui de la justice ne sont rien moins qu'en vénération. Déjà même on répandait le bruit qu'ils avaient été remplacés. — Il n'est parlé d'aucun autre objet d'administration intérieure, si ce n'est du projet, que l'on suppose être à la veille de son exécution, d'une École de navigation sur presque tout le cours de la Seine traversant Paris, ce qui devait nécessiter la remonte de tous les bateaux, usines, tels que bains, blanchisseries, et jusqu'à la Rapée, ou leur descente jusqu'à Chaillot. — Du reste, toujours les mêmes vœux pour la mise sur pied d'un établissement qui tienne lieu de celui ci-devant connu sous le nom du Mont-de-Piété. — En dernière analyse, l'extérieur de la multitude est calme, ouvert et satisfaisant en elle-même (*sic*); par les raisonnements les plus forts, [elle] se montre énergiquement attachée à la Constitution; on pénètre (sic) souvent que cette opinion est émanée du sein des familles, où elle se nourrit de l'espérance d'un meilleur sort. La hausse récente des effets publics annonce aussi une amélioration prochaine dans les finances; les rentiers renaissent à l'espoir et retiennent pour cet instant leurs plaintes. — Les marchés sont abondamment pourvus; on ne se plaint guère de la cherté que pour les denrées coloniales; en un mot, la disposition des esprits n'est pas moins favorable à l'ordre des choses qu'elle ne l'a été les jours précédents.

Spectacles. — Ils ont joui d'une entière tranquillité; on se plaît à y reproduire des allusions à la paix.....

Bourse. — Le premier cours des rentes à la Bourse et le plus haut a été de 23 livres 10 sols, et le dernier 23 livres.....

BRÉON.

(Arch. nat., BB³ 86.)

JOURNAUX.

Ami des Lois du 23 floréal : « *Variétés*... On ne croit pas plus à l'athéisme de Lalande qu'au christianisme de La Harpe; ces deux hommes sont mus par l'amour de la singularité et le désir d'occuper les cercles de leurs ridicules querelles. Un athée de bonne foi rougirait de manifester sa désolante doctrine, et un philosophe devenu sérieusement chrétien craindrait, en mettant le public dans la confidence de sa conversion, de passer pour inconséquent et d'être, à raison de sa versatilité, l'objet des sarcasmes de tous les partis. Le vrai chrétien est modeste, réservé, fuit l'éclat, et se retire comme Jésus-Christ dans la retraite pour prier. On peut être un instant athée; on peut, dans le malheur, douter de la Providence; mais il est impossible de persister; on a besoin, dans cette situation cruelle, de l'idée consolante d'un dieu : elle nous fait supporter avec plus de patience les méchants, les scélérats, les fripons et la foule de coquins enrichis... Hélas! sans cette idée, où serait l'espoir de la vertu et la force de l'homme de bien?.... » — *Miroir* du 23 floréal : «*Paris*... On aperçoit sur le chemin de Versailles, au bout d'une promenade qui suit les Champs-Élysées, jadis appelée le Cours-la-Reine, une maison peinte en brique et couverte en chaume. Dernièrement, allant à Passy, j'eus la curiosité de demander à qui appartenait ce bâtiment, dont la couleur rouge frappe les regards; on me répondit que le citoyen T...[1], ex-secrétaire-greffier de la commune du 10 août, l'avait acquis au mois de septembre 1792, époque à laquelle il sua sang et eau pour exercer ses fonctions d'une manière digne de lui. Cette réponse me fit faire des tristes et profondes réflexions, avec lesquelles j'arrivai chez un député élu en vendémiaire, habitant une petite maison toute simple et y vivant au milieu de trois ou quatre jolis enfants qui

1. Tallien.

font sa félicité, comme madame de Fontenay et la chaumière font sans doute celle de T...; mais celui-ci devrait bien en faire changer l'extérieur effroyable, que le public ne peut voir sans frissonner, quand il apprend le nom de l'acquéreur et l'époque de l'acquisition. »

MXXII

24 FLORÉAL AN V (13 MAI 1797).

Rapport du bureau central, du 25 floréal.

Esprit public. — C'est une opinion assez répandue dans le public que les négociations de paix avec l'Angleterre soient très avancées; une foule de conjectures roulent sur une pacification générale, et rien ne paraît plus certain que la bonne disposition de toutes les puissances pour hâter cette époque. Il est parlé beaucoup aussi de l'arrivée à Marseille de l'ambassadeur turc; en général, les nouvelles de l'extérieur causent le plus sensible plaisir. — Le caractère de la multitude en ce moment est celui de l'impatience de savoir quel sera le membre du Directoire éliminé par le sort, et quel sera le nouvel élu; l'opinion publique porte toujours à la place de Directeur le citoyen Barthélemy, de préférence à tous les autres; il ferait également plaisir de voir Buonaparte nommé plénipotentiaire à Berne. — Les regards se sont quelquefois reportés avec inquiétude sur l'intérieur de la République, sans que ce léger nuage cependant ait paru influer sur l'esprit public de satisfaction et d'espérance qui anime aujourd'hui toutes les classes de la société. On a remarqué, dans beaucoup de cafés, des physionomies nouvelles parmi les habitués de ces divers lieux, des hommes en un mot dont l'extérieur avait quelque chose de sévère et de mystérieux. A cette observation on appliquait les bruits qui circulent depuis quelques jours de l'arrivée à Paris de beaucoup d'habitants des départements, que la crainte des vengeances en expulsait à cause de la conduite qu'ils y avaient tenue sous le régime révolutionnaire. On a remarqué aussi une confiance universelle dans le gouvernement pour la surveillance particulière qu'il doit exercer sur les étrangers qui abondent depuis quelque temps dans Paris. — On a témoigné aussi du mécontentement et même de l'indignation de ce que les journalistes réduisaient en problème les avantages qui pouvaient résulter de la paix, et semblaient s'appliquer à ôter au peuple les idées consolantes que lui donne une telle expectative. — Mais la censure la moins ménagée a poursuivi nombre de représentants, dont on a comparé la fortune actuelle avec celle qu'ils possédaient lors de leur entrée au Corps législatif : leurs équipages, leur ton, leurs maîtresses, tout était passé en revue; on accusait l'un d'avoir profité du discrédit du papier pour agioter et acquérir des domaines nationaux; l'autre, d'avoir profité de beaucoup d'exactions dans les différentes missions; d'autres enfin, de s'être intéressés sous différentes raisons dans les marchés des fournisseurs ou entrepreneurs au nom de la République, et de s'être même enrichis au point d'avoir placé sur l'étranger des fonds considérables; on les nommait les uns après les autres; on rapprochait leurs opinions de leur conduite, et un mépris très vif assaisonnait toutes les réflexions. — L'attention s'est portée quelquefois sur l'arrêté du Directoire relatif à l'organisation de la garde nationale; il était approuvé; mais on pensait que son exécution serait prématurée, si elle avait lieu dans ce moment.

Spectacles. — Tranquilles.....

Surveillance. — ...On a arrêté et conduit chez le juge de paix de [la division de] l'Homme-Armé le nommé Rossigneux, demeurant rue Neuve-Égalité, prévenu de correspondance avec les émigrés.....

Bourse. — Immédiatement après la Bourse d'hier, le cours des rentes a été porté à 25 livres au Palais-Égalité. Elles étaient demandées, et l'on n'en trouvait point; le soir, il se fit peu d'affaires, et le cours ne varia point.....

BRÉON.

(Arch. nat., BB³ 86.)

JOURNAUX.

Miroir du 24 floréal : « *Paris*..... L'ombre de Chaumette plane-t-elle encore sur Paris? Vivons-nous sous des lois de sang ou sous l'égide de la Constitution bienfaisante de 1795? Voilà ce que se demande le *Miroir*; voilà ce que se demandent tous les citoyens qui, en passant dans la rue de Vaugirard, voient, sur la maison numérotée 1500, la *Mort* à côté de la *Fraternité*, remise à neuf en beau noir sur un fond reblanchi ; et c'est sous les fenêtres du palais directorial, presque sous les yeux des premiers magistrats de la République, qu'on ose reproduire ce signal de carnage ! Quel sujet de réflexions ! »

MXXIII

25 FLORÉAL AN V (14 MAI 1797).

Rapport du bureau central du 26 floréal.

Esprit public. — A l'exception de quelques inquiétudes, qui proviennent de ce qu'on ne voit rien publier d'officiel sur la paix ou les négociations qui doivent l'asseoir, on ne découvre rien que de très satisfaisant sur les opinions du jour. Il est aisé de voir que l'attente d'un traité prochain influe beaucoup sur la tranquillité qui règne aujourd'hui dans le public. — Dans la plupart des cafés, on est d'autant plus étonné de trouver dans les feuilles publiques des tableaux de conspirations, de projets de massacres, de proscriptions et autres événements douloureux, que chacun ne cesse chaque jour de rendre plus de justice au gouvernement, et que plus que jamais on rencontre des personnes occupées ou disposées à en faire l'éloge; on doit dire que cette opinion est celle de tous individus qui autrefois saisissaient avec assez de facilité toutes les sorties dirigées contre lui et toutes les personnalités déversées sur les membres du Directoire et sur les ministres, chacun en particulier. — L'esprit public s'est hier prononcé dans ce sens, et la masse des citoyens décidés fermement pour le maintien de la Constitution et de l'intégration (*sic*) du pouvoir établi par elle s'est accrue sensiblement et annonce devoir s'accroître encore.
— On citera comme une tache à cet esprit unanime l'opinion constante de quelques individus réduits dans un même lieu aux mêmes raisonnements, tous en opposition perpétuelle avec l'ordre actuel des choses, tous étrangers à la République et fondés sur l'espérance de voir les émigrés légalement réhabilités dans leurs biens et en mesure de relever la monarchie. Là on a parlé du mépris qui devait à jamais poursuivre les prêtres mariés et de l'impossibilité où ils se verraient d'exercer de nouveau leur ministère de l'aveu de leurs supérieurs spirituels. — Deux opinions émises, l'une au Conseil des Cinq-Cents par le représentant Guillemardet, l'autre au Conseil des Anciens par l'une de ses commissions sur le rapport de la loi du 3 brumaire, ont paru être approuvées dans le public; on était satisfait de voir que le premier eût réclamé que ce rapport fût soumis aux formes constitutionnelles et renvoyé après une année, et que la seconde eût opiné pour la rejection de la résolution, considérée comme nuisible à l'in-

térêt public. — Le ton, le sens et la lettre des différents entretiens publics sur les objets retracés ci-dessus renfermaient autant de témoignages d'attachement à la Constitution et de dispositions à seconder le retour de la paix, l'une ne pouvant que consolider l'autre, au dire de tous les citoyens.

Spectacles. — Ils ont joui d'une parfaite tranquillité.

Cultes. — Les préceptes publiés dans les oratoires ont été puisés dans la seule morale chrétienne et n'ont amené aucune réflexion répréhensible.

Surveillance. — En vertu d'un mandat d'amener du juge de paix de Mont-Blanc, on a arrêté le nommé Eustache Thibaut, demeurant rue des Martyrs, n° 5, prévenu d'être l'auteur d'une brochure, ayant pour titre : l'*Immortalité de l'âme*[1].....

BRÉON.

(Arch. nat., BB³ 86.)

MXXIV

26 FLORÉAL AN V (15 MAI 1797).

RAPPORT DU BUREAU CENTRAL DU 27 FLORÉAL.

Esprit public. — Il paraît que les craintes d'un soulèvement ont germé dans une partie du public, particulièrement parmi la classe des ouvriers et des marchands de moyen ordre. Quelques-uns d'entre eux présument que les terroristes se disposent à préparer une insurrection qui doit s'exécuter sous peu; mais le plus grand nombre, plein de foi dans quelques papiers publics, paraît très persuadé que c'est le royaliste qui conspire sous couleur terroriste; que les commissaires de Louis XVIII et de Pitt se préparent à de grands coups; qu'il est certain que l'on peut attirer encore quelques imbéciles dans le piège et faire une seconde fournée de Grenelle, afin de rejeter la cause des troubles sur les patriotes, tandis que les patriotes n'ont pas le sol, et qu'au contraire les royalistes répandent l'argent pour faire massacrer tout ce qui reste d'hommes attachés au gouvernement républicain. — On a pu se convaincre que la plupart de cette partie du public, trop peu éclairée pour juger les choses par elle-même, adoptait aveuglément les alarmes répandues par les jour-

1. Nous n'avons pas retrouvé cette brochure.

naux avec une profusion journalière, et les répandait à son tour comme très fondées. — Les citoyens de la même classe, disséminés dans leurs cafés d'habitude, se disent persuadés qu'il existe à Paris beaucoup d'égorgeurs du Midi, que la police en était bien informée, mais que les ministres de l'intérieur et de la police étaient d'accord pour protéger cette insurrection, que tous deux étaient des traîtres qui cherchaient à renverser la République. Ils témoignaient ensuite le plus grand étonnement de ce qu'au milieu de cette fermentation, le gouvernement ne se déclarait point, et aussi de ce que le Directoire ne montrait pas plus d'intérêt au peuple qu'il n'en faisait paraître ; [ils disaient] que, si son dessein était encore de faire couler le sang des patriotes, il fallait qu'il fût bien peu instruit de ses véritables intérêts. — A travers ces signes de mécontentement, on apercevait quelques traces de ressentiment sur l'époque de l'insurrection de Grenelle ; on a cru aussi entrevoir une sorte de malveillance, qui tendait à ménager des commotions en paraissant en craindre et en voulant, pour ainsi dire, suggérer aux autres la nécessité de prévenir une secousse prête à consommer leur perte. L'œil de l'impartialité découvre des individus qui semblent accablés du calme présent, qui les gêne, et dans les traits desquels on voit, en quelque sorte, le désir d'un changement qui promettait de bonnes chances à leurs intérêts particuliers ; ces hommes accueillent tous les bruits les plus alarmants et les sèment autour d'eux avec le ton de l'assurance : les citoyens Carnot, Bénézech et Cochon sont l'objet de leurs sarcasmes et de leur haine. Plusieurs même ne prennent pas la précaution de déguiser leurs regrets pour le régime de 1793, sous lequel, de leur aveu, ils étaient plus heureux, parce que le riche était forcé de contribuer à l'amélioration du sort des pauvres, et, comme ce qu'ils redoutent le plus est la surveillance, ils ont soin de présumer tout haut que le ministère de la police et ses agents sont les premiers conspirateurs. — Dans toutes les autres parties de la société, les opinions n'ont offert aucun sentiment d'aigreur ; les discussions sont paisibles et roulent sur des principes de législation ou de droit des gens, sur lesquels on établit ou des projets de lois ou des conjectures sur les opérations de diplomatie. Parmi les citoyens éclairés, en un mot, les alarmes, dont il vient d'être question, sont très peu accréditées.

Spectacles. — Tranquilles.....

BRÉON.

(Arch. nat., BB ³ 86.)

JOURNAUX.

Rédacteur du 27 floréal : « *Paris, le 26 floréal.* Les ennemis intérieurs de la République et du gouvernement, les factieux de toutes les classes, royalistes et anarchistes, qui depuis quelque temps ont différentes fois projeté de susciter un mouvement, et qui toujours ont eu le chagrin de voir leurs complots éventés, et par suite déjoués à l'avance, ont encore quelques fonds à manger. Des distributions ont été faites récemment, et de nouveaux rassemblements en ont été la suite. Il y en a eu notamment de très nombreux, hier 25, dans les cabarets du faubourg Antoine et au marché Saint-Jean; d'après ce que le gouvernement a su par ses observateurs, qui, comme de raison, ont assisté aux divers conciliabules, voici sur quels appuis les factieux croient pouvoir compter : sur quelques scélérats arrivés des départements; mais les noms de tous sont à la police, qui ne perd pas une seule de leurs démarches; — sur quelques Montagnards sortant du Corps législatif : pas un ne les secondera; quelques-uns les trahissent pour servir la République; — sur quelques ouvriers qui souffrent : sans doute, il est des malheureux, et ce serait un miracle qu'après la longue commotion qu'a éprouvée le corps politique, il n'y eût pas de malheureux; mais le peuple sait que de nouveaux troubles ne feraient qu'aggraver ses maux ; il sait que ce n'est pas au gouvernement qui existe qu'il doit les attribuer, mais à l'absence du gouvernement où l'on s'est trouvé trop longtemps; il sait qu'il faut du temps pour assurer son bonheur, dont la Constitution de l'an III a jeté les bases; il attend avec la patience nécessaire le fruit des efforts que l'on ne cesse de faire pour consolider ce grand œuvre. Enfin, les factieux ont la folie de compter sur quelques membres de la garde du Corps législatif et de celle du Directoire, et c'est d'eux qu'ils recevront les premiers coups, s'ils osent se montrer. Voilà donc encore un projet avorté, puisqu'on le connaît. Qu'ils parcourent les ateliers, les cabarets, les casernes tant qu'ils le voudront: ils ne recueilleront que le mépris de ceux mêmes qui les flattent[1]. C'est en vain que les divers partis ont cru se fortifier en se réunissant ; c'est en vain qu'ils ont composé entre eux : les partis intéressés viennent malheureusement à la traverse ; on conspire ensemble, mais on se trahit ensuite respectivement pour préparer les choses de manière à profiter, chacun de son côté, de la chute du gouvernement. Que faire donc, diront-ils ? Car, si nous nous désunissons, nous serons absolument sans force, puisque nous en manquons étant réunis. Que faire donc? que faire ? Rentrer dans l'ordre, respecter la volonté nationale et la Constitution qu'elle s'est donnée, obéir à la loi, et abandonner une bonne fois des projets insensés, qui ne peuvent qu'exposer ceux qui tenteraient de les exécuter à la juste vengeance de la loi. »

1. Il faut peut-être lire : *qu'ils flattent.*

MXXV

27 FLORÉAL AN V (16 MAI 1797).

Rapport du bureau central du 28 floréal.

Esprit public. — Deux circonstances viennent de faire beaucoup d'impression sur l'esprit public : les griefs énoncés dans le manifeste à la République de Venise[1] et le message du Directoire déclarant qu'il ne peut faire proclamer la loi qui établit le mode de tirage au sort entre ses membres d'après l'ordre du jour adopté à ce sujet par le Conseil des Cinq-Cents[2]. On se demandait quelle était l'autorité qui allait décider cette affaire. Le premier mouvement a été de craindre que cette opération n'opérât un schisme entre le Corps législatif et le pouvoir exécutif, et que les ennemis de la France ne profitassent de cette occasion pour faire naître des troubles et retarder la paix. Quant au fond de la question, quoique les esprits aient paru quelquefois divisés sur le point de savoir de quel côté était le tort, ou du Conseil des Cinq-Cents, qui avait porté une décision sur un objet non prévu par la Constitution, ou du Directoire, qui s'opposait à l'exécution d'une loi, lorsque son autorité n'a pas été étendue jusque-là par la Constitution, [on] se résumait à dire qu'en aucun cas le Directoire ne pouvait empêcher l'exécution d'une loi ni entraver dans sa démarche le pouvoir législatif. La nécessité d'une garantie dans la publicité du sort servait d'excuse à celui-ci d'avoir suppléé au silence de la Constitution sur les formes du tirage entre les membres Directoire, et l'on accusait ces derniers de ne s'opposer à l'exécution de la loi dont il s'agit que parce qu'elle les concernait ; on n'a pas toujours trouvé assez de fondement aux motifs allégués par le Directoire pour justifier son refus. Ces incidents laissaient des inquiétudes parmi le public, aux yeux duquel la tranquillité a plus de prix que jamais. — L'indignation est générale contre le gouvernement vénitien, et tout le monde partage l'impression qu'a faite sur le Conseil la lecture du manifeste de Buonaparte. La guerre qui est sur le point d'être engagée vis-à-vis de cette puissance paraît de toute justice, mais elle

1. Il s'agit du manifeste de Bonaparte contre la République de Venise, daté de Palma-Nuova le 14 floréal an V, et dont on trouvera le texte dans le *Moniteur*, réimpression, t. XXVIII, p. 702.
2. Sur cette question du renouvellement du Directoire, voir le *Moniteur*, réimpression, t. XXVIII, p. 700, 702, 705, 706, 709, 710, 711, 715, 716, 717.

afflige d'avance, parce que l'on comptait sur une paix générale, et que l'on présume que l'État de Venise peut encore déployer une résistance qu'on ne pourra surmonter sans répandre du sang. — On continue à désigner le citoyen Barthélemy pour remplacer le membre sortant du Directoire ; on le regarde comme digne par ses lumières et sa probité d'occuper cette place. Quelques-uns trouvent étonnant de voir les mêmes emplois échangés en quelque sorte, mais toujours dans les mêmes mains ; la plupart de ceux qui sont réputés énoncés (sic) sont vus d'un mauvais œil dans le public à raison de leurs opinions lorsqu'ils étaient à la Convention. Ceux qui sont dans ce sentiment composent quelquefois avec eux-mêmes, en disant qu'ils aiment encore mieux voir ces nouveaux fonctionnaires employés hors du sein de la République que de les voir exercer leur influence dans l'intérieur.

Spectacles. — Tranquilles.....

Bourse. — Jusqu'au moment de la Bourse de ce jour, le cours des rentes est resté dans la même stagnation que les jours précédents ; mais la hausse annoncée pour la fin du mois paraît avoir eu son effet.

LIMODIN.

(Arch. nat., BB³ 86.)

MXXVI

28 FLORÉAL AN V (17 MAI 1797).

RAPPORT DU BUREAU CENTRAL DU 29 FLORÉAL.

Esprit public. — Le public est entièrement hors d'inquiétude sur les mouvements que l'on disait prêts à éclater ; l'impossibilité d'une commotion semblable, à moins qu'un pouvoir ne conspire contre l'autre, et surtout la surveillance du gouvernement rassurent les gens réfléchis. Les hommes moins éclairés voient les travaux en parfaite activité et ne croient point à de nouveaux dangers. Cependant c'est avec l'arme du soupçon que les malveillants parviennent à troubler le repos des esprits ; on voit placardée dans les rues une affiche ayant pour titre : *Garde à vous, républicains.* Ce titre seul fait craindre aux personnes crédules qu'il ne se trame dans l'ombre de nouveaux complots ; le corps de l'écrit n'a rien de remarquable, et simplement avertit le peuple de se tenir en garde contre les royalistes et les anarchistes. — Les individus enclins à présenter [les choses] sous un mauvais jour commencent à se rencontrer. Les doutes sur la possibilité de la paix avec l'Empire s'accroissent dans les lieux publics; il en naît d'autres sur la sincérité des préliminaires. On voit au contraire la guerre prête à remplacer ce simulacre de paix. On répand que les grilles du Palais-National sont fermées au public; on dit encore que la Trésorerie nationale va suspendre ses payements, vu l'état alarmant de la recette; on trouve même des mécontents de la déclaration de guerre faite à la République de Venise au nom de la République française. Tout prouve que des agitateurs, désespérés de la tranquillité générale, qui leur ôte tout moyen d'exciter des troubles et conséquemment tout espoir d'en profiter, n'ont plus que la ressource de semer des défiances et la mettent en pratique ; mais tout concourt également à prouver l'horreur universelle pour ce qui présente la seule idée d'une insurrection ou d'une révolte. — Le cours des travaux, des affaires, du commerce et l'emploi des loisirs sont les mêmes; les promenades sont très fréquentées, et les physionomies offrent à peu près la même sérénité que par les jours précédents. On est évidemment satisfait du rapport que le Directoire a fait lui-même de son dernier message [1] ; on considère cette démarche comme un hommage à la Constitution et comme une occasion manquée pour les turbulents, qui conçoivent de coupables espérances, dès qu'ils croient entrevoir une lutte quelconque d'autorité à autorité. Ce seul point sombre que l'on croit découvrir dans les esprits, et qui semble dominer dans les opinions, vient de l'idée d'une guerre entamée dans un moment où l'on ne parlait que de la paix. Cependant chacun approuve les raisons qui rendent cette guerre inévitable, et ce sentiment est celui du très grand nombre, quoiqu'il soit dit de temps à autre qu'une politique secrète, plus encore que les griefs contenus au manifeste du général français, a converti en guerre réglée des hostilités qui n'étaient point du fait du gouvernement vénitien. — Du reste, l'extérieur du public, [en] ce qu'il est possible de pénétrer de ses véritables dispositions, n'a rien que de très rassurant pour la tranquillité des individus et pour l'ordre des choses.

Spectacles. — On y découvre les mêmes traces d'incertitude, en même temps que les mêmes aversions pour toute espèce de secousse; il s'y est rendu peu de monde, et ne s'y est fait aucune application aux circonstances.

Surveillance. — .... Un inconnu, [qui] s'est dit ministre du culte catholique, s'est présenté chez le citoyen Beaumarchais, qui avait été

---

1. Relativement à la manière dont devait s'opérer le tirage au sort du Directoire sortant. Voir plus haut, p. 117.

volé ([ce] dont on avait fait mention dans le rapport d'hier [1]), a remis à la citoyenne Beaumarchais les 158 louis, en l'invitant d'observer à son mari qu'il n'ait plus l'imprudence de laisser la clé au tiroir de son secrétaire..... Le citoyen Jacques Gouillard, officier de santé, demeurant Petit-Marché-Jacques, s'est brûlé la cervelle hier vers midi. Ce citoyen ne vivait que de secours en attendant la loi sur les transactions.

BRÉON.

(Arch. nat., BB 3 86.)

JOURNAUX.

Ami des Lois du 28 floréal : «*Variétés*..... Les députés du nouveau tiers sont en grande partie rendus à leur poste. Marmontel s'est déjà fait inscrire aux archives ; il a pris Portalis pour son mentor. Nous en avons examiné plusieurs : sans être des républicains bien vigoureux, ils ne paraissent pas avoir des projets funestes à la République ; ils assurent tous qu'ils seront fidèles à la Constitution et qu'ils s'en montreront constamment les défenseurs zélés et imperturbables. Ils ressemblent à ces gens de lettres qui faisaient des épigrammes contre l'Académie française, lorsqu'ils en étaient éloignés, et qui devenaient les plus fermes appuis des prérogatives académiques, lorsqu'ils étaient au nombre des quarante..... » — *Censeur des Journaux* du 28 floréal : « ..... La tranquillité dont nous jouissons paraît un phénomène ; mais c'est un phénomène comme tous ceux de la nature bienfaisante : nous en jouissons sans trop en rechercher la cause et surtout sans reconnaissance. Le ciel est pur, le soleil est chaud, les arbres sont totalement revêtus de leur parure nouvelle, la campagne est riche, les promenades sont meublées et brillantes, les chantiers sont fournis de bois, les ports sont surchargés de marchandises, les magasins sont pleins, le pain est excellent, la viande n'est pas très chère. Le peuple travaille ; on rit, on joue, on persifle, on murmure, on médit, on écrit de mauvais vers, on lit de méchants journaux, on compte les heures d'ici au 1er prairial. Voilà depuis quatre jours la vie à Paris, voilà le tableau du moment. On disait hier que cela ne pouvait durer ainsi que jusqu'au 28 ; c'est aujourd'hui le 28, et cela dure encore, si ce n'est que le baromètre baisse, et nous annonce de la pluie, mais sans orage politique..... »

MXXVII

29 FLORÉAL AN V (18 MAI 1797).

RAPPORT DU BUREAU CENTRAL DU 30 FLORÉAL.

Esprit public. — Tout aujourd'hui est et paraît devoir être à l'avenir dans l'état le plus calme ; les inquiétudes qui occupaient hier

1. Il n'y a rien de semblable dans les rapports précédents.

le public, celles surtout qu'avaient données une affiche intitulée : *Garde à vous, républicains* [1], sont entièrement dissipées, et, le soir, de nombreuses patrouilles ont rassuré de bonne heure les citoyens, qui rendaient hautement justice à la régularité du service militaire. Les propos qui se faisaient entendre dans tout le cours de l'après-dîner étaient pour la plupart dictés par l'indignation contre les conspirateurs anarchistes; quelques-uns, étonnés du contraste de ces bruits de conspiration avec la tranquillité qui régnait autour d'eux, présumaient des mystères et dans l'affiche et dans les précautions qu'elle commandait. Mais on a vu au surplus, à la disposition générale des esprits dans cette circonstance, que les séditieux, quels qu'ils fussent, loin d'être soutenus, seraient au contraire fort mal accueillis par la masse du public; on a entendu dire plus d'une fois que les démarches des mécontents, contre lesquels on avait à se précautionner, avaient pour but de charger le citoyen Malo, à qui, depuis l'affaire du camp de Grenelle, ils ont voué une haine implacable. On a encore entendu des partisans des révolutionnaires dire que, s'ils ne réussissaient pas dans ce moment, ils ne manqueraient pas leur coup plus tard ; ils comptaient hautement sur le retour de nos armées. Il est question qu'il y a déjà, tout préparés pour cette époque, des discours remplis de la doctrine de Babeuf. Cette circonstance fait beaucoup murmurer sur la lenteur du tribunal de Vendôme ; car on craint que la faction babouviste soit pour quelque chose dans les derniers mouvements ; on est bien persuadé qu'il ne peut y avoir de fortes commotions, d'après les limites tracées par la Constitution pour chacun de ces éléments; mais l'on n'ignore pas non plus que des êtres immoraux, toujours prêts à exercer le métier de spoliateurs et dévorés d'ambition, tout en professant la doctrine de l'Égalité, désirent ardemment voir les pouvoirs aux prises entre eux, afin de s'offrir à l'un pour un parti prêt à combattre l'autre et s'immiscer peu à peu dans les affaires publiques. Il n'est question non plus que de la hardiesse avec laquelle les prévenus traduits à Vendôme répondent à leurs juges; et les insultes et l'espèce de fanatisme dont ils paraissent embrasés pour la Constitution de 93 sont, dans le public éclairé, la source d'une infinité de réflexions plus sérieuses les unes que les autres, et où perce autant d'horreur pour cette Constitution que d'attachement pour celle de l'an III.

Spectacles. — Tranquilles..... Bréon.

(Arch. nat., BB³ 86.)

---

[1]. A propos de cette affiche, voir le discours de Dumolard et le compte rendu de la séance du Conseil des Cinq-Cents du 29 floréal dans le *Moniteur* du 3 prairial.

JOURNAUX.

Courrier républicain du 1er prairial : « *Paris, 30 floréal*. Le fameux festin a eu lieu hier à l'Odéon, comme nous l'avions annoncé. 800 louis formaient la modique somme destinée aux frais de ce repas frugal. On y avait invité un officier de chaque grade et un militaire de chaque corps qui se trouve à Paris. Des billets d'entrée avaient été distribués à de nombreux spectateurs, et les loges étaient remplies de dames de la nouvelle France, qui ont bien dû s'amuser à voir manger nos représentants, qui nous représentent jusqu'à table. Quand on a été las de manger et de boire, on est resté environ une heure et demie à entendre un concert pour donner le temps à l'estomac de digérer les mets, puis on s'est mis en cadence jusqu'à deux heures du matin. Voilà ce que nous avons pu apprendre de ce repas; quand nous en saurons les détails, nous les publierons, pour la plus grande gloire de Dieu et de la représentation nationale. » — *Ami des Lois* du 1er prairial : « *Variétés*... La fête de la paix, célébrée hier à l'Odéon par les représentants du peuple, a été très belle et surtout très gaie; elle a rappelé à ceux qui ont suivi la Révolution les beaux jours et l'enthousiasme brillant de 89 et 90. Là sont disparus tous les sentiments de division; là des hommes séparés depuis trois ans par l'influence des factions se sont trouvés réunis à la même table et ont bu ensemble à la prospérité de la République, à la gloire de nos armées et à la paix. Le coup d'œil de la salle était enchanteur : d'un côté, des drapeaux et des trophées d'armes; de l'autre, des guirlandes de fleurs et cinq rangs de loges où deux mille citoyennes se disputaient le prix des grâces et de la beauté. En bas les représentants du peuple, les ministres, un très grand nombre de généraux, d'officiers et de soldats occupaient cent tables servies avec goût et parsemées de roses et de lilas; cinquante lustres éclairaient ce ravissant spectacle. La joie, la douce union, le sentiment de la paix, les charmes de la musique, les airs chéris de la liberté, la réunion d'un grand nombre de membres de toutes les Assemblées nationales, la présence de ce général toujours vainqueur, de Masséna, de ce digne compagnon de Bonaparte, tout concourait à rendre la fête charmante. Le représentant du peuple Izos, l'un des ordonnateurs, a donné le pas aux militaires blessés; il les a introduits les premiers dans la salle du banquet, les a fait placer aux principales tables, et les spectateurs ont couvert d'applaudissements cet hommage rendu à la valeur des braves soldats qui ont versé leur sang pour notre liberté. On avait peine à se séparer; néanmoins, à minuit, on s'est retiré paisiblement, après avoir entendu un concert, dans lequel ont brillé les premiers artistes connus. Chacun est rentré chez soi avec la satisfaction dans le cœur, et les femmes ont avoué qu'une fête républicaine avait aussi ses agréments. La veille, on avait arrangé un mouvement pour intimider les convives du nouveau tiers; Dumolard, Mailhe et quelques chefs clichyens, qui n'étaient pas invités, ont voulu s'en venger par cette ruse bien usée, bien bête et bien digne de la faction des incurables. Au reste, les hommes les plus disparates aux yeux de l'opinion se sont trouvés assis à côté les uns des autres; je n'étais pas éloigné de mon ami Cochon, et j'ai vu près de moi mon cher Bénézech; nous sommes convenus pour cette journée d'une suspension d'armes..... Qui sait si cette suspension n'amènera pas la paix?..... » — *Messager du Soir* du 30 floréal : « *Paris, 29 floréal.* Des écouteurs aux portes prétendent que le Directoire n'a rapporté qu'hier, à dix heures du matin, l'arrêté insurrectionnel par lequel il se refusait à l'exécution de la loi sur la manière dont il doit tirer au sort; ils ajoutent que, l'avant-dernière nuit, il y avait une scène très orageuse au Directoire, que Barras et Carnot, qui, disaient-ils, avaient protesté contre le premier message, ont eu de vifs démêlés avec Reubell et La Revellière, que ce dernier a été jusqu'à jurer qu'on lui couperait les mains plutôt que de le forcer à les approcher de l'urne fatale, mais qu'au mot de Haute-Cour prononcé par des députés agréables qui étaient accourus avertir leurs protecteurs de la volonté unanime du Conseil indigné, les serments de rébellion ont été aussi promptement abjurés que les promesses de division. » — « *Garde à vous, républicains!* Tel est le titre d'un placard qui tapisse tous les murs de Paris [1]. Il y a un an, les honnêtes gens auraient passé leur chemin, assurés que ce placard ne pouvait s'adresser à eux ; aujourd'hui ils le lisent. On y annonce que le 29 doit éclater une insurrection royale-anarchique, que des fonds sont arrivés de la Belgique, que les bons citoyens doivent rester calmes, défendre la Constitution, et que les conjurés ne parviendront pas à faire mitrailler de bons citoyens perfidement trompés. On compare, dans certains groupes, cette affiche à celles dans lesquelles Tallien invitait, aux approches de septembre, les patriotes à rester calmes et leur prédisait le jour et l'heure où devait éclater la conspiration des aristocrates; d'autres, loin de craindre que ce ne soit un appel déguisé aux héros du cul-de-sac, en font honneur à un puissant de marque, qu'ils prétendent très récemment converti, et dont ils exaltent les excellentes dispositions. Il en est enfin qui pensent que l'auteur de ce placard, averti des mesures de la police, a voulu sauver une nouvelle défaite à d'anciens frères d'armes. » — « Les brigands se sont rassemblés cette nuit dans quelques tavernes; une douzaine de grenadiers les ont dispersés. Ils criaient : « Camarades, nous sommes vos frères, terroristes comme Buona-« parte ! » Mais les grenadiers, le sabre à la main, ont répondu, comme les braves de Grenelle : «Nous n'avons point de frères, nous sommes fils uniques..... »

MXXVIII

30 FLORÉAL AN V (19 MAI 1797).

RAPPORT DU BUREAU CENTRAL DU 1er PRAIRIAL.

Esprit public — Toutes les apparences d'inquiétude ont disparu. Le meilleur esprit anime la majorité du public, et les espérances d'une paix générale sont plus sensibles. On assure que l'Angleterre entre pour son compte dans les négociations; on est également persuadé que la République de Venise acceptera les propositions qui lui seront faites pour garantir son indépendance, et les

1. Voir plus haut, p. 118, 121.

vœux sur lesquels on désirerait le plus être assuré sont ceux que l'on forme pour voir disparaître les difficultés survenues entre les cabinets de la République française et des États-Unis d'Amérique. — Il n'a presque été question hier que du tirage au sort entre les membres du Directoire. Lorsqu'on a su que le citoyen Le Tourneur (de la Manche) sortait, on a dit qu'il était celui des Directeurs qui avait le moins marqué ; peu de personnes ont paru le regretter ; mais l'attention se fixait principalement sur les citoyens Barras et Carnot ; on aurait désiré que le sort tombât sur le premier. Ce sentiment a paru celui du plus grand nombre. On était satisfait, d'un autre côté, que le sort eût conservé Carnot, dont on a fait l'éloge en plusieurs endroits, soit en le reconnaissant pour le principal auteur des plans de campagne auxquels sont dues toutes les victoires qui préparent la paix, soit en observant qu'il était inaccessible à toute suggestion et incorruptible jusque vis-à-vis des personnes de sa famille. Les vœux se portent, pour le complément du Directoire, sur un citoyen qui réunisse les lumières et la probité, et qui surtout soit étranger à toute espèce d'esprit de parti. Le citoyen Barthélemy est un de ceux que l'on entend nommer le plus souvent. — Un fonctionnaire public, à la nomination du Directoire, dans un des départements de la ci-devant Belgique, et qui racontait les désagréments qu'il avait essuyés dans ses fonctions, a peint toutes ces contrées comme animées de haine pour la République, comme livrées à l'empire des prêtres et des moines, comme disposées à rentrer sous la domination de l'Empire, comme favorisant la rentrée des émigrés, en un mot comme un pays où les patriotes ne pouvaient qu'éprouver des disgrâces sans nombre.
— A l'occasion des mouvements dont on s'est occupé ces jours-ci dans le public, les partisans de l'anarchie disent que ces bruits de prétendus mouvements, répandus avec tant d'affectation, ne sont qu'un stratagème inventé par la perfidie pour assassiner civilement le reste des patriotes ; ils désignent le ministre de la police et quelques députés pour être les auteurs de ces bruits. — Le militaire, au surplus, de tout grade et de toute arme, paraît être dans les meilleures dispositions et partout où ils (sic) se sont trouvés réunis hier, ils ont manifesté la haine pour les séditieux, de tel parti qu'ils fussent, qui porteraient la plus légère atteinte à la Constitution, ou tenteraient un mouvement quelconque. Il a paru que les anarchistes ne pouvaient fonder sur eux le moindre appui. Ceux-ci parlent toujours de Barère, comme d'un homme très intéressant à leurs yeux. On ne parle pas toujours du repas et de la fête donnés à l'Odéon sans les blâmer, attendu le contraste de ces dépenses avec la situation des

rentiers. — Le bruit court que chaque membre restant au Directoire donne à celui sortant une indemnité de 100,000 livres.

Spectacles. — Ils n'ont offert aucun événement à remarquer; les opinions y sont absolument les mêmes.....

Bourse. — Hier soir, au Palais-Égalité, les joueurs ne se sont réunis qu'un peu avant neuf heures. Il se faisait beaucoup plus d'offres que de demandes, et tout annonçait une baisse prochaine, qui s'est effectuée, et que l'on attribue à la motion que l'on a faite de suspendre la vente des biens nationaux de la Belgique. Les observateurs expérimentés prétendent que c'est uniquement l'effet de l'agiotage, et que l'ascension du cours sera plus rapide que sa chute.....

BRÉON.

(Arch. nat., BB 3 86.)

JOURNAUX.

Gazette nationale de France du 1er prairial : « *Paris, 30 floréal* ... Les membres du Directoire ont procédé aujourd'hui, à midi, en audience publique, au tirage pour la sortie de l'un d'eux. Le billet du sortant est échu au citoyen Le Tourneur, qui préside. Les salles du palais directorial n'ont pu suffire à l'affluence des citoyens : les portes, les vestibules et les cours étaient remplis de curieux qui attendaient, par une chaleur presque insupportable, le résultat de cette auguste loterie [1]. » — *Ami des Lois* du 30 floréal : « *Variétés...* Le *Précurseur*, n° 325, donne des mœurs de Paris un tableau rempli de vérités; il peint nos jeunes sybarites coiffés en Brutus, nos femmes les plus royalistes mises en républicaines d'Athènes et de Rome, et de vieux incroyables avec des costumes moitié romains, moitié jockey, à qui l'on est tenté de dire : « Allez chercher mes gens ». Il peint nos lycées où l'on donne les leçons de morale en style de madrigaux, et où les traités de la religion de nos pères sont suivis par des bals brillants, où la religion et la morale sont bientôt oubliées..... Gardez-vous, dit-il, de parler à ces nymphes qui nous ont charmés dans ces fêtes; le prestige sera bientôt rompu; le plaisir, ajoute-t-il avec raison, n'est pur que lorsqu'il est accompagné des mœurs..... » — *Journal des hommes libres* du 1er prairial : « *Paris, 30 floréal...* L'arrêt du sort vient d'assurer aux espérances, aux vœux, aux combinaisons de nos hommes d'État, de nos républicains d'hier, la place de Le Tourneur (de la Manche). Voilà donc un instrument de moins dans les mains de Carnot; à moins que, pour achever l'espèce de prophétie, divination assez singulière, qu'on a lue hier et aujourd'hui dans quelques feuilles, entre autres dans l'*Ami des Lois*, son remplacement au ministère de la marine ne se vérifie aussi juste que l'issue du sort que ces journaux publiaient devoir tomber

---

1. Le procès-verbal de cette séance, qui eut lieu le 30 floréal à midi, se trouve dans le *Rédacteur* du 1er prairial.

sur lui. C'est pourtant fort drôle qu'on ait si bien deviné; car, on le dit, ce ne peut être un accord; cet accord serait une forfaiture. — *N.-B.* La justice exige que nous disions que, d'après le message au Conseil sur la manière dont le tirage a eu lieu, il est difficile de supposer qu'autre chose que le hasard ait produit ce singulier rapport entre l'annonce des journaux et sa réalisation. »

MXXIX

1er PRAIRIAL AN V (20 MAI 1797).

RAPPORT DU BUREAU CENTRAL DU 2 PRAIRIAL.

Esprit public. — Il ne reste plus beaucoup de traces des inquiétudes qui agitaient les esprits ces jours derniers; seulement l'indignation générale se déploie contre les auteurs des placards qui, sous prétexte d'inviter les citoyens à se mettre sur leurs gardes, sèment l'alarme et préparent plutôt des troubles qu'ils ne semblent en prévenir. — Il n'est question que du renouvellement des hautes autorités; on ne parle de l'exclusion du citoyen Le Tourneur qu'avec une sorte d'indifférence, et tout ce que l'on a recueilli d'opinions sur cet effet du sort prouve qu'on aurait préféré qu'il eût frappé sur Barras ou sur Reubell. — L'attention se porte entièrement sur les opérations du Corps législatif; la formation du bureau du Conseil des Cinq-Cents et des Anciens fait également plaisir. Mais la nomination du général Pichegru à la présidence cause une sensation particulière, et l'éloge de ce législateur est dans la bouche de tout le monde. — La situation de la République de Venise est des plus critiques, aux regards de chacun, et, si l'on en croit les politiques des cafés, presque toute la Terre ferme se réunit aux Républiques lombardes. Le Doge de Venise s'est démis de son autorité et restera seulement maire de la métropole; le général Buonaparte, satisfait d'ailleurs quant aux traitements exercés contre ses troupes, demande au Sénat de Venise 80 millions de contributions et une grande partie de l'artillerie de cet État. — On augure beaucoup du dernier rapport fait au Conseil des Anciens pour une amélioration dans les finances. Quelquefois on a déclamé contre des banqueroutes qui viennent d'éclater, dit-on, entre les mains de plusieurs banquiers, qui, au moyen des dernières nouvelles sur la paix, ont perdu tout le fruit de leurs spéculations; d'un autre côté, il passe pour certain que les effets de banque de l'Angleterre perdent 60 pour 0/0. — Les plaintes des rentiers et des employés sont sensibles depuis quelques jours, en ..... [1] que les vœux ont paru se renouveler pour l'établissement d'une institution qui remplace le Mont-de-Piété. — On accompagne d'une censure continuelle les descriptions variantes (sic) du repas donné à l'Odéon. — La tranquillité règne partout sous des dehors qui paraissent inaltérables.

Spectacles. — L'Odéon a fait hier son ouverture avec beaucoup de calme; il y avait assez de monde; le public ne s'y est occupé que de la nouveauté du spectacle et a paru disposé à encourager cet établissement, dont les sujets n'ont pas paru répondre, pour la plupart d'entre eux, à ce qu'il en attendait. Tous n'ont pas été jugés avec la même sévérité, la pièce qu'ils avaient choisie n'offrant pas assez de jeu pour faire briller les talents. Ces deux vers seuls des *Philosophes amoureux* ont été applaudis par application :

> Il faut d'un criminel écouter la défense;
> Condamner sans entendre est une violence.

Le calme a régné partout ailleurs. ....

BRÉON.

(Arch. nat., BB³ 86.)

MXXX

2 PRAIRIAL AN V (21 MAI 1797).

RAPPORT DU BUREAU CENTRAL DU 3 PRAIRIAL.

Esprit public. — Le jour d'hier correspondait au dimanche, et les promenades publiques étaient remplies de monde ; la gaîté y régnait autant que la tranquillité ; les conversations, pour la plupart, étaient les mêmes que celles tenues les jours précédents sur le renouvellement du tiers des deux Conseils, dont on augure favorablement, sur le Congrès, que l'on redoute, dans l'incertitude où l'on est que tous les intérêts puissent s'y concilier de manière à ce qu'on ne soit pas obligé de tenir de nouvelles armées en campagne. Toute la haine nationale, d'un autre côté, se porte vers l'Angleterre; tous les projets des nouvellistes tendent à tirer vengeance de cette nation, qui a su ménager tous les avantages de la guerre en laissant accabler ses alliés ; on voudrait aussi que le gou-

1. Un mot illisible.

vernement secondât l'activité de l'Espagne et de la Hollande, pour être secondé dans ses vues par ces deux États ; enfin les 80 millions demandés à la République de Venise et toute sa marine sont des bruits très accrédités dans l'opinion publique. — On a été fondé d'abord à ranger dans la classe des discours insignifiants le bruit que plusieurs divisions de nos armées se disposaient à venir incessamment à Paris et autres grandes communes pour seconder les intentions du Directoire, qui sont de faire exécuter la Constitution et de mettre un frein à la licence des royalistes. Mais on le fut ensuite davantage en considérant le caractère et l'animosité des discoureurs, à voir sous ces propos un but perfide, celui de semer de fausses alarmes, de faire croire à l'inexécution [des lois] fondamentales et tutélaires de la République et à la nécessité pour une autorité d'employer la force contre une autre. — On découvre dans les lieux publics beaucoup d'individus peu connus, tourmentés du calme qui règne autour d'eux et impatientés de l'harmonie des pouvoirs de l'État ; ils abondent en personnalités contre une partie des hommes en place, de ceux, par exemple, qui composent aujourd'hui les bureaux des Conseils, mais leur animosité est extrême contre les ministres de la police et de l'intérieur. — Loin de regretter les membres de la Convention, actuellement sortis du Corps législatif, on leur attribue, ainsi qu'à leurs anciens collègues, tous les excès qui ont souillé la Révolution ; il faut espérer, disait-on, que le règne de la terreur et du jacobinisme est entièrement fini. Ces sentiments sont prononcés avec moins de modération par des habitants des départements méridionaux, et on les découvre poussés au dernier degré par des citoyens qui se déclarent quelquefois pour avoir soutenu dans le temps le siège dirigé contre la commune de Lyon. — D'un autre côté, on entend traiter l'ouverture de cette nouvelle session de terme fatal pour la République, de triomphe des Chouans et des royalistes ; on y fait ses adieux aux républicains, à la liberté, à l'égalité ; on promet aux uns et autres un *joli sort,* et on prête au Conseil les plus criminelles dispositions. Pichegru lui-même n'est qu'un royaliste à leur sens. — Il y a aussi des gens qui ne perdent pas l'espoir du rétablissement de la monarchie, qu'il ne faut pas, si on les écoute, relever encore actuellement, de peur de réduire au désespoir et de pousser à des extrêmes ce qu'ils qualifient d'anarchistes, terroristes et Jacobins. — Le calme public ne souffre aucunement de ces opinions contradictoires; tout s'offre et paraît se promettre (*sic*).

Spectacles. — Ils ont joui d'un grand concours de spectateurs et de beaucoup de tranquillité.

Cultes. — Il n'est rien parvenu sur cet objet qui ait été susceptible d'observation, comme contraire au bon ordre et aux lois.....

Bourse. — La hausse rapide que l'on avait annoncée s'est manifestée dès l'ouverture de la Bourse de ce soir ; la nouvelle que l'on y a répandue d'une insurrection considérable dans la flotte anglaise n'a pas peu contribué à l'élévation des cours.

BRÉON.

(Arch. nat., BB³ 86.)

JOURNAUX.

Miroir du 4 prairial : « *Tivoli.* La plus aimable comme la plus brillante réunion eut lieu hier au jardin Boutin, si heureusement surnommé Tivoli. Les femmes y étaient charmantes, les hommes y étaient honnêtes ; tous les parfums de flore y embaumaient l'air ; la douce verdure enchantait l'œil avide du printemps après sa longue absence. Ici, un couple heureux soupirait sous l'aile du mystère, doux langage d'amour ; là, sur la vive escarpolette, se poussaient et repoussaient en cadence des nymphes légères, défiant les sylphes et les sylphides dans le domaine des airs. Plus loin l'horrible jalousie distillait ses noirs poisons dans le cœur du trop sensible Alcandre. Ismène, plus belle que le plus beau jour, y fixait tous ses regards ; ses beaux yeux semblaient répondre à tous les yeux, excepté à ceux du malheureux Alcandre ; ils ne semblaient muets que pour lui seul... Entendez-vous ce signal de feu qui sillonne les airs ? L'heure approche, c'en est fait, le ciel n'offre plus qu'une atmosphère de flamme. Tout ce que l'imagination peut souhaiter de combinaisons heureuses et rapides, l'artificier de Tivoli le présente dans l'exécution de son feu superbe ; le bouquet part ; les applaudissements retentissent ; la bombe d'adieux descend du haut des airs en étoiles brillantes ; la foule se presse ; les doux épanchements vont cesser ; il faut quitter le séjour des enchantements ; tous les cœurs des amants se serrent ; mais l'espoir les console. Adieu, fête champêtre de Tivoli ; adieu, jardin Boutin ; adieu, vous tous qui nous causez tant de regrets ; l'amour vous implore et le plaisir vous sollicite de nous rendre bientôt à de si douces jouissances. »

MXXXI

3 PRAIRIAL AN V (22 MAI 1797).

RAPPORT DU BUREAU CENTRAL DU 4 PRAIRIAL.

Esprit public. — L'extérieur public annonce un nouveau degré de sérénité ; on s'attend à de nouvelles opérations de législature sur l'administration des domaines, principalement des forêts, sur les

TOME IV.

finances, sur les lois relatives aux jugements contre les émigrés, sur les colonies et sur l'amélioration de la marine. On dit que beaucoup d'écrivains vont publier leurs vues sur chacune de ces parties d'administration. Les regards les plus attentifs se portent sur la situation des colonies, et l'on attend avec impatience le rapport qui est annoncé depuis longtemps sur cet objet. Ce qu'il y a de colons répandus dans les lieux publics espère beaucoup de ces rapports. — Un objet éminent d'intérêt public est le remplacement du membre sorti du Directoire. Il circule deux listes dans les cafés : l'une porte en tête le ministre actuel de la justice ; on y voit plusieurs autres membres de la Convention et plusieurs généraux. L'opinion générale renferme l'éloge de ces derniers, auxquels cependant on ne reconnaît pas les qualités nécessaires pour les fonctions dont il s'agit ; on parle trop souvent des autres avec prévention et animadversion. Sur l'autre liste se voient Barthélemy, Talleyrand, Boissy d'Anglas, etc. Le premier réunit presque tous les vœux. En un mot, on désire voir entrer au Directoire un homme savant et vertueux ; car, dit-on, nous avons besoin de contracter des alliances savamment combinées avec toute l'Europe. — On ne parle qu'avec beaucoup d'avantages des nouveaux députés, et on en augure les meilleurs travaux. — Un bruit circulait hier dans tous les cafés: il était question de préparatifs considérables, faits dans nos ports pour une expédition en Angleterre ; beaucoup de politiques regardent ce dessein comme inexécutable dans l'état où les dernières expéditions ont réduit notre marine. Mais la haine contre le gouvernement anglais est profonde dans tous les cœurs, et il se dit aussi que le général Buonaparte a des ordres pour aller faire la conquête du Portugal à la tête de quarante mille hommes. — Enfin on voit et on entend beaucoup de personnes témoigner du mécontentement de ce que le Directoire donne avec trop de facilité des places aux députés sortants. — On est loin de croire fondé un bruit répandu de récépissés et autres effets publics contrefaits et jetés dans la circulation. — Le calme existe et paraît tendre à se prolonger.

Spectacles. — Il y a eu très peu de monde ; ils ont été paisibles....

BRÉON.

(Arch. nat., BB³ 86.)

MXXXII

4 PRAIRIAL AN V (23 MAI 1797).

Rapport du bureau central du 5 prairial.

Esprit public. — Nombre de conjectures existent sur les intérêts de la République vis-à-vis plusieurs puissances étrangères. La rupture entre les cabinets de Paris et de Philadelphie paraît moins certaine que jamais, et, s'il faut en croire les nouvellistes, un ambassadeur américain vient d'arriver à Rochefort. Du reste, tous les ports de la République sont réputés en activité pour concourir à un grand armement, et cette idée coïncide avec celle assez accréditée d'une descente en Angleterre, où débarqueront quarante mille hommes, le général Buonaparte à leur tête. Ce projet doit être secondé par les marines de Hollande et d'Espagne et par les renforts qui résulteront du traité de paix avec la République de Venise. A ce bruit s'en joint un, qui cause un peu d'inquiétude : c'est celui d'une rupture entre l'armée de Sambre-et-Meuse et celle des Autrichiens, occasionnée par une infraction de ces derniers au traité d'armistice ; enfin l'accroissement des troubles dans quelques contrées d'Angleterre passe pour avéré. — Les données sont plus sûres et non moins satisfaisantes quant à la disposition des esprits dans l'état actuel de l'intérieur ; il est facile de remarquer que, depuis l'installation du nouveau tiers, la joie brille dans tous les regards ; partout on considère d'un œil de pitié les exagérés qui traitent le dernier tiers réuni en (sic) Corps législatif de royalistes décidés, et la plupart de ceux qui raisonnent sans passion dans les cafés et autres lieux publics sont étonnés d'entendre appeler royalistes des révolutionnaires dont la perte serait inévitable, si un monarque remplaçait la Constitution, expliquant cette qualification de *révolutionnaires* en désignant ainsi ceux qui, par leurs écrits ou leurs principes connus, ont coopéré à la Révolution à partir de 1789, et ces sentiments sont ceux de tous les membres actuels du Corps législatif. De l'aveu au surplus surpris à plusieurs d'entre eux, contre lesquels se récrient les anarchistes, le désir de tous est autant de faire chérir le Corps législatif qu'il était en horreur à toute la France sous le régime de ceux qui ont établi ou protégé la Terreur. On a pu se persuader encore que les membres du dernier tiers riaient pour le plus grand nombre de la folie des royalistes qui oseraient compter sur eux pour servir leur cause ; on sait dans le public qu'ils sont tous d'avis de choisir pour directeur un homme qui aime sincèrement la République, et qui fût étranger à tout esprit de parti. Le citoyen Barthélemy et le citoyen Cochon sont ceux qu'on désigne le plus généralement, quoique les individus mécontents de toutes les opérations en général accusent ce dernier d'avoir une indulgence ouverte pour les émigrés, de ménager peu à peu leur rentrée, et d'être en cela d'accord avec le nouveau Conseil des Cinq-Cents et les nouveaux administrateurs du département. Ces patriotes exagérés vomissent nombre d'imprécations contre la composition actuelle du Corps législatif et contre le ministre de la police ; ils prédisent des insurrections de contre-révolution et menacent sans cesse les autorités actuelles, prétendues royalistes. — On lit sur les murs un nouveau placard contenant des griefs contre le général Beurnonville ; on a cru que l'auteur de cet écrit a voulu éloigner ce général du Directoire, où il pouvait prétendre avec ceux comme lui portés sur une liste de candidats. — Le calme est parfait, et l'on n'entend d'autres murmures que ceux rapportés ci-dessus et tenus par des citoyens très disséminés.

Spectacles. — Il ne s'y est passé aucun fait intéressant.....

BRÉON.

(Arch. nat., BB³ 86.)

MXXXIII

5 PRAIRIAL AN V (24 MAI 1797).

RAPPORT DU BUREAU CENTRAL DU 6 PRAIRIAL.

Esprit public. — Les nouvelles politiques restent les mêmes ; la paix achetée à grands sacrifices par la République de Venise ; des préparatifs dans nos ports pour entreprendre une campagne maritime contre les Anglais ; la prise par ceux-ci de plusieurs riches colonies espagnoles ; des murmures contre la partie (*sic*) de nos alliés ; des vues puisées dans la nécessité de leur donner du nerf ; un armement sorti de Dunkerque et dont le but est ignoré ; une diversion sur le point d'être faite par nos armées en Hanovre, et le projet d'envoyer le général Buonaparte contre le Portugal, pour en tirer de fortes contributions : tels sont les principaux sujets agités dans les conversations; tout ceci gît en ouï-dire plutôt qu'en opinion. — Le coup d'œil sur l'intérieur a paru produire les résultats suivants. La prévention change évidemment tout à l'avantage du nouveau tiers : ce qui perce de ses dispositions secrètes, ce qu'on sait de ses premiers aveux en matière de législation ont persuadé la grande majorité du public de l'attachement déterminé de presque tous ses membres à la Constitution de l'an III; on paraît convaincu que leur intention est de la maintenir, mais de la débarrasser de toutes les lois révolutionnaires. La rapidité des premières opérations du Corps législatif a fait désirer à tout le monde qu'il se garantît des dangers de l'enthousiasme ; on craint qu'il n'aille trop loin; c'était le mot répété partout; mais hier on était presque entièrement revenu de cette crainte, lorsqu'on a connu la composition des différentes commissions, où l'on a vu chacun placé [selon] ses lumières. — Quelle va être la conduite des législateurs à l'égard des prêtres et des émigrés? Telle est la question qui tient en haleine aujourd'hui la curiosité la plus habituellement au courant des travaux de la législature et [de ceux] qui tiennent à la chose publique par une opinion quelconque. — A l'égard des prêtres, on est persuadé d'avance du tolérantisme du nouveau tiers et du rapport de toutes les lois rendues contre ceux qui ont été assujettis à des déclarations ou des formalités particulières, à raison de ce que ces individus, comme tous les autres citoyens, sont pour les délits assujettis aux lois civiles. On ne témoigne pas de mécontentement sur cette disposition, si ce n'est dans quelques cafés du quartier Saint-Germain, où l'on tient des opinions très prononcées contre les prêtres réfractaires. Quelques-uns sont d'avis que les prêtres qui ne voudront point faire leur déclaration de soumission aux lois de la République usent du bénéfice de la loi qui leur permet de sortir du territoire français, après avoir réalisé la valeur de leurs possessions ; cette faculté est appelée par d'autres une sorte d'exil ou déportation de fait, une peine extra-légale. A l'égard des émigrés, on pense que le Corps législatif ne pourrait apporter trop de réflexion dans la distinction qu'il projetterait de mettre entre ceux de ces individus qui ont fui en haine du gouvernement républicain et ceux qui se sont soustraits à des dangers, et l'on est très incertain sur l'année, la date même où on pourrait présumer l'émigration plus ou moins graciable; on pense que les lois ne sauraient être trop circonspectes, parce qu'un excès de générosité ferait rentrer au sein de la République nombre de ses ennemis. Quant au projet d'établir un changement de l'application de la peine capitale au délit d'émigration, en accordant aux prévenus les formes d'une jurisprudence criminelle, on trouve nombre de personnes qui approuvent cette intention. Le silence de quelques autres est remarquable, et paraît tenir à une opinion contraire, qu'elles n'osent opposer ouvertement. — On doit dire que, dans les réunions ordinaires d'individus, le plus en sens contraire de l'ordre actuel des choses, on a vu les partisans du gouvernement monarchique déclarer hautement le nouveau tiers déchu de leur confiance, certains qu'il est très éloigné de remplir jamais leurs vœux et qu'il tient à la Constitution de l'an III. La confiance publique, en un mot, paraît avoir fait un grand pas depuis quelques jours; le commerce commence même à s'en ressentir, et l'exaltation diminue tellement parmi les anarchistes qu'elle en paraît plus extraordinaire dans ceux qui la manifestent. Tout tend à un plus grand rapprochement au gouvernement considéré dans l'ensemble de ses différents pouvoirs.

Spectacles. — *La Leçon,* nouvel opéra donné au théâtre de la rue Feydeau[1], n'a rien d'analogue à l'esprit public; les mœurs, de leur côté, n'ont rien à y reprendre, mais ne peuvent y perdre. Cet ouvrage a complètement réussi. La tranquillité a été parfaite partout.

Commerce. Pain. — Il y a eu beaucoup de pain aux halles; le blanc a été vendu 10 sous 6 deniers les 4 livres; 7 à 8 sous le mi-blanc, et 6 sous le bis.

Viande. — La viande de boucherie a été très abondante. Le bœuf a été vendu en détail de 4 à 10 sous la livre; le veau de 6 à 12 sous; le mouton de 8 à 12, et le porc frais de 10 à 12 sous.....

BRÉON.

Arch. nat., BB [3] 86.)

JOURNAUX.

Miroir du 5 plairial : « *Paris*..... Il y a dans la rue de la Lune, non pas de la lune du cousin Jacques, mais de la lune du quartier Saint-Denis, deux réunions religieuses, l'une très nombreuse dans l'ancienne église Notre-Dame de Bonne-Nouvelle, dirigée par des prêtres non assermentés, et l'autre beaucoup moins dans une maison voisine, sous la direction de prêtres dits constitutionnels. Le *Miroir*, passant l'autre jour dans cette rue, s'arrêta à la porte de l'église et fit un instant de prière aussitôt interrompue par les chants de la *Marseillaise*, entonnés en faux bourdon : il se lève, écoute... Qu'est-ce que cela signifie? demandent une multitude de personnes effrayées de ces sons qui furent tant de fois un appel au carnage. C'est, lui dit en se sauvant

1. *La Leçon ou la Tasse de glace,* comédie en un acte et en prose, mêlée d'ariettes, représentée sur le théâtre de la rue Feydeau, le 5 prairial an V. Paroles de Marsollier, musique de Dalayrac. — Bibl. nat., Yth, 10094, in-8.

une bonne femme, l'élévation de la messe dans cette maison, en me montrant l'oratoire de la maison sermentée. Ah ! ma bonne femme, lui dis-je, ce n'est point pour l'amour de Dieu, mais sûrement par ordre de Merlin, que ces bons prêtres font jouer cet air-là. » — « *Modes*. Oh la jolie femme ! Oh la jolie tournure ! Oh le joli spencer ! Tels étaient les cris d'admiration qu'arrachait hier à Bagatelle une de nos belles de la bonne roche : un spencer n'est à proprement dire qu'une parure ridicule en été, surtout chez une de ces modernes Angots, dont les traits plats et communs assortissent une démarche plus plate et plus commune encore ; mais un spencer attaché par la main du goût sur un corps dessiné par celle des amours, sur la taille, en un mot de la délicieuse Sophie, oui, un spencer est alors le véritable costume des grâces. »

MXXXIV

6 PRAIRIAL AN V (25 MAI 1797).

RAPPORT DU BUREAU CENTRAL DU 7 PRAIRIAL.

Esprit public. — Les seuls raisonnements que l'on recueille des discussions politiques sont fondés sur l'amour de l'ordre et de la justice. Les opinions se rapprochent évidemment. Les intentions du dernier tiers arrivé au Corps législatif, sur lequel chacun a les yeux ouverts, sont trouvées pures et conformes aux vœux de tous les amis de la Constitution. On attend avec intérêt la discussion qui doit s'ouvrir sur le rapport des lois qui ne sont point en harmonie avec elle, et le caractère du public en un mot prouve qu'il serait autant l'ennemi d'un changement de gouvernement qu'il l'est de toute espèce de révolutions nouvelles. — Hier, jour correspondant à une fête du culte catholique [1], l'affluence a été considérable aux promenades ; le calme et même la joie animaient les physionomies ; on entendait souvent des personnes rendre hommage à l'ordre des choses qui garantissait aux citoyens leur parfaite tranquillité. — Le citoyen Barthélemy est porté au Directoire par un vœu unanime ; aucun des autres candidats ne réunit une égale majorité de suffrages. — Les malveillants hier ont paru se plaire à saisir une nouvelle répandue dans quelques papiers, constamment employés à peindre le midi de la République comme livré à toutes les horreurs de l'anarchie ; cette nouvelle, qui portait que la famille du général Buonaparte était proscrite dans les environs de Marseille, qu'on y déchirait la gravure représentant ce général, et que tous ses parents étaient obligés de

1. La fête de l'Ascension.

fuir ces contrées, n'a pas paru faire fortune; elle était même traitée de dérisoire et de perfide, et ceux qui la répandaient n'obtenaient que du mépris et de la méfiance. Les mêmes ne voyaient dans les dispositions actuelles du Corps législatif qu'une tendance ouverte au rétablissement de la monarchie; ils essayent d'intimider les personnes d'un sentiment opposé au leur en les menaçant du retour des armées; ils ne parlent du Directoire que comme d'une autorité menacée elle-même et vouée au fer du royalisme; à les entendre, elle sera obligée d'appeler incessamment les patriotes à son secours et de faire rentrer les troupes pour s'opposer aux progrès de la contre-révolution. A l'exception de ces mécontentements dans la bouche d'un très petit nombre de citoyens, reconnus à peu près les mêmes, et habitués aux mêmes cafés, les autres discours publics sont calmes et satisfaisants; on y repasse tous les projets d'amélioration et de simplification des lois qui doivent être agités et discutés dans la session actuelle du Corps législatif, et on s'y témoigne disposé à accueillir tous les changements, autant qu'ils tendront à consolider et faire aimer la République.

Spectacles. — Il ne s'y est rendu que très peu de monde. — *Géta*, nouvelle tragédie, représentée hier au Théâtre-Français [1], a obtenu du succès. Le sujet, puisé dans l'histoire des empereurs romains, n'a donné lieu à aucune application et tend à justifier la supériorité d'un caractère juste et humain sur un caractère tyrannique et cruel entre deux frères également appelés à l'Empire. — Le calme et la décence ont régné partout.....

BRÉON.

(Arch. nat., BB³ 86.)

MXXXV

7 PRAIRIAL AN V (26 MAI 1797).

RAPPORT DU BUREAU CENTRAL DU 8 PRAIRIAL.

Esprit public. — Nul changement dans l'opinion publique qui ne soit favorable au maintien de l'ordre et à la prospérité de la Constitution; sa marche paraît, aux yeux de tous, irrévocablement assurée. La nomination du citoyen Barthélemy au Directoire est approuvée

1. *Géta*, tragédie en cinq actes, par Petitot.

de tout le monde ; on se rappelle que ce ministre a conclu les traités de paix avec le roi de Prusse, le roi de Sardaigne et le roi d'Espagne, et l'on est persuadé que sa présence au Directoire doit être d'un grand avantage et d'une grande ressource pour empêcher que l'harmonie ne disparaisse de nos intelligences avec les États-Unis et le roi de Suède. Les lenteurs que les politiques croient apercevoir dans la formation du congrès annoncé pour parvenir au rétablissement de la paix générale leur occasionnent beaucoup d'inquiétude ; ils tremblent de ne voir qu'un simple armistice dans des négociations où règne aussi peu de chaleur de part et d'autre ; ils rapprochent de cette crainte les différends qui ont eu lieu entre les armées respectives sur le Rhin, et nombre de personnes semblent partager leurs doutes. — Une opinion universelle depuis quelques jours frappe sur la nécessité de tirer vengeance de l'Angleterre en effectuant une descente sur les côtes ; les dernières conquêtes de cette puissance dans les colonies occasionnent un véritable chagrin ; on murmure contre l'insouciance de l'Espagne ; on gémit sur la faiblesse de notre marine ; il n'est d'entretien que sur les moyens de la rendre formidable, et d'appeler sur notre pavillon le même respect que celui qui accompagne nos drapeaux ; on voudrait aussi que le ministère de la marine fût confié à d'autres mains. — Le public a paru satisfait de la lettre par laquelle le Directoire laissait au ministre de la guerre la faculté de maintenir au sein de leurs foyers les militaires et réquisitionnaires armés, dont les bras seraient nécessaires à l'agriculture, et, à cette occasion, on a entendu dire que cette mesure aurait dû s'étendre jusqu'à rappeler au milieu des champs les militaires qui exerçaient l'état de laboureurs avant de se rendre sous les drapeaux qu'ils suivent actuellement, que par la même raison on devrait faire rejoindre par une mesure coercitive tous les intrigants et mauvais sujets qui se cachent à Paris après avoir quitté leurs corps sans permission ni congé. — Les plaintes des rentiers et des employés, qui ne sont point payés depuis plusieurs mois, ont été plus vives hier que de coutume. — Des plaintes abondent également contre les libellistes qui ne cessent de publier les mensonges les plus alarmants pour corrompre l'esprit public. — Les soupçons sur les intentions du dernier tiers du Corps législatif sont entièrement dissipés, ou n'existent que parmi quelques individus irrévocablement exaltés.

Spectacles. — Il ne s'y est passé aucun fait remarquable, et ils n'ont eu que peu de spectateurs...

Bréon.

(Arch, nat., BB 3 86.)

JOURNAUX.

Ami des Lois du 7 prairial : « Partout où les prêtres réfractaires sont admis, l'opinion publique est corrompue et la République abhorrée ; déjà ils rentrent en foule depuis l'installation des nouveaux administrateurs; ils chassent des presbytères ceux qui les ont légalement acquis ; ils circonviennent le peuple, lui rendent le gouvernement odieux et le disposent insensiblement à faire volte-face à la République. Bientôt il ne restera plus de moyens au Directoire de se défendre contre cette guerre sourde et affligeante. Que répondra-t-il à la multitude égarée qui lui demandera un roi ? Que dira-t-il aux acquéreurs des biens nationaux qu'on aura dépouillés ? Il fera rentrer les armées, il armera les familles les unes contre les autres, il fera des départements un champ de carnage..... Quelle affreuse ressource et quelle cruelle perspective! Déjà ceux qui ont acheté des biens nationaux les offrent à tout prix, et personne n'en veut; la motion de Boissy d'Anglas a discrédité entièrement cette unique ressource de la République ; il faudra mettre de nouveaux impôts; car comment subvenir aux dépenses qu'entraînera la solde des troupes, quand elles seront dans l'intérieur?... Voilà le fruit de l'insouciance du gouvernement; il sera la première victime de son immobilité funeste ; nous périrons, mais il sera le premier frappé... »

MXXXVI

8 PRAIRIAL AN V (27 MAI 1797).

RAPPORT DU BUREAU CENTRAL DU 9 PRAIRIAL.

Esprit public. — A recueillir les bruits suivants, tous, par leur nature, isolés les uns des autres et peut-être dirigés par la même intention, l'observateur impartial n'a pu douter des efforts de la malveillance pour jeter des soupçons sur toutes les autorités et les peindre tantôt comme environnées d'écueils, tantôt conspirateurs (*sic*). Ici, c'était le Directoire qui devait aller s'installer à Versailles, et qui avait commandé dix mille hommes à cet effet; les colporteurs de cette nouvelle cherchaient à y donner du poids en paraissant inquiets d'un tel projet. Là, ce sont des manœuvres perfides, ourdies par le Corps législatif, animé de l'esprit de contre-révolution. D'un côté, c'est la rupture des négociations entre la France et l'Allemagne; d'un autre, c'est une augmentation considérable des grains dans les départements. L'air de mystère que l'on affecte sur les causes de ce changement tend évidemment à les faire croire l'ouvrage de quelque haute autorité. Enfin, un autre bruit, auquel les habitués de l'un des cafés du Jardin-Égalité attachaient, ou feignaient d'attacher beaucoup d'importance, est celui d'une mode nouvelle dans l'habillement des femmes et désigné sous le nom de *robe à la Bourbon*. Ils la disent parsemée de fleurs de lis très petites, et c'est à Lyon surtout qu'ils placent la manufacture de cette étoffe. Viennent ensuite les réflexions sur le royalisme, que l'on regarde comme l'un des principaux caractères de cette commune. — Le jugement des prévenus de conspiration traduits à la Haute-Cour nationale n'était pas encore connu hier, et, dans le doute, chacun prononçait suivant son opinion; à travers les différentes versions, on a vu surtout le blâme public se manifester sur les principes professés par les prévenus, et les principaux d'entre eux étaient jugés très coupables. Ce n'était pas là le sentiment des partisans de Babeuf, qui sont furieux contre le ministre de la police générale, auquel ils donnent les qualifications les plus odieuses. La perplexité de ces derniers a été sensible jusqu'au moment où le véritable état des choses leur a été connu; on a cru apercevoir quelquefois que leur mécontentement avait quelque analogie avec les bruits alarmants rapportés ci-dessus. — La nomination du citoyen Barthélemy au Directoire exécutif continue à être une mine à conjectures relativement aux intérêts de la République vis-à-vis les puissances belligérantes ou de celles dont les intentions à notre égard paraissent présenter quelques doutes. On croit qu'il n'influera pas peu non plus sur les traités de commerce qu'il s'agira d'établir à la paix pour rendre à l'industrie intérieure toute son activité, et à la consommation toutes ses facilités. — Le public est paisible et disposé à l'être longtemps; les seuls murmures qui dominent, et qui même ont acquis un nouveau degré de faveur, frappent sur le défaut de payement des rentiers et l'arriéré des salariés publics. Le dernier message du Directoire sur la détresse du Trésor national a fait aussi de profondes impressions.

Spectacles. — Ils ont eu en général peu de monde, et le calme y a régné...

BRÉON.

(Arch. nat., BB³ 86.)

JOURNAUX.

Journal de Paris du 13 prairial : « Le 8 prairial, le Bureau central a écrit aux commissaires de police de Paris pour leur remettre sous les yeux les ordonnances concernant les étalages abusifs qui, en obstruant les rues, occasionnent des accidents, et pour les inviter à faire leurs rondes, à dresser des procès-verbaux, et à en faire l'envoi au tribunal de police, pour qu'il soit pourvu, par des mesures efficaces, et par l'infliction des peines légales, à un abus aussi général et aussi contraire à la sûreté publique. »

MXXXVII

9 PRAIRIAL AN V (28 MAI 1797).

RAPPORT DU BUREAU CENTRAL DU 10 PRAIRIAL.

Esprit public. — La disposition des esprits a paru un peu changée hier sur des objets de détail, mais il n'a rien été saisi parmi tant d'opinions qui ait paru alarmant pour la Constitution, à laquelle on paraît attaché plus unanimement de jour en jour. — Les groupes et les cafés s'occupaient beaucoup du jugement de Babeuf et coaccusés; quelques individus de leur parti jettent les hauts cris contre le tribunal de la Haute-Cour, qu'ils accusent de mauvaise foi, et contre le ministre de la police, auquel ils reprochent d'avoir plutôt provoqué qu'empêché ces événements. Mais il a paru que l'état de détresse où se trouve un grand nombre de citoyens entrait pour beaucoup dans la source de plaintes qu'ils proféraient hier; ils considéraient effectivement le désordre des finances mis dans tout toujours; ils reprochaient aux députés, non seulement de s'être toujours fait payer avec le plus grand soin de leur traitement, pendant que les rentiers et employés meurent de faim, mais aussi de s'être enrichis dans toutes les secousses malheureuses. — Tout cela se disait avec beaucoup d'aigreur; on présumait quelquefois que le nouveau tiers n'aurait pas plus de délicatesse. — D'autres individus, dans leurs discours encore moins ménagés, accusaient les membres du gouvernement de friponnerie, le blâmaient de se plaindre du déficit du Trésor public, lorsqu'il était chargé de l'exécution des lois; ils ne déterminent rien sur la rentrée des contributions; ils témoignent ensuite l'indignation particulière sur la conduite du ministre de la marine; les mots *inepte* et *fripon* étaient accolés à son nom; on lui imputait sa facilité pour les agents du gouvernement aux colonies; on disait qu'incessamment il doit être nommé ambassadeur, que c'était sans doute pour le soustraire au décret d'accusation qui serait lancé contre lui, et, dans cette nomination, on mettait le Directoire de connivence avec les ministres. — D'autres encore murmuraient contre la conduite du Directoire, qu'ils accusent d'insouciance dans l'emploi des deniers publics, et les plus malintentionnés font courir le bruit que tout se dispose pour le faire décréter d'accusation; déjà, disent-ils, on attaque les ministres. — On a remarqué aussi que, dans les cafés, bien des personnes croyaient voir que le club de Clichy tenait ses batteries prêtes pour attaquer le Directoire; elles le qualifiaient de schisme qui tendait à la dissolution du gouvernement et visait de loin à rétablir la monarchie. — D'un autre côté, on a pu se convaincre de l'empressement marqué de quelques individus à frapper de leur animadversion publique, non seulement tous ceux qui avaient fait partie de la Convention, mais encore toutes les opérations émanées de cette législature. En repassant tous les maux que la France avait soufferts durant son exercice, ils travestissaient en torts le bien qu'elle avait pu faire et jusqu'à l'enthousiasme qu'elle avait inspiré aux troupes, à la valeur desquelles on avait dû la défaite et la consternation des armées ennemies. — En un mot, sans qu'extérieurement la tranquillité publique ait reçu la plus légère atteinte, on a cru néanmoins apercevoir dans les esprits quelques nuances d'opposition, quelque léger mécontentement, qu'à l'aide de la réflexion on n'a pu attribuer qu'à la détresse encore accrue du plus grand nombre.

Spectacles et culte. — Les temples et les spectacles ont été assez fréquentés ; il ne s'y est rien passé de contraire à la décence et aux bonnes mœurs. Une application a été vivement saisie dans le *Glorieux*, joué au théâtre Louvois, au moment où l'on répond au valet demandant : « N'est-ce pas vous qui vous nommez Pasquin ? » par ce vers :

. . . . Apprends, faquin,
Que le mot de Monsieur n'écorche pas la bouche....

BRÉON.

(Arch. nat., BB³ 86.)

JOURNAUX.

Journal des hommes libres du 12 prairial : « **Vendôme, 9 prairial.** Tout est consommé, et Vendôme a vu tomber les têtes de deux nouveaux martyrs de la liberté. L'exécution a eu lieu le 8 à six heures du matin. Darthé, très affaibli, a monté le premier ; on l'a laissé quatre minutes sous le couteau. Dans cette longue agonie, il a recueilli ses forces et a crié d'une voix forte : *Vive la République! Vive la liberté! Vive l'égalité!* Babeuf s'est présenté, et a reçu le coup avec le calme de l'innocence, presque même de l'indifférence. Cette scène, extraordinaire pour la commune, avait attiré beaucoup de monde, et la Haute-Cour n'a pas dû être flattée des sentiments qu'elle a excités. La consternation et l'horreur ont seules accueilli cet assassinat. Le général Lestranges, l'un des plus dociles exécuteurs des volontés de Tibère-Carnot, avait développé tous les moyens militaires qui étaient à sa disposition : canons en batterie, avant-postes, patrouilles, corps de réserve, on eût cru que là il y avait cinquante mille Autrichiens à ses portes. Cela achèvera sa réputation, déjà bien commencée par toutes les Commissions militaires tuantes dont il a été membre, même à savoir celle de vendémiaire; et le voilà placé au rang des meilleurs exécuteurs. Le président est parti de suite; Georges Grisel est aussi parti; il va chercher, sans doute, parmi les militaires de la Commission du Temple, la couronne due à ses services. Vieillard reste seul pour mettre fin à tout ce qui reste à terminer. Les mis en liberté s'en vont petit à petit. Un grand nombre de ces malheureux est dans la dernière misère. Après un an de persécutions, on leur refuse tout secours, ou l'on n'en donne que de très modiques à ceux à qui l'on ne peut en refuser sans impudence. Babeuf a demandé vainement à embrasser sa femme et son fils ; on lui a refusé cette triste consolation. Il les laisse dans l'indigence : c'était là son seul regret en quittant la vie ; aussi il chargeait Réal de les léguer aux patriotes : ceux-ci exécuteront sans doute le testament. — N. B. Le concierge Daude, dans sa relation officielle a dit que Darthé n'avait pu se blesser. On voit comme cela était exact. » — *Courrier républicain* du 10 prairial : « *Paris, 9 prairial*. Siéyès reparaît, le bras en écharpe. Son assassin va être jugé incessamment. Un journal jacobin déclare que cet homme doit être « honnête gent »; car, s'il eût été terroriste, il eût été déjà guillotiné vingt fois. Notez que ce journal déclare qu'on a voulu assassiner les patriotes Babeuf et compagnie, en précipitant l'instruction de son procès, qui ne dure que depuis treize mois..... » — *Courrier républicain* du 21 prairial : « *Paris, 20 prairial*..... En apprenant que son assassin n'était condamné qu'à vingt ans de fers, Siéyès dit à sa portière : « Quand le « citoyen Poule me demandera, dites que je n'y suis pas. » Siéyès sait donc aussi que les condamnés aux fers trouvent tous ou presque tous le moyen de s'évader. » — *Journal des hommes libres* du 10 prairial : « *Paris, 9 prairial*. L'on a annoncé, et les journaux royaux l'ont avoué, qu'on avait fait venir à Paris des égorgeurs, que le projet était de réaliser dans cette commune les assassinats organisés dans le Midi par Rovère, Isnard et Cadroy. Déjà plusieurs provocations ont eu lieu. Aujourd'hui, une scène d'un caractère plus sérieux vient d'avoir lieu ; nous nous empressons de la dénoncer : il faut signaler aux patriotes leurs dangers. Un républicain connu vient à deux heures d'après-midi d'être attaqué par deux individus, rue de Grammont. L'un des provocateurs, le nommant par son nom, l'injurie et le provoque. Il accepte le défi ; l'assassin lui répond : « Hé bien, tu passeras après tes complices de « Vendôme ». Le républicain le traite de lâche ; il est frappé ; il riposte, et se dégage, après s'être colleté, grâce à une canne dont il était armé. La police est instruite que les républicains se tiennent sur leurs gardes. »

MXXXVIII

10 PRAIRIAL AN V (29 MAI 1797).

Rapport du bureau central du 11 prairial.

Esprit public. — Ces germes de méfiance qui avaient paru croître hier dans les esprits ont pris un caractère moins alarmant; c'est sur les opérations respectives des premières autorités que l'on est disposé à prononcer; on n'entend, jusqu'à ce jour, de censure que sur la composition de plusieurs commissions, que quelques personnes disent formées d'après un esprit de parti; cette inculpation a rarement de la force, eu égard aux talents de ceux qui les composent. Les rapports sur les finances ont paru de la plus haute importance et en quelque sorte sans réplique; mais ils ont jeté une sorte de tristesse dans le public, convaincu aujourd'hui de la pénurie des ressources du gouvernement et du peu d'équilibre entre les recettes et les dépenses. Rien ne se manifeste encore de positif sur le rapport fait hier relativement aux colonies, si ce n'est de l'animosité ou de la haine contre les agents du gouvernement, d'après la conduite qu'ils ont tenue et les arrêtés qu'ils ont faits dans ces contrées; la plupart des colons qui circulent dans les cafés ne prononcent le nom de ces agents qu'avec un sentiment d'horreur. En général aussi, les discours sont très défavorables aux ministres de la marine et de la justice; on demande et on annonce alternativement leur renvoi. Quant au ministre de l'intérieur, on dit qu'il va partir incessamment pour aller au-devant de l'ambassadeur turc, et l'on est satisfait des honneurs préparés à cet envoyé d'une puissance amie de la République.

— Le jugement de la Haute-Cour de Vendôme est un sujet très vif d'entretiens publics; il paraît que la majorité des citoyens, sans douter que Babeuf, Darthé et autres condamnés fussent de profonds conspirateurs, n'approuvent cependant pas les bases ou la manière de poser les questions d'après lesquelles ils ont été jugés; on entend dire que les preuves de leurs crimes étaient assez constantes pour qu'on leur appliquât les dispositions du code pénal, sans qu'il fût besoin de poser contre eux toute espèce de questions étrangères au fait de conspiration. D'autres justifient le jugement de la Haute-Cour, en trouvant les véritables caractères de la conspiration dans les écrits tendant à changer la forme du gouvernement, écrits dont l'existence a motivé leur condamnation. — On ne croit point dans le public à quelques colporteurs de journaux qui, en contravention aux règlements de police, criaient tantôt la mort du Pape, tantôt l'appel du général Buonaparte au trône d'Italie.

Spectacles. — Ils ont eu en général beaucoup de monde, notamment celui de la rue de Louvois, où le citoyen Molé a paru pour la première fois, à la grande satisfaction du public. — Depuis que les discussions métaphysiques de plusieurs écrivains ont dégénéré en disputes théologiques, on remarque dans les théâtres un empressement extraordinaire à couvrir d'applaudissements tous les passages qui rendent hommage à la tolérance, à l'existence de Dieu, à celle d'une Providence vengeresse ou indulgente. On en a eu l'exemple hier encore dans le *Philinte de Molière* au Théâtre-Français, et dans *Nanine*, au théâtre Feydeau. Le calme a régné partout.....

BRÉON.

(Arch. nat., BB 3 86.)

MXXXIX

11 PRAIRIAL AN V (30 MAI 1797).

RAPPORT DU BUREAU CENTRAL DU 12 PRAIRIAL.

Esprit public. — Les sentiments pacifiques ont paru se rétablir sur les trois principaux objets de l'attention publique : le jugement de la Haute-Cour, la situation actuelle des colonies et l'examen des comptes ministériels. Sur le premier objet, on observe que toute l'exaspération est d'un côté ; les partisans de Babeuf et tous ceux qui partagent les opinions contre la forme actuelle de notre gouvernement sont révoltés de cette sentence, et il n'est point de conjectures fâcheuses auxquelles ils ne se livrent sur le sort de la République; l'esprit de vengeance anime tous leurs discours, et leurs propos contre le citoyen Carnot et contre le ministre de la police sont au-dessus de l'expression. D'un autre côté, les citoyens sans préventions trouvent que les condamnés méritaient [ce] qu'ils ont subi, et que le plus grand nombre de ceux qui sont acquittés méritaient d'être punis sévèrement; mais l'application de la peine leur paraît très mal motivée; en sorte que l'on peut dire que ce jugement ne satisfait aucun parti.
— Les actes des agents du gouvernement aux colonies, mis au jour

par la Commission chargée de cette partie, ont fait une grande impression sur le public, et plus particulièrement sur les colons et négociants. On témoigne fréquemment de la surprise que le gouvernement ait chargé [d'une nouvelle mission] Sonthonax et autres, après les arrêtés qu'ils avaient faits; on attend avec beaucoup de curiosité la discussion qui s'ouvrira sur cette matière. Quelques personnes, d'un sentiment opposé, voient dans ce dernier rapport une preuve du projet qu'elles disent exister d'établir une lutte entre le Corps législatif et le Directoire, et pensent qu'obliquement les imputations sont dirigées contre Sonthonax et autres pour atteindre plus sûrement le Directoire et le ministre de la marine. Ce dernier n'a obtenu hier, dans les entretiens publics, aucun ménagement. On regrettait de le voir à la tête d'une administration importante, au moment où tous les ports sont en activité pour mettre à flot des bâtiments des flottes pour la direction desquels on désire tout haut un autre ministre. — Quant aux rapports sur la situation des finances, ils sont encore, au dire de quelques désapprobateurs, une pomme de discorde jetée à dessein entre le Corps législatif et le Directoire, et, à cet égard, en observant les personnes de cet avis, on a été tenté de découvrir, sous l'air de craindre de la mésintelligence entre ces deux pouvoirs, une apparence de désir pour qu'elle existât effectivement. Les habitués âgés ou paisibles des cafés augurent bien du scrupule apporté à l'examen des comptes présentés par les ministres et attendent le retour d'une plus grande prospérité de la publicité de toutes les opérations de finances et d'une grande surveillance dans la répartition et l'emploi des deniers publics. — Deux seules nouvelles du dehors circulent aujourd'hui dans le public : l'une, de la révolution nouvelle qui menace de changer la face du gouvernement génois, et qui, si l'on en croit de nombreuses versions, a été signalée par quelques meurtres, et l'autre de l'accroissement de l'insurrection d'Irlande, insurrection complète, si l'on ajoute foi à une lettre récemment arrivée de cette île et lue publiquement dans l'un des cafés du Jardin-Égalité. — La tranquillité existe partout, et ne paraît pas exposée à être compromise.

Spectacles. — Peu de spectateurs et le plus grand calme.....

BRÉON.

(Arch. nat., BB³ 86.)

MXL

12 PRAIRIAL AN V (31 MAI 1797).

Rapport du bureau central du 13 prairial.

Esprit public. — Rien d'affirmatif et beaucoup de contradictions dans les conjectures politiques; le principal objet d'inquiétude est la situation actuelle des finances de l'État. Quels sont les auteurs des dilapidations et de l'agiotage qui ont épuisé le Trésor national? Quels sont les moyens de prévenir de pareils crimes, qui influent tant sur le bonheur du peuple? Comment remédiera-t-on au vide des caisses publiques, au défaut des rentrées? Nombre de questions semblables tiennent en balance tous les esprits, et l'on ne peut dissimuler que notre position en finances est ce qui occasionne le sombre et le mécontentement qui caractérisent toutes les physionomies et tous les discours. On se récrie surtout contre quelques ministres, et l'on espère que la revision de leurs comptes par le Corps législatif produira un bon effet, rappellera l'économie, et facilitera l'exactitude des payements de toutes les dettes arriérées du gouvernement, sur laquelle les rentiers et les employés fondent leur principale espérance; la détresse de ceux-ci arrache des plaintes toujours plus déchirantes. — Les oisifs saisissent ou répandent la nouvelle des mutations suivantes : Barras prend le commandement de l'armée d'Italie, afin de contenir les factieux de l'intérieur; Buonaparte passe à celui de l'armée de Sambre-et-Meuse. Si l'on en croit les échos d'une autre nature, Carnot et Le Tourneur ont protesté contre la loi relative au tirage au sort, et cette protestation doit être dénoncée. On fait enfin des projets continuels de dénonciations contre le Directoire, contre tous les ministres, excepté celui de l'intérieur, et contre les agents du gouvernement. — Mais une opinion générale se manifeste contre ceux que le Directoire a envoyés aux colonies; leurs actes, mis au jour dans le dernier rapport, ont fait la plus vive sensation; on ne parle de tous côtés que de la conduite de Sonthonax et des persécutions que lui et ses adjoints ont exercées ou attirées sur une grande partie des habitants de Saint-Domingue, et des désastres dans lesquels leur administration ou leur influence a plongé la colonie. Il est rare que l'on ne déverse l'odieux de ces faits sur le ministre de la marine, et que l'on ne demande compte au Directoire des motifs qui l'ont porté à charger Sonthonax d'une nouvelle mission. Les ennemis constants du système actuel saisissent, de leur côté, ces inculpations pour manifester toute leur aversion pour les membres du Directoire, dont ils ne parlent que comme de révolutionnaires et de spoliateurs, ils comptent sur des efforts énergiques du Corps législatif pour les mettre en état d'accusation ; il ne manque pas d'individus aussi disposés que prompts à vanter cette mesure comme salutaire pour le rétablissement de l'ordre ; ils ne définissent pas trop clairement la nature de l'ordre dont ils entendent parler, mais le Directoire leur paraît coupable sous tous les rapports. — Etait-ce comme un fait certain? était-ce dans l'intention d'exaspérer les esprits et de préparer une révolution dans les idées que des citoyens ont dit et répété, dans des cafés très fréquentés, que Lyon était en pleine révolte, que les royalistes y assassinaient les patriotes et criaient de toutes parts: *Vive le Roi?* C'est ce que l'on désire approfondir. — Ce dont on a pu se convaincre, c'est que cette nouvelle, qui a paru affliger les gens crédules, sortait le plus souvent de la bouche des citoyens connus pour tenir à des opinions très exagérées ; plusieurs, entre autres, semblent ne plus compter que sur la rentrée des armées dans l'intérieur pour le retour du véritable patriotisme, qu'ils circonscrivent souvent dans leur seul sentiment, et cet amour-propre, qu'ils poussent jusqu'à l'extrême, est ce qui leur attire le plus d'opposition. — Le calme public n'a cependant été altéré par aucun de ces bruits.

Spectacles. — Tranquilles.....

BRÉON.

(Arch. nat., BB³ 86.)

JOURNAUX.

Ami des Lois du 12 prairial : « Nous savons qu'un grand nombre de compagnons de Jésus affluent dans Paris ; que, dans ce moment, ils s'organisent en compagnies, et qu'ils espèrent mettre ici les assassinats à l'ordre du jour, comme à Lyon. Je sais aussi que le gouvernement les surveille de très près, et que cette horde royale ne réussira pas dans ses projets. Ils se sont trompés quand ils ont cru que les Parisiens, quelle que soit l'opinion de chacun d'eux, souffriraient que leur ville devînt le théâtre des massacres. Malheur aux imprudents scélérats qui le tenteraient! Nous repousserions la force par la force, et nous serions secondés par le plus grand nombre. Cependant des imbéciles, des brûlots dangereux nourrissent toujours dans leur imagination délirante les projets les plus extravagants. Après avoir demandé le rapport des lois des 5 et 13 fructidor, chassé les ex-conventionnels et le Directoire, car ils supposent qu'ils obtiendront facilement tout cela, leur plan est de faire réviser le jugement de Louis XVI, de le déclarer illégal, tyrannique, un assassinat enfin, et de décréter d'accusation ceux qui l'ont prononcé ; alors, solennellement, ils réhabiliteraient la famille des Bourbons ; et déjà il n'y aurait plus qu'un pas pour renverser la République, relever le trône avec tous ses gréments. Eh bien ! tous ces beaux projets s'évanouiront en fumée ; tout ce que peuvent désirer les républicains, c'est que ces messieurs les mettent bientôt au grand jour ; ce moment sera celui de leur chute et du triomphe de la République. »

... « On a fait offrir aux patriotes l'église de l'Oratoire pour s'y réunir : ils ont refusé ; on les a excités à présenter des pétitions au Corps législatif pour demander le maintien de la Constitution que les Cinq-Cents mettent en pièces : ils ont refusé. Le Directoire et les ministres ont fait le mal, disent-ils : qu'ils le réparent..... »

MXLI

13 PRAIRIAL AN V (1er JUIN 1797).

RAPPORT DU BUREAU CENTRAL DU 14 PRAIRIAL.

Esprit public. — Les cris du besoin se font entendre continuellement ; chacun se plaint de ne toucher ni le produit de son industrie, ni le salaire de ses peines, et une grande partie des murmures [est] dirigée contre le gouvernement à cet état de malaise. La plupart des propos de cette nature consistent en menaces de l'avenir (*sic*). *Espérons*, disent les royalistes. *Vous verrez*, disent les anarchistes ; ces derniers surtout annoncent constamment comme inévitable un choc entre le Directoire et le Corps législatif ; ils reprochent à l'un son apathie, son incertitude, la faiblesse de ne pas se déclarer (c'est leur expression) et de ne pas appeler à lui tous les patriotes, et, quant au Corps législatif, ils voient [dans] toutes ses discussions, dans tous ses travaux, l'intention formelle de mettre le Directoire en accusation. Enfin, abstraction faite de quelques amis de la République, exagérés peut-être dans leurs opinions, il existe sous leur masque nombre de gens turbulents, occupés à souffler dans tous les lieux publics le feu de la division. — Le calme cependant domine ; on espère beaucoup plus des soins donnés par les Conseils au rétablissement des finances. On rapproche des derniers rapports en cette matière une hausse nouvelle dans les rescriptions, et l'on compte sur un ordre d'administration tel que le commerce, tué par l'agiotage, renaîtra pour l'écraser à son tour. — Comme avis certain, il faut dire que c'est au produit de l'agiotage que l'on doit attribuer les dépenses de riches très modernes (*sic*), méditant du sein de leurs plaisirs la ruine entière de l'industrie nationale. C'est hors des regards de la masse du peuple, et plus en solitude, que ces individus livrent au hasard du jeu, et du jeu le plus chaud, des richesses perdues en quelque sorte pour la circulation à laquelle elles ont été enlevées. — On sait encore que la cupidité menace d'une ruine totale les plus belles ressources de la République, les manufactures, dont les ouvriers, tentés par les offres avantageuses, sont sollicité de porter en terre étrangère leur industrie ; on sait enfin que ces nouveaux capitalistes ne doivent pas se faire un scrupule de dépeupler nos ateliers, pourvu qu'ils s'assurent de loin le succès de leurs spéculations. C'est principalement au delà des Pyrénées que l'on essaie d'entraîner les ouvriers manufacturiers. — Les citoyens d'une opinion peu décidée provoquent la méfiance sur les intentions du nouveau Directeur ; à les entendre, aussitôt son installation, on doit changer les premières autorités constituées. On obtient au surplus difficilement l'explication de ce qu'ils entendent alors par premières autorités. Ce que les républicains sincères observent, c'est que les bruits de changements ou de division dans les premiers pouvoirs sont toujours répandus par des oisifs ou civils ou militaires, que des circonstances de révolution ont réduits à vivre en parfaite nullité. — La tranquillité publique, malgré ces oppositions, est entièrement assurée.

Spectacles. — Tranquilles.....

BRÉON.

(Arch. nat., BB³ 86.)

JOURNAUX.

Ami des Lois du 13 prairial : « Honneur au Directoire ! il vient de sauver le Midi. Bonaparte est chargé, par un arrêté spécial, de prendre toutes les mesures qu'il croira convenables pour ramener la paix dans ces contrées malheureuses, qui voient depuis si longtemps couler le sang des républicains. » — « Le ministre de la police a ordonné aux acteurs de ne point abandonner dans leurs annonces le titre de citoyen pour celui de monsieur, comme avait fait le théâtre de Louvois. Celui-ci a obéi un jour à cet ordre du gouvernement ; le lendemain, il n'a pas pris le titre de monsieur, mais il a quitté celui de citoyen ; il met sur ses affiches : Molé, Saint-Phal, etc., comme on écrit : César, Alexandre, Turenne et Bonaparte. C'est le protocole des grands hommes morts et vivants. Cependant il donne toujours aux actrices la qualité de mesdames, quoiqu'elles ne soient pas évidemment mariées..... » — *Sentinelle* du 14 prairial : « *Paris.* Les bons journalistes, qui qualifient de *religion de leurs pères* l'intolérance et la révolte contre les lois de l'État, prétendent que le Directoire, craignant les délibérations de Clichy, vient de suspendre dans les départements réunis l'exécution de la loi qui prescrit à tout ministre d'un culte public une déclaration de soumission aux lois de la République. Cette assertion est fausse et injurieuse au Directoire exécutif. Le Directoire sait parfaitement qu'il ne lui est pas permis de suspendre l'exécution d'une loi non abrogée ; il sait également que les dogmes religieux, qui doivent tous être tolérés, sont absolument étrangers aux lois civiles et politiques, et que tout système qui tendrait à affranchir un individu quelconque de la soumission due au gouvernement établi, n'est point un système religieux, mais un plan de désordre, de faction et d'anarchie. Le Directoire connaît ses droits et ses devoirs ; il sera fidèle aux uns et maintiendra les autres avec fermeté ; il saura surtout conserver cette sage et utile harmonie que tous les amis du bien et de la tranquillité publique désirent de voir sans interruption entre les deux premiers pouvoirs constitutionnels, et que les amateurs d'une révolution nouvelle travaillent vainement à détruire ou à altérer..... »

MXLII

14 PRAIRIAL AN V (2 JUIN 1797).

RAPPORT DU BUREAU CENTRAL DU 13 PRAIRIAL.

Esprit public. — C'est avec une égale satisfaction que le public a hier accueilli deux nouvelles : l'une, de l'arrivée d'un courrier de l'Empereur, annonçant son adhésion au traité de paix ; l'autre, l'acceptation des fonctions de membre du Directoire par le citoyen Barthélemy. — Malgré les bruits très fondés, une partie du public est encore dans la persuasion que le général Buonaparte est appelé au commandement des départements du Midi, que sa famille a été insultée, qu'il en a fait ses plaintes au Directoire. Le plus souvent ceux qui tiennent à ces nouvelles en répandent de très affligeantes sur la situation du midi de la République en général, qu'ils n'offrent aux regards que comme un théâtre de massacre et d'horreurs commises par des émigrés rentrés et de prêtres réfractaires ; c'est d'après des faits de cette nature qu'ils se disent fondés à croire que le Directoire est contraint d'appeler le général Buonaparte dans ces contrées. — La motion du citoyen Villaret-Joyeuse sur les mesures à prendre pour rétablir l'ordre dans la colonie de Saint-Domingue[1] trouve beaucoup d'opposition ; l'on doute de l'efficacité des moyens qu'il propose ; on couvre (*sic*) de la nécessité de faire passer des forces aux Antilles, afin de recouvrer sur les Anglais toutes les conquêtes qu'ils ont faites. Tout ce qu'il y a de colons à Paris, privés de leurs habitations ou

---

1. Dans la séance du Conseil des Cinq-Cents du 12 prairial, Villaret-Joyeuse avait proposé d'appliquer à Saint-Domingue le régime militaire et l'état de siège.

privés de leurs intérêts, est déchaîné contre la conduite des agents que le gouvernement a envoyés successivement à Saint-Domingue et à la cruauté ou la cupidité desquels ils attribuent tous les malheurs personnels à ceux qui ont amené le ravage et le dépérissement de l'île. Beaucoup de particuliers attaquent de leur côté les intentions secrètes du citoyen Vaublanc, qu'ils accusent de vouloir replonger les noirs dans l'esclavage. Quelques voix ont rappelé, au contraire, [que] le vœu de ce représentant au Corps législatif avait été pour leur affranchissement lors de la deuxième législature. Cet objet est le plus agité en ce moment. — Les cris du moment deviennent perçants. Non seulement les employés et les créanciers de l'État font entendre des plaintes plus amères, mais encore une foule de citoyens murmure avec une nouvelle force contre l'infortune qui les accable et joint ses plaintes à celles des lésés. — Avec le plus grand sérieux quelques individus annoncent comme préparée la motion par un représentant du peuple de se priver lui et ses collègues d'une partie de leurs honoraires jusqu'à ce que le sort des salariés publics soit adouci. On désire autant cet acte de bienfaisance que l'on semble en douter. — Il n'est bruit encore que d'un duel entre le général Jourdan et Merlin (de Thionville), dans lequel ce dernier a, dit-on, perdu la vie. — Tout annonce le plus grand calme.

Spectacles. — Par un changement apporté au dénouement du *Tartufe*, la République, au lieu du prince, exerce la justice contre ce personnage. Cette substitution a paru prêter à la malveillance ; on a ri et murmuré. Le défaut de mémoire d'un acteur dans cette scène ajoutait à cet incident, ou du moins servait de prétexte. Le bon ordre n'a pas souffert cependant de cette circonstance ; il a régné aussi partout ailleurs.....

Bourse. — La nouvelle de la paix avec l'Angleterre, répandue hier au Palais-Égalité, a produit une hausse assez rapide dans le cours des rentes, qui de 28 livres 10 sous sont montées jusqu'à 32 livres. Le premier cours à la Bourse d'aujourd'hui a été de 28 livres 10 sous, intermédiaire (?) ; le plus bas, 28 livres 15 sous, et le dernier 29 livres 15 sous.....

Bréon.

(Arch. nat., BB³ 86.)

Journaux.

Ami des Lois du 14 prairial : « ... Le *Véridique* dit au sujet du jugement de Babeuf : « L'âme est attristée d'une condamnation capitale motivée sur

« des écrits qui n'ont produit aucun événement fâcheux, excité aucun trouble,
« fait répandre aucune goutte de sang. Le défenseur officieux a été d'avis de
« consulter le Corps législatif sur la question de savoir si la loi excessi-
« vement rigoureuse du 27 germinal existait encore ; le tribunal ne risquait
« rien à déférer à cette prière. Il faut le dire, le motif de son jugement a
« étonné, a produit une pénible sensation. » Le *Véridique* est le seul journaliste de l'opposition qui ait eu la bonne foi de rendre hommage aux principes et à la vérité dans une affaire dont toutes les feuilles ont parlé avec
passion et d'une manière qui les déshonore..... »

MXLIII

15 PRAIRIAL AN V (3 JUIN 1797).

RAPPORT DU BUREAU CENTRAL DU 16 PRAIRIAL.

Esprit public. — Il a paru que la nouvelle plus certaine de la signature du traité de paix par l'Empereur a causé une assez vive sensation. Tous les doutes sont tombés, et l'on compte sur la force des circonstances pour que cet exemple soit bientôt suivi par l'Angleterre ; on présume que les secousses intérieures et fréquentes de ce pays lui font un besoin pressant de la paix, que la seule politique l'empêche de réclamer. — Les profonds politiques des réunions publiques ont attribué à l'arrivée du courrier porteur de la ratification du traité de paix au cabinet de Vienne la hausse nouvelle que les inscriptions viennent d'obtenir ; ils croient que sous trois jours elles seront au tiers, et plusieurs ont dit qu'il était impossible que leur valeur n'augmentât pas beaucoup sur la place, à voir la scrupuleuse attention donnée par le Conseil des Anciens à tout ce qui concernait les finances et préparait leur parfaite restauration. Rien cependant n'a paru avoir adouci les plaintes des rentiers et salariés publics, qui accusent le gouvernement d'insouciance. Ils s'étonnent du dénuement de la Trésorerie après tant de contributions considérables qu'ils disent avoir été levées sur les ennemis. — Ce n'est plus qu'en riant que l'on parle du prétendu duel de Merlin (de Thionville) et de Jourdan, mais ce faux bruit a ouvert une grande carrière à la satire contre les riches de nouvelle date, de ceux principalement qui avaient exercé ou exerçaient de hautes fonctions ; on a, par exemple, reproché au citoyen Merlin (de Thionville) sa fortune subite, ses grandes acquisitions, le luxe de son mobilier. L'indisposition est plus vive surtout contre ceux que l'on sait devenus plus riches pendant le temps qu'ils siégeaient à la Convention. — Il n'était d'entretien hier que sur les colonies, et les opinions pour ou contre celles de divers orateurs de la dernière séance ont été très vives. En général on blâme le ton d'aigreur qui dominait dans les différents discours, notamment dans celui de Tarbé ; plusieurs ont dit : « Voilà le commencement du grand projet qu'on médite depuis longtemps pour changer la marche des choses. » D'autres, au contraire, n'ont vu dans l'opposition manifestée contre les projets de la Commission que le désir de détourner l'attention de dessus la conduite de Sonthonax, de lui assurer l'impunité, et de justifier le choix de cet agent par le Directoire. Enfin le public a parlé avantageusement des discours de Thibaudeau et Pastoret[1]. On s'est occupé aussi de l'inconvénient des réunions politiques telles que celles de Clichy et de la maison de Noailles ; elles ont paru en général dangereuses pour la tranquillité publique, et on désirait la fermeture de l'une et de l'autre, en même temps qu'une mesure quelconque qui, sans blesser la Déclaration des droits de l'homme, empêchât qu'il ne se formât à l'avenir de semblables sociétés. — Le calme a régné partout.

Spectacles. — Ils n'ont offert aucun événement à remarquer.....

BRÉON.

(Arch. nat., BB 3 86.)

MXLIV

16 PRAIRIAL AN V (4 JUIN 1797).

RAPPORT DU BUREAU CENTRAL DU 17 PRAIRIAL.

Esprit public. — Les promenades publiques hier, jour correspondant au dimanche, regorgeaient de monde, et l'on remarque, à la quantité d'ouvriers qu'on y voit, que le décadi n'est nullement le jour qu'ils destinent au repos. Malgré le luxe qui règne dans les costumes, il n'est pas rare d'entendre des plaintes très vives contre la pénurie des finances ; on craint qu'il n'existe dans le service public des lenteurs préjudiciables à raison de ce que les salariés ne sont pas payés et en conçoivent du découragement. Les créanciers de l'État conçoivent cependant quelque espérance de la hausse encore pro-

---

1. Dans la séance du Conseil des Cinq-Cents du 15 prairial, à propos des colonies. Voir le *Moniteur* du 21 prairial.

gressive des inscriptions. Les économistes des cafés continuent d'attribuer cet heureux effet au zèle du Conseil des Anciens dans l'examen des dépenses ministérielles. — Il a paru que les préparatifs de la réception solennelle du nouveau Directeur avaient été vues d'un très bon œil parmi toutes les classes de citoyens, d'accord sur l'appareil respectable dont il faut entourer la majesté nationale dans la personne de ses premiers magistrats. — La paix définitive est le vœu général de chacun, avide d'apprendre qu'elle est effectivement conclue avec l'Empereur. On considère, d'un autre côté, l'Angleterre comme livrée à de fréquentes secousses et menacée de l'indépendance de l'Irlande. La quantité de navires que cette puissance tient actuellement en course, semble une preuve de la nécessité où elle est d'éloigner de terre nombre d'équipages qui inspiraient de la défiance dans les ports; on dit encore que le commerce éprouve le plus grand besoin de la paix, à raison de l'encombrement des magasins, qui, faute de débit, regorgent au point que le sucre y est pour ainsi dire sans valeur. — La résolution prise au Conseil des Cinq-Cents a paru goûtée, quoique l'on doute de l'efficacité des mesures qu'elle renferme pour rétablir la paix à Saint-Domingue; les colons sont généralement courroucés contre Sonthonax. — On a entendu peu de personnes approuver le jugement de l'assassin du représentant Sieyès [1]; on trouve que ce criminel avait certainement prémédité l'assassinat, et la négative du jury sur cette atténuation (sic) a donné lieu de déclamer contre la composition des tribunaux. — Il a été entendu dans les lieux publics peu d'opinions politiques; le calme, au surplus, a été général.

Spectacles. — Ils n'ont offert aucun événement remarquable; toujours les mêmes applications contre la prospérité des fripons et la misère des hommes vertueux.....

Bourse. — La nouvelle d'une insurrection arrivée en Angleterre a causé, disent les rapports, une hausse considérable dans le cours des rentes, qui de 31 livres ont été portées jusqu'à 35 à l'issue de la bourse d'hier au Palais-Égalité. A la Bourse, aujourd'hui, le cours des inscriptions s'est ouvert à 35 livres; il a peu varié en baisse; il était le même au moment de la clôture.....

BRÉON.

(Arch. nat., BB³ 86.)

1. L'abbé Poule avait été condamné à vingt ans de fers et à six heures d'exposition. Voir page suivante.

JOURNAUX.

Gazette nationale de France du 17 prairial : « *Paris*..... Poule, assassin de Siéyès, a été traduit hier au tribunal criminel de la Seine. Après avoir entendu Siéyès et quinze témoins, voici les questions proposées aux jurés et leurs déclarations : 1° Y a-t-il eu attaque envers la personne du représentant Siéyès, avec un pistolet? — *Réponse*. Oui. — 2° Poule est-il convaincu d'avoir effectué cette attaque? — Oui. — 3° L'a-t-il fait volontairement? — Oui. — 4° L'a-t-il fait hors le cas de la légitime défense de soi-même ou celle d'autrui? — Oui. — 5° L'a-t-il fait à la suite d'une provocation violente? — Oui. — 6° L'a-t-il fait avec préméditation? — Non. — 7° L'a-t-il fait à dessein de tuer? — Oui. — D'après ces déclarations, le tribunal a condamné Poule à vingt ans de fers et à six heures d'exposition. » — *Courrier républicain* du 21 prairial : « *Paris, 20 prairial*..... Les fêtes de la Pentecôte [1] ont été célébrées comme au temps jadis, et toutes les boutiques étaient fermées. Les promenades publiques, les lieux enchantés de Tivoli, de Bagatelle, de Passy, etc., étaient remplis, et un étranger qui se serait trouvé transporté tout à coup dans ces brillants théâtres des plaisirs du jour n'eût jamais deviné qu'il eût été en France, dans un pays qui a été et est encore la proie de tous les fléaux réunis..... »

MXLV

17 PRAIRIAL AN V (5 JUIN 1797).

RAPPORT DU BUREAU CENTRAL DU 18 PRAIRIAL.

Esprit public. — Dans l'incertitude où étaient encore hier nombre de personnes, le Directoire avait retiré le portefeuille du ministre de la marine au citoyen Truguet; on nommait pour le remplacer le citoyen Bougainville; mais on paraît au surplus s'attendre à de grands changements dans le ministère ; on présume qu'ils doivent s'effectuer après l'installation du citoyen Barthélemy au Directoire.
— Il n'était bruit dans les cafés que de la destitution du ministre Pitt; cette nouvelle, dont la confirmation est ardemment désirée, a produit un effet sensible, et il a paru que la paix était certaine avec la Grande-Bretagne, d'après les derniers changements que l'on dit avoir lieu dans le cabinet de Saint-James et la prépondérance du parti de l'opposition dans les deux Chambres. On dit que la disposition des esprits à Londres et dans les principaux ports a nécessité, de

---

[1]. En 1797, la Pentecôte était le 4 juin (16 prairial an V).

la part du gouvernement anglais, l'envoi d'un courrier près le Directoire afin d'obtenir des passeports pour un nouveau ministre plénipotentiaire ; quelques politiques transcendants croient, que d'une part la nomination de Barthélemy, de l'autre le renouvellement du Corps législatif influent à ce point sur la diplomatie de nos ennemis.
— Il s'est dit dans un café renommé qu'il circulait dans les départements des émissaires de Louis XVIII, dont la mission était d'inculquer aux habitants le danger qu'il y aurait pour eux d'acheter des biens des émigrés, attendu qu'ils doivent tous rentrer, lorsque la paix sera conclue. Des citoyens paisibles, tentés d'attribuer à la plus haute malveillance ces bruits capables de déprécier les domaines nationaux, désiraient que le gouvernement les démente officiellement. On voit au surplus des individus partout clairsemés, partout occupés à peindre l'avenir gros d'événements sinistres, partout semant la défiance, attaquant la réputation, envenimant les intentions, aigrissant les esprits les uns contre les autres. — Les discussions sur les colonies sont plus rares et moins animées ; il a paru que généralement on doutait de l'efficacité de la dernière résolution pour ramener le calme à Saint-Domingue. Ce qui se trouve de colons dans les cafés croit à la vérité des faits contenus aux différents rapports des commissaires sur l'activité des travaux de la colonie, mais en accordant que ce sont les noirs et leurs créatures des agents qui exploitent les propriétés des colons exportés [1]. C'était le cercle de toutes leurs opinions. — Des vœux ardents pour une paix générale et des plaintes très vives des salariés de la République, réduits aux expédients, et des rentiers sans ressources.

Note d'urgence. — Il est certain que les ouvriers les plus habiles en ouvrages d'acier, en teinture et en lainage sont entourés de séduction par des riches spéculateurs, qui, sous l'appât d'assez gros avantages, menacent de créer chez l'étranger de nouvelles manufactures au détriment de celles de la République. Avec les hommes on veut faire transmigrer les secrets qu'ils possèdent pour la perfection de leurs arts, de leurs procédés, même leurs principaux modèles ; dans le doute où sont les spéculateurs d'obtenir pour ce projet la protection d'un ministre étranger, en France on attaque tout ce qui se trouvait dans les ateliers réformés d'hommes habiles réputés aussi étrangers, comme Liégeois, Mayençais, Allemands, etc. [2]. On dit même avoir des paroles pour obtenir des ouvriers d'une des plus grandes manufactures nationales. La détresse du Trésor public, l'annonce que l'on

1. Textuel.
2. Cette phrase obscure est textuelle.

a soin d'en inférer de nouvelles réformes sont les motifs dont on appuie de telles démarches.

Spectacles. — Aucun événement remarquable.....

BRÉON.

(Arch. nat., BB 3 86.)

MXLVI

18 PRAIRIAL AN V (6 JUIN 1797).

RAPPORT DU BUREAU CENTRAL DU 19 PRAIRIAL.

Esprit public. — Le public reçoit en ce moment l'impression de trois circonstances importantes : les derniers événements sur les ports de l'Angleterre, ainsi que les changements arrivés dans le ministère, l'arrivée du citoyen Barthélemy au Directoire, et la hausse progressive des inscriptions sur la place. La sensation produite par ce qu'on a de nouvelles récentes de Londres est très vive et surtout très agréable, où (*sic*) l'on affirme la destitution du ministre Pitt. A sa place on nomme M. Fox, dont le premier pas dans le ministère doit être de proposer la paix. En général, dans les cafés, nombre de personnes paraissent persuadées de ces changements; on entend dire que, si sa marine militaire a beaucoup gagné à cette guerre dans la Grande-Bretagne, en revanche sa marine marchande a beaucoup souffert et qu'elle ressent le plus grand besoin de la paix. — Le discours, déjà répandu, qu'a tenu le citoyen Barthélemy en entrant au Directoire est fort applaudi[1] ; on n'est pas moins satisfait du soin qu'il a pris d'éviter le cérémonial préparé pour sa réception, et que cependant on aurait voulu voir employer. Il ne paraît [pas] qu'il existe dans le public d'opinion différente. On s'accorde même à lui prêter un esprit conciliateur, capable de maintenir dans la première autorité de la nation l'unité d'intention et de conduite sur laquelle on fonde les plus hautes espérances. — Le ministre de la marine a paru le seul en butte à des opinions moins satisfaisantes. Tout ce qui paraît intéressé à la situation des colonies, et surtout le grand nombre de colons ou négociants qui ne cessent d'accuser Sonthonax de leurs malheurs, se déchaîne contre le ministre de la marine : tantôt ils lui refusent le caractère d'impartialité nécessaire dans le poste qu'il oc-

1. On trouvera ce discours dans le *Moniteur*, réimpression, t. XXVIII, p. 721.

cupe; tantôt ils le croient d'intelligence avec les agents du gouvernement aux colonies pour préparer dans l'avenir l'agrandissement de sa fortune; ils regardent aussi comme tout à fait insuffisante la dernière détermination du Conseil sur le sort de ces contrées. — Les inscriptions ont monté et paraissent ne pas s'en tenir au dernier taux; cette circonstance est très remarquée, et l'effet en est très sensible. Les rentiers se plaignent toujours, mais cette hausse des effets nationaux ne leur échappe pas.

Spectacles. — Tranquilles.....

BRÉON.

(Arch. nat., BB³ 86.)

MXLVII

19 PRAIRIAL AN V (7 JUIN 1797).

RAPPORT DU BUREAU CENTRAL DU 20 PRAIRIAL.

Esprit public. — La plus grande tranquillité a régné hier et règne encore ce matin dans toutes les parties de la société ; cependant les cris de misère acquièrent une nouvelle force; on a cru remarquer un peu plus de longueur dans les travaux industriels. L'ouvrier, partout où l'on a pu l'observer, a paru moins content et plus disposé à se plaindre de la difficulté de vivre. Les rentiers provoquent et inspirent beaucoup de commisération; ils se regardent comme une classe abandonnée au hasard des changements que l'État peut, en bien ou en mal, éprouver dans ses finances, mais pour laquelle le gouvernement n'est disposé à rien faire. Il est peu de conversations publiques où il ne soit question de leur sort et de celui des salariés de République. On a vu le soir, avec quelque peine, que les actions avaient baissé, notamment les inscriptions sur le Grand-Livre, mais on semble certain d'une hausse prochaine supérieure aux précédentes. — L'impatience est extrême à savoir sur quelles bases seront établis les intérêts respectifs de la République française et des autres puissances, d'après le congrès annoncé; tous les vœux sont pour que ce congrès se tienne à Paris, et les politiques accrédités ne balancent pas à croire qu'il cimentera les liens les plus forts de la bonne intelligence et garantira les conditions les plus avantageuses pour le commerce; ils discutent les derniers événements survenus en Angleterre et disent que c'est aux événements considérables arrivés dans les affaires secrètes du cabinet de Saint-James que l'on devra la participation de l'Angleterre à la paix générale et probablement le rétablissement de nos colonies *in statu ante bellum*. Les colons qui se disent lésés par la conduite des agents à Saint-Domingue ont paru loin de prêter confiance à ces conjectures. — Mêmes éloges sur le compte du citoyen Barthélemy, mêmes espérances sur l'esprit conciliateur et humain dont on le dit animé. — Il s'est élevé en plusieurs cafés des discussions assez vives, quoique toujours très décentes, sur les avantages ou les inconvénients des réunions politiques. On voulait désigner et souvent on désignait nommément les réunions de Clichy et de la maison de Noailles. Tantôt on disait l'une établie pour faire le contrepoids de l'autre, qui menaçait de s'emparer de l'opinion publique et de la diriger à son gré. Tantôt on disait la dernière utile pour s'opposer aux progrès du royalisme, dont on faisait la véritable propagande de la réunion de Clichy. D'autres, revenant à une opinion à peu près conciliatrice, voulaient que l'opinion se formât d'elle-même et sans l'influence d'aucune association, qui d'ailleurs, quel qu'en fût l'esprit éloigné de la multitude, laissait toujours des doutes même sur le bien qui pouvait en résulter et frappait d'une sorte de discrédit les opérations qui pouvaient en sortir, eussent-elles le but le plus pur et le plus utile. Cette dernière opinion est souvent prépondérante. — L'esprit de parti a rarement offert hier un caractère remarquable, et la tranquillité paraît assurée.

Spectacles. — Les faits particuliers n'ont pas été de nature à troubler le bon ordre, et les opinions y étaient les mêmes que celles dont on vient de présenter le résumé.....

BRÉON.

(Arch. nat., BB³ 86.)

JOURNAUX.

Ami des Lois du 19 prairial : « ..... Dernièrement, au faubourg Antoine, j'ai vu des agitateurs, des hommes échappés des galères, des mouchards de tous les partis, prêcher le massacre et l'insurrection : ils offraient à boire aux passants, déclamaient contre les deux Conseils. Je les ai suivis, et devinez où ils ont été rendre compte de leur mission : chez le royaliste le plus furieux, le plus actif de Paris. Patriotes, ils veulent organiser un grand mouvement sous couleur terroriste ; ils pensent encore vous séduire en vous disant avec mystère que le gouvernement a besoin de vos bras; ils s'insinuent même dans vos domiciles pour vous égarer par leurs fallacieuses promesses et les dehors d'un feint patriotisme ; c'est à Meudon qu'ils indiquent à présent le rassemblement où ils veulent vous entraîner... Repoussez avec mépris ces hommes vils et perfides ; si le gouvernement avait besoin de vos bras, ce n'est pas par eux qu'il vous en instruirait! Par eux, qui sont aux gages des Compagnies de Jésus qui se forment dans Paris, des émigrés qui débarquent en foule dans les départements de l'Ouest! Par eux, dont les commettants volent, pillent, dévastent, égorgent dans les campagnes du Calvados! Par eux, qui n'attendent que l'instant de se baigner dans le sang des républicains! Par eux enfin, dont le moutonnage infâme a fait assassiner vos parents et vos amis !... Continuez à déconcerter les projets de la horde royale par une attitude paisible, imposante; surveillez, mais ne vous livrez à aucune imprudence..... »

MXLVIII

20 PRAIRIAL AN V (8 JUIN 1797).

Rapport du bureau central du 21 prairial.

Esprit public. — Même tranquillité, même tendance à l'affermissement de la République, malgré quelques voix éparses qui s'élèvent contre l'ordre actuel des choses, et qui prêtent aux premiers magistrats de la République l'opinion qu'elles professent. Les partisans de la monarchie, par exemple, supposent tel ou tel membre du Corps législatif entièrement dans leur sens, mais le plus souvent ces présomptions astucieuses sortent de la bouche de quelques anarchistes mal déguisés, qui attaquent ainsi de hautes réputations. Ainsi on les entend dire que Barthélemy attend quelques années de renouvellement dans les membres du Directoire pour proposer une autre forme de gouvernement, qu'en attendant il va se faire clichyen. Les mêmes ne voient que les intentions les plus contre-révolutionnaires dans un grand nombre de représentants; ils prédisent une grande commotion dans le sein du Corps législatif; ils assurent que ce ne peut être autrement pour le bien public. Enfin, on est convaincu qu'il existe dans la société une classe d'individus encore nombreux, dont le système politique paraît être les divisions intestines et les grandes secousses. — Dans les cafés du faubourg Germain, on a considéré souvent la hausse des effets publics comme profitable aux seuls agioteurs, mais désavantageuse pour le gouvernement, qui, dès lors, ne recevait que de moindres valeurs réelles en remboursement de domaines nationaux. Là, la commisération est plus grande sur le sort des employés et des créanciers de l'État. La présence de ces derniers dans ces endroits publics ne sert pas peu à nourrir de telles plaintes, et le tableau de la misère des uns et des autres occasionne fréquemment des propos d'aigreur contre le gouvernement. — Les nouvelles politiques qui ont occupé le public ces jours derniers tiennent encore en haleine ceux qui suivent de près les mouvements de la Grande-Bretagne, et ils ne balancent pas à croire à la nécessité où se trouve cette puissance de concourir à la paix. — L'opinion générale sur la plus grande liberté des cultes n'est point douteuse. On applaudit aux dispositions dans lesquelles on dit être le Directoire à cet égard; on veut cependant le moins de considération possible parmi les prêtres (sic), mais on pense que ne s'occuper d'eux aucunement est le plus sûr moyen de parvenir à ce but. — Les cris de quelques colporteurs de journaux, annonçant l'empoisonnement de Buonaparte, portent à se récrier sur leur impudence et excitent plus de pitié que d'indignation.

Spectacles. — Ils n'ont offert aucun événement remarquable.....

BRÉON.

(Arch. nat., BB³ 86.)

MXLIX

21 PRAIRIAL AN V (9 JUIN 1797).

RAPPORT DU BUREAU CENTRAL DU 22 PRAIRIAL.

Esprit public. — Il a paru hier des nuances un peu plus caractérisées d'opposition dans les opinions publiques, et c'est principalement au sujet des lois existantes ou à exister sur les émigrés. Quelques individus épars sont ardents à saisir, comme favorable à leurs vœux pour le rétablissement de la monarchie, la moindre expression émise à la tribune du Corps législatif. Ils vont d'espérance en espérance, et, à les entendre, l'intention certaine de la majorité du Conseil des Cinq-Cents est de rétablir les choses sur le pied où elles étaient avant la Révolution. Cet espoir, que voient avec pitié les nombreux partisans de la République, est pris au sérieux par les hommes d'un patriotisme exagéré, et surtout par les anarchistes, qui en font un des principaux moyens de leur cause. Aussi est-il peu de propositions avancées au Corps législatif, qu'ils ne traitent de contre-révolutionnaires, et ne considèrent-ils dans leurs discours, montés constamment sur un ton très haut, les législateurs du dernier tiers que comme d'adroits conspirateurs. Les intentions du gouvernement leur paraissent aussi suspectes; le citoyen Barthélemy partage leurs soupçons; le citoyen Carnot conserve leur haine; le ministre de l'intérieur est l'objet continuel de leurs sarcasmes, et leur animosité contre le ministre de la police ne peut se peindre. Du reste, ils paraissent très persuadés que le grand projet est de réintégrer les émigrés dans leurs biens et de réinvestir le clergé de toute son ancienne considération. — Les doutes subsistent sur le degré d'amitié ou d'inimitié qu'on présume à la veille d'être connu entre la République française et les États-Unis d'Amérique. Bien des personnes se disent fondées à croire que, sans des changements dans notre diplomatie, les dispositions de l'Amérique seront tout à fait contre nous, et on s'étonne généralement que le Directoire ne rassure pas les esprits sur cet objet. Une autre nouvelle à demi confiée (sic) a pris naissance hier. Les prétentions de la République sont actuellement, dit-on, de fixer au Rhin ses limites, en sorte que toute la rive gauche se trouvera enclavée dans son territoire. L'Empereur, comme chef de l'Empire, est consentant à ces conditions et doit recevoir en échange toute la partie de la terre ferme de l'État vénitien occupée aujourd'hui par les troupes françaises, et l'on est presque sûr au Congrès d'obtenir les consentements ou partiels ou collectifs des princes ecclésiastiques. On n'a pu juger de l'effet de ces bruits encore peu répandus. — Il paraît des placards dictés par l'esprit de parti pour ou contre le royalisme; on les présume de nature à exaspérer les passions, et ils sont l'objet, en ce moment, de recherches qui tendent à éclairer sur leur véritable but et sur les effets qu'ils peuvent produire. — Le calme au surplus règne et ne paraît aucunement menacé.

Spectacles. — Aucun fait particulier n'a eu lieu hier dans les spectacles.

Commerce. Pain. — Il y a eu beaucoup de pain; le blanc a été vendu 10 sous à 10 sols 6 deniers; de 8 à 9 sous le mi-blanc, et 7 sous le bis les 4 livres.

Viande. — La viande de boucherie a été très abondante. Le bœuf a été vendu en détail de 6 à 10 sous; le veau, de 7 à 12 sous; le mouton, de 8 à 12 sous; le porc frais, de 9 à 10 sous, et de 11 à 14 sous le porc salé.

Veaux. — Il a été exposé 1,546 veaux; ils ont été vendus à raison de 9 à 10 sous la livre sur pied.

Marée. — Il est arrivé douze voitures de marée de toute espèce. Le panier de maquereaux a été vendu de 16 à 24 livres et 300 livres un esturgeon pesant 150 livres.

Beurre. — Le beurre a été vendu de 14 à 15 sous, et les œufs 30 à 36 livres le mille.

Légumes. — Il est venu assez de fruits. Les douze bottes d'asperges ont été vendues 5 à 18 livres, et la sachée de pois de 10 l. à 15 livres, et de 5 à 8 s. le litron.

Les autres marchés ont été assez bien approvisionnés de toutes espèces de denrées. Elles ont été vendues à peu près les mêmes prix que sur les halles.....

(Arch. nat., BB³ 86.)

BRÉON.

JOURNAUX.

Courrier républicain du 22 prairial : « *Paris, 21 prairial*..... Voilà les Parisiens et les étrangers débarrassés d'une formalité qui subsistait avec plus ou moins de sévérité depuis le commencement de la Révolution. L'entrée et la sortie de Paris sont absolument libres pour les personnes et les choses ; on n'est plus tenu d'exhiber sa carte aux barrières. L'État-Major de la place vient de faire mettre à l'ordre cette consigne de liberté..... » — *Sentinelle* du 21 prairial : « *Sur l'état actuel des fêtes et des monuments publics*. Le voyageur que la curiosité amène sur notre territoire, le défenseur de la patrie qui, après avoir combattu au delà des frontières, rentre dans l'intérieur et croit y retrouver ce chaleureux dévouement qui précipita son départ, tous les hommes qui ont quelques principes de philosophie et quelque amour pour la liberté, contemplent avec douleur le dépérissement des fêtes nationales et la ruine des monuments qui doivent rendre présents à la postérité les travaux et la gloire de la nation française. Quel est en effet le citoyen qui, en portant ses regards sur la place de la Révolution, peut n'être pas indigné de l'état déplorable dans lequel un ministère inattentif ou timide se permet de laisser (comme s'il le sacrifiait à la fureur des rois) le plus beau et le plus utile des monuments qui ait jamais paru, la statue de la Liberté? De futiles ouvrages de l'art s'élèvent à côté de ce monument célèbre ; et parce qu'ils ne disent rien à l'âme, parce qu'ils sont étrangers à tout sentiment de vertu, on en parle avec complaisance, avec admiration ; on les soigne avec une attention soutenue, et l'on laisse tomber en ruine tout ce qui peut rappeler à l'homme qu'il doit être libre et citoyen. Voyez sur une autre place, où paraissait autrefois avec tant de faste la statue d'un tyran qui avait pour emblèmes du fer, des esclaves et des chaînes; voyez le monument que la reconnaissance voulut y substituer, en élevant une pyramide aux généreux combattants du 10 août : vous n'y apercevrez plus que des ruines, que des débris. Parcourez les campagnes, et vous verrez les attentats impunis qu'on se permet sans cesse contre l'arbre de la Liberté. Vous y remarquerez avec quelle affectation coupable quelques administrateurs, produits par la réaction, s'attachent à décrier les fêtes républicaines, et à rappeler les signes du fanatisme, de la tyrannie et de la féodalité. Vous enfin, généreux philanthropes, qui, à travers quelques arbres paisibles que le nom de Jean-Jacques a illustrés, veniez dans un saint pèlerinage visiter chaque jour ce philosophe immortel qui a osé dire que les peuples étaient plus que les rois, venez pleurer maintenant dans cet asile solitaire : vous ne l'y retrouverez plus. Une main profane, je dirai presque sacrilège, vient de l'enlever et va le remplacer par la statue de quelque faux dieu, par un Apollon, un Jupiter, une Vénus, ou bien peut-être par un satyre, ou par un groupe de Bacchantes..... Eh ! qu'importe, me dira-t-on, si l'on reconnaît dans ces ouvrages un citoyen digne de Praxitèle ou de Phidias?.... »

ML

22 PRAIRIAL AN V (10 JUIN 1797).

Rapport du bureau central du 23 prairial.

Esprit public. — Peu d'opinions ont varié dans le public, dont l'extérieur offre les mêmes résultats et le caractère les mêmes nuances d'opposition dans les lieux de réunion. Ce qui frappe l'œil de l'observateur est surtout une sorte d'intelligence qui semble exister entre des citoyens disséminés sur une multitude de points et ardents à interpréter avec la plus grande défaveur, non seulement les opérations du Corps législatif, mais encore les intentions pour l'avenir. Point de doute, à les en croire, qu'il n'ait juré la dissolution du Directoire, l'anéantissement graduel de la République. On a parlé, mais très peu, des changements proposés au Conseil des Cinq-Cents dans l'organisation de la garde du Corps législatif, et on paraissait plus disposé à y applaudir. — Le lieu où va se tenir le Congrès, l'époque de son ouverture, le silence du gouvernement sur un intérêt de cette importance, tels sont les sujets de la curiosité et de l'impatience des habitués des cafés ; les autres objets de l'attention générale sont, d'une part, la demande faite au gouvernement français de passeports pour un plénipotentiaire de la cour de Saint-James ; il s'est dit à ce sujet en divers endroits que le Directoire avait refusé les passeports qu'il demandait avant les articles préliminaires que l'Angleterre avait proposés pour parvenir à une pacification, et que, suivant leur teneur, il accorderait les passeports en question. Aux uns cette réponse semble choquante pour l'amour-propre du gouvernement britannique, amené aujourd'hui à de nouvelles démarches ; aux autres elle paraît juste et fondée sur la nécessité d'éviter les lenteurs semblables à celles qui ont caractérisé les négociations de lord Malmesbury, et les premiers ne se rangent à cette observation qu'en justifiant le Directoire par les circonstances difficiles où se trouve actuellement l'Angleterre, occupée des moyens d'apaiser de fréquentes insurrections, tant en Irlande que dans ses principaux ports.
— Il règne dans toutes les classes de la société un air de malaise et de tristesse, effet avoué par la plupart de la détresse extrême où se

trouvent nombre de citoyens de tout état. Il est peu de personnes qui soient appelées à concevoir des espérances sur le plus ou moins de crédit des effets de la place. Chacun juge sur ce qu'il ressent. Les plaintes sur la disparition des ressources, sur la lenteur du commerce, et sur l'épuisement même des derniers expédients sont continuelles et plus sensibles que par le passé. Dans presque tous les endroits publics il se trouve des rentiers ou des employés qui se plaignent amèrement, ou l'on en vient à gémir sur leur sort. Vient ensuite, avec aigreur, le parallèle de l'inexactitude dans le paiement des salaires avec l'exactitude des paiements des honoraires des membres du Corps législatif. On reproche très hautement à plusieurs d'entre eux des fortunes considérables acquises depuis leur exercice, et l'on désire des lois de finances qui les obligent à en rendre compte. — Rien cependant n'a paru menacer l'ordre, qui semble même disposé à se maintenir.

Spectacles. — Aucun événement.....

LIMODIN.

(Arch. nat., BB³ 86.)

JOURNAUX.

Journal des hommes libres du 23 prairial : « *Paris, 22 prairial*..... L'on est convenu parmi quelques-uns des moyens (*sic*) journaux d'appeler Carnot un grand homme, un homme de talent. C'est de lui qu'on peut dire que, s'il cache ses qualités, il les cache fort bien ; et je demande s'il est rien de plus sot que la réponse que je vais citer de cette cinquième roue de tous les gouvernements. Plusieurs citoyens lui rendaient compte à une audience publique, d'assassinats nombreux commis sur des patriotes... Devinez-vous ce qu'a répondu très naturellement le grand homme ? « Eh bien, dit-il, que n'assassinent-ils aussi ! » Voilà le *nec plus ultra* de l'humain gouvernement de Carnot : assassinat pour assassinat. Si ce n'était atroce, comme ce serait bête, puisque enfin, si c'était son dernier mot, on n'aurait pas besoin de son gouvernement..... »

MLI

23 PRAIRIAL AN V (11 JUIN 1797).

RAPPORT DU BUREAU CENTRAL DU 24 PRAIRIAL.

Esprit public. — Les envieux du calme public sont en grand nombre partout disséminés, partout agissant de concert. Les placards provocateurs naissent et renaissent. Les uns invitent les républicains à se tenir sur leurs gardes, comme si leur perte était assurée ; les autres annoncent les espérances qu'ont à concevoir les royalistes, comme si les conjectures leur étaient favorables. Des propos d'aigreur et de méfiance abondent sur le compte de nombre de représentants pris isolément, mais le plus souvent sur les opérations et les intentions en général du dernier tiers. Tantôt on se récrie sur l'odieux que l'on répand sur les Jacobins, et l'on ajoute que les premiers gouvernants et les généraux l'étaient, que ce qu'il y a d'étonnant, c'est qu'ils restent indifférents sur de telles injures. Les malveillants, en un mot, s'agitent pour amener par des déclamations et des terreurs les premiers fonctionnaires de la République à se faire hommes de parti. Les mêmes citoyens se récrient sur les opinions, sur la conduite des derniers députés, qu'ils accusent de viser à la royauté ; « mais, disent-ils, cela ne se passera pas comme cela, car il y aura bientôt un coup ». Dans ce sens ils parlent toujours d'une explosion comme d'une chose prochaine et nécessaire. On doit dire que le nom de Royou, qui circule dans le public, comme celui de l'auteur d'un journal prêt à paraitre[1], et que l'on sait avoir servi de signature au journal rédigé autrefois sous le nom de l'*Ami du roi*, devient pour les anarchistes un grand prétexte de dire que le royalisme est plus audacieux que jamais, que les autorités sont toutes composées de royalistes, et que les tribunaux avaient pour les royalistes une prédilection singulière. — Il est des cafés où l'on ne parle que d'assassinats de patriotes dans le Midi, que de sang répandu par les partisans des réactions et d'autres idées désastreuses. Plus généralement il se dit que les émigrés rentrent en grand nombre dans les départements de l'Est et les ports du Midi, et que les acquéreurs des domaines d'émigrés dans ces contrées ne sont pas sans inquiétudes. — Dans quelques discussions parfaitement calmes, on a désapprouvé les propositions tendantes à organiser différemment la garde du Corps législatif ; on a élevé à cet égard de fâcheuses conjectures sur les dispositions du nouveau tiers. Les mesures mises en avant sont considérées comme tout à fait inconstitutionnelles, et l'on a craint que ce ne soit un signe certain de la domination que le nouveau Corps législatif tenterait de prendre sur le Directoire exécutif. En sorte que, dans l'hypothèse d'une résolution conforme au projet, les têtes ardentes voient un schisme qui produira les plus grands maux et auquel il faut s'opposer par de fortes précautions. — Le jour d'hier correspondait au dimanche, et conséquemment les prome-

---

1. *L'Invariable, journal de politique et de littérature*, par Royou, commença à paraître le 15 juin 1797. — Bibl. nat., Lc 2960, in-4.

nades publiques ont été très fréquentées ; mais de tous côtés [il y avait] une apparence de découragement et de tristesse, dont on devinait la cause dans nombre de plaintes sur la situation des finances et sur la détresse des rentiers et des salariés publics.

Spectacles. — Il s'y est rendu beaucoup de monde, et ils ont été tranquilles ; on saisit toujours avec transport ce qui satirise les anarchistes et les nouveaux riches.

Culte. — Tout s'est passé dans les oratoires convenablement au bon ordre et au respect du gouvernement......

LIMODIN.

Arch. nat., BB³ 86.)

MLII

24 PRAIRIAL AN V (12 JUIN 1797).

RAPPORT DU BUREAU CENTRAL DU 25 PRAIRIAL.

Esprit public. — Il a été facile de lire hier dans tous les regards l'impression qu'a produite, dès qu'il a été connu, l'objet du message du Directoire aux deux Conseils [1] ; tous les véritables amis de la prospérité publique ont gémi sur l'état déplorable de nos finances, l'immensité des besoin, le dénuement des principaux hospices, et surtout (ce qui frappe le plus) ce que les papiers publics ont dit de la mortalité parmi les enfants abandonnés est considéré comme une des plus alarmantes calamités et afflige d'autant plus qu'avec les premiers publicistes on répète que la population est la première richesse des États. Les plaintes des employés augmentent en raison de l'arriéré de leur salaire, et celles des rentiers, accompagnées souvent de reproches contre le gouvernement et de mécontentement de la République (sic), deviennent pour les royalistes [des motifs] de justifier hautement leur haine pour la Révolution. L'absence, sous un prétexte quelconque, d'un payeur de la Trésorerie qui avait dédui sur sa porte les raisons qui l'éloignaient ce jour de son poste, a donné lieu, comme inusitée, à beaucoup d'interprétations. En un mot, on a dû rapporter à la pénurie actuelle des finances cette sorte de tristesse répandue dans les lieux publics, le froid et la monotonie des entre-

---

1. Il s'agit sans doute du message du Directoire lu dans la séance du Conseil des Cinq-Cents du 11 prairial et relatif au déficit éprouvé dans la rentrée des contributions.

tiens, une diminution d'activité à l'extérieur dans toutes les parties du commerce, et les craintes que beaucoup de personnes témoignent de voir les anarchistes et les malfaiteurs chercher à tirer parti de ces conjectures pour occasionner du trouble et viser à quelques bouleversements. Depuis quelque temps, on voit plus que de coutume des gens inquiets reprocher au gouvernement son inertie, son ingratitude envers ce qu'ils appellent les patriotes, sa facilité à se laisser circonvenir; les mêmes individus, d'un caractère toujours plus remuant, attaquent isolément ou les membres du gouvernement ou les ministres; ils affectent de présenter une partie des hommes publics et même de la société sous la coupe d'une proscription certaine ; ils sèment peu à peu les terreurs pour porter à des partis extrêmes et produire du désordre. Aussi les bruits courants se ressentent de cette disposition des esprits : les prêtres rentrent en foule, ainsi que les émigrés; partout se rétablit la prépondérance des prêtres réfractaires et autres; dans les départements, ils se flattent joyeusement de la réussite de leurs conjectures. Il est temps de prendre des mesures de sagesse et de vigueur ; la guerre civile est prête à éclater dans la ci-devant Belgique. Tantôt il faut la plus grande liberté du culte ; tantôt il faut comprimer le fanatisme : telles sont les versions de l'opinion publique. — L'assassinat ou la mort, soit de l'Empereur, soit du Pape, soit de Buonaparte, sont des nouvelles qui font crier contre la licence des journalistes ou l'audace de leurs colporteurs. — Tout est à remarquer ; l'exposition de l'assassin du représentant Sieyès a fait renaître l'occasion de réclamer contre la douceur de ce jugement; les spectateurs étaient en grand nombre, presque tous manouvriers ou plutôt ouvriers oisifs, dans l'opinion desquels le jury d'accusation et les tribunaux étaient fort mal [composés]. On a presque toujours entendu dans les groupes que les tribunaux étaient vendus à la faction royaliste et travaillaient à renverser le gouvernement. — Quoique l'ordre n'ait point souffert et paraisse ne point devoir souffrir, on a vu cependant que la teinte des idées se rembrunissait et que les nuances de mécontentement, ou plutôt de malaise, devenaient plus sévères. Tous les vœux se partagent entre la paix et l'amélioration des finances.

Culte. — Il a paru qu'hier les cérémonies ou les préparatifs de quelques sacrements du rite catholique avaient attiré un grand concours de monde dans les principales églises ; il n'est rien parvenu qui ait été susceptible d'observation à cet égard.

Spectacles. — Tranquilles.....

BRÉON.

(Arch. nat., BB³ 86.)

JOURNAUX.

Courrier républicain du 25 prairial : « *Paris, 24 prairial*..... On sait ou l'on ne sait pas que, les jours où il y a séance publique au Directoire, la musique militaire exécute, à l'arrivée des Directeurs et des ministres, des airs variés. Dans la dernière séance, soit qu'il y ait eu hommage ou malice de la part des musiciens, voici ce qu'on a remarqué. A l'arrivée de M. Barthélemy on a exécuté l'air : *Ah! que je fus bien inspiré, quand je vous reçus dans mon cœur*. A l'arrivée de Merlin, on a exécuté le *Chant du Départ*. Le public a trouvé la musique excellente. »

MLIII

25 PRAIRIAL AN V (13 JUIN 1797).

RAPPORT DU BUREAU CENTRAL DU 26 PRAIRIAL.

Esprit public. — L'extérieur du public est triste, et l'on s'aperçoit même qu'il règne dans une partie de la société une sorte de consternation, qui menace de faire de nouveaux progrès. Les nouvelles politiques agitées dans les cafés se bornent à ce que l'on annonce ou ce que l'on présume de l'insurrection des équipages des flottes anglaises, ou plutôt ont fait place à des entretiens, presque toujours inquiétants, sur la situation de nos finances et les besoins urgents de l'État; quelques personnes ont dit que la plupart des tribunaux étaient, faute de salaire, sans activité dans les départements. Rétablirait-on les droits d'entrée ? Telle est la question qu'élèvent des individus inquiets de savoir où et comment on se procurera de promptes ressources. Il est encore question de banqueroutes consécutives. On voit avec la plus grande peine l'état fâcheux où se trouvent le Trésor public, les administrations et les établissements nationaux. On voit aussi avec douleur que les premiers gouvernants se font payer avec exactitude, tandis que tous les rentiers et employés sont réduits aux derniers besoins. Enfin, toutes les plaintes sur le délabrement des finances se dirigent contre le gouvernement, et l'on ne conçoit pas comment les payements sont aussi en retard, dans un moment où nos armées sont nourries en pays étrangers. — De ce mécontentement sur les conjectures présentes les passions recouvrent un nouveau degré d'activité ; l'anarchie surtout semble vouloir en profiter pour assurer ou du moins pour préparer la réussite de quelques sourds projets. D'une part, les royalistes déclament contre le régime républicain, toujours en le comparant avec l'ancien régime. D'une autre part, des physionomies plus sombres circulent et observent dans les lieux publics. On sait qu'il est de nouveaux rassemblements d'agioteurs en partie doués d'une certaine aisance, qui, sous le prétexte de la nécessité d'arracher la République aux royalistes purs suivant ce qu'ils disent et l'anéantir, prennent entre eux le ton et conservent les vues d'une autorité nouvelle[1]. Les propos les plus alarmants sortent de ces réunions dont le lieu, par son seul renom, est suspect. On annonce une nouvelle société de .....[2]; dans celles existantes, il n'est question que de massacres organisés auxquels il faut sans délai soustraire les républicains, que d'agents nombreux de la cour de Blankenbourg, auxquels il faut opposer une masse imposante de volontés et d'efforts. Les amis fermes de la Constitution gémissent de ces menées, qui préparent des divisions et qu'ils voient ourdies contre l'une ou l'autre des autorités établies, suivant le côté où l'anarchie croira trouver de l'appui[3]. Plusieurs des amis de l'ordre ont fait un rapprochement de ces circonstances avec le seul titre du numéro de ce jour de l'*Ami du peuple*[4]. — En un mot, on ne peut dissimuler que la malveillance s'empare du malaise actuel des esprits. Cependant le calme subsiste, et une immense majorité veut le calme, qu'elle considère comme la sauvegarde de la Constitution.

Spectacles. — La tranquillité n'a pas été troublée dans les spectacles; un léger tumulte a été occasionné au Vaudeville par les ressouvenirs fâcheux auxquels donne lieu la pièce intitulée *Le Scellé*. Ils n'ont offert au surplus rien de particulier.....

BRÉON.

(Arch. nat., BB³ 86.)

JOURNAUX.

Miroir du 25 prairial : « ... Il commence à se former diverses associations jacobites, sur lesquelles il est bon d'éveiller l'attention publique : *principiis obsta*. L'une est en activité depuis longtemps; elle a pris pour prétexte l'adoration de l'Être suprême... de l'Être suprême de Robespierre, s'entend; elle a pour directeur un membre, ou plutôt un chef du Comité révolutionnaire, et

1. Cette phrase inintelligible est textuelle.
2. Un mot illisible.
3. Textuel.
4. Le sous-titre de l'*Ami du peuple* du 25 prairial an V commence par ces mots : *Éveil donné aux républicains sur un massacre général, une Saint-Barthélemy nouvelle, que les brigands royaux et catholiques doivent tenter dans Paris et dans toute la République....*

pour agents certains frères et amis, dont quelques-uns membres de la Commune très connus, très notés. Si les lecteurs du *Miroir* pouvaient douter de ce qu'il avance, qu'ils se donnent la peine de jeter un coup d'œil en passant sur l'association appelée des théophilanthropes, rue Saint-Denis, au coin de celle des Lombards; ils y entendront, j'en conviens, d'édifiantes niaiseries; ils y verront bon nombre de badauds, de gobe-mouches; mais partout ils trouveront les frères et amis en présence. Une autre association, qui doit servir d'auxiliaire à la première, va se former à l'hôtel de Salm, qu'on va louer, ou qui l'est peut-être déjà pour cet objet; celle-ci sera purement politique; son objet apparent sera la défense du gouvernement contre les prétendus royalistes; il y a déjà trois cents souscripteurs, la plupart ex-conventionnels sortis du Corps législatif, ou même qui y sont encore. On dit que cette jacobinière sera protégée par le gouvernement. On verra. »

MLIV

26 PRAIRIAL AN V (14 JUIN 1797).

RAPPORT DU BUREAU CENTRAL DU 27 PRAIRIAL.

Esprit public. — Rien n'altère le calme à l'extérieur, mais une sorte d'agitation gagne les esprits. Les espérances que l'on conçoit à la nouvelle arrivée d'un envoyé de la cour de Saint-James pour en venir à une entière pacification n'ont pas paru contrebalancer suffisamment les inquiétudes qui sont toujours le résultat de la pénurie des finances; il s'est manifesté d'ailleurs des incertitudes sur la paix, et l'on était prêt à soupçonner l'Empereur de mauvaise foi dans ses propositions, attendu les levées considérables qu'il encourage, et l'on témoignait des soupçons sur l'armement effectué par le roi de Prusse. — Beaucoup de personnes parlaient de la légation française au prochain congrès à Lille comme si elles eussent été sûres et du lieu des négociations et des choix du gouvernement pour y stipuler les intérêts de la République; quatre sont nommés, parmi lesquels les citoyens Le Tourneur et Lamarque; le premier n'a pas toujours obtenu l'assentiment de l'opinion publique. — On a cru apercevoir se rembrunir l'horizon politique dans la plupart des lieux publics; les uns craignent, les autres menacent; on parle de nouvelles réunions patriotiques dont l'esprit, dont le but fait naître les plus vives inquiétudes; on croit y voir ou des foyers d'opposition aux travaux du Corps législatif, ou des exemples dangereux, ou des encouragements à faire renaître les Sociétés populaires, dont on se rappelle et se retrace alors les anciens effets avec beaucoup d'animosité. Les amis du bon ordre voudraient que, sous aucun prétexte quelconque, il ne pût se former de réunion ou d'association politique. On observe que les menaces et la gaîté apparente de quelques individus sont plus sensibles dans les cafés de moyen ordre et dans les cabarets, où il se fait depuis quelques jours plus de dépense que de coutume. Les cris de misère des rentiers et salariés [sont] au même ton, et il en est de même du cri général contre les dilapidateurs et agioteurs de la fortune publique, et les moyens trop faciles de s'enrichir que l'on dit leur avoir été donnés par plusieurs ministres; on voudrait une loi qui mît fin aux abus sans nombre auxquels on attribue l'état déplorable des finances. — Dans une certaine classe d'individus, toujours les mêmes imprécations contre le citoyen Carnot et les administrateurs de la police. On doit dire aussi que l'état constant de la température influe beaucoup sur les esprits; les citoyens sans fortune et les ouvriers voient avec peine les mêmes comestibles augmenter [1] en raison en quelque sorte de la rareté du numéraire et de la disparition progressive des travaux; les entrepreneurs cherchent, faute de recouvrements, à diminuer leurs bras d'aide. — Les productions maraîchères augmentent aussi, à recueillir nombre de plaintes dans la classe indigente. En outre, toutes les conversations du public le moins aisé sont remplies de citations ou de vols ou d'assassinats continuels sur les routes, ou d'effets pernicieux sur (sic) l'influence des prêtres, ou de nouveaux actes de désespoir, effet de la misère des temps. Aujourd'hui, jour correspondant à une fête du titre catholique [2], la plupart des boutiques sont fermées, et le repos paraît scrupuleusement observé par les marchands et artisans.

Spectacles. — Au Vaudeville, de nouveaux couplets [ajoutés] à une ancienne pièce ont fourni matière à d'assez fortes applications contre les révolutionnaires; quelques autres avaient trait à la situation pénible des rentiers. Le calme n'a point souffert de ces divers incidents......

BRÉON.

(Arch. nat., BB³ 86.)

1. Cependant, d'après la partie de ce rapport qui est relative aux subsistances, les prix (et c'est pour cela que nous ne reproduisons pas cette partie) restent alors les mêmes que dans les précédents rapports, par exemple dans celui du 22 prairial. Voir plus haut, p. 162.
2. La Fête-Dieu.

DIRECTOIRE EXÉCUTIF [14 juin 1797]

LE COMMISSAIRE DU POUVOIR EXÉCUTIF PRÈS LE BUREAU CENTRAL
DU CANTON DE PARIS AU MINISTRE DE LA JUSTICE.

Paris, le 27 prairial an V.

Citoyen ministre,

Un des inconvénients qui m'ont le plus frappé dans l'exercice de mes fonctions, c'est la dissémination des officiers de police et l'espèce d'isolement où ils sont les uns et les autres. Ici la police simple exercée par les commissaires de police est absolument séparée de celle de sûreté exercée par les juges de paix. La poursuite des délits de police simple est confiée aux douze commissaires du pouvoir exécutif près les douze municipalités et le jugement à douze tribunaux, où siègent alternativement un des quatre juges de paix de l'arrondissement et deux assesseurs ; les juges de paix, les commissaires du pouvoir exécutif, les tribunaux, leurs greffes ambulants ne sont tenus à aucun rapport avec la police administrative, confiée au Bureau central, si ce n'est pour l'exécution de quelques mandats d'amener. Je n'ai pas besoin, citoyen ministre, d'insister sur tous les inconvénients résultant de l'ignorance où la police administrative peut être d'une foule de délits et de délinquants sur lesquels elle pourrait et devrait diriger sa surveillance. Ce défaut d'ensemble vous a frappés ; j'en trouve la preuve dans l'arrêté du Directoire pris sur votre rapport, le 4 frimaire dernier. Cet arrêté établit une chaîne de correspondance, dont les commissaires du pouvoir exécutif près les administrations municipales sont le premier anneau et dont vous êtes le dernier. Il doit produire l'effet que vous en attendiez, partout où les administrations municipales sont chargées de la police administrative, partout où il n'y a qu'un juge de paix dans le canton, parce que le commissaire de police du pouvoir exécutif près cette administration, exerçant en même temps le ministère public près le tribunal de police, ne peut ignorer aucun délit commis dans le canton. Mais dans les quatre grandes communes, mais à Paris surtout, où la police administrative est exclusivement confiée à un Bureau central, la police de sûreté à quatre juges de paix dans chaque arrondissement, celle simple à quatre commissaires de police, l'initiative de l'une et de l'autre à ce Bureau central ayant le mandat d'amener, il est impossible que les commissaires du pouvoir exécutif près les douze municipalités soient informés de tous les délits ; il est de même impossible que celui près le Bureau central le soit, et cette chaîne, si sagement établie pour tous les cantons de la République, se trouve interrompue dans ses points les plus essentiels. Dans l'état actuel des choses vous devez être informés de tous les délits commis dans un canton des Alpes ou des Pyrénées, mais vous pouvez ignorer une partie de ceux qui se commettent autour de vous; la police administrative de ce paisible canton connaîtra tous ceux qui s'y commettent, et celle de Paris l'ignorera ; le juge de paix de ce petit arrondissement ne pourra impunément se refuser de poursuivre un délit, et ceux de Paris pourront, quand il leur plaira, n'y donner aucune suite, sans que personne en soit informé. — Après vous avoir indiqué le mal, citoyen ministre, je pourrais laisser à votre sagesse le soin d'y remédier, mais je pense qu'il est de mon devoir de vous soumettre mes idées sur les moyens de détruire cette incohérence dangereuse dans la police d'une grande ville. J'estime donc que, par quelques articles additionnels à son arrêté du 4 frimaire, le Directoire pourrait ordonner aux juges de paix, aux commissaires du pouvoir exécutif près les administrations municipales, aux commissaires de police d'adresser à celui près le Bureau central, chacun en ce qui le concerne, les tableaux prescrits par les articles 4 et 10 ; que celui-ci y joindra le tableau des délits dont la connaissance sera parvenue immédiatement au Bureau central, et qu'il adressera ces divers tableaux au commissaire du pouvoir exécutif près le tribunal de police correctionnelle. Leur rapprochement donnerait à la police administrative la connaissance d'une foule de délits qu'elle ignore souvent, la mettrait à portée de prendre et de rendre aux tribunaux des renseignements utiles sur les délinquants. La réunion de ces tableaux dans les mains du commissaire près le tribunal de police correctionnelle lui donnerait les moyens de surveiller efficacement la conduite des juges de paix, comme officiers de police de sûreté.

Salut et respect,

DESMOUSSEAUX.

(Arch. nat., BB [18] 769.)

Nota. — Faire autant de lettres qu'il y a de commissaires dans chacune des quatre grandes communes et ne mettre que le nom de la ville dans laquelle réside le commissaire. Au commissaire du pouvoir exécutif près l'administration municipale du... arrondissement du canton de Paris, de Lyon, de Marseille ou de Bordeaux. — Le Bureau central de Paris, de Lyon, de Marseille ou de Bordeaux, est chargé, citoyen, de la police administrative, tandis que la police judiciaire et répressive est confiée au tribunaux de police et aux juges de paix; ces deux autorités sont distinctes, quoique le maintien de l'ordre exige qu'elles aient des rapports entre elles; en effet, les délits sont dénoncés aux seuls officiers de police judiciaire, et rarement il arrive que le Bureau central en ait connaissance ; il ne peut pas en faire rechercher et arrêter les auteurs; il ne peut pas réunir dans ses mains tous les fils d'une police active et sûre; il ignore également les jugements des tribunaux de police. Pour remédier à ces inconvénients, en attendant que le Corps législatif s'explique sur un message du Directoire exécutif, relatif à la police des grandes communes, il serait utile que vous transmissiez au Bureau central de votre canton un double du compte décadaire que vous envoyez au commissaire du pouvoir exécutif près le tribunal correctionnel, conformément à l'arrêté du Directoire exécutif du 4 frimaire dernier. — Je sens que par cette mesure j'ajoute une nouvelle charge à celles que vous donnent vos pénibles fonctions, mais j'ai compté sur votre zèle et votre amour de l'ordre. Vous prouverez, citoyen, que je ne me suis pas trompé.

JOURNAUX.

Journal des hommes libres du 27 prairial : « L'assassin de Siéyès a paru sur le tabouret, avec la tranquillité d'un séide consommé. Un témoin nous assure l'avoir entendu se féliciter de son action, comme d'un titre à l'estime des honnêtes gens ; dire qu'il n'était fâché que d'avoir manqué son coup, mais qu'il n'était pas mort, et qu'il y reviendrait « pour Sieyès et pour d'autres » ; enfin ce même témoin a vu des égorgeurs de Lyon lui porter leurs secours fraternels, du vin, des liqueurs..... J'avais dit bêtement que c'était une haute imprudence aux journalistes qui avaient annoncé que les honnêtes gens étaient obligés de faire venir à Paris ceux qui tuent les Jacobins ; je me trompais grandement, et tout prouve que c'est la note officielle, et comme le signal donné par le gouvernement secret qui dirige le royaume de France, tandis que ce même gouvernement, par l'entremise du grand désir des assassins, daigne s'amuser encore quelque temps à faire mouvoir au Luxembourg quelques pantins tricolores, pour attirer là les yeux des badauds et des gobemouches, qui croient encore à la République. » — *Censeur des Journaux* du 27 prairial : « Une femme a été condamnée ces jours derniers à la réclusion et à l'exposition. Son amant avait assisté à son jugement ; il avait prêté à cette malheureuse la houppelande sous laquelle elle s'était déguisée pour commettre son vol. Comme cette houppelande était sur le bureau pour servir de pièce de conviction, il s'est écrié : « Puisque vous m'enlevez ma maîtresse, « vous me rendrez ma houppelande. » Pendant qu'on lui expliquait de quelle manière il devrait s'y prendre pour la retirer du greffe, sa maîtresse se précipite du haut des gradins, saute au milieu des jurés, tombe sur l'un d'eux et le maltraite avec tant de violence et d'acharnement que dix personnes eurent une peine infinie à soustraire ce citoyen à sa brutalité. Alors elle apostrophe le peuple, les jurés, et les juges, vomit contre eux mille imprécations, leur déclare qu'ils seront pendus, crie : *Vive le roi! Au f... la République!* et ce n'est qu'avec de grands efforts que les gendarmes et les gardiens parviennent à l'entraîner..... » — *Messager du Soir* du 27 prairial : « Une partie de l'ancien club de Noailles s'est levée en masse pour aller à l'hôtel de Salm remplacer l'infortuné Beauregard, qui s'est laissé chasser par ses créanciers. Pour y être admis il ne sera pas nécessaire d'être représentant du peuple : il suffira d'avoir donné des gages à la République, c'est-à-dire d'avoir soumissionné le patrimoine de quelques orphelins ou d'avoir, en servant la Révolution d'après sa conscience, encouru la persécution de ces tribunaux réacteurs dont la mémoire implacable ne veut rien pardonner aux fondateurs de la République. On y a discuté ces jours derniers l'admission de Tallien ; il a été, aux termes du règlement, présenté par cinq sociétaires. On lui a bien trouvé quelques taches ; mais qui est-ce qui n'en a pas ? Vendémiaire et brumaire doivent faire tout oublier ; on ne doute donc pas qu'il ne soit admis à siéger à côté de Treilhard, de Siéyès et de l'indulgent Daunou. Pour ménager les deux partis, son épouse reçoit dans sa jolie chaumière des membres très purs et très honnêtes du nouveau tiers ; le mari ne paraît qu'au moment de se mettre à table, prend son repas sans souffler mot et s'enfuit comme s'il l'eût volé. Quand il est parti, on se livre à la gaieté ; des femmes charmantes consolent du mauvais temps ; des tables de jeu sont dressées ; l'on ne s'arrache qu'avec regret de ces lieux enchantés et avec la promesse et le désir d'y revenir incessamment. M. Cabarrus est souvent de la partie. »

MLV

27 PRAIRIAL AN V (15 JUIN 1797).

RAPPORT DU BUREAU CENTRAL DU 28 PRAIRIAL.

Esprit public. — Nul changement dans la situation des esprits, toujours plus consternés de la situation déplorable des finances. Si l'on remonte à la source du mal, les uns la trouvent dans la faiblesse du gouvernement envers les agents chargés de la levée des contributions ; un plus grand nombre, dans l'assiette même de ces contributions, qu'ils trouvent vicieuse en ce qu'elle a pour base d'anciens rôles dressés par les municipalités qui ont allégé d'autant les petites propriétés en chargeant plus les gros propriétaires, en sorte que ceux-ci, se trouvant trop imposés, ne payent point. Il règne, au surplus, sur les physionomies une sorte de découragement, et partout les plaintes augmentent sur la misère, sur la rareté ou sur la nullité des payements, et sur le peu d'espoir que l'on conçoit de voir la République parfaitement administrée en finances avant plusieurs années. La paix est le premier remède que l'on entrevoit dans la crise actuelle ; aussi la demande-t-on avec beaucoup d'ardeur. On murmure encore avec plus de force contre la nomination du citoyen Le Tourneur au congrès, qui, dit-on, aura lieu à Lille ; on ne lui reconnaît pas les talents nécessaires pour une mission de cette importance. On lui refuse l'esprit conciliant, convenant à cette qualité (*sic*), et, la plupart du temps, on regarde sa nomination comme une faveur et comme preuve que les privilèges abolis dans l'ancien régime renaissent pour ceux qui auront occupé une fois les premières magistratures. *C'est le seul*, ce sont quelquefois les expressions de beaucoup de conversations. Du reste tous les autres choix de la légation paraissent goûtés, et l'on fait des vœux sincères pour qu'elle réussisse dans ses entreprises. On est satisfait de l'armement qui s'opère simultanément dans nos ports; on le regarde comme propre à déterminer plus promptement l'Angleterre à la paix. Les doutes subsistent d'un autre côté sur les motifs de l'armement de l'Empereur et du roi de Prusse. — Lorsque l'on a parlé des cloches, dont plusieurs communes ont demandé la conservation, le plus grand nombre a paru à peu près d'accord sur le danger qu'il y aurait d'accéder à toutes les réclamations faites relativement à la religion. — On a paru peu satisfait dans le public de la nouvelle société ou réunion patriotique sur le point de se former à l'hôtel de Salm. Un vœu, que l'on peut dire général, s'élève pour qu'il n'existe absolument aucune association politique. On se rappelle tous les malheurs qui ont résulté d'abord de la rivalité des anciens Feuillants et Jacobins, ensuite de cette dernière Société, enfin de ses nombreuses affiliations, qui ont amené le gouvernement révolutionnaire. Nombre de citoyens, qui par leurs discours prouvaient leur attachement à la Constitution de 1795, trouvaient dans le gouvernement assez de force pour se soutenir sans de pareils moyens et désiraient que les lois allassent au-devant de la création de ces Sociétés. Le plus grand nombre, en un mot, les regarde toutes comme dangereuses, quels que soient les principes de leur institution.

Spectacles. — Tout ce qui tend à ridiculiser ou à humilier les nouveaux riches y a été applaudi par enthousiasme, notamment au Vaudeville. Là, entre autres, on a fait répéter un couplet du *Mariage de Scarron*, portant qu'on peut bien fermer un couvent, mais qu'il faut au moins donner aux religieux de quoi vivre. Le calme n'a été troublé nulle part.....

BRÉON.

(Arch. nat., BB 3 86.)

JOURNAUX.

Sentinelle du 1er messidor : « *Paris*..... Les prêtres se disposaient jeudi, vieux style, à faire la procession du Saint-Sacrement. Je m'approchai d'un groupe d'ouvriers rassemblés près de Saint-Nicolas-du-Chardonnet, dont la conversation me scandalisa et me força de m'écrier : « Il n'y a plus de foi dans « Israël. » — Voyez un de ces vilains impies, si je n'avais pas raison quand je vous disais qu'on ne serait jamais délivré de cette maudite race de calotins ; ne voilà-t-il pas qu'ils chantent des messes, des vêpres, des saluts, des *Sal-*

vum fac regem; mais, s'ils s'avisent de sortir de leurs églises, ils verront un peu à qui ils auront affaire. Qu'ils chantent tant qu'ils veulent, mais que ce soit entre quatre murailles..... »

MLVI

28 PRAIRIAL AN V (16 JUIN 1797).

RAPPORT DU BUREAU CENTRAL DU 29 PRAIRIAL.

Esprit public. — Les conversations se ressentent de l'agitation des esprits; les sujets les plus apparents d'inquiétude sont d'abord l'état des finances et ensuite la rivalité que l'on craint de voir s'établir entre le Corps législatif et le Directoire exécutif. Le premier objet prolonge la tristesse qui règne dans toutes les classes de la société. A quels abus tient la tristesse publique ? Où en est la responsabilité ? Comment les réparer? Comment les prévenir désormais ? Telles sont les questions qui se succèdent, et souvent accompagnées de propos injurieux au gouvernement. Les plaintes des rentiers et des salariés publics sont les mêmes et acquièrent peut-être un nouveau degré d'amertume. L'impression qu'a produite le tableau du dénuement des établissements publics conserve également ses effets. Dans une grande partie du public on voit avec peine l'état fâcheux du Trésor public, le progrès du brigandage dans les départements, quelques-unes des dépenses produites dans les comptes ministériels et que l'on traite de dilapidation. — On cherche à pressentir la détermination du Conseil des Cinq-Cents sur le rapport que l'une de ses Commissions doit lui présenter relativement à la police des cultes, et c'est un des grands objets agités aujourd'hui dans les lieux de réunion ; les différentes pétitions faites au Corps législatif relativement aux prêtres et aux cérémonies religieuses donnent beaucoup d'inquiétude. Les uns craignent que l'on n'accorde trop et disent ces réclamations suscitées par les députés du nouveau tiers ; les autres pensent que mettre trop de feu à s'opposer au désir des communes pétitionnaires, c'est donner naissance à la guerre civile, et qu'on ne saurait prendre trop d'intérêt à cette matière. L'idée que l'on a pu recueillir comme celle de la majorité tendait à la plus grande latitude des cultes de toute nature, mais à la prohibition de tout signe extérieur, y compris les cloches, que l'on paraît ne considérer que sous des rapports d'utilité publique, tels que l'invasion d'un territoire par quelque ennemi extérieur, ou le cas d'incendie. — C'est au sujet de la formation d'une Société dans les environs de l'hôtel de Salm que les conversations se sont quelquefois le plus animées; les uns la disent établie dans le dessein de s'opposer aux projets de ceux qui composent la réunion de Clichy et croient que l'intention de ces derniers est certainement de relever le trône. Les autres disent que c'est un club d'agioteurs et de Jacobins, parmi lesquels ils nomment le citoyen Barras et quelques membres de la réunion de Clichy, qui ont fait schisme avec leurs confrères; en un mot la très grande majorité gémit sur l'établissement de ces sortes de réunions, qui, au dire de plusieurs, peuvent tendre à diviser les citoyens sous deux bannières différentes et amener les dissensions. Quelquefois la plus vive animosité se mêle à ces opinions contraires; les discours prennent une énergie que l'on est forcé d'appeler licencieuse en nombre de circonstances. Il est tels cafés du faubourg Saint-Germain, remplis d'ennemis jurés du gouvernement actuel; il s'y est fait des gageures que la paix sera longtemps simulée, que d'ici à trois mois il y aura une réaction des plus chaudes. Ces sortes de propos se disent en conciliabules de cinq à six initiés, parmi lesquels on reconnaît des hommes qui ont professé et qui professent encore les principes de Marat. — Il est question encore de réunions clandestines et nocturnes, composées d'une partie des révoltés du camp de Grenelle. Enfin plus d'individus que jamais annoncent des changements ou laissent percer le désir de ces changements dans la gaîté dont ils accompagnent leurs prédictions. Ailleurs on a dit que ceux qui avaient acheté des biens nationaux seraient trop heureux d'en être quittes pour les perdre. Une feuille périodique, annonçant que les acquéreurs des biens nationaux dans un département s'étaient promis une assistance mutuelle dans le cas où l'on tenterait de les spolier, a donné lieu à ces discours, de l'aveu même de ceux qui les tenaient; mais une foule de malveillants relèvent ces bruits et les répandent partout dans la vue de discréditer les biens nationaux et peut-être de servir de secrets agioteurs. On s'est arrêté quelquefois à cette dernière idée. Le calme, du reste, est parfaitement rétabli à l'extérieur (*sic*).

Spectacles. — Le même air d'inquiétude y occupait le public. Les jeux de la scène n'ont fourni matière à aucune observation particulière.....

LIMODIN.

(Arch. nat., Bb³ 86.)

Journaux.

Ami des Lois du 28 prairial : « *Variétés*..... C'est aujourd'hui que doit s'ouvrir la Société patriotique préparée sous les yeux du gouvernement pour résister aux projets contre-révolutionnaires des Jacobins royaux connus sous le nom de Clichyens ; ils ont choisi pour local provisoire une partie de l'École de médecine ; on y compte plusieurs constituants et conventionnels ; il n'est pas nécessaire d'être représentant du peuple pour y être admis, mais il faut avoir fourni des gages au maintien de la République. Nous désirons que cette association nouvelle et légale ait des imitateurs dans les départements ; mais nous déclarons d'avance que, s'il était possible qu'aucune d'elles voulût porter atteinte à la Constitution, nous les combattrions avec le même courage que nous avons combattu le royalisme..... » — *Sentinelle* du 28 prairial : «.....Il paraît que la manie du suicide, si fréquente en Angleterre dans le dernier siècle, est maintenant passée en France. On en compte soixante depuis le mois de nivôse dans le canton de Paris. Les anti-philosophes attribuent ces morts violentes à l'irréligion : les athées ne sont cependant pas les plus disposés à quitter la vie ; ils ne l'abandonnent ordinairement que lorsqu'il ne leur reste plus le moindre rayon d'espérance. Il est vrai que les suicides étaient beaucoup plus fréquents avant la naissance du christianisme qu'ils ne le sont aujourd'hui ; ils l'étaient surtout parmi les Stoïciens, secte qui prétendait s'élever au-dessus de toutes les faiblesses humaines, et qui démentait ses principes en s'arrachant la vie pour s'affranchir de la douleur ; car, comme l'a dit Mme Deshoulières :

Il est bien plus grand, plus difficile
De souffrir ce malheur, que de s'en délivrer...

— *Courrier républicain* du 1er messidor: « *Paris, 30 prairial*. On sait qu'il vient de se former à l'hôtel de Salm, ci-devant occupé par un citoyen nommé Beauregard, perruquier de l'ancienne France, un club jacobin, dont le projet, assez mal conçu, est de renouveler le grand œuvre des frères de 1793. Cette société a député auprès du ministre de la police générale les frères Treilhard et Daunou pour le prévenir de l'ouverture de cette réunion. Le ministre a répondu à la députation que, s'il s'agissait d'une autorisation à obtenir, il fallait s'adresser au gouvernement et, que, s'il s'agissait de prévenir la police sur la nature et le lieu de la réunion, cet objet était du ressort du Bureau central. On assure que cette société est composée d'environ une centaine de braves, parmi lesquels on remarque la plupart des montagnards du bon vieux temps. Il n'y manque que Barère...... » — *Ami des Lois* du 1er messidor : « *Variétés*..... Dans le Bas-Rhin on fait publiquement des processions ; les paysans disent que c'est par ordre du nouveau tiers. C'est un essai : on ira bientôt plus loin, car on assomme déjà ceux qui n'ôtent pas leurs chapeaux (juifs ou protestants), lorsque le dieu des chrétiens fait ses promenades. Courage, mes amis, cela est au mieux, et, nous l'avons déjà dit, pour peu que cela dure, ça ne durera pas ; l'intolérance, l'oppression, la violation des lois amènent toujours des crises salutaires, et c'est là où nous vous attendons... »

MLVII

29 PRAIRIAL AN V (17 JUIN 1797).

Rapport du bureau central du 30 prairial.

Esprit public. — On remarque toujours la même situation des esprits entre les inquiétudes et les espérances; on semble lutter pour conserver la tranquillité contre les efforts de la malveillance pour la troubler; les manœuvres de cette dernière sont encore très occultes, et on ne les pressent qu'à la hardiesse de quelques individus qui, à l'occasion du moindre projet du gouvernement, ou de la moindre opinion émise à la tribune du Corps législatif, s'exhalent en propos virulents contre les membres du Directoire, contre les ministres, ou contre quelques-uns des représentants du peuple. Le moyen qu'ils emploient de la manière la plus ostensible pour aigrir les esprits est de répandre et de vouloir persuader que le Corps législatif est en mésintelligence ouverte avec le Directoire exécutif, et que l'un de ces deux pouvoirs veut anéantir l'autre. On voit dans les cafés des hommes remuants et clairsemés déclamer, les uns contre le Directoire, les autres contre le Corps législatif, et sans aucun ménagement; le mot le plus souvent recueilli est celui-ci : « Que ne se prononcent-ils? Que ne se déclarent-ils? » — L'objet actuellement débattu au Conseil des Cinq-Cents est pour les anarchistes une source de déclamations amères contre le culte catholique, contre ses ministres et contre toutes les religions; ils disent qu'il ne faut d'autre culte dans une République que celui de la morale, et que toute espèce de cérémonie est l'ouvrage et la preuve du fanatisme; ils insultent à tous les préjugés et témoignent de l'intolérance par des imprécations peu décentes contre les ministres du culte. Plus calmes, et avec plus d'impartialité, un grand nombre de citoyens manifestent des craintes de voir les prêtres reprendre trop d'influence sur les esprits, si l'on facilite l'entier rétablissement des cérémonies religieuses ; ils les considéraient même comme susceptibles de pervertir entièrement l'esprit public, si on les tolérait avec tous leurs signes extérieurs. Des citoyens d'une autre opinion, et ardents à se flatter du retour de tous les anciens usages, espèrent beaucoup qu'on va rendre au culte catholique toute son ancienne latitude, et quelques indiscrets en augurent d'avance favorablement pour la renaissance du gouvernement monarchique. Ces derniers surtout ne mettent aucune borne à leur ironie sur toutes les institutions républicaines ; la division décimale des jours de l'année et la démarcation des saisons par équinoxe et par solstices est ce qui sert d'aliment à leurs continuelles déclamations. Plusieurs groupes se sont formés pour discuter surtout les avantages ou les inconvénients qui résulteraient d'une loi conforme au rapport du citoyen Camille Jordan sur la police des cultes. Les entretiens se sont quelquefois vivement échauffés, et peut-être la prudence d'hommes conciliateurs a-t-elle empêché ceux qui traitaient cette matière avec tant de chaleur d'en venir entre eux à des voies de fait. — Mêmes murmures et même découragement sur la situation des finances; les besoins partout croissent, font croître aussi les vœux pour la paix; on la désire, on l'appelle avec plus d'ardeur que jamais, comme seule propre à faire cesser nombre de dépenses extraordinaires et diminuer le malaise que l'état des ressources laisse dans l'intérieur. — Rien n'a paru disposé à troubler la tranquillité publique.

Spectacles. — Ils ont également joui de la tranquillité.....

LIMODIN.

(Arch. nat., BB³ 86.)

MLVIII

30 PRAIRIAL AN V (18 JUIN 1797).

RAPPORT DU BUREAU CENTRAL DU 1ᵉʳ MESSIDOR.

Esprit public. — L'humeur perce à travers les entretiens politiques, et l'on remarque aussi que l'agitation gagne peu à peu dans les esprits. La misère publique sert de raison et le plus souvent de prétexte à la haine que l'on manifeste contre le gouvernement, et cette haine a fait de nouveaux progrès. Quiconque entreprend la défense [du gouvernement] éprouve de l'opposition et est fortement suspecté d'esprit de parti. On doit ajouter que l'arriéré des payements dans la classe des salariés et la rareté des travaux parmi les ouvriers sont une source de plaintes contre la République, et que l'intérêt ou le besoin éteignent dans la multitude le sentiment du patriotisme ; joint à ce que dans les promenades publiques, où l'affluence a été considérable ces deux jours derniers, le luxe extraordinaire de quelques personnes a donné lieu à déclamer avec plus d'aigreur que jamais contre les représentants, que l'on nommait, contre les membres du Directoire, les ministres, les entrepreneurs et quelques généraux, tour à tour inculpés de vol, de spoliations et d'agiotage. On a saisi aussi avec plus d'affectation dans les spectacles les occasions de décrier le gouvernement. — La formation de la Société de l'hôtel de Salm produit une certaine agitation ; on va y voir jusqu'à un pressentiment de guerre civile ; cette réunion et celle de Clichy sont tenues [pour] également dangereuses, les hommes publics qui en font partie devant nécessairement y penser (sic) et porter ensuite dans leurs délibérations un esprit de rivalité, peut-être même des haines particulières et des vues de vengeance, qui nuiront au bien de la chose et porteront souvent les décisions au delà du cercle de la justice et de l'impartialité. Tel est le sentiment de la saine partie du public, attachée à la Constitution, et ce que l'on a pu observer, c'est que le vœu du très grand nombre était pour que le gouvernement allât au-devant de toutes les dissensions en supprimant toutes ces sociétés, comme ne pouvant qu'être funestes à la tranquillité intérieure de l'État. — On s'occupe toujours du Congrès, mais en général on trouve bien toutes les négociations préparées pour la paix et même on est très alarmé des préparatifs de guerre que semblent faire la plupart des puissances de l'Europe ; ce dernier point laisse une très vive inquiétude, tous les états de la société étant dans la persuasion qu'ils ne pourront s'améliorer et sortir de la détresse où ils sont que lorsque la paix arrêtera le cours de toutes les dépenses extraordinaires du gouvernement inséparables d'un état de guerre. — Les opinions de religion sont également répandues ; une partie du public témoigne beaucoup d'admiration pour le rapport de Camille Jordan, et l'on peut assurer que la presque totalité des citoyens applaudit au tolérantisme du projet ; mais il y a division complète quant à ce qui concerne la liberté du culte extérieur et surtout l'usage des cloches. Une autre partie du public, ou plutôt un certain nombre de citoyens, manifestent dans leurs opinions moins de politique et de raisonnement que de haine et [de] dérision pour le culte catholique et d'animadversion pour ses ministres, qu'ils désignent indistinctement sous les noms les plus injurieux. Ce peu de ménagement pour les préjugés indispose souvent les auditeurs ; il en naît de vives altercations, et il en résulte que ceux mêmes dont on fronde les principes religieux reportent sur le gouvernement une partie de la haine qu'ils accordent aux auteurs de ces diatribes, parce que ceux-ci, dans la plupart de leurs raisonnements, s'appuient de leur attachement à la République. — D'un autre côté, les [ennemis] jurés de l'ordre actuel des choses s'étayent (?) ouvertement pour le décrier de l'affluence plus considérable que l'on a remarquée ces jours-ci dans les églises.

Culte. — Les églises, surtout celles desservies par les prêtres non assermentés, ont été constamment remplies ; le nombre des femmes surtout y était considérable ; il y avait aussi un grand nombre d'enfants ; les quêtes y ont été généralement abondantes ; il ne s'y est passé rien qui pût choquer la surveillance du gouvernement. Plusieurs églises étaient ornées à l'intérieur, eu égard aux cérémonies que l'on y observait.

Spectacles. — Ils ont eu peu de spectateurs ; les satires contre le gouvernement, à raison de la situation actuelle des finances, y ont été fréquentes. Il en est plusieurs où les habitués sont attentifs à saisir tout ce qui semble servir d'application contre la République...

Bourse. — ... La tendance assez forte que les cours paraissent avoir en ce moment vers la baisse est attribuée principalement à la disette de fonds et à un peu d'embarras sur la place, qui en est la suite nécessaire.

LIMODIN.

(Arch. nat., BB³ 86.)

JOURNAUX.

Paris pendant l'année 1797 par Peltier[1], numéro du 5 juillet 1797 : « *Jardins publics*. Les anciennes promenades de Paris sont à peu près abandonnées par les personnes opulentes. On ne peut mettre le pied dans le jardin du Palais-Royal ; depuis qu'il a été dégradé par les spéculations mercantiles de son ancien propriétaire, il n'est plus habité que par des filous et les plus sales prostituées. Qui peut se résoudre à se promener dans les Tuileries ? Outre les difficultés résultantes de la consigne donnée aux sentinelles, qui ne doivent pas laisser passer tel costume, ni telle disposition de cheveux, qui font la guerre aujourd'hui aux cheveux plats en faveur de la tresse et demain à la tresse en faveur des cheveux plats, quelle personne sensible peut fouler de sang-froid cette terre souillée des forfaits du 10 août ? Qui ne se rappelle avec douleur cette multitude de crimes préparés ou exécutés sur ce point de la capitale, jadis si digne de notre admiration ? On le fréquente si peu que peut-être la moitié de Paris ne sait pas encore qu'on a abattu la moitié des arbres de ce jardin. Les boulevards sont peu attrayants. Une triple allée croisée par des voitures, des chevaux, des charrettes, des hommes chargés de meubles, de bois de charpente, de fardeaux de toute nature, ne

---

1. Ce journal (Bibl. nat., Lc 2/871, in-8), publié à Londres, contient peu de renseignements précis sur l'esprit public à Paris. L'extrait qu'on va en lire est à peu près le seul, à cette époque, qui rentre dans notre cadre.

présente pas un asile assez tranquillisant pour en faire une promenade habituelle. Où donc aller? Au spectacle? Mais cela est presque impossible dans les beaux jours d'été. D'ailleurs il faut varier ses plaisirs. Tout attrayant que celui-là peut être, il deviendrait fastidieux. Des spéculateurs adroits se sont pénétrés de ces vérités. Les grands de l'ancien régime, en fuyant les proscriptions révolutionnaires ou en y succombant, n'avaient pu emporter leurs palais ni dans l'autre monde ni chez l'étranger. On s'en est emparé. Ils ont été loués. On en a fait des jardins et des maisons publiques, dans lesquels on n'entre qu'après avoir consigné préalablement un ou deux écus. C'est à ces adroits calculs que nous devons *Tivoli*, *l'Élysée*, *la Chaumière*, *Bagatelle*, etc. Ces jardins sont bien entretenus. Toutes les richesses de l'art et de la nature y sont déployées avec goût. Les accessoires consistent, dans presque tous ces établissements, en une illumination de couleur, un feu d'artifice, un aérostat, une salle de danse où figurent de pauvres filles, à qui l'on a distribué des billets gratis, à condition qu'elles danseraient. On jette sur tout cela un regard dédaigneux ou distrait. L'on se croise, l'on se rencontre. Un jeune homme répandu quitte et rejoint vingt sociétés. Les beautés du jour viennent s'y faire admirer. Le goujat que la Révolution a enrichi, bien décrassé, en linge blanc, donnant le bras à sa compagne, déguisée en femme du bon ton, passe tranquillement et presque sans remords, à côté de son ancien maître. A dix heures, tout le monde se sauve et l'on va prendre des glaces. Depuis un an, trois ou quatre maisons de glaciers ont été adoptées avec fureur, et tout à coup absolument abandonnées. Aujourd'hui c'est le *Pavillon d'Hanovre* qui est à la mode. Sur une surface d'environ 20 toises l'on a dessiné un jardin anglais, où se trouvent deux montagnes, trois vallées, un pont, et point de rivière. Il est convenu que les glaces du favori actuel sont infiniment préférables à celles de ses rivaux délaissés. Ces messieurs prennent et quittent le dé tour à tour. Ainsi va le monde. Des gens qui veulent juger des effets sans connaître les causes écrivent avec innocence que la frivolité des habitudes actuelles est inconcevable, qu'on ne rêve que bals, jardins, glaces, plaisirs au milieu des désordres politiques. Eh! Messieurs, soyons de bon compte : que faire à un mal sans remède? Souffrons gaiement au moins, et remercions la Providence de ce qu'elle fait croire à tous les Parisiens qu'une glace du Pavillon d'Hanovre vaut mieux que toutes les victoires de Buonaparte! » — *Ami du peuple* du 4 messidor : « *Club de Salm*. On assure que la société du parti de l'opposition, qui se rassemble à l'hôtel de Salm, a pris avant-hier le titre de Cercle constitutionnel. Comme l'entrée de cette réunion n'est point ouverte au peuple, nous ne saurions dire ce qui s'y passe. La renommée publie seulement que le Jourdan de Fleurus y a prononcé un discours, dont nous regrettons de ne pouvoir rendre compte. Espérons qu'un jour les motions et discours des sociétaires nous seront transmis par eux-mêmes ou par leurs journaux. »

MLIX

1er MESSIDOR AN V (19 JUIN 1797).

Journaux [1].

Courrier des spectacles du 2 messidor : « Permettez-moi, Messieurs, de vous adresser quelques observations sur l'état actuel des théâtres de Paris. Votre journal devant être entre les mains des amateurs de l'art dramatique, le sujet que j'ai à traiter ne peut manquer d'intéresser vos abonnés. La capitale compte dans ce moment quinze théâtres. Chacun donne tous les jours, à l'exception du théâtre des Arts. On doit être effrayé de ce nombre en réfléchissant qu'il y a dix ans Paris n'avait que sept théâtres, dont deux encore, qui n'existaient alors que depuis peu de temps, n'ont pu se soutenir et ont été remplacés par d'autres. L'Académie royale de musique, le Théâtre-Français, le Théâtre-Italien, les Grands-Danseurs du roi et l'Ambigu-Comique, tels étaient les cinq théâtres qui suffisaient autrefois à Paris, et qui, sans contredit, suffiraient encore aujourd'hui. Il est à remarquer qu'il n'y en a qu'un qui n'a pas changé son nom. L'Ambigu-Comique a seul conservé la dénomination qu'il avait à cette époque et a aujourd'hui, sous ce rapport, l'honneur d'être le spectacle de Paris le plus ancien. Un avantage plus réel pour son directeur, c'est qu'il attire toujours le même monde. Les Grands-Danseurs n'ont subi que de légers changements ; ce théâtre a porté successivement les noms des propriétaires, mais au moins il n'y a eu rien que de très volontaire dans ces changements. Quant aux autres, ils ont été le jouet des passions. Le Théâtre-Français a repris son nom, et je crois qu'aucun ne convient mieux au théâtre où l'on représente les chefs-d'œuvre de la nation française. Quant au théâtre des Arts, je ne conçois pas ce qui peut lui donner ce titre. Il ne devrait, ce me semble, appartenir qu'à un théâtre qui serait réellement une réunion des arts en général, où l'on verrait tour à tour l'opéra, la tragédie, la comédie et la danse. Je crois que celui de l'Académie de musique lui convenait mieux ; on eût pu y ajouter : *et de danse*. Les Italiens avaient conservé le nom de leur origine, et peut-être celui de l'Opéra-Comique devait-il y être substitué. Je pense que si ces cinq théâtres subsistaient seuls comme autrefois, ils pourraient, comme dans ces heureux temps de l'art dramatique, avoir tous les succès et se maintenir ; mais je suis convaincu que, tant qu'il restera à Paris un si grand nombre de spectacles, ils seront déserts, et que peu à peu ils se perdront, et l'art dramatique avec eux. Je prévois les obstacles que l'on peut opposer à une réforme de cette espèce ; mais il est peut-être un moyen de tout concilier. Je vous en entretiendrai dans une seconde lettre. Je vous salue. E. M. J. » —

---

1. Le rapport du Bureau central du canton de Paris du 2 messidor, qui se rapportait à cette journée du 1er messidor, a disparu. Nous entrons d'ailleurs dans une période qui offre beaucoup de lacunes. Ainsi, pour ce mois de messidor an V, nous n'avons que les rapports datés des 1er, 8, 20 et 30.

Miroir du 2 messidor : « *Modes et nouveautés* [1]. Chapeaux spencers. Maîtrisées par le goût dominant, les modistes n'ont plus à s'exercer que sur la garniture en satin (rose, gros vert, chamois, violet, jonquille, noir) qu'elles plissent avec une nouvelle dextérité ; sur le placement des plumes follettes de vautour ou d'autruche, qui le disputent aux plumets de héron, couleur jonquille à tige noire, ou noire avec les extrémités jonquille. Quant aux bourdaloues, les mèches de soie plate, en chapelet, commencent à céder la place à des ganses rondes, unies ou à jour. — Négligés ajustés. C'est le nom, assez bizarre, qu'ils reçoivent des modistes, quand, à leur composition simple, se réunit quelque ornement emprunté soit du turban, soit d'une autre coiffure à prétention. Les plus nouveaux sont le turban à barbe, composé d'un fichu roulé d'où s'échappe une large corne destinée à figurer sur le côté... Le négligé en demi-ruche, formant barbe d'un côté et toquet à ruche de l'autre... Le chapeau turban composé d'une calotte haute et d'un demi-turban, qui tient lieu de bords. — Négligés du matin. Depuis l'admission des toquets, les anciens bonnets ronds ont perdu de l'ampleur de leurs papillons, et la coulisse du fond, au lieu d'être froncée, se serre bien uniment sur le chignon par le moyen de deux épingles, qui souvent correspondent au collier. — Éventails. Outre les sujets énigmatiques, ordinairement imprimés sur un satin blanc de forme ronde ou ovale qui s'encadre dans une bordure à paillettes, leurs ornements sont des zigzags, des carreaux de damier, des anneaux entrelacés, des losanges formés avec ces mêmes paillettes, or ou argent sur un fond blanc ou jaune, quelquefois noir. — Chignon court, sans poudre... Bandeaux nacarat... Éventail queue de serin, à paillettes... Spencer ardoise garni sur les coutures d'une ganse jaune orangé... Jupe de soie couleur gris enfumé faisant partie de la robe... manches de soie blanches... bas ardoise à coins jaune orangé... souliers maroquin vert avec une seconde empeigne noire depuis la plante du pied jusqu'à la pointe... Le tiers du bras droit sous les plis de la robe pour la tenir retroussée à la hauteur du mollet. — Costumes d'hommes. Habits de couleur grise, plus ou moins mélangée. Vert dragon. Plume de corbeau. Collets noirs en satin, ou en velours chaque jour plus communs. Ganses en soie, servant de bourdaloue, quelquefois tressées avec un fil d'or. »

MLX

3 MESSIDOR AN V (24 JUIN 1797).

Journaux.

Rédacteur du 5 messidor : « *Variétés*... On a dit dans un journal, et peut-être répété dans dix autres (car les sottises et les mensonges circulent rapidement à Paris), que l'assemblée des théophilanthropes est une réunion

---

[1]. Ces articles de mode du *Miroir* ne se trouvent pas en général dans le corps du journal, mais dans un supplément, en plus petit format, intitulé *Feuilleton*.

des Jacobins. Or, on ne fait pas autre chose dans cette assemblée que chanter des cantiques pieux, entendre des lectures morales, adresser des prières à l'Être suprême. C'est un culte dégagé de mysticité, et qui admet seulement les deux dogmes fondamentaux de toutes les religions : l'existence de Dieu et l'immortalité de l'âme. Le service divin s'y fait avec décence et recueillement. Ainsi, non seulement c'est mentir très impudemment que de représenter les théophilanthropes comme des factieux, mais c'est violer à leur égard la loi de la liberté des cultes. La presse doit être libre aussi, mais pour les mauvais raisonneurs seulement, et non pas pour les calomniateurs. Une fausse opinion n'est jamais un délit, mais un fait faux, méchamment inventé ou répété, en est un. » — « Que deux ou trois littérateurs indignes de cet honorable titre, après avoir encensé nos tyrans révolutionnaires, s'empressent de flatter tous les matins les passions du royalisme ; qu'ils y gagnent quelque argent et quelques caresses de l'aristocratie, hommes éclairés, hommes à talents, ne leur enviez pas ce honteux et passager hommage ; n'abandonnez pas le parti des grands hommes de l'antiquité et de ceux qui, chez les modernes, ont avancé les progrès de la raison humaine, depuis Montaigne et Bacon, jusqu'à Voltaire. Les sottises du jansénisme et les convulsions du cimetière de Saint-Médard, quoique fort peu anciennes, sont oubliées. Le zèle apostolique de nos beaux messieurs et de nos belles dames passera encore plus vite : la raison seule est de tous les temps. (Extrait de la *Décade philosophique*.) »

MLXI

4 MESSIDOR AN V (22 JUIN 1797).

JOURNAUX.

Ami des Lois du 9 messidor : « *Variétés*..... Le Cercle constitutionnel devient tous les jours plus nombreux. Déjà trois cents aspirants attendent avec impatience que la réunion les admette dans son sein. Tous ceux qui se présentent sont des hommes connus par leur modération, leur sagesse, leurs lumières, et leur attachement sincère au gouvernement. Clichy est effrayé de cet empressement de bons citoyens à se coaliser pour soutenir les intérêts du peuple contre ceux qui veulent le dépouiller de ses droits. Plusieurs communes des départements se disposent à imiter un si bon exemple. Le Cercle constitutionnel est très sévère dans ses choix ; il n'admet que des hommes irréprochables et très éclairés ; il rejette tous ceux dont l'esprit turbulent voudrait précipiter les mesures et nous rejeter dans de nouvelles révolutions. Le Cercle ne veut rien détruire ni renverser ; il veut fortifier, conserver la Constitution, et empêcher par une force morale tout ce qui pourrait l'altérer et lui nuire. » — « Une nouvelle réunion vient de se former au faubourg Antoine, sous le nom des Conservateurs de la Constitution. Elle est composée de cinq à six mille pères de famille, connus par leur respect pour les lois. Une autre réunion va se former au faubourg Marceau sous le nom des Fondateurs de la liberté. Le faubourg Montmartre veut aussi avoir sa réunion ; ces différents cercles patriotiques sont déterminés à chasser de leur sein tout royaliste qui, sous le masque démagogique, proposera quelque chose de contraire à la Constitution, ou qui soit opposé au respect dû aux autorités constituées. »

MLXII

5 MESSIDOR AN V (23 JUIN 1797).

JOURNAUX.

Ami du peuple du 5 messidor : « Nous avons été témoins, ces jours derniers, des humiliations et des insultes qu'ont essuyées, aux promenades publiques, plusieurs femmes qui s'y étaient montrées sous des vêtements indécents. Nous sommes loin d'approuver les sarcasmes qu'on a lancés, et la frayeur qu'on a faite à celles dont nous parlons ; mais nous croyons qu'il n'y a pas de mal qu'on apprenne à ces imprudentes qu'il faut au moins respecter le peuple, et que, si l'on est dissolue, il faut le cacher; si l'on est sage, il faut le paraître. » — « Quelques marchands d'estampes étalent depuis quelque temps les portraits de Buonaparte, de Pichegru, de Hoche, de Bournonville ; et le peuple, qui sait mieux sentir que ses ennemis ne déraisonnent, s'arrête volontiers pour contempler ces généraux. Mais nous sommes persuadés qu'il verrait, avec non moins de plaisir, les images de Jourdan, de Moreau, de Masséna, d'Augereau, de Lefèvre, de plusieurs autres, et que les vrais amis de la patrie seraient fort aises de se les procurer. » — *Miroir* du 5 messidor : « *Variétés*. Jardin-Bourbon. Si la vérité n'habitait plus sur la terre, il faudrait, pour la trouver, descendre dans l'âme d'un bon roi, disait le royaliste et le Chouan Platon. Quant à nous, qui n'avons garde de penser comme cet aristocrate renforcé, nous nous contentons de dire que, si l'amour du plaisir venait à s'exiler des lieux qui lui sont les plus chers, on serait sûr de ne point le manquer à Paris. Songez bien que c'est de l'amour du plaisir et non pas de l'amour, que je parle ; le premier est la passion de nos belles Parisiennes, tandis que le second est relégué avec l'amitié, sa sœur, au pays des chimères. Où vont toutes ces nymphes, toutes ces sylphides, dont les vêtements aériens font à l'œil curieux l'hommage des charmes les plus secrets ? — D'où venez-vous donc, monsieur le questionneur? Toutes ces belles vont faire l'admiration et les délices du Jardin-Bourbon. — Dites du Tivoli. — Eh non, monsieur ! C'est au Jardin-Bourbon que la bonne compagnie se rend aujourd'hui ; le local est délicieux, l'illumination sera des plus brillantes ; feu d'artifice, glaces et rafraîchissements par Garchi ; ascension d'un aérostat, avec explosion et un parachute ; tout ce qui peut flatter en un mot à la fois et les yeux et les vœux des amants sincères du plaisir est l'âme de cette nouvelle réunion. Demain Tivoli aura son tour ; Bagatelle ne perdra rien de son affluence, et nos aimables caracoleurs n'en seront pas moins empressés à y aller goûter le nectar et l'ambroisie que leur y promet le dieu du goût et de la variété. Aussi les journées, qui étaient si longues, ne durent plus une demi-seconde à la plupart de nos femmes aimables. Désormais, dès que la douzième heure du jour sonne le signal du réveil, la douce Clarisse n'a que le temps de livrer ses appâts aux heureux mystères de la toilette : il est déjà quatre heures; les coursiers sont prêts; on arrive à Bagatelle, on dîne délicieusement, on se promène; la nuit approche; on quitte ce séjour enchanteur; on va passer un quart d'heure au Jardin-Bourbon; de là on vole à Tivoli; on arrive à temps pour fixer tous les hommages chez Juliette, et, le reste de la soirée, on s'occupe, avant qu'un sommeil appesantisse des paupières fatiguées de plaisir, on s'occupe, dis-je, du costume, de la mode et des délassements du lendemain. Aussi vive Bagatelle! vive le Jardin-Bourbon! vive Tivoli! vivent tous les amis du plaisir! »

MLXIII

6 MESSIDOR AN V (24 JUIN 1797).

JOURNAUX.

Annales de la Religion du 6 messidor : « *Observation*. Au commencement de vendémiaire dernier, c'est-à-dire à la fin de septembre, on a fait, dans les bureaux du ministre des finances, le relevé de toutes les communes qui avaient repris l'exercice public de leur culte. On en comptait déjà, il y a neuf mois, trente et un mille deux cent quatorze ; de plus, quatre mille cinq cent onze étaient en réclamation pour l'obtenir ; enfin, dans cet état, il n'était point question de Paris; les grandes communes n'étaient comptées que pour une église. Voilà bien à peu près nos quarante mille anciennes paroisses. Voilà le véritable vœu du peuple bien prononcé pour sa religion à la presque unanimité. Or, que penser maintenant de ceux qui prétendaient qu'il y avait renoncé volontairement sous le glaive de la terreur, et qui travaillent encore ouvertement, sinon à lui interdire tout à fait l'exercice de son culte, du moins à le gêner par mille entraves astucieusement combinées? »

MLXIV

7 MESSIDOR AN V (25 JUIN 1797).

RAPPORT DU BUREAU CENTRAL DU 8 MESSIDOR.

Esprit public. — Les esprits sont toujours un peu agités; l'établissement ou le projet d'établissement de plusieurs clubs est une des principales causes de l'inquiétude que l'on manifeste sur la tranquillité publique; on considère comme une provocation indirecte à quelque mouvement la formation de la Société réunie à la maison de Montmorency, ou tout au moins comme un exemple très dangereux et capable de causer les plus grands troubles dans les départements, dans l'enceinte même de Paris; aussi, lorsqu'il en est question, en parle-t-on peu en bien et beaucoup en mal. — Les idées de tristesse que ces craintes inspirent sont aggravées par celles que partagent nombre de citoyens de tous états de l'éloignement de la paix. L'impatience de voir cesser toutes les incertitudes à cet égard est extrême, et telle que l'on voudrait être assuré officiellement par le Directoire. La paix, à ce qu'il a paru, continue d'être l'objet important et qui exerce le plus d'empire sur l'opinion publique; on y attache sans réserve le sort des finances; on en fait dépendre toute la restauration de toutes les branches de commerce; on la regarderait comme la mort de tous les partis. Les espérances d'y parvenir semblent s'en éloigner depuis quelques jours aux yeux d'un très grand nombre de citoyens, qui en manifestent hautement leurs regrets, et l'on ne lève les yeux de dessus cet objet que pour les reporter sur le délabrement des finances et sur les difficultés que cet état de choses a fait naître entre le Conseil des Cinq-Cents et le Directoire. — Il faut joindre encore à ces causes de mécontentement le peu de vigueur que l'on trouve aux tribunaux et aux autorités administratives pour réprimer le brigandage qui désole les campagnes; de plus on se plaint de l'entrée prodigieuse des émigrés, qui peuvent servir à exciter les passions et à diminuer le crédit public. — Il y a partage évident à l'occasion des événements d'Italie. Les uns les traitent de désastres révolutionnaires amenés par les Français, et dont les suites fâcheuses tourneront à notre détriment; d'autres sont contents de tout ce qui s'y passe et en disent du bien. — On croit peu à l'arrivée des fonds que l'on disait en route pour la Trésorerie nationale, où ils seraient expédiés d'Italie, et la malveillance feint d'y croire pour en faire d'avance la proie des dilapidateurs, termes dont leurs réticences portent l'acception sur les premiers magistrats de la République. — Quelques sentiments exagérés à part, d'ailleurs fort rares, tout s'oppose dans l'opinion à la réascension des cloches; la liberté la plus grande du culte, mais sans aucuns signes extérieurs et sans exiger aucune garantie particulière de ses ministres autrement que comme citoyens; en un mot, l'exécution stricte de la Constitution en cette partie est le vœu décidé du public, où l'on témoigne d'ailleurs de la répugnance pour tout ce qui donnerait à la religion quelque importance aux yeux du législateur. On doit dire au surplus que, toutes observations recueillies et rassemblées, il paraît tout à fait impossible que des discussions en matière de religion deviennent de sitôt la cause ou le prétexte d'aucun trouble et d'aucunes commotions. — Les deux premiers objets traités dans ce rapport sont les seuls qui laissent de vives inquiétudes dans les esprits et fassent présumer à bien des gens que sous peu il doit y avoir des événements extraordinaires et peut-être désastreux. Cette idée alarmante jette déjà de profondes racines.

Spectacles. — Il s'y est rendu très peu de monde. Ce qu'on y remarque au surplus depuis quelque temps est une ardeur unanime à relever par des applaudissements les plus affectés tout ce qui couvre de ridicule ou de mépris les riches dont la fortune date de l'époque de la Révolution. Les ressentiments du règne de la Terreur donnent aussi lieu à des applications fort vivement faites. — Moins d'unanimité ailleurs, mais non moins d'acharnement à relever ce qui semble faire la censure de quelques institutions de la République, telles que les fêtes publiques, le divorce, etc. L'animosité alors est sensible et réduite souvent à une très petite partie des spectateurs. Tel est l'esprit public depuis quelques décades dans les théâtres.....

Commerce. Pain. — Il y a eu peu de pain sur les halles. Le blanc a été vendu 10 sous les 4 livres, 8 sous 6 deniers le mi-blanc, et 6 sous 6 deniers le bis.

Viande. — La viande de boucherie a été très abondante. Le bœuf a été vendu en détail de 4 à 8 sous la livre, le veau de 6 à 11, le mouton de 7 à 12 et de 10 à 11 le porc frais.....

BRÉON.

(Arch. nat., BB³ 86.)

JOURNAUX.

Ami des Lois du 9 messidor : « *Variétés*..... Hier, sept à neuf heures du soir, le général Cacault et deux de ses camarades sans armes, prenant une bouteille de bière près le cirque au Palais-Égalité, ont été gravement insultés par des Lyonnais, compagnons de Jésus ; un d'eux lui dit : « Voilà des « blessures que j'ai reçues en combattant les brigands. » — Quels brigands? « dit Cacault. — Parbleu ! Les brigands de la République. Mais à Lyon, dès que « nous en attrapons, nous les envoyons à Avignon ; et si les jeunes gens de « Paris étaient aussi braves que nous, la Seine engloutirait bientôt les scélérats « de Républicains. Nous sommes ici un bon nombre de Lyonnais qui ferons « tout; et si j'avais un roi à ma disposition, il serait déjà sur le trône... » Le général Cacault a fait sa déposition des faits ci-dessus par-devant les autorités constituées. »

MLXV

8 MESSIDOR AN V (26 JUIN 1797).

JOURNAUX.

Courrier républicain du 9 messidor : « *Paris, 8 messidor*... Le club des députés, en opposition au club des députés clichyens, n'est point à l'hôtel de Salm. Le propriétaire, Leutheraud-Beauregard, a refusé de le louer; il s'est donc établi au ci-devant hôtel de Montmorency. Bergoeing, qui en est membre, a fait la déclaration à la police. Les commissaires (dénomination adoptée pour remplacer celles de président et secrétaire, que la Constitution interdit) sont Talleyrand-Périgord, Siéyès, Garat, Vérieu (député nouveau de Toulouse) et Merlin. On assure qu'Antonelle et confrères, échappés de Vendôme, ont aussi leur club; mais comme ils ne veulent point en faire la déclaration à la police, ils n'ont point de local fixe... On l'appelle le *Club chancelant*... Puisse-t-il avoir autant de succès que *la république flottante* des matelots anglais! On parle aussi d'un club de jeunes gens qui se réunissent au Palais-Royal, comme jadis après le 9 thermidor; mais on prétend que, si l'esprit de ce club n'est pas jacobite, il est aussi fort peu constitutionnel. Le *Messager du Soir* assure que ce club n'existe point, et que son existence est un rêve malicieux de la faction anarchique. »

MLXVI

9 MESSIDOR AN V (27 JUIN 1797).

JOURNAUX.

Rédacteur du 12 messidor : « *Paris, le 11 messidor an V*. Le 9 messidor, au théâtre de la citoyenne Montansier, un jeune homme s'est permis, entre les deux pièces, d'apostropher un citoyen qu'il a prétendu se nommer Lamine et avoir été président du Comité révolutionnaire de Rouen : « Tu es l'assassin « de mon père », lui a-t-il dit. A ces propos, les esprits et les têtes fermentent; il ne s'agit rien moins que de jeter Lamine par les fenêtres. Le sergent de garde et un autre citoyen s'emparèrent de Lamine, le firent sortir, et tout rentra dans l'ordre. Tous les amis de la justice et des lois se sont certainement livrés à toutes les réflexions qu'un semblable fait présente, et ont senti combien, s'il se renouvelait, la tranquillité publique pourrait être troublée. Nous avons, comme citoyens et comme magistrats, une juste horreur contre les méchants : nous avons suffisamment prouvé que nous les poursuivons avec vigueur; mais la loi seule doit les courber sous son poids respectable, et nous serions coupables de souffrir que l'on tentât d'employer d'autres moyens que ceux qu'elle prescrit impérativement. Le jeune homme dont est question peut avoir été emporté par une juste indignation, nous nous plaisons à le croire; mais quelque honorable que soit, pour son cœur, sa sensibilité, nous n'en désapprouverons pas moins l'explosion peu réfléchie, qui pouvait amener des résultats fâcheux, et être d'un exemple funeste. Les administrateurs du Bureau central : Cousin, Bréon, Limodin. » — *Ami du peuple* du 9 messidor : « Projets des exclusifs catholiques et royaux d'établir en France une religion nationale dominante pour être respectés, disent-ils, et pouvoir assommer, au nom de Dieu, tous ceux qui ne seraient pas de leur culte. La politique atroce des Médicis, des Richelieu et des Louis XIV revient à l'ordre du jour; partout les échos de la royauté prêchent la nécessité d'une religion nationale dominante et exclusive. C'est cette farouche doctrine qui alluma le feu des guerres civiles sous François II, et qui se propagea sous ses successeurs avec les plus rapides et les plus effrayants progrès; ce fut par une conséquence de ce système destructeur que l'exécrable règne de Charles IX vit se consommer la sanglante tragédie de la Saint-Barthélemy, où plus de deux cent mille Français, égorgés par la main des Français fanatisés, augmentèrent le nombre des victimes que les guerres religieuses avaient déjà fait périr. Ce fut dans le même esprit que Richelieu, qui eût pu facilement ramener les protestants et les conserver dans l'obéissance, préféra d'attiser leur rébellion pour avoir occasion de les exterminer. C'est encore suivant les mêmes principes de machiavélisme que le tyran Louis XIV, d'après le conseil des prêtres catholiques, couvrit la France de gibets et d'échafauds, pour y sacrifier à leur despotisme et au sien des hommes qui suivaient la religion de leurs pères, mais qui n'étaient pas de la religion dominante, de l'intolérante superstition de Rome. Ce fut par une suite de ces mesures dévastatrices et sanguinaires que la France perdit alors plus de cinquante mille familles estimables, qui, pour fuir la persécution, allèrent porter chez l'étranger leurs richesses, leurs talents et leur industrie. C'est encore dans les mêmes vues qu'après [avoir] bientôt achevé le massacre des républicains, les partisans de la royauté, qui veulent à tout prix ressaisir les rênes du pouvoir absolu et les conserver dans leurs mains, sans contradiction, projettent d'ériger en France une religion nationale dominante et exclusive, avec une inquisition complète, pour faire griller encore les juifs, les protestants, les hommes instruits, les plus faibles raisonneurs et quiconque n'adopterait pas aveuglément les rêveries, les impostures et les scélératesses des prêtres catholiques, afin de rallier le système farouche de la tyrannie, de lui donner de l'unité, un ensemble désormais indestructible. Voilà précisément le but où l'on veut nous mener; les apologistes abominables du despotisme se couvrent enfin du voile de la modération, de l'intérêt social même, dont ils abusent pour déguiser leurs projets liberticides. On aperçoit dans leurs écrits et leurs discours l'intention d'entraîner, de bon gré ou de force toute la nation vers un seul point : la royauté. Il en est de même qui, dans leur impudent délire, proposent à la France républicaine l'Angleterre esclave pour modèle. Ces brigands osent dire qu'une religion nationale, dominante et exclusive consoliderait merveilleusement bien notre Constitution actuelle, qui permet tous les cultes indistinctement; que cette religion ferait respecter les fonctionnaires publics qui s'y soumettraient, c'est-à-dire que, suivant le club de Clichy et ses apôtres, il faudrait être de cette religion dominante pour remplir des places dans une monarchie à l'anglaise ou sous un despotisme d'un autre genre, que ces conspirateurs insensés prétendent asseoir en France sur les ruines de la République. Ces scélérats cherchent à persuader au peuple que c'est une religion à laquelle ils ne croient pas, qu'ils observent encore moins, qui doit les faire respecter, c'est-à-dire que leurs grimaces, leur hypocrisie, certaines pratiques extérieures de tartufe sont les titres qu'ils présentent pour recevoir les hommages de leurs semblables. Eh, bandits! si vous voulez qu'on vous respecte, vous et vos subalternes, il ne s'agit pas de singer la religion : il faut en avoir une en effet, non pas cette horrible religion des prêtres et des cagots, mais la religion de la nature, de la sociabilité, la religion du cœur, de la vertu, de l'égalité, de la liberté, de la raison enfin; tout le reste n'est que mensonge et trahison. Si les fonctionnaires publics veulent être respectés, qu'ils fassent le bien : alors ils obtiendront l'estime qu'ils auront méritée; mais, tant que la République sera administrée par des hommes insouciants ou pervers, qu'ils s'attendent aux malédictions, à la haine incurable, au mépris, à la vengeance; il n'y a pas de religion qui puisse les sauver de là. Enfants dégradés de la nature, proscripteurs odieux de la vérité, non, vos religieuses impostures, vos prétendues révélations forgées dans l'atelier de vos crimes, n'ont jamais produit aucun bien; il n'en est résulté que l'asservissement des peuples et leur misère. Partout où vos théologiens ont pénétré, ils ont tué l'esprit public et étouffé la morale de la liberté pour les remplacer par les maximes hideuses de la tyrannie, érigée en culte, et par l'ignorance, les vices et les calamités de l'esclavage. »

MLXVII

11 MESSIDOR AN V (29 JUIN 1797).

JOURNAUX.

Ami du peuple du 13 messidor : « *Anecdotes.* Un républicain, rentier de la République, revenant avant-hier de la Trésorerie nationale, à pied, sans parapluie et sans argent, s'arrête rue Honoré, sous une porte cochère, pour laisser passer la pluie. Un domestique de ci-devant raisonnait avec le portier sur les circonstances présentes. Ne connaîtriez-vous pas, lui dit-il, quelque Anglais malheureux à Paris ? Il doit y en avoir beaucoup... — Pourquoi? lui répliqua le portier. — C'est que les honnêtes gens qui rentrent ne veulent pas de Français à leur service... »

MLXVIII

12 MESSIDOR AN V (30 JUIN 1797).

JOURNAUX.

Journal des hommes libres du 12 messidor : « *Annonce.* On est si plein de sentiments qu'inspire la situation actuelle, que chaque parti les exhale, pour ainsi dire, par tous les pores ; tous les truchements de l'homme sont employés à les peindre, les journaux, les chansons, les discours et jusqu'aux caricatures. Parmi celles-ci, il faut distinguer, pour les talents de l'exécution et pour la justesse de l'idée, celle intitulée : *Entre deux chaises, le cul par terre*. La figure poétique du Directoire, colosse à cinq têtes, se trouve tombée entre un fauteuil royal et la chaise curule ; la bascule politique sur laquelle il s'appuyait est entre ses jambes ; un gouffre, dont la rentrée des émigrés, l'assassinat des patriotes, et tous les fléaux publics désignent l'ouverture, semble l'attendre. Sur sa tête on lit : « On descend au mal par une pente insensible, on « ne remonte au bien que par un effort. » Du côté de la royauté sont des nuages orageux ; du côté de la République, le soleil luit encore ; mais le Directoire est le cul par terre, et l'on ne sait s'il fera l'effort. » — *Courrier des spectacles* du 14 messidor : « *Théâtre-Français*. En entreprenant ce journal, notre principal but a été d'employer nos faibles moyens au soutien d'un art précieux, d'un art qui fait la gloire de la France et la richesse de la capitale. Personne ne niera que le théâtre a ce double avantage. Nous croyons ne devoir rien négliger pour le lui conserver ; et le moyen le meilleur nous paraît être de présenter aux auteurs une critique sévère, mais que nous chercherons toujours à rendre honnête, et aux acteurs un surveillant actif, toujours prêt à leur remettre sous les yeux les écarts involontaires qu'ils pourraient faire et à s'opposer aux innovations qu'ils voudraient entreprendre. Nous n'ignorons pas que l'exécution d'une pareille entreprise nous pouvait attirer des ennemis. Nous connaissons l'empire de l'amour-propre ; mais, persuadés qu'il cédera toujours à l'amour de la gloire chez les vrais artistes, nous n'avons pas balancé à suivre notre dessein. Nous savons que quelques personnes nous accusent de partialité ; nous affirmons qu'elle n'est point dans nos cœurs, et peut-être parviendrons-nous à le persuader en offrant aux auteurs et aux acteurs qui se trouveront lésés par notre journal d'y insérer leurs réclamations. Un des plus grands abus que nous ayons reproché aux théâtres, c'est de changer les pièces, et nous croyons que les auteurs vivants doivent nous savoir gré de protéger les ouvrages des auteurs morts, qui, s'ils vivaient, ne souffriraient sûrement pas que l'on mutilât ainsi leurs productions. Les pièces des auteurs morts, les acteurs en ont la jouissance, mais la propriété en appartient à la nation entière ; nul n'a le droit d'y rien altérer. Nous avons déjà relevé cet abus destructif dans *Le Cid*, dans *Tancrède*, etc., et hier encore dans *Didon*. Nous parlerons aujourd'hui d'*Adélaïde Du Guesclin*[1]. Nous avons été indignés de l'étude que l'on a mise à ôter de cette pièce différents passages qui pouvaient rappeler l'amour que les Français avaient autrefois pour leur roi, et à en remplacer jusqu'au titre, lorsqu'on l'a pu l'ôter, au risque même de choquer la raison, comme dans ces vers :

> Vous le priez ! Plaignez-le plus que moi !
> Plaignez-le ; il vous offense ; il a trahi son roi.

Que veut dire : *Il a trahi sa foi*, que l'on a mis à la place ? Est-ce sa religion que Vendôme a trahi ? Est-ce sa maîtresse ? Non, c'est son *roi* ; il n'y a donc pas d'autre mot à mettre à la place. Croit-on que ce ne soit pas massacrer une pièce que de dire :

> Et suivre les héros, c'est voler à la gloire ?

1. Cette pièce fut reprise le 12 messidor.

Et dans un autre endroit, en parlant à Vendôme de son amour :

> Dans l'âme d'un héros souffrirez-vous qu'il règne !

le tout pour éviter de nommer les Bourbons. Ces vers, tels qu'on les a débités, ont en vérité beaucoup de sel ! Voltaire eût employé un lieu commun dans le premier, et eût dit une bêtise dans le second, par la généralité du mot *héros*. Croit-on que, lorsque Nemours dit, en parlant de Du Guesclin :

> Aux Anglais si terrible, à son pays fidèle,

cela ait la même vérité que : *à son roi si fidèle ?* N'est-il pas certain que l'auteur a eu l'intention d'opposer la fidélité de Du Guesclin pour son roi à la trahison de Vendôme ? Nous ignorons ce que l'on a mis à la place de ce vers :

> Tremble, ton roi s'approche, il vient, il va paraître.

Mais, quel que soit le changement, c'est manquer à l'histoire, à la vérité, à l'auteur, que de dire :

> Vous, mânes des héros, princes, rois mes aïeux.

Est-ce que tous les héros de l'antiquité étaient les aïeux de Nemours ? Non, ses aïeux étaient des Bourbons. Nous le répétons, Voltaire n'a dit jamais pareille sottise. Nous voulons croire que ce soit prudence qui ait fait passer quatre vers de suite dans la première scène du second acte, et deux autres dans la scène cinquième du quatrième ; mais cependant nous observerons aux acteurs du Théâtre-Français que, quand il y avait un roi en France, on y jouait *Brutus, Guillaume Tell, La Mort de César*, et qu'il n'y a pas plus de raison pour que l'on ne joue pas dans une République une pièce où l'on ne parle pas de massacrer les rois. Quel mal ont produit ces vers, qu'ils n'ont pu changer :

> Je te plains davantage
> De haïr ton pays de trahir sans remords,
> Et le roi qui t'aimait et le sang dont tu sors ?

On les a applaudis avec transport, et voilà tout. Au reste, si les acteurs du Théâtre-Français craignent des applications, qu'ils ne jouent donc pas cette pièce, ni aucune autre ; car on en peut trouver partout ; et s'ils veulent mutiler les ouvrages, le public fera bien de se contenter de les lire chez lui, puisque Robespierre n'a pas réalisé le projet, qu'on lui prêtait, de brûler les bibliothèques. »

MLXIX

14 MESSIDOR AN V (2 JUILLET 1797).

JOURNAUX.

Ami des Lois du 17 messidor : « *Variétés*... Le *Républicain français* rapporte qu'avant-hier deux jeunes gens, sans cocarde, furent remarqués par la sentinelle de l'un de nos postes ; au lieu de s'en justifier comme d'un oubli, ils ont insulté la sentinelle et le commandant du poste, et tenu des propos injurieux contre la République. Ils ont été conduits au Bureau central. D'un autre côté, deux autres jeunes gens essayaient de séduire des ouvriers du faubourg Antoine. Ceux-ci les ont laissés s'ouvrir, en faisant semblant de partager leur avis. Bientôt nos provocateurs se sont déclarés et leur ont dit : « Il « faut nous seconder, nous soutenir et nous aider à avoir un roi. » C'était l'aveu que nos honnêtes ouvriers attendaient : ils ont saisi ces jeunes gens et les ont conduits au Bureau central, qui les aura sans doute mis en liberté... Dans tous les cas, ces messieurs ne craignent rien, parce que les tribunaux les acquitteront, comme ils sauvent Brottier et La Villeheurnois. » — *Courrier républicain* du 15 messidor : « *Paris, 14 messidor*... Les clubs se multiplient ici, et, si on en croit le *Journal du Matin*, le ministre de la police a déclaré au Directoire qu'il existe plus de quarante clubs à Paris... Le Directoire, après avoir délibéré en secret, a invité le ministre de la police à redoubler de surveillance... » — *Nouvelles politiques* du 21 messidor : « *Des Théophilanthropes*. La curiosité m'a conduit dimanche dernier à une réunion de théophilanthropes; elle était composée d'environ trois cents personnes, dont le plus grand nombre, par l'habillement et le maintien, paraissait appartenir à une classe d'ouvriers qu'on ne rencontre pas dans les ateliers et dont on se détourne sur les quais. Un autel, semblable à ceux de l'Opéra, quand ils sont mesquins, était à l'extrémité de la salle. Au milieu, il y avait une chaire; ceux qui l'ont occupée se sont successivement passé une redingote blanche, qui est sans doute le vêtement sacerdotal. Les prédicateurs ont parlé vaguement de Dieu, de vertu et d'une piété intérieure. On a lu quelques pensées de Sénèque; des aveugles des deux sexes ont mal chanté des hymnes médiocres. Je trouvais tout cela assez plat; et, convaincu que le déisme pur, qu'il m'a semblé qu'on professait, n'était point à la portée de l'auditoire, je me disais qu'il était absurde de prétendre fonder une dévotion populaire sur une idée abstraite. Mais diverses observations ont donné un nouveau cours à mes pensées et m'ont forcé de considérer l'association sous des rapports plus sérieux. L'autel est dédié à l'Être suprême et à l'immortalité de l'âme : fort peu d'assistants ont, je crois, réfléchi sur l'Être et sur la nature de l'âme; peu se sont doutés qu'ils en eussent une immortelle ; mais tous retrouvaient dans ces mots la religion que Robespierre avait donnée à son peuple. J'ai dû penser que cette inscription était parfaitement choisie, lorsque j'ai reconnu, parmi ses disciples, des agents célèbres des Comités révolutionnaires, des instruments énergiques de prairial et des aspirants à la Constitution de 1793. Je n'ai pas entendu sans étonnement l'un des sermonneurs recommander ce précepte excessivement prudent : « Si l'on vous demande qui vous êtes, vous « ne le direz pas; mais vous répondrez : si l'on veut savoir qui nous sommes, « qu'on aille apprendre notre doctrine. » A cet égard, on aura toute la facilité qu'on peut désirer, car il s'établit une école de théophilanthropie. Enfin, on m'a assuré que chaque église avait un comité secret, et que ces comités correspondaient entre eux. D'après ces faits, serait-il bien téméraire de présumer que quelques chefs échappés de Vendôme, voyant les sociétés des Jacobins défendues et tous les cultes tolérés, eussent imaginé de fondre la société dans le culte et de la rendre ainsi inattaquable? N'ont-ils pas pensé que, si les affiliations étaient proscrites, la communication entre les fidèles de la même communion serait soufferte, et qu'ils obtiendraient l'avantage, trop négligé jusqu'ici, de transformer leur système en dogme, de pousser la crédulité au fanatisme et de fortifier les opinions politiques par l'esprit religieux? Je livre ces conjectures à ceux que le malheur a habitués à la prévoyance.. »

MLXX

15 MESSIDOR AN V (3 JUILLET 1797).

JOURNAUX.

Rédacteur du 22 messidor : « Le 15 messidor, l'Institut a tenu sa séance publique ordinaire. Cette fois-ci on n'a lu aucun mémoire sur les sciences physiques ou mathématiques, parce qu'on avait eu lieu de remarquer que dans une assemblée nombreuse ces mémoires sont à la portée de trop peu de personnes pour que le public en général puisse les écouter avec une attention soutenue. Après les notices des travaux des trois classes, le citoyen Rœderer, au nom de la classe des sciences morales et politiques, est entré dans quelques détails sur le parti qu'elle a cru devoir prendre de ne couronner aucun des mémoires qui lui avaient été adressés sur cette question proposée : *Quels sont les cas où il peut être avantageux à un gouvernement d'ouvrir un emprunt?* — Le citoyen Rœderer a répliqué, avec la netteté et la justesse d'esprit qui lui sont propres, les défauts de la plupart des mémoires envoyés, et les routes que pourraient suivre les personnes qui voudraient concourir encore sur le même sujet. — Le citoyen Monge a donné lecture d'une lettre des commissaires français pour la recherche des monuments en Italie. — Le citoyen Monvel a récité une fable intitulée : *L'Autruche et l'oiseau de Paradis.* — Le citoyen Cels a lu une notice intéressante sur les ouvrages d'Olivier de Serres, contemporain de notre célèbre Montaigne et d'Henri IV ; il peut être considéré comme le père de l'agriculture française, et la principale source à laquelle ont puisé tous les écrivains qui depuis ont écrit sur la même matière. — Le citoyen Talleyrand-Périgord a lu un essai sur les avantages que l'on peut retirer des colonies nouvelles dans les circonstances présentes. Ses vues, en général pleines de justesse et revêtues d'une expression piquante, ont été fort applaudies. — Le citoyen Langlès a lu la traduction d'un conte persan de Saadi. — Le citoyen Gilbert, d'Alfort, a lu un mémoire sur la tonte du troupeau de race espagnole établi à Rambouillet et sur la vente des produits de cette tonte. — La séance a été terminée par le citoyen Legouvé, qui a récité le premier chant de sa traduction libre de la Pharsale. » — *Courrier républicain* du 16 messidor : « *Paris, 15 messidor*..... Tout le monde a su que, par un ordre précis, le général Augereau a défendu de se servir du titre de *monsieur* à la place de celui de *citoyen*. Cet ordre, avait-on dit, était motivé sur des querelles particulières qui étaient élevées entre des soldats tirés de l'armée de Sambre-et-Meuse et les anciens soldats de l'armée d'Italie. Les premiers se servaient indifféremment du mot de *monsieur* ou du mot de *citoyen*, et prétendaient avoir prouvé à Fleurus qu'ils n'en sont pas moins bons patriotes. Si l'on en croit des avis venus d'Italie, ces querelles n'étaient pas si particulières, et on assure qu'une forte partie de la division de Bernadotte en est venue aux mains avec une forte partie de la division de Masséna, et que plus de cinq cents militaires ont été tués ou blessés dans ce combat de Français contre Français. » — *Miroir* du 21 messidor : « *De l'Institut.* C'est une belle chose qu'un Institut ! Mais c'est une bien ennuyeuse chose qu'une séance d'Institut, lorsqu'elle se prolonge pendant trois heures, qu'on y étouffe de chaleur, qu'à moins d'y porter son dîner on y est placé de manière à ne pas entendre un mot de ce qui s'y dira, et que, lorsqu'on y entend quelque chose, c'est encore bien peu de chose. Nous en appelons à tous ceux qui ont assisté à la dernière séance, qui a eu lieu le 15 de ce mois. A l'exception de l'ingénieux discours de Talleyrand-Périgord sur les colonies, et d'une jolie pièce de vers de Monvel, mal à-propos appelée fable, tout le reste n'a-t-il pas été un somnifère parfait ? Contentons-nous, pour le prouver, de rappeler les objets qui, avec les deux morceaux que (*sic*) nous venons de parler ont rempli la séance : une discussion aride sur les emprunts ; une nomenclature assommante des ouvrages d'Olivier de Serres, auteur du xvie siècle, sur l'économie rurale ; un conte éternel de Saadi ; des détails fastidieux sur l'emballage et le transport des dépouilles d'Italie ; une dissertation sur les moutons de race espagnole élevés en France ; quelques résultats de calculs astronomiques et de chimie ; enfin une traduction libre du premier chant de la *Pharsale*. Espérons qu'un local plus spacieux, mieux distribué et plus sonore, et un meilleur choix dans les morceaux destinés à la lecture rempliront à l'avenir l'attente du public, et justifieront son empressement à jouir des travaux d'une réunion d'hommes, dont un grand nombre a des droits à sa reconnaissance et à son admiration. »

MLXXI

16 MESSIDOR AN V (4 JUILLET 1797).

JOURNAUX.

Journal des hommes libres du 16 messidor : « *Annonce.* Les caricatures se multiplient, et cette manière de parler aux yeux semble exciter l'émulation des artistes et obtient de grands succès. L'on retrouve dans ce genre l'esprit français, qui donne une leçon en signalant un ridicule. Les cloches de Jordan n'étaient pas faites pour être oubliées, et une gravure nouvelle représente un concile de cloches renfermant toutes un égorgeur. La scène est à Clichy. Un orateur occupe la cloche de Saint-Jean de Lyon, capitale du royaume de France. Cette nouvelle tribune est soutenue par le fanatisme, armé d'une croix et d'un poignard ; elle a pour couronnement la cloche qui donna le signal de la Saint-Barthélemy. L'orateur la désigne du doigt et prépare au concile un rapport sur le culte ; chaque père de cette église tient le battant de sa cloche pour battre le tocsin et un poignard. On lit au bas : *Rendez-nous nos cloches, sinon...* Des poignards disent le reste. Une seconde gravure, non moins gaie, a l'air de faire l'histoire d'un grand homme du jour.

On y remarque une harpe mal montée et dont plusieurs cordes sont cassées. Une chimère portant étole et bonnet carré, entourée de symboles sacrés et surmontés d'une oraison au bienheureux père Hilarion, semble veiller sur cette harpe et la faire *raisonner*. Des fidèles sont à ses pieds ; deux religieux capucins et chartreux lui présentent l'encensoir ; il en sort, comme une vapeur agréable, la religion de nos pères et les bons journaux qui la prêchent. Le groupe d'adorateurs est rallié sous l'étendard de la croix portant, charitablement pour devise : *Mort aux républicains*. C'est celle des prêtres... La perspective et comme la fin de tout cela est un moulin à vent avec sa girouette et ses quatre ailes, portant et élevant tour à tour ces quatre mots : *Jacobin, royaliste, athée, prêtre*; ce dernier est en ascension, athée est au plus bas. Cette caricature, où les malins retrouvent toute la vie et les opinions du plus pieux écrivain de ce siècle, fait beaucoup rire les passants. On la trouve, ainsi que celle des cloches, chez les marchands de nouveautés et à notre bureau d'abonnement. Prix de la caricature de la harpe, 20 sols ; de celle des cloches, 15 sols. » — *Gazette nationale de France* du 17 messidor : « *Paris*. Deux jeunes gens sans cocarde ont insulté une sentinelle qui leur reprochait d'avoir oublié ce signe prescrit par la loi. Ils ont été conduits au Bureau central. Deux autres particuliers ont été aussi arrêtés ; on assure qu'ils essayaient de persuader à des ouvriers du faubourg Saint-Antoine la nécessité de rétablir un roi. — Le club de Clichy, composé de députés, s'est alarmé de la formation d'un autre club déjà nombreux, qui siège au ci-devant hôtel de Montmorency, faubourg Saint-Germain, et qui se nomme Cercle constitutionnel ; on y a traité la question de savoir s'il ne conviendrait pas de se dissoudre pour autoriser ou amener par cet exemple la dissolution de la société nouvelle. Il n'a rien été décidé. Seulement les membres du club de Clichy ont cru devoir faire des professions de foi. Henry-Larivière a combattu, dit-on, avec franchise et loyauté, toute idée de changer le gouvernement actuel, ou même d'attaquer pour leurs anciens délits les membres du Directoire. Les généraux Jourdan, Menou, Kléber, les citoyens Garat, Siéyès, Jean De Bry, Talleyrand-Périgord, Daunou, Treilhard, Chénier sont membres du Cercle constitutionnel. » — *Ami des Lois* du 20 messidor : « *Théâtre de la République. Le Journaliste ou l'Ami des mœurs*, comédie en un acte et en vers [1], est une jolie bagatelle, qu'il ne faut point juger à la rigueur. Un homme, estimable par ses vertus privées, voulant opposer une digue à la corruption, conçoit le plan d'un journal où il déclare la guerre au vice. Il prêche la morale non seulement par ses écrits, mais encore par ses actions : il nourrit un vieillard privé de la vue, sauve la vie à une jeune femme, que le désespoir et le remords de s'être avilie portent à se défaire (sic) ; il rappelle à des sentiments d'honneur le jeune séducteur qui l'a abandonnée, et réunit ces deux amants. Tel est le principal personnage de cette pièce, dont le but est louable et fait honneur au citoyen Lombard de Langres. Le public l'a demandé ; il n'a point paru. »

---

1. Cette comédie, par Lombard de Langres, fut représentée pour la première fois le 16 messidor an V. Elle a été imprimée. Bibl. nat., Yth, 9793, in-8.

MLXXII

18 MESSIDOR AN V (6 JUILLET 1797).

JOURNAUX.

Courrier républicain du 19 messidor : « *Paris, 18 messidor...* Un royaliste, arrivant à Paris, et tout étonné de voir les attributs de son idole sur tous les quais et chez tous les marchands d'estampes, se demandait si le Luxembourg était habité par Louis XVIII. Il n'en doute presque pas; cependant il veut s'informer s'il n'est pas dans l'erreur. Il s'adresse à un clubiste de Montmorency sans le connaître, et lui fait part de son embarras. Le clubiste, qui prend l'émotion de notre royaliste pour une sainte indignation patriotique, lui dit :
« Rassure-toi, frère et ami, c'est notre ouvrage. C'est nous qui payons des
« graveurs pour exposer aux regards des sans-culottes les signes de la royauté,
« afin de leur montrer, pour ainsi dire au doigt, qu'on veut rétablir la royauté.
« Nous le disons partout, à la tribune, dans les lieux publics, dans les journaux
« patriotes. A la porte de chaque marchand où tu as vu ces estampes, nous
« avons un affilié, qui, dès qu'il voit quelques ouvriers réunis autour d'un
« image, se glisse parmi eux et leur dit : « Peut-on douter à présent que le
« royalisme triomphe... » Tu vois, frère, que ce petit stratagème n'est pas mal
« imaginé. — Je conçois cela, reprit notre royaliste ; mais comment se fait-il que
« le gouvernement souffre cela ? — Oh ! reprit le Jacobin, le gouvernement sait
« le fond du jeu, et, comme il n'a pas peur des royalistes, il n'a pas peur de
« leurs images. Aussi les laisse-t-il pour servir d'épouvantail aux sots dont nous
« voulons nous servir pour ramener le bon temps et renverser le système des
« deux chambres, système adopté par d'Artois et Condé, ce qui suffit pour en
« dégoûter les patriotes. — Grand merci, dit le royaliste, j'en sais assez. » Et il s'en va, fort peu satisfait du mot de l'énigme. » — *Journal des hommes libres* du 18 messidor : « La mode des grands éloges donnés à Buonaparte, par un certain parti commence à se passer. On reprend les grossières injures ; ce sont les armes légères qui masquent la grosse artillerie des dénonciations. Il redevient un scélérat, un Sylla, un brigand cruel et avare, un tyran féroce ; c'est *l'Europe*[1] qui lui assure ces gentillesses. Gallais et tous les autres ont depuis longtemps semé le bruit *officieux* qu'il désobéissait au Directoire, qui le rappelait pour l'expédition d'Angleterre. Ils le voudraient bien au moins ; mais le malheur est qu'il n'a pas été rappelé, et qu'il n'a pu désobéir. Les propos particuliers ne sont pas plus discrets que les écrits des journalistes ; et, ces jours derniers, un adjudant général, entendant au café quatre messieurs traiter Buonaparte de scélérat, de Jacobin plus affreux que Robespierre, s'est vu contraint de se battre contre les quatre braves, dont trois ont reçu chacun un bon coup de sabre ; le quatrième a légèrement blessé l'officier. Les braves gens ! »

1. *L'Europe politique et littéraire*, journal quotidien, du 1er prairial an V au 18 fructidor suivant. Bibl. nat., Lc 2/953, in-4.

MLXXIII

19 MESSIDOR AN V (7 JUILLET 1797).

Rapport du bureau central du 20 messidor.

Esprit public. — La tristesse augmente et les craintes empirent; une foule d'idées fâcheuses occupent à la fois les diverses imaginations. De part et d'autre le mécontentement est extrême, et l'on a cru s'apercevoir que la diversité infinie des opinions empêchait seule encore le mal qui pourrait résulter de leur choc. L'anarchie et le royalisme, plus en évidence depuis ces derniers jours, n'ont que des partisans très divisés entre eux. Cependant ils se menacent, ils s'appellent, ils semblent ne plus attendre qu'un prétexte, une apparence de légalité pour se mesurer, et l'impatience de tous est sensible de ne pouvoir entraîner dans leur cause l'une ou l'autre des autorités législatives ou exécutives. — Murmures sur la situation des finances, crainte d'une rupture avec l'Empire, bruit de la reprise des hostilités, inquiétude sur le degré de splendeur que l'on voudrait rendre à la religion, rentrées des émigrés réputées continuelles, astuce des journalistes à publier surtout et faire crier nombre de mensonges, quantité de placards remplis de personnalités, dictés et répandus par l'esprit de parti et dans l'intention d'exercer une influence quelconque sur l'esprit du public, sont autant de causes de l'abattement et du découragement que l'on remarquait hier encore augmentés dans toutes les classes de la société. — Il existe une partie du public qui a très peu de confiance dans le Conseil des Cinq-Cents, notamment dans le nouveau tiers, et la malveillance s'empare évidemment de cette disposition pour..... [1] contre le Corps législatif par des suppositions extrêmes: tantôt on répand parmi le public, le public le plus crédule, que tous les mariages et tous les actes de naissance faits aux municipalités vont être annulés, tantôt que l'on va bientôt procéder à la revision du procès de Louis XVI, dans la vue de faire connaître à toute la terre qu'il n'y a qu'une faction qui ait eu part à ce crime, tandis que tous les bons Français gémissent encore sur cet événement. — Un excès d'une autre nature a lieu en matière d'opinion, parmi une partie des individus désignés vulgairement sous la dénomination du *haut public* avec un peu d'ironie, contre le Directoire,

1. Un mot illisible.

sur lequel on rejette tous les torts ; on lui promet, à raison de ce qu'il éloigne la paix par sa conduite impérieuse et tyrannique, un spectacle nouveau très incessamment, et ce spectacle, on le fait consister dans l'appareil des forces que va déployer contre lui le roi de Prusse, indigné, disent ces nouvellistes, du peu de respect que le gouvernement français a eu pour plusieurs autres gouvernements ; ils annoncent que le roi de Prusse fera précéder les hostilités d'un manifeste, ces jours-ci, dans lequel il retracera les agressions réitérées du Directoire à l'égard de diverses puissances, y compris la Prusse; qu'en un mot il se déclarera notre ennemi, si nous ne souscrivons pas aux conditions équitables qu'il nous prescrira. — Ce que l'on remarque en résultat à travers tant d'exaspérations (sic), c'est que les hommes les plus violents de la société environnent le reste du public de craintes, de méfiances, et veulent le forcer, par mille rapports et mille suppositions plus alarmantes les unes que les autres, à sortir du repos auquel il est attaché pour servir d'instrument dans quelque événement convulsif. Mais on ne remarque pas moins la répugnance extrême de la presque totalité des citoyens à se prononcer jamais pour aucune espèce de parti. Aussi le bon ordre conserve-t-il encore tout son empire, malgré l'agitation de quelques esprits et l'inquiétude de tous.

Événements. — Un incendie a dévoré le bâtiment des ci-devant Célestins, près l'Arsenal. Les progrès du feu ont été tellement rapides que rien de cette propriété n'a pu être garanti ; mais le zèle des pompiers, des citoyens présents et la présence des autorités ont préservé du fléau les bâtiments contigus. On n'a pas encore les renseignements évaluatifs de la perte, mais on n'a pas lieu de présumer jusqu'à ce moment qu'aucun individu ait été victime de cet événement. L'ordre dans les secours a été continuel jusqu'à la fin du danger.

Spectacles. — Ils ont tous joui d'une parfaite tranquillité.....

Surveillance. — ... Le feu a pris hier, vers les six heures du soir, dans la ci-devant église des Célestins et a duré jusqu'à minuit ; l'opinion générale sur la cause de cet événement est que le feu couvait depuis plusieurs jours dans la poutre d'une forge nouvellement construite ; la flamme s'est manifestée subitement et a ensuite gagné la voûte du clocher. Nous attendons les renseignements ultérieurs. Les pompiers et des militaires ont montré dans cette malheureuse circonstance toute l'activité de l'ardeur nécessaire en pareil cas.....

Commerce. Pain. — Il y a eu passablement de pain sur les halles ; le blanc vendu 10 sous, le mi-blanc 8 sous, et 7 sous le bis.

Viande. — La viande de boucherie a été abondante; le bœuf vendu en détail de 4 à 8 sous la livre ; le veau de 6 à 11 ; le mouton de 8 à 12, et de 10 à 12 le porc frais.....

(Arch. nat., BB ³ 86.)

BRÉON.

JOURNAUX.

Courrier républicain du 28 messidor : « *Paris, 27 messidor*.... On a affiché avec profusion un extrait de quatre colonnes in-folio du discours d'Honoré Riouffe, prononcé au club de Salm-Montmorency, dit Cercle constitutionnel. Ce discours n'offre rien d'extraordinaire : c'est une jérémiade sur l'avilissement des institutions républicaines et une déclamation contre le royalisme, qu'on s'obstine à voir partout, sur toute l'étendue de la République ; déclamation composée de celles qui salissent tous les jours les feuilles jacobites, et qui n'a d'autre mérite sur celles-ci qu'un style un peu plus soigné. Mais alors pourquoi l'afficher ? Demandez à Audouin, aujourd'hui converti, pourquoi les Jacobins, longtemps après le 9 thermidor, faisaient aussi afficher des extraits de ses verbeux discours. La réponse qu'il nous fera, je la donnerai pour la question que nous venons de faire. Au reste, personne ne lit cette affiche, et j'ai remarqué dans un jardin public, où elle était placardée, qu'on ne lisait que l'intitulé. Il est vrai que l'intitulé suffit pour faire deviner le reste. » — *Journal des hommes libres* du 19 messidor : « *Discours lu au Cercle constitutionnel le 9 messidor an V*, par Honoré Riouffe. Cette brochure [1] est la première que le Cercle constitutionnel ait publié. Elle contient la profession de foi politique des membres qui le composent ; elle annonce le but de son instruction et de ses travaux. C'est une généreuse réponse à toutes les injures du Langlois, aux aboiements de Gallais et aux calomnies de leurs assassins... » — *Journal des hommes libres* du 21 messidor : « *Paris, 20 messidor*. Le feu a pris hier sur les sept heures du soir, dans l'église des Célestins, près de l'Arsenal, l'incendie a duré jusqu'à trois heures ; les secours les plus efficaces y ont été portés ; les pompiers, la troupe, les citoyens, ont montré le plus grand zèle ; et le feu qui a dévoré un dépôt immense de bois et de matières inflammables a été heureusement réduit à cette seule proie, après avoir menacé longtemps tout le quartier. Dans le moment convulsif où nous nous trouvons, il est difficile de ne pas soupçonner des causes étrangères à cet accident. Il est sûr que l'incendie s'est manifesté d'abord par le clocher, qu'en un instant il s'y est étendu avec une furie surnaturelle, de manière qu'en peu de temps cette partie de l'édifice s'est abîmée en dedans ; bientôt l'église et une autre partie du bâtiment ont paru tout en feu. L'on se rappellera que, lors de l'attaque royale des sections de vendémiaire, il fut dénoncé dans l'*Ami de la patrie* un projet de ces messieurs très détaillé, consistant à mettre le feu aux magasins de ces mêmes Célestins, pour jeter des inquiétudes parmi le peuple sur l'Arsenal, tourner toutes les vues sur ce côté et faciliter leur attaque sur une autre. Nous marchons sur le même volcan qu'en vendémiaire, et ce n'est pas être trop prodigue de soupçons que

---

1. Bibl. nat., Lb 40/815, in-8.

de rappeler cette circonstance, qui, jointe à la presque évidence des causes extérieures sur cet accident, peut diriger les recherches qu'on doit faire sur un événement si propre à alarmer sur la tranquillité publique. »

MLXXIV

22 MESSIDOR AN V (10 JUILLET 1797).

Journaux.

Ami des Lois du 22 messidor : « *Variétés*… Il vient de se former à Paris un établissement qui sera très utile aux acquéreurs et soumissionnaires des biens nationaux qui seraient dépossédés ou menacés de l'être, ou enfin qui éprouvent des difficultés dans leurs jouissances : c'est un bureau où chaque acquéreur pourra s'adresser pour communiquer toutes les difficultés qu'il éprouve, soit de la part des autorités constituées, soit de la part de ceux qui se présentent comme ayant été propriétaires de l'objet vendu. Ce bureau se chargera de rédiger, remettre, appuyer et suivre toutes les réclamations qu'il jugera fondées auprès tant du Corps législatif, du Directoire exécutif, des ministres, que des autorités constituées établies à Paris. On donnera procuration par devant notaire, et l'on fixera de gré à gré une remise proportionnée à la nature de l'affaire. Les lettres et paquets seront adressés francs de port à Paris, au citoyen Collin, homme de loi, ancien administrateur du département de Paris, rue Bellechasse, faubourg Germain, n° 507, à la grille. » — *Journal des hommes libres* du 24 messidor : « *Paris, 23 messidor*… Hier au soir, au bout des rues Montmartre et Montorgueil, vers les marchés, il y a eu un essai de tumulte. Trois ou quatre cents jeunes gens, enfants perdus de royalisme, ont provoqué, insulté les passants, commis des désordres dans les boutiques. C'était une répétition d'insurrection. La garde à cheval est accourue; quatre ont été arrêtés, une douzaine blessés. La garde a été augmentée au Directoire et une patrouille de quatre cents hommes d'infanterie et deux cents chevaux a parcouru plusieurs quartiers pendant la nuit. »

MLXXV

23 MESSIDOR AN V (11 JUILLET 1797).

Journaux.

Rédacteur du 27 messidor : « *Arrêté du 23 messidor an V*. Le Directoire exécutif, informé que, depuis la suppression des corporations, il règne dans les [ateliers ou fabriques de chapellerie, dans différentes communes de la République, un arbitraire qui prouve que les fabricants ou chefs d'ateliers et

les ouvriers ont présumé que les lois antérieures relatives à la police des arts et métiers étaient totalement abrogées; considérant que de cette persuasion naissent une infinité d'abus et de désordres, des infractions journalières à l'acte constitutionnel; qu'il est urgent d'y remédier, d'éclairer sur leurs véritables intérêts les ouvriers, apprentis chapeliers, de fixer leurs droits respectifs, ainsi que ceux des fabricants, et enfin d'assurer aux uns et aux autres l'exercice tranquille de leur profession; considérant encore que les lois qui n'ont pas été nommément abrogées par la Constitution doivent avoir leur pleine et entière exécution, et que c'est de ces lois, dont les fabricants et ouvriers chapeliers n'auraient dû jamais s'écarter, que dépendent la conservation d'une branche d'industrie précieuse et la prospérité des ateliers de chapellerie, situés dans toute l'étendue de la République, arrête ce qui suit :
1° Comme il est nécessaire d'entretenir et même d'augmenter les connaissances dans une branche d'industrie aussi utile que celle de la chapellerie, chaque fabricant sera tenu de faire gratuitement un apprenti (Arrêt du 13 juillet 1748). — 2° En conséquence, chaque fabricant ouvrira un registre coté et paraphé par l'administration municipale de son arrondissement, sur lequel seront portés les nom, prénoms, âge et lieu de naissance de l'apprenti, avec la date de son entrée en apprentissage, dont il lui sera délivré extrait. — 3° Le temps de l'apprentissage sera librement déterminé par l'apprenti ou ses père et mère, parents, tuteurs ou ayants cause; mais il ne pourra être moindre de deux ans, ni de plus de quatre, pendant lesquels il ne pourra quitter l'atelier sans consentement du fabricant. — 4° A l'expiration du terme convenu, il sera délivré à l'apprenti, par le fabricant, un certificat signé de lui et d'un ou de deux de ses principaux ouvriers, lequel fera mention des connaissances acquises par l'apprenti, ainsi que de sa probité et bonne conduite, lequel certificat sera visé par l'administration municipale de l'arrondissement du domicile du fabricant (Art. 4 des lettres patentes du 2 janvier 1749). — 5° Aucun fabricant ou chef d'atelier ne pourra recevoir chez lui un apprenti sans que celui-ci justifie du certificat ci-dessus, à peine de 300 livres d'amende au profit des pauvres de l'arrondissement de l'administration municipale du domicile du contrevenant. Le certificat ci-dessus mentionné demeurera entre les mains du fabricant, tant que l'apprenti restera chez lui. (Conforme à l'art. 6 de l'arrêté sur les papetiers et au règlement du 29 janvier 1739, art. 48, et à la loi du 3 nivôse an II, art. 7.) — 6° En cas de mort du fabricant, l'extrait d'apprentissage délivré conformément à l'article 4 deviendra nul de droit, mais le temps d'apprentissage qui se sera écoulé sera compté au profit de l'apprenti par le nouveau fabricant chez lequel il voudrait continuer (Édit du 1er mai 1782). — 7° Il sera formé tous les ans, dans chaque administration municipale, un tableau des fabricants chapeliers de l'arrondissement, munis de patente; le double de ce tableau sera envoyé à l'administration du département (Arrêt du 13 juillet 1748). — 8° Tout fabricant et chef d'atelier sera tenu de porter sur un registre coté et paraphé par l'administration municipale du lieu de sa résidence, dans les vingt-quatre heures de leur entrée dans ses ateliers, les noms, prénoms, âges et lieu de naissance des apprentis ou ouvriers qu'il recevra chez lui; il fera mention sur le même registre de la date de leur entrée et de leur sortie, à peine de 300 livres d'amende, applicable moitié à la République et l'autre moitié aux pauvres de l'arrondissement de l'administration du lieu dudit

fabricant. (Conforme à l'art. 6 de l'arrêté sur les papetiers, au règlement du 29 janvier 1739, art. 48 et à la loi du 3 nivôse an II, art. 7.) (Lettres patentes du 2 janvier 1749.) — 9° Aucun fabricant ne pourra renvoyer un ouvrier sans lui donner un certificat, qui contiendra la désignation du temps qu'il aura demeuré chez lui, et une attestation de sa probité et bonne conduite; et le susdit certificat sera signé de l'ouvrier, et, dans le cas où il serait dans l'impossibilité de le faire, mention en sera faite par le fabricant qui le lui aura délivré. — 10° Aucun fabricant ne pourra recevoir un ouvrier sans qu'il soit muni de certificat ci-dessus désigné, lequel restera déposé entre les mains du fabricant pendant tout le temps que l'ouvrier travaillera dans ses ateliers (Édit d'avril 1777). — 11° Tout fabricant qui donnerait à un ouvrier qui n'aurait pas travaillé chez lui un certificat, ou qui en recevrait un dans ses ateliers sans être muni de celui désigné dans l'art. 12 ci-dessous, sera réputé comme ayant débauché lesdits ouvriers, et en conséquence condamné à une amende de 300 livres, moitié au profit de la République et moitié à celui des pauvres de l'arrondissement de l'administration municipale du lieu de sa résidence, et, de plus, il sera tenu de renvoyer ledit ouvrier, sous les mêmes peines. (Conforme à l'arrêté sur les papeteries, art 8, et au règlement du 29 janvier 1739, art. 49.) — 12° Indépendamment du certificat ci-dessus mentionné, nul ouvrier ne pourra passer de l'atelier d'une commune à l'atelier d'une autre, sans être muni d'un passeport signé de l'agent municipal du lieu qu'il aura quitté ou de son adjoint, et visé par l'administration municipale du canton. (Conforme à l'arrêté sur les papeteries, art. 10, et à la loi du 23 nivôse an II, art. 8.) — 13° Nul ouvrier chapelier ne pourra quitter l'atelier dans lequel il travaille sans avoir achevé l'ouvrage qu'il aurait commencé, à peine de 100 livres d'amende, payables par corps contre ledit ouvrier, ladite amende applicable moitié à la République, l'autre moitié au profit du fabricant que l'ouvrier aurait quitté. (Conforme à l'arrêté sur les papeteries, art. 7, au règlement du 29 janvier 1739, art. 48 et à la loi du 3 nivôse an II, art. 7.) — 14° S'il arrivait qu'un ouvrier, pour forcer un fabricant à le congédier avant le temps, gâtât son ouvrage par mauvaise volonté, et qu'il en fût convaincu, tant par la comparaison de ses autres ouvrages que par la déposition des autres ouvriers travaillant dans le même atelier, il sera condamné, outre le dédommagement, à la même peine que s'il avait quitté le fabricant sans congé, conformément à l'article ci-dessus. (Conforme à l'arrêté sur les papeteries, art. 9, et au règlement du 29 janvier 1739, art. 50.) (Art. 4 de la loi du 17 juin 1791.) — 15° En cas de difficulté, et pour assurer les droits desdits ouvriers et leur juste salaire, il sera formé un tarif desdits salaires en présence de l'administration municipale de chaque commune, et en présence du Bureau central dans celles où il y a plusieurs municipalités. Ce tarif sera formé tant par les maîtres fabricants que par les chefs ouvriers des fabriques d'une même commune. Ledit tarif sera exécuté jusqu'à ce qu'il ait été remplacé, suivant le même mode, par un nouveau tarif. Néanmoins, dans les communes où il y a une grande quantité de fabriques de chapellerie, la réunion des fabricants et des ouvriers, pour la formation du tarif, ne pourra excéder le nombre de trente personnes, et, dans ce cas, la désignation de ceux qui devront former le tarif sera faite, soit par le Bureau central, soit par l'administration municipale. — 16° Le salaire des ouvriers ci-dessus mentionnés ne pourra être payé que d'après la forme indiquée dans le précédent article, et non d'après des usages émanés de l'esprit de corporation, de coterie ou de confrérie réprouvés par la Constitution. (Conformément à l'art. 15 sur les papeteries.) — 17° Toutes coalitions entre ouvriers des différents ateliers de chapellerie, par écrit ou par émissaires, pour provoquer la cessation du travail, sont regardées comme des atteintes portées à la tranquillité qui doit régner dans les ateliers. (Conformément à l'arrêté sur les papeteries, art. 1er, et à la loi du 29 nivôse an II, art. 5.) — Les délibérations qu'ils prendraient ou conventions qu'ils feraient entre eux pour refuser, de concert, ou n'accorder qu'à un prix arbitraire, ou moyennant des taxes et des augmentations successives, le secours de leur industrie ou de leurs travaux sont déclarées inconstitutionnelles, attentatoires à la liberté, et de nul effet. Les corps administratifs seront tenus de les déclarer telles. Les auteurs, chefs et instigateurs qui les auront provoquées, rédigées ou présidées, seront cités devant le tribunal correctionnel à la requête du commissaire du Directoire exécutif près l'administration municipale, et condamnés chacun à 500 livres d'amende. (Conformément à l'art. 1er de l'arrêté sur les papeteries, et à la loi du 27 juin 1791, art. 4.) — 18° Néanmoins, chaque ouvrier pourra individuellement dresser des plaintes et former ses demandes; mais il ne pourra, en aucun cas, cesser le travail, sinon pour cause de maladie ou infirmité dûment constatée. (Conformément à l'art. 2 de l'arrêté sur les papeteries et à la loi du 23 nivôse an II, art. 5.) — 19° Si lesdites délibérations ou conventions, affiches apposées ou lettres ou billets circulaires contenaient quelques menaces contre les fabricants, artisans, ouvriers ou journaliers étrangers qui viendraient travailler dans une commune, ou contre ceux qui se contenteraient d'un salaire inférieur, tous auteurs, instigateurs et signataires desdits actes et écrits seront punis d'une amende de 500 livres et trois mois de prison. (Conformément à l'arrêté sur les papeteries, art. 3, et à la loi du 17 juin 1791, art. 6.) — 20° Les amendes entre ouvriers, celles mises par eux sur les fabricants seront considérées et punies comme simple vol. (Conforme à l'arrêté des papeteries, art. 4, et à la loi du 23 nivôse, art. 6.) — Le simple vol, outre les restitutions, dommages et intérêts, est puni d'un emprisonnement qui ne peut excéder deux ans; la peine est double en cas de récidive. (Conforme à l'arrêté des papeteries, art. 4, et à la loi du 19 juillet 1791, titre II, art. 32.) — 21° Les proscriptions, défenses et interdictions de travail dans les ateliers de chapellerie, prononcées par les ouvriers, seront regardées comme des atteintes portées à la propriété des fabricants; ceux-ci seront tenus de dénoncer au juge de paix les auteurs ou instigateurs de ces délits, qui seront mis sur-le-champ en état d'arrestation et poursuivis à la requête du commissaire du Directoire exécutif près l'administration municipale du canton devant le tribunal correctionnel de l'arrondissement, pour y être jugés conformément à l'article précédent. (Conforme à l'arrêté des papeteries, art. 5, et à la loi du 23 nivôse an II, art. 6.) — 22° Tous attroupements composés d'ouvriers ou excités par eux contre le libre exercice de l'industrie et du travail, ou contre l'action de la police et l'exécution du jugement rendu en cette matière, seront tenus pour attroupements séditieux, et, comme tels, ils seront dissipés par les dépositaires de la force publique, sur les réquisitions légales qui leur en seront faites, et punis selon toute la rigueur des lois sur les auteurs, instigateurs et chefs des attroupements, et surtout ceux qui auront commis des voies de fait et des actes de violence. (Conforme à l'arrêté des papeteries,

Jacobins! Et cette horde de brigands entonne le *Réveil du peuple*. Les républicains leur ripostèrent en criant : *Vive la République, à bas les royalistes!* Les égorgeurs, s'imaginant sans doute être dans l'infâme Lyon et dans les contrées ensanglantées du Midi, forment un cercle et se précipitent en foule sur les républicains qui chantaient les louanges de la Liberté. On entendit en même temps le cri unanime et simultané qui partit de tous les points de la bande sanguinaire : *A l'eau, à l'eau!* A ce cri de mort, comme à un signal convenu, tous les sicaires, tous les noyeurs affluent par torrents se ranger sous les bannières des assassins. Je me vis assailli au même instant par plus de huit cents de ces assassins. J'essayai de me faire jour à travers cette foule tumultueuse, avec la seule arme que j'eusse en ce moment, un bâton. Quatre brigands me saisissent par derrière; d'autres arrachent ma canne. Je me sens frappé à la tête d'un coup qui fait ruisseler le sang sur mes habits. Au même instant, une main se porte sur ma montre pour me l'enlever, une autre sur mon chapeau. Ranimant alors toutes mes forces, malgré l'immense supériorité de mes assassins, j'eus assez de bonheur pour rattraper ma montre et mon chapeau. Les cris : *A l'eau, à l'eau!* recommencèrent. On me traînait vers le pont de la Révolution pour me précipiter dans la rivière, après m'avoir égorgé, lorsqu'un citoyen, fendant la foule, arrive près de moi, et, s'adressant courageusement à mes assassins : « Vous êtes, leur dit-il, des brigands : de quel « droit voulez-vous assassiner un citoyen? C'est à la loi à le punir, s'il est cou« pable. » Un autre citoyen, qui se trouva par hasard derrière moi, me prend par le bras, fend la presse et parvient à me soustraire à la rage des scélérats qui, pour consommer mon assassinat et inaugurer le massacre dans Paris, couraient en furieux jeter dans la Seine mon corps, quand ils l'auraient eu déchiré. Je n'ai jamais vu, je ne connais point ces deux citoyens généreux qui m'ont sauvé la vie dans cette circonstance périlleuse. Je leur en témoigne toute ma reconnaissance. Si j'existe encore, c'est à eux que je le dois. Malgré les coups nombreux que m'ont portés ces brigands, je respire pour la liberté; mon énergie ne s'éteindra point. Je poursuivrai par tous les moyens les assassins, les voleurs, les conspirateurs et les traitres. Je serai imperturbablement le constant *ami du peuple*, le soutien de ses droits, le défenseur des républicains opprimés et l'ennemi irréconciliable des scélérats. Quand même ces brigands viendraient à bout de m'arracher la vie, et à des milliers d'autres tels que moi, qu'ils ne pensent pas pour cela avoir détruit la République. Elle trouvera des vengeurs!... Elle sera vengée! — R.-F. LEBOIS. » — *Gazette nationale de France* du 27 messidor : « Paris. Ce matin, à cinq heures, des décharges d'artillerie ont annoncé la fête du 14 juillet; à midi, il s'est fait de nouvelles décharges. La sonnerie de la Samaritaine exécute des airs populaires. La chaleur est excessive; ce ne sera guère qu'au soleil couché que les citoyens pourront se rassembler dans les lieux destinés aux danses. » — *Nouvelles politiques* du 27 messidor : « Depuis quelques jours on annonce un mouvement à Paris. Les journaux jacobins le promettent; ceux qu'on accuse de royalisme le présagent; les hommes de parti le désirent, les hommes de proie le préparent; les patriotes à 100 sols par jour le sollicitent; leurs meneurs le conseillent; les amis de la Constitution de 1793 le provoquent; les royalistes pousseraient le délire de l'espérance jusqu'à le favoriser; les anarchistes s'en emparent; les citoyens paisibles, les *gouvernementistes* en seraient les victimes. Convaincus que si, en théorie, il n'est pas encore décidé magnifique a embelli cette fête, à laquelle les ennemis de la liberté n'ont pas voulu prendre part. » — *Courrier républicain* du 28 messidor : « *Paris, 27 messidor.* On ne s'est guère aperçu hier à Paris que c'était le 14 juillet, et, sans le bruit d'une cinquantaine de coups de canon et les cris de colporteurs qui, dès cinq heures, faisaient retentir toutes les rues de grands détails sur la fête du 14 juillet, on aurait oublié que ce jour était un anniversaire mémorable. Toutes les boutiques étaient ouvertes, les ouvriers étaient dans leurs ateliers, et, quoi qu'en dise le *Rédacteur* officiel, le nombre des spectateurs de la fête était très petit. On s'en convaincra aisément en lisant le récit même donné par ce journal officieux : « Un nombreux concours de spectateurs, dit-il, garnissait les fenêtres (comment? Un concours garnissait... et garnissait les fenêtres? Et où, monsieur le censeur? Un concours garnissait les fenêtres et de plus¹), et la cour du palais. » Or, on saura que ce concours qui garnissait des fenêtres pouvait s'élever au nombre de trois cents personnes, en supposant, ce qui est hardi, qu'il y ait cinquante fenêtres au petit Luxembourg et qu'il y eût six personnes à chaque fenêtre. La cour est très petite; une partie était occupée par l'amphithéâtre des Directeurs, des ministres, des ambassadeurs, des musiciens, la troupe, une autre partie par la garde et les autorités constituées. Combien restait-il de places pour le *nombreux concours*? Quand chacun fut à son poste, on tira le canon; la musique exécuta des airs civiques; le président Carnot fit un discours; puis on tira encore le canon; puis chacun s'en alla au *Chant du Départ*. La garnison exécuta au Champ de Mars des évolutions militaires, qui eurent bien peu de spectateurs, d'abord parce qu'on se soucie peu de la guerre et de son image, ensuite parce qu'il faisait trop chaud, enfin parce que la fête avait commencé trop tôt. A deux heures, tout était fini..... Le soir, il y a eu *thiase* aux Champs-Élysées, où quelques ouvriers et beaucoup de militaires ont achevé d'épuiser leurs forces, déjà harassés par les travaux et la chaleur de la journée.... » — *Ami du Peuple* du 29 messidor : « *R.-F. Lebois à ses concitoyens. Sur mon assassinat près la statue de la Liberté, place de la Révolution.* Le jour du 14 juillet, les royalistes avaient formé partout le projet d'assassiner les républicains. Dans la rue de l'Arbre-Sec, les agents de la royauté criaient : *A bas la République!* A la Grève, ils essayèrent un mouvement en insultant les patriotes. Sur le boulevard du Temple, la même scène fut répétée; plusieurs républicains furent outragés, désignés nominativement et menacés d'une prochaine destruction par des compagnons de Jésus. Mais c'était aux Champs-Élysées que les assassins royaux devaient principalement essayer leurs fureurs. Cette promenade, couverte de citoyens qui célébraient, par des danses, l'anniversaire de la chute de la Bastille, n'avait offert toute la journée que le spectacle de la gaîté et de la fraternité, qui semblaient s'être ranimées dans ce beau jour. A dix heures du soir, des citoyens, qui s'en retournaient paisiblement dans leurs familles, entonnèrent l'hymne de la liberté; ils traversèrent les danses nationales au milieu des applaudissements et des cris de *Vive la République!* Ils continuaient leur route vers la statue de la Liberté, toujours en chantant et en criant : *Vive la République!* C'était le seul cri qu'ils avaient jusque-là poussé. Aussitôt une troupe de factieux, agitateurs, inspirée par le génie infernal du fanatisme et de la royauté, cria : *A bas, à bas les*

1. Textuel.

avaient été faites. Un vaste amphithéâtre s'élevait au milieu de la cour ; il était surmonté d'une statue de la Liberté et armé de trophées militaires. Cinq sièges étaient placés au fond de la partie supérieure, pour les cinq membres du Directoire; un sixième était sur le côté droit pour le secrétaire général; d'autres étaient disposés sur deux estrades latérales pour les ministres; ceux destinés aux membres du corps diplomatique occupaient les deux côtés du devant de l'amphithéâtre. Le pourtour était préparé de manière à recevoir commodément les membres de toutes les autorités constituées. En avant de l'amphithéâtre et de chaque côté étaient deux orchestres occupés par le Conservatoire de musique et les musiciens de la garde du Directoire. — La garde à pied et à cheval était rangée dans la cour. Des trophées de drapeaux, élevés en l'honneur de chacune des armées de la République, étaient ombragés par des arbres verts et des guirlandes de feuilles de chêne et de laurier. Un nombreux concours de spectateurs garnissait les fenêtres et la cour du palais. — Le Directoire et le cortège ont pris séance sur les sièges préparés pour les recevoir. Les chefs de la garde du Directoire étaient rangés derrière les cinq membres. Une décharge de l'artillerie placée dans le jardin du palais directorial annonce l'ouverture de la fête. La musique de la garde et le Conservatoire de musique exécutent successivement plusieurs symphonies et des airs militaires. Les élèves du Conservatoire chantent ensuite un hymne analogue à la fête. Les spectateurs y ont applaudi avec transport. Le Directoire se lève, il se fait un profond silence, et le président prononce le discours suivant [1]....
Ce discours est suivi des plus nombreux applaudissements et des cris répétés de *Vive la République !* L'artillerie du jardin répond par une nouvelle décharge. Le Conservatoire de musique exécute ensuite plusieurs des airs chéris des défenseurs de la patrie. Ceux du *Chant du Départ* et de la *Marseillaise* excitent les plus vifs transports. — Le Directoire, descendu de l'amphithéâtre, se remet en marche dans le même ordre qu'il était venu et rentre dans la salle ordinaire de ses séances. » — *Ami des Lois* du 27 messidor : « *Variétés.* Le Directoire a fait célébrer, avec beaucoup plus de magnificence qu'on ne l'espérait, la fête commémorative du premier jour de la Révolution française. Une salve d'artillerie a annoncé, dès le matin, cette célébration solennelle, qui rappelle aux ennemis de la liberté leur faiblesse et le triomphe remporté sur le despotisme par le peuple souverain. Les ministres, ainsi que toutes les autorités constituées, se sont réunis en grand costume, à midi, au palais directorial, où l'on avait préparé un amphithéâtre, superbement décoré, pour les recevoir; de nouvelles salves d'artillerie se sont fait entendre; le Conservatoire de musique a exécuté des chants patriotiques, et les troupes en grande tenue ont accompagné les membres du Directoire sur le même amphithéâtre, aux cris de *Vive la République !* Le président a prononcé un discours, que peu de personnes ont entendu et que nous nous réservons de donner dans notre premier numéro. Le spectacle de la petite guerre qu'on a donnée au Champ de Mars a parfaitement réussi; il y avait, ainsi qu'au Luxembourg, un grand concours de spectateurs, parmi lesquels on remarquait les ouvriers des faubourgs, qui n'ont point oublié qu'ils furent les premiers artisans de la Révolution et qui se disposent à la soutenir. Le soir, il y a eu danses, illuminations, joute et feu d'artifice dans différents lieux publics ; et un temps

---

1. On trouvera ce discours dans le *Rédacteur*.

art. 6, et à la loi du 17 juin 1791, art. 8.) — 23° Tous ouvriers qui inquiéteraient ou maltraiteraient les apprentis ou exigeraient d'eux, pour quelque cause ou quelque prétexte que ce fût, une rétribution quelconque seront condamnés en 20 livres d'amende, payables par corps, au profit des apprentis contre lesquels ils auraient contrevenu, et à de plus grandes peines, s'il y échoit. (Conforme à l'arrêté des papeteries, art. 13 et 14, et au règlement du 29 janvier 1739, art. 53.) — 24° Toutes les contestations qui pourraient s'élever dans les ateliers de chapellerie entre les fabricants et les ouvriers, relativement aux salaires de ceux-ci et à leurs engagements respectifs, seront portées devant le juge de paix du canton, qui y statuera en dernier ressort, ou à la charge de l'appel, suivant les distinctions établies par l'art. 9 du titre III de la loi du 24 avril 1790 sur l'organisation judiciaire. (Conformément à l'article 19 de l'arrêté sur les papetiers.) — 25° Les affaires dans lesquelles il y aura lieu à amende ou emprisonnement seront portées devant le tribunal de police correctionnelle, d'après les distinctions établies par l'acte 233 de l'acte constitutionnel et par l'article 150 du code des délits et peines. (Conformément à l'art. 19 de l'arrêté sur les papeteries.) — 26° Le présent arrêté sera inséré au *Bulletin des Lois*. Il sera, en outre, à la diligence des commissaires du Directoire exécutif près les administrations centrales, affiché au nombre de plusieurs exemplaires dans chaque commune de la République où il existe des fabriques de chapellerie, et dans chaque atelier, et lu en la séance publique de l'administration municipale de chaque canton dans lequel les ateliers de chapellerie sont situés. — Les ministres de l'intérieur et de la police générale sont chargés, chacun en ce qui le concerne, de tenir la main à son exécution. *Signé :* Carnot, président ; Lagarde, secrétaire général. »

MLXXVI

26 MESSIDOR AN V (14 JUILLET 1797).

Journaux.

Rédacteur du 27 messidor : « Conformément aux dispositions de l'arrêté du Directoire du 13 de ce mois, concernant la célébration de la fête commémorative de la journée du 14 juillet 1789 (v. st.), à midi les sept ministres se sont réunis au palais national du Directoire exécutif, dans la salle des séances, où se trouvaient les cinq Directeurs et le secrétaire général. Les membres du corps diplomatiques se sont aussi rendus dans la salle des audiences particulières. Les membres des différentes autorités constituées du département de la Seine et de la commune de Paris se sont réunis pareillement au palais national du Directoire, dans la salle des audiences publiques. Le Directoire, escorté de sa garde à pied et précédé de ses huissiers et messagers d'État, des membres des autorités constituées, des membres du corps diplomatique, des ministres et du secrétaire général est sorti de la salle de ses séances et s'est rendu dans la cour intérieure de son palais. — Les dispositions nécessaires y quel est le plus parfait des gouvernements possibles, ils savent qu'en pratique tout gouvernement qui gouverne est bon, et que celui qui gouverne bien est excellent ; ils pensent que, dans l'ordre social, celui qui existe est toujours salutaire par cela seul qu'il existe. Sommes-nous, comme on le dit, à la veille de voir le nôtre éprouver une commotion? Et quels sont les pronostics qui l'annoncent? J'entends dire que des clubs se forment de toutes parts; qu'Antonelle en organise dans les faubourgs, Siéyès et Laclos dans la ville, plusieurs commissaires du pouvoir exécutif dans les campagnes. Les affiches des Jacobins sont jonquilles; celle du Cercle constitutionnel ont la même couleur. On a, dit-on, observé que Mme ***, dont j'ai beaucoup plus remarqué la beauté que les rubans, avait dernièrement, à l'Élysée, une parure jonquille. Les placards anarchistes se multiplient; les journaux incendiaires inventent des assassinats pour en provoquer; un moine histrion appelle les poignards sur les prêtres et prétend que l'inviolabilité du représentant ex-constitutionnel doit couvrir de son égide les calomnies du journaliste insolent; le consul Louvet dévoue lui-même ses compagnons de proscription à la hache de Merlin (*Ridiculum sane habemus consulem*). Le *Rédacteur*, dont le Directoire avoue quelques articles et les paye tous, menace plus qu'il ne rassure. Une foule de patriotes français, nés à Gênes, à Dublin, à Madrid, sont là pour sauver la patrie. On voit Rossignol, on croit voir Santerre, on entend des cors. Eh bien! malgré ces bruits publics, ces sinistres présages, je ne crois pas au mouvement et je m'appuie sur ce simple dilemme : le Directoire veut un mouvement ou ne le veut pas; s'il le veut, ses troupes le feront; et s'il ne le veut pas, ses troupes l'empêcheront. Il n'y a qu'une hypothèse d'après laquelle une violente secousse serait à craindre. Si le gouvernement, croyant avoir besoin d'un mouvement pour tenir le bon peuple en haleine et reproduire le grand système des contrepoids, se livrait à des agents assez habiles pour, de manœuvres, devenir entrepreneurs et s'emparer du mouvement qu'ils ne devaient que diriger, alors eux seuls savent où il finirait; et on se battrait peut-être longtemps en se demandant comme Basile : « Qui est-ce donc qu'on « trompe ici? » Comme les gens en place doivent être plus circonspects que d'autres sur le choix de leur société, j'invite le Directoire et même les meneurs du Cercle constitutionnel à se prémunir contre les liaisons dangereuses. » — *Miroir* du 28 messidor : « *Fête du 14 juillet*. Le Directoire n'a célébré cette fête que dans son palais et y a donné un assez grand appareil ; de nombreuses salves d'artillerie, des emblèmes en l'honneur de la liberté, et surtout des armées (car notre gouvernement regarde les armées comme son palladium, l'insensé); des chants guerriers et civiques, entre autres la *Marseillaise*, voilà, en somme, ce qu'on a vu et entendu au Luxembourg. Le discours du président du Directoire a été aussi convenable qu'il pouvait l'être : il prêche la tolérance aux prêtres persécutés ; on y trouve la plus violente sortie contre les brigands de 93. Le *Miroir*, s'il eût fait ce discours, n'en eût pas dit davantage. A deux heures, il y a eu diverses évolutions militaires et petite guerre au Champ-de-Mars ; un canonnier a été blessé. Quant à la situation de Paris, elle a été, malgré les affiches incendiaires, la même que celle des autres jours; les ouvriers ont tous travaillé comme à l'ordinaire, et les marchands n'ont point quitté leurs boutiques ; seulement on a vu un peu plus de monde aux Tuileries et aux Champs-Élysées, où on avait disposé quelques lampions. Entre dix et onze heures, les frères et amis ont voulu essayer un petit travail de marchandise (sic). Un essaim de quarante à cinquante de ces brigands est parti des Champs-Élysées et s'est dirigé sur la place de la Révolution en criant : *A bas les Clichyens!* et chantant : *Qu'un sang impur abreuve nos sillons.* Un militaire indigné a dit alors à son camarade : « Quoi ! l'on n'im-« posera pas silence à ces brigands-là ! ils ont tué mon père. — Ils ne valent « pas la peine qu'on y fasse attention, lui a répondu l'autre. » Mais le mot de brigand entendu a été sur-le-champ répété par un citoyen et a volé de bouche en bouche. Alors quelques applaudissements, que les frères avaient d'abord obtenus ou commandés, ont cessé; et cependant ils continuaient de chanter. Mais aussitôt on a entonné le *Réveil du Peuple.* Plus de deux mille voix ont répété le refrain et, à ce tintamarre homicide, les brigands se sont fondus comme les ombres dans la masse du jour. Le directeur de la bande a reçu des coups de pied au cul. Un petit terroriste en uniforme a tiré son sabre; un jeune homme le lui a pris et l'a emporté; voilà ce qu'ont gagné ces fiers vainqueurs : des huées, des soufflets et des coups de pied au cul. »

MLXXVII

29 MESSIDOR AN V (17 JUILLET 1797).

Rapport du bureau central du 30 messidor.

Esprit public. — Il règne un extrême mécontentement à raison de la pénurie des finances et de la grande détresse où se trouve une infinité de personnes qui attendent toute leur ressource du gouvernement ; ce que l'on craint surtout, c'est ce que cet état de choses n'amène la chute du gouvernement républicain, et l'on découvre assez d'individus empressés à dire qu'elle est inévitable. A l'appui de cette assertion, ils citent les divisions qui existent entre les premières autorités constituées et leurs dénonciations respectives. Il se répand le bruit que les caisses nationales vont être fermées, et que tous payements seront arrêtés jusqu'à ce que le Corps législatif ait pris des mesures pour faire rentrer des fonds. Il n'y a qu'un cri pour qu'ils s'occupent, à l'exclusion de tout, de la restauration des finances et de l'établissement des plus promptes ressources pour les dépenses urgentes. Les rentiers sont loin de lui témoigner de l'estime et de la reconnaissance pour les intentions que les législateurs ont manifestées

---

1. L'original de ce rapport n'est pas daté. Mais il est sûrement postérieur au 28 messidor, puisqu'il y est fait allusion à la nomination de Lenoir-Laroche au ministère de la police, en remplacement de Cochon, nomination qui eut lieu ce jour-là, et il ne contient pas de bulletin de Bourse, ce qui caractérise tous les rapports datés du décadi.

pour eux ; ils attendent, ils demandent des effets de ces mêmes intentions, et leur reprochent de s'être occupés de divers objets étrangers à leur situation. — Un autre bruit, marqué au coin de la malveillance, et qui répand l'alarme dans les lieux publics, est que tout l'arriéré des rentes, pensions, même des traitements des fonctionnaires publics, sera porté sur le Grand-Livre et que les payements seront encore plus mal servis. D'un autre côté on dit qu'il y a de l'argent, mais que les premières autorités se [le?] partagent entre elles et cherchent, en ne payant pas souvent, à décourager tous les citoyens et à les exciter à un soulèvement. — Il afflue au Jardin-Égalité beaucoup d'étrangers des départements, qui reçoivent, suivant l'esprit de parti, les dénonciations tantôt de terroristes, tantôt de républicains. Un assez grand nombre d'entre eux, suivant quelques indices, est venu à Paris se soustraire à des persécutions exercées contre eux dans le pays de leur domicile; mais, soit que ce motif les ait conduits ici, soit qu'ils y soient venus pour faire un rempart de leur corps au Directoire, comme ils le disent, ou faire un coup de leurs mains, comme le font entendre ceux qui n'annoncent pas un grand attachement au gouvernement républicain, il n'en est pas moins vrai que cette grande affluence de patriotes, tels qu'ils s'appellent entre eux, porte un terrible ombrage à ceux qui demandent le renversement du Directoire, et l'on présume que leur présence a peut-être empêché un coup violent. — Tout ce que les ennemis de La Revellière parviennent à dire de plus fort contre lui, c'est qu'il est disgracié de la nature, ou bien on le dit protecteur des terroristes qui ont voulu le conduire à l'échafaud, tandis que Carnot, qui, dit-on, les protégeait, semble aujourd'hui les poursuivre, ou plutôt confondre avec eux les républicains. — On faisait généralement hier l'éloge de Pichegru ; il n'en est pas de même du plan d'organisation de la garde nationale ; on craint les dissensions qui l'ont divisée sous le commandement de La Fayette ; on trouve d'ailleurs dans ce plan beaucoup de vices, et, outre la persuasion où l'on est qu'il sera rejeté par les Anciens, c'est qu'on témoigne la plus grande répugnance à s'y conformer. — On continue toujours, dans une partie du public, surtout parmi les citoyens aisés, à désapprouver le Directoire du déplacement du citoyen Cochon, ministre de la police. — Mêmes inquiétudes sur les retards de la conclusion de la paix ; quelques personnes ne semblent n'en douter que parce qu'elles la trouvent contraire aux intérêts de différents membres du Directoire.

Spectacles. — La chaleur a fait fermer quelques spectacles, et tous les autres [sont] presque déserts.

Surveillance. — ... On a remarqué encore que l'ambassadeur turc paraissait mécontent de voir continuellement à la grille de son jardin une foule de mendiants..... Un particulier, voulant arracher une affiche des bleus, qui avait pour titre *le Club royal de Clichy*, apposée avec profusion dans les rues, en a été empêché par plusieurs citoyens, qui lui ont observé que la police seule avait ce droit.

LIMODIN.

(Arch. nat., BB³ 86.)

JOURNAUX.

Ami des Lois du 29 messidor : « *Projet de résolution en faveur des Sociétés populaires* [1]. Le Conseil des Cinq-Cents, après avoir entendu le rapport de sa Commission, considérant qu'il est du devoir du nouveau tiers de détruire la liberté publique et toutes les institutions populaires qui en sont l'effet et le résultat, en attendant le moment favorable où Sa Majesté Louis XVIII pourra elle-même enchaîner la liberté de penser ; considérant que les principes de sociabilité n'ont été établis que par des ennemis du bien public et que nous devons être aussi loin de l'état de nature que de l'état de société ; que c'est aimer les hommes que de les mettre dans l'impuissance de parler, de se communiquer leurs pensées, de se réunir et, par conséquent, de conspirer ; pour répondre à la vive sollicitude de Louis XVIII, déclare qu'il y a urgence ; et, après avoir déclaré l'urgence, prend la résolution suivante : 1° Les sociétés populaires, cercles constitutionnels, réunions patriotiques, cabinets de lecture, sont à jamais, et dès la publication de la présente loi, détruits en France ; Montmorency [2] le sera dans les vingt-quatre heures. Toute réunion ne pourra être de plus de quatre personnes et en plein air. — 2° Tous les lieux publics, tels que cafés, caveaux, billards, brelans, trente-un, bordels, Tivoli, Idalie, chaumières, jardins, Parnasse, bains publics, seront à jour l'été et vitrés pendant l'hiver. Il n'y aura jamais que dix-huit personnes en ces lieux, le jardin Bourbon seul excepté. — 3° Tous restaurateurs, traiteurs, pâtissiers, marchands de vin, guinguettes sont tenus de faire construire sur-le-champ des cabinets bien étroits à portes vitrées ; ces cabinets ne pourront contenir plus de deux personnes ; elles seront nécessairement de l'un et de l'autre sexe. — 4° On ne laissera entrer dans les Tuileries, les Champs-Élysées, le Palais-Royal, pas au delà de cent personnes ; elles seront tenues de circuler continuellement et au pas accéléré ; les individus qui voudraient se reposer seront assis et placés à 18 pieds de distance. — 5° Les fiacres, cabriolets, voitures de remise, tape-cul, pots de chambre, ne pourront en tout

1. Comme on va le voir, il s'agit d'un projet imaginaire et ironique, à propos du rapport de Valentin-Duplantier au Conseil des Cinq-Cents, dans la séance du 24 messidor, sur les Sociétés particulières. Il y proposait que ces Sociétés fussent réduites à dix membres dans les communes de cinq mille âmes et au-dessous ; vingt membres dans les communes de dix mille à vingt mille âmes ; à trente dans celles de trente mille à quarante mille âmes ; enfin à quarante à Paris, Bordeaux, Marseille.
2. Il s'agit du club républicain de Montmorency, ci-devant club de Salm.

temps conduire qu'une seule personne. Les phaëtons, carricks, voitures de maître, wiskis sont exceptés. — 6° Toutes les salles de spectacle, depuis l'Opéra jusqu'aux Ombres-Chinoises seront reconstruites en deux petites loges de deux personnes, mâle et femelle. — 7° L'Institut national des sciences et des arts, tous les lycées seront réduits en tout à dix-huit membres. Les écoles publiques et les maisons d'éducation ne s'élèveront pas au-dessus de ce nombre y compris le précepteur. On n'y lira désormais que les rapports de Gomicourt sur les loups [1], de Camille Jordan pour les cloches, et de moi, Diégo-Duplantier, en faveur des *vitriers* [2]. — 8° Les bois de Boulogne, Bagatelle, le Ranelagh, les Prés-Saint-Germain, Passy, Montmartre, seront soumis à la règle prescrite par l'art. 4 ; le mont Calvaire est excepté, en commémoration de la passion de Notre Seigneur Jésus-Christ, mort pour les péchés des hommes. — 9° Toutes les maisons que l'on fera construire dans l'étendue de la France, à dater de la publication de la présente loi, seront environnées de cloisons à grands vitrages pour faciliter l'action de la police. Les portes des maisons qu'on ne démolira pas seront toutes vitrées. — 10° Les propriétaires et principaux locataires sont obligés, sous peine d'être amendés de 1,048 livres, au profit de Sa Majesté, de ne loger pas plus de trente-cinq personnes. Les noms, l'âge, le nombre, le sexe, le métier, l'art des locataires seront inscrits en gros caractères sur un poteau devant la maison. — 11° Les familles de plus de dix-huit têtes seront divisées par moitié, en deux appartements, l'un sur le devant, l'autre sur le derrière. — 12° Il n'est permis qu'aux seuls catholiques, apostoliques et romains de se réunir en nombre indéterminé dans les églises, pour y implorer l'assistance du Dieu de nos pères. Tous les autres cultes sont généralement proscrits. — 13° Le ministre de la police, les inspecteurs des deux salles auront toujours devant eux un télescope pour distinguer plus nettement tous les objets, tels que maisons, arbres, statues, chevaux, chiens, voitures, hommes, femmes, etc. Dossonville, Grisel, Malo auront deux loupes à grande vue : l'une royale, l'autre terroriste ; tous les espions de la police porteront sur le nez des multipliants en forme de conserves, et cela pour faciliter l'action de la police. — 14° Pour l'exécution de la présente loi, toutes les verreries, tous les vitriers, tous les instruments d'optique, tous les opticiens, tous les marchands de verres et de lunettes sont mis en réquisition. — 15° Sont exceptés des présentes dispositions les salons dorés, les boudoirs, les maisons où logent tous les membres du nouveau tiers et Clichy ; toutes leurs sublimes portes porteront les inscriptions suivantes : « Bureau d'esprit public ; manufacture d'esprit ; « liberté de penser ; boutique de rapports ; magasin de lois, république royale. » On comprend encore sous cette exception les loges de franc-maçonnerie connues sous le nom d'Art-Royal, inventé par le roi Salomon, attendu qu'elles ne sont point composées de gens du peuple, et que, par l'intromis-

---

1. Dans la séance du Conseil des Cinq-Cents du 9 messidor an V, Lemarchant de Gomicourt fit un rapport qui concluait à accorder une prime d'encouragement à tout citoyen qui tuerait des loups. « On remarque dans ce rapport un rapprochement entre la réunion de ces animaux féroces et celle des sociétés populaires. » (*Moniteur*, réimpression, t. XXVIII, p. 735, 736.)

2. Valentin-Duplantier demandait que, pour faciliter la surveillance des Sociétés, la porte du lieu de leurs séances fût vitrée.

sion de quelques nouveaux membres chargés de nos instructions [1], ces associations doivent remplir toutes les intentions de Sa Majesté Louis XVIII.
16° Le jour où la présente loi sera publiée en France, le Directoire fera célébrer une fête nationale, en réjouissance de la régénération de la société.
— 17° Les évêques, archevêques, curés, moines et tous les prêtres réfractaires ou déportés en général ont droit de vie et de mort sur les opposants et les contrevenants en la présente loi. — 18° La présente loi est confiée dans sa totalité aux ennemis des Jacobins, des sociétés populaires, des cercles constitutionnels, aux ministres de l'intérieur, de la police et à toutes les autorités constituées de la France. — L. LE CLERC (des Vosges). »

MLXXVIII

30 MESSIDOR AN V (18 JUILLET 1797).

JOURNAUX.

Ami des Lois du 2 thermidor : « *Variétés*..... Les journalistes du roi sont désolés du renvoi de Bénézech et de Cochon [2]. Le *Censeur* prétend que c'est une déclaration de guerre, mais que ses armes sont prêtes et qu'il sait monter à cheval. La *Quotidienne*, assure que Carnot s'est rendu, les larmes aux yeux, chez Cochon et Bénézech, pour les assurer de vive voix de la part qu'il prend à leur disgrâce, de l'opposition qu'il a manifestée et de la continuation de son estime.... (On sent de quel prix est l'estime de Carnot...) Suard consent bien à la destitution des autres ministres, mais son ami Cochon, qui lui donnait de si bons dîners !... Ah ! dit-il, la consternation est générale à Paris: Tivoli, l'Élysée, Idalie, Velloni, Pavillon d'Hanovre sont déserts: on dirait qu'on vient d'apprendre la mort du prétendant. Les royalistes ont pris le deuil, les émigrés vont être quelques jours sans sortir de chez eux pour se livrer à leur douleur. La *Clef des cabinets* et Perlet ne disent mot sur cet événement; ils observent avant que de se prononcer. Le *Messager* au contraire ne garde aucune mesure ; il accable d'injures et de malédictions Reubell, Re-

---

1. Le 24 de ce mois, le général Willot a été reçu apprenti franc-maçon à la loge du Centre des Amis, première loge du Grand-Orient de France. Toutes les formes, toutes les cascades de réception ont dû plaire au candidat. D'abord on l'arme d'un poignard ; c'est l'arme favorite de Willot. Il marche pour s'en servir et faire des sacrifices humains. Quelle joie t'anime, ô Willot, et de quelle ardeur nouvelle je te vois brûler ! L'élu consent ensuite à avoir la gorge coupée, le cœur et les entrailles arrachés, le corps brûlé et les cendres jetées au vent. Willot sera reçu ; familier à tout ce qui touche l'égorgement, au brûlement, aux dissections, la vue de ces supplices a endurci son âme, et, dût-il les éprouver, il n'en serait point effrayé. Willot sera reçu. Le nom de baptême du nouvel élu sera Vengeance, nom qui convient parfaitement aux principes et aux actions de Willot. Willot a été reçu. (*Note de l'original*.)
2. Le 28 messidor, Bénézech, ministre de l'intérieur, avait été remplacé par François (de Neufchâteau), et le 30 messidor Cochon, ministre de la police générale, avait été remplacé par Lenoir-Laroche.

vellière et Barras. Il est furieux de ce que ces Directeurs aient secoué le joug de Carnot, qui, habitué jusqu'alors à régner seul, trouve extraordinaire que ses collègues aient aussi une volonté. L'historien Du Pont [1] fait des plaisanteries sur Cochon, sur Bénézech, sur les conspirations et les conspirateurs. Selon le *Postillon des armées*, Talleyrand-Périgord est un homme sans conception; Laroche, un avocat de province qui n'a jamais été à confesse; François (de Neufchâteau), dit-il, est un ennemi des Jacobins, mais d'un caractère trop faible pour les faire assassiner; Hoche est un bon militaire, mais il ne connaît rien à l'administration des armées. Le *Grondeur* annonce que l'effet des changements dans le ministère a produit la terreur (*parmi les émigrés*). Le *Thé* ne veut pas plus de Cochon que de Delacroix, pas plus de Merlin que de Bénézech; il ne sera sensible aux changements de ministres que lorsqu'on y appellera d'Entraigues, de Castries, etc., avec les accompagnements. Le *Journal de Paris* imite le silence de Perlet. Le *Républicain français* dresse le procès-verbal de ce qui s'est passé au Directoire; il en résulte que les Clichyens sont allés au Directoire pour demander le renvoi de trois ministres républicains et que cette demande indiscrète a entraîné la chute de Cochon et de Bénézech; ce dernier, sur la prière de Lagarde, a donné sa démission; Cochon au contraire n'a pas voulu la donner, sous le prétexte qu'il y avait une conspiration en train et qu'il voulait l'amener à terme. Plusieurs soutiennent que Carnot et Barthélemy ont protesté contre ce changement de ministres; ils ajoutent que ceux-ci veulent donner leur démission. Ce que nous savons, c'est que les commissaires du roi à Paris sont déconcertés de la perte de Bénézech et de Cochon; les enrôlements ont été suspendus et tous les projets de contre-révolution ajournés; les fabricateurs du mouvement jacobite craignent de se voir sans emplois; ils avaient deux ou trois conspirations prêtes, dans lesquelles plusieurs républicains étaient compliqués, et particulièrement le Cercle constitutionnel. Il faut avouer que le départ de Cochon dérange bien des projets. Le nouveau ministre s'entoure de collaborateurs sages et instruits, aussi républicains que ceux de Cochon l'étaient peu. Avant quinze jours on verra cesser les assassinats partout, et on s'apercevra de la différence qu'il y a entre les résultats d'une bonne police et ceux des opérations de Cochon. Quant aux mille contes bleus insérés dans les papiers publics sur les circonstances du changement dont nous venons de parler, ils sont tous aussi absurdes les uns que les autres, et la vérité est que presque tous les ministres qui se retirent ont volontairement donné leur démission. » — « Les royalistes, les *honnêtes gens*, les mécontents, les singes de la mode, les laquais, les filles publiques, les jeunes gens de la première réquisition, les cuisinières, les filous, les agioteurs, les émigrés rentrés, les déserteurs ont affecté avec ostentation de se répandre, il y a deux mois, dans les églises anticonstitutionnelles; on voyait les marchands et les manufacturiers fermer leurs magasins et refuser de l'ouvrage aux pauvres ouvriers, pour les forcer d'aller à la messe des prêtres royaux; les anciens marguilliers avaient repris leur perruque et leur morgue; les chantres, la bouteille et le faux bourdon; enfin on espérait que les prêtres ramèneraient la royauté après deux mois de manœuvres. Les deux mois sont passés, et le roi ne revient pas. Aussi les églises commencent-elles à être délaissées; les

---

1. Du Pont (de Nemours) publiait le journal l'*Historien*. (Bibl. nat., Lc 2/900, in-8.)

ouvriers travaillent le dimanche, les marchands et négociants se résignent et ne pensent plus à Sa Majesté. On ne voit plus aux offices que quelques pauvres chevaliers de la Vierge Marie, quelques vieilles têtes à perruque et les servantes du quartier, qui n'en volent pas moins leurs maîtres; on y voit aussi beaucoup de curieux, qui vont examiner les figures et la mine des prêtres réfractaires; on n'a rien vu de plus hypocrite et de plus caffard. Les jeunes gens, qui avaient d'abord montré beaucoup de ferveur, se sont refroidis tout à coup, et ont préféré Tivoli à Saint-Roch, Idalie à Saint-Eustache et l'Élysée à Saint-Germain. Tout annonce la chute prochaine, à Paris, de tous ces repaires de superstition et de royalisme; depuis qu'on a permis l'ouverture, personne n'y va; quand ils étaient défendus, c'était une rage; voilà les Français. » — *Nouvelles politiques* du 2 thermidor : « Les changements opérés dans le ministère sont si importants par les événements dont ils peuvent être la cause, qu'on s'empresse de recueillir toutes les circonstances qui les ont accompagnés. Voilà à cet égard quelques détails extraits du *Républicain français*. Nous avons des raisons pour les croire exacts. On sait trop qu'il s'était manifesté une sorte de méfiance entre le Directoire et le Conseil des Cinq-Cents. Plusieurs membres, jaloux de faire disparaître ces symptômes de division, avaient pensé qu'il serait possible d'y réussir, si le Directoire éloignait quelques ministres contre lesquels les esprits étaient généralement indisposés. Dans cette vue, ils s'adressèrent à un membre du Directoire et lui firent part de leurs sentiments; ils le trouvèrent très disposé à les seconder; mais, ne croyant pas néanmoins devoir risquer une tentative à ce sujet auprès de ses collègues, si on ne parvenait auparavant à en déterminer plusieurs autres à l'appuyer (car, suivant toutes les apparences, il ne pouvait compter que sur un seul), les conciliateurs sentirent la justesse de l'objection que Carnot leur présentait, et, pour lever cet obstacle, ils s'efforcèrent, non sans succès, à ce qu'ils crurent, de déterminer Barras au même parti. Après cette démarche et lorsqu'ils se persuadèrent s'être assurés de la majorité, Carnot n'attendit plus que l'instant de faire les propositions convenues. L'occasion suivante s'y prêta naturellement; il avait été proposé au Conseil des Cinq-Cents de retirer au Directoire l'organisation de la gendarmerie et d'attribuer à un jury la nomination des officiers de ce corps. Reubell apporta au Directoire un projet de message sur cet objet; il parut conçu en des termes plus propres à augmenter l'aigreur qui existait entre les deux autorités qu'à la faire cesser. Carnot insista sur les inconvénients de la lutte qu'on allait élever et sur la nécessité de se réunir franchement et de cœur en évitant les sujets d'altercation. Il partit de là pour exposer qu'il croyait utile à la bonne harmonie d'adopter la destitution de quelques ministres qu'il nomma Ceci se passait le 27. Rien ne fut décidé, et on s'ajourna au lendemain, Reubell ayant seulement ouvert l'avis d'étendre la proposition à tous les ministres, et de retremper, suivant son expression, le ministère en entier. Le 28, Carnot ayant renouvelé ses propositions, elles furent mises aux voix et le résultat fut la conservation de quatre ministres. Le président, jugeant la question écartée, se préparait à lever la séance; mais Reubell remit sur le tapis ce qu'il avait dit la veille de la nécessité de porter l'examen sur la totalité des ministres. La délibération, ayant été reprise dans ce sens, se porta sur chacun des ministres successivement dans l'ordre où ils sont classés par la Constitution. Le ministre de la justice fut le premier dont on s'occupa en procédant par scrutin. Trois voix se déclarèrent en sa faveur.

Suivirent les autres ministres, à l'égard desquels il fut prononcé comme on va le voir. Le ministre de l'intérieur, trois voix pour le renvoyer. Reubell interrompit l'opération, disant qu'avant de passer outre, il était convenable de procéder au remplacement, et de suite il présenta François (de Neufchâteau), qui obtint trois suffrages; les deux autres billets se trouvèrent en blanc et les Directeurs qui les avaient donnés annoncèrent qu'ils n'avaient point eu le temps d'éclairer leur conscience sur une nomination nouvelle. Les choses se passèrent exactement de la même manière relativement aux ministres de la guerre et de la police pour leur renvoi et leur remplacement. Mais ce qu'il y eut de remarquable, c'est que Truguet et Charles Delacroix, qu'avant d'aller au scrutin la majorité y avait conservés, se trouvaient exclus par cinq boules noires. Quant à leur remplacement, il fut exécuté comme celui des autres sur l'initiative de Reubell. Au surplus, on assure que les débats qui précédèrent l'opération et les motifs allégués de part et d'autre furent consignés sur les registres [1]. »

MLXXIX

1er THERMIDOR AN V (19 JUILLET 1797).

RAPPORT DU BUREAU CENTRAL DU 2 THERMIDOR.

Esprit public. — Les opinions n'ont encore changé ni d'objet, ni de nature; elles ne varient que sur les qualités ou des ministres exclus ou des ministres promus. En général, on paraît craindre que ces changements n'amènent quelques mouvements contraires au bon ordre et à la tranquillité, et ces craintes sont plus marquées à mesure que l'on se rapproche des quartiers éloignés de ceux du centre de Paris. C'est dans ces derniers que l'on porte de nouveaux jugements sur les ministres. Les regrets en majorité sont pour le ministre de la police, auquel cependant on fait un reproche de n'avoir pas mis assez de sévérité dans la police relative aux émigrés; quelques individus lui reprochent aussi d'avoir été pour ainsi dire le seul provocateur des événements de Grenelle; d'autres encore, d'avoir soustrait dans l'affaire de Babeuf des pièces à décharge des accusés. — L'esprit des localités à cet égard n'a point changé; seulement il en est quelques-unes où, à travers la joie du changement dans le ministère, on entend des regrets pour le ministre, sur lequel pleuvent ailleurs les plus grands éloges, notamment dans les cafés extérieurs au Jardin-Égalité. — Une nouvelle question, celle de la réorganisation de la garde

[1]. En effet il y a un compterendu assez détaillé de cette séance dans le registre des délibérations du Directoire exécutif. (Arch. nat., AF* III, 8.)

nationale, occupe deux des principaux cafés de ce jardin, tous deux opposés de sens politique quant aux opinions de leurs habitués. L'un, connu sous un nom étranger, a sans cesse les yeux ouverts sur les atteintes que l'on dirigerait vers le pouvoir exécutif. Beaucoup de patriotes, quelques ultra-patriotes, telle est le plus souvent sa composition ; là, on présume peu de l'esprit dans lequel sera présenté le projet de réorganisation de la garde nationale ; on s'est exprimé à ce sujet dans des termes assez ménagés, se bornant à attendre impatiemment le rapport à prononcer, dit-on, par le général Pichegru. Dans l'autre lieu, fréquenté d'habitude par des hommes, les uns exaspérés par de grandes pertes, les autres ennemis systématiques de l'ordre actuel des choses, l'alarme et l'indignation règnent également à l'occasion du changement des ministres ; là on appelle aussi l'organisation de la garde nationale, mais comme nécessaire pour prendre l'offensive ou la défensive, suivant les circonstances ; là on parle déjà de la nécessité de l'opposer aux brigands (expression dont on ne limite pas toujours l'étendue). Enfin on la regardait comme utile à faire face à la troupe. On venait de manifester des regrets de ce que précédemment on n'avait point pris le parti de mettre le Directoire en accusation, et l'on faisait des vœux pour que les honnêtes gens se rassemblassent, à l'instar des Jacobins, et se jetassent impitoyablement sur les clubs et les réunions théophilanthropiques. — Il paraissait ailleurs, d'après quelques mots au hasard, se préparer une dénonciation contre le général Hoche, étant important, a-t-on dit, qu'un honnête homme succédât à un honnête homme [1]. Isolément encore on a entendu accuser le général Petiet d'avoir favorisé des abus dans ses bureaux, dont on parlait comme accessibles quelquefois à la séduction. — Sans qu'on ait pu au surplus se convaincre encore qu'il y ait dans le public majorité de contentement ou de mécontentement au sujet du renouvellement des ministres, on a vu que l'un et l'autre sentiment étaient encore plus fortement prononcés que la veille, et que les craintes de quelques grandes catastrophes avaient fait de nouveaux progrès dans les esprits. Le bruit s'accrédite, parmi les gens faibles, d'une arrivée de deux mille hommes de troupes à Paris. — Des individus en groupes ont annoncé l'intention de rétablir un club de Jacobins, disant que l'on était plus heureux sous les Jacobins que sous le régime actuel. — D'autres annoncent quelques desseins qu'ils espèrent couvrir de l'uniforme bleu. Beaucoup d'éloignement en général à concourir à la formation de la garde

---

1. Hoche venait d'être nommé ministre de la guerre. Mais il n'avait pas l'âge voulu par la Constitution, et il fut remplacé par Schérer.

nationale, se rappelant ses différents désarmements. — Rien à l'extérieur n'a paru menacer le repos public. Les cris de misère sont extrêmes dans certaines classes de citoyens.

Spectacles. — *Le Moyen de parvenir ou Médiocre et rampant* [1], pièce nouvelle, au Théâtre-Français, est un sujet presque entièrement bureaucratique. Un ministre de probité succède à un ministre improbe, conserve le secrétaire de ce dernier. Ce secrétaire vaut par les lumières de plusieurs commis qu'il dessert. Un employé d'un talent médiocre partage cette disgrâce et parvient à convaincre le ministre de la nullité de son secrétaire. L'intrigue amoureuse à part, telle est cette pièce, qui a complètement réussi. Elle ne renferme rien de direct contre le gouvernement; le public y a trouvé deux occasions assez fortes, allusoires (sic) au renvoi des ministres et contre la nomination de ceux récemment choisis; on applaudissait avec beaucoup de chaleur ce qui peignait la vertu comme trop souvent victime du crime et de l'intrigue. Cette demande d'un paysan qui réclame du secrétaire son assistance pour faire fortune est aussi très applaudie :

..... Je veux la route la plus sûre,
Tâchez de me lancer dans quelque fourniture.

Le reste de la pièce est d'une morale sévère. — Au Vaudeville, dans la pièce des *Effets perdus*, on a mis un nouveau couplet dont le sens est que l'on renvoie de place ceux qui ont bien mérité pour leur faire succéder des hommes qui ont démérité; applaudi avec transport, indépendamment des applications ordinaires de cette pièce contre les Jacobins et les nouveaux riches.

Gravures. — L'Exclusif, homme d'une figure sinistre, dans l'attitude du gladiateur Farnèse, tenant en arrière un poignard sur lequel est écrit : *Fraternité*, de la main en avant un pistolet pointé, et portant sur son bonnet le mot : *Liberté;* de sa poche sortent des mandats et une légende portant : *2 Septembre*. — Autre réunissant la famille de Louis XVI, sans attributs ni accessoires.....

LIMODIN.

(Arch. nat., BB [3] 86.)

1. Par Picard.

MLXXX

2 THERMIDOR AN V (20 JUILLET 1797).

RAPPORT DU BUREAU CENTRAL DU 3 THERMIDOR.

Esprit public. — Une très vive agitation règne dans le public et semble tendre à faire encore de nouveaux progrès; deux partis se font des menaces effrayantes; les bons citoyens en sont alarmés et craignent une catastrophe prochaine. Il s'est formé hier aux Tuileries des groupes, dont les propos portaient l'empreinte révolutionnaire; on suppose les royalistes très nombreux, et on les fronde avec force, tandis que, d'un autre côté, on fulmine contre les terroristes; auxquels on trouve plus d'audace. Un bruit sourd a couru quelquefois de mettre en état d'accusation Barras et Reubell; un autre a eu plus de crédit un instant et ne s'est pas soutenu: c'était celui de la destitution des ministres de la justice et des finances; la haine du premier est portée à un tel degré dans une partie du public qu'on ne s'inquiétait pas de celui qui le remplacerait, disant que, quel qu'il fût, il serait toujours à préférer à son prédécesseur. — Les sentiments opposés de satisfaction ou de mécontentement, [au sujet] du renouvellement des ministres, sont toujours très prononcés. L'aigreur est extrême parmi ceux qui le désapprouvent. Les regrets sont les mêmes pour le citoyen Cochon. On a paru cependant un peu moins animé dans les cafés contre celui appelé à le remplacer. — C'est dans la bouche des plus exagérés que se trouvent les questions relatives à la réorganisation de la garde nationale, et quelques personnes semblent espérer que, malgré la répugnance à peu près générale des citoyens à y concourir, la nomination du citoyen Pichegru au commandement de cette garde pourra déterminer beaucoup de monde. Il s'en faut toutefois que le public marque aucune disposition à suivre ce projet, et chaque individu, dans ses conversations, se résume en disant : « Que l'on fasse ce que l'on voudra, je me tiendrai tranquille. » — Des habitués des cafés adjacents au Petit-Spectacle ont cru s'apercevoir que la classe des ouvriers reprenait quelque ascendant dans les entretiens politiques; dans ces quartiers, les ouvriers s'assemblent entre eux plus fréquemment que jamais et laissent des inquiétudes émaner de leurs colloques. L'intérêt personnel en fait l'âme, et c'est ce qu'ignorent les esprits crédules de tout cet arrondissement, sans cesse en crainte de les voir servir d'instruments à quelque commotion. On est fondé à croire néanmoins que ces ouvriers se concertent pour rabattre d'autorité encore une heure sur le temps de leur journée et pour contraindre les chefs d'atelier à supporter cette diminution de temps ou à augmenter les salaires; les ouvriers de forges et de fouleries sont les plus nombreux. En un mot, le moindre événement alarme; chacun tremble et croit qu'un coup violent se prépare; rien à l'extérieur cependant n'a paru encore justifier de telles craintes.

Spectacles. — Les circonstances paraissent absorber les plaisirs; la plupart des théâtres n'ont plus que très peu de spectateurs, le Théâtre-Français excepté. Outre les applications déjà citées de la pièce nouvelle (*Le Moyen de parvenir*), on a semblé vouloir appliquer formellement à la Convention, pendant le crédit de Robespierre, un passage dont le sens est que « l'on est coupable du mal qu'on laisse faire, autant que du mal qu'on fait ». — Tout au surplus et partout ailleurs a été très calme.

Surveillance. — ... Hier, sur les huit heures du soir, nous avons fait disparaître un rassemblement d'ouvriers qui se tenait au bas du pont Notre-Dame, et qui tenait des propos injurieux contre le gouvernement.....

BRÉON.

(Arch. nat., BB [3] 86.)

JOURNAUX.

Courrier républicain du 4 thermidor : «*Paris, 3 thermidor*.... Hier s'est fait l'ouverture du Mont-de-Piété. Les effets y seront reçus aux mêmes conditions que par le passé. La réputation, le zèle et l'expérience des directeurs de cet établissement, qui a réuni ses anciens employés, sont un sûr garant du succès de cette belle entreprise, qui doit faire tomber incessamment à un taux raisonnable l'intérêt de l'argent... » — *Courrier des spectacles* du 4 thermidor : « Nous avions craint avant-hier qu'on eût empêché la représentation de la pièce du *Prévenu d'émigration;* mais cette petite comédie fut donnée hier [1]. Voici l'analyse. Fierville a quitté sa terre et a émigré pour échapper à la fureur des révolutionnaires; son bien a été vendu, c'est son fermier qui l'a acheté. Le temps de la Terreur passé, Fierville rentre chez lui et obtient sa radiation. Mathurin (c'est le nom du fermier acquéreur de la terre) le prie de venir le voir et d'assister au mariage de sa fille Lucette avec Lucas. Fierville arrive; Mathurin lui remet les clefs de ses armoires, lui donne l'acte de rétrocession de sa terre. Fierville hésite, mais finit pas accepter son offre. Quel trait de générosité! Cette pièce a eu beaucoup de succès; elle a été fort applaudie.

1. C'est-à-dire avant-hier. Si le numéro du journal est daté du 4 thermidor, l'article est écrit le 3.

Elle est écrite avec feu. Nous aurions désiré plus d'action, et que les auteurs eussent mieux profité du fait historique dans lequel l'acquéreur donne à dîner à l'émigré, et lui met les clefs sous sa serviette, ce qui eût été plus piquant que d'apporter simplement les clefs. Cette petite pièce est tirée d'un fait arrivé en Normandie et inséré dans les *Petites Affiches* de Rouen. Les auteurs sont Pélissier et Béfort, acteurs des Variétés-Amusantes. » — *Miroir* du 4 thermidor : « *Paris*. La situation de cette ville doit maintenant fixer non seulement l'attention de la France, mais encore de toute l'Europe ; car c'est des événements qui paraissent s'y préparer que dépend, en dernier résultat, la tranquillité de l'une et de l'autre. Or, mes chers lecteurs, Paris est parfaitement paisible ; hier le *Miroir* l'a parcouru dans presque toute sa longueur sur les deux rives de la Seine, c'est-à-dire la grande partie de cette grande ville où se forment ordinairement les éléments précurseurs de l'orage. Point de groupes, point de provocations incendiaires, la plus profonde immobilité. Seulement cinq à six cents ouvriers s'étaient rassemblés dans un cabaret de la Courtille, à l'effet de s'arranger pour avoir une augmentation de salaire des manufacturiers qui les font travailler. La garde les a cernés ; les instigateurs ont été conduits en assez grand nombre au Bureau central, et cette affaire, qui pourrait être le moyen éloigné d'arriver à un résultat plus important, paraît être terminée ; le *Miroir* dit « paraît », parce que, dans les circonstances où nous nous trouvons, il est prudent d'être ombrageux et de faire attention absolument à tout. L'attitude vigoureuse du Corps législatif double l'énergie des bons citoyens ; il ne tient qu'à lui de la soutenir et d'en quadrupler la force. Hoche ne sera point ministre de la guerre ; il a déclaré lui-même, loyalement, qu'il n'avait pas les trente ans que la Constitution exige pour remplir cette place. Pourquoi Barras n'a-t-il pas eu la même franchise, lorsqu'il a été nommé Directeur ? Nous ne serions pas dans le cruel embarras où nous nous trouvons aujourd'hui. Corps législatif, réponds à tes lâches détracteurs ; fais exécuter la Constitution. » — *Miroir* du même jour : « *Modes*. Quelques robes blanches offrent à la partie antérieure du corsage, du côté droit, une coulisse en écharpe, comme aux robes de la demi-Psyché, et du côté gauche un revers ordinaire, dont le bas se croise sous la coulisse. Au lieu de ganses, qui sont aujourd'hui la garniture dominante, une étroite faveur violette couvre et les bords et les coutures. Les bas couleur de chair, à coins bleu ciel, paraissent jouir d'une certaine faveur. On a vu même quelques belles avec des bas rouges ; mais c'était, sans doute, plutôt par singularité que par goût. »

MLXXXI

3 THERMIDOR AN V (21 JUILLET 1797).

RAPPORT DU BUREAU CENTRAL DU 4 THERMIDOR.

Esprit public. — Quoique les inquiétudes se tiennent encore à un assez haut degré, cependant on croit s'apercevoir qu'elles perdent encore de leur force, quoique très insensiblement. La nature des entretiens publics annonçait moins de frayeur ; les renseignements officiels donnés sur l'entrée de plusieurs corps de troupes dans le rayon qui leur est interdit par la Constitution ont rassuré bien des esprits ; les hommes éminemment connus pour tenir à un système de monarchie et pour désirer y atteindre sont les seuls dont la peur soit remarquable; il règne bien dans le reste du public une sourde inquiétude, mais tempérée par toutes sortes de considérations politiques, puisées principalement dans la nécessité de maintenir la Constitution de l'an III ; les autres, au contraire, encore alarmés du changement des ministres, disent que l'on veut faire un nouveau 13 vendémiaire, et que le Directoire veut, ainsi que l'avait fait la Convention nationale, s'entourer de terroristes qui, disent-ils, ont tué les honnêtes gens à cette époque. — Néanmoins, de toutes parts, on témoigne de plus en plus des inquiétudes sur l'influence que paraissent prendre les terroristes et les assassins du 2 septembre ; on trouve que partout ils lèvent la tête et paraissent avoir l'air satisfait. Hier, au Jardin-Égalité, il s'est formé non pas un [ou] deux groupes, ainsi qu'il se pratique assez ordinairement, mais un plus grand nombre de petits groupes, composés de huit à dix personnes seulement, ayant chacun leur orateur ; mêmes divisions dans les rassemblements politiques du Jardin national, et plusieurs faisaient remarquer, disait-on, d'anciens membres de Comités révolutionnaires ou des individus qui s'étaient rendus coupables de tous les crimes. — Même éloignement dans la très grande majorité du public à concourir en aucune manière à une réorganisation de [la] garde nationale parisienne. Tout ce qu'il y a d'exalté et surtout d'animé contre le Directoire demande ce rétablissement avec une ardeur incroyable. Dans cet esprit, un commandant, des chefs sont déjà proposés, mais ces vœux se bornent à ceux qui les font ; répugnance de la part de ceux dont l'opinion reste incertaine, dégoût chez les autres ; ces trois raisons réduisent à rien les efforts de ceux qui crient à la nécessité du réarmement. — Le discours du représentant du peuple Thibaudeau, au sujet d'une adjonction proposée aux inspecteurs de la salle du Conseil des Cinq-Cents [1], a fait une assez vive impression, et dans quelques cafés ceux qui passent pour avoir le plus de discernement en politique ont cru remarquer que l'opinion de ce représentant était bien propre à rassurer les têtes faibles. — Effectivement, les alarmes sont en partie dissipées ; on compte avec plus de sécurité sur le

---

1. Voir le compte rendu de la séance du Conseil des Cinq-Cents du 2 thermidor dans le *Moniteur* du 5.

maintien du bon ordre; on a dit à peu près tout ce qu'on avait à dire sur le renouvellement des ministres, et les entretiens à ce sujet sont plus calmes, quoique les opinions n'aient pas changé. Tout à l'extérieur est tranquille et promet l'être.

Spectacles. — *Gustave*, tragédie de Piron, a été remise hier au Théâtre-Français; il y avait beaucoup de monde. Une première application a été faite aux circonstances dans ce vers :

Les tyrans sont-ils seuls à l'abri des revers?

Cet autre adressé à Christiern, et à peu près ainsi conçu :

Pour des honnêtes gens, tu n'en connus jamais;

a été applaudi avec fureur, mais par un très petit nombre; il n'en a pas été de même de ces deux vers :

On vient nous informer de quelque ordre sinistre;
Le tyran se fait craindre à l'aspect du ministre.

Ici les applaudissements ont été vifs et presque unanimes; on a remarqué au surplus, parmi quelques personnes bruyantes et disséminées, de violentes tentations d'applaudir dans un sens défavorable au Directoire, mais le plus souvent comprimées par des signaux de silence de la part d'un grand nombre d'habitués sages, uniquement conduits à ce théâtre par enthousiasme pour les chefs-d'œuvre de la scène. Cet esprit est assez ordinaire au Théâtre-Français; on en juge par un fait : c'est que, sur une suite de représentations d'une même pièce à nombre égal de spectateurs, les allusions ne sont saisies avec avidité qu'une première ou seconde fois. — *Le Prévenu d'émigration*, donné aux Variétés-Amusantes, paraît être de ces pièces destinées à procurer des spectateurs par l'appât du titre; celle-ci rappelle des circonstances affligeantes du régime révolutionnaire et amène conséquemment des applaudissements contre les terroristes; elle est, du reste, peu intéressante pour les arts et pour le gouvernement. — Le calme a régné dans tous les théâtres.

Gravures. — La France, sous l'habit d'une Minerve, tourne la manivelle du cric de maréchal élevant les attributs de la royauté. Pour légende : *le Cri de la France*.....

BRÉON.

(Arch. nat., BB³ 86.)

JOURNAUX.

Rédacteur du 6 thermidor : « Rapport du ministre de la police générale du 3 thermidor an V au Directoire exécutif. — Citoyens Directeurs, d'après les deux messages du Conseil des Cinq-Cents du 30 thermidor (*sic*) dernier, le Directoire exécutif m'a chargé de lui présenter un aperçu de la situation actuelle de Paris et de la République. — La situation de Paris, d'après les rapports qui m'ont été remis par le Bureau central, n'offre rien de bien essentiellement différent de ce qu'elle était il y a peu de jours ; elle ne laisse apercevoir qu'un balancement d'opinions, qui, suivant les intérêts ou les passions des individus, se transforment en inquiétudes, sans annoncer les symptômes de la fermentation. La masse du peuple est calme et paraît disposée à ne tenir aucun compte des conseils par lesquels on voudrait l'égarer. L'augmentation des salaires est un des prétextes que l'on suggère à quelques ouvriers pour leur inspirer du mécontentement. Un rassemblement, illégalement formé hier, a été à l'instant même réprimé par l'arrestation d'une partie des individus qui le composaient. Ils ont été interrogés, et l'interrogatoire n'est point encore terminé. Il résulte des renseignements que j'ai pris que nul motif politique ni révolutionnaire n'a déterminé cette réunion. Les ordres sont donnés et les mesures prises pour prévenir tout événement qui pourrait troubler la tranquillité publique, et je n'ai qu'à m'applaudir du zèle qui paraît animer les membres du Bureau central dans l'accomplissement de leurs devoirs. Si, dans plusieurs réunions nombreuses, des regrets inciviques ont été manifestés pour l'ancien ordre de choses, j'ai lieu de croire que cette altération de l'esprit public cédera aux constants efforts que je ferai pour convaincre la masse des habitants de cette grande commune que le plus ardent désir du gouvernement est d'y maintenir le calme et lui assurer tous les avantages qui peuvent naître du maintien de la tranquillité. Quant à la situation intérieure de la République, en général, citoyens Directeurs, la connaissance en dépend de l'examen d'une multitude de pièces, auquel je n'ai pas encore eu le temps de me livrer. Par l'aperçu qui m'a été donné, il s'agit de faits et de rapports partiels si disséminés, et quelquefois si contradictoires, qu'il est difficile d'en tirer un résultat certain et sur lequel on puisse établir une opinion juste et éclairée. Vous me permettez sans doute de vous satisfaire moins vite pour mieux remplir votre désir, et entrer davantage dans les vues du Corps législatif. *Signé :* LENOIR-LAROCHE. » — *Ami des Lois* du 3 thermidor : « Variétés. . La théophilanthropie vient de fonder une quatrième église à Paris. Cette religion raisonnable, qui rend la vertu et la piété aimables, fera, comme la liberté, le tour du monde... » — *Journal des hommes libres* du 4 thermidor : « *Paris, 3 thermidor...* L'on a arrêté trois cents ouvriers environ, qui s'étaient assemblés pour demander une augmentation de paye ; c'est une espèce de tyrannie sur le commerce qu'une coalition pareille. Grâce aux circonstances, cet événement, si commun dans les instants de désordres financiers, sera présenté par les bons journaux, avec leur bonne foi accoutumée, comme une conspiration jacobine... »

COMPTE POLITIQUE [DU MINISTRE DE L'INTÉRIEUR] DU 4 THERMIDOR AN V [1].

En l'an IV, la grande majorité des administrations centrales et municipales était gangrenée du système aristocratique et même de contre-révolution. Les lois des 3 brumaire, relative aux présumés émigrés et à leurs parents, 19 ventôse, qui prescrit un serment aux fonctionnaires publics, 14 frimaire et 22 ventôse, qui autorisaient le Directoire exécutif à nommer aux places administratives dans différents cas, en ont éloigné beaucoup d'ennemis de la Constitution, rompu diverses machinations contre elle, ralenti les complots de la malveillance, et rassuré la marche de l'administration. Mais le mauvais esprit des autorités constituées était si général que l'effet de ces lois ne put que pallier le mal. L'esprit de contre-révolution, la malveillance s'attachèrent à conspuer les patriotes sous les titres de terroristes, de buveurs de sang, de scélérats, de brigands, etc., etc., à avilir toutes les autorités, toutes les institutions républicaines, à paralyser l'exécution des lois et à faire rentrer dans le sein de la France, d'abord les prêtres déportés, et bientôt après un grand nombre d'émigrés. — Les patriotes, vilipendés, poursuivis, proscrits ou assassinés partout, n'ont trouvé de salut que dans la fuite ou dans la nullité la plus parfaite. Les hommes faibles ou insouciants ont été intimidés par cet état de choses, et les malveillants ont refusé les places pour entraver la marche du gouvernement. — Le défaut de payement des fonctionnaires publics et des employés, joint à cette situation de l'esprit public, a jeté une grande langueur pendant l'an IV et les six premiers mois de l'an V. — C'est en vain que le ministre de l'intérieur s'est élevé contre la faiblesse ou la lâcheté des administrateurs, et les administrations municipales sont restées sans activité, et les communes sans administrateurs. — Les nouvelles élections n'ont pas détruit ce mal. Il existe encore des cantons et beaucoup de communes sans administration et sans agents, et le ministre n'a pu trouver de remède provisoire à cette désorganisation que dans l'article 22 de la loi du 27 mars 1791 [2], qui autorise la nomination par les administrations centrales de commissaires aux frais des communes pour y faire exécuter les lois, mais sans pouvoir délibérer ou former l'administration du canton, parce qu'il lui a semblé

---

1. Ce document ne se rapporte pas à Paris, mais il nous a paru intéressant pour l'histoire de l'esprit public sous le Directoire.
2. Il s'agit de la loi des 3, 4, 5, 6, 14 et 15 mars 1791, sanctionnée le 27 mars.

que cette faculté n'appartenait qu'aux élus selon les formes constitutionnelles.. — On peut attribuer à ces désorganisations générales et partielles deux causes principales. L'une, la plus active, la plus dangereuse et la moins facile à détruire promptement, est la corruption de l'opinion publique et la perte de l'amour de la liberté, de la patrie, par l'effet des manœuvres des prêtres réfractaires et des menaces des émigrés rentrés ou de leurs émissaires. Cette première cause doit se détruire par l'entier oubli des prêtres, soit de la part du Corps législatif, soit de la part du gouvernement en ce qui regarde le mode de célébration intérieure de leur culte, par la sévère exécution contre eux, comme contre tous les autres simples citoyens, de toutes les lois communes à tous, et enfin par la prompte et rigoureuse exécution de celles relatives aux émigrés rentrés. La seconde cause est le défaut de traitement aux agents des communes. On ne peut se dissimuler qu'un très grand nombre de ces agents sont de très petits cultivateurs, chargés de famille, et toujours pressés par le besoin, qui ne peuvent ou regrettent de donner un jour à la chose publique dans le courant d'une décade, et surtout d'être obligés de prendre, ce jour-là, sur le faible produit de leurs longs travaux et de leurs sueurs, 2 à 3 francs pour payer leur dîner au chef-lieu. Outre ce jour et cette dépense par décade, ils sont encore obligés de donner beaucoup d'autres moments à la chose publique, soit pour la tenue des registres de l'état civil, soit pour l'exercice de la police, soit pour la répartition des contributions publiques. — Cette continuité de sacrifices et de dépenses pendant deux ans paraît au-dessus des forces d'une grande partie des citoyens des campagnes, et principalement de la partie qui, ayant toujours été, sous l'ancien régime, méprisée et comptée pour rien à cause de la médiocrité de sa fortune, doit être et est effectivement la plus amie du gouvernement républicain. — Le ministre de l'intérieur a remarqué que ce qui coûtait le plus à cette classe d'artisans ou de petits propriétaires était le sacrifice d'une portion de leur gain, tout en faisant celui de leur temps pour le service de la chose publique et de leurs concitoyens. Aussi pense-t-il, ainsi qu'il l'a déjà manifesté plusieurs fois, qu'un droit de présence aux séances administratives, attribué aux agents ou adjoints en faisant les fonctions, contribuerait efficacement à détruire l'insouciance et l'apathie des uns et vaincrait la résistance des autres. — L'esprit de parti s'est déployé avec la plus grande vigueur lors de la tenue des dernières assemblées primaires. Les patriotes, prenant la modération, la prudence du gouvernement pour de la mollesse, inquiets d'ailleurs, sur la marche du Corps législatif et croyant avoir aperçu une grande partialité dans la distribution de la justice, soit de la part des corps administratifs, soit des tribunaux ; effrayés sans doute des dangers, des maux dont la rentrée des prêtres et des émigrés menaçait la France, mais surtout vilipendés à outrance et voulant sortir de cet état d'abjection, ont cherché à s'emparer des élections. Tous leurs antagonistes, appuyés de l'opinion dominante, ont partout fait des efforts combinés pour être maîtres, et ils l'ont emporté. Mais il est résulté de cette lutte, beaucoup plus morale que physique, un nombre considérable de réclamations contre les opérations des assemblées primaires, communales et électorales, plus ou moins fondées. Le ministre de l'intérieur a remarqué qu'effectivement les vices de forme avaient généralement pris leur source dans l'esprit de parti, qui avait écarté ces formes pour s'assurer davantage des résultats désirés. Il a pu remarquer aussi, et avec peine, que le Corps législatif avait établi en principe à cet égard, dans ses discussions, et en approuvant des élections, que les assemblées primaires pouvaient élaguer les formes commandées par les lois sans encourir la nullité de leurs opérations, les seules voulues par l'acte constitutionnel, emportant cette peine en cas d'omission. On ne doit pas douter que ces discussions et ces décisions enhardiront à mépriser les lois et feront naître une foule d'autres vices, qui établiront l'arbitraire dans le mode de ces opérations. Cependant il a également observé que la violation des formes de détail n'a eu lieu quelquefois que parce que la loi du 25 fructidor an III, qui les prescrit, n'a pas été entendue. On peut encore attribuer une partie des irrégularités des opérations de ces assemblées au défaut de pratique des nouvelles formes et à la réception très tardive de l'instruction y relative. C'est dans cette position des esprits, au milieu des réclamations, que les nouveaux membres des autorités constituées ont été installés. A peine ont-ils tenu les rênes de l'administration qu'ils ont manifesté les principes les plus relâchés sur l'exécution des lois de sûreté, l'esprit d'exclusion de tous les patriotes restés dans les administrations et celui de réaction des mesures de police administrative. — Le trouble s'est élevé dans presque toutes les administrations où il restait quelques patriotes ; là les administrations inférieures, encore animées de l'amour de l'égalité politique, sont dénoncées avec une persévérance sans exemple; mille embûches leur sont dressées; des troubles, des rixes sont suscités pour les perdre, et les administrations supérieures ne rougissent pas de faire ou laisser faire naître les événements ou de dénaturer les faits et d'en déverser le blâme sur les membres des autorités inférieures qu'elles veulent perdre, afin d'y substituer de ces nouveaux et exclusifs républicains qui rougissent du titre de patriote et s'offensent de celui de citoyen — Ici ces nouvelles administrations centrales demandent la destitution même en masse, et particulièrement celle du département de la Loire, des commissaires du pouvoir exécutif qui ont été choisis parmi les patriotes, et notamment de ceux exerçant près d'elles. Des tracasseries élevées facilement par elles, des prétentions justes, mais soutenues peut-être avec trop de feu par ces commissaires vis-à-vis d'hommes qu'ils regardent comme injustes ou comme ennemis du gouvernement, sont les causes, les prétextes d'une demande en destitution. L'amour de la paix en a fait accueillir par le Directoire exécutif; mais cette complaisance, on ose le dire, atténue son pouvoir, le livre à ses ennemis et décourage les amis de la République. — Les fonctions publiques sont le patrimoine de tous les citoyens français; si quelqu'un y a autant de droit au moins que les ennemis de la Révolution ou les indifférents, que les nouveaux républicains enfin, c'est celui sans doute qui a aidé à renverser le trône et qui, sans relâche comme sans bassesse et sans injustice, a travaillé à l'établissement d'une Constitution républicaine. Et cependant ces derniers sont confondus à dessein avec les vils caméléons qui n'avaient pris le masque de patriotes que pour déshonorer la Révolution et la faire avorter, et sont toujours repoussés des places. Les dénominations de scélérats, de buveurs de sang, jointes à celles de patriotes, les poursuivent partout et ne peuvent être étouffées que par les cris du royalisme pour un nouvel ordre de choses. Sans doute, il ne faut pas, dans le système de la République, voir dans les administrés d'autres individus que des républicains, d'autres républicains (sic) que des bons et des mauvais citoyens; mais, d'après ce principe même, tous doivent être protégés et punis également; tous doivent jouir pleinement de leurs droits, jusqu'à ce que des torts envers la société, autres que ceux que veut donner une opinion intéressée, injuste et souvent atroce, les en fassent priver. C'est au gouvernement sans doute à maîtriser cette opinion, et il peut y parvenir en mettant et en maintenant en place, malgré les criailleries, les administrations qui, par hasard, sont encore composées de patriotes et les hommes qu'il sait être bons citoyens, et en rappelant sans cesse leurs détracteurs aux principes de justice, de tolérance et même de générosité dont le gouvernement a usé envers eux d'une manière si spéciale. Le gouvernement ne peut, il est vrai, empêcher à l'instant l'effet d'une opinion dominante et faire que les administrations soient composées d'amis de la République; mais il dépend de lui, par les choix qu'il a le droit de faire des administrateurs dans certains cas, de ses commissaires, et [par] sa fermeté à maintenir en place toutes les autorités, tous les fonctionnaires patriotes probes, de rompre l'esprit exclusif qui domine les nouveaux républicains et d'habituer les uns et les autres à ne voir enfin en eux que des administrateurs de la République, des amis plus ou moins ardents de la patrie, que des citoyens enfin qui tous ont le droit de coopérer à l'administration commune, tant qu'ils ne s'en déclarent pas individuellement les ennemis par des faits, par des actes contraires aux principes constitutionnels et à la sûreté publique.

— L'esprit exclusif, la partialité que l'on croit avoir aperçus dans la conduite des administrations centrales et municipales ont nécessairement relâché tous les ressorts de l'administration, et les nombreux changements des commissaires patriotes arrachés au Directoire exécutif ont jeté le découragement, comme la crainte, dans l'âme des patriotes et peuvent même faire naître en eux le désir d'un changement dans le gouvernement et conséquemment l'envie de lui nuire, d'entraver sa marche et la résolution de lui refuser tout secours.

A ces maux généraux, il s'en joint un autre dont les effets seront funestes à la génération actuelle, si l'on ne se presse d'y appliquer les remèdes sollicités maintes fois par le ministre de l'intérieur et le Directoire exécutif. C'est celui qui doit résulter de la mauvaise tenue des registres de l'état civil. Partout les actes sont informes ou omis; d'autres ne sont pas signés des officiers publics ou des parties intéressées; beaucoup ne sont pas réclamés par les parents, et, dans nombre de communes, les prêtres réfractaires en dressent de clandestins et persuadent aux citoyens des campagnes qu'ils ne doivent pas faire leurs déclarations aux officiers publics. Dans ce moment, le Corps législatif s'occupe des moyens de faire disparaître les prénoms révolutionnaires donnés aux nouveau-nés depuis 1792; mais il reste à prononcer sur le mode de rectification des actes informes de législation, de ceux non signés par les anciens officiers publics ou les parties intéressées, morts ou absents, de répression des ministres des cultes qui dressent des actes et par suite desquels les citoyens ne se présentent pas aux officiers civils. Enfin, il reste à déterminer comment on suppléera à l'ignorance ou au trop peu d'habitude de l'écriture et de l'expression des agents des petites communes, dans quelques-unes desquelles on ne trouve pas un seul citoyen qui sache écrire. Un premier moyen de rendre les actes de l'état civil uniformes dans toute la République et beaucoup plus faciles à rédiger est celui sans doute d'en faire imprimer des modèles en tête des registres et des canevas sur toutes les pages, indicatifs de ce que l'officier public doit demander aux déclarants, et d'ajouter à ces cadres pour les rendre complets ; mais cette mesure, usitée dans les grandes communes, notamment à Paris, et qui serait peu coûteuse à celles des campagnes, ne suppléerait pas encore au défaut d'officier public sachant écrire. Il est instant de prendre des mesures sur cette partie de l'administration ; de toutes parts on les a réclamées et on insiste pour les obtenir [1].

MLXXXII

4 THERMIDOR AN V (22 JUILLET 1797).

Rapport du bureau central du 5 thermidor.

Esprit public. — Les hommes instruits qui se font une habitude d'observer et d'apprécier les circonstances sont d'accord pour trouver qu'un système perfide est fidèlement suivi par les ennemis de la chose publique ; ce système consiste à présenter sans cesse le Directoire comme disposé à une attaque du Corps législatif pour le dissoudre et à réunir ainsi tous les pouvoirs. Les personnes de cette opinion sonnent partout l'alarme sur le grand nombre de troupes qu'elles disent stationnées non loin de Paris ; elles disent que les soldats rentrent par pelotons et déguisés, que l'on prépare une artillerie formidable sous prétexte de la garantie d'un coup de main que tenteraient les anarchistes ; elles supposent le pillage impossible, si la garde nationale s'organise promptement. Afin de porter les habitants de Paris à la former, nombre d'individus, dont les sentiments d'affection pour la Constitution de l'an III sont tellement prononcés et tellement nouveaux qu'ils en paraissent suspects, brûlent en quelque sorte de faire créer une force armée et de la voir agir même au gré de leur opinion, qu'ils disent l'opinion générale ; c'est à peu près l'esprit qui anime les habitués de la plupart des cafés du centre de Paris. — Il n'en est pas de même de ceux des divisions de l'Ouest

---

1. A ce rapport, qui n'est qu'un brouillon non signé, est jointe la lettre suivante : « *Paris, 3 thermidor an V.* Le chef de la 1re division des bureaux du ministre de l'intérieur au citoyen Fleurigean. Le ministre de l'intérieur, mon cher collègue, voulant rendre dans la décade prochaine le compte de son administration des six premiers mois de l'an V, je prie le citoyen Fleurigean, chef du 2e bureau, de vouloir me fournir d'ici trois ou quatre jours les matériaux que la nature des affaires traitées dans ce bureau lui offrira. Je ne pourrais pas sans ce secours répondre aux vues du citoyen Bénézech, et j'en serais trop affligé. Salut et fraternité : Champagneux. »

et du Midi de cette ville; les menaces de ..... [1] et de justice y sont plus en évidence ; on a soin ..... [2] de défendre une autorité en inculpant l'autre, le besoin de l'accord de tous ..... [3] y étant plus vif, plus sincère, et, sans faire une censure amère du Corps législatif, on lui reproche de ne prendre aucune mesure efficace pour assurer le service dont, faute de recouvrement et de rentrée, toutes les parties sont en souffrance. Cette opinion est celle de tous les cabinets littéraires et de l'intérieur d'un très grand nombre de familles, où les cris de misère sont assez forts pour percer ensuite dans le public. — L'esprit des hauts cercles n'est pas changé; le préjugé en faveur d'une monarchie y règne dans toute la force ; les préventions y sont assez vives contre le Directoire en particulier. Quelque imminent que les placards et les orateurs de cafés présentent le danger de nos conjonctures et quelque urgent qu'ils disent le rétablissement de la garde nationale, tous les états en général, mais davantage la jeunesse, manifestent de l'indifférence à y concourir. Un grand [nombre] de jeunes gens [risquent] de devenir des instruments aveugles entre les mains des factieux qui les insurgeraient ensuite contre une autorité nationale comme en vendémiaire. — On n'a recueilli que très peu d'opinions sur le résultat de la séance; quelques personnes ont paru goûter le rapport du représentant Thibau (sic) [4]; quelques ennemis jurés du Directoire y trouvent pusillanimité. Un petit nombre d'hommes qui, sous différents masques, suscitent le désordre, une masse importante, calme et attentive à ce qu'une autorité n'usurpe point une attribution de l'autre : tel est en ce moment l'aspect du public ; il manifeste en général plus d'espérance de voir la paix définitive envers (sic) l'Empereur.

Spectacles. — Dans *Eugénie*, au théâtre Feydeau, on a beaucoup applaudi ce vers par lequel Clarendon approuve le projet que conçoit le père d'aller demander au roi vengeance de l'outrage fait à sa fille : « Je l'ai vu embrasser ses enfants, il les aime. » A cette assertion près, rien n'a blessé la convenance dans le reste de la représentation. — Les autres théâtres ont été tranquilles......

LIMODIN.

(Arch. nat., BB³ 86.)

1, 2 et 3. Un mot illisible.
4. S'agit-il de l'ex-abbé Thibault, membre du Conseil des Cinq-Cents ? Je ne trouve ni rapport ni discours de lui à cette époque. Peut-être le scribe qui copia ce rapport, et le copia très mal, a-t-il abrégé et défiguré ici le nom de Thibaudeau, qui, dans la séance du Conseil des Cinq-Cents du 4 thermidor an V, fit un discours contre la proposition de Vaublanc tendant à fermer tous les clubs.

[23 juillet 1797] DIRECTOIRE EXÉCUTIF 238

Journaux.

Courrier républicain du 5 thermidor : « *Paris, 4 thermidor.* Tout est calme, et cependant il n'est personne qui ne s'attende à quelque prochain événement. Il est incontestable en effet que l'ouverture du club dit Cercle constitutionnel a relevé l'espoir du parti anarchique, et de suite on a vu reparaître audacieusement dans les lieux publics les plus féroces montagnards de la Convention, les Thirion, Hentz, Francastel, Foussedoire, Escudier, Milhaud, Choudieu, Louchet, Châles, Fayau, Antonelle, etc. On connaît les talents révolutionnaires de ces êtres-là, qui, maudits dans leurs départements, où ils n'osent se présenter, sont restés à Paris comme la bête féroce reste dans son antre en attendant l'heure de fondre sur la proie. On doit tout craindre, quand on les voit sortir, surtout quand le magistrat chargé de les surveiller est un homme qui en a pris la défense, en assurant dans une affiche que ceux qui, sous l'ancien régime de la Terreur, avaient fait le mal par exaltation, par ignorance, et croyant faire le bien, seront les plus zélés défenseurs de la République, si on dirige bien (*sic*). Voilà cependant l'homme qui remplace Cochon à la police ; voilà l'homme qui promet d'imiter l'exemple de son prédécesseur..... Eh ! mon cher Monsieur, si vous imitez votre prédécesseur, vous serez chassé. C'est précisément pour que vous ne l'imitiez pas qu'on vous a mis à sa place. »

MLXXXIII

5 THERMIDOR AN V (23 JUILLET 1797).

Rapport du bureau central du 6 thermidor.

Esprit public. — Encore un peu moins d'agitation dans les esprits, mais les fortes frayeurs ne diminuent pas ; elles sont telles parmi les gens faibles que plusieurs d'entre eux, à ce qu'on a su, prenaient déjà le parti de cacher leurs principaux effets. Il s'en faut pourtant que rien ait paru justifier de semblables alarmes ; il y avait même dans les groupes, assez nombreux d'ailleurs, plus de modération que de coutume ; chacun s'y accordait, notamment au Jardin national, à voir deux partis dans le sein du Corps législatif ; on y manifestait un vif regret de voir cette scission, qui s'établit par contre-coup dans le reste de la société. Quoique toute crainte soit dissipée relativement à la marche de quelques troupes, en passage dans les environs de Paris, on s'est encore, mais assez faiblement, occupé de cet incident ; il paraît probable à ceux qui s'annoncent pour être le plus en méfiance de toutes les opérations du Corps législatif qu'il n'a eu d'autre intention, dans les explications qu'il a demandées au Directoire, que de rendre infructueux quelque projet de descente, en donnant de la publicité aux mesures pour le faire réussir. Aux yeux du plus grand nombre, cette discussion n'a été que l'effet de la peur de quelques députés pour leur propre sûreté. — Ce qu'on a vu d'ouvriers rassemblés en divers endroits du centre de Paris manifeste un extrême éloignement à concourir aux moindres commotions ; dans tous les entretiens percent principalement le besoin et l'amour du repos après huit années de troubles et de révolution ; la paix et un bon gouvernement est tout ce que demande cette classe nombreuse, et de plus elle fait remarquer la plus grande insouciance à l'occasion des projets proposés pour la réorganisation d'une garde nationale; on s'est convaincu encore que cette répugnance avait principalement pour cause les précédents désarmements. — L'esprit des cafés et des groupes du Jardin-Égalité offre une division à peu près égale de sentiments sur les réunions politiques ; il y a embarras extrême de la part de ceux qui veulent les prouver contraires à la Constitution, et de la part de ceux qui veulent rassurer contre les dangers de leur existence. Les principaux arguments contre les clubs sont tous puisés dans les excès émanés de quelques-uns du temps de la Terreur, et il paraît qu'en définitive les discours prononcés à la tribune sur cette matière n'ont rien changé aux opinions des différents partis ; mais il règne une nouvelle teinte de modération dans les discours, moins de soupçons contre l'un et l'autre pouvoir, et des vœux plus sincères pour un rapprochement entre eux. — Cependant il est assez commun d'apercevoir des craintes sur un avenir assez prochain et d'entendre désigner le 9 thermidor comme l'époque de quelques coups redoutables. La division du Directoire est considérée comme une calamité ; il court parfois un bruit de la démission qu'auraient donnée de leurs fonctions les citoyens Carnot et Barthélemy; d'autres tremblent pour les jours de Barras, qu'ils croient exposés, et parlent d'un repas où, sous le voile de la galanterie, on méditait son empoisonnement. On y doit dire à cet égard que les distributeurs de ces nouvelles paraissaient, [à] en juger par leurs autres opinions, attachés à un système d'anarchie ou tout au moins de calomnie. — Il résulte donc de la nature des entretiens du plus grand nombre, et de l'extérieur des choses en général, que la tranquillité publique tend davantage à s'affermir sur tous les points de cette ville, où les propos les plus sérieux n'ont frappé que sur l'extrême détresse des salariés et des petits créanciers du gouvernement.

Spectacles. — Ils ont joui d'une parfaite tranquillité. On a fait dans la pièce du *Prévenu d'émigration*[1], donnée pour la deuxième fois aux Variétés-Amusantes, des réformes qui l'ont rendue moins susceptible d'aigrir les esprits[2].....

BRÉON.

(Arch. nat., BB³ 86.)

JOURNAUX.

Miroir du 5 thermidor : « *Modes. Spencers.* Depuis que les spencers sont devenus l'habit des dames nocturnes de Coblentz, leur gloire s'est considérablement éclipsée; nos belles élégantes paraissent avoir abandonné cette parure d'hiver, non à cause des chaleurs de l'été, mais uniquement à cause de la concurrence où elles se trouvent avec les demoiselles publiques. On aime bien la publicité; mais cependant il y a des exceptions; du reste les châles roses jouissent de la plus brillante faveur. »

MLXXXIV

6 THERMIDOR AN V (24 JUILLET 1797).

RAPPORT DU BUREAU CENTRAL DU 7 THERMIDOR.

Esprit public. — Une extrême inquiétude règne dans le public à l'occasion de la division que l'on trouve exister entre le Corps législatif et le Directoire; l'attention générale est, pour ainsi dire, concentrée dans cette idée; elle fait la base de tous les entretiens; les uns gémissent sur cette mésintelligence, qu'ils regardent comme une grande calamité publique, même comme un fléau d'autant plus déplorable que l'esprit de parti est plus exaspéré que jamais; on en conclut que la guerre civile peut s'allumer, s'il ne s'ouvre entre les premières autorités des voies de conciliation et de rapprochement, que les négociations peuvent se rompre, et qu'il peut en résulter des suites infiniment désastreuses; on croit surtout que de ce rapprochement seul dépendent tout le crédit et toute la confiance publique. — La partie du discours de Tallien qui engageait les membres du Conseil des Cinq-Cents à la concorde a été goûtée, mais le discours

1. Le *Prévenu d'émigration* ou les *Trois clefs*, aux Variétés-Amusantes. Voir plus haut, p. 229.
2. Notons qu'à la date du 5 thermidor an V, Desmoussaux, commissaire du Directoire exécutif près le Bureau central du canton de Paris, fut révoqué et remplacé par Baudin, commissaire près la municipalité du VIe arrondissement.

d'Henry-Larivière a fait beaucoup plus de sensation et avait plus de partisans [1]. On a remarqué aussi beaucoup de satisfaction à l'occasion de la résolution qui défend toutes sociétés s'occupant d'affaires politiques, et le plus grand nombre paraît persuadé qu'elle sera approuvée au Conseil des Anciens [2]. — Toujours une haine assez prononcée de l'ordre actuel des choses parmi un certain nombre d'individus bruyants, qui cherchent à s'emparer de l'opinion, tantôt dans les cafés, tantôt dans les groupes. Les traits se dirigent particulièrement sur le Directoire; on cherche contre lui des griefs dans tout le cours de son exercice; on lui reproche continuellement le renvoi de ses ministres; on appuie surtout sur le renvoi du citoyen Barras, non seulement comme trop jeune, mais comme immoral, et comme ayant extorqué sa place au Directoire. — Enfin, on doit dire, comme résultat d'observations certaines, que le Conseil des Cinq-Cents a évidemment perdu dans l'opinion depuis quelques jours, et que les causes les plus apparentes de ce changement défavorable pour lui sont : 1° de ne s'être pas occupé en quelque sorte exclusivement de la restauration des finances; 2° d'avoir, par une opposition ouverte aux principales opérations du gouvernement, risqué de nuire aux succès des négociations commencées à Lille; 3° d'avoir annoncé, dans les dernières séances, des craintes que l'on traite de ridicules, et d'avoir soupçonné au Directoire l'intention de faire agir la force contre le Corps législatif; 4° d'avoir, comme par un effet de ces mêmes craintes, cru nécessaire de s'occuper, de préférence à d'autres sujets urgents, de l'organisation de la garde nationale. — L'avant-dernière de ces imputations se dirigeait plus particulièrement contre les membres de la réunion de Clichy. La crainte seule, disait-on, a empêché les Clichyens de frapper de grands coups, et ce qui les désespère est de voir le peuple de Paris si indifférent à leurs tracasseries; on présume quelquefois que les membres de cette société se réuniront dorénavant à la Bibliothèque nationale, sous prétexte de lecture, et continueront de communiquer entre eux. Beaucoup de militaires au surplus témoignent dans Paris peu de disposition en faveur du Conseil des Cinq-Cents, et on a entendu dire à quelques-uns d'entre eux que les résolutions qu'ils feraient contraires aux bases de la Constitution ne serviraient qu'à faire des papillotes. — Quant à la résolu-

---

1. Dans la séance du Conseil des Cinq-Cents du 6 thermidor an V, Tallien proposa de nommer une commission chargée de présenter une mesure, soit législative, soit morale, soit politique, pour amener la réconciliation entre les pouvoirs publics. Henry-Larivière fit repousser cette motion.

2. Résolution du 6 thermidor, approuvée par les Anciens le 7 thermidor.

tion tendant à la réorganisation de la garde nationale [1], outre qu'elle est vue dans le public avec la plus grande indifférence, elle est encore un objet continuel d'ironie. On dit que Pichegru veut former un corps de jeunes gens au nombre de vingt mille hommes pour agir comme en prairial et mettre à la raison les anarchistes ; qu'on aura une garde nationale toute composée de gens riches, et qu'on n'y verra que des chasseurs ou des grenadiers ; qu'on ne veut en faire qu'une partie (sic) armée que l'on puisse opposer à la troupe de la ligne, lorsqu'on voudra frapper les grands coups ; qu'on voit bien que le parti royaliste est disposé à tout entreprendre pour perdre le Directoire, qu'enfin c'est un parti pris. — Avec plus de flegme on ajoutait, par réflexion, que les Parisiens étaient dans la répugnance de s'enrôler : 1° parce qu'ils étaient revenus de tous les enrôlements ; 2° parce que la division d'opinion nuirait toujours à la réunion d'individus en compagnies ; 3° parce que l'expérience du passé était une leçon pour l'avenir, parce que les chasseurs et les grenadiers de plusieurs bataillons se souvenaient des poursuites exercées contre eux après le 10 août et que les autres se souvenaient du 13 vendémiaire. La répugnance, en un mot, à concourir à la formation de la garde nationale ne peut se comparer qu'au peu d'intérêt donné à la résolution et à la discussion qui l'a précédée. — Un assez grand nombre d'ouvriers, de ceux qui avaient été arrêtés dans les précédents rassemblements, n'ont point encore reparu à leurs ateliers ; on leur sait quelques ressources, mais on ignore d'où ils les tiennent et l'on est fondé à craindre que la malveillance n'ait employé ou n'emploie encore secrètement auprès d'eux des moyens de corruption. Quoique l'agitation ait semblé augmenter dans les esprits, tout est calme à l'extérieur.

Spectacles. — Les applications déjà rapportées sont les mêmes dans *Médiocre et Rampant* au Théâtre-Français et dans les *Effets au porteur* au Vaudeville. Le calme a également régné dans les différents théâtres.....

BRÉON.

(Arch. nat., BB³ 86.)

1. Le 5 thermidor, le conseil des Cinq-Cents adopta une partie du projet de Pichegru sur la réorganisation de la garde nationale. Il acheva de l'adopter dans la séance du 12. Les Anciens l'approuvèrent le 13 fructidor. Mais cette loi fut rapportée par l'article 38 de la loi du 19 fructidor an V.

JOURNAUX.

Gazette nationale de France du 9 thermidor : « *Paris...* La société de Clichy s'est dissoute. On prétend que le club de Montmorency lui avait fait une députation pour l'engager à cet acte, qui deviendrait réciproque. Des députés, qui faisaient partie de ces deux réunions, se sont trouvés le 6 au soir, dans la salle de la bibliothèque du Corps législatif. Talot, assure-t-on, a été embrassé par Vauvilliers. Le club de Montmorency a cru devoir se soumettre sur-le-champ à la loi qui supprime provisoirement les réunions; il s'est séparé hier, en apprenant l'approbation des Anciens. »

MLXXXV

7 THERMIDOR AN V (25 JUILLET 1797).

RAPPORT DU BUREAU CENTRAL DU 8 THERMIDOR.

Esprit public. — Il règne une extrême agitation parmi tous ceux qui s'occupent de l'état actuel des affaires, et elle est presque la même dans tout le reste du public. En général, on est dans la plus vive inquiétude à raison de la situation des finances, rendue notoire par un message du Directoire. La consternation est sensible, et, lorsqu'on vient à discourir sur les causes de la détresse ou du discrédit, on se renvoie respectivement les imputations injurieuses du Directoire au Conseil des Cinq-Cents et du Conseil au Directoire. Cette lutte est une source d'aigreur et d'animosité, et aboutit constamment à augurer très mal de l'avenir. — On craint surtout que les puissances coalisées et les ennemis de la République ne profitent de cette circonstance pour se refuser à la paix. Les plaintes augmentent de plus en plus de la part des rentiers et des employés, qui perdent toute espérance, et auxquels l'extrême besoin fait quelquefois implorer la mort. Des mécontents de toutes les classes ne manquent pas non plus une occasion d'attribuer à cette misère générale un ou plusieurs suicides nouveaux dont il est question. — On observe que les affiches et les placards sont plus nombreux que jamais; un petit écrit, intitulé : *Le Conseil des Cinq-Cents traité comme il le mérite*, a obtenu une certaine influence; on y blâme cette partie du Corps législatif de la terreur qu'il semble annoncer au sujet d'un passage de troupes dans les environs de Paris, et cependant on y applaudit aux mesures qu'il a prises pour déjouer des projets que l'on n'y juge point trop équivoques. — On s'entretient plus particulièrement encore de la proclamation de Buonaparte [1] et d'un *Avis au peuple pour le gouvernement* [2]. Les uns menacent le général, dans le cas où il viendrait à Paris, de s'acquitter envers lui de la journée du 13 vendémiaire; les autres regardent le gouvernement comme devant être renversé dans peu. On dit dans une partie du public que la proclamation du général Buonaparte a été fabriquée à Paris, et qu'elle faisait partie d'un plan projeté pour faire un mouvement. On y dit encore que les deux épîtres aux Parisiens, par le citoyen Lenoir-Laroche, placardées dans Paris, lui ont mérité et obtenu une place importante, que l'on ne désigne pas [3]. — Bien des personnes pensent et disent que thermidor ne se passera pas sans que l'on voie un changement total dans les affaires. — On parle aussi de marquer les maisons d'émigrés achetées par des représentants, de chasser les notés d'infamie après les avoir fait regorger; enfin, une grande fermentation règne tant dans les esprits des habitués des cafés que dans les cabinets littéraires, où l'on se divise en petits conciliabules, desquels sortent ces différentes opinions, données la plupart avec mystère. — On voit les anarchistes employer tous les moyens de corruption pour égarer la force armée contre la classe des citoyens paisibles et lui insinuer avec perfidie qu'ils veulent établir un nouvel ordre de choses. D'un autre côté, les provocations deviennent très fréquentes de la part des militaires. Plusieurs affectent de parler de cocardes, disent qu'il faut, à coups de sabre, couper les chapeaux sur la tête de ceux qui ne porteraient point la cocarde. Témoins auriculaires de quelques propos semblables, des individus en tirent occasion de dire que les soldats ne sont à Paris que pour vexer le peuple, fomenter le désordre et faire à Paris ce qu'on a fait à Lyon. — La sensation qu'a produite la résolution qui suspend les sociétés s'occupant d'affaires politiques est encore très profonde. Chacun y applaudit et donne des éloges au Conseil des Cinq-Cents sur la sagesse de cette mesure. Les entretiens, en un mot, étaient hier fort échauffés, mais n'ont point été cependant jusqu'à des rixes personnelles. Le calme intérieur existe encore dans toute son étendue.

Spectacles.— Peu de monde. Aucune observation...

(Arch. nat., BB 3 86.) LIMODIN.

1. Il s'agit de la proclamation adressée par Bonaparte à ses soldats, à l'occasion du 14 juillet, où il parlait de revenir en France avec son armée pour châtier les royalistes. On en trouvera le texte dans le *Moniteur*, réimp., t. XXVIII, p. 748.
2. C'est sans doute le titre d'un pamphlet-affiche.
3. Lenoir-Laroche, ministre de la police générale, venait de donner sa démission. Le 8 thermidor, il fut remplacé par Sotin, commissaire du Directoire exécutif près l'administration du département de la Seine.

JOURNAUX.

Courrier républicain du 8 thermidor : « *Paris, 7 thermidor*... Desmousseaux, commissaire du Directoire près le Bureau central, jouissait de l'estime des bons citoyens ; il vient d'être disgracié. On le dit remplacé par un ex-prêtre, nommé Baudin [1]. Il est bien temps que le département s'empresse de répondre à l'impatience des bons citoyens, en réorganisant le Bureau central. On espère que Cochon ne dédaignera pas la place d'administrateur, et que, si Bénézech refuse, le citoyen Charron, président du département de la Marne, sera adjoint à Cochon et Cousin... » — *Miroir* du 7 thermidor : « *Modes*. Un nouveau genre de voiture brigue en ce moment la faveur de nos aimables parvenus. L'élégance des carricks ailés va bientôt être éclipsée par la vélocité du rapide boket. Rien de plus léger, en effet, que cette espèce de char, qui semble être destiné à porter le zéphyr. C'est un siège à petit dossier plein ou à balustre, formant un demi-cercle, au marche-pied à spirale, garni intérieurement de coussins moelleux, qui, élevé par derrière sur deux appuis de fer, repose solidement sur un brancard que suspendent des ressorts courbés et dont l'angle s'adapte à l'essieu par un fort piton. On prétend que cette nouveauté arrive tout récemment d'Italie, que nos officiers français dans ce pays l'ont adoptée avec empressement pour voler sans doute plus rapidement à la victoire. C'est ainsi qu'Alexandre, en habile politique, prenait les mœurs des peuples qu'il avait vaincus. »

MLXXXVI

8 THERMIDOR AN V (26 JUILLET 1797).

RAPPORT DU BUREAU CENTRAL DU 9 THERMIDOR.

Esprit public. — Un peu plus de calme dans les esprits et une plus grande réunion de vœux pour que les premières autorités rapprochent et confondent en quelque sorte leur confiance respective : tel est aujourd'hui le caractère dominant de l'opinion. Les entretiens, à peu près les mêmes que ceux des deux jours précédents, parcourent le cercle, et l'esprit de parti a beaucoup moins d'aigreur. Cependant les imprécations contre le gouvernement républicain continuent dans les différents sens ; mais elles sont quelquefois si exagérées et si violentes qu'il est impossible d'établir sur elles aucunes conjectures certaines, et la masse des hommes sages témoigne plus de mépris que jamais pour les éloges ou le blâme de telle ou telle autorité, dès qu'ils sont extrêmes ; les uns disaient que leurs affaires allaient bien,

---

1. Voir plus haut, p. 240.

que dans peu le gouvernement et ses conseils seraient abattus, que les émigrés rentraient, et que, quant à eux personnellement, ils avaient appris la rentrée en France de plusieurs de leurs amis, et tout cela se disait très haut, ce qui supposait l'intention de se faire entendre ; les autres affectent des regrets au trône des Bourbons et choisissent les groupes les plus nombreux pour déclamer contre le gouvernement républicain et traiter de coquins tous ceux qui le servent. Néanmoins, l'esprit des cafés est toujours le même, d'après les localités connues ; on affecte dans ceux-ci de présenter sans cesse les Conseils comme un composé d'adroits contre-révolutionnaires ; on les menace des armées, et l'on peint le Directoire comme étant dans un péril imminent, s'il ne prend des mesures extraordinaires ; dans ceux-là, on fait gloire, pour ainsi dire, de mépriser le Directoire, de faire de trois de ses membres autant d'usurpateurs, d'aspirer, d'exciter à les mettre en accusation, de presser l'organisation de la garde nationale ; mais ces extrêmes opinions sont plus rares de moment en moment. Tout ce qu'il y a d'amis de la Constitution attend avec impatience que les pouvoirs établis par elle concourent unanimement à sa conservation. On a pu juger, à bien des indices, que la très grande majorité des habitants de cette ville s'opposerait à la première faction qui marcherait contre le gouvernement, et sous cette expression on désigne formellement et indistinctement le pouvoir exécutif et le pouvoir législatif, mais on ne cache pas que l'un serait plutôt que l'autre le point de mire des séditieux. — Il est peu de ces divers entretiens qui ne ramènent à des réflexions sur les finances, et elles sont toutes très affligeantes. On a considéré à quel coup de désespoir la misère, toujours croissante, pourrait porter les citoyens. Les salariés publics se plaignent plus amèrement que les autres et disent avoir épuisé leurs derniers expédients. De ces douloureuses conjectures on fait autant de satires contre le gouvernement ; elles se dirigent toutefois de préférence contre le Conseil des Cinq-Cents ; on l'accuse d'insouciance sur un objet qui touche de si près à la tranquillité publique et à la marche des affaires. Le mécontentement, en un mot, est aussi vif que général, et c'est évidemment à cet état de choses qu'il faut attribuer l'exaspération de bien des esprits, les factieux n'ayant de prétexte à fomenter des troubles que le malaise d'une infinité de citoyens. Tel est cependant le fond et l'empire du patriotisme que les nouveaux progrès de la misère n'ont pu nuire ces deux jours à ceux du calme.

Spectacles et promenades. — Le concours de monde a été assez considérable sur tous les lieux de passage de l'ambassadeur ottoman ;

il a eu presque partout des applaudissements. Sa réception a été vue avec beaucoup de plaisir. — Les spectacles, peu fréquentés d'ailleurs, ont joui d'une parfaite tranquillité.

BRÉON.

(Arch. nat., BB 13 86.)

JOURNAUX.

Ami du Peuple du 8 thermidor : « Anecdote sur la manière dont les prêtres contre-révolutionnaires font rétracter le serment à leurs confrères les déjureurs. L'ex-curé de Saint-Sauveur, section de Bonne-Nouvelle, vieillard plus que septuagénaire, a rétracté, il y a quelques jours, en l'église des Filles-Dieu. Les cafards royaux et catholiques qui l'escortaient lui ont fait endosser une souquenille rouge, comme à un assassin qu'on mène à la mort. Ensuite, ils lui ont mis à la main une grande torche de cire jaune ardente ; ils l'ont promené en cet équipage tout autour de l'église. Revenu devant l'autel, ses habiles et rusés compagnons de tartuferie l'ont fait mettre à genoux, comme un scélérat, pour lui faire faire amende honorable. D'un ton, d'un geste et d'un air diaboliques, ils lui ont reproché en latin, et en paroles magiques de leur métier, qu'il était un apostat, un vieux renégat qui s'était conformé aux lois de la Révolution et de la République. Le vieux penaud leur a répondu que cela ne lui arriverait plus, qu'il en demandait bien sincèrement pardon à Dieu et à son église. Le pénitent s'est collé la face contre terre ; il est resté plus d'un quart d'heure dans cette commode, honnête position. Les prêtres du Seigneur ont excité tant qu'ils ont pu la haine et le mépris de leurs dignes spectateurs contre le vieux bâtus (*sic*). Quand cet imbécile s'est relevé, il a tourné dévotement sa mine de jambon vers le ciel, a demandé pardon au bon et doux Jésus de Clichy et à la très sainte église catholique, apostolique et romaine, qui ne pardonne jamais. Les cafards, qui ont eu l'air de lui pardonner pour l'édification de leurs ouailles bénites et à bénir, ont arraché sa torche, sa souquenille rouge et un voile de même couleur qui couvrait l'autel, et les ont foulés aux pieds en faisant un ramage de tous les diables. Ils ont entonné le *Veni Creator*, puis ont baisé comme des anges leur confrère redevenu royal, l'ont exhorté à ne point recommencer une autre fois, et surtout à ne jamais obéir aux lois. Comment ces messieurs vont-ils faire, maintenant qu'il faut une déclaration d'obéissance aux lois de la République ? Le lendemain, ces brigands royaux et catholiques ont proféré dans la même église, du haut de leur chaire apostolique, toutes les horreurs contre le peuple français et la Révolution. Ils ont défendu aux vrais croyants de fermer leurs boutiques les jours de décades et de les ouvrir les dimanches et fêtes, sous peine d'encourir la colère du triple bon Dieu de Rome, celle de M. son vicaire, le petit pape du Vatican, et d'être empalés après leur mort par M. Satan et MM. les cardinaux de son honorable compagnie, leurs exécuteurs testamentaires. » — *Journal des hommes libres* du 9 thermidor : « *Police de Paris.* Le Conseil des Anciens a renouvelé sa commission des inspecteurs de la salle ; il a nommé Rovère, c'est assez dire [1]. Aux

---

1. En effet, le 6 thermidor an V, le Conseil des Anciens avait renouvelé la com-

Cinq-Cents, on veut organiser un Comité des recherches. La garde nationale avec la noblesse à pompons et à grenades va être légalisée ; la garde prétorienne sera organisée, et il ne restera plus aux armées en présence qu'à en venir aux mains. Républicains, qui alliez respirer la fraîcheur sous l'ombre hospitalière de la liberté aux Tuileries, Rovère-Glacière[1] est lieutenant de police des marronniers ; craignez une indigestion d'œufs rouges et de fromages ; craignez pire : le poignard des égorgeurs enrégimentés. Le jour où Lebois, l'ami du peuple, fut attaqué, faillit être jeté à l'eau pour avoir chanté la *Marseillaise*, songez qu'en un clin d'œil trois cents émigrés et coupe-jarrets sortirent ensemble des allées des Champs-Élysées, entonnèrent le *Réveil du peuple*. Ils ont donc une consigne, un mot d'ordre. »

MLXXXVII

9 THERMIDOR AN V (27 JUILLET 1797).

RAPPORT DU BUREAU CENTRAL DU 10 THERMIDOR.

Esprit public. — Le calme a fait quelques progrès de plus dans les esprits, et l'opinion publique paraît davantage vouloir se fixer. Autant la partie calme de la société désire un terme à la lutte que l'on croit voir entre le Directoire et le Corps législatif, autant les ennemis déclarés de tout système de république excitent la mésintelligence et s'acharnent à persuader qu'il ne peut s'ouvrir aucune voie de conciliation entre les pouvoirs, qui ont chacun, disent-ils, leurs droits à défendre respectivement. Mais on s'est encore mieux convaincu hier du nombre considérable d'hommes sincèrement attachés au gouvernement républicain, et les vœux de ces derniers pour le rétablissement d'un accord parfait entre les principales autorités étaient favorablement écoutés de la multitude composant ordinairement des groupes dans le Jardin national. Toute l'exaspération paraît être réduite à des individus jaloux de voir un jour disparaître toutes les nouvelles institutions et jusqu'à la forme actuelle du gouvernement. L'un des cafés du Jardin-Égalité, où règne d'habitude cet esprit, a eu un concours plus grand que de coutume, et déjà, parmi les habitués, le Conseil des Cinq-Cents perdait de son crédit pour n'avoir point appelé le général Hoche à rendre compte de sa conduite à la barre, et pour ne prendre en un mot aucune des dispositions nécessaires à la mise en accusation de plusieurs membres du

---

mission des inspecteurs de la salle. Les nouveaux membres étaient Lacuée, Dumas, Murinais, Dalphonse et Rovère.
1. Rovère passait pour avoir participé aux massacres de la Glacière, à Avignon.

Directoire. Les royalistes dans cet endroit, et dans tous ceux où ils ont une sorte d'ascendant, ne cachent point leurs efforts pour porter le peuple à des mesures extrêmes; le gouvernement n'est à leurs yeux qu'un usurpateur qui ose fronder l'opinion publique ; ils lui reprochent de ne point vouloir la paix, de n'avoir fait connaître la situation déplorable des finances que pour fournir à nos ennemis l'occasion de s'y refuser ; ils veulent que le Corps législatif soit plus que circonspect à lui laisser des fonds disponibles ; ils insinuent, de mille manières plus adroites les unes que les autres, que le gouvernement n'userait de ces fonds que pour attenter à la liberté des citoyens. Ils veulent un armement subit de la garde nationale ; ils semblent déjà s'en promettre un point de résistance, et cette résistance prétendue offre dans leur bouche tout le projet d'une attaque. Mais le nombre de ces turbulents est petit et facile à compter ; une clameur plus générale, au contraire, s'élève contre le Conseil des Cinq-Cents, à raison de son inactivité sur les moyens d'améliorer les finances ; tous ceux qui souffrent, et dont le nombre est au delà de tout calcul, savent et disent que seul il peut, d'après la Constitution, faire naître les ressources et en assurer l'exacte répartition. Les cris de la misère augmentent et se convertissent en autant de reproches contre l'insouciance du Corps législatif, au milieu des besoins les plus pressants. Il perce déjà des vœux pour l'établissement temporaire de contributions indirectes dans le cas où d'urgence elles seraient nécessaires au salut de la République. — Ainsi la ligne de démarcation commence à se tracer d'elle-même entre le calme et l'effervescence ; les hommes livrés à cette dernière paraissent aussi de plus en plus sous le jour qui leur convient et en deviennent moins dangereux ; les craintes en diminuent d'autant.

Spectacles. — Il y avait très peu de monde aux spectacles, et les opinions politiques n'y ont nullement différé de celles dont on vient de tracer l'aperçu. — Les promenades, au contraire, ont été très fréquentées et ont joui à la fois du bon ordre et de la tranquillité. On a remarqué que la fête n'avait pas fait une grande sensation et que la plupart des boutiques et des ateliers étaient, les unes ouvertes et les autres en activité.....

Bréon.

(Arch. nat., BB³ 86.)

JOURNAUX.

Rédacteur du 17 thermidor : « *Variétés.* Les membres du Cercle constitutionnel se sont réunis le 9 thermidor pour célébrer la chute de la faction de

Robespierre, avec laquelle le royalisme voudrait en vain les confondre. Voici quelques-uns des toasts qui ont été portés dans cette réunion patriotique : « Au 9 thermidor, jour où la tyrannie décemvirale a été abolie. — Au main- « tien de la République et de la Constitution de l'an III. Haine et mépris aux « royalistes couverts du masque constitutionnel ! » — A peine ce second toast a-t-il été porté que les convives se sont aperçus que, dans un cabinet obscur de la même maison, quelques journalistes chantaient des chansons inciviques. Aussitôt tous les convives, par un mouvement spontané, ont entonné la *Marseillaise*, qui les a fait taire. Alors le représentant du peuple Lamarque a proposé le toast suivant, porté au milieu des plus vifs applaudissements : « A la « folie des ennemis de la République ! Puisse-t-elle, croissant chaque jour, « éclairer l'opinion sur leurs perfides desseins ! Puisse-t-elle leur ôter le pou- « voir de nuire et les ramener, par le sentiment de leur incapacité, à cette « union générale qui est le but de nos efforts et qui doit consolider à jamais « le gouvernement républicain ! » — On a encore porté plusieurs toasts : « Aux armées de la République, qui ont versé leur sang pour cimenter la « liberté des Français !» « Au général Bonaparte, qui est allé conquérir la paix « jusque sous les murs de Vienne ! » « Aux peuples alliés de la France ! » « Au Directoire exécutif. Puissent ses efforts pour soutenir la République être « toujours couronnés de succès ! » etc. — Parmi les chansons patriotiques qui ont été chantées, on a remarqué la chanson bien connue, intitulée : *L'Ordre du jour*, de La Chabeaussière. Les couplets suivants, faits impromptu par un des convives, Monvel fils, ont terminé la fête.

Air : *A la façon de Barbari.*

Allons, messeigneurs de C....i
Ça, redoublons de zèle ;
Il faut poursuivre sans répit
Une horde rebelle ;
Traitons la Constitution,
La faridondaine, la faridondon,
Tout comme ils ont traité Louis,
Biribi,
A la façon de Barbari,
Mon ami.

Pleurons d'un air bien pénétré
Le culte de nos pères ;
Raisonnons cloches et curé ;
Vantons les saints mystères.
Mais n'allons pas parler raison,

La faridondaine, la faridondon.
Vous savez qu'on la traite ici
Biribi,
A la façon de Barbari
Mon ami.

Rappelons préalablement
Notre sottise antique ;
Ajournons provisoirement
La liberté publique ;
Puis après, par occasion,
La faridondaine, la faridondon,
Nous pourrons écrire à Louis,
Biribi,
Il est temps de venir ici,
Notre ami.

— *Courrier républicain* du 10 thermidor : « *Paris, 9 thermidor...* Tous les murs de Paris sont tapissés de l'extrait baptistaire de Jean-Paul Barras. Il apprend que Jean-Paul Barras est né le 30 juin 1755. Il ne s'agit plus que de savoir si Barras n'a pas un sac à extraits de baptême, comme Barère avait un sac à discours, d'où il tirait successivement ce qui pouvait s'accommoder aux circonstances. » — « Presque seuls à Paris, les habitants du faubourg Saint-Germain étaient privés d'un jardin public et d'un de ces lieux enchantés qui, sous les noms de Tivoli, l'Élysée, Bagatelle, etc., offrent aux habitants de cette grande ville des amusements de tous les genres. Des entrepreneurs actifs viennent de remplir cette lacune et d'ouvrir un nouveau Tivoli rue de Varennes, à l'hôtel de Biron. Cet hôtel et ses superbes jardins sont, à certains jours de la semaine, ouverts au public. Jeux, danses, concerts, illuminations magnifiques, feux d'artifices, promenades délicieuses, voilà les agréments qu'offre ce nouvel établissement. La fête champêtre qui a été donnée hier a paru satisfaire les nombreux flots de la multitude qui remplissait les appartements et les jardins. »

MLXXXVIII

10 THERMIDOR AN V (28 JUILLET 1797)[1].

JOURNAUX.

Courrier des spectacles du 11 thermidor : « *Théâtre de l'Odéon*. Rien de plus galant que le coup d'œil que présentait hier la salle de l'Odéon; une quantité considérable de lustres garnis de bougies, et suspendus à des guirlandes de fleurs, répandait partout la plus agréable clarté. Mais il faut avouer que la mise des spectateurs répondait fort mal à l'éclat et à la magnificence de la salle. La forme et la simplicité des habits des hommes, leur coiffure, leur chaussure, d'après la mode et les usages actuels, le chapeau sur la tête, tout annonçait en eux la plus grande mesquinerie, et le mieux vêtu ne l'aurait pas emporté sur l'habillement des laquais d'autrefois, lorsqu'ils avaient ce qu'on appelait l'habit bourgeois. Les neuf dixièmes des femmes étaient habillées de blanc et très négligemment mises. Un très petit nombre paraissait s'être occupé de sa toilette, et s'était distingué en portant les épaules et une partie du dos nues. Mme Tallien s'est fait beaucoup remarquer par un habillement et une coiffure à la turque; c'était la seule femme qui eût adopté cette mise, qui lui a valu plusieurs salutations de la part de l'ambassadeur; mais Mlle Lange était peut-être la seule mise à la française, avec décence, élégance et richesse. Nous n'avons vu des diamants qu'à elle seule; mais sa charmante figure contribuait encore plus que sa mise à la faire admirer de tout le monde. L'ambassadeur, en passant auprès d'elle, n'a pu s'empêcher de la regarder avec plaisir. L'ambassadeur, en entrant, a salué de la main toute l'assemblée, et a donné à plusieurs fois des marques de gaîté et d'humeur aimable. On a arrêté et emmené un individu à cheveux noirs et coupés en rond. Les uns ont prétendu que c'était un voleur, les autres que c'était un membre de Comité révolutionnaire. » — *Miroir* du 10 thermidor : « On compare toujours Buonaparte à César; comme César, Buonaparte va passer le Rubicon, rendre les Parisiens à la liberté, comme César le rendit aux habitants de Rome. J'aime assez entendre comparer Buonaparte à César ou César à Buonaparte, et, si nous sommes irrévocablement destinés à courber la tête sous le joug de quelque

---

1. Il n'y a pas de rapport de Bureau central du 11 thermidor, relatif à la journée du 10.

despotisme nouveau, je vous avoue que, despote pour despote, j'aimerais assez celui qui aurait pris César pour modèle. En vérité, frères et amis, je ne balancerais pas un instant entre le despote César, qui pardonne à ses ennemis, à ses rivaux, et le républicain Brutus, qui égorge de sang-froid son bienfaiteur et son père. Et puis, frères et amis, s'il en est quelqu'un parmi vous qui ait fait sa rhétorique, il doit savoir que, pour qu'une comparaison soit juste, il faut que les objets comparés concordent sous tous les rapports. Eh bien, écoutez, frères et amis : mettons de côté l'audace de Buonaparte et de César, que je veux bien supposer la même ; mais examinons leur position respective. César avait pour lui l'estime de la plus grande partie du Sénat et il était adoré du peuple ; Buonaparte a bien l'estime du Sénat, que lui ont méritée ses grands services et ses talents ; mais, s'il oubliait son devoir et sa gloire pour en appeler à ses armes contre son propre pays, à peine aurait-il pour lui quelques goujats, quelques obscurs mitrailleurs de vendémiaire. Quant au peuple français, il est mûr pour la liberté, comme on dit, car il n'adore plus personne, pas même Dieu le père ; comment voulez-vous qu'il adore sa créature? Le Sénat français ses proclamations, des décrets, des journaux, que la presse et la poste transmettent à l'extrémité du monde, et qui instruisent les soldats de leurs devoirs et de leurs droits ; et le Sénat romain n'avait rien de tout cela. Le Sénat romain ne savait point faire usage des décrets d'accusation, des mises hors la loi contre les généraux rebelles, et on sait que les Français en savent tirer un inappréciable avantage. Et puis, frères et amis, César revenait des Gaules encore barbares et sauvages, et Buonaparte reviendrait de Capoue ! Ainsi, frères et amis, si la comparaison peut se soutenir entre les deux guerriers, elle n'est guère soutenable pour le reste »..... « *Police*. Si les chaleurs excessives, dont nous sommes calcinés depuis quelques jours, duraient à Paris, comme dans certaines villes méridionales de France, il n'y a pas de doute que la peste ne régnât bientôt dans cette immense et sale cité. Allez le long des boulevards Montmartre, Saint-Martin, etc., et jugez de la manière dont se fait la police, par les ordures pestilentielles qui croupissent dans presque tous les fossés qui leur sont adjacents. Parcourez les quartiers les plus fréquentés de Paris, examinez les fétidités, les horreurs qui baignent presque toutes les rues, et jugez de la manière dont se fait la police. Transportez-vous dans la rue Neuve-Saint-Augustin, près de la ci-devant maison de Marsan : c'est là qu'un égout horrible, partant de la rue des Petits-Champs et prenant sa source près la butte Saint-Roch, apporte en tribut aux particuliers toutes les immondices et tous les éléments de la peste ; il est impossible à qui que ce soit de laisser les croisées ouvertes un moment sans introduire dans son domicile toutes les exhalaisons de ce cloaque infâme. On est donc réduit ou à humer la peste ou à mourir de chaleur dans sa maison. La police ne devrait-elle pas tout sacrifier à la salubrité de l'air et à la santé des citoyens?..... »

— *Miroir* du 13 thermidor : « Le public, trompé par l'affiche tardive du gouvernement, dit *l'Europe*[1], a cru et croit encore qu'on a voulu célébrer la fête du 10 thermidor avec quelque éclat. Le public est toujours la dupe de sa crédulité. Le triumvirat gouvernant, fidèle à ses principes, n'a célébré effectivement qu'une fête en l'honneur de Robespierre ; sans doute qu'il regarde

---

1. Il s'agit sans doute du journal *l'Europe politique et littéraire*. Voir plus haut, p. 202.

le jour du supplice de ce monstre comme le jour de son martyr ; il a voulu en célébrer la mémoire et le triomphe. Le placard du Directoire annonçait l'hymne du *Chant du Départ;* celui des Marseillais a eu la préférence. Cette ode, qui n'est plus qu'un appel à la guerre civile, a été entonnée immédiatement après la réception mesquine faite à l'ambassadeur turc. Le Directeur Barras a eu l'impudeur de donner le signal des applaudissements, et a lui-même le plus ouvertement applaudi. Les honnêtes gens que la curiosité avait confondus avec ce tas de révolutionnaires en ont été scandalisés ; Reubell et La Révellière en ont rougi ; Barthélemy et Carnot n'ont pu dérober aux observateurs l'embarras où les jetait la conduite d'un collègue qui déshonore la plus éminente place de l'État dans une cérémonie auguste, faite pour concilier au gouvernement la vénération publique. Un jeune militaire a aussi harangué le peuple après le président du Directoire. La véhémence de ses gestes et le feu de sa déclamation font présumer que cette harangue était très séditieuse. Le ministre des relations extérieures avait pris dans son carrosse M. le comte de Cabarrus, père de Mme Tallien. Mme de Staël et trois de ses élèves suivaient immédiatement dans une seconde voiture du ministre. Cet arrangement prouve que Mme de Staël avait fait les honneurs de chez elle en faveur de M. le comte de Cabarrus. Ces petites anecdotes sont vraies ; elles ne font pas honneur au gouvernement ; mais pourquoi le gouvernement s'affiche-t-il d'une manière aussi indécente ? Ce n'est pas en bravant l'opinion publique, bien prononcée aujourd'hui, que le gouvernement s'attirera la confiance et la considération des gouvernés. »

MLXXXIX

11 THERMIDOR AN V (29 JUILLET 1797).

Rapport du bureau central du 12 thermidor.

Esprit public. — Il n'est survenu aucun changement dans la disposition des esprits. Tout est fort calme ; tout tend à le devenir davantage. Plus en garde que jamais contre un système d'irritation, la forte majorité des citoyens suit paisiblement le cours ordinaire de ses occupations et ne se permet des murmures que contre les perturbateurs de l'ordre. Nombre d'opinions portent à croire que le nombre des véritables partisans de la Constitution s'accroît à tout moment. Le contraste de quelques hommes fougueux avec cette masse de citoyens paisibles, en frappant ceux-ci, [fait qu'ils] ont de plus en plus en horreur tout esprit de parti ; les autres laissent percer beaucoup d'humeur de ne pouvoir diviser la société en deux partis qui chacun se disputassent l'appui d'une autorité, afin de les engager [toutes] dans un combat éclatant. Cet esprit d'animosité est d'ailleurs bien déchu ; cependant les efforts de la malveillance conservent encore une sorte d'activité. On n'a pu trop pénétrer l'intention d'un assez grand nombre de particuliers qui ont hier formé différents groupes au Jardin national pour ne s'appliquer qu'à retracer tous les événements malheureux de la Révolution, les désastres de la Vendée, les cruautés de Carrier, les assassinats de Lyon et toutes les scènes sanglantes du midi et de l'ouest de la République. Cette affectation piquait d'autres particuliers, qui s'aggloméraient et déclamaient dans un sens tout à fait contradictoire. Parmi ces derniers se remarquaient beaucoup de militaires, qui soupçonnaient les royalistes de n'affecter tant de ressentiments de toutes ces calamités que pour s'autoriser à en faire naître d'aussi cruelles. Mais, on le répète, cet incident, qui est en raccourci le tableau de toute la discussion politique de cette ville, n'est nullement de nature à inquiéter. Les meneurs désespèrent de trouver des partisans, et l'amour du repos préserve la presque totalité des citoyens contre toute espèce d'instigation. — On range au nombre des bruits les plus vagues la rentrée successive en France de toute l'armée d'Italie par petites portions, l'ardeur qu'emploie le général Buonaparte à former des légions italiennes, à la tête desquelles il puisse se faire proclamer souverain des pays conquis. — On se plaint beaucoup dans le public et dans le commerce d'une nouvelle méthode pratiquée dans l'altération des pièces de monnaie d'or, au point de leur faire perdre quelquefois un cinquième et un quart de leur valeur ; on dit que cette fraude se pratique sur les franges avec la lime, et l'on craint qu'il n'en résulte dans le commerce une méfiance, tout au moins une circonspection, qui nuira à son activité. — La détresse générale laisse les citoyens dans une continuelle consternation ; ce sont moins des plaintes que des cris de désespoir que font entendre les rentiers et les employés ; quelques-uns même paraîtraient dégoûtés de vivre dans l'épuisement où ils sont de toutes leurs ressources. La cessation de quelques travaux fait des mécontents dans la classe des ouvriers. — Cependant les promenades dont les entrées se payent sont assez constamment fréquentées. La présence de l'ambassadeur ottoman dans quelques-uns de ces établissements y favorise le concours et fait davantage ressortir le luxe de la classe la plus fortunée, et ce luxe est d'autant plus pour la classe malaisée un sujet de mécontentement et de murmures. — Tel est en ce moment l'esprit de Paris, où, sans chaînon intermédiaire, l'aisance et la gêne sont en spectacle à l'observateur, et où les passions politiques se tempèrent par le besoin, mieux senti de jour en jour, de maintenir un gouvernement respecté de ses alliés, redouté de ses ennemis.

Spectacles. — La chaleur en a repoussé le public. Le théâtre des Arts seul avait beaucoup de monde, et rien de particulier n'y a commandé l'attention.....

Bourse. — Le bruit qui s'est répandu de la conclusion de la paix avec l'Empereur a produit un peu de hausse et multiplié les affaires.....

(Arch. nat., BB ³ 86.)

Limodin.

MXC

12 THERMIDOR AN V (30 JUILLET 1797).

Rapport du bureau central du 13 thermidor.

Esprit public. — L'exaspération, qui avait paru vouloir s'affaiblir et faire place au calme parfait, commence à s'emparer de nouveau de quelques esprits. Les plus fougueux de part et d'autre se montrent soigneux à trouver des griefs contre les premières autorités ; il existe un plan réel de les diviser d'intérêts par des récits exagérés ou des inductions adroites. Les diatribes redoublent contre le Conseil des Cinq-Cents ; on y joint des reproches ; on trouve qu'il ne s'occupe pas assez des moyens de procurer des ressources pour les besoins les plus pressants ; on le dit dans l'intention de mettre le Directoire en état d'accusation et de fonder cette démarche sur la publicité donnée par le Directoire au message dans lequel il dépeint la situation alarmante des finances. Ensuite on veut faire entendre que le Corps législatif médite des mesures dilatoires et plus certaines de dissoudre le gouvernement. D'un autre côté, on insiste sur les vues que l'on prête au Directoire d'attenter à la liberté de la représentation nationale ; on dit qu'il y a maintenant trente mille hommes dans le département de la Marne ; on dénombre leurs divisions, leur séjour, les lieux de leur passage ; on prête à plusieurs militaires de ces corps des propos de révolte et d'animadversion contre le Corps législatif ; on va jusqu'à porter à cent mille hommes le nombre des troupes qui marchent dans l'intérieur. — Les manœuvres qui tentent d'aigrir sont plus ordinairement employées par les anarchistes, et l'on est dans la certitude qu'ils concertent secrètement entre eux les moyens d'opérer une commotion violente. Des chants affectés et capables d'irriter l'esprit de parti sortent de la bouche des plus mal intentionnés. Ces scènes ont eu lieu en public. Les passants, principalement des jeunes gens, s'en formalisent, se croient provoqués, menacent, et il en résulte une fermentation dont les suites ne sont prévenues que par la surveillance de l'autorité et l'intervention de la force. Il en résulte surtout un nouveau degré de haine contre des individus que l'on croit avoir participé aux excès commis sous le règne de Robespierre, et qui, reconnus ou dénommés seulement pour tels, ont de la peine à se soustraire ou à des vengeances personnelles ou à l'indignation du public. Plusieurs circonstances de cette nature ont été sensibles hier même. — Plus que jamais, au surplus, les suggestions les plus perfides sont employées pour troubler la tranquillité publique et amener quelque grande catastrophe. Ici, l'on indispose évidemment le militaire contre l'une ou l'autre des hautes autorités, et l'on cherche à le détourner des devoirs de la discipline ; là, d'anciens militaires eux-mêmes sont soupçonnés d'employer tous leurs efforts pour indisposer contre le gouvernement les habitants de l'une des extrémités de Paris. En un mot, l'impatience est encore le seul caractère que les turbulents osent afficher aujourd'hui : mais ils semblent ne plus vouloir se tenir longtemps dans cet état d'inaction, et des nuages inquiétants paraissent vouloir s'élever sur l'horizon politique de cette ville.

Spectacles. — On a remarqué que les esprits y étaient aussi tournés davantage à l'incertitude ; que la haine la plus profonde du terrorisme s'y est manifestée avec beaucoup d'énergie, et dans ce sens des applications ont été faites avec assez d'enthousiasme aux théâtres Français et de la rue Feydeau : on donnait *Paméla* à ce dernier théâtre. — *Dieu veille sur tout* est le titre d'une nouvelle pièce donnée hier au théâtre d'Émulation ; c'est l'assassinat médité sur une femme en couches, mais dont l'auteur est lui-même victime en essayant un lac auquel il voulait la suspendre. (Trait donné par les journalistes pour avoir eu lieu près Versailles.) — « Mon troisième mari était terroriste, mais il est mort, Dieu merci ! » dit une voisine dans cette pièce, et ce passage est extrêmement applaudi. Cependant, c'est encore la tentative d'une atrocité mise en action, et le public même d'habitude aux petits théâtres commence à sentir que ces sortes de tableaux présentent dans le fond quelque immoralité, mais surtout quelque chose de révoltant. Le calme règne partout.....

BRÉON.

(Arch. nat., BB ³ 86.)

JOURNAUX.

Miroir du 13 thermidor : « *Jardin Bourbon*. Il est difficile de rendre la républicaine indignation des frères et amis contre les bons Parisiens qui se précipitaient hier comme des hannetons sur le passage de Son Excellence ottomane. « Peuple esclave et indigne de notre sainte régénération, s'écriait sur le boulevard un détachement d'ex-constitutionnels cerclés[1]! Voilà donc le fruit de nos hautes leçons! Ah, c'en est fait, les Chouans l'emportent et la République est perdue! — Misérables, leur répondit un jeune militaire, oui, elle est perdue, anéantie à jamais, votre République de sang, votre République de Robespierre ; allez, vous aurez beau faire, tous mes compagnons d'armes soumis à la loi ne connaissent d'ennemis de la République et des armées que les brigands de votre espèce. » A cette courte harangue les frères se turent, et le *Miroir* poursuivit la route du jardin Bourbon. Tout ce qui peut flatter les yeux et charmer les oreilles se trouvait réuni dans ce séjour magique. Le concours de nos belles Parisiennes, la diversité de leurs atours, l'harmonie de leurs tailles, l'avide curiosité de leur ambitieuse coquetterie, le triomphe de celles qui fixaient quelques secondes l'attention de Son Excellence ottomane, l'attitude grave et satisfaite du pacha à trois queues, l'air de grandeur avec lequel il accueillait les regards mystérieux de nos odalisques françaises, le flux et le reflux de tout un peuple allant de place en place, montant de chaise en chaise, circulant d'allée en allée, pour chercher vainement une position propre à voir à l'aise l'illustre descendant du grand prophète : tout offrait à l'admiration de l'observateur un spectacle digne de l'envoyé du « très majestueux », « très redoutable », « très magnanime » et « très puissant Empereur, dont la pompe égale celle de Darius et la domination d'Alexandre ». « Qu'il est bien, disait celle-ci! — Qu'il a l'air noble, disait celle-là! — Je suis de votre avis, disait une troisième ; mais s'il est flatteur de lui dérober le mouchoir, il est bien dangereux aussi de se livrer à ses flammes inconstantes. — Eh quoi! vous êtes Française, répondit un aimable au possible, et l'inconstance vous effraie! — Ma foi, je n'aime pas cette longue barbe, ajoutait la sensible Laure, tout embarrassée de ses quinze à seize ans : elle lui donne un air dur. — C'est ce qu'il faut, mon ange, lui répliqua l'ambitieuse Hortense ; quel plaisir y a-t-il à aimer un homme-femme, qui empiète sur les droits et la mollesse de notre siècle! — Ce sera tout ce que vous voudrez, observa un bel esprit de la compagnie, mais je n'aimerais jamais une Excellence qui peut faire étrangler à huis-clos tous les gens de sa suite qui ont le malheur de lui déplaire. — Et qu'est-ce que le fatal cordon a de commun avec le mouchoir auquel aspire Mme T..., répondit un méchant ? Qu'il gouverne sa maison d'après les lois et les usages de son pays, que vous importe ? Il importe fort peu au fond... » Mais silence; les airs s'embrasent, tous les yeux sont ouverts, la bombe éclate, la fumée obscurcit les cieux ; le bouquet part, et la fête est finie. » ..... « Le *Rédacteur* a cessé d'être le journal officiel du gouvernement : c'est lui-même qui nous l'annonce aujourd'hui[2]. Il paraît que le Directoire lui a retiré ses grâces pour avoir imprimé la diatribe que lui-même lui avait commandée contre le Conseil des Cinq-Cents. Et puis ayez la bêtise de servir les puissances : non seulement elles vous punissent des sottises que vous faites, mais encore de celles qu'elles vous commandent. » — « Feuilleton. Modes. Le *Journal des Dames* annonce officiellement que la Turquie va payer

---

1. C'est-à-dire, sans doute, d'un membre du Cercle constitutionnel.
2. En effet en tête du *Rédacteur*, n° 592, du 12 thermidor an V, on lit : « Avis. Il n'y a plus d'articles officiels dans ce journal. »

Tome IV. 17

à la France le tribut de ses modes. Les ouvrières ne sont occupées qu'à fabriquer des bonnets turcs, des chapeaux à la sultane. Il existe déjà des robes à la turque. Mme T... en avait une avant-hier au bal de l'Odéon. La présence de l'ambassadeur y avait attiré les plus brillantes sociétés de Paris. Nos élégantes y ont fait assaut de coquetterie : c'était à qui fixerait les regards de Son Excellence. Mlle Lange y a ébloui les yeux par le luxe et l'éclat de sa parure. Soit plus de jugement ou plus d'expérience, elle avait mieux spéculé que ses antagonistes. Conjecturant le goût de l'ambassadeur, d'après la maturité de son âge et la gravité qui caractérise sa nation, elle a laissé un moment tous les colifichets du jour ; elle s'est montrée dans un costume aussi décent que magnifique. Le succès a couronné ses efforts. Trois saluts de l'ambassadeur et la permission d'aller lui rendre son hommage, tels sont les gages de l'impression que Mlle Lange a faite sur le cœur de Son Excellence. Elle aura le mouchoir. »

MXCI

13 THERMIDOR AN V (31 JUILLET 1797).

Rapport du bureau central du 14 thermidor.

Esprit public. — On aperçoit toujours la plus grande incertitude parmi les citoyens au sujet des nouvelles qu'ils croient le plus intéresser leur sûreté personnelle, celles surtout qui annoncent le nombreux cantonnement de troupes dans les départements de l'intérieur. La cause, inconnue par tout le monde de ce mouvement porte chaque parti à l'interpréter, à la supposer, et en accuser ou le Directoire ou les agents secrets de quelque faction. Les opinions les plus accréditées étaient respectivement empruntées des journalistes, qui eux-mêmes ne forment que de vagues conjectures. Le bruit en vogue hier, dans le centre le plus fréquenté de Paris, était qu'un camp de trente mille [hommes] se formait sous les murs de Reims, que ces troupes étaient destinées à mettre les Parisiens à la raison, qu'elles s'entendaient avec celles de Paris pour contraindre les Conseils et le Directoire à faire la paix. D'après ces idées, d'autres voyaient Paris en quelque sorte bloqué ; ils prévoyaient que la bombe ne tarderait pas à éclater ; ils se montraient persuadés qu'un feu très actif couvait sous la cendre. — D'un autre côté, des voyageurs manifestaient leurs craintes de voir se former de nouveau des compagnies de Chouans dans les campagnes de l'Ouest et assuraient que les mêmes inquiétudes circulaient dans ces contrées ; ils appréhendaient en outre de retourner dans ce pays, instruits pertinemment, à les en croire, que des volontaires, sous prétexte de vérifier si les voitures ne transportent pas de poudre, volaient argent et tout ce qu'ils trouvaient. — Le caractère du moment d'ailleurs est celui d'une méfiance extrême; les reproches au Directoire d'avoir changé ses ministres, de vouloir faire un 13 vendémiaire, de s'entourer de terroristes comme fit alors la Convention, sont continuels dans la bouche d'un certain nombre de mécontents, assez portés au contraire à vanter comme sage, et prudente, et louable en tout point, la conduite du Corps législatif; mais les murmures contre ce dernier sont encore plus sensibles que précédemment, en raison du peu d'empressement qu'il apporte à s'occuper de l'amélioration des finances. On est très peu disposé aussi à seconder ses vues d'organisation de la garde nationale, et l'on paraît très déterminé à ne faire aucune dépense, même aucune démarche pour y concourir. — Il semble que la haine des Jacobins et des terroristes augmente dans le public à proportion de l'incertitude sur le degré d'intelligence ou de mésintelligence que chacun découvre entre les premières autorités en tout événement; on est sûr du rôle qu'ils prétendaient jouer, et l'horreur qu'ils inspirent se propage beaucoup. On va jusqu'à dire que, si les lois ne sévissent pas contre eux, il faudra bien se venger soi-même plutôt que de se laisser assassiner; on est convaincu qu'ils n'ont pas abandonné leurs projets, quoiqu'ils paraissent découverts. — L'esprit des cabinets littéraires est très mystérieux; on y tient des discours dont le sens est : « Ils ne s'y attendent pas cette fois; ainsi nous sommes sûrs que cela ne manquera pas. » — Il n'en est pas moins certain que, dans des groupes occupés de discussions politiques, on distingue souvent des individus connus pour avoir été membres des Comités révolutionnaires; il est également certain que ces sortes d'individus sont fidèles à des conciliabules secrets, dont l'esprit n'est rien moins que favorable au bon ordre et à l'intérêt du gouvernement. — On affirme encore que des individus audacieux cherchent à jeter l'alarme en affectant la plus haute apologie de Marat et de Robespierre; il est à remarquer que ces sortes d'individus se gardent bien de rester longtemps en présence de leurs auditeurs. — La stagnation est plus grande dans le commerce, qui ressent beaucoup les effets des circonstances; la confiance entre particuliers dans le cours ordinaire des affaires éprouve la même défaillance. Cependant le calme existe et est garanti à l'extérieur.

Spectacles. — Les applications citées sont toujours les mêmes dans *Médiocre et rampant*, au Théâtre-Français, et dans *Turenne*, à la Cité, et dans *Roméo et Juliette;* on manifeste dans ces derniers un vif désir de rapprochement entre les diverses parties de l'autorité publique. Le théâtre de la Cité annonce vouloir incessamment donner une pièce sous le titre des *Trois Constitutions*, deux actes en vaudeville.....

(Arch. nat., BB³ 86.)

LIMODIN.

JOURNAUX.

Rédacteur du 14 thermidor : « *Au Rédacteur*. C'est à votre impartialité que j'en appelle, citoyen, de la note calomnieuse insérée dans le journal des *Nouvelles politiques* du 21 messidor, contre l'association religieuse et morale connue sous le nom de théophilanthropes [1]. Il doit être libre, sans doute, à tout citoyen d'émettre son opinion pour ou contre tel ou tel culte, dès qu'il le fait en termes mesurés, également éloignés de l'intolérance et de l'esprit de secte ou de parti ; mais jamais il n'a été permis de se prévaloir du droit de parler ou d'écrire pour verser méchamment et à pleines mains l'opprobre et les plus dégoûtantes injures sur toute une réunion de citoyens, paisibles et honnêtes, quand surtout ils sont rassemblés sous les tutélaires auspices de la religion et des lois. Quoi ! parce qu'un hypocrite, un fourbe, avait, en d'autres temps et pour des motifs particuliers et secrets d'ambition et de tyrannie, avait, dis-je, pris sous son insolente protection les deux dogmes antiques et consolateurs de l'existence de Dieu et de l'immortalité de l'âme, et que le texte de ces dogmes se lit, gravé en caractères apparents, sur la partie supérieure de l'autel élevé par les théophilanthropes à la Reconnaissance, il s'ensuit qu'il ne peut y avoir que des scélérats, des hommes flétris, et que *l'on rougirait de retrouver sur les quais*, qui fréquentent les temples des théophilanthropes !.....
Ne remonte-elle donc qu'à Robespierre et à ses pareils, la proclamation de ces deux grands et incontestables principes de toute morale et par cela même de toute religion ? Dès les premiers jours du monde n'ont-ils pas été sentis, aperçus, révérés ? Et, depuis, les plus vertueux comme les plus éclairés des philosophes ne les ont-ils pas portés jusqu'à la plus satisfaisante démonstration ? D'où peut donc venir cette affectation de subordonner sans cesse à l'indigne abus qu'on en a fait sous le règne du plus méprisable des factieux le culte simple et pur dont ils sont en effet la base ? Robespierre aussi invoquait dans tous ses discours, même dans ses plus virulentes diatribes, il invoquait la liberté, la sainte liberté !..... Voudrait-on, par une conséquence tacite, insinuer que des scélérats seuls, des échappés de Vendôme, des hommes dont *on rougirait d'être rencontré sur les quais*, peuvent manifester un amour sincère pour la liberté ? J'en pourrais dire autant de tout ce qui se lie à l'existence de notre immortelle République, et à cet admirable instinct qui nous attache si fortement à la patrie. Il n'y a plus rien de beau, d'utile, de sacré, dès qu'on s'obstine à tout défigurer et à ne vouloir envisager que ce qu'il peut y avoir de défectueux dans les meilleures institutions. Et dans quel moment surtout essaie-t-on de flétrir dans l'opinion les nombreux partisans du culte théophilanthropique ? C'est, oui c'est précisément lorsque de toutes parts on se fait adresser des pétitions, des réclamations, des capucinades en faveur *de ce qu'on est convenu d'appeler la liberté des*

---

1. Nous avons reproduit cet article plus haut, p. 198.

cultes, mots dont on ne se sert que pour obtenir la domination d'un seul. Il est un moyen plus sûr encore, selon moi, de démasquer aux yeux du public ces détracteurs intéressés de tout ce qui tend à perfectionner l'espèce humaine et affermir la République : c'est d'inviter le plus possible de citoyens honnêtes à venir prendre part aux cérémonies religieuses et touchantes des théophilanthropes. (Tous les décadis et les dimanches, rue Denis, au coin de celle des Lombards et rue de Thionville à l'ancien Musée.) — D.....» — *Ami des Lois* du 13 thermidor : « *Variétés*..... Le gouvernement a approuvé le plan de destruction du jardin du Palais-Royal, qui sera remplacé par des rues ; c'est le seul moyen d'en chasser les brigands qui s'en sont emparés et qui trouvent toujours le moyen de se soustraire aux yeux de la police... » — *Ami du Peuple* du 13 thermidor : « Enfin MM. Bréon et Limodin sont chassés du Bureau central. Il y a longtemps qu'ils auraient dû l'être et recevoir la récompense de leurs faits et gestes. Quel déblayement ! Que de coquins frappés à la fois de la pelle au cul ! Le sale Cochon, l'élégant baron de Bénézech, le serpent Dossonville, tous leurs bureaux en grande partie balayés et purgés des ordures de la monarchie ; Biribi-Bréon qui n'ira plus aux petits soupers de M. Prévot et de sa chère amie Descarières ; Limodin, ci-devant la terreur des mouchards, qui se promenait si bien dans une voiture nationale, obligé d'aller sans escorte, de remporter ses ameublements et de sortir avec sa tendre moitié des beaux appartements ci-devant du premier président du Parlement, où il comptait s'être installé pour la vie.... Que de malheurs en même temps ! Consolez-vous, messieurs, vous vous en retournez sur nos écus et sur les louis des émigrés, des joueurs, des filous, des voleurs, des agioteurs et autres suppôts du roi et de l'église, vos frères et amis. Consolez-vous, il n'y a pas de meilleur oreiller que la finance. Que vous allez vous en donner ! Vous jouirez comme des dieux des fruits de vos honorables travaux..... Des terres, des palais, des riches ameublements, des voitures élégantes, des repas somptueux, un luxe incroyable, des filles à discrétion, tous les plaisirs des honnêtes gens, voilà ce qui vous attend tout le reste de votre bonne vie, messieurs, en attendant la trop tardive justice du peuple, ou la corde des amis du roi, qui est le cordon qu'ils donneront à MM. Bréon et Limodin, au lieu du cordon bleu réservé à M. le baron de Bénézech, du cordon rouge à M. son valet Cochon et du coton destiné à M. Dossonville, le féal serviteur de tous. Nous ne connaissons point suffisamment les remplaçants pour affirmer que nous ayons beaucoup gagné au change. Ce que nous pouvons assurer, c'est qu'il est impossible que nous y ayons perdu, fût-on allé chercher parmi tous les scélérats qui peuplent les cours des tyrans et les repaires de voleurs et d'assassins du Nord au Midi, de l'Orient à l'Occident sur les deux hémisphères. Je défie les plus effrontés et les plus rusés scélérats de nous en amener de pareils à ceux que nous avons perdus. On dit que le Directoire n'a pas voulu choisir sur les deux premières listes qui lui ont été présentées par l'administration centrale du département de la Seine pour remplacer les incomparables Bréon et Limodin, et qu'il ne s'est déterminé forcément qu'à la troisième. Il a nommé alors M. Deplane, ancien conseiller au parlement de Rouen, et M. Muret[1], ex-juge au tribunal civil du département de la Seine[2]. Les honnêtes

1. Il faut lire *Mutel*. Ce Mutel avait, en 1793, exercé les fonctions de juge au tribunal du 6e arrondissement de Paris. Voir l'*Almanach national* de 1793, p. 216.
2. C'est une erreur. Le 19 thermidor (voir plus loin p. 276), le Directoire

gens font un cas infini du premier, dont ils vantent singulièrement les vertus, les talents, la rare probité. Quant au second, on ne sait encore ce qu'il est. Nous les connaîtrons bientôt, et nous les peindrons comme ils le méritent. » — « Clichy est fermé, disaient les bonnes gens. Et moi je dis, Clichy est ouvert ; Clichy est partout où il y a des conspirateurs royaux ; Clichy ne fermera pas. Les membres ont fait la grimace de fermer le local qu'ils occupaient pour ordonner arbitrairement la fermeture des Cercles constitutionnels, qui leur déplaisaient, qui nuisaient à leurs projets contre-révolutionnaires. Ils y ont réussi. Et voilà qu'ils se rassemblent de plus belle, mais d'une autre manière. Au lieu de se réunir au nombre de cinq à six cents ou davantage, comme ils le faisaient, ils se forment en réunions particulières de cent, cent cinquante. Une de ces réunions se tient chez Drieux, rue des Capucines, près la place Vendôme, dans le grand hôtel où logeaient les commissaires ordonnateurs. La dernière réunion qui s'y est faite était composée de cent cinquante clichyens. Ce Drieux, ci-devant commis dans les bureaux de Normandie[1] et qui n'avait rien, est maintenant un des plus riches agioteurs de Paris. Une autre réunion de ce genre se tient chez un nommé Lunot, cousin de cet agioteur, arrivé dernièrement à Paris sans souliers, et qui est actuellement un riche monsieur. Le député Delahaye, qui vit avec une catin nommée Binot, fille de je ne sais quel comte américain, tient de ces sortes d'assemblées quatre jours de la semaine. Messieurs les clichyens tiennent encore beaucoup d'autres réunions de ce genre, dont nous instruirons le peuple à mesure que nous en serons informés. » — *Journal des hommes libres* du 14 thermidor : « Le sceau de la République était un Hercule appuyé sur une massue portant dans sa main le groupe de la liberté et de l'égalité. On en introduit un autre d'une invention nouvelle : ce sont les tables de la Constitution dans un cerceau, posées sur un frêle fuseau dont la rapide mobilité est figurée par deux paires d'ailes[2]. La République aurait-elle subi d'aussi grands changements que ses emblèmes ? »

MXCII

14 THERMIDOR AN V (1er AOUT 1797).

RAPPORT DU BUREAU CENTRAL DU 15 THERMIDOR.

Esprit public. — Les craintes et les inquiétudes se multiplient avec

révoqua ces nominations, et le Bureau central resta provisoirement composé de Cousin, Bréon, Limodin.

1. Il s'agit sans doute des bureaux de *Denormandie*, directeur général de la liquidation.
2. Le 16 brumaire an V, le Directoire avait pris l'arrêté suivant : « 1° Il sera gravé, pour le *Bulletin des lois*, un sceau de forme octogone, dont le type représentera les tables de la loi dans un foyer de lumière. — 2° Ces types reposeront sur un foudre ailé, symbole de la promulgation et de l'exécution rapides de la loi. — 3° Les longues destinées de la République et la stabilité de sa législation seront désignées par un serpent se mordant la queue, qui renfermera le tout. »

une rapidité étonnante sur la pénurie des finances et l'extrême misère à laquelle se trouvent réduits les créanciers et les salariés de l'État. On reproche toujours au Conseil des Cinq-Cents son peu d'activité à faire rentrer des fonds dans le Trésor national, et de ne faire, quant à lui, aucun sacrifice en faveur de la chose publique. Dans quelques endroits cependant, on a présumé que le Conseil des Cinq-Cents était sur le point de déclarer, dans une résolution, qu'il touchait au moment des plus grands dangers et dans l'impuissance en quelque sorte d'arrêter le progrès de la détresse. A raison de cet état de choses, une partie du public est dans une appréhension assez grande de voir éclater la guerre civile ; plusieurs personnes, d'un ton désespéré, la disent inévitable, et, pour se consoler, ajoutent que la crise ne durerait qu'un jour, passé lequel temps tout rentrerait dans l'ordre accoutumé. — Des lettres venues des départements qui se divisent l'ancienne Champagne circulent ou sont citées dans le public, et les alarmes qu'elles paraissent avoir imprimées sont aussi profondes que répandues. On ne doute plus, dans la plupart des cafés et autres lieux de réunion du centre de Paris, qu'à Dormans et le long de la Marne à plus de 60 lieues, il se passe des mouvements de troupes dont la destination serait pour l'intérieur de la République. Des personnes de ce pays, notamment de Châlons et de Château-Thierry, pressent leurs parents de quitter Paris au plus tôt, se croyant déjà dans une insurrection générale. Hoche est censé avoir passé la Marne au-dessous de Châlons, avec tout un corps d'infanterie ; on porte à vingt mille hommes le nombre de troupes rassemblées dans les environs de cette dernière place. — D'un autre côté, le bruit court que le général Buonaparte vient sur Paris avec toute son armée. — Malgré l'avidité de beaucoup de meneurs à renchérir encore sur toutes ces alarmes et à supposer des intentions sanguinaires au Directoire, le nombre de ses défenseurs a paru s'accroître aux dépens de celui de ses détracteurs. Quelques corps de troupes qui sont à Paris, et que des individus astucieux ont voulu sonder, sont très décidés, ainsi qu'ils s'en sont ouverts, à ne protéger aucune espèce de parti ; ils laissent entrevoir, au contraire, que leur point de réunion serait de préférence le gouvernement, et ils indiquent ainsi l'autorité exécutive, parce qu'ils présument que toutes les séditions se dirigeraient contre elle. — Les menaces sont plus fortes aussi contre le Directoire dans une partie du public ; on y dit sa cause intimement liée avec celle des Jacobins ; on le menace même d'une attaque prochaine et décisive, et le mot de Jacobin devient une dénomination dont on porte l'odieux sur tous ceux qui manifestent l'intention de défendre le Directoire des nombreuses inculpations dirigées contre lui. — Avec beaucoup plus de hardiesse les hommes qui pensent constamment que la France ne peut exister qu'en monarchie, et qui se montrent les ennemis acharnés de l'ordre actuel des choses, font tous leurs efforts, aux risques de mettre les citoyens aux prises entre eux, pour appeler le mépris sur la République. Tant d'audace sépare encore de leur cause bien des personnes jusqu'alors abusées ; leur cri d'alarme est la prétendue résurrection des Jacobins et l'appui que ceux-ci, à les en croire, trouvent dans le Directoire. — En un mot, il y a moins de division dans les opinions publiques, parce que toutes les imputations de la misère retombent sur le Corps législatif, qu'on suppose à plusieurs de ses membres un intérêt à un changement quelconque et que l'on n'en présume aucun parmi les membres du Directoire. — Cependant on désire généralement une explication officielle de sa part sur une adresse que l'on dit sortie de la division commandée par Masséna ; on désapprouve qu'un corps d'armée délibère, et l'on conçoit les plus vives inquiétudes de cette infraction à la Constitution. — On a parlé beaucoup de la disposition des esprits dans les départements méridionaux, et ils sont, a-t-on dit, animés partout d'un zèle pur à maintenir la République et à prévenir toute espèce de désordre.

Spectacles. — Les opinions politiques y ont été, pour ainsi dire, insensibles et n'y ont point paru différer de celles précédemment décrites ; le calme a régné partout....

LIMODIN.

(Arch. nat., BB³ 86.)

JOURNAUX.

Journal des hommes libres du 15 thermidor : « *Paris, 14 thermidor.* L'ambassadeur ottoman fait tourner toutes les têtes de nos gallo-grecques, des belles odalisques de Tivoli-Élysée, etc., etc. C'est à qui lui jettera le mouchoir. On fait des histoires de sa vertu, capable de faire tourner les cervelles. Les travaux d'Hercule étaient des jeux d'enfants auprès des siens. Le fait est que c'est un mari d'une continence rare, et qui n'a jamais eu que sa femme, chose aussi incroyable en Orient qu'en France. On dit que, malgré toute sa réserve, la vue des Françaises agite visiblement ses sens. Les expériences d'électricité qu'on a fait devant lui à Lyon l'ont surpris, quoiqu'il ait affecté une grande croyance en son prophète, qui lui a appris que le tonnerre était le bruit des ailes de l'ange porteur de la colère de Dieu. Il a dîné il y a trois jours chez Willot. On croit que celui-ci se ménage une place de chef des muets au sérail, s'il voit que la République tienne. La *Quotidienne* dit que l'ambassadeur turc visite tous les baladins, et que Ruggieri est jaloux de ce qu'il ait commencé par le Directoire. Pour un journal « honnête », voilà une insolence de laquais digne tout au plus d'Henry-Larivière. N'importe : elle sera très applaudie..... à Blankenbourg. »

MXCIII

15 THERMIDOR AN V (2 AOUT 1797).

RAPPORT DU BUREAU CENTRAL DU 16 THERMIDOR.

Esprit public. — Il n'existe aucune différence entre la situation des esprits telle qu'elle est aujourd'hui et [telle] qu'elle était les jours précédents, si ce n'est que l'affliction paraît encore plus grande, parmi tous les amis de l'ordre, de l'opposition des sentiments qui se continue entre les hautes autorités. Il s'en faut bien que les partisans de l'ancien régime aient perdu de vue des griefs avec lesquels ils voudraient voir mettre le Directoire en état d'accusation, et l'on a vu même des individus occupés à parcourir différents cafés, en peu d'heures, pour y répéter les mêmes imprécations contre le Directoire, notamment celle d'agglomérer des troupes sur des points tellement rapprochés de Paris qu'il puisse en être entièrement investi au premier signal, d'occasionner ainsi des marches dispendieuses pour l'État. Ils paraissent surtout attendre beaucoup de la garde nationale. Leur ton est celui de la menace ; leur disposition est celle de l'attaque ; leur système est de tout diriger, tout exaspérer, et, avec eux, la foule des pusillanimes répète qu'incessamment il va y avoir un grand coup, que l'on doit fermer les boutiques, que le général Buonaparte vient sur Paris avec son armée. — Les militaires au surplus, dans un choc quelconque, n'ont nullement paru favorablement disposés pour le Conseil des Cinq-Cents. Ils ne cachent pas qu'en tout événement ils tiendront bon pour le Directoire ; mais, à des menaces quelquefois sanguinaires de plusieurs d'entre eux, il a été facile de [se] convaincre aussi que l'on cherchait à les irriter contre le nouveau tiers, auquel ils reprochent d'être plus occupé de plaisirs que du soin de soulager les malheureux. — Un bruit récent, mais cependant très accrédité parmi la masse énorme des peureux et des incertains, c'est que les projets contre Paris ont avorté à cause des choix des officiers faits par Moreau dans son armée, tous peu disposés à se prêter à ce qu'on attendait d'eux, et l'on ajoute que le général Hoche ne s'était rendu à l'armée de Sambre-et-Meuse que pour y opérer des changements tels que rien ne s'opposât à l'exécution des ordres sanguinaires qu'il avait reçus. — Tous les on-dit à part, chacun paraît être dans la plus étroite anxiété. On est plus incertain que jamais sur les négociations avec l'Empereur, et l'opinion la plus commune est que le calme du moment n'est que superficiel, qu'il est impossible de se livrer à la moindre sécurité, tant que la méfiance tiendra divisés respectivement le Directoire et le Conseil, tant que ces deux pouvoirs ne marcheront pas d'accord sur la même ligne pour parvenir au double but si désiré : la paix et l'ordre dans les finances; tant qu'on verra calomnier impunément par les hommes de parti tel ou tel magistrat, tel ou tel général; tant qu'on verra l'impunité de ceux qui ont enfreint les lois; tant qu'on laissera délibérer les armées sur le sort de l'État; qu'en un mot la patrie ne cessera d'être dans le plus grand péril, tant que l'on verra la plus affreuse misère planer sur la tête de tous ceux qui n'ont pour vivre que les ressources que l'État leur doit. — C'est en effet au plus haut degré que sont portés les gémissements des rentiers et des employés, notamment des pères de famille; ils se plaignent de sentir toutes les atteintes de la détresse, même celles de la faim, de n'avoir plus aucune ressource, même dans leurs effets, qu'ils ont tous vendus, loin de pouvoir satisfaire au payement de leur loyer, de leurs impositions, de leurs obligations domestiques. Et ce tableau se peint partout avec des couleurs plus ou moins vives, plus ou moins affligeantes.

Spectacles. — On ne peut regarder comme opinion à citer celle répandue hier parmi les [habitués du] théâtre du Vaudeville. Ils disaient qu'incessamment tous les nouveaux ministres allaient être renvoyés. — La *Tourterelle dans les bois,* pièce nouvelle au théâtre Feydeau, n'a eu aucun succès; son but était de pénétrer d'horreur pour la passion du jeu, et il est à peine sensible; les accessoires d'ailleurs contribuent avec peu d'intérêt à étouffer le fond. On remarquait dans le premier acte un incident sur lequel l'auteur avait compté sans doute pour prévenir en faveur du sujet par l'appât d'une forte application. Un personnage rappelle à ses enfants ou ses pupilles qu'il a oublié de leur faire la prière du matin : « Qui coulpe oublie Dieu, mérite que Dieu l'oublie. » En conséquence on apporte une grande Genèse, on y lit toute une page qui a trait à la vente de Joseph par ses frères; on se met à genoux, et l'on fait une prière en commun. Cette affectation a fait ressortir quelques applaudissements affectés. L'ordre au surplus n'a point été troublé, et les autres spectacles en ont également joui.....

Bréon.

(Arch. nat., BB ^{3} 86.)

JOURNAUX.

Miroir du 16 thermidor : « De Buonaparte n'ayez peur. Tout le monde nous fait peur de Buonaparte : Buonaparte va venir; pauvres Parisiens, cachez-vous dans vos caves, Buonaparte est là. Il n'y a pas jusqu'aux nourrices de nos petits enfants, qui, par parenthèse, sont passablement royalistes, qui n'emploient comme un moyen de terreur le nom célèbre de Buonaparte. Si tu ne te tais, disent-elles à leurs larmoyantes petites créatures, je vais faire venir Buonaparte avec tous ses casse-cous pour te faire emporter ; et voilà le petit bonhomme qui renfonce ses larmes et n'ose plus souffler. Lorsque, dans le fond de l'horizon du Midi, il s'élève quelques nuages brûlants, lorsqu'il s'y dessine une aurore boréale, lorsque des vents désastreux y tourmentent les airs; lorsque l'éclair y brille, lorsque la foudre y gronde, les royalistes éperdus font le signe de la croix. Mon Dieu, disent-ils, le voilà qui vient; c'est Buonaparte : *A Buonaparte libera nos, domine.* Eh bien, mes chers lecteurs, moi qui vous parle, moi que tout le monde dit et croit trois ou quatre fois royaliste, en vérité je n'ai pas peur de Buonaparte ; soyez sûrs qu'il ne fera point ce qu'on lui fait dire, et qu'il ne pense point ce qu'on lui fait penser. Quoi qu'il puisse arriver, il ne franchira point les Alpes avec la rapidité de l'aigle, car il connaît trop bien la légèreté française pour ne pas sentir que tous les aiglons dont il est entouré n'auraient pas plus tôt, du haut de ces Alpes, aperçu le nid qui les vit naître, qu'ils s'y rendraient à tire-d'aile, et le laisseraient seul chercher le sien, dont peut-être alors on pourrait fort bien lui fermer les approches. Les Jacobins comptent sur le secours de Buonaparte. Or il ne peut les servir ni par sympathie ni par intérêt, et dans le fait ne les sert pas. Il ne peut les servir par sympathie : Buonaparte est un homme bien élevé, qui a les manières distinguées et tous les dehors qui caractérisent un homme de bonne compagnie et de bon ton, et les Jacobins sont de misérables goujats qui ne savent que hurler, voler et assassiner. Il ne peut les servir par intérêt, car cette secte infernale est ennemie de toute autorité, et finit toujours par exterminer les chefs qu'elle s'est elle-même donnés, comme ceux du parti qu'elle renverse. Enfin Buonaparte ne les sert point, car ils ne peuvent établir leur puissance que par des associations, des clubs conspirateurs. Or Buonaparte détruit ces clubs et défend de les rétablir sous les peines les plus sévères. On s'imaginait qu'il allait envoyer à Marseille un chef d'égorgeurs pour y remplacer le général Willot, et il y a envoyé un homme sage, sur la protection particulière duquel les frères et amis ne doivent pas plus compter que sur celle de Willot. N'ayez donc pas peur de Buonaparte, mes chers lecteurs. Buonaparte ne viendra pas avec la rapidité de l'aigle, car il pourrait perdre ses compagnons en chemin ; Buonaparte ne se fera point chef des Jacobins, car les Jacobins égorgent leurs chefs; Buonaparte ne sert pas les Jacobins, car il détruit leurs cavernes ; en un mot Buonaparte ne pense point ce qu'on lui fait dire, peut-être même pense-t-il tout le contraire de ce qu'on lui fait penser; il y a d'assez raisonnables données au moins pour le faire soupçonner. Tant mieux pour lui ! tant mieux pour nous! »

MXCIV

16 THERMIDOR AN V (3 AOUT 1797).

RAPPORT DU BUREAU CENTRAL DU 17 THERMIDOR.

Esprit public. — La différence qui peut exister entre ce qu'étaient hier les opinions et ce qu'elles sont aujourd'hui est imperceptible. Ce qui frappe le plus est le mécontentement encore accru, occasionné par l'accroissement de la misère, et, parmi la quantité de personnes étrangères à la petite guerre de parti que se font entre eux les écrivains périodiques, toutes les inquiétudes ne proviennent que de l'état déplorable des finances. Dans cette classe, très nombreuse, on dit bien qu'il doit y avoir un choc, et l'on est persuadé qu'il n'aura pour cause que l'anéantissement des ressources pour les besoins du gouvernement et l'embarras d'en faire naître d'autres. Le résultat des plus sérieuses observations au surplus prouve que nombre de citoyens, ou plutôt la très grande majorité d'entre eux, ou fatiguée du combat de tant d'opinions ou incertaine de l'issue des événements, est formellement décidée à n'y prendre aucune part, quels qu'ils doivent être. On pourrait dire que, dans cette masse, il n'y a véritablement pas d'esprit public; on déverse bien des torts des circonstances, tantôt sur le Corps législatif, tantôt sur le Directoire, mais avec peu de chaleur, et les plus fortes plaintes se rabattent vaguement sur la Révolution, chacun suivant les dommages qu'elle a pu causer à ses intérêts personnels. Aussi témoigne-t-on une véritable répugnance à concourir à la réorganisation de la garde nationale et se borne-t-on à dire qu'en cas d'événement on s'enfermera dans son domicile, bien déterminé à se défaire de quiconque oserait le violer. Cependant l'opinion des hommes qui prennent plus de part aux intérêts de la chose publique se tient à peu près au même degré d'opposition. Peut-être le nombre de ceux qui approuvent dans toutes ses opérations le Corps législatif a-t-il encore diminué, parce que beaucoup ne croient pas d'une sage politique d'apporter tant de circonspection à procurer des ressources au Directoire au moment où il les emploierait à presser les négociations, en sorte que ce que le Corps législatif perd, le Directoire le gagne. — Dans le sens opposé, on reproche toujours au Corps législatif ses résolutions sur le culte[1] et

---

1. Le 28 messidor an V, le Conseil des Cinq-Cents avait voté, à la majorité de

les fugitifs de Toulon et des bords du Rhin [1]; on lui suppose constamment l'intention de relever le trône, et, dans cette vue, de mettre une partie du Directoire en état d'accusation. On dit qu'un général, membre du Conseil des Cinq-Cents, parti depuis deux jours pour une mission secrète, doit faire éclater la bombe à son retour. — De part et d'autre, tout n'est que soupçon, mais on considère les choses avec rigueur; il y a très peu d'esprit de parti, parce qu'il y a beaucoup d'incertitude, et les personnes de parti sont, pour ainsi dire, abandonnées à elles-mêmes. Il en résulte encore que celles-ci se montrent plus à découvert. Les royalistes surtout ne cachent plus leur opinion et se disent tels assez volontiers. C'est l'esprit de bien des individus, dont l'aisance se fait remarquer à l'extérieur dans les promenades d'abonnement. — Les rixes sont plus fréquentes parmi les militaires de différentes armes; on aperçoit assez généralement une sorte de scission entre les grenadiers du Corps législatif et la troupe de ligne; ces derniers vont jusqu'à dire hautement qu'ils traiteront les grenadiers comme on a fait à l'égard des gardes suisses. — Les cris de misère l'emportent sur toutes les discussions politiques. Des états entiers se plaignent de leur inactivité; on dit même que les ouvriers qui ont entrepris de mettre au titre les lingots d'Italie n'espèrent se faire payer que par leurs mains avec les lingots, en s'entendant à cet égard avec les commissaires de la Trésorerie. Il y a également moins d'activité dans le commerce pris en général.

Spectacles. — Ils n'ont offert aucun trait remarquable. Le calme extérieur règne de tous côtés.....

BRÉON.

(Arch. nat., BB 3 86.)

JOURNAUX.

Courrier républicain du 18 thermidor : « *Paris, 17 thermidor.* Il y a eu hier quelques rassemblements, peu nombreux à la vérité, mais très animés, des injures et des provocations contre le Conseil des Cinq-Cents, qu'on accuse de ne vouloir : 1° ni de la paix ; 2° ni de la République ; 3° ni de la Constitution. Et les motifs de ces trois chefs d'accusation sont : 1° les motions qui se font depuis dix-huit mois à ce Conseil, *pour obtenir la paix ;* 2° le compte demandé au Directoire de l'emploi qu'il a fait d'une somme de 100 millions qui lui fut donnée, il y a dix-huit mois, pour faire la paix ; 3° la con-

---

210 voix contre 204, une résolution portant que l'on exigerait du ministre des cultes une déclaration.

1. Voir le *Moniteur*, réimpression, t. XXVIII, p. 737, 739, 740, 744, 764, 768, 780, 781, 786, 789, 790, 791, 822.

duite que le Conseil a tenue dans les derniers jours pour faire respecter la
Constitution qu'on violait impudemment; sa résistance et son opposition à ce
que l'administration de la République ne tombât entre les mains d'un triumvirat qui se terminerait *bientôt en pointe*, comme le veut Siéyès, et mettrait
la dictature à la place du Directoire, et, bientôt après encore, la royauté à la
place de la République. Si d'Orléans est mort, sa faction vit encore. Ces
groupes étaient en partie composés de militaires, principalement d'invalides
qui, comme disait l'un d'eux, sont f....s pour déchirer encore la cartouche,
quoique avec une jambe de bois. »

MXCV

17 THERMIDOR AN V (4 AOUT 1797).

Rapport du bureau central du 18 thermidor.

Esprit public. — Un véritable esprit de conciliation commence à
se manifester dans le public, et ce nouveau caractère a paru déconcerter les malveillants, qui, effectivement, hier ont eu beaucoup moins
d'empire sur les groupes. Le besoin d'un rapprochement entre les
premières autorités était la base de toutes les conversations, et ceux
qui persistent à vouloir qu'elles se divisent au contraire, sous le prétexte spécieux que cette opposition est dans la nature même de la
Constitution et salutaire pour le maintien de la République, sont
écoutés sans faveur. Le calme à Paris a évidemment gagné à ce
nouvel état des opinions, et l'on s'est convaincu qu'il n'était le plus
souvent altéré que par les cris mensongers et alarmants des colporteurs de journaux, qui, au mépris des plus fortes injonctions et de la
loi même, annoncent des sommaires parfois étrangers à leurs feuilles
tels que : *Les ordres donnés aux généraux français d'attaquer les Autrichiens ; Marche des troupes sur Paris,* etc. Toute idée de complot,
au contraire, s'affaiblit ; on est porté à croire qu'un mauvais ordre
dans les cantonnements et dans les routes est la principale cause des
craintes ; on aperçoit aussi moins de conjectures désespérantes sur
l'issue prochaine des négociations. — Il est cependant une classe
nombreuse d'hommes impossibles à gagner à la Constitution, imbus
des plus forts préjugés contre le gouvernement républicain, fidèles à
de vieilles habitudes, et continuellement occupés de vœux pour le retour de la monarchie. L'un des principaux cafés du Jardin-Égalité est
le trône, en quelque façon, d'où ils dictent leurs opinions à tous leurs
partisans ; là, on ne rougit pas de s'occuper d'avance des moyens de

remplacer les membres du Directoire, dans le cas où ils viendraient à être traduits à Vendôme ; on pèse et l'on discute les inconvénients des nominations provisoires ; on agite la question de savoir si ce ne serait pas au Corps législatif à réunir provisoirement les différents pouvoirs ; on désirerait qu'alors il se prononce pour des mesures de suprême autorité contre les ex-conventionnels. Nombre de propos contre-révolutionnaires accompagnent les plans que chacun met en supposition ; on répand l'ironie sur toutes les institutions du régime actuel, et l'on témoigne le plus grand mécontentement de l'indifférence des Parisiens pour le rétablissement de la garde nationale. Le calme, en un mot, qui commence à vouloir reprendre son empire, est pour les habitués un objet d'envie, et l'on observe que ce café donne le ton à nombre d'autres plus ou moins dans ce sens et répartis jusque dans les quartiers les plus éloignés du centre. — Le rapport de la Commission des inspecteurs de la salle sur le stationnement de différents corps de troupes dans l'intérieur a paru faire beaucoup d'impression [1] ; mais, à l'exception de quelques propos isolés, rien n'a paru annoncer de dispositions défavorables contre l'une ou l'autre des autorités premières. — Doit-on, au nombre de ces propos, dénoter ici avec quelque importance ceux tenus par presque toutes les femmes des halles, qui accusent le gouvernement, dans la disette de fonds où il se trouve, d'en avoir cependant encore assez pour faire marcher des troupes sur Paris ? — Le public, lorsqu'il s'entretient de la détresse générale, laisse percer des opinions sur la nécessité, qu'il regarde d'ailleurs comme imminente, de recourir à des ressources extraordinaires ; il désigne quelquefois les impôts indirects, mais le plus souvent il regarde comme indispensable le rétablissement d'une loterie nationale, dont les fonds entretiendraient les établissements publics, surtout les hospices d'humanité. — En dernière analyse, l'extérieur de Paris est beaucoup plus rassurant qu'il ne l'a été les jours précédents, et l'esprit public tend à s'améliorer.

Spectacles. — Des habitués, presque tous amateurs des chefs-d'œuvre de la scène, ont constamment étouffé, au Théâtre-Français, les applications que semblaient prêter plusieurs vers de *Gaston et Bayard*, celui-ci entre autres :

J'ai combattu contre elle (la patrie), et je lui fais horreur.

Mais, si les esprits sont prudents à ce théâtre, on doit dire aussi qu'en général ils y sont peu favorablement disposés pour toutes les

---

1. Ce rapport fut fait par Delarue, dans la séance des Cinq-Cents du 17 thermidor an V.

[5 AOUT 1797] DIRECTOIRE EXÉCUTIF 272

nouvelles institutions. Le plus grand calme a régné au surplus, là comme partout ailleurs. — Toujours une assez grande immoralité dans la composition habituelle du foyer du théâtre de la citoyenne Montansier.

[*Surveillance.* — Arrestation de dix crieurs de journaux, prévenus d'avoir crié le texte de leurs journaux.]...

BRÉON.

(Arch. nat., BB³ 86.)

JOURNAUX.

Journal des hommes libres du 18 thermidor : « *Paris, 17 thermidor*..... La statue de la Liberté, tristement assise sur la place de la Révolution, présente comme la République un colosse chancelant, ruineux et menaçant les passants de sa chute. On sent assez que le ci-devant ministre des hannetons, le chéri de Louis XVIII, le regretté de Clichy, l'honnête Bénézech, avait d'autres affaires qu'à rétablir les statues de la liberté. Mais si le nouveau ministre, qu'on dit républicain, voulait jeter sur cette pauvre délaissée un œil de compassion, la sauver des mauvaises plaisanteries des Chouans, la rendre même en peinture un peu moins « épouvantail » et plastron d'éternels sarcasmes ; si, pour la fête du 10 août qui s'approche, il voulait bien ordonner la légère dépense de son rhabillement, et nous donner pour cette fameuse époque l'heureux augure d'une liberté un peu passable, il se montrerait non pas plus ami des arts, si vous voulez, que M. Bénézech, mais plus jaloux de conserver la décence et de ménager l'opinion, et détruirait le talisman de ruine et de décadence que le génie royal semble avoir attaché, par les mains de M. Bénézech, à tous les monuments républicains..... »

MCXVI

18 THERMIDOR AN V (5 AOUT 1797).

RAPPORT DU BUREAU CENTRAL DU 19 THERMIDOR.

Esprit public. — Les inquiétudes tendent encore à s'affaiblir, mais surtout paraissent moins vagues ; le bruit court de mesures prises d'accord entre les premières autorités pour rendre aux esprits leur plus grande tranquillité, et l'on entrevoit déjà quelques rayons de la joie que cette nouvelle répand. Le peu de personnes qui osent blâmer un tel rapprochement et le grand nombre de celles qui le désirent donnent une juste idée de l'opinion, et l'œil observateur a pu hier apercevoir qu'elle ne dépend pas toujours des écrivains périodiques qui se la disputent. Les partis conservent vis-à-vis l'un de l'autre à peu près la même attitude; les injures, les soupçons, les sarcasmes et les menaces dénotent les gens exaltés qui les servent; ils sont mieux connus et moins considérés de jour en jour dans le cercle même de leurs habitudes; mais, dans la masse générale des citoyens, l'attachement à la Constitution en est d'autant mieux prononcé. Dans nombre d'entretiens, les vœux sont pour l'ordre, la soumission aux lois et le repos, et il règne plus que de la méfiance de tous ceux qui professent des opinions exagérées en tous sens. — Cependant la peur d'un mouvement se maintient au même degré parmi les citoyens les moins éclairés ; des gens continuellement mécontents nourrissent le plus qu'ils peuvent ces sortes de frayeurs et paraissent avoir un but en les prolongeant. — L'indignation augmente à raison de la quantité de placards et autres papiers incendiaires, sur la foi desquels jure ensuite la classe considérable des gens crédules. Les citoyens paisibles s'en plaignent amèrement; les anarchistes seuls les trouvent bons ; eux-mêmes provoquent de toutes les manières la désorganisation du gouvernement, et les véritables amis de l'ordre découvrent, à bien des indices, l'espoir qu'ils conçoivent de quelques troubles, afin d'être à même de spolier plus à leur aise les gens aisés de leur fortune. Les anarchistes encore repoussent toute idée de rapprochement entre les hautes autorités. Du reste la haine qu'ils inspirent est encore augmentée. On en peut dire autant du ridicule et du mépris dont on couvre les partisans de la royauté. — L'esprit public n'est pas aussi satisfaisant, considéré sous le rapport des finances ; à cet égard, les craintes sont extrêmes, et l'on va même jusqu'à désespérer d'obtenir un prompt remède au mal. Il s'est formé de nouveaux groupes en des endroits qui d'ordinaire n'en contiennent point, et ils ne retentissaient que des plaintes des rentiers, des créanciers de l'État et de tous les salariés de la République ; le commerce a ressenti des effets funestes des alarmes qui ont pesé jusqu'à ce moment sur la société; le crédit public diminue d'une manière sensible; on remarque une baisse considérable dans toutes les parties des finances ; les pièces d'or sont recherchées avec une extrême avidité. On ne parle que de faillites et de payements arrêtés. L'augmentation des comestibles est réelle dans les marchés. Toutes les bourses sont liées dans les relations particulières. Tout est crainte pour l'avenir, surtout pour le prochain hiver; car les sollicitudes atteignent déjà cette époque, et elles sont tellement vives que bien des gens tremblent de revoir paraître un papier-monnaie. On espère que le gouvernement recréera des établissements qui procureront de nouvelles ressources ; on désigne surtout les loteries. — Paris jouit d'ailleurs du plus grand calme, et rien ne paraît devoir l'altérer.

Tome IV.

Spectacles. — Tranquilles.

Commerce. Pain. — Il y a eu beaucoup de pain sur les halles. Le blanc a été vendu 11 sous les 4 livres; 8 sous 6 deniers le mi-blanc, et 7 sous le bis.

Viande. — La viande de boucherie a été très abondante. Le bœuf a été vendu en détail de 6 à 9 sous la livre; le veau de 6 à 10 sous; le mouton de 7 à 11; le porc frais de 10 à 11 sous.....

Bourse. — Un bruit qui s'est répandu que les moyens de conciliation étaient mis en usage pour rapprocher les esprits divisés, et ramener le calme, a produit une hausse assez considérable dans le cours des effets qui, la veille, n'avaient fait que baisser.....

Bréon.

(Arch. nat., BB³ 86.)

Journaux.

Miroir du 18 thermidor : « *Modes*. Le bonnet turc ressemble beaucoup au chapeau turban dont nous avons parlé. Il en diffère par sa forme froncée tout autour, dont chaque pli vient circulairement se réunir au centre du plan supérieur, où brille un large bouton de métal plus ou moins précieux. Tel on voit le soleil environné d'une foule de rayons lumineux, dont il est le foyer. A la partie inférieure s'adapte un turban autour duquel serpente une ganse en soie, terminée par des glands. Souvent du côté gauche se détache un demi-cercle plat en forme d'anse de panier. Il est au bouton ce que l'arc-en-ciel est au soleil. N'oublions pas le joli croissant que nos dames portent aujourd'hui, grâce à M. l'ambassadeur ; cet homme vient d'occasionner une bien grande révolution dans les têtes. — Comment, Madame, vous avez encore un châle sur les épaules ? Mais vous êtes d'une antiquité incroyable. — Et pourquoi donc, Monsieur ? — Quoi ! vous ignorez que le châle se porte aujourd'hui en écharpe ! Nous allons voir revenir ces beaux temps de l'ancienne chevalerie, où l'amant fidèle recevait de la maîtresse de son cœur son écharpe pour gage de sa tendresse et pour prix de ses glorieux exploits. La paix va bientôt ramener nos guerriers, vous verrez que la plupart reviendront *écharpés*. »

MXCVII

19 THERMIDOR AN V (6 AOUT 1797).

Rapport du bureau central du 20 thermidor.

Esprit public. — On a été tout le jour dans l'incertitude sur les explications que l'on disait avoir eu lieu entre le Directoire et les membres de la Commission d'inspection de la salle de chaque Conseil. Bien des personnes doutaient qu'elles eussent eu lieu. Cependant la calomnie a été infiniment ménagée contre l'une ou l'autre des autorités, et, sur des bruits universels de rapprochement entre elles, la presque totalité du public manifestait son amour de l'ordre et de l'union. Les craintes d'un mouvement quelconque sont bien tombées; aussi apercevait-on moins de nuages que de coutume sur les physionomies. Tout ce que l'on connaît d'opinions prouve l'intérêt que l'on attache généralement au maintien de la Constitution. Cette manière de penser cependant est plus rare parmi les sociétés qui jouissent d'une certaine aisance; elle est nulle quelquefois parmi celles qui affichent un grand luxe, et dont le train augmente tous les jours la jalousie des citoyens malaisés. Ce que remarque cette dernière classe en murmurant le plus est le luxe des chevaux, qui semble croître depuis quelque temps. — La majeure partie des cercles qui tiennent à l'ancienne caste conserve constamment la même opinion; il est certain que l'on ne s'y soumet à l'ordre des choses actuel que par raisonnement, et non par affection, encore moins par système. On y sent que les propriétés pourraient courir de grands hasards dans une nouvelle révolution. Ce motif d'intérêt seul rend les vœux circonspects, mais il est aisé d'apercevoir qu'ils sont dans le fond de la pensée, à en juger les regrets éternels que l'on y donne aux années antérieures à la Révolution; là aussi les nouvelles fortunes sont un sujet continuel de satires. — Il est une classe de royalistes autrement évidente; elle a paru plus aujourd'hui en ce qu'elle rejetait bien loin toute idée d'un accord entre les pouvoirs constitutionnels. Les citoyens de cette opinion sont à la fois ardents et despotes dans leurs sentiments; ils flattent le Corps législatif, ils crient à la tyrannie contre le Directoire, ou plutôt leur mot est le triumvirat. Ils soufflent le feu de la division, non seulement contre les deux autorités, mais entre les membres eux-mêmes de chaque autorité; ils ont des raisonnements sans nombre pour justifier la politique de cette opposition. Ils prêchent la nécessité d'un grand coup, crient à la mollesse, à l'insouciance, à la lâcheté du Parisien, à cause du peu de dispositions qu'il annonce à prendre rang dans les nouvelles gardes nationales; enfin le calme du moment les désespère. Ils paraissent compter beaucoup sur une prise d'armes. Ils ont l'air d'aimer beaucoup la République; mais, dans les inadvertances ordinaires de la conversation, ils s'occupent fréquemment à censurer toutes les institutions morales ou politiques dont la République peut recevoir de l'appui, et c'est à ces indiscrétions qu'ils sont reconnus et nombrés par l'œil observateur. Ce sont nombre d'indices de cette nature qui motivent cette remarque. Mais, à la satisfaction de l'esprit public, on affirme que la masse des citoyens ouvre de plus en plus les yeux sur tant de perfidie, et, [malgré] quelques murmures qu'attire à la République le mécontentement d'une foule de personnes gênées dans leurs affaires et non payées par le gouvernement, le fond de la pensée, très généralement partout, est pour le maintien de la Constitution et contre toute espèce de faction. Le calme parfait dont jouit cette ville est d'accord avec ce résultat.

Spectacles. — On a beaucoup applaudi, aux Jeunes-Artistes, des traits qui avaient rapport à la rareté plus grande de la vertu, aux progrès plus sensibles de l'intrigue. *Le Souper des Jacobins*, aux Délassements, a eu presque autant d'applaudissements que de phrases, et ils étaient excessifs. Tous les théâtres du reste, grands et petits, ont joui de la tranquillité.....

LIMODIN.

(Arch. nat., BB ³ 86.)

JOURNAUX.

Ami du Peuple du 22 thermidor : « *Arrêté du Directoire du 19 thermidor an V.* Le Directoire exécutif, vu l'article 184 de la Constitution ; vu aussi le procès-verbal de nomination de trois membres du Bureau central du canton de Paris, dressé par l'administration départementale le 7 du présent mois, arrête que la nomination du citoyen Cousin, membre actuel dudit Bureau central, est confirmée. Celle des citoyens Mutel et Delplane n'est pas confirmée. Le ministre de la police générale est chargé de l'exécution du présent arrêté, qui sera imprimé. *Signé* : CARNOT, président; LAGARDE, secrétaire général [1]. » — *Miroir* du 19 fructidor . « *Modes.* Il paraît une nouvelle espèce de redingote légère, à revers inégaux qui croisent sur le côté et s'agrafent avec deux ganses à deux boutons ou olives. La partie antérieure, plus courte, forme en s'entr'ouvrant des contre-revers qui laissent apercevoir les ondulations de la robe. Ces redingotes admettent ordinairement pour bordure un assez large ruban de couleur tranchante. On fait aussi des robes de linon sans corsage et sans manches, avec deux coulisses, dont l'une ferme la partie supérieure et l'autre dessine la taille. On les appelle *à la prêtresse*. On voit encore quelques spencers extrêmement légers. Ils ont de petites manches à la romaine, dessous lesquelles s'échappent d'autres manches en tricot de soie, qui se prolongent jusqu'au poignet. Ils sont garnis de basques à la hussarde par derrière, à la bergère sur les côtés, et de ganses à l'ordinaire sur les coutures, avec deux olives à la taille. »

1. Le registre du Directoire (Arch. nat., AF* III, 8) relate cet arrêté, avec d'insignifiantes différences de forme. — Voir aussi plus haut, p. 264.

MXCVIII

20 THERMIDOR AN V (7 AOUT 1797).

RAPPORT DU BUREAU CENTRAL DU 21 THERMIDOR.

Esprit public. — Une sourde agitation continue à régner dans les esprits, mais ne transpire qu'avec assez de peine. L'opinion de la majorité des citoyens, fortement prononcée contre les agitateurs, comprime leurs efforts. On aperçoit, parmi les individus les plus animés de l'esprit de parti, un état d'incertitude qui semble prouver que, s'ils n'agissent point publiquement au gré de leur désir, c'est qu'ils ne sont pas encore assurés d'un point d'appui. Présenter comme irréconciliables entre eux les pouvoirs législatif et exécutif, faire du Conseil des Cinq-Cents une réunion de contre-révolutionnaires, du Directoire un composé de conspirateurs : tel est en ce moment le langage des passions. Les progrès d'un système nouveau sont rapides et il consiste à répandre l'alarme parmi le peuple. Il gagne au point que, dans des endroits, on va jusqu'à douter que Paris puisse jouir cet hiver de sa tranquillité ; on dit aussi que les élections prochaines paraissent donner d'avance de l'inquiétude à certains membres du Directoire. Quelques Jacobins de profession affirment, d'un autre côté, que cela n'est point fini, qu'on allait en voir bien d'autres ; ils ne s'expliquent au surplus qu'avec une extrême circonspection et par des demi-mesures (sic), mais assez claires pour que l'on puisse se convaincre qu'ils conçoivent des projets désastreux. — C'est principalement dans la classe des anarchistes que l'on voit les approbateurs de toutes les traductions affichées en placards et avec la plus grande profusion. Le public remarque que les placards sont plus nombreux que jamais de jour en jour, et c'est encore pour lui un sujet d'alarmes, tous les amis de l'ordre ne voyant dans cet abus de la presse qu'un moyen d'exciter immédiatement les haines et d'amener la division au sein de la République. — On observe, en dernière analyse, que la masse paisible des citoyens est très éloignée de prendre part à cette lutte de parti et de prêter jamais son appui à aucune espèce de faction : toutes sont à peu près abandonnées à elles-mêmes, et c'est cet isolement qui les porte aujourd'hui à se mettre en évidence et à se montrer exaspérées. — La différence des esprits qui dicte ces nombreuses affiches a occasionné hier quelques commencements de rixes particulières, mais d'elles-mêmes elles s'éteignent à leur naissance. La force de l'opinion publique en impose à tous les malveillants, et l'amour de la concorde règne à tel point, dans toutes les classes de la société, qu'on y présume avec plaisir qu'effectivement des conférences capables de concilier les esprits dans l'une et l'autre autorité ont eu lieu et doivent produire un effet satisfaisant et capable d'influer avec avantage sur le crédit national et la confiance entre particuliers ; car la gêne de la majorité des citoyens est telle qu'aujourd'hui tout se rapporte dans les entretiens politiques à tout ce qui peut améliorer les finances et porter l'espoir parmi les créanciers et salariés du gouvernement. — Des opinions relatives au rétablissement de la garde nationale, une seule peut donner la juste mesure; car hier on ne s'occupait qu'en plaisantant de cette institution ; il faudra, disaient les plaisants, si l'on donne des canons aux Parisiens, leur donner aussi des canonniers, car ils n'oseront s'approcher de cette arme, et ne peuvent même, depuis vendémiaire, en supporter la vue. — Le bruit se répand que les troupes qui s'étaient approchées dans le département de la Marne sont rétrogradées ; le calme, qui est général dans Paris, gagnait encore à cette pensée, surtout à cause du grand nombre de peureux que cette dernière circonstance a fait remarquer.

Spectacles. — Tous ont joui de la tranquillité. Il a paru certain que c'est en faveur des émigrés qu'a été applaudi avec transport ce vers de *Zaïre*, jouée hier au Théâtre-Français :

Et la France est toujours ouverte aux malheureux.

LIMODIN.

(Arch. nat., BB³ 86.)

JOURNAUX.

Ami du Peuple du 20 thermidor : « *Sur l'instruction publique*. Les brigands royaux et catholiques, malgré la fermeture des Cercles constitutionnels et des Sociétés populaires qui ont rendu tant de services à la cause de la liberté, ont encore peur que le peuple ne se réunisse et qu'il ne s'éclaire sur ses véritables intérêts. Deux coquins connus par l'esprit contre-révolutionnaire qui les ronge, l'orateur Pierre Mailhe, ex-conventionnel, et le gredin de la Constitution, Jollivet-Baralère[1], vont déjà au-devant des coups. Ces animaux

1. Jean-Baptiste Mailhe (et non *Pierre* Mailhe) et Jollivet, dit Baralère, rédigeaient alors un journal auquel d'autres journaux avaient été réunis, et qui, pour cette raison, avait ce titre compliqué : *Journal général de France, l'Orateur constitutionnel et le Gardien de la Constitution* (Bibl. nat., Lc 2/271, in-4). On voit pourquoi *l'Ami du Peuple* appelle Mailhe *l'Orateur*, et c'est par calembour qu'il appelle Jollivet *le gredin de la Constitution*.

de la ménagerie royale sont désespérés que la Constitution n'ait pas interdit, comme l'Alcoran, aux patriotes de s'instruire. Ils font le procès au rédacteur du *Journal des hommes libres*, parce qu'il a dit que les républicains, pour n'être pas opprimés impunément, formeront des sociétés d'instruction qui devraient exister depuis longtemps. Ces deux brigands se demandent qu'est-ce qu'on y enseignera. Ah coquins ! On n'y enseignera pas la contre-révolution qu'on prêche dans vos églises, dans vos conciliabules et dans vos écoles royales. On y enseignera les principes sacrés de la liberté, les droits et les devoirs de l'homme, que vous méprisez, parce que vous êtes les ennemis de toute espèce de vertu, de jugement et de raison. Oui, malgré vous, bandits, nos frères d'armes et tous les autres républicains seront instruits de vos manœuvres. On vous dévoilera complètement. On vous fera voir que la République, que vous empoisonnez de vos libelles, de vos calomnies, de toute votre perversité, n'est pas encore morte. Vous ne viendrez pas à bout de la renverser, scélérats, quelles que soient votre astuce et votre perfidie. Vos trahisons et vos assassinats auront un terme. »

MXCIX

21 THERMIDOR AN V (8 AOUT 1797).

Rapport du bureau central du 22 thermidor.

Esprit public. — Les conversations, à défaut d'événements, n'offraient que très peu d'intérêt. En matière politique, elles ne sont même que des conjectures aussi variées que les façons de voir et de juger les circonstances ; les opinions d'ailleurs sont très calmes, très ménagées, et rien ne contraste davantage avec cette paisible disposition des esprits en général que l'emportement des hommes de parti ; on les distingue dans tous les lieux de réunion, où ils vouent avec audace une haine éternelle à la République, où ils affectent un patriotisme extraordinaire, quelquefois aussi des regrets des années antérieures au 9 thermidor ; il est à observer que c'est de ce petit nombre de personnes, dont le langage respire l'insurrection, et qui semblent appeler l'occasion de jouer un rôle, que sort une quantité de propos capables d'alarmer les citoyens paisibles. Les royalistes sont ardents à dire que le gouvernement a le projet de dissoudre le Corps législatif, ou du moins d'en éloigner plusieurs membres en les impliquant dans une conspiration ; ils persuadent à cette magistrature qu'elle ne saurait trop se mettre sur la défensive, rendre à la garde nationale les canons, ajoutant que, si cette restitution n'a pas lieu, ils conseilleront à toutes leurs connaissances de refuser les fusils. Les autres disent au Directoire qu'il est sur le point d'être mis en accusation et emploient tous les moyens, tous les raisonnements possibles, pour lui persuader qu'il doit se montrer et frapper les grands coups. C'est dans ce double esprit que sont affichés avec profusion des placards, soit avoués par des écrivains périodiques, soit anonymes, à l'aspect desquels la foule innombrable de citoyens craintifs conçoit toutes sortes d'alarmes. La peur est certainement un système adopté de préférence aujourd'hui par les intrigants, dont on peut d'ailleurs garantir l'impuissance, à considérer le calme dont jouissent tous les partis de cette ville, toutes les classes de la société qu'elle renferme. — Parmi les citoyens prévenus contre le Directoire, il a été dit que le général Augereau n'était nommé à la division de l'intérieur qu'afin d'être à la dévotion du gouvernement et de se prêter à faire assassiner, quand il le voudrait, les députés les plus honnêtes, ce à quoi le général Hatry ne se serait prêté. De l'article de la Constitution qui accorde au Corps législatif la police du lieu où il tient ses séances, on inférait qu'il pouvait exercer sa surveillance immédiatement, non seulement sur toute l'enceinte de Paris, mais presque au sein même du Palais directorial. — On peut affirmer, à en juger par l'intérieur (sic) et la disposition des personnes et des choses, que rien n'est plus fallacieux que les bruits d'un mouvement proposé pour la journée de demain, bruits que la méchanceté s'efforce de répandre, et que tout concourt à démentir. On fait encore du faubourg Saint-Antoine un théâtre de rassemblement, un foyer de conspiration, et la surveillance y chercherait en vain les traces des uns et les indices des autres ; non seulement tout présente la tranquillité, [mais] tout la prouve, et les inquiétudes [ne se manifestent] que parmi ceux qui ont contracté en quelque sorte l'habitude de s'inquiéter.

Spectacles. — Ils ont joui d'une parfaite tranquillité. On remarque dans une pièce intitulée *Rengaine*, donnée au théâtre de l'Ambigu-Comique, des allusions à la surveillance que l'autorité administrative exerce sur les lieux publics, et dans ce style :

Il est plus d'un mouchard qui pourrait nous surprendre.

L'acteur y met de l'affectation, et l'auditoire paraît lui en savoir gré. Tout a été tranquille.....

Bourse. — L'affluence a été considérable hier soir au Palais-Égalité, et les différents cours ont éprouvé une hausse assez remarquable.....

Bréon.

(Arch. nat., BB³ 86.)

MC

22 THERMIDOR AN V (9 AOUT 1797).

Rapport du bureau central du 23 thermidor.

Esprit public. — Il n'est survenu aucun changement dans la disposition des esprits, toujours dirigés vers le calme, quoique très incertains. En général, il existe dans la masse des citoyens une teinte de tristesse, inquiète qu'elle paraît de l'opposition qui règne ou semble régner entre les premières autorités. La satisfaction qui avait paru naître d'abord sur le bruit d'un rapprochement s'éclipse peu à peu, et les hommes de parti continuent à garder leur attitude menaçante. Seulement on aperçoit depuis quelques jours de l'empressement de moins à s'occuper des affaires politiques. Le caractère le plus frappant de la multitude, dans les circonstances présentes, est l'amour du repos, l'aversion décidée pour toute espèce de choc, le parti pris de ne se prêter, de ne coopérer à aucun, et le plan déterminé de ne suivre, dans tous les cas possibles, que le cours ordinaire de ses affaires personnelles, et de veiller seulement chacun à sa sûreté dans ses foyers même, s'il survenait quelque événement capable de rompre le fil de ses habitudes. — Dans une classe plus éclairée, le même quiétisme est quelquefois [mis] en pratique, moitié par incertitude, moitié par découragement; une extrême circonspection d'ailleurs y voile toutes les opinions. Ceux qui discutent les affaires du jour ne le font que par conjecture, ou se bornent à des vœux pour le retour de la concorde entre le Directoire et le Corps législatif. On a fait un grand éloge de la conduite modérée de ce dernier; on a trouvé dans sa sagesse la garantie de ses intentions pures et de ses efforts pour conserver à la République la tranquillité qui lui est nécessaire, surtout dans un moment où les négociations sont ouvertes avec toutes les puissances ; on a mieux espéré aussi de ces négociations ; les hommes à partis extrêmes seuls sont accusés de vouloir éloigner la paix, afin de profiter des troubles qui pourraient suivre la rupture des négociations. — Les murmures ont été plus fréquents hier que de coutume contre la légèreté de la classe aisée des citoyens qui se livrent à tous les plaisirs en dépit de l'état déplorable de tant de milliers d'infortunés, qui, faute de payement de leur salaire, éprouvent toutes les atteintes du besoin. Il n'est pas rare d'entendre dire que, dans un moment extrême, ce serait parmi ces citoyens livrés continuellement aux plaisirs les plus dispendieux qu'il faudrait chercher des ressources pour la chose publique, et que, si chacun d'eux venait au secours de l'État à raison des facultés qu'il annonce, l'État serait à portée de soulager bien des malheureux. Cependant les plaintes de l'indigence sont plus vives que jamais, et l'or dans le commerce et à la Bourse est recherché avec une avidité telle que l'on craint une disette absolue du numéraire. — Le calme de cette journée, malgré les frayeurs dont on a essayé de frapper les esprits faibles, ne paraît aucunement menacé. Elle est plus que de moitié écoulée; tout est paisible ; seulement on n'aperçoit encore que peu de dispositions aux plaisirs du soir, et les ateliers, ainsi que les travaux du commerce, sont jusqu'à ce moment presque tous en activité.

Spectacles. — Ils n'ont rien offert de remarquable...

LIMODIN.

(Arch. nat., BB³ 86.)

JOURNAUX.

Journal des hommes libres du 24 thermidor : « *Paris, 23 thermidor...* M. Pitou, le chantre de la contre-révolution, exerçait hier ses talents aux Champs-Élysées, prêchant la religion de nos pères et la royauté. Au milieu de sa harangue, il s'avisa de dire que les soldats ne sont pas aussi redoutables aux honnêtes gens qu'on le croirait et qu'il y avait un bon moyen de s'en assurer, en leur payant à boire..... A cette noble plaisanterie, vous eussiez vu cinq à six grenadiers menacer de leur sabre le chantre de Clichy, tous les *zolis cevaliers* l'abandonner au grand trot, et le misérable implorer la pitié des républicains qui l'entourent, quitte cette fois seulement pour la peur. Ainsi, gare la prochaine rechute! » — *Gazette nationale de France* du 22 thermidor : « *Paris.* La guerre des pamphlets se continue avec vigueur et, comme on pense bien, sans beaucoup d'esprit ; on se traîne réciproquement dans la boue, et l'on se calomnie sans la moindre pudeur. Comme le peuple n'achète point de pamphlets, on a recours aux placards, afin de le rendre participant à toutes ces belles choses. Malgré tout cela, il lit peu ; et, quand il lit par hasard, on ne voit pas qu'il témoigne beaucoup d'intérêt. Il est las, décidément las, et les cris de guerre de nos Jacobins royaux frappent inutilement ses oreilles. Sans doute que, si le combat était engagé, il y viendrait prendre part, et déterminerait la victoire en faveur de la liberté ; mais il ne se livrera sûrement à aucun mouvement de commande. »

MCI

23 THERMIDOR AN V (10 AOUT 1797).

Rapport du bureau central du 24 thermidor.

Esprit public. — L'opinion a paru tellement divisée hier qu'il aurait été très difficile d'en déterminer la bonne, et de la division que l'on dit toujours exister entre les pouvoirs on conçoit les craintes de la plus affligeante catastrophe. Une partie du public paraît toujours dans la persuasion que le Directoire faisait marcher des troupes contre le Corps législatif, et n'est nullement satisfait des renseignements donnés à ce sujet, soit par les généraux, soit par le Directoire dans le dernier message. Toutefois, parmi les partisans même les plus aveugles du Corps législatif, il s'en rencontre beaucoup qui leur reprochent de ne point s'occuper assez de la partie essentielle, celle des recouvrements en particulier et des finances en général ; c'est le plus souvent contre lui que dirigent leurs plaintes ceux qu'atteint la misère du temps présent. D'autres, de la même opinion, désapprouvent beaucoup la circonstance choisie par le Conseil des Anciens pour organiser la garde nationale, dont il paraît avoir voulu se faire une force défensive ; ils ajoutent que le Corps législatif ne doit songer à se faire d'autre force que celle de l'opinion, qui lui serait bien autrement assurée, s'il s'occupait davantage des moyens d'étendre les ressources nationales. — Des doutes ont paru s'élever au surplus sur la droiture des moyens employés par quelques représentants pour capter des suffrages : l'un est soupçonné de s'être travesti en militaire ; on rapporte de tel autre des discours menaçants ; on présume que ceux de tel ou tel département reçoivent journellement la liste d'individus chassés de Lyon par des persécutions, et que l'on qualifie d'égorgeurs. Des jeunes gens récemment établis à Paris, et dont l'aisance serait de fraîche date, voudraient, si l'on en jugeait par leurs discours, établir ici un système d'assassinats contre ce qu'ils nomment Jacobins, qui, disent-ils, n'échapperont pas plus que ceux de leur ville. — Mais, suivant une autre partie du public, d'une opinion toute contraire, le Directoire est en mesure d'arrêter les progrès du royalisme et n'a dépensé (?) qu'une juste énergie. Il lui reste d'ailleurs beaucoup à faire encore pour consolider la Constitution ; il doit principalement régénérer des administrations composées d'hommes dévoués à la contre-révolution ; il doit encore changer quantité de ses commissaires, qui servaient de toutes leurs forces la cause des rois ; il ne doit négliger de s'attacher les militaires d'un grade supérieur ; il n'avait pas eu tout à fait tort de se défier des Jacobins ; mais, si ceux-ci ont témoigné tant d'aversion pour le Directoire, c'est parce qu'il les a abandonnés au couteau des assassins. Au surplus, disait-on encore, rien de plus perfide que la confusion introduite dans beaucoup d'opinions des Jacobins avec les royalistes, puisqu'ils sont entre eux bien opposés de sentiments, et que les royalistes voudraient voir assassiner les Jacobins. — On n'a pu reconnaître et bien définir dans le public que ces deux nuances distinctes de façon de penser, et, quoiqu'elles se partagent les esprits, il existe cependant beaucoup moins de prévention aujourd'hui contre le Directoire, et quelque défaveur de plus envers le Conseil des Cinq-Cents, d'autant que toutes les plaintes à raison de la misère publique retombent principalement sur ce corps. — L'inquiétude est plus vive qu'elle ne l'a été ces jours derniers ; rien cependant ne menace le calme de la journée. On murmure beaucoup contre le renchérissement du vin, qui paraît faire une grande sensation dans les ouvriers.

Spectacles. — Ils n'ont rien offert de remarquable, et tous, ainsi que les promenades, où ce qu'on appelle beau monde n'annonce pas être fort attaché à la chose publique, ont joui d'une grande tranquillité. — La solennité d'hier a été beaucoup plus suivie que les précédentes. Les courses du Champ de Mars ont été très goûtées. L'affluence y a été grande. Même affluence au moins, le soir, aux danses des Champs-Élysées. La décence et le bon ordre ont présidé partout.

Surveillance. — Le nommé Théophile Cels, grenadier près le Corps législatif, prévenu d'avoir sauté par-dessus le mur du cimetière de Vaugirard, et d'avoir demandé au fossoyeur une fosse pour contenir cent soixante-dix cadavres, a été [arrêté] à la clameur publique et conduit chez le juge de paix, division de l'Ouest...

Bourse. — ...Les rentes se sont faites à 16 livres. Les bons du quart à 50, 49,10 et 50 0/0 de perte. Ceux des trois quarts à 10 liv., 17 s.; 10 liv., 15 s. et 11 livres 17 sols 6 deniers.

BRÉON.

(Arch. nat., BB³ 86.)

DIRECTOIRE EXÉCUTIF [10 AOUT 1797]

Journaux.

Rédacteur du 25 thermidor : « *Bureau central du canton de Paris.* Conformément aux dispositions de l'arrêté du Directoire exécutif du 17 de ce mois, concernant la célébration de l'anniversaire du 10 août, le Bureau central du canton de Paris, juge des jeux, s'est rendu au Champ de Mars. Tout y avait été disposé pour la fête. Aux points assignés pour le but des deux courses, s'élevait une estrade ornée de drapeaux aux trois couleurs. Dans la partie supérieure étaient placés des sièges pour les juges et un bureau où les prix de la course à pied étaient offerts aux regards et à la curiosité des concurrents. Le pourtour était occupé par des vétérans ; en avant était un corps de musique. Des faisceaux surmontés de flammes masquaient les points du départ. A côté étaient des tentes destinées à recevoir les coureurs ; un ruban tricolore traçait l'arène qu'ils devaient parcourir. L'enceinte du champ réservée aux exercices était gardée par des troupes à pied et à cheval. Un nombreux concours de spectateurs garnissait les talus et le tertre, qui était surmonté de la statue de la Liberté. L'ambassadeur de la Porte-Ottomane était placé sur l'estrade à la droite des juges. A six heures précises, le Bureau central annonce que les jeux vont commencer. La barrière est ouverte. Le corps de musique en annonce l'ouverture. Les coureurs à pied, vêtus en pantalon et gilet blancs avec une ceinture aux trois couleurs, arrivent au point du départ et se divisent en cinq pelotons. Le signal est donné. Les coureurs composant le premier peloton partent, s'élancent dans la carrière et dirigent leur course en ligne directe de l'École militaire au pied du tertre. Des roulements et des coups de tambour marquent successivement le départ des autres pelotons. Les citoyens Villemeureux, Franconi fils, Piette, Boitard, Deschamps, Bernard, Henissard-Albert, Martin, Come et Hallé écartent leurs concurrents et font flotter la victoire. Une dernière lutte s'engage entre eux. Le citoyen Villemeureux atteint le but le premier ; le citoyen Come arrive le second. Le Bureau central les proclame solennellement vainqueurs dans la course à pied. Il donne, au nom de la nation française, un sabre au citoyen Villemeureux et une paire de pistolets de poche au citoyen Come. Des fanfares célèbrent leur victoire. La barrière est ouverte pour la course à cheval. Le corps de musique en annonce l'ouverture. Les concurrents se présentent au point du départ, et le signal est donné. Ils partent de l'une des entrées du Champ, en face de la rue de Grenelle, dirigent leur course circulairement en passant devant l'École militaire et doublent le point du départ jusqu'à l'entrée opposée à celle ci-dessus désignée. Les coursiers, encouragés par la main qui les guide, franchissent la carrière avec rapidité ; l'œil les suit à peine, et ils touchaient le but marqué pour la victoire presque au moment où les spectateurs étonnés les cherchaient encore au milieu de l'arène. Le citoyen Charles arrive le premier ; il montait un cheval normand, appartenant au citoyen Bousse. Le citoyen Morlot montait un cheval normand appartenant au citoyen Constant ; il arrive le second. Le Bureau central les proclame solennellement vainqueurs dans la course à cheval ; il donne, au nom de la nation française, un cheval au citoyen Charles, et une paire de pistolets d'arçon au citoyen Morlot. Des fanfares célèbrent leur victoire, et les spectateurs manifestent leur joie par des applaudissements et des cris multipliés de *Vive la République!* Une musique militaire accompagne les vainqueurs aux Champs-Élysées, où des danses ont terminé la fête. Fait au Champ de Mars, le 23 thermidor an V. Les administrateurs du Bureau central, juges des jeux : Limodin, Bréon, Cousin. Le secrétaire en chef, Bauve[1]. » — *Miroir* du 25 thermidor : « La soirée d'hier, pendant laquelle on croyait que serait donné le signal du plus grand désordre, n'a cependant pas été extrêmement animée. Les frères et amis..... de la mort ont bien entonné aux Champs-Élysées, pendant que le peuple y dansait, le fameux verset : *Qu'un sang impur*, etc., et ils ont bien fait entendre quelques vociférations contre les collets noirs, les cadenettes et les deux Conseils, car ils ont toujours soin de faire un salmis bizarre des prêtres, des cadenettes, des collets noirs et des deux Conseils. Quelques tricoteuses du saint homme Robespierre ont uni leurs voix rogommées à ces chants méridionaux ; on les a laissées brailler, et, voyant que personne n'avait envie de grossir leur horde carnivore, qu'on se contentait d'observer pour la faire chanter sur un autre ton, s'il lui prenait envie d'aller plus loin, les frères et amis se sont allés coucher, les uns avec leurs femmes et les autres tout seuls. Pendant que la bande perverse beuglait ainsi pour effrayer le peuple ou l'ameuter, les chefs subalternes, répandus dans les cabarets des environs, se disaient entre eux, à voix basse, que le coup était manqué, et qu'on n'était pas en force ; ces avis sont certains. Ils doivent savoir, les insensés ! qu'ils forment entre eux trois ou quatre factions qui se sont réciproquement exterminées, que les individus qui en forment les éléments se détestent bien plus cordialement encore que les véritables républicains et les véritables royalistes, qui, n'étant divisés que sur la meilleure manière de gouverner leur pays, pourraient bien s'entendre. Ils ne savent donc pas qu'en paraissant marcher sur la même ligne, ils songent peut-être plus sérieusement au moyen de se supplanter, de s'exterminer les uns les autres, qu'à la destruction des prétendus royalistes, contre lesquels ils paraissent si acharnés ; ils ne savent donc pas qu'il est impossible à des hommes si purs, faits pour s'entendre, de garder un secret. Ce que je dis là est prouvé par un fait dont on garantit l'authenticité. Hier, trois hommes très connus pour être Jacobins d'ancienne date, étaient assis sur un banc dans le jardin des Tuileries et causaient fraternellement de la liberté, de l'égalité et de la mort. L'un d'eux, voyant passer un détachement de la garde du Conseil, élève la voix et fait entendre ces paroles : « Voilà de grands scélérats, aussi « bien que ceux qu'ils défendent ; mais les cinq sires sont encore pis. Je dé-« teste si fort tous ces brigands que, si je croyais en être quitte pour six ans « de galère, je demanderais tout à l'heure un roi. » Messieurs les puissants, voilà les hommes que vous faites conspirer pour vous. Je vous le certifie : si ces frères et amis portent encore des têtes au bout des piques, soyez sûrs que les vôtres seront les secondes, si elles ne sont pas les premières, ce qui pourrait bien arriver. »

1. On trouvera le récit d'autres épisodes de cette fête, ainsi que le discours du président du Directoire, dans le *Moniteur*, réimpression, t. XXVIII, p. 765.

MCII

24 THERMIDOR AN V (11 AOÛT 1797).

RAPPORT DU BUREAU CENTRAL DU 25 THERMIDOR.

Esprit public. — On aperçoit toujours dans le public une assez vive agitation. L'esprit d'animosité se porte au plus haut degré de part et d'autre. Mais, les hommes de parti exceptés, il règne dans la forte masse des citoyens une plus grande circonspection. Les inquiétudes en outre s'y multiplient considérablement, et, comme elle renferme ce qu'il y a de plus paisible dans toutes les classes de la société, les regrets aussi y sont plus vifs, parce qu'on y voit disparaître peu à peu les apparences d'union et de concorde entre les différents pouvoirs de l'État. L'impression qu'y a faite le message du Directoire[1] est profonde, et bien des personnes l'ont trouvé de nature à exaspérer plutôt qu'à concilier. Cependant une foule de républicains sincères regardent comme nécessaire l'énergie que le Directoire a manifestée dans cette circonstance, et ceux qui se plaignaient des persécutions exercées contre les patriotes et de l'oubli auquel les livrait le Directoire sont infiniment rassurés par cette démarche ; ceux même qui l'accusaient d'insouciance disent qu'ils oublient tous ses torts dans ce moment, qu'ils sont prêts à écraser ses ennemis. — De leur côté, quelques militaires affirment que, tant en exercice que destitués ou en réclamation, ils sont à Paris trente mille prêts au premier signal du Directoire à voler à sa défense. — Il n'est point, au contraire, d'expression injurieuse que les ennemis du Directoire ne prononcent contre lui depuis son dernier message, qu'ils traitent hautement de manifeste insolent, d'insulte, d'ironie contre le Corps législatif. Il est des cafés et autres lieux de réunion où l'on ne s'occupe qu'à censurer, phrase par phrase, ce message, et à rétorquer chacun de ses raisonnements, au point de faire le Directoire seul coupable de tous les torts imputés au Corps législatif. L'embarras des royalistes est évident, lorsqu'ils veulent accuser le Conseil des Cinq-Cents du silence opiniâtre qu'il garde sur les moyens capables d'améliorer les finances et surtout d'effectuer les ressources indispensables

---

1. C'est sans doute le message par lequel le Directoire donnait des explications sur la marche des troupes, et qui fut lu dans la séance du Conseil des Cinq-Cents du 23 thermidor.

pour le service du moment. Les nombreux amis de la tranquillité se pressent (sic) continuellement de s'occuper de cet objet en particulier ; ils croient et disent que ce serait la voie la plus sûre de forcer le Directoire à se rapprocher tout le premier et déraciner victorieusement bien des préventions, dont une partie du public est imbue contre un grand nombre de législateurs ; cette assiduité (sic) serait l'une des garanties du succès des négociations et en quelque sorte une profession de foi politique de leur part. — Au surplus, rien de plus mal vu de la part des nombreux et très nombreux amis de l'ordre, ou partisans sincères de la Constitution de l'an III, que les exagérés royalistes ou anarchistes, qui ne cessent de proclamer que toute réconciliation est à jamais impossible entre les hautes autorités, et le public en général dit que ceux-là seuls professent le système de désunion qui peuvent y avoir un vif intérêt pécuniaire. Il (sic) est revenu aussi quelquefois sur des reproches au Corps législatif de s'être trop occupé de cloches et de prêtres, ayant à cette époque des objets plus importants à traiter. — Les hommes de finance jettent avec douleur les yeux sur la baisse des effets, qui est progressive ; leurs alarmes sont très vives et sont partagées par tous les citoyens livrés à un commerce un peu considérable, ou à des spéculations un peu importantes. Cependant on espère que les inscriptions, rentes, etc., vont s'améliorer au moyen, dit-on, de ce que la suspension est levée par le Conseil des Cinq-Cents de dessus la vente des domaines nationaux. Les murmures sont au moins les mêmes de la part des rentiers et des salariés de la République. On ne peut encore faire entrer en compensation la nouvelle peu répandue et peu avérée d'une paix conclue avec le Portugal ; cependant on commence à la dire annoncée aux deux Conseils par deux messages du Directoire, et d'avance on en conçoit des espérances pour la fin des négociations entamées vis-à-vis de l'Angleterre. — Les alarmistes attribuent à la crainte de quelque événement sinistre, pendant la commémoration du 10 août, la disparition avant ce jour d'un assez grand nombre de personnes de cette ville, notamment des femmes. Ils s'étayent dans ces présomptions de l'absence réelle ou supposée des citoyens Tallien et Carnot, justement à cette époque. — Le résultat des différents aperçus de l'opinion du moment est une plus grande fermentation, une plus vive inquiétude dans les esprits, une égale immobilité parmi les véritables amis de l'ordre actuel des choses, un peu plus d'emportement parmi les royalistes, quelques lueurs d'espérance parmi les anarchistes, et, au milieu de ces éléments hétérogènes, un calme extérieur capable de résister aux factieux.

Spectacles. — Ils ont joui d'une tranquillité parfaite sans avoir été l'objet d'aucune observation importante.....

Bourse. — Il s'est fait un peu plus d'affaires depuis hier, et les cours paraissaient disposés à la hausse ; mais elle a été faible et de peu de durée, et, dans ce moment où la place est enfin dégorgée, on regrette beaucoup que le défaut de confiance cause du ralentissement. Les rentes se sont faites à 16 livres 10 sols, 16 livres et 15 livres 15 sols. Les bons du quart à 50 livres, 49 livres 10 sous, et 50 livres pour 100 [de perte] ; ceux des trois quarts, à 12 livres 7 sols ; 12 livres ; 11 livres 10 sols ; 11 livres 15 sols, et 11 livres 12 sols 6 deniers.

BRÉON.

(Arch. nat., BB³ 86.)

JOURNAUX.

Courrier républicain du 25 thermidor : « *Paris, 24 thermidor...* L'*Éclaireur du peuple,* dont les rédacteurs babouvistes avaient été muselés par leur traduction à la Haute-Cour de Vendôme, vient de ressusciter[1]. C'est la continuation du journal de Marat et de Babeuf. Il est très ami du Directoire, comme on le pense bien..... » — *Courrier des Spectacles* du 24 thermidor : « Rien n'était plus rare autrefois que de voir écrit *Relâche* sur les affiches de nos grands théâtres. L'Académie royale de musique était le seul spectacle qui ne donnait que trois fois par semaine ; les autres représentaient régulièrement tous les jours, et sur six en consacraient deux ou trois à jouer Molière : on les appelait les grands jours. On pouvait alors être sûr de ne point trouver de doublure et de voir une réunion agréable des premiers talents. Maintenant la comédie ne se joue au théâtre Feydeau, au moyen de sa réunion à l'Opéra, que trois jours par semaine, ce qui est bien la même chose pour les amateurs de la comédie que si elle donnait *relâche* les trois autres jours. Le Théâtre-Français donne relâche à peu près une fois par semaine. Le théâtre Favart est fermé depuis près de deux mois. Hier, aucun des grands théâtres ne donnait, à l'exception du théâtre Feydeau. Quel vide cela eût procuré autrefois à Paris ! On n'aurait su que devenir, où passer la soirée. A peine aujourd'hui y pense-t-on. Les jardins publics ont pris la place des spectacles. Ceux-ci ne font plus, ou du moins que très peu, de sensation. La cause en est sans doute et dans la multiplicité des théâtres et dans le peu d'ensemble que l'on voit régner dans les pièces et dans la mutilation que l'on fait subir à ces dernières. Ce ne sont plus Corneille, Racine, Voltaire que l'on va entendre au théâtre ; on n'y reconnait plus leurs ouvrages. Des écrivains inconnus ont osé retoucher ces chefs-d'œuvre que l'Europe entière avait en vain regardés comme immortels.

---

1. Le premier *Éclaireur du peuple* avait paru du 12 ventôse an IV au 8 floréal suivant (Bibl. nat., Lc 2/947, 7 numéros in-8). Le second *Éclaireur du peuple,* par R.-F. Lebois, parut du 24 thermidor an V au 12 fructidor suivant (Bibl. nat., Lc 2/964, 19 numéros in-4).

Défigurés tels qu'on nous les montre, il n'est pas un homme de goût qui ne souffre de voir ôter une pensée forte, un vers expressif pour y substituer une phrase insignifiante. Ces causes, jointes à celles que nous avons déjà indiquées, préparent trop sensiblement la perte du théâtre. Tout le monde le voit, et personne ne songe aux moyens d'arrêter le progrès du mal. » — A cette date du 24 thermidor, on trouvera dans le *Moniteur* un long article sur les théophilanthropes, qui est reproduit dans la réimpression de ce journal, t. XXVIII, p. 762-765.

MCIII

25 THERMIDOR AN V (12 AOUT 1797).

RAPPORT DU BUREAU CENTRAL DU 26 THERMIDOR.

Esprit public. — Deux nouveaux sujets d'entretiens occupaient hier le public; ils ont paru faire une puissante diversion aux alarmes dont il était pénétré précédemment. Il s'agit du discours du citoyen Carnot pour l'anniversaire du 10 août[1] et de la paix conclue avec le Portugal. Aussi le calme a-t-il sensiblement gagné à ces deux incidents. Le discours du citoyen Carnot est goûté de tout le monde, à l'exception cependant des royalistes déterminés, qui sont tentés de le croire réconcilié avec le triumvirat, car ils n'ont plus d'autre manière de qualifier une majorité du Directoire. L'esprit des hommes de ce parti au surplus se met de plus en plus à découvert; c'est tout haut qu'ils font au Conseil des Cinq-Cents le reproche d'avoir laissé échapper l'occasion de mettre le Directoire en état d'accusation; ils veulent que le Corps législatif ne néglige aucun moyen de se rendre redoutable, au moins par un appareil de défense; ils insistent pour qu'il étende sa police personnelle jusqu'aux limites du cercle constitutionnel, ou que, pour mieux garantir la liberté de ses délibérations, il établisse ses séances dans une autre commune, et Lyon est celle qu'il désigne de préférence, parce que les honnêtes gens, suivant eux, réunis dans un cercle plus étroit, s'y reconnaîtraient mieux. — Les mêmes personnes sont très mécontentes de la paix conclue avec le Portugal, parce que cette circonstance leur paraît de nature à augmenter le crédit du Directoire, à donner du dessous à ce qu'ils appellent le parti des honnêtes gens et à renforcer celui des coquins; mais, dans tout le public, cette nouvelle a causé une sensation agréable, et elle a détruit aussi bien des préventions dans l'esprit de

1. On trouvera ce discours dans e *Moniteur*, réimpression, t. XXVIII, p. 765.

ceux qui accusaient le Directoire de ne pas vouloir la paix ; elle a fait espérer, en outre, beaucoup de l'issue des négociations ouvertes à Lille et qui nécessairement en recevraient quelque influence. — Un bruit assez étrange, mais très répandu, a tempéré hier les espérances de calme données par la conclusion de ce nouveau traité ; on [a] dit et partout répété à bas bruit que le Directoire, ou plutôt une partie du Directoire, voulait une nouvelle Constitution démocratique, qu'elle était toute prête, que toutes les personnes qui étaient attachées aux armées, qui en sont séparées, soit par suspension, soit autrement, et qui ne laissent pas toujours d'être soldées, comme si elles étaient en activité de service, étaient prêtes à remplacer celles qui seraient destituées immédiatement après le grand coup, qu'en conséquence les places étaient déjà marquées. Ce coup était, disait on, pour le 10 août, mais est ajourné et n'est reculé que pour mieux augmenter le plan combiné de quelque mesure essentielle à sa réussite. A remonter à la source de ces bruits, dont le fond a paru peu vraisemblable, on s'est convaincu que des militaires, même dans les grades supérieurs, avaient contribué à les accréditer et ce qu'ils sont sensés avoir dit à ce sujet est mis sur le compte de leur indiscrétion. — Au surplus, on affirme que les alarmes ou perfides ou ridicules proviennent le plus souvent de personnes qui se disent patriotes par excellence et que l'homme impartial reconnaît pour être de sincères partisans de l'anarchie. Ils sont à l'égard du Directoire ce que les royalistes sont à l'égard du Corps législatif ; les uns et les autres brûlent de voir chacune de ces autorités se diviser, les citoyens se disputer le pouvoir ; tout ce qui est calme, tout ce qui satisfait la masse du public les désespère. — On passe sous silence quelques nouvelles invraisemblables et très isolées, telles qu'un projet manqué en Italie d'empoisonner Buonaparte ; [on dit] que les barrières allaient être fermées, que Buonaparte venait à Paris avec son armée faire rendre gorge aux députés, etc. — On observe seulement que l'audace des pamphlétaires et de leurs crieurs est extrême, que les placards continuent à se multiplier, occasionnent quelquefois des disputes où règne l'esprit de parti, qu'en outre tantôt les militaires, tantôt des femmes prennent pour un signe convenu de ralliement d'opinion une mode nouvelle parmi des jeunes gens, et des soupçons en viennent à des agressions. Ces légers incidents n'ont point entamé la tranquillité générale, mais occasionnent quelques murmures ; cependant ils n'ont point nui à l'esprit public de cette ville ; il était même hier et paraît être encore aujourd'hui plus favorablement prononcé.

Spectacles. — Un couplet sur les pamphlets-affiches a été très applaudi et même répété au Vaudeville dans *Arlequin afficheur;* « Hélas, y dit-on, combien d'honnêtes gens sont dupes de l'affiche ! » Là et partout ailleurs le calme a été continué.....

BRÉON.

(Arch. nat., BB ³ 86.)

JOURNAUX.

Ami des Lois du 28 thermidor : « *Variétés*...., Avant-hier, la plupart des voitures publiques sont arrivées à vide. Les voyageurs, effrayés par les nouvelles débitées sur la route, se sont arrêtés à quelques lieues de Paris, où ils croyaient la guerre civile allumée, tandis qu'on y jouit de la plus parfaite tranquillité..... » « Deux cercueils en bois de chêne renferment les cendres de Molière et de La Fontaine et sont déposés dans le corps de garde de la section de Brutus. Il serait convenable de donner à ces deux hommes célèbres une sépulture plus honorable..... » — *Courrier républicain* du 29 thermidor : « Au dernier marché qui s'est tenu le 25 à Paris, le prix le plus haut auquel le sac de farine pesant 325 livres a été payé est de 60 livres, et le prix le plus bas est de 26 livres. Ces prix, qui sont ceux de deux qualités extrêmes, sont de 20 s. plus élevés que ceux du marché précédent. On n'en doit néanmoins rien conclure contre l'abondance de la récolte, qui est telle que nous l'avons annoncée. Ce renchérissement provient de ce que les arrivages se font plus lentement et sont même suspendus dans cette saison où les cultivateurs sont occupés des travaux de la moisson. Le froment a été vendu, au même marché de 22 à 30 livres 10 s. le setier, pesant 240 livres ; il en a été apporté du nouveau, qui a été payé 29 livres. Le seigle a valu de 10 à 11 livres 10 sols ; l'orge, de 11 à 13 liv. 10 s.; l'avoine, de 14 à 17 livres. » — *Journal des hommes libres* du 25 thermidor : « Annonce. Portrait à mi-corps de Buonaparte, gravé sur un dessin d'après nature, fait en Italie par un artiste français. Ce profil est d'une ressemblance qui frappe tous les yeux. Il a, par-dessus tous ceux qui ont paru jusqu'ici, le mérite d'une rare vérité, et rend très bien le mouvement habituel de la physionomie du modèle ; l'exécution est très soignée. Le prix est de 2 livres. Se trouve chez le citoyen J. Desprez, rue de Lille, n° 680, presque au coin de la rue des Saints-Pères, chez le citoyen Tassaert, rue Hyacinthe, n° 688, et chez les marchands de nouveautés. — *N. B.* Comme les marchands de nouveautés ne peuvent plus exposer de sujets républicains, sans risque d'être insultés et assassinés par les nobles compagnons de Jésus, qui ne s'extasient que devant *Le Saule pleureur, L'Urne, Charette, Le Portrait de la reine et du roi,* dont on fait de nouvelles éditions, nous prévenons qu'on trouvera à notre bureau diverses caricatures qui déplaisent à ces messieurs, telles que : *La Harpe, Le Concile des Cloches, Entre deux chaises le cul par terre,* et *La Chasse au cochon ou la Pelle au cul,* ainsi que le *Portrait de Buonaparte.* » — *Gazette nationale de France* du 26 thermidor : « Des grenadiers du Corps législatif, ayant un officier à leur tête, armés de sabres seulement, et formant une espèce de patrouille, ont dépassé l'enceinte que se sont réservée les Conseils pour l'exercice de leur police; cette enceinte comprend l'allée et les cours du Manège, l'emplacement des Capucins et des Feuillants, le jardin et la cour des Tuileries. La patrouille s'est avancée jusque dans les Champs-Élysées et y a fait même, à ce qu'on assure, des arrestations. Cet acte d'empiètement a été dénoncé par le commandant de la place au général Augereau, qui a dû en référer au ministre de la police et au Directoire. »

MCIV

26 THERMIDOR AN V (13 AOUT 1797).

Rapport du bureau central du 27 thermidor.

Esprit public. — Encore un degré de plus dans l'agitation qui possède les esprits depuis quelques jours ; aussi les alarmes sont-elles plus grandes pour la tranquillité publique parmi les citoyens les plus paisibles. A travers tant de craintes, on aperçoit néanmoins un fond de patriotisme rassurant, puisqu'elles sont toutes autant de preuves de l'intérêt que l'on attache à la Constitution. C'est plutôt de la méfiance que de l'animosité qui règne en ce moment entre les personnes d'opinions différentes. Aussi respectivement hésite-t-on à croire les bruits répandus par l'esprit de parti ; mais le Conseil des Cinq-Cents paraît encore avoir perdu dans l'opinion d'un très grand nombre ; on l'accusait d'être pour beaucoup dans les troubles que l'on semble regarder comme très prochains, et, indépendamment des reproches qu'on lui réitère constamment de ne point s'occuper des finances, on va jusqu'à dire que, pour ramener la tranquillité dans Paris, il faudrait tirer de ce Conseil cent cinquante individus qui font tout leur possible pour amener un mouvement. L'idée que ce mouvement est désormais inévitable frappe bien des imaginations, et plus que de coutume les esprits ont paru très agités dans quelques promenades publiques, notamment au Jardin-Égalité. Ce qui fait murmurer principalement, ce sont, dit-on, les violences exercées contre les jeunes gens qui portent des collets noirs par des militaires en service ou hors de service, et jusque sous les yeux de leurs chefs. Plusieurs rixes assez graves, même des rassemblements assez volumineux ont eu lieu sur de pareilles occurrences ; plusieurs jeunes gens ont été fort maltraités ; ils menacent de repousser individuellement la violence par la force, en conséquence de ne marcher qu'armés et prêts à se défendre. Le public désapprouve les militaires et conçoit les plus vives inquiétudes. On disait que c'était un coup monté, qu'ils étaient payés pour cela et n'attendaient que le moment pour piller les propriétés, qu'ils étaient soutenus du gouvernement, et que les premiers ils opéreraient une nouvelle révolution. — Ces indices sont généralement regardés comme les symptômes d'événements beaucoup plus graves. A ces inquiétudes se joignent encore celles qu'inspirent les placards les plus injurieux contre les hautes autorités, les efforts des folliculaires pour entretenir ou susciter entre elles la désunion ; les bruits de propositions faites dans le comité secret du Conseil des Anciens de pressentir le moment où le Corps législatif croirait devoir fixer ailleurs qu'à Paris le lieu de ses délibérations. Cette dernière conjecture a beaucoup indisposé contre les Conseils, et l'on ne célait pas qu'une mesure semblable serait le signal de quelque sinistre catastrophe. — Au milieu de ces différentes opinions se manifestait, à un degré toujours éminent, l'indifférence des citoyens à concourir à la réorganisation de la garde nationale. « Arrivera ce qui pourra », se dit chacun, déterminé à ne prendre part à aucun événement politique et prompt à reproduire tous les événements du passé. — Au rang des bruits vagues se place celui d'un payement fait, en pleine campagne, aux terroristes de la 6° division d'un prêt qu'elles (sic) reçoivent sur le pied de la troupe de ligne ; rien n'a confirmé cette nouvelle, mais elle prouve, ainsi que le reste, que le caractère public du moment est celui des plus fortes appréhensions. Le calme, au surplus, subsiste partout à l'extérieur et diffère en cela de la situation des esprits.

Spectacles. — On y a remarqué le même état d'inquiétude, quoique à un degré moins sensible. A l'exception de quelques applications contre les nouvelles fortunes, on n'y a rien remarqué d'intéressant. Les jeunes gens seulement, à cause de violences exercées contre ceux qui portent un certain costume, y ont généralement paru agités. Le bon ordre n'a été troublé nulle part.....

BRÉON.

(Arch. nat., BB³ 86.)

MCV

27 THERMIDOR AN V (14 AOUT 1797).

RAPPORT DU BUREAU CENTRAL DU 28 THERMIDOR.

Esprit public. — A travers tant d'alarmes que la multitude conçoit sur l'avenir et qui, cependant, paraissent être moins grandes aujourd'hui, les hommes éclairés en politique trouvent bien des raisons de considérer comme affermi sur des bases inébranlables le régime constitutionnel de l'an III et de regarder comme désormais infructueux tous les efforts qui tendraient à le détruire. Ils voient beaucoup d'égoïsme et peu ou point de souci de la chose publique parmi les frondeurs du gouvernement, plus de préventions que d'animosité contre lui dans un grand nombre de législateurs, dont les sourdes spéculations sont fondées sur la durée de la guerre et qui, en conséquence, pour la prolonger par la rupture des négociations, soufflent peu à peu le feu de la discorde entre les pouvoirs, afin de réserver les espérances des ennemis à rouvrir les hostilités. — Mais ces hommes instruits, et par conséquent moins alarmés sur le sort de la Constitution, sont la plus faible partie des citoyens ; le reste s'abandonne au torrent des inquiétudes, et il est peu d'endroits publics où l'on ne croie voir tous les symptômes d'une guerre civile. On trouve que l'on a suggéré des informations perfides à la force armée en activité, qu'en général la troupe n'aime pas le Conseil des Cinq-Cents, et qu'il est des corps entiers de militaires qui le croient aux trois quarts composé de contre-révolutionnaires, que les militaires n'aiment pas non plus les bourgeois, qui devraient dès lors prendre garde à eux. On peut affirmer, au surplus, que dans cette classe, qui excède en nombre toutes les autres, il y a beaucoup plus d'intérêt personnel, plus de calcul que d'esprit public ; c'est par intérêt de commerce ou par curiosité qu'on suit, et encore de loin, les affaires politiques, et [cette classe] menace de rester spectatrice immobile de tous les événements qui résulteraient d'un choc de quelques partis quelconques. Le caractère des hommes de parti n'est pas moins prononcé aujourd'hui ; il n'est entre eux que très peu de termes moyens ; le despotisme, suivant les uns, est au Directoire ; à les entendre, l'étendue de ses attributions est une erreur de la Constitution, erreur à laquelle il est instant de remédier; l'usage de ses droits est tyrannie ; ils isolent constamment trois membres du Directoire pour en faire des conspirateurs ; ils personnalisent les nouveaux ministres, uniquement parce qu'ils sont du choix du Directoire ; ils traitent de despotisme l'énergie de ses principes et appellent sur lui une mesure énergique qui le mette sous le coup d'un acte d'accusation. — L'esprit des jeunes gens et de tous ceux qui s'attachent à les insulter dans leurs goûts paraît un peu exaspéré contre les militaires, à raison de la guerre que plusieurs d'entre ces derniers avaient déclarée aux collets noirs, en les regardant comme un signe convenu de mépris pour la République. L'irritation cependant a paru moindre, quoique beaucoup affectassent de se dire sur la défensive dans le cas où l'on viendrait porter la main sur leur personne ou sur leur costume; on répandait même hier [le bruit qu'] un militaire, ayant voulu couper de son sabre un collet noir, était aussitôt tombé sous un coup de pistolet. On espère cependant et l'on croit même que le Directoire est sur le point de mettre fin aux inquiétudes que le citoyen conçoit des rixes causées par de tels motifs, en rendant une proclamation qui maintienne le militaire dans les bornes de la plus exacte discipline.

Spectacles. — « Ce n'est que par cabale que tout marche aujourd'hui » : ce passage du *Misanthrope* a été applaudi avec fortes allusions hier, au théâtre de Louvois. — Les habitués du théâtre Feydeau sont persuadés, à la manière dont ils jugent des adresses des armées, que le Directoire a besoin de l'appui du soldat; on voit bien, disent-ils, qu'il mendie cet appui, et il fait pour cela parler à son gré les militaires. La tranquillité a été parfaite dans tous les théâtres.

Surveillance. — ...Hier, au Palais-Égalité, des jeunes gens à collet noir ont grièvement frappé un individu, sous prétexte d'être un des arracheurs de collets.....

BRÉON.

(Arch. nat., BB³ 86.)

MCVI

28 THERMIDOR AN V (15 AOUT 1797).

RAPPORT DU BUREAU CENTRAL DU 29 THERMIDOR.

Esprit public. — On ne saurait donner aux opinions du jour une grande influence aux rumeurs occasionnées par l'aversion que plusieurs militaires ont manifestée pour les collets noirs. Il a régné du tumulte, à la vérité, au Jardin-Égalité et aux environs des spectacles du boulevard, où des militaires se sont permis des agressions contre des citoyens dont le costume leur déplaisait, et ces insultes indisposaient tous les jeunes gens, qui conviennent entre eux d'y opposer une forte résistance; mais le scandale de ces débats s'est borné à ceux qui se le permettaient. Il a paru même que le public était loin de croire que cet esprit d'animosité fût général parmi les soldats et partagé par leurs chefs. Au surplus tout annonce que ces sortes de scènes vont disparaître, et la fermentation qu'elles ont causée est en grande partie dissipée. — On est à peu près d'accord dans le public pour livrer au ridicule et au mépris ces bruits continuels de conspirations d'une autorité contre l'autre, et la forte masse des hommes éclairés les dit répandus par les factieux jaloux de les désunir, afin de profiter des troubles qui en résulteraient pour changer à leur gré la forme du gouvernement. La lumière commence à pénétrer tous les desseins de la malveillance, et l'on aperçoit que la confusion se met davantage dans le rang des factieux qui veulent persuader au Corps législatif que l'on attente à sa liberté, afin de détourner ses délibérations de leur véritable but. Ce choc d'opinions est aussi moins vif aujourd'hui, et les résultats des plus sévères observations prouvent que l'esprit public s'est encore amélioré. — Le bon esprit de conciliation entre les diverses parties du gouvernement a paru cependant plus altéré dans les cabinets littéraires, où les habitués n'y étaient plus les mêmes, où il s'est glissé quelque secrète influence ; mais le mot a paru donné pour créer des torts au Directoire, jusqu'à lui imputer les lenteurs des négociations ouvertes à Lille et à Montebello, à soutenir qu'il avait trop d'intérêt à continuer la guerre pour amener (?) la paix, et l'accuser de prolonger l'état d'incertitude où se trouve maintenant la République sur les intentions respectives des autorités pour en faire un motif de rupture avec les plénipotentiaires des puissances ennemies. — On a remarqué toutefois que cette manière de penser, après avoir occupé quelques jours les cafés et groupes traitant des objets politiques, les avait presque abandonnés, beaucoup de patriotes arrêtant les déclamations [contre le] Directoire par le traité conclu avantageusement avec le Portugal. — Comme simple particularité, que l'on cite ici l'audace de plusieurs chanteurs de place : les uns, grands apologistes de la religion chrétienne dans des couplets ; les autres, déhontés panégyristes de Robespierre et de ses maximes ; le public même, témoin éclairé, est tenté de les croire mis en avant par les factions, et on les écoute avec autant de méfiance que de curiosité. — On présume que la division est parmi les partisans de l'anarchie et nuit beaucoup à leurs projets. En un mot les opinions n'ont eu aucun caractère alarmant, et le calme règne dans toutes les parties de la société.

Spectacles. — On a particulièrement applaudi ce passage d'*Iphigénie en Tauride*, au théâtre des Arts :

N'apaise-t-on les dieux que par des homicides ?

— Différentes parties de *Fernandez*, tragédie nouvelle, au Théâtre-Français, ont été très applaudies ; le sujet n'a aucun rapport avec les circonstances actuelles, et, puisé dans l'histoire de l'invasion des

Maures en Espagne, ne donne lieu à aucune application. Ce vers a
été particulièrement goûté :

On n'est plus un héros, en cessant d'être humain.

Le bon ordre a été général dans les spectacles....

LIMODIN.

(Arch. nat., BB³ 86.)

MCVII

29 THERMIDOR AN V (16 AOUT 1797).

RAPPORT DU BUREAU CENTRAL DU 30 THERMIDOR.

Esprit public. — Il existe toujours une source d'agitation dans différentes classes de citoyens, notamment celle des ouvriers ; ils ont formé des groupes en divers endroits jusqu'assez avant dans la nuit, sans néanmoins que la surveillance ait eu de la peine à les dissiper. On a remarqué surtout que l'idée d'un choc prochain est comme inévitable, idée qui germe dans une infinité de têtes, nuisant beaucoup à la tranquillité publique. C'est plutôt de l'inquiétude que de la fermentation que l'on aperçoit régner à l'extérieur, mais cette inquiétude est plus forte que jamais, et en général on a vu parmi le peuple un peu plus de mouvement qu'à l'ordinaire aux heures où les ouvriers quittent leurs ateliers. Cependant les dispositions n'ont paru nulle part tendre au désordre. Les entretiens, à la vérité, sont très animés ; mais partout les opinions sont contraintes à ne pas sortir des bornes de la convenance, et ce qu'elles ont d'opposé n'amène point de querelles dangereuses. — L'animosité subsiste encore contre ceux qui veulent faire disparaître les collets noirs ; mais elle a aussi perdu de sa force. Il y a de part et d'autre moins de penchant à se provoquer. Cependant beaucoup de jeunes gens sont armés, ou disent l'être, dans l'intention de soutenir leurs goûts, leur volonté par la force, et l'on est généralement persuadé qu'aucune autorité ne voit de bon œil, à plus forte raison n'autorise les excès qui se commettent au sujet de différentes modes ou des ridicules auxquels se livrent quelques personnes inconsidérées. Seulement on a paru se convaincre que ceux qui provoquaient ainsi les citoyens à raison de leurs collets n'étaient pas toujours des militaires, mais des individus assez obscurs et soupçonnés de servir un parti en occasionnant du trouble. — Les reproches ne tarissent point au Corps législatif à cause de l'état déplorable des finances ; il s'en est encore attiré de nouveaux dans une partie du public, d'après la résolution qui vient d'être agitée au Conseil des Cinq-Cents en faveur des parents des émigrés. On a trouvé extraordinaire que, dans un moment de misère si grande, on s'occupât des soins d'adoucir le sort de ceux qui tiennent à des ennemis de la République plutôt que de songer à sauver du désespoir une infinité de citoyens pauvres, employés par le gouvernement et dénués des ressources qu'ils ont droit d'en attendre. On trouve qu'il répond avec bien peu de ménagements aux messages du Directoire ; ce dernier est très loué d'avoir franchement levé le voile qui couvrait la situation déplorable des finances, et le Corps législatif est hautement blâmé de répondre sans cesse que les ressources nationales, telles qu'elles sont établies aujourd'hui, sont suffisantes pour parer à tous les besoins. Il n'est au surplus qu'un vœu bien prononcé pour que ces deux autorités se rapprochent pour opérer le bien de concert, en abjurant tout système de révolte. La lutte que l'on avait établie entre elles cause une inquiétude qui est dégénérée en un véritable deuil, et la peine que l'on en ressent se devine encore mieux à l'avidité avec laquelle on saisit la nouvelle la moins certaine, pourvu qu'elle rassure. C'est ce dont on peut juger à l'impatience que chacun témoigne de voir confirmée la nouvelle de la conclusion définitive du traité de paix avec l'Empereur. Ces bruits ne se disent encore fondés que sur des gazettes étrangères, mais on les regarde du moins comme un heureux augure. — Malgré les progrès sensibles, de l'inquiétude et l'état d'observation où sont respectivement les exagérés des différents partis, le calme subsiste et se trouve toujours bien favorisé par la bonne disposition de la grande majorité du public.

Spectacles. — Ils n'ont été l'objet d'aucune remarque essentielle.

Surveillance. — ... Hier soir, deux grenadiers, sabre en main, tenant un citoyen porteur d'un collet noir, ont été arrêtés par des agents de la police qui les ont désarmés.....

LIMODIN.

(Arch. nat., BB³ 86.)

JOURNAUX.

Ami des Lois du 5 fructidor : « *Variétés.....* Le 29, le Concile national de l'église gallicane a fait son ouverture dans l'église cathédrale de Paris ; le peuple s'y est porté en foule et s'y est comporté avec décence. Il a trouvé que les prêtres constitutionnels prêchaient mieux que les prêtres réfractaires.

Effectivement le Concile actuel est formé d'hommes du premier mérite et qui possèdent le talent éminent de la parole. Nous donnerons le résultat de cette assemblée religieuse et républicaine. » — *Journal des hommes libres* du 1er fructidor : « Les bandes de Clichy, les émigrés rentrés, les assassins rassemblés à Paris semblent vouloir reprendre courage depuis qu'on leur a dit qu'ils étaient les plus nombreux. Or, voici comment ils se persuadent, en effet, qu'ils sont les plus nombreux et les plus braves ; ils ne marchent guère que par pelotons, ont de nombreux signaux pour se réunir et faire nombre, et, quand ils se voient dix contre un, ils attaquent. Hier, trois militaires sans armes ont été assaillis sur le soir par trente coupe-jarrets au carrefour de Buci et violemment maltraités. On criait à la foule qui s'amassait qu'ils avaient insulté un collet vert. Plusieurs patriotes se réunirent pour retirer ces militaires tout sanglants des mains des assassins, et demain l'ami du roi [1] et le capucin La Harpe feront un bel article pour féliciter les honnêtes gens de leur courage et leur diront : « Vous voyez bien que vous êtes les plus nom-
« breux. Il est bientôt temps que le Directoire s'adresse au peuple pour savoir
« de lui s'il veut appartenir aux collets verts ou noirs, qui sont si braves et si
« nombreux, ou à la Constitution, où il n'y a point, à la vérité, d'article sur les
« collets, mais qui proscrit les émigrés et réprime les royalistes actifs. » — *Miroir* du 29 thermidor : « *Modes*. Malgré les efforts des plus habiles modistes pour donner à la capote anglaise, au bonnet turc, etc., les formes les plus majestueuses et les plus élégants accessoires, la perruque grecque conserve toujours auprès de nos belles une faveur presque exclusive. Véritable Protée, elle sait varier et modifier à l'infini ses métamorphoses. Tantôt, se reployant sur elle-même, elle s'enveloppe dans les ondulations de ses longues mèches dont elle fait ou un bandeau ou un turban. Tantôt, développant la richesse d'un magnifique chignon qui, relevé avec grâce, couvre la nuque et les oreilles, elle prend la forme d'un toquet ou d'un bonnet à la paysanne. Quelquefois, admettant le concours d'un léger fichu rose, on voit ses tresses entrelacées parcourir en quadrille le demi-cercle qu'il figure sur le sommet de la tête. Sous quelques variations, sous quelques couleurs qu'elle se présente, elle ne souffre aucune espèce de poudre et laisse toujours les épaules à découvert. C'est une loi générale, sans doute constitutionnelle. Cherchant depuis quelques jours à découvrir quelle est la couleur dominante de la chaussure, nous avons remarqué qu'il n'est plus de bon ton de faire voir la jambe en relevant sa robe, ce qui rend à cet égard les observations plus difficiles. Cependant, nous croyons pouvoir assurer que les bas blancs à coins violets et les souliers de nankin jaune sont maintenant à l'ordre du jour. »

1. C'est une allusion à Corentin Royou, frère du défunt abbé Royou et qui avait rédigé avec lui le journal l'*Ami du Roi*. Il publiait le journal l'*Invariable*. (Bibl. nat., Lc 2/960, in-4.)

MCVIII

30 THERMIDOR AN V (17 AOUT 1797).

JOURNAUX [1].

Courrier républicain du 1er fructidor : « *Paris, 30 thermidor.* Les murs de Paris sont tapissés d'affiches de toutes couleurs, où chaque parti anime et encourage les militaires. On remarque une adresse des Invalides au Directoire, dans laquelle ils l'assurent de leur entier dévouement à sa défense. »

MCIX

2 FRUCTIDOR AN V (19 AOUT 1797).

JOURNAUX.

Rédacteur du 3 fructidor : « Il y a des hommes qui semblent avoir sans cesse devant les yeux des verres à facettes. C'est ainsi que deux ou trois querelles pour des collets noirs ont été transformées, dans quelques feuilles, en une guerre civile entre les élégants de Paris et les défenseurs de la République. Quoi qu'il en soit, des ordres, dès le premier instant, ont été donnés par le Directoire et par le général Augereau pour faire cesser ces rixes. Sans doute, chacun peut s'habiller de telle manière qu'il lui plaît, mais tous les hommes raisonnables conviennent qu'il faut avoir un esprit bien frivole, bien étroit, et aimer bien peu la tranquillité publique pour balancer à lui sacrifier un collet de telle ou telle couleur. »

---

1. Nous n'avons pas le rapport du Bureau central du canton de Paris du 1er fructidor, se rapportant à la journée du 30 thermidor. D'ailleurs il nous manque tous les rapports du mois de fructidor et des jours complémentaires an V, sauf ceux des 11 et 12 fructidor, se rapportant aux journées du 10 et 11 (et encore faut-il dire que, si ces rapports subsistent, c'est que, comme on le verra, ils avaient été par erreur datés de thermidor et classés en thermidor). Cette lacune n'a pas toujours existé dans la série BB[3], qui nous fournit presque tous les rapports de cette époque. Cette série fait partie du versement du ministère de la justice. L'archiviste des Archives nationales qui fut chargé de la classer avait constaté, à un premier examen, que les rapports du mois de fructidor an V existaient en partie et il avait noté les lacunes sur une fiche que nous avons vue. (Ainsi il avait noté comme manquant les rapports des 5, 11, 12, 14, 17, 18, 20, 21, 26, 27, 28, 29, 30 messidor, et les cinq jours complémentaires de l'an V.) Quand plus tard il voulut procéder à un inventaire définitif, il ne retrouva plus ces rapports de fructidor, qui auront sans doute été placés par erreur dans une autre série des Archives. Toutes nos recherches pour les retrouver ont été vaines.

MCX

4 FRUCTIDOR AN V (21 AOUT 1797).

Journaux.

Ami des Lois du 4 fructidor : « *Variétés*..... On sait que les filles de Paris louent des robes, des châles et même des chemises pour faire leurs pratiques. Au bout de la décade, si elles ne payent pas, on les dépouille, et l'élégant spencer fait place au casaquin de bure ou de toile. M. l'évêque de Saint-Papoul et son clergé font comme les filles de Paris : ils louent des ornements d'église, des crosses, des mitres, des chasubles, des chapes, des aubes, des manipules et des surplis. M. l'évêque, par une affiche imprimée, annonce aux fidèles de Saint-Roch et environs la détresse de son clergé; il les invite à rendre la collecte copieuse, afin de pouvoir payer le louage des ornements pour la célébration de la fête patronale. Il y aura *laus perennis;* cinquante-trois prêtres officieront. C'est M. de Boulogne qui prêche le panégyrique du saint; il doit comparer les Jacobins à la peste, et la religion romaine au chien de saint Roch. La quêteuse sera jolie : c'est la fille d'un émigré. On jouera le *Réveil du peuple* pour la consécration..... »

MCXI

6 FRUCTIDOR AN V (23 AOUT 1797).

Journaux.

Rédacteur du 7 fructidor: « *Paris, le 6 fructidor*. Les soins du gouvernement pour la tranquillité de cette commune continuent à y maintenir l'ordre extérieur, au milieu des ferments de discorde que l'abus de la presse et l'abus plus solennel encore de la parole y jettent chaque jour. Ce n'est pas un médiocre sujet d'étonnement de la voir se soutenir avec le peu de moyens de défense qu'on lui a laissé, et qu'on lui conteste déjà, au sein de la population nombreuse dont on ne cesse d'exciter contre lui toutes les passions. Il faut en conclure que la masse des citoyens ne partage pas les fureurs des rhéteurs, et qu'elle ne s'alarme pas au gré des craintes fictives dont on voudrait faire un prétexte de sédition. Quel plus puissant mobile de révolte, en effet, pouvait-on imaginer contre un gouvernement, que de le représenter comme voulant faire assiéger et massacrer par les troupes ? Et cette accusation atroce, cette espèce de manifeste d'une guerre défensive, qui masque des projets d'attaques réelles, ce n'est pas seulement dans les journaux vendus à la royauté qu'on les trouve reproduites jusqu'à la satiété : c'est dans des déclamations oratoires, publiquement applaudies, imprimées avec authenticité. A la vérité, on garde avec soin le secret des preuves dont on les disait appuyées; n'est-ce pas donner le secret des intentions? Une contre-police, d'autant plus active qu'elle est payée sur des fonds privilégiés, favorise les rumeurs les plus propres à produire des scènes sanglantes; elle mendie les dénonciations; elle publie dans les journaux du royalisme ses bulletins officiels; elle fait, dit-on, des enrôlements; elle prétend même s'emparer exclusivement de la police publique dans deux ou trois départements; et qui sait jusqu'où s'étendra l'ambition de quelques nouveaux *maires du palais?* La guerre des collets, fomentée sous ses auspices, eût préalablement été le signal de mouvements plus importants, sans la prudente fermeté du brave Augereau et la sagesse des militaires. Ce n'est pas que ceux-ci n'aient été provoqués de toutes les manières, et dans les rues par des gestes insultants, et dans les journaux par de faux récits remplis d'outrages, et..... Mais à qui donc devaient profiter ces rixes, si ce n'est à ceux qui y trouvaient un moyen d'exciter le zèle guerrier et les ressentiments de la jeunesse qu'ils veulent armer, et qui n'y cherchaient peut-être qu'un prétexte plausible de renvoyer les troupes? »

MCXII

7 FRUCTIDOR AN V (24 AOUT 1797).

JOURNAUX.

Courrier républicain du 8 fructidor : « *Paris, 7 fructidor.* Le grand coup paraît décidément ajourné. Les militaires qui étaient ici arrivés pour y prêter la main ont reçu ordre de quitter Paris sous vingt-quatre heures, s'ils n'ont pas de congé en bonne forme. On assure que le Directoire a eu peur des Jacobins. Il s'est convaincu que la victoire qu'il aurait pu remporter avec eux n'eût pas tourné à son seul avantage, et, cette fois, les terroristes étaient décidés à ne pas travailler pour rien, comme en vendémiaire an IV. Leurs chefs exigeaient, dit-on, pour première condition, qu'on appelât deux cents de leurs amis dans la prochaine Convention nationale, qu'ils voulaient organiser sur les plans de Babeuf. On ajoute que cette condition a rompu les négociations et qu'Antonelle et Félix Le Peletier ont été arrêtés. Aussi, de même que quelquefois malheur à quelque chose est bon, de même les Jacobins et leurs fureurs ont été utiles pour la première fois. Mais qu'on n'aille pas s'imaginer que, parce qu'il n'y aura pas eu d'explosion, une explosion n'ait pas été préparée; qu'on ne s'imagine pas surtout qu'on ait renoncé sincèrement au projet de l'opérer. L'accord des deux Conseils a déconcerté les conjurés; la fermeté des citoyens a déjoué une attaque mal combinée; mais les choses sont dans le même état; les mêmes éléments qui avaient fermenté existent encore et peuvent fermenter de nouveau. Qu'on ne s'endorme donc pas; qu'on surveille surtout les manœuvres employées pour égarer les armées. On sait bien que ceux qui se serviraient de leurs baïonnettes les verraient bientôt se tourner contre eux; mais cela ne rendrait pas la vie aux premières victimes. » — *Journal des hommes libres* du 8 fructidor : « .....Le père La Harpe a grand'peur qu'on ne poursuive les fanatiques. Thibaudeau est vertement tancé par lui pour avoir rappelé qu'il y avait des lois contre eux... Liberté pleine et entière aux fanatiques, ou vengeance du dieu Jésus, exécutée par les soldats de ses compagnies, tel est le cri du révérend. Or, voici le secret de cette grande liberté, si ardemment demandée. Le voile est déchiré ; les prêtres insoumis ne gardent plus de mesure, et, au milieu de Paris même, monsieur l'abbé de Boulogne a dit dimanche dernier, dans un sermon prêché à Saint-Roch, qu'il ne fallait plus se faire illusion, qu'il était impossible d'allier le catholicisme avec un gouvernement démocratique. Les royalistes les plus fortement prononcés, présents au sermon, n'ont pu s'empêcher de se récrier sur l'imprudence de M. l'abbé de Boulogne; mais le père La Harpe l'absout et ne veut point qu'on puisse le poursuivre comme fanatique, ni lui ni ses pareils, quand ils déclarent tous et dans tous les lieux l'incompatibilité de leur religion avec le gouvernement... En vérité, ces misérables doivent être épouvantés eux-mêmes de leur impudence... » — *Journal des hommes libres* du 9 fructidor : « *Paris, 8 fructidor.* Louvet est mort; il a succombé sous un travail excessif. Il fut un des premiers à dénoncer le caractère royal de la réaction. Son courage à poursuivre les égorgeurs royaux fera oublier la prévention avec laquelle la présence de ses malheurs lui fit généraliser une opinion trop défavorable sur certains hommes. Les injures dont les factieux à Blankenbourg l'ont honoré font son éloge auprès des républicains. Il a expiré à minuit; sa femme a pris aussitôt un poison dont elle s'était munie pour ne pas lui survivre. Les prières de ses amis, les pleurs de son enfant l'ont rappelée à l'amour de la vie. On lui a administré des secours, et on espère la sauver. » — *Ami des Lois* du 18 fructidor : « ... La République a perdu un de ses plus ardents défenseurs. Louvet, rédacteur de la *Sentinelle*, est mort des suites d'une maladie de langueur, occasionnée, selon les médecins, par l'effet d'un poison lent. Cet homme, extrêmement sensible, supportait avec peine les calomnies dont ses ennemis l'abreuvaient tous les jours; ils ne lui ont jamais pardonné l'oubli généreux qu'il a témoigné à ses anciens persécuteurs et sa réunion à quelques-uns d'entre eux pour le soutien de la Révolution dont il a été victime. Ils ne lui ont jamais pardonné sa constance et son courage à dévoiler leurs complots les plus cachés; sans cesse à leur piste, il ne leur donnait aucun repos. Ne pouvant répondre à ses attaques avec succès, ils l'ont fait empoisonner. Son épouse, qui l'avait suivi dans ses travers et ses infortunes, a voulu le suivre au tombeau en prenant de l'opium ; heureusement les secours de l'art l'ont rendue à la vie, qui ne peut être qu'un tourment pour elle, puisqu'elle ne verra plus ce qui lui était cher et qu'elle sera obligée de vivre au milieu des bourreaux de son ami. » — *Gazette nationale de France* du 8 fructidor : « *Paris, 7 fructidor.* L'administration départementale de la Seine s'est adjoint, pour remplacer les citoyens Popelin et Trudon, destitués par le Directoire, les citoyens Démeunier, de la Constituante, et Pinon-Ducoudray, ancien secrétaire de l'intendance. La même administration a présenté au Directoire, pour le renouvellement du Bureau central et en remplacement des citoyens Mutel et Deplane [1], qui n'ont pas été agréés, les citoyens Blondel, président de la septième municipalité, et Leblond, président de la onzième. Le citoyen Cousin, l'un des membres actuels du Bureau, a été maintenu par le Département, et le Directoire l'a agréé. »

---

1. Voir plus haut, p. 261, et plus loin, p. 312.

MCXIII

8 FRUCTIDOR AN V (25 AOUT 1797).

JOURNAUX.

Gazette nationale de France du 11 fructidor : « *Paris, 10 fructidor.....* On a arrêté, avant-hier dans la nuit, une femme portant un gros paquet d'affiches, qu'elle était chargée de placarder clandestinement. Dans ces affiches, on dit beaucoup d'injures aux grenadiers du Corps législatif, on les appelle Chouans, muscadins, lâches, etc. Il n'est que trop évident que l'on ne donne à ces braves militaires de telles qualifications que pour les porter à les mériter et pour les séparer de leurs frères d'armes. Nous l'avons déjà dit, on veut faire la guerre; et, pour cela, il faut avoir une armée : on en est aux expédients pour la créer. La femme qui portait ces affiches était accompagnée d'un homme qui déchargea ses pistolets sur les trois citoyens qui allaient le saisir; il profita de leur trouble pour s'évader. Aucun d'eux n'est blessé. »
— *Miroir* du 8 fructidor. *Modes.* Depuis que nos belles sont à la campagne, l'esprit public est singulièrement refroidi sur le costume. Le génie du luxe languit dans une stérile inertie. Le modérantisme a paralysé toutes les parties de la toilette. Quelques variations de caprice, mais pas la plus petite révolution. Depuis huit jours, au moins, la mode est d'une constance éternelle. Toujours des robes ou plutôt des redingotes à la turque, sans collet, à large croisement bordé en filigrane. Toujours le petit fichu rose ou nacarat, qui paraît vouloir remplacer le défunt spencer. Toujours la perruque grecque, qui rivalise avec le turban et la capote anglaise, où l'on voit toujours force guirlandes en perles de toutes couleurs. Il est une autre mode beaucoup plus constante, et plus générale encore parmi toutes les classes de citoyens, mode singulière, grotesque, contre qui tout le monde murmure et qui est tellement enracinée qu'on ne peut l'extirper : elle consiste à n'avoir pas le sou, c'est l'expression usitée. Allez chez le rentier, il n'y a pas le sou; chez l'employé, il n'y a pas le sou; chez le banquier, il n'y a pas le sou; à la trésorerie, il n'y a pas le sou; chez le député qui vient de recevoir ses myriagrammes, il n'y a pas le sou; chez le fournisseur qui a 500,000 livres de rente, il n'y a pas le sou, et cependant on trouve le sou pour aller à Tivoli, le sou pour aller au concert, le sou pour aller au Thiase, le sou pour payer les placards, le sou pour soudoyer les Jacobins et faire la guerre aux collets noirs. Que conclure de là? C'est qu'en effet il y a beaucoup de détresse chez la plupart, mais qu'un grand nombre allègue la misère publique pour avoir un prétexte de ne payer personne. »

MCXIV

9 FRUCTIDOR AN V (26 AOUT 1797).

JOURNAUX.

Ami des Lois du 11 fructidor : « Variétés... On a arrêté dans la nuit du 8 au 9, dans un faubourg de Paris, un homme et une femme qui affichaient des placards incendiaires par lesquels on provoque la guerre entre la garnison et les grenadiers du Corps législatif; ceux-ci sont traités de muscadins, de lâches qui gardent des Chouans ; enfin le but de ces affiches était évidemment de mettre les citoyens et la troupe aux prises, d'aigrir les grenadiers contre les patriotes, auxquels on aurait attribué le placard, tandis que des aveux précieux prouvent qu'il sortait de la fabrique de la glacière. » — *Courrier des spectacles* du 10 fructidor : « *Théâtre du Vaudeville*. Tout Paris connaît la trop funeste aventure du citoyen Garnerin, ci-devant membre du comité révolutionnaire de la section du Bon-Conseil, et actuellement physicien. Cet artiste devait, mardi, s'élever dans un ballon à la hauteur de 400 toises ; mais son expérience a manqué, et le public en a été pour ses frais. C'est de ce petit fait historique que plusieurs auteurs connus ont fait la petite pièce de *Gille Garnement ou le Ballon Biron*. Cette bluette en quatre jours a été faite, apprise et jouée. L'on a remarqué quelques couplets saillants, surtout dans les premières scènes. On eût désiré que les auteurs eussent joint un ou deux épisodes, mais ils ont voulu ne pas perdre de temps pour épouser la querelle du public, ainsi qu'ils le disent dans le couplet d'annonce, que l'on a redemandé :

Air de la *Soirée orageuse*.

Un indiscret s'est compromis	Si l'on ne peut en ces instants
Aux regards de toute la ville ;	Vous offrir qu'une bagatelle,
En quatre aussitôt on s'est mis	C'est qu'on n'a pas perdu de temps
Au théâtre du Vaudeville.	Pour épouser votre querelle.

Faute de place nous renvoyons à demain deux couplets que le public a fait répéter. » — *Courrier des spectacles* du 16 fructidor. « Le défaut d'espace nous ayant empêché d'insérer hier deux couplets que le public a fait répéter dans la nouvelle pièce de *Gille Garnement ou Ballon Biron*, nous nous empressons de les donner aujourd'hui :

Air des *Deux Veuves*.

COLOMBINE A ARLEQUIN.	COLOMBINE.
Vois-tu comme chaque ouvrier	Vois-tu comme le soufflet va,
A le seconder est agile ?	Tout en attendant l'assemblée ?
ARLEQUIN.	ARLEQUIN.
Encore un plat de son métier	C'est que Gille nous donnera
Que nous prépare monsieur Gille.	Une expérience soufflée.

Autre couplet. — AIR DES *Petits Matelots.*

COLOMBINE.
Gille a pourtant bonne espérance.

ARLEQUIN.
Oui, de se faire bien payer.

COLOMBINE.
Son globe a fait belle apparence.

ARLEQUIN.
Oui, pour un globe de papier.

COLOMBINE.
Que d'air inflammable il recèle !

ARLEQUIN.
Assez pour ne pas s'élever.

COLOMBINE.
Regarde... Il enfle de plus belle.

ARLEQUIN.
Il faut bien enfler pour crever. »

MCXV

10 FRUCTIDOR AN V (27 AOUT 1797).

RAPPORT DU BUREAU CENTRAL DU 11 FRUCTIDOR[1].

Esprit public. — Le jour d'hier répondait au dimanche de l'ancien calendrier et se trouvait en même temps un décadi ; ce fut un double sujet de loisir, et les promenades publiques ont été très fréquentées ainsi que les jardins d'entreprise (*sic*). Le calme était sur toutes les physionomies ; il a fait aussi de nouveaux progrès dans les esprits. Quoique toutes les inquiétudes sur l'avenir ne soient point dissipées, les premiers murmures viennent de ceux qui tiennent au commerce, et les vœux les plus ardents pour la paix sont entendus dans cette classe de la société. D'après les conditions sous lesquelles on avait le traité de paix conclu avec l'Angleterre, il n'a pas paru que l'on ait regretté que cette nouvelle ne fût pas confirmée ; on regarde dans le public comme un point très essentiel que les Anglais ne restent point maîtres du Cap de Bonne-Espérance, parce qu'on trouve qu'au moyen de cette disposition notre commerce aux grandes Indes éprouverait nombre d'obstacles. Cet incident a donc peu influé sur la tranquillité des esprits. — L'unanimité contre la République et même contre toute espèce de système qui ne donnerait point un roi

---

1. Dans l'original, ce rapport est daté du 11 thermidor an V. Mais c'est une erreur évidente : il y est dit en effet que la journée de la veille était un dimanche. Or, le 10 thermidor an V correspond au vendredi 28 juillet 1797, tandis que le 10 fructidor correspond au dimanche 27 juillet. D'autre part, il est question de la prise de possession de la présidence du Directoire par La Révellière-Lépeaux, et c'est le 9 fructidor qu'il fut proclamé président, en remplacement de Carnot (*Moniteur*, réimpression, t. XXVIII, p. 778).

pour tout résultat est constamment la même dans les cafés et réunions littéraires formés par ces principes d'opposition à l'ordre actuel des choses. Là, il a paru peu agréable que la présidence du Directoire soit dévolue au citoyen La Révellière-Lépeaux. De là, comme d'autant de foyers, sortent nombre de raisonnements dans lesquels on présente le Corps législatif comme formant à lui seul tout le gouvernement ; on y est fidèle à ne voir dans le Directoire qu'un triumvirat sur lequel on appelle ensuite la vengeance, les passions, la mort. On y répète jusqu'à satiété que le Directoire ne veut que ramener la Terreur. On n'y épargnait pas non plus le général Buonaparte pour avoir laissé les divisions de son armée protester de leur attachement au Directoire en s'offrant pour défenseurs en cas de besoin contre (sic) la Constitution, contre ceux qui tendraient à la renverser. En un mot, les cafés, les lieux de réunion fréquentés par les citoyens d'un attachement équivoque à la République, ou d'une haine prononcée contre elle, sont les seuls où depuis plusieurs jours l'esprit n'est point changé. — Il règne à peu près le même ton de misère (sic) parmi les anarchistes qui se masquent du nom de patriotes, mais l'opinion s'est considérablement améliorée dans les principaux endroits où elle est d'ordinaire fort mélangée ; on fait principalement cette remarque dans les principaux cafés du Jardin-Égalité ou des rues qui l'avoisinent. Un assez grand nombre de citoyens a paru fondé à croire aux menées sourdes de quelques contre-révolutionnaires qui voudraient le retour de la royauté à tel prix que ce fût. On a enfin été frappé d'un bruit de gens qui allaient chez des particuliers connus par leur opinion, afin de leur demander s'ils voulaient par leur signature s'engager à la défense du Corps législatif. Il existe même à cet effet, si l'on en croit les mêmes présomptions, un registre où l'on enrôle les gens de bonne volonté, mesures employées, dit-on, pour contre-balancer l'autorité du Directoire. — L'animosité des hommes de parti a considérablement baissé, et ne paraît pas vouloir se borner à ce décroissement. La tranquillité embrasse toute la population de cette ville.

Spectacles. — Ils n'ont été l'objet d'aucune considération défavorable ; l'esprit du public s'est au contraire bien [montré] au théâtre des Arts, au moment où tous les figurants de la danse ont tendu vers les vieillards des couronnes et feuillages et fleurs ; cet à-propos fait beaucoup de plaisir.....

LIMODIN.

(Arch. nat., BB³ 86.)

JOURNAUX.

Rédacteur du 13 fructidor : « *Paris, le 12 fructidor.* Les douze municipalités de Paris se sont distinguées par le zèle avec lequel elles ont célébré la fête des vieillards. Le soir, à l'opéra d'*Alceste*, ils y ont été accueillis par des artistes avec la vivacité de l'amour respectueux que des enfants témoigneraient à leur père. Dans les douze loges ornées de guirlandes, Hébé a été poser sa couronne de roses sur les cheveux blancs de ces vénérables. Les militaires ont aussi donné, de dessus le théâtre, une preuve de leur respect, en baissant les armes devant eux. Les yeux d'un grand nombre d'hommes et de femmes mouillés de pleurs, ceux des vieillards imprégnés des douces larmes de reconnaissance, un attendrissement général, des applaudissements universels ont prouvé l'efficacité que peuvent avoir ces sortes de fêtes pour le redressement des mœurs. En vain les ennemis de la République s'efforcent de les ridiculiser : elles n'en produisent pas moins un bien sensible sur l'esprit du peuple. Il y voit la probité et le patriotisme honorés, la vieillesse indigente respectée et secourue, les actions utiles à l'humanité récompensées ; elles sont pour ses magistrats une occasion de lui retracer les vertus civiles qui ont distingué dans tous les siècles les républicains ; et il saisit d'autant plus vivement la morale de ces instructions familières, qu'il trouve dans la vue des héros de ces fêtes les exemples vivants des vertus qu'il célèbre, et dans le plaisir de les voir récompenser l'occasion et le désir d'en goûter les charmes. »

MCXVI

11 FRUCTIDOR AN V (28 AOUT 1797).

RAPPORT DU BUREAU CENTRAL DU 12 FRUCTIDOR[1].

Esprit public. — Le calme est toujours le même, malgré les nuages qu'a élevés dans quelques [esprits le] discours du citoyen La Révellière dans la dernière séance du Directoire. Cependant c'est beaucoup moins du trouble que de l'inquiétude sur les suites de la division des deux hautes autorités qu'on a pu entrevoir. Ces opinions d'ailleurs étaient encore très peu répandues, et les mécontents, en cette circonstance, ont paru seulement jouer sur la foi de quelques journaux. L'esprit de parti, dans tout le reste de la journée, a été

---

1. Dans l'original, ce rapport est daté de thermidor. Il n'est pas douteux que ce ne soit là un lapsus, comme pour la date du précédent rapport, puisqu'il y est question du discours de La Révellière-Lépeaux, qui est évidemment celui qu'il adressa, comme président du Directoire, au général Bernadotte, le 11 fructidor, et dont on trouvera le texte dans le *Moniteur* du 13 fructidor (réimpression, t. XXVIII, p. 785).

pour ainsi dire insensible, à l'exception néanmoins de ce qu'il est sans discontinuité dans les ennemis jurés de tout gouvernement républicain et du gouvernement français en particulier. La haine est portée à un point excessif parmi le plus grand nombre de ceux qui ont perdu à la Révolution ou des privilèges ou des revenus ; mais l'observateur impartial s'est convaincu, dans ces jours derniers, que ces propos injurieux à la République étaient encore plus violents dans la bouche d'une infinité de citoyens qui jouissaient de beaucoup d'aisance. A en juger sur l'extérieur, rien ne pourrait rendre ce qui [se dit] entre eux contre le Directoire, et, pour l'exprimer, ils [s']affranchissent de toute circonspection. — Un des signes principaux du calme a été la rareté des groupes ; il n'y en avait presque point ; ceux que l'on a remarqués étaient peu nombreux, fort mal composés, et occasionnés, à ce qu'il a paru, par l'agiotage seul. Cependant on a vu s'élever différentes petites querelles, où des militaires, notamment des Invalides, ont paru provocateurs. Les propos violents que ces citoyens se permettent fournissent le plus souvent occasion de déclamer contre le gouvernement, qui, disait-on, soutient le militaire contre le citoyen. — Les officiers réformés, sujets aux dispositions de la dernière résolution qui les concerne et qui les obligerait de retourner dans leurs départements pour y toucher leur pension, aiment mieux y renoncer dans ce moment que de quitter Paris ; mais ce à quoi ils ne renoncent pas, c'est à tirer vengeance du Conseil des Cinq-Cents.

Spectacles. — Ils ont joui également du plus grand calme et n'ont produit aucun événement particulier.....

Bourse. — Selon les rapports de la Bourse, la cause de la baisse que les cours éprouvent est attribuée à quelques nouvelles désagréables, répandues depuis hier ; on a même entendu dire à plusieurs personnes qu'il était étonnant que cette baisse ne fût plus considérable après la publicité donnée au discours du président du Directoire, lequel discours était fait pour donner les plus grandes inquiétudes.....

BRÉON.

(Arch. nat., BB³ 86.)

MCXVII

12 FRUCTIDOR AN V (29 AOUT 1797).

JOURNAUX.

Rédacteur du 15 fructidor : « *Paris, le 14 fructidor.* Voici les détails les plus exacts sur l'événement malheureux arrivé avant-hier à la maison nationale des Invalides. A six heures du soir, un jeune homme, revêtu d'un collet noir, fut remarqué par les Invalides traversant plusieurs fois les cours et les corridors de leur hôtel ; en passant le long du fossé, du côté du Gros-Caillou, il fut interpellé par quelques-uns de ces vétérans, qui lui demandèrent ce qu'il voulait, et n'en recevant pas de réponse, ou se prétendant insultés par ses gestes, se mirent à lui crier : *A bas le collet noir !* Le jeune homme, dont la tête était sans doute exaltée, parla aussitôt de ses armes et menaça de s'en servir ; on remarqua en même temps la pomme d'un pistolet qui ressortait de sa poche et qu'il laissait exprès apercevoir. Les autres crièrent de nouveau : *A bas le collet noir, à bas le pistolet !* Il montra de nouveau ses armes et les défia de s'approcher de lui ou d'oser de lui enlever. Il paraît que c'est à cette malheureuse provocation, qui, ayant l'air d'accuser leur courage, les rendit eux-mêmes imprudents, qu'est dû le triste résultat de cette rixe. Un des Invalides s'avança, en faisant la démonstration de vouloir lui enlever son arme : c'était le même à qui il avait crié à plusieurs reprises : *Viens donc me l'arracher !* Le jeune homme fait aussitôt usage d'un de ses pistolets. La balle alla emporter un morceau de l'habit d'un des militaires qui se trouvait à côté et lui fit une légère blessure. C'est alors que les Invalides réunis dans ce lieu se sont précipités sur cet imprudent jeune homme. Pleins de fureur à la vue du sang de leur camarade ils l'ont assailli de coups et traîné jusqu'à la grille de la maison. La garde a pris les armes, a entouré ce jeune homme et l'a conduit au grand corps de garde, où le général Montigny s'est rendu ; ce brave officier a pris toutes les précautions nécessaires pour que la garde ne pût être forcée ; mais, malgré le courage personnel qu'il a développé, en s'opposant lui seul aux efforts de la multitude, il n'a pu l'empêcher de s'emparer du jeune homme. Alors de nouveaux cris de fureur se sont élevés ; on l'a traîné au milieu de la cour, où on l'a frappé de nouveau à coups de poings et de béquilles. Il ne tarda pas à succomber. Le ministre de la guerre s'est rendu aussitôt sur les lieux ; il trouva le corps de ce jeune homme resté dans la première cour et ne donnant que de très faibles signes d'existence. Il le fit transporter de suite dans un lieu où les secours de l'art pussent lui être administrés. Il ordonna en même temps de faire battre la générale ; tous les postes ont été garnis de vétérans formant la garde de l'hôtel, les grilles fermées, et bientôt on est parvenu à dissiper tous les attroupements. Les Invalides se sont retirés dans leurs corridors et chambres respectives. Les chirurgiens ne désespéraient point de l'état où se trouvait hier soir ce jeune homme. — *Courrier républicain* du 13 fructidor : « *Paris, 12 fructidor*... L'évêque de

Saint-Papoul[1] s'occupe dans cette ville de la consécration des églises qui ont été abîmées et qui ont servi d'assemblées aux brigands qui se jouaient et de la religion et de la probité. Il a consacré aujourd'hui l'église des ci-devant Carmes, rue de Vaugirard. Beaucoup de personnes ont assisté à cette célébration, et avec toute la piété qui convient aux fidèles qui se font un devoir de défendre et de soulager leurs semblables. »

MCXVIII

13 FRUCTIDOR AN V (30 AOUT 1797).

JOURNAUX.

Gazette nationale de France du 16 fructidor : « *Arrêté du 13 fructidor*. Le Directoire, vu l'article 184 de la Constitution, vu aussi le procès-verbal de nomination de deux membres pour la composition du Bureau central du canton de Paris, dressé par l'administration départementale, le 27 thermidor dernier, arrête que la nomination des citoyens Blondel et Leblond n'est pas confirmée[2]. Le ministre de la police générale est chargé de l'exécution du présent arrêté, qui sera imprimé. » — *Miroir* du 13 fructidor : « *Modes*. L'infatigable *Journal des Modes* observe que, le jour même que M. Lalande a découvert une comète dans la constellation d'Hercule, il est paru sur l'horizon des modes un nouveau bonnet que nous appellerons bonnet à la comète. C'est tout simplement une guirlande en coques d'organdi qui se roule sur elle-même en forme de cône obtus. Une aigrette, un héron, une plume, quelques mèches de cheveux en font tout l'ornement. Il faut convenir que cette coiffure ressemble beaucoup à celle de la Liberté, et une remarque essentielle à faire, c'est que depuis quelques jours la mode prend une petite teinte de terrorisme qui pourrait effrayer l'observateur, s'il ne savait que le caprice seul dirige ses goûts passagers. On voit par exemple beaucoup de bandeaux « à la Marat », les uns tout unis, les autres brodés en paillettes. C'est sans doute pour réveiller notre indignation contre les Jacobins, que les dames nous en montrent de temps en temps la livrée, et, par là, rappellent à notre souvenir les horreurs qu'ils nous ont fait souffrir. Remercions nos belles de cette attention. »

---

1. Jean-Baptiste-Marie de Maillé de La Tour-Landry, né le 6 décembre 1743, sacré évêque de Gap le 3 mai 1778, évêque de Saint-Papoul en 1784, évêque de Rennes en 1802, mort à Paris, le 27 novembre 1804 (A. Brette, *Convocation des Etats-Généraux*, t. I, p. 514).

2. Voir plus haut, p. 304.

MCXIX

14 FRUCTIDOR AN V (31 AOUT 1797).

JOURNAUX.

Courrier des spectacles du 14 fructidor : « Le Théâtre-Français vient d'annoncer que tous les jours la toile se lèverait à six heures précises. Le théâtre Favart s'occupe d'éclairer sa salle, à compter du moment de la rentrée, beaucoup mieux qu'elle ne l'a été jusqu'à présent. L'Odéon vient de baisser le prix de ses places. Voilà des améliorations dans plusieurs théâtres qui, pour peu qu'elles soient suivies de quelques autres, promettent beaucoup aux amateurs de l'art dramatique. »

MCXX

15 FRUCTIDOR AN V (1er SEPTEMBRE 1797).

JOURNAUX.

Courrier républicain du 18 fructidor : « *Paris, 17 fructidor...* Un chanteur du Pont-Neuf, nommé Pitou, qu'il ne faut pas confondre avec un autre Pitou, moraliste de place publique, car il y a deux Pitou, l'un chanteur et l'autre moraliste, comme il y a deux Garat, le premier chanteur et l'autre moraliste ; ce Pitou, dis-je, était en possession d'amuser pendant les belles soirées de l'été, trois ou quatre cents honnêtes artisans qu'il réunissait en chantant quelques vaudevilles assez gais et quelquefois malins, dont il est l'auteur. On l'arrêta avant-hier soir sur la place Saint-Germain l'Auxerrois, où il divertissait un cercle nombreux par la peinture de quelques-uns de nos ridicules révolutionnaires. Le pauvre Pitou est maintenant dans les cachots de la Conciergerie. Nous seuls écrirons, nous seuls placarderons, nous seuls chanterons et quiconque contreviendra à notre volonté suprême, « morbleu, ne chantera qu'entre quatre murailles ».

MCXXI

16 FRUCTIDOR AN V (2 SEPTEMBRE 1797).

JOURNAUX.

Miroir du 16 fructidor : « Si l'on pouvait douter de l'intention des triumvirs de faire un nouveau 31 mai, qu'on compare leur conduite avec celle des préparateurs de cette désastreuse journée ; si elle n'est pas la même sous tous les rapports, je me rétracte sur-le-champ. En 1793, la partie bien intentionnée de la Convention fut calomniée dans mille pamphlets, dans tous les journaux de Marat, Père Duchesne et autres de cette espèce. Aujourd'hui de nouveaux Marat, de nouveaux Père Duchesne traînent chaque jour dans la boue la majorité du Corps législatif ; il n'est pas de jour non plus qui ne voie éclore quelque abominable pamphlet contre ses membres les plus estimables, outre les calomnies insérées dans ces pamphlets ; il y avait aussi en 1793 des affiches destinées au succès de cette odieuse intrigue ; il y avait de plus un journal affiche intitulé *l'Ami des sans-culottes*. Aujourd'hui nous avons, contre la majorité du Corps législatif et ses membres les plus énergiques, des placards officiels et des placards officieux ; nous avons aussi, comme en 1793, un journal officiel, intitulé *le Démocrate constitutionnel*, sorti des presses du *Journal des hommes libres*, le même qui a tant contribué au succès de cette journée, et qui a si bien gagné son argent pour prôner le régime révolutionnaire (voyez le rapport de Courtois). En 93, avant de faire jouer leurs abominables marionnettes du 31 mai, les meneurs eurent soin de mettre dans toutes les places des hommes à leur dévotion ; aujourd'hui, en parlant toujours de respect pour la volonté du peuple, on destitue tous les administrateurs de son choix pour les remplacer par les hommes mêmes qui ont le plus efficacement contribué à la réussite de cette infernale conspiration. Pour le prouver, je ne parlerai que d'un seul des nouveaux choix, de l'homme que le ministre de la police a appelé au secrétariat général de son département ; c'est précisément le même qui a été le premier provocateur de l'arrestation des vingt-deux ; c'est lui qui, dans la section de la Halle-au-Blé, rédigea la fameuse pétition qui, colportée dans les sections, fut adoptée par la majorité d'entre elles, et présentée à la barre comme le vœu des habitants de Paris. Si le ministre Sotin ose nier aucun de ces faits, deux mille personnes sont prêtes à les lui démontrer. Législateurs, qui va chercher la même cause veut nécessairement arriver aux mêmes effets. Fiez-vous, suivant le vœu d'un publiciste de nos jours, fiez-vous à votre force morale. La Convention avait aussi sa force morale au 31 mai : cette force-là l'a-t-elle garantie des poignards de ses assassins... qu'on remet en place partout ? »

MCXXII

17 FRUCTIDOR AN V (3 SEPTEMBRE 1797).

Journaux.

Gazette nationale de France du 18 fructidor : «*Paris*... Les messageries, qui formaient naguère une branche importante des revenus publics, ont été envahies par un établissement particulier qui porte le nom de Saint-Simon. Le ci-devant comte de Saint-Simon, qui paraît en être l'entrepreneur principal, était peu riche avant la Révolution ; aujourd'hui sa fortune est immense. L'un des premiers commis de ses bureaux a été conduit au Bureau central ; on voulait obtenir de lui des renseignements sur un fait assez singulier. Ce citoyen avait invité les gens sans place, qui ne sont pas rares à Paris, à venir le trouver. On venait. Après quelques questions sur la capacité, l'honnêteté et les principes du postulant : « Vous aurez un emploi sous peu de jours, on vous « avertira, vous vous tiendrez prêt; pour le moment, en attendant, voici la somme « de…» Le postulant : ainsi agréé, était inscrit sur un registre ; et ce registre est venu à la connaissance de la police. On prétend qu'il y a près de deux mille inscrits. Si ce fait que l'on vient de nous assurer est constaté, il y aura au moins de quoi s'étonner qu'un simple particulier ait voulu avoir deux mille commis. » — *Miroir* du 17 fructidor : « Feuilleton. *Modes*. Eh bien, madame, avons-nous quelque chose de nouveau dans les modes? — Ne m'en parlez pas, monsieur, c'est une désolation universelle. De six ouvrières que j'avais, il ne m'en reste plus que deux; encore ai-je bien de la peine à les employer. Où est le temps où je fabriquais, par semaine, presque autant de bonnets qu'on faisait de lois dans les deux Conseils? — Mais, madame, quelle peut donc être la cause de cette inertie ? — Les circonstances, monsieur, le peu de sécurité dont les femmes jouissent à Paris, leur départ pour la campagne, et puis la guerre que les Jacobins font à tout ce qui annonce quelque luxe. Des capotes anglaises en paille blanche, avec un crêpe autour de la forme, décoré de deux glands qui tombent sur le côté, voilà à quoi se bornent les nouveautés du jour. Cette coiffure est fort simple et peu coûteuse. Car l'économie est aujourd'hui la mode dominante. C'est, dit-on, monsieur l'ambassadeur ottoman qui l'a mise en vogue. Vous jugez bien que nous n'aimons pas une pareille mode, qui finirait par anéantir toutes les autres. Au reste, pour nous conformer au goût du moment, nous avons imaginé une espèce de bonnet à la jardinière. La modicité du prix en procurera peut-être le débit. En tout il faut consulter et suivre l'esprit public. »

MCXXIII

18 FRUCTIDOR AN V (4 SEPTEMBRE 1797).

Arrêté du Directoire sur les journaux et les journalistes.

Le Directoire exécutif arrête, en vertu de l'article 145 de l'acte constitutionnel, qu'il est ordonné à tous exécuteurs des mandements de justice, de conduire dans la maison d'arrêt de la Force les individus ci-après dénommés, savoir :

L'auteur et l'imprimeur du journal intitulé *Courrier des départements*, rue du Cimetière-André-des-Arcs, n° 6 ;
L'auteur et l'imprimeur du *Courrier républicain*, rue Poupée, n° 6 ;
L'auteur et l'imprimeur du *Journal de Perlet*, rue André-des-Arcs, n° 41 ;
L'auteur et l'imprimeur du *Mercure français*, rue des Poitevins, n° 18;

L'auteur et l'imprimeur de l'*Éclair*, rue des Grands-Augustins, n° 31 ;
Isidore Langlois et Lunier, auteurs du *Messager du Soir*, et Porte, imprimeur du même journal, rue Jean-Jacques Rousseau, n° 115 ;
L'auteur et l'imprimeur de la *Quotidienne*, rue de la Monnaie, n° 20 ;
Gallais et Langlois (des Gravilliers), auteurs du *Censeur des Journaux*, et l'imprimeur du même journal, rue Dominique, faubourg Germain, n° 1197 ;
L'auteur et l'imprimeur de l'*Auditeur national*, rue Mâcon ;
P.-N. de Barle, auteur de la *Gazette française*, et l'imprimeur du même journal, quai des Augustins, n° 17 ;
L'auteur et l'imprimeur de la *Gazette universelle*, rue de la Loi, n° 9 ;
L'auteur et l'imprimeur du *Véridique*, rue de Tournon, n° 1123 ;
Crétot, auteur du *Postillon des Armées*, et l'imprimeur du même journal, place Vendôme, n° 12 ;
L'auteur et l'imprimeur du *Précurseur*, rue Saint-Florentin, près le marchand de vins ;
Mailhe et Jollivet, dit Baralère, auteurs du *Journal général de France*, et Vincent Teullière, imprimeur du même journal, rue Favart, n° 425 ;
Richer Sérizy, auteur de l'*Accusateur public*, rue Vivienne, n° 7, et l'imprimeur du même journal, rue du Colombier ;
L'auteur des *Rapsodies*, et l'imprimeur du même journal, rue de Chartres, n° 430 ;
L'auteur et l'imprimeur de la *Tribune ou Journal des Élections*, rue Lazare, n° 44 ;
L'auteur et l'imprimeur du *Grondeur*, rue Neuve-des-Petits-Champs, au coin de celle de la Loi ;
L'auteur et l'imprimeur du *Journal des Colonies*, Palais-Égalité, galerie de bois, n° 221 ;
L'auteur et l'imprimeur du *Journal des Spectacles*, rue Guillaume, près la rue Dominique ;
L'auteur et l'imprimeur du *Déjeuner*, rue Vivienne, n° 8 ;
L'auteur et l'imprimeur de l'*Europe littéraire*, cour du Commerce, n° 15 ;
L'auteur et l'imprimeur de la *Correspondance*, rue Montorgueil, n° 3 ;
Bertin d'Antilly, auteur du *Thé*, et l'imprimeur du même journal, galerie vitrée, chez la citoyenne Ragoulleau ;
La Harpe, Fontanes et Vauxelles, auteurs du *Mémorial*, et l'imprimeur du même journal, rue Thionville, chez Peschard, libraire ;
L'auteur et l'imprimeur des *Annales universelles*, rue des Moulins, n° 549 ;

Beaulieu, auteur du *Miroir*, et l'imprimeur du même journal, rue des Bons-Enfants, nos 1340 et 1341 ;

Suard, auteur des *Nouvelles politiques*, et l'imprimeur du même journal, rue.....

L'auteur et l'imprimeur de l'*Aurore*, rue......

L'auteur et l'imprimeur de l'*Étoile*, rue.....

Tous prévenus de conspiration contre la sûreté intérieure et extérieure de la République, spécialement de provocation au rétablissement de la royauté et à la dissolution du gouvernement républicain ;

Pour être poursuivis et jugés comme tels, conformément à la loi du 28 germinal an IV ;

Mande au gardien de la maison d'arrêt de la Force de les recevoir, le tout en se conformant à la loi ;

Ordonne à tous dépositaires de la force publique, auquel le présent mandat sera notifié, de prêter main-forte pour son exécution, en cas de nécessité.

Les ministres de la police générale et de la justice sont chargés, chacun en ce qui le concerne, de l'exécution du présent arrêté, qui sera inséré au *Bulletin des Lois*, et affiché dans la commune de Paris [1].

LOI DU 19 FRUCTIDOR AN V.

[Le 18 fructidor, le Conseil des Cinq-Cents prit la résolution suivante, et la transmit le même jour, « dans la forme d'urgence », au Conseil des Anciens, qui l'approuva, après une seconde lecture, le lendemain 19 fructidor :]

Le Conseil des Cinq-Cents, considérant que les ennemis de la République ont constamment suivi le plan qui leur a été tracé par les instructions saisies sur Brottier, Berthelot, La Villeheurnois et Duverne de Presle, et qu'ils ont été secondés par une foule d'émissaires royaux disséminés sur tous les points de la France ;

Considérant qu'il a été spécialement recommandé à ces agents de diriger les opérations et les choix des dernières assemblées primaires,

---

1. Cet arrêté, que nous reproduisons d'après le *Rédacteur*, ne figure pas au registre, et n'est pas daté, mais la date n'en est pas douteuse. Il y a en effet (Arch. nat., AF III, 46) une lettre du ministre de la police générale Sotin, en date du 18 fructidor an V, ainsi conçue : « Citoyens Directeurs, je reçois à l'instant votre arrêté de ce jour relatif aux auteurs et imprimeurs de journaux prévenus de conspiration contre la sûreté intérieure et extérieure de la République. J'ai fait prendre sur-le-champ toutes les mesures qui sont en mon pouvoir, pour en assurer l'exécution. Salut et respect, SOTIN. »

communales et électorales, et de faire tomber tous ces choix sur les partisans de la royauté ;

Qu'à l'exception d'un petit nombre de départements où l'énergie des républicains les a neutralisés, les élections ont porté aux fonctions publiques et fait entrer jusque dans le sein du Corps législatif des émigrés, des chefs de rebelles et des royalistes prononcés ;

Considérant que, la Constitution se trouvant attaquée par une partie de ceux-là mêmes qu'elle avait spécialement appelés à la défendre, et contre qui elle ne s'était pas précautionnée, il ne serait pas possible de la maintenir sans recourir à des mesures extraordinaires ;

Considérant enfin que, pour étouffer la conspiration existante, prévenir la guerre civile et l'effusion générale de sang qui allait en être la suite inévitable, rien n'est plus instant que de réparer les atteintes portées à l'acte constitutionnel depuis le 1er prairial dernier, et de prendre des mesures nécessaires pour empêcher qu'à l'avenir la liberté, le repos et le bonheur du peuple ne soient encore exposés à des dangers;

Déclare qu'il y a urgence.

Le Conseil, après avoir déclaré l'urgence, prend la résolution suivante :

Art. I. Les opérations des assemblées primaires, communales et électorales des départements de l'Ain, l'Ardèche, l'Ariège, l'Aube, l'Aveyron, Bouches-du-Rhône, Calvados, Charente, Cher, Côte-d'Or, Côtes-du-Nord, Dordogne, Eure, Eure-et-Loir, Gironde, Hérault, Ille-et-Vilaine, Indre-et-Loire, Loire, Haute-Loire, Loire-Inférieure, Loiret, Manche, Marne, Mayenne, Mont-Blanc, Morbihan, Moselle, les Deux-Nèthes, Nord, Oise, Orne, Pas-de-Calais, Puy-de-Dôme, Bas-Rhin, Haut-Rhin, Rhône, Saône-et-Loire, Sarthe, Haute-Saône, Seine, Seine-Inférieure, Seine-et-Marne, Seine-et-Oise, Somme, Tarn, Var, Vaucluse, Yonne, sont déclarées illégitimes et nulles.

II. Celles de l'Assemblée électorale du département du Gers sont déclarées légitimes et valables ;

En conséquence, le citoyen Duffau est admis au Conseil des Anciens, et les citoyens Carrère-Lagarère et Sauran sont admis au Conseil des Cinq-Cents.

Les administrateurs et les juges nommés par cette assemblée entreront incessamment en fonctions.

Le haut-juré nommé par la même assemblée remplira les fonctions attachées à cette qualité.

III. La loi du 22 prairial dernier, relative aux opérations de l'assemblée électorale du département du Lot, est rapportée.

Les opérations de l'assemblée tenue dans la maison de la Palonie sont déclarées nulles; celles de l'assemblée tenue dans la ci-devant église du collège de Cahors sont déclarées valables, et le citoyen Lachièze, élu membre du Conseil des Anciens, et les citoyens Poncet et Delbrel, élus membres du Conseil des Cinq-Cents, prendront leur place.

IV. Les individus nommés à des fonctions publiques par les assemblées primaires, communales et électorales, sans exception de ceux nommés au Corps législatif, des départements cités dans l'article 1er cesseront toutes fonctions à l'instant de la publication de la présente loi, sous les peines portées par l'article 6 de la V° section du titre 1er de la seconde partie du Code pénal.

V. Le Directoire exécutif est chargé de nommer aux places qui deviennent vacantes dans les tribunaux, en vertu des articles précédents, ainsi que celles qui viendraient à vaquer par démission ou autrement avant les élections de l'an VI.

VI. Les nominations faites par le Directoire exécutif en vertu de l'article précédent auront, en tous points, le même effet et la même durée que si elles avaient été faites par les assemblées primaires et électorales.

VII. La loi du 1er prairial dernier, qui, en contravention à l'article 78 de l'acte constitutionnel, rappelle dans le Corps législatif les citoyens Aimé, Mersan, Ferrand-Vaillant, Gau et Polissart, est rapportée.

VIII. Est pareillement rapporté l'article 1er de la loi du 9 messidor dernier, portant, au mépris du même article de l'acte constitutionnel, révocation des articles 1, 2, 3, 4, 5 et 6 de la loi du 3 brumaire an IV, relatifs aux parents d'émigrés, etc.

IX. Les articles 1, 2, 3, 4, 5 et 6 de la dite loi du 3 brumaire an IV sont rétablis, et resteront en vigueur pendant les quatre années qui suivront la publication de la paix générale.

X. Aucun parent ou allié d'émigré, au degré déterminé par l'article 2 de ladite loi, ne sera admis, pendant le même espace de temps, à voter dans les assemblées primaires, et ne pourra être nommé électeur, s'il n'est compris dans l'une des exceptions portées par l'article 4 de la même loi.

XI. Nul ne sera non plus admis à voter dans les assemblées primaires et électorales, s'il n'a préalablement prêté devant l'assemblée dont il sera membre, entre les mains du président, le serment individuel de haine à la royauté et à l'anarchie, de fidélité et attachement à la République et à la Constitution de l'an III.

XII. L'article 2 de la loi du 9 messidor dernier est également rapporté en ce qui concerne les chefs des rebelles de la Vendée et des Chouans, auxquels, en conséquence, la disposition de l'article de la présente loi demeure commune.

Sont à cet égard réputés chefs des rebelles de la Vendée et des Chouans ceux qui sont désignés comme tels par la loi du 5 juillet 1793.

XIII. Les individus ci-après nommés :

Aubry, du Conseil des Cinq-Cents,
J.-J. Aimé, dit Job Aimé, du Conseil des Cinq-Cents,
Bayard, *id.*
Boissy d'Anglas, *id.*
Borne, *id.*
Bourdon (de l'Oise), *id.*
Cadroy, *id.*
Coucheri, *id.*
Delahaye (de la Seine-Inférieure), *id.*
Delarue, *id.*
Doumere, *id.*
Dumolard, *id.*
Duplantier, *id.*
Duprat, *id.*
Gibert-Desmolières, *id.*
Henry-Larivière, *id.*
Imbert-Colomès, *id.*
Camille Jordan, *id.*
Jourdan (André-Joseph, Bouches-du-Rhône), *id.*
Gau, *id.*
Lacarrière, *id.*
Lamarchand-Gomicourt, *id.*
Lemerer, *id.*
Mersan, du Conseil des Cinq-Cents.
Madier, *id.*
Maillard, *id.*
Noailles, *id.*
André (de la Lozère), *id.*
Mac-Curtain, *id.*
Pavie, *id.*
Pastoret, *id.*
Pichegru, *id.*
Polissart, *id.*
Praire-Montaud, *id.*
Quatremère-Quincy, *id.*
Saladin, *id.*
Siméon, *id.*
Vauvilliers, *id.*
Vienot-Vaublanc, *id.*
Villaret-Joyeuse, *id.*
Willot, *id.*
Barbé-Marbois, des Anciens.
Dumas, *id.*
Ferrand-Vaillant, *id.*
Laffont-Ladebat, *id.*
Lomont, *id.*
Muraire, *id.*
Murinais, *id.*
Paradis, *id.*
Portalis, *id.*
Rovère, *id.*
Tronson-Ducoudray, *id.*
Blain (des Bouches-du-Rhône), des Cinq-Cents,
Carnot, Directeur,
Barthélemy, Directeur,
Brottier (ex-abbé),
La Villeheurnois (ex-magistrat),
Duverne des Presle, *dit* Dunan,
Cochon, ex-ministre de la police,
Dossonville, ex-employé à la police,
Miranda, général,
Morgan, général,
Suard, journaliste,
Mailhe, ex-conventionnel,
Ramel, commandant des grenadiers du Corps législatif,

seront, sans retard, déportés dans le lieu qui sera déterminé par le Directoire exécutif.

Leurs biens seront séquestrés aussitôt après la publication de la présente loi, et mainlevée ne leur en sera accordée que sur la preuve authentique de leur arrivée au lieu fixé pour leur déportation.

XIV. Le Directoire exécutif est autorisé à leur procurer provisoirement, sur leurs biens, les moyens de pourvoir à leurs secours les plus urgents.

XV. Tous les individus inscrits sur la liste des émigrés, et non rayés définitivement, sont tenus de sortir du territoire de la République, savoir: de Paris et de toute autre commune dont la population est de vingt mille habitants et au-dessus, dans les vingt-quatre heures qui suivront la publication de la présente loi; et dans les quinze jours qui suivront cette même publication, de toutes les autres parties de la République.

XVI. Passé les délais respectifs prescrits par l'article précédent, tout individu inscrit sur la liste des émigrés, et non rayé définitivement, qui sera arrêté dans le territoire de la République, sera traduit devant une commission militaire, pour y être jugé dans les vingt-quatre heures, d'après l'article 2 du titre IV de la loi du 25 brumaire an III, relative aux émigrés.

XVII. Cette commission sera composée de sept membres, qui seront nommés par le général commandant la division militaire dans l'étendue de laquelle l'individu inscrit sur la liste des émigrés, et non rayé définitivement, aura été arrêté. Les jugements ne pourront être attaqués par recours à aucun autre tribunal, et seront exécutés dans les vingt-quatre heures de leur prononciation.

XVIII. Les dispositions ci-dessus sont applicables aux individus qui, ayant émigré, sont rentrés en France, quoiqu'ils ne soient inscrits sur aucune liste d'émigrés.

XIX. Les émigrés actuellement détenus seront déportés, et ceux d'entre eux qui rentreront en France seront jugés et punis ainsi qu'il est prescrit par les articles XVI et XVII de la présente.

XX. Les individus inscrits sur la liste des émigrés, et non rayés définitivement, qui ont réclamé contre leur inscription avant le 26 floréal an III, pourront correspondre des pays étrangers avec leurs parents, ou fondés de pouvoir résidant en France, mais seulement pour tout ce qui sera relatif à leur demande en radiation définitive.

XXI. Toute correspondance pour d'autres objets, quels qu'ils soient, avec des individus inscrits sur la liste des émigrés, est interdite; et tout individu domicilié ou séjournant dans le territoire de la République, qui en sera convaincu, sera, comme complice d'émigré, puni des peines portées par l'article 6 du titre IV de la loi du 25 brumaire an III.

XXII. Les lois des 22 et 30 prairial dernier, qui rayent définitivement, de la liste des émigrés de François-Grégoire de Rumare et de Jacques Imbert-Colomès, sont rapportées.

XXIII. La loi du 7 de ce mois, qui rappelle les prêtres déportés, est révoquée.

XXIV. Le Directoire exécutif est investi du pouvoir de déporter, par des arrêtés individuels motivés, les prêtres qui troubleraient dans l'intérieur la tranquillité publique.

XXV. La loi du 7 vendémiaire an IV, sur la police des cultes, continuera d'être exécutée à l'égard des ecclésiastiques autorisés à demeurer dans le territoire de la République, sauf qu'au lieu de la déclaration prescrite par l'article 6 de ladite loi, ils seront tenus de prêter le serment de haine à la royauté et à l'anarchie, d'attachement et de fidélité à la République et à la Constitution de l'an III.

XXVI. Tout administrateur, officier de police judiciaire, accusateur public, juge, commissaire du pouvoir exécutif, officier ou membre de la gendarmerie nationale, qui ne fera pas exécuter ponctuellement, en ce qui le concerne, les dispositions ci-dessus relatives aux émigrés et aux ministres des cultes, ou qui empêchera ou entravera l'exécution, sera puni de deux années de fers, à l'effet de quoi le Directoire exécutif est autorisé à décerner tout mandat d'arrêt nécessaire.

XXVII. Les dispositions des lois des 2 vendémiaire et 24 messidor an IV, qui prorogent l'exercice des membres du tribunal de cassation élus pour quatre années seulement en 1791, sont rapportées. En conséquence chaque membre du tribunal de cassation élu en 1791 cessera ses fonctions aussitôt qu'il sera remplacé.

XXVIII. Le Directoire exécutif est chargé de nommer les remplaçants.

XXIX. Les dix juges qui, d'après l'article 259 de l'acte constitutionnel, doivent sortir tous les ans du tribunal de cassation, seront pris au mois de prairial an VI parmi les juges nommés en vendémiaire an IV.

XXX. Le cinquième sortant en prairial an VII sera composé du restant des membres élus en vendémiaire an IV, et supplétivement des membres nommés par le Directoire exécutif en exécution de la présente loi.

XXXI. Le cinquième sortant en prairial an VIII sera pris parmi les membres nommés par le Directoire exécutif en exécution de la présente loi, et ainsi successivement d'année en année, jusqu'à ce qu'ils soient tous sortis.

XXXII. Aucun juré ordinaire, spécial ou haut-juré, ne pourra exercer de fonctions avant d'avoir prêté le serment de haine à la royauté, à l'anarchie, de fidélité et attachement à la République et à la Constitution de l'an III.

XXXIII. Les jurés ne pourront, dans les vingt-quatre heures de leur réunion, voter pour ou contre qu'à l'unanimité ; ils seront, pendant ce temps, exclus de toute communication extérieure. Si, après ce délai, ils déclarent qu'ils n'ont pu s'accorder pour émettre un vœu unanime, ils se réuniront derechef, et la déclaration se fera à la majorité absolue.

XXXIV. Les décrets des 1er août et 17 septembre 1793, et 21 prairial an III, qui ordonnent l'expulsion des Bourbons, y compris la veuve de Philippe-Joseph d'Orléans, et la confiscation de leurs biens, seront exécutés, et il est dérogé à toute disposition contraire. Le Directoire exécutif est chargé de désigner le lieu de leur déportation, et de leur assigner, sur le produit de leurs biens, les secours nécessaires à leur existence.

XXXV. Les journaux, les autres feuilles périodiques et les presses qui les impriment sont mis, pendant un an, sous l'inspection de la police, qui pourra les prohiber, aux termes de l'article 355 de l'acte constitutionnel.

XXXVI. La loi du 7 thermidor dernier relative aux sociétés particulières s'occupant de questions politiques est rapportée.

XXXVII. Toute société particulière, s'occupant de questions politiques, dans laquelle il serait professé des principes contraires à la Constitution de l'an III, acceptée par le peuple français, sera fermée, et ceux de ses membres qui auraient professé ces principes seront poursuivis et punis conformément à la loi du 27 germinal an IV.

XXXVIII. Les lois des 25 thermidor dernier et 13 fructidor présent mois, relatives à l'organisation et au service de la garde nationale sont rapportées.

XXXIX. Le pouvoir de mettre une commune en état de siège est rendu au Directoire.

XL. La présente résolution sera imprimée, et portée au Conseil des Anciens par un messager d'État.

RAPPORT DU MINISTRE DE LA GUERRE AU DIRECTOIRE EXÉCUTIF [1].

Le Directoire exécutif, voulant que la France entière connaisse toute l'étendue de la conspiration abattue le 18 fructidor, et qu'elle sache que les complots du royalisme étaient sur le point d'éclater au moment même où ses principaux agents ont été frappés, a chargé le ministre de recueillir toutes les preuves que sa correspondance pourrait lui fournir pour démontrer cette grande vérité.

Afin de remplir les intentions du Directoire, les recherches les plus exactes ont été faites au bureau de la gendarmerie.

L'examen de sa volumineuse correspondance n'a produit en résultat qu'une seule pièce contenant des renseignements précis et généraux sur la conspiration.

Cette lettre, renvoyée au ministre de la police générale, comme le concernant, et dont un seul extrait reste au bureau de la gendarmerie, a été adressée en messidor dernier par le chef de brigade commandant la gendarmerie à Lyon; elle annonçait qu'un négociant suisse, sur la foi duquel on ne devait élever aucun doute, et qui même

1. Après le 18 fructidor, le Directoire demanda à chaque ministre un rapport sur la conspiration royaliste. Nous avons retrouvé les rapports des ministres de la guerre, de l'intérieur, de la justice. Ces rapports sont sans date, sauf celui du ministre des finances, qui est daté du 1ᵉʳ vendémiaire. Toutefois nous les rapportons à la journée du 18 fructidor, puisqu'ils ont pour objet la conspiration déjouée dans cette journée. Sur ces rapports, on lit dans le livre de M. Victor Pierre, intitulé : *18 fructidor, documents pour la plupart inédits, recueillis et publiés pour la Société d'histoire contemporaine*, Paris, 1893, in-8, p. 84 : « Les Archives nationales possèdent, dans le carton AF III, 46, la série de ces rapports. Ceux des ministres des affaires étrangères, de l'intérieur, de la justice, des finances, de la guerre, m'ont paru absolument insignifiants. Je n'ai pas trouvé celui du ministre de la marine : ce qui s'explique. Le plus intéressant serait celui de Sotin, ministre de la police générale, malgré le ton déclamatoire qui y règne : « Vous frissonneriez, citoyens Directeurs, en considérant de si près l'im- « mensité et la profondeur du gouffre dans lequel la République allait être en- « gloutie tout entière sans votre prudence. » Mais, outre que ce rapport est très long, les parties intéressantes ont passé dans celui que Bailleul lut aux Cinq-Cents le 26 ventôse an VI. Je me borne donc à signaler aux curieux cette source de renseignements, en me permettant d'ajouter que, pour prouver « la vérité » en question, ce n'est pas dans ces rapports officiels, quelque bonne volonté qu'y aient mise leurs auteurs qu'on trouvera des arguments sérieux. J'ai brièvement analysé ces rapports dans *La Terreur sous le Directoire*, p. 50-52. » Nous avons vainement cherché, dans le carton AF III, 46, quelques-uns des rapports dont parle M. V. Pierre. Nous n'avons trouvé que les rapports des ministres de la guerre, de l'intérieur et des finances, et une lettre du ministre de la justice, et nous les avons trouvés, non pas dans AF III, 46, mais dans AF III, 44. Il nous manque donc au moins les rapports du ministre des affaires étrangères et du ministre de la police. Ils doivent exister aux Archives nationales, puisque M. V. Pierre les y a vus. Mais dans quel carton ? Nos recherches à cet égard ont été infructueuses.

offrait de se nommer, avait eu, peu de jours auparavant à dîner chez lui l'émigré marquis de La Rochefoucauld; que, l'entretien ayant roulé sur les affaires de France, l'émigré l'avait assuré que bientôt un nouvel ordre de choses aurait lieu, que la République serait anéantie, et qu'à leur tour les acquéreurs des domaines nationaux émigreraient. Consulté sur les moyens d'exécution, il ajouta que pour cette fois le plan était certain, que déjà l'on comptait plus de vingt-huit mille émigrés répartis dans les départements de la Loire, du Rhône, de l'Ain, du Jura et autres environnants; que les enrôlements se suivaient avec activité, et que l'on n'attendait plus que le moment pour éclater.

Le chef de brigade, en faisant passer ces renseignements, annonçait que le capitaine commandant la gendarmerie au département du Mont-Blanc venait d'arrêter deux déserteurs autrichiens munis d'un simple visa délivré en Suisse, portant qu'ils n'étaient atteints d'aucune maladie; qu'en outre il était informé que beaucoup d'autres déserteurs, porteurs de semblables visas, étaient entrés sur le territoire de la République; il invitait en conséquence le ministre à examiner cet objet avec attention, et à faire les différents rapprochements dont il était susceptible.

Telle est l'analyse succincte de la seule pièce de conviction que le bureau de la gendarmerie ait reçu. Cependant, si la correspondance n'offre pas plus de renseignements positifs, elle contient une foule de matériaux qui démontrent jusqu'à l'évidence le vaste plan formé d'anéantir la République en atténuant l'action de son gouvernement, soit en confiant l'exécution des ordres à des agents voués au royalisme, soit en terrifiant ceux reconnus par leur attachement prononcé pour la cause de la liberté.

Le dépouillement de cette correspondance prouve que, depuis l'an IV, les émigrés et les prêtres déportés n'ont cessé de rentrer en foule dans les départements par la protection de la plupart des autorités constituées; qu'ils y ont constamment suscité des troubles, fomenté des rébellions, organisé des compagnies d'assassins sous diverses dénominations, propagé le fanatisme et toutes les horreurs qu'il enfante, empêché le recrutement des armées en s'opposant au départ des volontaires, fait renverser partout les signes du républicanisme et poussé le peuple français à la guerre civile. L'on voit encore, dans cette correspondance, la gendarmerie sans force, attaquée chaque jour dans ses fonctions par des scélérats qui lui enlèvent à main armée les émigrés ou les prêtres réfractaires qu'elle arrête; les tribunaux se taisant sur ces attentats ou renvoyant les prévenus hors d'accusation, lorsqu'ils lui sont dénoncés; enfin, les chefs eux-mêmes de la gendarmerie présentés dans la plupart des départements comme partisans du royalisme et poursuivant les républicains sous la dénomination de terroristes.

Tous ces faits ont été analysés dans le résumé joint à ce rapport. Mais l'on observe que l'on n'a point cru devoir charger cette analyse de détails relatifs à ceux des officiers de gendarmerie des départements qui y sont désignés et contre lesquels des inculpations ont pu être dirigées : 1° parce que ces inculpations, qui ne portaient que sur des soupçons, ou même sur des preuves d'insouciance, n'avaient aucun rapport direct avec la conspiration détruite ; 2° parce que beaucoup d'entre ces officiers ont produit, à différentes époques, des certificats favorables et tendant à les justifier des reproches auxquels ils avaient été en butte ; 3° parce qu'enfin, la moralité et le patriotisme de ceux que le Directoire (présentement occupé de la revision de ses premiers choix) va employer dans la réorganisation du corps devant être attestés par les autorités régénérées et les représentants du peuple, il y a lieu de croire que sa religion ne sera plus trompée.

SCHERER.

(Arch. nat., AF III, 44.)

[A ce rapport est jointe la lettre suivante : « *Paris, 16 vendémiaire an VI.* — Le ministre de la guerre au Directoire exécutif. — Citoyens Directeurs, J'ai l'honneur de vous adresser l'extrait des divers rapports et des renseignements qui m'ont été procurés par les généraux, sur les moyens qui étaient employés par les conspirateurs royaux pour faire rentrer les émigrés et exciter un soulèvement pour renverser la République. Vous verrez que leurs complots, profondément ourdis, allaient être mis à exécution, et que l'étendard de la révolte allait être arboré, si vous n'aviez anéanti leurs projets dans la journée du 18 fructidor. Salut et respect. SCHERER. » — Les extraits de ces rapports, trop longs pour que nous les reproduisions, sont contenus dans un cahier intitulé : « Extrait de la correspondance officielle du département de la guerre, relative au complot des conjurés royaux avant la journée du 18 fructidor. » En voici une analyse, placée en tête, que nous reproduisons textuellement : « *Paris, 16 vendémiaire an VI.* Le ministre de la guerre transmet au Directoire exécutif l'extrait des divers rapports et renseignements qu'il a recueillis sur les moyens employés par les conspirateurs royaux, avant le 18 fructidor, pour renverser la République. On voit que l'Allemagne et la Suisse étaient les points centraux de correspondance des agents perfides de l'intérieur avec leurs émissaires chez l'étranger. Des individus venant de Paris apportaient dans ces pays jusqu'à deux cents passeports pour les officiers de l'armée de Condé. Le colonel Roland, de Romant-Moutiers, était chargé de la distribution dans le pays de Vaud. Les émigrés comptaient sur une secousse en France et croyaient rentrer chez eux au mois de juin. Ces manœuvres étaient le résultat d'un plan combiné avec nos ennemis extérieurs ; le bulletin de Vienne du 11 fructidor démontrait qu'on y regardait comme prochain un changement total en France. Mais ce n'était pas seulement de ce côté que les émigrés trouvaient la facilité de rentrer. Les côtes de la Manche et de l'Océan leur offraient des amis non moins complaisants. Les autorités civiles de Boulogne ont facilité l'évasion de sept émigrés débarqués sur la plage. Les conspirateurs se proposaient aussi de recruter l'armée royale au sein même de la République. Le nommé Raoul de Bourbes, dit Montpinson, était leur agent dans le département de la Seine-Inférieure. Leurs intelligences s'étendaient jusque dans le sein du Corps législatif, dont ils influençaient les délibérations. Plus on approchait du 18 fructidor, plus les départements ci-devant insurgés offraient les symptômes d'un nouveau soulèvement. Un nommé Fleur-de-Rose y était attendu par ses complices, qui disaient que le moment du grand coup n'était que différé, que toutes les opérations seraient simultanément activées par l'arrivée d'un chef supérieur. Les conspirateurs ne se bornaient pas à préparer les esprits ; ils mettaient tout en œuvre pour se procurer des armes et des munitions. Jamais comme pendant l'an V il ne s'était fait des vols aussi fréquents d'armes et munitions, et avec autant d'impudeur. 7,537 livres de poudre et 25,685 cartouches furent volées dans différentes places de la République. A Anvers et Maëstricht seulement, cinq pièces d'artillerie furent enlevées clandestinement. Enfin les derniers événements des départements de la Drôme et de Vaucluse, Pichegru et Willot signalés comme point de ralliement par l'infâme Saint-Christol, tout cela met le comble aux preuves qu'on pourrait désirer d'un complot profondément ourdi et qui étendait ses ramifications dans toutes les parties de la République. Sans la journée du 18 fructidor, l'étendard de la révolte était arboré. » — Le ministre de la guerre continua ses recherches, comme il résulte de la lettre suivante : « *Paris, 6 brumaire an VI.* Le ministre de la guerre au secrétaire général du pouvoir exécutif. J'ai déjà fait passer au Directoire, citoyen secrétaire général, un rapport assez étendu, résultat des recherches faites dans mes bureaux sur les renseignements qui avaient rapport à la conspiration royale anéantie le 18 fructidor dernier. Le bureau de la gendarmerie, qui, par la nature de ses relations, pouvait fournir des renseignements de ce genre, se trouvait en retard, et vient seulement de me fournir son travail sur cet objet; vous le trouverez ci-joint et il formera un supplément à celui que j'ai envoyé précédemment. Salut et fraternité. Scherer. » — A cette lettre est joint un cahier contenant cent onze faits d'ordre divers, avec table alphabétique des départements où ils se sont passés.]

RAPPORT DU MINISTRE DE L'INTÉRIEUR AU DIRECTOIRE EXÉCUTIF.

Citoyens Directeurs,

Par vos lettres du 1er complémentaire an V et du 2 vendémiaire présent mois, vous avez demandé communication de tous les renseignements que le ministre de l'intérieur pourrait avoir et qui seraient propres à établir cette vérité, que le complot des conjurés royaux était sur le point d'éclater au moment même que le Directoire les frappa, le 18 fructidor.

J'ai ordonné les recherches les plus exactes dans tous mes bureaux, particulièrement dans ceux de la 1re division ; mais je n'en ai recueilli aucun document positif, parce que, d'un côté, les objets de sûreté générale étant dans les attributions du ministre de la police, lui seul a eu les moyens d'acquérir la connaissance des faits de ce genre, et à lui seul sont arrivées les indications qui pouvaient conduire à leur découverte ; d'un autre côté, tout ce qui a pu me parvenir, je l'ai transmis (moi ou mes prédécesseurs) à ce même ministre.

Cependant il se rencontre quelques observations à faire, tirées de l'état des choses et de la correspondance, et de faits particuliers puisés dans quelques lettres, qui présentent des inductions propres à conduire à la vérité que l'on cherche.

Si l'on examine attentivement la législation depuis prairial, il est évident qu'elle tendait à désorganiser le pouvoir exécutif ou à le paralyser. Les atteintes portées à ses attributions, particulièrement l'état des finances que des hommes pervers cherchaient depuis vingt mois à anéantir, prouvent à l'évidence un dessein formé et très médité de renverser le gouvernement. Le point où l'on avait conduit les choses au moment du 18 fructidor était tel que la République ne pouvait pas se soutenir sans une commotion épuratoire et régénératrice. Cette vérité, qui rentre dans celle qu'il n'y avait pas un instant à perdre pour frapper au moment du 18 fructidor, est facile à démontrer par une simple analyse des opérations dirigées par les factieux du Corps législatif. Mais ce travail n'entre pas dans le sujet de ce rapport.

Les faits généraux tirés de la correspondance forment un groupe non moins frappant. Depuis six mois, surtout à compter des dernières élections, on a vu les républicains les plus sincères abreuvés de dégoûts, les fonctionnaires publics insultés, maltraités, assassinés dans un grand nombre de départements, les émigrés rentrer en foule et protégés ouvertement. Leurs plus fermes soutiens, les prêtres insermentés et fanatiques, ont mis tout en usage pour rallumer les haines, secouer les torches de la guerre civile et rétablir un trône abhorré. C'est une chose annoncée publiquement qu'au moment du 18 fructidor il y avait des listes de proscription des républicains les plus marquants. Une jeunesse égarée affichait sur tous les points de la République une détermination de frapper les victimes qui leur (*sic*) seraient indiquées, et pour agir de concert et avec un ensemble propre au succès qu'on se promettait. Cette même jeunesse avait dans ses vêtements mis des signes de rassemblement non équivoques. Plusieurs provocations avaient même eu lieu peu de jours avant le 18 fructidor. Ces simples réflexions conduisent à la persuasion de la vérité que le Directoire veut établir. Si l'on ajoute quelques faits particuliers épars dans quelques lettres, la certitude augmentera en proportion.

Le commissaire du pouvoir exécutif près l'administration municipale de Besançon annonce dans une lettre n° 1, en date du 27 fructidor, que depuis quelque temps on délivrait de faux congés avec paye et vivres et des feuilles de route pour Paris à des soldats de la 89ᵉ demi-brigade. On faisait signer ces congés au général La Barolière. Ce général a aussi donné des congés limités avec paye et vivres dans la 56ᵉ demi-brigade.

Le 24 fructidor, à Tours, on enrôlait encore pour l'armée royale. Il existe à cet égard, n° 2, une déposition faite devant l'administration centrale du département d'Indre-et-Loire, le 27 du même mois, par un jeune homme de Loches, que l'un des conjurés en habit carré et à cheveux retroussés a conduit dans une maison située hors de la ville et garnie de munitions. Les enrôlés reçoivent 40 sous par jour. Cette maison est celle d'un nommé Quatrebœuf, dit Laribellerie, riche particulier.

Pendant ce temps-là, les royalistes de Vesoul, département de la Haute-Saône, déchiraient les proclamations du Directoire, et, dans les campagnes voisines d'Autun, les conspirateurs distribuaient les armoiries nouvelles du prétendant. Voyez les nᵒˢ 3 et 4.

On a découvert dans le département du Bas-Rhin un projet d'égorgement des républicains. Le juge de paix de Schlestadt instruit la procédure et est à la recherche des coupables. L'agent de la commune de Dambach ne paraît pas étranger à ce complot. Les pièces qui le prouvent sont sous le n° 5. Le 27 fructidor, foulant aux pieds l'article 48 de la loi du 10 juillet 1791, cet homme a, de son autorité privée et sans s'être concerté avec le commandant de la place, fait fermer les portes, porter les clefs chez lui et couper par là pendant la nuit toute communication entre la garnison et les troupes cantonnées dans les environs. Il a fait plus : sans en avoir prévenu le commandant de la garde nationale, il a renforcé les postes, qu'il a garnis d'hommes à lui. En vain il se rejette sur des ordres qu'il dit avoir reçus de l'administration centrale du département ; ces ordres fussent-ils réels, il devait s'en tenir à la loi, qu'il ne doit pas ignorer.

Le signal de ces agitations presque générales partait du Corps législatif. C'est de là que des représentants, indignes de ce caractère auguste, répandaient les inquiétudes dans l'âme des bons citoyens ;

c'est de là qu'ils accusaient le gouvernement pour le renverser ; c'est de là que, s'efforçant de paraître mus par une inspiration prophétique, ils écrivaient à leurs affidés que bientôt les choses changeraient de face. C'est ainsi que, d'après une lettre, n° 6, écrite de Rimont, le 26 fructidor dernier, par le représentant Bordes, en congé, à son collègue Estoque, le citoyen Vidalat est accusé d'avoir [écrit] naguère à un nommé Dupla-Goueytes, de Sauvat, que dans peu les trois membres du Directoire, Barras, Reubell et La Révellière-Lépeaux seraient traduits à la Haute-Cour de justice. On peut bien conclure de ces faits, joints à l'ensemble des circonstances qui ont environné ou précédé le 18 fructidor, qu'il était temps de prendre des mesures propres à sauver la République [1].

(Arch, nat., AF III, 44.)

RAPPORT DU MINISTRE DES FINANCES AU DIRECTOIRE EXÉCUTIF.

Paris, le 1er vendémiaire an VI.

Citoyens Directeurs,

Vous m'avez ordonné de vous transmettre les renseignements qui pourraient m'être parvenus sur la conspiration royaliste dont la République a triomphé au 18 fructidor.

Je me bornerai à ceux qui concernent plus particulièrement mon ministère.

Altérer la confiance due au gouvernement, entraver sa marche, calomnier ses intentions, et le priver de tous ses moyens d'action et de puissance pour l'accuser ensuite d'en abuser ou d'en manquer, tel était, on général, le plan de la conspiration; et elle embrassait toutes les parties de l'administration pour y porter le découragement et la résistance.

De là les alarmes conçues par les acquéreurs des domaines nationaux. Le Trésor public pouvait y trouver des ressources immenses : on voulut l'en priver. Des inquiétudes furent répandues avec art sur la fidélité de la nation à tenir ses engagements, sur ses besoins, qui la forceraient à les rompre, sur la revision des ventes faites, sur la suspension des ventes à faire, et, malgré les encouragements donnés par les lois dernières pour les accélérer, malgré mes invitations pressantes aux départements pour les presser, elles éprouvèrent, là un ralentissement sensible, ici une interruption absolue, partout une défaveur, une méfiance impossibles à vaincre, parce qu'elles s'auto-

1. Ce rapport n'est pas signé.

risaient des opinions bien connues de ceux-là mêmes qui eussent dû les combattre.

Le Directoire sait combien de fois j'ai eu occasion de l'en entretenir; je lui rappelle ici les renseignements que je lui ai déjà transmis à cet égard pour les départements : du Gers, dans lequel on a vu les acquéreurs déclarer qu'ils ne payeraient pas leurs domaines, parce qu'ils n'étaient plus sûrs de les conserver; de la Drôme et de l'Isère, où l'on a vu les adjudicataires se former en société pour combattre tous ceux qui se présenteraient pour les troubler. Même stagnation, ou à peu près, dans les perceptions des revenus publics.

Des contributions décrétées à peine à l'expiration de l'année, sans proportion avec les besoins trop connus du service et sans moyens pour en accélérer le recouvrement trop différé; des aperçus illusoires mis à la place de la réalité; des évaluations tour à tour affaiblies ou élevées, pour donner à croire que le Trésor public avait au delà de ses besoins : telles étaient les difficultés que le gouvernement rencontrait au premier pas; et elles s'aggravèrent bientôt par le système de diffamation attachée à ses opérations, système accueilli avec l'autorité qu'y donnait nécessairement le caractère de ceux qui le propageaient.

Inutilement j'ai redoublé d'efforts et multiplié les invitations, les ordres les plus pressants à tous les départements pour y accélérer la rentrée de leurs contributions. Une influence plus forte, des inspirations inaperçues d'abord, mais trop prouvées ensuite par leurs résultats, autorisaient l'inaction des administrateurs et le refus des administrés : les contributions n'étaient pas perçues.

Et comment l'eussent-elles été, lorsque des avis, répandus dans les départements, adressés aux administrateurs eux-mêmes, et accrédités par des noms et un caractère imposants, leur prescrivaient l'inaction comme un devoir, la résistance comme une chose convenue, et le non-payement des contributions comme un exemple, ou donné déjà, ou à suivre bientôt par toutes les parties de la République?

J'omets des détails plus particuliers; je voudrais n'avoir pas à les rappeler au Directoire; je l'en ai déjà entretenu. (Lettre du commissaire du Directoire exécutif près le département de l'Escaut.)

Je terminerai par une observation qui suppléera à toutes les autres :

Placé par le ministère dont je suis chargé dans une situation à laquelle retentissent tous les mouvements du corps politique, je dois dire que tout ce qui suppose ou révèle une combinaison vaste et adroitement tissue, que tous les signes avant-coureurs qui ont constamment annoncé les secousses orageuses de la Révolution ont présagé cette grande crise; qu'ils ont été sensibles surtout dans ces mêmes départements, habitués jusqu'ici à recevoir les premiers ces dangereuses commotions, et qu'il était temps pour la chose publique, pour la liberté, pour le salut de tous, qu'une grande et dernière victoire terminât cette lutte.

Salut et respect.

D.-V. RAMEL.

(Arch. nat., AF III, 44.)

[Dans le même dossier, à la suite de ce rapport, se trouve la lettre suivante : « *Paris, 24 brumaire an VI.* Le ministre de la justice au Directoire exécutif. Citoyens Directeurs, par votre lettre du 25 vendémiaire dernier, vous avez demandé à mon prédécesseur la nomenclature des juges de paix et directeurs de jury qui se sont fait un système des mandats d'arrêt contre des citoyens dévoués à la République, sans autre motif que leur attachement à la République elle-même. Cette notice se trouve comprise dans le tableau général que je vous transmets des crimes contre-révolutionnaires qui ont précédé de quelques mois la glorieuse journée du 18 fructidor an V. Il en résultera, sans doute, pour tous, la conviction de cette grande vérité, que le courage des patriotes a pu seul arrêter la marche de la royauté, qui, avant cette époque, avançait à grands pas à travers le sang républicain ruisselant de toutes parts. Salut et respect : LAMBRECHTS. » — A cette lettre est joint un « Tableau des crimes préparatoires de la contre-révolution commis avant le 18 fructidor an V ». C'est un volumineux cahier in-folio, où on énumère par ordre alphabétique de départements, avec la date des faits cités et le rappel du numéro de chaque dossier, divers faits, assassinats, tentatives d'assassinats, émeutes, pillages, etc.

JOURNAUX.

Rédacteur du 20 fructidor : « *Paris, le 19 fructidor*. Enfin, le génie de la République a triomphé. Les conspirateurs sont démasqués, et bientôt ils ne souilleront plus [le sol] sur lequel ils allaient verser par torrents le sang républicain. Les beaux jours de la liberté vont luire enfin ; car ce n'est plus un triomphe partiel et précaire que les patriotes doivent obtenir : c'est l'affermissement durable de la Constitution ; c'est un changement total de choses qui va mettre pour jamais leurs ennemis hors d'état de nuire ; c'est enfin la juste satisfaction qui leur est due pour les longues persécutions sous lesquelles ils ont gémi. Le peuple, qui croyait pouvoir se reposer à l'abri de la Constitution, fruit de ses travaux, était dans cet état de calme ou peut-être même d'affaissement qui suit ordinairement les grandes agitations. Une opinion factice semblait avoir comprimé, à force d'impostures et de corruption, celle de la masse pure et industrieuse qui n'écrit et n'intrigue, mais qui sait penser et sentir. Cette inertie ne pouvait être durable ; et ils se sont bien étrangement trompés, ceux qui ont pu croire qu'elle indiquât le moindre affaiblissement à l'amour de ce peuple pour la liberté! Le temps de l'énergie est revenu : que ses ennemis du dehors ou de l'intérieur tremblent d'en provoquer maintenant la terrible épreuve! — Les conjurés n'attendaient plus que leurs grenadiers royaux et le décret d'éloignement des troupes pour donner le signal de la guerre civile. Leurs armes distribuées, les preuves entassées de leurs complots, leurs correspondances avec les émigrés, leurs enrôlements, leurs tentatives pour corrompre et désorganiser les corps de troupes; enfin, tous leurs préparatifs d'attaque, disposés au point de recevoir leur exécution immédiate, annonçaient qu'il n'y avait plus un moment à perdre et ne laissaient plus au Directoire le temps de choisir sur les moyens de sauver la patrie. Ce n'était plus comme législateurs qu'ils se présentaient : c'était comme chefs d'une horde de conjurés, comme les généraux d'une armée ennemie en présence. Lors, que pouvaient les formes? Que peuvent de timides ménagements contre un ennemi qui a les armes en mains? Honneur à ces braves grenadiers, qui ont si bien su discerner le vrai Corps législatif, dont ils sont les fidèles défenseurs, de cette troupe de scélérats, et qui ont concouru eux-mêmes à les saisir en flagrant délit au milieu de leurs commissions conspiratrices, où ils venaient de voter leurs plans de massacres! Honneur aux soldats de toutes les armes dont le patriotisme, la bonne tenue et la discipline ont si puissamment contribué à la gloire de cette journée! Honneur aux citoyens de Paris, qui tous, en en exceptant toutefois les royalistes qui se cachent, ont hautement fait éclater leur satisfaction à la vue du châtiment que les traîtres vont subir et leur reconnaissance envers le Directoire, qui a sauvé la patrie des bords de l'abîme. » — *Ami des Lois* du 19 fructidor : « ..... Nous avons parcouru la ville et faubourgs; la troupe ne se porte à aucune violence; les citoyens paraissent sans inquiétude, et tout fait espérer qu'aucun événement fâcheux ne troublera la tranquillité publique. » — *Journal des hommes libres* du 20 fructidor : « *Paris, 19 fructidor. Supplément aux nouvelles de Paris d'hier.* Dans l'agitation qui a accompagné la journée d'hier, il nous est échappé quelques faits intéressants qui doivent trouver place ici. La journée s'annonça par le jeu d'une forte artillerie au Pont-Neuf pour faire mettre sur leur garde les patriotes et servir de signal d'alarme. Ce fut un, en effet, pour les Chouans; et, soit que l'absence de leurs chefs *législatifs* et militaires eût rompu leurs mesures et qu'ils n'osassent plus lutter contre la puissance qui venait de frapper et Rovère et Pichegru, soit qu'il fût trop matin pour les jolis bataillons de Tivoli, il ne parut pas une cinquantaine de visages effarés sur la place Vendôme, désignée pour le quartier général, et ils s'enfuirent à l'approche de quelques canonniers. Ramel, dès que les républicains furent dans les Tuileries, fut destitué, dégradé et arrêté à la tête des grenadiers; ses épaulettes furent arrachées par le général Dutertre, et, d'après l'ordre d'Augereau, aux cris de *Vive la République!* Les grenadiers élevaient leurs bonnets sur leurs baïonnettes : leur tyran pâle et tremblant a été conduit au Temple, où il trouvera Brottier et Dunan. Les représentants de leur parti, autres que ceux saisis aux inspecteurs, avaient voulu forcer l'enceinte des Tuileries consignées; plusieurs étaient déjà dans la salle et s'amusaient à donner la représentation (*sic*) de législateurs votant pour des conjurés et défendant leurs complices. En vain on leur signifie que les vrais représentants du peuple se sont réunis près du Directoire, à l'Odéon; ils résistent, on les chasse; et le royal Dupont, le défenseur des quatre-vingt-onze et de leur Constitution, fait imprimer une protestation provocatrice contre le Directoire au nom du prétendu Corps législatif. Ce dangereux serpent, le plus hypocrite des royalistes, n'est point sur la liste des conspirateurs. C'est dans ce moment qu'a été arrêté Aubry, le plus insolent de tous; les militaires, qu'il a constamment sacrifiés, l'ont adjoint à ses *frères d'armes*. On apprend l'arrestation de Murinais et d'un abbé Dubois, grand agent des émigrés. Il faut noter que plusieurs royalistes gardent une contenance audacieuse. On se disait, dans une compagnie, que ce n'était qu'un feu de paille, et qu'il fallait laisser aller. Deux Chouans ont été arrêtés auprès du Luxembourg même, où ils traitaient les républicains de brigands : l'un d'eux a failli être tué. Les affiches du Directoire et celles des particuliers sont arrachées en plusieurs endroits; des particuliers ont même repoussé les afficheurs, en disant qu'ils avaient des ordres pour cela. Aujourd'hui, quelques scènes de ce genre ont eu lieu. Le Directoire avait dès hier destitué le département et les douze municipalités de Paris; le Bureau central reste seul chargé de toutes les mesures; c'est peut-être le trop d'ouvrage réuni sur les mêmes têtes qui nuit à la surveillance. La physionomie de Paris est calme. On annonce l'arrestation du duc de Brancas et de quelques autres; mais nous ne le garantissons pas. On a rappelé beaucoup de patriotes au poste de la rue Verte, où on les a armés. La garde du Temple est confiée au général Dutertre. Plusieurs journalistes sont poursuivis comme fauteurs de la conspiration. Les mixtes sont plats et entortillés. Le grand républicain demande déjà qu'on sauve les conspirateurs en les renvoyant au tribunal royal qui les attend. Les Cercles constitutionnels vont se rouvrir au nom de la loi; celui de Paris tient ce soir sa première séance. » — *Gazette nationale de France* du 19 fructidor : « *Paris* ..... Les faubourgs Saint-Antoine et Saint-Marceau sont venus en armes offrir leurs bras et leurs secours au Corps législatif et au Directoire. C'est le seul mouvement populaire qui ait eu lieu. Il s'est fait avec ordre. — Les barrières sont fermées; les diligences ne partent pas; les courriers ne portent que les dépêches officielles, la poste est surveillée. Au reste, pas la moindre agitation. Des curieux se promènent. Voilà tout..... » — *Courrier des Spectacles* du 19 fructidor : « Nous ne pouvons pas assurer que les petits théâtres aient été fermés hier; nous pouvons seulement donner pour certain qu'aucun des six grands spectacles n'a donné; un ou deux ont ouvert leurs bureaux, mais l'argent a été rendu à ceux qui avaient pris des billets. Nos abonnés voudront bien nous excuser si nous ne leur donnons pas l'annonce du théâtre des Arts. Comme nous ne pouvons nous la procurer tous les jours qu'à une heure du matin, cette nuit il nous a été impossible de l'avoir. »

MCXXIV

19 FRUCTIDOR AN V (5 SEPTEMBRE 1797).

Rapport du ministre de la police générale au Directoire exécutif.

La loi du 18 de ce mois relative aux déportés, émigrés et prêtres insoumis a été proclamée dans la ville de Paris par les citoyens

Bréon et Mangourit[1], avec une musique militaire et un détachement de hussards commandé par l'adjudant général Colin. La première lecture s'est faite sur la place de la Bastille; la deuxième, aux Quinze-Vingts; la troisième, place Maubert; la quatrième, carrefour de la Croix-Rouge; la cinquième, sur la place du Palais-Égalité. La marche a parcouru les rues les plus populeuses ; elle a été précédée et suivie d'une multitude immense. La joie était peinte sur tous les visages; souvent elle répétait les airs chéris de la *Marseillaise*, de *Ça ira* et du *Départ;* nous avons enfin retrouvé le Parisien de 1789. A la place de la Bastille, cercle très nombreux autour du proclamateur, interrompu par les cris de *Vive la République!* à chaque article portant une mesure de salut : ce[lui] qui concerne la sévérité envers les prêtres a été accueilli avec transport, ainsi que les noms des conspirateurs royaux déportés, ceux surtout de Carnot, Boissy d'Anglas, Camille Jordan, Dumolard, Henry-Larivière ; au nom de Pichegru, on a applaudi très longtemps, en criant : *le traître!* Devant les Quinze-Vingts, concours encore plus nombreux, joie non moins éclatante; à la place Maubert et au carrefour de la Croix-Rouge, la loi a été reçue avec enthousiasme. Quant au peuple, assemblé en très grand nombre sur la place du Palais-Égalité, ses élans, ses cris de joie, ses chapeaux en l'air ont prouvé aux royalistes que les républicains avaient été comprimés, mais qu'au premier mouvement ils avaient recouvré leur énergie. Enfin, le rapprochement, la communication du gouvernement avec le peuple, le vrai peuple de Paris, a produit le meilleur effet, et je ne doute pas que cette énergie ressuscitée ne soit dirigée par l'esprit de sagesse que j'ai remarqué dans la masse générale. Le ministre de la police générale. *Signé :* SOTIN. »

(*Rédacteur* du 22 fructidor, et Bibl. nat., Lb 42/1582, in-8.)

MCXXV

20 FRUCTIDOR AN V (6 SEPTEMBRE 1797).

JOURNAUX.

Ami des Lois du 22 fructidor : « *Variétés*... On a chanté hier à l'Opéra

[1]. Est-ce que Mangourit (ancien consul de France à Charleston) avait été adjoint, pour la circonstance, au Bureau central ? Nous n'en savons rien. En tout cas, par les signatures qu'on relèvera plus loin au bas d'une proclamation du 22 fructidor et d'un arrêté du 27, on verra que le Bureau central resta composé de Cousin, Bréon et Limodin. Il n'y eut de changement dans le personnel de ce bureau qu'en vendémiaire an VI.

l'hymne à la liberté ; il a été entendu avec enthousiasme ; quelques ci-devant collets noirs ont donné des preuves de leur conversion en applaudissant avec les autres. Le nouveau signe de ralliement des chevaliers royaux est un collet blanc en satin ; on voit que ces messieurs vont, sans difficulté, du noir au blanc pour ensuite du blanc revenir au noir ; leur conduite rappelle le couplet des amazones :

> L'homme dans le changement
> Aime à passer sa vie :
> Il veut noir, puis il veut blanc
> Selon sa fantaisie ;
> Il change du matin au soir,
> Et son âme incertaine
> Du noir au blanc, du blanc au noir,
> A chaque instant le mène !...

Jamais Paris n'a été plus calme qu'il l'est depuis quarante-huit heures. Les journées des 19 et 20 n'ont été nullement troublées ; les travaux des citoyens n'ont point été interrompus ; tout est rentré dans l'ordre, ou, pour mieux dire, on n'en était jamais sorti. Les complices des conspirateurs seuls sont effrayés, et le peuple, délivré de ses oppresseurs, bénit le génie de la liberté qui l'a encore préservé des horreurs de la guerre civile. Il est à remarquer que qui ce soit n'a pris le parti de ces conjurés et qu'on n'a pas témoigné le moindre regret de leur arrestation. » — *Journal des hommes libres* du 21 fructidor : « *Paris, 20 fructidor.* La police exerce partout la surveillance la plus active, et le calme dont jouissent les bons citoyens, ce calme qui contraste si bien avec les tristes prédictions de nos défunts journaux chouans, qui ne rêvaient plus que pillage et massacre, n'est point interrompu par les arrestations successives de différents agents de la conspiration. Les plus effrontés des provocateurs à la royauté, Barruel-Beauvert et Richer-Sérisy, sont arrêtés. Moynat-d'Auxon, couvert du sang du Midi, et arrivé depuis trois jours à Paris pour prendre part aux affaires, est arrivé pour prendre part à l'arrestation : le bras droit de Willot pouvait-il en être séparé ? Honneur et courage au ministre de la police, à son zèle à frapper sur les conspirateurs ! Il a encore envoyé hier au Bureau central l'ex-député Chiappe, qui, accompagné d'une espèce de Chouan, agent d'Henry-Larivière, s'était présenté au Temple, en se disant représentant du peuple, et insistait avec insolence pour parler à Pichegru. Le général Dutertre, à qui il montrait sa vieille carte de député et qui ne s'aperçut point d'abord de la supercherie, l'envoya à Augereau, comme voulant forcer la consigne. Chiappe furieux vomissait mille imprécations ; Augereau le reconnut pour un des brigands qui désolèrent l'armée d'Italie, et l'envoya à la police. De chute en chute, une prison le reçut avec son camarade. Il y a lieu de croire que ce n'était pas sans raison qu'il employait tant d'audace pour parler à Pichegru, et qu'il commettait sciemment le délit de s'introduire dans un poste aussi important avec un faux titre. Les Tuileries sont ouvertes. Il arrive douze mille hommes pour assurer la paix... » — *Gazette nationale de France* du 21 fructidor : « *Paris.* La force armée continue de garder les ponts. L'artillerie n'est point retirée. Les principales rues qui aboutissent au Directoire sont occupées la nuit par des postes que l'on relève le matin. Ces précautions ne sont point inutiles : les égorgeurs de Lyon et les chefs vendéens, attirés à Paris par la faction terrassée, et réunis aujourd'hui par un péril commun, cherchent à s'échapper, en forçant les barrières ou en occasionnant par une attaque désespérée un moment de désordre qui favorise leur fuite. On a arrêté le marquis de Bouillé, fameux par ses succès dans la guerre d'Amérique, plus fameux encore par sa haine, ses menaces et ses intrigues contre sa patrie. On a manqué Dumouriez d'une demi-heure. La vindicte publique paraît avoir été dirigée contre les imprimeurs de quelques journaux entachés de royalisme. Leurs presses ont été brisées et les caractères dispersés. Il y a eu d'innocentes victimes. Heureusement on a mis fin à ces mesures irrégulières. »

MCXXVI

21 FRUCTIDOR AN V (7 SEPTEMBRE 1797).

JOURNAUX.

Gazette nationale de France du 22 fructidor : « *Paris*..... Il n'y a plus d'artillerie sur les ponts; deux pièces seulement sont restées au Pont-Neuf. On a cessé de faire bivouaquer les troupes dans les rues qui avoisinent le Directoire. Douze mille hommes viennent d'arriver. Ils sont destinés à assurer la tranquillité de l'intérieur. Ils ne séjourneront pas longtemps ici. Ils iront renforcer les divisions militaires dans les départements, pour y comprimer les efforts, les vengeances ou les tentatives de la faction vaincue. On fait courir le bruit que Carnot est allé rejoindre Moreau, et qu'ils marchent sur Paris. Cette nouvelle n'a aucune espèce de probabilité et paraît jetée dans le public pour relever les espérances des ennemis de l'ordre et de la République. On arrête beaucoup d'émigrés qui n'avaient point obéi à la loi. Un certain abbé Dubois, qui défendait aux fidèles de se marier devant la municipalité, et qui déclarait bâtards les enfants nés de ces mariages, vient aussi d'être arrêté. Le duc de Brancas-Céreste et le marquis de Nesle sont également arrêtés, si l'on en croit la clameur publique. Le ministre de la police redouble d'activité pour préserver Paris de toute nouvelle secousse.

MCXXVII

22 FRUCTIDOR AN V (8 SEPTEMBRE 1797).

JOURNAUX.

Rédacteur du 27 fructidor : « *Paris, le 22 fructidor, an V.* Le Bureau central du canton de Paris aux commissaires de police de cette commune : Citoyens, les ennemis du gouvernement méditaient la chute de la République, le renversement de la Constitution, le rétablissement du trône, le rappel des émigrés, des prêtres déportés, l'assassinat des républicains et la guerre civile. Une nuée de sang aurait inondé toute la surface de la France, si le Directoire exécutif, informé des projets qu'ils avaient conçus, et dont l'exécution était commencée, n'eût renversé d'une main ferme et hardie le plan de la plus vaste des conspirations, et déchiré le voile funèbre qui couvrait déjà tous les républicains. La loi du 19 fructidor, présent mois, vient de leur enlever les principaux points d'appui sur lesquels ils fondaient toutes leurs espérances. Elle prononce la déportation contre tous ceux qui sont désignés par l'article 13 comme ayant participé directement à la conspiration. Leurs complices, leurs auxiliaires, que la même loi signale plus particulièrement aux autorités chargées de veiller au maintien de la tranquillité publique, sont les émigrés et les prêtres déportés et rentrés. Les articles 15 et 16 veulent que tous les individus inscrits sur la liste des émigrés et non rayés définitivement sortent de Paris dans les vingt-quatre heures, et que, passé ce délai, ils soient arrêtés et traduits devant une commission militaire, pour y être jugés dans les vingt-quatre heures. Cette disposition est commune aux individus qui, ayant émigré, sont rentrés en France, quoiqu'ils ne soient inscrits sur aucune liste d'émigrés. La loi qui rappelait les prêtres déportés est révoquée, et ceux qui sont rentrés en France doivent en sortir sous les peines portées contre eux par les lois antérieures. Les articles 5, 6 et 7 de la loi du 7 vendémiaire de l'an IV, concernant les ecclésiastiques qui sont autorisés à demeurer dans le territoire de la République, et qui veulent exercer un culte public, sont maintenus ; mais, au lieu de la déclaration prescrite par l'article 6, ils doivent prêter serment de haine à la royauté et à l'anarchie, d'attachement et de fidélité à la République et à la Constitution de l'an III. Ainsi, tout prévenu d'émigration non rayé définitivement, tout émigré rentré, tout prêtre déporté, et qui seraient restés dans l'enceinte de cette commune, en contravention à la loi depuis sa publication, et vingt-quatre heures après, doivent être arrêtés et traduits devant les tribunaux. Il en est de même des ecclésiastiques qui exerceraient un culte public sans avoir préalablement prêté le serment exigé, et satisfait d'ailleurs aux dispositions de la loi du 7 vendémiaire de l'an IV. Nous vous chargeons de veiller dans vos arrondissements respectifs à ce que ces diverses dispositions soient ponctuellement exécutées. Signalez-nous tous les individus qu'elles concernent, et faites que, par votre vigilance et votre activité, nulle résistance, nulle infraction à la loi n'échappent à l'œil toujours ouvert de la police. Il est inutile, sans doute, de vous rappeler les dispositions de l'article 26, qui prononce deux années de fers contre tout officier de police judiciaire qui n'exécuterait pas ponctuellement la loi en ce qui le concerne ; vous êtes trop animés de l'amour des lois et de la liberté pour que nous puissions douter de l'empressement que vous apporterez à l'exécution des ordres que nous vous donnerons pour la poursuite et l'arrestation des ennemis de la République. Vous nous rendrez un compte exact des mesures que vous aurez prises et du résultat qu'elles auront produit. Salut et fraternité. Les administrateurs du Bureau central : Cousin, Bréon, Limodin. »

MCXXVIII

23 FRUCTIDOR AN V (9 SEPTEMBRE 1797).

JOURNAUX.

Ami du Peuple du 23 fructidor : « Tant que les prêtres s'agiteront et se mêleront des affaires politiques, la patrie ne sera jamais bien gouvernée. Le concile tenu à Notre-Dame a causé et cause encore des troubles dans Paris. Les enfants de Jésus, les fanatiques, les évêques ne sont que des gens à complots, qui, sous le prétexte d'une religion erronée, jouent une importance ridicule aux yeux du sage. Ce ne sont que des rebelles, des ambitieux et des conspirateurs. Pourquoi ces factieux ne veulent-ils pas reconnaître les prêtres assermentés ? C'est parce que ceux-ci ont prêté serment à la loi, et qu'eux, se croyant au-dessus des décrets, ne veulent point s'y soumettre. Il faut de toute nécessité chasser ces révoltés, pour la tranquillité du peuple et le triomphe de la République. » — *Nouvelles extraordinaires de divers endroits*[1] du 15 septembre 1797, supplément : « La tranquillité dans Paris n'a point été troublée ; il n'y a eu que quelques jeunes gens, qui se distinguaient par le collet noir, conduits au corps de garde, et quelques-uns relâchés peu après. Quelle que soit la façon de penser de chacun, l'appareil militaire qui continue d'être déployé en impose. Les troupes observent une bonne discipline, et l'on peut dire qu'il ne se commet presque point de désordre. Quoique leur nombre soit déjà très considérable, il sera encore augmenté successivement par environ huit mille hommes. Ce sont les troupes de l'armée de Sambre-et-Meuse, qui avaient continué de séjourner dans la Champagne ; les ordres pour leur marche ont déjà été expédiés. La loi de salut public, consistant en quarante articles, a été publiée avec un grand appareil dans cette capitale et envoyée dans les départements...... »

MCXXIX

25 FRUCTIDOR AN V (11 SEPTEMBRE 1797).

JOURNAUX.

Ami du Peuple du 25 fructidor : « Le Théâtre-Français de la rue Louvois est fermé. Le ministre, ayant mandé la directrice, l'avait engagée à retirer les pièces qui, ayant trop prêté aux allusions, avaient occasionné des rixes et des troubles toujours plus déplacés dans un lieu de paix et de divertissements que partout ailleurs. Mademoiselle Raucourt répondit : « Je ne changerai pas

---

1. Vulgairement *Gazette de Leyde*.

mon répertoire. » Aussitôt l'ordre de clôture fut expédié. Ceux qui préfèrent leur plaisir à la tranquillité publique accusent cette mesure de tranquillité. Nous leur ferons observer cependant qu'il n'y a pas de plaisir sans tranquillité. » — *Courrier de l'Europe* du 26 fructidor : *Paris, 25 fructidor*... Cette ville est tranquille ; les canons braqués sur la place des Victoires, sur celle de la Révolution, sur le pont de l'Égalité et le Pont-Neuf, ont été retirés. La liberté des communications est rétablie, les barrières sont ouvertes ; mais on est obligé pour sortir de faire voir une carte ou un passeport..... »

MCXXX

26 FRUCTIDOR AN V (12 SEPTEMBRE 1797).

JOURNAUX.

Ami du Peuple du 27 fructidor : « Aujourd'hui 26 fructidor, six heures du matin, contre mon attente, il me fut signifié une lettre de cachet signée Limodin, encore, pour le malheur du genre humain, membre du Bureau central. Elle enjoignait à ses mouchards de requérir le commissaire de police et la force armée, pour en assurer l'exécution. J'obéis à l'ordre du tyran Limodin. Arrivé au Bureau central, on m'annonce que M. Limodin est sorti, qu'il a demandé avant que de se mettre en route s'il pouvait aller à pied, si le pavé était sec, et, sur la réponse affirmative d'un de ses fidèles, il s'est décidé à aller à pied. Enfin, après un certain espace de temps, arrive monseigneur Limodin. Il est averti que je fais antichambre en l'attendant, et que je ne suis nullement effrayé de son mandat. Aussitôt, l'ordre est donné à mes surveillants de me conduire chez le ministre de la police, et M. Limodin refuse de m'entendre ; il ne veut rien avoir à démêler avec moi, moi qui avais tout à démêler avec lui. Arrivé chez le ministre de la police, qui diffère en tout des principes d'un Limodin et d'un Bréon, escorté de mes gardes du corps, je suis introduit chez le ministre, qui éloigne les agents des monstres Bréon et Limodin, et, après m'avoir demandé quelques explications sur différents articles de mon journal, me témoigne le regret qu'il avait que j'aie été amené de cette manière, paraît regretter le temps que m'avait fait perdre le tyran Limodin, et me renvoie à mes occupations. Est-il possible qu'un Limodin, qu'un Bréon resteront au Bureau central et se permettront contre des publicistes patriotes des actes arbitraires ? Quoi ! des écrivains républicains ne seront pas à l'abri des poursuites continuelles de ces infâmes agents du despotisme ? Hier, ils font arrêter, incarcérer Lamberté ; aujourd'hui, c'est contre moi qu'ils décernent une lettre de cachet. Les forcenés osent, sans pudeur, attaquer les plus chauds panégyristes du gouvernement qui nous a sauvés, en les maltraitant, les mortifiant et les incarcérant. Ô Directoire ! c'est toi qu'ils provoquent : hâte-toi de chasser ces ennemis enragés de la tranquillité des plus sincères républicains. » — *Journal des hommes libres* du 28 fructidor : « *Paris, 27 fructidor*..... Hier encore, et vis-à-vis le Bureau central, un canonnier disait sans injures à un cadenette (car on voit toujours beaucoup de cadenettes) : « Il faut que tu sois bien impudent pour porter encore un tel costume. » « Messieurs, dit le Jésus, on m'insulte. » Et aussitôt, aidé de vingt brigands qui sortent d'un café voisin, il assassine à coups de bâton le canonnier, que quelques ouvriers arrachent tout sanglant de leurs mains. Ne croyez pas que le Bureau central, qui protège ou emploie les cadenettes, ait fait arrêter un seul de ces Chouans. Si le Directoire veut remonter l'esprit public et faire exécuter sa proclamation, il lui faut un Bureau central républicain......» — *Gazette nationale de France* du 28 fructidor : « *Paris*. On a fait partir hier, à deux heures du matin, tout ce qui restait en France de la famille des Bourbons. Quelle que puisse être leur innocence ou leur nullité, cette rigueur était nécessaire. Ils étaient au milieu de nous, et comme malgré eux, des sujets également dangereux d'amour ou de haine aux différents partis qui divisent la République. Leur nom seul ralliait des passions, rappelait des souvenirs auxquels l'intérêt de tous doit commander aujourd'hui un éternel silence. Nous plaignons autant qu'il est en nous ces victimes de la raison d'État ; mais sont-elles les seules que l'on doive plaindre ? Combien d'autres, après une existence moins fortunée, et frappés cependant de bien plus rudes coups, sollicitent une pitié plus grande ! Tous les bannis ont-ils des rois pour alliés, pour parents et leur cour pour refuge ? Quel être fut donc jeté sur la terre pour y courir les seules chances de la prospérité ? Les jours de l'infortune sont arrivés pour les Bourbons ; mais ne sont-ils pas en quelque sorte une compensation légitime à quatre siècles de félicités, de gloire et de puissance ? Leur sort, immérité (nous ne parlons que de Mesdames d'Orléans et de Bourbon et du prince de Conti) peut-être, ne nous laisse point sans émotion, mais n'absorbe pas notre sensibilité, que réclament les victimes innombrables des fureurs vengeresses de la royauté : victimes obscures sans doute et conséquemment privées de tout dédommagement à leurs infortunes, mais par là même plus intéressantes aux yeux des philosophes. ».....« Les feuilles périodiques viennent d'être assujetties à un droit de timbre vraiment exorbitant. Est-ce une ressource fiscale bien réelle, et surtout bien légitime ? Nous ne le pensons pas. Autant vaudrait un timbre sur les tableaux. Est-ce pour arrêter autant que possible la circulation de la pensée, l'action d'une critique raisonnable et salutaire des actes du gouvernement ? Cela pourrait être. Eh bien ! l'on fera des livres. C'est un peu plus long, plus lourd même, mais aussi cela frappe mieux et plus fort. »

MCXXXI

27 FRUCTIDOR AN V (13 SEPTEMBRE 1797).

JOURNAUX.

Rédacteur du 28 fructidor : « Bureau central du Canton de Paris. *Paris*, *le 27 fructidor an V*. Depuis plusieurs mois, le Bureau central, justement indigné de l'immoralité et des atteintes continuellement portées aux mœurs, soit par l'impudente exposition des livres et des images les plus obscènes, soit par la multiplicité prodigieuse des femmes et filles prostituées, dont tous les quartiers de cette vaste cité sont infestés ; soit enfin par l'indécent travestissement de beaucoup de femmes en hommes, affectant encore de se trouver dans les spectacles, promenades et autres lieux publics, n'a cessé de prendre des mesures vigoureuses et propres à lui assurer quelques succès. Par quelle fatalité tous ces efforts ont-ils été vains? Pourquoi tout ce qu'il y a d'hommes honnêtes, pourquoi tout ce qu'il y a d'épouses vertueuses et de mères estimables, ne viendraient-ils pas auprès de magistrats courageux, qui n'ont d'autres désirs que de réprimer fortement tous les écarts monstrueux du vice? Pourquoi, disons-nous, ne viendraient-ils pas leur dire : là, est un corrupteur de la morale publique, frappez-le ; là, est une femme impudique, qui, oubliant ce qu'elle doit de respect aux lois et à la société, quitte, sans rougir, les habits de son sexe, pour se revêtir d'un qui ne peut lui convenir et doit, au contraire lui faire oublier cette heureuse modestie qui fait et fera toujours son plus bel ornement? Les lois s'opposent aux travestissements et les punissent même très rigoureusement ; la raison, la saine morale s'y opposent également. Le dire à nos concitoyennes, avertir celles qui, par légèreté, se livrent à ces mêmes travestissements, c'est s'assurer qu'elles nous épargneront la douleur de sévir contre elles, persuadés que nous sommes que le premier devoir des magistrats est d'éclairer pour éviter de punir. Les administrateurs du Bureau central : Cousin, Bréon, Limodin. » — *Ami des Lois* du 27 fructidor : « *Variétés*..... Le *Messager du Soir* reparaît sous le nom de *Courrier de l'Europe* ; le *Courrier des départements* sous celui de *Sage Observateur* ; le *Grondeur*, sous celui de *l'Espiègle*, etc. Semblables aux espions, aux filous, aux voleurs, aux vagabonds, les journaux royalistes ont changé de nom pour échapper à la surveillance ; mais jamais ils ne changeront d'esprit, et, s'ils ne sont sévèrement surveillés, ils répandront de nouveau leur poison, avec peut-être plus de politique et d'adresse, mais avec autant de dangers pour la République. L'*Éclair*, qui continue à avoir ses courriers particuliers, se soustrait à la surveillance immédiate de la police, parce qu'il ne paraît pas à Paris. » — *Courrier de l'Europe* du 30 fructidor : « *Paris, 29 fructidor...* L'exposition successive des ouvrages des artistes qui cette année ont concouru pour les grands prix de peinture, sculpture et architecture aura lieu, à dater du 27 fructidor an V, jusqu'au 10 vendémiaire an VI, savoir : la peinture et l'architecture dans le grand salon de l'exposition du Muséum, et la sculpture dans la salle Laocoon..... »

MCXXXII

28 FRUCTIDOR AN V (14 SEPTEMBRE 1797).

Journaux.

Ami du Peuple du 29 fructidor : « Nous venons, dit *la Clef des cabinets*, de voir une carte imprimée sur laquelle est écrit : « Club de 89. Palais Royal, « galerie du côté de la rue des Bons Enfants. » Ministère de la police, redoublez de vigilance et d'activité ; empêchez que les restes dispersés de la coalition royale ne se rallient. » — « Nous dénonçons au Directoire et au ministre de la police le théâtre de la Cité comme un des foyers les plus ardents de l'esprit réacteur et antirépublicain. Ce petit théâtre est soutenu de préférence par toute l'écume des bureaux et agents du Bureau central; c'est là que les espions, les faiseurs de rapports, les sbires de Bréon, les beaux esprits de Limodin, les bureaux des immondices et des obscénités, enfin toute la sale et dégoûtante queue de Cochon se rend pour former l'esprit public. Hier, à une représentation de je ne sais quelle mauvaise pièce, on a arrêté au milieu d'un couplet l'acteur qui chantait :

> Le crime est à l'ordre du jour,
> La vertu seule est à la baisse.

pour lui faire répéter trois fois ces vers au milieu d'un débordement épouvantable d'applaudissements, et en ne cachant point du tout qu'on renvoyait l'application au Luxembourg. Chez Audinot, l'on disait d'un assassin mis en scène : « C'est un Jacobin » : « Depuis le 18 fructidor, répond un incroyable, on dit : c'est un républicain. »

MCXXXIII

29 FRUCTIDOR AN V (15 SEPTEMBRE 1797).

JOURNAUX.

Ami des Lois du 29 fructidor : « *Variétés...* Il vient de naître une foule de journaux des cendres de ceux qu'on a supprimés; ils se contraignent dans ce moment critique pour eux, mais ils ne tarderont pas à laisser percer leur invincible propension pour la royauté; déjà l'un de ces messieurs, qui prend le titre de *l'Avant-Coureur*, et qui n'est autre chose que *l'Invisible*, dans son n° 5, traite de contagion les élans des peuples voisins de la Turquie pour la liberté; apparemment qu'aux yeux de *l'Avant-Coureur* la peste et la liberté sont la même chose. — Nous espérons que le droit de timbre, qui sera d'un sol pour chaque feuille, fera disparaître les trois quarts et demi de ces écrivassiers qui se disputent chaque jour pour se voler des abonnés, et qui, après avoir reçu l'argent des souscripteurs, mettront la clef sous la porte, quand on commencera la perception du nouveau droit de timbre..... »

MCXXXIV

30 FRUCTIDOR AN V (16 SEPTEMBRE 1797).

JOURNAUX.

Ami des Lois du 30 fructidor : « ... Les nouvelles de Londres nous apprennent que la première édition de *La Pensée du Gouvernement répu-*

blicain, par Barère, député au Conseil des Cinq-Cents, traduite en anglais, et tirée au nombre de trois mille exemplaires, a disparu huit jours après l'impression, et que la seconde, tirée au nombre de quatre mille, est tout à fait épuisée..... » — *Ami des Lois* du 2me jour complémentaire : « *Variétés*... L'inauguration de l'arbre de la Liberté faite au Cercle constitutionnel de Paris, le 30 fructidor, a été remarquable par l'affluence des citoyens qui se sont portés à cette cérémonie avec un empressement singulier. Toutes les rues attenantes à la maison Montmorency, les jardins, les croisées étaient remplis de femmes, d'enfants, de vieillards et de patriotes échappés aux poignards de Carnot et de Cochon ; une musique républicaine a préludé à la fête ; ensuite Benjamin Constant a prononcé un discours où se trouvaient réunis les charmes de l'éloquence, la force des pensées, des rapprochements ingénieux et surtout l'expression franche et énergique du plus sincère amour pour la Constitution. Ce discours a été couvert d'applaudissements ; un peuple immense, qui était dans les rues et sur le quai, invita Benjamin à répéter son discours et à se placer à cet effet sur un lieu élevé d'où il pût l'entendre ; il le répéta monté sur un balcon, et à chaque instant, le long du rivage, on entendait des cris de *Vive la République!* Les femmes disaient en revenant de cette fête : « Du moins cet arbre-là n'a point été arrosé du sang de nos familles. » — *Gazette nationale de France* du 1er jour complémentaire : « *Paris*... Le fameux marquis de Saint-Simon, dont nous avons parlé dans notre n° 713, est enfin arrêté. Les moyens d'action et de communication intérieure de cet homme, plongé, il y a dix mois, dans la plus grande indigence, sont réellement effrayants ; ils surpassent de beaucoup ceux des messageries dans leur plus florissante époque. Au transport des voyageurs et des marchandises, il avait réuni celui des lettres et journaux, et la rapidité de ses voitures surpassait de beaucoup celle de la poste. Les premières nouvelles que l'on eut à Lyon des événements du 18 fructidor furent apportées par le *Précurseur*, journal expédié par les voitures de ce marquis de Saint-Simon. On peut facilement pressentir le danger d'un établissement pareil. En tout temps et sous toutes les formes possibles de Constitution, le transport des lettres et des papiers publics doit exclusivement appartenir au gouvernement. C'est sa sûreté, c'est la sûreté de tous. La communication entre les citoyens d'un même État est un besoin public, comme celui de la justice ; ainsi donc c'est irrévocablement une branche de l'administration générale...... » — *Gazette nationale de France* du 4e jour complémentaire : « *Paris*... Le Cercle constitutionnel s'est rassemblé. Il y a eu fête le 30 fructidor. On a planté l'arbre de la Liberté et célébré les événements du 18. Un Suisse (il n'était point là de Français sans doute), un Suisse nommé Benjamin Constant a harangué l'assemblée, qui était nombreuse. Son discours a été accueilli ; il renfermait, dit-on, des vérités utiles ; le style était brûlant, et la liberté dignement célébrée. Nous envions à la Suisse l'avantage de compter M. Constant parmi ses concitoyens, et, tout étranger qu'il soit parmi nous, on ne peut que regretter de l'avoir vu paraître si tard dans notre révolution. »

MCXXXV

1ᵉʳ JOUR COMPLÉMENTAIRE AN V (17 SEPTEMBRE 1797).

JOURNAUX.

Ami des Lois du 1ᵉʳ jour complémentaire : « .....La loi qui soumet les journaux pendant un an à la surveillance de la police sera illusoire, si elle n'atteint pas ceux qui, comme l'*Éclair*, se transportent par des voitures extraordinaires dans les départements, et ne paraissent point à Paris; nous prévenons le gouvernement que cet *Éclair* empoisonneur reparaît sous le titre d'*Annales politiques et littéraires*, rue d'Anjou, faubourg Germain, n° 1774, et s'imprime chez Vezard, rue du Muséum, Cloître Germain; il est quelquefois réimprimé à Lille, avec des variantes; les imprimeurs et distributeurs particuliers de cette feuille justement proscrite méritent d'être surveillés. » — *Ami des Lois* du 3ᵐᵉ complémentaire : « Avant-hier matin, on a cerné et investi le Calvaire, sur l'avis que plusieurs prêtres insermentés y exerçaient le culte, au mépris des dernières lois rendues. Six seulement ont été pris en *flagrant délit*. Tout le monde sait que le Calvaire et ses dépendances appartiennent à Merlin (de Thionville), représentant du peuple, qui, dit-on, a autorisé messieurs les ermites à rester dans leur ancienne retraite pour racheter leurs péchés. C'est un joli pèlerin que ce pauvre Merlin ! Si on renvoie ses sales capucins avec leurs petits enfants de chœur, il établira sans doute sur le Calvaire un couvent de nonnes. » — *Courrier de l'Europe* du 2ᵐᵉ jour complémentaire : « *Paris, le 1ᵉʳ jour complémentaire....* On assure que les ministres du culte, qui desservent l'église Saint-Roch, se sont rendus ce matin au Bureau central pour prêter le nouveau serment. Ces ministres étaient du nombre des insermentés et n'étaient que de simples déclarants. On croit que le curé n'était pas du nombre. »

MCXXXVI

3ᵉ JOUR COMPLÉMENTAIRE AN V (19 SEPTEMBRE 1797).

JOURNAUX.

Journal des hommes libres du 4ᵐᵉ complémentaire : « *Paris, 3ᵐᵉ jour complémentaire.....* La faction des déchireurs d'affiches se montre avec plus d'audace encore qu'avant le 18 fructidor. La fureur des collets noirs déguisés se dirige plus particulièrement contre le *Démocrate constitutionnel*. L'esprit de sagesse et de modération avec lequel ce journal défend les principes est ce qui semble le plus irriter les arracheurs. Bréon et Limodin n'ont-ils pas quelque ressentiment des vérités énergiques que le *Démo-*

crate leur adresse quelquefois? S'ils étaient sans rancune, ne pourraient-ils pas protéger la lecture des affiches avec bien moins de temps et de moyens qu'ils consument à diffamer les patriotes sous le vieux nom d'anarchistes? Parmi ces déchireurs on a reconnu des policiers de Cochon, qu'on croit encore employés par l'héritier de sa queue, M. Bréon. Hier, un déchireur répondait à un lecteur qui lui demandait raison de cette exécution, qu'il n'avait rien à lui dire, qu'il fallait des actions et non des mots. Le lecteur insistait pour une explication ; le déchireur s'en est allé, en ajoutant que dans peu on aurait cette explication. Est-ce que quelque Merlin (de Thionville) conjure (*sic*) contre les démocrates constitutionnels ? Au reste, cette affiche se vend au bureau du journal, n'en déplaise aux déchireurs..... » — *Gazette nationale de France* du 4mo jour complémentaire : « ... Le marquis de Saint-Simon n'est pas arrêté. C'est bien pis : il prétend qu'il n'est point *arrêtable*, et, dans le *Journal de Paris*, il assure qu'il est plus patriote que les patriotes. Soit. — Le citoyen Lebois, auteur de l'*Ami du Peuple*, avait inséré dans une de ses feuilles un article virulent contre Merlin (de Thionville). Le ministre de la police a mandé Lebois, et, après une réprimande très forte, l'a rappelé aux devoirs de la décence. Le lendemain, Lebois est venu avertir le ministre de la police que ses presses étaient menacées par des hommes qui n'étaient munis d'aucun ordre. Sur-le-champ le ministre a envoyé des agents pour garantir la propriété du citoyen Lebois. C'est ainsi qu'il convient au magistrat chargé de veiller au maintien de l'ordre public de réprimer et de protéger, selon que la justice l'ordonne. » — *Courrier de l'Europe* du 3mo jour complémentaire : « ..... Le citoyen Saint-Simon, qui a été arrêté à Passy, n'est pas celui qui est entrepreneur d'un grand nombre de diligences et de messageries. »..... « Plusieurs églises de Paris, qui avaient été dénoncées à la police, pour être desservies par des prêtres qui n'ont pas fait leur déclaration de soumission aux lois de la République, ont été fermées dimanche dernier. Cet acte, dont on ne connaissait pas le motif, a occasionné quelques murmures ; mais, dès qu'on en a été instruit, on s'est retiré tranquillement..... »

MCXXXVII

4º JOUR COMPLÉMENTAIRE AN V (20 SEPTEMBRE 1797).

JOURNAUX.

Ami des Lois du 4me jour complémentaire : « *Variétés*..... On craignait avec raison que Bréon et Limodin et surtout ce dernier ne fussent conservés au Bureau central ; mais nous pouvons assurer que les nouveaux administrateurs du département de la Seine les ont rejetés à l'unanimité ; on a voulu faire valoir auprès d'eux quelques services que ces messieurs prétendent avoir rendus à raison de l'affaire du 18 fructidor ; mais le brave Mathieu, commissaire du Directoire, a observé que Bréon et Limodin étaient les hommes de confiance du traître Cochon et ses coopérateurs pour la fabrication des conspirations de Grenelle et de Vendôme ; il a fait sentir que l'opinion publique était irrévocablement prononcée contre eux, et le citoyen Cousin, qui s'occupe des subsistances exclusivement, est le seul conservé au Bureau central.....» — « Malgré l'éveil que nous avons donné au gouvernement sur la métamorphose de l'*Éclair*, ce journal continue de disséminer ses poisons dans les départements par des voitures particulières; il n'a pas même changé d'imprimerie: c'est toujours dans le Cloître Germain-l'Auxerrois que se compose ce journal perturbateur; il a pris le titre d'*Annales politiques et littéraires*, et, sous ce masque trompeur, il continue, avec plus de réserve cependant, à calomnier le Directoire et les républicains du Corps législatif. »

MCXXXVIII

5ᵉ JOUR COMPLÉMENTAIRE AN V (21 SEPTEMBRE 1797).

JOURNAUX.

Ami des Lois du 5ᵐᵉ complémentaire : « *Variétés* ..... Nous sommes informés que Limodin revient sur l'eau et veut absolument rester au Bureau central, jusqu'à ce que le brave Augereau lui fasse le même compliment qu'à Bréon, son complice (il a voulu le jeter par la fenêtre). Le Directoire n'a point encore prononcé sur la présentation que lui ont faite les administrateurs de la Seine de deux nouveaux membres, et il n'est pas de ressorts que l'intrigue ne fasse agir pour avoir Limodin. Nous n'avons qu'un mot à dire à ceux qui voudraient le nommer : c'est que, si Carnot avait eu le dessus, Cochon serait Directeur, et Limodin ministre de la police générale. — La loi, très nécessaire dans l'état où nous nous trouvons, qui soumet les journaux à la surveillance du gouvernement, est une loi dérisoire, s'il suffit aux journalistes de changer le nom de leur journal pour échapper aux poursuites de la police. On connaît le résultat de la journée de vendémiaire; on sait comment elle tourna au désavantage et même à la proscription de ceux qui y coopérèrent par la perfidie des jurés et les déclarations des journalistes; il en sera de même du 21 fructidor, si l'on ne surveille les écrivains périodiques qui déjà se permettent des réflexions accusatrices contre les représentants et le Directoire qui ont dirigé les opérations de cette journée mémorable. Parmi ces écrivains, l'on distingue le *Courrier de l'Europe* et qui n'est autre chose que le *Messager du Soir*; il dit qu'on s'est occupé à attaquer le code révolutionnaire (et l'on sait que le décret qui établit la République est selon eux une loi révolutionnaire), que le 18 fructidor leur a fait perdre dans une seule nuit un terrain qu'ils avaient gagné pied à pied ; il parle en faveur des prêtres insermentés ; il dit, n° 7, qu'on a violenté les membres du Corps législatif pour leur faire adopter les lois qui ont déjoué les projets des royalistes ; il conseille, en conséquence, l'ajournement du Corps législatif, afin de laisser le champ libre aux contre-révolutionnaires et de donner le temps aux déserteurs de la représentation nationale de former une autre assemblée : voilà le secret de ces coquins dévoilé ; ils commencent déjà à nous blâmer; demain ils nous proscriront ; il faut les paralyser. — A propos de cette motion d'ajournement du Corps législatif, la dernière séance des Cinq-Cents prouve que ce sont les amis des conspirateurs qui, pour avoir la facilité de renouer leurs trames, ont jeté dans les Conseils cette idée perfide. Déjà, la veille, au Cercle constitutionnel, Colin combattit fortement cette proposition royale ; il le fit avec beaucoup de feu et de succès : il fut secondé par Paulin, grand jury, qui proposa de charger un des membres du Cercle de composer sur cet objet un ouvrage propre à éclairer la nation et les représentants du peuple. Le Cercle a nommé Benjamin Constant pour remplir cette tâche honorable. » — *Courrier de l'Europe* du 1er vendémiaire an VI : « *Paris, le 5e jour complémentaire.* On débite sous le manteau une caricature nouvelle. Elle représente un groupe de citoyens devant l'entrée du marché des Jacobins, rue Honoré ; ils frappent à la porte avec différents ustensiles d'imprimerie, sur lesquels on lit les noms des journaux proscrits ; ils crient : *A bas les journaux chouans! Vivent les clubs, ouvrez les Jacobins!* Un jeune homme à la fenêtre d'une maison voisine chante, en s'accompagnant du violon : « Le temps passé n'est plus, les Jacobins ne reviendront plus. » L'ex-conventionnel Delecloy [1] est grimpé sur le portail, et, le bras tendu devant lui, il leur crie : « Allez planter vos choux de l'autre côté de la rivière ; c'est ici qu'on les vend..... »

MCXXXIX

1er VENDÉMIAIRE AN VI (22 SEPTEMBRE 1797).

ÉTAT DE L'INSTRUCTION PUBLIQUE A PARIS AU 1er VENDÉMIAIRE AN VI [2].

Instruction publique. — Il est établi, dans chacun des douze arrondissements de Paris et des seize cantons ruraux, deux écoles primaires, l'une pour les garçons, l'autre pour les filles. Elles ont toutes été ouvertes à Paris pendant l'an V, à l'exception de celle des garçons du VIIe arrondissement. Celles de Franciade [3], Charenton, Pantin et Châtillon n'ont point été mises en activité, les instituteurs successivement nommés ayant refusé ou donné leur démission après quelques jours d'exercice. Les instituteurs les plus favorisés ont eu jusqu'à cinquante élèves ; beaucoup n'en ont eu que seize ; plusieurs n'ont pu atteindre ce nombre ; de sorte que les cinquante-six écoles primaires du département de la Seine n'ont reçu, dans le cours de l'an V,

---

1. C'est sur le rapport de Delecloy que la salle des Jacobins a été abattue et transformée en marché public. (*Note de l'original.*)
2. Nous extrayons cet état du compte (imprimé) rendu par les administrateurs du département de la Seine de leur gestion pendant l'an V. M. Schmidt, dans ses *Tableaux de la Révolution française*, t. III, p. 283 et suiv., en a donné de longs extraits.
3. Ci-devant Saint-Denis.

que de onze cents à douze cents élèves des deux sexes, tandis que, à raison de la population, on aurait dû compter sur plus de vingt mille. Cette désertion affligeante vient de l'insouciance des parents. Nous tâcherons de les éclairer sur leurs intérêts et sur leurs devoirs. Elle vient aussi de la préférence donnée par certaines personnes aux écoles particulières, uniquement parce que celles-ci sont moins surveillées. Nous ne leur laisserons pas longtemps ce motif de préférence. — Les deux écoles centrales établies à Paris pendant l'an V ont eu environ chacune trois cents élèves...

(Arch. nat., F 1 c III, Seine, 19.)

JOURNAUX.

Rédacteur du 3 vendémiaire : « *Bureau central du canton de Paris*. Conformément aux dispositions de l'arrêté du Directoire exécutif du 13 fructidor dernier, concernant la célébration de la fête de la fondation de la République, le Bureau central du canton de Paris s'est rendu au Champ-de-Mars. Les dispositions nécessaires avaient été faites. Un vaste amphithéâtre s'élevait sur le penchant du tertre. Au pied de la statue de la Liberté, et sur une estrade, étaient placés cinq sièges pour les membres du Directoire ; d'autres étaient disposés latéralement pour les ministres, le Corps diplomatique, les autorités constituées, l'État-Major, l'Institut national et les professeurs des Écoles centrales. Une enceinte, placée à l'un des côtés du tertre, était destinée à recevoir les militaires blessés, les pères et mères des défenseurs de la patrie, morts les armes à la main, et trois Invalides couronnés. Plusieurs trophées étaient élevés des deux côtés du tertre ; l'un portait pour inscription : *Aux braves qui sont morts pour la République;* l'autre : *A nos intrépides armées* ; un troisième : *Aux législateurs de la République ;* un quatrième : *Aux magistrats de la République ;* un cinquième : *Aux écrivains patriotes ;* un sixième : *Aux vrais amis de la Constitution de l'an III.* Un nombreux concours de spectateurs garnissaient les talus du Champ-de-Mars. A une heure, une salve d'artillerie a annoncé l'arrivée du Directoire exécutif à l'École militaire. Un instant après, le Directoire exécutif, accompagné des ministres, de l'État-Major de la 17e division et de sa garde ordinaire, s'est rendu sur le tertre et a pris séance, ainsi que tout le cortège. Il était précédé de militaires blessés, d'un groupe de pères et mères de défenseurs morts sur le champ de bataille, et des trois Invalides couronnés. Un détachement de cent hommes d'Invalides bordait la haie à droite et à gauche, depuis l'entrée du Champ-de-Mars jusqu'au tertre. Les élèves du Conservatoire ont exécuté une symphonie. Le président s'est exprimé en ces termes : « Grâces te soient rendues, souverain arbitre », etc [1]. Ce discours écouté dans le plus profond recueillement, a été suivi des cris universels et réitérés de *Vive la République!* Le Conservatoire a exécuté l'hymne à la Liberté.

1. Nous ne reproduisons pas ce discours de La Révellière-Lépeaux, qu'on trouvera non seulement dans le *Rédacteur*, mais dans le *Moniteur*, réimpression, t. XXIX, p. 4.

Cet hymne augmente l'enthousiasme général, et, à l'invocation de la Liberté, le Directoire et tous les assistants se lèvent simultanément ; les applaudissements et les cris de *Vive la République!* redoublent. Généraux, soldats et citoyens se livrent à une égale expression de sentiments patriotiques. Le Directoire lève ensuite sa séance au milieu des mêmes démonstrations d'allégresse et se met en marche pour retourner à l'École militaire dans le même ordre qu'il en était sorti. Le Bureau central annonce que les jeux vont commencer. La barrière est ouverte ; le corps de musique en annonce l'ouverture [1]... Les administrateurs du Bureau central, juges des jeux, signé : COUSIN, BRÉON, LIMODIN. » — *Paris, le 2 vendémiaire* : « La fête d'hier a surpassé toutes celles que nous avons vues depuis la Fédération de 1790. Affluence des citoyens ; enthousiasme pendant la cérémonie ; gaieté franche pendant les jeux ; l'ordre le plus imposant maintenu au milieu de plus de cent cinquante mille spectateurs qui garnissaient les vastes pourtours du Champ-de-Mars ; les chants civiques, les danses, les cris partout répétés de *Vive la République !* les acclamations retentissant sur toute la route que le brillant cortège du Directoire exécutif a parcourue ; la belle tenue des corps de troupes qui figuraient au milieu de cette fête comme pour y représenter la victoire ; enfin, l'ensemble de l'aspect de Paris dans cette journée, a dû remplir de joie, d'espérance, tous les amis de la liberté. — La santé du général Hoche était depuis quelque temps altérée, sans néanmoins exciter des craintes. On dit que sa mort inopinée a été la suite d'un coup de sang. La République perd en lui un de ses meilleurs généraux, un de ses citoyens les plus estimables par le patriotisme et le concours de toutes les vertus civiles qui lui avaient mérité, comme philanthrope autant que comme guerrier, le titre glorieux de pacificateur de la Vendée. » — *Gazette nationale de France* du 2 vendémiaire : « *Paris.* C'était hier l'anniversaire de la République. Cette fête a été célébrée avec plus de solennité qu'aucune de celles qui l'ont précédée depuis huit à dix mois, ce qui fait croire qu'on a tout au moins l'envie de se montrer républicain. C'est déjà un pas de fait, et ce pas, on le doit au 18 fructidor. Le Directoire s'est rendu à l'École militaire, accompagné des ministres et des ambassadeurs des cours étrangères ; des salves d'artillerie ont annoncé son arrivée. Des hymnes et des chants civiques ont été exécutés par le Conservatoire de musique. Il y a eu ensuite au Champ-de-Mars des exercices et des évolutions militaires, ensuite des courses à pied, de chevaux et de chars. Le concours, sans être immense, était infiniment plus nombreux qu'on n'aurait osé l'espérer après un si long mépris pour les institutions républicaines. Le gouvernement pourrait cultiver et accroître ces heureuses dispositions, mais il faudrait se rapprocher du peuple, lui parler, le guider d'une main paternelle dans la route de la liberté et de la vertu ; il faudrait surtout renoncer à cet affreux système de bascule, qui ne peut qu'anéantir tout esprit public, étouffer l'amour de la patrie, éterniser les haines, irriter la soif de la vengeance et préparer une tyrannie quelconque par la compression artificieuse et alternative des partis opposés, et l'égorgement successif de leurs chefs. — *Bien Informé* du 3 vendémiaire : « *Paris, 2 vendémiaire.* La fête a été brillante. Un peuple immense chargeait l'amphithéâtre du Champ-de-Mars et le tertre du milieu. Le président du Directoire, La Révellière-Lépeaux, a prononcé un

---

1. Suit le récit des courses à pied, à cheval et sur des chars.

discours en forme de prière à l'auteur de la nature. Les courses n'ont pas eu tout l'intérêt que ce genre de spectacle comporte ; le public n'a pu les juger, parce que des curieux en grand nombre, à pied et à cheval, avaient pénétré dans le cirque et formaient des haies le long de la carrière. Il a fallu près d'une heure à deux escadrons de hussards pour tracer le chemin du char au milieu de cette multitude. On parle de deux accidents qui ont eu lieu et qui sont des effets d'imprudence. On dit qu'une femme a été blessée et qu'un homme a perdu la vie. Le matin, sur le Pont-Neuf, une voiture attelée de deux chevaux passait à l'instant où quatre pièces de douze faisaient de fortes détonations : l'un des chevaux est tombé mort sur la place. On doit noter comme une singularité cet effet de l'intensité du son. Tandis que cet animal robuste périssait, à 10 toises au moins en arrière des pièces, des enfants de huit à douze ans étaient grimpés sur le parapet du terre-plein et écoutaient de toutes leurs oreilles ce tonnerre qui fulminait à 6 pieds d'eux tout au plus : ils étaient fiers de le braver, et, dans l'intervalle des coups, ils jetaient des cris de joie. » *Ami du Peuple* du 1er vendémiaire : « Hymne de la fête de la fondation de la République française.

> Peuple, ennemi de l'esclavage,
> Guerriers, républicains français,
> Contre les tyrans faisons rage,
> Renversons leurs affreux projets (*bis*).
> Le règne de l'indépendance
> A repris un lustre nouveau ;
> Citoyens, dans ce jour si beau,
> Chantons du peuple la puissance.
>
> Debout, républicains, pour défendre nos droits,
> Jurons, jurons, d'exterminer jusqu'au dernier des rois.
>
> Tous les crimes du fanatisme
> Enfin ont dessillé nos yeux ;
> La raison sur le despotisme
> Reprend son éclat radieux ;
> Plus de prêtres, plus de noblesse ;
> Nous adorons l'égalité ;
> Nous chérissons la liberté ;
> En tout nous suivrons la sagesse.
> Debout, etc.
>
> Sans la liberté, qu'est la vie ?
> Un long, un ennuyeux trépas ;
> Et, sans l'amour de la patrie,
> Que deviendraient tous les États ?
> Une forêt où des sauvages,
> S'abreuvent du sang des humains,
> Et nous tomberions dans les mains
> De ces tigres anthropophages.
> Debout, etc.
>
> Dans ce jour où la République
> Fut proclamée par nos héros,
> Ce jour où l'hydre fanatique
> Vit écrouler tous ses suppôts,
> Français, jurons par la victoire,
> Ou la mort, ou la liberté.
> République régénérée
> Nous chantons aujourd'hui ta gloire.
> Debout, etc.

Par Perrin, capitaine des Patriotes de 89 [1].

---

1. Voir en outre sur cette fête du 1er vendémiaire an VI, dans la revue *La Révolution française*, mars 1895 (t. XXVIII, p. 271), un article de M. Joseph Durieux, intitulé : « *Une fête aux Invalides, 22 septembre 1797.* »

MCXL

2 VENDÉMIAIRE AN VI (23 SEPTEMBRE 1797).

Journaux.

Ami des Lois du 2 vendémiaire : « La Chevardière, secrétaire du ministre de la police, seconde avec une grande activité les intentions républicaines de Sotin. Ce ministre a pris une face nouvelle, et sa vigilance effraie les méchants, les fripons et les royalistes. Il nous faut encore des membres du Bureau central qui secondent les efforts du ministre, et il est difficile de concevoir pourquoi on retarde cette nomination si nécessaire. Le Directoire a ordonné de chasser le reste des *cochons*[1] qui se trouvaient dans ses bureaux. »

MCXLI

3 VENDÉMIAIRE AN VI (24 SEPTEMBRE 1797).

Journaux.

Le *Rédacteur* du 23 vendémiaire contient une *Circulaire du ministre de la police aux administrations départementales et communales sur les machinations des ennemis de la République, qui, vaincus au 18 fructidor, cherchent à se rallier pour empoisonner les sources de vie du corps politique et opérer de nouvelles convulsions.* Nous ne la donnons pas tout entière, mais en voici une analyse et des extraits. D'après le ministre de la police, le plus puissant instrument des ennemis de la République, c'est le théâtre. Il faut donc épurer le théâtre, tout comme on a épuré le journalisme. Les lois qui règlent la surveillance des spectacles doivent être remises en vigueur ; c'est le vœu de l'article 356 de l'acte constitutionnel. Si ces lois n'avaient point été oubliées, on n'aurait point abandonné les pièces qui retraçaient les événements glorieux de la Révolution et les vertus des défenseurs de la liberté, pour leur substituer des pièces rappelant la royauté et les préjugés les plus méprisables. Les artistes eux-mêmes paraissent avoir oublié que la Révolution les a affranchis du joug d'un préjugé ignominieux, et les a fait citoyens. « La scène, dit le ministre, ne doit plus retentir que des oracles de la morale, des maximes sacrées de la philosophie, et des grands exemples de vertu. » Telles sont les intentions du Directoire, et la circulaire se termine ainsi : « Je vous recommande donc l'examen le plus sévère du répertoire des théâtres de votre arrondissement, et de défendre la représentation des pièces propres à troubler la tranquillité publique, à dépraver l'esprit républicain et

1. Allusion à l'ex-ministre de la police, Charles Cochon.

à réveiller l'amour de la royauté. J'aime à croire que les directeurs de ces établissements, empressés de faire oublier qu'ils ont trop longtemps sacrifié le patriotisme à un vil calcul d'intérêt et supputé sur l'éloignement des royalistes, supprimeront dans les chefs-d'œuvre dont la nation s'honore les passages qui pourraient prêter à des allusions inciviques ; qu'ils accueilleront avec empressement les productions dignes de la liberté qui leur seront présentées ; que les acteurs rivaliseront de zèle en employant leurs talents à relever l'esprit public, attaqué dans sa source et dans une institution qui devrait lui servir d'aliment ; qu'ils sauront justifier la clémence dont le gouvernement use envers eux, et acquérir des titres à la reconnaissance publique. S'il en était autrement, si vos efforts étaient vains pour inspirer aux entrepreneurs et artistes les sentiments républicains, alors usez de votre autorité, faites fermer les salles de spectacles, et faites traduire les coupables devant les tribunaux. Le gouvernement ne doit point souffrir qu'il soit donné au peuple de divertissements indignes de lui et de la liberté ; il doit consulter ses véritables intérêts, et, parce que les oreilles des esclaves des rois sont blessées par les chants républicains, on ne doit pas plus les taire dans les spectacles que sur les champs de bataille, parce qu'ils jettent l'épouvante dans le cœur des ennemis. Les airs républicains sont chéris des républicains, et le gouvernement ne doit connaître que des républicains dans tous les jeux et fêtes publics. Vous me justifierez de l'exécution de toutes les dispositions de cette lettre, et surtout de l'arrêté du Directoire exécutif du 25 pluviôse an IV ; vous me ferez connaître quelles sont les pièces qui sont représentées sur les théâtres de votre canton, et même sur ceux de ces sociétés dites d'*Amateurs*, qui ne prennent souvent ce titre que pour se soustraire à la surveillance de la police et à la taxe pour les pauvres. Salut et fraternité. Le ministre de la police générale, signé : SOTIN. » — *Gazette nationale de France* du 4 vendémiaire : « Déjà l'on insulte à la mémoire du vainqueur de Quiberon. Des journalistes sans pudeur en font un débauché, et osent attribuer sa mort aux suites de ses débauches. Misérables ! si vous n'avez pas le courage de dire, ou tout au moins de laisser entrevoir la vérité, n'irritez point nos douleurs par de sales et odieux mensonges. » — *Rapporteur républicain* du 4 vendémiaire : «... Plusieurs églises de Paris, qui avaient été dénoncées à la police pour être desservies par des prêtres qui n'ont pas fait leur déclaration de soumission aux lois de la République, ont été fermées dimanche dernier. » — *Ami des Lois* du 5 vendémiaire : « Les Écoles de médecine viennent de se renouveler à Paris. Le citoyen Chaussier a fait, le 3 vendémiaire, l'ouverture du cours dont il est spécialement chargé ; il a débuté par un discours préliminaire où, avant de passer à l'exposition du plan qu'il doit suivre, et à l'énoncé des principes qui doivent le diriger, il a jeté quelques idées accessoires sur le gouvernement le plus propre aux progrès des sciences en général, et en particulier de la médecine. On n'entreprendra pas ici l'analyse du beau discours de ce savant et respectable professeur ; mais on dira qu'il a été prononcé au milieu des murmures les plus indécents et de l'improbation la plus scandaleusement incivique, d'un grand nombre d'élèves. Croira-t-on que le citoyen Chaussier n'a pu parler de l'heureuse journée du 18 fructidor sans être accueilli par des murmures ? de la République et des républicains sans exciter l'ironie ? de la liberté sans indisposer, puisqu'il faut le dire, la majorité de l'auditoire ? Et c'est au sein d'un établissement national que cette scène d'opprobre s'est passée ! Et c'est dans les premières séances du plus vaste et du plus bel établissement de médecine qui ait jamais existé, que ceux mêmes qui viennent en profiter ne rougissent pas d'avilir et conspuer la liberté qui l'a créé, et qui le leur donne aujourd'hui ! Cependant, quelques amis de la République et des sciences ont exprimé des sentiments contraires : heureux si leurs généreuses acclamations ont pu prouver à l'estimable professeur que, parmi le troupeau d'esclaves qui l'écoutaient, il existe aussi quelques hommes libres et dignes de l'entendre ! *Par trois étudiants en médecine, ci-devant élèves de la Patrie, à l'École de santé.* »

MCXLII

4 VENDÉMIAIRE AN VI (25 SEPTEMBRE 1797).

Rapport du bureau central du 5 vendémiaire.

Esprit public. — Les différentes discussions qui ont eu lieu sur les ci-devant nobles ont fait changer un grand nombre d'entre eux dans leur manière de penser à l'égard de l'un des membres du Directoire exécutif (le citoyen Barras). Ils le croient entièrement opposé aux propositions qui ont été faites contre eux. Au lieu d'injures en un mot, il reçoit dans cette classe de la société des éloges assez étendus. Ce changement toutefois n'influe en aucune manière sur le jugement que les patriotes portent de ce Directeur. On observe que le projet de déportation des ci-devant nobles, quoiqu'il n'ait point été adopté [1], a produit cependant parmi eux une impression qui subsiste encore. De plus ils ne conçoivent pas moins d'alarmes de la nouvelle proposition faite de déclarer les ci-devant nobles déchus des Droits de citoyens français ; ils voient que ce décret les assimilera aux étrangers [2], et craignent qu'au premier moment un autre décret oblige les étrangers à s'éloigner, ce qui les envelopperait dans la même mesure. En suivant ces inquiétudes, on a entendu dire à quelques-uns d'entre eux que beaucoup d'entre eux cherchent à vendre leurs biens et à réaliser le plus d'argent qu'il leur est possible et à le faire passer à l'étranger. Ceux qui recueillaient ces bruits convenaient entre eux qu'une détermination semblable serait funeste à la République,

---

1. Le 23 fructidor an V, Gay-Vernon, au nom d'une Commission, avait présenté au Conseil des Cinq-Cents un projet qui tendait, non à faire déporter les ex-nobles, mais à les exclure de toutes fonctions publiques jusqu'à quatre ans après la paix générale. Le Conseil ajourna ce projet.
2. Ce sera l'objet de la résolution du 29 vendémiaire an VI, approuvée par les Anciens le 9 frimaire suivant.

qu'elle épuiserait de numéraire. — Les nobles qui tiennent à leur préjugé invétéré en faveur de la monarchie se regardent comme perdus, si la paix a lieu, si le gouvernement continue à rester en harmonie avec le Corps législatif. Les assemblées primaires commencent à ne plus leur laisser d'espérances, et ils ne cachent point qu'ils ne voyaient plus que ce moyen de relever leur parti. — Si l'on passe aux autres classes de la société on y aperçoit toujours les progrès du véritable esprit public; plus de citoyens que de coutume pressent le gouvernement de ne point s'écarter de la ligne des principes les plus sévères ; il est moins de crédit, moins d'amour-propre et moins de localité parmi les antirépublicains [1]. — Lorsque l'on a porté ses yeux au dehors, on a dit qu'il était du plus grand intérêt pour le gouvernement français de faire qu'il n'y eût qu'une seule République en Italie, parce que, s'il continuait à en exister plusieurs, elles ne manqueraient pas de rivaliser entre elles, et que l'Empereur profiterait peut-être de cette mésintelligence pour rétablir sa puissance dans la ci-devant Lombardie. — Il circulait hier, il circule bien autrement aujourd'hui des bruits de la paix définitive avec l'Empereur ; cette nouvelle se donne partout comme officielle et se confirme de personnes qui saisissent l'esprit des groupes formés dans les environs du lieu des séances du Corps législatif. Déjà perce la plus vive allégresse dans ce pressentiment, que de tous les côtés on convertit en une délicieuse réalité. Les transports que cause cette nouvelle augmentent à chaque instant.

Spectacles. — La réouverture du théâtre de l'Opéra-Comique a été faite au grand contentement du public, qui s'y est porté en foule. Cette affluence a occasionné un peu de tumulte, qui s'est bientôt apaisé, et dont il n'est résulté aucun accident. Les premiers accords qui se sont fait entendre dans cette salle, dont le décor a paru faire plaisir, ont été ceux des airs patriotiques ; ils ont été accueillis par les plus vifs applaudissements. — Au théâtre des Jeunes-Artistes, il a été ajouté à la représentation deux couplets à l'ambassadeur ottoman, ce qui est contraire aux arrêtés existants. Le directeur a été mandé...

Lessore [2].

(Arch. nat., BB³ 87.)

---

1. Cette phrase obscure est textuelle.
2. Par arrêté de l'administration centrale du département de la Seine du 4ᵉ jour complémentaire an V, Bréon avait été remplacé au Bureau central par Lessore. Cette nomination ne fut confirmée par le Directoire que le 11 vendémiaire suivant. On voit que Lessore n'attendit pas cette confirmation pour rentrer en fonctions. Il est à noter que Bréon continua néanmoins à remplir ses

MCXLIII

5 VENDÉMIAIRE AN VI (26 SEPTEMBRE 1797).

JOURNAUX.

Patriote français du 6 vendémiaire : « *Paris*... Il y a eu des rixes même sanglantes entre plusieurs militaires. Cinquante grenadiers et chasseurs de la garde du Corps législatif s'étaient réunis aux Champs-Élysées pour un combat singulier contre un pareil nombre de militaires des corps des Francs et chaseurs des troupes légères en cantonnement à Paris ; ils étaient venus aux mains sans que l'autorité d'un officier qui était présent ait pu y mettre obstacle, lorsqu'un membre de la Commission des inspecteurs de la salle du Conseil des Anciens s'est jeté au milieu de ces furieux et les a séparés au péril de sa vie. Il y a eu plusieurs blessés [1]..... »

MCXLIV

6 VENDÉMIAIRE AN VI (27 SEPTEMBRE 1797).

RAPPORT DU BUREAU CENTRAL DU 7 VENDÉMIAIRE.

Esprit public. — On commence à perdre de vue les événements du 18 fructidor ; il en est beaucoup moins question, mais le ressentiment

fonctions pendant quelques jours encore. Il signa, comme on le verra, les rapports des 7, 9, 11, 12, 13 et 15 vendémiaire an VI. Notons ici qu'une loi du 30 messidor an V réglait ainsi la durée des fonctions des membres des Bureaux centraux : « La durée des fonctions des membres des Bureaux centraux est de trois ans. Il est procédé, chaque année, au renouvellement de l'un d'eux. Ils peuvent être réélus une fois sans intervalle, mais ils ne peuvent être élus de nouveau qu'après un intervalle de deux ans. Le sort décidera, pendant les deux premières années, de l'ordre de ce renouvellement ; il se fera par la suite dans l'ordre des nominations. Les administrations centrales du département feront leurs nominations dans les cinq premiers jours après leur installation, et en adresseront, sans délai, le procès-verbal au Directoire exécutif, qui sera tenu de s'expliquer dans le délai de deux décades pour le département de la Seine, et dans le mois pour les autres départements, sur la confirmation qui lui est attribuée par la Constitution.... »

1. Le même journal, dans son numéro du 7 vendémiaire, annonce que le Directoire a mis fin aux querelles sanglantes entre les grenadiers du Corps législatif, les dragons du 21me et la Légion des Francs, soutenue par des hussards Noirs, en faisant partir les dragons et la Légion, ceux-là pour l'armée de Sambre-et-Meuse, celle-ci pour Strasbourg.

qu'en conservent les ennemis du gouvernement républicain perce dans toutes les opinions. Tel est cependant l'esprit de la plupart des cafés du centre de Paris: les hauts politiques de ces divers endroits ne qualifient plus que de Jacobins les habitués des autres cafés et d'usurpateurs les membres du gouvernement. Seulement peut-être ces partisans de l'opposition ont semblé hier moins exaspérés que de coutume. — Il existe le même mélange parmi les patriotes qui se réunissent en groupes au Jardin national; une partie est à l'abri de l'exagération et satisfaite de l'esprit actuel du gouvernement; [ils] pensent que la modération avec laquelle il a agi après le 18 fructidor lui conciliera peu à peu bien des personnes encore flottantes. Les autres accusent le gouvernement de faiblesse, voient sa perte dans cette même modération, se plaignent que les Conseils manquent d'énergie et disent l'admission de Barère au Corps législatif nécessaire pour lui donner le caractère convenable. Les opinions de cette dernière partie, à ce qu'il a paru, ont dépassé souvent les bornes du véritable patriotisme, et la plupart des vœux qu'on y formait étaient intéressés. — On ne désespère pas encore de la paix, malgré les dispositions annoncées de toutes parts pour l'ouverture d'une nouvelle campagne; on pense que l'indépendance recouvrée par plusieurs États situés le long du Rhin va faire une diversion sensible dans les cabinets étrangers et nécessiter des changements dans leur diplomatie; on croit aussi que les puissances ennemies rabattront d'autant plus facilement de leurs prétentions que l'accord des pouvoirs exécutif et législatif depuis le 18 fructidor leur ôte les moyens de compter sur des divisions intestines dans la République. — On compte d'ailleurs beaucoup sur la médiation de la Cour de Madrid; les esprits en général, surtout de ceux qui suivent avec quelque ardeur les affaires publiques, sont assez calmes et bien intentionnés.

Spectacles. — Ils ont joui de la tranquillité ordinaire, et n'ont offert aucune particularité.....

Bréon.

(Arch. nat., BB³ 87.)

Journaux.

Rédacteur du 7 vendémiaire : « *Musée central des Arts.* Le public est averti que les prix de peinture et de sculpture seront exposés jusqu'au 10 vendémiaire inclusivement, les premiers dans le grand salon du Muséum, les seconds dans la salle du Laocoon. »

MCXLV

7 VENDÉMIAIRE AN VI (28 SEPTEMBRE 1797).

Rapport du bureau central du 8 vendémiaire.

Esprit public. — Il ne s'est manifesté aucun changement dans l'opinion publique. Les idées se stabilisent en général sur les événements du 18 fructidor ; ils ont moins de désapprobateurs, et le tableau de la tranquillité dont n'ont cessé de jouir toutes les classes de la société pendant et depuis cette époque ramène tous les jours quelques esprits prévenus. — Les espérances de la paix se soutiennent en outre par plusieurs motifs : d'un côté les diversions qui se préparent en Pologne et en Dalmatie ; de l'autre des observations faites par les politiques que la légation de Lille n'était point encore de retour. Mais, dans tous les cas, si la paix n'a pas lieu, les négociants s'attendent aux plus grands maux, comme résultat nécessaire de l'anéantissement du commerce ; ils observent que déjà les comestibles coloniaux sont considérablement augmentés. — Les rassemblements d'ouvriers à la chute du jour ont toujours [lieu] aux boulevards du Nord ; on les dissipe ; ils se reforment insensiblement ; l'esprit au surplus en était fort prononcé en faveur du gouvernement républicain ; seulement on s'y plaint plus que jamais de la difficulté des ressources. — On s'aperçoit, dans les cafés du centre, et même on y remarque entre soi que les patriotes depuis peu reprennent de l'énergie. Cette réflexion affecte les partisans de la monarchie. Ces derniers ne tiennent leurs conversations qu'à voix basse. Les royalistes, dans tous les lieux publics, font de vains efforts pour contenir l'extrême ressentiment qui les anime, et l'on paraît désirer que le gouvernement soit ferme et se méfie de ces derniers. L'opinion publique s'améliore d'une manière sensible.

Spectacles. — Le bruit s'est répandu que le gouvernement allait supprimer tous les théâtres pour n'en laisser que trois, ainsi dénommés : l'Opéra, les Français, les Italiens. Ce bruit, devenu depuis trois jours le sujet des entretiens des parterres et des foyers, y cause une sensation désagréable. On voit d'avance dans cette mesure la ruine d'une foule de personnes, la perte d'une quantité d'employés à ces diverses entreprises, celle d'un grand nombre de familles qui en tirent toutes leurs ressources. Ces conjectures, en un mot, ont jeté l'alarme dans l'esprit de tous ceux qui sont attachés ou intéressés à quelque théâtre. — L'esprit des spectacles, hier, était généralement bon. — Les virtuoses du théâtre de la République ont été couverts d'applaudissements ; l'accueil qu'ils ont reçu du public a été porté jusqu'à l'enthousiasme.....

Commerce. Pain. — Il y a eu passablement de pain. Le blanc a été vendu de 11 à 12 sous ; le mi-blanc, 8 sols 6 deniers, et 7 sous le bis.

Viande. — La viande de boucherie a été très abondante. Le bœuf a été vendu en détail de 4 à 8 sous ; le veau, de 8 à 10 sous ; le mouton, de 5 à 10 sous, et de 10 à 11 sous le porc frais [1].....

Bourse. — Pendant la tenue de la Bourse, les cours ont peu varié ; on a remarqué néanmoins que les bons du quart étaient fortement demandés et assez rares. La raison qu'on en donne est que les ventes des biens nationaux qui se sont multipliés nécessitaient cette recherche.....

LIMODIN.

(Arch. nat., BB³ 87.)

MCXLVI

8 VENDÉMIAIRE AN VI (29 SEPTEMBRE 1797).

RAPPORT DU BUREAU CENTRAL DU 9 VENDÉMIAIRE AN VI.

Esprit public. — Les progrès de l'esprit public sont encore peu sensibles, mais ils contiennent et prennent d'autant plus de consistance qu'ils sont le fruit de la réflexion. L'union que l'on voit exister entre les pouvoirs produit le meilleur effet dans l'esprit de ceux qui se tiennent au courant des affaires politiques; un plus grand nombre y prend de l'intérêt, et, parmi les patriotes, on découvre plus souvent l'éloignement de toute mesure extrême. C'est avec modération de part et d'autre que l'on a discuté la proposition faite d'exclure les ex-nobles de toutes les fonctions publiques, et les avis à ce sujet sont très partagés ; ce projet, pense-t-on, ne pourrait être adopté qu'avec des articles d'exception qui peut-être le rendraient inutile. Il est loin au surplus de plaire aux royalistes de toutes les nuances. Le mécon-

---

[1]. Ces prix restent à peu près les mêmes pendant longtemps. Ils ne varient assez sensiblement que dans le rapport du 29 brumaire an VI. Voir plus loin à cette date.

tentement, l'aigreur et même l'abattement sont continuels parmi ces derniers depuis le 18 fructidor ; c'est partout, et sans la moindre circonspection, qu'ils annoncent l'espoir de voir le Directoire payer un jour fort cher cette journée; leur parler de la modération du Directoire, qui n'a point voulu que cette époque fût souillée d'une seule tache de sang, c'est porter leur dépit à sa dernière période, et ce contraste est frappant dans la plupart des cafés en vogue. — L'esprit d'opposition aux mesures prises journellement par le gouvernement est presque général dans ce qu'on connaît à Paris sous le nom de bonne compagnie. — Le bruit court que, dans les campagnes, les personnes riches recèlent, autant qu'elles le peuvent chez elles, ou des prêtres insoumis ou des jeunes gens de la réquisition ; on est loin de désapprouver les mesures de sévérité employées contre ces derniers pour les faire rejoindre. — La classe des rentiers paraît être inquiète ; les porteurs de titres de moindres créances paraissent dans la consternation ; ils disent qu'on veut les faire périr pour soulager l'État. Cependant tous semblent s'attendre à l'approbation de la résolution telle qu'elle a été présentée[1] ; c'est même l'opinion ou plutôt le pressentiment de presque tous les citoyens de Paris. — L'esprit public s'améliore parmi ceux-là seuls qui en sont susceptibles ; mais le caractère de tout le reste, qui embrasse un très grand nombre, est l'égoïsme et l'insouciance pour tout ce qui peut se passer à l'avenir dans l'intérieur de la République.

Spectacles. — Ils n'ont offert aucune particularité; l'esprit en est assez bien disposé. Peu de pièces cependant qui soient susceptibles de nourrir le patriotisme.....

BRÉON.

(Arch. nat., BB³ 87.)

MCXLVII

9 VENDÉMIAIRE AN VI (30 SEPTEMBRE 1797).

RAPPORT DU BUREAU CENTRAL DU 10 VENDÉMIAIRE.

Esprit public. — Il est deux classes de citoyens qui manifestent

---

[1]. Il s'agit sans doute de la résolution du 1ᵉʳ jour complémentaire an V, relative aux fonds nécessaires pour les dépenses générales, ordinaires et extraordinaires de l'an VI, qui fut approuvée par les Anciens le 9 vendémiaire. Voir surtout le titre VIII de cette loi, sur la dette publique.

plus particulièrement dans les circonstances actuelles : les marchands et les rentiers. Les premiers se plaignent de l'anéantissement du commerce depuis le 18 fructidor. Les autres paraissent dans la plus grande consternation ; soit qu'ils aient été réunis en groupe au Jardin national, soit qu'on les ait entendus dans les cafés, ils n'ont cessé de crier à l'injustice contre le gouvernement ; suivant eux, cette résolution, qui est l'objet unique des entretiens publics, leur ôte tous moyens de subsister, et ils annoncent que cette extrémité donnera [lieu] à un grand nombre de suicides, ou bien ils disent que par ce moyen l'agioteur va se trouver avant peu propriétaire de la fortune des rentiers. Quelques-uns cependant annoncent de la confiance dans le gouvernement : ils espèrent qu'il viendra toujours à leur secours. — Les effets se font soutenir à la Bourse. — On s'étonne que les rôles de l'an V ne soient pas encore établis ; on dit que, par ce retard, beaucoup de citoyens se soustrairont au payement de leurs contributions somptuaire et personnelle, qu'il n'y a pas d'ordre dans les finances. — Il circule en ce moment deux nouvelles : l'une est la mort du roi d'Angleterre, l'autre est l'emprisonnement de d'Artois pour dettes dans ce pays. — Nombre de familles se promettent de soustraire à la réquisition ceux de leurs enfants qui s'y trouvent compris ; elles n'ont plus, disent-elles, de sacrifices à faire à la République. — En général, il a paru hier que les raisonnements de ceux qui calculent les besoins de l'État, à la veille d'une campagne, étaient étouffés par les plaintes nombreuses occasionnées par la dernière loi des finances à une foule de personnes intéressées. Les ennemis irréconciliables de la République profitent de cette conjoncture pour se répandre en diatribes les plus amères contre le gouvernement ; on est cependant assez généralement satisfait de la même résolution, en ce qui concerne toutes les autres parties, notamment de la loterie [1].

Spectacles. — Au théâtre de la rue Feydeau, on a singulièrement applaudi ce passage de *La Pitié filiale* : « Tandis que tant de fripons regorgent de richesses... » — *Sophie et Moncars*, opéra nouveau [2], a réussi, et les auteurs ont paru. Un tuteur âgé veut épouser sa jeune pupille et fait croire à Sophie que celui qu'elle aime est son frère ; il la destine au cloître. Pour la déterminer à ce parti il mande des religieux. Par l'insobriété d'un valet, la lettre tombe entre les mains

---

1. La loi du 9 vendémiaire an VI rétablissait (titre IX) « la ci-devant loterie nationale de France ».
2. Par Guy et Gaveaux. On en trouvera un compte rendu dans le *Journal de Paris* du 11 vendémiaire an VI.

du jeune homme. Moncars père et le valet se déguisent, se convainquent des vues criminelles du tuteur, le trompent dans son attente en se faisant reconnaître, et unissent les jeunes gens. — Pièce faible de plan, de moyens et de style, mais des situations agréables et une musique avantageuse, du reste remplie d'une bonne moralité et sans aucun trait répréhensible sous le rapport des circonstances. Le public attendait l'ouverture avec curiosité ; cette ouverture a été précédée de la *Marseillaise*, et il a paru que c'était à cette impatience que l'on attribuait des sifflements et des applaudissements ironiques qui ont accompagné le commencement de cet air patriotique. — Le calme a régné partout.....

LIMODIN.

(Arch. nat., BB³ 87.)

MCXLVIII

10 VENDÉMIAIRE AN VI (1ᵉʳ OCTOBRE 1797).

RAPPORT DU BUREAU CENTRAL DU 11 VENDÉMIAIRE.

Esprit public. — La cérémonie funèbre en l'honneur du général Hoche a pénétré tout le monde d'admiration ; il n'est même personne qui n'en ait partagé l'esprit ; l'éloge de ce militaire se retrouvait dans la bouche de tous les citoyens, et ils faisaient aussi celui du gouvernement, qui se témoignait reconnaissant des importants services rendus par Hoche à la République. Ces entretiens ont amené des vœux pour que le Directoire mît le plus possible en vigueur les institutions républicaines. — Le mécontentement et même la consternation des rentiers sont très sensibles ; les porteurs de petites créances espéraient une exception en leur faveur ; ils manifestent les plus vives inquiétudes sur les moyens d'exister qu'ils pourront trouver cet hiver ; quelques-uns, dans leurs épanchements, se livrent à de fortes invectives contre le gouvernement. — Les ennemis déclarés de la République triomphent de la douleur de cette classe de la société en ce qu'elle devient une occasion pour eux de se déchaîner contre le Directoire, auquel ils prodiguent honteusement les plus odieuses épithètes. — L'esprit des cafés, qui s'était réellement épuré pendant un temps, offre aujourd'hui le même mélange qu'avant le 18 fructidor : les royalistes cherchent à y dominer l'opinion ; ils y disent, sous toutes sortes d'expressions, que les pouvoirs exécutif et législatif sont tout entiers dans les mains du Directoire, que les Anciens ne sanctionnent plus que par pure formalité, et qu'entre la sanction et la déportation il n'y a pas à choisir ; qu'en un mot, tout ce que fait le Corps législatif, il le fait forcément. La déportation des nobles a aussi été agitée ; elle n'est point approuvée et devient, dans le sens des partisans de l'opinion, l'objet de beaucoup de comparaisons injurieuses pour le Directoire ; c'est comme bannissement, et non comme déportation, que d'autres raisonnent la même mesure de sûreté. — Un plan paraît monté et suivi de contrarier le gouvernement dans toutes ses vues et de lui en supposer de criminelles. — L'esprit public, c'est-à-dire le patriotisme fondé sur le désintéressement, est, à ce qu'il a paru, presque nul dans la classe des négociants et gros débitants. La malveillance, en dernier résultat, avait répandu hier un vernis de mécontentement sur l'opinion, dont la trace commence à se perdre.

Spectacles. — Avec quelque sincérité, mais sans aucun murmure contre le gouvernement, les amateurs de la bonne comédie et de la tragédie donnent des regrets à la clôture du théâtre de la rue Louvois.

— Au Vaudeville, une voix s'est élevée pour demander la *Marseillaise;* l'orchestre l'a jouée, mais il a été continuellement couvert par des applaudissements ironiques et par des demandes pour qu'on levât la toile ; l'orchestre a néanmoins poursuivi, et le calme succéda peu à peu. L'esprit de ce parterre n'était nullement disposé en faveur de la chose publique. Il n'en a pas été de même partout ailleurs ; on y a vu du calme et du bon ordre.....

Bourse. — Jusqu'à présent, l'effet de l'adoption de la résolution relative aux rentes a été bien différent de celui que l'on semblait craindre, car tous les cours se sont bonifiés et les affaires ont été très multipliées pendant le cours de la Bourse.....

BRÉON.

(Arch. nat., BB³ 87.)

JOURNAUX.

Rédacteur du 14 vendémiaire : « *Procès-verbal de la cérémonie funèbre qui a eu lieu au Champ-de-Mars à Paris, le 10 vendémiaire an VI, en mémoire du général Hoche.* — L'an VIme de la République française une et indivisible, le 10 vendémiaire, à dix heures du matin, en exécution de l'arrêté du Directoire exécutif du 2 du présent mois, portant qu'il serait célébré ce jourd'hui, au Champ-de-Mars à Paris, une cérémonie funèbre en mémoire du général Hoche, commandant en chef les armées de Sambre-et-Meuse et de Rhin-et-Moselle, décédé à Wetzlar, le 3me jour complémentaire de l'an V, dans la 30me année de son âge, les membres du Directoire exécutif, en grand costume, et le secrétaire général se réunissent au lieu ordinaire des séances, pour se rendre au Champ-de-Mars, lieu fixé pour la cérémonie à laquelle cette journée est consacrée. Les ministres, les officiers composant l'État-Major de la 17me division militaire et de la place de Paris sont successivement annoncés et introduits. Depuis l'aube du jour, l'artillerie placée dans le jardin du palais national du Directoire exécutif annonçait aux citoyens, par un coup de canon tiré de quart d'heure en quart d'heure, que la République avait perdu l'un de ses défenseurs les plus ardents, et les appelait à venir mêler leurs larmes aux honneurs funèbres que la patrie reconnaissante lui avait décernés. A onze heures, le Directoire monte dans ses voitures; il est précédé de ses huissiers et messagers d'État; et, accompagné des États-Majors de la 17me division militaire et de la place de Paris, d'un grand nombre d'officiers généraux, des ministres et du secrétaire général, il prend sa route vers l'École militaire, au milieu d'un grand concours de citoyens qu'une pieuse affection avait rassemblés dans les environs du palais. Deux piquets de cavalerie ouvrent et ferment sa marche : les cavaliers et grenadiers de la garde du Directoire, un corps nombreux de troupes de lignes et un détachement de vétérans nationaux escortent les voitures et marchent les armes basses. Les tambours, couverts de crêpe, exécutent par intervalles de sombres roulements; les trompettes et la musique militaire, également voilées, font entendre des accords lents et lugubres, qui préparent les cœurs aux émotions religieuses et à l'attendrissement qu'ils allaient éprouver. On arrive dans cet ordre à l'École militaire; la façade du bâtiment est couverte en grande partie de tentures noires, semées des couleurs nationales. La famille éplorée du général Hoche s'y était déjà rendue dans des voitures que le ministre de l'intérieur lui avait envoyées. Le Directoire s'avance vers elle et lui témoigne combien il partage avec tous les bons Français la perte dont elle est affligée. Le Directoire trouve aussi à l'École militaire le Corps diplomatique, les membres du tribunal de cassation, les autorités constituées du département de la Seine et de la commune de Paris, et tous ceux qui doivent former le cortège. Un concours immense de citoyens garnit les talus environnant la vaste étendue du Champ-de-Mars. On y remarque un grand nombre de membres du Corps législatif, qui sont venus se confondre avec leurs concitoyens, pour payer à la mémoire du général mort leur tribut individuel de la reconnaissance publique. Toute la garnison de Paris et les deux bataillons de grenadiers du Corps législatif sont sous les armes dans le cirque. Un soleil pur, un calme absolu semblent commander le recueillement. Le Directoire sort à pied de l'École militaire, précédé d'un cortège nombreux qui se compose ainsi qu'il suit : les commissaires de police, les tribunaux de paix, les douze administrations municipales de Paris, le Bureau central, l'administration centrale du département de la Seine, l'administration des monnaies, le tribunal de commerce, le tribunal correctionnel, le tribunal civil, le tribunal criminel, le tribunal de cassation, les commissaires de la trésorerie, les commissaires de la comptabilité, les professeurs des Écoles centrales, l'Institut national des sciences et arts, l'État-Major de la 17me division militaire, les huissiers du Directoire, les messagers d'État, les ambassadeurs et agents des puissances étrangères, les ministres, le Directoire exécutif. Chacun des membres du cortège tient à la main une branche de laurier ou de chêne. Un corps de musique dirige lentement la marche en exécutant des airs funèbres entrecoupés par le son lugubre et déchirant du tam-tam. Au milieu du cortège et devant le Directoire est portée avec une pieuse vénération, par quatre anciens guerriers, l'effigie du général Hoche, couronnée du laurier de l'immortalité. Elle est placée sur un brancard décoré d'une draperie tricolore, avec un trophée et les insignes militaires de général en chef. La draperie est soutenue, aux quatre coins, par quatre généraux, amis du général Hoche et ses émules dans la carrière de l'honneur, les citoyens Augereau, Bernadotte, Hédouville et Tilly. Suivent immédiatement, les yeux inondés de larmes et attachés à la terre, les parents du général Hoche, plongés dans l'abattement et la douleur. A leur tête on distingue, par son désespoir, un vieillard vénérable en cheveux blancs et couvert d'honorables cicatrices, le père du général mort. D'un pas chancelant il suit l'effigie de son fils, appuyé sur deux de ses proches, au milieu des cris des femmes et des enfants qui l'environnent et en se frappant la poitrine. L'aspect de cette famille éplorée arrache de tous les yeux des larmes d'attendrissement. Le cortège dirige sa marche par l'allée des peupliers, à droite du Champ-de-Mars, et fait le demi-tour du cirque jusqu'à l'autel de la Patrie. En avant de l'autel s'élève une pyramide, portant sur chacune de ses faces une inscription qui rappelle les principaux traits de la vie militaire du général Hoche. Sur l'une on lisait : *Lignes de Wissembourg;* sur l'autre : *Débloquement de Landau;* sur la troisième : *Affaire de Quiberon, pacification de la Vendée;* sur la quatrième : *Passage du Rhin, bataille de Neuwied.* L'enceinte de l'autel est formée par des trophées et des colonnes funéraires également ornées d'inscriptions, et surmontées de drapeaux tricolores dont les cravates sont de crêpes et de rubans noirs. Les diverses inscriptions portent : la première : *Il vécut assez pour la gloire et trop peu pour la patrie.* La deuxième : *Il fut humain dans la guerre et clément dans la victoire.* La troisième : *Son nom seul épouvanta le despote d'Irlande et les conspirateurs français.* La quatrième : *Les distances, les fleuves, l'Océan, rien n'arrêtait son audace.* La cinquième : *Il allait être le Bonaparte du Rhin.* La sixième : *Wissembourg, Landau, Quiberon parleront de sa gloire, et la Vendée de ses vertus.* — Autour de l'autel de la Patrie et de la pyramide sont plantés des groupes de peupliers, entre lesquels des candélabres soutiennent des cassolettes à l'antique où brûlent des parfums. Le Directoire exécutif prend séance sur l'autel, dans la partie supérieure, au pied de la statue de la Liberté. Les ministres, les membres du corps diplomatique, ceux des autorités constituées et toutes les personnes du cortège se placent sur les sièges qui sont préparés pour chacun d'eux sur les deux côtés en avant de l'autel. La famille du général Hoche y occupe une place distinguée, d'où elle fixe les regards attendris de tous les spectateurs. L'effigie du général (ce buste a été modelé d'après un dessin, par le citoyen Corbet, sculpteur-statuaire; cet artiste n'a eu que dix-huit heures pour faire son travail) est déposée en face de l'autel et devant la pyramide, sur une estrade ornée de candélabres et de trépieds antiques. Les quatre généraux qui portaient les coins du drap funéraire restent debout aux quatre angles. Les élèves de la Patrie sont rangés à l'entour et pleurent la perte du héros qui leur fut tant de fois proposé pour modèle. Cinq colonnes de troupes, composées de deux bataillons des grenadiers du Corps législatif, de la 7ᵐᵉ demi-brigade, de la 9ᵐᵉ demi-brigade d'infanterie légère, des 20ᵐᵉ et 28ᵐᵉ demi-brigades, des

16me et 20me de cavalerie, du 10me de hussards et du 21me de chasseurs environnent la pyramide dans une attitude immobile et portant leurs armes basses. Le silence le plus profond règne dans la vaste circonférence du Champ-de-Mars. Les artistes du Conservatoire de musique et du théâtre de la République et des Arts l'interrompent par une symphonie funèbre, qui augmente l'attendrissement dont les âmes sont déjà pénétrées. Les sons de la trompette commandent l'attention. Le Directoire se découvre et se lève ; le président prononce un discours[1]... Ce discours, écouté dans le recueillement le plus profond, n'est interrompu que par les soupirs des assistants et les sanglots de la famille du général Hoche. Plusieurs fois le président du Directoire a peine à contenir l'émotion de son cœur ; ses paroles pénètrent toutes les âmes ; le sentiment transporte bientôt les spectateurs et s'exhale de toutes les bouches en cris unanimes : *Vive la République !* Ces cris s'étendent et se prolongent dans toute la vaste étendue du Champ-de-Mars ; de toutes les parties des talus se répète le cri : *Vive la République !* — *Vive la République !* répond l'armée d'une voix forte. Ces cris universels, ce concert majestueux d'acclamations d'un peuple immense qui pleure la mort d'un de ses plus vaillants généraux, mais qui sent sa force et sa grandeur, s'élèvent jusqu'aux nues et montent vers la divinité. — Quarante jeunes élèves du Conservatoire de musique, vêtues de blanc, les cheveux portant des bandelettes, et portant des écharpes de crêpes, s'avancent d'un pas timide et se rangent autour du mausolée ; elles chantent en chœur, en l'honneur du héros, la strophe suivante de l'hymne composé par le citoyen Chénier et mis en musique par Cherubini :

> Du haut de la voûte éternelle,
> Jeune héros, reçois nos pleurs.
> Que notre douleur solennelle
> T'offre des hymnes et des fleurs.
> Ah ! sur ton sein sépulcrale,
> Gravons ta gloire et nos regrets ;
> Et que la palme triomphale
> S'élève au sein de tes cyprès.

Elles repassent ensuite deux à deux au devant du mausolée ; leur maintien modeste, leur démarche grave et silencieuse répondent à l'émotion dont leurs âmes sont affectées. D'une main tremblante, et en détournant leurs regards où se peignent l'attendrissement et la douleur, elles déposent leurs branches de lauriers au pied de l'effigie du pacificateur de la Vendée. Une d'elles, succombant à l'oppression du sentiment, s'évanouit et tombe dans les bras de ses compagnes. A cette scène touchante, des pleurs coulent de tous les yeux ; [on entend] les sanglots de la famille du général Hoche ; son père infortuné éclate en gémissements ; ses amis s'empressent autour de lui pour contenir son désespoir. La douleur est peinte sur tous les visages : on dirait que chaque citoyen de cette immense réunion assiste aux funérailles d'un père ou d'un ami particulier. Le citoyen Daunou, membre de l'Institut national, et chargé par lui de faire le panégyrique du héros, s'avance en ce moment tenant à la main une branche de laurier ; il monte sur les degrés du mausolée

---

1. Nous ne donnons pas ce discours, qu'on trouvera dans le *Rédacteur* du 14 vendémiaire.

et prononce l'éloge funèbre du général Hoche[1]. L'orateur, après avoir successivement fait éprouver à tous les assistants les sentiments divers que devaient inspirer le courage et les vertus qu'il venait de peindre avec tant de chaleur et d'éloquence, termine au milieu des plus vifs applaudissements. Un groupe de vieillards reprend alors l'hymne funèbre, et chante la seconde strophe :

>Aspirez à ses destinées,
>Guerriers, défenseurs de nos lois.
>Tous ses jours furent des années ;
>Tous ses faits furent des exploits.
>La mort qui frappa sa jeunesse,
>Respectera son souvenir :
>S'il n'atteignit point la vieillesse,
>Il sera vieux dans l'avenir.

Les guerriers continuent :

>Sur les rochers de l'Armorique,
>Il terrassa la trahison ;
>Il vainquit l'hydre fanatique,
>Semant la flamme et le poison.
>La guerre civile étouffée
>Cède à son bras libérateur :
>Et c'est là le plus beau trophée
>D'un héros pacificateur.

>Oui, tu seras notre modèle.
>Tu n'as point terni tes lauriers.
>Ta voix libre, ta voix fidèle
>Est toujours présente aux guerriers.
>Aux chants d'honneur où vit ta gloire,
>Ton ombre au milieu de nos rangs,
>Saura captiver la victoire
>Et punir encore les tyrans.

Ces dernières paroles et le charme entraînant de la musique guerrière par laquelle elles sont animées transportent tous les assistants, arrachent des applaudissements universels et changent tout à coup la nature de l'émotion générale. Magistrats, citoyens, militaires, tous ne paraissent plus occupés que de l'idée d'honorer, par de nouveaux triomphes, la mémoire du général qui a conduit tant de fois les colonnes républicaines à la victoire. L'air si chéri des défenseurs de la patrie, l'air des Marseillais, ranime tous les esprits et échauffe toutes les âmes. Un chœur de chanteurs et de cantatrices entonne la strophe : *Amour sacré de la patrie*. Le Directoire se lève et se découvre ; tout le cortège, les citoyens placés sur les tertres sont aussi levés et découverts par un mouvement simultané ; tous, en agitant leurs chapeaux dans les airs et les yeux fixés sur la statue de la Liberté, répètent en chœur la reprise : *Aux armes, citoyens!* Ce concert unanime s'élève jusqu'aux nues et se confond à l'explosion d'une décharge d'artillerie ; tous les corps de troupes placés dans le cirque y répondent par un feu de peloton, qui se continue et se répète à plusieurs reprises dans tout le contour de l'enceinte du Champ-de-Mars. Le *Chant du Départ* est entendu avec la même avidité et excite un enthousiasme aussi universel. Toutes les troupes, cavalerie, artillerie et infanterie, après avoir, dans divers intervalles, exécuté plusieurs évolutions militaires, s'avancent pour rendre les derniers honneurs à l'immortel général et défilent en grande parade devant le mausolée. Le Directoire exécutif, suivi de tout le cortège, descend de l'autel et se porte en avant de l'effigie du général Hoche. Chacun, en passant, dépose la branche qu'il tient à la main, et bientôt le buste

---

1. On trouvera ce discours dans le *Rédacteur* du 15 vendémiaire.

se trouve reposé sur un lit de feuilles de chêne et de laurier. Le plus grand silence règne pendant cette cérémonie et annonce le recueillement profond de tous. Le cortège se remet en marche et se dirige vers l'École militaire, en longeant le côté occidental du Champ-de-Mars. Pendant la marche, le canon continue de se faire entendre par intervalles, et les tambours et les instruments militaires de régler le pas par des accords lugubres. Toutes les troupes rangées dans le cirque et tous les citoyens placés sur les talus témoignent, au passage du cortège, par des cris répétés de *Vive la République!* la satisfaction qu'ils éprouvent de voir rendre avec éclat les honneurs dus à ceux qui servent la patrie avec un zèle constant et pur. Arrivé à l'École militaire, le Directoire reçoit de nouveau la famille du général Hoche, et, après avoir versé encore quelques consolations sur ses peines, retourne au palais dans le même ordre qu'il était arrivé. Le Directoire exécutif arrête que le procès-verbal ci-dessus sera imprimé et envoyé aux administrations départementales et municipales, aux tribunaux civils, criminels et correctionnels et aux armées; arrête, en outre, qu'il sera lu publiquement le 30 de ce mois, lors de la cérémonie ordonnée par la loi du 5, dans chaque chef-lieu de canton, ainsi que dans chaque division aux armées. *Signé* : Révellière-Lépeaux, président ; Lagarde, secrétaire général. »

MCXLIX

11 VENDÉMIAIRE AN VI (2 OCTOBRE 1797).

Rapport du bureau central du 12 vendémiaire.

Esprit public. — Les opinions manifestées dans le centre de Paris, c'est-à-dire dans les arrondissements qui tiennent au Jardin-Égalité, tendent à se rattacher au gouvernement, quoique les lieux publics regorgent de fraudeurs et de royalistes déhontés. Quelques lieux de réunion ont paru hier avoir subitement et totalement changé d'esprit ; les partisans de la monarchie et les détracteurs des derniers événements y observent le silence, et les entretiens sur les moyens d'affermir la République et de vivifier ses institutions y étaient parfaitement libres. — La nécessité de quelques impôts indirects, principalement celui du droit de passe, est sentie partout, en sorte que cette partie de la dernière résolution n'a point ou presque point de contradicteurs. — Les plaintes des rentiers sont absolument les mêmes ; quelques-uns toutefois espèrent encore, surtout parmi les petits rentiers, qui se proposent de présenter une pétition au Directoire. — On ne parle de l'armée d'Italie que de la manière la plus avantageuse, ainsi que de son général, au point qu'on est presque certain de la campagne, si les hostilités se renouvellent décidément. — Les groupes du Jardin national ont subsisté fort tard, et il a paru s'y être glissé nombre d'individus occupés à présenter aux rentiers les consolations les plus perfides : « Soyez rassurés, leur disait-on, cela ne durera pas toujours. Ceux qui ont acheté les biens du clergé et autres propriétés nationales n'en jouiront pas longtemps. » Les orateurs ensuite laissent entrevoir qu'ils croient à une revision des nouvelles fortunes, que les rentiers, réduits à se donner la mort, verront les dilapidateurs recherchés, que le jour de la justice arrivera tôt ou tard. En un mot, toutes les opinions émises dans ce lieu tendaient à répandre de l'inquiétude parmi tous les propriétaires, soit de domaines nationaux, soit de particuliers. Dans le public, on répand le bruit que les patriotes qui ont pris les armes dans les journées des 18 et 19 ont reçu ordre de les tenir en état pour le 15 de ce mois. — Le calme et les dispositions au bon ordre régnent à l'extérieur. Un léger mouvement, causé par l'insobriété d'un caporal à la tête d'une patrouille, a eu lieu hier soir au Jardin-Égalité, mais n'avait aucune cause politique et a cessé aussitôt. — L'esprit de la classe des citoyens qui tirent leurs ressources de quelque opération de finance n'est nullement favorable au gouvernement. On est beaucoup mieux disposé dans les autres classes de la société.

Spectacles. — Aucune particularité.....

BRÉON [1].

(Arch. nat., BB 3 87.)

MCL

12 VENDÉMIAIRE AN VI (3 OCTOBRE 1797).

RAPPORT DU BUREAU CENTRAL DU 13 VENDÉMIAIRE.

Esprit public. — Quelque opposition que, dans leurs raisonnements, les ennemis du gouvernement républicain manifestent aux événements du 18 fructidor, et surtout à leur résultat, on est cepen-

---

[1]. A la date du 11 vendémiaire an VI, on lit dans le registre du Directoire exécutif : « A l'ouverture de la séance, le ministre de l'intérieur soumet au Directoire la nomination faite par l'administration centrale du département de la Seine le 4º jour complémentaire an V des citoyens Limodin et Lessore, pour composer conjointement avec le citoyen Cousin, le Bureau central de Paris. Le Directoire confirme cette nomination. » On a vu plus haut, p. 355, que Lessore n'avait pas attendu cet arrêté du Directoire pour entrer en fonctions, et que Bréon continua à signer des rapports jusqu'au 15 vendémiaire inclus.

dant fondé à présenter l'esprit public sous un aspect assez avantageux. Les meilleures dispositions animent les véritables patriotes, longtemps tous confondus avec les anarchistes sous la dénomination de Jacobins. Il est à remarquer qu'aucune des nominations faites par le gouvernement n'excite de mécontentement dans le public; on est même d'accord à les approuver, et c'est dans ce sens que l'on applaudit beaucoup au choix fait, dit-on, du citoyen Berthier pour ministre de la guerre. — La clémence des autorités législative et exécutive déplaît, pour ainsi dire, aux royalistes reconnus qui désirent des malheurs à la République, afin d'en déverser l'odieux sur le Directoire. Parmi ces derniers, les mesures projetées au Conseil des Cinq-Cents pour expulser les ci-devant nobles des fonctions publiques causent un véritable effroi ; ils en tirent la conséquence que le gouvernement, pour être juste, doit également éloigner les Jacobins, les anarchistes, les hommes du régime révolutionnaire, et ils emploient encore d'autres dénominations, dans l'intention évidente de grossir par la crainte le plus possible le parti des mécontents, auxquels ils puissent se réunir, lorsqu'ils en jugeront l'occasion favorable. Cet esprit de malveillance est très répandu. — Il est des lieux de réunion où toutes les opinions politiques cessent dès qu'il paraît un étranger. Là le patriotisme dégénère en de vifs regrets de la Constitution de 93 ; là, Robespierre est encore honoré ; là, il se dit que la Constitution de l'an III n'est que la royauté déguisée, que la journée du 18 fructidor n'a profité qu'au Directoire tout seul, que seul il règne et fait ce qu'il veut, qu'il préfèrera mettre en place les royalistes à donner de l'emploi aux patriotes qui sont dans le besoin. Venaient ensuite des reproches très amers contre le gouvernement, de la conduite qu'il a tenue à Vendôme et à Grenelle. — Cette opinion est celle d'une très petite minorité qui, dénuée le plus souvent de talents, est animée de jalousie contre ceux qui en possèdent, qui manifeste l'intention de dépouiller toute exagération et de se rallier sincèrement au gouvernement, s'il la mettait une fois à l'abri du besoin en la faisant participer aux emplois publics. — La classe des gens de lettres et des artistes est animée du meilleur esprit, et il paraît que le gouvernement peut y puiser comme dans une source pure les moyens de rendre aux institutions républicaines la splendeur qui leur convient. — Le commerce se plaint, et, dans cette classe très nombreuse, on ne s'occupe des affaires publiques qu'autant qu'elles peuvent influer sur les spéculations. — Le véritable esprit public est en minorité, mais il paraît acquérir des forces de plus en plus.

Spectacles. — Il règne, parmi ceux qui paraissent habitués au Vaudeville, une teinte visible de mépris pour tout ce qui a rapport au gouvernement, et ce caractère perce à travers la retenue du spectateur. — On est différemment disposé dans les autres spectacles; on y voit moins de personnes attendre les occasions de fronder quelques événements par des applications malignes. — Ce fut certainement par intérêt pour les ci-devant représentants, frappés de la loi, que le public du théâtre de Molière applaudit ce passage du *Vieux célibataire* : « On ne renvoie pas les gens sans les entendre. » — L'esprit des petits théâtres du boulevard a paru très bon. — Le directeur du Théâtre-Dramatique, foire Germain, a annoncé au public pour demain la représentation de la pièce intitulée *Le 18 fructidor*.....

BRÉON.

(Arch. nat., BB³ 87.)

MCLI

13 VENDÉMIAIRE AN VI (4 OCTOBRE 1797).

RAPPORT DU BUREAU CENTRAL DU 14 VENDÉMIAIRE.

Esprit public. — Nul changement dans l'esprit public, si ce n'est peut-être que les teintes s'en prononcent chaque jour davantage. Le patriote, dégagé de toute exagération, raisonne mieux ses devoirs ; tous les discours tenus dans cette classe, qui comprend un assez grand nombre de fonctionnaires publics, renferment des vœux pour que le gouvernement allie toujours la justice à la fermeté. — Ceux qui prétendent à la qualité de patriotes par excellence commencent à se réunir contre le gouvernement, auquel ils font des reproches continuels ; ils craignent qu'il ne succombe aux tentatives adroites des royalistes pour se venger de la journée du 18 fructidor ; ils l'accusent de n'être entouré que de faux patriotes qui ont surpris sa confiance ; ils disent enfin que le Directoire se comporte avec ingratitude, en ne s'occupant pas d'améliorer le sort des républicains qui lui ont donné des preuves d'attachement à la dernière époque ; ils croient voir enfin que le Directoire écarte de tous les emplois publics les patriotes, qui seuls peuvent veiller à la sûreté. A travers toutes ces plaintes, on a démêlé les traces d'un véritable attachement à la chose publique, mais elles étaient le plus souvent ternies par l'intérêt. — Les mêmes reproches se trouvent dans la bouche d'un grand nombre d'officiers réformés, mais accompagnés d'expressions très injurieuses au gouvernement ; on en comparait les membres à des hommes que l'intrigue seule anime, et dont l'intérêt devient toute la mesure du patriotisme. On donnait le même caractère à tous ceux qu'il conservait en activité de service, et, se rabattant quelquefois sur le 18 fructidor, on en trouvait les effets absolument nuls, parce qu'il laissait les mêmes hommes en place ; on citait quelques noms, pour avoir occasion de dire ensuite qu'on ne pouvait avoir confiance en un gouvernement qui plaçait la sienne aussi mal. — Les gros calculateurs, qui ne portent aucun intérêt à la chose publique, et manifestent quelquefois au contraire un profond dédain pour toutes les opérations du gouvernement, sont très mécontents de la résolution du Conseil des Cinq-Cents qui ordonne à tous les étrangers de sortir de Paris dans les vingt-quatre heures[1] ; ils disent que cette mesure va détruire le peu de commerce qui se fait aujourd'hui et que les étrangers seuls soutenaient encore. — Les cris de misère de tous les employés sont portés à leur comble ; ils parlent de tous côtés du désespoir que porte leur situation dans le sein de leurs familles ; ils appellent avec instance l'attention du gouvernement.

Spectacles. — Ils ont joui d'une grande tranquillité ; les airs patriotiques y ont été généralement applaudis.....

LIMODIN.

(Arch. nat., BB³ 87.)

MCLII

14 VENDÉMIAIRE AN VI (5 OCTOBRE 1797).

RAPPORT DU BUREAU CENTRAL DU 15 VENDÉMIAIRE.

Esprit public. — La classe la moins aisée du peuple manifeste, aux moindres occasions, sa haine contre les individus qui affectent quelque luxe ; il y en eut hier plusieurs exemples, et cette animadversion augmente en raison des difficultés que plusieurs indigents éprouvent à se procurer les ressources nécessaires, surtout à l'entrée de la saison rigoureuse. Cependant les ouvriers de tous états, malgré leurs plaintes sur la modicité de leur gain, sont calmes et peu disposés à manquer

---

1. Cette résolution des Cinq-Cents, du 12 vendémiaire, fut repoussée, le 19, par les Anciens.

au bon ordre. Les travaux, quoique languissants dans certaines parties du commerce, ont encore une activité soutenue, et il a paru qu'on pouvait compter sur l'esprit qui anime cette classe sous les rapports politiques. — Loin de s'être opéré aucun changement dans les sentiments des hommes de finances, on croit y voir un degré d'égoïsme ; les capitalistes ont l'air de guetter l'instant de quelque grande opération ; les fonds dans cette partie de la société sont en réserve, et, à raison de cela, les affaires y éprouvent une sorte de ralentissement. — Orfèvres, bijoutiers, agents de change et gros marchands étaient sévèrement jugés dans les groupes qui se sont formés au Jardin national. Les citoyens de ces différents états étaient jugés avec la plus grande défaveur, et l'on ne balançait pas à dire que tous désiraient ardemment la royauté et n'aspiraient qu'après des moments de troubles pour avoir l'occasion de s'engraisser de la substance des malheureux. Les agents de change surtout étaient accusés d'exiger les intérêts les plus usuraires. Dans ces groupes, on a dit encore que les membres du Directoire et les ministres devaient être bien riches, en ce qu'ils recevaient tout et ne payaient personne. — Parmi les habitués de ce jardin, on le répète, l'intérêt domine le plus souvent le patriotisme, et le gouvernement reçoit quelques éloges sincères, il est vrai, mais aussi bien des éloges dont le principe semble douteux. — On rencontre partout des employés de la Trésorerie nationale manifestant des plaintes de ce qu'on ne les paye pas ; ils se disposent à quitter les travaux, comme ils ont fait dernièrement, et il paraît qu'ils cherchent à stimuler les employés des autres administrations pour qu'ils en fassent autant. — Nuls bruits publics, si ce n'est que le citoyen Berthier remplace le citoyen Schérer au ministère de la guerre. — Tout retentit de cris de besoin ; cependant la tranquillité a été parfaite sur tous les arrondissements.

Spectacles. — Ils ont joui d'une parfaite tranquillité. — Au théâtre du Vaudeville, le directeur a reçu, vers les sept heures du soir, par la voie de la petite poste, une lettre sans signature et sans date, sous le timbre du ministre de la police ; cette lettre appelait à la censure une pièce nouvelle qui allait être présentée. La pièce a été jouée ; elle ne contient rien qui ait le moindre rapport avec les circonstances.....

Bréon.

(Arch. nat., BB³ 87.)

MCLIII

15 VENDÉMIAIRE AN VI (6 OCTOBRE 1797).

Rapport du bureau central du 16 vendémiaire.

Esprit public. — Les frondeurs habituels du gouvernement et de toutes les opérations qui en émanent ridiculisent avec un peu plus de hardiesse les événements du 18 fructidor, et parmi eux, ceux qui se prétendent du grand ton fondent quelques projets de vengeance sur des troubles éclatés récemment dans le Midi, d'après les nouvelles qu'ils s'en communiquent et qui leur apprennent que les honnêtes gens ont encore beau jeu dans ces contrées; ils comptent bien que les amis des honnêtes députés (ils ne qualifient pas autrement les députés condamnés à la déportation) auront leur revanche du 18 fructidor. En général, les hauts cercles paraissent, à peu d'exceptions près, sans aucun attachement à la République et très indisposés contre le Directoire, dont la ruine les satisferait. — On murmure, dans une partie du public, de ce que les diverses autorités comptent encore dans leur sein des anti-républicains connus au 18 fructidor et antérieurement; on se trouve encore loin du but auquel on croyait voir arriver les choses, et, [à] partir de cette époque et à la marche lente que l'on trouve aux affaires, on pense que le gouvernement est encore contrarié dans ses plans. — Il est moins d'espérance pour la paix; tout le monde, au contraire paraît s'attendre à de très prochaines opérations en Autriche et sur le Rhin.
— La malveillance se réveille et se couvre des voiles de la nuit ; les mots de *Vive le Roi!* ont été vus écrits lisiblement à la craie sur des murs isolés. L'esprit d'attachement à la République n'est point douteux dans la classe nombreuse des ouvriers ; ils font bien entendre quelques murmures, mais ils leur sont arrachés par le besoin, car le nombre des occupations (*sic*) est encore augmenté[1]. — Les propos des jeunes gens de la première réquisition, forcés de rejoindre, sont tout à fait inciviques. — L'exaltation des hauts patriotes, qui se permettent de blâmer la forme actuelle du gouvernement, de trouver peu d'énergie dans les autorités premières et de professer des opinions plus que sévères, fait concevoir des craintes à une partie du public, qui redoute tout de ceux dont les principes tendent à l'anar-

1. Textuel. Il s'agit sans doute des ouvriers *manquant d'occupation*.

chie. — La majorité des citoyens, ardents à suivre le cours des affaires publiques, a la plus grande confiance dans le gouvernement, et il règne dans cette classe autant de patriotisme que d'insouciance dans celle des hommes livrés aux spéculations de la bourse ou de l'agiotage [1].

Spectacles. — L'esprit des spectacles s'épure. Les airs patriotiques y sont écoutés avec plus de plaisir. Ils ont été redemandés et joués à plusieurs reprises au petit Théâtre-Dramatique de la foire Germain. A ce théâtre, il a été représenté hier une pièce intitulée *Le 18 fructidor*. Les causes et les événements de cette journée y sont en action. Premier acte : des patriotes sont réunis dans un jardin avec des rentiers et des royalistes ; ces derniers affichent le luxe, sont, de plus, reconnus voleurs ; on fait aux rentiers le reproche d'aimer peu la République. Dans ce jardin se découvrent les premières trames des menées antérieures au 18 fructidor. Deuxième acte, représentant l'intérieur de la salle du Comité des inspecteurs. Un garçon de bureau pénètre dans les secrets d'une conspiration et aide à la découvrir ; au moment où les députés se préparent à marcher contre le Directoire, ils sont arrêtés. Troisième acte : le général Augereau défile à la tête d'une colonne de patriotes du faubourg Antoine ; on se réjouit du triomphe de cette journée par des danses et des couplets patriotiques qui ont pour refrain la *Carmagnole*. Cette pièce, dans laquelle il ne faut point chercher du style, a été très accueillie et entendue dans le plus grand calme. Le public, très mécontent du jeu des acteurs mal au fait de leurs rôles, a paru rendre d'ailleurs justice à l'intention. On a remarqué un passage où un personnage menace de l'échafaud les aristocrates sous l'expression de « se faire raser la tête en place publique ». Le public y a aussi reconnu une personnalité contre un représentant du peuple, désigné comme « ermite du Calvaire [2] ». — Le citoyen Lebois, rédacteur d'un journal connu, jouait le rôle du général Augereau.....

LIMODIN.

(Arch. nat., BB³ 87.)

JOURNAUX.

Rédacteur du 18 vendémiaire : « *Institut national*. La séance publique du 15 vendémiaire a offert un intérêt de plus que celles des trimestres antérieurs.

---

1. Un extrait de cet article *Esprit public* fut reproduit dans le *Rédacteur* du 19 vendémiaire.
2. Allusion à Merlin (de Thionville). Voir plus haut p. 345.

L'objet de ce nouvel intérêt était la distribution des prix de peinture, sculpture et architecture de l'an V. La séance a été ouverte selon l'usage par la lecture que chacun des trois secrétaires a faite à l'assemblée de la notice des travaux de chacune des trois classes. Dans la notice lue par Prony des travaux de la première classe, le public a distingué, avec l'intérêt que les progrès des sciences inspirent, des observations astronomiques sur une nouvelle comète. On a également remarqué l'annonce de la fin des opérations relatives à la mesure de l'arc du méridien. Enfin, l'auditoire a été très attentif aux détails donnés par cette notice sur un voyage du capitaine Marchand, fait autour du monde en 1790, 91 et 92. C'est le second voyage de ce genre fait dans ce siècle par des Français. Lassus a lu l'éloge de Pelletier, l'un des membres de la 1re classe, mort à trente-six ans durant le dernier trimestre. Dans cet éloge, l'appréciation du mérite de ce chimiste et l'expression des regrets sur sa mort prématurée ont obtenu de justes applaudissements. On a également applaudi à l'éloge que Villar a fait de J.-B. Louvet, mort à peu près au même âge que Pelletier. Le président de l'Institut a procédé à la distribution des prix de peinture, de sculpture et d'architecture. Après cette distribution, Camus, président, a adressé aux jeunes artistes un discours où il a parlé en ami éclairé des arts, en ami énergique de la liberté. Il a été universellement applaudi sous ce double rapport. Andrieux, membre de la IIIme classe, a obtenu un nouveau succès dans cette séance. Son collègue Molé a lu pour lui un dialogue en vers entre deux journalistes sur l'emploi des mots *monsieur* et *citoyen*. Guyton-Morveau a lu un mémoire sur les substances végétales qui entrent dans la teinture ; ce compte rendu a paru utile et lumineux. Cette lecture a été suivie d'une courte dissertation sur les types des monnaies, comparés à ceux des médailles. Il y a mêlé des observations importantes sur l'instruction populaire. Il voudrait que les légendes des monnaies fussent des maximes morales et républicaines. Cette idée a été très applaudie et a fait dire que ce serait la morale en monnaie courante. La séance a été terminée par deux odes de Lebrun, qu'il a récitées lui-même avec un enthousiasme que les années n'ont point affaibli. L'une est contre l'anarchie, l'autre est contre la monarchie. » — *Rédacteur* du 22 vendémiaire : « *Bureau central du canton de Paris, 15 vendémiaire an VI.* Aux commissaires de police. Citoyens, la loi du 7 vendémiaire an IV, dont l'exécution est ordonnée par celle du 19 fructidor dernier, consacre le libre exercice des cultes, mais en même temps elle exige des ministres de ces cultes une garantie contre l'abus qu'ils pourraient faire de leur ministère. L'article 5 veut que nul ne puisse remplir le ministère d'aucun culte, s'il ne fait préalablement devant l'administration municipale la déclaration suivante : « Je reconnais que l'universalité des » citoyens français est le souverain, et je promets soumission et obéissance » aux lois de la République. » Cette déclaration a été exigée jusqu'au 19 fructidor dernier : elle ne peut plus l'être aujourd'hui. Aujourd'hui tout ministre d'un culte doit prêter le serment de *haine à la royauté et à l'anarchie, d'attachement et de fidélité à la République et à la Constitution de l'an III*. Ce serment, substitué à la simple déclaration par la loi du 19 fructidor, doit être accompagné, pour sa validité, de toutes les formalités auxquelles la déclaration elle-même était assujettie. Il faut que le ministre d'un culte ait prêté son serment devant une administration municipale ; que cette administration municipale soit celle de l'arrondissement où il exerce son culte, et que deux copies conformes, en gros caractères très lisibles, certifiées par la signature d'un officier municipal ou du secrétaire en chef et par celle du ministre assermenté, soient constamment affichées dans l'intérieur de l'édifice destiné aux cérémonies. Ces formalités sont de rigueur. Si elles avaient été omises ou négligées, ce serait en vain que le ministre d'un culte se prévaudrait de son serment. Il se prévaudrait dans des circonstances aussi défavorables que celles qui auraient méconnu la loi [1]. Cette loi est commune aux ministres de tous les cultes. Elle plane sur eux indistinctement; elle s'applique aux chefs de toutes les sectes, au ministre protestant comme au prêtre catholique et au rabbin. Mais, parmi tous ces cultes divers qui s'exercent sous la tolérance des lois, il en est dont les caractères particuliers ne vous échapperont point, lorsque vous exigerez la justification du serment dont nous parlons. Les uns, et c'est le plus grand nombre, n'admettent à l'exercice de la liturgie qu'un ou plusieurs ministres. Mais d'autres cultes appellent indifféremment tous les sectateurs aux fonctions de ministre. Quiconque, parmi eux, se trouve animé du feu de l'inspiration est admis à remplir ces fonctions délicates. Il a le droit de parler, d'énoncer librement sa pensée, d'instruire, d'éclairer, d'échauffer les auditeurs et de contribuer, par son éloquence, aux progrès du prosélytisme. Ici, citoyens, la loi du serment se trouve en rapport avec tous les membres de l'assemblée : considérés comme fidèles contemplatifs, ils en seraient exempts; mais, comme participant tous à l'exercice du culte, ils y sont individuellement assujettis. Ces caractères distinctifs peuvent être facilement saisis, et vos relations journalières et habituelles avec les localités vous mettront à portée de connaître la nature des différents cultes qui s'exercent dans les arrondissements dont la police vous est confiée. Ces renseignements préliminaires une fois obtenus, votre premier soin sera de vous assurer si tous ceux qui exercent les cultes ou participent à leur exercice ont satisfait aux lois du 7 vendémiaire an IV et 19 fructidor dernier, en prêtant devant l'administration municipale de l'arrondissement le serment de haine à la royauté et à l'anarchie, d'attachement et de fidélité à la République et à la Constitution de l'an III. Vous n'avez qu'une chose à faire pour arriver à la connaissance de ce fait important : c'est de vous faire représenter, par tous ceux qui exercent actuellement le culte, les extraits de la prestation de leur serment, d'en prendre note et de vérifier si des copies exactes en sont affichées ostensiblement dans l'intérieur des édifices consacrés aux cérémonies. Les ministres du culte qui pourront faire cette justification et vous mettre à portée de la vérifier sont les seuls qui aient droit d'exercer leur ministère. La loi leur accorde à ce prix sûreté et protection. Mais, autant elle couvre de son égide puissante les ministres qui ont prêté le serment qu'elle impose, autant elle est sévère contre ceux qui auraient été sourds à sa voix et exerceraient néanmoins leur ministère. Elle les punit de 500 francs d'amende et d'un emprisonnement d'une année. Elle est bien plus sévère encore contre les ministres qui, après avoir prêté leur serment, l'auraient rétracté ou modifié, ou auraient fait des protestations ou restrictions contraires. Elle les bannit à perpétuité du territoire de la République. La ligne qui distingue ces individus de tous ceux auxquels la loi du 7 vendémiaire an IV assure protection et sûreté est trop sensible pour n'être pas aperçue. Nous espérons qu'elle ne

---

1. Textuel.

vous échappera pas, et que vous dénoncerez aux tribunaux tous les délits que ces individus pourront commettre, avec un zèle égal à celui que vous apporterez à assurer la tranquillité des ministres qui n'exerceront le culte qu'après avoir rempli tous les devoirs que cette loi leur impose. Plusieurs commissaires de police nous ont consultés sur la conduite qu'ils doivent tenir envers les prêtres condamnés à la déportation et qui se sont soustraits à cette peine. Cette question n'en est pas une. Les prêtres condamnés à la déportation doivent être rangés dans la même classe que les prêtres déportés et rentrés. Le jugement porté contre les uns et les autres a réglé définitivement leur état; ils sont morts civilement. Dès lors, ils ne peuvent plus participer aux avantages civils de la société. Vous voudrez bien agir en conséquence. Le cœur de l'homme est un asile sacré où l'œil du gouvernement ne doit point descendre. Aussi la loi du 7 vendémiaire an IV n'a-t-elle aucune influence sur le domaine de la pensée, ni sur les rapports de l'homme avec les objets de son culte. Mais elle a assujetti les édifices consacrés à l'exercice des cultes à une surveillance renfermée dans des mesures de police et de sûreté publique. Cette surveillance s'applique, soit aux signes particuliers à un culte quelconque, soit aux ministres eux-mêmes, soit enfin aux opinions politiques qu'ils peuvent professer au milieu de leurs sectateurs. Aucun signe particulier à un culte ne peut être élevé, fixé et attaché en quelque lieu que ce soit, de manière à être exposé aux yeux des citoyens, à peine de 500 francs d'amende et d'un emprisonnement de six mois. La loi n'excepte de cette disposition que les signes élevés dans l'enceinte destinée aux exercices du culte, dans les ateliers ou magasins des artistes et marchands, ou dans les édifices publics destinés à recueillir les monuments des arts. Cette espèce de surveillance est purement matérielle. Celle qui a les ministres des cultes pour objet est relative à leurs vêtements. Il leur est défendu de paraître en public avec les habits, ornements ou costumes affectés à des cérémonies religieuses. La dernière espèce de surveillance est celle qui, dans son exercice, exige une attention soutenue et un zèle éclairé. Parmi les ministres des divers cultes, il en est qui professent une morale pure et des principes favorables au progrès des lumières et de la liberté. Ces ministres appellent sur eux la reconnaissance publique. Mais les ministres qui abusent de leurs fonctions pour jeter leurs fidèles dans le chemin de l'erreur et les détacher de la chose publique, sont d'autant plus dangereux qu'ils exercent sur les âmes faibles la puissance terrible de l'opinion. Tantôt ils s'enveloppent des expressions figurées; tantôt aussi, prenant un essor plus hardi, ils s'expriment avec clarté. Provocation au rétablissement de la royauté et à l'anéantissement de la République; provocation au meurtre; conseils aux défenseurs de la patrie de déserter leurs drapeaux; blâmes jetés sur ceux qui pourraient être disposés à défendre la Constitution et la liberté; ridicules semés sur les institutions républicaines et les couleurs nationales; craintes inspirées aux acquéreurs de biens nationaux, provenant du clergé et des émigrés; menaces des tourments de l'enfer: ils mettent tout en usage pour amener le triomphe des préjugés, du fanatisme, et de la contre-révolution. La loi du 7 vendémiaire an IV porte des peines sévères contre tout ministre de culte qui se permettrait des provocations aussi criminelles. Nous vous chargeons expressément de veiller à ce qu'aucun d'eux ne puisse impunément s'y soustraire. En conséquence, vous vous rendrez dans tous les édifices destinés à l'exercice des cultes, et, si vous y entendez professer des maximes contre-révolutionnaires, vous en dresserez procès-verbal que vous transmettrez sur-le-champ aux tribunaux. Les cérémonies du culte sont permises dans l'enceinte des maisons particulières, pourvu qu'entre les individus qui ont le même domicile, il n'y ait pas, à l'occasion des mêmes cérémonies, un rassemblement excédant dix personnes. Vous observerez à cet égard que, par domicile, la loi entend l'habitation de la famille, et non les habitations diverses dont une maison considérable se trouve composée. Vous veillerez à ce que cette distinction ne soit pas éludée, et que, sous prétexte d'une expression à laquelle des hommes mal intentionnés pourraient vouloir donner une trop grande latitude, il ne se forme des rassemblements capables de compromettre la tranquillité de vos arrondissements. Salut et fraternité. Les administrateurs du Bureau central, signé : LIMODIN, BRÉON, COUSIN. » — *Patriote français* du 17 vendémiaire : « *Paris*..... Le 15 au soir, le Cercle constitutionnel fut très nombreux. Le brave Jourdan y prononça l'éloge funèbre de son ami [1], avec l'accent mâle du guerrier qui ne sait point insinuer de mensonges flatteurs dans l'âme de ses auditeurs. Plusieurs passages y furent très applaudis, entre autres l'apostrophe pleine de sentiments énergiques et touchants au vainqueur d'Italie, que l'orateur engage à continuer, sous les auspices de la victoire, à mériter constamment l'estime des hommes libres. Il est beau de voir l'envie, qui divisait autrefois les courtisans, n'avoir aucune prise sur le cœur altier, mais reconnaissant, des généraux républicains. On trouve ce discours à notre bureau : une feuille in-8°, prix 4 sous. Nous y reviendrons. » — *Rapporteur républicain* du 16 vendémiaire : « *Paris, 15 vendémiaire*. Toujours la même incertitude et toujours la même apathie pour la paix ou la guerre. Hier soir, mille colporteurs faisaient retentir les rues de la grande victoire remportée par l'armée de Bonaparte, et ils ne vendaient pas un numéro de plus. Chacun disait : « Ah ! une victoire ! La paix n'est donc pas faite... » Puis ils parlaient d'autre chose. En vérité, il y a plaisir à gouverner des gens comme cela. On n'est pas même tenu aux bienséances, et les égards de convention ne sont nullement obligatoires. Aussi en tient-on fort peu compte, et on se trouve très bien des dispositions de nos bons compatriotes. On ne peut cependant se dissimuler que leur apathie n'ait une cause singulière. On voit sans peine établir des impôts, parce qu'en même temps on se voit dans l'impossibilité de payer. Cette même cause agit encore de particulier en particulier, et cet état des citoyens envers le gouvernement se fait sentir également entre les citoyens eux-mêmes. On a des débiteurs, ils ne paient pas ; on agit de même envers ses créanciers, et on avoue aussi ingénument sa détresse qu'on eût avoué autrefois son aisance. On laisse protester une lettre de change sans rougir, et on reçoit aujourd'hui un exploit avec autant d'indifférence qu'on en met à recevoir un de ces imprimés que font distribuer les charlatans du Pont-Neuf. On s'accoutume à tout, et, à force de souffrir, on devient insensible. Quand cela finira-t-il ? Il y a déjà longtemps qu'on le demande. »

1. Hoche.

MCLIV

16 VENDÉMIAIRE AN VI (7 OCTOBRE 1797).

Rapport du bureau central du 17 vendémiaire.

Esprit public. — Les ennemis de la République reparaissent en foule sur la scène. Il n'est pas de moyens perfides qu'ils n'emploient pour pervertir l'opinion et la noyer pour ainsi dire. D'un côté, ils provoquent les mesures les plus sévères contre telle ou telle classe de la société, contre les ci-devant nobles, contre les prêtres, contre les détenteurs de domaines nationaux, contre les banquiers et gros négociants; tantôt on prend avec une sorte de dissimulation la défense ou de l'ancienne caste ou des prêtres, par des divagations, par des plaintes qui frappent toutes les autorités, tous les états, par des suppositions de projets de lois ou de fausses nouvelles. On cherche à donner adroitement le change à l'opinion; on veut la brouiller, faire perdre la trace de l'esprit public et détourner peu à peu les citoyens de l'intérêt que l'on commençait à porter en plus grand nombre au gouvernement. — Ce qu'il y a de réel au milieu de tant de nuages, [et ce] qui convient à la vérité (*sic*), c'est la crainte de quelque nouvel événement fomenté par les émigrés et les prêtres, qui méditent, dit-on, dans leurs secrets asiles, des projets de vengeance et de contre-révolution; on croit ces individus avertis fidèlement par des agents civils des mesures prises pour faire avorter leurs plans. — On ajoute que des individus circulent en quantité pour exagérer les ressources des puissances ennemies, affaiblir l'état de nos ressources nationales, déclamer contre l'exécution des diverses parties de la dernière loi de finances, établir les conjectures les plus fausses, en se disant instruits de bonne part de tous les secrets de notre gouvernement. En un mot, la malveillance la plus notoire menace de s'emparer de l'opinion publique, afin de la diviser et de la perdre, et il est à remarquer qu'au milieu des sentiments politiques il en ressort très peu qui aient pour objet de rallier au gouvernement, de concilier les esprits, d'apaiser les passions et de faire prospérer et respecter les institutions républicaines. — Les employés et salariés publics, non seulement font entendre les plaintes les plus vives sur la misère à laquelle ils sont en proie et l'impossibilité où ils sont de répondre aux poursuites de leurs créanciers, mais ils sont devenus un objet de très grand intérêt pour tout le public, qui accuse le gouvernement d'être injuste à leur égard en les abandonnant aux angoisses du plus affreux dénuement. — Aussi beaucoup de plaintes [sont-elles] recueillies dans la classe des gros commerçants, qui annoncent qu'ils vont quitter Paris et se retirer dans les départements, parce qu'ils n'ont plus rien à faire dans cette ville.

Spectacles. — Ils n'ont rien offert de particulier ; seulement le bruit de la réduction des théâtres y cause quelques alarmes et quelquefois des murmures. Il n'est rien à dire de la nouvelle pièce donnée hier au théâtre de la République [1] ; elle ne peut réussir qu'avec de grands changements ; au surplus, elle ne renferme rien qui ait rapport aux circonstances......

Cousin.

(Arch. nat., BB 3 87.)

Journaux.

Ami des Lois du 17 vendémiaire : « L'ex-conventionnel Drouet est arrivé à Paris. Nous rendons justice à la sévérité de son républicanisme ; nous respectons ses malheurs et chérissons en lui une foule de bonnes qualités qui l'honoreront toujours; mais nous l'invitons, au nom de la République qui lui est si chère, à ne plus compromettre sa sûreté et sa tranquillité personnelles en se mettant à la tête de tel ou tel parti, toujours avides de révolutions, parmi lesquels il est sûr de trouver des hommes qui tromperont sa bonne foi et qui travailleront encore à le perdre. Drouet a, plus que tout autre, payé sa dette à la patrie; tout s'use en révolution, et il est telle ou telle circonstance dans lesquelles on sert beaucoup mieux son pays par l'inertie que par un zèle mal entendu. Je connais trop bien Drouet pour croire qu'il puisse prendre en mauvaise part cet avis fraternel. — Un autre ex-conventionnel non moins intéressant, l'une des victimes de la commission assassine de prairial, le vertueux Romme, qui se poignarda fièrement en présence de ses bourreaux, doit aussi bientôt arriver à Paris. On le croyait mort de ses blessures, et il ne fut point conduit à l'échafaud. Romme fut enlevé mort ou mourant du lieu des séances de ce tribunal infâme; des amis le réclamèrent, d'habiles médecins le rappelèrent en quelque sorte à la vie, et bientôt il fut à même de quitter un pays dans lequel, au nom de la liberté, on assassinait ses défenseurs. Romme passa en Russie; il trouva dans ce pays asile et protection chez un jeune Russe ayant accès à la cour, dont il avait été l'instituteur; il s'y occupa des sciences, qu'il a toujours cultivées, et, voyant sa patrie délivrée par le 18 fructidor des tyrans qui la désolèrent trop longtemps, il revint à Paris; du moins, des députés, ses amis, nous l'ont assuré [2]. »

1. Cette pièce était intitulée : *Le Sot intrigant ou la Manie d'être quelque chose.* On en trouvera un compte rendu dans le *Journal de Paris* du 18 vendémiaire an VI.
2. Sur cette légende, voir *Les Derniers Montagnards*, par Jules Claretie.

MCLV

17 VENDÉMIAIRE AN VI (8 OCTOBRE 1797).

Rapport du bureau central du 18 vendémiaire.

Esprit public. — Il y a eu moins d'activité parmi les suppôts de la malveillance ; l'incivisme, le mépris des institutions républicaines, la calomnie contre les autorités constituées ont eu aussi moins de cours. Les lieux de réunion n'ont donné, dans les entretiens dont ils étaient le théâtre, que des résultats peu intéressants, mais qui d'ailleurs n'établissent aucune lutte entre les passions. En un mot, à quelques sarcasmes près, dirigés contre le gouvernement, on s'est fort peu occupé d'affaires politiques. Ce que l'on remarque le plus, c'est une aigreur très manifestée par des personnes qui paraissent avoir occupé des fonctions publiques et en avoir ensuite été exclues ; elles cherchent visiblement des occasions de crier tout haut qu'après huit ans de Révolution nous n'avons pas encore de Code civil, ni de Code criminel, pas même de Constitution.— Parmi la jeunesse dite de bonne éducation, on distingue toujours ce ton leste et ces airs de prédilection pour tout ce qui semble à ses yeux rappeler le souvenir de l'ancienne cour. Les sincères patriotes aspirent après le moment où les fêtes républicaines auront la plus grande splendeur ; ce vœu est très répandu, et, assez généralement, on attache à ces institutions un intérêt que l'on croit à considérer pour le maintien de la République. — Les amis des arts et les citoyens lettrés ne sont pas moins jaloux de voir incessamment suivi le système des poids et mesures sur tout le territoire de la République ; on s'étonne même que l'usage du mètre soit totalement abandonné dans les opérations de débit. — On commence dans le public de se renvoyer réciproquement l'odieux des dénominations de parti : terroristes, babouvistes, fédéralistes, etc.; il naît de cette animosité des reproches de la conduite que l'on a tenue à telle ou telle époque de la Révolution ; on semble enfin vouloir remettre en vigueur le système de vengeances. Ces mauvaises intentions ne sont heureusement que celles d'un très petit nombre d'individus, sur lesquels la surveillance porte continuellement ses regards.

Spectacles. — Les spectacles et promenades ont attiré hier un grand concours de monde. Le calme et la décence ont présidé à tous les plaisirs. Le plus grand ordre a régné au parc de Monceau, où le citoyen Garnerin, aéronaute, a fait son expérience à la plus grande satisfaction du public.

Culte. — Les théophilanthropes ont édifié par la simplicité, la décence de leur culte et la douceur de leur morale. La curiosité a porté à leur séance quelques catholiques sortant de remplir leurs devoirs de religion. L'intolérance de ces catholiques est remarquable, et leur injustice passait toutes les bornes de la modestie. Chaque assistant au culte des théophilanthropes était, suivant eux, un marattiste, un révolutionnaire. En un mot, nombre de catholiques ont donné à penser de leur indiscrétion que l'esprit de parti entrait pour quelque chose dans leurs opinions religieuses.....

Cousin.

(Arch. nat., BB³ 87.)

MCLVI

18 VENDÉMIAIRE AN VI (9 OCTOBRE 1797).

RAPPORT DU BUREAU CENTRAL DU 19 VENDÉMIAIRE.

Esprit public. — La rareté croissante des ressources fait beaucoup de mécontents. Partout on se plaint, partout on se récrie sur ce que le gouvernement ne fait aucun payement ; les employés et salariés de la République remplissent de leurs gémissements tous les lieux de réunion. On sait que cet état de détresse et d'inquiétude est celui de l'intérieur de beaucoup de familles. — Même situation parmi les rentiers. Les groupes du Jardin national ne se sont occupés que de leur sort. On aurait voulu une distinction de ceux dont les inscriptions étaient antérieures à l'année 1793 d'avec ceux qui n'en ont que de postérieures. On met ces inscriptions, ou plutôt le bon de remboursement des deux tiers à 5 livres le 0/0 (*sic*), et l'on calcule qu'en économisant 10 livres par jour, un représentant peut acheter par jour 400 livres d'un véritable fonds, car c'est contre les représentants et la régularité du traitement de leurs honoraires, comparé à l'arriéré des autres fonctionnaires et employés, que se tournent l'aigreur et la malignité du public. — Le mécontentement est aussi plus sensible parmi les ouvriers, que le besoin et l'inquiétude ont paru porter hier à des propos indécents contre le gouvernement. Quelques groupes même de ceux qui sont sans ouvrage étaient animés du plus mauvais esprit et cherchaient à inquiéter les auditeurs en forçant le tableau de notre détresse et tâchant de persuader que les rues et les routes seront très dangereuses à l'avenir, et toujours faisant entendre que le défaut d'ouvrage occasionnera cette calamité. — Il est encore une autre classe de mécontents, mais qui déchire le gouvernement sans le plus léger ménagement : c'est celle des officiers réformés. Il paraît, entre autres, en être arrivé un assez grand nombre d'un grade supérieur, qui déclament avec animosité contre l'ordre actuel des choses, et annoncent son prochain changement. — Dans les alentours du Jardin national, des individus pensent et disent que du temps de Robespierre on était plus heureux, à cela près du sang qu'il faisait répandre. Les partisans de la Constitution de 1793 se sont exprimés hier avec plus d'assurance. — D'un autre côté, le bruit de la continuation de la guerre donne un air triomphant aux royalistes, qui commencent à s'emparer de nouveau de l'opinion des cafés. A les entendre, l'Empereur s'est comporté avec une grande politique, et ne sera pas assez sot pour faire la paix avec un gouvernement (ils entendent la République) qui est, à sa connaissance, dans les plus grands embarras de finances et dont les principes de diplomatie ne laissent aucune garantie aux cabinets étrangers. — Il y a donc en dernier résultat un degré d'atténuation dans l'esprit public. Cependant la République n'a rien perdu ni du nombre de ses amis dans cette ville, ni de la fermeté de leurs principes.

Spectacles. — Un seul excepté (le Vaudeville), qui n'a d'ailleurs rien offert hier de répréhensible, tout tend à une véritable métamorphose ; la chose publique y est respectée ; on y omet les applications injurieuses au gouvernement ; quelquefois on en fait de bonnes, telles ont été celles qui dans *Le Sot intrigant*, au théâtre de la République, sont à la louange des militaires. — Au théâtre de la rue Feydeau, on a beaucoup ri et beaucoup applaudi le valet du *Distrait*, lorsqu'il a dit que le droit de timbre sur les billets doux rapporterait beaucoup à l'État. — Les autres théâtres ont été tranquilles.....

LIMODIN.

(Arch. nat., BB³ 87.)

JOURNAUX.

Gazette nationale de France du 19 vendémiaire : « A ne considérer que le mode de perception adopté pour le timbre des journaux, on serait vraiment tenté de croire qu'il est moins un impôt qu'une proscription nouvelle dont on a voulu frapper les feuilles périodiques. 1° Il n'y a qu'un seul bureau ; et, quand on y décuplerait le nombre des bras, ce que le local est loin de permettre, il est de la dernière évidence que l'on ne pourrait encore suffire à marquer 150,000 feuilles de 12 décimètres et demi carrés consommées et expédiées journellement par la commune de Paris. 2° Toutes les espèces d'affiches, de placards, d'avis, etc., se timbrent au même bureau; ce qui ajoute nécessairement à la confusion, et accroît l'impuissance à satisfaire aux besoins. 3° L'insuffisance des bras, la surcharge du travail, la petitesse et la mauvaise disposition du local concourent invinciblement à toute espèce de désordres. Le papier mort n'est ni emmagasiné, ni marqué, ni délivré après la marque, selon les droits de chacun. Ce n'est pas qu'il y ait des passe-droits, mais il y a des surprises, et elles sont inévitables. Enfin l'impossibilité de satisfaire aux demandes, et même aux besoins, arrête le départ de beaucoup de feuilles périodiques. Celles qui parviennent à se procurer tout le papier nécessaire à leur distribution ne le peuvent qu'en faisant timbrer par parties, et s'épuisent ainsi en frais de transport, ce qui aggrave l'impôt, déjà excessif. Si l'on ne remédie promptement aux vices de ce mode de perception, il sera impossible aux journaux d'y résister. Alors l'impôt est nul. Or le produit présumé de cet impôt est nécessaire ou superflu. Si nécessaire, il le faut soigneusement percevoir et même améliorer par la perception. Si superflu, pourquoi l'avoir créé? Pour anéantir les journaux? Moyen niais, pusillanime! » — « *Ministère de la police générale*. Au rédacteur de la *Gazette nationale*. Plusieurs feuilles publient que le ministre de la police a fait fermer, dans la crainte d'une exaltation dangereuse, la réunion politique du faubourg Antoine. Vous pouvez assurer que tout cela est faux. Salut et fraternité. Sotin. »

MCLVII

19 VENDÉMIAIRE AN VI (10 OCTOBRE 1797).

Rapport du bureau central du 20 vendémiaire.

Esprit public. — La disette d'argent est la cause manifeste du mécontentement actuel; mais ce mécontentement s'est bien plus caractérisé ces deux jours. La multitude, frappée de l'inactivité du commerce, murmure contre le gouvernement, et, à la nature des propos qu'elle fait entendre et qui se reproduisent les mêmes sur tous les points, il est fort à conjecturer qu'elle est le jouet des malveillants adroits et cachés qui cherchent à l'indisposer contre l'ordre actuel des choses, mais principalement contre les événements du 18 fructidor. C'est depuis le 18 fructidor, [dit-on], que le commerce est anéanti, que les travaux sont suspendus, que le numéraire a disparu, que les espérances de paix se sont évanouies. Il est aisé de juger tout le parti que les royalistes tirent de ce langage et, à les pénétrer dans leur propre indiscrétion, on peut affirmer qu'ils sont pour beaucoup dans l'esprit de mécontentement qui agite aujourd'hui une bonne partie de la société. En un mot, il circule dans le public un venin corrupteur, qui tend à aliéner tous les esprits au gouvernement. — Il est très peu d'entretiens politiques en ce moment; chacun redescend sur sa propre situation et fait entendre le cri du besoin ; les plaintes, toutefois, sont infiniment ménagées parmi les citoyens d'un patriotisme pur, qui réfléchissent combien sont grands et impérieux les besoins de la République à la veille d'une nouvelle campagne. — On ne trouve non plus aucun motif politique aux murmures des faiseurs d'affaires qui constamment gardent le silence sur le gouvernement, ou le déchirent suivant le plus ou moins d'avantages qu'ils retirent de leurs spéculations. — Le résultat précis de ces observations du jour est que les ennemis nombreux de la République veulent faire tourner contre le gouvernement la journée même du 18 fructidor, et que les royalistes et les anarchistes manifestent un égal désespoir des moyens grands et généreux qu'il a développés à cet égard.

Spectacles. — Le concours a été considérable au théâtre de la rue Feydeau, et l'on peut affirmer qu'il n'y avait qu'un esprit à la représentation de la pompe funèbre du général Hoche ; mais des applaudissements, aussi nombreux que spontanés, se sont surtout fait entendre, lorsqu'une couronne de lauriers a été posée sur l'urne sépulcrale. Les regrets que l'on a donnés hier au général Hoche étaient un hommage indirect à la cause qu'il servait. — Le changement qui continue à s'opérer dans l'esprit des théâtres promet d'avoir une influence singulière sur les opinions publiques, et les patriotes font des vœux pour que le gouvernement s'empare de cette première impulsion.....

LIMODIN.

(Arch. nat., BB³ 87.)

JOURNAUX.

Ami des Lois du 20 vendémiaire : « L'administration du théâtre Feydeau a prévenu les autres établissements de ce genre dans l'exécution de la pompe funèbre du général Hoche. Cette représentation patriotique a eu lieu le 19, avec toute la magnificence dont elle était susceptible; la musique et les décorations ont produit un effet digne de la grandeur du sujet. Demain 20, la même cérémonie doit avoir lieu au théâtre de la République et des Arts; la beauté du local, le grand nombre des acteurs et les dépenses considérables qui ont été faites pour cette représentation la rendront sans doute plus belle que partout ailleurs. Néanmoins, on doit savoir gré au théâtre Feydeau des efforts qu'il a faits pour présenter au public le tableau touchant de la fête funèbre consacrée à un héros qui a si bien mérité de son pays. »

MCLVIII

20 VENDÉMIAIRE AN VI (11 OCTOBRE 1797).

Rapport du bureau central du 21 vendémiaire.

Esprit public. — L'esprit d'attachement à la République et au gouvernement est, depuis les premiers jours de ce mois, aux prises avec la malveillance ; mais une infinité de rapprochements prouvent qu'il est dans les meilleures dispositions, et qu'il ne demande qu'à être secondé pour faire des progrès rapides, ou plutôt pour triompher entièrement. Dans les entretiens publics, on a ouvert avec plus d'impartialité les yeux sur le dernier décret des finances[1]. On y voit l'intention de vivifier entièrement cette partie, et on espère des dispositions de la loi des effets aussi prompts que salutaires. — Cependant l'ironie est continuellement sur les lèvres des royalistes, toutes les fois qu'il est question du 18 fructidor, et il paraît qu'ils sont en partie venus à bout de persuader, à ceux qui éprouvent le plus de gêne, que cette époque est la seule cause de leur affligeante situation. — D'un autre côté, parmi les patriotes, il en est qui considèrent la cause publique en aussi grand danger qu'avant le 18 fructidor. Ils pensent que le Directoire n'a point tiré de cet événement tous les fruits convenables, que le royalisme n'en pervertit pas moins l'opinion publique ; ils s'écrient surtout contre la composition des autorités actuelles ; ils disent que le patriotisme est réduit à un très petit nombre d'hommes en place ; ils en citent qu'ils annoncent, à raison même du patriotisme, mal vus au Directoire. — L'esprit paraît changer aussi parmi les ministres du culte catholique ; ils conçoivent pour leurs dogmes les plus vives alarmes, à raison des progrès que fait tous les jours le culte des théophilanthropes, et tout prouve, au témoignage de leur inquiétude, qu'ils comptaient sur une protection particulière du gouvernement. Ils s'autorisent à cet effet de leur soumission aux lois de la République. Ils se plaignent que ce qu'ils ont fait depuis le commencement de la Révolution pour le bien de la République n'ait pas même servi à les faire distinguer des prêtres réfractaires, en faveur desquels, au surplus, ils ne témoignent pas beaucoup d'indulgence. — On entend plus que jamais, dans la classe du peuple la moins fortunée, des murmures contre l'aisance de

1. Il s'agit toujours de la loi du 9 vendémiaire an VI.

quelques agents publics ; on s'attache à citer des législateurs comme riches aujourd'hui, après avoir été connus peu aisés autrefois ; les regards se portent sur les nouveaux enrichis, et souvent on agite les moyens qu'il pourrait y avoir de les faire contribuer à l'État en raison de la grandeur et de la rapidité de leur fortune. — Il y a moins de fausses conjectures sur les affaires du dehors, et, au lieu de croire à des bruits de paix ou de rupture, on est venu à penser que la fin du mois seule donnerait quelques résultats certains des opérations de la diplomatie. — Beaucoup de gêne dans tous les états ; nombre d'opinions vicieuses qui ne proviennent que de cet état de détresse ; quelques plaintes sur la force des contributions ; souvent une résignation sage, motivée sur les besoins des armées, et une véritable disposition au bon ordre : tel est en ce moment l'aperçu des opinions et de l'extérieur du public.

Spectacles. — Au théâtre des Arts, les spectateurs n'ont eu qu'un esprit; la pompe funèbre du général Hoche a été aussi bien accueillie que bien rendue ; le public y a même manifesté une sorte de recueillement, témoignage non douteux de ce que peuvent sur les citoyens des institutions de cette nature. Le père de ce général a été couvert d'applaudissements, dès qu'il a paru ; on le contemplait, et les larmes qu'il a répandues en ont fait verser à bien des spectateurs, se rappelant les uns aux autres ces mots : « Charles, mon pauvre Charles, je ne te verrai plus. » — Les autres spectacles ont été paisibles et décents.....

COUSIN.

(Arch. nat., BB³ 87.)

JOURNAUX.

Bien Informé du 21 vendémiaire : « L'abbé Delille fut nommé à l'Institut national dès l'origine de cet établissement. Il appartenait à la troisième classe. Ses collègues lui firent part de sa nomination; il ne répondit point : on réitéra les avis à de longs intervalles; même silence. Cependant le citoyen Sélis touchait régulièrement, pour le compte du poète, les honoraires attribués à la place. Quand on veut être fier, il convient d'avoir quelque désintéressement. Lassée enfin des mépris ou de l'indifférence de l'abbé Delille, la troisième classe vient de le rayer et de notifier au citoyen Sélis qu'il eût à restituer les sommes versées entre ses mains. On prétend que cette affaire sera traitée dans une assemblée générale de toutes les classes, et amènera une vive discussion. Déjà Daunou, Garat et Chénier ont pris le parti de l'abbé, en traitant sans ménagement ses radiateurs. » — *Ami des Lois* du 21 vendémiaire : « Sotin a reçu hier la lettre suivante : « Les membres composant la réunion politique « séante au faubourg Antoine, considérant que c'est à toi qu'elle doit en

« grande partie son établissement et son installation; que la manière dont tu as accueilli les patriotes les plus malheureux de ce faubourg, scandaleusement dédaignés, repoussés et proscrits sous l'ancien ministère, est une preuve non équivoque de ton amour pour le peuple; que, bien différent de la plupart des autres fonctionnaires publics qui ont lâchement abandonné les principes sévères de la Constitution, tu t'es fait un devoir de les maintenir dans ton administration républicaine, ont unanimement arrêté : 1° de te faire parvenir l'expression de leur estime et de leur reconnaissance ; 2° qu'il te serait envoyé copie de leur règlement, et que tu serais invité à leur permettre de te compter au nombre des membres de leur société, quoiqu'ils présument bien que tes importantes fonctions ne te laisseront que rarement la faculté de venir siéger dans son sein. » — « Chazal s'est élevé avec raison contre le royalisme des instituteurs et les mauvais principes que reçoivent les enfants dans les écoles[1]; il aurait pu parler de l'École polytechnique, qui, salariée par la République, ne devrait admettre dans son sein que des républicains. Cependant tout le contraire arrive; l'incivisme est tellement enraciné dans cet établissement que le ministre a été obligé d y ordonner l'usage du mot de *citoyen*, proscrit depuis longtemps. Eh quoi! Des enfants nourris par l'État, destinés à servir l'État, se permettraient impunément les plus violents sarcasmes contre la liberté et ses amis, contre les institutions républicaines et les Directeurs ! Il faut chasser sans pitié ceux qui se rendront coupables de cette infamie, et conserver les élèves reconnaissants envers leur bienfaitrice. »

MCLIX

21 VENDÉMIAIRE AN VI (12 OCTOBRE 1797).

Rapport du bureau central du 22 vendémiaire.

Esprit public. — Le sentiment du véritable patriotisme a pris encore de la consistance ; les réflexions du public sur toutes les opérations du gouvernement offrent moins d'arbitraire, moins de contradictions ; on a le pressentiment d'une amélioration sensible et même assez rapide dans les finances. Les vœux sont très ardents pour la paix, mais il est très peu de politiques qui ne soient résignés à une nouvelle campagne et ne la préfèrent même à une paix désavantageuse. On a remarqué aussi beaucoup de modération, même de la générosité parmi les patriotes qui, antérieurement au 18 fructidor, éprouvaient de la contrainte ou des persécutions. Ce n'est pas cependant que l'esprit des cafés de haut parage ait subi le moindre change-

---

1. Voir, dans le *Moniteur* du 17 vendémiaire an VI, le discours prononcé par Chazal à la séance des Cinq-Cents du 12 vendémiaire.

ment; on y est, au contraire, irrévocablement prononcé contre le régime actuel. Toutes les parties de la rue Honoré adjacentes au Jardin-Égalité sont, à peu d'exceptions près, imbues des mêmes principes. On y entend les déclamations les plus fortes contre les premières autorités ; le gouvernement le plus parfait ne peut espérer de faveur parmi les habitués de ces cafés, tant qu'il ne sera pas administré par un seul, et, à leurs yeux, les premiers magistrats ne sont que des usurpateurs. Tout ce qu'on remarque de nouveau parmi les individus de cette opinion, qui s'emparent de celle du centre de Paris, c'est une plus grande circonspection ; elle a été toutefois assez souvent en défaut, lorsqu'on a parlé des émigrés, auxquels on témoigne dans tous ces lieux un intérêt assez vif. — On rencontre assez de personnes qui témoignent du ressentiment de l'événement du camp de Grenelle ; il en était quelques-unes parmi celles qui étaient présentes à l'exécution de l'émigré Ménard. — L'objurgation d'insouciance et d'égoïsme se continue contre les nouveaux riches et quelques représentants du peuple, dont la fortune paraît scandaleuse ; les personnalités à cet égard commencent à devenir plus fréquentes. Les plaintes de cette nature sont portées à l'extrême ; elles passent même les bornes de la décence parmi les groupes qui se forment au Jardin national, et qui sont composés en partie de rentiers ou d'anciens pensionnaires du gouvernement. — Le fanatisme se débat et l'opinion se prononce encore contre lui d'une manière très avantageuse ; il semble que plus de personnes chaque jour prennent la cause de la philosophie, et l'on est fondé à présumer que la superstition perdra tout à fait son empire, si les esprits restent toujours dans les mêmes dispositions. — On entend beaucoup de plaintes arrachées par la détresse, surtout aux fonctionnaires et salariés publics, mais il est très rare qu'il s'y mêle des discours inciviques.

Spectacles. — Ils ont joui d'une parfaite tranquillité. L'esprit des petits spectacles du boulevard est dans les meilleures dispositions ; on regrette de n'en pouvoir dire autant de celui qui domine au théâtre du Vaudeville.....

Cousin.

(Arch. nat., BB³ 87.)

MCLX

22 VENDEMIAIRE AN VI (13 OCTOBRE 1797).

RAPPORT DU BUREAU CENTRAL DU 23 VENDÉMIAIRE.

Esprit public. — Parmi ceux qui prennent à cœur l'intérêt de la chose publique, on distingue chaque jour les changements les plus avantageux ; un raisonnement sage, une fermeté constante de principes, un désir de voir briller d'un nouvel éclat les institutions républicaines caractérisent les patriotes très unis entre eux d'opinion. Ils se distinguent encore par leur attention à repousser les calomnies, que les gens de l'opposition déversent sur les premières autorités. On croit aussi s'apercevoir que le nombre des amis de la République s'augmente. Ces heureux changements ne se font nullement sentir dans la plupart des lieux de réunion du Jardin-Égalité ; la teinte des opinions parmi les habitués y est la même, à peu de choses près, qu'elle était avant le 18 fructidor. On observe même essentiellement que c'est dans les cafés les plus entachés de royalisme que se projettent les plus fortes spéculations sur les bons qui vont servir au remboursement, et les spéculateurs, en qui, d'ailleurs, l'intérêt et l'esprit de calcul tiennent lieu de tout sentiment de patriotisme, se promettent bien de mettre à profit l'incertitude des rentiers. Les spéculations se tournent particulièrement sur les biens de la ci-devant Belgique, et il s'est déjà formé des compagnies qui s'occupent entre elles des moyens de les avoir à vil prix. — Il est encore à remarquer que les ennemis de l'ordre actuel des choses et surtout les détracteurs des événements du 18 fructidor, loin d'être indifférents et découragés, agitent dès ce moment même les moyens d'influencer dans leur sens les plus prochaines assemblées primaires ; c'est sous le masque du patriotisme qu'ils espèrent se montrer ; c'est sous la même apparence qu'ils projettent de composer une majorité à eux dans ces assemblées ; ils comptent surtout sur des hommes qui possèdent à fond l'usage de la parole, et, si ce plan était contrarié par les républicains, on prendra le parti d'ajouter à l'élan de leur patriotisme, de les diriger au delà des bornes, et par là de les entraîner dans quelques mesures capables d'effrayer le gouvernement. — Les individus de cette opinion ne se séparent qu'après être convenus entre eux de communiquer ce plan à leurs connaissances respectives. — On ne peut que se redire en produisant ici les plaintes les plus vives de la plupart des employés qui ressentent toutes les angoisses du besoin et toutes les inquiétudes possibles sur les moyens de vivre pendant la saison rigoureuse. S'ils conçoivent quelques espérances, c'est que le bruit a couru en plusieurs endroits qu'on allait leur payer ce qui leur est dû jusqu'à ce jour, soit en argent, soit en objets de première consommation.

Spectacles. — Ils ont été calmes et décents ; on ajoute ici à ce qu'on a déjà dit d'avantageux de l'esprit qui se manifeste parmi les habitués ou amateurs du théâtre des Arts. La pompe funèbre du général Hoche y a été vue avec un nouvel enthousiasme, et les entretiens roulent sur le parti précieux que le gouvernement peut tirer des théâtres pour soutenir l'opinion et la perfectionner.....

LESSORE.

(Arch. nat., BB³ 87.)

JOURNAUX.

Journal des hommes libres du 23 vendémiaire : « *Paris, 22 vendémiaire*. Il y a une espèce de stagnation publique depuis quelques jours ; on dirait qu'on voudrait attaquer le gouvernement par le système de pénurie d'argent (tous les banquiers le cachent et font disparaître les fonds), et surtout par le système d'inertie. Tout est mort, jusqu'aux nouvelles. Le ministre de l'intérieur dort ; le ministre de la guerre dort ; plus de six cents officiers ont des ordres de départ, et on ne leur délivre point celui de route. Dans très peu de départements, l'on parle de faire exécuter la loi sur la réquisition. Jamais le gouvernement français ne parut dans une plus belle situation ; jamais de plus profonds systèmes n'offrirent de plus sûrs moyens de pacifier l'Europe, et tout dort..... » — *Rapporteur républicain* du 23 vendémiaire : « *Paris, 22 vendémiaire....* Les membres du Cercle politique du faubourg Saint-Antoine viennent d'envoyer au ministre de la police, Sotin, une adresse de remerciements pour la protection qu'il a bien voulu accorder à leur association[1]. Il est à remarquer que, dans cette adresse, on s'efforce de ressusciter le tutoiement de 1793, mais on assure que cette innovation n'est pas du goût du ministre. » — *Narrateur universel* du 23 vendémiaire : « *Paris, 22 vendémiaire.....* La police a fait ces jours derniers une visite chez plusieurs libraires, et notamment chez Desenne et Maret, au Palais-Égalité. On a saisi chez ce dernier, trois ouvrages intitulés : *Histoire du siège de Lyon ; les Brigands démasqués ou Notices sur le 13 vendémiaire*, et les *Mémoires secrets de Bertrand de Moleville sur la dernière année du règne de Louis XVI*. On cherchait un mémoire que Carnot a, dit-on, publié sur les derniers événements. On parle beaucoup de cette brochure, sans que personne dise l'avoir lue. Ainsi il est probable qu'elle n'existe pas..... »

1. Voir plus haut, p. 388.

MCLXI

23 VENDÉMIAIRE AN VI (14 OCTOBRE 1797).

Rapport du bureau central du 24 vendémiaire.

Esprit public. — Les progrès de l'opinion vers le bien ont encore été sensibles hier ; on est même fondé à croire qu'ils vont avoir chaque jour un nouveau degré de rapidité. La disposition des esprits est très bonne ; l'œil observateur découvre davantage de citoyens ardents à prendre la cause du gouvernement, à seconder tout le crédit qu'il doit avoir pour faire le bonheur du peuple. Le plus grand nombre approuve sans réserve la teneur et l'esprit des actes énoncés en dernier lieu de l'autorité, soit pour aviver l'esprit public, soit pour rétablir la confiance. Il n'est au contraire qu'un très petit nombre d'individus, mécontents dans toutes les circonstances, qui critiquent d'une manière peu décente la marche actuelle du gouvernement. — Il est généralement reçu dans l'opinion que les ci-devant nobles, à très peu d'exceptions près, ne peuvent jamais être des amis bien caractérisés du gouvernement, qu'ils exigent même pour la plupart la surveillance la plus active ; mais ces idées, émises en public, sont saisies et commentées par d'adroits diviseurs, qui en infèrent que, dans les autres classes de citoyens, notamment dans celle des ouvriers, il en est beaucoup qui ne seraient pas républicains, s'ils avaient le choix libre entre l'état actuel des choses et tout autre. Et cette façon de voir est jetée en avant dans les arrondissements mêmes où la classe des ouvriers est plus nombreuse. — L'opinion change, mais d'une manière très avantageuse, dans presque toutes les divisions de la rive gauche de la Seine ; les opinions que l'on y a recueillies militent pour la plupart en faveur du gouvernement républicain ; le patriote y est énergiquement prononcé et dégagé en partie de l'exaltation qu'il laissait entrevoir en divers lieux, le Directoire y est approuvé, jusque dans l'indulgence et la générosité qu'il a déployées à la suite des événements du 18 fructidor. On espère que les premières autorités profiteront de la bonne disposition des esprits pour porter les derniers coups au fanatisme en mettant en vigueur les institutions républicaines, et en investissant d'une sorte de considération celles qui tendent à substituer une saine morale aux horreurs de la superstition ; ici on a placé l'éloge du culte des théophilanthropes et on a observé qu'ils faisaient chaque jour de nouvelles conquêtes à la philosophie. — On ne croit pas, quant à présent, que les puissances ennemies se portent avec franchise à notre égard aux négociations de la paix, et, certain que l'on est de nos généraux et de la valeur de nos armées, on apprendrait sans beaucoup d'inquiétude la nouvelle d'une action quelconque, quoique cependant les vœux pour la paix soient aussi vifs. — On donne toujours des murmures à la mobilisation des deux tiers de la dette publique ; mais, d'un autre côté, on approuve généralement l'activité mise au recouvrement des contributions. — Le peuple doit son instruction aux moindres événements, et, comme il est arrivé hier, un voleur saisi sur (sic) la mise des jeunes gens les plus partisans de la mode le met en garde contre la prétendue honnêteté d'une foule de gens vêtus avec cette affectation [1]. — Toujours beaucoup de mécontentements parmi les militaires réformés.

Spectacles. — Ils n'ont été l'objet d'aucune remarque particulière ; le calme et la décence ont régné dans tous les théâtres, où d'ailleurs il ne s'est traité aucune matière politique...

LIMODIN.

(Arch. nat., BB³ 87.)

[A peu près à cette date, le Bureau central adressa aux Parisiens la proclamation suivante, que nous trouvons dans le *Rédacteur* du 24 vendémiaire :

Bureau central du canton de Paris. Aux citoyens de Paris. Citoyens, la journée du 18 fructidor est un nouveau triomphe pour la liberté ; elle est le complément de la Révolution et doit à jamais consolider la République ; elle a montré aux ennemis intérieurs et extérieurs la puissance du peuple et du gouvernement ; elle a enfin amené entre toutes les autorités cette union, cet heureux accord sans lesquels cette même République et la Constitution de l'an III étaient détruites et s'écroulaient sur leurs propres fondements. Oh! trop' heureuse journée, qui permet enfin aux vrais amants de la liberté et de la République de respirer un air pur! Vous, Parisiens, qui au 14 juillet avez renversé la Bastille ; au 10 août, brisé le trône des tyrans de la France ; au 9 thermidor, brûlé les échafauds et rompu la hache révolutionnaire, vous croyez avoir tout fait pour cette liberté qui vous est si chère ! Eh bien, il restait encore le 18 fructidor an V. Citoyens de Paris, le gouvernement nous appelle à un poste aussi difficile qu'important. Consultant moins nos talents, nos moyens de faire,

1. Cette phrase incorrecte et obscure est textuelle.

que notre vif amour pour la République et le bonheur de nos concitoyens, nous avons eu le courage d'accepter ; nous ne nous sommes pas dissimulé la tâche terrible qui nous est imposée ; nous ne nous sommes pas surtout dissimulé que sans vous, sans l'heureux concours de vos volontés avec les nôtres, nous ne pourrions parvenir à faire tout le bien que nous désirons. Nous nous dissimulons encore moins que la portion malfaisante de la société nous a voué de tout temps une haine que nous nous glorifierons de mériter. Nous vous donnons l'assurance de veiller à la conservation de vos personnes et de vos propriétés ; nous jurons, conjointement avec tous les Français dont nous portons les noms avec fierté, haine à la royauté, à l'anarchie, attachement et fidélité à la République et à la Constitution de l'an III. Vous avec qui nous avons fait ce serment redoutable pour les ennemis de la mère commune, venez auprès de vos magistrats, marchez avec eux dans la route étroite, mais sûre, de la vertu et du patriotisme, faites-leur connaître tous les ennemis de la République, les amis de la royauté. Que les hommes immoraux, que les voleurs, les assassins, soient tous dénoncés à une police active, qui redoublera de courage pour extirper tous les crimes et rendre à la société le calme dont elle a besoin depuis si longtemps. Qu'un religieux respect pour les institutions républicaines apprenne à l'Europe, qui nous contemple, notre volonté bien constante pour la République. Tremblez, fanatiques imbéciles ou méchants, qui, sous un masque hypocrite, voulez abuser de la crédulité de vos concitoyens pour allumer les torches de la guerre civile ; tremblez, vous qui, d'un bras parricide, avez osé vous armer contre la mère dans le sein de laquelle vous aviez pris naissance, après l'avoir lâchement abandonnée. Tout ce qu'il y a de républicains, tout ce qu'il y a de magistrats sont armés contre vous. Identifiez les uns avec les autres. Ils formeront contre vous une masse inexpugnable. Nous le répétons : vous qui aimez cette liberté, ennemie de la licence ; vous qui aimez avec une ardeur républicaine la patrie dont vous êtes les enfants, venez avec confiance auprès de vos magistrats : ils osent se croire dignes de vous ; ils frapperont d'une main ferme et hardie le royalisme et l'anarchie, son auxiliaire, et bientôt, aidés par vous, ils travailleront avec succès à votre tranquillité. Sévérité, justice, humanité, vigilance, sont la devise qu'ils ont adoptée. Dormez, citoyens : nous veillerons pour vous.

Signé : Limodin, Cousin, Lessore, administrateurs.

MCLXII

24 VENDÉMIAIRE AN VI (15 OCTOBRE 1797).

Rapport du bureau central du 25 vendémiaire.

Esprit public. — La marche de l'opinion est toujours satisfaisante ; elle prend de l'énergie et de l'unité ; les systèmes se fondent peu à peu dans l'esprit du gouvernement. Cette amélioration de choses n'échappe pas aujourd'hui aux véritables patriotes ; ils s'accordent à la seconder, et cette bonne disposition se généralise de plus en plus ; mais cependant elle contraste toujours avec celle que les esprits manifestent dans le centre de Paris. Les cafés et les cabinets et autres lieux publics reconnus par le royalisme constant dans leurs habitués, restent absolument les mêmes. Le principal sujet des entretiens y a été le projet de rapport sur les ci-devant nobles. Le langage de ceux que ce rapport semble intéresser est très réservé en certains endroits, très exaspéré dans d'autres, notamment au Jardin-Égalité, où il s'est débité, à cette occasion, les propos les plus injurieux contre le gouvernement républicain, et tous les discours tendaient à persuader que le gouvernement, dans la mesure qu'il se propose de prendre contre les ci-devant nobles, n'avait d'autre but que de s'emparer de leur fortune. — On s'est convaincu davantage encore hier de l'incivisme et de l'égoïsme de la classe des commerçants ; il est certain qu'ils diminuent, soit par intention, soit effectivement par des motifs d'inquiétude ou de détresse, la masse des travaux auxquels ils appelaient un assez grand nombre d'ouvriers ; il est encore certain que les citoyens de la même classe, dont les spéculations sont assises sur les métaux précieux et leur main-d'œuvre, ou se disposent à convertir ou convertissent déjà une partie de leurs marchandises en numéraire, qu'ils puissent tenir en réserve. On peut assurer qu'à l'exception d'un très petit nombre, quelle que soit la forme du gouvernement, elle intéressera toujours fort peu la classe des négociants proprement dits, et que, jusqu'à ce moment, il ne s'y découvre aucune trace d'esprit public. — C'est plus que de l'égoïsme : ce sont tous les indices d'une véritable opinion à l'esprit actuel des choses[1] que l'on distingue parmi les individus qui affichent le ton de

---

1. Textuel.

la grande société et la supériorité de l'étiquette dans l'ancienne Cour.
— A un degré plus saillant peut-être, on voit croître parmi les nouveaux
enrichis le mépris pour la République, mépris si scandaleux qu'il leur
est reproché comme une ingratitude par toutes les classes de la société sans exception. — Sous prétexte d'avoir à se plaindre du remboursement des deux tiers des rentes, un très grand nombre de
citoyens, se donnant pour rentiers, s'assemblent et se groupent d'habitude au Jardin national; et ce ne sont pas des plaintes seulement
que se permettent des orateurs : ce sont des murmures très insidieux
contre le gouvernement et toutes ses opérations, au point que l'on
cherche à faire entendre que, dans ce remboursement, le Directoire
avait en vue, non pas des dégrèvements de l'État, mais quelques spéculations particulières sur les bons qui seront délivrés aux porteurs
de créance. — Il est à remarquer que les opérations du dehors sont
envisagées de même par les habitués de ce jardin, et que l'on étend,
avec une adroite ironie, les projets de campagne jusqu'au fond des
États les plus éloignés et connus par leur attachement de vieille date
à la République française.

Culte. — Il a paru s'être détaché un grand nombre de partisans
du culte catholique, et, à bien remarquer le petit nombre d'hommes
qui fréquentent aujourd'hui les églises, on est fondé à croire que la
superstition est sur le penchant de sa ruine ; on y voit même moins
de femmes. — La fréquentation des temples des théophilanthropes est
au contraire plus grande, et la simplicité de ce culte, ainsi que de la
morale qui en fait la base, fait un grand nombre de prosélytes.

Spectacles. — *L'Amour de la Raison*, pièce nouvelle donnée au
théâtre de la rue Feydeau, ne contient rien de relatif au gouvernement ni de contraire à la saine morale. — Le calme a subsisté
dans tous les théâtres.

Surveillance. — ..... Un jeune homme, ayant porté scandale dans
un temple catholique [en] refusant d'ôter son chapeau, a été arrêté. —
Le nommé Pierre Callery, dit Blondin, loueur de carrosses, prévenu,
étant ivre, d'avoir vomi des injures les plus grossières contre les républicains, a été arrêté sans carte.....

Cousin.

(Arch. nat., BB ^{3} 87.)

MCLXIII

25 VENDÉMIAIRE AN VI (16 OCTOBRE 1797).

Rapport du bureau central du 26 vendémiaire.

Esprit public. — L'attention [du] public a paru se partager hier sur deux seuls objets : le rapport fait au Corps législatif sur l'expulsion du territoire de la République des ci-devant nobles [1], et l'inactivité croissante, à ce qu'il a paru, des différentes branches de commerce. — Il est, sur le premier objet, une infinité de sentiments ; un très grand nombre de citoyens désapprouvent le plan proposé par la Commission, quoique généralement on fasse l'éloge du talent avec lequel il est conçu. Il en est qui emploient à le repousser les expressions les moins ménagées ; il en est d'autres qui le combattent avec plus de modération, croyant y trouver un très grand inconvénient pour la prospérité nationale, celui entre autres d'occasionner une exportation considérable de numéraire, et l'on y joint celui de diminuer le débit de beaucoup de marchandises et l'emploi d'un assez grand nombre d'ouvriers; on porte quelquefois ces considérations jusque sur l'agriculture. Les lieux, au surplus, où l'on manifeste cette manière de penser ne jouissent pas tous également d'une bonne réputation en patriotisme. Dans les cafés et autres endroits de réunion où ce sentiment est plus ordinaire, il y a aussi du partage sur le même plan, quoiqu'il y soit beaucoup moins sensible dans cette partie du public : les uns voient l'expulsion des ci-devant nobles comme la plus certaine garantie de la liberté et du maintien de la République, dégagée dès lors de ceux qui n'ont cessé de lui porter ombrage ; les autres demandent une infinité de modifications au projet et le considèrent comme salutaire, s'il est adouci par divers changements. On remarque, au surplus, de la consternation parmi ceux qu'il paraît troubler personnellement. — De tous côtés, les discours tendent à faire croire que le nombre des ouvriers sans occupation est considérablement augmenté ; on le porte même à plus de soixante mille. De là les témoignages d'une extrême inquiétude sur les moyens qui seront praticables pour assurer de la part de chacun l'existence de sa famille dans tout le cours de l'hiver; de là des plaintes très amères

1. Par Boulay (de la Meurthe). On trouvera le texte de ce projet de résolution dans le *Moniteur*, réimpression, t. XXIX, p. 41.

sur l'arriéré du payement de tous les salaires publics et des craintes très prononcées sur la sûreté des routes ; ce qu'il y a de remarquable, c'est que ces dernières étaient manifestées par des ouvriers paraissant occupés à des ouvrages en fer.— On observe que la superstition continue à marcher vers sa ruine ; c'est avec beaucoup de discernement que les dangers du fanatisme sont traités et reconnus, même dans la classe la moins éclairée du public.

Spectacles. — Ils ont joui d'un calme parfait, et une seule application a été faite à l'Odéon [1] dans ce vers : « *Toujours suspect* est un mot vague et que je crois obscur. » — Du reste, tranquillité et décence de tous côtés.....

LIMODIN.

(Arch. nat., BB 3 87.)

MCLXIV

26 VENDÉMIAIRE AN VI (17 OCTOBRE 1797).

RAPPORT DU BUREAU CENTRAL DU 27 VENDÉMIAIRE.

Esprit public. — Parmi les véritables patriotes, il ne paraît point que les dispositions aient changé, quoiqu'ils semblent divisés d'opinion sur les vues exposées au Corps législatif relativement aux ex-nobles. La sévérité de principes et l'esprit d'attachement à la République sont les mêmes dans cette partie du public ; chaque jour les vœux y sont plus prononcés pour que le gouvernement s'occupe sans relâche à former les institutions et à diriger l'esprit de celles qui existent aujourd'hui. Ils (*sic*) se plaignent même qu'on n'emploie pas tous les moyens de proscrire à jamais de l'usage journalier les anciennes mesures et que l'on n'active point celui des poids et des nombres dans les départements en général. Même reproche au sujet des fêtes décadaires. Le projet de résolution contre les ci-devant nobles s'est emparé seul de toutes les conversations publiques, et on le désapprouve sous différents rapports ; on a trouvé qu'il devait nuire beaucoup au commerce, mais porter plus particulièrement un grand préjudice à l'industrie des citoyens de Paris ; on a fait quelquefois la même réflexion pour les villes les plus commerçantes de la République. On pense que les ouvriers, déjà sans ouvrage, s'en ressentiront vivement, que ces ex-nobles emporteront avec eux tout ce

---

1. Le 25 vendémiaire an VI, d'après les *Petites Affiches*, l'Odéon donna *Tom-Jones à Londres* et *L'Épreuve réciproque*.

qu'ils pourront d'argent, ce qui le rendra encore plus rare; que cette résolution peut emporter à la République quantité de personnes qui lui sont sincèrement dévouées; qu'il était probable, au surplus, que cette résolution ne passerait pas au Conseil des Anciens. Cette mesure dans une partie du public est jugée nécessaire et propre à délivrer la République d'inquiétudes qui nuisent à son affermissement, à l'action du gouvernement, mais on rencontre très peu de personnes qui ne jugent indispensable de la soumettre à de grandes modifications. — On observe partout que le numéraire devient chaque jour plus rare, et on présume que les gens riches de la Révolution font passer de l'argent chez l'étranger afin d'y acquérir des propriétés; on croit aussi qu'une partie de ceux qu'effraie le projet de résolution dont il vient d'être question use des mêmes moyens. — Il existe une très grande stagnation des affaires; la confiance semble diminuer, et, au sein de la tranquillité, qui est générale, on paraît craindre qu'il ne s'élève quelque événement extraordinaire. On n'a, au surplus, découvert, jusqu'à ce moment, aucun indice qui justifie de pareilles inquiétudes. Tout jouit du calme à l'extérieur; on raisonne, on discute, on approuve, on réprouve, mais sans aigreur et sans exaltation. Rien ne paraît devoir troubler plus longtemps l'harmonie de la bonne société. — On évite de reproduire ici les plaintes qu'arrache la misère à une foule de citoyens, parmi lesquels on distingue surtout beaucoup d'employés; elles sont innombrables.

Spectacles. — Ils ont joui d'un très grand calme; on s'y est beaucoup occupé du projet de résolution tendant à expulser les ci-devant nobles, et il a presque toujours été combattu [1] . . . . .

LIMODIN.

(Arch. nat., BB³ 87.)

MCLXV

27 VENDÉMIAIRE AN VI (18 OCTOBRE 1797).

RAPPORT DU BUREAU CENTRAL DU 28 VENDÉMIAIRE.

Esprit public. — Il n'a été question que du projet de résolution proposé contre les ci-devant nobles, et il est improuvé dans la forte

---

[1]. Dans ce rapport, comme dans les précédents, il s'agit du projet de résolution en vue d'assimiler les ci-devant nobles aux étrangers, pour l'exercice du droit de citoyens français. Voté par les Cinq-Cents le 29 vendémiaire an VI, il fut adopté par les Anciens le 9 frimaire suivant.

majorité du public. La plupart des cafés et autres lieux de réunion regorgent de citoyens discutant cette matière; les vues de la Commission [1] étaient goûtées partout où des patriotes, les uns personnellement aigris, les autres exaltés, s'assemblent d'habitude. Les partisans de la Constitution de 93 applaudissaient beaucoup à la mesure d'exporter les ci-devant nobles et même voulaient qu'on y ajoutât tous les prêtres sans exception, assermentés ou non, et une classe de citoyens, qu'ils désignaient sous le nom de riches ou déprédateurs publics. Dans ces mêmes lieux, on n'approuve point le jugement de la Commission militaire qui acquitte un grenadier prévenu d'émigration. — Dans les cafés d'un patriotisme connu, la majorité des citoyens, qui paraissent jouir dans ces lieux d'une réputation d'attachement à des principes sévères, désapprouve les mesures proposées et les trouve ou inutiles au maintien de la République, ou dangereuses pour sa conservation; mais une partie des mêmes patriotes, jouissant d'une aussi bonne renommée et paraissant également étrangers à l'esprit de parti, approuve le projet de résolution; mais il est rare que les citoyens de ce sentiment n'admettent au projet quelques modifications. — Partout ailleurs, ce projet est violemment improuvé; les royalistes le repoussent avec une fureur marquante (sic) et en font un sujet de décri du Corps législatif et quelquefois des membres du Directoire, qu'ils présument premiers auteurs du projet. Il a été fait dans les cafés que fréquentent ces partisans de l'opinion [royaliste], une observation essentielle : c'est qu'un grand nombre d'entre eux commencent à s'apercevoir de ce qu'avait de blâmable la conduite du nouveau tiers et à l'accuser d'avoir été la cause des événements du 18 fructidor. — A l'extérieur des lieux de réunion, et partout où il a pu se manifester quelques opinions sur le même objet, on a vu que le projet de résolution dont il s'agit avait jeté la consternation parmi un grand nombre de citoyens et de familles de tous états, que les uns semblaient redouter le retour de la Terreur, les autres craindre une exportation considérable de numéraire et telle que Paris fût privé de toute industrie, de toute ressource, et que, par suite de cet état de choses, la misère et l'inaction ne portassent à mal faire dans l'intérieur des murs une foule de citoyens sans occupation et n'augmentassent cet hiver le nombre des voleurs sur les chemins. — On observe que plus d'ouvriers que jamais s'occupent aujourd'hui des affaires publiques, auxquelles très peu prenaient de part jusqu'à ce moment, et que, de ceux qui n'ont point de

---

1. Voir plus haut, p. 398, note 1.

Tome IV.

travaux, il en est qui manifestent le désir de se prêter au premier choc, lequel, à les entendre, ne peut tarder d'avoir lieu dans l'état malheureux où sont les choses (expressions littérales).

Spectacles. — Aucune remarque essentielle.....

LESSORE.

(Arch. nat., BB³ 87.)

MCLXVI

28 VENDÉMIAIRE AN VI (19 OCTOBRE 1797).

RAPPORT DU BUREAU CENTRAL DU 29 VENDÉMIAIRE.

Esprit public. — Les opinions restent entièrement les mêmes sur le projet de résolution relatif aux ci-devant nobles, cet objet continuant à former le fond de tous les entretiens politiques. La seule différence de ce jour à celui qui l'a précédé, c'est que chacun, suivant son système ou l'esprit de parti qui l'anime, s'exprime avec beaucoup plus de chaleur. Ceux qui semblent se faire un point d'honneur de pousser le patriotisme à l'excès tiennent au projet sans modification. Ils sont les seuls de ce sentiment, et, avec plus ou moins de ménagement, se répandent en reproches contre ceux qui sont d'un avis différent. Parmi les patriotes exagérés, il en a été reconnu de bonne foi, mais un plus grand nombre a été vu évidemment inspiré par la passion. — On ne retracera point ici les motifs, soit d'injustice, soit d'inconstitutionnalité sous lesquels la majorité des citoyens combat le projet de résolution; seulement on doit dire que les partisans reconnus du royalisme ne laissent point échapper cette occasion de se récrier contre le Corps législatif et de lui supposer les desseins les plus criminels et les plus extravagants contre le repos et la prospérité nationale. On affirme encore qu'il est des royalistes si prononcés qu'ils regrettaient que la résolution n'eût pas été adoptée sur le premier rapport, dans l'espérance qu'ils avaient osé concevoir qu'elle deviendrait une cause de révolte, à laquelle, de leur aveu, ils se seraient prêtés volontiers. — A part ces extrêmes de l'opinion publique, la certitude où l'on est généralement que ce projet sera rejeté a fait disparaître en grande partie la consternation que l'on commençait à voir sur toutes les physionomies. On a dit, dans tous les lieux publics, que, depuis la proposition seulement, les bourses s'étaient resserrées davantage, qu'il s'était converti beaucoup d'or en lingots, qu'il en était résulté aussi plus d'inactivité parmi les ateliers, et que, ce mal augmentant, il pouvait en résulter un désespoir dont les suites seraient extrêmement funestes. Quelquefois on a présumé que le Directoire n'attendait que cette loi pour instruire le peuple de l'état des choses relativement à la guerre. — Outre ces diverses observations, il en est une qui leur est étrangère et qui est particulière aux habitués du Jardin national et aux divers endroits de réunion adjacents : on est persuadé que les ex-nobles ont répandu 60,000 francs pour faire haranguer en leur faveur contre le projet de résolution et pour leur rendre l'opinion favorable ; un particulier, qui prenait avec chaleur la défense des ci-devant nobles, fut très mal accueilli dans les groupes et contraint de s'éloigner. — Le calme, du reste, est parfaitement établi dans toutes les divisions de cette ville, où il est peu d'endroits, au surplus, qui ne retentissent de plaintes déchirantes des employés éprouvant les atteintes d'une véritable misère.

Spectacles. — Les opinions y ont été les mêmes, quoique très rares ; le spectacle proprement dit n'a fourni nulle part d'observations importantes.

Surveillance. — ..... Hier soir, le père du général Augereau est tombé mort subitement.....

(Arch. nat., BB³ 87.)

Cousin.

MCLXVII

29 VENDÉMIAIRE AN VI (20 OCTOBRE 1797).

Rapport du bureau central du 30 vendémiaire.

Esprit public. — Il n'existe aucun changement dans la disposition des esprits. La résolution définitive sur les ex-nobles a paru avoir concilié les différentes opinions ; cependant on n'a cessé d'improuver les dispositions du premier projet, et ce qu'on a remarqué de patriotes connus par leur sage énergie [re]connaît que la résolution, telle qu'elle avait été annoncée d'abord, conduisait à la contre-révolution. Il est toutefois des patriotes tellement exagérés qu'ils sont encore dans la persuasion que le plan de la Commission était seul capable de sauver la République. Cet esprit d'exaltation est commun à un assez grand nombre d'officiers réformés. — Les ennemis du gouvernement républicain forcent en cette circonstance leurs déclamations contre le Corps législatif; quelques-uns, ainsi que l'on l'avait déjà observé avant-hier, sont d'une franchise ou d'une hardiesse telle qu'ils regrettent tout haut que le premier projet n'ait point passé, persuadés qu'ils sont qu'il en serait résulté quelque forte commotion. Mais, en outre, il est un genre de mécontents, plus hardis peut-être, et qui vont jusqu'à conjecturer que le Conseil des Anciens rejettera la résolution telle qu'elle vient d'être prise au Conseil des Cinq-Cents. — Malgré ces nuances, le gouvernement acquiert peu à peu de nouveaux moyens de consistance ; on s'y attache ; on sent la nécessité d'y rattacher le plus de citoyens qu'il est possible ; partout on l'a fait étranger aux vues de rigueur qu'avait adoptées la Commission, et cette idée a semblé ajouter à celle que le 18 fructidor a laissée de sa justice et de son humanité. — Un seul sujet de mécontentement indispose un grand nombre de citoyens, c'est qu'il ne se fait aucun payement. Rien n'égale en force et en continuité les plaintes des rentiers et des employés ; les premiers espèrent toujours que le Corps législatif reviendra sur la loi qui les rembourse des deux tiers de leurs rentes.

Spectacles. — Il a été donné hier, au théâtre de la République, une pièce intitulée *Les véritables honnêtes Gens*. Une famille recommandable, autant par son attachement à la République que par ses vertus privées, voit ses principes constamment en opposition avec ceux d'un jeune fat, coiffé en cadenettes, se prétendant « du parti des honnêtes gens », regardant un roi comme une chose nécessaire à la France et prêt à y remonter sur le trône. Ce personnage déchaîné contre la République lui est de plus redevable de sa fortune ; il projette l'enlèvement de la fille de la maison, l'attire dans un piège par un rendez-vous nocturne, que ménage une soubrette corrompue ; mais au rendez-vous même, où la jeune personne abusée est conduite par les vues les plus louables, le canon d'alarme du 18 fructidor se fait entendre, met toute la maison sur pied, et la trame est découverte. Cette pièce offre une foule d'applications que le public a saisies par des applaudissements très avantageux au gouvernement : « Mais il est impossible que nous ayons un roi », dit un personnage, et ce peu de mots est applaudi par acclamation. Le public, dont l'esprit était parfaitement intentionné, a regretté que ce morceau offrît dans son ensemble quelques invraisemblances, et que la journée du 18 fructidor ne fût qu'une simple occasion au sujet, qu'un accessoire au fond. Cette pièce respire le meilleur patriotisme, et est favorablement écoutée.....

LIMODIN.

(Arch. nat., BB³ 87.)

MCLXVIII

30 VENDÉMIAIRE AN VI (21 OCTOBRE 1797).

Rapport du bureau central du 1ᵉʳ brumaire.

Esprit public. — La société, dans ses différentes parties, conserve le même esprit depuis quelques jours. Les efforts que fait la malveillance pour déverser de l'odieux sur le Corps législatif, à raison du premier projet de résolution relatif aux ci-devant nobles, ne paraissent heureusement suivis d'aucun effet. Les royalistes espéraient plus de mécontentement d'une pareille occurrence, et les plus incorrigibles d'entre eux cherchent aujourd'hui à faire considérer le dernier projet comme tout aussi dangereux que le premier à la tranquillité publique. Ils sont, quelques personnes de bonne foi exceptées, les seuls qui conçoivent de pareilles craintes. Il est, parmi les citoyens calmes et amis de l'ordre, quelques discussions sur le plus ou moins de rapport de la résolution avec les termes de l'acte constitutionnel; mais, si les avis sont parfois divisés à cet égard parmi les véritables patriotes, ils se réunissent constamment sur la nécessité de mettre, par une mesure quelconque, les ci-devant nobles dans l'impossibilité d'exercer la plus légère influence sur les affaires publiques. — Les conjectures s'étendent à perte de vue sur les motifs et les formes d'après lesquelles on exclura des assemblées primaires les ci-devant nobles, dans le cas où ils viendraient à s'y présenter. — Toutes les opinions n'ont présenté aucun caractère d'aigreur; elles ont presque toujours paru dégagées de passion et même, on peut le dire, d'esprit de parti; l'intérêt que l'on prend au gouvernement et au maintien de la Constitution, la considération que l'on porte aux armées et à leurs généraux ont paru des preuves de la bonne disposition où se trouve la majorité des citoyens. L'esprit de patriotisme conserve son aplomb. — Le mécontentement des ouvriers s'accroît d'une manière très sensible; un grand [nombre] paraît sans ouvrage et ne paraît [pas] éloigné de céder à la corruption qui serait mise en avant par des ennemis de la République. — Les plaintes des employés, qui accusent le gouvernement d'ingratitude et de barbarie à leur égard, passeraient pour appartenir à l'exagération, si on les rendait telles qu'elles se font entendre dans tous les lieux publics; elles font impression sur l'esprit des gens partout disséminés, partout prompts à saisir des prétextes de déprécier l'ordre actuel des choses.

Spectacles. — La nouvelle pièce des *Véritables honnêtes Gens* a obtenu les mêmes applaudissements au théâtre de la République, quoique le concours y fût peu considérable. La prévention que le royalisme a semée dans le public contre ce théâtre a diminué sans doute, mais n'y est pas encore éteinte. — Au foyer du théâtre des Arts, on a parlé d'une taxe de guerre qui doit être imposée, présumait-on, sur le bien de ceux des nobles que la résolution aurait pu frapper. — Dans le vaudeville du *Bon Turc*, au théâtre d'Émulation, on a fait une application au conseil donné aux législateurs « de punir les hommes de sang et de carnage », ce qui fut fort applaudi. — Partout le calme convenable.....

Lessore.

(Arch. nat., BB³ 87.)

Journaux.

Rédacteur du 30 vendémiaire : « *Annonces. Élysée*. L'établissement de l'Élysée prend chaque jour une nouvelle consistance. Il se consacre aux arts, aux muses et aux grâces. Les assemblées d'hiver s'ouvriront le 1ᵉʳ brumaire. Les séances littéraires auront lieu trois fois par décade. Les sujets qui y seront successivement traités pendant les premiers six mois sont les suivants : cours de statistique, cours de la partie astronomique de cosmographie élémentaire ; cours de belles-lettres dans leurs rapports avec les beaux-arts, des ressources physiques et morales qu'ils offrent dans la vie domestique et de leur influence sur les relations des nations ; cours d'harmonie théorique et pratique ou du langage musical, rapporté aux principes de la grammaire, de la syntaxe et de la poésie ; cours de technologie et de l'influence des arts mécaniques sur l'activité et le perfectionnement du commerce. Chaque décade offrira en outre aux associés honoraires et aux abonnés un concert d'amateurs dirigé par des professeurs le matin, un concert de professeurs le soir, et un bal paré. En attendant que le vœu de la majorité des abonnés détermine une distribution plus convenable pour eux, les assemblées auront lieu suivant le programme : primidi, séance littéraire ; quartidi, concert de professeurs, le soir ; quintidi, séance littéraire ; septidi, bal paré ; nonidi, séance littéraire ; décadi, concert d'amateurs, le matin. Les abonnés et les associés honoraires auront, en outre, tous les jours, depuis dix heures du matin jusqu'à dix heures du soir, la jouissance du jardin, des salles de compagnie, de la bibliothèque et du cabinet de lecture. Prix des abonnements : pour l'année, 300 livres ; pour six mois, 200 livres ; pour trois mois, 120 livres ; pour un mois, 60 livres. Les dames ne paieront que la moitié des prix ci-dessus. On s'adresse pour les abonnements au secrétariat général de l'Élysée, rue du Faubourg-Honoré. »

MCLXIX

1er BRUMAIRE AN VI (22 OCTOBRE 1797).

JOURNAUX.

Rédacteur du 3 brumaire : « *Paris, le 2 brumaire.* On s'aperçoit de jour en jour que, depuis la victoire du 18 fructidor, l'esprit public s'améliore sensiblement, et que les conspirateurs ont été vaincus, non seulement dans leurs projets, mais dans leurs espérances. La plus belle conquête d'un gouvernement libre est celle de l'opinion; celle-ci s'est prononcée, et par elle le 18 fructidor est devenu l'ouvrage de la nation entière. Consacré par l'approbation, ou plutôt par l'enthousiasme qu'expriment les adresses de félicitation sans nombre qui arrivent de tous les départements, il assure au gouvernement une force qui doit étonner et frapper de terreur ses ennemis. Si on se tait dans les salons, on parle hautement dans les cafés, aux spectacles et dans tous les lieux publics. On ne rougit plus de s'appeler républicain et d'en professer les principes. On continue d'applaudir aux mesures du gouvernement. Les jeunes gens perdent leur ton tranchant; ils commencent à écouter paisiblement à nos théâtres les chants patriotiques, et se permettent même d'y applaudir. Ces heureux changements de l'opinion sont dus à la fermeté avec laquelle le gouvernement fait exécuter les lois qu'ont fait naître la journée du 18 fructidor et celles qui l'ont suivie, et à l'activité avec laquelle il prend toutes les mesures qui dérivent de leur esprit. L'expérience de tant de crises infructueuses dans le cours de la Révolution nous instruit de la nécessité de mettre à profit le temps et les circonstances. Les nouvelles des départements annoncent qu'en général les mêmes effets se font sentir sur l'esprit public. Il en est cependant quelques-uns où les partisans de la royauté se montrent encore avec une audacieuse confiance, et cherchent à ourdir de nouvelles trames. Ils sont encore nombreux dans le Calvados. Dans les départements de l'Ouest, composant la ci-devant Bretagne, la nouvelle des événements du 18 fructidor aurait aussi excité des événements; mais déjà l'on annonce que l'ordre y est parfaitement rétabli. A Lyon, on continuait à jeter dans le Rhône tous ceux qui, sous le nom de *mathevons*, sont soupçonnés de républicanisme. Ces noyades se faisaient secrètement pendant la nuit, sans que la force armée, quoique très nombreuse, ne pût ni le savoir, ni les empêcher. La fermeté des autorités nouvellement installées paraît y avoir enfin mis un terme. » — *Rédacteur* du 4 brumaire : « La cérémonie publique de la rentrée des écoles centrales a eu lieu le 1er brumaire à midi, en présence des membres de l'administration centrale, des autres autorités constituées et du jury d'instruction, dans une des salles de la troisième école nouvellement mise en activité par les soins des administrateurs du département et pour laquelle a été préparé, à cet effet, le bâtiment connu sous la dénomination des ci-devant Jésuites de la rue Saint-Antoine. Il ne reste donc plus, d'après la loi, que deux écoles centrales à organiser dans le département de la Seine. L'intérêt remarquable que les nouveaux membres de l'administration centrale ont mis à l'organisation de la troisième école, à ce renouvellement de l'année scolaire, donne l'espoir que les deux autres écoles seront également organisées dans les autres arrondissements de cette commune qui en sentent le besoin et qui en réclament l'avantage. Des membres de l'Institut national, les professeurs des écoles centrales, des hommes de lettres, des chefs de pensionnats, des pères de famille, un grand nombre de jeunes gens, remplissaient la salle destinée à cette cérémonie. Le citoyen Jaubert, président de l'administration centrale du département, a ouvert la séance par un discours écrit avec sentiment, prononcé avec chaleur. On y a remarqué, comme dans celui qu'il fit à la rentrée de l'année dernière, l'accord de l'amour des lumières et de la passion de la liberté qui, en effet, sont inséparables dans les âmes dignes d'elles. Il a observé cette juste mesure des convenances, si nécessaire à un magistrat d'un peuple libre dans ses relations publiques avec ses concitoyens. Le citoyen Sélis, membre de l'Institut national et professeur de belles-lettres à l'école centrale du Panthéon, a prononcé ensuite un discours étendu sur les écoles centrales elles-mêmes, c'est-à-dire sur le bien qu'elles ont déjà fait, et sur le bien ultérieur que des améliorations successives peuvent encore les mettre à portée de faire. Dans la partie de ce discours qui avait pour objet la dédicace ou l'art de l'enseignement, l'orateur a renouvelé les preuves d'un esprit plein d'idées saines et d'un écrivain digne de ces modèles qu'il est chargé de faire connaître à ses élèves. Après ce discours, qui a été très applaudi, le professeur de mathématiques de l'école nouvellement mise en activité a prononcé un discours sur l'étude des sciences exactes et physiques. Enfin la séance a été terminée par la lecture que le professeur de belles-lettres de la même école, le citoyen Saint-Ange, a faite d'un chant des *Métamorphoses* d'Ovide. » — *Ami des Lois* du 3 brumaire : « Le citoyen Garnerin a fait, le 1er brumaire, au parc Monceau, l'expérience qui avait manqué au jardin Biron. Son parachute, fait en forme d'un grand parasol, tenait immédiatement au ballon et couvrait sa nacelle. A six heures, le ballon s'est élevé avec le parachute fermé et la nacelle dans laquelle était Garnerin, qui a montré le plus grand sang-froid et une tranquillité inaltérable, quoique de savants physiciens se fussent opposés à son ascension. Il s'est élevé ainsi à 300 toises environ, et, parvenu à cette distance, le ballon s'est séparé, la colonne d'air correspondant au parachute l'a fait ouvrir, de manière que la nacelle et Garnerin sont descendus en se balançant dans les airs, de sorte que la chute s'est opérée graduellement dans la plaine qui se trouve à gauche du parc. Cette machine cependant ayant été agitée un moment par les vents qui se contrariaient, on a craint de voir le parachute renversé, et des cris d'effroi se sont fait entendre parmi les spectateurs. Mais Garnerin s'étant suspendu aux cordes qui correspondaient du parachute à la nacelle, le poids a soutenu l'un et l'autre perpendiculairement, et, comme il avait eu la précaution de sauter hors de la nacelle un moment avant qu'elle eût atteint la terre, il a évité le contre-coup. Il s'est plaint d'avoir le genou de la jambe gauche un peu froissé, ce qui ne l'a pas empêché de monter à cheval, et de rentrer au jardin de Monceau, où il a reçu les félicitations et les caresses d'un public nombreux, avide de nouveautés, qui s'inquiète peu souvent des dangers que l'on court pour lui, pourvu qu'on l'amuse. Au surplus, on doit savoir gré au citoyen Garnerin de ce qu'il a fait pour satisfaire à ses engagements; mais nous ne croyons pas que son expérience puisse devenir utile; et il fera bien de ne pas la répéter, car tous ses calculs et ses idées de perfectionnement ne peuvent pas le garantir des maisons, des arbres, des rivières, des précipices, des paratonnerres, et de mille autres corps contre lesquels il opposerait en vain son parachute, qui n'est pas plus sûr que les ailes d'Icare. » Le *Journal des hommes libres* du 3 brumaire contient un long article sur cette ascension.

MCLXX

2 BRUMAIRE AN VI (23 OCTOBRE 1797).

RAPPORT DU BUREAU CENTRAL DU 3 BRUMAIRE.

Esprit public. — Les divers lieux publics fréquentés par les royalistes n'ont point changé d'esprit ; ils sont ce qu'ils étaient avant le 18 fructidor, ce qu'ils ont été à toutes les époques de la Révolution. Mais il s'est véritablement opéré un changement très avantageux dans la plupart des cafés dont les opinions étaient, jusqu'au commencement de cette année, un mélange de royauté, d'égoïsme et de tiédeur. A chaque pas, on rencontre des citoyens qui n'ont d'autre sujet de se plaindre de l'ordre actuel des choses que de n'être point payés, qui avouent n'avoir d'autre motif de mécontentement, et qui déclarent que, si leurs moyens d'existence étaient une fois assurés, ils embrasseraient la cause de la République avec une véritable chaleur. — Quelles que soient les souffrances des employés, et même de quelques fonctionnaires, on en voit en qui la gêne qu'ils éprouvent n'a point altéré le sentiment du patriotisme, et qui le manifestent assez hautement. Un bruit vient de répandre parmi eux un peu de consolation : on assure que le ministre de l'intérieur a soumis au Directoire un projet tendant à faire payer aux employés tout ce qui leur est dû. — D'un autre côté, les espérances se relèvent pour la paix ; loin de la regarder comme impossible, on la croit plus prochaine que la multitude ne le présume ; les vœux les plus ardents pour ce bienfait céleste accompagnent toutes les conjectures, et l'on voit dès lors le crédit renaître, les effets publics reprendre une valeur considérable. Déjà, dit-on, de pareils bruits ont fait hausser de 3 livres les inscriptions ; tout ce qu'on entend fait présumer que la paix ferait chérir le gouvernement avec un enthousiasme qu'il serait difficile de peindre. — On observe, en général, que, depuis quelque temps, les opinions politiques prennent du calme, et que l'on semble se rapprocher un peu plus du gouvernement.

Culte. — Il est question de culte aujourd'hui ; ce n'est point qu'il y ait eu en aucun lieu de cérémonies extraordinaires, mais c'est parce que, sur plus d'un point, et entre beaucoup de personnes étrangères les unes aux autres, il s'est manifesté des opinions que l'on croit essentiel de reproduire ici. — D'après quelques entretiens, il paraîtrait exister un inconvénient très grave dans la communauté d'un même temple entre les théophilanthropes et les catholiques pour y exercer tour à tour leur culte. Déjà percent dans le public des germes de fermentation à ce sujet : les catholiques, plus intolérants, crient au scandale, et on en vient à présumer que des ecclésiastiques hypocrites, peut-être même des membres du Concile ouvert en cette commune, ne sont point étrangers à ce système de mécontentement. — L'éloge du culte des théophilanthropes et de la tolérance de ceux qui le pratiquent se trouve dans la bouche d'un grand nombre de personnes, ce qui ne laisse pas d'animer les partisans zélés de la religion catholique et surtout ceux qui paraissent avoir été attachés aux ordres.

Spectacles. — Il ne s'est rien passé de remarquable dans les spectacles; on n'y a recueilli aucune opinion sur les affaires du gouvernement, et, en général, il s'y est rendu peu de monde...

Limodin.

(Arch. nat., BB³ 87.)

MCLXXI

3 BRUMAIRE AN VI (24 OCTOBRE 1797).

Rapport du bureau central du 4 brumaire.

Esprit public. — A considérer l'opinion publique sous des rapports généraux, elle présente des résultats satisfaisants. Les discussions politiques se dégagent peu à peu de l'esprit de parti ; elles sont écoutées, pesées, répandues avec plus de faveur ; parmi ceux qui fréquentent un même café ou une même société, il y a plus d'union, plus de tolérance ; la méfiance y circonvient plus rarement l'étranger; les personnes se pacifient, les passions s'apaisent, les idées s'adoucissent. Le mauvais citoyen laisse voir sur sa physionomie un sombre dépit de ne trouver aucune prise sur le gouvernement. Que quelques royalistes énergumènes et des sybarites, affectant des airs de ci-devant nobles, croient de bon ton de calomnier, ces êtres sans moralité sont les seuls aveuglés sur leurs sentiments, sur leurs manières ridicules et sur leur royalisme, dont la majorité de citoyens honnêtes a le bon esprit de faire justice par le mépris le plus profond. — L'esprit des salons est en bien des endroits calqué sur cette façon de penser ; tout ce qui présente l'idée de la République y est pris en dégoût ; [on] s'en venge en quelque sorte par de petites satires, par des jeux de mots ; on s'y reconnaît et s'y salue avec les anciennes qualifications de *comte*, de *marquis*, etc. ; en un mot la haine de l'ordre actuel des choses ressort dans cette classe en raison des nouveaux progrès que le véritable patriotisme a faits dans toutes les autres. Ces progrès ne sont point douteux. L'intérêt plus général que l'on prend aux opérations de l'intérieur, la décence avec laquelle on s'occupe des abus que l'on croit découvrir en font foi. C'est particulièrement sur les dilapidations que l'on présume exister dans les entreprises de fournitures aux armées, et sur l'agiotage qui en est la suite, que des citoyens appellent l'attention du gouvernement. Il en est plus d'un qui cherche les moyens de perfectionner l'administration de cette partie, et de différents côtés on annonce des projets qui tendent à une amélioration et à des économies. — La misère est très grande, mais elle est aujourd'hui plus sensible que jamais. Il y a peu de gaîté à l'extérieur, et cet état de gêne commun à des classes entières de la société comprime certainement l'essor du patriotisme. On est disposé de cœur à seconder l'action du gouvernement, et la plus vive reconnaissance est prête à suivre les efforts qu'il ferait pour adoucir le sort de chacun. — Telle est cependant la disposition sage de tous les esprits que, malgré la situation affligeante des relations commerciales et la pénurie des finances de l'État, l'ordre est parfait dans tous les arrondissements, et que les citoyens paraissent s'entendre à maintenir cette heureuse harmonie, loin de souffrir qu'elle soit troublée par les malveillants. — On remarque enfin plus de gravité dans le caractère de la jeunesse, ce qui semble devenir une garantie de plus de leurs (*sic*) principes.

Spectacles. — On ne dira rien ici de l'enthousiasme édifiant qui, sous les yeux de la première magistrature de la République, a présidé au couronnement des jeunes élèves du Conservatoire ; il semblait annoncer que tous les établissements consacrés aux loisirs des citoyens ne tarderaient pas à devenir de véritables institutions, des écoles de mœurs et de patriotisme. — Les théâtres, depuis quelque temps, paraissent offrir un peu de ces dispositions.

Surveillance. — ..... Hier soir, le citoyen Dubois, rentier, se voyant poursuivi par ses créanciers, s'est coupé le col chez son neveu.....

LESSORE.

(Arch. nat., BB³ 87.)

JOURNAUX.

Ami des Lois du 4 brumaire : « Un journal bien aristocrate propose un impôt sur les juifs, comme si la Constitution connaissait plus des juifs que des chrétiens ; elle ne connaît que des citoyens, et abandonne le reste à la faiblesse humaine. »

MCLXXII

4 BRUMAIRE AN VI (25 OCTOBRE 1797).

JOURNAUX.

Le *Rédacteur* du 5 brumaire rend compte de la distribution des prix aux élèves du Conservatoire national de musique dans la salle de l'Odéon. Cette cérémonie a eu lieu en présence du Directoire exécutif, du corps diplomatique et des ministres. Après l'exécution de divers morceaux par les artistes du théâtre des Arts et par les élèves du Conservatoire, le ministre de l'intérieur a prononcé un discours et a couronné les élèves présentés chacun par le professeur qui l'a formé. Neuf premiers prix ont été décernés. Le prix du chant consistait en dix partitions gravées, et les autres en un instrument correspondant. — *Rédacteur* du 19 brumaire : « *Paris, le 4 brumaire an VI.* Réquisitoire du citoyen Baudin, commissaire du Directoire exécutif près le Bureau central. Citoyens, si j'ai différé jusqu'à ce moment à vous entretenir de la mesure salutaire ordonnée par le Directoire exécutif dans sa lettre aux sept ministres sur la nécessité d'épurer les bureaux, c'est que j'attendais votre organisation définitive. Maintenant qu'elle est irrévocablement fixée, j'appelle votre surveillance sur tous les hommes associés à vos immenses travaux. Je dois le dire, ils ne sont pas tous également dignes de votre confiance. Plusieurs fois, vous en avez fait la dangereuse expérience ; vous l'éprouvez encore tous les jours. Vos règlements ne sont point ou sont mal exécutés ; votre active vigilance n'est point secondée, souvent même elle est trahie. Oui, citoyens, le plus grand nombre des commissaires de police, des officiers de paix, des inspecteurs et beaucoup de vos employés détestent notre gouvernement et nos lois républicaines. Il est temps de porter un œil scrutateur sur chacun d'eux. Il ne faut pas qu'on vous reproche de conserver autour de vous les éléments de contre-révolution. En vain, les deux Conseils se seraient épurés ; en vain le Directoire exécutif l'aurait été lui-même ; en vain, toutes les administrations de la République seraient composées de patriotes bien dévoués : s'ils ne sont pas secondés par leurs sous-ordres, par leurs agents, leurs efforts seront toujours paralysés, et l'esprit public ne se régénérera jamais. Hâtez-vous donc de rejeter de votre sein ces êtres passifs dont les cœurs froids et indifférents n'ont pris aucune part aux grands événements qui ont fondé notre République ou qui ont caressé tour à tour le parti dominant. Ils sont bien dangereux, ces caméléons politiques à qui toutes les formes de gouvernement conviennent, ces hommes qui ont attendu six années pour savoir s'ils seraient républicains, et qui, aujourd'hui, ont l'audace de se dire meilleurs patriotes que les vétérans de la Révolution. Désormais la République victorieuse ne doit employer que des citoyens qui l'auront efficacement servie, soit par leurs actions, soit par leurs écrits, soit par leurs discours; des citoyens dont l'existence physique et morale est étroitement liée au maintien de la Constitution et de la liberté. Il faut que tous ceux qui mangeront le pain de la patrie puissent dire : « Nous n'existons que par la République; si la République périt, nous périrons avec elle. » Tous ceux de vos agents, de vos employés qui ne vous offriront pas cette garantie, vous ne balancerez pas à les remplacer par des républicains éclairés, par des pères de famille qui ont mis un gage à la Révolution. Si des circonstances malheureuses vous ont fait écarter quelques patriotes dangereux, peut-être, par leur exagération, vous vous ferez un devoir de les rappeler. Hélas! si ces hommes, dont les âmes sont fortement trempées pour la liberté, se sont trop abandonnés aux premiers épanchements de leur ardent amour pour elle, s'ils ont commis des erreurs, ils ont payé bien cher leurs écarts patriotiques. Ces hommes sont, en liberté, ce qu'un jaloux est en amour; ils sont inquiets, ils sont ombrageux, ils craignent toujours qu'on leur enlève l'objet de leur idolâtrie. Les patriotes exagérés ont été presque toujours, sans le savoir, le jouet, l'instrument et les victimes des factieux. Mais leur patriotisme a passé par le creuset de l'expérience; ils sont devenus prudents et sages à l'école du malheur. Oui, citoyens, ces républicains épurés, ces patriotes recommandables doivent être employés de préférence à tout autre. Ils sont là..... Depuis longtemps ils supportent à la fois la proscription, l'oubli, la misère. Réparez, réparez leurs outrages; séchez les larmes de leurs enfants privés de nourriture; donnez-leur du travail et du pain ; la justice et l'humanité vous parlent en leur faveur ; le salut public le commande; le Directoire exécutif vous en impose la loi. En conséquence, je requiers : 1° que, dans la décade, vous présentiez au département une liste de candidats pour le renouvellement des officiers de paix; 2° que vous révoquiez tous les commissaires de police contre lesquels vous recevez chaque jour des plaintes; 3° que vous épuriez vos bureaux. Je requiers, en outre, qu'il ne soit fait aucune nomination sans qu'au préalable il n'y ait eu une discussion sur le candidat proposé. Je demande cette mesure, moins pour jouir du droit que j'ai d'être entendu, que pour concourir ensemble à faire de bons choix. Que toutes les fois que le Bureau central prendra l'initiative pour la nomination des employés du secrétariat, ou qu'il voudra les nommer, le secrétaire en chef soit consulté. Sa responsabilité serait illusoire, s'il n'usait pas du droit que lui donne la loi du 19 vendémiaire an IV, titre II, article 13, ou s'il n'était pas appelé à y concourir. Je dépose sur le bureau des notes instructives sur les officiers de paix en exercice et sur les candidats proposés pour remplacer ceux qui devront être révoqués, ainsi que les pétitions et mémoires qui m'ont été adressés pour différentes places; je demande qu'elles soient jointes à celles que le Bureau central a reçues depuis le 18 fructidor dernier, et que les unes et les autres soient scrupuleusement examinées. *Signé :* F. BAUDIN. » — *Journal des hommes libres* du 6 brumaire : « Le *Rédacteur* nous avait répondu, sur la parole de Limodin, de la bonification très remarquable de l'esprit public. On aurait dû s'attendre à voir un échantillon de cette bonification hier à l'ouverture du théâtre des Italiens, où l'on jouait, pour la rentrée, l'opéra de *Guillaume Tell*. Pourquoi faut-il que nous soyons obligés de défier Limodin lui-même d'oser seulement excuser l'esprit d'incivisme et d'insolence qu'un public composé de réquisitionnaires, d'hommes de Coblentz, de fournisseurs et de femmes à l'avenant a étalé d'un bout de la pièce à l'autre? Tandis qu'on galopait la *Marseillaise* avant l'ouverture, les murmures faisaient accompagnement. Tous les passages ayant trait à la liberté, au patriotisme, étaient accueillis par les risées les plus marquantes. Quand le père de Nectal excite les patriotes à s'armer et à devenir libres, sept à huit applaudissements sont partis de la loge de l'État-Major; les murmures ont augmenté, sont devenus généraux, et grand nombre de voix ont crié et répété : *A bas!* L'armement du peuple et des femmes avec des piques, etc., pour combattre les Autrichiens, n'a pas été épargné. Enfin, cette représentation ne peut que donner lieu aux plus affligeantes présomptions sur la profonde corruption de ces bandes inciviques qui brûlent de crier encore une fois *Vive le roi!* et que la longue mollesse du gouvernement a rendus irréconciliables ennemis de la République. »

MCLXXIII

5 BRUMAIRE AN VI (26 OCTOBRE 1797).

RAPPORT DU BUREAU CENTRAL DU 6 BRUMAIRE.

Esprit public. — Il a été reconnu hier, il n'est encore aujourd'hui qu'un sentiment dans toutes les parties de la société, ou plutôt elle ne forme qu'une famille, ivre du bonheur d'avoir la paix [1]. Cette image n'est point exagérée. Le bruit du canon a causé une émotion aussi vive que profonde. Aux charmes du moment se joignaient les conjectures les plus favorables sur l'avenir, et l'on exaltait de tous côtés les louanges du général Buonaparte et des officiers et soldats de la République. On a vu des hommes que la différence d'opinion avait jusqu'à ce jour rendus ennemis, et [qui] paraissaient irréconciliables, s'embrasser de joie et jurer de demeurer toujours unis; on a vu des larmes tomber des yeux de beaucoup de citoyens, et sur les voies publiques cet empressement que l'on met à répandre une nouvelle de cet intérêt. — Les cafés n'ont qu'un extérieur, celui de la

---

1. Il s'agit du traité de Campo-Formio.

satisfaction, et, à pénétrer l'esprit de ceux qui les composaient en très grande affluence, tout tendait à faire croire que les ennemis du gouvernement avaient abandonné la lice. Les conjectures se tournent actuellement du côté du gouvernement anglais, contre lequel le ressentiment est porté à son comble. On agite avec chaleur les moyens que l'on présume les plus propres à le contraindre à la paix. A revenir sur cette circonstance que la proclamation du Directoire est lue avec une grande satisfaction [1]. Plusieurs maisons et quelques-uns des cafés les plus renommés ont été illuminés en signe de réjouissance; il en est qui avaient changé leurs enseignes ou inscriptions et y avaient substitué celle de *Café de la Paix*.

Spectacles. — La joie était peinte sur toutes les physionomies, et les théâtres eux-mêmes n'y ont pas été insensibles. Au théâtre de la République, il a été, par un artiste, chanté des couplets à l'occasion de la paix, et ils ont été couverts d'applaudissements, surtout celui finissant par ces vers :

> L'esprit de parti s'éteindra
> Par une saine politique;
> Toute la France chantera
> Vive la République!

Au théâtre Feydeau, le citoyen Lesage a trouvé l'occasion de joindre à son rôle des à-propos qui ont fait le plus grand plaisir. — Au théâtre de l'Opéra-Comique, dans *Fanfan et Colas*, on a demandé à la nourrice de ce dernier si elle est contente, si son mari se porte bien : « A merveille, répond-elle; il boit toujours la goutte, ce pauvre cher homme; mais que voulez-vous? aujourd'hui c'est bien permis : c'te paix, c'te paix! » Et cet à-propos a fait une sensation inexprimable; un seul cri d'approbation est parti de tous les côtés de la salle, et on a applaudi très longtemps. — Le Vaudeville et le théâtre de la Cité ont également célébré cette époque. Tout était animé du meilleur esprit.....

COUSIN.

(Arch. nat., F 7, 3840, et BB [3] 87.)

JOURNAUX.

Journal des hommes libres du 7 brumaire : « *Paris, 6 brumaire*.....
Enfin Argus-Limodin succombe à ses travaux ; pour prix de tant de veilles, d'une conscience si fort au-dessus des soupçons, on le destitue [2]. Le Directoire

---

1. On trouvera cette proclamation, en date du 5 brumaire an VI, dans le *Moniteur*, réimpression, t. XXIX, p. 52.
2. C'est seulement le 22 brumaire an VI que le Directoire remplaça Limodin par Le Tellier. Voir plus loin, à cette date.

a prononcé hier l'arrêt fatal. Paris ne va plus dormir; Argus-Limodin, qui veillait si bien, ne veillera plus. *Requiescat in pace.* » — *Patriote français* du 8 brumaire : « La nouvelle de la paix avait été annoncée le 5 au soir par plusieurs décharges d'artillerie. Partout l'allégresse des citoyens se manifesta par des illuminations particulières. On en rencontrait dans toutes les rues qui s'embrassaient en se félicitant de voir ainsi couronner leurs longs efforts. On entendait prononcer avec énergie, par des femmes même, ce cri de vengeance que les forfaits de Pitt ont allumé dans toutes les âmes : *Guerre à l'Angleterre! Tremblez, tyrans de Londres; nos enfants sont encore sous les armes.* Le théâtre de la République, qui n'a jamais démérité ce beau nom, et dont les aimables artistes ont eu si souvent les honneurs de la persécution sous l'empire monstrueux des réacteurs, a donné gratis une représentation en réjouissance de cet heureux événement. Tous les cœurs, qu'avait resserrés une cruelle indécision, se sont épanouis en recevant ce bienfait, d'où va découler, pour la France agrandie, victorieuse et tranquille, une source d'avantages inouïs, auxquels, sous aucun règne, elle n'eût pu prétendre..... » — *Bien Informé* du 8 brumaire : « Le 5 de ce mois, l'Institut a tenu assemblée générale : on a traité solennellement la question si la place du poète Delille devait être réputée vacante par défaut d'acceptation ou de résidence depuis près de deux ans [1]. Ginguené a parlé pour l'absent; Lalande, de Sales, Mongès, Fourcroy, Cousin, Dusaulx, Lacuée, Leroy, Desessarts ont été du même avis ; et l'on a passé à l'ordre du jour sur la proposition du remplacement. On espère que cet acte de complaisance, qui fait époque dans la République des lettres, déterminera l'abbé Delille à reconnaître l'Institut national. » — *Narrateur universel* du 6 brumaire : « *Paris, 5 brumaire.....* Legendre (de Paris), si célèbre dans la Convention, vient de mourir. Il était encore membre du Conseil des Anciens ; mais à peine s'y est-il fait remarquer. Legendre était violent, mais bon ; ennemi terrible dans le péril, obligeant et généreux après la victoire, comme presque tous les amis de Danton. Il avait ouvert les prisons à une multitude de victimes, après le 9 thermidor : avant, il était menacé par Robespierre, pour avoir essayé de défendre Danton proscrit. Legendre aimait passionnément la liberté et la Révolution, et, dès qu'elles lui paraissaient menacées, il jugeait bons tous les moyens de les soutenir. Il était sans aucune instruction, mais il avait beaucoup de talent naturel, une grande énergie de caractère, et souvent à la tribune, lorsqu'il était échauffé, de beaux mouvements oratoires et l'éloquence du paysan du Danube. » — *Narrateur universel* du 8 brumaire : « Le théâtre du Vaudeville a annoncé, avant-hier [2] au public, l'heureuse nouvelle de la paix conclue avec l'Empereur, par un couplet et une ronde qui ont été adaptés à la prise du *Ballon de Monceau.* Voici le couplet :

Air : *On compterait les diamants.*

Nos soldats couverts de lauriers,
Brillants d'une nouvelle gloire,
Unissent le doux olivier
Aux couronnes de la victoire.
Amis, en France désormais

1. Voir plus haut, p. 388.
2. C'est-à-dire le 5 brumaire. Si le journal est daté du 8, l'article est du 7.

On n'aura plus de vœux à faire,
Si l'on sait jouir de la paix
Comme on a su faire la guerre.

Cet impromptu a donné lieu au public de manifester la joie qui était dans tous les cœurs : les applaudissements ont été vifs et unanimes. » — *Courrier des Spectacles* du 9 brumaire : « La nouvelle de la paix, qui a causé une si vive satisfaction partout, a donné lieu, le 5, aux divers théâtres de Paris à quelques heureuses applications. Au théâtre Feydeau, la citoyenne Lesage, jouant dans *Le Traité nul*, a dit : « Écoutez donc, not' maître, je viens de rencontrer Gros-Pierre, qui m'a dit que la paix était signée avec l'Empereur ; il faut ben que vous fassiez la paix avec votre femme ! » Au théâtre Favart, la citoyenne Gonthier, qui reparaissait au milieu des plus nombreux applaudissements, dans le rôle de la nourrice de *Fanfan et Colas*, s'est écriée : « Ah ! madame de Fierval ! J'sommes d'une joie..... La paix est signée, madame de Fierval, la paix est signée avec l'Empereur ! » Partout ces applications ont été reçues avec l'enthousiasme qu'elles devaient exciter. L'administration Feydeau, qui s'est empressée d'illuminer l'extérieur de son théâtre, a donné avant-hier gratis au peuple une représentation intéressante, en ce qu'elle offrait la réunion des comédiens français et des artistes de l'Opéra de ce spectacle. On a donné *Le Conciliateur* et *Le Major Palmer*. L'affluence a été considérable. Le Vaudeville et les autres théâtres se sont également empressés de témoigner la part qu'ils prenaient à la joie générale. »

MCLXXIV

6 BRUMAIRE AN VI (27 OCTOBRE 1797).

RAPPORT DU BUREAU CENTRAL DU 7 BRUMAIRE.

Esprit public. — La satisfaction que cause la conclusion de la paix avec l'Empereur est aussi vive qu'elle le fut au moment où la nouvelle en a été reçue ; on la trouve aussi glorieuse qu'avantageuse, et partout on a calculé toute la valeur qu'allaient en recevoir les domaines nationaux dans la ci-devant Belgique. On espère beaucoup, pour l'amélioration du commerce au Levant, des dispositions qui rendent possessions de la République des îles du golfe Adriatique. L'impatience est extrême de savoir quels sont les résultats des négociations avec le Corps germanique, que l'on croit devoir fixer définitivement les limites de la République sur le Rhin. — Buonaparte est partout comparé aux plus grands hommes de l'antiquité ; il leur est même quelquefois préféré. Rien ne donne plus de confiance dans une heureuse issue de la guerre avec l'Angleterre que de le voir à la tête de l'armée qui doit aller attaquer cette puissance. La haine du gouvernement anglais fermente dans tous les esprits ; c'est aujourd'hui l'un des principaux caractères de l'opinion, et il serait peut-être difficile de trouver un individu qui ne partageât pas ce sentiment, devenu tout à fait national. — La nouvelle de la paix a fait découvrir un schisme véritable entre les royalistes de l'intérieur et les émigrés. L'Empereur, dont ils menaçaient sans cesse le gouvernement français, n'est qu'un traître, qui n'a fait la guerre que pour son propre compte ; ils lui reprochent les prises de Valenciennes et du Quesnoy dans le temps, au nom de l'Autriche, et non pas au nom de Louis XVI ; ils ajoutent qu'il n'a aujourd'hui que ce qu'il mérite. Les cafés que ces individus fréquentent retentissent de raisonnements, à l'aide desquels ils veulent persuader que la France n'est gouvernée aujourd'hui ni monarchiquement ni républicainement, que c'est une réelle anarchie, et que, pour que l'on soit libre, il faut qu'il y ait une réaction continuelle entre le gouvernement et le peuple ; tandis qu'ici le gouvernement est tout, et il n'y a autorité nulle part. Aliéner en un mot des cœurs au gouvernement, tel est le but que se proposent les gens de l'opposition, et c'est dans ces seuls endroits que l'on entend encore des propos injurieux aux défenseurs de la patrie. Du reste, ce point de l'opinion diffère seul d'une manière sensible avec ce qu'elle est partout ailleurs. A peine est-on descendu des cercles qu'on trouve le peuple animé du meilleur esprit. Dans tous les états de la société, le gouvernement reçoit de tous les côtés des actions de grâce pour la paix et pour les efforts qu'il fait pour la rendre générale. Les vœux sont plus ardents que jamais pour qu'il saisisse une occasion aussi belle de donner de l'énergie à toutes les institutions républicaines. Le public regarderait comme un jour de triomphe pour les principes celui où les boutiques et les ateliers offriraient, le ci-devant dimanche, la même activité que tous les jours de la décade, et ne fermeraient que le décadi. — On observe que la proclamation du traité de paix fait cesser toutes les discussions en matière d'opinion religieuse, qui commençaient à s'emparer des entretiens politiques.

Spectacles. — L'amour de la République prend dans tous les théâtres un caractère très décidé ; les allusions à la paix abondent à chaque représentation ; le gouvernement y est comblé d'éloges ; on porte au plus degré ceux qui s'adressent à nos armées. Mais c'est avec enthousiasme que l'on accueille dans les spectacles tout ce qui contient des menaces au gouvernement anglais, que l'on rend responsable des malheurs et de la durée de la guerre. Au théâtre de la République, les cris de *Vive la République !* ont succédé à un couplet contre cette puissance. Au théâtre des Arts, on a couvert d'applaudissements et fait répéter un couplet finissant ainsi :

> Achève ton heureux ouvrage,
> Punis ces fiers tyrans des mers,
> Et, secondant notre courage,
> Donne la paix à l'univers.

Le bon ordre marche partout avec les élans du patriotisme......

LESSORE.

(Arch. nat., BB³ 87, et F⁷, 3840.)

MCLXXV

7 BRUMAIRE AN VI (28 OCTOBRE 1797).

RAPPORT DU BUREAU CENTRAL DU 8 BRUMAIRE.

Esprit public. — L'amélioration est sensible dans l'esprit public; il paraît encore [plus] caractérisé ; un plus grand nombre d'indifférents sort de son apathie ; le traité de paix rend à la politique beaucoup de citoyens qui en détournaient leur attention avec une sorte d'étude ; l'avenir se présente à tous les états sous un aspect riant, et, d'après la plupart des entretiens, il paraît que, moins gêné dans ses ressources, le public ne mettrait point de bornes à sa joie. — Cependant les articles du traité de paix ne sont pas aujourd'hui également approuvés ; il est beaucoup de patriotes qui ne cachent point leur mécontentement de la cession faite à l'Empereur de Venise principalement, ensuite d'une partie de la Terre ferme, de celle-ci devenue (?) puissance oligarchique ; ils pensent que la maison d'Autriche un jour partira de ce point pour asservir de nouveau l'Italie. Il est une partie de ces raisonnements qu'emploient, mais d'une manière très astucieuse, les royalistes qui s'avouent tels. A cette occasion, on observe que les endroits consacrés aux rendez-vous des royalistes et des frondeurs du gouvernement républicain offrent aujourd'hui le caractère qu'ils avaient il y a plusieurs mois : même mépris de la chose publique, mêmes réclamations contre les premiers magistrats, même espoir de vengeance et de contre-révolution. Les agents de ce parti voient déjà l'Autriche une puissance maritime redoutable dans la Méditerranée ; ils disent le Turc indisposé contre les articles qui la lui donnent pour puissance limitrophe à l'Ouest ; ils assurent que la réunion de la Belgique au territoire français est illusoire, et d'ailleurs onéreuse : illusoire, parce que, conservant dans son sein beaucoup de partisans de l'Empereur, elle cherchera toujours à s'y rattacher ; onéreuse, parce que ce pays coûtera plus à la République qu'il ne lui rapportera. — Il est un des foyers de mauvaises opinions malheureusement trop famé, où les efforts des plus grands sont employés pour faire du gouvernement actuel un objet odieux et méprisable ; il n'est point de crimes et de scélératesse, dont on ne le fasse l'auteur ; quiconque semble voir différemment ne pourrait, sans s'attirer de sensibles désagréments, émettre sa façon de penser. Aussi remarque-t-on que les orateurs les plus accrédités de ce café y ont le champ absolument libre. — Les progrès du patriotisme partout ailleurs tranchent sur ce tableau : l'énergie revient au faible ; l'incertitude disparait ; on cherche à seconder l'action du gouvernement, et il est, non seulement à l'intérieur, mais aussi dans le cœur des familles, l'objet de la reconnaissance publique pour les soins qu'il donne à pacifier l'Europe. On n'est pas moins satisfait des projets de vengeance qu'il annonce envers le gouvernement anglais, contre lequel la haine nationale est extrêmement prononcée. — A l'exception de l'opinion des royalistes, dont on vient de rendre compte, et qui semblent opiniâtres, les observations de l'esprit public continuent à donner les meilleurs résultats.

Spectacles. — Ils sont en ce moment animés d'un excellent esprit ; on y trouve les moindres applications à la gloire de la République ; les airs patriotiques y sont très applaudis ; le bon ordre a présidé aux représentations données au profit du public.

Surveillance. — Perquisition a été faite ce matin par ordre du Bureau central chez le citoyen Mignon, relativement à un Christ sur estampe ; treize exemplaires y ont été saisis.....

LIMODIN.

(Arch. nat., BB³ 87.)

JOURNAUX.

Rédacteur du 9 brumaire : « *Paris, le 8 brumaire.* L'influence de la paix se fait déjà sentir sur le public, dans le commerce, sur le crédit des effets nationaux, la vente des domaines, la circulation du numéraire. Le nom de l'heureux négociateur vole de bouche en bouche. L'acte qui a couronné ses victoires les rappelle toutes ; et ce n'est pas seulement la conclusion du traité, ce sont ses avantages, c'est l'accroissement immense de force, de population, de gloire et de sécurité future qu'il assure à la République, qui font l'objet de tous les discours et excitent l'enthousiasme général. Dans tous les lieux où l'on se rassemble, la satisfaction et la reconnaissance des citoyens éclatent de mille manières. Sur les théâtres, pour émouvoir, on chante la paix ; les acteurs, pour être applaudis, prononcent le nom du héros d'Udine ; les orchestres, pour provoquer les acclamations, font entendre les airs civiques. Plusieurs spectacles ont déjà donné des représentations gratuites. Le peuple y a saisi avidement toutes les occasions d'exprimer sa joie et son attachement à la République. De tels spectateurs étaient eux-mêmes le plus beau du spectacle. Nous regrettons de ne pouvoir rapporter tous les contes pleins de charme, dont nos aimables chansonniers ont embelli, sur la scène, l'expression des sentiments publics. Les vers que les directeurs du Vaudeville s'étaient empressés, dès le premier jour de la nouvelle, de mettre dans la bouche de leur messager céleste, avaient, outre le mérite de l'à-propos, celui de rendre, avec toute la grâce possible, la pensée qui venait le plus naturellement à l'esprit de chacun :

> Amis, en France désormais
> On n'aura plus de vœux à faire,
> Si l'on sait jouir de la paix
> Comme on a su faire la guerre.

Hier, dans un fort joli divertissement sur la paix, donné au même théâtre, le public a fait répéter plusieurs fois et a couvert d'applaudissements ce jeu de mots ingénieux qui se trouve dans un couplet chanté par un crieur de journaux :

> Je crie plus d'une menterie,
> Mais aujourd'hui, croyez-moi ; car
> La nouvelle vient d'Italie ;
> Ce qui vient d'là, vient de *Bonne-part.* »

— *Patriote français* du 9 brumaire : « Le Concile, qui se dit national, a chanté hier un *Te Deum* en actions de grâce pour la paix. Il a invité indistinctement tous les prêtres, schismatiques et autres, à se réunir fraternellement à cette cérémonie, qu'on ne peut qu'approuver. Il fera, de plus, un mandement pour réunir tous les esprits. L'intention est très louable ; mais le gouvernement a seul le droit de manifester *au dehors* ses intentions, ou de donner des avis au peuple. Tous ces actes publics ne doivent appartenir qu'à la puissance reconnue par le peuple ; sinon, s'il en écoute d'autres, c'est un acheminement au pouvoir théocratique, qu'il doit redouter. Mais à quoi bon ces réflexions ? Tous les prêtres, bons ou mauvais, hypocrites ou de bonne foi, se croiront toujours une puissance dans l'État, tant qu'on le voudra bien. » — *Ami des Lois* du 8 brumaire : « Nous serons débarrassés enfin du Cochon que la queue de Carnot avait conservé au Bureau central ; Argus-Limodin, sur la perfidie et la bassesse duquel le ministre de la police avait souvent éclairé le Directoire, est disgracié ; cependant on lui a fait l'honneur de demander sa démission, au lieu de le destituer, comme il l'a cent fois mérité[1]. » — « Le premier coup de canon confirmant la nouvelle de la paix se faisait entendre au moment où l'on achevait de dresser la dernière colonne d'un kiosque que les propriétaires du café du Caveau font élever devant leur maison, au Jardin-Égalité. Aussitôt une voix s'écrie : « Ce sera le pavillon de la paix ! » Et cent terrines enflammées ont éclairé, à l'aide d'un transparent fait à la hâte, le

---

1. Voir plus haut, p. 415.

[29 octobre 1797] DIRECTOIRE EXÉCUTIF 422

surnom cher aux amis de l'humanité, donné à ce belvédère, au milieu des applaudissements d'une foule de citoyens, parmi lesquels on comptait encore quelques-uns de ceux qui suivirent Camille Desmoulins, lorsqu'il sortit du Caveau le 13 juillet 1789 (v. s.), pour faire prendre aux fondateurs de la liberté leur premier signe de ralliement. »

MCLXXVI

8 BRUMAIRE AN VI (29 OCTOBRE 1797).

Rapport du bureau central du 9 brumaire.

Esprit public. — Les effets de la journée du 18 fructidor se font sentir chaque jour de plus en plus dans l'opinion, et la paix est comptée pour le premier de tous; le plaisir qu'elle cause est aussi sensible qu'au moment où la nouvelle en fut reçue; l'exagération avec laquelle plusieurs patriotes combattaient différents articles du traité tombe peu à peu. Les royalistes ont hier gardé plus de silence que de coutume, quoique leur esprit soit le même ; quelques entretiens ou propos ont convaincu que leur mécontentement vient du traité de paix, et on en juge par les reproches qu'ils font à la maison d'Autriche, sur laquelle ils avaient, à ce qu'il semble, fondé de grandes espérances. Il n'est bruit que du projet de descente en Angleterre ; la masse des républicains accueille ce projet avec un véritable enthousiasme, et des rapports certains prouvent que la plus grande partie des troupes, si ce n'est la totalité, brûle du désir d'aller combattre dans cette île. A l'occasion de cette descente projetée, on a, de tous côtés, fait entendre l'éloge des défenseurs de la patrie. Une pensée qui les touche, entre autres, ne doit pas être omise ici. On a dit qu'une fois nos troupes débarquées en Irlande, on n'aurait pas besoin d'incendier les bâtiments qui auraient servi à transporter le soldat, parce que ce ne serait point le désespoir, ou l'impossibilité d'un retour qui le porterait à vaincre, mais bien son seul courage, devant lequel tout serait forcé de ployer. — On dit déjà, mais sans ajouter foi à cette nouvelle, que le roi d'Angleterre a écrit au Directoire pour lui demander la paix. Il est des citoyens tellement outrés contre le gouvernement anglais qu'en se mettant à la place du Directoire, ils hésiteraient à recevoir de pareilles propositions, à moins qu'elles ne continssent la restitution de toutes les colonies envahies tant sur la République que sur ses alliés, et les plus grands dédommagements pour la marine de l'une et des autres. — On a vu avec satisfaction dans le public les soins donnés par le ministre de l'intérieur à l'usage général et uniforme des poids et mesures établis sur les dimensions de la terre. — On a fait l'éloge de la morale des théophilanthropes, et on s'est plu à remarquer qu'elle commençait à être connue et pratiquée dans beaucoup de communes. Ce sentiment n'était pas celui d'un petit nombre d'individus, qui, à travers leur attachement au culte catholique, laissaient voir une grande intolérance et se plaisaient à prédire que bientôt on verrait sur les autels des temples des théophilanthropes des bustes de Marat et de Robespierre. Une tactique de ces malveillants, pour éloigner les esprits de la morale des théophilanthropes, est de s'écrier que, si ce culte fait des progrès, tous les ministres du culte catholique seront proscrits. Tels ont été quelques discours recueillis hier (jour correspondant au dimanche), à la sortie des temples. — Quoi qu'il en soit, il est certain que peu à peu on prend davantage intérêt à la chose publique.

Spectacles. — Il y a eu dans quelques spectacles des rixes pour des places; elles ont été apaisées; on a sévi dans l'instant contre les turbulents; le bon ordre n'a point souffert de ces légers incidents. Du reste l'esprit de patriotisme devient habituel dans les théâtres, et tout ce qui se trouve sur cette ligne est accueilli par des applaudissements. — Au théâtre des Arts ont été chantées des strophes à la paix, composées par le citoyen Boisset, représentant du peuple : les idées, la correction de poésie et l'intention du sujet, tout a été généralement applaudi.....

Lessore.

(Arch. nat., BB³ 87.)

Journaux.

Rédacteur du 18 brumaire : « *Ministère de la police générale. Paris, le 8 brumaire.* Le ministre de la police générale de la République aux commissaires du Directoire exécutif près les administrations centrales des départements de la République. Dans plusieurs communes, citoyens, il s'est élevé des difficultés sur l'application de l'article 35 de la loi du 19 fructidor, lequel met les journaux et autres feuilles périodiques et les presses qui les impriment, pendant un an, sous l'inspection de la police, qui pourra les prohiber, aux termes de l'article 355 de l'acte constitutionnel. La restauration de l'esprit public, l'affermissement des principes républicains, la compression de tous les éléments de désordre, de réaction, de guerre civile, sont tellement liés à l'exécution entière, uniforme et éclairée de l'article précité, que je crois devoir vous adresser à ce sujet une instruction assez précise, pour fixer dorénavant toutes les incertitudes, et régulariser le zèle et l'action de tous les agents de la loi. L'effet de l'inspection attribuée par elle à la police est clairement déterminé. Pendant un an, la police peut prohiber les journaux et les presses qui les impriment. La durée de cette prohibition n'a d'autre terme que celui de la durée de la loi même ; les circonstances seules peuvent présenter des motifs d'atténuation, et, dans ce cas, je me réserve de prononcer. Pour appliquer la loi aux journaux éloignés, j'ai dû employer l'intermédiaire des administrations, instruments nécessaires de mes attributions dans les départements. Afin d'éviter les longueurs et d'arrêter à sa naissance l'épanchement des poisons contre-révolutionnaires, je vous ai déjà autorisés, et je vous autorise de nouveau, ainsi que les commissaires des cantons, à requérir auprès de vos administrations respectives la suppression de tout journal dont la circulation vous paraîtrait devoir nuire à la tranquillité de votre département, et dont les maximes tendraient au renversement de la Constitution. Vous devez dans ce cas, et conformément à la loi, faire prohiber aussi, par l'apposition des scellés, les presses qui auraient servi à imprimer le journal supprimé. Il est évident, en effet, que la suppression serait illusoire, si elle n'était accompagnée de celle de l'instrument de sa confection. Cette mesure ne peut paraître trop sévère qu'à quiconque ne réfléchit pas aux maux incalculables que font à la République les auteurs et imprimeurs des journaux et autres écrits dictés par l'esprit de royalisme et de contre-révolution. Dans le cas où un commissaire de canton aurait fait supprimer un journal dans une des communes de son arrondissement, il vous rendra compte, dans les vingt-quatre heures, de l'arrêté provisoire, et non définitif, qu'il aura fait prendre, et vous transmettra les pièces qui auront motivé la détermination. Vous provoquerez de suite l'avis et la délibération du département sur cette opération, et me transmettrez, sans délai, le travail de deux autorités. Ce serait peut-être ici le lieu d'établir à quels signes vous pourrez reconnaître et frapper ces journaux pestilentiels, dont les ferments ont amoncelé les orages autour de la Constitution ; mais ce serait douter de votre patriotisme et de vos lumières que de signaler encore une fois les caractères hideux ou menaçants, les masques sanglants ou hypocrites auxquels tout républicain a toujours reconnu les amis des rois, les esclaves de la superstition et du despotisme, l'avilissement du gouvernement, les calomnies contre les hommes de la Révolution, le mépris de nos institutions, la docilité à répéter les mensonges, les suppositions les plus défavorables à la République, l'indulgence la plus marquée pour le royalisme, des cris d'alarme et de mort contre la République, etc. Tels sont les principaux traits auxquels vous reconnaîtrez et attaquerez les trompettes et les messagers de la contre-révolution. Salut et fraternité. Le ministre de la police générale, signé : SOTIN. »

MCLXXVII

9 BRUMAIRE AN VI (30 OCTOBRE 1797).

RAPPORT DU BUREAU CENTRAL DU 10 BRUMAIRE.

Esprit public. — S'il faut juger du patriotisme par la haine que l'on porte aux ennemis de la République, tant du dehors que de l'intérieur, on peut affirmer qu'il a fait beaucoup de progrès depuis quelque temps. On veut une descente en Angleterre; on veut que le gouvernement britannique, forcé jusque dans ses derniers retranchements, soit puni du machiavélisme avec lequel il a trouvé le moyen de déchirer le sein de notre patrie. Les patriotes lui reprochent la Vendée; les royalistes lui reprochent Quiberon. On veut que le Hanovre soit rayé de la liste des possessions anglaises, que le cabinet de Saint-James restitue toutes les prises et rembourse tous les frais de la guerre, ou soit anéanti ; on veut que le Directoire pousse les puissances qui nous sont alliées à faire armer en course le plus de bâtiments possible et à porter les négociants de leurs ports à cette action de vigueur en leur abandonnant en totalité les prises qu'ils feront. — La malveillance cherche à reprendre des forces du mécontentement de ceux qui, par suite de la journée du 18 fructidor, se trouvent exclus des fonctions les plus importantes; les aveux de ces derniers ne laissent point de doute que les dernières élections n'aient été corrompues en grande partie par l'or de l'étranger, et il résulte de renseignements sûrs que le dernier tiers avait en vue deux choses principalement : la religion dominante et la réunion des pouvoirs dans la main d'un seul, et que les opinions des ex-fonctionnaires frappés par la loi du 19, à quelques exceptions près, penchent encore vers ce système d'unité. Pour justifier leur affection à l'ancien régime, ils objectent la loi de mobilisation des deux tiers de la dette publique [1] et cherchent à infirmer dans l'esprit des citoyens les principaux articles du traité de paix. — Les discussions que l'on continue à élever sur ce traité sont calmes et dégagées d'esprit de parti ; il est certain même que c'est par intérêt pour le gouvernement que les patriotes en combattent quelques dispositions; les uns craignent que la cession de l'Istrie et de la Dalmatie ne porte ombrage à la Porte-Ottomane, notre alliée ; les autres redoutent pour la République cisalpine le voisinage de la maison d'Autriche en Italie. En un mot, il a paru que, dans ces opinions, on n'avait aucune intention de contrarier le gouvernement. — Les mécontents du 18 fructidor, qui ne sont autres que les partisans du trône, s'efforcent de semer les alarmes sur l'avenir : ils veulent persuader aux plus crédules que cette journée doit amener de grands malheurs, et, avec un air de certitude, on les entend répéter à tous moments que les affaires ne sont pas finies. — Du reste, dans les cafés et autres lieux adoptés d'habitude par les royalistes, on a déversé le fiel du ridicule sur les

1. C'est la loi du 9 vendémiaire an VI.

[30 octobre 1797] DIRECTOIRE EXÉCUTIF 426

adresses de félicitations que le Corps législatif et le Directoire reçoivent à l'occasion du 18 fructidor, et l'on ne peut rendre ici les propos à l'aide desquels on veut discréditer cette époque et la faire tourner au détriment de la République et à la perte de ses magistrats. — L'esprit se perfectionne aux environs du lieu des séances du Corps législatif; l'exagération disparaît, sans que le patriotisme y perde son énergie. — Il y a beaucoup de misère parmi les salariés publics, mais les plaintes sont marquées au coin de la circonspection, et l'espérance d'un changement heureux et prochain les adoucit. On a encore donné de nouveaux éloges à la morale des théophilanthropes, auxquels le bruit public désigne de nouveaux temples en cette commune. En un mot, quoique la malveillance soit toujours très active, elle perd cependant de sa force, et le véritable esprit public accroît les siennes.

Spectacles. — Ils sont dans les meilleures dispositions et semblent inviter par leur bon esprit le gouvernement à les rendre, en quelque sorte, de nouvelles institutions républicaines. — Le calme a régné dans tous en général.....

LIMODIN.

(Arch. nat., BB³ 87.)

JOURNAUX.

Journal des hommes libres du 10 brumaire: « Le Département présente, pour remplacer Limodin au Bureau central, les citoyens Gatrey, commissaire du Directoire près le X° arrondissement de Paris, Laveaux, aussi commissaire et ancien rédacteur du *Journal de la Montagne*, et Le Tellier[1]. » — *Narrateur universel* du 11 brumaire : « *Paris, le 10 brumaire*..... Un nommé Pitou, espèce de *troubadour* des rues, composait des vers, les chantait dans les places publiques, et les accompagnait assez ordinairement de quelques préambules ou commentaires en prose. Il suivait le goût du jour, pour grossir son auditoire. Il a été arrêté après le 18 fructidor, et traduit devant le tribunal criminel. Le tribunal a déclaré qu'il y avait une conspiration permanente contre la République dans les mois de messidor, thermidor et fructidor, que, par des discours publics, Pitou s'était montré l'agent ou le complice de ceux qui voulaient renverser le gouvernement, et, en conséquence, il l'a condamné à la déportation..... »

---

1. Le Directoire choisit Le Tellier. Voir plus loin, à la date du 22 brumaire.

MCLXXVIII

10 BRUMAIRE AN VI (31 OCTOBRE 1797).

Rapport du bureau central du 11 brumaire.

Esprit public. — L'amélioration de l'esprit public continue ses progrès. Les discussions politiques prennent un nouveau caractère de sagesse. Il circule dans les lieux de réunion des comparaisons des autorités d'avant le 18 fructidor avec celles qui ont été nommées après cette époque, et l'avantage en est tout à ces dernières. L'activité donnée à la rentrée des contributions est le premier motif des éloges qu'on leur donne. En général, on a trouvé nombre de réflexions sur les finances dirigées vers le bien et la prospérité du gouvernement. — L'établissement d'un huitième ministre pour l'administration des domaines nationaux n'éprouve, à ce qu'il a paru, aucune contrariété dans l'opinion publique; on le regarde la plupart du temps comme indispensable. — Le nombre de personnes qui combattent quelques dispositions du traité de paix est beaucoup diminué, ou plutôt il est rare d'en rencontrer qui persistent dans leurs objections, ou qui en fassent de nouvelles. C'est particulièrement dans la classe des marchands et négociants que l'on voit se manifester l'espoir d'un avenir heureux ; les affaires semblent vouloir prendre plus de cours, et l'on aperçoit l'aurore d'une confiance que l'on croyait perdue. — On rencontre quelquefois dans les cafés des citoyens qui font l'éloge de Marat et de Barère, et qui s'attirent à ce sujet des reproches assez vifs de la part de ceux qui les écoutent. — Le bruit a couru que Buonaparte allait venir à Paris ; tout ce qu'il y a de républicains prononcés témoigne le plus vif empressement à le voir dans les murs de cette commune ; d'un autre côté, on a entendu dire, tantôt qu'il ferait bien, s'il le pouvait, d'éviter d'y venir en ce moment, quoique sa présence dût y faire un grand plaisir, tantôt qu'il ne devrait y venir que lorsqu'il aurait terminé, soit par la voie des armes, soit par celle des négociations, les différends qui subsistent avec l'Angleterre ; les citoyens de ce dernier avis ont paru embarrassés d'en donner les raisons.

Culte. — Parmi les exercices de morale qui ont eu lieu au temple des théophilanthropes, autrefois Saint-Étienne-du-Mont, on a remarqué un discours qui contenait l'éloge du général Buonaparte, et qui a été écouté avec beaucoup d'attention. Ce culte continue à édifier ceux que l'intérêt ou que la curiosité y portent; il faut en excepter cependant des individus qui se livrent, dans le temple même des théophilanthropes, à des railleries scandaleuses, et semblent vouloir, par leur intolérance, venger le culte des catholiques du discrédit qu'effectivement il semble acquérir chaque jour.

Spectacles. — L'assemblée du théâtre de la République et des Arts a été très bruyante hier, une partie s'étant attendu de voir le citoyen Lays remplir dans *Œdipe* un rôle que le citoyen Dufrêne a pris à sa place, attendu l'indisposition du premier ; le mécontentement du parterre venait surtout de ce qu'il ne croyait point à cette indisposition. Après quelques instants de tumulte, le calme s'est rétabli et n'a plus été troublé ; mais, à cause de cet incident, le spectacle a fini à onze heures passées. — Les autres théâtres n'ont rien offert de particulier ; on remarque seulement que l'esprit de patriotisme continue à s'y propager.....

LESSORE.

(Arch. nat., BB ³ 87.)

JOURNAUX.

Rédacteur du 13 brumaire : « L'illumination qui eut lieu avant-hier [1] à l'occasion de la paix, quoiqu'un peu dérangée par le vent et la bruine, offrait néanmoins un très beau coup d'œil. Tous les citoyens, à l'envi, s'étaient empressés de donner à la nuit l'éclat du plus beau jour, et d'exprimer ainsi la joie dont ils sont animés. Les édifices nationaux et les maisons des ministres offraient des masses de lumière artistement distribuées. Plusieurs réunions civiques ont eu lieu pour célébrer l'heureuse conquête de la paix, et des cris d'allégresse se faisaient entendre dans tous les lieux publics. » — « Une amélioration sensible dans la perception des contributions se fait sentir depuis le mémorable 18 fructidor. On en peut juger par le résultat suivant. Jusqu'au 20 fructidor à Paris, la recette la plus considérable, par décade, ne s'élevait qu'à 427,125 francs, 15 centimes. Maintenant, la recette de la treizième décade de vendémiaire, s'est élevée à 15,174,824 francs 8 centimes. Des mesures loyalement et sagement combinées de la part de l'administration centrale, des avis fraternels à ses administrés, ont été plus puissants que les poursuites dont on menaçait inutilement, depuis longtemps, les receveurs, percepteurs et contribuables, et l'administration centrale du département se félicite de n'avoir encore fait usage, contre aucun d'eux, des dernières voies de rigueur ordonnées par la loi. » — « Le 10 brumaire, les théophilanthropes de cette commune ont honoré la mémoire du général Hoche au temple du Mont-Panthéon, ci-devant Saint-Étienne-du-Mont. Le ministre de l'intérieur a permis qu'on prît à cet effet, dans les magasins de la République, les décorations convenables à la cérémonie. Décadi prochain, elle aura lieu au temple

---

1. C'est-à-dire le 10 brumaire

de la Réunion, ci-devant Saint-Merri. » — *Patriote français* du 12 brumaire.
« La pluie et le vent ont diminué de beaucoup l'éclat de l'illumination d'avant-hier. Cependant, il y avait beaucoup de monde dans les rues. On a remarqué que les quartiers les moins riches sont ceux qui ont été les plus brillants. Nous n'aurons véritablement ces élans de joie, qu'en vain on voudrait voir se manifester, que lorsque nous aurons le second volume de cette paix, qui n'est encore publiée qu'en un seul. »

MCLXXIX

11 BRUMAIRE AN VI (1er NOVEMBRE 1797).

Rapport du bureau central du 12 brumaire.

Esprit public. — Quoiqu'à l'extérieur tout jouisse du plus grand calme, il n'en est pas de même des esprits ; la malveillance est un peu plus à découvert, mais aussi plus active que de coutume. Les gens faibles sont élaborés (sic) sous le rapport des opinions politiques, et même sous celui des opinions religieuses. Les matières de religion gagnent les entretiens dans les lieux où il n'en avait été nullement question jusqu'à ce jour. Il est des intolérants parmi les ministres et les partisans du culte catholique ; il est beaucoup d'animosité contre eux dans une grande partie du public ; on paraît surtout souffrir avec peine que, dans une République qui ne reconnaît la dominance d'aucun culte, il subsiste un concile se disant national ; on craint que les ministres assermentés, [qui se trouvent] dans une acception favorable en comparaison avec les prêtres réfractaires, n'abusent de cet avantage pour ranimer le fanatisme et accréditer leurs dogmes. — Le public ne ferme plus les yeux sur la guerre que recommencent entre eux plusieurs journalistes. En divers endroits on a manifesté des craintes que les feuilles périodiques ne devinssent encore des bannières sous lesquelles se diviserait l'esprit de parti. On a aussi semblé attacher une sorte d'importance dans les opinions que l'on émet sur le compte de Buonaparte, général en chef; les uns annoncent son arrivée prochaine à Paris ; les autres affectent de dire qu'il se gardera bien de hâter son retour, attendu, assuraient-ils, qu'il retirerait plus de gloire de rester dans les pays qu'il a conquis et « où il est souverain », qu'à revenir (pour rendre les expressions littéralement) faire antichambre à Paris. — L'aversion du gouvernement anglais est toujours portée au même degré ; ce caractère n'admet aucune nuance ; on veut la punition de ce gouvernement, auquel chacun adresse les reproches les plus graves, et il existe dans l'opinion publique de ce jour presque autant de haine contre la cour de Portugal, dont on croit les offres de paix dans le cas d'être refusées, à moins qu'elles ne dédommageassent amplement du peu de franchise qu'elle a mis dans ses négociations avec notre République. — La façon de voir des anti-républicains est la même sur tous les points et dans toutes les circonstances, mais l'influence du royalisme est quelquefois poussée jusqu'au delà des bornes de la bienséance. Il est tel café, très renommé par cet esprit criminel, où la séance publique qui a eu lieu décadi dernier au Directoire[1] essuie une censure scandaleuse qui s'étend des choses aux personnes. — Des militaires en divers lieux maltraitent des femmes publiques et occasionnent des scènes très affligeantes pour les bonnes mœurs.

Spectacles. — Mais c'est plus particulièrement dans les spectacles que se manifeste aujourd'hui une agitation toute nouvelle ; on affecte d'y demander des morceaux ou des sujets non indiqués sur les affiches, et il est aisé de s'apercevoir que ce n'est ni l'amour des arts ni la simple curiosité qui occasionnent la rumeur, mais une intention déterminée de nuire à la tranquillité publique ; les réclamations bruyantes de quelques individus frappent sur des objets ridicules ou peu plausibles, lorsque les acteurs ont déféré à leurs premiers désirs......

LIMODIN.

(Arch. nat., BB³ 87.)

JOURNAUX.

Patriote français du 12 brumaire : « *Variétés*. On se plaint de ce qu'on rencontre au coin de chaque rue des estropiés vautrés sur un tas de paille, et des mendiants dans toutes les places, lorsqu'on prélève sur les spectacles des secours pour les pauvres ; mais on assure qu'ils sont destinés momentanément à l'entretien des hôpitaux. On se plaint de ce qu'au lieu de donner dans les spectacles pour le peuple les pièces les plus propres à former des républicains, on en donne au contraire d'assez maussades, tandis que *Charles IX* semble relégué dans les greniers du pape et *Brutus* dans le portefeuille de Pitt, et *La Prise de la Bastille* et *Guillaume Tell* dans la corvette, *La Vigilante* avec les déportés. On se plaint, et très amèrement, de l'exorbitant et ruineux impôt du timbre, jeté comme un grappin de paralysie sur les fragiles barques des écrivains patriotes, que les Clichyens devaient faire pendre en masse, pour leur apprendre à vivre, et qui, depuis quinze

---

1. Le 10 brumaire an VI, le Directoire reçut en audience publique Berthier et Monge, qui lui apportaient le traité de paix conclu entre la République et l'Empereur. On trouvera le procès-verbal de cette séance dans le *Moniteur*, réimpression, t. XXIX, p. 55 et suivantes.

mois, étaient à la diète, comme si au contraire le vent de fructidor n'eût pas dû les faire voguer à pleines voiles pour aller porter l'aliment de la raison et la pâture du patriotisme dans les îles désertes occupées seulement par la sottise et le fanatisme. On se plaint de la quantité de filles publiques qui inondent les rues et les portiques du palais, de la débauche et de la dégradation des mœurs qu'entraîne après elle cette foule de pestiférées, la honte de leur sexe et le poison du nôtre. On se plaint du peu d'encouragement, pour ne pas dire de l'insouciance, qui laisse les théophilanthropes, ces estimables propagateurs de la morale la plus pure, dans la gêne où les jette l'obligation de louer des temples, quand il en existe tant dont on ne fait rien, ou qui sont encore consacrés à consolider l'empirisme des charlatans bénis, qu'à l'exemple de Jésus, on devrait chasser à coups de fouet du temple, dont ils font un marché où se vendent tous les brimborions de la superstition la plus funeste. »

MCLXXX

12 BRUMAIRE AN VI (2 NOVEMBRE 1797).

RAPPORT DU BUREAU CENTRAL DU 13 BRUMAIRE.

Esprit public. — Les résultats des observations, prises dans différentes classes de la société, offrent de nouveau un caractère très satisfaisant ; la malveillance a paru éclipsée par le patriotisme, dont les progrès se continuent. Il est même des endroits d'où le mélange d'opinions disparaît et où domine le seul attachement à la République. On rappelle encore les crimes des royalistes et les moyens perfides au moyen desquels les prêtres ont cherché à relever le trône ; mais c'est avec décence, sans personnalités, et de manière à ne pas relever les haines. On témoignait aussi des sentiments généreux envers ceux qui avaient le plus coopéré aux malheurs de la réaction, mais les patriotes sont d'accord sur tous les points pour recommander au gouvernement la plus grande fermeté et la plus grande vigilance. — Les influences de la paix se font sentir dans tous les états ; chacun s'empresse de témoigner de la reconnaissance au Directoire, et les souvenirs se reportent sur toutes les calomnies à l'aide desquelles, antérieurement au 18 fructidor, on cherchait à le présenter dans le public comme n'ayant aucun désir de faire la paix. Mêmes conjectures sur le projet que l'on présume exister de porter les forces de la République sur le territoire anglais ; même animosité contre le gouvernement [anglais]. On est très satisfait de la nomination de Buonaparte à la présidence de la légation française à Rastadt, et on en tire l'augure le plus favorable pour une pacification générale sur le continent; on est même persuadé que les négociations influeront beaucoup sur les dispositions actuelles du cabinet de Saint-James. — La misère est extrême, surtout celle des employés, qui n'ont même pas d'expédients ; à leur occasion, dans le public, on se plaint de ce que non pas eux seulement, mais tous les fonctionnaires sont livrés à une aussi grande détresse, tandis que les membres du Corps législatif reçoivent régulièrement leurs honoraires sans aucun retard. Ce reproche contre les circonstances est le seul remarquable que l'on ait recueilli, mais il est très prononcé. — Le bruit qui circule sur l'organisation des théâtres et sur la diminution de leur nombre donne de l'inquiétude à tous les intéressés au sujet de ces établissements.

Culte. — Les personnes zélées pour le culte catholique ont célébré hier la fête marquée sur leur calendrier sous le nom de *Fête des morts*. Il y a eu en conséquence un peu de monde dans les églises ; tout s'y est passé dans le calme.

Spectacles. — Il y a eu un instant de confusion au théâtre de la Cité, où le spectacle était donné au public en réjouissance de la paix. Ce théâtre a été ouvert deux heures avant celle indiquée sur l'affiche. Le directeur a été mandé au Bureau central. Le calme, du reste, et le bon ordre ont duré tout le temps de la représentation.

Surveillance. — ... La nommée Marguerite Laurent, marchande de pommes, s'étant présentée hier chez un orfèvre pour y vendre un Saint-Esprit d'argent, enrichi de diamants, a été arrêtée par les agents de la police. — Le nommé Laroche, prévenu d'avoir vomi contre le gouvernement mille imprécations et d'avoir prêché publiquement le royalisme, a été arrêté hier par les agents de la police.....

COUSIN.

(Arch. nat., BB ^{3} 87.)

JOURNAUX.

Ami des Lois du 13 brumaire. « La faction des dîneurs, dont nous avons parlé avant le 18 fructidor, cherche à renouer ses intrigues. Il est des hommes dont tout le mérite consiste dans leur bonne table ; c'est ainsi qu'on se crée un parti, qu'on obtient des places, qu'on fabrique des certificats de civisme, et qu'on élève des réputations colossales. Nous ne prétendons point que cette espèce d'hommes trame des conspirations, mais ils se livrent à des intrigues perpétuelles, qui minent sourdement l'autorité du gouvernement, et quand nous voyons le baron de Mackau, connu par son intimité avec Carnot, à la tête de ces diners prétendus patriotiques, nous sommes fondés à croire à *la faction des dîneurs*. Nous n'appelons pas la sévérité révolutionnaire sur cette espèce d'hommes, que nous croyons peu dangereux. Qu'ils boivent et qu'ils mangent à leur aise, mais que les vrais républicains se défient des pièges qui leurs sont tendus dans ces maisons de débauche ; qu'ils n'oublient pas surtout que le parti des *constituants royaux* comptait pour beaucoup l'influence des diners, et que ceux qui emploient aujourd'hui les mêmes moyens pourraient bien marcher aux mêmes buts. »

MCLXXXI

13 BRUMAIRE AN VI (3 NOVEMBRE 1797).

RAPPORT DU BUREAU CENTRAL DU 14 BRUMAIRE.

Esprit public. — Quoique les nuances de l'esprit public soient peu différentes de ce qu'elles ont été ces jours derniers, elles offrent cependant encore un degré d'amélioration. Il est sensible que les dénominations de parti perdent dans le public ; nombre de citoyens se montrent ardents à se disculper d'un royalisme dont on les accuse ; les républicains dans tous les lieux publics passent d'un mépris dont on les abreuvait à une véritable considération ; on ne fait plus au fils un crime de la conduite du père. Lorsque les actions paraissent avoir été répréhensibles dans un homme public, on pénètre jusque dans ses intentions, et souvent on finit par lui rendre justice. — La cordialité renaît entre citoyens ; la confiance semble vouloir renaître aussi entre négociants. Le cours des affaires est encore faible à cause de la rareté du numéraire, mais partout on présume qu'il aura incessamment une grande activité, dès que les intérêts respectifs de la République et des autres nations seront réglés au congrès de Rastadt. — La misère paraît très grande dans tous les états (les hauts cercles exceptés) ; cependant les petits ateliers sont tous en activité, et, dans le courant du jour, on rencontre dans les rues et places publiques très peu de gens oisifs, et moins peut-être que les jours précédents. — Les réunions de loisir, les discussions politiques, les soins de domesticité, tout se passe dans le calme et s'éloigne du scandale. Le seul dont on a été choqué est causé par des militaires, qui ne se comportent pas toujours avec décence envers les femmes qu'ils rencontrent, quelque respect, plus ou moins grand, qu'exige leur caractère. — Le fanatisme n'a rien d'ostensible ; il ne paraît pas faire de grands progrès, même dans l'esprit des per-

[3 novembre 1797]   DIRECTOIRE EXÉCUTIF   434

sonnes les plus faciles à séduire. Le bon ordre a subsisté, subsiste encore à l'extérieur, et ne semble menacé sous aucun rapport.

Spectacles. — On regrette que, lorsque les principaux théâtres ont donné des représentations au peuple en réjouissance de la paix, ils n'aient pas joui du calme et du bon ordre que l'on a remarqué dans tous les théâtres du boulevard, dont plusieurs ont également ouvert au peuple en réjouissance du même événement. — Deux théâtres voisins l'un de l'autre ont offert un rapprochement utile à l'esprit public. Au théâtre de la République une pièce nouvelle, à l'occasion de la paix, pièce faible de contexture, mais pure de style, a été très applaudie, surtout sous le rapport des sentiments républicains [1]. Et au théâtre de la citoyenne Montansier, une pièce également relative à la paix, faible sans doute, mais dictée dans les intentions les plus louables, a été sifflée, huée, l'objet même de quelques plaisanteries anticiviques. Ce théâtre, en outre, continue à offrir l'assemblage des individus les plus immoraux.....

Lessore.

(Arch. nat., BB³ 87.)

Journaux.

Courrier des Spectacles du 14 brumaire : « *Théâtre de la République.* Tous les théâtres de la capitale s'empressent de célébrer la paix, en donnant des pièces qui y sont analogues. Cinq comédies différentes, sous le titre de *La Paix,* furent données hier dans cette ville. Je présenterai un extrait de chacune de ces pièces ; mais je ne parlerai aujourd'hui que de celle qui a été jouée au théâtre de la République. Son succès a été des plus complets et des mieux mérités. Il est même étonnant que le citoyen Aude, son auteur, ait pu, en aussi peu de temps, composer cet ouvrage qui offre un très grand nombre de vers fort beaux. En général, cette pièce est très bien écrite ; son style est souvent nerveux, toujours clair et précis, et quelquefois comique ; ses caractères sont vrais et parfaitement soutenus ; l'intrigue est et ne pouvait être que fort peu de chose, vu la célérité avec laquelle cette pièce a été faite. Ce serait une sévérité mal placée que d'exiger de la régularité dans un plan tracé à la hâte et dans un ouvrage qui paraît être le fruit d'un enthousiasme bien louable. Verseuil a promis Henriette, sa fille, à M. Duroc, fournisseur, à l'exclusion de Valcourt, jeune officier qu'elle aime. L'amant disgracié n'a pas souffert patiemment son malheur, et Duroc ne peut en être rencontré sans en recevoir des mortifications. Verseuil, mécontent de cette opiniâtreté de Valcourt, lui a défendu de se présenter chez lui, mais la défense n'est pas exactement suivie. On attend à tout moment la nouvelle de

---

[1]. *La Paix*, comédie en deux actes, en vers, suivie d'un divertissement, par le citoyen Aude, représentée sur le théâtre de la République, le 13 brumaire an VI. Paris, Barba, an VI, in-8 de 52 pages.

la paix. Duroc seul n'y croit pas. Une lettre du Rhin lui annonce le contraire; il l'a lue à tout le monde sans persuader personne, et le canon, qui fait naître la joie dans tous les cœurs, vient enfin détruire l'espoir du sien. Il se flatte encore d'épouser Henriette; mais Armand, fils de Verseuil, intercède pour Valcourt, et ce dernier obtient la main d'Henriette. Cette pièce est terminée par une fête, dont la décoration est fort belle. La statue de la Paix, au milieu d'un vaste jardin, est couronnée de guirlandes; des marches s'exécutent; des danses, des chants de joie offrent un spectacle fort gai. Parmi un grand nombre de vers qui ont fait plaisir, je ne me rappelle que de (sic) ceux-ci. Valcourt dit, en parlant des fournisseurs :

> Le moyen d'être riche est l'art d'oser tout faire;
> La paix à ces messieurs déclarera la guerre.

MCLXXXII

14 BRUMAIRE AN VI (4 NOVEMBRE 1797).

RAPPORT DU BUREAU CENTRAL DU 15 BRUMAIRE.

Esprit public. — Le développement de l'esprit public est à la fois progressif et satisfaisant, et laisse concevoir encore de plus grandes espérances; de toutes parts on se rallie au gouvernement. Mais, plus cette bonne disposition a éclaté d'une part, plus d'une autre part l'animosité contre l'ordre actuel des choses a paru ressortir. Les royalistes, dont les forces diminuent, se déchaînent avec plus d'impudeur que jamais contre la République. En quelques endroits ils ont paru très affligés de la paix. Ils ont fait plus : ils ont cherché à persuader qu'elle n'aurait pas lieu, que le traité était illusoire, subordonné d'une part à l'évacuation de Venise par les Français, de l'autre à celle de Mayence par les Autrichiens. Sur la nouvelle qu'ils ont accréditée entre eux de la prise de la corvette qui portait à leur destination les députés condamnés à la déportation, leur joie a paru excessive; ils supposent le gouvernement intéressé à tenir secrète cette circonstance; ils se flattent qu'elle amènera dans leurs vues un changement avantageux. Les réunions de ce caractère comprennent un assez grand nombre de ci-devant nobles, ardents à faire la satire de tout ce qui peut toucher la République, et espérant, au milieu de tous les événements, le retour de la monarchie. — On aperçoit que depuis quelque temps les patriotes marchent d'accord sur la même ligne; les opinions perdent peu à peu leurs nuances disparates et tendent toutes de concert à l'affermissement de la République. — D'après des résultats exacts, on a lieu de ne pas croire à la sincérité du serment prêté en dernier lieu par les ministres du culte ; plusieurs d'entre eux ne cachent plus qu'ils ne l'ont prêté que comme contraints, et s'en regardent conséquemment dégagés dans le fond de leur conscience, en sorte qu'ils ne se trouvent aucunement liés au gouvernement actuel. — Le caractère des groupes du Jardin national était hier celui d'un mécontentement très déclaré sur toutes les parties de l'administration ; on y peignait les hommes en place comme livrés à la grande vénalité ; on y affectait de placer en cela le régime actuel au-dessous de l'ancien régime ; on y vantait la force qu'avaient aujourd'hui « les arguments de Basile » ; on s'y récriait de ce que les premiers magistrats se laissaient influencer par de vils courtisans qui n'avaient que le masque du patriotisme, de ce que les abus de toute espèce se propageaient, et de ce qu'en raison du lucre qui en résultait, on gardait sur eux un profond silence ; on témoignait des craintes qu'un pareil état de choses n'amenât par degrés la ruine du gouvernement, et l'on regardait comme très actifs les efforts des malveillants pour arriver à une subversion totale. — Tous ces propos, que l'on rend ici littéralement, ont eu l'assentiment et même les applaudissements de tous ceux qui les écoutaient. Le plus grand calme d'ailleurs règne de tous côtés à l'extérieur.

Spectacles. — Il a paru, au théâtre des Jeunes-Artistes, une pièce intitulée *La Mort de Madame Angot;* on y distingue, sous le rapport des mœurs et même sous celui du respect dû au gouvernement, des idées qui passent toutes les bornes de la décence. — Le même sujet a été mis sur la scène au théâtre des Variétés-Amusantes, et motive en partie les mêmes reproches pour les trivialités dont la pièce est remplie. L'un et l'autre ouvrage sont demandés pour être examinés, et la représentation en est suspendue...

LESSORE.

(Arch. nat., BB³ 87.)

MCLXXXIII

15 ET 16 BRUMAIRE AN VI (5 ET 6 NOVEMBRE 1797).

RAPPORT DU BUREAU CENTRAL DES 16 ET 17 BRUMAIRE [1].

Esprit public. — Les observations prises ces jours derniers dans

---

1. A partir de cette époque, il arrive parfois que les rapports du Bureau central se rapportent ainsi à deux journées.

toutes les classes de la société continuent à donner les résultats les plus satisfaisants, quoique les royalistes aient affecté partout un surcroît d'espoir et d'effronterie. Plus que jamais fidèles à leurs habitudes, ils ne ménagent aucune partie de l'administration et déversent le poison de la calomnie sur tous les hommes en place dont le courage et l'activité déjouent leurs projets ou contrarient leurs vœux. Des réflexions insidieuses sur les finances, des doutes sur la paix et des fausses nouvelles, telles sont leurs armes apparentes, et, à tous égards, ils paraissent les ennemis irréconciliables du gouvernement républicain ; mais le côté opposé du tableau de l'esprit public en flatte d'autant plus [1]. Les patriotes ne paraissent plus divisés sur les conditions du traité de paix ; ils adjurent la fermeté du gouvernement, lorsque les autres cherchent à lui faire relâcher peu à peu de la sévérité de ses principes ; ils se plaignent quelquefois de ne point éveiller sa sollicitude et craignent que le patriotisme, ou nul ou peu avéré, d'une partie de ceux qui occupent encore ou des fonctions ou des emplois dans les administrations ne préjudicie à la chose publique. Ils ont aussi été au-devant des raisonnements perfides au moyen desquels on voudrait peindre au gouvernement les patriotes comme terroristes et lui inspirer la crainte de se les attacher ; ils protestent qu'ils sont prêts à défendre, au péril de leur vie, le même gouvernement qu'on cherche à leur aliéner. — En un mot, les patriotes sincères, qui ont quelque temps différé d'opinion sur plusieurs points, forment aujourd'hui une masse animée des mêmes sentiments. On ne peut cependant se dissimuler qu'il existe encore une grande activité parmi les malveillants : leur tactique principale est de supposer des divisions pour les faire naître. — Le culte paraît en ce moment leur servir de prétexte pour semer des germes de discorde. La jalousie du catholicisme contre la théophilanthropie devient plus évidente que jamais. L'intolérance des partisans de la première de ces deux religions est extrême, et il est des personnes qui entrevoient de l'inconvénient à laisser deux cultes différents se pratiquer dans un même temple. — Un prêtre, récemment, a semblé masquer par des paroles équivoques un véritable système de persécution, et cette conduite motive en ce moment une surveillance particulière. On a vu avec plaisir ailleurs un ministre du même culte recommander à ses auditeurs la morale des théophilanthropes comme fondée sur toutes les vertus. — Au Concile, on a donné lecture d'un décret qui a pour but, entre autres dispositions, de régler le mode des baptêmes, ma-

1. Textuel.

riages, etc. La même réunion se propose encore de faire une instruction pour la jeunesse.

Spectacles. — Les spectacles sont calmes et animés d'un bon esprit, qui tend à de nouveaux développements. — A l'Odéon, la tragédie de *Brabant* [1] a paru un ouvrage de goût et de sentiment tout à la fois. Il respire l'humanité, la bienfaisance et toutes les vertus sociales. Les immoralités que l'on met dans la bouche du personnage chargé d'un rôle de perfidie sont du fond de la pièce et n'occasionnent aucune mauvaise application. Cette pièce a paru louable sous le rapport du talent dramatique et irrépréhensible sous celui des mœurs et des lois.....

COUSIN.

(Arch. nat., BB [3] 87.)

JOURNAUX.

Journal des hommes libres du 17 brumaire : « C'est Le Tellier qui a été nommé membre du Bureau central à la place de Limodin. Ce citoyen était commissaire de police au 5e arrondissement [2]..... » — *Patriote français* du 17 brumaire : « ... Le citoyen Monge est nommé directeur de la belle École polytechnique, dans laquelle il était professeur de géométrie descriptive avant d'aller en Italie. Les élèves ne pourront manquer, sous l'influence d'un homme aussi recommandable, d'être un jour dignes de lui. Cette école est un des plus beaux et des plus utiles établissements de la République. Il est vrai qu'il n'en sortira pas des imbéciles, dont la tête bourrée de sottises les condamnait à une nullité perpétuelle ; ce qui vraiment est affligeant pour ceux qui, à la place de savants, voudraient ne voir que des idiots gonflés d'impostures et bouffis d'insuffisance. » — *Courrier des Spectacles* du 17 brumaire : « *Théâtre des Délassements*. On donne à ce théâtre deux pièces analogues aux circonstances : la première sous le titre de *La Mort du général Hoche*, la seconde sous celui de *La Paix*. Dans la première, le général Hoche, sentant sa fin approcher, veut encore voir les compagnons de ses travaux ; il se fait conduire de rang en rang, et partout il excite les transports de la joie ; la fatigue le force de rentrer, et bientôt on apprend qu'il a succombé à sa maladie. Une pompe funèbre termine cette pièce, qui ne présente aucune intrigue. La comédie de *La Paix* commence par une véritable guerre entre Mathieu et sa femme au sujet du mariage de Lucette, leur fille. Mme Mathieu veut la marier à Brigandeau, fournisseur, qui a gagné des sommes énormes depuis la Révolution, et Mathieu la destine à Belmont, qui au contraire a perdu toute sa fortune. Le fournisseur a trop de raisons de désirer la continuation de la guerre pour croire à la paix, que les autres personnages souhaitaient sincèrement. Le canon décide la question, et ce n'est pas à la satisfaction de Brigandeau. Mme Mathieu l'abandonne, et Belmont épouse Lucette. »

1. *Geneviève de Brabant*, tragédie en trois actes, par le citoyen Cécile. On en trouvera un compte rendu dans le *Journal des Spectacles* du 15 brumaire an VI.
2. Voir plus loin, p. 446, à la date du 22 brumaire.

MCLXXXIV

17 BRUMAIRE AN VI (7 NOVEMBRE 1797).

Rapport du bureau central du 18 brumaire.

Esprit public. — Il n'existe aucun changement dans les opinions. Le véritable patriotisme est aujourd'hui considéré; on distingue même, dans tous les lieux de réunion, des citoyens, reconnus naguère pour être peu attachés à la République, briguer maintenant cette réputation. Il est aussi des citoyens dont les principes ont paru longtemps incertains, qui semblent revenir sincèrement de leurs anciennes erreurs. Partout on encourage le gouvernement à ne souffrir dans les fonctions publiques que des hommes d'un service éprouvé, d'une probité inattaquable. Ce vœu venait à la suite d'entretiens dans lesquels on s'applaudissait de voir les entreprises de la fourniture des armées entre les mains d'hommes reconnus pour amis de la République et intègres administrateurs. — Toutes les divisions de cette commune jouissent du plus grand calme. Les affaires particulières ont assez de cours; les marchés sont approvisionnés et se tiennent sans tumulte. Le nombre des oisifs diminue. La malveillance paraît même abandonner tous ses ressorts, excepté celui, plus souple et plus caché, du fanatisme. Cependant l'intolérance des prêtres est tellement à découvert qu'elle révolte les individus les plus superstitieux. — La détresse seule et la rareté des payements excitent des plaintes, surtout parmi les salariés de la République; mais on considère comme une preuve du bon esprit du moment la modération dont elle porte le caractère. — La journée d'hier n'a offert aucun événement particulier.

Spectacles. — Au théâtre de la rue Feydeau a eu lieu la première représentation de *L'Heureuse Nouvelle* [1], pièce allégorique à la paix. Un riche marchand refuse sa fille à un jeune militaire de la réquisition, parce qu'il ne sait si la guerre ne doit pas encore durer longtemps; par la même raison il veut la donner à un riche fournisseur, dont la fortune doit s'accroître encore dans une nouvelle campagne. Au rôle essentiel de cette intrigue se joint celui, purement épiso-

---

1. *L'Heureuse Nouvelle*, opéra impromptu à l'occasion de la paix, représenté pour la première fois sur le théâtre Feydeau, le 17 brumaire an VI, paroles de Saint-Just et de Longchamp, musique de Boieldieu. — Bibl. nat., Yth, 8,500, in-8.

dique, d'un rentier dont le patriotisme et la gaîté contrastent beaucoup avec l'aristocratie et l'air soucieux du nouveau riche, reconnu par le rentier pour avoir été autrefois son domestique. La paix, que les colporteurs annoncent en foule, met le comble à la joie du premier et au mécontentement de l'autre ; l'un redouble d'espoir pour une amélioration dans son sort; l'autre perd l'occasion de former un établissement avantageux, et les amants profitent de cette disposition des choses. Le rentier, nommé Jadis, a paru dans son rôle offrir une leçon de patriotisme et de confiance à ceux qui sont de leur état de détresse, amené par la suite des circonstances, un injuste sujet de reproches au gouvernement. Le rôle de M. Rapace, fournisseur, fait naître une foule d'applications contre les agioteurs et les dilapidateurs de la fortune publique. La pièce au surplus, écrite avec autant de facilité que de gaîté, contient les éloges les plus délicats de Buonaparte et des armées. Les couplets à la paix ont été très applaudis, plusieurs redemandés[1]. — Le bon ordre et la décence ont régné dans tous les théâtres......

COUSIN.

(Arch. nat., BB³ 87, et F⁷, 3840.)

JOURNAUX.

Journal des hommes libres du 18 brumaire : « *Paris, 17 brumaire.....* L'on assure que les théophilanthropes ont été attaqués et troublés de la manière la plus scandaleuse par les catholiques, dans l'Église Saint-Merri, qui est commune aux deux cultes. Cela n'a rien qui doive surprendre ; c'est la doctrine consignée dans les décrets du Concile national, qui, consacrant la persécution et l'intolérance dans une de ses dernières lettres pastorales, a déclaré « enfants du démon » tous ceux qui, suivant des préceptes d'une raison insensée, ne reconnaissent point les pères du Concile comme entretenant une correspondance directe avec Dieu le père. Nous le répétons, il est vraiment scandaleux de voir le gouvernement tolérer de misérables charlatans qui paraissent n'avoir d'autre occupation que de désunir les citoyens, et d'abrutir leurs sectaires. Quoi ! il sera permis à de soi-disant pasteurs de prêcher la haine, de prononcer l'anathème envers tous ceux qui suivent, comme ils le disent, une raison insensée ! Ils pourront impunément attacher des terreurs religieuses à la plupart des actes de la vie civile ! Ils pourront décréter que le mariage civil est un concubinage et ne procrée que des fils de p...., quand un prêtre noir n'a pas permis de coucher avec sa femme !! En vérité, cela fait pitié, cela soulève l'indignation générale, et, encore une fois, le gouvernement ne tardera pas à s'apercevoir du danger de ce club anti-national. » —

1. On trouvera aussi un compte rendu de cette pièce dans le *Patriote français* du 20 brumaire an VI (Bibl. nat., Lc 2/981, in-4). Nous donnons plus loin celui qu'en publia le *Courrier des Spectacles*.

Gazette nationale de France du 18 brumaire : « Les journalistes expirent sous le poids du timbre : chaque jour voit mourir quelques feuilles périodiques; et cet impôt, que l'on avait faussement imaginé devoir être si productif, ne couvrira bientôt plus les frais de perception. Il en sera toujours ainsi des taxes excessives; elles dévorent sans profit tout ce qu'elles atteignent. Nous avons prouvé, en calculant au plus haut, que cet impôt, perçu dans toute l'étendue de la République, ne pouvait rendre 1,800,000 livres par an. En supposant sa décroissance, d'ici à deux mois, égale à celle qu'il éprouve depuis son établissement, la récolte n'ira pas à 500,000. Quelque novices et inhabiles que soient nos financiers, ils n'ont point été sans prévoir ce résultat; aussi n'était-ce point de l'argent qu'ils voulaient obtenir et appliquer aux besoins de l'État, mais seulement une entrave que, pour leur sûreté personnelle, ils ont cru devoir opposer à la circulation de la pensée. Quand le peuple ne lira plus, ont-ils dit, nous l'imposerons tout à notre aise. Il est vrai, les Scythes crevaient les yeux à leurs esclaves. » — *Ami des Lois* du 18 brumaire : « La police a fait apposer les scellés sur les presses de plusieurs journaux, tous aussi insignifiants; on a arrêté aussi la représentation d'une pièce intitulée : *La Mort de Madame Angot.* » — « C'est décidément Le Tellier qui remplace Limodin au Bureau central ; les directeurs de théâtres de Paris prient en conséquence ce dernier de ne plus entrer gratis à leurs spectacles, avec la carte d'observation qu'il avait en qualité de membre du Bureau central. » — « Il y a déjà eu des hostilités à Paris entre les théophilanthropes et les catholiques; si ces derniers sont bien conseillés, ils ne tenteront pas la bataille ; les parieurs ne sont pas pour eux. » — *Courrier des Spectacles* du 18 brumaire : « *Théâtre Feydeau.* On a donné hier sur ce théâtre une bluette en un acte fort agréable et très bien accueillie, sous le titre de *L'Heureuse Nouvelle.* C'est un à-propos fort ingénieux relatif à la paix. L'action se passe au Jardin-Égalité, que la décoration représente. Rondan, marchand, a promis sa fille à Firmin, son commis ; mais Firmin part pour l'armée en qualité de volontaire ; Rondan s'arrange alors avec M. Rapace, fournisseur, et lui donne sa fille, à condition que son marché tiendra avec le gouvernement. M. Jadis, rentier, vient demander une place à M. Rapace, et le reconnaît pour Joquinet, son ancien domestique. M. Jadis assure que la paix est signée ; M. Rapace soutient le contraire. Enfin le canon qu'on entend confirme *L'Heureuse Nouvelle* donnée par M. Jadis, qui avait parié 5 sols à manger. Rapace, désolé, se retire, et Firmin a l'espérance d'épouser Adèle, aussitôt que la dernière victoire qu'on doit remporter sur le seul ennemi qui reste aura assuré la paix générale. Le cadre ressemble sans doute à tous ceux qu'on a employés jusqu'à présent sur les divers théâtres de Paris pour célébrer la paix ; mais il est semé de traits fins et spirituels. Il y a de l'adresse de présenter un homme qui souffre, adorateur de la République, et un homme enrichi par la République, qui la déteste. Plusieurs mots ingénieux ont été très applaudis; différents morceaux de musique ont été très goûtés, et le public a demandé les auteurs de cette pièce, dont on a fait les paroles, la musique et une décoration neuve en moins de six jours. Le citoyen Lebrun est venu nommer pour le poème les citoyens Saint-Just, Longchamp; et pour la musique, le jeune artiste Boieldieu, connu par des romances charmantes et par la musique de *La Famille Suisse*. Le citoyen Juliet est très comique dans le rôle de M. Jadis ; le citoyen Lesage joue très bien celui du fournisseur, et les autres rôles sont rendus avec infiniment d'ensemble par les citoyens Villiers, Lebrun, et la citoyenne Meunier. Les chœurs y sont excellents, comme dans toutes les pièces de ce théâtre. — *Théâtre de la Cité.* La pièce donnée hier à ce théâtre sous le titre de *La Paix* ne présente pas le même cadre que celles qui ont été jouées ailleurs. On peut même dire qu'elle n'est relative à la paix que par des couplets et des danses, dans lesquels on célèbre un bien aussi précieux. Dufour, soldat, aime Denise, fille de madame Thomas, et en est payé de retour, mais la mère ne veut pas consentir à leur union, parce que Dufour n'a pas de fortune. En vain la bonne-maman de Denise parle-t-elle pour sa petite-fille et son amant : madame Thomas ne veut rien entendre. Robert, municipal, de qui Dufour réclame les bons offices auprès d'elle, ne réussit d'abord pas mieux à la persuader ; il offre 50 louis pour la dot du jeune homme, si elle veut l'unir à sa fille. Ce trait attendrit madame Thomas, qui consent enfin au mariage des jeunes gens, mais sans accepter l'argent de Robert. On a applaudi plusieurs endroits de cette pièce, mais on n'en a pas demandé l'auteur. La citoyenne Lacaille a fait beaucoup de plaisir dans le rôle de la grand'maman, qu'elle a rendu avec autant de naturel que de sensibilité. »

MCLXXXV

18 BRUMAIRE AN VI (8 NOVEMBRE 1797).

Rapport du bureau central du 19 brumaire.

Esprit public. — Les journaux ont publié un manifeste du roi d'Angleterre aux cours étrangères, dans l'intention de persuader que le cabinet britannique s'est prêté avec ardeur aux négociations de la paix, et les partisans de l'ancien régime, qui n'avaient depuis quelques jours aucune occasion de déclamer contre celui-ci, ont paru hier abonder dans le sens du ministère anglais. Cette pièce est le grand sujet de leurs entretiens, et ils sont soigneux à vanter toutes les ressources que l'Angleterre peut avoir de (*sic*) continuer la guerre. Il résulte des observations prises parmi ces individus que, loin de revenir jamais de leurs erreurs, ils comptent au contraire sur la ruine de la République et seraient jaloux de la faciliter à nos ennemis extérieurs. On observe cependant que cet esprit de contre-révolution se circonscrit de plus en plus et paraît propre à des lieux de réunion dont les habitués perdent peu à peu de leur crédit depuis le 18 fructidor. — Il est partout question de l'intolérance des ministres du culte catholique ; quelques personnes paisibles du public se disent fondées à croire que les mécontents qui pratiquent ce culte étaient secrètement animés par des partisans de l'ancien régime, qui comptaient sur l'ascendant des prêtres pour préparer les voies à la monarchie. Les patriotes, de leur côté, voient tous avec déplaisir l'existence du Concile qui se dit national et jette ses vues jusque sur l'instruction de la jeunesse. — Les esprits, en général, quelles que soient les nuances que l'on vient de peindre, sont dans un véritable état de calme. Le patriotisme est en honneur, les liens de la fraternité se renouent, les hommes persécutés jusqu'au 18 fructidor paraissent sans haine et sans vengeance, et tout semble annoncer que la réaction arrêtée à cette époque sera la dernière. — Les plaintes des employés passent toutes expressions ; ils implorent la pitié du gouvernement ; le crédit est absolument fini pour eux ; on leur refuse partout les matières de première nécessité.

Spectacles. — Le public a fait justice d'une pièce nouvelle donnée au théâtre du Vaudeville sous le titre d'*Hippocrate* [1]. Cette production, par son immoralité, même par son indécence, n'était dans aucun cas de nature à obtenir une seconde représentation ; les spectateurs eux-mêmes, moins scrupuleux là qu'ailleurs, ne l'ont pas laissé achever. — Le calme, la décence, et même un assez bon esprit ont caractérisé tous les autres spectacles.....

LESSORE.

(Arch. nat., BB³ 87.)

JOURNAUX.

Narrateur universel du 19 brumaire : « *Paris, le 18 brumaire.* Quelques rixes ont eu lieu, ces jours derniers, entre les théophilanthropes et les catholiques. On les oblige de célébrer successivement leurs cérémonies dans les mêmes temples. De là de l'humeur, parce que la tolérance n'est pas la vertu que nous avons jusqu'ici pratiquée le plus. A la suite de quelques injures, des vitres ont été cassées à coups de pierres dans un des lieux de la réunion commune. Ce commencement de lutte n'a absolument rien d'inquiétant, pourvu que la police, gardant une parfaite impartialité entre toutes les sectes, fasse punir sévèrement ceux, quels qu'ils soient, qui provoqueront ou exciteront les premiers désordres, et empêche des associations religieuses de dégénérer en coteries politiques et délibérantes. »

1. Voir l'article du *Courrier des Spectacles* du 19 brumaire an VI. On n'y donne pas le nom de l'auteur de cette pièce, dont le titre était : *Hippocrate amoureux*, comédie en deux actes.

MCLXXXVI

19 BRUMAIRE AN VI (9 NOVEMBRE 1797).

RAPPORT DU BUREAU CENTRAL DU 20 BRUMAIRE.

Esprit public. — Les opinions publiques seront produites le 21 ; il n'en sera fait aucune mention aujourd'hui dans le rapport général.....

LESSORE.

(Arch. nat., BB³ 87.)

MCLXXXVII

19 ET 20 BRUMAIRE AN VI (9 ET 10 NOVEMBRE 1797).

RAPPORT DU BUREAU CENTRAL DES 20 ET 21 BRUMAIRE.

Esprit public. — Ces deux derniers jours n'ont amené aucun changement aux dispositions que les esprits manifestent depuis quelque temps. Le calme s'est emparé de toutes les opinions, et elles paraissent constamment dirigées vers le bien. Les progrès du patriotisme s'accroissent. La plupart des cafés ou cercles littéraires ont changé de face ; un plus petit nombre conserve la réputation d'un immuable royalisme, et l'on y aperçoit peu de nouveaux habitués. L'esprit qui anime les groupes qui se forment au Jardin national ne peut être envisagé de la même manière ; le patriotisme qui les caractérise n'empêche pas l'aigreur d'y circuler contre quelques opérations législatives ou exécutives. Le décret de la mobilisation de la dette publique [1] y est continuellement blâmé ; on y murmure contre la résolution qui étend sur les biens, dépendant ci-devant des chevaliers de Malte, les dispositions relatives aux biens des émigrés [2]. — Quelques malveillants établissent des fables ridicules sur le compte du général

---

1. 9 vendémiaire an VI.
2. Dans un projet de résolution sur les biens nationaux, Lamarque avait demandé qu'il fût pourvu par une loi particulière à l'égard des biens des chevaliers de Malte. Le 19 brumaire an VI, le Conseil des Cinq-Cents rejeta cette proposition, à la suite d'un discours de Laloy, qui exprima l'avis que ces biens devaient être assimilés aux autres biens nationaux.

Buonaparte, mais ils ne peuvent compter dans (*sic*) la masse du public, qui, tout entière, fait retentir les éloges de ce général. — Beaucoup d'entretiens ont roulé sur les progrès de l'agiotage ; on les trouve aussi rapides que funestes au bien public, et on soupçonne quelquefois entachés de ce vice des citoyens en relations directes avec les premières autorités. — La détresse est toujours très apparente ; mais les impressions du dernier traité de paix subsistent et laissent concevoir des espérances à ceux qui ont le plus à se plaindre du sort. — Le bon ordre règne dans toutes les parties de cette commune, et n'est menacé d'aucune atteinte.

Culte. — Les séances du culte des théophilanthropes ont eu lieu sans trouble ; mais, au temple Merri, à celui Étienne-du-Mont et à Saint-Eustache, on a recueilli, parmi les curieux, une infinité de sarcasmes, d'injures, et tous les symptômes d'un véritable mécontentement. Il a été fréquent, surtout dans le temple dit Saint-Eustache, d'entendre traiter d'innovation le culte des théophilanthropes. Tout ce qui affiche un zèle particulier pour la religion catholique ne néglige aucun moyen, ou clandestin ou même ostensible, de jeter du ridicule sur le culte des théophilanthropes. Les esprits à cet égard ont paru s'animer respectivement. Quelques théophilanthropes paraissent indisposés de la petite persécution dont on veut les rendre l'objet, et il n'a pas échappé que ce culte n'avait d'ennemis qu'autant qu'on le croyait lié au maintien de la République. Cependant on a regretté qu'il n'y ait pas toujours eu parmi ceux qui le pratiquent un maintien propre à inspirer le respect, quelques-uns ayant manifesté peu de recueillement ou ayant assisté aux exercices la tête couverte.

Spectacles. — *Le Dénouement inattendu*, pièce nouvelle donnée hier au théâtre de l'Opéra-Comique, était une allusion à la paix ; mais le public a regretté qu'une telle époque fût traitée avec aussi peu de goût et de soin. — Le tumulte qui semblait tendre à s'établir au théâtre de la Cité a été promptement comprimé par la présence des officiers publics. — La pièce de *La Paix*[1], au théâtre de la République, fait toujours ressortir le bon esprit, plus sensible dans ce théâtre que dans la plupart des autres de cette commune. Il y a maintenant plus de décence et plus de respect pour le gouvernement au foyer de la citoyenne Montansier. — La tranquillité a existé dans tous les théâtres.....

LESSORE.

(Arch. nat., BB^3 87.)

1. Voir plus haut. p. 434.

MCLXXXVIII

21 BRUMAIRE AN VI (11 NOVEMBRE 1797).

RAPPORT DU BUREAU CENTRAL DU 22 BRUMAIRE [1].

Esprit public. — En ce moment, les opinions politiques sont dans un véritable état de stagnation, faute d'aliments nouveaux. Le plaisir éphémère qu'a causé aux royalistes la publicité du manifeste du roi George [2] ne laisse que des traces imperceptibles et en aucun lieu de réunion on ne peut mettre en doute les intentions pacifiques du gouvernement français, dans tous le cours des négociations tenues à Lille, sans s'exposer au ridicule. Malgré les efforts secrets, mais très actifs, de la malveillance pour désunir les patriotes, ils sont fermement unis; seuls même par la force de l'opinion ils cherchent à féconder l'action du gouvernement. Tout à l'extérieur paraît prendre peu à peu le caractère d'un véritable intérêt au maintien de la République. Les discours sont calmes, les conjectures sont sages, les intentions sont bonnes, et enfin les physionomies présentent de tous côtés un peu plus de sérénité. — Deux seuls objets ont répandu l'alarme dans le public : 1° le bruit répandu que le gouvernement avait donné l'ordre d'arrêter tous les étrangers ; 2° une épizootie que l'on dit exercer ses ravages sur les vaches. Cette dernière particularité effraye tout le monde, et d'une manière plus sensible les femmes, pour lesquelles le lait est un objet de consommation journalière. — Quant au matériel, on a respecté la tranquillité publique sur tous les points de cette commune.

Spectacles. — La première représentation du *Parachute* [3], vaudeville, a eu lieu au théâtre des Jeunes-Artistes. Cette pièce, à peu près insignifiante et purement épisodique à la dernière expérience du citoyen Garnerin, ne renferme rien de contraire aux bonnes mœurs

---

1. A cette date du 22 brumaire an VI, on lit dans le registre du Directoire (Arch. nat., AF* III, 9] : « Le Directoire confirme la nomination, faite par l'administration centrale du département de la Seine, du citoyen Le Tellier, pour remplir au Bureau central de Paris la place vacante par la démission du citoyen Limodin. »
2. Il s'agit du manifeste du roi d'Angleterre aux cours étrangères, sur la continuation de la guerre avec la France, du 28 octobre 1797. On le trouvera dans le *Moniteur*, réimpression, t. XXIX, p. 64.
3. *Le Parachute*, comédie-parade en un acte et en prose, par Hector Chaussier et Hapdé (Bibl. nat., Yth, 13,392, in-8).

ni au gouvernement ; on y a remarqué quelques traits de satire contre les fournisseurs. — Il n'y a eu dans les autres théâtres que décence et bon ordre.

Surveillance. — Les nommés Fr. Sénajue et François-Barthélemy Boudin, prévenus de revendiquer un ouvrage qui a pour titre : *Critique des acteurs et actrices des différents spectacles de Paris*, sans nom d'auteur ni d'imprimeur, ont été arrêtés par les agents de police......

LIMODIN.

(Arch. nat., BB 3 87, et F 7, 3840.)

JOURNAUX.

Rapporteur républicain du 22 brumaire : « *Paris, 21 brumaire an VI.* Le Bureau central vient de faire proclamer à son de trompe, dans Paris, la loi qui annule les passeports délivrés avant le 18 fructidor, et d'en recommander la plus sévère exécution aux autorités constituées. Cette loi sera obligatoire dès ce moment, et ceux qui ne s'y conformeront pas seront traduits devant les tribunaux. »

MCLXXXIX

22 BRUMAIRE AN VI (12 NOVEMBRE 1797).

RAPPORT DU BUREAU CENTRAL DU 23 BRUMAIRE.

Esprit public. — Le même calme continue à régner dans les esprits. Aucun sujet nouveau ne remplit les entretiens publics. Chacun se livre avec sécurité à ses habitudes. Les travaux offrent partout la même activité. Les cafés, les cabinets littéraires et autres lieux de réunion présentent l'aspect le plus tranquille. Les ennemis du gouvernement paraissent en ce moment réduits à une sorte de nullité. Quelques-uns ont bien formé hier des groupes dans le Jardin-Égalité et en ont fait autant de petits foyers de mécontentement, en paraissant prendre un grand intérêt au sort des rentiers, pour avoir l'occasion de déclamer contre l'ordre actuel des choses. Mais ces tentatives ont perdu tout leur effet. Ces groupes ont bientôt disparu d'eux-mêmes. — L'opinion publique, en un mot, ne présente, depuis quelques jours, qu'une nuance uniforme, mais elle n'est qu'avantageuse, les progrès du patriotisme n'étant point douteux.

Culte. — L'exercice de la morale des théophilanthropes a eu lieu hier sans trouble et sans contradiction dans les temples connus sous les noms de Saint-Germain, Saint-Nicolas-des-Champs, Saint-Étienne-du-Mont et Saint-Merri. Cependant les groupes qui se sont formés après les séances du culte étaient tumultueux, et les femmes surtout se montraient fort indisposées contre ce qu'elles appelaient, en termes moins ménagés, la nouvelle religion. Un incitateur au temple Saint-Eustache a été saisi par le public lui-même et conduit devant l'autorité de police. — Aucun incident contraire au bon ordre n'a frappé l'observateur. — Au Concile, l'évêque Grégoire a résumé les décrets de cette corporation ; l'une de leurs principales dispositions est d'exclure du sacrement de l'ordre les citoyens divorcés [1].

Spectacles. — Il s'y est rendu très peu de monde ; la tranquillité a été générale.....

Cousin.

(Arch. nat., BB³ 87, et F⁷, 3840.)

Autre rapport, du même jour, sur les journaux.

Dans l'*Ami des Lois*, le citoyen Laharpe indique des changements qu'il croit nécessaires dans la Constitution du pays de Vaud et des États de Berne et Fribourg ; il croit indispensable que les réformes aient lieu sous la protection de la France. — La situation du Midi paraît toujours très alarmante au *Journal des hommes libres ;* il annonce qu'à Lyon on refuse publiquement de porter la cocarde nationale. — Un assassinat a été commis à Montebourg, département de la Manche, sur un défenseur de la patrie qui chantait une chanson républicaine ; le *Défenseur de la Vérité* dit ce crime commis par deux royalistes à l'instigation d'un prêtre rebelle. — L'*Ami de la patrie* renomme (*sic*) pour être rouverte la réunion de Clichy où se rendent les continuateurs des prétentions du prétendant pour y comploter de nouveau ; il appelle l'attention du gouvernement sur ces menées post-fructidoriennes. — Avec la *Gazette nationale*, le *Bulletin de la République* préjuge innocent Lacretelle jeune, et se fonde à cet égard sur la loi du 21 fructidor, qu'il dit excepter nominativement « les simples collaborateurs » de journaux condamnés. — Il est dans le *Patriote français* des réflexions dont le but est de mettre plus en évidence d'une part l'intolérance des prêtres, de l'autre la douceur et la tolérance du culte des théophilanthropes. — Aux frais de qui,

1. En marge de cette phrase est écrit : « Sacré capucin de Grégoire, admettez au moins les prêtres mariés. » F⁷, 3840.

demande le *Correspondant français* [1], sont venus à Paris les membres du Concile ? Aux dépens de quelques crédules, mais en partie à ceux du gouvernement, qui leur a fourni le local et le mobilier de leur assemblée dans l'attente qu'ils favoriseraient le mariage des prêtres, supprimeraient la confession et autres institutions bizarres, à peu près incompatibles avec le régime républicain, surtout qu'ils réussiraient à faire disparaître toutes les dissidences de prêtres insermentés à prêtres sermentés. — A l'exception des extraits ci-dessus, les journaux n'ont offert aucun objet important à remarquer.

Cousin.

(Arch. nat., F 7, 3840.)

JOURNAUX.

Rédacteur du 24 brumaire : « *Paris, le 23 brumaire*. On a eu peu d'exemples de brouillard aussi épais que celui qui a couvert hier Paris pendant une grande partie de la journée. La ville semblait comme engloutie dans une nuée remplie d'émanations fétides, et principalement de matières sulfuriques et acides, qui affectaient à la fois l'odorat et la vue, et laissaient à peine dans l'atmosphère assez d'air vital pour une pénible respiration. Il sera curieux de connaître les résultats de l'analyse que les chimistes n'auront pas manqué d'en faire. Dès les quatre heures, les brumes devinrent assez denses pour qu'on ne pût porter la vue qu'à quelques pas de rayon. Bientôt elles devinrent tellement épaisses que la lumière des réverbères les plus éclatants disparut, et qu'on apercevait à peine les flambeaux qu'on était obligé de porter à sa main pour circuler dans les rues. L'atmosphère ne se dégagea d'une manière un peu sensible que vers les onze heures du soir, le froid de la nuit ayant apparemment contribué à condenser assez les vapeurs et les particules dont il était imprégné pour les faire précipiter. On sent qu'une obscurité si subite et si profonde, surprenant une ville telle que Paris, et à l'heure où les rues étaient les plus fréquentées, a dû produire plus d'un malheur, et que les filous n'ont pas manqué une occasion qui leur était si favorable. Aussi parle-t-on de beaucoup d'accidents que les soins de la police n'ont pu prévenir. Un homme qui marchait près du Louvre, sur les bords de la Seine, s'est noyé, et peut-être ce malheur n'est-il pas le seul de ce genre. Dans plusieurs endroits, des voitures, dont les conducteurs n'ont pu éviter les bornes ou les parapets, ont été renversées ; sur la place du Palais-Égalité, la chute d'un chariot a tué un homme et blessé un autre ; enfin beaucoup de vols ont été commis, et même, à ce qu'on dit, quelques assassinats. Sur la place du Louvre, des femmes ont été dépouillées, mais on est parvenu à faire arrêter les coupables. »

1. Ce journal n'est pas mentionné dans la *Bibliographie* de M. Tourneux. Peut-être le titre en est-il mal indiqué dans ce rapport de police.

MCXC

23 BRUMAIRE AN VI (13 NOVEMBRE 1797).

Rapport du bureau central du 24 brumaire.

Esprit public. — Le royalisme, qui a paru comprimé plusieurs jours de suite, n'attendait, comme il a paru hier, que le moindre prétexte pour relever la tête. Il s'est répandu simultanément, dans la plupart des principaux cafés de cette commune, des hommes inconnus à leurs habitués et déchaînés contre l'ordre actuel des choses ; les plus astucieux bruits sortent de leur bouche ; ils semaient des doutes sur la tranquillité du moment, des alarmes sur l'avenir ; on a vu pulluler des hommes perfides, se disant initiés dans les secrets du gouvernement et cherchant à faire croire qu'il n'était pas aussi uni dans toutes ses parties que la masse du public en paraît persuadée. — L'opinion des patriotes, à cet égard, faisait partout un contraste frappant. Les royalistes, évidemment tourmentés du calme établi depuis le 18 fructidor, redoublent d'efforts pour préparer de loin des divisions intestines et les supposent pour les faire éclater. — Aujourd'hui l'un de leurs principaux moyens est de faire circuler les plus sinistres conjectures sur les dispositions de la Prusse à l'égard de la République. Ils ne parlent que d'emmagasinement, que d'armement, que de mouvements de troupes sur les confins des possessions de la Prusse au delà des départements réunis. Avec une joie que l'on peut appeler féroce, ils établissent nombre de conjectures pour une guerre prochaine dans ces contrées et conçoivent d'avance de grandes espérances d'un pareil état de choses. — Le public, jusqu'à ce moment, paraît n'écouter qu'avec défiance de telles nouvelles, et c'est à cette circonspection qu'il a été facile de juger le bon esprit dont il est animé ; mais il est évident aussi que des bruits aussi perfides, quoiqu'encore à leur naissance, influent sur le crédit dans le commerce, sur la confiance dans les relations particulières, et sur le repos des esprits faciles à effrayer. — Néanmoins, ces réflexions à part, le bon ordre occupe toutes les parties de la société ; le véritable patriotisme avance ses progrès ; on tient plus généralement à la chose publique, et, de tous côtés, on paraît plus disposé que jamais à favoriser les institutions républicaines, telles que les établissements d'instruction publique, les solennités décadaires, l'usage des nouveaux poids et mesures.

Spectacles. — Ils n'ont offert aucune particularité ; le calme y a été général.....

(Arch. nat., BB³ 87.)

COUSIN.

JOURNAUX.

Ami des Lois du 24 brumaire : « Les théophilanthropes, resserrés à leur naissance dans des lieux petits et étroits, prêchent aujourd'hui leur doctrine consolante dans les différents temples de Paris. Le peuple prend goût à cette religion, la seule attrayante, la seule raisonnable, la seule qu'on puisse accoupler à une République. L'affluence est si grande les jours de réunion générale, que la police envoie des troupes pour y maintenir le bon ordre. Le gouvernement protège cette institution, et il fait bien : elle tuera le fanatisme, les préjugés, les erreurs, et purifiera la morale publique. »

MCXCI

24 ET 25 BRUMAIRE AN VI (14 ET 15 NOVEMBRE 1797).

RAPPORT DU BUREAU CENTRAL DES 25 ET 26 BRUMAIRE.

Esprit public. — Les observations prises ces deux jours derniers dans toutes les parties de la société n'ont pas toujours donné des résultats satisfaisants. La malveillance est en pleine activité ; ses moyens sont couverts de ténèbres ; c'est peu à peu que les royalistes indisposent les esprits sur les choses les plus ordinaires ; ils cherchent l'homme disgracié pour se plaindre avec lui du gouvernement ou des autorités ; ils cherchent le citoyen gêné dans ses ressources pour l'amener à se plaindre des finances et par suite de l'ordre actuel des choses. La tactique évidente des contre-révolutionnaires est de faire partout le plus de mécontents qu'il leur est possible ; mais on insiste à observer que c'est à décrier les finances, à déclamer contre les contributions établies, et à présenter sans cesse le peuple comme plus malheureux qu'il ne l'aurait été sous les rois, que s'attachent les partisans de l'ancien régime. — On grossit encore les facultés de l'Angleterre pour continuer la guerre. Les lieux publics offrent partout des êtres qui se portent apologistes ardents de cette puissance ; quelques-uns poussent l'impudence jusqu'à conjecturer des succès continuels aux Anglais dans toutes les entreprises que l'on dirigerait contre eux. — En un mot, si le fond de l'opinion publique est toujours bon, si le véritable patriotisme jouit partout de la même considération, si les républicains s'accordent sur tous les points à recommander au gouvernement la même énergie et la même vigilance, on voit néanmoins le royalisme s'enhardir et manifester sans aucune circonspection les plus ridicules espérances. — C'est avec regret que l'on voit depuis quelque temps la majeure partie de la jeunesse donner dans ces erreurs de l'opinion. Les jeunes gens surtout, qui prétendent aux airs de haute éducation, ou qui affectent l'aisance, se font remarquer par leurs propos anti-civiques. Cependant l'union règne parmi les patriotes ; les opérations du gouvernement ont peu d'improbateurs; quelques-unes sont au contraire applaudies, notamment le dernier arrêté du Directoire concernant les réquisitionnaires. Il circule une prétendue lettre de Carnot, nom à la faveur duquel des charlatans en librairie ont spéculé pour le débit de quelques feuilles. Cette lettre, évidemment apocryphe, ne renferme rien qui ne soit dans les principes les moins répréhensibles.

Spectacles. — Les théâtres, ces deux jours, ont joui d'un calme parfait. Loin de s'y permettre aucune interprétation injurieuse au gouvernement, le public se montre soigneux d'en éviter les occasions. Ce mot du *Glorieux* :

. . . . Donne et sache, faquin,
Que le mot de Monsieur n'écorche pas la bouche.

n'obtient plus d'applaudissements. Le jeu des acteurs en scène à l'Odéon a été un instant interrompu par des altercations d'ouvriers attachés au théâtre ; la surveillance a rétabli l'ordre. — L'ouverture du Collège de France s'est faite sous les yeux d'un concours nombreux et animé du meilleur esprit; plusieurs ambassadeurs étrangers y étaient présents ; le ministre de l'intérieur s'y est rendu spontanément. L'amour de la République a caractérisé à la fois les discours tenus à cette occasion et les applaudissements qui leur ont été donnés.

Surveillance. — Les ouvriers charpentiers se rassemblent et paraissent établir une lutte avec leurs maîtres, motivée sur une demi-heure de travail de plus que ces derniers exigent d'eux ; ils prétendent résister, parce que le prix de leur journée est diminué (*En marge* : Il sera pris des mesures pour réprimer les perturbateurs)....

Le Tellier.

(Arch. nat., BB³ 87.)

JOURNAUX.

Patriote français du 24 brumaire : « Couplets sur le Concile prétendu national :

Air : Le Curé de Pomponne a dit.

1.

Jadis saint Grégoire, avec feu,
　Criait le long des rues :
Je ne m'asseois point au milieu
　Des oisons et des grues [1].
Si saint Grégoire en ce temps-là
　Exhala tant de bile,
Ah! qu'est-ce qu'on dira, la rira,
　Maintenant d'un Concile.

2.

Du temps de nos rois très chrétiens,
　Des noëls très caustiques
Frondaient nos prélats très vauriens,
　Et leurs mœurs très lubriques ;
Donc en l'an VI on ne pourra
　Blâmer le vaudeville,
Quand il relèvera, la rira,
　Les erreurs d'un Concile.

3.

Il est au moins original
　Que ces hommes en mitre
De *Concile national*
　Osent prendre le titre !
Mais la nation soufflera
　Sur ce groupe futile,
Et l'on demandera, la rira :
　Où donc est le Concile ?

4.

Tant qu'il vous plaira, priez Dieu,
　Mes révérendissimes,
Et dans la morale, en tout lieu,
　Renfermez vos maximes ;
Le gouvernement laissera
　Votre secte tranquille,
Mais gare, sans cela, la rira
　Et Synode et Concile.

5.

Or, on prétend qu'au célibat
　Vous astreignez vos prêtres :
De changer les lois de l'État
　Seriez-vous donc les maîtres ?

Si vous allez, par-ci, par-là,
　Compter fleurette en ville,
Combien on chantera, la rira,
　Des pères du Concile.

6.

Si de la superstition
　Vous opposez la force
A la sage institution
　Qui permet le divorce,
Vous blesserez encore par là
　L'autorité civile,
Qui de suite enclouera, la rira,
　Les canons du Concile.

7.

Vous imprimez à tour de bras
　Des lettres encycliques ;
Chaque jour va grossir le tas
　De vos journaux mystiques ;
Mais la philosophie est là,
　En face de la pile,
Qui la renversera, la rira,
　En dépit du Concile.

8.

Pour rendre le peuple à venir
　Malgré lui fanatique,
Vous avez juré d'envahir
　L'instruction publique ;
Partout vous enseignez déjà ;
　Mais, fussiez-vous cent mille,
La raison proscrira, la rira,
　L'A B C du Concile.

9.

Eh quoi ! Tous nos départements
　Appelés presbytères,
De cent augures gallicans,
　Deviendraient tributaires !
Heureusement ce projet-là
　N'est pas mot d'évangile ;
C'est le *nec plus ultra*, la rira,
　Des rêves du Concile.

---

1. *Non ego cum gruibus semel anseribusque sedebo.* (Note de l'original.)

10.

Ne damnez juifs, ni protestants,
Ni théophilanthropes ;
Écoutez surtout leurs accents
Sans tomber en syncopes ;
Avec des beaux airs d'opéra
Et des vers d'un bon style,
Croyez qu'on oubliera, la rira,
Le plain-chant du Concile.

11.

Hors des temples votre habit noir
Est une impertinence,
Et, si vous conservez l'espoir
De dominer en France,
La loi, qui s'en offensera,
Dans Rome, ou dans quelque île,
Soudain vous enverra, la rira,
Ainsi que le Concile.

12.

Rendons hommage au Créateur
Et chérissons nos frères :
Telles sont du commun bonheur
Les bases salutaires ;
Tout ce qu'on ajoute à cela
Est un surplus stérile,
Qui bientôt passera, la rira,
Ainsi que le Concile. »

— *Ami des Lois* du 25 brumaire : « On vend au Palais-Royal et chez différents libraires de Paris un ouvrage intitulé : *Culte et Lois d'une Société d'hommes sans Dieu*[1] ; l'auteur de ce livre, tout à fait original, organise en quelque façon l'athéisme. Sous le prétexte de rendre un culte à la vertu, il accuse la divinité d'être le prétexte de tous les crimes ; il institue une espèce de baptême, de confirmation et de viatique. Du reste, sa morale est à peu près celle des Quakers ; il associe dans ses hommages la raison à la vertu, et peint les partisans de sa secte comme des hommes parfaits. Les Chaumette, les Ronsin, les Hébert avaient autrefois voulu introduire, parmi nous, cette désolante doctrine ; ils parlaient aussi de raison, de vertu, et tous les jours ils se vantraient dans le sang, et se couvraient des crimes les plus affreux. Ces tyrans traitaient avec la plus grande insolence ceux qu'ils appelaient leurs frères, leurs égaux ; ils savaient que les mœurs affermissent les Républiques ; ils prêchaient l'athéisme pour détruire les mœurs ; ils affichaient l'effronterie et la perversité ; ils insultaient à la modestie ; ils disaient : « L'excès de la corruption a renversé le « trône ; renversons la liberté par l'excès de la corruption. » Ah ! repoussons tout ce qui peut détruire parmi les hommes la connaissance d'un Dieu. Sans cette croyance salutaire, l'âme se contriste et se flétrit; la nature est morne, les campagnes sont décolorées, la vertu n'a plus d'appui [2]..... »

MCXCII

25 BRUMAIRE AN VI (15 NOVEMBRE 1797).

Journaux.

Rédacteur du 29 brumaire : « La séance publique de la rentrée du Collège

1. *Culte et Lois d'une Société d'hommes sans Dieu.* L'an Ier de la raison, VIe de la République française; in-8 de 64 pages. Bibl. nat., inventaire, D², 9192. (Attribué à Sylvain Maréchal).
2. Nous ne reproduisons pas la fin de cet article, qui n'est qu'une longue déclamation.

de France, qui a eu lieu le 25 de ce mois, avait attiré un concours nombreux d'auditeurs. Les lectures y ont été aussi variées qu'intéressantes. Le citoyen Poissonnier, doyen du Collège, a ouvert la séance par un discours où il a rappelé l'ancienneté de cet établissement et les services qu'il n'a cessé de rendre aux lettres et aux sciences, en remarquant que l'on s'y était toujours défendu de la servitude des préjugés. Le citoyen Lalande a continué son histoire de l'astronomie, et présenté dans un cadre resserré les principaux événements de l'année qui ont rapport à cette science. Il a terminé par un éloge du citoyen Lemonnier, tombé en paralysie, et dont il s'honore d'être le disciple. Le citoyen Cousin a présenté des vues utiles sur l'instruction publique, en faisant voir combien on s'en éloignait dans les classes d'autrefois ; il veut que tout le temps des enfants soit bien employé ; il fonde une vraie institution républicaine sur les travaux de l'esprit et les exercices du corps. Une dissertation du citoyen Dupuis sur la très ancienne nation des Pélages a fixé l'attention de l'assemblée. On y a reconnu la touche vigoureuse et les pensées profondes de l'auteur de l'*Origine des cultes*. Les citoyens Cousin, Bosquillon et Cournand ont fait sentir les avantages des langues anciennes, dont ils sont professeurs. Le dernier a lu un fragment de son poème des *Quatre âges de la vie humaine*, qui a vivement intéressé. Le ministre de l'intérieur a assisté à cette séance, ainsi que plusieurs ministres étrangers [1]. » — *Journal des hommes libres* du 26 brumaire : « ..... Des employés patriotes d'un des bureaux de M. Blanchard, commissaire ordonnateur de la 17e division militaire, appliquèrent, il y a trois jours, sur leur porte, un avis aux entrants, ainsi conçu : *Ici on s'honore du titre de citoyen*. Cette inscription effaroucha M. Blanchard, qui, tout hors de lui, et oubliant, pour cette fois, la cauteleuse prudence dont il fait profession, la fit arracher sur-le-champ en déclarant qu'il ne voulait pas d'exclusifs dans ses bureaux. Entendez-vous, amis de l'égalité et de ses formes ? Vous êtes des exclusifs ; et les administrateurs royaux que la République veut bien salarier et nourrir ne veulent pas de vos services. » — *Patriote français* du 26 brumaire : « *Paris* ..... On a conduit au Temple l'ex-conventionnel Durand-Maillane, ce tendre ami de la « religion de nos pères ». Le ministre de la police l'a, dit-on, surpris en flagrant délit, favorisant les émigrés, et cherchant à corrompre ses bureaux pour obtenir des radiations. Cet homme est un des plus ardents réacteurs depuis l'époque où Féraud fut assassiné en prairial. Il quêtait partout des dénonciations contre ses collègues, et fut un de leurs persécuteurs les plus acharnés. Le saint homme ! Sans doute il allait régulièrement à la messe ! Quelle peste que les cafards ! Il va être livré à un Conseil militaire..... »

---

[1]. *L'Ami des Lois*, dans son numéro du 28 brumaire, donne un très long compte rendu de cette séance.

MCXCIII

26 BRUMAIRE AN VI (16 NOVEMBRE 1797).

Rapport du bureau central du 27 brumaire.

Esprit public. — Les développements du royalisme semblent encore progressifs. L'esprit des cafés et autres lieux de réunion se détériore. Bien des individus ne mettent plus le soin à cacher le désir qu'ils manifestent d'un autre ordre de choses. On ne s'explique pas ouvertement à cet égard, mais on discrédite de plus en plus le gouvernement; on élève des doutes sur ses moyens de conservation, de durée, de prospérité; on veut surtout isoler les uns des autres, dans l'esprit des citoyens, les membres du Directoire exécutif. Ces mauvaises dispositions n'échappent point aux patriotes, qui, dans leurs entretiens, se sont plaints du peu de sévérité que l'on apportait dans la surveillance des prêtres, aux instigations desquels ils attribuent les assassinats commis dans le Midi sur la personne des citoyens reconnus attachés fortement à la République. — Les groupes du Jardin national ont paru très mécontents de la motion faite sur les théâtres [1], la considérant comme intempestive et disant que l'intérêt dû aux rentiers qu'on ne payait point devait passer avant celui que l'on prenait aux artistes des théâtres qui retirent de leur talent un profit journalier. — Il s'est aussi formé, rue Antoine, hier matin, un groupe de femmes qui se plaignaient de la différence du prix du pain d'un arrondissement de Paris à l'autre; ces plaintes ont été promptement apaisées. — Le calme général n'a point souffert de ces incidents.

Spectacles. — On n'a pu juger qu'imparfaitement l'impression que devait produire sur le spectateur la représentation de l'opéra *Horatius Coclès* [2] au théâtre des Arts, un accident l'ayant interrompue; cependant on a remarqué que les passages allégoriques, [relatifs] à l'enthousiasme du peuple républicain pour la liberté, avaient été très peu applaudis. — Au moment où, sur le pont du Tibre, Horatius défend ce poste à la tête d'une troupe d'élite, la gauche du pont céda au poids des figurants, dont plusieurs tombèrent avec les débris de

---

1. Le 26 brumaire an VI, Chénier fit aux Cinq-Cents une « motion d'ordre » contre la multiplicité indéfinie des théâtres, qui anéantit à la fois l'art dramatique, les mœurs sociales et la surveillance du gouvernement. (*Moniteur*, réimpression, t. XXIX, p. 67.)
2. Paroles d'Arnault, musique de Méhul.

la charpente; le public manifesta le plus grand intérêt à ceux qui lui ont paru courir quelque danger et a appris avec un plaisir sensible que cet accident n'avait occasionné que des contusions peu dangereuses [1]. — *Chéri et Émilie* [2], pièce nouvelle donnée au théâtre de la citoyenne Montansier, offre dans le fond de l'intrigue quelques inconvenances et même quelques libertés dans les rôles secondaires. La pièce, d'ailleurs assez purement écrite et sentimentale, paraît, à ces nuances près, sans danger pour les mœurs et sans reproche sous le point de vue d'esprit public. — Il se rend toujours très peu de monde au théâtre de la République. On remet à rendre compte après la seconde représentation d'une petite pièce patriotique donnée aux Jeunes-Artistes sous le titre des *Trois Nouvelles* [3]. — L'affluence a été considérable au théâtre Feydeau; on y a vu calme et décence. Il en est de même de tous les autres théâtres.....

LE TELLIER.

(Arch. nat., BB³ 87.)

MCXCIV

27 BRUMAIRE AN VI (17 NOVEMBRE 1797).

RAPPORT DU BUREAU CENTRAL DU 28 BRUMAIRE.

Esprit public. — Le calme est toujours le même, mais il se prononce de légères nuances de mécontentement; les murmures de la classe moins aisée des ouvriers contre les nouvelles fortunes se font entendre avec plus de force; des malintentionnés s'introduisent dans les groupes, s'y rendent maîtres de l'attention des spectateurs, et affichent le patriotisme pour en venir peu à peu à lancer des propositions sanguinaires. Un orateur de cette nature s'est vu obligé hier, au Jardin national, de se retirer, chargé de l'indignation de ceux qui l'avaient entendu proférer des principes subversifs de toute espèce d'ordre. — Les bruits à l'aide desquels on cherche à discréditer le gouvernement, soit dans ses opinions diplomatiques, soit dans ses

---

1. On trouvera sur cet incident, dans le *Courrier des Spectacles* du 27 brumaire an VI, un rapport du citoyen Mirbeck, commissaire du gouvernement près le théâtre de la République et des Arts.

2. Comédie en trois actes et en prose par Léon Levavasseur.

3. Par Gabiot. Voir le *Courrier des Spectacles* du 28 brumaire, et, plus loin, p. 458, le rapport du Bureau central du 28 brumaire.

ressources en finances, continuent à circuler avec la même rapidité, et l'on entend dans leurs lieux d'habitude des royalistes semer des doutes sur la solidité du traité de paix conclu avec l'Empereur, établir les plus insidieuses conjectures sur le congrès de Rastadt et peindre sans cesse le gouvernement comme étant à la veille de faire banqueroute. — Cependant même force, même union, même modération parmi les patriotes; ils ont applaudi sans réserve au message du Directoire, ayant pour objet de placer cinquante mille vétérans comme gardes-champêtres dans les communes de la République. — La tranquillité au surplus paraît garantie sur tous les points.

Spectacles. — Le public, animé hier à l'Odéon d'un esprit moins bon que de coutume, a fait une application évidemment mauvaise de ce vers de *Geneviève de Brabant,* mis dans la bouche de Siffroy :

J'ai proscrit l'innocent sans l'avoir entendu.

Ce passage, qui n'avait produit jusqu'à ce moment aucune sensation suspecte, a été applaudi malignement et avec force. — Au même spectacle, le *Mariage à la Paix* n'a obtenu que de faibles applaudissements dans les passages allégoriques à la bravoure des défenseurs de la patrie. — Il se donne aux Jeunes-Artistes une pièce allégorique à la paix, *Les Trois Nouvelles.* La fille d'un fermier est recherchée par trois jeunes gens; celui-ci, embarrassé dans le choix qu'il doit faire, promet sa fille à celui qui lui apportera la meilleure nouvelle. L'un apporte celle du gain d'un procès important pour le fermier. L'autre (un niais) achète tous les journaux d'un colporteur, certain que la bonne nouvelle ne peut manquer d'y être. Le troisième apporte la nouvelle de la paix, et cette bonne chance lui vaut la main de son amante. Une satire décente et modérée du fanatisme et des abus de la presse, et nombre de passages flatteurs pour Buonaparte, pour les armées en général, caractérisent cette petite production, écrite d'ailleurs avec autant de gaîté que de facilité; elle respire le patriotisme dans toute son étendue. — Rien de remarquable quant aux autres théâtres.....

LESSORE.

(Arch. nat., BB³ 87.)

MCXCV

28 BRUMAIRE AN VI (18 NOVEMBRE 1797).

RAPPORT DU BUREAU CENTRAL DU 29 BRUMAIRE.

Spectacles[1]. — Il a été donné hier deux nouvelles pièces, l'une à l'Odéon, l'autre à l'Ambigu-Comique. La première, intitulée *L'Espiègle*, vaudeville en deux actes[2], est un jeu léger, à la faveur duquel un jeune écolier tourne en ridicule un fat enthousiasmé pour l'excès des modes et certain de réussir dans un projet d'établissement qui ne tourne point au gré de ses désirs. Une satire délicate des ridicules du jour et les traits de la plus saine morale caractérisent cette production, qui a obtenu beaucoup de succès; elle ne renferme rien qui puisse choquer en aucune manière les mœurs et le gouvernement. — La seconde a pour titre *Le Diable ou la Sorcière*[3]; dans le cours de cette pantomime, le comte de Munster, homme souillé de crimes, en médite de nouveaux. Un mauvais génie le seconde dans toutes ses entreprises, mais la vertu sauve toujours, par des moyens miraculeux, les objets intéressants de sa haine. L'enfer engloutit à la fin ce monstre, et l'amour couronne l'innocence. Tel est le fond de cet ouvrage, dont l'auteur cependant paraît avoir eu plus particulièrement en vue le jeu des machines et l'emploi du merveilleux. Le public en a paru très satisfait. — L'esprit public n'a eu nulle occasion de se manifester hier dans les théâtres; mais partout le citoyen s'est livré avec calme au plaisir des spectacles.

Commerce. Pain. — Il y a eu beaucoup de pain : le blanc a été vendu de 9 à 10 sous; le mi-blanc de 7 à 8 et le bis de 5 à 6 [les 4 livres].

Viande. — La viande a été très abondante : le bœuf vendu en détail de 4 à 8 sous; le veau de 6 à 9; le mouton de 4 à 9; le porc frais de 9 à 10 sous[4].....

LESSORE.

(Arch. nat., BB³ 87.)

1. Il n'y a pas d'article *Esprit public*.
2. Par Patrat.
3. D'après le *Courrier des Spectacles* du 29 brumaire, qui ne donne pas le nom de l'auteur, cette pantomime était intitulée : *C'est le Diable ou la Bohémienne*.
4. Voir plus haut, p. 359, le rapport du 8 vendémiaire et la note.

JOURNAUX.

Patriote français du 29 brumaire : « L'administration centrale du département de la Seine vient d'ordonner aux administrateurs municipaux de son arrondissement de surveiller sévèrement, non seulement les instituteurs primaires, mais encore tous les établissements particuliers d'éducation et d'instruction. « Examinez, dit-elle, quelle morale on y professe, quels sont les « livres qu'on y met entre les mains des enfants ; sachez si on leur fait « apprendre la Constitution, si on ne leur enseigne rien de contraire « aux mœurs républicaines ; ayez soin qu'on y célèbre le décadi, qu'on « s'y honore du titre de citoyen. Vous voudrez bien faire de cet objet l'un « de vos devoirs les plus essentiels, et nous rendre d'abord, dans quinze « jours au plus tard, un compte détaillé du premier examen que vous « aurez fait des maisons d'éducation établies dans votre arrondissement, et « ensuite, à la fin de chaque mois, un compte particulier des résultats de « votre surveillance. » Nous recommandons à ces magistrats bien intentionnés les écoles de jeunes filles, qu'on appelle toujours des *demoiselles*, car on lit encore au-dessus des maisons où on les instruit : *Éducation des jeunes demoiselles*. Ils verront combien il existe de nichées de ci-devant religieuses qui se chargent d'en faire des bigotes. Eh ! comment veut-on qu'elles élèvent leurs enfants, quand elles seront devenues mères, si on laisse à de vieilles fanatiques le soin exclusif d'endoctriner cette portion intéressante de la société ?.... »

MCXCVI

29 BRUMAIRE AN VI (19 NOVEMBRE 1797).

RAPPORT DU BUREAU CENTRAL DU 30 BRUMAIRE.

Esprit public. — Si le plus grand calme ne continuait de régner de tous côtés, si l'on ne remarquait une rareté réelle d'événements majeurs depuis quelques jours, on prendrait pour une preuve d'affaiblissement de l'esprit public le peu d'entretiens politiques auxquels on se livre dans ce moment. Cependant l'intérêt avec lequel on voit les autorités seconder les institutions républicaines, l'accueil fait aux vues proposées pour l'amélioration de l'instruction publique et l'unanimité des vues pour le retour du général Buonaparte, ont prouvé que la chose publique avait un grand nombre d'amis. — Le royalisme conserve toute son activité ; on n'aperçoit point les plus légers changements dans les cafés où il prédomine ; les opinions y sont au contraire plus hardies que de coutume. La fermeture du Cercle constitutionnel y fait une sensation agréable, et les individus les plus acharnés contre la République ont tiré de cette conjoncture une occasion de déclamer contre les réunions politiques, contre toutes les institutions, contre le style nouveau, contre les théophilanthropes, contre le gouvernement lui-même. Les coryphées de ces lieux publics n'omettent rien de ce qui peut indisposer les esprits de la multitude contre les patriotes ; ils en font des ennemis dangereux au gouvernement et visant au rétablissement de la Constitution de 1793. — On le répète, la ruse la plus fine est employée pour tromper le gouvernement sur le compte des républicains et lui faire perdre tout appui et le faire crouler ensuite. — A l'égard des vues politiques dont l'attention est frappée en ce moment, telle que de faire célébrer les décades, de les indiquer comme jour obligé de repos dans toutes les maisons d'éducation, d'organiser les écoles secondaires principalement, elles sont goûtées de la grande majorité du public et occasionnent parmi les partisans de la monarchie un mécontentement sensible.

Culte. — Les exercices des théophilanthropes ont eu lieu surtout hier sur tous les points ; mais cette religion occasionne dans le public une sorte de fermentation. Mille moyens, dont la source échappe encore à la pénétration, mais dans lesquels on présume que les ministres du culte catholique ne sont point étrangers, sont mis en usage pour les discréditer. Les groupes qui se forment à la sortie des temples ont paru très indisposés contre cette institution ; des individus se plaisent à remarquer, parmi ceux qui la dirigent, des partisans de Robespierre, des hommes notés d'excès dans le cours de la Révolution et des prêtres apostats. Les femmes surtout, aux environs des halles, témoignent au culte des théophilanthropes la plus forte aversion. On sème le bruit que les théophilanthropes sont payés par le gouvernement, soutenus par un membre du Directoire, qu'ils seront de préférence choisis pour les emplois publics ; en un mot le plan est fait, à ce qu'il a paru, d'anéantir ce culte ; il perce, dans tout ce qu'on dit contre lui, un intérêt peu naturel pour la religion catholique.

Spectacles. — Ils ont eu hier généralement un grand concours et ont offert partout la plus grande tranquillité ; le plaisir seul du spectacle a conduit et occupé le public ; nulle application, nulle improbation aux airs patriotiques......

Le Tellier.

(Arch. nat., BB³ 87.)

MCXCVII

30 BRUMAIRE AN VI (20 NOVEMBRE 1797).

Rapport du bureau central du 1ᵉʳ frimaire.

Esprit public. — Un venin perfide commence à circuler dans l'opinion. Les faux bruits se multiplient; les antirépublicains cherchent à diviser entre eux les patriotes; on rencontre fréquemment des individus qui se plaisent à les peindre comme étant dans une scission complète; on porte cette calomnie jusqu'au sein du Directoire même, où l'on crée différents partis ; néanmoins aucune version ne se rapporte (*sic*), mais toutes prouvent une tactique jusqu'à présent secrète, mais qui commence à s'employer plus ouvertement pour renverser la République. — Même joie parmi les mêmes individus à l'occasion de la cessation du Cercle constitutionnel ; mêmes conjectures injurieuses aux principes de patriotisme sur cette circonstance. « Avant un mois, disent les malveillants dans tous les lieux publics, il doit y avoir de grands changements. » Cette réflexion est quelquefois suivie de quelques autres contre la journée du 18 fructidor ; on fait revivre en projet l'ombre de la Constitution de 91 ; on ressuscite les prétentions de la famille d'Orléans; on donne un but politique à l'éloignement de Philippe d'Orléans ; on attache de l'importance à dire son fils actuellement à Paris. — Ces conjectures ne sont encore propres qu'à certaines localités, mais c'est plus généralement que l'on commence à pronostiquer des troubles. Les ennemis du gouvernement républicain, en un mot, paraissent vouloir profiter de la stagnation apparente de l'esprit public en ce moment pour le désorienter, l'affaiblir et le perdre.

Culte. — La fermentation est toujours sensible dans les esprits à l'occasion du culte des théophilanthropes ; cependant les satires ou plutôt les invectives de ceux qui veulent le discréditer prennent un caractère d'animosité, d'indécence même, qui leur fait perdre beaucoup de leur force. Les femmes des marchés sont les moins tolérantes. Il est aussi quelques jeunes gens fort indisposés contre l'exercice de cette morale, à laquelle cependant nombre de gens sensés et sans partialité ont applaudi ; dans presque tous les temples, plusieurs de ces perturbateurs ont été arrêtés et mis entre les mains de la force armée. Du reste les exercices théophilanthropiques ont eu lieu avec calme et décence; la morale y a été pure, douce et exemplaire, à l'abri de tous reproches.

Spectacles. — Ils n'ont offert aucune particularité; les applications contre le divorce ont été saisies avec force au théâtre Feydeau dans la *Mère coupable*. — Peu d'esprit public depuis quelques jours dans les spectacles. Du calme dans tous.....

LE TELLIER.

(Arch. nat., BB³ 87.)

JOURNAUX.

Journal des hommes libres du 1er frimaire : « Le Cercle constitutionnel de la rue de Lille s'est dissous par l'hétérogénéité de ses éléments. Il ne paraît pas, quoi qu'on en dise, que le gouvernement y ait pris d'autre part que de laisser agir la nature. »

MCXCVIII

1er FRIMAIRE AN VI (21 NOVEMBRE 1797).

RAPPORT DU BUREAU CENTRAL DU 2 FRIMAIRE.

Surveillance[1]. — Trois voitures publiques, allant de Paris à Fontainebleau, ont été arrêtées sur la route entre Villejuif et la Belle-Épine par une troupe de brigands à cheval armés de sabres et pistolets, lesquels ont fait descendre les voyageurs au nom de la loi, sous le prétexte de chercher quelqu'un, les ont volés ainsi que trois conducteurs et tout ce qu'il y avait dans ces voitures, et ont même donné deux coups de couteau à un voyageur qui avait voulu faire résistance. Le chef de cette troupe, qui paraît être composée en partie de marchands de chevaux, avait l'accent provençal.....

LESSORE.

(Arch. nat., BB³ 87.)

JOURNAUX.

Rédacteur du 1er frimaire : « La place de l'ex-directeur Carnot était vacante à l'Institut national. Sa classe vient de proposer, pour le remplacer, trois noms à la tête desquels se trouve celui de Bonaparte. Cette circonstance a inspiré le quatrain suivant au poète Lebrun, qui avait été un des premiers

---

1. Il n'y a point d'article sur l'esprit public, ni sur les spectacles.

à mettre en avant le héros d'Italie. C'était à la section de mécanique qu'il s'agissait de nommer :

> Collègues, amants de la gloire,
> Bonaparte en est le soutien ;
> Pour votre mécanicien
> Prenez celui de la victoire. »

— *Ami des Lois* du 2 frimaire : « Le Cercle constitutionnel de la rue de Lille, qui était devenu le quartier général d'une faction étrangère que nous avons souvent signalée, est heureusement dissous. Si on n'avait pas eu l'adresse de mettre la division parmi ces intrigants qui voulaient influencer toutes les opérations du gouvernement, il aurait fallu de nouveaux Legendres pour les mettre à la porte [1]. Les députés se réunissent actuellement aux Tuileries ; aucun étranger n'est admis dans leurs conciliabules, qui ont pour principal objet de préparer des mesures propres à opérer des élections républicaines en germinal prochain. »

MCXCIX

2 FRIMAIRE AN VI (22 NOVEMBRE 1797).

RAPPORT DU BUREAU CENTRAL DU 3 FRIMAIRE.

Esprit public. — L'opinion est évidemment travaillée par les ennemis de la République. Le plus grand nombre des cafés possèdent dans leur sein des individus prompts à présager les plus grands troubles ; c'est déjà que l'on cherche à occuper le public des questions relatives aux prochaines assemblées primaires. On aperçoit aussi grossi le nombre de ceux qui cherchent à peindre les premières autorités comme divisées entre elles. Déjà on suppose des partis qui n'attendent qu'une occasion pour se déclarer. On présente quelquefois les patriotes comme dangereux ; on cherche à mettre contre eux le Directoire en défiance. Moins adroits et plus hardis, d'autres n'hésitent point à dire comprimée en ce moment l'opinion qu'ils disent plus royaliste que jamais. — Descend-on à des détails de police ou d'administration ? On sème l'alarme sur l'état des hôpitaux, que l'on présente comme dénués de tout et gorgés de malades contagieux. On s'apitoie sur les indigents ; on affecte un intérêt très grand au sort des employés ; on s'inquiète sur la tranquillité, la sûreté des citoyens dans le cours de l'hiver ; on frappe continuellement l'attention d'événements funestes sur les routes. — A cette occasion, il a paru que le

1. Legendre avait jadis présidé à la fermeture du club des Jacobins.

bruit répandu d'un vol commis près Paris par des brigands, que ce mot : *Un individu revêtu d'un uniforme de hussards*, a fait une grande sensation parmi les militaires de cet uniforme actuellement à Paris ; on les voit observer dans tous les lieux publics des conjectures que l'on établit sur leur compte dans les réflexions que suggère cet accident [1]. — En résumé, il paraît que la malveillance tend peu à peu à vicier l'opinion publique et a fait des progrès sensibles ces jours derniers.

Culte. — La malignité poursuit toujours le culte des théophilanthropes. A défaut d'arguments possibles contre la morale qu'ils professent, on les calomnie personnellement. Leur tolérance, leur calme, le silence qu'ils opposent aux injures, désespèrent les gens qui ne dissimulent pas, dans les expressions de leur mécontentement, que la simplicité de ce culte nuit beaucoup au crédit des cérémonies du christianisme. On a entendu quelques entretiens dans ce sens.

Colporteurs de journaux. — Il a été arrêté ces jours derniers et conduit au Bureau central douze colporteurs de journaux en contravention à la loi. — Tous hier se sont maintenus dans les bornes du devoir.

Spectacles. — Ils ont eu ces deux jours un concours assez faible ; les représentations y ont été insignifiantes ; l'opinion n'a eu aucune occasion de s'y manifester. Le calme et la décence ont été observés partout.

Surveillance. — ... L'on a observé, au bout du quai des Orfèvres, près le Pont-Neuf, un particulier fort bien couvert, recevant l'aumône dans son chapeau qu'il expose sur une borne, ne disant rien, mais remerciant seulement les personnes qui lui donnent, et l'on serait porté à croire qu'il y aurait un autre motif que celui de la misère, puisqu'on lui voit deux cordons de montre.....

LESSORE.

(Arch. nat., BB³ 87.)

MCC

3 FRIMAIRE AN VI (23 NOVEMBRE 1797).

RAPPORT DU BUREAU CENTRAL DU 4 FRIMAIRE.

Esprit public. — Le calme extérieur est toujours sans atteintes,

1. Textuel.

mais le calme des esprits commence à ne plus résister à celles de la malveillance. Les royalistes font avec plus de hardiesse la guerre au 18 fructidor ; ils font de cette journée une journée funeste à la prospérité publique. On en a entendu plusieurs parler de défenseurs de la patrie comme d'êtres dangereux, que le gouvernement ne voulait employer contre l'Angleterre que parce qu'il les craignait dans l'intérieur. La misère publique, les vols et les assassinats, que l'on se plaît à grossir, deviennent autant d'arguments contre l'ordre actuel des choses. On commence aussi à épouvanter le public du retour du régime de la Terreur, et le premier effet de ces manœuvres est déjà sensible parmi des hommes faibles, qui semblent redouter des commotions assez prochaines. Les frondeurs du gouvernement ne cessent non plus d'entretenir les bruits, déjà semés, de division de sentiment parmi les membres des premières autorités. — Les traits de brigandage sur les routes fourmillent aujourd'hui de tous côtés et produisent une alarme presque générale. — Les esprits en un mot, sans être dans un état dangereux de fermentation, ne sont cependant point rassurés sur l'avenir. — Les plaintes dans le commerce ont été plus vives que de coutume, quoique les travaux aient offert assez d'activité. — La proclamation du Directoire au sujet de la continuation de la guerre avec l'Angleterre [1] a produit un très bon effet ; elle a parmi les ennemis de la République très peu d'improbateurs et est louée de tous les véritables républicains.

Colporteurs de journaux. — Il a été arrêté hier un colporteur en contravention avec la loi.

Spectacles. — On a donné aux Jeunes-Artistes une pièce nouvelle intitulée *L'Épée ou le Général et ses Soldats*. Cette production est un hommage au courage de nos guerriers et du général Buonaparte ; elle respire le meilleur patriotisme. — Les autres spectacles n'ont offert aucune particularité ; on y voit beaucoup de monde, peu de gaîté, peu d'esprit public.

Surveillance. — ... Les voisins de l'amphithéâtre d'anatomie, rue Julien-le-Pauvre, se plaignent beaucoup des élèves en chirurgie, qui inconséquemment font porter dans différentes rues les débris des cadavres sur lesquels ils travaillent, ce qui non seulement répand une odeur fétide, mais encore effraie les habitants.....

LESSORE.

(Arch. nat., BB³ 87.)

1. On trouvera cette proclamation, en date du 1ᵉʳ frimaire an VI, dans le *Moniteur*, réimpression, t. XXIX, p. 67.

DIRECTOIRE EXÉCUTIF [24 novembre 1797]

Journaux.

Patriote français du 4 frimaire : «... Tous les bruits qu'on sème à plaisir sur la division qui règne entre les membres du Directoire, sur les préparatifs d'un grand coup, sur les tentatives de ceux qu'on signale toujours comme terroristes et qui, plus que les brigands qui assassinent, obéissent aux lois ; toutes ces craintes qu'on cherche à inspirer, sont l'ouvrage des agioteurs ; c'est la Bourse, ce repaire de vampires, dont la cupidité surpasse l'audace, dont la patrie est le comptoir ; c'est la Bourse qui est le foyer de toutes ces rumeurs, qui finiront par se dissiper comme les brouillards. Paris n'a jamais été plus calme..... »

MCCI

4 FRIMAIRE AN VI (24 NOVEMBRE 1797).

Rapport du bureau central du 5 frimaire.

Esprit public. — On s'est en plusieurs endroits publics récrié contre les efforts perfides que font depuis quelques jours les royalistes pour faire craindre des troubles, et les inquiétudes qu'ils ont semées ont déjà jeté des germes, quoique rien n'ait paru encore les justifier ; il existe au contraire dans toutes les opinions politiques une stagnation plus grande que de coutume, et c'est cette immobilité, c'est ce calme que les antirépublicains veulent faire passer pour le présage de quelque nouvel événement. — Les bruits de division entre les membres, tantôt du Directoire, tantôt du Corps législatif subsistent toujours, mais on s'en méfie plutôt que l'on ne semble y ajouter foi. — Le besoin a paru arracher hier des murmures à la classe la moins aisée, particulièrement sur les marchés ; elle se plaignait de ne pas jouir assez promptement des bienfaits que le temps va faire émaner de la paix. — Mais les plaintes sont sans ménagements, quelquefois aussi marquées au point de l'incivisme dans la classe des négociants : c'est spécialement à la journée du 18 fructidor qu'une partie d'entre eux attribue la stagnation actuelle du commerce. Non seulement le plus grand nombre d'entre eux est imprégné d'égoïsme, mais tous, en général, manifestent du dégoût à s'occuper de la chose publique. — On aperçoit tout le mauvais effet que produisent dans les esprits les faux bruits répandus par les journaux ; ce qu'ils ont dit, contre toute vérité, d'assassinat commis dans un café des boulevards a fait le sujet de beaucoup d'entretiens. La manière dont ils ont également rapporté divers événements sur les routes a jeté la frayeur, retenu les voyageurs, et occasionné même des entraves au commerce. Nombre de citoyens hésitent aujourd'hui à confier des fonds aux voitures publiques. — Le calme était hier dans toutes les parties de la société, soit au matériel, soit sous le rapport de l'opinion.

Spectacles. — Le concours fut faible hier au théâtre des Arts au commencement du spectacle, mais fut très nombreux après le *Chant du Départ*. Le mauvais temps qu'il fit empêche de déclarer si ce fut par prévention contre cette scène patriotique, l'esprit que l'on remarque dans ce théâtre étant habituellement bon. — Le public était aussi assez nombreux au théâtre de la République, où les airs patriotiques ont obtenu de vifs applaudissements et où le patriotisme est constant parmi les habitués. — Au théâtre de la rue Feydeau, la comparaison que fait l'*Inconstant*[1] de ses soldats à une girouette a été faite avec un peu de malignité ; on a également applaudi l'inconstant lorsqu'il vient à manifester le dégoût pour l'état militaire. — Rien de remarquable aux autres théâtres ; on trouve généralement du patriotisme dans ceux des boulevards.....

LE TELLIER.

(Arch. nat., BB³ 87.)

MCCII

5 FRIMAIRE AN VI (25 NOVEMBRE 1797).

RAPPORT DU BUREAU CENTRAL DU 6 FRIMAIRE.

Surveillance[2]. — ... On a trouvé, sur le chemin de Montrouge, deux chevaux sellés et bridés, et l'on présume qu'ils pourraient appartenir aux voleurs et assassins de la route de Fontainebleau, dont il a été parlé dans le rapport du 2. — Hier, sur les six heures du soir, l'on a arrêté au cimetière de la ci-devant rue Royale les citoyens Bichat, démonstrateur d'anatomie, Levraux, élève en chirurgie, et Dechoux, garçon d'amphithéâtre, lesquels étaient venus dans l'intention d'enlever six cadavres. Renvoyés devant le juge de paix de l'In-

1. En effet, le 4 frimaire, on joua au théâtre Feydeau *L'Inconstant*, par Collin d'Harleville.
2. Il n'y a pas d'articles sur l'esprit public ni sur les théâtres.

divisibilité, qui les a mis en liberté sous promesse de se représenter, lorsqu'ils en seraient requis [1].....

(Arch. nat., F 7, 3840.)

Le Tellier.

MCCIII

6 FRIMAIRE AN VI (26 NOVEMBRE 1797).

Rapport du bureau central du 7 frimaire.

Esprit public. — L'esprit public ressent de funestes influences et laisse voir des progrès de détérioration. C'est sans mesure que le royalisme se flatte d'un autre ordre de choses; c'est sans aucune circonspection qu'il se déchaîne contre le gouvernement. On découvre d'anciens partisans de la réunion de Clichy qui ne perdent pas l'espérance de voir remettre en vigueur le système de cette société; on voit des individus, en correspondance très suivie avec les royalistes des départements méridionaux, compter avec une sorte de joie sur les événements malheureux qui surviennent dans ces contrées pour quelques changements désastreux et funestes à la République. Il est enfin des hommes assez pervers pour désirer que la descente projetée sur les côtes d'Angleterre ait lieu, non pas dans l'idée que les troupes de la République triompheront encore dans cette entreprise, mais au contraire dans l'espoir que ce projet coûterait des amis à la République. — L'esprit des lieux de réunion se pervertit dans cette proportion. Les cafés où il se réunit le plus de royalistes sont très fréquentés; les opinions y sont plus hardies de jour en jour; républicains et terroristes continuent à y être réputés synonymes; on y tourne en dérision la plupart des institutions républicaines. — On

---

[1]. A la même date, il y a un arrêté du Bureau central sur l'observation du décadi (*Moniteur*, réimpression, t. XXIX, p. 76). Cet arrêté portait qu'aucune marchandise autre que des comestibles ne pourrait, les jours de fêtes nationales et les décadis, être exposée en vente dans les rues, places, halles et marchés de Paris, soit en échoppes, soit en étalages mobiles; qu'aucun marchand en boutique ne pourrait, ces mêmes jours, exposer aucune montre ni étalage de marchandises, faisant saillie sur la voie publique; que les maçons, charpentiers et autres ouvriers ne pourraient, ces mêmes jours, travailler ou préparer sur la voie publique les matériaux qui y seraient déposés en vertu de permissions; que les contrevenants seraient punis comme embarrassant la voie publique, et privés des permissions à eux accordées par le Bureau central, sans préjudice de l'amende qu'ils auraient encourue conformément à la loi du 3 brumaire an IV.

voit moins que de coutume, dans quelques autres cafés, l'alliage du patriotisme et du royalisme qui leur était ordinaire. Cette dernière opinion commence à y établir seule sa dominance, et tous les bruits, tous les propos qui peuvent tendre à effrayer le gouvernement de ceux qui sont fortement attachés au maintien de la République y sont accrédités et répétés. — Il existe aussi une tactique perfide, tantôt de calomnies, tantôt d'éloges, au moyen de laquelle on veut dérouter l'opinion du public, sur le caractère, les intentions et la moralité des hommes qui occupent actuellement les premières fonctions, de manière à les rendre peu à peu suspects et à discréditer d'autant les actes qui émanent de l'autorité. — Quelques personnes se sont plaintes de l'esprit de royalisme et de fanatisme qu'elles ont dit régner dans les principaux hospices de cette commune. — On confirme ici ce que l'on a dit dans les rapports précédents du prétexte que prennent de la gêne commune les malveillants, ardents à tuer le crédit public, pour débiter contre les ressources de l'État les bruits les plus calomnieux. Le mot de banqueroute est sans cesse dans leur bouche. Le rentier est l'objet prétendu de leur extrême compassion. — La déclaration de d'Antraigues[1] fait fortune dans beaucoup de salons. On y attache aussi une importance toute particulière à la pluralité des voix données, pour la présidence, au représentant Siéyès sur le représentant Tallien[2]. — Les partisans de la monarchie en un mot paraissent redoubler d'efforts pour préparer des divisions intestines.

Culte. — Il y a eu parmi les assistants, ou plutôt les curieux qui se sont portés aux exercices des théophilanthropes, une fermentation assez sensible sur plusieurs points, notamment aux édifices Sainte-Marguerite, Saint-Gervais, Saint-Germain. Il s'y glisse des perturbateurs qui professent tout haut la plus grande intolérance, et qui ne peuvent celer, dans leur haine pour ce culte, celle qu'ils portent au gouvernement, dont ils le croient un appui. Des femmes sont mises en avant pour calomnier l'un et l'autre. La surveillance a été obligée d'interposer ses soins pour maintenir le calme dans le premier de ces temples. Les autres ont joui d'une plus grande tranquillité; quant aux exercices mêmes du culte, ils ont eu lieu avec décence et modération. Ceux qui les ont pratiqués ont professé les principes d'une entière tolérance et d'une morale pure.

1. Voir les journaux du temps, et, entre autres, le *Moniteur*, réimpression, t. XXVIII, p. 800 et suivantes.
2. Siéyès avait été élu président du Conseil des Cinq-Cents dans la séance du 1er frimaire an VI.

Spectacles. — Ils ont joui du calme sans avoir donné lieu à aucune observation essentielle.....

Le Tellier.

(Arch. nat., BB³ 87.)

Journaux.

Rédacteur du 8 frimaire : « Ministère de la police générale. Avis officiel. Le *Fanal* du 2 frimaire, et après lui les *Annales politiques*, le *Journal du Soir ou Portefeuille* et le *Postillon de Calais* ont annoncé que le gouvernement avait fait fermer, décadi dernier, le temple de Saint-Gervais, où les théophilanthropes célébraient une fête en mémoire du général Hoche. Cette nouvelle est de toute fausseté. » — « Le *Journal des campagnes et des armées* a publié, dans son numéro du 3 frimaire, qu'à la suite d'une querelle survenue sur le boulevard du Temple, au bal du café Yon, une sentinelle, qui voulait rétablir la tranquillité, a été coupée en morceaux. Ce fait, qui a été répété par tous les journaux, est également faux. Il est également injurieux aux autorités chargées de la surveillance. » — *Journal des hommes libres* du 8 frimaire : « Les théophilanthropes multiplient leurs établissements ; il paraît que ce système moral et religieux, qui, jusqu'ici a l'avantage sur tous ceux qui l'ont précédé, de ne point présenter rien d'abrutissant ni de persécuteur à la raison humaine, acquiert tous les jours de nouveaux prosélytes. C'est un pas de plus fait au profit des lumières et à la honte de la superstition. Le temple connu sous le nom de Saint-Roch va, décadi prochain, recevoir une nouvelle colonie de ces adorateurs. Tous les gouvernements libres doivent les encourager. »

MCCIV

8 FRIMAIRE AN VI (28 NOVEMBRE 1797).

Rapport du bureau central du 9 frimaire.

Esprit public. — L'esprit public a beaucoup perdu, ces jours derniers, du caractère alarmant qu'il semblait vouloir prendre. Les hommes reconnus d'habitude pour haïr l'ordre actuel des choses ont moins de crédit dans les lieux de réunion, qui tous présentent un aspect tranquille. Au peu de contradiction qu'éprouvent les opinions des patriotes, on est fondé de croire que les armes de la malveillance s'émoussent d'une manière assez sensible. — L'admiration et l'estime générale vengent Buonaparte des calomnies que l'on déversait sur sa conduite, et les hommes les moins au courant des affaires publiques [1]...

1. Il manque un mot.

à de prétendus initiés dans les secrets du gouvernement, qui font tout ce qu'ils peuvent pour faire croire à des bruits de mésintelligence entre les membres du Directoire et supposent un projet qui doit procurer un grand étonnement. Le public, dont les lumières en politique s'étendent peu à peu, n'est point du tout la dupe de l'air mystérieux à la faveur duquel les royalistes, seuls auteurs de ces bruits, veulent donner du poids à leurs conjectures. — Loin de céder aux efforts des désorganisateurs, les patriotes conservent entre eux la plus étroite union. Les opinions n'offrent qu'une même nuance; elles tiennent en éveil les autorités premières sur la jactance et les menées des royalistes qui cherchent à les circonvenir. — On voit aussi un degré de plus d'attachement à la République dans les cercles littéraires et dans les cabinets de lecture. La classe des ouvriers, celle de la plupart des marchands de menu débit, la plupart des hommes de lettres et un très grand nombre d'hommes publics sont animés d'un bon esprit. — Un seul sujet occupe aujourd'hui les entretiens : la discussion ouverte au Conseil des Anciens sur la résolution relative aux ex-nobles. Il est à remarquer [que, soit] qu'on opine pour la résolution, soit qu'on la combatte, il règne dans les discussions moins d'intérêt que jamais pour l'ancienne caste. Très souvent ceux qui désapprouvaient cette résolution ne le faisaient que dans la crainte qu'elle ne donnât aux ci-devant nobles une considération, une importance qu'on est très éloigné de leur désirer, ceux seuls exceptés de cette manière de voir qui font parade d'une aristocratie invétérée. — L'esprit public enfin continue à se manifester sous le jour le plus avantageux dans la haine nationale que l'on porte au gouvernement anglais; tout ce qui peut y avoir rapport dans les entretiens publics est de nature à enflammer de courage l'armée d'Angleterre, dont on attend les plus grands succès. — Au matériel, l'ordre a existé sur tous les arrondissements de cette commune; il paraît même à l'abri de toute atteinte. Les travaux conservent encore de l'activité, malgré le désœuvrement d'un assez grand nombre d'ouvriers, calmes d'ailleurs et patients dans le sort qui les opprime.

Spectacles. — *Le Complot inutile*, pièce nouvelle en trois actes [1], donnée à l'Odéon, est une production ingénieuse et légère dont le but est assez moral ; les vertus conjugales y triomphent de toute la supercherie avec laquelle on veut les ternir en élevant des soupçons injustes dans l'esprit d'un époux contre sa femme, dans l'esprit d'un jeune homme contre celle dont il recherche la main. Cette pièce avait été

1. Par Patrat.

précédée de *Nanine*, qui a servi à faire ressortir dans le public le mépris le plus profond pour les préjugés de la noblesse. — *La petite Ruse* [1], pièce donnée au théâtre de la citoyenne Montansier, est, ainsi que *Le Complot inutile*, du citoyen Patrat. Cet acte est écrit dans le meilleur esprit; le général Buonaparte y trouve un panégyrique flatteur, autant que délicat; on y distingue des éloges aux défenseurs de la patrie, et ces passages ont été singulièrement applaudis du public. Cette production, par ses moralités, tend à maintenir l'union fraternelle entre les citoyens. — Ces deux pièces ont obtenu le succès qu'elles méritaient. — Les autres théâtres n'ont laissé entrevoir aucun intérêt public.....

Le Tellier.

(Arch. nat., BB³ 87, et F⁷, 3840.)

JOURNAUX.

Courrier des Spectacles du 10 frimaire : « *Théâtre Montansier*. Le petit vaudeville donné avant-hier à ce théâtre, sous le titre de *La petite Ruse*, est relatif à la paix, et a eu beaucoup de succès. L'auteur est le citoyen Patrat. Bernard, militaire, en partant pour l'armée, a laissé Victor et Rose, ses enfants, à un de ses amis, qui leur tient lieu de père. Depuis trois ans Bernard n'a pas donné de ses nouvelles à son ami. Celui-ci est vivement pressé par Suzette et Julien, ses propres enfants, de consentir à leur union avec Victor et Rose; mais, ne pouvant disposer que de l'un ou de l'autre, il est fort embarrassé. Nicaise, son domestique, vient annoncer que la paix est faite, sans pouvoir dire si c'est avec l'Angleterre ou avec l'Autriche. Le père de Suzette imagine alors d'écrire sur deux billets les noms des deux puissances et met les billets dans un chapeau, les fait tirer par Suzette et Rose, et leur promet que celle qui aura le nom de la puissance avec laquelle la paix est faite sera mariée sur-le-champ. Suzette use d'un petit stratagème pour forcer son père à faire les deux mariages. Nicaise ayant été envoyé à la poste voisine pour savoir la puissance avec laquelle la paix est faite, Suzette l'engage à dire que la paix est générale. Nicaise annonce cette bonne nouvelle; le père se voit obligé de signer les deux contrats. Une lettre adressée au notaire du lieu lui découvre bientôt le petit mensonge de sa fille; il veut la punir, en refusant de la marier avec son amant, mais le retour de son ami Bernard l'adoucit, et les quatre amants sont unis. Cette petite bluette a de jolis couplets; en voici un, que le public a fait répéter; Bernard parle ainsi de Buonaparte :

Air du *Petit matelot*.

Dans le combat fier et terrible,
Bravant les grêles des boulets,
Toujours calme, toujours paisible,
Il exécute ses projets (*bis*).

---

1. Opéra-vaudeville relatif à la paix.

On dit que la mort pâle et blême,
A l'aspect de Buonaparté,
En voyant son courage extrême,
L'admire, — et passe de côté (bis).»

MCCV

9 FRIMAIRE AN VI (29 NOVEMBRE 1797).

Rapport du bureau central du 10 frimaire.

Surveillance. — ... Le nommé Meusnier-Dubreuil, ex-constituant, demeurant rue Grange-aux-Belles, a été arrêté par ordre du Bureau central. Perquisition faite chez lui par le commissaire de police de la division de Bondy ; plusieurs pièces d'écritures relatives aux recherches y ont été trouvées. A été conduit au Bureau central avec les objets saisis, après procès-verbal dressée par ledit commissaire..... — Hier au soir, sur le boulevard du Temple, une rixe a eu lieu entre un cocher de place, ayant n° 242, et le citoyen Bentabole, représentant du peuple, pour avoir refusé 50 sols pour une course. Les mesures répressives seront prises à ce sujet.....

Lessore.

(Arch. nat., BB³ 87.)

MCCVI

10 FRIMAIRE AN VI (30 NOVEMBRE 1797).

Rapport du bureau central du 11 frimaire.

Esprit public. — Les opinions sont depuis assez longtemps au même degré de calme, et, si l'esprit public ne reçoit pas une amélioration très sensible, du moins il ne paraît pas tendre à se détériorer. Un grand nombre de citoyens avaient pressenti que la résolution relative aux ci-devant nobles n'éprouverait que peu d'opposition au Conseil des Anciens, et l'approbation qu'il vient de lui donner ne produit pas une grande sensation [1]. — L'opinion d'un café ferme en royalisme vient de revirer d'une manière prompte et frappante sur le compte

1. Voir plus haut, p. 400.

du général Buonaparte, haï dans cet endroit jusqu'à ce jour, traité d'ambitieux, de Jacobin, de terroriste : il est aujourd'hui considéré comme un homme essentiel, sur le courage duquel les « honnêtes gens » (on sent toute la portée de cette qualification) doivent compter pour purger les premières autorités des brigands qui s'y trouvent, faire rapporter les décrets sur les nobles et autres, enfin opérer, toujours dans le même sens, les changements les plus surprenants. — Là encore on continue à se flatter de l'arrivée en Angleterre de la corvette qui portait les représentants condamnés à la déportation. On observe que le délire des royalistes habitués à cet endroit est tel qu'il n'offre nulle part un caractère aussi prononcé. — Du reste, il n'est dans le public que très peu de conjectures politiques ; aucune, faute d'événement d'un grand intérêt, n'a de base certaine ; cette commune dans toutes ses parties présente l'aspect le plus tranquille.

Culte. — Les exercices des théophilanthropes ont été par eux-mêmes calmes et décents. La morale n'y a rien perdu de sa simplicité. On a vu un nombre de prosélytes plus grand que de coutume et plus d'enthousiasme parmi ceux qui participent à ces institutions, mais aussi on a remarqué que la foule des malveillants avait abondé plus que jamais dans les temples et y portait l'irrévérence à son comble. Le bourdonnement, ou plutôt les entretiens à haute voix y sont continuels ; on y passe avec bruit, comme dans une place publique ; on y tient les propos les plus injurieux sur la moralité, les intentions et la conduite des théophilanthropes dans le cours de la Révolution, et les traits grossiers que la malveillance porte à ce culte vont frapper sur le gouvernement, que l'on en croit l'appui. — Presque partout les étalages ont disparu [1], mais presque partout aussi les boutiques étaient ouvertes. La classe des marchands ne paraît pas encore disposée à favoriser les institutions républicaines, et le fanatisme emprunte avec perfidie la voix de l'humanité pour plaindre les ouvriers, « auxquels on enlève un jour de travail, lorsqu'ils sont déjà si malheureux ». Telle est, chez les amis de la monarchie, la manière nouvelle de s'apitoyer sur le sort de la classe laborieuse et de discréditer les institutions liées au maintien de la République.

Spectacles. — Il s'est rendu beaucoup de monde aux spectacles ; le calme a été le partage de tous ; il ne s'y est passé aucun événement digne d'être annoté.....

COUSIN.

(Arch. nat., BB³ 87.)

---

1. Voir plus haut, p. 469, l'arrêté du Bureau central du 5 frimaire.

JOURNAUX.

Patriote français du 13 frimaire : « ... Les théophilanthropes se sont installés décadi dans deux nouvelles églises, celles de Saint-Sulpice et de Saint-Roch. Ainsi leur culte s'exerce actuellement dans tous les quartiers et dans les plus vastes des édifices religieux de Paris. Ils se sont ainsi établis dans la commune de Franciade, et on calcule qu'il n'y a pas une douzaine de cantons dans le département de la Seine qui n'ait sa société théophilanthropique, tant on est las de prêtres marchands d'absolutions ; ce qui prouve qu'on aime mieux la morale *gratis* que des dogmes *pour de l'argent.* »

MCCVII

12 FRIMAIRE AN VI (2 DÉCEMBRE 1797).

RAPPORT DU BUREAU CENTRAL DU 13 FRIMAIRE.

Esprit public. — On ne donnera pas comme une preuve de détérioration de l'esprit public l'impudence encore plus grande qu'affichent les royalistes depuis quelque temps. Cependant on a la douleur de voir qu'une aristocratie virulente commence à essayer ses forces dans les cafés qui jusqu'à ce jour ne lui donnaient que peu d'accès ; partout des hommes, qui laissent lire dans leurs traits le mépris de la chose publique, colportent les bruits qu'ils croient les plus propres à fourvoyer l'opinion et à détruire la confiance. On veut donner un crédit particulier à des scissions que l'on suppose entre les membres du Directoire, à des projets de changement dans le ministère ; on crée, on redit de prétendus entretiens, même de graves altercations entre tels ou tels magistrats pour en tirer occasion de pronostiquer de nouvelles commotions. Tenir les citoyens en méfiance contre le gouvernement, les effrayer d'un retour de terreur, nourrir les alarmes sur l'avenir, assimiler les patriotes à des désorganisateurs, forcer les éloges sur le compte du général Buonaparte, prétendre en faire un épouvantail aux républicains même : telle est la tactique du jour. — Mais si les efforts de la malveillance sont sensibles dans les lieux publics, leur impuissance sur les esprits du plus grand nombre ne l'est pas moins. La masse du peuple est paisible et semble à l'abri de toute suggestion. Une infinité de citoyens, amis de l'ordre, ont les yeux ouverts sur les menées des malintentionnés, qui ne sont pas toujours habiles à suivre leur plan ; on a vu récemment des individus affecter le langage des plus chauds partisans de Robespierre et reconnus pour forcenés royalistes par les royalistes mêmes. — La classe des négociants et gros marchands, loin d'être réconciliée avec les événements du 18 fructidor, ne cesse de leur imputer la stagnation de leur commerce et continue à la dire plus grande depuis cette époque. — Beaucoup d'entretiens ont roulé sur le culte des théophilanthropes. Un intérêt pour le culte catholique, mal justifié par la moralité de ceux qui le témoignent et, une hypocrisie saillante caractérisent les détracteurs de ce culte, auquel au contraire on commence à donner partout d'éminents éloges; il en a été entendu dans plusieurs cafés, où l'on avait précédemment aperçu beaucoup de prévention à cet égard. — Du reste, parfaite tranquillité dans le public et nulle observation à faire qui frappe sur des événements particuliers. Seulement on observe qu'en plusieurs endroits la conduite peu circonspecte et peu décente de quelques militaires a excité beaucoup de plaintes; des rapports précédents contenaient déjà une observation semblable.

Spectacles. — L'affluence y est toujours assez grande, et cependant la scène n'offre pas plus d'occasion que de coutume à l'esprit public de s'y manifester sous un jour avantageux. On aperçoit pourtant qu'il ne demande qu'à saisir cette occasion. C'est déjà un progrès de plus pour la chose publique que la rareté, même la disparition de toute maligne interprétation depuis plusieurs jours. Quant aux incidents particuliers, ils ont été nuls. Le calme et la décence existent dans les théâtres en général.

Surveillance. — ... Vingt exemplaires d'un écrit intitulé *L'Espion de la République* ont été saisis hier chez le citoyen Durand, libraire au Palais-Égalité, par ordre du commissaire de police de la Butte-des-Moulins. Procès-verbal en a été dressé.....

Cousin.

(Arch. nat., BB³ 87.)

Journaux.

Bien Informé du 15 frimaire : « Le Bureau central du canton de Paris aux commissaires de police. Paris, 12 frimaire. Citoyens, dans quelques-uns de vos arrondissements les marchandes de fleurs ont été expulsées, décadi dernier des places qu'elles occupent sur la voie publique. Notre arrêté du 5 de ce mois[1] ne prononce point d'exception en leur faveur. Néanmoins on a agi à leur égard avec un peu trop de sévérité. Les fleurs exposées aux regards produisent sur l'homme vertueux et sensible les sensations les plus

1. Voir plus haut, p. 469, note.

pures; dans les fêtes publiques, elles rappellent la beauté de la nature; elles ornent le front de la sagesse et le char du héros. Loin de les proscrire les jours de décadi, il serait à désirer qu'elles fussent semées sous les pas de tous les habitants de cette cité, et que la terre en fût jonchée de toutes parts. Ainsi donc vous favoriserez le commerce et le débit des fleurs, et vous excepterez les bouquetières de la défense prononcée par notre arrêté contre les étalages mobiles, les jours de décadi et des fêtes nationales. Les administrateurs du Bureau central : LESSORE, COUSIN, LE TELLIER. »

MCCVIII

13 FRIMAIRE AN VI (3 DÉCEMBRE 1797).

RAPPORT DU BUREAU CENTRAL DU 14 FRIMAIRE.

Esprit public. — Un calme parfait a subsisté, subsiste encore sur tous les points de cette commune. Un faubourg, désigné dans quelques feuilles comme sourdement travaillé par le royalisme, est loin d'annoncer aucune disposition à céder à ses suggestions. Les extrémités de Paris ne ressentent pas au contraire autant que son centre les effets de la malveillance. Du reste, quelque certaine que soit son activité, elle est du moins impuissante sur la masse des véritables républicains, toujours étroitement unis d'opinion. — Les royalistes des cafés et de quelques hauts cercles parlent toujours de Buonaparte comme d'un point d'appui sur lequel ils comptent pour faire tourner les choses à leur gré. Autant il était calomnié il y a quelques mois dans cette partie de la société, autant il y est loué aujourd'hui. Le plus grand nombre des citoyens, au courant des affaires publiques, ne paraît pas la dupe de ce changement.

Culte. — Hier, jour correspondant au dimanche, presque toutes les boutiques étaient fermées; elles l'étaient sans exception dans le Jardin-Égalité. Cet état de choses était si sensible que quelques personnes regardaient cette fermeture constante des boutiques les dimanches comme une véritable lutte contre les institutions décadaires. — Le culte des catholiques fait moins de sensation de jour en jour; il est moins suivi. — Le culte des théophilanthropes a eu lieu partout avec calme et décence ; l'un et l'autre ont aussi été plus grands parmi les assistants ou curieux qui se sont portés dans les temples; on a, en outre, entendu sortir de la bouche des catholiques des éloges sincères des exercices de morale des théophilanthropes. — On observe ici que le bruit répandu par quelques journaux d'un assassinat commis par un catholique sur un théophilanthrope, dans l'édifice Gervais, est de toute fausseté; que de plus il est officiellement démenti par les rapports des officiers publics chargés de la surveillance.

Spectacles. — Arlequin Jacob et Gilles Ésaü [1], pièce nouvelle donnée hier au Vaudeville [2], est une facétie ingénieuse, qui ne contient rien de répréhensible sous le rapport de l'opinion ou sous celui des mœurs ; elle a obtenu un plein succès. — Le public a été un peu bruyant au théâtre de la rue Favart ; une partie du parterre a quelque temps rendu un particulier l'objet de ses cris immodérés. Cet excès de joie a cessé assez promptement. — La Reprise de Toulon a fait plaisir; on a ri aux dépens de la prétendue humanité, de la prétendue générosité anglaise et de la dévotion de l'officier portugais. Lorsque les Français saisissent et précipitent dans le fossé le drapeau chargé de léopards pour y substituer le drapeau tricolore, ce mouvement a été applaudi de tout le parterre avec un enthousiasme qui a paru beaucoup moins sensible dans les loges. — Du reste, les théâtres, quoiqu'un peu bruyants, ont tous joui du bon ordre et de la décence convenables.....

LE TELLIER.

(Arch. nat., BB³ 87, et F⁷, 3840.)

[Dans le registre du Directoire exécutif (Arch. nat., AF* III, 9), à la date du 13 frimaire, on lit ceci :]

Le Directoire décerne un mandat d'arrêt contre les imprimeur et rédacteur du journal intitulé le Journal-du Matin ou le Portefeuille, comme ayant, dans le n° 701 dudit journal, annoncé une désunion formelle entre les membres du Directoire, laquelle calomnie coïncide avec les manœuvres ourdies par l'étranger, qui cherche à accréditer cette fausse supposition ; et il ordonne qu'ils seront traduits par devant le directeur du jury, qui instruira contre tous les complices de la même faction. Il prohibe en même temps le journal intitulé le Défenseur de la vérité et des principes, et charge le ministre de la police générale de s'assurer quel est le rédacteur d'un article inséré dans le n° 108 dudit journal, dans lequel il a cherché à avilir les

1. Arlequin Jacob et Gilles Ésaü, ou le Droit d'Aînesse, folie-vaudeville en un acte et en prose, sujet tiré de l'Ancien Testament, représenté à Paris sur le théâtre des Jeunes-Artistes, le 13 frimaire an VI, par J.-B. Hapdé. Paris, an VII, in-8° de 37 pages.
2. Comme on l'a vu par la note précédente, cette pièce fut jouée au théâtre des Jeunes-Artistes.

membres du Directoire et du Corps législatif en rendant un compte faux et artificieux d'un procès-verbal du Conseil des Cinq-Cents [1]. — Il est fait lecture d'un article du n° 639 d'un autre journal intitulé *l'Ami de la patrie ou Journal de la Liberté française*, tendant à attirer sur les lois la haine des citoyens et à diffamer, par les mensonges les plus odieux, les deux Conseils législatifs. Le Directoire, en vertu de la loi du 19 fructidor, prohibe ledit journal et arrête que les scellés seront apposés sur les presses qui servent à l'imprimer. Le président du Directoire exécutif : P. BARRAS ; le secrétaire général : LAGARDE.

JOURNAUX.

Rédacteur du 15 frimaire : « *Bureau central du canton de Paris. Illumination pour la publication de la paix*. Le Bureau central prévient les habitants de Paris qu'une salve d'artillerie doit annoncer, sous peu de jours, la ratification du traité de paix qui doit consolider la République et assurer le repos du peuple français, et qui sera de suite proclamée dans Paris. Le jour, encore incertain, où les citoyens de cette commune seront avertis de cette fête par le bruit du canon, devra être prolongé et embelli par une illumination générale, à laquelle ils sont, en conséquence, tous invités de concourir, en éclairant le devant de leurs habitations. Au Bureau central, ce 13 frimaire, an VI. Les administrateurs, signé : LESSORE, COUSIN, LE TELLIER. » — *Courrier des Spectacles* du 13 frimaire : « *Sur l'heure à laquelle commencent et finissent les spectacles, et sur la longueur des entr'actes*. Autrefois, les spectacles finissaient à neuf heures, et les personnes qui en demeuraient le plus loin pouvaient facilement être rentrées chez elles, à pied, avant dix heures ; maintenant, il n'est pas extraordinaire de voir des spectacles finir à dix heures et demie. Admettez un habitant du faubourg Poissonnière qui sort de l'Odéon, et qui s'en retourne à pied : il sera près de minuit quand il arrivera chez lui, heureux de n'avoir pas fait de mauvaise rencontre. Quand les spectacles finissaient à neuf heures, ils avaient commencé à cinq heures et demie, six heures moins un quart ; et aujourd'hui il en est souvent six et demie et même plus, que la toile n'est pas levée. On me répondra que l'on dîne plus tard que dans le temps dont je parle. Eh bien ! en supposant que l'on dîne à trois heures, même plus tard, ne peut-on pas être rendu à la comédie à cinq heures et demie ? Que les théâtres composent bien leur répertoire, qu'ils soignent les représentations des pièces : le plaisir qu'on y éprouvera sera comme autrefois un besoin d'y aller, et, comme autrefois, on se pressera de s'y rendre. Qu'ils lèvent la toile à cinq heures et demie : ceux qui n'arriveront qu'à six sentiront la nécessité de se hâter une autre fois..... »

1. Le journal *le Défenseur de la vérité* avait été dénoncé le 9 frimaire au Directoire par un message du Conseil des Cinq-Cents comme contenant des provocations coupables dans un article sur la séance du 3 frimaire dudit Conseil.

MCCIX

14 FRIMAIRE AN VI (4 DÉCEMBRE 1797).

Rapport du bureau central du 15 frimaire.

Esprit public. — Les opinions n'ont point changé. Les royalistes font toujours ce qui dépend d'eux pour persuader que la division existe au sein du Directoire ; mais leurs efforts à cet égard commencent à divertir; on croit moins à leurs nouvelles mystérieuses sur cette prétendue division. Seulement quelques colporteurs abusent et alarment encore les esprits par des annonces perfides ; il en a encore été arrêté un hier, trouvé en contravention. — On aperçoit aussi les traces de l'inquiétude profonde que jette dans toutes les classes de la société le bruit des vols et des assassinats sur tous les points de la République. — Les moyens de surveillance employés dans les parties principales du Jardin-Égalité ont fait disparaître depuis quelques jours l'excès de scandale qui ne cessait d'y affliger les mœurs. On a lieu de croire que le scandale lui-même sera tout à fait banni des lieux où il semble avoir établi depuis longtemps son empire. — Il n'est, quant au matériel, aucun événement à noter ; le calme subsiste de toutes parts.

Spectacles. — *La Prude*, pièce nouvelle en cinq actes et en vers, par le citoyen Mercier[1], est écrite et conçue de manière à faire beaucoup de sensation sous le rapport de l'opinion, comme sous celui de la littérature. Le principal personnage est celui d'une femme qu'une faiblesse pour un jeune séducteur rendit mère, il y a quinze ans, à laquelle on a fait croire mort le fruit de son erreur, et qui depuis ce laps de temps cache cette tache faite à sa vertu par le dehors d'une dévotion fervente. Le fruit de cet amour illégitime aime la nièce de la prude ; mais il n'émet que des vœux timides, dans l'ignorance où il se trouve de ce qui a trait à sa naissance. Un Italien, maître de musique, facilite à cet enfant un rendez-vous auprès de sa maîtresse sous les yeux mêmes de la prude et entre dans l'esprit de médisance de cette dernière en confirmant le soupçon qu'elle conçoit que ce jeune homme est fils illégitime de sa belle-sœur, mariée depuis. Le séducteur, ramené auprès de la prude par des circonstances peu intéressantes à déduire, met un amour-propre particulier à triompher de cette femme, feint une entière conversion, recueille au

---

1. Jouée au théâtre Feydeau le 14 frimaire an VI.

lit de mort d'une vieille tante le secret de ses anciennes amours, couvre de honte la prude, à laquelle il déclare et montre en présence de sa famille le fils qu'elle suppose être l'enfant secret de sa parente. Frappé de ces effets du sort et du jour répandu sur des événements aussi singuliers, il s'exécute et se marie, rétablissant ainsi l'honneur de la prude et légitimant la naissance de son fils. — Il n'appartient pas ici de juger des beautés multipliées et des imperfections de cette pièce ; les ridicules du jour y sont tracés avec beaucoup de force ; ceux qui ont trait à la parure des femmes y sont quelquefois un peu libres et paraissent nécessiter des changements. On a fait une application sensible au moment où le séducteur objecte les galères comme la récompense dangereuse de l'intrigue : le valet lui répond : « On en revient. » Il est encore une application très forte, qui frappe sur les gens d'affaires : « Sont-ils gueux, dit à peu près le valet ? ils pillent ; sont-ils riches ? ils parlent propriété. » Ici les applaudissements ont été très prolongés. — Il est une immoralité marquante dans quelques principes professés par le séducteur sur le mariage, à ce qu'il consent, avec une extrême indifférence, à être dupe comme mari par la raison qu'il en a dupé bien d'autres. Cette pièce, précieuse par la beauté des premiers actes, par la pureté du style et par la richesse des tableaux, n'a rien de répréhensible sous le point de vue de l'opinion ; mais, sous celui de la morale, [elle] peut gagner à des changements. — Le calme a régné dans tous les théâtres.....

LESSORE.

(Arch. nat., BB³ 87.)

MCCX

15 FRIMAIRE AN VI (5 DÉCEMBRE 1797).

RAPPORT DU BUREAU CENTRAL DU 16 FRIMAIRE.

Surveillance. — ... Par ordre du Bureau central, le commissaire de police, division du Panthéon, a fait hier perquisition chez le citoyen Berthé, imprimeur du journal intitulé le *Défenseur de la liberté et des principes*[1] ; les scellés ont été apposés sur les trois presses. Les nommés Coulongé et Bescher, l'un co-propriétaire dudit journal, et l'autre rédacteur, ont été arrêtés.....

LE TELLIER.

(Arch. nat., BB³ 87.)

1. Voir Tourneux, n° 11,121.

MCCXI

16 FRIMAIRE AN VI (6 DÉCEMBRE 1797).

RAPPORT DU BUREAU CENTRAL DU 17 FRIMAIRE.

Esprit public. — La corruption de l'esprit public paraît avoir fait des progrès effrayants; la malveillance, ou pour ne laisser lieu à aucune équivoque, le génie du royalisme, n'osant encore compter sur le présent, fait tout ce qu'il peut pour s'emparer de l'avenir. Il est parvenu à frapper des plus vives inquiétudes un très grand nombre de citoyens. Le tableau suivant justifiera cette assertion. — Il est certain que Paris est rempli d'hommes qui ne cherchent qu'à semer la défiance et le soupçon contre le gouvernement et contre les hommes en place. — Il est certain qu'une foule de gens sans aveu et sans fortune affluent dans cette commune, y font de la dépense, que beaucoup d'étrangers ne paraissent pas y être venus sans intention. Il est certain qu'aux ressources nouvelles et inconnues dans leur principe, mises en évidence par un assez grand nombre d'individus, on peut croire que l'or de l'Angleterre est en pleine circulation. — Il est certain que les hommes reconnus publiquement pour ennemis jurés de la République disent du général Buonaparte un bien infini, avéré sans doute dans la bouche de tous les patriotes, mais suspect dans la leur, que ces mêmes hommes ne supposent le général Buonaparte à Paris que pour opérer un grand changement dans le gouvernement, qu'ils suivent avec une extrême chaleur le plan par eux conçu de faire croire à l'existence d'une scission complète parmi les membres du Directoire, qu'ils mettent à leur gré les citoyens d'un côté et les défenseurs de la patrie de l'autre, et qu'ils portent la méchanceté jusqu'à désigner des chefs aux factions qu'ils supposent et que certainement ils voudraient faire naître. Il est certain qu'on entend de nouveau prononcer le nom de *patriotes exclusifs*, et qu'on suppose ceux que l'on qualifie ainsi furieux contre Buonaparte; que dans la plupart des cafés on traite de fables les menées des mal intentionnés, et de politique les mesures de surveillance exercées contre eux par les autorités; qu'enfin les antirépublicains sont parvenus d'accréditer dans les classes très nombreuses des gens crédules ou craintifs le bruit que l'on était encore à la veille d'une secousse. — Quelque affligeantes et quelque vraies que soient ces observations, on affirme qu'à pénétrer les dispositions du peuple, sans aucune acception d'état et de fortune, il est calme, en garde contre les suggestions, et qu'il est même déterminé à laisser les ennemis de la République aller seuls au devant de la punition qui ne pourrait manquer de suivre leur conduite criminelle.

Spectacles. — La dernière (?) représentation de *La Prude* a eu lieu hier au théâtre de la rue Feydeau ; le concours y était assez grand ; les applications ont été moins saisies ; les imperfections y ont été moins sensibles ; cependant il est des passages qui, s'ils étaient changés, eussent offert sans doute moins de cette immoralité que le public lui-même s'accorde à leur reprocher. — Le calme et la décence ont existé dans tous les théâtres.....

Cousin.

(Arch. nat., BB³ 87, et F⁷, 3840.)

JOURNAUX.

Patriote français du 17 frimaire : «..... A Paris, la police a pris les mesures les plus rigoureuses pour faire arrêter et punir les brigands qui s'étaient organisés en compagnies sous les murs mêmes de Paris. Beaucoup d'entre eux sont signalés, et on est à leur recherche. Le général Lomaine, commandant la 17° division militaire, a placé de forts détachements dans toutes les communes qui environnent Paris, avec ordre de faire des patrouilles jour et nuit, pour protéger les voyageurs et les voitures publiques, et assurer la tranquillité des citoyens. Indépendamment de ces détachements, chaque régiment de cavalerie en garnison à Paris fait pendant toute la nuit des patrouilles à 2 lieues de rayon. Toutes les troupes sont sur pied dans l'étendue de la division, et des forces considérables peuvent, au premier signal, se réunir sur tous les points. De semblables mesures sont prises dans les autres divisions militaires. Ces dispositions, soutenues par la surveillance des corps administratifs, dont l'épuration se continue avec la plus grande activité, doivent rassurer les bons citoyens, et leur répondent que les preux chevaliers de Blankenbourg, désespérés de n'obtenir pas plus de succès dans leurs camps volants, que sous les drapeaux honteux de la coalition, quitteront enfin le territoire de la liberté, devenu pour eux une terre dévorante, pour porter ailleurs leur opprobre et leurs remords. » — *Gazette nationale de France* du 17 frimaire : « Le Bureau central vient d'adresser une circulaire aux commissaires de police, dans laquelle il désavoue la sévérité dont on a usé à l'égard des marchandes de fleurs, qui ont été, décadi dernier, expulsées des places qu'elles occupent sur la voie publique [1]. Il n'y a rien de plus gracieux, de plus fleuri que cette proclamation : c'est un petit chef-d'œuvre érotico-administratif... » — *Ami des Lois* du 17 frimaire : « Les journaux ennemis de la République sont d'une grande stérilité : ils se bornent à disséquer les journaux patriotes, à citer sèchement quelques articles officiels ou quelques nouvelles

---

1. Voir plus haut, p. 477.

indifférentes. Ils avaient tant d'éloquence autrefois! Ils étaient si discrts! Ils étalaient de si belles maximes! Leurs dissertations politiques étaient inépuisables, et aujourd'hui ils sont morts....»

MCCXII

17 FRIMAIRE AN VI (7 DÉCEMBRE 1797).

RAPPORT DU BUREAU CENTRAL DU 18 FRIMAIRE.

Lieux publics[1]. — Il ne s'est formé hier aucun groupe d'objets politiques (*sic*); ceux-là (et c'étaient les seuls) qui ont eu lieu autour de quelques marchands de chansons ont été calmes, et d'ailleurs peu considérables.

Cafés. — Les cafés présentent l'aspect le plus tranquille ; les opinions y sont calmes et décentes. A l'occasion du mécontentement qu'un garçon a donné aux citoyens présents, il y a eu un instant de rumeur dans l'un des cafés du Jardin-Égalité, mais elle a cessé par les soins de ceux chargés d'y maintenir l'ordre. Ces lieux n'ont offert d'ailleurs aucune particularité remarquable.

Spectacles. — Ils n'ont pas obtenu un concours très grand; la décence, la tranquillité y ont existé ; l'une et l'autre furent momentanément troublées à l'orchestre du théâtre du Vaudeville, par des individus qui ont été reconnus pour être pris de vin. Leur prompte sortie remit les choses dans l'état convenable. — Quant aux représentations, elles n'ont fait naître aucune application.

Surveillance. — ... Le nommé Noël, rédacteur du journal[2], demeurant rue Traversière, a été arrêté par ordre du juge de paix de la Butte-des-Moulins. Conduit au Bureau central.....

LESSORE.

(Arch. nat., BB³ 87.)

JOURNAUX.

Narrateur universel du 18 frimaire : « *Paris, le 17 frimaire.* Le voyage de Buonaparte à Paris ne fournira vraisemblablement pas une riche moisson aux conteurs d'anecdotes et de bons mots. Ce général, sur lequel repose, surtout en ce moment, la pacification de l'Europe, et qui probablement est venu

1. Il n'y a pas d'article *Esprit public.*
2. On ne dit pas de quel journal il s'agit.

se concerter à ce sujet avec le Directoire, ne paraît pas du tout disposé à amuser de sa présence les cercles et les sociétés. Tous les regards le cherchent, et il semble fuir tous les regards et se dérober à tous les hommages. Il est descendu, non au Luxembourg, comme on l'a dit, mais chez lui ; il était accompagné de Berthier et de Championnet. La première personne qu'il ait reçue a été Barras, qui, le soir même, a passé avec lui quelques heures. Hier 16 frimaire, Buonaparte, après avoir eu une entrevue d'une heure avec Talleyrand, au ministère des relations extérieures, s'est rendu avec lui chez Barras, en qui il allait voir le président du Directoire et son ami. Il a eu ensuite une conférence de plus de deux heures avec les membres du Directoire, réunis au lieu de leurs séances. Que de destinées ont dû être agitées ! Que de nations dont le sort est entre les mains de Buonaparte et du Directoire !..... Buonaparte a dîné avec le ministre chez Barras. Il paraît avoir exprimé la volonté formelle de ne manger désormais hors de chez lui que le jour où il aura son audience solennelle au Luxembourg. La rue Chantereine, qu'il habite, est presque aussi solitaire que de coutume. Il est résolu à ne recevoir que très peu de monde et moins encore à se prodiguer. Pour se dérober à l'enthousiasme général, il évite les endroits fréquentés ; il sort peu, et dans une simple voiture à deux chevaux, sans aucune suite. Il se promène assez souvent dans son modeste jardin, où son épouse avait fait construire, il y a deux ans, un petit pont en bois, appelé le *pont de Lodi*. Madame Buonaparte n'est point à Paris ; elle ne doit arriver que dans deux ou trois jours. Buonaparte a déjà déclaré qu'il devait repartir pour Rastadt le 26 frimaire..... » — *Ami des Lois* du 18 frimaire : « Bigotes et Béguines. Il ne faut pas se lasser d'éveiller l'attention des gouvernants et des administrations secondaires sur l'incivisme de leurs employés de toute espèce. Les administrateurs des hospices de Paris, nouvellement entrés dans cette carrière, ont besoin de quelques renseignements. Je ne parlerai pas des commis du grand bureau, leur royalisme est assez connu ; mais il est une autre espèce d'êtres bien plus dangereux qu'il faut signaler ; je vais commencer par l'Hospice de l'Est, faubourg Antoine. Déjà il en a été fait mention, mais on a oublié la citoyenne Cécile, ci-devant la sœur du pot, à Saint-Paul, où elle était compagne de sœur Lucie dans cette maison ; elle y apporta un esprit d'intrigue et de tracasserie qui brouillèrent ces anges du Seigneur ; son maintien hypocrite, sa fausse douceur, trompèrent les âmes honnêtes sur son compte. Lorsque ces maisons furent supprimées, l'amour la fit paraître patriote, et la sœur Cécile épousa le vertueux Mellot, sacrifié au 9 thermidor. La réputation de son mari lui donna des protecteurs, et elle obtint une place à l'Hospice de l'Est. Là, elle a pour compagnes deux religieuses dont j'ignore les noms, et c'est dans leurs mains qu'elle fit abjuration de ses erreurs, c'est-à-dire d'avoir épousé un républicain. Dès ce moment, les prêtres les plus fanatiques furent reçus par elle ; les collaborateurs de l'abbé Dubois y furent appelés, et les malades ne purent obtenir d'autres consolateurs que ceux-là, malgré les ordres du ministre et de l'économe, que je crois patriote ; mais ce qui met le comble à la perfidie, c'est l'oubli dans lequel elle a laissé le fils de l'infortuné Mellot. Cette femme, d'une coquetterie raffinée, et qui, malgré sa prétendue dévotion, chérit toujours bien fort l'image de son sauveur, laisse cet enfant à l'abandon ; et si le gouvernement n'avait donné un asile à cette malheureuse victime, la misère eût été son partage. Voilà pourtant un de ces êtres protégé, tandis que les femmes de nos glorieux défenseurs ne peuvent obtenir un refuge ! C'est à vous, administrateurs patriotes, à éloigner de l'asile des infortunés celles qui y sèment le poison du fanatisme, et, si l'économe de cette maison ne vous dit pas les vérités que j'atteste, je me charge de le dénoncer lui-même comme protégeant les ennemis de la République. *Un abonné.* »

MCCXIII

18 FRIMAIRE AN VI (8 DÉCEMBRE 1797).

RAPPORT DU BUREAU CENTRAL DU 19 FRIMAIRE.

Lieux publics. — Il n'est survenu dans les lieux publics aucun événement ; les opinions y ont été paisibles ; le calme a régné dans tous les cafés et cabinets littéraires. — Sur les huit heures du soir, il s'est élevé une rixe entre quelques agioteurs au Jardin-Égalité ; ce scandale a promptement disparu et n'a eu aucune suite. — Une fête a eu lieu hier à l'édifice de Saint-Leu et elle s'est passée dans le plus grand calme. — Il ne s'est formé aucun groupe.

Spectacles. — Les spectacles n'ont offert aucune particularité sensible. — Les applications dont on a précédemment rendu compte, à l'occasion de *La Prude*, jouée au théâtre Feydeau, ont été vivement saisies hier ; la censure continue à s'exercer sur l'immoralité de quelques personnages de cette pièce. — Du reste, tranquillité parfaite sur tous les points.....

LESSORE.

(Arch. nat., BB³ 87.)

MCCXIV

20 FRIMAIRE AN VI (10 DÉCEMBRE 1797).

RAPPORT DU BUREAU CENTRAL DU 21 FRIMAIRE.

Fête nationale. — Toutes les classes de la société, sans aucune exception, ont paru animées de la joie qu'inspirait la circonstance [1] ; tout a présenté l'aspect de la gaîté. Les voies publiques étaient rem-

---

1. Le 20 frimaire an VI, Bonaparte, apportant la ratification du traité de paix conclu avec l'Empereur, fut reçu par le Directoire en une audience publique dont on trouvera le procès-verbal dans le *Moniteur*, réimpression, t. XXIX, p. 89.

plies de monde ; la tranquillité a été générale, et il n'y a eu dans cette journée d'autres excès que ceux de la joie, qui a porté un assez grand nombre d'individus à brûler des fusées et des boîtes, notamment au Jardin-Égalité; les officiers publics, chargés de la surveillance, furent forcés d'user de leur autorité envers ceux qui s'obstinaient à ne point déférer à des injonctions réitérées. — Le matin, la foule se précipitait à la porte d'entrée du palais du Directoire exécutif ; elle fut augmentée pendant un temps par un assez grand nombre de gens mal intentionnés, qui n'ont paru conduits à ce lieu que par l'appât du vol ; ceux-là seuls ont occasionné du tumulte, qu'à force de soins et de ménagements la surveillance a totalement dissipé. Cette fête, en un mot, s'est passée dans le meilleur esprit et sans autre accident que celui dont a été victime un citoyen que son imprudente curiosité avait porté au faîte de l'une des ailes du palais, et qui périt d'une chute.

Cafés. — Ils ont eu assez d'affluence ; les opinions y ont été calmes et le plus souvent très favorables au maintien de la République ; la circonstance a fait le principal sujet des conversations.

Mœurs. — L'œil n'a point été choqué hier du spectacle affligeant de la prostitution ; la décence avait repris ses droits et ajoutait à l'agrément du jour.

Culte des théophilanthropes. — Beaucoup de malveillants s'étaient rendus à l'édifice Roch, croyant que les théophilanthropes s'y livreraient à leurs exercices de morale. Dans leur attente, ils se sont livrés aux propos les plus injurieux contre ce culte et ses prosélytes ; à leurs discours se sont mêlées quelques opinions politiques assez répréhensibles. Au milieu de ceux qui paraissaient le plus mal disposés ont été remarqués quelques individus suspects, sur lesquels on exerce une surveillance active. — Au temple ouvert à l'édifice ci-devant Sulpice, il y a eu [un] moment de tumulte, mais qui a paru n'avoir été occasionné que [par] l'empressement de tous les assistants à se porter sur le passage du général Buonaparte. — Un calme parfait a régné dans tous les autres temples.

Culte des catholiques. — Le soir, à l'édifice Germain-l'Auxerrois, les catholiques ont chanté un *Te Deum* en l'honneur de la conclusion de la paix. Le citoyen Royer, député du département de l'Ain, a prononcé un discours sur la paix, en faisant les fonctions épiscopales ; le matin il avait présidé l'office à un service qui eut lieu en l'honneur des défenseurs de la patrie morts les armes à la main et prononcé un discours sur le même sujet. — Le calme et la décence ont également régné pendant ces exercices.

Spectacles. — L'ordre a subsisté peu dans tout le temps du spectacle que le théâtre des Arts a donné au peuple en réjouissance de la paix. — On a remarqué au théâtre Feydeau de nouvelles suppressions faites par les artistes dans la pièce du *Mariage de Figaro*, et un couplet ajouté à la louange du général Buonaparte : acteurs et spectateurs étaient également animés d'un très bon esprit. — Tous les autres ont été paisibles.

Surveillance. — ...Un marchand de comestibles a été arrêté cette nuit par huit à neuf brigands sur le chemin de Pantin à Paris. Ils l'ont maltraité ; ensuite ils lui ont volé sa marchandise......

Cousin.

(Arch. nat., BB³ 87.)

JOURNAUX.

Le *Rédacteur* du 21 frimaire donne le procès-verbal de la séance publique du Directoire exécutif du 20 frimaire tenue à l'occasion de la ratification du traité de paix de Campo-Formio [1]. — *Gazette nationale de France* du 21 frimaire : « *Paris*. Il paraît que Buonaparte a été constant dans la volonté qu'il a manifestée, depuis qu'il est arrivé à Paris, de se soustraire aux regards et aux applaudissements du public. Une foule innombrable de citoyens s'était portée sur les quais et dans les rues par où l'on croyait qu'il passerait pour se rendre de chez lui au Directoire. L'attente du plus grand nombre a été trompée. Après avoir refusé une garde d'honneur dès son arrivée à Paris, il avait, dit-on, demandé depuis qu'on voulût bien le dispenser de toute marche qui eût l'air d'une entrée triomphale, et même de la cérémonie qui a eu lieu aujourd'hui au Luxembourg, en déclarant qu'il n'était ici qu'un simple citoyen. Le Directoire a insisté pour cette fête, et si, par déférence, il s'est rendu à cette invitation, il l'a fait en continuant de garder, autant qu'il a pu, l'incognito. Vers dix heures, il est parti de chez lui et s'est rendu au palais directorial dans l'appareil le plus simple et par les rues les moins fréquentées. Il était accompagné des généraux Berthier, Joubert et Championnet. Tout était préparé au Directoire pour recevoir le héros d'Italie. La cour du Luxembourg formait une salle immense, décorée de trophées d'armes et de faisceaux de drapeaux pris sur les ennemis de la France. Au-dessus de l'estrade où était placé le Directoire, on voyait trois statues représentant la Paix, la Liberté et l'Égalité. A midi, le Directoire prit séance, environné des ministres et des autorités constituées. Les ministres de la guerre et des relations extérieures allèrent prendre le général Buonaparte dans l'appartement du citoyen Barras. Nous n'avons pas besoin de dire que, dès qu'il parut, tous les regards se portèrent sur lui..... »

1. On le trouvera aussi dans le registre du Directoire (Arch. nat., AF* III, 9).

MCCXV

21 FRIMAIRE AN VI (11 DÉCEMBRE 1797).

RAPPORT DU BUREAU CENTRAL DU 22 FRIMAIRE.

Lieux publics. — La tranquillité la plus grande a régné dans tous les lieux publics; les opinions des cafés ont été calmes. Les esprits en général le paraissent également; les rixes sont rares, et ne sont pas sérieuses. Il ne s'est formé aucun groupe, et les spectacles, très suivis, n'ont offert aucune particularité remarquable, aucune application sensible. Rien en un mot ne paraît menacer la tranquillité dont jouissent tous les arrondissements de cette commune.....

LESSORE.

(Arch. nat., BB [3] 87.)

JOURNAUX.

Gazette nationale de France du 22 frimaire : « Autant Buonaparte montre d'indifférence pour les applaudissements et les bravos de ces oisifs ou de ces compagnies de louangeurs qui vont complimenter sans distinction les ambassadeurs arrivants et les nouveaux fournisseurs, les acquittés des tribunaux et les gagnants à la loterie, autant il montre d'attention et de prévenance pour ces citoyens qui, toujours occupés de bien faire, ne songent pas à complimenter ceux qui ont bien fait. Ce général a été visiter le 19 les Invalides, qui, vieux ou jeunes, se sont empressés de venir admirer le vainqueur de l'Italie et le pacificateur du continent. Les citoyennes de la Halle d'aujourd'hui s'étant empressées d'aller complimenter le héros républicain dans le même esprit que les dames de la Halle d'autrefois allaient complimenter les *bons sires* et les *monsignors*, le général les a fait éconduire honnêtement sans leur donner audience. On assure que, le même jour, s'étant présenté à la porte du Luxembourg sans décoration militaire et vêtu d'un simple surtout bleu, le factionnaire lui demanda sa carte d'entrée. Il répondit avec douceur : « Je n'en « ai point; mais je suis connu au Directoire. » Ses raisons ne persuadant point la sentinelle, l'officier fut obligé de nommer Buonaparte. A ce mot, le factionnaire présente les armes et laisse passer le général. » — *Narrateur universel* du 24 frimaire : « *Paris, 23 frimaire...* Buonaparte a dîné avant-hier chez François (de Neufchâteau) avec une vingtaine des membres les plus distingués de l'Institut. Il les a tous étonnés par la variété et l'étendue de ses connaissances. Il a parlé mathématiques avec Lagrange et Laplace; métaphysique avec Siéyès; poésie avec Chénier; politique avec Gallois; législation et droit public avec Daunou. Il a fait un accueil particulier à ce dernier et lui a dit qu'il voyait avec plaisir un des hommes dont la sagesse contribuerait au bonheur de la République, parce qu'il ne voulait soutenir la Constitution que par des moyens justes et raisonnables. Dans sa conversation avec Laplace et Lagrange, il leur a demandé s'ils connaissaient un livre de géométrie, récemment publié en Italie, où il avait surtout remarqué une manière nouvelle et ingénieuse de diviser le cercle; ils lui ont répondu que non. Buonaparte a pris aussitôt un compas et un crayon et a fait très rapidement cette démonstration. « Général, lui a dit Laplace, nous nous attendions à tout recevoir de « vous, excepté des leçons de mathématiques. »

MCCXVI

22 FRIMAIRE AN VI (12 DÉCEMBRE 1797).

RAPPORT DU BUREAU CENTRAL DU 23 FRIMAIRE.

Lieux publics. Cafés. — Tous retentissent d'éloges donnés au général Buonaparte. Dans tous les opinions sont calmes et paraissent même s'améliorer sensiblement. Dans quelques-uns de ceux du Jardin-Égalité, les sentiments ont été très animés au sujet de la religion; il en est même où les soins de la surveillance furent employés pour maintenir le calme. Cependant, à travers de la discussion, on a toujours vu ressortir des opinions de tolérance et de philosophie.

Spectacles. — Les spectacles n'ont offert aucune particularité. — *Arlequin journaliste*[1], vaudeville nouveau, dont avait été fait examen préalable, n'a rien qui puisse en aucune manière choquer les mœurs ni le gouvernement; le succès de cette pièce a été douteux. — Nulle application dans *Figaro*, si ce n'est des applaudissements plus marqués, au moment où le valet dit qu'une place était venue à vaquer, mais que malheureusement il y était propre, etc. — Tranquillité parfaite et générale dans les théâtres.

Surveillance. — Les mêmes rassemblements que de coutume existent toujours à la place de Grève.....

LE TELLIER.

(Arch. nat., BB³ 87.)

1. Par Chazet et Dupaty, au théâtre du Vaudeville.

MCCXVII

23 FRIMAIRE AN VI (13 DÉCEMBRE 1797).

Rapport du bureau central du 24 frimaire.

Lieux publics. — La tranquillité la plus grande ne cesse de régner dans cette commune. Tout était calme et même assez bien disposé dans les cafés, qui ont paru hier avoir moins d'affluence que de coutume. Tous les travaux ont été vus à l'extérieur en pleine activité. La voie publique a offert peu d'oisifs, et il ne s'est formé aucun groupe. — Les colporteurs de journaux se tiennent dans les bornes rigoureuses de leur devoir ; il ne ressort aucun signe, aucun type (sic) susceptible d'alarmer le patriotisme ou de choquer les bonnes mœurs. A pénétrer les esprits, cet état de choses paraît devoir durer.

Spectacles. — Non seulement ils ont joui d'une parfaite tranquillité, mais l'esprit public a paru s'y être véritablement amélioré. Au théâtre Feydeau, les airs civiques ont été mieux applaudis qu'à l'ordinaire. Il en a été de même au théâtre du Vaudeville. Ces morceaux n'ont pas reçu le même accueil au théâtre Montansier ; le public n'y a nullement applaudi. — Un hymne à la paix n'a pas non plus obtenu beaucoup d'applaudissements au théâtre Feydeau, mais il a paru que le mérite peu marquant de cette production a été la principale cause que l'on y a prêtée. — Mais au théâtre de la République a ressorti dans tout son jour l'enthousiasme d'un public animé d'un vif attachement à la République. Les passages patriotiques de *Fénelon*, notamment celui qui présente ce sens : « Dieu fit la liberté, les hommes seuls firent l'esclavage », ont été singulièrement applaudis. Les couplets faisant [partie] du vaudeville de la pièce *La Paix* ont ensuite électrisé tous les spectateurs ; les chapeaux ont été portés sur les cannes, et la salle a retenti des cris répétés et très prolongés de *Vive la République!* Ce mouvement généreux se maintint longtemps ; la pièce fut redemandée pour le lendemain ; l'on a regretté que les artistes de ce théâtre aient laissé sans réponse le vœu du public à cet égard.....

Cousin.

(Arch. nat., BB³, 87.)

JOURNAUX.

Journal des hommes libres du 24 frimaire : « *Paris, 23 frimaire*... Buonaparte paraît devoir rester plus longtemps à Paris qu'on ne l'avait annoncé; il y est, dit-on, pour un mois ou six semaines. Sa conduite continue à déranger tous les calculs extravagants, tous les éloges perfides dont, auprès de certaines gens, il était devenu l'objet. Il a visité les Invalides [1]...... On annonce le mariage de sa sœur avec un prince romain. Dieu sait si elle sera longtemps *princesse ;* mais on ajoute que ce prince est patriote; alors elle redeviendra *citoyenne*. »

MCCXVIII

24 FRIMAIRE AN VI (14 DÉCEMBRE 1797).

RAPPORT DU BUREAU CENTRAL DU 25 FRIMAIRE.

Lieux publics. — La tranquillité n'a été troublée dans aucun lieu public. Les cafés ont été paisibles, et il ne s'est formé aucun groupe. Nul fait particulier n'occupe aujourd'hui l'attention, et l'activité des travaux est partout la même.

Spectacles. — Il ne s'y est rien passé contre l'ordre et la décence. L'arrestation d'un individu prévenu de vol a interrompu un instant l'attention des spectateurs au théâtre Feydeau. Quelques personnes, induites en erreur, redoutaient le feu ; elles furent promptement désabusées, et le spectacle se termina dans le plus grand calme. — Le spectacle donné au profit du peuple par les artistes du théâtre Favart a eu lieu sans aucun tumulte, sans aucune confusion ; les efforts des acteurs pour contenter le public furent sentis et récompensés par de nouveaux applaudissements; les airs patriotiques et les passages les plus patriotiques de *Guillaume Tell* furent généralement applaudis. — Décence et tranquillité dans tous les autres théâtres......

LE TELLIER.

(Arch. nat., BB 3 87.)

JOURNAUX.

Journal des hommes libres du 25 frimaire : « *Paris, 24 frimaire*. On ne peut s'empêcher de faire quelques réflexions sur nos fêtes publiques, telles

---

[1]. Suit le récit d'une anecdote semblable à celle qu'on a lue plus haut, p. 490.

qu'on les célèbre actuellement. Beaucoup d'argent qui s'envole en fumée, quand les dettes les plus sacrées de l'État sont à l'arriéré, quand les fonds les plus indispensables manquent aux frais de la plus indispensable administration ; une foule immense bousculée par des soldats, des danses dans les salons, des familles sans pain, sans feu aux sixièmes étages : voilà le programme de la plus belle des fêtes. Le lendemain d'aucune d'elles n'a vu un malheureux de moins, et l'on cherche encore l'ordonnateur patriote qui dessinera la première, où, sans frais inutiles, sans privilèges insultants, le peuple, dans sa majestueuse joie, sera son plus beau spectacle à lui-même, où des actes de vertu et de bienfaisance publique combleront le vide de l'âme et mettront en pratique tout ce qu'on n'a vu jusqu'ici qu'en discours. » — *Bien Informé* du 25 frimaire : « *Paris, 24 frimaire*... La partie de la galerie du Muséum où les membres du Corps législatif doivent donner une fête à Buonaparte n'est point celle occupée par les tableaux et autres objets d'art. Ainsi l'on a craint à tort que la fumée des mets ou l'inattention de quelques convives n'endommageât des chefs-d'œuvre. La fête se donne dans la partie de la galerie qui touche au pavillon de Flore et qui forme un prolongement de celle dont on vient de parler ; elle n'en est séparée, je crois, que par une cloison, à la vérité très épaisse, mais en bois, et partant combustible. A l'autre extrémité se trouvaient, dit-on, les archives. Là sont les originaux des lois ; ici les originaux des arts. Peut-être serait-il prudent de placer à ces deux points un détachement de pompiers. »

MCCXIX

25 FRIMAIRE AN VI (15 DÉCEMBRE 1797).

RAPPORT DU BUREAU CENTRAL DU 26 FRIMAIRE.

Mœurs et institutions. — Une parfaite tranquillité a régné dans tous les lieux publics ; il ne s'est formé aucun groupe ; les opinions des cafés ont été calmes. — Hier ont eu lieu, dans l'édifice ci-devant Saint-Roch, les premiers exercices des théophilanthropes. Le bon ordre et la décence y ont présidé ; mais, malgré cet heureux concours, on a pu s'apercevoir que la malveillance a fait toutes ses dispositions pour troubler ce culte. Il perçait parmi les curieux qui s'étaient portés dans cet édifice un intérêt peu sincère pour la religion de leurs ancêtres dont ils avaient à vanter les avantages sur les autres religions, mais notamment sur celle dont ils avaient alors la pratique sous les yeux.

Spectacles. — Les artistes de l'orchestre du théâtre Feydeau ont mis hier un soin particulier dans l'exécution des airs patriotiques, qui ont reçu les plus vifs applaudissements. Le concours, très nombreux, qui s'est porté à la représentation du *Pont de Lodi* [1], était animé d'un véritable intérêt pour le sujet, et l'on ne peut attribuer qu'à ce bon esprit le mécontentement qu'il a témoigné de voir ce trait glorieux de nos campagnes traité avec moins de mérite qu'on ne s'y était attendu ; les militaires ont partagé ce mécontentement. L'ordre et la tranquillité n'ont point souffert du peu d'accueil que l'on a fait à la nouvelle pièce. — Au théâtre de la rue Favart les airs patriotiques y ont été très applaudis et à plusieurs reprises. On y donnait *Le Pari* [2], pièce nouvelle, qui a paru faire plaisir, principalement quant à la musique. Le sujet, peu intéressant, ne nécessite point d'analyse et ne contient rien de contraire aux mœurs et au gouvernement. — Le calme de ce spectacle fut troublé par le fait suivant : une citoyenne avait laissé passer son châle ; mais, dépitée qu'elle fut, sortit de la loge ; un officier de dragons prit à cœur de défier le parterre en plaçant de même d'abord son manteau, puis de plus une redingote, puis son mouchoir. A mesure les cris augmentaient. Le parterre, indigné, se portait à la loge et les couloirs se remplissaient, lorsque l'officier, par sa prompte disparition, échappa aux recherches. Le calme se rétablit aussitôt. — Tous les autres spectacles ont été parfaitement tranquilles.....

Le Tellier.

(Arch. nat., BB³ 87.)

Journaux.

Bien Informé du 26 frimaire : « *Paris, 25 frimaire*. C'est bien au Muséum que se donnera la fête à Buonaparte ; et l'on déménage les chefs-d'œuvre. Déjà plus de six cents tableaux ont été transférés dans la galerie d'Apollon. Ainsi, ce que nous ne pouvions croire hier, il faut bien le croire aujourd'hui. C'est le rédacteur du *Fanal* qui nous tire d'erreur. Nous ne voulons pas l'en remercier, d'abord parce que ce n'est pas une trop bonne nouvelle, ensuite parce qu'il nous relève avec aigreur. Comme tout ami des arts, il est inquiet sur ce déménagement précipité ; mais nous n'avons ni sollicité ni approuvé cette mesure, et, s'il y a de l'humeur à avoir, ce serait peut-être contre ses auteurs. Il craint les fourneaux de Méot! Nous avons demandé des pompiers. Nous craignons la fumée des mets et l'inattention de quelques convives : il se fâche : « Il n'est jamais venu dans la tête de personne de « craindre que quelques convives n'endommageassent des chefs-d'œuvre, « parce qu'il n'est aucun de ces convives qui ne soit estimable comme « homme, ou respectable comme autorité, et dont l'éducation et les em- « plois ne soient une garantie. » Nous publions la leçon du *Fanal*, en priant

1. Musique de Méhul.
2. Paroles de Longchamp, musique de Boieldieu.

nos lecteurs de la comparer à la faute, ou même de la juger toute seule. »
— *Journal de Paris* du 20 frimaire : « Le 25 frimaire, à cinq heures du soir, le citoyen Gail, professeur de littérature grecque au collège de France, place Cambrai, ouvrira un cours élémentaire *gratuit* en faveur de ceux qui ne sont point en état de suivre son cours du matin. »

MCCXX

26 FRIMAIRE AN VI (16 DÉCEMBRE 1797).

Rapport du bureau central du 27 frimaire.

Lieux publics. — Les entretiens des cafés ne s'arrêtent en ce moment sur aucun sujet fixe, ni qui soit d'un grand intérêt; ceux qui s'y rendent d'habitude y paraissent parfaitement calmes. Il ne s'est formé aucun groupe, aucun rassemblement, et les lieux publics n'ont offert aucun scandale.

Culte. — C'est principalement contre le culte des théophilanthropes que la malveillance aiguise tous ses traits; les plus grossières personnalités sont dirigées contre ceux qui le pratiquent, et il est évident que ce n'est point l'institution en elle-même que l'on prétend attaquer. Tant d'animosité, par le but qu'elle cache, appelle sur ceux qui la témoignent la plus scrupuleuse surveillance.

Spectacles. — Il a été donné hier au théâtre de la République une pièce nouvelle, intitulée *Les Modernes enrichis*[1]. L'esprit dans lequel cet ouvrage est conçu peut être connu par l'exposé suivant. Dans une maison garnie, dont une partie, très resserrée, est occupée par un homme de lettres et sa femme artiste, et dont une petite pièce, dans le comble, sert de réduit à un vieillard qu'une banqueroute plongea dans la misère au commencement de la Révolution, viennent loger des gens dépourvus de toute éducation et de tout usage, et que des spéculations honteuses sur l'État ont rapidement enrichis. Les plus beaux appartements ne suffisent point à ces nouveaux riches ; ils exigent encore de l'hôte qu'il fasse sortir de son modeste asile le vieillard sans ressource, qui trouve dans l'artiste, son voisin, pauvre, mais sensible et généreux, un refuge et des consolations. Cependant nos riches, effrayés d'un bruit répandu que l'on allait examiner les moyens d'après lesquels on aurait pu avoir acquis des fortunes con-

---

1. *Les Modernes enrichis*, comédie en trois actes, en vers libres, par J.-B. Pujoulx. (Bibl. nat., Yth, 1187, in-8.)

sidérables, déposent ce qu'ils ont de fonds en mains tierces et conçoivent le dessein de se peindre dans un état de médiocrité en réclamant du gouvernement le payement d'un arriéré dont ils sont censés avoir un extrême besoin. Ils descendent chez l'homme de lettres pour qu'il rédige un mémoire en conséquence ; celui-ci, pour ne pas surprendre leur confiance, leur lit des vers sanglants contre l'illégitimité des fortunes rapidement formées au détriment de la chose publique, cependant ne laisse pas échapper l'occasion de réclamer en faveur du vieillard la conservation de son logement. Ce dernier paraît et reconnaît dans les traitants ceux qui l'ont ruiné par une banqueroute frauduleuse ; les menaces et l'énergie de l'homme de lettres obligent ce banqueroutier à couvrir par un billet le tort qu'il a fait dans le temps au vieillard. Malgré cet accident, les nouveaux riches, rentrés chez eux, se livrent comme de coutume à la dépense, prétendent même au ton du jour et donnent un thé dans lequel ressortent leurs défauts d'usage du monde et la médiocrité de leur premier état, que fait percer encore davantage l'air gauche d'un fils récemment arrivé des champs et couvert aussitôt de tous les excès de la mode, quand l'arrestation du dépositaire de toute la nouvelle fortune et la saisie pour le compte du gouvernement des fonds dont il était nanti viennent mettre fin à cette aisance usurpée et venger du moins l'État de quelques dilapidations. Cette pièce, d'une bonne moralité, a obtenu un succès complet ; elle renferme nombre de traits d'un patriotisme éclairé ; les idées du juste et de l'injuste y sont à chaque instant produites ; l'ardent amour des arts et des belles-lettres y est présenté comme lié à un ardent amour de la patrie ; c'est surtout dans le rôle de l'homme de lettres que ces deux vertus brillent dans tout leur éclat. La critique y est saine et se borne au ridicule qui fait le sujet de l'action ; les écarts du goût et les excès de la mode y trouvent une censure délicate. Cet ouvrage, en un mot, ne peut que profiter à la société, l'instruire, et ramener dans ses mœurs un peu de cette sévérité dont la trace semble se perdre de jour en jour. Dans l'intervalle des pièces, les airs civiques ont été applaudis avec le feu qui caractérise les habitués de ce théâtre. — On donnait à l'Odéon une pièce nouvelle intitulée *Relâche*[1] ; elle n'a nullement réussi. — Les théâtres en général ont été très calmes......

Cousin.

(Arch. nat., BB 3 87.)

1. *La Relâche au théâtre.* On trouvera une analyse de cette comédie (anonyme) dans le *Courrier des Spectacles* du 27 frimaire an VI.

MCCXXI

27 FRIMAIRE AN VI (17 DÉCEMBRE 1797).

Rapport du bureau central du 28 frimaire.

Lieux publics. — On est toujours frappé de la préférence donnée par les marchands et toute personne tenant boutique au dimanche sur le décadi pour la suspension des travaux. Ce n'est pas que les exercices du culte catholique en soient plus suivis : la fréquentation des églises est au contraire moindre que par le passé ; elle diminue encore sensiblement; ainsi on est forcé d'attribuer à toute [autre] cause qu'à l'obligation de remplir des devoirs de religion la persévérance des marchands à fermer leurs boutiques les jours correspondants au dimanche.

Culte. — Les exercices des théophilanthropes ont eu lieu de tous côtés au milieu du calme et de la décence ; il y avait parmi les assistants, ou plutôt parmi les curieux, beaucoup moins de malveillants que de coutume.

Particularités. — Un seul scandale a choqué les yeux hier sur la voie publique, et il a été causé par des criminels qui subissaient la peine de leur exposition; ils ont affiché une impudence, une ironique insouciance sur leur état telles que le public ne pouvait s'empêcher de déclamer contre le code pénal, qu'il trouvait trop doux ; il paraît aussi dans la persuasion que les individus condamnés aux fers trouvent facilement des moyens de s'évader, et attribue à cette facilité le grand nombre de voleurs et de brigands qui infestent la société.

Spectacles. — Ils ont joui d'un calme parfait et n'ont offert aucun incident qui nécessite une observation particulière. — Depuis que l'orchestre du théâtre de la rue Feydeau soigne mieux l'exécution des airs patriotiques, ils sont plus vivement applaudis. La pièce du *Pont de Lodi* a fait plus de plaisir à sa seconde représentation. — *Les Modernes enrichis* ont été joués avec une nouvelle perfection et applaudis avec un nouvel enthousiasme. — Bon ordre et décence partout ailleurs......

Le Tellier.

(Arch. nat., BB³ 87.)

[Dans le registre du Directoire exécutif (Arch. nat., AF* III, 9), à la date du 27 frimaire an VI, on lit ceci :]

Le ministre de la police générale fait un dernier rapport, dans lequel il expose que plusieurs journalistes, complices de la conjuration royale et frappés par la loi du 22 fructidor dernier, après s'être soustraits aux effets de ladite loi, en substituant de nouveaux titres à leurs feuilles justement proscrites, n'ont pas cessé d'attaquer, soit directement, soit indirectement, les mesures prises par le gouvernement pour consolider l'édifice républicain. Il propose au Directoire de prohiber les journaux paraissant sous un nouveau titre, et qui sont la continuation de ceux proscrits par la loi susdatée. De ce nombre sont : *l'Écho de l'Europe*, ci-devant *Messager du Soir* ; *le Courrier de l'Europe*, sortant des mêmes presses que *l'Écho* ; *la petite Poste du Soir* ; *l'Indiscret*, successeur de *la Boussole* et de *la Toilette* ; *la Gazette nationale de France* ; *le Diurnal* ou *Précurseur* ; *le Correspondant français* ; *la Gazette européenne*, ci-devant *Gazette française* ; *le Correspondant politique* ; *les Annales politiques* ou *l'Éclair* ; *le Courrier du Jour* ou *le Véridique* ; *le Babillard* ; *le Frondeur* ; *le Bulletin de la République*, ci-devant *Quotidienne* ; *l'Aviso* ; *les Tablettes républicaines*, ci-devant *le Mémorial*. Le Directoire arrête que lesdits journaux sont prohibés et que les scellés seront apposés sur les presses qui servent à les imprimer, ainsi que sur les registres d'abonnement. — On supprime également le journal intitulé *le Narrateur universel*, comme ayant, dans son n° 85, annoncé que la République française voulait réunir à son territoire le pays de Vaud et la principauté de Neuchâtel, lequel article ne paraît avoir été inséré dans ledit journal que pour effrayer le peuple helvétique sur les suites des démarches qu'il pourrait faire pour se rétablir dans la plénitude de ses droits. On charge le ministre des relations extérieures d'adresser une ampliation dudit arrêté aux agents de la République française en Suisse et près la République du Valais. — Le président du Directoire exécutif : P. BARRAS ; le secrétaire général : LAGARDE.

JOURNAUX.

Bien Informé du 29 frimaire : « *Paris, le 27 frimaire.* Les administrateurs du Bureau central du canton de Paris au citoyen rédacteur du *Bien Informé*. Nous vous envoyons ci-joint, citoyen, un avis que nous donnons aux citoyens de tous les départements, au sujet des lettres dites *de Jérusalem*, écrites par les détenus. Nous vous invitons, vu son importance, à l'insérer en entier dans le plus prochain numéro de votre journal. Salut et fraternité, signé : LE TELLIER. — Les administrateurs du Bureau central du canton de Paris à leurs concitoyens. Ce n'est pas assez d'arrêter les malfaiteurs et d'enchaîner les mains qui attentent à la propriété des citoyens ; il faut encore les prémunir contre les trames qu'elles ourdissent pour abuser de leur crédulité ou de leur sensibilité. Le Bureau central du canton de Paris croit donc qu'il est de son devoir d'avertir ses concitoyens de tous les départements qu'il existe, depuis la Révolution, un nouveau genre d'escroquerie, dont le succès s'accroît tous les jours. Il pense que les manœuvres qu'on emploie à cet effet pourront être déjouées, en faisant connaître par la voie des journaux l'analyse de la correspondance que les détenus entretiennent au dehors pour se procurer de l'argent. Voici cette analyse. Un prétendu homme de confiance d'une riche maison est appelé par son maître en confidence. Celui-ci, pleurant sur les malheurs de sa patrie, les voit à leur comble sous le règne sanglant de Robespierre ; déjà il se croit désigné pour victime ; mais, ne pouvant fuir à l'instant, il charge son confident d'un coffre rempli d'or et de bijoux précieux, avec ordre de l'attendre à un endroit indiqué. Là, le dépositaire apprend que son maître est incarcéré. Pour courir plus promptement à son secours, il enfouit son trésor, prend du lieu tous les renseignements nécessaires, et s'informe ensuite quel est l'homme le plus probe du canton. Il repart en grande diligence ; mais, à peine arrivé, il apprend la fin tragique de son cher maître. Il est reconnu lui-même pour lui avoir appartenu ; on se saisit de lui ; en se défendant, il blesse un de ceux qui l'arrêtent ; jeté dans les prisons, une longue maladie vient encore en augmenter les horreurs. Pour avoir repoussé la force par la force, il n'a pu jouir de l'amnistie des cas révolutionnaires; au secret, et cité devant les tribunaux, peut-être va-t-il succomber, si une main complaisante ne vient le secourir dans sa cruelle anxiété. Il se rappelle l'homme de mérite qu'on lui a désigné dans le canton où est caché son trésor. Ce souvenir adoucit les tourments de son âme ; il croit avoir trouvé une planche dans le naufrage. Avec quel empressement il écrit à ce génie tutélaire ! Comme il intéresse sa sensibilité ! Il lui fait entendre même qu'il sera trop heureux, s'il daigne partager avec lui son trésor, qu'il a soin de lui promettre de lui découvrir. Celui-ci, ou bon ou crédule, ou peut-être cupide, lui envoie des secours, et voilà encore une dupe. Pour éviter d'être découvert, ces fourbes ont soin de faire mettre au bas de leurs lettres des noms qui n'existent point dans les prisons où ils se disent détenus, de recommander le plus grand secret aux personnes à qui ils écrivent sur la confidence qu'ils viennent de leur faire, de les traiter de parents ou d'amis dans leur réponse, et de la leur adresser sous le couvert d'une femme dont ils donnent le nom et la demeure, afin que celle-ci puisse la leur faire transmettre par un perruquier qui peut seul les approcher pour les raser dans le lieu de leur captivité. Malgré la surveillance exercée continuellement dans les maisons d'arrêt et de détention, même la punition de ceux qu'on est parvenu à convaincre de pareilles escroqueries, il circule beaucoup de lettres semblables dans les départements ; mais, en indiquant à nos concitoyens le piège qu'on tend à leur bonne foi, nous espérons qu'ils sauront s'en garantir. Salut et fraternité. Les administrateurs du Bureau central : LE TELLIER. »

MCCXXII

28 FRIMAIRE AN VI (18 DÉCEMBRE 1797).

JOURNAUX.

Rédacteur du 29 frimaire : « *Paris, 28 frimaire*. Le *Chant du Retour* [1] doit être incessamment mis en scène sur le théâtre des Arts, comme l'a déjà été le *Chant du Départ*. L'*Hymne des Vengeances* terminera le mélodrame. Il est de Rouget de Lisle, auteur de *La Marseillaise*. Ainsi, celui dont les sons patriotes ont électrisé tous les cœurs en 1792 ravivera aujourd'hui ce feu guerrier pour le diriger avec succès contre l'infâme gouvernement qui nous reste à détruire. » — *Rédacteur* du 30 frimaire : « *Extrait du registre des délibérations du Bureau central du canton de Paris du 28 frimaire an VI*. Le Bureau central, informé que des hommes mal intentionnés se plaisent à troubler l'ordre public dans les temples pendant l'exercice des cultes, considérant que ce délit, prévu par l'article 2 de la loi du 7 vendémiaire an IV, appelle toute l'attention de l'autorité, et qu'il est extrêmement important d'en prévenir les funestes effets, ouï le commissaire du Directoire exécutif, arrête : 1° L'article 2 de la loi du 7 vendémiaire an IV, sur la police des cultes, sera imprimé et affiché partout où besoin sera et envoyé aux juges de paix, aux commissaires de police et au commandant temporaire de la place. 2° Les commissaires de police veilleront, chacun dans leurs arrondissements respectifs, au maintien de l'ordre et de la décence dans tous les temples de cette commune pendant l'exercice des cultes. En cas de troubles, ils requerront sur-le-champ la force armée pour faire arrêter les coupables, et constateront délit par un procès-verbal, dont ils adresseront expédition aux tribunaux compétents. Les administrateurs du Bureau central, signé : LESSORE, COUSIN, LE TELLIER. »

MCCXXIII

29 FRIMAIRE AN VI (19 DÉCEMBRE 1797).

RAPPORT DU BUREAU CENTRAL DU 30 FRIMAIRE.

Lieux publics. — La plus grande tranquillité a régné dans tous les lieux publics ; les opinions des cafés s'améliorent ; celles des cabinets de lecture ont paru très bonnes. Il ne s'est formé aucun groupe, et rien

---

1. Ce chant, paroles de M.-J. Chénier, musique de Méhul, composé en l'honneur de Bonaparte, avait été exécuté par le Conservatoire de musique dans la cérémonie du 20 frimaire.

d'offensant n'a choqué les regards du public. — Ces observations s'appliquent en grande partie aux spectacles. L'esprit y a paru généralement bon. Il a semblé seulement que quelques individus ont voulu faire une application très anti-civique de ces vers de *Geneviève de Brabant*, que l'on donnait à l'Odéon :

> Et tous les scélérats portent un cœur d'airain.....
>
> LE TELLIER.

(Arch. nat., BB³ 87.)

MCCXXIV

30 FRIMAIRE AN VI (20 DÉCEMBRE 1797).

RAPPORT DU BUREAU CENTRAL DU 1er NIVOSE.

Lieux publics. — Hier décadi, jour de repos pour les républicains, on a vu plus de boutiques fermées qu'au décadi précédent, et l'on est fondé à en tirer cette induction que l'exemple va incessamment donner une bonne impulsion à l'esprit public dans la classe des citoyens attachés au commerce. Cependant nul excès, nul scandale n'a paru à l'extérieur ; tous les arrondissements ont joui d'une parfaite tranquillité. — Il s'est formé, le soir, des groupes aux environs du Muséum, mais peu nombreux et décents ou circonspects dans leurs entretiens ; il y régnait même une sorte de gaîté, que faisait naître la circonstance.

Culte. — Les théophilanthropes ont exercé hier dans tous leurs temples et au milieu d'une parfaite tranquillité. Au temple de la Butte-des-Moulins seul, la disposition des curieux paraissait peu favorable au respect dû à des citoyens réunis pour pratiquer leur culte ; mais la publicité donnée aux articles de la loi sur la liberté des cultes et les soins de la surveillance ont comprimé les efforts de la malveillance. Il est à remarquer que, presque dans tous les temples, il a été prononcé des discours à l'occasion de la paix, qui ont causé le plus grand plaisir, et qu'en général il s'est manifesté parmi les assistants beaucoup moins de malignité ou de mauvaises préventions qu'aux exercices précédents.

Spectacles. — Au théâtre des Arts, l'opéra *Miltiade à Marathon* n'a pas reçu tout l'accueil qu'on avait lieu d'espérer : le public a paru un peu froid sur les passages où le patriotisme ressort davantage, ou du moins ils n'ont pas été applaudis avec l'enthousiasme ordinaire à ceux qui fréquentent d'habitude ce théâtre. — On observe dans le costume du sexe plus de décence, plus de goût et aussi plus de luxe. — Le public a été un instant frappé du bruit d'une altercation survenue entre deux citoyens se reprochant leur opinion contraire ; la sensation que cet incident a faite dans le parterre a été trop peu importante pour être ici notée ; seulement les oreilles ont été frappées du mot « son Jacobin » que l'un des particuliers affectait de crier très haut. — Au théâtre de la rue Feydeau, le public a voulu faire une application très maligne eu égard à la fête donnée au Muséum, dans ce passage de *L'Entrevue* [1] :

> Oui, je hais ces repas à grands frais apprêtés.

Les applaudissements ont été très inconséquemment prolongés. — Nul incident remarquable dans les autres théâtres, qui ont joui d'une parfaite tranquillité.....

(Arch. nat., BB³ 87.)

Le Tellier.

MCCXXV

1ᵉʳ NIVOSE AN VI (21 DÉCEMBRE 1797).

Journaux.

Journal des hommes libres du 2 nivôse : « *Paris, 1ᵉʳ nivôse*. La *Gazette nationale* a été autorisée à reparaître, sans interruption, sous le titre de *Gazette de France*. Il paraît qu'un article de discussion, où l'auteur combattait la réunion de la rive-gauche du Rhin, avait excité la sévérité du Directoire, qui, dans ce moment surtout, est très décidé à faire cette réunion, stipulée par le traité de Campo-Formio, et que, malgré tout l'esprit avec lequel elle était combattue dans la *Gazette*, il faut convenir que les circonstances politiques ont rendue nécessaire au repos de la France. »

MCCXXVI

2 NIVOSE AN VI (22 DÉCEMBRE 1797).

Rapport du bureau central du 3 nivose.

Mœurs, opinions. — Toutes les divisions de cette commune pré-

---
1. Comédie par Vigée (1783).

sentent l'aspect de la plus grande tranquillité. Les travaux sont de toute part en pleine activité. Nul groupe ne s'est formé ; nul scandale n'a paru sur la voie publique, et dans les cafés, ainsi que dans les cabinets littéraires, les opinions ont été parfaitement calmes.

Spectacles. — On donnait au théâtre des Arts *Miltiade à Marathon*. L'orchestre et le parquet ont été pleins, les autres parties de la salle presque désertes. A cette représentation, les passages qui respirent le patriotisme ont été beaucoup [plus] applaudis qu'à la première ; l'application que renferme le poëme à la situation actuelle de la République à l'égard de l'Angleterre a été saisie avec enthousiasme. — Il s'est manifesté beaucoup de tumulte au théâtre de Molière à l'occasion d'un acteur qui, le livre à la main, en remplaçait un autre ; le public, mécontent de la manière vicieuse dont cet acteur lisait le rôle, s'emporta en huées et sifflets, et l'acteur se retira en jetant avec une colère peu décente le livre qu'il tenait à la main. Il doit se rendre incessamment auprès de l'administration.....

Cousin.

(Arch. nat., BB³ 87.)

MCCXXVII

3 NIVOSE AN VI (23 DÉCEMBRE 1797).

JOURNAUX.

Rédacteur du 7 nivôse : « Le 3 nivôse, les employés au ministère de la police générale, ayant à leur tête le ministre, se sont réunis dans un banquet civique, pour célébrer la paix et chanter la victoire. La franche gaieté, le pur patriotisme, la frugalité, la fraternité, ont présidé à ce banquet. On a porté les santés suivantes : 1° à la souveraineté du peuple : que toutes les têtes s'abaissent devant elle ! 2° à la République française : qu'elle soit constamment la terreur des oppresseurs et l'espoir des opprimés ! 3° au 18 fructidor : puisse le peuple français n'avoir plus de conspirateurs ni de traîtres à comprimer et à punir ! 4° à la Constitution de l'an III : qu'elle soit le point de ralliement de tous les patriotes ! 5° au gouvernement républicain : puissent le Corps législatif et le Directoire affermir, par leur constante union, la liberté et la prospérité publique ! 6° à nos invincibles armées ; puisse notre reconnaissance égaler la gloire immortelle qu'elles ont acquise ! 7° aux masses des héros morts en combattant pour la liberté, et des patriotes qui ont péri victimes de leur dévouement pour elle ; puissions-nous dignement honorer leur mémoire en pratiquant leurs vertus ! 8° à l'armée d'Angleterre : puissent les patriotes de la Grande-Bretagne accueillir nos braves soldats comme des frères

et des libérateurs ! 9° aux victimes du despotisme du gouvernement anglais : puisse le sang qu'elles ont versé féconder promptement dans leur pays les germes de la liberté et de l'égalité ! 10° à la destruction de tout fanatisme religieux : puisse le genre humain ne plus prendre pour guide que les sentiments de la nature et les lumières de la raison ! 11° à la régénération des mœurs : puisse la grande nation obtenir par ses vertus le respect des autres peuples, comme elle a conquis leur admiration par ses triomphes ! 12° aux vrais amis de la liberté : puissent-ils obtenir, par leurs courageuses vertus, dans les assemblées primaires de l'an VI, des choix dignes de leur amour pour la République ! 13° aux Irlandais unis, aux montagnards écossais et à tous les patriotes anglais, qui n'attendent que les Français pour briser leurs chaînes ! 14° aux Républiques naissantes : puissent-elles grandir à l'ombre de la grande nation ! 15° aux mânes du général Hoche, mort pour la patrie ! aux succès de l'armée d'Italie et de son illustre chef, dans la campagne d'Angleterre ! 16° au ministre de la police générale : il donne en ce jour l'exemple de l'égalité et de la fraternité, en même temps que, magistrat public, infatigable dans ses travaux, il se montre juste envers tous, et terrible aux ennemis de la République française. — Le ministre a répondu par la santé suivante : 17° à la fraternité, à l'union des employés avec le chef du ministère ; puissent leurs efforts étouffer les germes de la guerre civile et assurer la tranquillité intérieure de la République ! Plusieurs citoyens ont ensuite chanté des couplets patriotiques et ingénieux. Cette fête a été terminée par le *Chant des Vengeances* et aux cris cent fois répétés de *Vive la République!* Cependant, ce n'est pas à des chants et à des vœux que s'est bornée l'expression du patriotisme des employés de la police générale : ils ont donné au Directoire des preuves plus assurées de leur dévouement à la République et de leur haine contre la tyrannie du gouvernement anglais ; ils ont ouvert une souscription qui a été remplie sur-le-champ, dont la somme peut s'élever à 2,000 francs ; ils ont déposé cette offrande patriotique pour être employée dans l'expédition contre l'Angleterre. Cet exemple sera sans doute imité par les employés des autres ministères. »
— *Ami des Lois* du 4 nivôse : « Nous croyons faire plaisir à nos lecteurs en leur donnant le *Chant des Vengeances*, par Rouget de Lisle, auteur de la *Marseillaise* :

Aux armes ! qu'aux chants de la paix
Succède l'hymne des batailles.
Aux armes ! Loin de nos murailles
Précipitons nos rangs épais.
Qu'importe l'Europe vaincue ?
Qu'importe la foule éperdue
De ces rois tremblants devant nous (*bis*) ;
La paix nous est-elle permise ?
L'affreux brigand de la Tamise
N'a point succombé sous nos coups (*bis*).

C'est lui qui, des peuples armés,
Soudoie les hordes serviles ;
Par lui de nos guerres civiles
Les flambeaux furent allumés.
Des bourreaux de notre patrie
Son or suscita la furie ;
Sa main aiguisa les couteaux (*bis*) ;
Nos revers, notre aveugle rage,
Nos crimes, tout fut son ouvrage ;
De la France il fit tous les maux (*bis*).

Et tant de forfaits impunis
N'auraient pas enfin leur salaire !
Et les fiers enfants de la guerre
A ce point seraient avilis !
Mânes sanglants ! pâles victimes !
Ombres chères et magnanimes
Des braves morts dans nos combats (*bis*),
Vos exploits ont sauvé la France ;
Aux Français vous criez vengeance,
Et vos cris ne l'obtiendraient pas (*bis*) !

Vengeance ! jusques aux deux mers,
Que ce cri sacré retentisse.
Vengeance ! Nous ferons justice
A Londres, à nous, à l'univers.
Artisan des malheurs du monde,
Trop fier dominateur de l'onde,
En vain crois-tu nous échapper (*bis*) :
Sur tes rochers inaccessibles
Le géant, de ses bras terribles,
Va te saisir et te frapper (*bis*).

Vainqueurs d'Hondschoote, de Wissem-
Héros de Fleurus et d'Arcole, [bourg,
Triomphateurs du Capitole,
De Quiberon, de Luxembourg !
Nous tous, fils de la République,
Sous les drapeaux de l'Italique
Joignons nos saints ressentiments (*bis*),
Sûrs, malgré les flots, les tempêtes,
D'atteindre les coupables têtes
Que vont dévouer nos serments (*bis*).

— *Fanal* du 5 nivôse. « *Variétés*... On vendait hier, au Palais-Égalité, un petit livre bleu, intitulé : *Almanach des jolies femmes du Palais-Égalité*, etc. Et les colporteurs assaisonnaient ce titre de commentaires et de développements assez bizarres et passablement étonnants pour les oreilles. Il me semble que ces prospectus vocaux de livres obscènes, ou que le désir de les vendre fait annoncer comme tels, ne sont pas très conformes aux bonnes mœurs. Il n'y aurait pas grand mal, quand on inviterait les colporteurs à s'en dispenser. Un père qui par hasard passe dans un moment semblable, avec sa fille sous le bras, est assez embarrassé de sa figure. Quand au petit livre bleu, ce n'est point du tout la peine que les colporteurs aient hérité de l'esprit de Grécourt pour l'annoncer ; il est, comme tous les gens que l'on prône, bien au-dessous de sa réputation. Quelques modèles de lettres d'amour, à l'usage des cuisinières ; des recettes pour se faire aimer, dont l'auteur assurément ne possède pas le secret ; l'art d'expliquer les songes ; toutes choses très importantes, sans doute, mais qui ne méritent pas assurément les grands travaux des colporteurs, pour les progrès des connaissances humaines. » — *Patriote français* du 4 nivôse : « *Paris, le 3 nivôse*..... Le département de la Seine vient de faire une descente en Angleterre. Il existe, rue Honoré, une fameuse maison de jeu, connue sous le bien digne nom d'Hôtel d'Angleterre. Il y avait eu, de la part du propriétaire de cette maison, refus de payer l'impôt ; il y avait eu, de la part des locataires, rébellion contre le porteur de contraintes ; la Commission des contributions et l'Administration centrale ont développé contre ce tripot une sévérité qui ne peut qu'être approuvée de tous les bons citoyens. On annonce une mesure semblable contre un nommé Broude, se disant commissaire des guerres, propriétaire du passage du Perron, des arcades et des étages y attenant. Il serait, en effet, bien étrange qu'une maison très belle, meublée Dieu sait comme, ne payât point d'impôt. » — « Désormais, tout individu qui refusera de monter sa garde, ou de se faire remplacer, sera conduit au Bureau central..... » — *Patriote français* du 11 nivôse : « *Paris, 10 nivôse*... On vient de donner avec succès au théâtre de la Cité, qui veut se raccommoder avec les républicains, une pièce du citoyen Millié, intitulée : *Descente en Angleterre*, prophétie en deux actes [1]. Il y avait un grand concours de spectateurs. C'est avec de pareilles pièces, et non avec *l'Intérieur des Comités révolutionnaires*, farce aussi ridicule qu'utile aux projets de vengeance des royalistes, qu'on relèvera l'esprit public et qu'on dirigera contre l'Anglais atroce la haine qu'il a trop longtemps soufflée dans toutes les âmes contre le gouvernement républicain, que tous les vrais citoyens sont déterminés à soutenir de tous leurs efforts..... »

1. Cette pièce fut jouée le 4 nivôse, d'après le *Courrier des Spectacles*.

MCCXXVIII

4 NIVOSE AN VI (24 DÉCEMBRE 1797).

RAPPORT DU BUREAU CENTRAL DU 5 NIVOSE.

Mœurs, opinions. — Un calme parfait s'est manifesté à l'extérieur sur tous les points de cette commune et a paru aussi gouverner tous les esprits ; on n'a recueilli aucune opinion marquante dans les cafés et cabinets de lecture ; les habitués y coulent en paix le temps du loisir. — Nul scandale ne s'est offert sur la voie publique.

Culte. — Nulle part les ministres du culte catholique n'ont tenu d'assemblées ni officié la nuit. Les églises ont eu un peu plus d'affluence que de coutume ; mais, en général, elle a été peu considérable. — Partout les exercices des théophilanthropes ont eu lieu dans le calme et avec la plus grande décence. Les traits que la malveillance aiguisait contre cette institution paraissent s'être émoussés d'une manière sensible.

Spectacles. — Il s'est rendu beaucoup de monde dans tous les spectacles ; les théâtres des Arts, de la rue Favart et Feydeau, le Vaudeville et tous les théâtres du boulevard ont joui d'une tranquillité [parfaite]. Au théâtre de la République, le public a manifesté par des huées et des sifflets très prolongés son mécontentement sur la longueur d'un entr'acte. Quoique la mise d'une foule de jeunes gens paraisse être devenue à peu près la même qu'avant le 18 fructidor, néanmoins ceux qui s'élèvent aux fantaisies de la mode ne se prêtent jamais, à ce théâtre, à des applaudissements anti-civiques. Le public, très nombreux au théâtre de la Cité, a paru entièrement satisfait d'une pièce intitulée la *Descente en Angleterre*[1], dont il sera demain rendu un compte plus détaillé. L'auteur, qui a paru sur la demande des spectateurs, a été récompensé par des applaudissements du patriotisme dont il avait animé sa production. — On observe que des mesures sont prises pour qu'à l'avenir les théâtres commencent la représentation de leurs pièces et les finissent à des heures fixes, qui leur sont indiquées, et qui, pour les théâtres des boulevards, sont particulièrement calculées sur leur éloignement des arrondissements du centre. — Il a été également recommandé aux directeurs de

---

1. Le *Courrier des Spectacles*, dans le compte rendu qu'il donne de cette pièce, n'indique pas le nom de l'auteur.

théâtres de veiller à ce que les entr'actes aient le moins de longueur possible, afin d'obvier aux murmures et aux bruits qui ont eu lieu assez fréquemment dans ces sortes de cas.

Surveillance. — ... Le nommé Schwindenhamer, dit La Martinière, a été, sur mandat du Bureau central, arrêté comme prévenu d'intelligence criminelle avec les ennemis du gouvernement. — Un colporteur, criant une loi supposée, rétablissant les barrières de Paris, a été arrêté... Plusieurs colporteurs criant un *Almanach des filles publiques* ont été arrêtés, n'étant munis d'aucune permission...

LESSORE.

(Arch. nat., BB³ 87.)

MCCXXIX

5 NIVOSE AN VI (25 DÉCEMBRE 1797).

RAPPORT DU BUREAU CENTRAL DU 6 NIVOSE.

Lieux publics. — La tranquillité continue à régner dans toutes les divisions de cette commune. Les entretiens politiques dans les cafés sont, non seulement très paisibles, mais animés d'un meilleur esprit; on apprécie mieux l'action du gouvernement; on la seconde par l'opinion. Ce qui peut se trouver de malveillants dans les lieux publics paraît réduit à une véritable nullité. — Un seul groupe s'est offert aux regards dans le Jardin national : des royalistes y cherchaient à indisposer les esprits contre le culte des théophilanthropes ; ils n'ont fait que très peu d'impression, et les orateurs n'ont pas paru emporter la confiance [de ceux] pour lesquels ils déclamaient.

Culte. — Les exercices catholiques ont eu lieu sans aucun trouble, au milieu d'un concours assez faible. — Même tranquillité, mais plus d'affluence aux temples des théophilanthropes. — Au temple ci-devant Saint-Roch, le citoyen Hanin (?) a prononcé devant un nombreux auditoire l'éloge funèbre du général Hoche ; le père de ce général y était présent, ainsi qu'une partie de l'état-major : la tranquillité y a été parfaite.

Spectacles. — La citoyenne Saint-Aubin a reparu au théâtre Favart, au milieu des plus vifs applaudissements ; l'entre-deux pièces a été un peu tumultueux, le public voulant l'ouverture du *Jeune Henri*, qui n'a pas été jouée. Un peu de tumulte aussi, mais nul désordre au théâtre de la rue Feydeau ; le public demanda la lecture d'un papier jeté sur la scène ; les artistes objectèrent les règlements, et les instances du public cessèrent aussitôt. — L'orchestre du théâtre de la République a joué le *Chant du Départ*, sur la demande qu'en firent les spectateurs. En général, les dispositions républicaines des habitués de ce théâtre restent constamment les mêmes. Ce bon esprit s'est aussi manifesté au théâtre de la Cité, où se donnait la deuxième représentation de la *Descente en Angleterre*. Un jeune officier français, prisonnier à Douvres, trouble le cœur d'une jeune personne, qui le cache, à l'insu de son père ; celui-ci soupçonne la chose, mais il est patriote, aspire après l'arrivée des Français pour l'affranchir du joug du gouvernement britannique et coopère même à la conduite d'un plan secret tendant à faciliter le débarquement des troupes de la République. Un traître, glissé dans le club des patriotes anglais, les dénonce à la cour, les fait arrêter et avec eux le jeune officier. — La scène change, présente le port et les fortifications ; on annonce que les chefs des patriotes et l'officier français marchent à l'échafaud ; mais la flotte française arrive ; on débarque ; on livre l'assaut ; on s'empare de la place, et les vainqueurs embrassent les patriotes, que le peuple lui-même avait arrachés à la mort. Le succès de ce petit ouvrage est aussi complet qu'il était mérité ; il respire l'amour de la liberté ; tous les passages que le patriotisme caractérise sont applaudis. Le tableau du dernier [acte] est d'un grand effet, et la satisfaction du public a surtout paru au moment où l'on voit aborder un navire dont le grand mât est surmonté d'une flamme aux trois couleurs. — Le commandant des troupes françaises annonce une marche sur Canterbury ; on y répond par des chants d'allégresse ; il s'avance en se livrant à l'étude d'un plan qui le rend inattentif aux hommages de trois jeunes républicaines, vêtues chacune de l'une des couleurs nationales et l'ombrageant de lauriers. L'allégorie au caractère studieux et modeste du vainqueur d'Arcole a été complètement saisie [1].....

LESSORE.

(Arch. nat., BB 3 87.)

---

1. On trouvera un compte rendu de cette pièce dans l'*Ami des Lois* du 7 nivôse.

MCCXXX

6 NIVOSE AN VI (26 DÉCEMBRE 1797).

Rapport du bureau central du 7 nivose.

Esprit public. — L'une des principales preuves de l'amélioration de l'esprit public est le désintéressement avec lequel se prononce une foule de citoyens contre le gouvernement anglais, très généralement abhorré. Beaucoup de personnes s'annoncent pour être dans l'intention de contribuer aux frais ou d'une descente en Angleterre ou d'une campagne maritime. On est loin, parmi le peuple, de crier contre l'impôt indirect dont le produit servirait à seconder cette grande mesure; on cite au contraire avec plaisir les actes de dévouement déjà notés dans plusieurs feuilles périodiques, et l'on va même jusqu'à désirer que le gouvernement, par une proclamation, facilite les élans d'un enthousiasme qui n'attend, pour ainsi dire, que ce signal pour produire les effets les plus utiles.

Lieux publics. — Dans un bal sur le boulevard du Temple, une femme a frappé d'un coup de couteau un jeune homme, qui se trouve dangereusement blessé. Cette femme a été aussitôt remise entre les mains du commissaire de police. Les autres lieux publics n'ont été le théâtre d'aucune scène scandaleuse, ni pour l'ordre, ni pour les mœurs. Les mesures sont prises et suivies pour maintenir la décence sur ces parties du boulevard et les purger de quelques individus d'une immoralité reconnue.

Spectacles. — Ils ont joui d'une parfaite tranquillité et n'ont produit aucun fait qui mérite une observation particulière....

Le Tellier.

(Arch. nat., BB³ 87.)

Journaux.

Patriote français du 9 nivôse : « *Paris, le 8 nivôse*.... Buonaparte a été reçu avant-hier soir membre de l'Institut national. Ce général, à son arrivée, trouvant que l'éducation de son plus jeune frère avait été négligée, l'a fait partir le lendemain du bal donné chez le ministre de l'intérieur, où cet enfant dansa très bien. Il paraît qu'il ne veut pas que ses talents se bornent à savoir bien faire des rigodons, mais à donner lui-même des leçons de danse, comme son frère, aux ennemis de la liberté..... »

MCCXXXI

7 NIVOSE AN VI (27 DÉCEMBRE 1797).

RAPPORT DU BUREAU CENTRAL DU 8 NIVÔSE.

Culte. — Le fanatisme fait agir tous les ressorts qu'il croit propres à relever le trône. Les prêtres usent aujourd'hui plus impérieusement que jamais de l'ascendant qu'ils exercent sur certains esprits pour les exciter contre les institutions les plus belles et les plus utiles. Ils annoncent ne plus vouloir garder de mesure. C'est contre le culte des théophilanthropes qu'ils conçoivent le plus de haine, et il n'échappe point que c'est parce que ses ministres mettent au rang des premiers devoirs de la société l'attachement le plus durable au gouvernement républicain. Ces brèves assertions se trouvent justifiées par les deux faits suivants dont la coïncidence est frappante. D'un côté, dans l'intention certaine de compromettre les principes d'humanité des théophilanthropes et de soulever contre eux la classe indigente des citoyens, on placarde à l'extérieur d'un temple une petite affiche sans signature, annonçant que les théophilanthropes « ont une caisse pour donner à chacun des infortunés de l'arrondissement un secours en numéraire », et que, « séance tenante, on peut s'adresser avec confiance au président de l'honorable assemblée ». Il n'est rien de plus saillant que la perfidie et la secrète amertume dont est accompagnée la louange répandue dans cet écrit anonyme. — D'un autre côté, des ministres catholiques et leurs prosélytes, sans attendre l'entière évacuation du temple des théophilanthropes, se précipitent en foule et se hâtent de commencer leurs exercices pour une lustration avec de l'eau, dite bénite, des lieux que venaient d'occuper les hommes d'un autre culte. Cette affectation avait évidemment le double but d'insulter aux principes des théophilanthropes, qui, se trouvant encore dans l'édifice, devenaient témoins obligés de cette espèce de nargue, et d'appeler sur eux la proscription, en les présentant aux partisans du culte catholique comme des êtres odieux à l'Éternel, souillant de leur présence le lieu consacré aux prières. Cette tactique perfide a pénétré d'indignation les ministres du culte des théophilanthropes, qui s'en sont plaints, et il en eût résulté une scène violente, si la sagesse de ces citoyens n'eût égalé l'intolérance des prêtres. A peser la force de ces détails, on reste convaincu que ce n'est point l'amour de la religion qui conduit à de tels excès, mais que la malveillance prend ce nouveau masque pour saper les fondements de la République, et que le fanatisme de l'autel n'est autre que le fanatisme du trône.

Cafés et autres lieux publics. — La tranquillité y a été générale, et nul scandale n'a frappé l'œil de la surveillance sur la voie publique.

Spectacles. — Le public se plaint journellement de la manière dont la salle de la rue Feydeau est illuminée, l'obscurité y étant fort grande avant la levée de la rampe. — On donnait au théâtre de la République *Les Modernes enrichis* et *La Paix*. Les élans du patriotisme ont été sensibles à ce théâtre; les cris de *Vive la République!* se sont fait entendre de quelques parties de la salle. — *Manlius Torquatus*, tragédie nouvelle [1], donnée à l'Odéon. Cette pièce a obtenu beaucoup de succès. Le sujet est pris dans la partie de l'histoire romaine qui traite de la discipline militaire : un père étant obligé de condamner à mort son propre fils qui a engagé un combat contre les ordres du Sénat, quoiqu'il en soit sorti vainqueur. Les idées suivantes ont été très applaudies :

> Un héros ne meurt point ; sa gloire est immortelle...
> La paix fait le supplice de nos bourreaux [2]...
> Je veux de la grandeur, non de la cruauté...
> Ce n'est plus par l'effroi que l'on doit gouverner....

L'intérêt de cet ouvrage a paru perdre beaucoup au cinquième acte. — *Le Moine* [3], pantomime nouvelle, mise au théâtre d'Émulation, a perdu les trois cinquièmes de son effet; le dialogue fournissait plusieurs applications très saillantes, que le public n'a nullement saisies; cette pièce ne peut se soutenir qu'avec des changements considérables. — Partout décence et tranquillité.....

LE TELLIER.

(Arch. nat., BB³ 87.)

JOURNAUX.

Ami des Lois du 8 nivôse : « Le citoyen Chauvin nous a adressé des réflexions intéressantes sur l'abus qu'on fait du titre de citoyen en le mettant.

1. Par Prévost d'Iray. Ducray-Duminil en rendit compte dans le *Courrier des Spectacles* du 8 nivôse an VI.
2. Textuel.
3. *Le Moine*, comédie en cinq actes, mêlée de chants, danses, pantomimes, imitée du roman anglais. Paroles du citoyen Cammaille-Aubin, plan et pantomime du citoyen Ribié, musique du citoyen Froment, décors du citoyen Auguste-Guingré (Bibl. nat., Yth, 11921, in-8).

toujours en concurrence avec celui de monsieur. Un malheureux, demandant l'aumône à l'homme qui a des diamants au doigt, lui dit : «Monsieur, assistez-moi de quelque chose. — Citoyen, lui répond le monsieur, je ne le peux pas. — Monsieur, voulez-vous qu'on attelle, dit le cocher à son maître ? — Citoyen, répond celui-ci, à six heures précises je vais à l'Opéra. — Monsieur veut-il ses bottes bien pointues? dit le cordonnier au muscadin, en lui prenant mesure. — Oui, citoyen, très pointues, répond le jeune Incroyable. — Monsieur mettra-t-il sa perruque à la Brutus aujourd'hui? dit le perruquier au moderne enrichi. — Non, citoyen, mettez la Titus, etc. » Pour remédier à cet abus il ne faut pas proscrire, comme on l'a cru, la qualification de monsieur, et déclarer suspects ceux qui ne diront pas *citoyen;* mais il faudrait à notre avis appeler chacun par son nom : on n'a jamais dit à Rome *monsieur* ni *citoyen* Scipion, *monsieur* ni *citoyen* César, *monsieur* ni *citoyen* Cicéron; on n'a jamais dit non plus à Athènes *monsieur* ni *citoyen* Thémistocle, *monsieur* ni *citoyen* Phocion, *monsieur* ni *citoyen* Miltiade. Pourquoi nous obstiner à faire précéder le nom d'un homme d'une qualification quelconque? Qu'arrive-t-il de là? Il en résulte que l'on qualifie du nom de monsieur celui qui est véritablement citoyen, et que ce titre est prodigué à ceux qui ne le sont pas; que le riche qui le refuse le rejette sur le pauvre pour l'avilir et que l'inférieur n'ose pas le donner à celui auquel il est subordonné. Laissons donc là toute vaine qualification ; que dans un acte public un citoyen en prenne le titre; il est trop beau pour le taire. On dira, non le citoyen Paul, par exemple, mais Paul, citoyen. Dans la société on l'appellera tout simplement par son nom. »

MCCXXXII

8 NIVOSE AN VI (28 DÉCEMBRE 1797).

Rapport du bureau central du 9 nivose.

Mœurs et opinions. — Les opinions émises en public n'ont présenté que des résultats satisfaisants. La nécessité de faire repentir l'Anglais de la conduite atroce qu'il tient envers toutes les puissances généralement, et en particulier la cruauté avec laquelle, contre le droit des gens, il traite les prisonniers de guerre, les plans de descente dans cette île, tels sont les principaux objets d'entretien. Le vœu national est très prononcé pour la punition du gouvernement anglais, et, à voir l'enthousiasme de tous les citoyens pour tout ce qui tend à nourrir la haine portée au cabinet de Saint-James, on peut juger de l'esprit public.

Spectacles. — Le concours a été très faible hier au théâtre des Arts. Il y a eu aussi moins de monde qu'à l'ordinaire au théâtre Favart; les applications qui, dans les premières scènes de *La Maison isolée*[1], ont trait à l'existence de Dieu, sont toujours très avidement saisies. — Il a été donné hier, au théâtre du Vaudeville, une pièce nouvelle intitulée *L'Intendant*[2]. La faiblesse de sa contexture et son style, le choix du sujet pris dans des usages qui ne sont plus les nôtres sont des raisons qui dispensent d'en faire ici l'analyse, d'autant plus qu'elle ne renferme rien qui puisse choquer les mœurs ni intéresser en aucune manière le gouvernement. — On remet à donner incessamment des détails exacts sur la pièce des *Antiques d'Italie*[3], donnée pour la première fois hier au théâtre de la citoyenne Montansier, l'intrigue assez difficile à saisir nécessitant cette mesure. Du reste, elle n'a produit que très peu de sensation et ne donne lieu à aucune application. — La tranquillité a été parfaite dans tous les théâtres....

Cousin.

(Arch. nat., BB 3 87.)

Journaux.

Ami des Lois du 9 nivôse : « La citoyenne épouse de Bonaparte arrive aujourd'hui en cette commune ; elle amène avec elle la sœur cadette du général. Cette jeune républicaine est promise en mariage au premier des aides de camp du héros italique. Comme son aînée, ce n'est pas à un homme chamarré de cordons, mais à un guerrier couvert de blessures que son frère la donne en mariage. Tous les *bons* journaux, qui avaient annoncé officiellement les détails les plus positifs de son alliance à Rome avec un prince, vont être un peu mortifiés de cette mésaventure républicaine ; mais nous nous réjouissons de ce que la beauté devient la récompense de la valeur. La fête que le ministre des relations extérieures doit leur donner aura lieu décadi prochain. »

MCCXXXIII

9 NIVOSE AN VI (29 DÉCEMBRE 1797).

Journaux.

Ami des Lois du 10 nivôse : « Le général Bonaparte a été nommé membre de l'Institut; l'honneur est grand... pour l'Institut. » — *Fanal* du 18 nivôse : « Par arrêté du département de la Seine, du 9 nivôse, la rue Chantereine,

---

1. *La Maison isolée ou le Vieillard des Vosges*, comédie en deux actes et en prose, mêlée d'ariettes, par Marsollier, musique de Dalayrac.
2. Sur cette comédie anonyme, voir le *Courrier des Spectacles* du 9 nivôse.
3. Comédie en un acte, par Dorvigny.

dans laquelle se trouve la maison du vainqueur d'Italie, sera désormais appelée rue de la Victoire. Les ordres ont été donnés pour que ce changement s'opérât dans la nuit du 10 au 11 nivôse. Ainsi désormais l'adresse de Bonaparte sera rue de la Victoire...» — Le *Patriote français* du 19 nivôse donne la même nouvelle textuellement.

MCCXXXIV

10 NIVOSE AN VI (30 DÉCEMBRE 1797).

RAPPORT DU BUREAU CENTRAL DU 11 NIVOSE.

Culte. — Le culte des théophilanthropes a eu lieu de tous côtés au milieu d'une tranquillité parfaite. Un seul incident tendait à le troubler. Un particulier se permit des injures envers le lecteur qui venait de finir un discours dans l'église ci-devant Eustache ; ce perturbateur a été aussitôt arrêté et conduit au Bureau central. — Le nombre des détracteurs de la morale des théophilanthropes et de ceux qui la professent diminue sensiblement ; les discours ont été écoutés avec beaucoup plus d'attention ; ils ont même paru faire une bonne impression et motiver des éloges. Le détail de ces exercices n'est plus autant l'objet des ironies et des critiques de la malveillance. — Un nombre de boutiques plus grand que de coutume a paru fermé.

Spectacles. — Mais c'est particulièrement aujourd'hui dans les spectacles, du moins dans certains d'entre eux, que se manifeste l'amélioration de l'esprit public. L'horreur qu'inspirent à tous les républicains le despotisme et la perfidie du gouvernement anglais y éclate dans toute sa force. — On a découvert l'incognito du général Buonaparte au théâtre des Arts, et la salle a retenti des plus vifs applaudissements ; tous les passages patriotiques d'*Horatius Coclès*, notamment l'application contre les rois, ont été généralement applaudis. — Le concours était nombreux hier au théâtre de la Cité où l'on donnait la *Descente en Angleterre*. Cette pièce fait tous les jours une sensation nouvelle, et le public, par le témoignage de satisfaction, annonçait partager les sentiments de patriotisme qu'elle respire ; tout y est vu avec un véritable intérêt. — Au théâtre du Marais, on a donné la première représentation du *Présent du Gouvernement*[1], pièce remplie d'un patriotisme pur. L'auteur est déjà connu avantageusement par des productions de ce genre ; il a pris en cette

1. Le *Courrier des Spectacles* ne mentionne pas cette pièce.

[30 décembre 1797]   DIRECTOIRE EXÉCUTIF   516

circonstance l'idée ingénieuse d'un homme, ami sincère de la République, qui veut donner sa fille en mariage à celui qui doit résoudre un problème en géométrie : la figure consiste en un carré qui n'a pas encore la ligne devant former la base; un amant heureux réussit à deviner que chacun des côtés connus représente l'une des puissances avec lesquelles la République a conclu la paix et que la base à joindre est l'Angleterre. Toutes les applications propres à nourrir la haine qu'inspire le gouvernement anglais sont marquées par de très vifs applaudissements. Le citoyen Aude, auteur, a été demandé et n'a point paru. — Au théâtre Favart a été donnée une pièce nouvelle des citoyens Marsollier et Dalayrac, sous le titre de *Gulnare*[1], sujet tiré d'un roman très connu. Le bon goût gagne à cette nouvelle production, écrite avec soin, conduite avec art, et remplie d'intérêt jusqu'au dernier moment. Un jeune Persan a son père esclave; pour le racheter il forme le dessein de se vendre lui-même ; son amante aspire au mérite d'une aussi belle action ; elle est sur le point d'être vendue, d'abord à un homme très vieux, ensuite à un autre jeune, beaucoup plus aimable, qui écarte son concurrent par des sacrifices et achète les deux esclaves. Il est épris des charmes de la jeune personne; mais, informé de son malheur, et surtout de son héroïsme, il surmonte sa passion, et, par un effort de vertu, rend l'un à l'autre ces deux amants, et paye la rançon de leur père. Les mœurs sont respectées dans cet ouvrage; elles peuvent même gagner aux critiques fortes, mais très délicates, qu'il renferme. Les seules applications qu'il fasse naître frappent sur le peu d'intérêt que le véritable mérite est censé inspirer par lui-même et sur la vénalité du siècle.....

COUSIN.

(Arch. nat., BB [3], 87.)

JOURNAUX.

Rédacteur du 12 nivôse : « *Paris, le 11 nivôse.* On a donné hier au théâtre de la République et des Arts la seconde représentation d'*Horatius Coclès*. L'annonce de cette pièce avait attiré un concours immense de spectateurs. Le général Bonaparte y a paru ; quoiqu'il ne fût point en uniforme et qu'il eût pris le soin de se tenir dans le fond de sa loge (aux secondes en face du théâtre), il a été aperçu, et aussitôt la salle a retenti d'applaudissements unanimes et longtemps prolongés, et des cris de *Vive Bonaparte !* La modestie du jeune héros semblait offensée d'un pareil accueil. Il a dit à une personne qui était dans la loge à côté de la sienne : « Si j'avais « su que les loges fussent si découvertes, je ne serais pas venu »

1. *Gulnare ou l'Esclave persane*, comédie en un acte et en prose, mêlée d'ariettes (Bibl. nat., Yth, 8205, in-8).

MCCXXXV

11 NIVOSE AN VI (31 DÉCEMBRE 1797).

Journaux.

Publiciste du 14 nivôse : « Buonaparte paraît prendre plaisir aux occupations que lui donnent sa qualité de membre de l'Institut national. Il a lu, à la séance du 11 nivôse, un rapport dont il avait été chargé par cette société, sur le cachet typographique du citoyen Hanin, connu par l'invention de plusieurs *pesons* ingénieux. A l'aide de cette machine, qui a été décrite avec précision, l'ouvrier le moins exercé dans l'art typographique, peut composer et imprimer rapidement des circulaires, pourvu que leur étendue n'excède pas celle d'une page in-4°. Le rapporteur a fait remarquer que l'avantage de ce procédé sur ceux qui peuvent lui être assimilés est celui de présenter à l'action successive de la pression une surface convexe qui assure la netteté du résultat, pourvu que celui qui opère seconde, par un léger mouvement, les dispositions de la machine. » — *Patriote français* du 12 nivôse : « *Paris, le 11 nivôse* : Jusqu'à présent on a cru qu'il n'y avait parmi les oiseaux que le phénix qui renaissait de ses cendres; nous voyons le contraire aujourd'hui; car plusieurs corbeaux et chats-huants, que le Directoire avait foudroyés dernièrement, croassent encore de plus belle, et sont gros comme pères et mères. Avouons cependant qu'ils ont changé de plumes, et que plusieurs sont doux comme des colombes, et n'ont pas plus de fiel que ces tendres animaux. On fera donc bien de les laisser librement voltiger, tant qu'ils ne roucouleront que la liberté. »

MCCXXXVI

12 NIVOSE AN VI (1er JANVIER 1798).

Rapport du bureau central du 13 nivose.

Lieux publics. — La tranquillité n'a été troublée sur aucun point de cette commune ; il s'est rendu beaucoup de monde dans les cafés, dont l'esprit devient généralement meilleur de jour en jour.

Culte. — La malveillance s'éloigne aussi de plus en plus du culte des théophilanthropes. Tel arrive dans un temple avec des dispositions à la critique, qui assiste avec calme et respect aux exercices et discours de morale, et sort édifié; le public est aussi plus calme et plus bienveillant dans ces temples, et les personnalités contre les ministres y deviennent beaucoup plus rares.

Spectacles. — L'esprit des spectacles tend également à s'améliorer.

Le public regrettait, au théâtre des Arts, de ne pas voir l'opéra de *Miltiade à Marathon* joué par les premiers sujets. — Un acteur, à l'Odéon, se permit dans son rôle un à-propos qui avait trait au premier jour de l'an de l'ancien calendrier; il sera mandé à donner une explication à cet égard. Cette addition a été remarquée, la malignité a paru y applaudir, mais tous les spectateurs ne l'ont point goûtée. — Les autres théâtres n'ont offert aucune particularité intéressante.

Surveillance. — Le nommé Kerhnoven, prévenu de propos incendiaires dans un groupe, a été arrêté, rue de la Barillerie, n'ayant aucuns papiers......

Le Tellier.

(Arch. nat., BB³ 87.)

Journaux.

Ami des Lois du 15 nivôse : « Les entrepreneurs du théâtre de la République, qui en fait de patriotisme donnent toujours le bon exemple, ont arrêté, le 12, que leurs costumiers et tailleurs seraient tenus, sous peine de perdre leur emploi, de n'employer dorénavant que des étoffes provenant de manufactures françaises; ils ont en même temps invité leurs pensionnaires et artistes de se conformer à cette décision, dictée par l'intérêt de la République. »

MCCXXXVII

13 NIVOSE AN VI (2 JANVIER 1798).

RAPPORT DU BUREAU CENTRAL DU 14 NIVOSE.

Surveillance. — ... Le nommé Cochery, libraire, arrêté par ordre du directeur du jury, et trouvé nanti de douze cents volumes du livre intitulé *Discours préliminaire du Dictionnaire de la langue française*[1], a été remis entre les mains du directeur du jury.....

Le Tellier.

(Arch. nat., BB³ 87.)

Journaux.

Journal des hommes libres du 14 nivôse : « *Paris, 13 nivôse.* Les accidents occasionnés par la course rapide des cabriolets se multiplient dans Paris. Un citoyen a été renversé avant-hier, au coin de la rue de la Loi et de

1. Par Rivarol.

celle des Petits-Champs. Ailleurs, c'est un porteur d'eau qu'une fournisseuse en phaéton blesse, en brisant sa voiture, son unique gagne-pain. Il faudrait bien qu'une loi de police rendît responsable, indépendamment de toute circonstance, l'homme à voiture qui écrase sans pitié le citoyen à pied. C'est à celui qui a le plus de moyens de vitesse à respecter la liberté de la circulation du piéton. N'y a-t-il pas plus de monde à pied qu'en cabriolet? Le sacrifice du grand nombre au petit se retrouvera-t-il partout dans la société? Et où courent-ils donc si vite, ces messieurs et ces dames, pour qu'il leur faille écraser vingt personnes, plutôt que d'éprouver trois minutes de retard? Sûrement c'est partout ailleurs que dans l'asile du besoin et la retraite de l'indigence. »

MCCXXXVIII

14 NIVOSE AN VI (3 JANVIER 1798).

Journaux.

Rédacteur du 15 nivôse : « Bureau central du Canton de Paris. Paris, 14 nivôse an VI. Au président du Conseil des Cinq-Cents. Citoyen président, les administrateurs, les employés, les officiers de paix et les agents du Bureau central déposent sur l'autel de la patrie une somme de 4,739 fr. 50 centimes, montant de la souscription ouverte pour subvenir aux frais de la descente en Angleterre. Au nom de l'Angleterre, le sang bouillonne dans les veines, et le cœur frémit d'indignation. La haine pour le gouvernement anglais s'est accrue en proportion de ses crimes. Cette haine est à son comble; elle est unanime, elle est nationale; elle a gagné tout le corps politique. Les familles, les individus, tous s'excitent et s'animent. Pour eux, le désir de la vengeance est une vertu publique, qui les échauffe avec une ardeur égale à l'amour sacré de la patrie. Et qui pourrait considérer de sang-froid toutes les atrocités dont cet affreux gouvernement s'est rendu coupable? N'a-t-il pas enchaîné, abruti le peuple anglais, si fier autrefois de sa liberté? N'a-t-il pas rougi le Bengale du sang de ses malheureux habitants? N'a-t-il pas aiguisé parmi nous les poignards, et allumé les torches de la guerre civile? Ne refuse-t-il pas la nourriture à vingt mille Français que le sort des combats lui a livrés? O comble d'horreur! Et c'est ce même gouvernement qui se vante d'être philosophe par excellence! Non, les gouvernants anglais n'ont rien d'humain, et nous ne pouvons plus les comparer qu'à ces loups féroces accoutumés à se repaître de chair humaine et dont l'estomac repousse toute autre nourriture. Mais, tandis que la soif de la vengeance nous consume et que tous les Français brûlent de la satisfaire, n'oublions pas le sort des vingt mille hommes qui gémissent dans les cachots de la Grande-Bretagne..... Volons à leur secours, et que chaque citoyen se fasse un devoir de contribuer à leur soulagement, jusqu'au moment de leur délivrance. Le Bureau central se propose d'ouvrir une nouvelle souscription, qui sera destinée à les secourir. Heureux, s'il peut sécher les larmes du besoin! Plus heureux encore, si son exemple est imité! Recevez, citoyen président, l'expression de notre respect et de notre dévouement. Les administrateurs du Bureau central, signé : Lessore, Cousin, Le Tellier; le commissaire du Directoire exécutif, Baudin; le secrétaire en chef, Bauve. — *Rédacteur* du 18 nivôse : « *Paris, le 17 nivôse.* La fête qu'a donnée, le 14 nivôse, le ministre des relations extérieures, en l'honneur de la paix, a été des plus brillantes. On avait remarqué avec plaisir l'invitation de s'interdire tout habillement provenant des manufactures anglaises, et toute la fête a répondu parfaitement à cette annonce civique. Plus de cinq cents personnes s'y sont réunies sur les invitations du ministre, qui a regretté que le local ne lui permît pas d'en réunir beaucoup d'autres encore. Tout y était digne de l'intérêt de Bonaparte, et l'élégance des ornements et la beauté de la musique, qui ne lui a fait entendre que les airs précurseurs de la victoire, et l'image d'un camp qui s'est offert en perspective à ses regards, avec des soldats de toutes les armes, et l'attention délicate qu'on a eu d'orner toutes les salles des copies les plus exactes de ces chefs-d'œuvre de l'art qu'il a conquis en Italie, et une foule de généraux, d'artistes, de savants, tous républicains, qui ont défendu par leur courage et honoré par leurs talents la cause de la liberté, et cette multitude de femmes charmantes qui a étonné, enchanté tous les regards, et l'intérêt respectueux et touchant qu'a témoigné, avec tant de vérité, l'assemblée entière au héros de l'Italie et à son épouse. Au reste, il faut ici le remarquer : cet intérêt était digne à la fois d'une assemblée républicaine et de Bonaparte; il était vrai; il était fortement senti; mais rien ne rappelait ces attitudes obséquieuses et serviles des temps qui ont précédé la Révolution, et ces flagorneries misérables qui dégradaient alors les hommages et l'admiration publique. Bonaparte en a paru vivement touché, et l'expression du bonheur, ainsi que celle de la plus intéressante simplicité, ont été constamment remarquées sur son visage. Pendant le banquet, auquel les convives sont arrivés précédés par une musique délicieuse, mais auquel les femmes seules se sont placées, le général Bonaparte s'est tenu debout derrière son épouse et à côté du citoyen Talleyrand, qui, durant toute la fête, s'est distingué par les attentions les plus aimables pour lui, pour la citoyenne Bonaparte, et en même temps pour toute la société. Des toasts très républicains ont été proposés par lui, et suivis d'un ou plusieurs couplets analogues, chantés par Laÿs, Chéron, Chénard et entremêlés de récits plaisants faits par Dugazon, et de couplets très gais qu'il a adressés à Bonaparte. Parmi les toasts qui ont été portés, on a remarqué avec un plaisir inexprimable celui qui a été annoncé en ces termes : « A la citoyenne qui porte le nom le plus cher à la gloire. » Tout le monde a montré, par de vifs applaudissements, que ce nom a été parfaitement connu; et Laÿs a aussitôt chanté le couplet suivant, qui a été demandé une seconde fois avec transport :

Sur l'air : *Il faut, quand on aime une fois.*

Du guerrier, du héros vainqueur
O compagne chérie !
Vous qui possédez tout son cœur,
Seule avec la patrie,
D'un grand peuple à son défenseur
Payez la dette immense ;
En prenant soin de son bonheur,
Vous acquittez la France. »

— *Publiciste* du 17 nivôse : « *De Paris, le 16 nivôse.* La fête donnée avant-hier par le ministre des relations extérieures au général Buonaparte et à son épouse a été très brillante. Le bal s'ouvrit à dix heures dans le salon du ministre. Les chambres latérales qui composent la suite des appartements suppléaient comme une longue galerie à l'insuffisance du local. Partout des ornements avaient été distribués par le goût avec une élégante magnificence. A dix heures et demie la plus belle assemblée remplissait les appartements du ministre, et, quelque nombreuse qu'elle fût, tout avait été prévu avec tant de soin et préparé avec tant d'ordre, qu'il n'y eut pas un moment de confusion. Plusieurs Directeurs, les ministres, tous les ambassadeurs étaient présents. On comptait environ deux cents femmes des plus jolies et des mieux parées; presque toutes avaient ce costume grec qui, par les victoires de Buonaparte, a cessé d'être étranger parmi nous. On remarquait une Française de Céphalonie, dont le caractère de beauté annonçait encore mieux l'origine que le ruban orné de lettres grecques qu'elle portait en écharpe. A dix heures et demie, Buonaparte entre dans le salon avec son épouse. Il règne un moment de silence religieux; tous les regards cherchent les traits du héros, on se le montre les uns aux autres, avec le plaisir qu'on éprouve à se communiquer tous les sentiments d'admiration qui remplissent l'âme. « Madame, le voilà, « c'est lui », disait l'envoyé de Bâle, M. Ochs, à une citoyenne qui se trouvait à ses côtés et qui semblait montrer moins d'empressement que les autres. C'était à la citoyenne Buonaparte qu'il parlait. A onze heures un signal est donné, et l'assemblée, quittant les danses, s'avance au son d'une musique militaire, à travers des chemins semés de fleurs, au milieu d'une haie de myrtes, de lauriers et d'oliviers vers le palais, où des tables magnifiquement servies étaient préparées pour le banquet. Les femmes seules s'assirent à table, tandis que les hommes formaient autour d'elles une seconde ligne. Tous les regards se fixèrent d'abord sur la citoyenne Buonaparte: elle était mise avec dignité; une chaîne de camées ornait les tresses de ses cheveux. La gloire des personnages figurés sur les médaillons antiques qu'elle portait rappelait, mais ne pouvait surpasser celle de son époux. Celui-ci ne se faisait remarquer que par sa simplicité et sa modestie. Il était sans uniforme. On pouvait lui appliquer ce que Tacite a dit d'Agricola : « En le voyant on cherchait sa re-« nommée ; peu devinaient le grand homme. » Derrière le siège de la citoyenne Buonaparte était Talleyrand-Périgord, faisant les honneurs avec une aisance qui annonçait que les grâces et les plaisirs n'étaient pas pour le ministre, plus que la politique, des affaires étrangères. A côté du ministre paraissait Buonaparte, tenant par le bras l'ambassadeur ottoman, qui paraissait s'appuyer familièrement sur lui, comme pour annoncer l'alliance de la Porte avec la France. Des salves d'artifice annonçaient les santés que le ministre portait. Des airs analogues, chantés alternativement par les citoyens Laÿs, Chéron, Chénard et Dugazon, exprimaient les sentiments dont l'assemblée était animée. L'indignation se mêla à l'enthousiasme, quand le ministre proposa de boire à l'heureux succès de la descente d'Angleterre. A ce mouvement de haine nationale succéda bientôt la gaîté ramenée par des couplets relatifs à la descente, chantés par Dugazon, sur l'air de *Sultan Saladin*, dont le refrain était :

> Ce n'est pas, vous pouvez m'en croire,
> La mer à boire (*bis*).

On a aussi beaucoup applaudi dans des couplets de Despréaux, chantés par Laÿs, les vers suivants, adressés à la citoyenne Buonaparte [1]... Après un souper digne des tables de ces Romains qui avaient conquis l'Asie, comme nous avons conquis l'Italie, et qui ne plaçaient pas non plus leur républicanisme dans la misère, les danses ont recommencé plus brillantes encore que dans la soirée : elles se sont prolongées jusque vers cinq heures du matin. »

MCCXXXIX

15 NIVOSE AN VI (4 JANVIER 1798).

Rapport du bureau central du 16 nivose.

Esprit public. — Les opérations qui ont eu lieu hier pour la découverte de toutes les marchandises anglaises que la contrebande avait répandues dans le commerce ont donné à l'opinion publique l'occasion de se prononcer sous des couleurs décidées. Dans le premier moment, l'appareil qui accompagnait et facilitait l'exécution des mesures commandées a fait naître quelques alarmes dans l'esprit des citoyens les plus faibles. Le royalisme, principalement dans les divisions du centre de cette commune, s'empressait déjà de se déchaîner contre le gouvernement. Les mots de *système de Robespierre*, de *visites domiciliaires*, de *réquisition* étaient jetés en avant. Quelques individus s'apitoyaient sur le commerce de la République, à laquelle pour la première fois ils feignaient de prendre un très vif intérêt. Déjà les cafés notés par le plus mauvais esprit servaient d'échos aux divers propos de la malveillance. Mais, lorsque le véritable but des perquisitions a été connu, lorsque l'on a su qu'elles n'étaient que l'exécution tardive d'un décret [2], qui tendait à porter un coup funeste au crédit du plus grand ennemi de la République française, toutes les incertitudes des gens faibles ont cessé, les hommes à perfides conjectures se sont vus isolés et réduits au silence, et l'esprit national s'est montré tel qu'il est. Loin de penser que les mesures exécutées pussent devenir funestes au commerce français, on les a considérées comme propres à lui donner une nouvelle activité en doublant nécessairement celle de nos manufactures et en fermant tous les canaux obscurs par lesquels le ministre anglais espérait attirer à lui le numéraire de la Répu-

---

1. Suivent les vers cités plus haut, p. 520.
2. Il s'agit de la loi du 10 brumaire an V, qui prohibait l'importation et la vente des marchandises anglaises.

blique. — On ne parle point ici des plaintes échappées à l'intérêt particulier, trompé dans ses spéculations illicites, sinon coupables, parce qu'elles ne sont qu'un point, comparées à l'étendue de l'opinion nationale. A l'appui des observations que l'on produit ici viennent se joindre des entretiens sur le préjugé qui n'a cessé de donner pour marchandises anglaises des objets fabriqués dans nos propres manufactures, et tellement parfaits que souvent ils n'admettent la concurrence d'aucuns de ceux sortant des fabriques étrangères. Sous bien des rapports en un mot, la marche du gouvernement en cette circonstance paraît avoir eu les plus nombreux suffrages. — On attend les comptes que les municipalités doivent rendre du résultat de leurs opérations, et il en sera fait rapport aussitôt.

Spectacles. — Les spectacles n'ont offert ces deux jours aucun intérêt saillant, ni sous le point de vue de l'opinion publique, ni sous celui du progrès des arts. Hier ils n'ont eu généralement que très peu d'affluence, et il ne s'y est passé aucun fait qui mérite d'être remarqué....

LESSORE.

(Arch. nat., BB³ 87.)

JOURNAUX.

Rédacteur du 18 nivôse : « L'opération d'avant-hier [1], ordonnée par le gouvernement pour la saisie des marchandises anglaises conservées dans les magasins au mépris de la loi a été exécutée dans Paris avec tout l'ordre qu'on pouvait désirer. Elle trouve cependant un grand nombre de contradicteurs ; mais ils calculent mal l'intérêt même du commerce sur lequel ils se fondent. Car quel était le mal dont se plaignait le plus vivement le commerce ? N'était-ce pas la langueur de nos fabriques ? Et la cause principale de cette langueur n'était-elle pas l'introduction, trop longtemps impunie, des marchandises anglaises ? Les Anglais, qui regorgent d'objets manufacturés, nous les vendaient à vil prix. Nos manufactures renaissantes pourraient-elles jamais soutenir cette concurrence ? Cette mesure était donc impérieusement sollicitée par l'intérêt du commerce français ; elle était donc essentiellement utile au peuple dont l'activité de nos manufactures est un des moyens d'existence. Cette mesure n'a rien de révolutionnaire. Le gouvernement n'a agi qu'en vertu d'une loi, d'une loi rendue depuis longtemps, et à laquelle chacun aurait dû se conformer. Qui ne sent combien ce nouveau coup va consterner l'Angleterre, en lui prouvant que notre invariable résolution est de l'attaquer par tous les moyens ? Ses ministres feront semblant d'en rire ; mais ils n'envisageront pas sans effroi une guerre de cette nature ; ils trouveront périlleux de combattre seuls, et pour ainsi dire corps à corps, la plus puissante nation de l'Europe. Ils sentiront bientôt qu'ils ne peuvent lutter avec avantage contre de pareilles ressources, contre de tels efforts. Ils remettront le sort de leur

1. C'est-à-dire du 15 nivôse.

patrie en d'autres mains, et nous regagnerons avec usure ce que nous aurons perdu. » — *Rédacteur* du 24 nivôse : « *École polytechnique*. Il y a eu, le 15 nivôse, une séance générale à l'École polytechnique, à laquelle ont assisté plusieurs membres de l'Institut, des députés de l'un et l'autre Conseil, et des militaires recommandables par leurs lumières et par les services importants qu'ils ont rendus à la liberté. Le citoyen Monge, directeur de l'école, a ouvert la séance par la lecture d'un discours sur les avantages et la nécessité de l'instruction. Il a développé cette vérité si importante, mais trop peu sentie, que l'homme est tout entier le produit de ses facultés intellectuelles ; qu'à mesure que ces facultés se développent, l'homme multiplie ses jouissances, augmente la somme de son bonheur, et sent de plus en plus que sans la vertu il n'est point de félicité véritable. » — Nous résumerons ainsi la suite de ce compte rendu, qui est fort long. Le citoyen Guyton a ensuite parlé sur l'étude de la chimie et a fait l'éloge de Bertrand Pelletier, instituteur de chimie à l'École polytechnique. Le citoyen Fourrier a présenté le tableau de l'instruction mathématique. Le citoyen Prony a fait lecture d'une notice sur Jacques-Élie Lamblardie, instituteur à l'École polytechnique et directeur de l'École des Ponts-et-Chaussées. Le citoyen Neveu, instituteur de dessin, a lu un discours sur les arts libéraux, et la séance a été terminée par le citoyen Chaussier, qui a donné une notice des cours dont il est chargé.

MCCXL

16 NIVOSE AN VI (5 JANVIER 1798).

RAPPORT DU BUREAU CENTRAL DU 17 NIVOSE.

Lieux publics. — Il s'est formé aux alentours de la salle des séances du Conseil des Cinq-Cents plusieurs groupes dans lesquels on s'est uniquement occupé de la résolution contenant de nouvelles dispositions pénales tendant à réprimer le brigandage [1]. Cette mesure a obtenu la plus grande approbation. — Les cafés étaient tous en général imbus de la même opinion. — C'est à la grande majorité des citoyens que continue à être approuvée l'opération qui avait pour objet la prohibition de toute espèce de marchandises anglaises.

Spectacles. — Le calme a été parfait dans tous les spectacles ; aucun n'a offert d'événements susceptibles d'être notés.

Surveillance. — ... Une voiture chargée de fusils a été arrêtée par le commandant du poste de la Vme municipalité. Elle est en fourrière audit poste.....

LESSORE.

(Arch. nat., BB³ 87.)

1. Il s'agit du projet de résolution présenté par Roëmers le 10 nivôse, voté le 17 et approuvé par les Anciens le 29.

MCCXLI

18 NIVOSE AN VI (7 JANVIER 1798).

RAPPORT DU BUREAU CENTRAL DU 19 NIVOSE.

Surveillance. — ... Le nommé Renaud, ex-prêtre, prévenu à dire la messe sans avoir satisfait à la loi, a été arrêté rue de Lancry et conduit au Bureau central. — Les nommés Legendre, Chevalier, Mouclar, prévenus de fabrication de fausses pièces d'or de 48 livres, ont été arrêtés. On a saisi cent deux pièces d'or de 48 livres toutes prêtes, dont quarante-deux frappées à l'effigie du ci-devant roi, onze matrices, un balancier, deux laminoirs, un découpoir, le mouton monté, des découpures d'or, des pièces de cuivre préparées, également à l'effigie du ci-devant roi ; tous objets qui ont été mis sous les scellés.....

LE TELLIER.

(Arch. nat., BB³ 87.)

MCCXLII

19 NIVOSE AN VI (8 JANVIER 1798).

RAPPORT DU BUREAU CENTRAL DU 20 NIVOSE.

Lieux publics. — De plus en plus, dans les lieux publics, une véritable sérénité paraît sur les physionomies. Les opinions y deviennent également plus satisfaisantes ; partout les nouvelles que l'on cite des départements, et qui prouvent la surveillance active qui s'exerce de tous côtés sur les émigrés, les prêtres réfractaires et les égorgeurs de la réaction, deviennent autant d'arguments favorables au maintien de la République. Du reste la haine du gouvernement anglais croît dans tous les cœurs, et ce sentiment est général, si l'on en excepte les royalistes invétérés constamment habitués dans les cafés ou à d'obscurs conciliabules, famés par leur incivisme. — On est en outre fondé à dire que les distributions des secours faits aux indigents dans les divers arrondissements de cette commune portent au fanatisme le coup le plus funeste ; les infortunés se trouvent dissuadés que les prêtres seuls sussent prendre en considération leur état de détresse.

Spectacles. — Ils paraissent également animés d'un assez bon esprit depuis quelques jours ; les interprétations douteuses ont disparu, et le calme n'est altéré par aucun incident. — Au Vaudeville, on a chanté hier une ronde où règne autant d'esprit et de gaîté que de patriotisme ; elle a trait à la descente des Français en Angleterre et fut couverte d'applaudissements — Le seul fait suivant motive ici une improbation très grande : le 19 de ce mois, l'un des principaux agents du Bureau central, qui s'était présenté au théâtre de l'Ambigu-Comique, éprouva des difficultés qui furent accompagnées de propos injurieux à l'administration. Le lendemain, un autre agent, également en chef, éprouva non seulement de semblables difficultés, mais vit, en quelque sorte, méconnus entre ses mains tous les signes de l'autorité, et eut la douleur d'avoir à recueillir des propos injurieux aux fonctionnaires sous les ordres desquels il exerçait les fonctions de la surveillance. Une comparaison dégradante de la police actuelle à la police de l'ancien régime est le moindre grief que l'on ait à reprocher en cette circonstance à l'entrepreneur du théâtre de l'Ambigu-Comique, contre lequel il est pris des mesures que commande le respect dû aux autorités, et dont il sera incessamment rendu compte.....

LE TELLIER.

(Arch. nat., BB³ 87.)

JOURNAUX.

Ami des Lois du 20 nivôse : « Le curé de Saint-Sulpice a signifié à ceux qui lui ont vendu à crédit des ornements pour son église qu'il ne pouvait les payer, parce que les théophilanthropes lui avaient coupé le cou (il a voulu dire la bourse). »..... « *Lugete veneres, cupidinesque*..... La baronne des baronnes[1], l'honneur de son sexe, la perle des femmes, la déesse des oligarques, la favorite du dieu de *la constance*, la sultane du roi de Blankenbourg, la protectrice des émigrés, la femme universelle enfin, a quitté la France.... Trop heureux sénateurs, avoyers et baillifs des treize cantons, vous allez posséder ce trésor inestimable ! Quelle source inépuisable de consolations ! Quelle rivière de voluptés vous est ouverte ! Quelle mine de jouissance et de bonheur vous allez exploiter ! Malheureux Français, nous ne la verrons plus.....*Lugete veneres, cupidinesque !* »

1. Il s'agit sans doute de Mme de Staël.

MCCXLIII

20 NIVOSE AN VI (9 JANVIER 1798).

Journaux.

Ami des Lois du 21 nivôse : «..... Un M. Leclerc, administrateur du IIe arrondissement de Paris, vient d'être destitué pour avoir insulté au culte des théophilanthropes, dans le temple de Saint-Roch ; ce M. Leclerc n'aime que la religion qui donne du sang à boire et de la chair humaine à manger. »
— *Fanal* du 25 nivôse : « *Variétés*..... Le 20 de ce mois, la maison du Nord, rue de la Loi, a été le théâtre d'une assez singulière aventure. Cinquante personnes en habit militaire l'investissent. Aussitôt les sentinelles et les postes sont établis avec tout l'appareil d'usage militaire, et trente cavaliers au moins gardent les dehors. Le commandant et un commissaire du Directoire exécutif montent chez le citoyen Lavaguerie, logé dans la maison, se font représenter ses effets, et, après s'être assuré qu'il n'a point de bijoux, se retirèrent sans verbaliser, sans mettre aucuns scellés, et relevèrent les postes en bon ordre. Ce commandant et ce commissaire n'étaient autre chose que des filous adroits, munis d'ordres de l'autorité publique parfaitement bien contrefaits, et à l'aide desquels ils étaient parvenus à disposer de la force publique..... »

MCCXLIV

24 NIVOSE AN VI (13 JANVIER 1798).

Rapport du bureau central du 25 nivose [1].

Lieux publics. — La tranquillité continue à exister dans tous les lieux publics, et, si l'on en excepte le très petit nombre de ceux connus pour être les galeries habituelles du royalisme, tous sont pénétrés d'indignation contre deux gouvernements, également atroces, également perfides, ceux de Rome et de Londres. On peut affirmer qu'il n'y a point de partage dans les sentiments de haine qu'ils inspirent, et que l'esprit public est à cet égard très prononcé.

---

1. Les rapports des 21, 22, 23 et 24 nivôse an VI n'ont pour objet que la surveillance. Notons seulement ceci dans le rapport du 21. Après avoir mentionné l'arrestation pour escroquerie d'un épicier en chambre, par ordre du juge de paix de la Fontaine-de-Grenelle, et sa mise en liberté provisoire, le rapport porte : « Même mesure, pour même cause, à l'égard du nommé Landrieux, général de brigade. » (Arch. nat., BB³ 87.)

Spectacles. — Tous ont obtenu hier un nombreux concours. Comme remarque générale, on observe que la négligence avec laquelle sont joués les airs civiques avant la levée du rideau nuit beaucoup au plaisir qu'ils doivent causer. — La pièce nouvelle, représentée hier au théâtre de la rue Feydeau, sous le titre de *L'Épreuve délicate*[1], est d'une bonne moralité; elle offre plusieurs tableaux de l'humaine perversité; l'un d'eux a cependant paru inconvenant en ce qu'un mari expose de son plein gré sa femme à une épreuve difficile en l'amenant à une entrevue avec un homme aimable qui a su précédemment l'intéresser. Ce défaut, dont le public a sourdement murmuré, est racheté et pallié même par des détails heureux et par un dénouement conduit avec art. — Cette production, qui a été très applaudie, n'offre rien dont l'incivisme puisse faire son profit et peut d'un autre côté tourner au profit de la société. — Une autre pièce nouvelle, intitulée *Le Cordonnier de Damas*[2], et donnée au théâtre de la Cité, avait pour fond cette moralité connue : *ne sutor ultra crepidam*. Effectivement celui-ci, qui s'est acquis une certaine réputation dans son métier, a de plus la prétention d'un amateur et même d'un connaisseur des arts. Il se considère en conséquence comme artiste, et, par suite de cette originalité, s'est établi dans d'anciennes catacombes; bientôt il se croit propre aux plus hauts emplois, et le rêve qu'il fait tout haut dans cette perspective est entendu d'un pacha, qui, par divertissement, se plaît à le réaliser. Le cordonnier est conduit avec pompe au sérail; on s'empresse de l'y fêter; il peut choisir parmi les odalisques; enfin il est fait cadi. Les détails qu'il a recueillis sur divers emplois qu'il pouvait choisir, et les désagréments que lui a donnés celui de cadi, lui font regretter son échoppe; il laisse les grandeurs, se raccommode avec sa femme et retourne à son premier état. Ce sujet, réellement comique, se trouve gâté par un double intérêt, celui d'un jeune prince, amoureux de la sultane favorite du pacha, et qui, dans l'espoir de s'introduire auprès d'elle, s'est mis apprenti chez le cordonnier qui fournit les chaussures au sérail. Mais ce qui nuit le plus à l'ouvrage est son cynisme complet : on vient annoncer au pacha, qu'un homme *tout entier* s'est introduit au sérail; le cordonnier, dans une dispute avec le chef des eunuques, l'appelle *incomplet*. Ailleurs on présente au cordonnier la place de chef des eunuques en l'avertissant qu'il doit pour la remplir se soumettre à une opération préliminaire. — Le public a surtout désapprouvé hier une sortie du pacha, dont le sens est qu'un juge,

1. Comédie en un acte et en vers, par Roger. Voir le *Courrier des Spectacles* du 25 nivôse.
2. Voir le *Courrier des Spectacles* des 24 et 25 nivôse.

pour bien remplir ses devoirs, n'a pas besoin de connaître les lois, et qu'une conscience intègre lui suffit. — En un mot, le mécontentement du public à tous les passages répréhensibles de cette pièce a prouvé que la société tenait toujours à la décence et au bon goût.....

Le Tellier.

(Arch. nat., BB 3 87.,

MCCXLV

25 NIVOSE AN VI (14 JANVIER 1798).

Rapport du bureau central du 26 nivose.

Mœurs et opinions. — Les cafés ne sont pas également fréquentés depuis quelque temps ; les discussions y sont rares ; les opinions y sont calmes, et, en dernier résultat, l'esprit public y a fait des progrès avantageux. — Tous les temples des théophilanthropes ont joui du calme ; les exercices y ont eu lieu avec décence et tranquillité. Il en a été de même des offices du culte catholique, moins fréquentés de jour en jour ; on y distingue surtout peu d'hommes.

Spectacles. — Le concours a été nombreux à tous les théâtres. Le public du théâtre de la République était, contre l'ordinaire, très mal disposé ; plusieurs passages de *Scipion*[1] ont été improuvés et sifflés par des individus qui cachaient ou prétendaient cacher l'incivisme de leurs réflexions sous les apparences d'une critique purement littéraire. Ce mauvais esprit n'a pas tenu aux passages où Scipion jure ensuite l'anéantissement de Carthage. Le public a fait au gouvernement d'Angleterre l'application de ce serment, et les applaudissements ont été très nombreux et très prolongés. — Les théâtres en général n'ont offert aucun événement qui mérite une remarque particulière.....

Le Tellier.

(Arch. nat., BB 3 87.)

---

1. *Scipion l'Africain*, trait historique en un acte, par Billardon de Sauvigny, fut joué pour la première fois au théâtre de la République le 20 nivôse an VI.

MCCXLVI

26 NIVOSE AN VI (15 JANVIER 1797).

JOURNAUX.

Ami des Lois du 28 nivôse: « Le 26 nivôse, entre dix et onze heures du soir, trente à quarante hommes, vêtus en uniforme de garde nationale, et armés de sabres, se sont introduits chez le citoyen Garchy, glacier, rue de la Loi, sous le prétexte d'y prendre des glaces. A peine servis, ils se sont répandus en propos et en injures, non seulement contre le citoyen Garchy, son épouse et ses garçons, mais encore contre toutes les personnes présentes, qui étaient en assez grand nombre, et des propos ils en sont venus aux excès, ont frappé à coups de sabre toutes les personnes qui voulaient s'opposer à leur fureur, brisé et mis en morceaux les glaces, lustres, porcelaines, cristaux, les bouteilles de liqueurs et autres marchandises, les vitres, les meubles, etc. Quelques grenadiers du Corps législatif et la garde nationale, appelés au secours, n'ont fait qu'augmenter la rage des assaillants, qui ont dangereusement blessé environ quarante personnes, du nombre desquelles est un aide de camp du général Augereau, qui a reçu quatre coups de sabre, et plusieurs grenadiers. Quoique les brigands fussent alors en nombre bien inférieur, ils sont parvenus à s'évader après avoir volé l'argenterie du citoyen Garchy (ce qui était sans doute leur objet principal), une montre d'or, et 10 louis à deux des personnes qui étaient là à leur arrivée. Quatre d'entre eux seulement ont été arrêtés. On a été occupé, toute la matinée du 27, au transport de quelques blessés qui étaient hors d'état de se rendre à leur domicile. La justice de paix s'y est aussi rendue pour dresser procès-verbal de tous les faits, dont nous donnerons de plus amples détails. Nous ne pouvons nous empêcher d'observer que, dans une ville bien policée, on n'aurait pas tenté un pareil événement, ou du moins que cette scène, qui a duré près de deux heures au grand scandale de tous les voisins, aurait été terminée par l'arrestation de tous les coupables, après avoir fait cerner la maison par la force publique. »

MCCXLVII

27 NIVOSE AN VI (16 JANVIER 1798).

JOURNAUX.

Ami des Lois du 29 nivôse : « On nous assure que l'affaire du café Garchy, dont nous avons parlé hier, n'était point, dans son origine, un projet de vol, comme nous l'avons annoncé, d'après les renseignements qui nous avaient été fournis par une personne commensale de cette maison, et au rapport de laquelle nous avions cru devoir ajouter foi, d'autant mieux qu'à cette époque, nous ne pouvions pas entendre les deux partis, puisque nous n'avons trouvé sur le champ de bataille que les débris de celui qui avait été vaincu, et qu'il n'y avait qu'une voix à ce sujet. Aujourd'hui une autre version, qui nous paraît assez vraisemblable, présente cet événement comme la suite d'une querelle politique, engagée entre des républicains et des émigrés ou leurs partisans; on prétend que ceux-ci étaient les agresseurs, et que M. de Rochechouart, dont l'émigration n'est pas équivoque, a figuré dans cette affaire, qu'il a porté les premiers coups, et qu'il est enfin succombé sous le fer de ceux qu'il avait attaqués. L'aide de camp d'Augereau, qui s'est trouvé dans cette mauvaise compagnie, est un nommé Fournier, connu par sa fatale adresse dans les combats singuliers : son patriotisme éprouvé nous ferait balancer en faveur de ceux avec lesquels il se trouvait, si son étourderie ne détruisait pas toutes les conjectures qu'on pourrait tirer de ses opinions politiques. On assure que Rochechouart est mort de ses blessures. Le Directoire, dans son message, donnera de plus grands développements sur cette affaire, et nous nous empresserons de les publier. »

MCCXLVIII

28 NIVOSE AN VI (17 JANVIER 1798).

Rapport du bureau central du 29 nivose.

Lieux publics. — Les lieux publics ont été généralement paisibles dans la journée du 28. Il en faut cependant excepter le café dit du Caveau, Maison-Égalité, où la tranquillité a été un moment troublée par les altercations de quelques individus se plaisant à diffamer le culte des théophilanthropes et paraissant quelquefois disposés, dans leurs discours, à garder peu de respect pour le gouvernement républicain. Il a été sensible que la présence seule des patriotes de ce café a contraint des malveillants à la circonspection. Le calme s'est de lui-même promptement rétabli.

Spectacles. — Des auteurs d'un patriotisme reconnu contribuent par leurs productions à éloigner des théâtres tout esprit de royalisme.
— On donne au théâtre d'Émulation une pièce intitulée : *Le Général chez le Charbonnier*[1] ; elle est ingénieusement conçue, respire l'amour de la patrie, et est, sous ce double rapport, accueillie avec beaucoup de plaisir par le public. La fiction, ou plutôt le trait, est épisodique au retour de l'armée d'Italie, qui est constamment comblée d'éloges. Les applaudissements sont continuels dans le cours de la représenta-

1. Par Destival et Martainville. Voir le *Courrier des Spectacles* du 28 nivôse.

tion. — Au théâtre de la citoyenne Montansier se joue une petite pièce écrite dans le même esprit, accueillie avec le même intérêt. Il est à la scène un bel effet d'indignation contre les Anglais, produit par la lecture d'une lettre qui met au jour les traitements affreux qu'éprouvent en Angleterre les prisonniers français. Chaque personnage bientôt s'empresse de prendre sur ses moyens pour former une masse destinée au soulagement de ces prisonniers, et cet acte de dévouement national se passe sous les yeux d'un officier anglais qui, prisonnier lui-même en France, et pénétré de honte d'appartenir à un gouvernement barbare, se donne la mort. Quoique cette production soit plus faible que l'autre, elle ne lui cède point néanmoins en patriotisme, et le public a témoigné sa satisfaction par des applaudissements, au moment surtout où il est juré une guerre à mort au gouvernement anglais.....

Le Tellier.

(Arch. nat., BB³ 87.)

Journaux.

Le *Rédacteur* du 30 nivôse publie le message du Directoire exécutif au Conseil des Cinq-Cents, sur la violation du domicile de Garchy. — *Patriote français* du 3 pluviôse : «..... Morand, juge de paix de la section Poissonnière, convaincu d'avoir, dans l'exercice de ses fonctions, dit « qu'il fallait payer dix fois la valeur d'un domaine national, avant de s'en dire propriétaire, et que les contrôles d'acquisition de ces mêmes domaines étaient des arrêts de mort dans les mains des acquéreurs », a été, le 28 nivôse, condamné à la déportation par le tribunal criminel de la Seine..... »

MCCXLIX

29 NIVOSE AN VI (18 JANVIER 1798).

Journaux.

Ami des Lois du 30 nivôse : « Enfin on sait la vérité sur l'affaire du café Garchy. Nous avons imprimé, le premier jour, la relation des employés de cette maison ; le lendemain, nous avons publié celle du parti opposé, sans garantir la vérité de l'une ni de l'autre ; aujourd'hui nous disons ce que nous avons vérifié, et il en résulte que cette malheureuse catastrophe est la suite d'une ancienne querelle qui avait eu lieu dans le même café quelques jours auparavant, entre des patriotes et des prétendus marquis ; les premiers, ayant été mystifiés par ceux-ci, se promirent de s'en venger, et ils l'ont fait bien cruellement ;

on croit qu'il s'était mêlé parmi eux, à leur insu, des voleurs et des hommes payés pour faire du bruit; on ajoute que la chose est allée beaucoup plus loin qu'ils ne voulaient; Fournier, l'aide de camp d'Augereau, n'a été dans cette affaire que par fatalité; il était étranger à la querelle des deux partis et ne mérite aucun reproche : un quart d'heure plus tôt, les deux fils du Directeur Reubell auraient eu aussi le malheur de s'y trouver. Quelle qu'ait été l'origine de cet événement, on doit déplorer son fatal résultat, qui ne tend qu'à faire détester le gouvernement, et à retarder l'heureux moment où le respect des personnes et des propriétés attirera en France, non seulement les amis de la liberté, mais encore ceux des arts, des plaisirs, de la paix et des jouissances de toute espèce (voyez le message du Directoire à ce sujet). » — *Publiciste* du 1ᵉʳ pluviôse : « *Astronomie*. Le 29 nivôse au soir, écrit le citoyen Lalande, le peuple était assemblé sur les quais, et remarquait avec étonnement la planète de Vénus qui, étant actuellement dans sa grande digression, est d'un éclat surprenant et paraît à la vue simple, même en plein jour; ce grand éclat a lieu tous les dix-neuf ans, mais on n'y fait pas toujours la même attention. Comme depuis quelques jours on parle beaucoup de comètes, on a pris Vénus pour la comète, mais il n'y en a point actuellement; nous n'en avons point vu depuis le mois de thermidor; nous n'en attendons point, et la terreur qui paraît avoir lieu parmi le peuple n'a aucune espèce de fondement. On peut consulter les *Réflexions sur les Comètes* que je publiai en 1773 dans une pareille circonstance, chez Duprat, libraire, quai des Augustins. »

MCCL

30 NIVOSE AN VI (19 JANVIER 1798).

Journaux.

Rédacteur du 10 pluviôse : « *Bureau central du canton de Paris*. Extrait d'un rapport fait au Bureau central du canton de Paris. Le 30 nivôse, sur les neuf heures du soir, le nommé Firard père, peintre, demeurant rue de Bretagne, n° 42, accompagné d'un de ses enfants et des frères Gilet, dont l'un s'est dit général réformé, sachant que d'excellents citoyens se réunissaient chaque soir dans une petite salle au fond du café du citoyen Achard, même rue de Bretagne, au Marais, y entrèrent par force et armés de bâtons; le soi-disant général agite et montre un bâton noueux, qu'il appelle *la loi*; il insulte aux couleurs nationales; bientôt ses provocations s'adressent directement aux patriotes paisibles; il les traite de Jacobins, les menace de les tuer tous, et se porte avec violence dans la pièce où ils étaient réunis. Chacun des provoqués se lève; Gilet et ses compagnons sont mis à la porte, et disent qu'ils vont chercher du renfort. Pour éviter du bruit et des accidents fâcheux, les patriotes réunis se retirent chacun chez eux, à la sollicitation du citoyen Achard. A peine ont-ils quitté le café de ce dernier, que le soi-disant général Gilet rentre, accompagné de dix à douze compagnons de *Jésus*, armés de bâtons et de pistolets. Ils cherchent en vain leur proie; ils s'aperçoivent qu'elle est échappée à leur rage, et alors les imprécations les plus terribles, les propos les plus séditieux retentissent dans le café, qu'ils ne se décident à évacuer que sur la menace de la garde. Ce rapport est signé du citoyen Achard, propriétaire du café. »

MCCLI

NIVOSE (SANS DATE DE JOUR).

Note transmise par le secrétaire général du Directoire a divers journaux [1].

Premières idées sur ce que peuvent faire les journaux.

Il importe dans ce moment de diriger l'esprit public de manière que les élections prochaines soient bonnes, c'est-à-dire que le peuple donne sa confiance à des hommes républicains, probes, moraux et instruits. — Les journalistes peuvent nous conduire à ce but par les idées qu'ils sont à portée de publier chaque jour sur cette importante matière. — Leurs écrits devraient porter :

Sur le grand intérêt de tous les citoyens français à conserver l'ordre établi par la Constitution de l'an III ;

Sur les abus et les vexations de l'ancien régime ;

Sur la bonté de nos principes en eux-mêmes ;

Sur les avantages d'un gouvernement représentatif ;

Sur les grandes destinées auxquelles est rappelé un peuple libre ;

Sur la prospérité commerciale qui nous attend ; sur celle que doit également espérer l'agriculture ;

Sur la confiance que doit inspirer une forme de gouvernement qui

1. Cette note devait être communiquée aux journaux suivants : *Amis des Lois, Journal des hommes libres, Patriote français, Journal des campagnes et des armées, Messager du Soir, Moniteur, Journal de Paris, Ami de la patrie, Rédacteur.* Dans cette liste, on a fait suivre le titre de l'*Ami des Lois* du nom de Merlin; celui du *Journal des hommes libres* du nom du ministre de la police ; celui du *Messager du Soir* du nom de Reubell ; ceux du *Moniteur* et du *Journal de Paris* du nom de François (de Neufchâteau). Sans doute que chacun de ces citoyens était chargé de surveiller particulièrement les journaux dans la rédaction desquels il avait des amis. Le Directoire ne se borna pas à cette invitation et à cette surveillance. Il fit rédiger des articles qu'on trouvera, manuscrits, dans le même carton AF III, 45, et dans le suivant. Ajoutons que la lettre d'envoi à l'*Ami des Lois* est ainsi conçue : « *Liberté, Égalité. Paris, le... nivôse an VI de la République française une et indivisible.* Le secrétaire général du Directoire exécutif fait passer aux rédacteurs de l'*Ami des Lois*, de la part du Directoire, les observations ci-incluses. Salut et fraternité. Lagarde, secrétaire général. »

ne laisse que temporairement le pouvoir suprême dans les mains de ceux qui y sont appelés ;

Sur les calamités qu'entraîneraient un pas rétrograde ou un pas de plus ;

Sur les vengeances qu'un gouvernement nouveau attirerait sur la France ;

Sur l'affranchissement des droits de corvée, de chasse, de la dîme, etc. ;

Sur l'impossibilité de passer d'une forme de gouvernement à une autre sans passer par toutes les horreurs de l'anarchie ;

Sur l'intérêt pressant qui doit unir les patriotes et leur faire rejeter tout ce qui semble les diviser en plusieurs classes ;

Sur l'effet de ces divisions, qui ne tendent qu'à les affaiblir, et qui sont le moyen principal, peut-être même le seul, qui puisse favoriser les intrigues du royalisme ;

Sur le conseil que dicte la prudence de ne confier les grandes places qu'aux hommes déjà éprouvés, sans écarter néanmoins les hommes nouveaux qui annonceraient les qualités requises, et qu'on peut essayer en les employant dans des places moins importantes, à côté d'hommes connus ;

Sur le soin qu'on doit apporter à écarter ceux qui, quoique patriotes et capables, auraient souillé ces qualités par la moindre intrigue pour parvenir aux places ;

Sur les moyens de déjouer ces intrigues ;

Sur les dangers auxquels expose la patrie celui qui cherche à étendre le pouvoir que la loi lui confie dans les fonctions qu'il occupe ;

Sur ceux vers lesquels nous entraînent également les hommes qui entravent la marche administrative des affaires par la force d'inertie en ne se portant pas avec zèle vers tout ce qui peut contribuer à l'exécution des lois ;

Sur la justice des contributions publiques ; sur l'empressement que les bons citoyens doivent mettre à les acquitter.

Rapporter le tout aux qualités requises pour les fonctionnaires publics qu'on va choisir, et aux grandes erreurs commises dans les derniers choix.

Ne pas perdre une occasion de rappeler ces erreurs, les moyens de corruption et d'hypocrisie qui ont été mis en œuvre l'année dernière, qui ont commencé par le mauvais choix des électeurs, qui, à leur tour, ont nommé des ennemis de la chose publique, et qui ont mis la liberté à deux doigts de sa perte. Faire saillir les portraits les plus marquants des mauvais choix faits aux dernières élections.

Il faudrait enfin que, pour parvenir à répandre ces idées sur toute la surface de la République, chacun des écrivains ne se bornât pas à donner les siennes, mais qu'il prît en outre le soin de saisir et publier, soit en entier, soit en extraits, suivant les circonstances, ce qui aurait été publié par les autres sur mêmes objets.

(Arch. nat., AF III, 45.)

MCCLII

2 PLUVIOSE AN VI (21 JANVIER 1798).

Séance du Directoire exécutif.

L'an VI de la République française une et indivisible, le 2 pluviôse, à onze heures du matin, en exécution de l'arrêté du Directoire exécutif du 23 du mois dernier, portant que, conformément à la loi du 12 nivôse an V, l'anniversaire de la juste punition du dernier roi des Français serait célébré aujourd'hui, les membres du Directoire exécutif et le secrétaire général se réunissent. Les ministres sont ensuite successivement introduits. A midi, le Directoire exécutif, escorté par sa garde à pied et à cheval, précédé de ses huissiers et messagers d'État, de l'état-major de la 17e division, des ministres et du secrétaire général, sort du lieu de ses séances, pour se rendre à l'édifice ci-devant Saint-Sulpice. Le cortège entre par la grande porte ; les troupes forment une haie que le Directoire traverse pour aller se placer sur une estrade qui lui était réservée au centre de l'édifice ; les ministres sont rangés à droite et à gauche du Directoire, près de l'estrade, et les membres du corps diplomatique, qui s'étaient rassemblés pour la cérémonie, occupent les côtés de la partie du local qui se trouve en avant. Les trophées militaires, les statues de la Liberté, de l'Égalité et de la Sagesse décorent l'enceinte. En face est un autel érigé à la Patrie, sur lequel repose le livre de la Constitution et des Lois. Des deux côtés s'élèvent des amphithéâtres où se trouvent déjà réunies les diverses autorités constituées, les divers fonctionnaires publics convoqués, et l'Institut national. Le Conservatoire de musique est placé dans une vaste tribune élevée derrière le Directoire ; la force armée remplit la nef, et le surplus du local est occupé par une foule de citoyens de toutes les classes. Le Directoire exécutif prend séance ; le Conservatoire exécute le dernier couplet de l'*Hymne à la Liberté;* cet air chéri est accueilli par des acclamations ; la première partie de la strophe inspire un sentiment religieux, et le Directoire, ainsi que tous les assistants, l'écoutent debout et dans le recueillement; le président du Directoire prend ensuite la parole[1].... Le discours achevé, le président prononce le serment en ces termes : « Je jure haine à la royauté et à l'anarchie ; je jure attachement et fidélité à la République et à la Constitution de l'an III! » Tous les membres du Directoire, le secrétaire général, les ministres, tous les membres des autorités constituées, tous les fonctionnaires publics, civils et militaires, les citoyens présents, les défenseurs de la patrie répètent : « Je le jure! » et les voûtes retentissent du serment et des cris de *Vive la République !* qui le suivent. De nouveaux chants civiques commandent le silence; on exécute à grand chœur le *Serment républicain,* paroles de Chénier, musique de Gossec, dont les strophes suivent :

> Dieu puissant, daigne soutenir
> Notre République naissante,
> Et qu'à jamais dans l'avenir
> Elle soit libre et florissante.
>
> Jurons, le glaive en main, jurons à la patrie,
> De conserver toujours l'égalité chérie ;
> De vivre, de périr pour elle et pour nos droits,
> De venger l'univers opprimé par les rois.
> Si quelque usurpateur vient asservir la France,
> Qu'il éprouve aussitôt la publique vengeance,
> Qu'il tombe sous le fer, que ses membres sanglants
> Soient livrés dans la plaine aux vautours dévorants.
> Jurons, etc.

A cet hymne succède l'extrait d'une ode de Lebrun, musique de Lesueur :

> . . . .
> . . . .
> . . . .
> République ! tu nais pour venger l'univers.
>
> S'il en est qui veulent un maître,
> De rois en rois dans l'univers,
> Qu'ils aillent mendier des fers,
> Ces Français indignes de l'être.
> République ! etc.

---

1. Suit ce discours, que nous ne reproduisons pas, et qu'on trouvera dans le *Rédacteur* du 3 nivôse.

Ah! pour être à jamais triomphante et paisible,
Donne au mérite seul les rangs et les emplois
Mère d'enfants égaux, sois une, indivisible,
Mais que ta liberté soit esclave des lois.
République! etc.

L'orgueil ou désespoir, la rage fanatique,
Tenteront d'ébranler tes nouveaux fondements.
Pour vaincre de cent rois l'active politique,
C'est peu de tes amis, il te faut des amants.
République! etc.

Il te faut de ces cœurs dont la brûlante ivresse
Au devant des périls s'empresse de courir ;
Et, fière de lancer ta foudre vengeresse,
Sois fidèle au serment de vaincre ou de mourir.
République! etc.

Le *Chant du Départ*, que l'on exécute ensuite, complète l'enthousiasme républicain, dont tous les assistants sont animés ; les cris de *Vive la République!* se renouvellent, et sont bientôt répétés au dehors par la foule que l'enceinte n'avait pu contenir. Le Directoire exécutif se retire au milieu de ces acclamations, dans le même ordre qu'il était venu.

(Arch. nat., AF* III, 10.)

JOURNAUX.

Journal des hommes libres du 9 pluviôse : « Le 2 pluviôse, on donna *Guillaume Tell* aux Italiens ; le magistrat paraissant sur la scène, les yeux crevés, dit : « Je ne regretterais pas mes yeux, si mon état pouvait vous ins-
« pirer des sentiments de liberté. » Aussitôt deux individus se permettent inconsidérément d'applaudir ; un mouvement d'indignation éclate dans toute la salle. « Ce sont encore des Jacobins », s'écrie-t-on. Un Incroyable, s'adressant à un patriote, lui dit : « Vous entendez ces anarchistes ; on en trouve
« partout. » « Hélas ! oui, répond le patriote, ce sont des Jacobins ; eux seuls
« applaudissent à de pareilles choses. » Quels bons citoyens se forment à nos théâtres ! » — *Publiciste* du 3 pluviôse : « *De Paris, le 2 pluviôse...* Buonaparte continue à vivre dans Paris fort retiré, travaillant beaucoup, recherchant surtout la société des savants, ne paraissant guère dans aucun autre lieu public qu'à l'Institut national, et évitant tout ce qui peut attirer sur lui les regards. Il mange habituellement chez lui avec un petit nombre d'amis. Son épouse a adopté un genre de vie tout aussi modeste. Buonaparte doit retourner à Rastadt. Mais on sait qu'il ne se mettra en route qu'après que les députations de l'Empire auront reçu leurs nouveaux pouvoirs illimités... » — *Fanal* du 3 pluviôse : « ... L'ambassadeur ottoman s'entretenant avec une dame très aimable, celle-ci blâmait la loi qui permet aux musulmans d'épouser et d'avoir

jusqu'à quatre femmes à la fois. « La loi nous accorde cette faculté, lui répondit « galamment l'ambassadeur pour que nous puissions, madame, posséder dans « plusieurs, toutes les qualités que vous réunissez en vous seule..... » — *Patriote français* du 3 pluviôse : « *Paris, le 2 pluviôse* (21 janvier, vieux style). — Le canon tonne ! les républicains chantent des hymnes à la liberté. A pareil jour, à pareille heure... la royauté fut anéantie ! ! !

> On mérite la mort et les maux qu'elle donne,
> Quand on a mérité de perdre une couronne.
> (RACINE, *Esther*, acte Ier).

Depuis ce jour si fatal aux tyrans, chacun d'eux entend une voix terrible qui lui crie :

> Sais-tu que le malheur accompagne l'orgueil,
> Et que de l'or d'un trône on peut faire un cercueil ?
> (SCUDÉRY, *Andromire*, acte II).

Aussi, voyez ces prétendus maîtres du monde trembler devant la majesté des peuples :

> De chagrins, de soupçons nuit et jour dévorés,
> Tourmentés de frayeurs, de remords déchirés,
> Esclaves de leur rang, las d'eux-mêmes, ils règnent,
> Et, punis par avance, ils souffrent ce qu'ils craignent.
> (LONGEPIERRE, *Électre*, acte II).

C'est maintenant qu'ils sentent plus que jamais que :

> La couronne renferme et cache beaucoup plus
> De pointes pour le front qu'il n'en paraît dessus.
> (CYRANO DE BERGERAC, *Agrippine*, acte II). »

— *Moniteur* du 17 pluviôse : « Le Cercle constitutionnel séant dans le Xe arrondissement de Paris, rue de l'Université, n° 932, avait chargé cinq de ses membres de lui présenter la rédaction d'une profession de foi contenant l'expression fidèle de ses principes politiques. Le 2 pluviôse, la commission a soumis au cercle son travail, qui a été adopté à l'unanimité de tous les membres présents, ainsi qu'il suit : *Profession de foi politique des membres du Cercle constitutionnel, séant dans le Xe arrondissement de Paris, rue de l'Université, n° 932, réunis le jour anniversaire de la punition* du dernier roi des Français, le 2 pluviôse an VI de la République... »

1. Suit le texte de cette proclamation. Si nous ne la reproduisons pas, ce n'est pas qu'elle soit sans intérêt pour l'histoire de l'esprit public ; mais c'est qu'on le retrouvera dans un recueil fort répandu, la réimpression du *Moniteur*, t. XXIX, p. 144.

MCCLIII

4 PLUVIOSE AN VI (23 JANVIER 1798).

JOURNAUX.

Ami des Lois du 5 pluviôse : « Le citoyen P...[1], poète du Vaudeville, en 93 chantait à sa section ce couplet dont il est l'auteur :

O vous que j'aime et que j'honore,
Des campagnes bons habitants,
On voudrait vous tromper encore,
Mais attendez jusqu'au printemps ;
Quand vous verrez les blés renaître,
Quand vous verrez la vigne en fleurs,
Avec nous vous direz en chœur :
Et tout ça vient pourtant sans prêtres [2].

Qui croirait que ce poète, qu'on appelait autre fois *bonnet rouge*, s'est retiré dans un village où il assiste à la messe, communie fréquemment et rend le pain béni avec une pompe qui lui donne toute la confiance de M. le curé et lui attire l'admiration des dévots? Il s'était jeté, il y a quelque temps, dans les théophilanthropes; il y composait des hymnes; mais, par une légèreté sans exemple, il les a abandonnés pour rentrer dans le giron de la sainte Église romaine. »

MCCLIV

5 PLUVIOSE AN VI (24 JANVIER 1798).

RAPPORT DU BUREAU CENTRAL DU 6 PLUVIOSE [3].

Cafés et autres lieux publics. — On a vu, il y a peu de jours, des individus, animés d'un esprit très incivique, réveiller les anciennes dénominations à la faveur desquelles on a tenté plus d'une fois de diviser les patriotes; mais, depuis le 2 pluviôse, les cafés et autres lieux de réunion continuent à jouir d'un calme parfait, et les malveillants, habitués à certains d'entre eux, paraissent du moins res-

1. Il s'agit de Pierre-Antoine-Augustin de Piis.
2. Ce couplet est tiré d'une chanson de Piis intitulée : *De l'Inutilité des prêtres.*
3. Les rapports des 30 nivôse, 1er, 2, 3, 4, 5 pluviôse ne contiennent rien sur l'esprit public.

pecter dans leurs entretiens les autorités et les institutions de la République.

Spectacles. — Il a paru régner un assez mauvais esprit, le 2 de ce mois, au théâtre Favart, jour de la représentation de *Guillaume Tell;* des individus, auxquels il a paru que le patriotisme était encore étranger, ont cherché à faire saisir avec malignité l'enthousiasme avec lequel est foulé aux pieds le bonnet du tyran Gessler. Cette mauvaise intention n'a pas été remplie. — Le public du théâtre de la rue Feydeau a confirmé par des applaudissements continuels le succès d'une pièce nouvelle, intitulée *Alexis ou l'Erreur d'un bon Père* [1]. Un enfant, rebuté des mauvais traitements de sa belle-mère, s'est échappé de sa pension et s'est reposé sur le hasard pour un changement dans son sort. Le père a conçu, d'après cette conduite, une forte animosité contre son fils, dont le souvenir cependant est toujours cher à sa pensée. Après un certain laps de temps, cet enfant devient l'aide d'un bon jardinier dans une maison riche. Il aime la nièce du maître de la maison; il se sent lié à celui-ci par un sentiment très vif, qui est encore un secret de la nature. Il consacre à plaire à tous deux les fruits peu ordinaires de sa première éducation. L'amour et la piété filiale sont mis au plus grand jour dans une fête qui est celle du maître de la maison, et ce maître est son père; les torts respectifs s'oublient dans les plus doux épanchements, et les jeunes gens sont aussitôt unis. Les détails de cet ouvrage intéressant sont conçus avec toute la chaleur du véritable sentiment, et l'ouvrage en lui-même ne peut que contribuer à rendre la société heureuse. Le véritable devoir du père envers son fils, du fils envers sa famille, tel est le fond moral de cette pièce. — Le mot de citoyen a été substitué à celui de monsieur dans *L'heureux Procès,* et la sensation qu'a produite ce changement est à l'abri de tout reproche. — Au théâtre du Vaudeville a paru la première représentation de *La Comète.* Arlequin, afin d'obtenir Colombine, se donne pour très grand astronome à Cassandre, effrayé d'une comète qu'il croit prête à détruire le monde. Il se travestit en magicien, fait paraître une forme artificielle de comète, et la conduit à sa fin, sans qu'il en résulte le plus petit malheur. On doit dire à l'avantage de l'esprit public qu'il y a eu répétition de tous les couplets en l'honneur de nos braves défenseurs et des héros d'Italie.....

Le Tellier.

(Arch. nat., BB³ 87.)

---

1. Opéra en un acte, paroles de Marsollier, musique de Dalayrac, représenté pour la première fois le 5 pluviôse an V.

MCCLV

6 PLUVIOSE AN VI (25 JANVIER 1798).

RAPPORT DU BUREAU CENTRAL DU 7 PLUVIOSE.

Surveillance. — Les nommés Sobart, maître en fait d'armes, et Répons, prévenus d'intelligence avec des émigrés, ont été arrêtés, conduits chez le ministre de la police et de là au Temple.....

Le Tellier.

(Arch. nat., BB³ 87.)

MCCLVI

8 PLUVIOSE AN VI (27 JANVIER 1798).

Journaux.

Patriote français du 11 pluviôse : « *Paris, le 10 pluviôse*... Nous avons vu le frère de Buonaparte à la représentation de *Médée*, donnée avant-hier à l'Odéon. Il ressemble beaucoup à son frère; l'incertitude où l'on était que ce fût lui a calmé quelques applaudissements échappés du parterre..... »

MCCLVII

9 PLUVIOSE AN VI (28 JANVIER 1798).

RAPPORT DU BUREAU CENTRAL DU 10 PLUVIOSE.

Surveillance. — Le nommé Gérard, ex-curé de Saint-Landry, officiant dans l'intérieur de sa maison au milieu de quarante assistants, a été, sur mandat d'amener, déposé au Bureau central....

Le Tellier.

(Arch. nat., BB³ 87.)

Journaux.

Gazette de France du 11 pluviôse : « *Paris, 10 pluviôse*... Plusieurs églises ont été fermées hier. On désigne celles des Carmes, rue de Vaugirard,

de Saint-Benoît, rue Saint-Jacques, et celle de Saint-Germain-l'Auxerrois..... »
— *Gazette de France* du 14 pluviôse : « ... Le motif de l'apposition des scellés qui a eu lieu, le 9 de ce mois, sur quelques temples du culte catholique, est, dit-on, la solennité avec laquelle les desservants de ces églises ont affecté d'y célébrer la fête dite de l'Épiphanie ou des Rois. Quel incorrigible entêtement de cette classe d'hommes, à tout braver, pour mériter de tout perdre ! »

MCCLVIII

10 PLUVIOSE AN VI (29 JANVIER 1798).

RAPPORT DU BUREAU CENTRAL DU 11 PLUVIOSE.

Lieux publics. — La plus grande tranquillité continue à régner dans tous les lieux publics. Les cafés sont calmes et généralement assez fréquentés. — Le culte des théophilanthropes a eu lieu dans tous les temples et au sein d'un calme édifiant ; les malveillants s'éloignent de plus en plus de ces divers endroits. — L'administration du XIe arrondissement a fait hier la plantation de deux arbres de la liberté, place de l'Odéon ; la garde nationale sédentaire des 31e, 32e et 33e brigades était sous les armes ; les artistes de l'Odéon ont accompagné le cortège ; le président et le commissaire du Directoire exécutif ont prononcé chacun un discours analogue à la circonstance, et dont les images, propres à nourrir l'amour de la patrie et la haine du gouvernement britannique, ont fait une vive impression sur l'esprit des auditeurs qui assistaient en assez grand nombre à cette solennité, et des couplets de la composition des citoyens Fabre et Dorat–Cubière ont été chantés et soutenus par les accords de la musique de la garde du Directoire. Enfin cette fête s'est passée au milieu de nombreux applaudissements et a été terminée par le cri unanime de *Vive la République!*

Spectacles. — Les spectacles ont joui d'une parfaite tranquillité ; aucun n'a fini passé dix heures. — Une nouvelle pièce a été donnée au théâtre Favart, sous le titre de *Prisonnier ou la Ressemblance*[1] ; la situation très comique que présente cette production motivait le succès qu'on a obtenu et qui a été complet. La musique a fait également beaucoup de plaisir; elle ne renferme rien au surplus qui

1. Comédie en un acte, en prose, mêlée d'ariettes, paroles de Duval, musique de Della-Maria. Voir le compte rendu de Ducray-Duminil dans le *Courrier des Spectacles* du 11 pluviôse.

choque en aucune manière les mœurs ni le gouvernement. — Il est à remarquer qu'aux théâtres les airs patriotiques ont été joués hier avec soin et applaudis à la fois avec franchise et décence.....

(Arch. nat., BB 3 87.)

Le Tellier.

Journaux.

Publiciste du 11 pluviôse : « *De Paris, le 10 pluviôse*... Les cercles constitutionnels se multiplient dans les différents arrondissements de Paris. Il s'en est ouvert plusieurs ces jours derniers..... »

MCCLIX

11 PLUVIOSE AN VI (30 JANVIER 1798).

Journaux.

Patriote français du 14 pluviôse : « *Paris, le 13 pluviôse*..... On a fusillé hier matin, dans la plaine de Grenelle, un émigré convaincu d'être l'un des principaux correspondants de Condé et des contre-révolutionnaires du dehors[1]. C'était un très bel homme ; la nature gémit, mais la loi parle. C'était à ceux qui croient pouvoir la braver impunément à profiter des délais qu'elle accordait. D'ailleurs, quand on songe à tous les maux que préparaient et qu'ont fait à leur pays ces lâches transfuges, en allant soulever l'Europe contre nous, la pitié cède à la voix sévère de la justice, qui ne doit plus capituler avec eux. Entre eux et les républicains, c'est un combat à mort....»

MCCLX

12 PLUVIOSE AN VI (31 JANVIER 1798).

Rapport du bureau central du 13 pluviose.

Lieux publics. — L'ordre règne de tous côtés sur la voie publique. Il ne s'est formé aucun groupe. Le calme et le bon ordre ont également existé dans tous les cafés, et les opinions ont été décemment émises.

1. On voit dans le *Rédacteur* du 19 pluviôse que cet émigré s'appelait Trion-Cassineau, et que c'est le 11 qu'il fut fusillé.

Spectacles. — Le public a paru se plaindre d'un défaut saillant de tenue et de caractère propre à chaque rôle parmi les figurants de la danse. Les négligences détruisent une grande partie de l'illusion et de la dignité du premier spectacle de l'Europe. Le concours a été nombreux, ainsi qu'à celui de Favart, moins nombreux au théâtre de la rue Feydeau. — La reprise de *Médiocre et Rampant*[1], au théâtre de l'Odéon, a fait un grand plaisir aux spectateurs, qui étaient réunis en assez grand nombre; les changements faits à cet ouvrage ont été goûtés. Le public a surtout accueilli avec enthousiasme ces vers qui terminent maintenant la pièce :

> Aimer la République et vivre homme de bien,
> Pour parvenir à tout c'est l'unique moyen.

Il y a eu beaucoup de monde et beaucoup de calme au théâtre du Vaudeville, qui a offert les particularités suivantes : le valet, dans *la Succession*, a paru en scène les cheveux retroussés en cadenettes, et le meunier, dans *La Comète*, a paru sans la cocarde. Le citoyen Barré, directeur, en a témoigné publiquement son mécontentement. Des mesures sont prises par le Bureau central pour empêcher que de pareils abus se reproduisent dorénavant. — La tranquillité a été complète dans tous les autres spectacles.

Surveillance. — ... A été arrêté sur mandat d'amener le nommé Gardet, prêtre, logé chez son frère, rue des Postes. Il a été conduit au Bureau central.....

LESSORE.

(Arch. nat., BB³ 87.)

JOURNAUX.

Rédacteur du 28 pluviôse : « *Bureau central du canton de Paris.* Arrêté du Bureau central du 12 pluviôse an VI, approuvé par l'administration centrale du département de la Seine, le 16 du même mois. Le Bureau central, considérant qu'il importe à la tranquillité et à la sécurité publiques de ne pas souffrir de bals masqués et de travestissements et déguisements; que, si cet abus avait lieu, les ennemis du bon ordre et de la décence pourraient, sous leurs déguisements, servir les projets des malintentionnés et porter atteinte aux mœurs et au gouvernement; ouï le commissaire du Directoire exécutif; arrête : 1° Les bals ne pourront tenir que jusqu'à onze heures de la nuit au plus tard. — 2° Nul ne pourra s'y rendre travesti, déguisé et masqué. — 3° Les citoyens qui tiennent bals publics ne laisseront entrer qui que ce soit avec bâtons, cannes ou armes, et les feront déposer sous clef à leur garde seule, à peine de se voir retirer leurs permissions. Ceux qui souffriraient des

---

1. Voir plus haut, p. 224.

déguisements et masques seront traduits devant les tribunaux de police, conformément aux lois. — 4° Ceux qui seront trouvés dans les rues et lieux publics, déguisés, travestis et masqués, seront également arrêtés et traduits devant les officiers de police. — 5° Chaque teneur de bal sera tenu, conformément au texte de la permission, d'avoir une garde commandée et surveillée par l'officier supérieur de la garde nationale sédentaire. Ladite garde sera tenue de faire son rapport au commissaire de police de l'arrondissement, lequel le transmettra avec ses observations au Bureau central. — 6° Les commissaires de police et l'officier de paix sont chargés de veiller sévèrement à l'exécution du présent arrêté ; ils se feront, en conséquence, accompagner dans leur ronde de la force armée suffisante pour arrêter les contrevenants. Les administrateurs du Bureau central, signé : Lessore, Cousin, Le Tellier. Le commissaire du Directoire exécutif, signé : Baudin. »

MCCLXI

15 PLUVIOSE AN VI (3 FÉVRIER 1798).

Journaux.

Ami des Lois du 16 pluviôse : « L'administration centrale du département de la Seine a publié aujourd'hui, en grande solennité, la proclamation sur l'emprunt d'Angleterre [1] : des corps nombreux de troupes servaient d'escorte aux officiers civils, et des tribunes élevées au milieu des places principales de la ville ont retenti partout des cris de guerre à mort au gouvernement anglais. Cette proclamation, qui a été publiée et affichée partout, est vraiment digne de son objet, et le peuple, qui confond ses petites divisions intestines avec une haine générale contre les Anglais, s'est livré avec enthousiasme à l'espoir flatteur de voir bientôt triompher la République de ses plus dangereux ennemis. » — *Patriote français* du 16 pluviôse : « L'imprimeur de l'ancien *Ami du roi*, par le fameux abbé Royou, de la *Chronique*, par Jardin, du *Mémorial*, par messieurs de La Harpe, Fontanes et l'abbé de Vaucelles, enfin Crapard, qu'on a si longtemps ironiquement appelé crapaud, est arrêté comme porté sur la liste des condamnés à la déportation par la loi du 19 fructidor. Au moins on n'accusera pas cet homme d'avoir singé le patriotisme, car il se disait hautement royaliste, de même qu'un certain libraire dont nous ne parlerons pas. Comment parmi ces gens-là et les comédiens se trouve-t-il des royalistes ? On ruinait les uns en confisquant des éditions complètes prohibées par le fanatisme, comme les ouvrages de Voltaire, de Rousseau, de Mably, de Raynal, dont nous avons vu des ballots énormes à la Bastille, le lendemain de la prise ; et l'on avait tellement dégradé les autres, que leur témoignage n'était pas reçu en justice. »

1. Une loi du 16 nivôse an VI avait ouvert un emprunt de 80 millions pour l'expédition d'Angleterre.

MCCLXII

16 PLUVIOSE AN VI (4 FÉVRIER 1798).

JOURNAUX.

Publiciste du 17 pluviôse: « *De Paris, le 17 pluviôse*. Huet, libraire, chez lequel on a saisi un ouvrage contre-révolutionnaire, intitulé : *L'Espion français*, a été condamné à six mois de détention par le tribunal criminel du département de la Seine. Il a soutenu dans les débats qu'il ne connaissait pas l'auteur de l'ouvrage.....»

MCCLXIII

17 PLUVIOSE AN VI (5 FÉVRIER 1798).

JOURNAUX.

Patriote français du 18 pluviôse. « *Variétés*. Adresse à Thémis, contre les instituteurs et institutrices fanatiques.

> Si les prêtres ont usurpé sur la puissance souveraine le droit d'instruire les peuples, que celle-ci reprenne ses droits!
>
> (BOULANGER.)

Air : *De l'inutilité des prêtres*.

Démasque enfin des royalistes
Les plus intimes recruteurs !
Dans l'ombre, ils étaient journalistes,
Dans l'ombre, ils sont instituteurs ;
Et si l'on souffre les repaires
De ces tartufes triomphants,
Ils subjugueront nos enfants
Comme ils ont subjugué nos pères.

Dans leurs noirs documents, en somme,
La vérité n'entre pour rien :
Au lieu des *droits sacrés de l'homme*,
Et des *devoirs du citoyen*,
Ils n'enseignent (les doubles traîtres !)
Aux écoliers qu'ils vont fouettant,
Que les *devoirs du pénitent*,
Et les *droits* supposés des prêtres !

Contre les écoles primaires
Ligués entre eux dans les cités,
Ils ressuscitent les chimères
Des graves Universités ;
Pompant des sots l'or et l'estime,
Ils *vont en ville*, à tous les prix,
Inoculer dans les esprits
L'aigre levain du vieux régime.

Hors du catéchisme vulgaire,
A les entendre, tout est mal ;
Leur barème est toujours en guerre
Contre le calcul décimal,
Et, sans leur cabale notoire,
Le calendrier du bon sens
Eût effacé depuis quatre ans
L'almanach du pape Grégoire.

Peux-tu les croire aux lois fidèles,
Cette ex-béguine et ce béat,
Qui de *messieurs*, de *demoiselles*,
Tiennent un saint pensionnat ?
Comme il est franc ! Comme elle est
Aucun élève abâtardi   [franche !
Ne rend hommage au *décadi*,
Mais tous encensent le dimanche.

Et depuis qu'on rouvre au village
La classe de *monsieur l'abbé*,
Dans quel puéril esclavage
L'homme des champs est retombé !
Vois ces laboureurs porte-chappe,
Vois ces vignerons sacristains,
Et, leurs fils petits calotins
Être déjà soldats du pape.

A tous les ministres des cultes
Ote l'enseignement public,
Car si de leurs leçons occultes
Tu permets le pieux trafic,
Noyant sous des flots d'eau bénite
La raison de nos jeunes *Francs*,
Ils livreront à nos tyrans
Notre postérité séduite.

Ils disent, d'un ton fanatique,
Le col penché, les yeux errants,
Qu'ils ont, malgré la République,
La confiance des parents !
De bon droit s'ils l'avaient acquise,
Contre eux on ne saurait sévir,
Mais on peut bien la leur ravir
Quand on est sûr qu'ils l'ont surprise.

Inonde la France nouvelle
D'instituteurs républicains,
De la morale universelle
Répands la coupe, à pleines mains !
Et si tu veux des faux oracles
Faire mépriser les clameurs,
En harmonie avec les mœurs
Mets les journaux et les spectacles.

Artisans qu'on trompe à la ronde,
Marchands bouffis de préjugés,
Dans quelle ignorance profonde
Ces pédants vous tiennent plongés !
A l'autorité paternelle
La liberté n'attente point ;
Mais elle doit vaincre en tout point
Votre indifférence éternelle.

Mon fils, sans doute, est à moi-même,
Mais il est encore à l'État ;
La Patrie a le droit suprême
D'en faire, avant tout, un soldat.
Sortant des mains de la nature
Ce n'est que sous les yeux de Mars
Qu'il doit opter entre les arts,
Le commerce et l'agriculture.

Tandis que nos flottes guerrières
Vont dompter l'orgueil d'Albion,
En dépit de ses pépinières
Domptons la superstition !
Brisons son idole fragile
Au nom du peuple souverain !
Elle eut toujours un front d'airain,
Mais ses pieds ne sont que d'argile.

Cette chanson, où brillent à la fois l'esprit et la raison, est la meilleure réponse que puisse faire le citoyen Piis, dernièrement accusé par Poultier d'être le partisan des simagrées de son curé [1]. »

1. Voir plus haut, p. 540. — A la date du 17 pluviôse an VI, on lit dans le registre du Directoire exécutif : « Un membre donne lecture du n° 84 du journal intitulé *la Poste du jour*, portant en sommaire : *Arrestation de Marmontel, membre du Conseil des Cinq-Cents* ; il observe que cette manière d'annoncer l'arrestation réelle ou supposée de Marmontel ne peut avoir pour but que de faire regarder comme non avenue la loi du 19 fructidor dernier, qui a déclaré nulle sa nomination au Conseil des Anciens, et de déverser la déconsidération sur le Corps législatif. Il propose au Directoire de prohiber ledit journal en vertu de la loi du 19 fructidor et d'ordonner l'apposition des scellés sur les presses qui servent à son impression. Cette proposition est adoptée. » (Arch. nat., AF* III, 10.)

MCCLXIV

18 PLUVIOSE AN VI (6 FÉVRIER 1798).

Rapport du bureau central du 19 pluviose.

Lieux publics. — Les cafés sont depuis quelques jours dans une parfaite tranquillité ; les opinions sont calmes, décentes et généralement améliorées. Il ne s'est formé aucun groupe.
Spectacles. — Ces deux jours, le spectacle de la citoyenne Montansier a commencé très tard. Il en est même résulté parmi les spectateurs un tumulte assez considérable, le 17 de ce mois. Le directeur de ce théâtre est mandé au Bureau central. — La pièce de *Charlotte et Werther* [1], donnée au théâtre Favart, a excité les murmures du public, mécontent surtout de la monotonie de la musique. — Il n'est point d'analyse à faire de la pièce donnée hier au théâtre de la Cité sous le titre de *Déluge universel* [2]. Ce morceau n'intéresse sous aucun rapport, et les faibles bouffonneries qui le caractérisent n'ont rien qui puisse choquer les mœurs ni le gouvernement.....

(Arch. nat., BB [3] 87.)

Cousin.

MCCLXV

20 PLUVIOSE AN VI (8 FÉVRIER 1798).

Journaux.

Rédacteur du 28 pluviôse : « *Paris, le 21 pluviôse.* Nous n'avions à la Trésorerie que deux arbres de la Liberté : nous en plantâmes un troisième hier dans une cour où il n'y en avait pas. Cette cérémonie, dont la simplicité tient aux mœurs antiques, s'est faite avec cette décence, cet empressement, cette cordialité qui doivent caractériser les solennités républicaines. Les fêtes actuelles ne sont touchantes que parce qu'on y fait, en quelque sorte, intervenir la nature. Celle d'hier eut cet avantage. Des guirlandes de verdure, attachées par des guirlandes tricolores, circulaient en festons autour des croisées garnies de spectateurs des deux sexes. On avait dressé deux estrades, entre

---

1. Comédie en un acte et en prose, mêlée d'ariettes, paroles de Jaure, musique de Kreutzer.
2. *Le Déluge universel ou Relâche au petit théâtre de Cadet-Roussel.* Voir le *Courrier des Spectacles* du 19 pluviôse.

lesquelles était la place où allait s'élever l'arbre de la liberté. Sur l'une étaient placés les artistes du Conservatoire et du théâtre des Arts ; sur l'autre siégeaient les commissaires de la Trésorerie, environnés des officiers municipaux, du juge de paix et du commissaire de police de l'arrondissement. La fête s'ouvrit par une symphonie militaire de Catel, après laquelle on chanta l'invocation *Amour sacré de la Patrie!* Pendant cette invocation, les militaires attachés à la garde du Trésor public présentaient les armes, et les commissaires de la Trésorerie, ainsi que les magistrats placés autour d'eux, étaient debout, la tête découverte. Le président du comité de la Trésorerie prononça ensuite un discours. Après ce discours, les commissaires et les magistrats civils procédèrent à la plantation de l'arbre, décoré de rubans tricolores. Pendant cette cérémonie, on chanta l'hymne suivant :

> O Liberté ! le courage français
> A rétabli ton culte sur la terre ;
> C'est pour toi qu'il a fait la guerre,
> Pour toi qu'il a conquis la paix.
>
> Nos fils, n'ayant que toi pour guide et pour idole,
> Ont repris de nos fiers aïeux,
> De ces Gaulois, vainqueurs du Capitole,
> Le caractère belliqueux ;
> Et ces héros ne sont heureux
> Qu'aux lieux où brille ton symbole.
> O Liberté ! etc.
>
> Le trésor trop longtemps a, d'une cour frivole,
> Nourri les goûts dissipateurs;
> C'est de ce lieu que les eaux du Pactole
> S'égaraient sur tes oppresseurs ;
> Mais tes droits, remplaçant les leurs,
> Sont attestés par ce symbole.
> O Liberté ! etc.
>
> Arbre que nous plantons ! que du Temps et d'Éole
> Tes rameaux soient victorieux !
> Que ton feuillage embellisse et console
> La terre où dorment nos aïeux ;
> Que la race de nos neveux
> Croisse à l'ombre de ce symbole !
> O Liberté ! etc.
>
> Il reste un monstre à vaincre, un monstre qui t'immole
> A sa féroce inimitié ;
> Que de nos arcs la flèche parte et vole ;
> Dans son sang qu'il tombe noyé !
> Et sur son sol purifié
> Nos mains planteront ton symbole.
>
> O Liberté! compagne des Français,
> Source féconde et de bien et de gloire !
> Tu vas du char de la Victoire,
> Descendre sur le peuple anglais.

Les paroles et la musique de cet hymne sont de deux employés de la

Trésorerie nationale, les citoyens Lefevre et Deshaies. Ce dernier est connu par l'opéra de *Zélia*, chef-d'œuvre musical, et par plusieurs autres productions où le charme du chant est heureusement associé à la science des combinaisons harmoniques. L'air qu'il a fait sur l'hymne qu'on vient de lire joint au caractère imposant et chaleureux que doit avoir un chant public cette mélodie sans laquelle il n'est pas de musique, et qui seule a la puissance d'affecter indistinctement tous les êtres régulièrement organisés. »

MCCLXVI

21 PLUVIOSE AN VI (9 FÉVRIER 1798).

RAPPORT DU BUREAU CENTRAL DU 22 PLUVIOSE.

Surveillance. — ...Les nommés Demoraine, libraire, et Langlois, imprimeur, prévenus de distribution d'almanachs, en contravention aux règlements de police, ont été menés au juge de paix de la division de l'Unité, qui les a fait mettre en liberté provisoire... Le nommé Bourgay, vendant un écrit intitulé : *Vie des cinq Directeurs*, a été amené au Bureau central......

LE TELLIER.

(Arch. nat., BB[3] 87.)

MCCLXVII

23 PLUVIOSE AN VI (11 FÉVRIER 1798).

RAPPORT DU BUREAU CENTRAL DU 24 PLUVIOSE.

Lieux publics. — La tranquillité a été parfaite dans tous les lieux publics, notamment dans les cafés et cabinets de lecture ; les opinions y sont constamment calmes et décentes. — Le feu a pris chez une femme publique, logée dans l'un des pourtours du théâtre de la République ; il a été promptement éteint et n'a causé aucun autre dommage que celui des meubles qui ont été consumés. — Un citoyen, revenant à huit heures du soir avec sa femme, le long du quai, entre le pont de la Révolution et les Invalides, fut attaqué par des brigands qui les volèrent et jetèrent ensuite la femme à la rivière ; le mari se précipita aussitôt pour la sauver, et ils furent retirés de l'eau sains et saufs par le citoyen Lamissieu, batelier, demeurant rue et division de la Fraternité, n° 29. Ce courageux et estimable citoyen a été lui-même assailli de pierres par les brigands, lorsqu'il portait secours aux deux particuliers. — La journée d'hier n'a offert aucun autre événement.

Spectacles. — On remarque, depuis quelque temps, [que] les musiciens de l'orchestre de l'Opéra-Comique national n'accordent leurs instruments qu'après avoir joué les airs civiques. — Si l'attention peut se fixer un moment sur la pièce intitulée *L'Enfant de la Joie*[1], donnée au théâtre des Délassements, c'est à cause de ce passage, qui a donné lieu à des applaudissements inciviques. Un directeur de théâtre, se plaignant de ne pouvoir jouer sa pièce, « interdite par ordre supérieur », s'écrie : « Nous ne sommes plus comme il y a trois mois, et, qui sait? nous verrons peut-être la charrue marcher devant quatre bœufs. » Le directeur de ce théâtre est mandé au Bureau central et il a ordre d'apporter la pièce de *L'Enfant de la joie*. — Les autres théâtres n'ont offert aucune particularité.....

LE TELLIER.

(Arch. nat., BB³ 87.)

MCCLXVIII

24 PLUVIOSE AN VI (12 FÉVRIER 1798).

JOURNAUX.

Publiciste du 25 pluviôse : « *De Paris, le 24 pluviôse*..... Le Directoire a fait saisir une brochure contre-révolutionnaire, intitulée : *Description d'une machine curieuse nouvellement montée au palais ci-devant Bourbon, ou les Cinq-Cents bascules*. Dans cet écrit, dirigé contre le gouvernement populaire et le système représentatif, on s'efforçait de prouver qu'il ne faut, dans un État, qu'un pouvoir exécutif et point de corps législatif..... »

MCCLXIX

25 PLUVIOSE AN VI (13 FÉVRIER 1798).

RAPPORT DU BUREAU CENTRAL DU 26 PLUVIOSE.

Événements. — Des renseignements plus positifs ont mis l'admi-

---

1. *L'Enfant de la Joie*, parodie-amphigouris-galimathias en trois petits actes, mêlée de petits vaudevilles, précédée d'un petit prologue. Voir le *Courrier des Spectacles* du 24 pluviôse, p. 3.

nistration à même de connaître celui qui a joué le principal rôle dans l'action généreuse mentionnée au rapport du 24 de ce mois. — Le fait en lui-même est dans l'exacte vérité, mais le citoyen estimable qui a sauvé la vie à deux personnes sur le point de périr dans la Seine n'est pas, en première ligne du moins, le citoyen Lamissieu, qui a pu, on a lieu de le présumer, contribuer à cette belle action. Celui que l'on signale en cette circonstance à l'admiration publique est le citoyen Margona, préposé en chef aux arrivages par eau, bureau de la patache du Gros-Caillou. « Voilà, dit ce citoyen, dans le rapport qu'il a produit lui-même officiellement à l'administration, voilà le vingt-septième individu que j'ai le bonheur de rappeler à la vie. » Aveu précieux, arraché à l'amour-propre par le plaisir de bien faire et qui ne peut avoir trop de publicité.....

COUSIN.

(Arch. nat., BB³ 87.)

MCCLXX

27 PLUVIOSE AN VI (15 FÉVRIER 1798).

JOURNAUX.

Ami des Lois du 28 pluviôse : « ... Le Bureau central vient de renouveler aux commissaires de police l'ordre d'arrêter toutes les personnes masquées ou déguisées, ainsi que celles qui se permettraient d'attacher au dos des passants des écriteaux ou autres choses semblables. »

MCCLXXI

29 PLUVIOSE AN VI (17 FÉVRIER 1798).

JOURNAUX.

Patriote français du 30 pluviôse : « *Paris, 29 pluviôse*..... Le Bureau central vient de défendre à ceux qui donnent des bals d'y recevoir des masques. Il faudrait donc tous les fermer, car il y a bien peu de gens qui n'aient un masque aujourd'hui, les faux dévots surtout, et les faux patriotes, race inique et dangereuse..... »

MCCLXXII

1er VENTOSE AN VI (19 FÉVRIER 1798).

RAPPORT DU BUREAU CENTRAL DU 2° VENTOSE[1].

Lieux publics. — Si le calme des sentiments, si l'absence des passions, des haines et des personnalités de parti militent en faveur de l'opinion publique, on ne peut douter des progrès heureux qu'elle a faits ; on peut, bien plus encore, on peut dire que le moment actuel est un de ceux où dans le cours de la Révolution elle ait présenté un caractère décidé. L'influence du gouvernement se fait sentir ; on reconnaît la marche déjà sûre des administrations, et, en plus grand nombre, les citoyens de toutes les classes de la société mettent à profit avec une parfaite connaissance de cause les bienfaits de la Constitution de l'an III. Telles sont en substance les opinions manifestées depuis quelque temps dans tous les lieux publics ; plus fréquentés que jamais, ils sont plus que jamais paisibles. En vain le royalisme affecte des espérances ridicules : l'ordre, qu'il voudrait anéantir, paraît comme hors de sa portée. Circonscrit à d'obscurs conciliabules, ou fidèle à des lieux de réunion auxquels il donne une mauvaise renommée, il s'exhale en regrets et en vœux également impuissants. L'union toujours croissante des patriotes fait son désespoir. Tel est aujourd'hui l'aspect politique de cette commune, et c'est dans cette disposition favorable à la prospérité publique qu'il se forme et se mûrit quelques idées tendant à faire des élections prochaines un nouveau ciment à la Constitution de l'an III. — Un seul scandale afflige les bons citoyens, c'est celui que commencent à donner plusieurs journalistes, animés à faire prévaloir leurs opinions l'un sur l'autre, lutte qui, si elle prenait un caractère plus grave, pourrait avoir ses dangers à l'approche des assemblées primaires.

Spectacles. — Toutes applications préjudiciables à l'esprit public en ont disparu depuis quelque temps ; l'acteur y est décent et circonspect ; le spectateur y est le plus souvent très calme ; on n'y voit aucunes productions inciviques, et les immoralités deviennent plus rares dans les pièces qui augmentent consécutivement les trésors de la scène ; on ne remarque aucune affectation, si ce n'est les applau-

---

1. Il n'y a rien sur l'esprit public dans les rapports du 27, 28, 29, 30 pluviôse et 1er ventôse.

dissements que le public aime à donner à tous les passages qui portent un caractère de clémence et d'humanité. Tels ont été les applaudissements donnés hier aux citations dans le cours de la représentation de *Léonore ou l'Amour conjugal*[1], opéra donné hier pour la première fois au théâtre de la rue Feydeau. — La tranquillité au surplus est permanente dans tous les théâtres.....

Le Tellier.

(Arch. nat., BB³ 87.)

MCCLXXIII

4 VENTOSE AN VI (22 FÉVRIER 1798).

Journaux.

Fanal du 7 ventôse : «..... Le général Bonaparte, que ses amis attendaient le 21, et que, sur les quatre heures, on n'attendait plus que dans cinq jours, s'est trouvé avant-hier, sur les six heures, avec son épouse à une représentation de proverbes dans une société particulière. On l'a vu rire de grand cœur à plusieurs traits d'un proverbe intitulé *La Tête à perruque*. Il s'est retiré sur les sept heures, pendant la ritournelle d'un morceau de vieille musique, musique d'entr'acte : il est probable qu'il était attendu dans un cercle de personnes autrement intéressantes que celles qui avaient l'avantage de lui donner la comédie; en effet, on a vu ou cru voir sa voiture dans la cour du Directoire sur les huit heures; et au même instant les cinq Directeurs se sont réunis chez leur collègue Merlin. »

MCCLXXIV

7 VENTOSE AN VI (25 FÉVRIER 1798).

Rapport du bureau central du 8 ventose.

Surveillance. — .....Le nommé Dros, jeune homme en cadenettes, n'ayant ni carte de sûreté ni passeport, présumé de la réquisition et troublant l'ordre au temple du Muséum par des ricanements indécents sur le culte des théophilanthropes, a été conduit au Bureau central.....

Le Tellier.

(Arch. nat., BB³ 87, et F⁷, 3840.)

---

1. Opéra, fait historique espagnol, en deux actes, paroles de Bouilly, musique de Gaveaux.

[25 février 1798] DIRECTOIRE EXÉCUTIF 556

Journaux.

Rédacteur du 15 ventôse : « *Paris, le 7 ventôse an VI.* Le ministre de la police générale de la République au Bureau central du canton de Paris. Je dois vous témoigner, citoyens, ma surprise de ce que, sans égard aux ordres que vous ont plusieurs fois donnés mes prédécesseurs, et notamment le 16 ventôse an V, relativement à vos rapports journaliers sur la partie du commerce, ces rapports présentent toujours la même stérilité, et se bornent à offrir le tableau de l'approvisionnement des différents marchés ; ces tableaux sont intéressants sans doute, mais toujours muets sur l'exécution des différentes lois de police relatives à cette partie essentielle de l'économie politique ; ils me feraient présumer que le bon ordre règne partout, que les lois sont partout respectées, si des plaintes fréquentes ne m'attestaient le contraire et ne déposaient contre l'insurveillance ou l'inactivité de vos agents et des commissaires de police. En vous rappelant aujourd'hui généralement les différents objets de cette lettre du 15 ventôse, je fixe particulièrement votre attention sur l'infidélité des poids et mesures, et par infidélité on doit entendre généralement l'emploi d'une mesure qui n'a pas les dimensions prescrites par la loi. Ainsi, l'usage des mesures anciennes, lorsque la loi leur en substitue de nouvelles, de l'aune par exemple, au lieu du mètre, est une infidélité égale à celle de l'emploi d'un mètre faux, et même supérieure, en ce que la fausseté d'une mesure ancienne, et surtout des poids non encore remplacés, peut être un fait matériel, indépendant de la volonté et de l'intention du vendeur ; il peut être produit par la seule altération, effet du fréquent usage, ou même causé par l'inexactitude du fabricateur, et dans l'un et l'autre cas l'autorité publique a les moyens de constater l'erreur par les matrices et étalons dont elle est dépositaire ; tandis que l'emploi d'une mesure ancienne, désavouée par la loi, est en même temps une rébellion contre la loi, et une preuve de mauvaise foi, puisque celui qui en fait usage met l'autorité publique dans l'impossibilité de la vérifier. Ces principes résultent clairement de la loi que, dans sa lettre du 2 vendémiaire an V, l'un de mes prédécesseurs a opposée à vos doutes, et qui devait fixer votre incertitude ; ils sont ceux que le Directoire exécutif vient de professer dans sa proclamation du 27 du mois dernier ; ils avaient été précédemment adoptés par mon collègue le ministre de la justice, et je suis prévenu qu'il va, par une instruction additionnelle et supplétive de celle de son prédécesseur du 15 fructidor an IV, rappeler aux juges de paix, aux présidents et commissaires près le tribunal correctionnel la sévère exécution de la loi du 1er vendémiaire. Que l'activité de la police ne laisse donc pas stérile le zèle des tribunaux ; que des visites fréquentes à des époques inattendues, dans les boutiques et magasins, dans les marchés et sur les colporteurs, fassent disparaître pour toujours les anciennes mesures de longueur ; que ceux chez qui ou sur qui il en sera saisi soient traduits à l'instant devant l'officier de police judiciaire, par les commissaires de police et officiers de paix concurremment ; et qu'enfin les efforts de tous les fonctionnaires publics, l'accord des bons citoyens, fassent triompher la belle institution de l'uniformité des poids et mesures de la résistance coupable de l'esprit d'opposition et de l'inertie funeste de l'ignorance, constante dans ses anciennes habitudes. Mais si vous devez briser dans les mains de l'ignorance les objets de ses préjugés et forcer l'esprit de routine à marcher dans les voies de la loi, vous devez veiller également à ce que les acheteurs peu instruits ne soient, dans l'emploi, dupes de la mauvaise foi de certains vendeurs, de ceux surtout qui s'établissent dans les places publiques et marchés. Le temps pendant lequel les marchands étaient tenus d'exposer à la vue des acheteurs les échelles graduées et comparatives des quantités et des prix est expiré; et si vous ne pouvez proroger cette obligation, vous devez employer les moyens qui sont en votre pouvoir pour que les citoyens les moins instruits sachent quelle est la différence entre l'aune et le mètre, et ne soient point exposés à payer au prix de l'aune ce qui leur est vendu à la dimension du mètre. Ainsi donc prévenez non seulement par un avis clair et précis vos concitoyens de cette différence, mais veillez à ce que, dans le vestibule couvert de chaque administration municipale, et à la porte de chaque corps de garde, et dans un endroit abrité, au greffe de chaque commissaire de police, il y ait constamment des tableaux graphiques pour l'estimation sans calculs des rapports des anciennes et nouvelles mesures, et que vos concitoyens soient prévenus qu'ils pourront, en tout temps, consulter ces tableaux. Ces moyens d'instruction contribueront efficacement à l'affermissement du nouveau système métrique, la défiance contre la bonne foi des marchands et l'impuissance de la reconnaître étant naturellement un des obstacles les plus forts au progrès des nouvelles mesures. Je vous observe en terminant que, si les contraventions à la loi qui ordonne l'emploi des nouvelles mesures rappellent votre surveillance, les infidélités fréquentes dans l'usage des mesures anciennes doivent également fixer votre attention, et à cet égard je me réfère aux instructions que contenait ma lettre du 14 prairial an V, sur le mode de vérification provisoire de la fausseté des mesures anciennes ; ce mode consistait à munir les commissaires de police de poids et mesures reconnus conformes aux étalons qui sont entre les mains du citoyen Baradelle. Les commissaires de police seraient ainsi en état, dans leurs tournées, de faire des comparaisons dont résulterait une prévention suffisante pour saisir les poids et mesures suspectés de faux, dresser des procès-verbaux contre ceux qui en feraient usage, et les traduire aux tribunaux, sauf à ceux-ci à ordonner, pour la conviction des prévenus, la vérification avec les matrices et étalons. Je vous recommande de me rendre exactement compte, tous les cinq jours, des opérations de vos agents et des commissaires de police, du nombre des visites par eux faites, de la nature des contraventions constatées et des poursuites dirigées contre les délinquants. Salut et fraternité, le ministre de la police générale, *signé*: DONDEAU. »

MCCLXXV

8 VENTOSE AN VI (26 FÉVRIER 1798).

JOURNAUX.

Gazette de France du 10 ventôse : « *Paris, 9 ventôse*. On a vu, dit-on, hier matin, rue du Bac, un vieillard vêtu d'un habit noir de velours ras, avec des bas de laine et un mauvais pantalon de couleur. Il avait trois inscriptions : l'une cousue sur le dos; l'autre sur sa poitrine; la troisième sur son chapeau. On lisait sur ces inscriptions : « J'ai six mille livres de rente, on ne me paie rien ; je demande du secours, j'ai quatre-vingts ans. »

MCCLXXVI

9 VENTOSE AN VI (27 FÉVRIER 1798).

Journaux.

Fanal du 13 ventôse : « Paris... Le cercle constitutionnel connu sous le nom de Club de Salm s'est rouvert au Palais-Égalité. A la première séance Benjamin Constant a lu un discours, dont les quatre points principaux sont : l'horreur due au terrorisme, les dangers de l'arbitraire, le mépris que mérite le royalisme, enfin la nécessité de préparer des élections qui puissent affermir la République. Ce discours sera imprimé [1].....

MCCLXXVII

10 VENTOSE AN VI (28 FÉVRIER 1798).

Journaux.

Rédacteur du 21 ventôse : « Fête civique dans le Muséum d'histoire naturelle, le 10 ventôse an VI, pour la plantation d'un arbre de la liberté et conformément à l'arrêté de l'assemblée administrative des professeurs, du 4 du même mois. — Cette cérémonie a eu lieu en présence des professeurs, aides-naturalistes et dessinateurs de l'établissement. L'arbre a été porté par les jardiniers au milieu des professeurs ; on a chanté l'air : *Où peut-on être mieux qu'au sein de sa famille?* L'arbre a été planté au son des instruments militaires ; puis le directeur a prononcé un discours qui a été terminé par les cris de *Vive la République! Vive la liberté! Vive l'égalité!...* »

MCCLXXVIII

11 VENTOSE AN VI (1er MARS 1798).

Rapport du bureau central du 12 ventose.

Esprit public. — On remarque avec satisfaction une amélioration

[1]. *Discours prononcé au Cercle constitutionnel, le 9 ventôse an VI, par Benjamin Constant.* Paris, s. d., in-8. Bibl. nat., Lb 40/816.

rapide dans les opinions. Le fond des entretiens sur les élections prochaines est presque partout le même, et chacun dans ses opinions prend pour point d'appui principal la Constitution de l'an III. Il est encore des lieux de réunion où l'on manifeste les sentiments les plus opposés à l'ordre actuel des choses, mais le nombre de ces endroits mal famés est moins grand, et, dans ceux où le royalisme a pris un ascendant d'habitude, il se voit plus souvent des patriotes dont les principes en imposent aux ennemis de la République. — Les cercles constitutionnels ont offert, dans les séances qu'ils ont eues, les 9 et 10 de ce mois, des résultats satisfaisants ; on s'y fait une étude particulière d'éviter les écueils de l'exagération, et c'est dans ce sens surtout que l'on y agite les questions qui peuvent tendre à donner dans les prochaines élections une garantie de plus à la Constitution de l'an III. — Le 10, un arbre de la liberté a été planté au Jardin des plantes ; le directeur de cet établissement a prononcé un discours analogue [à la circonstance] en présence d'un grand nombre de spectateurs, et ceux-ci sont entrés dans l'esprit de cette circonstance par des applaudissements très marqués. — Le même jour le culte des théophilanthropes a eu lieu avec ordre et décence ; mais le respect et même le recueillement des assistants ont été principalement sensibles aux temples ci-devant Saint-Roch et Saint-Sulpice ; on a remarqué dans le premier plus de vingt enfants, tous inscrits pour être admis aux préceptes de morale qui font la base de ce culte, et, au sortir de ces temples, on ne remarque plus, comme avant, de ces groupes concertés à l'avance et occupés à décrier la doctrine des théophilanthropes. — L'aspect extérieur de cette commune en général et celui de ses principaux lieux de réunion, séparément observés, présentent l'image de l'ordre, du calme et de la décence.

Spectacles. — Il a été donné à l'Odéon une tragédie nouvelle, sous le titre de *Thémistocle*[1] ; l'analyse ici deviendrait superflue, et il suffit de dire que le héros est présenté dans la dernière époque de sa vie, celle où il préfère s'empoisonner à céder aux instances du tyran de Perse, qui veut l'engager à porter les armes contre la Grèce. — Le seul reproche que l'opinion puisse faire à l'auteur est d'avoir jeté de la contradiction dans le caractère de Xerxès ; son rôle est au premier acte ce qu'il semblait devoir être, celui d'un despote, d'un tyran à qui rien ne doit résister ; mais, dans le reste de la pièce, il semble qu'on a cherché, contre les règles mêmes de la vraisemblance, à le rendre intéressant sous des rapports d'humanité, de justice et

---

1. Tragédie en cinq actes, par Fr. Larnac.

de philosophie. Cependant cette production offre une foule de vers et même de morceaux entiers remplis de patriotisme et susceptibles de nourrir cette vertu dans l'âme des spectateurs. Voilà, dit Thémistocle, en parlant de la liberté,

> Voilà l'unique bien que m'ont laissé les cieux,
> Et c'est de tous les biens le plus cher à mes yeux.

Ailleurs :

> Et quand la Grèce entière insulte à mes bienfaits,
> Je sens que je l'adore encor plus que jamais.

On trouve ailleurs cette belle maxime :

> Et quiconque des lois brave l'obéissance
> Sape les fondements de sa propre puissance.

Celle-ci est encore à remarquer :

> La patrie est un Dieu, qui, même en ses caprices,
> Ne peut être honoré par trop de sacrifices.

Enfin Thémistocle console ainsi ceux qui pleurent aux approches de sa mort :

> Si j'avais pu céder à de lâches maximes,
> C'est alors que vos pleurs deviendraient légitimes.

Quelques mauvais citoyens ont cherché et sont venus à bout, non sans peine, à faire une mauvaise application de ce vers :

> Je crois que la vertu peut animer des rois.

Mais l'improbation de la majorité des spectateurs a promptement apaisé les applaudissements inciviques. — Le calme et le respect dus au gouvernement ont caractérisé la représentation de cet ouvrage, dont le succès au surplus n'a pas été complet.....

COUSIN.

(Arch. nat., BB³ 87, et F⁷, 3840.)

MCCLXXIX

12 VENTOSE AN VI (2 MARS 1798).

RAPPORT DU BUREAU CENTRAL DU 13 VENTOSE.

Surveillance. — ..... Arrestation du ci-devant comte de la Force et de sa femme, prévenus d'émigration.....

COUSIN.

(Arch. nat., BB³ 87.)

MCCLXXX

14 VENTOSE AN VI (4 MARS 1798).

RAPPORT DU BUREAU CENTRAL DU 15 VENTOSE.

Esprit public. — Si l'on en jugeait par quelques propos publics, l'aristocratie n'aurait pas perdu tout espoir, mais on est loin de donner pour base à l'opinion ces sortes de propos, qui inspirent d'autant plus de méfiance qu'ils ne sont pas jetés si fort en avant sans une intention bien perfide. Il est certainement des individus qui hasardent avec adresse les assertions les plus marquées au coin du royalisme, afin de savoir, d'une part, s'ils parviendront à diviser les rangs des amis de la République, de l'autre jusqu'à quel point ils pourraient compter sur un parti dans le cas où ils verraient jour à porter quelques coups à la Constitution de l'an III. — C'est dans ce sens évidemment qu'un homme, qui était électeur l'an dernier, parlait au milieu d'un groupe assez nombreux, dont il était entouré, au Jardin national. Tous ses discours tendaient à encourager ce qu'il nommait les honnêtes gens à se rendre aux assemblées prochaines. Il indiquait d'avance la marche qu'il fallait tenir dans le Corps législatif pour détruire l'autorité du Directoire et pour éviter, dans cette hypothèse, le sort des députés qui ont attiré sur eux les mesures du 18 fructidor. En un mot il développait en quelque sorte un petit plan de contre-révolution. On le dit avec plaisir, il s'en faut qu'un esprit semblable soit celui des personnes qui affluent dans tous les lieux publics. — Est-ce un pur effet du hasard, ou bien est-ce dans l'intention de mettre le fanatisme en évidence à l'approche des élections, que la publicité assez grande donnée en ce moment à la convocation d'une assemblée des ministres du culte catholique? Cette assemblée devait avoir lieu hier à la ci-devant église Notre-Dame, pour la nomination d'un chef, autrement dit d'un évêque, circonstance qui a attiré une grande affluence de monde de divers cultes et dont les opinions s'entre-choquaient. Cette assemblée fut empêchée de l'ordre de l'administration, attendu que ceux qui l'avaient composée n'avaient pas rempli les formalités prescrites par la loi. L'église en conséquence fut fermée aussitôt après l'office du matin. Mais, à l'office du soir, l'affluence fut plus grande encore, tant dans l'intérieur qu'à l'extérieur du temple. Les chocs d'opinions reli-

TOME IV.

gieuses et politiques furent violents, et les agents de la police furent obligés d'employer tous leurs efforts pour maintenir l'ordre et dissiper les rassemblements. Plusieurs personnes ont été conduites au Bureau central. — Au temple Marguerite, tant à l'extérieur qu'à l'intérieur, ont été vues et enlevées, pour être déposées au Bureau central, trois affiches ayant pour titre, l'une : *Lettre circulaire du presbytère métropolitain de Paris* ; les autres : *Le presbytère de Paris à tous les pasteurs et fidèles du diocèse, salut et bénédiction en Notre Seigneur Jésus-Christ.* Signé : CLAUSE, curé de Saint-André-des-Arts, président ; BAILLET, curé de Saint-Médard, secrétaire, et, pour imprimeurs, Beaudelot et Eberard, rue Saint-Jacques, n° 3. — Les spectacles ont joui d'une tranquillité parfaite.

Surveillance. — Le nommé Robillard et son commis ; la nommée François, ex-religieuse ; la nommée d'Héricourt, et le nommé Le Coste, ex-prêtre, trouvés rassemblés contre le vœu de la loi à Picpus, ont été conduits au Bureau central.....

COUSIN.

(Arch. nat., BB³ 87.)

JOURNAUX.

Fanal du 16 ventôse : « *Paris*... [Avant-]hier des placards avaient été affichés portant invitation aux catholiques de se rendre à Notre-Dame, à l'effet d'élire un évêque métropolitain, c'est-à-dire une espèce de chef de l'église gallicane, qui peut servir de boussole aux fidèles au moment de l'éclipse du prétendu successeur de saint Pierre. Un rassemblement eut lieu en conséquence à Notre-Dame, et l'évêque Grégoire allait, dit-on, être élu pontife, lorsque la police, qui n'avait pas permis l'affiche, et encore moins la réunion, a fait dissiper ce rassemblement illégal. Quelques fanatiques ont voulu résister à la force armée : ils ont été arrêtés..... »

MCCLXXXI

15 VENTOSE AN VI (5 MARS 1798).

JOURNAUX.

Publiciste du 16 ventôse : « *De Paris, le 15 ventôse* : ... Le bureau de police militaire établi à Paris, sous la direction du citoyen Lebas, est supprimé. La surveillance des militaires, dans la commune de Paris, sera exercée par le commandant de la place, qui aura un bureau près de lui à cet effet. Ce bureau correspondra avec le Bureau central du canton de Paris pour tous les objets qui demanderont le concours de l'autorité civile..... » — *Patriote français* du 18 ventôse : « Directoire exécutif. Arrêté du 15 ventôse. Le Directoire exécutif, informé que, sous le nom de Cercle constitutionnel, il se tient rue du Bac, à Paris, un club dans lequel on a manifestement professé des principes contraires à la Constitution de l'an III ; considérant que, s'il importe, pour les progrès de la liberté et des lumières, de maintenir des réunions qui, en s'occupant d'objets politiques, ne tendent qu'à fortifier l'esprit public et à rallier tous les citoyens au gouvernement républicain, il n'est pas moins nécessaire d'arrêter les funestes effets que produisent celles de ces réunions où l'on tendrait au renversement de la Constitution, au bouleversement de la République, et où l'on éloignerait les citoyens du gouvernement républicain, en égarant les uns et en frappant les autres de crainte ; arrête, en vertu de l'article 37 de la loi du 19 fructidor, que le club qui se rassemble rue du Bac, à Paris, sera fermé. » — « Par un autre arrêté du même jour, il a aussi ordonné que ceux de Blois, de Vendôme et du Mans seront fermés. »

MCCLXXXII

16 VENTOSE AN VI (6 MARS 1798).

JOURNAUX.

Rédacteur du 18 ventôse : « *Bureau central du canton de Paris. Paris, 16 ventôse an VI*. On a cherché à égarer l'opinion publique sur les mesures prises par le Bureau central pour empêcher une réunion extraordinaire qui devait avoir lieu à la ci-devant église Notre-Dame, entre plusieurs ministres du culte catholique, pour y procéder à la nomination d'un évêque. Le fait est que cette réunion a été empêchée, parce qu'elle se formait sans que les déclarations, que la loi prescrit en pareil cas, aient été faites devant les autorités constituées. Les administrateurs du Bureau central, *signé* : LE TELLIER. » — *Ami des Lois* du 17 ventôse : « La police a été obligée de dissoudre, il y a quelques jours, un club de prêtres, qui s'était illégalement formé à Paris, pour y élire un évêque. On assure que les candidats allaient en venir aux mains, comme s'il eût été question du pontificat. »

MCCLXXXIII

18 VENTOSE AN VI (8 MARS 1798).

JOURNAUX.

Journal des hommes libres du 19 ventôse : « *Paris, 18 ventôse*. L'illégalité de la convocation d'une assemblée de fidèles à Notre-Dame, il y a quatre jours, a déterminé le Bureau central à empêcher que cette réunion n'eût lieu ; voilà la seule cause de l'opposition que mit la troupe à la descente du Saint-Esprit sur la tête du pape Grégoire. Le doux pigeon fut donc obligé de remonter au ciel. Mais tous les dindons de la basse-cour épiscopale furent extrêmement courroucés ; on fut obligé d'arrêter les plus méchants : ce sont monsieur Baffon, regrattier du faubourg Antoine, qui se trouve toujours aux grandes occasions, qui, au 13 vendémiaire, donnait l'accolade au président de la section Le Peletier, et encourageait, il y a quatre jours, la troupe dindonnière à se révolter en faveur des croque-dieu ; *item*, un ministre du pigeon, nommé Valdegeme, qui excitait au trouble en aube [et au nom de la loi... grégorienne sans doute? *item*, un nommé Tellière. Sans [la présence de plusieurs bons citoyens, qui soutinrent les fonctionnaires publics, le désordre paraissait sur le point de devenir sérieux ; les hommes de la loi étaient vivement menacés par les hommes de Dieu. Il paraît que la religion du pape de Paris, Grégoire Ier, est aussi douce que la religion du pape de Rome, Pie dernier. »

MCCLXXXIV

19 VENTOSE AN VI (9 MARS 1798).

RAPPORT DU BUREAU CENTRAL DU 20 VENTOSE.

Surveillance. — ... Le nommé Champion, marchand d'habits, criant contre l'ordre qui interdit tous cris de marchandises les décadis, et montrant du mépris pour les institutions républicaines, a été conduit au Bureau central.....

LE TELLIER.

(Arch. nat., BB³ 87.)

MCCLXXXV

21 VENTOSE AN VI (11 MARS 1798).

RAPPORT DU BUREAU CENTRAL DU 22 VENTOSE.

Lieux publics. — La tranquillité règne constamment dans tous les lieux publics, et les opinions y sont à la fois calmes et bien dirigées ; on en excepte toutefois quelques endroits connus par le royalisme incurable de leurs habitués. Le foyer de ce mauvais esprit, si l'on[en juge par des entretiens auxquels on ne donne aucun mystère, est l'un des cafés des galeries du Palais-Égalité. Là des ennemis jurés de la République tirent des moindres nouvelles l'occasion d'affecter les plus ridicules espérances pour un changement considérable dans le gouvernement. Là, tous ses actes, tous ses premiers magistrats y sont continuellement l'objet d'une ironie amère. Là, enfin, on présume, on espère une opposition décidée de la part des députations réunies à Rastadt à la demande intimée au nom de la République française pour que le Rhin soit à l'avenir la limite du territoire français. En un mot, dans ce café, on croit à peine à l'existence de la République, encore moins à sa durée. — Le culte, tant celui des théophilanthropes que des catholiques, a eu lieu sans trouble et sans aucune circonstance remarquable. — Les spectacles ont été très fréquentés en général, mais très paisibles. Une erreur commise par des artistes du théâtre du Marais, qui, faute de partition à l'orchestre, n'ont pu jouer la deuxième pièce, a occasionné un instant de rumeur; cet incident peu remarquable n'a eu aucune suite, et l'artiste au profit duquel avait lieu la représentation est venu donner des renseignements à cet égard.....

Le Tellier.

(Arch. nat., BB³ 87, et F⁷, 3840.)

Rapport du Commissaire du Directoire exécutif près l'administration centrale du département de la Seine au Ministre de l'Intérieur.

Paris, 22 ventôse an VI.

Citoyen ministre,

Pour satisfaire au désir justement impatient de votre lettre en date du 21 fructidor, je vous adresse un aperçu de la situation politique et morale du département de la Seine. Depuis longtemps, en vertu de vos précédentes lettres, un travail détaillé avait été fait sur cet objet dans mon bureau. Ne l'ayant pas trouvé suffisant j'y substitue une esquisse rapide, où la fidélité du trait vous fera du moins connaître notre attitude actuelle et ce qu'il y a de plus remarquable dans l'état de l'opinion.

Pour avoir ces résultats j'ai interrogé tous les commissaires du Directoire exécutif : tous ont répondu hors un seul, celui près le Bureau central; je ne lui en fait point de reproches : il a été malade, son secrétaire l'a été pareillement. Aujourd'hui ce commissaire recommence à donner plus d'activité à sa correspondance et me fait espérer que ses comptes décadaires n'y seront point oubliés. Il ne peut point échapper au ministre qu'il n'en est pas du Bureau central comme de l'une des municipalités de Paris. Le Bureau central est le véritable point d'observation pour cette grande commune; là seulement on peut la connaître; là seulement on peut savoir tout ce qui se passe. Les rapports de la surveillance, contrôlés les uns par les autres, apprennent à l'administrateur attentif quelle est la véritable situation des esprits; là seulement peuvent se recueillir les traditions, les souvenirs, les données de l'expérience; un événement y est commenté par un autre; des bruits publics rapprochés décèlent un plan; là, en un mot, paraît et se dessine le Paris réel; partout ailleurs ce n'est que Paris apparent, ce ne sont que des surfaces, ce ne sont que des traits épars. C'était donc du Bureau central que je devais attendre la majeure partie de mon travail. Le délai que j'ai éprouvé est tout à la fois la cause et l'excuse du mien. J'ai trop appris quel différence existe entre ce que l'on me communique et ce que l'on devrait me communiquer.

Je vais successivement, citoyen ministre, d'après les indications qui me sont fournies par le zèle des commissaires près les administrations municipales, examiner les principaux aspects sous lesquels peut se considérer notre situation administrative, politique et morale.

Esprit public. — On peut dire qu'en général il régnerait une disposition favorable pour seconder les vues du gouvernement républicain, si elles étaient bien généralement connues. La malveillance se plaît à les défigurer, les royalistes craignent ou affectent de craindre qu'il ne leur rende la Terreur; les hommes exagérés en révolution craignent ou affectent de craindre qu'il ne ramène le temps des réactions royales et sanglantes. L'opinion publique cependant paraît avoir pris plus d'unité depuis que le Directoire a consacré d'une manière solennelle les principes qu'il professe dans les deux proclamations pleines de sagesse qu'il a publiées. Ces deux actes ont rassuré beaucoup de citoyens, ont tranquillisé beaucoup de pères de famille; ils y ont redonné de l'avenir et de l'espérance aux esprits alarmés; et les affaires commerciales, suspendues par quelque appréhension, ont paru reprendre quelque cours et quelque mouvement. N'appréhendant plus le gouvernement, les mêmes personnes n'ont plus conservé d'inquiétude que sur le degré de fidélité ou d'attention civique avec lequel seront suivis les conseils paternels du Directoire exécutif. Les observateurs attentifs ont cru voir que, dans ces derniers temps, l'esprit public était favorisé; mais ils ont regretté qu'il ne fût pas plus ou mieux dirigé; de là quelques écarts que le gouvernement a cru devoir réprimer par les mesures que lui fournissait la loi du 19 fructidor. Le nombre des républicains n'étant pas à beaucoup près aussi considérable qu'on pourrait le désirer, il est fâcheux qu'ils aient encore dans ces derniers temps paru se diviser en deux partis. Peut-être n'eût-il pas été impossible de prévenir cette division, principe d'affaiblissement pour les patriotes et l'objet d'une joie secrète et d'une espérance coupable pour les ennemis de la Révolution. — Paris veut de la tranquillité; il est actuellement plus facile d'en obtenir de la soumission que de l'enthousiasme; pour lui le temps de l'exaltation n'est plus; mais, s'il jouissait d'un long repos, s'il en avait la perspective, si l'horizon n'était pas pour lui offusqué de nuages formés par la malveillance, les idées et les affections reprendraient de la latitude. Des sentiments communs se formeraient; l'avenir, mieux assuré, donnerait plus de valeur au présent, et l'enthousiasme pourrait renaître encore. Il atteindrait alors la masse des citoyens qui se tient tranquille et retranchée dans une sorte d'indifférence beaucoup trop éloignée de l'esprit républicain. — A l'approche des élections l'esprit public est un élément que l'on peut se reprocher de n'avoir plus cultivé. Les moyens de l'administration centrale sont à cet égard infiniment limités, au milieu d'une cité immense, modifiée sans cesse et par conséquent gouvernée par une multitude de causes également puissantes et actives. Cette administration a néanmoins employé tous les moyens qui étaient en elle, tels que composition républicaine des listes de jurés, soit de jugement, soit d'accusation; réforme dans la gendarmerie; réforme dans les employés externes et experts estimateurs; réforme dans ses bureaux de tout ce qui était noté d'incivisme; traduction devant les tribunaux de tout ce qui a offert des traces de délits ou de crime; invitation pressante, tant au Bureau central qu'à toutes les administrations municipales du département de la Seine, d'opérer une semblable réforme dans leurs bureaux; circulaires énergiques, proclamations républicaines, dispositions actives pour donner à la fête de la Souveraineté du peuple l'éclat dont elle est susceptible dans cette commune et dans les cantons ruraux : rien n'a été négligé par le département pour tendre et activer les ressorts de l'opinion. — J'ai adressé au ministre de la police tout ce qui m'est parvenu d'indices importants en matière de royalisme; j'ai provoqué une attention particulière sur les manœuvres liberticides du fanatisme. J'ai invité tous les commissaires du Directoire exécutif près les administrations municipales de me faire connaître tout ce qu'ils pourraient découvrir des ruses multipliées qu'emploient les prêtres réfractaires pour renverser la République, qu'ils abhorrent. La mesure de déportation, prononcée à l'égard de plusieurs de ces ministres du mensonge, a rendu les autres, sinon meilleurs citoyens, du moins plus réservés. La faculté accordée au Directoire exécutif pour la déportation des prêtres perturbateurs est un gage infaillible du maintien de la tranquillité publique ; une surveillance habilement dirigée pourrait découvrir les centres ou rendez-vous communs du fanatisme et du royalisme. Il est dans la nature des choses et des hommes que ceux qui sont violemment blessés par le régime nouveau cherchent et combinent entre eux les moyens de le détruire ; il est par conséquent dans les devoirs d'une police républicaine de découvrir ces rendez-vous communs, d'en constater les directions et d'en punir les auteurs avec toute la rigueur des lois. Il y a eu jusqu'à ce moment plus de zèle que de combinaisons dans les recherches, plus d'actes partiels que d'ensemble dans les mesures qui ont été prises. — L'on a été étonné de la déclaration faite au Conseil des Cinq-Cents que les souscriptions civiques offertes contre l'Angleterre ne formaient qu'une somme de 80,000 francs. On n'a point dit, et l'on devait dire, que plusieurs de ces dons restaient encore entre les mains des autorités constituées; que les administrations municipales ont été longtemps contrariées dans l'essor qu'elles auraient voulu donner au mouvement des offrandes civiques, lequel eût été peut-être favorable à l'emprunt, loin de lui être nuisible. L'enthousiasme produit l'enthousiasme, et la multitude des dons eût peut-être occasionné la multitude des prêts. Au lieu de cela, on a calculé, tout s'est refroidi, et l'emprunt lui-même tombe en langueur, faute d'aliments. — Il ne faudrait pourtant pas encore désespérer de l'emprunt ; il existe sans doute beaucoup de sommes qui y sont consacrées; il serait possible de donner une nouvelle impulsion à cette mesure salutaire : ce serait d'en charger spécialement les commissaires du Directoire exécutif, soit près les administrations centrales, soit près les administrations municipales. Ils entretiennent les mouvements des contributions légales, comme agents généraux ou particuliers de l'impôt : ils y pourraient également ranimer le zèle pour les contributions civiques et enrichir par leurs efforts l'autel de la patrie. Un objet de cette nature veut être dirigé avec une grande activité ; peut-être devrait-il l'être avec une sorte d'organisation par des citoyens pris en dehors des autorités. A défaut du premier moyen, ce second pourrait être employé. — Les autorités supérieures devraient se faire une loi de ne rien accorder aux hommes connus pour fortunés, qu'ils ne justifient avoir contribué suivant leurs moyens au succès de l'emprunt national; ce serait là un motif légitime de faveur et de prédilection; le même mouvement se propagerait alors dans toute la République. — La faiblesse du produit obtenu jusqu'à ce moment de l'emprunt est devenue fâcheuse par la publicité qu'elle a obtenue et par les maux qu'elle laisse apercevoir; les besoins de nos frères détenus et souffrants en Angleterre sont surtout ce qui appelle et fixe la sensibilité. Chacun s'évertue à trouver les taxes qui pourraient y subvenir. On a parlé d'une taxe sur les glaces des appartements, d'une taxe sur les portes cochères. Ces idées sont susceptibles de succès; la dernière surtout, dégagée de toute entrave, de toute vexation inquisitoriale donnerait en peu de temps la somme désirée. On peut croire que le gouvernement s'associe dans cette recherche à la pensée du législateur. — Au milieu de ces inquiétudes et de ces besoins, des bruits de paix ont circulé; on ignore s'ils sont fondés. Si, comme on le croit, ils ne le sont pas, le gouvernement devrait les démentir ou faire démentir, car il serait dépopularisé d'autant par la faveur que produit une opinion qui ne serait pas la sienne; il est dans ses principes de marcher avec la nation, et il ne doit pas laisser la nation se tromper en matière grave, lorsqu'il a besoin de maintenir l'esprit public à la hauteur du courage et des sacrifices encore nécessaires pour l'achèvement de cette guerre. Les personnes qui font des rapprochements ont bien trouvé la véritable opinion du Directoire dans les discours énergiques du Directeur Merlin, mais ces rapprochements, tout le monde ne les fait pas; on n'a que l'idée du moment, sans le souvenir de celui qui a précédé, ni prévoyance de celui qui va suivre. — Avant qu'il fût question d'offrir des dons contre l'Angleterre, une première impulsion avait été donnée pour la réparation des routes. L'administration centrale avait en ce point, comme elle l'a fait dans l'autre, donné la leçon de l'exemple en souscrivant pour une somme relative; ces divers objets se sont nui réciproquement : il semblait que tous les chemins étaient assez bons pour conduire en Angleterre. Il a fallu des efforts soutenus de la part de l'administration centrale pour imprimer le mouvement désiré par la proclamation et l'arrêté du Directoire exécutif en date du..... [1]. Il était assez difficile d'unir la population de Paris à un travail de ce genre et de faire sortir de cette grande commune l'utilité d'un grand exemple pour concourir d'autant à l'accomplissement des vœux du Directoire; c'est néanmoins ce que tentera d'effectuer l'administration centrale le 25 de ce mois. Les ingénieurs et entrepreneurs paraissent porter du zèle dans cette réunion civique; on compte également sur celui de tous les citoyens attachés à la prospérité de leur

---

1. Voir, dans le *Moniteur* du 27 frimaire an VI, une proclamation du Directoire, pour ouvrir une souscription patriotique en vue de pourvoir à l'entretien des routes.

pays; au même jour douze colonnes de travailleurs iront par douze sorties différentes coopérer à la réparation des routes, précédés des officiers municipaux en écharpe, accompagnés des défenseurs de la patrie, au bruit des tambours et des trompettes, elles signaleront leur empressement à remplir les vœux du gouvernement. Si ce résultat n'a point été plus tôt obtenu, ce n'est point faute de l'avoir requis ; il faut en attribuer le délai à la multiplicité des travaux de l'administration. — Il est encore quelques objets qui sont restés en retard, mais pour d'autres causes. Ainsi les travaux préparatoires des élections auraient plus rapidement marché, si les commissions du Corps législatif avaient elles-mêmes provoqué avec plus de célérité les solutions demandées. La lettre du ministre de l'intérieur, en date du 26 pluviôse, adressée au commissaire du Directoire exécutif, a été par lui communiquée à l'administration centrale, qui en a recueilli, avec toute l'attention du civisme, les vœux pleins de sagesse qui y sont énoncés. Il tardait à l'administration et au commissaire que le Conseil des Anciens s'expliquât sur plusieurs questions d'un intérêt majeur, sur lesquelles le défaut de réponse paralyse les dispositions préparatoires des assemblées. Ainsi l'on ne peut se dissimuler que l'activité des corps administratifs est plus ou moins décomposée par l'incertitude; dans le moment présent, ils prévoient ou appréhendent un renouvellement total; le courage du devoir s'affaiblit devant un avenir aussi prochain, qui peut absorber toutes directions présentes et compromettre même tous les résultats du 18 fructidor ; il serait bien utile, pour ne pas dire nécessaire, que les administrations, soit centrales, soit municipales, recomposées par le Directoire, ne fussent, aux prochaines élections, renouvelées que partiellement. Toutes les analogies conduisent à cette mesure, et le texte constitutionnel, et l'esprit de la loi du 19 fructidor, et les conseils d'une sage politique, qui repoussent tout brusque changement et réprouvent les saccades importunes et malfaisantes pour le corps politique; ce serait donner un effet et une suite aux élections annulées de l'an V, que de n'avoir appelé que pour six mois les successeurs des administrateurs justement destitués. Si nous ne voulons pas engager de nouvelles luttes, diminuons la chance du succès et le moyen d'espoir pour nos ennemis; on croit instant que le ministre de l'intérieur et le ministre de la police placent ces considérations sous les yeux du Directoire. — L'esprit public ne saurait avoir une direction bien ferme, lorsque les autorités sont jusqu'à un certain degré chancelantes, malgré le patriotisme connu de plusieurs d'entre elles. On ne désespère pas que le Conseil des Anciens, frappé de ces idées, ne se détermine à opter la résolution qui lui a été depuis longtemps envoyée par le Conseil des Cinq-Cents.

Instruction publique. — Il a été adressé sur cet objet, au ministre de l'intérieur, un mémoire détaillé : c'est un compte exact de l'instruction publique dans le département de la Seine. Je me bornerai à ajouter quelques observations : les Écoles centrales paraissent avoir, jusqu'à ce moment, manqué d'un lien d'unité et de discipline ; les études y ont peu de ressorts et n'obtiennent que de faibles progrès ; le nombre des élèves est peu considérable, et Paris est loin du succès qu'il peut obtenir dans ce genre. On peut présumer que ces inconvénients naissent du défaut de quelques lois d'organisation, car le mérite des professeurs est incontestable ; mais, ne formant pas entre eux un tout, ils ne sont pas excités par l'émulation. Les enseignements les plus utiles sont quelquefois ceux qui manquent le plus d'auditeurs. Le collège Égalité est peut-être le seul établissement aujourd'hui existant en France où les jeunes gens reçoivent une éducation forte en instruction ; on a vu avec une grande satisfaction l'attention particulière qu'accorde le ministre à cet utile institut. — Lorsque les regards se portent sur les écoles primaires, l'on ne peut que regretter de ne point les voir aussi fréquentées que le désirent les amis de la liberté et de l'égalité. Les instituteurs primaires néanmoins, ainsi que les institutrices, commencent à éprouver les effets de la bienveillance républicaine du gouvernement ; ces effets deviendront plus sensibles encore tant que l'on continuera d'exercer une surveillance sévère sur les entrepreneurs particuliers d'éducation, on doit, sur ce point, rendre à l'administration centrale la justice de dire que, par la seule impulsion de son civisme et sans aucun ordre supérieur, elle a, dans une circulaire pleine de philosophie, recommandé aux administrations municipales la visite et la surveillance de ces établissements privés. Depuis l'arrêté du Directoire exécutif du ....., elle a réitéré ses injonctions avec force et pris les mesures nécessaires pour l'entière exécution de cet arrêté. Les douze arrondissements de Paris et les seize cantons ruraux sont en ce moment éclairés des regards de la surveillance dirigée sur cet intéressant objet. Des livres élémentaires sont partout demandés avec impatience. Un libraire, à Paris, devrait être chargé de tenir et vendre tous les ouvrages revêtus de l'approbation publique. On devrait faire passer un certain nombre d'exemplaires aux commissaires près les cantons, qui seraient tenus d'en remettre le prix au bout de trois mois ; ainsi l'a-t-on fait pour le canton de Pierrefitte, où les choses n'en vont que mieux.

Institutions républicaines. — Les institutions républicaines paraissent avoir acquis quelque faveur ; les fêtes nationales ne sont plus, comme avant le 18 fructidor, un objet de dérision, une insignifiante cérémonie, un composé de marches et de processions officiellement ennuyeuses ; la masse des citoyens commence à s'unir aux magistrats, l'esprit public paraît demander à naître ; la division hebdomadaire est toujours employée par les particuliers, mais l'usage du calendrier républicain commence à se répandre et à devenir plus familier. La fixation des foires et marchés d'après le système décadaire achèvera de déconcerter les vieilles habitudes, et le vœu du ministre de l'intérieur sera rempli. Avec quelque patience, on verra le décadi vaincre le dimanche, avec la même facilité que nos troupes sont entrées dans Rome. Les citoyens de Paris aiment les fêtes, et si les fêtes nationales que leur préparera l'autorité sont le produit d'une belle imagination et entourées de tout l'éclat des beaux-arts, elles seront assurées de captiver l'admiration et de voir leur éclat relevé même par l'enthousiasme et le nombre des admirateurs. — Il serait à désirer que l'on pût se permettre un si facile succès pour la prompte adoption des mesures républicaines. L'administration promet tous les efforts de son zèle pour concourir à une victoire de plus sur les anciennes habitudes et satisfaire au vœu de l'acte constitutionnel. — Pour atteindre ce résultat, l'administration vient de faire une proclamation où l'utilité du nouveau système est exposée avec clarté, les inconvénients de l'ancien détaillés avec force ; c'est le langage de la loi et du patriotisme qu'elle fait entendre ; peut-être serait-on autorisé à prendre un ton plus sévère, si l'on ne savait combien le commerce est souffrant et à quel état de stagnation il est réduit ; c'est en vain qu'on lui demanderait du dévouement : cette disposition n'est pas la sienne ; dire qu'il souffre et qu'il est résigné, qu'il est résigné et qu'il paye ses patentes et acquitte ses contributions, est ce que l'on peut dire de plus juste à son égard ; en général, l'on peut attendre de cette classe l'exécution des lois, et rien de plus. Le défaut d'industrie laisse beaucoup de bras sans ouvrage ; des créanciers de l'État meurent de faim ; beaucoup de pères et de mères de défenseurs de la patrie manquent de subsistances ; sans doute, les administrations pourront un jour former un rapprochement utile entre tant d'individus oisifs d'une part et, de l'autre, des fabricants qui se plaignent de la rareté des bras et de la cherté de la main-d'œuvre ; c'est là peut-être une des parties les plus essentielles d'une bonne police et un des principaux objets de l'administrateur homme d'État.

Sûreté publique. — La sûreté publique se maintient à l'aide des précautions de la police, du service de la garde nationale et des secours que lui prête, dans différents postes, la troupe de ligne ; les événements malheureux qui, de temps à autre, excitent notre sensibilité sont du nombre de ceux qu'on peut regarder comme inévitables et que comporte nécessairement une grande population. L'administration centrale n'a rien négligé pour tenir tous les services dans une grande activité; elle ne peut que se féliciter de la manière dont elle a été secondée par le général de la 17° division et par le commandant de la place; le civisme et la plus parfaite harmonie ont animé toutes les communications qui ont existé entre les autorités civiles et militaires. Une partie de la police militaire vient d'être rendue au commandant de la place; cette restitution, depuis si longtemps désirée, ne peut que produire les meilleurs effets. Les secours donnés par le ministre de la police aux adjudants de la garde nationale fournissent un véhicule puissant pour l'activité du service et créent au gouvernement des points de correspondance plus docile, dont il pourrait utilement profiter; avec une surveillance soutenue on peut se promettre que Paris sera tranquille. — Il a fallu bien des efforts pour rétablir la garde nationale; dans les campagnes, les plus sévères mesures ont été indispensables pour vaincre les résistances ou l'inertie des habitants des cantons ruraux; quelques détachements des troupes de ligne ont été envoyés dans les communes qui se refusaient aux patrouilles de nuit, et ces communes ont bientôt manifesté le désir de veiller elles-mêmes à leur sûreté. Le service se fait aujourd'hui avec assez d'exactitude ; les facilités qui ont été promises par le ministre de la police générale préviendront infailliblement l'assoupissement du zèle et ôteront tout prétexte à la malveillance. Tout porte en conséquence à espérer que les cantons ruraux jouiront aussi des bienfaits de la tranquillité et de la sûreté publiques.

Associations politiques. — Ces associations se renferment aujourd'hui dans les limites des lois, elles s'y maintiennent par le patriotisme et aussi pour éviter de donner lieu aux actes de sévérité du gouvernement. Plusieurs de ces réunions ont publié leur profession de foi d'une manière qui ne peut que donner la meilleure idée des principes qui les animent et des lumières qui les dirigent. Il est à désirer qu'elles puissent attacher quelque ascendant à leur opinion, en matière d'élection. — C'est peut-être ici le lieu de dire un mot sur les associations théophilanthropiques. Elles sont déjà des écoles de la plus saine morale ; avec le temps sans doute cette doctrine se propagera; rien n'a tant besoin d'être répété parmi les hommes que la morale. Une association ou secte qui a pour objet de la rappeler sans cesse est donc de la plus grande utilité. L'ouvrage du citoyen Lanthenas, intitulé : *La Religion civile*, pourrait fournir matière à quelques lectures dans les Sociétés de ce genre que les cantons ruraux voient naître. — Un jour sans doute le gouvernement prescrira à tous ses commissaires de faire en public, dans des temples, la lecture des lois, et d'accompagner cette lecture de quelques discours de morale. Quelque appareil donné à ce mode de publication de la loi fournirait avec le temps une institution républicaine. La loi, qui est la raison écrite, prendrait plus d'empire, et la raison, qui est la loi non écrite, prendrait plus d'ascendant : ce double flambeau ferait disparaître les préjugés dont vivent encore quelques enfants bâtards de la superstition. — Une réunion devait avoir lieu, le 14 de ce mois au soir, au temple ci-devant Notre-Dame, pour élire un évêque; des prêtres de la ville et des cantons ruraux devaient s'y rassembler. Le commissaire du Directoire exécutif près le département n'en a reçu l'avis du Bureau central qu'à quatre heures du soir le même jour. Il n'a pu en conséquence provoquer ni prendre aucune des mesures qui lui étaient conseillées pour consigner dans les campagnes les prêtres qui devaient se réunir le soir.

Résumé. — L'esprit public a essentiellement besoin de direction à Paris; les journaux républicains ne produisent pas tout l'effet qu'on doit en attendre ; ils y sont opprimés par le timbre ; c'est une espèce de sourdine placée sur les organes de l'opinion publique. Un journaliste républicain a déjà bien des difficultés à vaincre pour établir ses feuilles : que sera-ce donc s'il lui faut encore surmonter celle d'un impôt excessif de chaque jour? Le fanatisme et le royalisme provoquent une surveillance sévère, ne fût-ce que pour les détromper de l'erreur dans laquelle ils sont ou paraissent être, que c'est pour eux qu'on travaille lorsque l'on prend quelque mesure contre l'anarchie. Je me propose, citoyen ministre, dans le premier compte décadaire que je vous transmettrai, de donner plus de développement à quelques-uns des articles, et d'y comprendre des observations relatives à la police champêtre. Je joins ici copie de la circulaire que j'ai adressée aux commissaires près les cantons ruraux et au commissaire près le Bureau central. Je la crois propre à vous convaincre du désir que j'avais de faire marcher cette partie de ma correspondance avec la plus grande activité.

MATHIEU.

(Arch. nat.. F 1 c III, Seine, 19.)

MCCLXXXVI

22 VENTOSE AN VI (12 MARS 1798).

RAPPORT DU BUREAU CENTRAL DU 23 VENTOSE.

Surveillance. — ..... Le nommé Guillon, prévenu d'être auteur et éditeur d'un libelle intitulé : *Étrennes aux amis du 18 fructidor*, et Doutey, colporteur du libelle, ont été arrêtés et conduits tous deux au Bureau central.....

LE TELLIER.

(Arch. nat., BB³ 87.)

MCCLXXXVII

24 VENTOSE AN VI (14 MARS 1798).

RAPPORT DU BUREAU CENTRAL DU 25 VENTOSE.

Surveillance. — ..... A également été arrêté un individu qui demandait l'aumône en portant sur son dos un écrit contenant ces mots : « J'ai 6,000 livres de rentes, je manque de tout; on ne me paie rien ; j'ai quatre-vingts ans. » Il a été conduit au Bureau Central.....

COUSIN.

(Arch. nat., BB³ 87.)

JOURNAUX.

Gazette de France du 25 ventôse : « *Paris, 24 ventôse.* Aujourd'hui, les douze municipalités du canton de Paris, ayant à leur tête l'administration centrale du département de la Seine, se rendront sur la route d'Orléans, pour travailler à la réparation du chemin..... » — *Publiciste* du 26 ventôse : « *De Paris, 25 ventôse.....* Dans quelques quartiers de Paris, on ne s'est pas contenté d'inviter les citoyens à aller travailler à la réparation des grandes routes: on semblait vouloir les y contraindre. Le Directoire, pour réprimer cet excès de zèle, a adressé la lettre suivante au ministre de la police: « Paris, 24 ventôse, an VI. Le Directoire exécutif vous transmet ci-joint, citoyen ministre, un billet remis à l'un des employés de son secrétariat, et signé Gentil, sergent-major de la garde nationale sédentaire de Paris, portant ordre de se rendre demain à la municipalité, pour travailler à la réparation des routes. Le *post-scriptum* de ce billet est conçu en ces termes : ceux qui manqueront, seront traduits devant le tribunal correctionnel. Le Directoire n'a pas vu sans étonnement que ce *post-scriptum* convertisse en loi pénale l'invitation civique faite par sa proclamation du 22 frimaire dernier. Il vous invite en conséquence à écrire de suite aux douze administrations municipales du canton de Paris, pour faire sentir à celles, dans l'arrondissement desquelles on aurait employé une pareille menace, combien elle est inconvenante et illégale. Le Directoire vous charge de prendre des informations sur la source d'où est émané cet acte arbitraire et de lui en faire un rapport dans le jour. »

MCCLXXXVIII

25 VENTOSE AN VI (15 MARS 1798).

RAPPORT DU BUREAU CENTRAL DU 26 VENTOSE.

Spectacles. — Les spectacles depuis longtemps sont très paisibles, et il s'y manifeste même un assez bon esprit. Il faut cependant excepter la représentation de *Philinte de Molière*, donnée avant-hier au théâtre Feydeau, où les passages suivants :

> La loi donne aux méchants son approbation
> Et l'exil est le prix d'une bonne action.
> . . . . . Sachez qu'en ce moment,
> Où rien n'enrichit tant que le crime et le vice,
> La pauvreté souvent est un heureux indice.

ont été accueillis avec une vivacité qui décelait beaucoup d'incivisme, et que l'on a remarquée davantage dans la partie la plus brillante des spectateurs. — Des artistes, qui devaient donner au profit d'un de leurs confrères une représentation au théâtre du Marais, ont laissé venir le public et n'ont pas donné de spectacle. Il en est résulté de très violents murmures. Les auteurs présumés de cette faute grave ont été appelés au Bureau central, où cette affaire aura les suites nécessaires. — Un acteur des Délassements s'est permis des gestes indécents dans son rôle. Il est mandé au Bureau central. — *Le Vieux Château*[1], opéra nouveau donné hier au théâtre Feydeau, ne donne lieu à aucune observation, ne contenant rien en aucune manière qui puisse blesser les mœurs ni le gouvernement.....

COUSIN.

(Arch. nat., BB[3] 87.)

1. *Le Vieux Château ou la Rencontre*, opéra en un acte, paroles de Duval, musique de Della-Maria.

DIRECTOIRE EXÉCUTIF [19 mars 1798]

JOURNAUX.

Patriote français du 27 ventôse : « *Paris, le 26 ventôse*, Hier, dès l'aurore, nous avons vu passer la foule des travailleurs, qui se sont dirigés sur les grandes routes pour les réparer. Les officiers municipaux, en écharpe, marchaient à leur tête au son d'une musique guerrière, drapeaux déployés. La beauté du jour, l'air de gaîté, le zèle qui paraissait animer cette troupe joyeuse, munie de pioches et de pelles, et suivie de tombereaux remplis de brouettes, tout cela donnait un air de fête à cette disposition civique, qui, sans doute, aura partout de nombreux imitateurs. Qu'il est beau de voir les citoyens d'une grande cité quitter un instant leurs ateliers ou leurs plaisirs et s'imposer l'utile devoir d'aller eux-mêmes raccommoder sans contrainte les chemins délabrés, qui, une fois réparés par l'enthousiasme du bien, offriront plus d'un avantage à la masse générale dont se composent toutes les classes de citoyens ! L'ardeur avec laquelle on s'est porté aux divers ateliers, dirigés par des ingénieurs, est vraiment admirable et touchante. Il nous semblait revoir ces beaux jours de la Révolution, où chacun, à l'envi, quittait ses travaux pour aller au Champ-de-Mars, et tenait à grand honneur d'avoir pu faire sa tâche..... »

MCCLXXXIX

27 VENTOSE AN VI (17 MARS 1798).

JOURNAUX.

Publiciste du 29 ventôse : « *De Paris, le 28 ventôse*. C'était hier la Saint-Patrice, la grande fête des Irlandais unis. Ceux qui se trouvent à Paris l'ont célébrée avec beaucoup d'enthousiasme ; Kilmaine, Irlandais lui-même, et nommé pour commander le centre de l'armée d'Angleterre, y a assisté avec Thomas Paine. On y a porté plusieurs toasts : un entre autres à la République irlandaise, et un autre à l'éternelle confusion des hommes indignes qui préfèrent à la liberté le despotisme britannique. Le général Kilmaine, qui n'était resté à Paris que pour assister à cette fête, est parti, en se levant de table, pour aller activer les travaux dans tous les ports de sa division. »

MCCXC

29 VENTOSE AN VI (19 MARS 1798).

JOURNAUX.

Ami des Lois du 30 ventôse : « *Physionomie de Paris*. Paris est tranquille. Le Directoire ne donne plus le temps aux factions de grandir ; il les maintient dans un état d'enfance, et les mène à la lisière. Les spectacles ne sont rien pour la République ; les pièces les plus courues sont des romans hors de la nature, hors de la vraisemblance, emphatiquement dialogués, et coupés de vieilles ariettes rajeunies sans beaucoup d'art. Aux boulevards, on met en scène l'Enfer, les revenants, les diables, les sorcières et toutes les absurdités monacales du XII° siècle. — Le bois de Boulogne est, tous les matins, encombré de cabriolets ; c'est là, où les merveilleux et les merveilleuses, de fraîche date, vont respirer la poussière et promener leur gaucherie, leur bêtise et leur immoralité. La foule est au Muséum des tableaux ; on va avec un juste empressement s'extasier devant les chefs-d'œuvre de Carrache, de l'Albane, du Corrège, de Guerchin, de Raphaël, du Guide, de Jules Romain, du Titien et de Michel-Ange. Toutes les décades, la renommée du Palais-Royal renvoie des ministres qui restent toujours en place. Les intrigants ont succédé aux factieux, ou plutôt les factions ne sont plus que des intrigues ridicules aussitôt déjouées que connues. Les mœurs se dépravent de plus en plus, faute d'institutions républicaines ; bientôt il ne sera plus temps. Le royalisme se tient dans l'inertie : il attend, pour se montrer, que les républicains fassent quelques sottises ; déjà il sourit à leurs divisions naissantes ; déjà il attise sourdement leurs haines, que les extravagances d'Antonelle, de Coignart et de Vatar ont fait naître ; déjà il est parvenu à dicter les articles les plus virulents, les plus sulfureux, dans trois journaux qui, malgré la bouffissure de leur patriotisme, périssent tous les jours de marasme et d'étisie. Le peuple est indifférent à toutes ces pitoyables querelles ; il dédaigne ce déluge d'injures grossières puisées dans les journaux royalistes et rhabillées par les journalistes de Marat, et toujours pour le compte du roi. Les grandes lettres des ministres dans le *Rédacteur* ont remplacé les mandements des évêques.— Il se forme beaucoup de lycées littéraires, où « l'esprit qu'on veut avoir gâte celui que l'on a ». Les séances de ces lycées ont néanmoins plus d'agrément que celles de l'Institut national, en ce qu'on y est dédommagé de l'ennui des lectures par la musique et la danse, et à l'Institut l'ennui succède à l'ennui, sans aucun dédommagement. Les journalistes s'accablent d'injures, se détestent les uns les autres, et se copient presque tous : qui en a lu un en a lu cent. Les motifs de leurs querelles viennent moins de leurs opinions politiques que de l'envie qu'ils se portent, en raison du succès qu'ils obtiennent. Les plus accrédités sont les plus haïs, les plus calomniés ; on leur ferait grâce d'être aristocrates, mais on ne peut leur faire passer d'avoir un grand nombre de lecteurs.— La mode a des ailes si véloces qu'on ne peut décrire la plus nouvelle sans parler de ce qui est oublié depuis longtemps. Cette mobilité alarmante ruine les familles, multiplie les divorces, les banqueroutes, et réduit au tiers le nombre des femmes vertueuses que Boileau comptait à Paris, il y a un siècle. Si les modes ont des ailes, les réquisitionnaires riches n'en ont pas ; ils ont de l'or, ce qui les dispense d'avoir des ailes et du courage. Les préparatifs de la descente en Angleterre ont fait, depuis un mois, augmenter les denrées, qui néanmoins sont en abondance. Le haut prix de l'argent n'est point étranger à ce renchérissement des objets de consommation. Le commerce languit, l'usure le tue et le fera périr, si le gouvernement n'y met ordre. — La plupart des jeunes gens de Paris sont aussi ineptes qu'impudents ; ils passent les journées chez Velloni, à l'Élysée, à Bagatelle, dans les tripots, chez les filles et au spectacle ; ils sont si bornés, ont si peu de goût et de jugement, qu'ils sifflent au théâtre ce qu'il faut applaudir, et applaudissent aux bêtises qu'il faudrait siffler. Joue-t-on une pièce de Corneille ou de Racine? Ils demandent à grands cris l'auteur. Les plus savants ont appris à lire. Ceux qui mettent l'orthographe en écrivant sont regardés comme des oracles. Si cela continue, ils ressembleront aux anciens nobles qui se servaient d'une croix dans les actes publics, parce qu'en leur qualité de gentilshommes, ils ne devaient pas savoir écrire. Du reste, ces petits messieurs affichent le plus grand mépris pour tout ce qui tient au républicanisme. Un air patriotique les met en convulsions; un habit bleu les fait frissonner; ils sont lâches, paresseux, gourmands, envieux, détracteurs, crédules et aussi ennuyés qu'ennuyeux; insolents et grossiers avec les femmes; craintifs, embarrassés avec les patriotes; présomptueux, entreprenants en troupe; sots et trembleurs isolés; ils sont enfin l'opposé de la jeunesse de nos armées. S'ils continuent, dans dix ans ils seront l'opprobre, la honte, le scandale et le rebut de la nation française. Voyez ce jeune ex-fournisseur: il avait 18 francs et un habit, lorsqu'il s'est jeté dans les affaires; il vivait, il y a trois ans, aux dépens de ses connaissances et de ses amis. Alors il était gai, affable, chantait la République, et faisait des vœux pour nos armées; aujourd'hui, il a une table somptueuse, des laquais, des chevaux, des voitures élégantes, des maîtresses renommées; il a ses entrées au Directoire et chez les ministres; il assiste aux fêtes qui s'y donnent. Cependant il est triste, grondeur, insolent; il oublie, il méconnaît ceux qui l'ont aidé dans l'adversité; il se plaint amèrement des *gens de rien* qui gouvernent; il regrette le passé, tremble pour l'avenir, colporte avec empressement les anecdotes malignes et calomnieuses qui peuvent jeter de la défaveur sur les Directeurs, les ministres et les représentants. Souvent il s'écrie : « C'est affreux, c'est indigne; on ne paie personne, il faudra que je vende mon bien; il m'est dû un million en numéraire, pour avances faites à ces gens-là; je n'ai pu (et encore c'est par la protection d'une femme), je n'ai pu avoir qu'un acompte de 600,000 livres. Un pareil régime ne peut tenir : Longchamp approche, il me faut des fonds. Je n'ai pas gagné un sou avec eux; mais du moins qu'ils me rendent le mien. » Il ne faut pas oublier que ce jeune mécontent n'avait que 18 francs et un habit, lorsqu'il est entré dans la noble carrière des fournitures. Jugez par là de l'ingratitude du gouvernement. — On rencontre, dans les promenades et les rues les plus fréquentées, un grand nombre de mendiants, jouant les estropiés, se donnant pour rentiers et louant des petits enfants pour faire croire qu'ils sont chargés de famille. Cette lèpre, commune aux villes populeuses, a besoin d'une prompte répression; il ne faut pas cependant confondre les pauvres avec les mendiants, ce n'est pas la même chose. Les pauvres ont quelque pudeur, les mendiants n'en ont jamais eu. — Le républicanisme fait des progrès lents, mais il fait des progrès. Les opposants, les mécontents se résignent; les lois commencent à être respectées; les impôts rentrent; les administrateurs montrent chaque jour plus d'activité et de surveillance; les tribunaux affectent moins de partialité; la police de Paris se fait avec plus de soin et moins d'arbitraire; le ministre de cette partie est rempli de bonnes intentions; il est juste, désintéressé et sévère, sans manquer d'humanité. On a renvoyé les fournisseurs contre-révolutionnaires pour en prendre de patriotes. Sont-ils assez forts, assez incorruptibles, pour résister aux tentations de l'or et aux attraits de la corruption? C'est ce que le temps nous apprendra. Déjà ils se disputent entre eux un lucre éventuel ; ils se reprochent déjà de la mauvaise foi dans les conditions de leur société ; cette conduite est d'un mauvais augure et peut nuire à leur réputation. — On colporte dans les maisons un projet de ne point réélire les membres des législatures précédentes. Les citoyens, qui ne voient dans ces démarches prématurées que les tentatives de l'intrigue et de l'ambition, reçoivent avec indifférence ces avances hypocrites, et attendent les assemblées pour se prononcer. En général, tout annonce que les choix de l'an VI seront bons, et qu'ils seront dirigés par la prudence et la sagesse. Le vœu général des Français est de maintenir la Constitution qu'ils ont acceptée et de n'appeler au Corps législatif que les amis persévérants et sincères de cette Constitution. Ce vœu sera exaucé malgré les efforts des *royalistes-patriotes* et des *patriotes-royalistes*. POULTIER. »

MCCXCI

30 VENTOSE AN VI (20 MARS 1798).

RAPPORT DU BUREAU CENTRAL DU 1ᵉʳ GERMINAL [1].

Esprit public. — Les dispositions politiques de la très grande majorité de citoyens offrent à l'observateur des résultats satisfaisants. Tout annonce le calme, l'amour de l'ordre, la résolution de maintenir la Constitution de l'an III, et ce que l'on a pu recueillir de certitude sur la situation réelle des esprits prouve que c'est dans ces sentiments que le peuple se porte à ses assemblées. Cependant, il est des exceptions affligeantes que l'on juge essentiel de soumettre ici à l'autorité. Autant le véritable patriotisme a hier animé et rendu intéressante, sur tous les points de cette commune, la fête de la Souveraineté du peuple, autant le royalisme a tenté, le soir, de faire jouer ses premiers ressorts dans la majorité des spectacles. On avait vu d'abord, le matin, tant dans le jardin du Palais national que dans le Jardin-Égalité, une vingtaine de jeunes gens, tous habillés à neuf, et tous ayant à leur habit des collets verts ou violets ; cette affectation était plus sensible encore à raison de la solennité. — Le soir, au théâtre de la rue Feydeau, un jeune homme en uniforme se vante, au milieu de toute une galerie, d'avoir abandonné ses drapeaux ; un autre ose prendre avec chaleur la défense de ce déserteur, en présence et malgré les reproches d'un membre de la représentation nationale. Il a été pris aussitôt des renseignements, qui serviront à diriger la surveillance

1. Il n'y a rien sur l'esprit public dans les rapports des 27, 28, 29 et 30 ventôse.

qu'exigent ces dangereux individus. — Au théâtre de l'Odéon, le public a paru animé d'un très mauvais esprit. On apercevait dans le cours de la pièce et dans les entr'actes une sorte de lutte d'opinion. Elle se partageait entre les Horaces et les Curiaces, et ce n'était ni l'esprit ni le patriotisme mâle des Horaces qui avait la préférence dans l'assemblée. Les imprécations contre Rome, les reproches de Curiace à Horace, qui n'obéit qu'à l'amour de la patrie, ont été applaudis dans un sens assez équivoque. — Au théâtre de la Cité, la tenue du public, pendant la représentation du *Combat des Thermopyles* [1], n'a pas été moins scandaleuse; le trait sublime du dévouement de Léonidas a été, pour de mauvais citoyens réunis là comme d'un accord (*sic*), un sujet de risées et de caricatures. La moindre moralité civique était aussitôt parodiée à voix haute par des individus à cadenettes, qui accompagnaient leur ironie de propos obscènes. Un exemple suffira : « Volons à la victoire », dit Léonidas à ses troupes, et *volons* est le mot que ces individus ont répété dans un sens tout à fait dégradant. Si des amis de l'ordre et de la République réclamaient silence et respect, leur voix était couverte par des cris d'*à bas! à la porte!* Cependant, malgré la foule et l'insuffisance de la force, deux de ces dangereux perturbateurs à cadenettes ont été arrêtés et conduits au Bureau central. — On ne peut rien dire sur les improbations manifestes qu'a reçues une petite pièce patriotique au théâtre des Variétés, parce qu'elles ont paru données à la seule composition de l'ouvrage. On est d'autant plus fondé dans cette opinion qu'à un théâtre voisin (l'Ambigu), la pièce de *La Souveraineté du Peuple* [2] a été constamment et unanimement applaudie, et particulièrement dans les passages qui frappaient sur les bons choix à faire aux élections prochaines.....

Le Tellier.

(Arch. nat., BB³ 87.)

Journaux.

Rédacteur du 1ᵉʳ germinal : « *Paris, le 30 ventôse an VI.* La fête consacrée à la Souveraineté du peuple a eu lieu aujourd'hui dans chacune des douze municipalités de Paris avec l'ordre et la décence qui convenaient à la grandeur

---

1. Cette pièce avait été jouée pour la première fois au théâtre de la Cité le 15 thermidor an II (et non le 5 thermidor, comme le dit par erreur le *Courrier des Spectacles* du 1ᵉʳ germinal an VI). Voir le *Moniteur*, réimpression, t. XXI, p. 372.

2. *L'Anniversaire ou la Fête de la Souveraineté*, scène lyrique, mêlée de pantomime, combats, évolutions, par Cuvelier. Voir le *Courrier des Spectacles* du 1ᵉʳ germinal.

de l'objet. Des détachements de la garde nationale sédentaire, réunis à de forts pelotons de troupes de ligne, aux fonctionnaires publics, aux vieillards et aux élèves des écoles primaires, composaient le cortège de chaque arrondissement. Un grand nombre de citoyens, rassemblés sur les places publiques, semblaient témoigner leur regret de ne pouvoir prendre une part plus active à une solennité, à laquelle la nécessité de restreindre le nombre des assistants pour les placer à la portée des orateurs qui devaient prononcer des discours et lire les proclamations du Directoire, n'a pas permis de donner l'éclat d'une fête générale. » — *Rédacteur* du 3 germinal :

HYMNE CHANTÉ A LA FÊTE DE LA SOUVERAINETÉ DU PEUPLE.

LES HÉRAUTS.

Peuple ! c'est aujourd'hui ta fête :
Conquérant de la liberté,
Prépare-toi, grand peuple, avec solennité,
A bien user de ta conquête.

LES MAGISTRATS.

Ils ne sont plus, ces jours honteux,
Où, déployant la verge despotique,
Un maître, jusque dans nos jeux,
Empoisonnait l'allégresse publique.
Ces jeux, peuple français, marquaient avec l'ennui
Ta servitude ou ta démence :
Ceux que nous célébrons signalent aujourd'hui
Et la raison et ta puissance.

LE PEUPLE.

Nous avons de nos premiers droits
Reconquis l'antique héritage ;
Nous en voulons marquer l'usage
Par la sagesse de nos choix.

LES HÉRAUTS.

Peuple ! c'est aujourd'hui ta fête, etc.

LES GUERRIERS.

Pour vous défendre et vous venger,
Abandonnant nos campagnes fertiles,
Français, du joug de l'étranger
Nos bras vainqueurs ont garanti vos villes :
Nos combats, notre sang ont affermi vos droits ;
La paix vient essuyer vos larmes ;
Fils de la liberté, servez-la par vos choix,
Comme vos guerriers par leurs armes.

LE PEUPLE.

Braves soldats, de vos exploits
Nous saurons cimenter l'ouvrage.
Nous admirons votre courage :
Vous allez admirer nos choix.

Les Hérauts.

Peuple ! c'est aujourd'hui ta fête, etc.

Les Vieillards.

Nos fils plus que nous sont heureux ;
La liberté sourit à leur jeunesse,
Cet astre invoqué par nos vœux
Ne s'est montré que dans notre vieillesse.
Il donne à notre hiver les charmes du printemps ;
Et, prêts à fermer la paupière,
Nous n'aurons de regrets, à nos derniers instants,
Que de ne plus voir sa lumière.

Le Peuple.

Sa flamme au moins, vieillards chéris,
Consolez-vous par cette idée,
Sur vos tombeaux sera gardée
Par la sagesse de vos fils.

Les Hérauts.

Peuple ! c'est aujourd'hui ta fête, etc.

Les Notables du peuple.

Amis, nous allons de nos droits
En souverain faire l'auguste usage :
N'oublions pas que dans ses droits
Le souverain doit être le plus sage.
Que les amis du trône et ceux des échafauds
Ne conçoivent plus d'espérance :
Jurons que désormais les rois et les bourreaux
Ne régneront plus sur la France.

Tous ensemble.

Nous le jurons : ciel, entends-nous ;
Que ce cri remplisse la terre !
Nous le jurons par le tonnerre
Dont Londres va sentir les coups.

Par le citoyen Lefèvre.

— *Patriote français* du 2 germinal : « *Paris, 1er germinal.* La fête de la Souveraineté du peuple a été célébrée dans l'arrondissement de chacune des municipalités de cette commune. Nous eussions désiré, pour donner de la pompe à la plus solennelle des fêtes de la République, qu'on eût déterminé un lieu de réunion où tous les citoyens rassemblés auraient offert le spectacle imposant de la majesté du peuple, que nous avons vue avec peine morcelée, dispersée dans chaque arrondissement. Nous n'y avons pas aperçu ce genre de grandeur et de sublimité qui donne de l'éclat aux cérémonies vraiment nationales, vraiment populaires, où tous les cœurs s'électrisent et s'identifient par le charme de la sympathie et la magie du sentiment. Notre observation est d'autant plus juste que nous avons remarqué qu'une foule de citoyens, attirés par un instinct naturel, se sont portés au Champ-de-Mars, où ils croyaient rencontrer tous les acteurs de la fête réunis, formant un faisceau d'amis sous la voûte des cieux, bien plus ravissante, bien plus magnifique que celle des églises, qui n'inspirent ni la gaîté, ni le plaisir, et sous lesquelles on va toujours se nicher pour y célébrer la liberté dont elles ont presque été le tombeau. Et puis toujours des chevaux, des baïonnettes, dans des fêtes où l'on ne devrait voir briller que des fleurs ! Quel est donc l'étroit génie qui commande ces froides et insignifiantes parodies des cérémonies pompeuses que nous n'admirons plus que dans l'histoire ? » — *Clef du Cabinet* du 2 germinal : « *Paris, 1er germinal.* Les détails qui nous parviennent sur la célébration de la fête de la Souveraineté du peuple confirment ce que nous avons dit hier. Dans toutes les municipalités de Paris, des détachements de la garde nationale sédentaire, et de forts pelotons de troupes de ligne, réunis aux fonctionnaires publics, aux vieillards et aux élèves des écoles primaires, composaient le cortège, et grand nombre de citoyens, rassemblés sur les places publiques, semblaient témoigner leur regret de ne pouvoir prendre une part plus active à cette auguste solennité[1]. Les discours des orateurs, les proclamations du Directoire ont été écoutés avec beaucoup de silence ; mais il était difficile que ce fût avec une égale attention. Le gouvernement et les orateurs sentiront un jour que, lorsqu'on parle au peuple, surtout en plein air, il faut être plus laconique, et que l'ennui causé par la longueur du discours, ou par l'impossibilité de l'entendre, nuit beaucoup à l'effet qu'on se propose dans ces républicaines institutions. »

MCCXCII

1er GERMINAL AN VI (21 MARS 1798).

Rapport du bureau central du 2 germinal.

Esprit public. — L'opinion ayant varié suivant les localités, il a paru nécessaire d'en présenter le caractère dans l'ordre suivant. Dans plusieurs cafés des arrondissements de la rive droite de la Seine, on a manifesté des inquiétudes sur la bonté des élections, on a craint que les royalistes n'y fussent dans une proportion supérieure à celle des patriotes. — Il est des cafés environnant le Palais-Égalité où on a gardé un silence presque absolu sur les élections, pour ne s'appliquer qu'à remarquer une hausse considérable dans les denrées depuis la perception du droit de passe et à persuader que les produits des manufactures allaient augmenter dans la même progression. — Dans beaucoup d'autres cafés on n'a pu saisir qu'une apparence d'inquiétude sur les physionomies et quelques mots vagues et sans suite sur les élections. — La plupart des bureaux des assem-

---

1. On voit que la *Clef du Cabinet* emploie les mêmes expressions que le *Rédacteur*, et dans un numéro du même jour.

blées primaires paraissent composés d'hommes sincèrement attachés au gouvernement républicain. Cependant les différences suivantes ont été notées. Des ci-devant nobles et privilégiés ont eu ou de l'influence ou des voix dans la nomination du bureau de l'assemblée séant à l'Oratoire. Il s'est rendu d'abord très peu de monde à l'assemblée primaire de la division de l'Ouest. Sur le tableau des votants de la division de la Place-Vendôme, on a remarqué des noms marqués de petites étoiles, que nombre de personnes annonçaient être des signes de réprobation clandestine. A l'assemblée de la Cité, on a cru voir que des personnes, après l'appel fait sur la liste d'inscription civique, se retiraient avant une prestation de serment de haine à la royauté et à l'anarchie. A la division de l'Arsenal, on a porté à la présidence un citoyen que l'on dit avoir figuré désavantageusement dans les journées de vendémiaire. On craint que cet esprit ne se soit glissé dans l'assemblée de la division de l'Homme-Armé. Les divisions du Faubourg-Montmartre, du Mont-Blanc, Le Peletier, de la Cité, de Bon-Conseil, de Bonne-Nouvelle, de Bondy et du Nord ont paru offrir, dans la composition de leurs bureaux, des présages favorables au choix prochain des électeurs. Une difficulté a suspendu un instant les opérations de l'assemblée primaire de la division des Thermes. — La plus grande tranquillité règne sur tous les points de cette commune.....

Commerce... Pain. — Les marchés ont été bien fournis en pain. Piliers des halles : le blanc s'est vendu de 45 à 50 centimes ; le mi-blanc, de 35 à à 40 ; et le bis de 20 à 30.

Viande. — La viande de boucherie a été assez abondante. Bœuf : en gros, de 15 à 35 centimes ; en détail, de 20 à 40. Veau : en gros, de 30 à 40 ; en détail, de 35 à 60. Mouton : en gros, de 50 à 63 ; en détail, de 50 à 63 [1]...

Le Tellier.

(Arch. nat., BB³ 87.)

Journaux.

Publiciste du 3 germinal : « *Paris, 2 germinal...* Les assemblées primaires de Paris se sont occupées hier de la formation de leurs bureaux. Quelques-unes d'entre elles n'ont pas été fort nombreuses ; mais toutes ont été très paisibles. Il y a beaucoup de personnes qui aiment mieux se donner le triste et inutile plaisir de déclamer d'avance contre des choix qu'ils (*sic*) annoncent (peut-être sans aucun motif), que d'aller concourir par leur présence et par leur suffrage à en assurer la bonté et la sagesse..... »

1. Ces prix ne varient guère dans le mois de germinal an VI. En floréal et en prairial, les rapports cessent de mentionner les prix des denrées.

MCCXCIII

2 GERMINAL AN VI (22 MARS 1798).

RAPPORT DU BUREAU CENTRAL DU 3 GERMINAL.

Esprit public. — La disposition des esprits paraît toujours très favorable au maintien de la République et de la Constitution qui en fait la base. — Les opérations des assemblées primaires ont lieu dans le plus grand calme, et les patriotes sincères n'ont qu'à se louer de la composition de la majorité des bureaux ; du moins partout ils en ont paru satisfaits. Plusieurs assemblées sont déjà sur le point de terminer leurs travaux. A celle séante au ci-devant couvent de la Ville-L'Évêque, on semblait attentif à écarter des choix, et par suite des fonctions publiques, tous ceux dont la tiédeur ou l'exagération pouvaient compromettre la cause de la liberté. — Les amis du gouvernement ont paru être mécontents de la composition des bureaux du IV° arrondissement. — Un citoyen a été noté, dans l'assemblée qui se tenait à la ci-devant église Saint-Roch, pour s'être permis des propos injurieux envers les autorités et les patriotes, auxquels il prodiguait d'odieuses dénominations. — Une légère rumeur a eu lieu dans l'assemblée primaire de la division des Champs-Élysées à l'occasion d'un jeune militaire qui n'avait pour titre d'admission qu'une permission de rester dans ses foyers, accordée par le ministre de la guerre ; il était nommé scrutateur, et l'on paraissait disposé à protester contre cette nomination. — L'esprit des cafés est généralement bon. Il n'en a pas toujours été de même de celui des foyers de spectacles.

Surveillance. — ... On a déposé au poste du Palais-Égalité, et ensuite conduit à l'État-Major, un militaire portant le grade de capitaine de la 28° demi-brigade, lequel injuriait des citoyens en affectant d'appeler tout le monde *Monsieur*.....

LE TELLIER.

(Arch. nat., BB ³ 87, et F⁷, 3840.)

MCCXCIV

3 GERMINAL AN VI (23 MARS 1798).

RAPPORT DU BUREAU CENTRAL DU 4 GERMINAL.

Esprit public. — Il ne perce rien des opinions, en ce moment, qui ne soit favorable à la cause de la liberté. Une partie du public témoigne peut-être de l'inquiétude que des choix ne soient tombés sur des citoyens d'un patriotisme exagéré, mais ces craintes sont loin d'être générales. — Les cafés sont paisibles et très peu fréquentés, au surplus, en ce moment. — Il n'est parvenu sur les assemblées primaires aucun détail et renseignement qui annoncent que la tranquillité publique puisse recevoir la plus légère altération. On a su seulement que quelques assemblées ont été agitées par le refus que l'on a fait d'y recevoir des personnes jugées comprises dans les dispositions des lois des 19 fructidor, 5 et 6 frimaire et 5 ventôse dernier. — Une partie de l'assemblée de la division de l'Unité, séante maison Bouillon, a protesté contre les opérations de l'autre. — Dans la division de l'Ouest, quelques citoyens ont été dans la nécessité de répondre à des dénonciations dont on leur faisait ensuite connaître l'auteur. — Beaucoup d'assemblées primaires ont déjà terminé leurs opérations.

Spectacles. — Le public a été dans un moment de frayeur au théâtre de la citoyenne Montansier, les tours de la troupe des sauteurs ayant fait craindre que la devanture des loges ne cède aux efforts et ne vienne à crouler pour peu qu'elle soit surchargée. Les ordres sont donnés pour constater l'état de solidité de cette salle.....

Le Tellier.

(Arch. nat., BB³ 87, et F⁷, 3840.)

MCCXCV

4 GERMINAL AN VI (24 MARS 1798.)

Journaux.

Publiciste du 5 germinal : « *De Paris, 4 germinal.* La plupart des assemblées primaires de Paris ont déjà nommé leurs électeurs et sont ainsi à la veille de se dissoudre. Nous ne connaissons pas encore les noms de ceux qui ont obtenu les suffrages, pour avoir l'opinion sur l'esprit qui a dirigé ces choix et pour savoir si on a enfin trouvé ce juste milieu sagement recommandé par le Directoire dans sa proclamation. Ce qui est certain, c'est que l'influence qui a dominé dans les assemblées de l'année dernière ne s'est fait sentir en aucune façon dans celles de cette année, du moins à Paris..... »

MCCXCVI

5 GERMINAL AN VI (25 MARS 1798).

Journaux.

Rédacteur du 6 germinal : « *Ministère de l'intérieur. Paris, le 5 germinal an VI*. Le ministre de l'intérieur aux administrations municipales des douze arrondissements du canton de Paris. J'ai été témoin du zèle avec lequel les administrations municipales du canton de Paris ont célébré la fête de la Souveraineté du peuple. Le Directoire exécutif, à qui j'en ai rendu compte, me charge de leur témoigner toute sa satisfaction. Une autre fête, celle de la Jeunesse, appelle l'attention des administrations municipales. L'arrêté du Directoire exécutif, du 19 ventôse an IV, indique quelques moyens d'atteindre le but de cette institution morale. J'invite les administrations municipales à relire ses principales dispositions, à se pénétrer de leur esprit, et à préparer ensuite ces cérémonies aussi simples que touchantes, qui laissent de longs souvenirs dans l'âme des jeunes gens. C'est dans ce jour qu'il faut décerner publiquement des récompenses à ceux qui se seront distingués dans les écoles nationales. Parmi les livres que les administrations peuvent leur distribuer pour prix, je leur indiquerai la *Logique* de Condillac, les *Tropes* de Dumarsais, les *Instructions élémentaires sur la morale*, par le citoyen Bulard et l'*Abrégé de Plutarque* par le citoyen Acher, etc. Mais il faudra récompenser les vertus de préférence aux talents. J'invite donc les administrations municipales à rechercher dans leurs arrondissements respectifs les jeunes gens qui, par quelque belle action, ou par leur sage conduite, ont mérité l'admiration ou l'estime de leurs concitoyens. Que ces vertueux jeunes gens soient couronnés les premiers et désignés à la reconnaissance publique. Je recommande enfin aux administrations municipales de ne rien négliger de tout ce qui leur paraîtra propre à inspirer ou développer dans l'âme de la jeunesse, les vertus et les talents utiles à la patrie. Salut et fraternité, le ministre de l'intérieur, *signé*: Letourneux. »

MCCXCVII

6 GERMINAL AN VI (26 MARS 1798).

Journaux.

Patriote français du 7 germinal : « *Paris, 6 germinal*. En général les sections de Paris, réunies en assemblées primaires, n'étaient pas nombreuses. Il est des hommes qui n'ont pas osé s'y présenter, parce qu'il fallait y faire un serment qui répugne à leurs principes; car les sots ou les entêtés prétendent avoir des principes. Pauvres idiots! Les rois sont-ils donc des dieux, pour n'oser les vouer à une haine éternelle? Regarderiez-vous encore la royauté comme l'image de la majesté divine, quand son retour est impossible? Que vous êtes petits, ou du moins que vous êtes aveugles! Si l'on excepte un petit nombre, où quelques actes de licence ont été commis, ces assemblées ont été tranquilles et sages. On peut donc espérer que les choix qu'on y fera seront conformes aux vœux des amis de la République. On compte parmi les électeurs de Paris : Biauzat, Magendies, administrateur ; Bache, Chérin, Génissieu, Gohier, Marcellin, Pons, Constant, porcelainier ; Oger, commissaire de police de la division du Nord ; Thiérard, sculpteur; Leblanc, Destival, l'un des rédacteurs de l'*Indépendant* ; Troquet, Saunier, Danjou, commissaire du Directoire exécutif près l'administration municipale du V° arrondissement; Denoui, Philidor, Bertin, Brard, Daunou, Mongez, Xavier Audouin. » — *Ami des Lois* du 8 germinal : « Les tribunaux de Paris ont appliqué aux principaux moteurs de la révolte de vendémiaire les lois qui excluent des assemblées primaires les chefs des rebelles ; en conséquence, on a renvoyé plusieurs qui s'étaient déjà emparé des bureaux et qui cherchaient à exciter du trouble. Dans l'assemblée de la rue Nicaise, du 6 au soir, l'archiviste Camus, qui ne veut pas qu'on lui résiste, a été longtemps aux prises avec les deux partis qui divisent cette assemblée, au point qu'on l'en a chassé d'une manière un peu sévère ; il se plaint même de quelques voies de fait, que nous sommes loin d'approuver, mais nous devons aussi remarquer que Camus a le malheur de se croire le premier homme du monde, et qu'il voudrait traiter la République et les républicains comme il traiterait son ménage.... »

MCCXCVIII

8 GERMINAL AN VI (28 MARS 1798).

Journaux.

Rédacteur du 9 germinal : « Arrêté du 8 germinal an VI. Le Directoire exécutif, vu le journal intitulé *Feuille universelle* du 7 germinal an VI, dans lequel après avoir annoncé faussement que « le Directoire exécutif de la République française a fait arrêter vingt et un membres du Conseil des Anciens Cisalpin », l'auteur ajoute : « C'est ici le premier trait par lequel la République française signale son pouvoir sur les Républiques qu'elle a créées autour d'elle, et à qui elle a assuré des droits qui seront, à ce qu'il paraît, toujours subordonnés au droit de conquête, dont elle s'est réservé l'usage. C'est à la France qu'elles doivent leur liberté, c'est à elle qu'elles répondront de toutes leurs démarches. L'esprit du Directoire français les animera toutes : elles seront sous son influence ; libres par nos armes qui leur ont donné l'existence, heureuses par nos lois et notre Constitution, qu'elles ont reçue, pourquoi seraient-elles à l'abri de notre gouvernement ? » Considérant qu'indépendamment de l'ironie indécente qui caractérise particulièrement cette dernière phrase, il est aisé de sentir que l'article dont elle fait partie n'a pu être dicté que par la haine la plus profonde et en même temps la plus perfide de tout ce qui peut concourir aux succès de la République française et à ceux de la liberté en général ; qu'en effet montrer les Français aux nations qui leur doivent leur affranchissement, non comme des libérateurs, mais comme des vainqueurs auxquels elles seront toujours subordonnées, qui toujours exerceront sur elles le droit de conquête; leur dire ainsi qu'elles n'ont fait que de se donner de nouveaux maîtres, c'est non seulement chercher à éteindre en elles tout sentiment d'affection envers la République française, et à troubler l'harmonie qui existe entre elles, mais encore exciter les mécontents qui peuvent exister dans les Républiques cisalpine et romaine à s'emparer de ces idées pour contre-révolutionner les esprits; considérant que, dans l'article ci-dessus, on affecte insidieusement de confondre l'état actuel de la composition des autorités cisalpines, qui est l'ouvrage d'agents du gouvernement français, sujette à confirmation, avec celle qui sera faite par le peuple; considérant qu'il importe à la loyauté française qu'une calomnie aussi audacieuse soit promptement réprimée; en vertu de l'article 35 de la loi du 19 fructidor an V, arrête que le journal ci-dessus désigné est prohibé et que les scellés seront apposés sur les presses servant à l'imprimer. Le ministre de la police générale est chargé de l'exécution du présent arrêté. *Signé*, Merlin, président; Lagarde, secrétaire général [1]. » — *Clef du Cabinet* du 9 germinal : « *Paris, le 8 germinal.* Si, dans quelques assemblées primaires de Paris, les partisans du code anarchique de 93 ont cabalé pour se faire nommer électeurs, dans plusieurs autres les esclaves de Louis XVIII ont tout tenté sur les défenseurs de la Constitution de 93 ; telle a été l'assemblée tenue au collège Égalité. Mais toutes leurs intrigues ont été déjouées par les républicains aussi prononcés que sages, que le civisme leur avait opposés. Le citoyen Lesieur, économe de cette maison, patriote excellent, Dupuis, l'ex-conventionnel, auteur de l'*Origine des cultes*, et Sérieys, bibliothécaire du collège, connu par la pureté de ses principes depuis les premiers jours de la liberté, ayant eu tous trois les honneurs de la réaction royale, ont obtenu les suffrages ; il n'a resté aux suppôts du royalisme que la honte d'une défaite d'autant plus heureuse, qu'elle n'a été marquée par aucun trouble, quoi qu'en ait osé dire un homme apparemment mal instruit. »

MCCXCIX

10 GERMINAL AN VI (30 MARS 1798).

Rapport du bureau central du 11 germinal [2].

Esprit public. — La société théophilanthropique, séante dans la ci-devant église Thomas d'Aquin, a eu lieu avec la tranquillité ordi-

---

1. Dans le registre du Directoire (AF III *, 11), cet arrêté est résumé en quelques lignes.
2. Il n'y a rien sur l'esprit public dans les rapports des 5, 6, 7, 8, 9 et 10 germinal an VI.

naire. Après l'exercice du culte, l'administration municipale s'est rendue, accompagnée du cortège, au temple des philanthropes (sic), où s'est célébrée la fête de la Jeunesse. Il fut prononcé divers discours à ce sujet, suivis de plusieurs hymnes patriotiques. Ensuite il fut procédé à la distribution de deux prix aux jeunes citoyens et citoyennes, dont la plus jeune a huit ans. Des cartes de citoyens ont été données aux jeunes gens qui avaient atteint l'âge de vingt et un ans. Cette cérémonie s'est faite aux acclamations de *Vive la République !* Le discours du président, tendant à engager les pères et mères d'envoyer leurs enfants aux écoles primaires à l'effet d'y puiser les principes d'un vrai républicain, a été généralement approuvé. La décence et le plus grand ordre ont régné pendant la durée de cette fête. Dans les autres arrondissements, pareille cérémonie a eu lieu avec le même ordre. Au temple du ci-devant Saint-Laurent, un particulier a voulu troubler la fête par d'indécentes ironies ; il a été arrêté et conduit à la Force.

Spectacles. — Les spectacles et autres lieux publics ont joui de la plus parfaite tranquillité.....

Cousin.

(Arch. nat., BB [3] 87.)

Journaux.

Ami des Lois du 16 germinal : « ... Le 10 germinal, dans un café du Palais-Égalité, deux jeunes gens, costumés *comme il faut*, se gendarmaient contre le 18 fructidor ; un commissaire des guerres d'environ quarante ans, le visage coloré, les cheveux blancs, voulut mettre un terme à leurs imprécations ; ils le traitèrent de mouchard : il les fit sortir, on s'expliqua..... ; il en résulta une promenade au bois de Boulogne, où l'un des jeunes gens fut blessé grièvement et laissé pour mort. Nous prévenons le commissaire des guerres, qui peut avoir des inquiétudes sur cette affaire malheureuse, que son adversaire est hors de danger, et qu'il désire lui témoigner ses regrets sur les suites de son inconséquence et de son étourderie. » — *Clef du Cabinet* du 12 germinal : « *Paris, 11 germinal.* La fête de la Jeunesse a été célébrée hier, dans les différentes municipalités de Paris, avec beaucoup de décence, et les distributions des prix qui y ont été faites ont excité, surtout au temple de Saint-Sulpice, un enthousiasme général..... — *Publiciste* du 11 germinal : « On assure que Buonaparte doit se mettre en route dans cinq ou six jours pour une partie ignorée de nos côtes. Ce qui étonnera, c'est que quelques personnes prétendent que ce pourrait être pour les côtes de la Méditerranée, pour Toulon même. Quelque peu vraisemblable que soit cette conjecture, il paraît certain que des généraux se sont rendus en toute diligence à Toulon ; que des préparatifs maritimes ont été faits dans ce port avec une grande activité ; que dix mille hommes de troupes y sont ou sont à la veille d'y arriver, et on les dit destinés à un embarquement. Nous ignorons ce qu'il faut penser du bruit d'une expédition en Égypte avec le consentement même du Grand Seigneur, que l'on débarrasserait ainsi de quelques pachas indociles, et auquel, à cette condition, on garantirait le reste de ses États. Nous ignorons jusqu'à quel point on peut avoir conçu l'espoir de s'approcher ainsi des Indes et d'y attaquer la puissance anglaise. Nous ignorons quel peut être l'objet du voyage d'une cinquantaine de savants que le gouvernement fait partir avec une grande quantité d'instruments de tout genre et pour des recherches et pour une destination éloignée, qu'on semble leur cacher à eux-mêmes. Nous ignorons pourquoi les uns s'embarquent à Toulon, les autres à Bordeaux. Mais nous savons que les têtes fermentent de toutes parts ; que les imaginations les plus actives semblent avoir résolu le problème du mouvement perpétuel ; que les projets succèdent aux projets ; que, si les moyens changent quelquefois, le but n'est jamais abandonné ; et nous avons appris par une assez constante expérience à ne plus mettre au nombre des fables les desseins les plus gigantesques et les plus extraordinaires en apparence. La flotte espagnole doit-elle entrer aussi pour quelque chose dans nos projets, ou vers la Méditerranée ou contre l'Angleterre ? Les feuilles demi-officielles annoncent qu'elle est encore une fois à la veille de sortir de Cadix...... »

MCCC

11 GERMINAL AN VI (31 MARS 1798).

JOURNAUX.

Rédacteur du 12 germinal : « Le ministre de la police générale au Bureau central du canton de Paris. Je suis informé, citoyens, que des agitateurs portent de nouveau le trouble dans les spectacles, en demandant à grands cris et avec opiniâtreté l'exécution de symphonies, airs ou danses non annoncés dans les affiches. Vous devez sentir combien il est nécessaire d'arrêter une pareille licence, dont les effets seraient de transformer les salles de spectacles en des arènes où présiderait la discorde, et où chaque parti luttant d'opinion et de volonté, celui qui dominerait ferait, en signe de victoire, sonner les airs qu'il croirait propres à signaler son triomphe et à échauffer les passions qui lui sont favorables. Mais quand même il ne résulterait pas d'inconvénients aussi graves pour l'ordre public, de la conduite de ces petits dominateurs de spectacles ; quand le caprice plutôt que la malveillance et la passion les exciterait, on ne doit pas les tolérer davantage et souffrir que les spectateurs paisibles, qui sont venus, attirés par l'affiche, soient troublés dans leurs délassements, et, après avoir été longtemps fatigués de clameurs, soient contraints d'entendre ou de voir ce qu'il plaît à quelques turbulents de demander. Enfin, il serait injuste de rendre responsables les directeurs et artistes des théâtres des effets de leur obéissance, lorsqu'elle ne peut être considérée que comme arrachée par la violence, et donnée à la crainte de voir naître des agitations préjudiciables à leurs intérêts. Il faut donc, au lieu de les laisser paisiblement en butte aux cris des agitateurs infatigables, que l'autorité publique intervienne, et qu'à sa voix les agitations cessent et que ceux qui les perpétueraient soient arrêtés. Le temps n'est plus où des despotes adroits laissaient le public presque maître absolu au parterre et lui abandonnaient, pour ainsi dire, les acteurs pour jouets de tous ses caprices. Aux yeux du gouvernement républicain, les spectacles sont des lieux où les citoyens rassemblés, en quelque nombre que ce soit, n'ont d'autres droits sur les acteurs que ceux qui résultent naturellement du marché qui se fait entre eux. Les spectateurs ont droit d'exiger la représentation qui leur est annoncée; ils ont le droit de juger et la pièce et l'acteur, mais ils ne peuvent exiger rien au delà. Les acteurs et les musiciens ne sont point à leurs ordres; et si le magistrat doit veiller à ce que ceux-ci remplissent fidèlement et avec décence et exactitude les obligations qu'ils ont contractées envers le public, il doit les délivrer du joug, aussi injurieux qu'il est oppressif, de chanter, danser ou jouer même ce qu'il plairait à toute l'assemblée d'exiger. Après les devoirs de la scène remplis, les artistes sont des citoyens libres de leurs actions et de leurs volontés; ils rentrent dans la classe commune; et la jouissance de ce droit, que nul ne peut être contraint de faire ce que la loi n'ordonne pas, doit être leur garantie. Quelques-uns, à la vérité, ingrats envers la Révolution, ont méconnu ses bienfaits, et laissent peut-être même échapper des regrets vers un régime qui les dégradait entièrement; mais cet aveuglement ou cette lâcheté n'est pas un motif de méconnaître les droits de tous, et de ne pas empêcher qu'il ne soit attenté, en leur personne, à l'indépendance et à la dignité des hommes libres. Vous voudrez bien, par toutes ces considérations, publier de nouveau les dispositions de l'arrêté des Comités de salut public et de sûreté générale, du 27 messidor an III [1], et en maintenir soigneusement l'exécution. Le ministre de la police générale, *signé* : DONDEAU. » — *Publiciste* du 12 germinal : « *Paris, le 11 germinal.* — Le Directoire exécutif est extrêmement occupé des élections; il paraît résolu à déployer contre la faction sanguinaire, qui avait conçu l'espoir de s'en emparer, l'énergie qu'il a toujours montrée contre les royalistes et les contre-révolutionnaires. Il a passé une partie de l'avant-dernière nuit en délibération, et on assure que, peu après la levée de sa séance, un grand nombre de courriers est parti pour différents départements. C'est en vain que les hommes signalés par des excès dans les divers partis, qui, sous quelque nom et sous quelque bannière que ce soit, ont déchiré et ensanglanté la France, se mettraient sur les rangs ou parviendraient même à se faire nommer par quelques corps électoraux : ils ne seront point reçus, et les départements qui les auront choisis resteront sans députés. Une telle détermination n'est plus douteuse; elle est irrévocablement prise et même hautement annoncée, comme on l'a vu dans la proclamation du Directoire exécutif que nous avons imprimée hier. Cette proclamation, qui a dissipé beaucoup d'alarmes, est critiquée par les rédacteurs du *Journal des hommes libres* et de l'*Ami de la patrie*. — On remarque que les fonds publics avaient éprouvé une altération sensible, et que le tiers consolidé des rentes avait beaucoup baissé depuis quelques jours..... »

---

1. On trouvera cet arrêté aux Arch. nat., AF II, 67. — Voir plus loin l'arrêté du Bureau central du 1er prairial an VI.

MCCCI

12 GERMINAL AN VI (1er AVRIL 1798).

JOURNAUX.

Rédacteur du 14 germinal : « *Directoire exécutif. Arrêté du 12 germinal an VI*. Le Directoire exécutif arrête que la nomination du citoyen Baudin à la place de commissaire du pouvoir exécutif près le Bureau central du canton de Paris est révoquée. Les ministres de l'intérieur et de la police générale sont chargés de l'exécution du présent arrêté. » — *Autre arrêté du 12 germinal an VI*. « Le Directoire exécutif arrête que le citoyen Picquenard, homme de lettres, demeurant rue Honoré, n° 1499, est nommé commissaire du pouvoir exécutif près le Bureau central du canton de Paris, en remplacement du citoyen Baudin. Les ministres de l'intérieur et de la police générale sont chargés de l'exécution du présent arrêté. *Signé:* MERLIN, président; LAGARDE, secrétaire général. » — *Journal des hommes libres* du 13 germinal : « *Paris, 12 germinal*. Les rues où il y a des églises sont obstruées par une foule de fainéants qui vendent des rameaux et de nigauds qui en achètent. Que les prêtres disent encore qu'ils respectent les lois, eux qui souffrent que l'on colporte hors de l'enceinte, d'où ils ne devraient pas sortir, les signes du culte catholique, apostolique et romain ! Fanatisme ! depuis quelques jours tu relèves bien audacieusement la tête ! » — *Ami des Lois* du 13 germinal : « Le traité passé entre les comédiens de Feydeau et ceux du théâtre de la République reçoit aujourd'hui son exécution, à la grande satisfaction de tous les amateurs. Talma, Monvel, Grandménil, Baptiste ainé, Dugazon, Michot, les citoyennes Vestris et Petit, se sont réunis au théâtre Feydeau, où ils joueront jusqu'à ce que le théâtre de la République ait été réparé pour les recevoir. »

MCCCII

13 GERMINAL AN VI (2 AVRIL 1798).

RAPPORT DU BUREAU CENTRAL DU 14 GERMINAL[1].

Lieux publics. — Les cafés et autres lieux de réunion continuent à jouir d'une parfaite tranquillité et n'ont offert, depuis quelques jours, aucune particularité qui méritât une observation particulière.

Spectacles. — Il règne dans les spectacles autant de décence que de tranquillité ; les représentations d'hier ont donné à l'opinion peu

---

1. Il n'y a rien sur l'esprit public dans les rapports des 12 et 13 germinal.

d'occasion de se manifester; seulement il y a eu des applaudissements prolongés avec affectation à ce passage du *Vieux Château*, au théâtre de la rue Feydeau : « Les scélérats ont une physionomie qui les fait aisément reconnaître. » L'ordre n'a nullement souffert de cet incident.....

COUSIN.

(Arch. nat., BB³ 87.)

JOURNAUX.

Ami des Lois du 14 germinal : «... Rœderer, en parlant de la nudité des femmes qui, à Paris surtout, ont adopté des vêtements tels que, non seulement leurs formes, mais encore leurs couleurs, sont livrées à tous les yeux, dit qu'elles ont voulu risquer jusqu'à leur existence, depuis qu'elles ont vu leur domination s'évanouir en France avec la monarchie; elles n'ont pas voulu du modeste bonheur d'une Américaine, d'une Suisse, d'une Genevoise; elles ont fait, pour regagner tout ce qu'elles avaient perdu, un *va-tout*, où elles ont mis jusqu'à leur santé; et il sera bientôt perdu. »

MCCCIII

14 GERMINAL AN VI (3 AVRIL 1798).

RAPPORT DU BUREAU CENTRAL DU 15 GERMINAL.

Surveillance. — ...Les nommés Moreau, Lefèvre, Giard, Papu et les nommées Divine et Despion, colportant des imprimés qu'ils annonçaient sous le titre d'*Ordre donné par le Directoire au général Buonaparte de partir sur-le-champ* et de dénonciation contre le même et contre les citoyens Barras, Merlin et Reubell, ont été arrêtés et amenés au Bureau central.....

L. MILLY [1].

(Arch. nat., BB³ 87.)

1. Milly, commissaire du Directoire près la municipalité du VII° arrondissement de Paris, avait été nommé membre du Bureau central à la place de Le Tellier. Nous n'avons pas retrouvé l'arrêté du Directoire relatif à cette nomination; mais cet arrêté est mentionné dans l'*Ami des Lois* du 20 germinal an VI et dans le *Moniteur* du 21 germinal.

MCCCIV

15 GERMINAL AN VI (4 AVRIL 1798).

JOURNAUX.

Clef du Cabinet du 3 floréal : « *Séance publique de l'Institut du 15 germinal an VI.* Lorsqu'à cinq heures précises du soir, les membres de l'Institut descendirent, défilèrent et prirent place, on entendit plusieurs voix qui disaient : « Il n'y est point, il est parti ; il est arrivé, il est en Angleterre. » Ce fut au bout de trois quarts d'heure qu'un jeune homme vêtu, coiffé très simplement, ayant traversé le milieu de la salle avec rapidité, et s'étant assis où et comme il put, parmi ses confrères de la première classe, on reconnut en lui Bonaparte. Alors un murmure flatteur s'éleva : « C'est lui, le voilà, c'est lui. » On n'en dit pas davantage. A son exemple, on ne fit aucun bruit. Mais bientôt cette phrase du citoyen Andrieux : « Aucun héros de l'antiquité n'a fait si « jeune de si grandes choses, ni montré autant de modestie après les avoir « faites. » Ce peu de mots délia les langues, les bras, les mains. Trois fois de suite on applaudit avec transport. Les dames ont cessé tard. Pour lui il ne rougit pas, il ne pâlit point : il ne fit voir ni orgueil ni trouble, toujours impassible au milieu des acclamations louangeuses, des cris de la censure et du fracas des batteries tonnantes. Après la séance on se précipita sur son passage. On se répandit autour de lui. Il répondit au citoyen Delambre, qui ne le croyait plus à Paris : « J'y suis, pour dîner demain avec vous, si vous « le voulez. » Et au citoyen David il ne dit que ces paroles : « Eh bien ? » A quoi la réponse du citoyen David fut un signe de tête tout à la fois poli, reconnaissant et négatif, et Bonaparte répliqua : « Le Poussin ne veut donc « point être aussi Parrocel. » Je demandai au célèbre artiste ce que signifiaient ces énigmes : « C'est, dit-il, que Bonaparte me presse de l'accompagner dans « son expédition, où il croit que les événements de la guerre, quels qu'ils soient, « pourront exercer mon pinceau, et je brûle de le suivre, et ma famille et mes « amis s'y opposent à cause de ma santé, qui est faible, et puis je ne veux aller « en Angleterre que pour m'y battre. » Cependant le général, comblé de vœux, de témoignages touchants d'admiration, de confiance sans bornes, de joie anticipée, a fait sa retraite, non sans obstacles et sans efforts. Il était cerné de toutes parts. Il a eu bien de la peine à percer ces bataillons amis..... »

MCCCV

16 GERMINAL AN VI (5 AVRIL 1798).

RAPPORT DU BUREAU CENTRAL DU 17 GERMINAL.

Esprit public. — Il est quelques murmures dans la classe des rentiers relativement aux difficultés qu'ils éprouvent à payer le montant de leur contribution somptuaire et mobilière. — On entend également des plaintes parmi les ouvriers au sujet du renchérissement du savon, renchérissement qu'ils attribuent à quelques accaparements secrets. — Des plaintes d'une autre nature ont été quelquefois recueillies de la part de plusieurs citoyens, qui disaient que les patriotes étaient en défaveur auprès du gouvernement; il perçait à travers ces discours un véritable caractère d'exaspération, et il était ordinaire de voir ceux qui les tenaient observer un profond silence et même se retirer, lorsque l'on soutenait à leur égard une opinion différente. — Le bruit a couru hier, dans le Jardin national, que nombre d'électeurs avaient été arrêtés par ordre du ministre de la police générale, bruit que l'on aurait été tenté d'attribuer aux mêmes qui semblaient faire au gouvernement un reproche de tiédeur envers les patriotes. — Tous les arrondissements de cette commune, au surplus, jouissent à l'extérieur et au fond de la plus grande tranquillité. — Les spectacles ont tous été paisibles ; l'on n'y a remarqué aucune particularité, sinon que différents passages, qui avaient été omis de *La Maison isolée* depuis quelque temps, ont été remis dans les rôles, circonstance qui a paru leur donner un nouvel intérêt.....

COUSIN.

(Arch. nat., BB³ 87.)

JOURNAUX.

Publiciste du 17 germinal : « *Paris, 16 germinal...* Le citoyen Picquenard, nommé par le Directoire commissaire auprès du Bureau central[1], rédigeait un journal nommé *le Pacificateur*..... »

MCCCVI

17 GERMINAL AN VI (6 AVRIL 1798).

JOURNAUX.

Publiciste du 18 germinal : « *Paris, 17 germinal...* Les promenades e les courses de Longchamp, au bois de Boulogne, ont eu lieu, suivant l'usage, ces jours derniers. L'affluence y a été très nombreuse. La richesse de la parure, la beauté des chevaux et l'éclat des voitures y ont été déployés comme dans les années précédentes. La police, sans gêner en aucune manière le public, avait pris les mesures les mieux combinées pour faciliter le départ et le retour, et pour prévenir toute espèce de désordre...... »

1. Voir plus haut, p. 594.

MCCCVII

18 GERMINAL AN VI (7 AVRIL 1798).

RAPPORT DU BUREAU CENTRAL DU 19 GERMINAL.

Esprit public. — Le calme est général, et l'opinion s'améliore sensiblement, car on ne peut noter que comme une opinion locale celle de quelques individus sans civisme qui prennent à tâche d'assimiler les cercles constitutionnels aux réunions clandestines. — Il est parlé dans le public d'un abus qui existe dans la perception du droit de passe, des employés donnant, dit-on, matière à de mauvaises conjectures en mettant dans leur poche les droits qu'ils reçoivent, au lieu de les déposer sur-le-champ dans une caisse. — Il est encore un abus à relever, si l'on en juge par les propos indiscrets de plusieurs jeunes gens. On peut, à les entendre, circuler librement sans passeport dans toute la République, en réclamant d'un commissaire des guerres une feuille de route pour remplacer celle que l'on est censé avoir perdue, en faire autant à une certaine distance, et voyager ainsi pendant trois mois à l'abri de toute surveillance en obtenant de plus 3 [sols] par lieue. — Quantité de marchands sont d'une telle cupidité, qu'ils exigent dans les décomptes 2 centimes pour 1 liard, en sorte qu'ils bénéficient d'un sixième sur la valeur du sou. Ce monopole [a] l'inconvénient très grave d'inspirer à l'ouvrier, qui perd ce sixième, du mépris pour le système monétaire actuel, et pour le calcul décimal qui en fait la base.

Mœurs. — L'activité des mesures employées pour la répression de la prostitution a arrêté ce fléau dans son cours ; la voie publique est presque entièrement purgée, et l'effroi poursuit le libertinage jusque dans les repaires. Cette surveillance ne perdra rien de son activité.

Spectacles. — Tous ont joui d'une parfaite tranquillité, le seul théâtre d'Émulation excepté. On y donnait pour spectacle la première représentation des *Pénitents noirs* [1], pièce qui offre toutes les monstruosités et tous les tableaux effrayants de crimes dont sont remplis les romans anglais, répandus depuis quelque temps avec profusion dans la société. La morale, dans ces pantomimes, se trouve

---

1. *L'Italien ou le Confessionnal des Pénitents noirs*, pièce en cinq actes à grand spectacle. « L'auteur, dit le *Courrier des Spectacles* du 20 germinal, a été faiblement demandé, et n'a pas été nommé. »

entièrement étouffée sous l'amas de toutes les invraisemblances que peut enfanter l'imagination. La pièce dont il s'agit était dans ce mauvais goût, et le public, dès le premier acte, s'est livré aux plus violents murmures. La toile a été baissée et levée plusieurs fois dans le cours des actes, et des individus turbulents ont profité de cette circonstance pour ajouter le scandale au mécontentement ; le plus apparent de tous a été arrêté ; le calme s'est bientôt rétabli, et cet incident n'a eu aucune suite fâcheuse.....

Cousin.

(Arch. nat., BB.³ 87.)

Journaux.

Publiciste du 19 germinal : « *Paris, 18 germinal.* C'est, comme on sait, le 21 de ce mois que s'ouvrent les assemblées électorales, et elles doivent avoir terminé leurs opérations en dix jours au plus tard. Quelques-unes d'entre elles pourront être orageuses à cause du grand nombre de scissions sur lesquelles elles auront à prononcer. L'administration centrale de la Seine vient d'indiquer l'ancienne église de l'Oratoire, rue Honoré, pour la réunion des électeurs de Paris. On publie qu'une quarantaine de ces électeurs se son déjà rassemblés et ont formé une liste de candidats pour la députation de Paris, qui a seize députés à nommer cette année. Le vœu d'un grand nombre d'électeurs paraît être de nommer Buonaparte premier député de ce département. On est à peu près sûr qu'il ne pourrait accepter, parce que des travaux plus importants encore l'appellent et l'occupent déjà tout entier. Mais ce serait un juste hommage rendu par la commune de Paris au prodige de ce siècle..... »

MCCCVIII

19 GERMINAL AN VI (8 AVRIL 1798).

Journaux.

Patriote français du 20 germinal : « *Paris, 19 germinal...* La canne dont se servait journellement le pape, à Rome, vient d'arriver à Paris. Elle est d'un seul et très beau morceau d'écaille. Sur la paume est une aventurine entourée de petites couronnes d'or. Si c'est avec cet appui que se soutenait sa défaillante Sainteté, elle pourra bien tout à fait trébucher, à moins qu'elle ne prenne le bâton noueux des apôtres. Tous ces grands, portant de petits ou de gros bâtons, ont toujours frappé sur le dos ou rompu les os du pauvre genre humain..... »

MCCCIX

20 GERMINAL AN VI (9 AVRIL 1798).

RAPPORT DU BUREAU CENTRAL DU 21 GERMINAL.

Esprit public. — Le plus grand calme règne dans les esprits. L'opinion se soutient dans ce juste milieu qui peut seul garantir le maintien de la Constitution. Elle se prononce de plus en plus pour les fonctions de législateur en faveur des citoyens dont les principes sont aussi redoutables aux partisans du royalisme qu'à ceux de l'anarchie, et cet esprit de modération et de fermeté, qui se tient éloigné de tous les extrêmes, gagne chaque jour des amis sincères de la République. — Il s'est formé, le soir de ces deux jours, quelques groupes au Jardin-Égalité, mais ils n'étaient composés que d'agioteurs, qui se dissipèrent bientôt d'eux-mêmes. — L'esprit des cafés s'est également beaucoup amélioré ; il règne une nullité apparente d'opinions dans ceux qui sont fidèlement fréquentés par les partisans du trône, et l'on n'y apercevait plus aujourd'hui cet air de triomphe que, dans le premier moment, ont affecté quelques-uns de ces individus qui osaient interpréter à leur profit la proclamation du Directoire.

Culte. — Le culte des théophilanthropes a eu lieu avec le calme et la décence accoutumés. — L'affluence a été considérable, ces deux jours, dans les temples catholiques ; le nombre des hommes et des enfants mâles n'y était pas à beaucoup près en proportion avec celui des femmes et des jeunes filles. Le zèle pour le catholicisme a paru plus sensible dans les onzième et douzième arrondissements. On peut donner ce zèle pour prétexte à un certain nombre de marchands qui sont constants à fermer leurs comptoirs les jours correspondant aux fêtes de l'ancien calendrier. — L'opinion commence à se prononcer pour l'observation complète et générale du nouveau style, seul, dans tous les usages de la vie civile et politique. — On observe que les ateliers mis en œuvre par le gouvernement ont été garnis d'ouvriers, le 9 de la décade dernière.

Placards. — Il paraît en ce moment trois placards sur papier blanc avec noms d'imprimeurs. L'un a pour titre : *Sur quelques électeurs ;* on y signale quelques circonstances sur la conduite d'hommes notés dans cet écrit comme exagérés, dangereux et indignes des suffrages de la masse saine des électeurs. Dans l'autre, intitulé : *Entrevue des meneurs formant la queue de Babeuf*, on y dénonce une réunion que l'on dit avoir eu lieu à Montreuil, près Versailles, et avoir été composée de partisans de l'anarchie, agitant entre eux les moyens de renverser le gouvernement. Et le troisième, répandu avec profusion, contient des plaintes et des injures graves faites par le citoyen Jorry, électeur, à l'égard du citoyen Talleyrand, ministre; cet imprimé est en forme de lettre adressée au *Journal des hommes libres* [1]. — Un assez grand nombre de conducteurs de voitures de place négligeaient de porter la cocarde nationale : il leur a été recommandé de ne plus se permettre un pareil oubli.

Mœurs. — Telle a été la surveillance exercée sur les femmes faisant le vil métier de la prostitution, que, depuis le 12 germinal, il en a été arrêté et conduit au Bureau central cent trente-huit, y compris vingt-deux arrêtées hier. Aussi le scandale commence-t-il à disparaître de la voie publique.

Spectacles. — Ils ont joui de la plus grande tranquillité et n'ont offert aucune particularité remarquable.

Surveillance. — ... Le nommé Denoël, prote imprimeur, chez lequel il a été trouvé une épreuve contre-révolutionnaire, a été arrêté. ... Des ouvriers se sont rassemblés dans l'île Louviers et s'y sont plaints entre eux de ne pas gagner assez : ont été amenés au Bureau central.....

LESSORE.

(Arch. nat., BB³ 87.)

JOURNAUX.

Journal des hommes libres du 21 germinal : « Les murs de Paris sont couverts de placards aussi infâmes que platement et atrocement calomnieux contre certains électeurs, et jusqu'à la porte du ministre de la police générale en est salie. Quel est donc ce système de diffamation immédiate du souverain? Croit-on ébranler leur conscience? Non, le corps électoral sera ferme; les vociférations des amis des rois ne lui en imposeront pas; il nommera des républicains énergiques. Et vous, ministre de la police, ne souffrez pas plus longtemps que la basse calomnie soit sous la garde de vos factionnaires. Les écrits que nous vous dénonçons ne portent pas de signatures. C'est à vous à faire rechercher leurs lâches auteurs; vous le devez à vous-même, à la loi, aux patriotes; vous le devez surtout à l'Assemblée électorale. »

1. Sur cette querelle de l'adjudant général Jorry avec Talleyrand, voir le *Journal des hommes libres*, et une réponse à ses placards dans le *Moniteur* du 4 floréal an VI.

MCCCX

21 GERMINAL AN VI (10 AVRIL 1798).

JOURNAUX.

Publiciste du 22 germinal : « *Paris, 21 germinal...* Les murs de Paris sont couverts de placards contre une partie des électeurs, auxquels on suppose des désirs ou des chances d'être députés. Cette méthode de diffamation se reproduit chaque année, à l'approche des élections; et chaque parti s'en plaint ou y applaudit, suivant que ces affiches, presque toutes anonymes, sans nom d'imprimerie, et par conséquent illégales, sont dirigées contre ses amis ou ses ennemis.... »

MCCCXI

22 GERMINAL AN VI (11 AVRIL 1798).

RAPPORT DU BUREAU CENTRAL DU 23 GERMINAL.

Surveillance. — ... Arrestation de Lalain, libraire, chez lequel il a été trouvé un ouvrage prohibé...

LESSORE.

(Arch. nat., BB³ 87.)

SÉANCE DU DIRECTOIRE DU 22 GERMINAL.

Le ministre de la police générale, pour satisfaire à l'invitation que le Directoire lui a faite par une lettre du 21 de ce mois, fait un rapport sur l'esprit dans lequel sont rédigées les feuilles intitulées le *Journal des hommes libres* et *l'Ami de la patrie*. Il établit que ces feuilles sont les échos habituels d'une faction désorganisatrice, qu'ils (*sic*) tendent de concert à égarer l'opinion, soit en déversant la calomnie et des doutes perfides sur les intentions et les travaux du Corps législatif et du gouvernement, et sur les fonctionnaires publics, les plus républicains, les plus irréprochables, soit en appelant la confiance sur des individus justement repoussés par l'opinion publique, et dont les efforts ne tendent qu'à entretenir l'esprit de division et de discorde parmi les citoyens. Sur sa proposition, le Directoire, en vertu de la loi du 19 fructidor dernier, arrête que lesdits journaux sont prohibés et que le scellé sera apposé sur les presses servant à les imprimer.

(Arch. nat., A F* III, 11, et *Rédacteur* du 25 germinal an VI.)

MCCCXII

23 GERMINAL AN VI (12 AVRIL 1798).

RAPPORT DU BUREAU CENTRAL DU 24 GERMINAL.

Esprit public. — Il paraît aujourd'hui deux nouvelles affiches. Dans l'une, le citoyen Jorry expose, dans des termes plus circonspects et sans personnalités, les motifs qui l'ont déterminé à déposer entre les mains du citoyen Hanoteau, juge de paix[1], une somme de 2,400 livres qui lui avait été comptée par ordre du gouvernement. Dans la seconde, ayant pour titre *Bulletin de l'Assemblée électorale*, sortie des presses de Bouttier, rue du Faubourg Denis, l'auteur établit sous l'anonyme, et avec beaucoup de hardiesse, la balance des différents partis qu'il voit se prononcer dans l'Assemblée ; il y présage une scission inévitable ; il la croit même nécessaire pour qu'on puisse reconnaître les hommes exaltés qu'il faudrait écarter de la Législature et en désigne plusieurs nominativement.....

COUSIN.

(Arch. nat., BB³ 87.)

JOURNAUX.

Patriote français du 24 germinal : « *Paris, 23 germinal...* L'Institut a donné, pour sujet du prix de peinture, le combat des Horaces et des Curiaces..... »

MCCCXIII

24 GERMINAL AN VI (13 AVRIL 1798).

RAPPORT DU BUREAU CENTRAL DU 25 GERMINAL.

Esprit public. — Il paraît deux nouvelles affiches : l'une du citoyen Félix Le Peletier, qui se plaint des imputations dirigées contre lui dans un placard, qu'il dit avoir été affiché par des ordres supé-

---

1. Hanoteau était juge de paix de la division du Mail. Voir l'Almanach national de l'an VI, p. 363.

rieurs dans la commune de Versailles ; l'autre, de l'imprimerie des frères Constant, rue du Temple, a pour titre : *Preuves que les royalistes, les anarchistes et les amis de la Constitution de 1795 sont également dirigés [par la cour de Blankenbourg.* C'est un cadre assez étendu, dans lequel l'auteur anonyme a réuni plusieurs pièces trouvées dans le portefeuille de Durand-Maillane, et qui tendent toutes à convaincre le public de la vérité du titre. — Les spectacles et autres lieux publics ont joui d'une parfaite tranquillité.

Surveillance. — ... Le nommé Lamotte et sa femme, lesquels chantaient la chanson de *l'Enfant du Malheur*, ont été arrêtés et conduits au poste du Boulevard du Temple. Le nommé Boulland, prévenu du même fait, a été conduit au Bureau central..... Le citoyen Le Franc, trouvé sous le costume d'officier de l'ancien régime, habit blanc, dans un bal, a été amené au Bureau central avec la citoyenne Hulin, maîtresse dudit bal, laquelle n'a pu justifier de permission.....

COUSIN.

(Arch. nat., BB³ 87.)

MCCCXIV

25 GERMINAL AN VI (14 AVRIL 1798).

RAPPORT DU BUREAU CENTRAL DU 26 GERMINAL.

Esprit public. — On gémit en général de voir des débats trop prolongés, et surtout des personnalités, absorber à l'Assemblée électorale une partie du temps nécessaire aux nominations [1]. Il s'est formé autour du lieu des séances plusieurs groupes occupés de différentes conjectures. Tantôt il était question d'un paquet que l'on disait avoir été remis cacheté au président, et que l'on donnait pour être une note confidentielle sur les partisans du régime de 1793 ; on désignait, parmi ces derniers, les citoyens Antonelle, Réal, et un moindre nombre ajoutait le citoyen Gaultier de Biauzat. Tantôt on assurait qu'après la vérification des pouvoirs, on mettrait immédiatement en question les mesures à prendre dans l'Assemblée à l'égard des anarchistes. — Les opinions sur la justesse de l'application de la

1. Pour les opérations de cette assemblée et pour celles des assemblées primaires en l'an VI, on consultera, aux Archives nationales, les cartons C 534, AF III, 99, 100, 260 et 261.

loi du 5 ventôse à ceux qui sont réputés vendémiairistes étaient très partagées dans ces groupes ; cependant on y paraissait porter à neuf le nombre de ceux qui devaient se trouver soumis aux dispositions de cette loi. — Venaient ensuite quelques discussions de réminiscence peu patriotique contre les décrets des 5 et 13 fructidor, et alors on insistait avec un véritable esprit de parti pour que les innocentés par les Commissions militaires à l'époque de vendémiaire eussent à jouir sans restriction de leur droit de souveraineté dans l'assemblée du peuple. — Quelques individus vont jusqu'à désirer une scission parmi les membres de l'Assemblée électorale et s'oublient au point de croire que le gouvernement pourrait jamais la faciliter en déployant un appareil militaire.

Placards et pamphlets. — Il se crie encore une liste de fripons qui ont volé la République. Dans un placard, le citoyen Le Cointre, de Versailles, repousse les imputations calomnieuses que l'on a dirigées contre lui, en le supposant membre d'une assemblée que l'on disait avoir été formée par les sectateurs de Babeuf.

Spectacles. — Les spectacles n'ont offert aucune particularité intéressante. La longueur du spectacle donné hier à l'Odéon a fait que le public n'est sorti qu'à dix heures et demie......

L. MILLY.

(Arch. nat., BB³ 87.)

MCCCXV

26 GERMINAL AN VI (15 AVRIL 1798).

RAPPORT DU BUREAU CENTRAL DU 27 GERMINAL.

Mœurs et opinion publique. — La scission qui s'est opérée dans le Corps électoral s'empare aujourd'hui exclusivement de l'attention publique. Le premier mouvement a été celui d'une sorte de satisfaction de ce que cet acte avait eu lieu sans aucun déchirement ; on le regarde comme la suite, qui devenait inévitable, de l'exclusion faite par une partie de l'assemblée d'un grand nombre d'électeurs dont les droits à voter ne pouvaient être contestés et dont la conduite dans le cours de la Révolution avait prouvé un égal éloignement du royalisme et de l'anarchie. Aussi l'opinion publique paraît-elle incliner en faveur des principes qui ont guidé dans cette scission les électeurs réunis actuellement dans la salle de l'Institut national.

Toutes les craintes sont que le temps qui reste à employer ne puisse suffire à toutes les opérations de l'assemblée. — Il s'est formé des groupes autour du premier local de l'assemblée, et l'on y remarquait quelques individus connus pour avoir des principes très exagérés et cherchant à faire valoir la cause de plusieurs électeurs désavantageusement famés dans l'opinion publique. L'action physique de ces groupes au surplus n'avait rien d'offensif ni même de tumultueux. — L'esprit dont on vient de présenter le tableau est plus répandu dans les cafés et autres lieux de réunion.

Imprimés. — Il paraît deux placards, le premier est intitulé : *Méthode nouvelle pour obtenir la majorité dans une assemblée électorale* [1], et contient la dénonciation d'un abus de cartes d'électeurs, à la faveur desquelles ont été introduits dans l'assemblée des individus qui lui étaient entièrement étrangers, au point, est-il dit, que l'assemblée, comportant dans le principe environ sept cents personnes, en comptait plus de mille dans son sein le 24 germinal ; on ajoute que cette superfétation était composée de tout ce qu'il y a de plus exagéré en royalisme et en anarchie. — Dans l'autre imprimé, ayant pour titre : *Assemblée électorale du département de la Seine* [2], [il] a été [question] d'une scission d'une partie des électeurs ; les électeurs réunis au local de l'Institut national rendent compte, en s'appuyant du texte même de la Constitution, des motifs qui les ont portés à se séparer des autres. — Il s'est distribué de plus dans la première salle deux imprimés, l'un du citoyen Raisson, allant par un refus désintéressé au devant des intentions que les membres de l'assemblée pourraient avoir sur lui pour les fonctions de législateur, et proposant cet exemple d'abnégation de soi-même comme propre à faire prévaloir l'amour de la patrie sur les mouvements secrets de l'ambition ; l'autre, du citoyen Boissel, est une nomenclature des nombreux écrits de cet électeur, qui ne cache pas le plaisir qu'il aurait à s'être attiré par ses ouvrages l'attention particulière de ses collègues et à devenir l'objet de leur choix....

L. MILLY.

(Arch. nat., BB 3 87.)

1. On trouvera plusieurs exemplaires de ce placard aux Arch. nat., AF III, 100.
2. Voir l'imprimé intitulé : *Assemblée électorale... de la Seine. Acte de scission d'une partie des électeurs... contre les opérations d'une partie de l'assemblée séante à l'Oratoire (26 germinal).* Bibl. nat., Lb 42/1848, in-8.

JOURNAUX.

Amis des Lois du 28 germinal : « ... Les électeurs de Paris se sont séparés; les scissionnaires, à la tête desquels paraît être l'estimable Mathieu, commissaire du Directoire, déjà nommé représentant du peuple par son département, l'Oise, et par conséquent bien désintéressé, sont convaincus que les chefs du parti anarchique s'accordaient avec les royalistes pour vexer et exclure les républicains les plus probes. Génissieu, président, a donné sa démission, et les procès-verbaux ont été transportés par les scissionnaires dans une salle de l'Institut, où ils sont assemblés et procèdent aux élections. » (Suit l'analyse de l'acte contenant les motifs de leur scission.)

— *Publiciste* du 28 germinal : « *Paris, 27 germinal.* Une scission a eu lieu hier dans le corps électoral de Paris. On la dit peu nombreuse (d'environ cent membres au plus, à ce qu'il paraît). Les dissidents, parmi lesquels se trouvent près de cinquante membres exclus la veille, se sont réunis au Louvre. Ils ont requis la force armée et l'ont obtenue. Ils ont protesté contre les opérations de l'assemblée séante à l'Oratoire et vont de leur côté procéder à la nomination des seize députés pour le département de la Seine. Il y aura ainsi doubles élections, entre lesquelles le Corps législatif prononcera. Quel que soit le résultat de cette division, elle peut au moins produire l'effet d'empêcher la grande assemblée de réunir ses suffrages sur des hommes violents et redoutés, parce que la majorité s'exposerait, en ce cas, à voir annuler ses choix et préférer ceux de la minorité scissionnaire, s'ils étaient meilleurs et plus sages. Le serment de haine à la royauté et à l'anarchie a été prêté hier, conformément à la loi, dans l'assemblée séante à l'Oratoire ; un seul membre a motivé son serment, nous ignorons de quelle manière et dans quel sens. Cambacérès, qui présidait en l'absence de Génissieu, a rappelé ce membre à l'ordre avec l'approbation de l'assemblée. C'est aujourd'hui, 7 de la décade, que le premier tour de scrutin a eu lieu dans l'assemblée séante à l'Oratoire, pour le choix des membres du Corps législatif. Ceux qui ont été nommés sont les citoyens Monge et Biauzat. L'assemblée séante à l'Institut a déjà formé son bureau : Guyot-Desherbiers est président et Huguet secrétaire ; les scrutateurs sont Menou, Paulard et Roux père. Cette assemblée a notifié son existence à celle de l'Oratoire celle-ci a déclaré ne pouvoir ouvrir la dépêche, attendu que les assemblées électorales ne peuvent communiquer ensemble. Alors l'assemblée scissionnaire a invité le citoyen Dupin, substitut du commissaire du Directoire, de donner connaissance au bureau de l'Oratoire de la formation de l'assemblée séante à l'Institut, laquelle invitait Génissieu et Cambacérès à se réunir à elle. Les électeurs de l'Oratoire ont passé à l'ordre du jour pur et simple [1]..... »

1. On trouvera aux Arch. nat., AF III, 261, les procès-verbaux des deux assemblées électorales de la Seine. On y verra que l'assemblée scissionnaire n'était bien réellement formée que d'une minorité d'électeurs. Avant la scission il y eut jusqu'à 609 votants. Après la scission le maximum des votants fut à l'Oratoire, de 445 ; à l'Institut, de 190. Au début, il n'y avait eu dans cette dernière assemblée (27 germinal) que 57 votants.

MCCCXVI

27 GERMINAL AN VI (16 AVRIL 1798).

Rapport du bureau central du 28 germinal.

Mœurs et opinion publique. — Le public conserve le calme dont il n'a cessé de jouir depuis longtemps. La scission qui s'est opérée dans le Corps électoral paraît avoir obtenu le sentiment de la majorité; les esprits, qui nourrissent de plus en plus la haine de tous les extrêmes, ne témoignent aucune inquiétude sur cet événement; beaucoup le considèrent comme le seul moyen qui pourrait être employé pour que les choix ne fussent entachés ni de royalisme ni d'anarchie. — La composition des groupes qui se réunissent près de la salle de l'assemblée des électeurs à l'Institut paraît animée d'une mauvaise influence; ce sont surtout les mêmes personnes, et elles se plaisent à croire ou à faire croire que les opérations de l'une et l'autre assemblée seront annulées. — Les groupes qui se forment dans les environs de la salle de l'Oratoire manifestent des principes plus exagérés, et il s'y trouve toujours des individus qui s'attachent à répandre le bruit d'un prochain investissement du lieu des séances par la force armée, et même d'un projet d'arrestation de plusieurs électeurs. Du reste, toujours la même nullité dans les dispositions physiques de ces groupes, qui ne paraissent point devoir influer en aucune manière sur la tranquillité publique. — On est toujours indigné dans le public de l'impudence des agioteurs, qui usent de tous les moyens imaginables pour déprécier de plus en plus le papier; ils faisaient circuler hier, tant au Jardin-Égalité qu'aux environs de la Bourse, le bruit d'un prétendu échec reçu par notre flotte. La perfidie de ce stratagème n'a eu l'effet qu'elle devait avoir, car au contraire les effets ont augmenté sur la place.

Spectacles. — Une nouvelle pièce, donnée hier au théâtre du Vaudeville, sous le titre des *Revenants*, a eu un succès complet. Elle est du citoyen Ségur aîné, qui, à la faveur de ce titre simple, fait reparaître sur la scène et dans le costume de leur caractère respectif les anciens acteurs italiens de l'Opéra-Comique. Cette production ingénieuse, qui ramène les spectateurs au milieu des Arlequin, Scapin, Argentine, Cassandre, etc., ne contient rien qui choque les bonnes mœurs ou qui puisse blesser l'opinion. Un seul passage a paru prêter à une allusion maligne : c'est lorsqu'il est dit « que dans le monde, et de tout temps, la peur a tout fait ». Les applaudissements ici n'ont laissé aucune équivoque [1]. — On a fait une application plus mauvaise de ces mots prononcés dans *Le Jockey* [2], au théâtre Favart : « Que ceux qui déclarent la guerre la fassent eux-mêmes. » La tranquillité n'a souffert heureusement de l'un ni de l'autre incident, et nulle part ne s'est vue compromise.....

L. MILLY.

(Arch. nat., BB³ 87.)

JOURNAUX.

Clef du Cabinet du 28 germinal : « *Paris, le 27 germinal.* Tous les journaux nous ont appris le mariage du citoyen Marmont, aide de camp de Bonaparte, avec la citoyenne Perregaux. Nous sommes persuadés que les deux époux sont fort aimables, mais nous ne croyons pas que la publicité donnée à leur union fût nécessaire à leur bonheur. Dans l'ancien régime on annonçait ainsi certains mariages ; aujourd'hui nous avons des choses plus intéressantes à publier... »

MCCCXVII

28 GERMINAL AN VI (17 AVRIL 1798).

RAPPORT DU BUREAU CENTRAL DU 29 GERMINAL.

Mœurs et opinion publique. — Le résultat des observations prises hier dans les différents lieux publics offre peu de différence dans l'opinion, eu égard à ce qu'elle était les jours précédents. Quelle que soit celle que l'on a sur la scission de l'Assemblée électorale, le sentiment qui domine au milieu de tant d'autres, tous opposés entre eux, est que, de chaque côté, il a été fait des choix très bons pour la majeure partie. Cependant il paraît que c'est encore la réunion des électeurs à la salle de l'Institut qui a plus d'assentiment. — Les groupes qui se sont formés auprès de ce dernier lieu étaient dans des principes plus calmes, et l'on n'y remarquait aucun esprit de parti. — Il s'était formé cette nuit un rassemblement de personnes des deux

---

1. On trouvera un compte rendu de cette pièce dans le *Courrier des Spectacles* du 27 germinal.
2. *Le Jockey*, comédie en un acte et en prose, mêlée d'ariettes, par Hoffmann, musique de Solié.

sexes à la maison de Richelieu, et presque tous y paraissaient sous des costumes, quelquefois sous des décorations, usités dans l'ancien régime; c'était en un mot un tableau mouvant de royalisme. Sept de ces individus ont été arrêtés et conduits au Bureau central. — Il a été également arrêté, dans les rues adjacentes de la Grève, onze femmes faisant le métier de prostitution. — La tranquillité est partout existante, et l'on peut dire même, partout garantie. — Les spectacles n'ont offert aucune particularité.....

Cousin.

(Arch. nat., BB³ 87.)

DIRECTOIRE EXÉCUTIF.

Séance du 28 germinal an VI.

Le Directoire exécutif, informé que les auteurs et éditeurs de la feuille intitulée *Journal des hommes libres*, prohibée par l'arrêté du 22 du courant, la reproduisent sous le titre de *Persévérant*, considérant que ce moyen dérisoire de se soustraire à l'effet des mesures prises par le gouvernement pour assurer la tranquillité publique décèle de la part des auteurs de cette feuille une intention bien marquée de résister aux autorités constitutionnelles, arrête que ledit journal intitulé le *Persévérant* est prohibé, et que les scellés seront apposés sur les presses servant à l'imprimer [1].

(Arch. nat., AF* III, 11.)

MCCCXVIII

29 GERMINAL AN VI (18 AVRIL 1798).

Journaux.

Rédacteur du 12 floréal : « *Paris, le 29 germinal an VI.* Le ministre de la justice aux administrations centrales et aux commissaires du Directoire exécutif près ces administrations, aux tribunaux civils, criminels et correctionnels, aux commissaires près de ces tribunaux, aux juges de paix et à leurs assesseurs. Le Directoire exécutif, citoyens, en prenant, le 14 de ce mois, un arrêté qui prescrit des mesures pour la stricte exécution du calendrier républicain [2], vient encore de donner à tous les amis de la liberté un gage de

1. Le *Persévérant* continua à paraître sous le titre du *Républicain*.
2. Cet arrêté se trouve dans le *Rédacteur* du 16 germinal.

son attachement aux institutions qui doivent leur naissance à celle de la République. Vous vous empresserez, je n'en doute point, de concourir à ses vues dans tout ce qui peut concerner l'exercice de vos fonctions. Obligés, par le caractère dont vous êtes revêtus, de donner à vos concitoyens l'exemple de la soumission aux lois, vous joindrez vos efforts à ceux du gouvernement pour effacer jusqu'aux dernières traces d'usages bizarres, qui ne peuvent plus qu'amuser les regrets de l'incivisme et servir de hochets à la superstition. Vous devez toute votre importance à l'existence de la République; comment l'ère de sa fondation pourrait-elle ne pas être chère et sacrée pour vous? Vous, juges, à qui la confiance publique a particulièrement remis le dépôt des lois, vous maintiendrez religieusement celles qui tendent à rappeler une époque glorieuse pour la France, et déjà respectable aux yeux des autres nations. Vous ne reconnaîtrez de jours de repos que ceux que le calendrier vous indique, conformément à la loi ; et vous découragerez, comme il est en votre pouvoir de le faire, les menées antirépublicaines de quelques défenseurs officieux qui affectent de s'absenter des séances aux jours solennels de l'ancien calendrier, pour rendre illusoire la réunion du tribunal. Et vous, commissaires du Directoire exécutif, vous justifierez la confiance qu'il a mise en vous, confiance qui n'a d'autre base que la certitude acquise de votre patriotisme, en réformant tous les abus de ce genre dont vous pourriez encore être témoins, en m'informant, par des dénonciations civiques, des complaisances par lesquelles des magistrats mal intentionnés tenteraient d'en prolonger le cours. Administrateurs, juges, commissaires du Directoire exécutif, vous me ferez connaître exactement tous les notaires qui se permettraient de s'écarter d'une manière quelconque, dans les actes de leur ministère, du style et du calendrier républicains. Le Directoire exécutif ne pourra les regarder que comme de mauvais citoyens, et il s'empressera de leur ôter des fonctions qu'ils déshonorent par leur incivisme. Enfin vous m'indiquerez toutes les mesures que vous croirez propres à remplir les vues du gouvernement, et à compléter l'ouvrage dont il vient de poser les fondements. C'est par de semblables efforts, citoyens, que les derniers vestiges d'un assemblage gothique, formé au hasard par le caprice et la superstition, cèderont pour jamais la place à un système régulier, fondé sur le calcul, approuvé par la raison et consacré par une disposition expresse de notre acte constitutionnel. Salut et fraternité, le ministre de la justice : LAMBRECHTS. » — *Patriote français* du 1er floréal : « L'Assemblée électorale du département de la Seine, séante à l'Institut national, a terminé le 29 germinal, avant huit heures du soir, la presque totalité de son opération constitutionnelle, avec une activité qu'assuraient l'ensemble et l'harmonie de sa composition. C'eût été un spectacle touchant pour des yeux non prévenus que celui de cette *famille délibérante;* vous auriez dit d'une ruche d'abeilles, dont le bourdonnement même est une espèce de concert. Pas un instant perdu en disputes, en bavardage, en personnalités. Pendant l'énumération et le dépouillement du scrutin, un choix était proposé, discuté, accepté ou rejeté par un mouvement qui avait quelque chose d'électrique. Tel candidat, que l'on aurait cru fortement porté, s'évanouissait devant une objection rigoureuse et prouvée; tel autre, dont le nom semblait prononcé d'inspiration, arrivait brusquement à l'assentiment unanime par le chemin de la moralité, du civisme, du talent. On croit que la Seine, qui n'a jamais été représentée comme elle l'est aujourd'hui, paie en estime et en reconnaissance ses courageux électeurs. Voici la nomenclature des choix qu'ils ont faits et quelques notices individuelles qui nous sont parvenues. Conseil des Anciens pour trois ans : Lenoir-Laroche, professeur à l'École centrale du Panthéon, philosophe de théorie et de pratique, ancien et fidèle soldat de la Révolution ; Jean Rousseau, membre actuel du Conseil des Anciens, qui a traversé, éloge bien rare ! tous les orages révolutionnaires, sans rien perdre de l'estime publique. Conseil des Cinq-Cents, pour trois ans : Guyot-Desherbiers, homme de loi ; il arrive avec une ample provision de matériaux pour le code civil ; il ne sera pas homme de tribune, mais dans la commission où il se présentera un travail prompt, forcé, difficile, dangereux, on l'aura sous la main à toute heure du jour et de la nuit; Berlier, ex-conventionnel, l'un des coopérateurs de la Constitution de l'an III ; Cabanis, homme de lettres, distingué républicain à toute épreuve. Conseil des Anciens pour deux ans : Rivaud, du Conseil des Cinq-Cents : moralité pure, civisme prononcé, talents intérieurs ; Albert, ex-conventionnel, aujourd'hui juge du tribunal de cassation ; dans ses diverses missions, il a éteint les brandons du terrorisme, sans cesser d'être fortement attaché à la République. Conseil des Cinq-Cents pour deux ans : Portiez (de l'Oise), législateur, qui a établi, qui a fait aimer dans les départements réunis la Constitution de l'an III ; M.-J. Chénier, législateur : républicanisme, talents, courage ; il a l'honneur d'avoir pour ennemis tous ceux qui haïssent l'ordre, les lois, le gouvernement; Andrieux, juge au tribunal de cassation, littérateur distingué, homme de mœurs pures et aimables, chaud républicain ; Aubert, inspecteur des contributions, bon citoyen, homme instruit, travailleur infatigable. Conseil des Anciens, pour un an : Huguet, homme de loi, président d'une administration municipale de Paris, vingt ans de réputation pure de son état; au milieu des dangers de vendémiaire an IV, il a mérité de la Convention nationale des témoignages distingués d'estime et d'encouragement ; Gorneau, homme de loi; la tête de France la mieux meublée pour la théorie du commerce ; son civisme n'est pas suspect ; Arnould, auteur d'un ouvrage très estimé, *La Balance du Commerce ;* il est fort utile au ministère de l'intérieur, et le sera encore davantage au Corps législatif. Conseil des Cinq-Cents, pour un an : Pollart, président de l'administration municipale du canton de Franciade; du républicanisme, du zèle; l'amitié de ses concitoyens l'a recommandé aux électeurs de Paris ; Chazal, législateur, qu'il suffit de nommer; ceux qui ne connaîtraient pas son courage, sa pureté n'auraient pas lu une page de la Révolution. — On a nommé hier à l'Oratoire pour les Cinq-Cents : Castel, cultivateur à Vincennes, pour deux ans ; Berlier, député aux Cinq-Cents, pour deux ans ; Lamarque, député aux Cinq-Cents, si intéressant par sa longue captivité dans l'Autriche et son républicanisme imperturbable. Pour les Anciens : Roger Ducos, pour un an ; Sijas, employé dans le ministère, pour un an ; Dupuch, député actuel, un des vétérans de la République, pour un an ; Gomigeon, invalide, âgé d'environ vingt-six ou vingt-sept ans, n'ayant qu'une main, aux Cinq-Cents, pour deux ans. Il était sept heures, et Prieur (de la Marne) n'ayant obtenu que cent quatre-vingt-quatorze voix sur trois cents quatre-vingt-quinze, il n'a point été admis. Il était en ballottage avec Chazal. On a lu le procès-verbal et l'assemblée s'est dissoute. Le général Moulin ayant donné sa démission, il a été remplacé par Berlier; Lamarque ayant annoncé qu'il était nommé dans son département, il a été remplacé par Gomigeon, invalide. Le temps n'a pas permis de nommer les deux derniers députés pour un an au Conseil des Cinq-Cents. Les procès-verbaux enlevés ont été remis chez Génissieu, qui les a déposés sur le bureau. Deux fois on a mis en avant les nominations d'Antonelle et de Claude Fiquet, désigné par Babeuf pour être maire de Paris; malgré les efforts de quelques meneurs, ils n'ont pu obtenir la majorité. Le citoyen Champagne, nommé dans l'Assemblée électorale de l'Institut, a donné sa démission, ainsi que les citoyens Berlier et Fercot. » — *Patriote français* du 5 floréal : « Aux amis des principes. Le citoyen Cambacérès, député au Conseil des Cinq-Cents par la portion électorale séante à l'Oratoire, sentit bien qu'il n'était député qu'à demi ; on assure qu'en conséquence, le 29 germinal, à midi, un de ses amis alla solliciter un citoyen justement influent dans la portion de l'assemblée électorale séante à l'Institut pour l'y faire élire. C'est ce qu'on appelle s'appuyer sur les principes. » — *Clef du Cabinet* du 30 germinal : « *Paris, le 29 germinal.* Les plaisirs que le printemps ramène vont recommencer à Paris avec une nouvelle activité. Saint-Cloud, la plaine des Sablons, l'Idalie, etc., offriront demain décadi aux amateurs les spectacles les plus brillants, et rien ne rappellera qu'il y ait eu des scissions dans plusieurs assemblées électorales. Effet heureux et nécessaire de la confiance qu'inspire le gouvernement! Il n'est aucun bon esprit en France qui ne soit persuadé que le temps affreux des terreurs démagogiques et royales est à jamais passé, et que toute faction qui voudrait le ramener sera écrasée par les magistrats à qui le peuple a confié sa puissance..... »

MCCCXIX

30 GERMINAL AN VI (19 AVRIL 1798).

Rapport du bureau central du 1er floréal.

Mœurs et opinion publique. — L'opinion, aujourd'hui non moins calme que de coutume, est encore mieux prononcée en faveur des principes sages qui, sans exclure l'énergie convenable au maintien de la République, en excluent toutefois cette exagération qui tend à réduire en apparence le patriotisme à un petit nombre d'hommes exaltés et à environner le gouvernement de terreur plutôt que d'affection. En y réfléchissant, les citoyens paisibles et animés de l'amour de l'ordre s'applaudissent de voir la majorité des choix réunis sur des hommes dont l'attachement à la République ne laisse aucun doute et dont plusieurs même sont des conspirateurs[1] de notre charte constitutionnelle, considération qui milite d'autant en faveur de sa garantie. Dans quelques entretiens, on a manifesté l'espoir de voir l'esprit de

---

1. *Sic.* Peut-être faut-il lire *coopérateurs.*

parti disparaître peu à peu des opinions politiques, ou bien on le considérait comme aux abois; c'est dans ce sens que l'on se déclarait le plus souvent en faveur des choix faits pour le département de la Seine au local de l'Institut, de préférence aux choix faits à l'Assemblée de l'Oratoire. Ce sentiment n'était pas toujours celui des groupes, où l'opinion était plus partagée à cet égard que dans les cafés et autres lieux publics de réunion. — La tranquillité à l'extérieur est assurée.

Culte. — Les exercices des théophilanthropes ont eu lieu dans le calme et la décence accoutumés. — On remarque un certain nombre de boutiques dans chaque arrondissement fidèles à fermer les jours correspondants au ci-devant dimanche et en pleine activité les décadis. Il s'est commis aussi quelques négligences dans les étalages.

Placards. — Il a paru hier un placard portant le titre : *Sur les affiches de Jorry*; c'est un exposé très détaillé et très modéré des torts de ce citoyen envers celui qu'il vient d'attaquer dans ses écrits [1]. — Il a paru aussi deux pamphlets, l'un contenant des détails sur l'arrestation de plusieurs personnes masquées, dans un bal qui a eu lieu de nuit, maison de Richelieu; un autre, sous le titre de *Grand tumulte arrivé dans l'Assemblée électorale séante à l'Oratoire*, est le narré de ce qui s'est passé à l'occasion d'un citoyen qui y fut reconnu pour n'avoir aucun droit de voter; cet écrit ne renferme aucune opinion prononcée.

Spectacles. — Les spectacles n'ont offert aucune particularité.

Surveillance. — ... Nagel, s'étant introduit sans carte dans l'Assemblée électorale, a été arrêté, et, par le juge de paix de la division du Muséum, mis en liberté sous caution.....

COUSIN.

(Arch. nat., BB³ 87.)

JOURNAUX.

Patriote français du 3 floréal : « *Paris, 2 floréal*... La force armée, ayant à sa tête le commissaire de police de la section Le Peletier, a cerné, l'avant-dernière nuit, le ci-devant hôtel de Richelieu, où l'on donnait, depuis environ trois mois, un bal masqué par décade. Plusieurs personnes ont été arrêtées et conduites au Bureau central. Les citoyens munis de leurs cartes sont sortis librement..... »

1. Il s'agit de Talleyrand. Voir le *Moniteur*, réimpression, t. XXIV, p. 249.

MCCCXX

2 FLORÉAL AN VI (21 AVRIL 1798).

RAPPORT DU BUREAU CENTRAL DU 3 FLORÉAL [1].

Mœurs et opinion publique. Esprit public. — L'esprit public n'offre aucune nouvelle nuance.

Placards. — On lit avec beaucoup d'empressement une affiche sur les scissions dans les assemblées électorales, mentionnée au précédent rapport, et les lecteurs ont paru le plus souvent se retirer avec des marques approbatives de ce qu'elle contient.

Spectacles. — Les spectacles n'ont offert aucune particularité qui mérite d'être notée. — Quelques militaires avaient participé à un scandale survenu dans une maison de réunion; il a été écrit à cet égard à l'État-Major.....

L. MILLY.

(Arch. nat., BB³ 87.)

MCCCXXI

3 FLORÉAL AN VI (22 AVRIL 1798).

RAPPORT DU BUREAU CENTRAL DU 4 FLORÉAL.

Mœurs et opinion publique. Esprit public. — Il n'est survenu aucun changement dans la disposition des esprits; ils continuent à paraître calmes et sagement dirigés; tout revient insensiblement à ce juste milieu d'opinion, sans lequel il n'est point de salut pour la République. Tout extrême devient de plus en plus odieux, et le caractère de modération et de fermeté, qui en impose aujourd'hui aux hommes de tous les partis, gagne chaque jour des amis au gouvernement républicain.

Placards. — Il paraît une affiche, sous ce titre : *Aux membres des*

---

[1]. A cette date, il y a, dans BB³ 87, un autre rapport daté du même jour, dont un autre exemplaire, daté du 3 prairial an VI, se trouve dans F⁷, 3840. C'est la date du 3 prairial qui est exacte, puisque dans ce rapport il est question des numéros du *Républicain* des 2 et 3 prairial an VI.

[22 avril 1798] DIRECTOIRE EXÉCUTIF

Conseils législatifs. Dans cet imprimé, l'auteur porte ses yeux sur les scissions qui ont eu lieu dans les Assemblées électorales et conseille au Corps législatif de ne considérer comme légales que les opérations des assemblées où l'anarchie n'a eu aucune influence.

Spectacles. — On a reconnu avec bien du plaisir, au théâtre Feydeau, des augmentations heureuses dans *Macbeth;* elles ont été accueillies avec des applaudissements d'autant plus vifs qu'elles offraient des applications avantageuses au général Buonaparte, qui assistait, avec le citoyen Ducis, auteur de *Macbeth*, à la représentation de cette tragédie. La présence du héros, le talent du citoyen Talma et le bon esprit du public, tout a concouru à faire ressortir les belles maximes du patriotisme dont cet ouvrage est rempli. — Les autres théâtres et en général tous les lieux de réunion ont offert l'image d'une parfaite tranquillité. — Cinq femmes ou filles publiques, dont une de douze ans et l'autre de quatorze, ont été conduites au Bureau central.

Journaux. — Les feuilles périodiques ne donnent lieu par elles-mêmes à aucune observation. Mais on observe à l'autorité qu'il paraît depuis le 1er floréal un journal nouveau sous le titre de *Républicain*, dont aucun numéro n'est encore parvenu à l'administration, quoique aucun journaliste ne puisse ignorer les ordres donnés à cet égard par le ministre de la police, le 1er nivôse dernier. Dans ce journal on indique au public de s'adresser pour les souscriptions et avis au citoyen Camus, rue de l'Université, n° 139 ou 926, lieu où s'imprimait le *Journal des hommes libres.* — Les journaux l'*Ami des Lois* et le *Fanal* ne parviennent plus depuis quelques jours; il leur a été écrit itérativement; il sera rendu compte de l'effet qu'auront produit ces derniers avis.....

L. Milly.

(Arch. nat., BB [3] 87.)

Journaux.

Publiciste du 4 floréal : « *Paris, le 3 floréal.* Les procès-verbaux des nouvelles élections arrivent de toutes parts au Corps législatif. On croit que la discussion sur la vérification des pouvoirs ne tardera pas à commencer, parce qu'elle peut se prolonger à cause de doubles élections qui ont eu lieu en plusieurs endroits. On attend avec impatience le parti que prendra le Corps législatif, relativement aux nominations faites par des scissionnaires, lorsqu'ils sont restés en minorité. Cette question, la plus importante qu'on puisse agiter à cause de ses conséquences, tient aux élections mêmes du gouvernement représentatif. On risquerait de la juger mal, si on ne l examinait que dans ses rapports avec le moment actuel. Les journaux demi-officiels se déclarent déjà ouvertement pour les choix faits par tous les scissionnaires : ils établissent en principe que ces séparations sont une victoire remportée par les amis de la Constitution sur les apôtres de l'anarchie et de la royauté, qu'ils regardent comme des soldats d'une même armée, quoique sous des bannières différentes. Par suite du même système, qu'ils travaillent depuis quelques jours à accréditer, ils peignent la démagogie comme un royalisme travesti, Louis XVIII et Robespierre comme des alliés, et l'un dirigeant les assassinats révolutionnaires que l'autre faisait exécuter. Quelle que soit la base de cette théorie, la conséquence est que le Directoire est résolu à se tenir également en garde et contre les fureurs des démagogues et contre les complots des contre-révolutionnaires ; et ce résultat est toujours bon et rassurant..... » — *Publiciste* du 5 floréal : « *Paris, 4 floréal.* Il est certain que Buonaparte a quitté Paris la nuit dernière ; il est accompagné du citoyen Arnault, homme de lettres. L'opinion générale est qu'il a pris la route de Toulon. La citoyenne Buonaparte est elle-même sur son départ. Un grand nombre d'officiers de terre et de mer sont déjà arrivés à Toulon. On assure que l'escadre de ce port a eu ordre de mettre à la voile le 1er de ce mois. L'escadre de Corfou est toujours en quarantaine et se dispose à partir pour une nouvelle expédition. Il arrive tous les jours des transports à Toulon..... »

MCCCXXII

5 FLORÉAL AN VI (24 AVRIL 1798).

Rapport du bureau central du 6 floréal.

Mœurs et opinion publique. Esprit public. — Quoique le calme soit parfait à l'extérieur, il ne paraît pas cependant être le même dans les esprits ; car, quoique la majorité des citoyens soit confiante dans la force du gouvernement et dans les moyens sûrs que lui laisse la Constitution pour déjouer les complots de tous les partis, on en rencontre beaucoup cependant qui, incertains sur les sentiments du Corps législatif, relativement aux scissions qui ont eu lieu dans les différentes assemblées primaires, conçoivent la crainte de voir l'anarchie reprendre le spectre qui fut brisé entre ses mains au 9 thermidor. Il est aussi dans les lieux publics des gens de mauvaise foi et pleins d'adresse qui nourrissent le plus qu'ils peuvent ces sortes de terreurs et cherchent ainsi à donner insensiblement de la consistance aux débris de leur parti en le faisant croire encore redoutable ; ils espèrent même, si l'on en croit quelques conversations, ébranler par ce moyen la résolution de quelques membres du Corps législatif. Cependant, on le répète, l'opinion de la très grande majorité tient au juste milieu qu'elle occupe aujourd'hui ; elle y voit le salut de la

République, le maintien de la Constitution, et elle est en conséquence la cause et la garantie du calme qui domine dans tous les endroits de cette commune. — On murmure, dans une partie du public, contre le projet de résolution relatif aux monnaies ; on voit avec déplaisir la différence de valeur que l'on met entre les matières de monnaie de billon et la perte qu'on éprouverait dès lors sur plusieurs ; on regarde ce projet comme une nouvelle calamité, qui doit peser plus particulièrement sur la classe indigente.

Mœurs. — Le goût pour les bals est constamment le même dans cette commune ; on en compte aujourd'hui cent soixante et onze, y compris trois pour lesquels il vient d'être accordé des permissions.

— Il a été aussi donné acte d'une déclaration d'une Société qui doit se former maison des ci-devant Augustins sous le nom de *Philarétique* ou amie de la vertu, composée en partie d'élèves en chirurgie, dans la vue d'y disserter sur la morale et sur les sciences.

Spectacles. — Les spectacles n'ont offert aucunes particularités ; ils sont très fréquentés.

Placards. — Il paraît que l'on a réaffiché tous ceux qui avaient paru en dernier lieu.

Journaux. — Le *Journal des campagnes*, laissant entrevoir son opinion en faveur des assemblées qui ont la majorité de nombre, termine par une réflexion plus caractérisée que le sont ses principes, en blâmant ceux qui, par de vaines terreurs, donnent aux différents partis la consistance qu'ils n'ont pas et fournissent ainsi de nouveaux prétextes aux persécutions individuelles. — On blâme, non le fond, mais les formes ironiques sous lesquelles le *Messager du Soir* présente et fonde les efforts d'un parti anarchique ; il suppose une pièce qu'il intitule les *Brigands vaincus* et met après le détail de cette action prétendue une hypothèse dans le cas où l'anarchie triompherait, qui fait qu'alors il faudrait la pièce des *Brigands vainqueurs* [1]. Ce style et ce genre d'imagination, indignes d'un journaliste, se rapprochent trop, abstraction faite de l'intention, du caractère des feuilles qui infestaient l'esprit public avant le 18 fructidor. — La plupart des journaux sont d'accord pour annoncer le départ de notre ambassadeur à Vienne, où il aurait été insulté, et en outre annoncent les progrès du mécontentement des Irlandais, opprimés de plus en plus par le parti ministériel. — L'*Ami des Lois* parvient à l'administration ; la feuille de ce jour ne donne lieu à aucune remarque importante.....

L. MILLY.

(Arch. nat., BB³, 87.)

1. Textuel.

MCCCXXIII

6 FLORÉAL AN VI (25 AVRIL 1798).

RAPPORT DU BUREAU CENTRAL DU 7 FLORÉAL.

Mœurs et opinion publique. — La nouvelle occasion que l'esprit public a eue de se manifester et de se prononcer contre certains choix, généralement réprouvés, paraît n'avoir apporté aucun changement dans l'opinion des royalistes ; le gouvernement le plus doux n'est rien à leurs yeux, dès qu'il est un gouvernement républicain ; et pour eux tout, hormis le rétablissement du trône, est contre leur système politique. Malgré l'animadversion que l'on montre contre les partisans de l'anarchie, ils les imitent dans leur mécontentement continuel et dans leur haine pour l'état actuel des choses. Les discours, les conjectures, les espérances des royalistes sont encore aujourd'hui ce qu'ils ont toujours été, si l'on en juge par ce qui se recueille dans les cafés où ils se rassemblent d'habitude ou de prédilection. Les nouvelles qu'ils se débitent réciproquement, ou sur la Suisse, ou sur l'Empire, ou sur le congrès de Rastadt, sont autant d'ironies, autant d'injures à la République, et en un mot ils prouvent, avec ceux d'une exagération d'opinion diamétralement opposée en apparence, que les hommes de parti sont très difficiles à ramener dans un milieu salutaire et que beaucoup d'entre eux sont réellement incurables.

Spectacles. — Ils ont joui d'une tranquillité parfaite et n'ont offert aucune particularité, si ce n'est que ce mot du *Prisonnier*, au théâtre Favart : « La méchanceté des hommes va toujours croissant, mais quand elle sera au comble, il faudra bien que cela crève », a servi d'allusion par rapport aux circonstances, et a été extraordinairement applaudi.

Mœurs. — Il a été saisi un jeu prohibé et différents ustensiles servant en pareille occasion.....

LESSORE.

(Arch. nat., BB³ 87, et F⁷, 3840.)

JOURNAUX.

Clef du Cabinet du 7 floréal : « *Paris, 6 floréal...* Les murs de Paris continuent à être tapissés d'affiches relatives aux élections, extraites d'articles insérés dans les journaux, ou que des journaux copient pour en faire des articles. Dans l'une de ces affiches, Poultier est vivement attaqué pour avoir donné le titre de corps électoral à l'Assemblée de l'Oratoire et avoir imprimé que les choix de cette assemblée étaient tombés sur des républicains estimables. On y refuse ce titre nominativement à Gaultier-Biauzat, à Tissot, à Sijas, à Robert Lindet, à Leblanc, membre actuel du département de la Seine, et tous élus à l'Oratoire. On y assure que cette assemblée n'a joint à ces noms quelques noms honorables de vétérans de la Révolution que pour en imposer à l'opinion et cacher ainsi la marche et la tactique des conspirateurs. Dans un autre... Mais que nous importent ces placards dirigés sans doute vers un but républicain, mais qui à beaucoup de vérités mêlent des déclamations insultantes? Le Corps législatif est le seul juge des élections. Il a déjà prouvé, par le choix des membres qui composent les commissions différentes, qu'il veut être juste et indépendant. Nous attendrons avec respect ses décisions, et nous sommes d'avance persuadés qu'elles seront aussi impartiales que constitutionnelles..... »

MCCCXXIV

7 FLORÉAL AN VI (26 AVRIL 1798).

RAPPORT DU BUREAU CENTRAL DU 8 FLORÉAL.

Mœurs et opinion publique. Esprit public. — Les opinions de la très grande majorité des citoyens paraissent aujourd'hui à découvert, se tiennent constamment sur la bonne voie; les royalistes et les anarchistes, d'accord sur le but de leur système, sont vus à part. Les premiers se livrent à des clameurs continuelles ; les autres, plus silencieux, murmurent à bas bruit et cherchent à donner à entendre, dans leurs plaintes, que la liberté se trouve aujourd'hui comprimée, qu'en conséquence une sorte de tyrannie prend aujourd'hui la place des principes. Peu sûrs en outre du résultat de l'examen des opérations des assemblées électorales et du triomphe de celles où ils avaient des intelligences, ils se bornent à former un vœu, ou plutôt une conjecture, dont l'effet leur épargnerait le déshonneur d'un désavantage : c'est que le Corps législatif annulera les opérations des assemblées électorales où il y aura eu scission. Telles sont les opinions que des malveillants, frustrés dans leurs vues ambitieuses, cherchent à répandre sourdement et à faire germer dans les esprits. — Le calme et la satisfaction publique déposent contre ces dangereuses, mais inutiles manœuvres.

Spectacles. — On a fait à l'Odéon une application maligne à l'instruction publique de ces mots du *Jaloux malgré lui* : « Sous peu, les jeunes gens de votre âge sauront à peine lire. » — Au théâtre de la citoyenne Montansier, un acteur, s'attribuant un coup de sifflet, revint contre ce procédé par un propos indécent ; il est mandé au Bureau central.

Mœurs. — Vingt femmes publiques ont été arrêtées et amenées au Bureau central. La sévérité que l'on met dans cette partie de la surveillance était nécessaire pour amener la diminution du scandale dont les mœurs ont à gémir et auquel on désire ardemment les soustraire.

Lieux publics. — Le jardin de Tivoli ouvre décadi prochain, d'après déclaration dont il est donné acte. Il a été accordé trois nouvelles permissions de tenir bal.

Journaux. — La très grande majorité des feuilles périodiques paraît dégagée de tout esprit de parti et avoir adopté sans retour les principes sages qui garantissent le maintien de la Constitution. Cette bonne opinion n'aveugle pas sur le sens connu de quelques journaux, précédemment notés comme enclins au royalisme. Leurs sorties contre l'anarchie, telles justes qu'elles soient, ne portent pas un grand caractère de sincérité, ce que décèle quelquefois la trop grande légèreté de leur style. Mais les journaux les plus influents dans l'opinion publique tiennent tous sans distinction un langage qui doit plaire aux véritables amis de la République et de l'ordre, sans lequel elle ne peut exister. — A ces derniers il faut joindre *l'Observateur politique*, qui passe en revue avec beaucoup de jugement les différentes époques de la Révolution dont l'anarchie a tenté de profiter pour parvenir un jour à renverser le gouvernement ; celle marquée pour ce funeste changement était, ainsi que le considère le rédacteur, l'époque même des assemblées électorales ; et il termine ces réflexions en décelant une nouvelle tactique employée par les ambitieux, qui consiste à intimider, autant qu'ils le jugent possible, le Corps législatif sur les décisions qu'il doit prendre relativement aux opérations des assemblées scissionnaires. — Une seule observation donne la mesure des opinions du *Révélateur*, c'est celle qu'il fait implicitement en annonçant que les électeurs républicains ont nommé le frère du citoyen Barère pour représentant ; ajoutant à cette annonce quelques lignes d'éloge du citoyen Rommé, et observant que l'assemblée scissionnaire [1] qui a renommé les représentants actuels, Dauphole et Lacrampe, n'était composée que de soixante personnes. — C'est

---

1. Des Hautes-Pyrénées.

contre les affiches placardées ces jours derniers dans Paris que s'élève le *Tableau politique* ; il impute au démagogisme le plus effréné les opinions qu'elles renferment contre la démagogie ; il reproche aux auteurs de ces placards de déclamer sans cesse contre « l'anarchie exclusive » ; il attribue encore ces productions à des hommes qui, à l'entendre, veulent conduire le Directoire sur le bord de sa fosse, qui disent sans cesse que le Directoire est là, c'est-à-dire, observe le rédacteur, que la volonté, plus forte que les principes, ne doit plus être *qu'une*, que les deux autorités essentiellement distinctes dans la Constitution ne doivent plus commander et agir que par un *seul* sentiment, une *seule* pensée. Le sens dans lequel sont lancés les mots ci-dessus soulignés paraît très équivoque. L'administration laisse au surplus à la sagesse du ministre de la police le soin d'apprécier l'intention dans laquelle ils ont été imprimés en italiques. — Le seul article saillant du *Républicain*, journal s'imprimant rue de l'Université, n° 139 ou 926, et parvenant aujourd'hui pour la première fois à l'administration, est une dénonciation contre le citoyen Paul Cayre, appelé à la Législature par les électeurs du département du Rhône ; il l'accuse d'avoir pris toutes sortes de masques dans le cours de la Révolution et se plaint beaucoup aussi de l'esprit public de la commune de Lyon ; il y voit absolument le même qu'avant le 18 fructidor. — Cette feuille renferme encore un mot d'ironie amère contre le citoyen Talleyrand-Périgord à l'occasion de son mariage. — L'*Ami des Lois* rapporte qu'un Suédois, domicilié à Paris, use envers son enfant de traitements cruels qui répugnent à la nature et à l'humanité ; il lui sera écrit pour avoir à ce sujet de plus amples détails.....

L. Milly.

(Arch. nat., BB³ 87, et F⁷, 3840.)

Journaux.

Rédacteur du 8 floréal an VI : « *Directoire exécutif.* Message au Conseil des Cinq-Cents, du 7 floréal an VI. Citoyens représentants, le Directoire exécutif a reçu, pendant la tenue des séances de l'Assemblée électorale du département de la Seine, des renseignements détaillés sur ses opérations ; le moment est venu de vous les faire connaître, et c'est ce devoir qu'il remplit avec d'autant plus d'empressement, qu'il s'agit d'éclairer votre religion sur un objet qui tient essentiellement au maintien de la Constitution, au salut de la République et à la tranquillité de tous les citoyens. Le Directoire exécutif appelle toute votre attention sur les pièces qu'il vous transmet. Elles vous dévoileront des irrégularités innombrables, des manœuvres audacieuses, des violations manifestes de la Constitution et des lois, dans lesquelles il est impossible de méconnaître l'influence étrangère. Les mêmes manœuvres se sont multipliées sur d'autres points de la République; le Directoire exécutif vous fera passer successivement les renseignements qu'il a reçus à cet égard. Citoyens représentants, le peuple français attend de vous le repos et le bonheur dont vous vous êtes chargés de le faire jouir, lorsque vous vous êtes sagement réservé le jugement des élections. Le patriotisme qui vous anime est pour la nation entière un sûr garant que ses espérances ne seront pas trompées. Signé: MERLIN, président; LAGARDE, secrétaire général. » — Parmi les pièces jointes à ce message se trouve un imprimé, intitulé : *Sur les opérations de l'Assemblée électorale du département de la Seine*. En voici les articles principaux[1]..... »

MCCCXXV

8 FLORÉAL AN VI (27 AVRIL 1798).

RAPPORT DU BUREAU CENTRAL DU 9 FLORÉAL.

Mœurs et opinion publique. Esprit public. — Le résultat des observations prises dans la dernière journée, relativement aux opinions publiques, serait le même que celui donné dans les deux rapports précédents. — On est informé d'un fait qui consiste en ce que, sur les neuf heures et demie du soir, l'une des patrouilles de la troupe de ligne qui circulaient dans le Jardin-Égalité, et dont le sergent prétendait avoir été insulté, mit baïonnette en avant pour dissiper un groupe nombreux. Cette action occasionna des murmures, mais les soins qui furent pris par les officiers de police civils et militaires empêchèrent que la tranquillité ne souffrît de cet accident. — Il a été arrêté un pamphlet sous le titre de : *Liste et noms de quarante-cinq coquins qui n'entreront pas au sein du Corps législatif, et qu'il faut envoyer aux galères*. Cette feuille est un composé de quelques journaux ; on reconnaît celui du *Messager du Soir*, du 7 ou du 8 de ce mois, commençant par ces mots : « Non, ils n'entreront pas au Corps législatif », et toutes les réflexions du *Messager* se tournaient alors contre les anarchistes, c'est-à-dire contre ceux qu'il désigne pour avoir participé aux plus grands excès dans le cours de la Révolution. — On reconnaît aussi des détails d'un duel entre les citoyens Sibuet et Poultier, et, sans ordre et sans liaison, se trouve jetée entre ces deux articles une liste de quarante noms plus connus peut-être dans les départements qu'à Paris.

1. Suivent de longs extraits de cet imprimé.

Placards. — Il existe un placard signé Albert, de l'imprimerie de Courvillot, rue Montmartre, n° 89, où l'on désigne également comme royalistes déguisés, ou comme mal famés sous tous les rapports, eu égard à la conduite qu'ils ont tenue à différentes époques de la Révolution, Réal, Magnier, Gaultier-Biauzat, Antonelle, Julien (de Toulouse), Durand, Crépin, Jorry, Fiquet et Pierron.

Spectacles. — Les spectacles ont joui d'un calme parfait et n'ont présenté aucune particularité.

Détails d'administration. — Il a été donné acte de cinq déclarations de bals......

Journaux. — Des journaux du 9 floréal les deux suivants ont seuls paru nécessiter quelques remarques. L'une frappe sur l'annonce que fait le *Bien Informé* de l'offre qu'il dit faite par le roi de Sardaigne au Directoire exécutif de la République française d'abdiquer la couronne. On observe encore que le même annonce, d'après des journaux anglais, des dispositions dans le congrès d'Amérique, dont l'objet serait d'annuler le dernier traité, fait clandestinement entre cet État et l'Angleterre, M. Jay, dit-on, se préparant d'en demander la rupture dans la Chambre des représentants. L'une et l'autre nouvelle paraissent n'avoir rien que de favorable aux sentiments d'amour pour la liberté que la plupart des feuilles périodiques semblent depuis quelques jours vouloir propager davantage. — Mais on est tenté de faire une réflexion contraire à l'égard du *Journal des Séances,* dont l'article *Prusse* tend à accréditer le bruit d'une nouvelle coalition entre cet État, l'Angleterre, la Russie et le Danemark, formée, suivant le rédacteur de cette feuille, dans la vue de se garantir réciproquement leurs possessions actuelles, et d'opposer une digue à tout système d'extension ultérieure. A qui s'applique le soupçon d'extension ultérieure ? C'est ce qu'il serait utile de deviner, et l'autorité supérieure peut sentir la portée de ces expressions.

― Cousin.

(Arch. nat., BB³ 87, et F⁷, 3840.)

MCCCXXVI

10 FLORÉAL AN VI (29 AVRIL 1798).

Rapport du bureau central du 11 floréal.

Mœurs et opinion publique. Journaux. — Le journal de l'*Ami des Lois,* dans sa feuille d'hier, avait, à l'occasion de l'ascension que le citoyen, Garnerin se proposait de faire avec une jeune personne du sexe dans un aérostat, fait quelques réflexions qui pourraient alarmer la pudeur et blâmé les motifs sous lesquels l'autorité s'opposait à cette expérience. Il annonce aujourd'hui que le citoyen Garnerin ne lui avait pas fait connaître les motifs tels qu'ils sont. — Dans sa proclamation au sujet de l'insulte faite au citoyen Bernadotte, notre ambassadeur à Vienne, l'Empereur exhorte ses sujets à ne plus se laisser entraîner par un faux zèle, et cette expression, qui répare peu l'outrage fait au gouvernement français dans la personne qui est à Vienne investie de sa confiance, est relevée par plusieurs journalistes, entre autres par le *Patriote français* et la *Clef du Cabinet*. — On ne peut que blâmer le véritable caractère de parti que le *Messager du Soir* déploie contre plusieurs journaux, dont l'opinion est opposée à la sienne et auxquels il reproche sans cesse de crier au royalisme. Des réflexions ce journaliste passe aux personnalités, et le patriotisme, l'attachement à la Constitution eussent-ils dicté seuls le premier article *Paris*, du *Messager*, que ce morceau n'en présenterait pas moins les premiers éléments de cette guerre d'opinion qui a déshonoré tant d'écrivains avant le 18 fructidor. — La nouvelle se répand, dit le *Fanal*, que, le 19 germinal, il a été conclu et signé un traité d'alliance offensive et défensive entre l'Empereur et le roi de Prusse. On ne croit pas du tout que cette alliance ait pour objet de renouveler la guerre continentale, mais de s'entendre sur les indemnités que les deux cours exigeront en Allemagne, et de s'opposer par des mesures combinées à la propagation des principes républicains sur la rive droite du Rhin et dans le reste de l'Allemagne.

Esprit public. — L'opinion flotte incertaine entre beaucoup de questions différentes relativement aux scissions survenues dans plusieurs assemblées électorales ; tantôt on craint que le Corps législatif n'admette dans son sein des citoyens qui ont été trop famés dans les temps orageux de la Révolution, uniquement parce qu'ils auraient été nommés par une majorité ; tantôt on prévoit jusqu'où les royalistes porteront leur triomphe, si ces choix sont rejetés, parce qu'alors la question aurait été la même pour quelques républicains d'un véritable patriotisme, nommés aussi par telle ou telle majorité, avec ceux que l'opinion réprouve en très [grand] nombre, vont donner à entendre que le Corps législatif se bornera à déclarer nulles les opérations des assemblées électorales où il y aura [eu] une scission [1]. — Un sentiment toujours dominant au milieu de ces incertitudes est celui

---

[1]. Cette phrase incorrecte et obscure est textuelle.

qui interdit l'entrée au Corps législatif de tous ceux qui se sont déshonorés par des excès dans le cours de la Révolution, et qui ne sont portés aux Conseils que par une ambition démesurée ou l'ardent désir d'exercer des vengeances. — On est plus généralement inquiet sur l'état des affaires politiques à l'extérieur. Les royalistes ont les yeux ouverts sur la Suisse ; ils y puisent tous les bruits mensongers qui peuvent répandre l'alarme dans l'intérieur. Ils font circuler celui de la non acceptation de la Constitution helvétique et de la persécution ou de l'assassinat de ceux qui ont changé la forme oligarchique des gouvernements suisses. Ils donnent pour motif aux événements de Vienne, aux mouvements des troupes sur les bords du Rhin ou du (sic) Piémont les précautions que les divers souverains sont forcés de prendre pour empêcher que les principes de liberté, auxquels ils donnent le nom de « propagande française », ne s'introduisent et ne fructifient au sein de leurs États. Tout, en un mot, dans leurs opinions prouve qu'ils ne les changeront jamais et que leur haine contre la République ne périra qu'avec eux. — Le plus grand silence et toute l'apparence de l'apathie règnent parmi ceux chez qui l'amour de la liberté, porté au plus haut degré de fanatisme, menace sans cesse de renverser tous les principes et de ramener le trouble au sein de la République.

Mœurs. — Une femme, surprise sous habits d'homme au jardin d'Idalie, a été amenée au Bureau central, ainsi que le citoyen qui la conduisait et qui n'était porteur d'aucuns papiers. — Même mesure a été prise à l'égard de trois femmes publiques. — A la grande satisfaction du public, cinq joueurs ont été arrêtés sur la place de Grève, et les mesures ont été continuelles pour dissiper les attroupements qui se forment autour de ceux qui donnent à jouer et qui ne s'entourent de la foule que pour échapper mieux à l'action de la surveillance.

Lieux publics. — La fête des Époux a été célébrée avec solennité et sans troubles dans les différents arrondissements. — Les temples des théophilanthropes ont été généralement fréquentés, et les exercices y ont eu lieu avec le calme et la décence accoutumés. — Les promenades ont été très suivies et ont présenté le même coup d'œil.

Spectacles. — Les spectacles n'ont offert aucune particularité importante. Tout annonce le bon ordre et tout en assure le maintien....

Cousin.

(Arch. nat., BB³ 87, et F⁷, 3840.)

MCCCXXVII

COMPTE DÉCADAIRE DES OPÉRATIONS DU BUREAU CENTRAL DU CANTON DE PARIS DU 1er AU 10 FLORÉAL AN VI [1].

Salubrité et voie publique... — Fêtes champêtres de Tivoli. — Les fêtes champêtres de Tivoli devant commencer le 10 floréal, le Bureau central a pris les mesures convenables pour maintenir l'ordre et la sûreté sur la voie publique; il a à cet effet requis le commandant temporaire de la place et donné des ordres au commissaire de police pour le placement de factionnaires en nombre suffisant à l'arrivée et au départ des voitures....

Exhalaisons cadavéreuses. — Il a invité la Commission des hospices à prendre les mesures nécessaires pour préserver l'atmosphère de l'altération sensible que lui font éprouver les miasmes putrides qui s'élèvent des salles de dissection du grand hospice d'Humanité, où se fait la préparation des pièces ostéologiques.....

Sûreté. Prévenus d'émigration. — Le Bureau central a mandé au ministre de la police que Philippe-Joseph Gauthier, prévenu d'émigration, arrêté en frimaire an V et relaxé sous caution le 19 nivôse, à la charge par lui de sortir de Paris, vient d'être arrêté de nouveau et amené au Bureau central, au désir de la lettre du ministre. — Il l'a invité à lui faire passer expédition de l'arrêté du 3 nivôse an V, qui, en maintenant ledit Gauthier sur la liste des émigrés, ordonne sa déportation, pour que le Bureau puisse exécuter ses dispositions. — Il a chargé le commissaire de police de la division de la Fontaine-de-Grenelle, vu l'état de maladie de Marie-Madeleine de La Roche-Bouffeau, femme divorcée du nommé Dubar, se donnant le nom de Madeleine-Gabrielle Malespierre, de se transporter sans délai auprès d'elle à l'effet de l'interroger, de manière à obtenir d'elle tous les éclaircissements nécessaires pour découvrir si elle est effectivement émigrée. En attendant il a été envoyé auprès d'elle un inspecteur chargé de la garder soigneusement......

Billets de la Banque de Londres. — Le Bureau central a invité le

---

1. Ce compte porte la date du 18 floréal. — Nous n'en reproduisons que les parties qui se rapportent à notre sujet. — Ces comptes décadaires étaient rédigés en exécution d'une circulaire du commissaire du Directoire exécutif près le département de la Seine, qu'on trouvera aux Archives, F 1e III, Seine, 19, et dans Schmidt, *Tableaux de la Révolution*, t. III, p. 294.

ministre de la police à lui indiquer la marche qu'il doit tenir à l'égard des billets de la Banque de Londres, s'il est permis aux citoyens français d'en avoir et de les négocier à leur gré, enfin si ces billets peuvent circuler en France, comme les guinées à la Bourse .....

Condamnés à la déportation. — Le Bureau central, d'après l'invitation faite par le ministre de la police de faire conduire à l'île de Ré sous bonne et sûre garde le nommé Maydieu, prêtre détenu au Temple, a réitéré au ministre la demande d'une copie de l'arrêté qui condamne Maydieu à la déportation.

Mœurs et opinion publique. Esprit public. — La première décade de floréal an VI peut être considérée comme l'une des époques où l'opinion publique s'est le plus ouvertement et le plus avantageusement prononcée ; les influences de l'esprit du parti sur quelques-unes des assemblées électorales étant connues, et l'ambition des anarchistes s'y étant manifestée dans tout son jour, les bons citoyens ont ouvert, d'un commun accord, les yeux sur l'abîme nouveau qui s'ouvrait sous leurs pas, et il en est résulté un cri général contre les factions et un vœu unanime pour qu'aucune ne parvînt dorénavant à déchirer le sein de la patrie. — Il est à remarquer que tous les rapports que l'on a eu à donner sur l'opinion, dans le courant de la décade, ont été tous également satisfaisants, et les tentatives des anarchistes pour intimider le Corps législatif et le faire vaciller dans ses décisions sur les scissions, non plus que les factions habituelles des royalistes, qui semblaient vouloir se faire prévaloir du discrédit complet des premiers, ne sont que de légères ombres à l'heureux tableau de l'esprit qui anima la société en général pendant ces dix jours, observations prises principalement dans les groupes, les cafés, les promenades et les cabinets de lecture. — Il a paru beaucoup d'affiches, et toutes étaient autant de coups portés à l'esprit de parti ; il en a été donné successivement un précis. — Les temples des théophilanthropes et les églises des catholiques ont joui d'un calme parfait ; ils n'ont eu que très peu d'affluence. — L'opinion a varié dans les spectacles et a paru tenir à la localité. Elle n'est pas encore au théâtre Favart ce qu'elle devrait y être. Cependant ce n'est point sur les applications publiques que l'on établit ce jugement ; aucunes n'ont été faites ; mais le ton, les entretiens, les légers mouvements d'improbation ou d'approbation servent de première mesure, et l'esprit des habitués de ce spectacle laisse des vœux à faire. — L'opinion a paru s'être améliorée plus sensiblement dans les autres théâtres. — Il n'y a point eu de productions nouvelles qui aient fourni à l'opinion une occasion de se prononcer en aucune manière. — Les nombreuses arrestations de femmes publiques ont proscrit en grande partie le scandale qu'elles offraient sur tous les points de cette commune, et les yeux rencontrent beaucoup moins de tableaux d'immoralité.

Journaux. — Le caractère des feuilles périodiques prend de plus en plus celui de l'opinion publique ; tout ce qui tient à la sagesse et au maintien de la Constitution y obtient l'assentiment des écrivains, et il est très rare que l'esprit contraire soit caché sous une apparence fallacieuse de bonne foi dans les réflexions que les événements ou les circonstances font naître. — Deux feuilles ne masquaient pas leurs sentiments de royalisme : l'une, *le Cercle*, malgré des avis réitérés à son rédacteur, n'est parvenue au Bureau central que par intervalles, et il est à conjecturer, ou plutôt il est évident aujourd'hui, que les lacunes dans l'envoi étaient calculées de manière que les morceaux les plus à surveiller étaient soustraits à l'examen ; l'autre, *la Feuille politique*, a motivé plus d'une note improbative : l'une et l'autre sont aujourd'hui prohibées. — Le *Nouvelliste politique* n'a été l'objet d'aucune observation, mais il a paru nécessiter une surveillance particulière, à raison d'une nuance qui rentre dans les teintes du royalisme. — Le *Messager du Soir* a motivé des notes qui ne portent encore que sur l'inconvenance de son style. — Il a été donné avis du journal le *Persévérant*, qui faisait suite sous tous les rapports au *Journal des hommes libres*. — Le *Républicain*, dont, malgré des avis réitérés à son rédacteur, il n'est jamais parvenu que trois numéros à l'administration, annonçait le même esprit, et il en a été fait note. — On a eu lieu aussi d'improuver fortement le *Tableau politique*, qui manifestait des sentiments très anarchiques ; depuis, il a cessé de lui-même. — Enfin l'examen a pesé aussi particulièrement sur l'*Ami de l'ordre*, qui a paru aussi appartenir à l'esprit de parti et incliner de préférence vers le royalisme. — Le Bureau central a remis au ministre de la police les numéros 21, 22, 23 et 24 du journal *le Censeur dramatique*, que le rédacteur se *refusait* de lui faire parvenir. — Il a informé le même ministre, qui avait donné des ordres d'apposer les scellés sur les presses du journal le *Persévérant*, que ses ordres avaient été mis sur-le-champ à exécution.

Ouvrage de littérature mis sous les scellés. — Il a invité le juge de paix de l'Unité à lever les scellés par lui apposés sur divers appartements du citoyen Prudhomme et de réunir dans un seul local l'ouvrage intitulé *Histoire des crimes de la Révolution*[1], et d'y apposer les scellés, suivant les ordres du ministre.

1. Bibl. nat., La 32/46, 6 vol. in-8.

Brochure contre le gouvernement. — Le commissaire de police qui avait été chargé par le Bureau central de faire perquisition, rue de Braque, n° 14, d'une brochure contre le gouvernement, l'a informé que ses recherches « très exactes » ont été infructueuses.

Saisie d'une feuille non timbrée. — Le commissaire de police de la Cité a dressé procès-verbal de saisie d'une feuille non timbrée, ayant pour titre : *Jugement rendu en faveur d'un jeune homme qui a tiré un coup de pistolet sur un juge de paix.*

Société philarétique. — Le Bureau central a chargé un officier de paix de surveiller une réunion d'élèves en chirurgie qui a lieu deux fois par décade, dans la salle des ci-devant Grands-Augustins, sous le titre de Société philarétique, laquelle a été créée par le citoyen Wanestrœm, officier suédois, qui en a prévenu l'administration municipale du XI° arrondissement.

Ascension projetée. — Le Bureau central, par un arrêté du 7 floréal, a fait défense au citoyen Garnerin d'exécuter son projet d'ascension avec une personne d'un autre sexe.

Jeux. — Le commandant temporaire a répondu à la lettre du Bureau central qu'il a donné des ordres pour arrêter tous les militaires et autres qui se trouveraient dans les jeux.

Loterie prohibée. — Le commissaire de police du Temple a saisi une loterie prohibée, tenue par les citoyens Poirée et Gnessier, rue Martin, n° 54.

Église Benoist. — Le Bureau central, en conséquence d'une lettre du ministre de la police, a fait déclarer, par le commissaire de police de la division des Thermes, au citoyen Votrin, propriétaire de la ci-devant église Benoist, que cet oratoire, dont la fermeture avait été ordonnée, ne peut être public, mais qu'on peut en faire un oratoire particulier.

Taxe des pauvres. — Le commissaire de police de la Butte-des-Moulins a informé le Bureau central qu'il a été requis par le citoyen Sapineau, huissier, à l'effet d'expulser de la maison Boutin le citoyen Gérard Desrivières, et saisir ses meubles ; a observé en même temps au Bureau central que, ledit Gérard devant une somme de 6,000 francs aux indigents, pour les fêtes données par lui l'année dernière, il croit qu'il serait nécessaire de former opposition pour cette somme. — Il a été communiqué au caissier de la Commission des hospices, à l'effet de régler ce qui reste dû par le citoyen Hovyn, administrateur de l'Élysée-Bourbon, un jugement rendu par le tribunal civil du département de la Seine, le 8 ventôse dernier, portant que le quart des recettes des fêtes publiques n'est exigible qu'à partir de la promulgation de la loi du 8 thermidor, qui n'a eu lieu que le 16 dudit.....

(Arch. nat., BB³ 87.)

LESSORE.

MCCCXXVIII

11 FLORÉAL AN VI (30 AVRIL 1798).

Rapport du bureau central du 12 floréal.

Mœurs et opinion publique. Journaux. — Le *Messager du Soir* annonce que le ministre de la police a donné sa démission et qu'un journal désigne le citoyen Hanoteau pour son successeur. — L'*Observateur* présume que des négociations entre la République et l'État de Naples ont pour objet d'avoir de cette puissance un certain nombre de troupes auxiliaires, et surtout de la marine, pour être employées dans la descente en Angleterre. Il croit que c'est à ce seul projet de descente que tendent toutes les entreprises, tous les travaux dans les ports soit de l'Océan, soit de la Méditerranée, et que les conjectures que font naître les différentes expéditions ne peuvent se diriger vers aucun autre but. — Le n° 12 des *Annales de la religion* contient, après une espèce d'introduction dans laquelle le rédacteur applaudit à la révolution romaine qui a détruit la puissance temporelle des papes et dispersé le collège qu'il appelle une superfétation dans la constitution de l'Église, des vues ardentes, des moyens indiqués pour parvenir, avec le moins de difficultés possibles, à la nomination du successeur de Pie VI, quoique celui-ci ne soit pas encore mort, mais seulement eu égard à son grand âge [1]. Cet objet paraît, aux yeux de l'auteur, d'une importance telle, qu'il y revient encore à la fin de son journal par un article séparé. Du reste, tout en montrant beaucoup de soumission aux lois de la République et même de dévouement aux principes de philosophie qui lui servent de base, l'auteur n'en perd pas pour cela un seul degré de cette chaleur avec laquelle il cherche à ranimer le zèle des catholiques pour leurs dogmes. — De deux voyages faits dans l'intérieur de la Chine par lord Macartney et van Braam Houckgeest [2], il extrait et commente tout ce qui peut

---

1. Voir les *Annales de la Religion* (organe du clergé ci-devant constitutionnel), t. VI, p. 549 et suivantes. (Bibl. nat., Lc 3/10, in-8.)
2. Voir *ibid.*, t. VI, p. 559, 572.

prouver le succès des missionnaires dans ce pays et les faveurs dont le catholicisme peut se flatter auprès du monarque. — Dans un autre paragraphe, il rend hommage au zèle des ministres qui lui paraissent s'être distingués davantage dans leurs travaux apostoliques. Il cite l'évêque de Belley à Saint-Germain-l'Auxerrois, le citoyen Saint-Martin, également à Paris; il applaudit à l'ardeur pieuse des catholiques à Toulouse, à Saint-Dié et plus notamment à Villiers-le-Bel, près Gonesse, dont, suivant sa remarque, les habitants, dirigés par le citoyen Saillant, dit curé du lieu, ont fidèlement observé le carême. Enfin, il cite une lettre par laquelle l'évêque de Grenoble annonce de grands succès dans la peine qu'il a prise de ranimer la ferveur des catholiques dans cette commune. — Ce numéro, en un mot, qui ne renferme rien qui puisse blesser les lois, offenser le gouvernement ou attaquer la précieuse vertu de la tolérance, n'en paraît pas moins à l'œil impartial une propagande de fanatisme qui tend à rendre, par tous les moyens crus licites, la religion catholique une religion dominante, du moins prépondérante dans la République, et en dernière analyse, [c'est] un monument affligeant pour la saine philosophie. Ce numéro porte sur son frontispice une vignette au trophée présentant croix, crosse, mitre et étole d'évêque. Il est parvenu le 12 floréal, correspondant au 1er mai de l'ancien calendrier. — Le journal l'*Indépendant* ne vient plus depuis plusieurs jours. Celui du *Républicain* n'a envoyé à l'administration que ses trois premiers numéros ; il est écrit à l'un et à l'autre.

Cousin.

(Arch. nat., BB³ 87, et F⁷, 3340.)

MCCCXXIX

12 FLORÉAL AN VI (1er MAI 1798).

Rapport du bureau central du 13 floréal.

Mœurs et opinion publique. Journaux. — La majorité des feuilles périodiques se maintient dans un très bon esprit. Le *Fanal* depuis quelque temps est entré dans ce nombre ; il annonce aujourd'hui l'évasion du fameux Cœur-de-Lion [1], fait dont la véracité ne peut être reconnue que par l'autorité supérieure. — La sagesse des opinions

1. Il s'agit sans doute de Sidney Smith.

qui sont aujourd'hui répandues dans le public, leur triomphe sur l'esprit d'intrigue et d'ambition qui menaçait de s'introduire dans les premiers corps constitués pour les corrompre fixent l'attention de la *Feuille politique* et motivent de sa part des réflexions en grande partie judicieuses; mais on a lieu de se méfier d'une arrière-pensée favorable à un esprit de parti contraire à celui qu'elle combat. Ce journal, dans une longue suite de rapports, a été reconnu entaché de royalisme, et il faut attendre d'autres preuves de la sincérité de son dévouement à la véritable cause du patriotisme que les réflexions qu'il renferme aujourd'hui contre les anarchistes et les commentaires qu'il ajoute à un placard dans lequel plusieurs individus sont indiqués comme sectateurs de Babeuf, avoués par lui dans les papiers de sa conspiration. — L'*Ami des Lois* s'applaudit de voir les Conseils se prononcer contre l'admission dans son (*sic*) sein d'ambitieux qui voudraient renverser la République; il dit qu'ils menacent de se constituer en Convention nationale à Toulouse et à Périgueux, et que, là, ils mettront hors la loi les députés qui se seront opposés à leur admission. — Il est un fait rapporté par le *Patriote français* et qui consiste en la saisie faite d'une banque de jeu, à Bruxelles, appartenant à la citoyenne Théolon qui, dit-il, a acheté le droit d'ouvrir des salles de jeu dans toute l'étendue de la République; il ajoute que les banquiers rétributaires payaient à la citoyenne Théolon 15 louis par jour. — Les journaux ne renferment rien qui donne lieu à d'autres observations.

Esprit public. — Les propos et les petites espérances des ennemis du gouvernement, qui sont aujourd'hui très en évidence, roulent toujours sur le même sujet, c'est-à-dire sur les grands mouvements de troupes qui se font sur les bords du Rhin, sur les préparatifs de résistance de l'Angleterre, dont ils grossissent les ressources le plus qu'ils peuvent, sur les négociations de Rastadt, qu'ils se plaisent à considérer comme ne devant produire en résultat qu'une nouvelle guerre; en un mot tous les lieux de réunion famés par le concours habituel des royalistes retentissent des mêmes conjectures. — Il y a même animosité contre le gouvernement parmi les anarchistes, qui prétendent faire du patriotisme une vertu inaccessible à tout autre qu'à eux-mêmes, et dont plusieurs ont à rougir des plus grands excès; ils manifestent l'envie de se rassembler, mais ils gardent une grande circonspection; leurs murmures ne sortent pas du cercle mystérieux de leurs particularités; ils sont aigris de la défaveur que verse sur eux l'opinion publique et n'osent porter atteinte à l'ordre. Telle est la situation de l'esprit de parti, qui ne forme, on l'avoue avec plaisir, qu'un point sensible dans l'esprit général très prononcé pour le juste milieu qui tient aujourd'hui la Constitution hors l'influence de tout extrême.

Placards et pamphlets. — Il a paru hier deux pamphlets : l'un présente un extrait du procès-verbal dressé par l'agent municipal de Vitry-sur-Seine, constatant que cinq citoyens, d'après leur déclaration même, se sont introduits dans l'assemblée électorale séante à l'Oratoire à la faveur de cartes qu'on leur avait prêtées ; le second a pour titre *Tentative de réaliser le système de Babeuf par la voie des élections*, et est une liste nominative des individus qui sont reconnus pour partager le système de Babeuf[1]. Ces deux imprimés tendent à convaincre le public de l'illégalité des opérations de l'assemblée qui siégeait à l'Oratoire. Ils ont été presque partout affichés à côté l'un de l'autre. — Aujourd'hui deux autres placards : l'un, sagement écrit, établit un dialogue entre un soldat et un ouvrier, qui tombent d'accord sur les indices auxquels on doit reconnaître les faux patriotes qui, en prenant toujours en apparence la cause du peuple, ne veulent que le dominer et l'asservir ; l'autre, absolument dans le même sens, quoique dans un style de palinodie (sic), prouve, de plus que l'autre, que les anarchistes, en mettant beaucoup d'activité dans leurs vues, secondaient parfaitement celles de Louis XVIII. — Il a couru un petit imprimé sous le titre de *Déclaration du Directoire contre la nomination des députés de Paris ;* il contient une liste de personnes indiquées comme devant être écartées des Conseils.

Mœurs. — La décence s'est emparée enfin de presque toutes les voies publiques dont la prostitution l'avait bannie ; la surveillance arrête jusqu'aux propos anticiviques ; un individu qui était tombé dans ce dernier tort a été conduit chez le juge de paix.....

LESSORE.

(Arch. nat., BB[3], 87, et F[7], 4380.)

JOURNAUX.

Rédacteur du 15 floréal : « *Arrêté du 12 floréal an VI.* Le Directoire exécutif, vu le n° 128 du journal intitulé *Feuille politique*, dont le bureau est établi à Paris, rue de la Loi, n° 1251, vis-à-vis la fontaine ; considérant qu'au mépris de l'article 1er de la loi du 28 germinal an IV cette feuille ne porte aucun nom d'auteur ni d'imprimeur ; considérant que l'article *Variétés* du numéro dont il s'agit renferme des sarcasmes indécents contre la repré-

---

1. On trouvera un exemplaire de ce placard aux Arch. nat., AF III, 100. On y énumère ceux des membres de l'Assemblée électorale de la Seine qui s'étaient trouvés plus ou moins compromis dans les papiers saisis chez Babeuf.

sentation nationale et contre les lois de la République, et que le rédacteur de cette feuille se montre évidemment le continuateur des écrivains royalistes qu'a frappés la loi du 22 fructidor an V, arrête ce qui suit : Art. 1. En exécution de l'article 35 de la loi du 19 fructidor an V, le journal ci-dessus désigné est prohibé et les scellés seront apposés sur les presses servant à l'imprimer. — Art. 2. Le commissaire du Directoire exécutif près le tribunal criminel du département de la Seine dénoncera à l'accusateur public près le même tribunal les auteurs, entrepreneurs, imprimeur et distributeurs du même journal pour être poursuivis comme infracteurs de l'article 1er de la loi du 28 germinal an IV, et punis conformément à l'article 2 de la même loi. — Art. 3. Le présent arrêté ne sera pas imprimé. Les ministres de la police générale et de la justice sont chargés de son exécution, chacun en ce qui le concerne. *Signé :* Merlin, président; Lagarde, secrétaire général [1]. » — *Ami des Lois* du 12 floréal : « J'ai donné, nous écrit le citoyen Picquenard, commissaire du Directoire près le Bureau central, des conclusions approbatives à l'arrêté du 7 floréal, qui défend au citoyen Garnerin de s'élever publiquement à ballon perdu avec une jeune personne de sexe différent, ainsi qu'il l'avait annoncé par son affiche, et j'ai lu la prétendue censure que vous avez faite de cet arrêté dans votre n° 985. Avant de démontrer l'injustice de cette fausse critique, je dois vous observer, citoyen, qu'il y a eu tout au moins malignité de la part du citoyen Garnerin, en ne vous adressant pas copie entière et littérale de l'arrêté du Bureau central; vous vous fussiez aperçu que les magistrats qui le composent, en remplissant la tâche pénible, mais honorable, de veiller au maintien des mœurs, avaient encore été déterminés à s'opposer à cette ascension par le doux sentiment de l'humanité, cruellement affecté chez eux à la seule idée d'une jeune fille se livrant sans motif utile à une épreuve dont elle n'avait même pas calculé les effets. J'étais présent, quand le citoyen Garnerin vint au Bureau central ; les administrateurs lui demandèrent d'abord si l'objet de son voyage avait pour but le perfectionnement de l'art aérostatique ; sa réponse fut négative. Interrogé s'il avait prévu les accidents qui pouvaient résulter de la seule pression de l'air sur les organes aussi délicats que ceux d'une jeune fille, il répondit qu'il ne croyait pas qu'il pût en survenir. Interrogé si, dans le cas où sa compagne éprouverait des affections douloureuses, produites par la peur, ou une élévation non calculée, au point de lui faire perdre le sentiment de connaissance, sa manœuvre et sa propre sûreté ne se trouveraient pas compromises de la manière la plus dangereuse pour lui et sa compagne, a dit qu'il répondait de tout. Vous sentez aisément, citoyen rédacteur, qu'après de telles réponses le Bureau central n'a pas dû hésiter à prendre son arrêté philanthropique, sur l'esprit duquel vous vous êtes amusé, un peu trop légèrement sans doute. Je dois encore vous observer que les comparaisons que vous faites des vis-à-vis provocateurs, des diligences indiscrètes, des barques mystérieuses, etc., sont fausses et mal appliquées, d'abord parce que ceux qui s'en servent pour braver, dites-vous, chaque jour, la pudeur publique, n'appellent pas le peuple par des affiches pour être

---

[1]. Le registre du Directoire (AF* III, 11) porte : « Sur le rapport du ministre de la police générale, le Directoire prohibe le journal ayant pour titre *la Gazette bordelaise*, qui s'imprime à Bordeaux, et celui dont le bureau est établi à Paris, rue de la Loi, intitulé *Feuille politique.* »

témoin des actes scandaleux dont vous supposez qu'ils se rendent coupables, et que, dans tous les cas, vous relevez trop inconsidérément et dans un style qui ne convient nullement à l'*Ami des Lois*. J'ai trop de confiance dans votre moralité et dans vos principes républicains, citoyen rédacteur, pour croire que vous ayez eu l'intention de tourner en ridicule les hommes immédiatement chargés de maintenir dans cette immense commune l'ordre et la tranquillité publique. Leurs fonctions sont assez pénibles et leur dévouement assez grand pour qu'ils ne soient pas privés de cette portion de respect et de confiance sans laquelle ils ne peuvent opérer le bien. Eh! qui ne se croira en droit de les insulter, si les journalistes républicains leur lancent la première pierre? Salut et fraternité. PICQUENARD [1]. » — *Ami des Lois* du 14 floréal : « ...Le citoyen Garnerin dit que le citoyen Picquenard, commissaire du Directoire près le Bureau central, se trompe en publiant que lui, Garnerin, a répondu négativement à la demande que lui firent les administrateurs, si son voyage avait pour but le perfectionnement de l'art aérostatique. « Je me rappelle, dit-il, que l'on me demanda si je pouvais utiliser mon voyage par des moyens de direction; c'est sur cette question que ma réponse fut négative ; j'ajoutai même que, si j'annonçais des moyens de direction, je tromperais le public, parce que je n'en connaissais point, et qu'une pareille promesse était digne d'un charlatan. »

MCCCXXX

13 FLORÉAL AN VI (2 MAI 1798).

RAPPORT DU BUREAU CENTRAL DU 14 FLORÉAL.

Mœurs et opinion publique. Esprit public. — Les conversations publiques continuent à présenter les résultats les plus satisfaisants ; les réunions sont faibles, mais toutes dans de sages dispositions, et l'on y applaudit d'un commun accord aux mesures vigilantes qu'emploie le gouvernement pour éloigner du Corps législatif les royalistes et les anarchistes, et on y manifeste le désir de voir les mesures s'accorder avec les principes consacrés par la Constitution. — Les bruits alarmants tombent peu à peu ; les ennemis déterminés de tout ordre dans la République affectent de prédire de grands coups, de grands événements, et n'obtiennent dans leurs perfides prédictions que peu de confiance ; ils sont d'ailleurs muets, lorsqu'ils sont pressés de déduire les motifs sur lesquels ils appuient leurs conjectures.

Placards. — Il paraît un nouveau placard, intitulé : *Les Principes,*

1. Voir la réponse de Poultier dans l'*Ami des Lois* du 26 prairial.

dialogue entre deux députés ; il ne renferme rien qui porte atteinte à l'opinion.

Mœurs. — La surveillance ne mollit pas dans les mesures qu'elle nécessite pour arrêter le débordement des mœurs, ou du moins réprimer le scandale public de la prostitution; vingt femmes livrées à ce métier ont été arrêtées et conduites au Bureau central......

Journaux. — On remarque dans l'*Ami de l'ordre* [1] une légère tendance au royalisme, ou du moins un ton de ménagement pour ce fléau, qui motive une surveillance particulière sur ce journal. « Qu'est-ce donc, s'écrie celui qui le rédige, ce patriotisme qui rend la marque (*sic*) inflexible envers les royalistes qui, pour vouloir un gouvernement odieux, veulent au moins un gouvernement? » Ce mot est d'une grande indulgence pour les partisans d'une anarchie qui, tout aussi bien que celle de 93, couvrirait la République de meurtres et de désastres. — Il est aujourd'hui beaucoup de nouvelles et plus de conjectures dans l'*Ami des Lois;* les suivantes sont celles qui intéressent principalement la chose publique. « L'armée de Mayence prendra le nom d'Armée d'exécution de l'Empire. » « Il paraît certain que le Directeur sortant passera au ministère ; si La Révellière ou François de Neufchâteau prennent le billet noir, celui de l'intérieur leur semble destiné; si c'est le citoyen Reubell, il aura les affaires étrangères, et Barras pourra avoir la guerre, s'il ne préférait pas remplir le vœu de sa nomination au Corps législatif. » « La cour de Russie a fait demander à l'Empereur la main de la fille de Louis XVI pour le fils aîné du comte d'Artois. » — De plus, il annonce, avec le *Publiciste*, que les insurgés piémontais ont été battus près le lac Majeur. — Les autres feuilles ne contiennent rien à remarquer.....

Cousin.

(Arch. nat., BB³ 87, et F⁷, 3840.)

Journaux.

Patriote français du 15 floréal : « Le Directoire exécutif, vu la feuille intitulée *le Cercle ou Journal des arts et des plaisirs*, n° 67, en date du 9 de ce mois, dans laquelle est inséré l'article suivant : « Vœu d'un républicain.
« Les ours de Berne ont déclaré la guerre aux Jacobins de Paris. On dit qu'un
« de ceux qui ont été amenés hier au Jardin des Plantes, en ayant reconnu un
« parmi les spectateurs qui se trouvaient là au moment où on les faisait sortir
« de leur cage de voyage, s'est jeté sur lui avec fureur et l'aurait dévoré,
« sans l'agilité du conducteur. Quand on livrerait à ces animaux sauvages

---

1. L'exemplaire de ce journal à la Bibl. nat. (Lc 2/994, in-4) ne va que jusqu'au 1ᵉʳ floréal an VI. Cf. Tourneux, n° 11203.

« quelques centaines de Jacobins par décade, ce ne serait qu'un acte de jus-
« tice, qu'on pourrait se permettre en expiation des victimes qu'ils ont livrées
« à la guillotine pendant le temps de leur règne. C'est mon vœu, et je ne doute
« pas qu'il ne soit partagé par tous les bons citoyens. » Considérant que le
vœu féroce que l'on ose ainsi publier et l'invitation que son auteur ne rougit
pas de faire aux bons citoyens de la partager portent tous les caractères
d'une provocation au meurtre, contre laquelle la loi du 29 mars 1793 prononce la peine de six ans de fers ; — considérant que cette provocation est
d'une nature d'autant plus grave qu'elle présente comme un acte de justice
les fureurs d'une vengeance barbare ; qu'elle tend à reproduire en France ces
prescriptions en masse que les diverses factions ont prononcées successivement et qu'elles ont appliquées aux meilleurs citoyens ; qu'elle a pour but de
rappeler aux républicains ces temps malheureux où la réaction royale les
poursuivait et les confondait, sous la dénomination vague de Jacobins, avec
les hommes que le royalisme lui-même avait soudoyés pour couvrir la République de bastilles et d'échafauds ; que, par là, cet article sème la crainte et
l'inquiétude dans l'âme des citoyens, qui frémissent des nouvelles proscriptions dont on les menace ; qu'on trouve dans cet article, et ce ton de gaité
féroce qui caractérisait les écrivains vendus à la royauté, frappés par la loi
du 19 fructidor dernier, et cette tactique de l'étranger, dont le but est d'ali-
menter sans cesse les factions, de prolonger les troubles et empêcher l'affermissement du gouvernement constitutionnel sous lequel tous les citoyens
doivent vivre paisibles et tranquilles ; qu'il importe de punir avec une sévérité également inflexible les hommes, qui, sous quelque couleur que ce soit,
déchirent ainsi le sein de leur patrie, et ne font qu'accroître l'audace et les espérances des ennemis intérieurs et extérieurs de la République ; ouï le rapport du ministre de la police générale ; arrête ce qui suit : Art. 1. En vertu de
l'article 35 de la loi du 19 fructidor an V, le journal intitulé *le Cercle ou
Journal des arts et des plaisirs* est prohibé ; les scellés seront apposés
sur les presses servant à l'imprimer. — Art. 2. L'auteur et l'imprimeur de ce
journal seront dénoncés à l'accusateur public du tribunal criminel du département de la Seine, pour être poursuivis comme provocateurs au meurtre,
conformément à la loi du 29 mars 1793. *Signé* : Merlin, président ; Lagarde,
secrétaire général [1]. »

MCCCXXXI

14 FLORÉAL AN VI (3 MAI 1798).

Journaux.

Rédacteur du 18 floréal : « *Bureau central du canton de Paris. Paris,*

[1]. Dans le registre du Directoire, on lit seulement ceci : « Du 13 floréal an VI. La feuille intitulée *le Cercle ou Journal des arts et des plaisirs*, publiée à Paris, contenant dans un des articles de son n° 67 une provocation directe à l'effusion du sang, est prohibée, et il est ordonné que les scellés seront apposés sur les presses servant à l'imprimer. » (Arch. nat., AF* III, 11.)

Le 14 floréal an VI. Le Bureau central du canton de Paris aux commissaires de police. L'insouciance que les citoyens de cette commune apportent dans le service de la garde nationale sédentaire et la désertion presque habituelle de la plupart des corps de garde ont plus d'une fois compromis la tranquillité publique et offert un vaste champ à l'audace des malfaiteurs de tous genres dont Paris est infesté. Vous-mêmes, citoyens, lorsque vous avez eu recours à la force armée pour appuyer l'exécution des ordres dont vous étiez chargés, ne vous êtes-vous pas trouvés, par le défaut de toute assistance, dans la cruelle nécessité de compromettre l'autorité par un pas rétrograde ou d'exposer votre personne et les fonctions dont vous êtes revêtus aux insultes de la malveillance, toujours disposée à braver la loi toutes les fois que les officiers civils chargés de la faire exécuter ne sont pas entourés d'un appareil militaire capable de lui en imposer? Nous nous sommes constamment élevés avec force contre un ordre de choses aussi contraire au maintien de la sûreté publique et au perfectionnement de la police administrative; nous avons une infinité de fois adressé nos réclamations à ce sujet au commandant temporaire de la place et même au ministre de la police générale. Le commandant temporaire, chargé maintenant de veiller à l'exécution des jugements des comités de discipline militaire, va prendre tous les moyens qui dépendent de lui pour assurer la ponctuelle et sévère exécution de ces jugements. Nous pensons que cette voie coactive ranimera le zèle de la plupart des citoyens, malheureusement trop indifférents sur la sûreté de la chose publique, qui ne peut jamais être troublée, sans que la leur ne soit à l'instant même directement compromise. Mais il faut que, de votre côté, vous fassiez de fréquentes rondes dans les corps de garde, pour constater l'état dans lequel vous les trouverez, et que vous nous en fassiez parvenir un rapport bien détaillé. Ce n'est pas seulement pendant le jour que les postes sont déserts : c'est surtout la nuit, moment où la force publique devrait veiller et où les citoyens qui la composent se retirent eux-mêmes chez eux pour ne reparaître que le lendemain au moment de l'appel. C'est donc pendant la nuit surtout que les rondes que nous vous demandons doivent avoir lieu. Nous n'avons pas besoin d'insister sur la nécessité de cette mesure : vous devez en sentir toute l'utilité. Vous voudrez bien l'employer avec tout le zèle dont vous devez être animés, et nous dénoncer avec exactitude et sans aucun ménagement toutes les négligences que vous aurez remarquées. Salut et fraternité. Les administrateurs du Bureau central, *signé* : LESSORE, COUSIN, MILLY. » — *Rédacteur* du 15 floréal : « *Guerre des prêtres entre eux.* L'ambition et la jalousie furent, de tout temps, l'apanage du fanatisme. Semblables aux chiens qui, après avoir chassé de bon accord, se battent à la curée, les prêtres d'aujourd'hui se disputent entre eux la direction des consciences et les produits du commerce pénitentiel. La petite anecdote suivante, dont on garantit l'authenticité, en offre une preuve convaincante. Plusieurs ci-devant grandes dames avaient formé, à l'Abbaye-au-Bois, un oratoire tout à fait séraphique. Il était composé de ministres soi-disant formés dans le martyr et dignes en apparence de blanchir jusqu'aux cas réservés. Une tribune d'expiation était établie dans ce temple. Là, tous les dimanches, chaque initié de tout sexe et de tout âge venait déposer dans la bourse du chef ministre une rançon proportionnée aux péchés qui le livraient à Belzébuth. Plus d'une fois la bourse sacrée fut remplie ; on assure même que des pièces d'or y furent déposées par certaines prudes célèbres et observatrices des mœurs et modèles du quartier. Tout allait au gré des fidèles, et plus encore à celui de leurs fortunés pasteurs, lorsque plusieurs préposés du ci-devant curé de Saint-Sulpice, jaloux du sort et des recettes abondantes de l'oratoire de l'Abbaye-au-Bois, cherchèrent à usurper ses trésors et sa béatitude. Ils firent accroire pieusement aux ouailles les plus opulentes de ce saint lieu que leur conscience n'y était point en sûreté, que les prêtres qui le desservaient n'étaient point catholiques, que les uns avaient fait des serments qu'ils n'avaient point rétractés, que les autres avaient rétracté leur rétractation; en un mot, qu'aucun d'eux n'avait la vertu eucharistique, ni la source véritable des absolutions..... Cette petite ruse sacerdotale réussit aux Sulpiciens; la terreur et l'idée de damnation éternelle s'emparèrent de toutes les âmes nourricières de l'Abbaye-au-Bois. Cet oratoire, longtemps si pacifique et si paisible, fut abandonné sans retour, et le tronc expiatoire, qui en faisait le principal ornement, est passé dans les mains des saints missionnaires de Saint-Sulpice qui en partagent aujourd'hui les offrandes sacrées, jusqu'à ce que d'autres pieux personnages les dépouillent, à leur tour, du fruit de leurs intrigues catholiques. Comme cette anecdote fait beaucoup de bruit dans le quartier de l'Abbaye-au-Bois, et qu'elle est encore en ce moment le sujet des conversations d'un grand nombre de citoyens de toutes les classes qui entourent cette ci-devant abbaye, on a pensé qu'il serait utile de la faire connaître au public, pour le convaincre de l'esprit de charité qui anime la majeure partie des prêtres, et assigner le degré de confiance qu'on doit à leurs conseils salutaires, à leurs angéliques bienfaits. » — *Clef du Cabinet* du 15 floréal : « *Paris, le 14 floréal*. La guerre de placards se fait depuis quelques jours avec un acharnement peu patriotique, et nous gémissons, parce que nous n'avons pas oublié que cette guerre a toujours précédé les grands mouvements. Nous savons qu'au milieu des babouvistes désespérés de ne pouvoir ramener le beau temps du sans-culottisme et des royalistes espérant toujours follement que les dissensions rétabliront le trône, il est des républicains incorruptibles, capables d'éclairer par leur lumière l'opinion publique vacillante au milieu de tous ces écrits. Mais, pour une affiche sage dont les principes sages calment les esprits, que d'autres qui ne font qu'irriter les âmes! Il nous semble que la mesure la plus salutaire serait d'empêcher de semblables combats. Si un écrivain, ami de l'ordre, voulait employer son éloquence pour prouver aux hommes exaspérés de part et d'autre que leur grand intérêt est de se faire oublier, de ne briguer aucun emploi, de se réunir de cœur et d'âme à la Constitution actuelle, oh ! comme nous bénirions ses efforts! Jusqu'à ce que nous voyions des placards dirigés avec force vers cet utile but, nous serons affligés qu'on permette les autres, car ils ne peuvent faire que du mal..... »

MCCCXXXII

15 FLORÉAL AN VI (4 MAI 1798).

Rapport du bureau central du 16 floréal.

Mœurs et opinion publique. Esprit public. — Les nuances nouvelles de l'opinion publique sont très légères, mais au surplus avantageuses; on voit moins de gens appliqués à susciter des semences de désunion entre les principaux pouvoirs; plus de personnes au contraire annoncent de la confiance dans l'esprit dont le Corps législatif est animé, et, dans la presque totalité des citoyens, la haine de tout esprit de faction se manifeste au même degré. — Des militaires croient à l'ouverture d'une nouvelle guerre, et leurs conjectures, auxquelles ils ne donnent d'autres motifs que ceux des mouvements de troupes qui ont lieu sur les bords du Rhin, sont marquées au coin du patriotisme et du courage; car ils se montrent toujours prêts à se mesurer avec les ennemis de la République. — Le mécontentement de ceux qui sont connus pour partisans fougueux de l'anarchie ne se découvre qu'au silence profond qu'ils observent dans tous les lieux publics, et très peu osent se permettre des plaintes contre l'opinion qui les condamne à une absolue nullité.

Spectacles. — Les spectacles n'ont offert hier aucune particularité.

Détails administratifs. — Les scellés ont été apposés sur les presses des journaux *le Cercle* et *la Feuille politique*. Ils ont été levés de dessus celles qui ont servi à imprimer autrefois le *Rapporteur républicain*. — Il a été accordé deux nouvelles permissions de tenir bal.....

Journaux. — Les feuilles périodiques de ce jour continuent à marcher, pour le plus grand nombre, sur la ligne du véritable patriotisme. L'impulsion que des écrivains estimables y donnent à l'envi à l'opinion publique est franche et porte le caractère d'un ferme attachement à la Constitution de l'an III. — On ne présume pas que l'ironie donnée par le citoyen Destival aux membres de l'assemblée électorale qui siégeait à l'Institut soit partagée par l'*Indépendant*, qui contient aujourd'hui une lettre de ce citoyen; cette lettre est une réponse du citoyen Destival au *Messager du Soir*, qui avait attaqué ses principes, et ce citoyen, qui était électeur, déclare qu'il ne s'est pas réuni à ceux rassemblés à l'Institut, parce qu'il ne s'est pas senti assez pur pour avoir cet honneur. — Le *Nouvelliste politique* donne sur des électeurs du département de l'Ardèche, dépeints par lui comme sectateurs de Marat, de Robespierre, de Chalier, etc., des renseignements qu'on ne peut cependant prendre pour la juste mesure de son patriotisme. Il motive une étude qui laisse à juger s'il ne se prononcerait contre l'anarchie du terrorisme que par faiblesse pour une anarchie différente et non moins odieuse. — Il est aujourd'hui, dans l'*Ami de l'ordre,* une satire répréhensible de tout en général, car il comprend tout sous la définition encyclopédique du mot *Dédale,* et les lois, les finances, les factions, les bureaux, les journaux, les opinions, la marine, la guerre, les colonies, les choses, les affaires, les vertus même, tout n'est que *Dédale,* et il n'est plus de fil pour en sortir; c'est présenter le gouvernement actuel et la société elle-même sous l'image d'un véritable chaos, et l'*Ami de l'ordre* ne remplit ici rien moins que le but que promet son titre. — Cette feuille est la seule de celles d'hier qui ait nécessité une remarque particulière.....

L. MILLY.

(Arch. nat., BB³ 87, et F⁷, 3840.)

MCCCXXXIII

16 FLORÉAL AN VI (5 MAI 1798).

RAPPORT DU BUREAU CENTRAL DU 17 FLORÉAL [1].

Mœurs et opinion publique. Esprit public. — Les opinions restent toujours aussi satisfaisantes. Il a paru étonnant à beaucoup d'habitués de cafés que la Commission chargée du rapport sur les assemblées électorales de la Seine ait proposé d'en annuler toutes les opérations. L'opinion du citoyen Guillemardet, au contraire, a obtenu beaucoup d'assentiment. Cependant il est beaucoup de bons esprits qui, tout en désirant que les choix faits par l'Institut [2] soient validés, ne sont pas sans craindre les conséquences de ce résultat pour l'avenir. — Il s'est formé entre huit et neuf heures du soir, au coin des rues Honoré et du Chantre, un groupe de vingt personnes, dont quelques-unes ont paru membres de l'assemblée qui a eu lieu à l'Oratoire : on

1. Dans BB³ 87, ce rapport est daté par erreur du 20 floréal.
2. C'est-à-dire par l'assemblée électorale scissionnaire, qui avait siégé à l'Institut.

approuvait exclusivement les choix faits dans cette assemblée ; l'on y parlait d'initiative du gouvernement pour faire triompher les choix faits par les électeurs de l'Institut.

Spectacles. — L'esprit de parti qui a poursuivi longtemps les artistes républicains attachés aux théâtres paraît tout à fait anéanti. Le citoyen Talma, que le royalisme honorait autrefois de son dédain, a reçu hier l'accueil le plus flatteur à son entrée en scène. L'opinion s'est beaucoup améliorée dans cette partie du public qui fréquente le plus habituellement le théâtre de la rue Feydeau. — On a donné au théâtre du Vaudeville une petite pièce, sous le titre du *Pour et contre*[1]; elle est absolument étrangère à l'opinion, un seul couplet excepté, qui fronde les caméléons en politique et qui fait sourire malignement les hommes d'un patriotisme douteux ; couplet au surplus très équivoque en lui-même, et dont le sens présente effectivement le pour et le contre. — Au théâtre de l'Ambigu a eu lieu la première représentation de *La fausse Mère*[2] ; elle ne renferme rien qui choque ou le gouvernement ou les mœurs, mais il est dans l'un des rôles une situation répugnante : une femme, livrée aux horreurs de la famine, va jusqu'à faire le geste de se dévorer les membres. Ces tableaux épouvantables, auxquels on finirait par accoutumer l'œil du spectateur, sortent de la ligne d'une bonne moralité. — Il a été pris de nouvelles mesures pour la répression de la prostitution. — Il a été découvert et saisi une loterie clandestine.

Journaux. — Le citoyen Fleurot entreprend dans l'*Indépendant* la défense du concierge du Temple, à l'occasion de l'évasion du commodore Sidney, ou plutôt répond à la présomption manifestée par quelques journaux qu'il eût pu favoriser cette évasion. Le même journal donne un extrait du *Courrier de l'armée d'Italie*, lequel croit découvrir dans la disposition de différentes cours de l'Europe les symptômes d'une nouvelle guerre ; il conçoit particulièrement des soupçons sur l'Autriche, l'État de Naples, la Toscane et le Piémont. — La commune de Lyon, si l'on en croit le *Révélateur*, continue d'être le théâtre des vengeances du royalisme. Une faction royale se flatte d'avoir la prépondérance pour les choix qu'elle a faits, et bientôt on signalera comme anarchistes les scissionnaires, contre lesquels on déclame déjà. Par une suite de ce mauvais esprit, l'autel de la patrie

---

1. Vaudeville par Bourgueil.
2. *La faussé Mère ou une Faute de l'Amour*, pantomime dialoguée en cinq actes, imitation du théâtre anglais, avec combats, évolutions militaires, prison mécanique, musique, costumes et décors nouveaux, puisés dans le quinzième siècle, par Camaille Saint-Aubin. On en trouvera une analyse dans le *Courrier des Spectacles* du 18 floréal an VI.

[6 mai 1798] DIRECTOIRE EXÉCUTIF 644

a présenté des fleurs de lis au lieu d'emblèmes de la liberté. L'autorité supérieure peut seule savoir jusqu'où ces plaintes peuvent être fondées; elles ont paru d'autant plus à remarquer que Lyon y est dépeint comme devant être avant un mois livré aux fureurs des assassins. — L'envoi du journal le *Républicain* a encore manqué aujourd'hui ; il vient d'être écrit itérativement au rédacteur de cette feuille. — L'administration n'a pas reçu le journal que la *Clef du Cabinet* appele l'*Incorrigible*[1] et dont il cite le passage suivant, écrit à l'occasion de l'évasion de Sidney : « Il paraît qu'en effet il est arrivé quelques guinées de Londres, mais qu'elles n'ont pas toutefois été employées à soudoyer l'anarchie, ainsi qu'on avait trouvé expédient de le dire au Directoire, dans les rapports bien véridiques des ci-devant agents de Cochon. Tant que le Directoire, oubliant les manœuvres découvertes par la correspondance de Klinglin, ne cessera de poursuivre le fantôme du terrorisme, on lui en fera voir bien d'autres, et peut-être que bientôt le Jura, le Midi, l'Ouest, l'incendiaire Sidney lui-même, lui donneront de nouvelles preuves de la destination et de la direction des guinées de Pitt. » Les autres feuilles ne donnent lieu à aucune observation .....

L. Milly.

(Arch. nat., BB³ 87, et F⁷, 3840.)

Journaux.

Publiciste du 17 floréal : « *Paris, 16 floréal*. Buonaparte a décidément quitté Paris, dans la nuit du 14 au 15 de ce mois. On dit que c'est pour Toulon, et qu'il ne s'agit plus d'une expédition en Égypte, mais d'une réunion avec la flotte espagnole. Le général Menou a reçu ses ordres hier et part aussi pour Toulon,.... »

MCCCXXXIV

17 FLORÉAL AN VI (6 MAI 1798).

Rapport du bureau central du 18 floréal.

Mœurs et opinion publique. Esprit public. — Dans l'opinion de la majorité on a préjugé hier la décision du Corps législatif sur les élections du département de la Seine, en sorte que l'assentiment donné aux choix faits par les électeurs qui s'étaient réunis dans la salle de

1. M. Tourneux ne signale pas de journal de ce nom.

l'Institut a été approuvé comme il avait été désiré. Il a été recueilli très peu d'opinions contraires, et celles de cette dernière nature dont on ait été frappé avaient lieu dans les groupes qui s'étaient formés aux environs du lieu des séances du Conseil des Cinq-Cents ; encore se résumait-on à dire que les opérations des deux assemblées devaient être également annulées.

Lieux publics. — Les promenades publiques ont été très fréquentées, proportion gardée ; le jardin de l'Élysée le fut beaucoup moins, mais au surplus le calme a été général.

Culte. — Les différents exercices du culte ont eu lieu sans trouble et sans scandale ; l'affluence a été beaucoup plus grande à l'église Gervais, où des enfants, au nombre de deux cents environ, se trouvaient réunis pour faire ce que les ministres du culte catholique appellent leur première communion. Il s'est commis quelques vols de menus effets de poche ; une femme, prise en flagrant délit, a été conduite chez le juge de paix. — Un assez grand nombre de marchands, peu disposés apparemment en faveur de l'institution décadaire, tiennent opiniâtrement rigueur au nouveau calendrier ; la fermeture des boutiques au jour correspondant à un dimanche du calendrier grégorien afflige l'œil encore sur bien des points. Cette froideur de patriotisme choque davantage au Palais-Égalité, où le luxe des étalages et des montres est plus grand, et où les marchands, tous débitants, se trouvent plus rapprochés. Telle est au surplus l'amélioration de l'esprit public que, parmi le plus grand nombre, cette fidélité de certains marchands, connus d'ailleurs pour peu dévots, à chômer le dimanche, passe pour une sorte d'outrage à l'ordre actuel des choses.

Journaux. — Les feuilles périodiques de ce jour ne donnent lieu à aucune observation importante. On remarque seulement que le *Publiciste* prête au Directoire exécutif une politique qui consiste à se tenir éloigné de tout projet tendant à réunir l'Italie en une seule république, attendu que ce serait s'exposer à voir par la suite transformés en rivaux des alliés utiles dans l'état de séparation où ils sont aujourd'hui. — Il paraît y avoir beaucoup de légèreté dans cette opinion, et on porte le même jugement sur l'idée qu'il manifeste que, d'après le rapport que doit faire le représentant Crassous, le Corps législatif pourra bien revenir sur des élections déjà approuvées.....

L. MILLY.

(Arch. nat., BB³ 87, et F⁷, 3840.)

JOURNAUX.

Publiciste du 18 floréal : « Paris, 17 floréal. Il se confirme que c'est pour Toulon qu'est parti Buonaparte, quoiqu'on lui ait à différentes reprises assigné d'autres destinations, peut-être dans l'intention de donner le change à nos ennemis. On ajoute qu'il trouvera tout disposé dans ce port pour l'entreprise qu'il est chargé de diriger. Voici la version qui court maintenant à ce sujet, et qu'on répand comme la plus vraisemblable. La flotte de Toulon, jointe à l'escadre vénitienne, doit, dit-on, coopérer à la descente en Irlande ou en Angleterre; elle tâchera de débloquer à son passage l'escadre espagnole enfermée à Cadix; de se réunir à elle pour se rendre à Brest, et pour en sortir aussitôt que les troupes nécessaires à l'expédition auront été embarquées sur les différents points... »

MCCCXXXV

18 FLORÉAL AN VI (7 MAI 1798).

RAPPORT DU BUREAU CENTRAL DU 19 FLORÉAL.

Mœurs et opinion publique. Esprit public. — La confirmation des choix faits par l'assemblée qui siégeait à l'Institut jouit du même assentiment dans la majeure partie du public, mais on aperçoit quelques hommes qui, se prétendant amis des principes, traitent d'arbitraire la décision du Corps législatif. Cependant leurs opinions ne se propagent point au delà de leurs cercles privés, et, lorsqu'elles donnent lieu à quelques discussions, les remarques les plus défavorables viennent toujours à tomber sur ceux qui dirigeaient ou partageaient les opérations de l'Assemblée de l'Oratoire. — Les conjectures sur celui des membres du Directoire qui devra subir la loi du sort et sur celui qui le remplacera n'ont rien qui porte un autre caractère que celui de la simple curiosité. — Le petit moyen des fausses conjectures, employé pour faire croire à de grands et très prochains événements, est commun aux royalistes et à quelques anarchistes frustrés dans leur attente ; les uns et les autres n'ont pour but que d'alarmer les esprits, que de les mettre peu à peu en défiance contre le gouvernement, et sont également embarrassés de déclarer sur quoi ils se fondent pour prévoir ces prétendues crises. C'est de la même source que découlent tous les bruits de reprise d'hostilités, d'alliances et de coalition nouvelles dans le Nord, de nouvelles interruptions dans les paiements de la Trésorerie, et en un mot tous les propos équivoques propres à faire douter du maintien de l'ordre actuel des choses, si l'on ne parvient à mettre, soit au Corps législatif, soit dans les premières fonctions, les hommes les plus énergiques, épithète que les hommes sages et clairvoyants réduisent à sa juste signification. Ce qu'il y a de citoyens animés de l'amour de l'ordre mettent (sic) des bornes à leurs conjectures sur nos opérations politiques et tirent le meilleur augure du mystère qui les enveloppe.

Spectacles. — Il a paru y avoir beaucoup de malignité dans les applaudissements très prolongés que le public a donnés au théâtre de la rue Feydeau, à ce passage de *L'Homme à bonnes fortunes :* « J'en vois beaucoup en carrosse qui ont longtemps couru après. » — Au théâtre de la République et des Arts, où le concours s'est malheureusement trouvé faible, a eu lieu la représentation du *Chant des Vengeances,* par le citoyen Rouget de Lisle [1] ; on a vu avec plaisir que la totalité des spectateurs est entrée dans l'esprit de cet intermède et en a goûté les moindres détails ; on doit également rendre justice à l'exactitude et au zèle particulier avec lequel les artistes de ce théâtre ont rempli les rôles qui leur étaient confiés. Des applaudissements très vifs ont été l'effet et la suite de l'impression qu'a produite la finale : « Poursuivons jusqu'au trépas l'ennemi qui nous offense » ; elle a été rendue d'ailleurs avec beaucoup de feu. — Les autres théâtres n'ont donné lieu à aucune observation.

Journaux. — Dans le détail que le *Républicain,* ci-devant *Journal des hommes libres,* et le *Persévérant* donnent de la séance du 18 de ce mois au Conseil des Cinq-Cents, le rapport fait au nom de la Commission par le représentant Bailleul reçoit de fréquentes et de virulentes critiques, ou plutôt la manière dont ils exposent ce rapport en est une ironie continuelle ; l'authenticité des pièces fournies à la Commission par le Directoire y est évidemment révoquée en doute ; le mot anarchiste se trouve par contradiction plus d'une fois répété en caractères italiques : il en est de même de ce passage de l'opinion du représentant Rouchon : « On parle d'anarchie, mais c'est pour faire passer le despotisme. » Il annonce du regret de ne pouvoir nommer le représentant (Carbelot), qui a nié l'existence d'une conspiration, et qui, bien plus, a demandé s'il n'était pas dans la nature du gouvernement d'être en conspiration permanente contre les gouvernés. Il est, dans la même feuille, une réponse du citoyen Gaultier Biauzat au précis que le citoyen Guyot-Desherbiers a donné des opérations de la portion des électeurs qui siégeaient à l'Oratoire. C'est le principe de la

---

1. Voir *Rouget de Lisle,* par Julien Tiersot, p. 223.

majorité libre dans les assemblées électorales que défend le citoyen Gaultier Biauzat, mais il ne dit rien en faveur de la majorité libre dans les assemblées primaires, où germe le premier vice des élections, et qui, violentées par des hommes de parti, ont pu porter des hommes de parti aux corps électoraux et y former une majorité. — On annonce dans le *Publiciste* que le roi de Naples continue des préparatifs militaires et compte sur la protection de l'Empereur ; il ne dit pas dans quelles vues. Parmi les candidats pour la place que le sort doit rendre vacante au Directoire, il place Berthier, Treilhard, Talleyrand, Cambacérès. Enfin il annonce un message prochain et intéressant sur la manière de juger les élections. — Le *Fanal* donne d'un papier anglais, *le Courrier*, un extrait qui tend à persuader qu'une grande partie de l'argenterie provenant de nos conquêtes en Italie est passée en Angleterre, où elle est convertie en guinées, et que le commissaire du Directoire, chargé de la vente du mobilier national dans ce pays, a offert de vendre à perte aux Anglais des monuments précieux des arts et même d'en garantir les envois contre toute prise en mer. On ne voit pas quel peut être l'objet de la publicité de cette assertion du journaliste anglais. — Une convention et un traité faits entre l' Empereur et le roi de Prusse sont annoncés affirmativement dans le titre du *Point du Jour*, et ne sont qu'en conjecture dans le corps du journal.

L. Milly.

(Arch. nat., BB³ 87.)

Journaux.

Rédacteur du 23 floréal : « *Extrait du registre des délibérations du Bureau central du canton de Paris, du 18 floréal an VI*. Le Bureau central, informé que des ouvriers de diverses professions se réunissent en très grand nombre, se coalisent, au lieu d'employer leur temps au travail, délibèrent et font des arrêtés par lesquels ils taxent arbitrairement le prix de leurs journées; que plusieurs d'entre eux se répandent dans les ateliers et sur les places publiques, communiquent leurs prétendus arrêtés à ceux qui n'y ont pas concouru, et emploient les menaces et la violence pour les entraîner dans leur parti ; considérant que chaque ouvrier, lorsqu'il se présente à un propriétaire ou à un entrepreneur, pour lui offrir ses bras et son industrie, a bien le droit de demander le salaire qu'il croit être en état de gagner, mais que la loi défend toute réunion qui tendrait à forcer pour tous la fixation de ce salaire; considérant que les citoyens, égaux en droits, ne le sont point en facultés, en talents et en moyens, et qu'ainsi des conventions entre des ouvriers ou quelques-uns d'entre eux, qui fixeraient au même taux le salaire de tous, seraient aussi préjudiciables pour eux-mêmes que pour les entrepreneurs, en ce qu'elles empêcheraient de proportionner les salaires à raison du travail, de l'industrie et du talent; considérant que de telles conventions réduiraient les ouvriers eux-mêmes à l'indigence la plus affreuse, en ce qu'elles pourraient opérer la cessation ou la suspension de leurs travaux, qu'elles porteraient le trouble dans les ateliers, alarmeraient les citoyens, éloigneraient de Paris les propriétaires, les manufacturiers et les entrepreneurs; considérant enfin les dispositions de la loi du 17 juin 1791; ouï le commissaire du pouvoir exécutif; arrête ce qui suit : 1° Les articles 4, 5, 6, 7 et 8 de la loi du 17 juin 1791, relative aux assemblées d'ouvriers et artisans de même état ou profession, seront réimprimés, affichés et publiés au son de la caisse dans toute la commune de Paris. — 2° Le Bureau central, en vertu de l'article 4 de cette loi, déclare nuls, inconstitutionnels et non obligatoires les arrêtés qui peuvent avoir été pris par des ouvriers de différentes professions, pour s'interdire respectivement et pour interdire à tous autres ouvriers le droit de travailler à d'autres prix que ceux fixés par lesdits arrêtés; fait défense à tous ouvriers d'en prendre à l'avenir de semblables, et déclare que le prix du travail des ouvriers doit être fixé de gré à gré avec ceux qui les emploient. — 3° Les auteurs, chefs, instigateurs qui auraient provoqué ou rédigé ces arrêtés, ceux qui useraient de menaces ou de violence, soit contre les entrepreneurs, soit contre les ouvriers usant de la liberté accordée par les lois au travail et à l'industrie, subiront les peines portées aux articles 4, 6 et 7 de la loi sus-énoncée. — 4° Les commissaires de police et les officiers de paix sont chargés, chacun en ce qui le concerne, de veiller à l'exécution de la loi et du présent arrêté. — 5° Le commandant temporaire de la place est requis de leur prêter main-forte, en cas de besoin. Les administrateurs du Bureau central, *signé* : LESSORE, COUSIN, MILLY. Le commissaire du Directoire exécutif, *signé* : PICQUENARD. » — *Clef du Cabinet* du 19 floréal : « *Paris, le 18 floréal.* A peine Bonaparte est parti pour la Méditerranée, et déjà certains journalistes donnent le plan de l'entreprise qu'il va diriger. Il semble, en vérité, qu'ils veulent avertir l'Angleterre de tout ce qu'on médite en France, afin qu'elle prenne des mesures contre tous les dangers qui peuvent la menacer. Heureusement le Directoire ne les a pas mis dans le secret. »

MCCCXXXVI

19 FLORÉAL AN VI (8 MAI 1798).

JOURNAUX.

Ami des Lois du 19 floréal : « ...Parce que le gouvernement déclare la guerre aux anarchistes, ne voilà-t-il pas que les traîneurs de l'arrière-garde de Louis XVIII reprennent les tresses retroussées avec une affectation ridicule! Autrefois nos grenadiers portaient aussi des tresses retroussées, parce que cette coiffure était plus leste, plus militaire, et qu'elle servait à la propreté des habits. Leurs tresses étaient ornées de rubans reçus de leur maîtresse : ce gage heureux de l'amour excitait leur vaillance et assurait la victoire. Mais à quels titres et par quels exploits nos jeunes gens ont-ils mérité de porter la tresse? Et n'est-il pas indécent qu'ils s'obstinent à conserver une coiffure odieuse aux républicains, depuis que les Chouans de la Vendée l'ont adoptée ?.... »

MCCCXXXVII

20 FLORÉAL AN VI (9 MAI 1798).

Rapport du bureau central du 21 floréal [1].

Surveillance. Événements. — Les commissaires de police du XI° arrondissement ont fait fermer les oratoires du culte catholique autres que ceux fixés pour la commune de Paris.

Mœurs et opinion publique. Esprit public. — Les mêmes hommes qui, après la division du Corps législatif en faveur de l'Institut [2], criaient à la violation des principes, sèment en ce moment les soupçons les plus injurieux sur l'exclusion par la voie du sort d'un des quatre membres du Directoire, par les formes constitutionnelles du tirage ; mais ce nuage de mécontentement et d'opposition n'obscurcit en aucune manière l'horizon politique. La résolution prise conformément au projet de la commission qui était chargée du rapport sur les opérations des assemblées électorales rassure la majorité des citoyens qui redoutaient l'admission au sein du Corps législatif d'hommes généralement connus par de grands excès. L'aspect des différents arrondissements de cette commune présente le calme et la sécurité, conséquence des opinions dont on vient de donner une idée.

Lieux publics. — Les promenades ont été très fréquentées. On a remarqué, ce décadi, plus de boutiques fermées qu'il n'en avait été vu précédemment. Il y a eu quelques procès-verbaux de dressés contre les particuliers qui se sont permis des étalages de marchandises. — Les cafés sont calmes, et la masse des habitués y est pour la plus grande partie très disposée à garantir le maintien de la République par celui de la Constitution de l'an III ; les lieux où les ennemis de la chose publique, qu'ils disent cependant aimer exclusivement à (sic) la masse des citoyens, se rassemblent d'habitude, n'offrent aucun mélange, et sont par cela même plus faciles à distinguer ; on y remarque un profond silence et une circonspection mystérieuse à l'aspect de tout étranger.

1. Il n'y a pas de rapport à la date du 20 floréal.
2. C'est-à-dire en faveur de l'assemblée électorale scissionnaire siégeant à l'Institut.

Culte. — Le culte des théophilanthropes a eu lieu avec calme et décence; l'affluence a été considérable au temple de la Cité ; on a réprimé l'indécence de quelques jeunes gens qui se permettaient des rires injurieux, et des sorties ironiques contre ce culte. Cet incident, le seul que l'on ait remarqué, n'a cependant pas nui à la tranquillité avec laquelle les exercices ont été faits.

Journaux. — Des feuilles périodiques d'hier, 20 floréal, le *Républicain* seul, indiqué précédemment pour continuateur du *Journal des hommes libres*, motive une observation qui peut frapper en général sur la manière dont la séance du 19 est rendue, mais on éclairera suffisamment l'autorité à cet égard, par la transcription des articles suivants : « Enfin le projet de la Commission est adopté dans son entier, et sans le moindre changement, malgré les réclamations, pour leur commettants respectifs, de Beytz, de Talot, de Delbrel, de Monmayou, de Bardou-Boisquetin, que Fabre (de l'Aude) a voulu faire rappeler à l'ordre, parce que ce vertueux républicain avait prouvé que le citoyen Cornilleau, nommé accusateur public, était injustement exclu, puisqu'il a été membre des Assemblées constituante, législative et conventionnelle [1], et qu'il a même été victime du régime révolutionnaire. Il est impossible de suivre le détail repoussant des scènes tumultueuses, des cris indécents qui ont coupé la parole à toute réclamation. Il suffit d'assurer que toutes ont été terminées par le principe : *Aux voix l'article!* et le projet a passé tout entier. (Nous en donnerons le texte demain.) On donne une seconde lecture de cette *résolution dépurative* en quatre-vingt-seize articles. » — Le même journaliste revient encore aujourd'hui sur le projet de la Commission, dont le représentant Bailleul était rapporteur, et annonce donner la résolution en son entier « pour la faire connaître aux intéressés ». Il manifeste croire au doute qu'il dit répandu dans le public que la Commission, dans son projet, se soit servie « d'un travail étranger », et rapporte un mot selon lui échappé au citoyen Hardy, lequel se serait vanté d'avoir travaillé onze heures avec le Directoire et aurait annoncé les prompts résultats de ce travail. — Ce journal ne motive nulle autre observation, si ce n'est qu'il paraît présumer que le royalisme est l'esprit dominant de la commune de Lyon. — Quelques feuilles aujourd'hui se livrent à des conjectures capables de faire douter de la fidélité de nos alliés, ou à porter un degré d'impression de plus aux mouvements intérieurs des États voisins. — L'*Ami des Lois* était entré dans ce plan, par une *Pétition des rois de*

---

1. René Cornilleau avait en effet fait partie de la Constituante et de la Convention, mais non de la Législative (dont les ex-constituants étaient exclus).

[30 AVRIL AU 9 MAI 1798] DIRECTOIRE EXÉCUTIF 652

l'Europe au Directoire. Mais il déclare aujourd'hui que cette pétition a été insérée dans le n° du 16 de ce mois contre ses intentions, et qu'elle lui a été adressée de Hambourg. — Dans le *Révélateur*, le citoyen Hus, s'intitulant républicain piémontais, accuse Charles-Emmanuel de tyrannie, et gémit de la victoire qu'il le considère (*sic*) comme couvert du sang du peuple souverain du Piémont et lui annonce que son acte d'accusation est dressé à côté de celui de Ferdinand de Naples. — L'*Indépendant* réfléchit sur le même État et ne balance pas à appeler Charles-Emmanuel un ennemi déguisé de la France. Il indique les moyens qu'il croit sûrs pour démocratiser le Piémont, donnant à penser que la France n'a fait son traité d'alliance avec le Piémont que pour augmenter les forces combinées de l'Italie.....

COUSIN.

(Arch. nat., BB³ 87, et F⁷, 3840.)

MCCCXXXVIII

COMPTE DÉCADAIRE DES OPÉRATIONS DU BUREAU CENTRAL DU CANTON DE PARIS, DU 11 AU 20 FLORÉAL AN VI [1].

Surveillance. — ... Le Bureau central a pris un arrêté, le 18 floréal, sur les rassemblements d'ouvriers et artisans [de même état et

1. Nous ne donnons, de ce rapport, que les passages qui se rapportent à notre sujet. Il est accompagné de la lettre d'envoi ci-jointe : « *Paris, 28 floréal an VI*. Au ministre de la justice. Citoyen ministre, nous vous adressons, ci-joint, le compte de nos opérations pendant la seconde décade de floréal. Il vous offrira le tableau de 244 arrestations qui ont eu lieu pour divers délits, notamment 2 pour assassinats, 40 pour vols, 12 pour escroquerie, 32 pour prostitution ; les décisions prises à la suite de 177 interrogatoires que nous avons fait subir, et par suite desquels 44 prévenus n'ont été renvoyés que sous caution, et 26 renvoyés devant les juges de paix, comme prévenus de délits plus graves ; la récapitulation des détenus dans les différentes maisons d'arrêt de Paris, de laquelle il résulte qu'il y en est entré 458, qu'il en est sorti 387, et qu'il en restait le 20 floréal 2,424 ; une correspondance avec diverses autorités et différents fonctionnaires publics, pour activer l'instruction des procès de plusieurs coupables, tels que les brigands qui ont attaqué les diligences près la Belle-Épine, ou à l'occasion, soit de plusieurs prévenus de délits, soit de plusieurs évadés des prisons ou des fers. Nous annonçons dans ce compte que déjà nous avons appelé l'attention de l'autorité sur ces évasions fréquentes et particulièrement sur l'insouciance que l'on met dans la garde des brigands, qui sont déposés momentanément dans les maisons d'arrêt sur les routes. Nous y annonçons aussi une mesure par nous prise, et qui jusqu'à présent a produit un bon effet, relativement à la fourniture du pain aux détenus. Nous y donnons un aperçu satisfaisant sur la situation des esprits et de l'opinion

profession, qui se réunissent et se coalisent pour taxer arbitrairement le prix de leurs journées [1].

Sûreté. — ... Il a été transmis au commandant temporaire de la place de Paris un rapport du commissaire de police de la division des Arcis, relatif à des chasseurs, de garde à la Grève, surpris chez des marchands de vin avec des filles de débauche, passé onze heures du soir, lesquels n'ont voulu se retirer et ont forcé le commissaire à déployer son autorité ; il a invité le commandant à prévenir par des mesures sévères de pareils désordres.....

Salubrité et voie publique. — ... Le Bureau central a enjoint au citoyen Ribier de fournir le théâtre Louvois, dont il a la direction, de tous les ustensiles nécessaires pour arrêter les progrès d'un incendie, s'il venait à se manifester. Il a chargé le commissaire de police de la division Le Peletier de veiller à l'exécution de cet ordre.

Mœurs et opinion publique. Esprit public. — L'opinion, dans les premiers jours de la deuxième décade, attaquée par des hommes qu'elle rejetait des premières fonctions publiques, a flotté un moment, plutôt inquiète encore qu'incertaine ; les esprits exagérés cherchaient à faire considérer comme funestes les efforts que le Corps législatif et le Directoire faisaient de concert pour empêcher que l'anarchie ne souillât les véritables choix du peuple en s'introduisant dans le sein de la représentation nationale. Mais la masse des citoyens ne fut pas trompée sur les craintes qu'on voulait lui inspirer. L'opinion se raffermit ; on ne crut point aux grands coups, aux événements funestes que se plaisaient à prédire des hommes remplis de ressentiments ; les 16 et 17 floréal, l'opinion était entièrement pro-

de la masse des citoyens, et en même temps une idée avantageuse de la grande majorité des feuilles périodiques, en fixant l'attention du gouvernement sur le petit nombre de celles que doit atteindre son autorité, et sur une brochure ayant pour titre, *les Annales de la religion*, laquelle tend à replonger les hommes peu éclairés dans le fanatisme et à les remettre sous le joug du despotisme sacerdotal. — Il résulte de ce compte que les recherches actives des filles de débauche ont effacé en grande partie le tableau scandaleux de la prostitution. La nécessité de pourvoir, sans retard, au payement des sommes dues aux entrepreneurs du nettoiement et de l'illumination pour éviter la cessation de ces deux services importants, qui ont fait l'objet de la sollicitude de l'administration [résulte de ce compte]. Il en résulte aussi que les approvisionnements de denrées et marchandises sur les halles et marchés, ports et chantiers, ont été abondants pendant cette décade. — Enfin on n'a point omis d'y faire mention des sollicitations des bureaux de bienfaisance des quarante-huit divisions de Paris, pour obtenir des farines blanches à l'usage des mères indigentes, allaitant leurs enfants, les fonds assignés pour les secours à domicile étant si modiques, qu'ils peuvent à peine suffire à soulager les vieillards et infirmes. — Salut et respect. Les administrateurs, LESSORE. » — Arch. nat., BB[3] 87, et F[7], 3840.

1. Voir plus haut, p. 648.

noncée sur les choix qu'il fallait valider au Corps législatif, et la situation des esprits en a été d'autant plus satisfaisante, les 18 et 19, jours pendant lesquels on s'est uniquement occupé de la résolution du Conseil des Cinq-Cents sur le même objet.

Théâtres. — Les théâtres ont joui d'un calme continuel ; les malignités anti-civiques s'en sont toujours éloignées ; on ne peut citer néanmoins qu'une seule production patriotique, qui est le *Chant des Vengeances*, donné, au milieu des applaudissements du public, au théâtre de la République et des Arts [1].

Filles publiques. — Il est peu de jours de cette seconde décade où il n'ait été pris des mesures pour la répression du scandale des mauvaises mœurs, et on peut facilement juger qu'elles n'ont point été infructueuses ; l'œil n'est pas aussi souvent scandalisé du tableau de la prostitution, qui marchait tête haute dans les rues les plus passagères.

Bals. — Si les plaisirs sont le thermomètre de la tranquillité, on a une conséquence heureuse à donner de l'énumération de quelques bals, pour lesquels il a été accordé de nouvelles permissions au nombre de onze.

Placards. — On a noté deux placards et deux pamphlets ; il en a été donné un léger précis aux rapports des 12 et 14.....

Culte. — Le culte n'a fourni aucune observation importante.

Journaux prohibés. — Enfin, au nombre des détails d'administration, on place l'apposition des scellés sur les presses des journaux *le Cercle* et *la Feuille politique*, et la levée de ceux qui avaient été mis sur les presses du ci-devant *Rapporteur républicain*.

Journaux. — On a eu plus d'une fois occasion de faire remarquer que l'esprit de la majorité des feuilles périodiques s'était beaucoup amélioré, et il est facile d'en juger au petit nombre de celles qui ont motivé des observations particulières dans le courant de la deuxième décade de floréal. D'une part, le *Républicain*, constant à nier l'existence d'un parti anarchique, a blâmé les mesures que le gouvernement prenait pour le comprimer, et traitait les autorités avec une injurieuse liberté, ou donnait une sorte d'assentiment aux opinions qui tendaient à faire passer le despotisme. A travers ces sentiments, il a laissé glisser quelques personnalités envers des fonctionnaires publics ; tantôt le Directoire était dépeint comme un aveugle qui s'amusait à poursuivre le fantôme du terrorisme et perdait de vue les manœuvres découvertes par la correspondance de Klinglin ; tantôt le

---

1. Voir plus haut, p. 647.

…étail d'une séance, notamment celle où le représentant Bailleul fit son rapport sur les élections, reçoit des observations intercalaires qui sont autant de critiques plus ou moins virulentes. De plus, on a eu lieu de remarquer qu'avec le journal dont il s'agit, le *Révélateur* avait dépeint l'esprit de la commune de Lyon comme étant sous l'influence continuelle du royalisme. — D'une autre part, on a blâmé l'*Ami de l'ordre* qui, dans deux numéros consécutifs, a laissé douter de ses intentions et de son attachement au gouvernement républicain. — On a considéré comme très léger, de la part du *Publiciste*, de supposer au Directoire un intérêt à voir les États de l'Italie, qui sont nos alliés, rester dans l'état de séparation où ils sont aujourd'hui, en craignant une rivalité pour le gouvernement dans le cas où ils viendraient à se réunir pour ne former qu'une puissance. — Les réflexions ont été plus graves sur le *Nouvelliste politique*, dont la plume s'est plue à reproduire avec une affectation sensible les maux dont la France fut couverte sous le règne de la Terreur. Cette feuille a évidemment laissé percer des regrets d'un ancien ordre de choses et une sorte de tendance au royalisme. — Enfin on n'a pas pu passer sous silence combien peut nuire à la propagation des principes républicains, la publicité de la brochure périodique *les Annales de la Religion*, qui consacre l'utilité des missions apostoliques et d'une correspondance entre les ministres catholiques, s'encourageant, d'un bout de la République à l'autre, à fanatiser les esprits et à rétablir peu à peu la dominance de leur culte. Tel est le tableau que l'on a donné successivement des opinions blâmables dans l'une et l'autre extrême.

Oratoires. — Le Bureau central a adressé au département, qui la lui avait demandée, la liste des oratoires existants à sa connaissance dans Paris, pour l'exercice des cultes. Il a pris des mesures pour l'exécution de l'arrêté du département concernant les oratoires particuliers et il l'en a informé, en lui accusant la réception dudit arrêté. Tous ces oratoires particuliers ont été fermés.

Loteries prohibées. — Deux loteries prohibées ont été saisies.....

Jeux prohibés. — Le ministre de la police avait annoncé être informé que des militaires retirés du service, et même en activité, donnaient à jouer aux dés sur la place de Grève ; que souvent l'argent des foules était escroqué, et il avait chargé le Bureau central de prendre des mesures pour faire cesser ces jeux scandaleux. Le Bureau central lui a répondu que des mesures étaient prises, tous les jours, pour nettoyer cette place, et que le commandant temporaire avait promis de se concerter à cet effet avec les agents du Bureau central. — Le Bureau central a donné ordre de surveiller les petits marchands stationnant sur la voie publique, qui invitent les passants à jouer à une espèce de loterie à 2 sous, et d'autres individus qui engagent les militaires et autres à jouer au 31 sur le quai des Tuileries.

Recette sur les bals et fêtes publiques. — Le Bureau central a transmis au département une délibération prise par la Commission des hospices pour activer la rentrée du quart de la recette des bals et fêtes publiques, en lui observant qu'il était d'avis de l'approuver, quant au choix de deux autres préposés pour recevoir sur-le-champ ; mais que les poursuites à exercer devaient lui être réservées.....

LESSORE.

(Arch. nat., BB³ 87, et F⁷, 3840.)

MCCCXXXIX

21 FLORÉAL AN VI (10 MAI 1798).

RAPPORT DU BUREAU CENTRAL DU 22 FLORÉAL.

Esprit public. — Les détails peu intéressants contenus aux rapports d'opinion ne donnent lieu à aucun exposé particulier.

Journaux. — Deux journaux, le *Nouvelliste politique* et le *Républicain*, motivent seuls des observations aujourd'hui. Le premier se plaît à reproduire avec les plus grands détails tous les maux que le terrorisme a causés en France. Le but de ces réminiscences épouvantables est de porter le Conseil des Anciens à sanctionner la résolution prise par celui des Cinq-Cents ; mais n'est-ce pas lui faire outrage que de supposer aussi visiblement qu'il ait besoin pour se déterminer du tableau le plus irritant des malheurs qui ont souillé différentes époques de notre Révolution ? Convient-il encore de dire que le règne de la Terreur fut une époque où « les pères et les enfants, poussés par milliers aux frontières, y venaient en tremblant pour y faire trembler l'Europe, où la nation, consternée de ces massacres sans fin, et confuse de ces victoires sans fruit... » etc. Ces peintures du terrorisme sont tellement affligeantes qu'il répugne de les retracer au souvenir, et que celui qui s'y détermine a probablement un dessein dont il est permis à l'autorité de soupçonner la pureté. — Sous l'annonce de la *Lanterne magique ou Pièce curieuse*, le *Républicain* s'exprime ainsi qu'il suit : « On annonce pour le 25 floréal un tableau mouvant mécanique. Il représente l'intérieur d'un temple décoré des emblèmes des lois. Neuf hommes âgés de quarante ans au moins, et parmi lesquels tous les curieux reconnaissent sans peine des fondateurs et des soutiens de la République, des ministres, des négociateurs habiles, des généraux victorieux, pénètrent ensuite dans l'intérieur du temple; un dixième, dont la physionomie, très soigneusement composée, offre un mélange bizarre de hauteur et de souplesse, d'arrogance nobiliaire et d'hypocrisie sacerdotale, cloche subtilement à leur suite et comme à leur insu[1]; notre homme est affublé d'une foule de vêtements différents qui, mal cachés l'un par l'autre, se trahissent par leur contraste; on aperçoit à son chapeau une cocarde d'émigré, quoique assez adroitement recouverte par les couleurs nationales; un large manteau noir, bordé d'étoffe cramoisie, est suspendu sur ses épaules par un bout de la jarretière si connue d'une grande baronne. On lui voit un pantalon rouge, une soutane noire, un sachet de dentelle, un sabre, une crosse; le portrait d'une belle Indienne pend à son cou, et il est attaché au ci-devant ruban d'une croix d'évêque. Un sac de biribi, prêt à sortir de l'une de ses poches et qu'il s'efforce d'y faire rentrer, refoule et pousse au dehors une foule de papiers, qui s'échappent, se dispersent en l'air, et sur lesquels on lit distinctement les inscriptions suivantes », etc. Le reste répond à cet extrait, et l'autorité n'a pu voir avec indifférence une satire aussi forte dirigée contre l'un des premiers fonctionnaires publics investis de la confiance du gouvernement.

État des personnes arrêtées le 21 floréal. — ... Chatelet (Antoine), âgé de soixante-dix-sept ans, natif de la Ferté-sur-Marne, ministre du culte catholique, domicilié à Chamilly, même département, prévenu d'être prêtre réfractaire. — Fréchon (Jean-Nicolas), âgé de cinquante-neuf ans, natif de Verdun, domicilié à la Ferté-sous-Jouarre, prévenu d'être prêtre réfractaire. — Jalingues (François), âgé de quarante-six ans, natif de Leynhac (Cantal), domicilié à Jouarre, ministre du culte catholique, prévenu du même délit. — Amand (Christophe-Emmanuel), âgé de quarante-quatre ans, natif d'Étrée-en-Santerre (Somme), ministre du culte catholique, domicilié à Jouarre, prévenu du même délit.

LESSORE.

(Arch. nat., BB³ 87, et F⁷, 3840.)

1. Il s'agit évidemment de Talleyrand.

[11 MAI 1798]   DIRECTOIRE EXÉCUTIF   658

JOURNAUX.

Chef du Cabinet du 22 floréal : « *Paris, le 21 floréal.* Quoiqu'il eût été ordonné, longtemps avant le 28 fructidor, de placer sur les quatre portes principales du ci-devant Louvre : *Palais national des Sciences et des Arts*, cette inscription y était encore désirée; mais le ministre de l'intérieur vient de donner des ordres très formels à cet égard; il faut espérer qu'enfin ils seront exécutés. » — « A l'exception des édifices réservés par la loi pour l'exercice des cultes, dans la commune de Paris, tous les autres devenus publics en fraude de la loi viennent d'être fermés... »

MCCCXL

22 FLORÉAL AN VI (11 MAI 1798).

RAPPORT DU BUREAU CENTRAL DU 23 FLORÉAL.

Événements. — ... Des compagnons maçons se sont portés hier, vers six heures et demie, dans une manufacture de porcelaine du faubourg Antoine, pour engager les ouvriers de cette manufacture à quitter leurs travaux à cette heure ; ils s'y sont refusés.

Mœurs et opinion publique. Esprit public. — La force des travaux du jour oblige de remettre à demain le rapport des opinions.

Journaux. — Les nouvelles que le *Républicain* donne des bords du Rhin sont à remarquer en ce qu'elles semblent présager des reprises d'hostilités ; il tire des conjectures des mouvements des troupes qui ont lieu vers les frontières du duché de Berg, et pense que, si l'armée française s'avance dans l'Empire, l'armée de Prusse et de Hanovre reprendra ses anciennes positions, que ce n'est pas non plus pour maintenir la tranquillité en Suisse que l'on renforce la tranquillité de ce pays. Selon le même, la perte de l'*Hercule* et du *Quatorze-Juillet* doivent engager le gouvernement à jeter un œil sévère sur nos ports; il remarque que ce dernier était monté par les mêmes hommes qui avaient été chassés de Lorient pour incivisme, après l'incendie de 92, et qui ont trouvé depuis le moyen d'y rentrer avec avantage ; Lorient, suivant ce qu'il pense, est un des ports qui contiennent le plus d'ennemis du gouvernement, et cependant, ajoute-t-il, tous les honnêtes gens ne sont pas des terroristes. Quelques autres réflexions ou annotations rapides frappent en substance sur la résolution du Conseil des Cinq-Cents relative aux élections [1]. — Le *Surveillant,* sur

---

1. Cette résolution, approuvée par le Conseil des Anciens, devint la célèbre

une lettre du 18 floréal, annonce la prise des îles [Saint-]Marcouf après un combat de sept heures, et en même temps celle de cent quarante pièces de canon de neuf cents prisonniers tant Anglais qu'émigrés; il ajoute que le général Roullon a mis le premier pied à terre et que la seconde redoute a été emportée à la baïonnette. — Il n'est rien dans les nouvelles que le *Publiciste* donne aujourd'hui de l'extérieur qui nécessite aucune observation particulière, quoique toutes présentent un véritable intérêt. — Il en est de même des nouvelles que le *Propagateur* donne sur l'Angleterre. En les supposant vraies, l'escadre espagnole est sortie de Cadix et le *Lord Saint-Vincent* a quitté Lisbonne pour courir à sa poursuite; d'une autre part, on faisait toutes les dispositions possibles pour garantir les côtes de l'Irlande contre une invasion. — On fait un reproche au roi sarde, dans le *Pacificateur*, de conserver encore des émigrés à Oneille, et il pense que c'est à leur influence qu'il faut attribuer la prise du brigantin français l'*Olympiade* par un corsaire anglais qui était monté par tous les habitants du pays. Il croit encore qu'il est du devoir de ce monarque de veiller à ce que les routes de communication de Nice à Mantoue ne soient plus infestées de brigands, qui exercent particulièrement leurs excès envers les Français voyageant isolément dans ces contrées. — Les autres feuilles ne renferment rien qui puisse devenir l'objet d'une remarque essentielle.

LESSORE.

(Arch. nat., BB³ 87, et F⁷, 3840.)

MCCCXLI

23 FLORÉAL AN VI (12 MAI 1798).

RAPPORT DU BUREAU CENTRAL DU 24 FLORÉAL.

Mœurs et opinion publique. Esprit public. — L'opinion se soutient dans un très bon esprit. On est généralement content du choix que l'on dit fait de divers envoyés auprès des puissances étrangères; on ne le paraît pas moins de la sanction donnée par le Conseil des Anciens à la résolution du Conseil des Cinq-Cents sur les diverses opé-

---

loi du 22 floréal an VI, qui annulait un grand nombre d'opérations électorales, et choisissait entre les assemblées scissionnaires. Les mesures édictées par cette loi sont connues sous le nom de coup d'État du 22 floréal.

rations de l'Assemblée électorale, quoique des citoyens, dont les sentiments paraissent purs, manifestent des inquiétudes pour l'avenir, craignent que le royalisme ne profite des mesures prises pour écarter l'anarchie de la représentation nationale. Cependant, aujourd'hui, l'un n'annonce pas plus de satisfaction que l'autre des dernières décisions du Corps législatif et des dernières nominations faites par le gouvernement.

Culte. — Les divers lieux publics et quelques petites coteries retentissent des plaintes du fanatisme. La fermeture des oratoires fait jeter des hauts cris aux dévots, qui prétendent que le gouvernement médite la destruction du catholicisme en France. Quelques gens habiles à saisir les moindres lueurs de mécontentement affectent de craindre que les autorités n'aient trop étendu cette mesure. En général, les amis de l'ordre actuel des choses pensent que rien ne doit être négligé pour arrêter les progrès du fanatisme, toujours porté à étendre au loin, dans l'ombre, ses ramifications dangereuses. — L'opinion publique porte le citoyen Treilhard au Directoire et replace le citoyen François (de Neufchâteau) au ministère.

Spectacles. — L'affluence a été considérable hier au théâtre Favart, et, jusqu'au lever de la toile, le parterre a été très bruyant; mais il n'en est résulté aucun incident grave, aucun fait qui ait porté atteinte à l'ordre. — On n'a fait, dans les autres spectacles, la remarque d'aucune particularité qui soit susceptible d'observation. — Les mesures qui tendent à réprimer le débordement des mœurs ont été continuées.

Journaux. — L'*Indépendant* est le seul des journaux du 24 qui soit susceptible de fixer l'attention de l'autorité; il pense que le Corps législatif a pris la moralité pour base de son examen des opérations des assemblées électorales, et que la Constitution, en précisant les conditions de l'éligibilité, n'y a point fait entrer la moralité; qu'un Corps législatif ne peut devenir un prétendu jury qui, dans de belles abstractions, se constituerait juge de la moralité de ceux que le peuple choisit pour ses mandataires; que, quels que soient au surplus les fruits salutaires de cette mesure, il en résulte un exemple toujours infiniment dangereux, et qu'il ne faut pas laisser dire que nous nous lassons de tout, et que les législateurs de trente millions d'hommes pourraient un jour n'être plus qu'un sénat vendu à la corruption, qu'un ci-devant parlement où un despote arrogant et ombrageux viendrait, de son bon plaisir, faire enregistrer, un fouet à la main, ses gracieux édits......

Événements. — ..... Un grand nombre d'ouvriers de différents états se sont réunis dans un cabaret des Porcherons, pour fixer les heures du travail; mais ils se sont divisés peu après.....

LESSORE.

(Arch. nat., BB³ 87, et F⁷, 3840.)

MCCCXLII

24 FLORÉAL AN VI (13 MAI 1798).

RAPPORT DU BUREAU CENTRAL DU 25 FLORÉAL.

Mœurs et opinion publique. Esprit public. — Les observations prises dans la journée d'hier, sur les opinions publiques, ne sont pas assez importantes pour faire l'objet d'un rapport particulier. — Les spectacles n'ont également présenté aucun sujet de remarque. — Les feuilles périodiques de ce jour ne donnent lieu à aucune observation particulière.....

COUSIN.

(Arch. nat., BB³ 87, et F⁷, 3840.)

MCCCXLIII

25 FLORÉAL AN VI (14 MAI 1798).

RAPPORT DU BUREAU CENTRAL DU 26 FLORÉAL.

Mœurs et opinion publique. Esprit public. — Les opinions continuent à rester dans le plus grand calme. Le changement de temps a doublé l'affluence dans les cafés et dans les spectacles, et tout y a offert l'image de la tranquillité. Les conjectures auxquelles donnent lieu les armements dans nos ports n'ont rien que de sage et même de patriotique. On en exceptera toutefois les critiques amères et les présages plus ou moins défavorables que se permettent les royalistes fidèles à se réunir dans un café qu'ils ont rendu fameux par leur mépris pour la République; ce café est situé sous une des galeries du Palais-Égalité et n'a pas besoin d'être nommé. Quelques autres, beaucoup moins considérables, disséminés sur la même division, servent comme d'écho au café d'Enain; mais à mettre d'un côté les opinions qui s'y professent, d'un autre côté celles que l'on manifeste partout ailleurs, on voit que le royalisme, réduit à un plus grand isolement, n'a rien à prétendre pour usurper du crédit ou acquérir de la force. — Il paraîtrait que l'on aurait sourdement alimenté le mécontentement dans quelques esprits de la classe ouvrière du VIII° arrondissement. Il perce, dans les lieux publics de cette extrémité de Paris, des plaintes contre la nature des choix admis au sein du Corps législatif, ou plutôt des regrets de ceux qui en ont été écartés ; quelques individus abusés cherchent à faire croire que ce résultat ne peut qu'encourager les royalistes à l'avenir et dégoûter les patriotes de se rendre en l'an VII dans leurs assemblées primaires. Ces opinions néanmoins n'avaient aucun caractère d'effervescence.

Placards. — Il paraît un placard avec timbre, sur papier bleu, sortant des presses de Deronais, rue Honoré ; il a pour titre *Les Souverains, dialogue entre Georges, porte-balle, et Denis, marchand de fromages* [1]. Cet écrit a eu pour objet de jeter du ridicule sur le style guindé de quelques patriotes exagérés de la classe la moins instruite, qui s'abusent sur le véritable sens du mot *souveraineté* et se plaignent trop amèrement de ce que la chose n'a pas été respectée, suivant eux, dans la confirmation des élections.

Spectacles. — Les théâtres n'ont offert aucune particularité ; on a remarqué une affluence considérable à celui de Louvois.

Journaux. — Le *Journal des campagnes et des armées* (n° 783) doit fixer l'attention particulière du gouvernement, si ce qu'il dit est conforme à la vérité. Il annonce qu'un nommé Spitery, exprès expédié récemment de Malte, est arrivé à Paris, où il a remis des dépêches secrètes à messieurs Cibon et Brest, qu'il renomme, l'un pour agent de l'Ordre et de la Russie, l'autre pour espion du premier ; qu'il vient pour activer les projets de différentes personnes, dont il a déjà donné la liste au gouvernement, et qui veulent faire avorter, dans nos ports de la Méditerranée, les grandes vues du Directoire exécutif ; que le prétexte du voyage de Spitery est une réclamation de biens contre le nommé Dirocco, réclamation d'autant moins fondée que celui-ci est naturalisé en France depuis longtemps. Pour mettre le gouvernement d'autant plus en garde contre la mission de Spitery, le journaliste rapporte un fait récent, qui consiste en ce que, lors du passage d'une flotte française à la vue de Malte, dans une traversée de Corfou à Toulon, les Maltais firent signifier au commandant de la flotte que, d'après les traités existants, on ne pourrait recevoir en

---

1. On en trouvera plusieurs exemplaires aux Arch. nat., AF III, 100.

rade plus de deux vaisseaux français, qu'autrement on était prêt à faire résistance; que cet avis suivit immédiatement un massacre de tous ceux qui se trouvaient emprisonnés à Malte pour fait d'opinion; que, dans la nécessité de se radouber, une seule frégate étant entrée au port, on lui fit faire impitoyablement quarantaine, quoique sans cette précaution tous vaisseaux anglais, russes, napolitains, etc., fussent reçus quelquefois au nombre de dix ou douze. Il ne balance pas alors à faire envisager au Directoire cette différence de procédés de nous aux autres puissances comme une véritable inimitié, et cet allié comme un véritable ennemi. Cet article est signé Charles Zammit; on en promet une suite. — Suivant ce qu'a dit hier le *Publiciste*, le port de Livourne a servi de retraite à un corsaire anglais, qui y a conduit une prise française. — Il est une remarque, faite par le citoyen Valant, dans l'*Indépendant*, c'est que le nombre des suicides est plus grand aujourd'hui dans notre seule capitale (ce mot est très inconvenant) que dans toutes celles de l'Europe collectivement prises. — De son côté, l'*Ami des Lois*, en rapportant que le Grand Conseil Cisalpin a décrété la censure au procès-verbal à ceux de ses membres qui manqueraient dix fois de se rendre à l'heure fixée au lieu des séances, dit connaître « d'autres Conseils qui devraient bien s'appliquer les mêmes dispositions ». — L'*Ami de l'ordre* se livre à des réflexions très étendues sur les progrès effrayants de la passion du jeu; il dit que le gouvernement n'a rien fait, s'il ne se hâte de les arrêter, et même d'extirper ce vice, le fléau le plus redoutable des mœurs. — Les autres feuilles ne donnent lieu à aucune observation...

Cousin.

(Arch. nat., BB³ 87, et F⁷ 3840.)

MCCCXLIV

26 FLORÉAL AN VI (15 MAI 1798).

Rapport du bureau central du 27 floréal.

Mœurs et opinion publique. — Il n'est parvenu aujourd'hui aucuns renseignements qui puissent faire l'objet d'un rapport sur les mœurs ou sur les opinions.

Journaux. — Il n'est sur les journaux aucune réflexion importante à faire; tous se tiennent dans les bornes d'un patriotisme qui paraît sincère aujourd'hui sous la plume de presque tous les écrivains. —

[16 mai 1798]   DIRECTOIRE EXÉCUTIF   664

Il y a différence d'opinion entre le *Patriote français* et l'*Indépendant :* le premier, au nombre des ressources que le gouvernement possède encore en finances, place l'établissement des contributions indirectes ; le second, loin de voir un avantage dans ce système, en regarderait l'adoption comme un véritable fléau politique. Il voit de loin le rétablissement des barrières et un nouveau code de délits qui conduirait nombre de citoyens dans les fers, et imprimerait le sceau de l'esclavage sur le front du Français devenu libre.....

LESSORE.

(Arch. nat., BB³ 87, et F⁷, 3840.)

JOURNAUX.

Patriote français du 27 floréal : « *Paris, 26 floréal.* ....On ne lit plus sur les enseignes de Paris : *Bière de Mars;* le Bureau central veille à l'exécution du calendrier républicain ; on affichera : *Bière de germinal.* » — *Clef du Cabinet* du 27 floréal : « *Paris, 26 floréal.* D'après les états des mercuriales adressées au ministre de l'intérieur, il résulte que le prix moyen du blé froment, vendu sur les marchés publics pendant les mois de vendémiaire, brumaire et frimaire de l'an VI, dans toute l'étendue de la République, a été de 11 francs 52 centimes le quintal. Le citoyen Devèze, chef de la 6ᵉ division du ministère de l'intérieur, a attesté ce résultat le 15 floréal. » — *Publiciste* du 27 floréal : « *Paris, 26 floréal*.... Buonaparte est arrivé à Toulon. On assure que la flotte est aussitôt partie de ce port. Sa destination est toujours un mystère heureusement impénétrable. Elle va, dit-on, attaquer les Anglais là où ils ont peu de moyens de défense, et où les immenses préparatifs qu'ils font dans leurs îles seront en pure perte. On annonce de grands événements pour le courant du mois prochain..... »

MCCCXLV

27 FLORÉAL AN VI (16 MAI 1798).

RAPPORT DU BUREAU CENTRAL DU 28 FLORÉAL.

Mœurs et opinion publique. Esprit public. — Parmi les questions politiques agitées aujourd'hui, on remarque celle qui a rapport aux ventes de biens, dans lesquelles il y a lésion reconnue. Quelques individus, ou peu amis de l'ordre ou peu réfléchis, s'efforcent de répandre des regrets dans le public, de ce que cette disposition ne s'étend pas à toute espèce de vente faite dans le cours de la Révolution ; ils déguisaient ainsi leur vœu pour une sorte de revision des fortunes, et leur intention n'était plus douteuse, quand ils allaient chercher les dilapidateurs jusque dans les premières autorités. Ce mauvais esprit était celui de l'un des cafés les plus fréquentés du Palais-Égalité. — Le vague des conjectures sur la descente en Angleterre n'a rien que de favorable à l'opinion, sauf celle de quelques ennemis de la République, toujours ardents à grossir les forces marines de l'insulaire, et à refroidir et décourager ainsi ceux qui brûlent de voir son orgueil humilié et ses cruautés punies. — La nomination du citoyen Treilhard au Directoire obtient l'assentiment général, et l'estime universelle accompagne le citoyen François (de Neufchâteau) dans sa retraite. — Les esprits sont calmes, sur tous les points de cette commune, et rien ne fait craindre que cette tranquillité soit de sitôt troublée.

Spectacles. — Ils n'ont offert aucune particularité ; l'esprit public a peu d'occasions à s'y manifester, mais on n'y découvre nulle trace de dispositions dont la chose publique puisse avoir à se plaindre....

Journaux. — On remarque essentiellement que le *Républicain* semble croire à une conspiration des royalistes en disant que « depuis quelques jours les armuriers de Paris font un débit considérable d'armes et que l'on peut garantir que ce ne sont point les terroristes qui les achètent ». — Le *Fanal*, sous le titre « Politique » écrit qu'il est important à la tranquillité intérieure que le Directoire remplace un grand nombre d'administrations du Midi, plusieurs départements, selon lui, n'ayant fait qu'élever une faction sur les débris de l'autre ; il voit encore l'anarchie puissante dans les départements du Var et de Vaucluse ; il dénonce un club perturbateur à Bordeaux, dans lequel les affidés qualifient entre eux de *Directocrates* les véritables républicains. — L'*Observateur* jette les yeux sur la multiplicité des jeux de hasard, pour la répression desquels il appelle l'attention de l'autorité. — Il a paru, le 26 floréal, correspondant au 15 d'un mois de l'ère chrétienne, un nouveau numéro des *Annales de la religion*. Rien de plus adroit, rien de plus âcre, en même temps, que le style sous lequel on publie dans cette brochure des considérations sur l'état actuel du catholicisme; par toutes sortes de raisonnements assez captieux, on y présente les opinions religieuses comme triomphantes des opinions politiques ; on passe en revue avec mépris ce que les énergumènes, Anacharsis Cloots, Marat, Chaumette, et les érudits ou philosophes, Dupuis, Voltaire et J.-J. Rousseau, ont objecté contre le christianisme. On met adroitement ces derniers sur la même ligne que les autres, pour les réfuter tous par la même défense, ou plutôt la philosophie reçoit autant d'outrages dans celles que l'on fait à la mémoire de ces hommes qui ont rendu des services inappréciables à la société. Dupuis n'est lu de personne, Voltaire n'a fait que des gambades, Rousseau n'a que d'élégants paradoxes. On ne dit pas un mot de Fréret, le plus redoutable de tous, et ce silence est à remarquer. A la religion chrétienne on attache le salut de la morale, en disant que le ressort le plus utile aux mœurs publiques et particulières est la confession ; on donne un grand relief à cette religion, en avançant que la grande agitation que nous éprouvons depuis quelques années n'est autre chose que la guerre d'une prétendue philosophie contre la religion de Jésus-Christ. Il est un point de mysticité défendu en passant par quelques mots, et ce point est celui de la *présence réelle dans l'Eucharistie*. Contre le caractère de douceur qui convient à ceux qui suivent les préceptes évangéliques, on se livre à des personnalités très blâmables contre l'auteur de *Charles IX* et contre le citoyen Monvel. En un mot il est évident que l'auteur cherche à identifier, par tous les moyens possibles, les idées religieuses propres à son culte avec les idées politiques qui dérivent de la forme de notre gouvernement. — Dans la correspondance épiscopale dont on trouve des extraits à la fin de cette brochure, on voit d'une part que tout est organisé pour faire triompher le christianisme sur tous les points de la République, et on y applaudit aux progrès nouveaux qu'il vient de faire à Besançon, à Sens, à Auxerre, à Avignon, à Rodez, à Bordeaux, à Blois, etc. Cette correspondance dangereuse est plus active que jamais et menace d'enlever à la saine philosophie la majeure partie de cette jeunesse intéressante et précieuse, dont la patrie attend des lumières et du courage, et sur laquelle le fanatisme étend sa main flétrissante pour la plonger dans les ténèbres de la superstition et l'énerver par des craintes mystiques. — Ces observations viennent nécessairement à l'appui de celles que l'on a fait passer au ministre de la police générale, sur un numéro précédent de ce journal et sur deux autres brochures imbues du même esprit......

COUSIN.

(Arch. nat., BB³ 87, et F⁷ 3840.)

JOURNAUX.

Patriote français du 28 germinal : « *Paris*, 27 *floréal*..... Buonaparte est arrivé à Toulon. On assure que la flotte est aussitôt sortie de ce port. Sa destination est toujours un mystère, heureusement impénétrable. Elle va, dit-on, attaquer les Anglais là où ils ont peu de moyens de défense, et où les immenses préparatifs qu'ils font dans leur île seront en pure perte. On annonce de grands événements pour le courant du mois prochain. Encore quelques jours, et deux nations rivales vont lutter corps à corps. Déjà l'épouvante a devancé nos flottes orgueilleuses, et, tandis que les cavernes du crime retentissent, les échos des vastes mers répètent nos chants guerriers :

> Calme-toi, plaintif Océan,
> Reçois la liberté : le Français te la donne.
> Dans tes flots affranchis tu vas rouler le trône
> Et le sceptre en débris d'un farouche tyran.

France, encore une fois, sois toute guerre ! Un dernier succès manque à tes destinées. Peuples, soyez attentifs au grand spectacle qui se prépare. Votre tranquillité va sortir du fracas des canons et briller du milieu des tourbillons de fumée. Quel mortel peut contempler de sang-froid l'orage qui commence à gronder et prévoir les résultats d'un choc aussi majestueusement terrible ? Quel Français, depuis le départ du fils de la Victoire, ne sent pas d'impatience tout son sang bouillonner dans ses veines, ne calcule pas tous les instants, ne consulte pas le souffle des vents, ne s'élance pas en idée sur le rivage couvert d'innombrables guerriers, ne suit pas d'un œil craintif cette forêt de mâts et de javelots, ces citadelles flottantes, ces tonnerres prêts à lancer la terreur et la mort sur le monstre qui brave l'univers ?.... » — *Républicain* du 28 floréal : « *Paris, 27 floréal.* On a remarqué depuis quelques jours un débit considérable de toutes sortes d'armes fait par les armuriers de Paris ; et l'on peut garantir que ce ne sont point les terroristes qui les achètent...... » — *Clef du Cabinet* du 28 floréal : « *Paris, le 27 floréal.* On demande tous les jours où est Bonaparte : ne faudrait-il pas demander plutôt où il n'est point ? Nos journalistes l'ont placé à la fois dans tant de lieux différents, qu'on dirait qu'il remplit l'espace de son immensité, comme la Providence. Une conclusion plus juste, c'est que le secret du gouvernement a été bien gardé. Quoi qu'il en soit, il semble qu'aujourd'hui on se réunit à dire que le général de l'armée d'Angleterre est à Toulon et que nous apprendrons incessamment quelque nouvelle satisfaisante...... »

MCCCXLVI

COMPTE RENDU PAR LES ADMINISTRATEURS [1] DU DÉPARTEMENT DE LA SEINE DE LEUR GESTION DEPUIS LE 1ᵉʳ VENDÉMIAIRE JUSQU'AU 27 FLORÉAL AN VI, EN EXÉCUTION DE L'ARTICLE 200 DE LA CONSTITUTION [2].

... *Cultes.* — L'administration, pénétrée des dispositions des diverses lois rendues sur la liberté des cultes, s'est empressée de faire droit aux réclamations qui lui ont été adressées par les citoyens exerçant le culte théophilanthropique, qui demandaient, aux termes de la loi, à jouir, concurremment

---

1. Ces administrateurs étaient alors Joubert, Leblanc, Dumas, Fournier, Lefebvre.
2. Ce compte rendu a été imprimé chez Ballard, imprimeur du département, rue des Mathurins, Paris, an VII, in-4 de 72 pages, plus 3 feuillets non numérotés. Nous n'en reproduisons que les parties qui se rapportent à notre sujet.

avec les catholiques, des édifices qui leur avaient été accordés ; en conséquence elle a chargé les administrations municipales, dans les arrondissements desquelles sont situés ces édifices, de les mettre à la disposition des réclamants. Après avoir confirmé par plusieurs arrêtés ceux des administrations municipales, elle a réglé conformément à la loi les heures auxquelles les différents cultes auraient lieu ; savoir : celui des catholiques, jusqu'à onze heures du matin ; et celui des théophilanthropes, depuis cette heure jusqu'à trois du soir. Elle a même ordonné que les clefs de ces édifices fussent déposées entre les mains des commissaires de police. L'administration, informée que des ecclésiastiques autorisés à rester sur le territoire de la République, eu égard à leur âge et à leurs infirmités, avaient négligé de prêter le serment prescrit par la loi du 19 fructidor an V, a pris un arrêté portant que les administrations municipales du canton de Paris et des cantons ruraux rendraient compte, dans un bref délai, à l'administration centrale des mesures qu'elles auraient prises pour faire prêter le serment par les ecclésiastiques dont il s'agit ; elle leur a tracé la marche qu'elles doivent suivre pour connaître ceux d'entre eux qui auraient tenté de s'y soustraire......

Spectacles. — Conformément aux ordres du ministre de la police générale, elle a porté son attention sur les spectacles ; elle a chargé ses architectes de les visiter, et d'aviser aux moyens d'en rendre les issues plus sûres et d'y prévenir les incendies. Elle a souvent recommandé à leurs entrepreneurs de ne représenter que des pièces capables d'entretenir l'esprit de liberté, et d'inspirer l'amour de la Constitution et des lois qui en émanent.

Écoles primaires. — L'administration a senti que la prospérité des écoles primaires ne dépendait pas moins de la tenue des classes que du bon choix des instituteurs et institutrices ; que, quelque bons que fussent ces choix, elle ne pouvait inspirer de la confiance dans ces salutaires établissements, qu'en les livrant à une surveillance active et soutenue ; elle a en conséquence veillé à ce que le jury et les municipalités s'y transportassent le plus souvent possible ; le jury, pour s'assurer de la méthode d'enseignement et du choix des livres et pour encourager, par tous les moyens que leur pouvaient suggérer leurs talents et leur civisme, les maîtres et les élèves ; les municipalités, pour surveiller la tenue des classes, l'assiduité des élèves, l'usage des livres et des maximes républicaines, et pour observer si les instituteurs et les institutrices savaient allier à leurs talents cette douceur de caractère, cette patience d'esprit et tant d'autres qualités qui constituent le bon instituteur, le véritable républicain, et qui sont indispensables pour remplir avec succès des fonctions aussi délicates. — Il a été distribué, le jour de la fête de la Jeunesse, aux élèves qui se sont signalés par des progrès dans les écoles, des récompenses dont le choix a été l'une des sollicitudes de l'administration, pénétrée qu'elle était que, souvent, les objets mis solennellement entre les mains des jeunes gens font sur leur cœur et leur esprit une forte impression, par le prix qu'ils y mettent et l'application avec laquelle ils les étudient. — Les progrès des élèves, dans plusieurs de ces écoles, ont été tels, que l'administration a eu à se louer du choix des instituteurs et qu'elle a conçu de grandes espérances pour le succès de ces institutions. — Cependant elle ne dissimule pas que, dans les cantons ruraux du département, elles sont encore éloignées de leur perfection ; qu'il y a des cantons où elles n'ont pu se bien organiser; d'autres même où il n'y a pas d'instituteur et d'institutrice, par le grand nombre de maîtres particuliers qui s'y sont fixés, par le fanatisme qui régnait dans les écoles particulières, par l'usage qui s'y faisait des anciens livres religieux, enfin par l'exercice opiniâtre d'anciens préjugés superstitieux et intolérants, dans lesquels les maîtres particuliers entretenaient la confiance des pères et mères, pour éloigner les enfants des écoles primaires, et en augmenter le nombre de leurs élèves. — Quoique l'administration fît tous ses efforts pour appeler des citoyens estimables aux honorables et pénibles fonctions d'instituteurs nationaux, la trop grande concurrence qui s'élevait contre eux ; le trop petit nombre d'élèves, enfants de ces républicains sages qui savent, sans craindre, résister ouvertement au fanatisme des prêtres ; le défaut de traitement, souvent même leur logement dans les presbytères, pourtant la seule rétribution de leurs peines ; l'usage qui leur était commandé des livres républicains ; la fermeture des classes les décadis, et leur ouverture les jours d'exercices de cultes religieux ; les préjugés que l'on propageait contre ces hommes du gouvernement ; tous ces prétextes étaient autant d'obstacles à vaincre pour le succès de ces écoles. — Presque tous les instituteurs nationaux végétaient, et la majeure partie d'eux donnaient leur démission. Mais, en exécution de l'article CCCLVI de l'acte constitutionnel, elle a soumis, sans exception, toutes les écoles et maisons d'éducation à la surveillance des autorités constituées ; elle l'a recommandée la plus stricte et la plus exacte, et c'est alors que cette mesure salutaire a fait découvrir que le fanatisme était ce qui contribuait le plus à l'éloignement des écoles primaires, souvent même à leur désertion, l'instruction y étant toute républicaine. — Nous avons fait vaquer les décadis et fêtes nationales, fait ouvrir les autres jours indistinctement. Aussitôt nous avons fait exposer, dans toutes les écoles sans distinction, imprimée en gros caractères, la Déclaration des devoirs et droits du citoyen ; nous avons veillé à ce que ces principes sacrés et la constitution fussent enseignés par les maîtres, appris et récités par les élèves. — Nous n'avons pas borné là notre sollicitude ; à cet égard, le but que nous proposions n'était pas encore entièrement rempli. — Nous avons appelé l'attention du ministre de l'intérieur sur le sort des instituteurs et institutrices ; nous lui avons représenté que le moyen essentiel de faire vivifier les écoles primaires était d'en salarier les maîtres, indépendamment du faible avantage du logement ; de rendre gratuite l'instruction qui s'y donnait, mesure certaine pour assurer l'enseignement de la classe indigente ; rendre les instituteurs et les institutrices indépendants des élèves et de leurs parents ; les élever au-dessus du pressant besoin, c'est leur donner de la dignité, l'orgueil de leur place ; c'est exciter la confiance en leur faveur, c'est assurer l'éducation républicaine en la faisant aimer. — Nous avons de plus proposé au ministre de réserver les bourses du Prytanée français en récompense aux élèves de ces écoles, qui, dans chaque département, les plus indigents et les plus propres aux sciences, auraient par leurs progrès et leur désir d'avancement garanti les vues du gouvernement dans leur instruction ; nous l'avons engagé à approuver nos mesures sur l'uniformité du régime de toutes les écoles et maisons d'éducation ; nous lui avons demandé d'assujettir tous les instituteurs, en général, à justifier de leur moralité, de leur civisme, de leurs talents et de leurs moyens d'enseignement. Certes, on ne peut trop prendre de précautions pour autoriser les fonctions aussi délicates. — Le gouvernement, bien convaincu de la nécessité de nos mesures, en a déjà confirmé une partie ; il ne nous reste sur cet objet à désirer que l'adoption de quelques autres qui, en assurant le sort des maîtres, garantiront de la prospérité parfaite de ces établissements.

Écoles centrales. — Le 1er brumaire an VI, nous avons installé une troisième école centrale aux ci-devant Jésuites de la rue Antoine. Nous avons donné à cette cérémonie toute la solennité qu'il nous a paru convenir à la dignité de ces institutions républicaines ; nous y avons appelé les autorités constituées du département, et les jurys des écoles centrales et primaires ; nous y avons invité les membres de l'Institut national, persuadés qu'il aimerait venir, par sa présence à cette cérémonie, encourager les premiers pas de la jeunesse dans cette honorable carrière qu'il utilise à la gloire de la grande nation ; et nous avons répandu dans le public un grand nombre de cartes d'invitation, et effectué par ce moyen un concours considérable de citoyens, de savants et d'élèves [1]. Des discours d'installation et d'ouverture d'écoles, tous analogues à la cérémonie, ont été prononcés ; ils ont été couverts d'applaudissements et de cris répétés de : *Vive la République!* L'impression demandée en a été effectuée. — Cette école, à peine établie, n'a pas tardé de rivaliser de succès avec les deux autres, celles des Quatre-Nations et du Panthéon ; son glorieux début démontre que le besoin de l'instruction est vivement senti, et la nécessité de compléter les cinq établissements destinés à Paris. Tous les travaux préparatifs à l'établissement de deux dernières écoles sont faits ; les professeurs sont nommés : elles n'attendent pour leur ouverture que la désignation par le gouvernement des locaux qui lui ont été demandés pour les recevoir. — C'est au milieu de la pénurie que nous avons vu fleurir ces établissements ; notre zèle pour leur prospérité a été secondé par celui des professeurs. Que ne doit-on pas attendre, lorsque les fonds, qui nous manquent, permettront d'accorder à ces institutions tout ce qui tient à leur succès !....

MCCCXLVII

28 FLORÉAL AN VI (17 MAI 1798).

Rapport du bureau central du 29 floréal.

Mœurs et opinion publique. — Les renseignements remis aujourd'hui au Bureau ne suffisent pas pour établir un rapport sur les opinions ou sur les mœurs.

1. Un nombre considérable de ces parents qui savent apprécier le mérite et la nécessité de l'instruction, et qui comptent au nombre des bienfaits de la République l'établissement des écoles républicaines, honorait ce concours ; des larmes d'attendrissement et de reconnaissance ont coulé. Les mères, surtout, recommandables par cette sollicitude qu'elles apportent à remplir avec soin les devoirs de la maternité et par ce noble désir d'élever leurs enfants au rang d'hommes, en les rendant utiles à eux-mêmes, à la patrie, à la société tout entière ; les mères, disons-nous, ont particulièrement versé de ces larmes de sensibilité, et l'impression qu'elles ont faite sur tous les cœurs nous est un sûr garant que les préjugés de l'ancienne éducation sont éteints, et que bientôt les écoles seront exactement suivies. (*Note de l'original.*)

Journaux. — Les nouvelles que donne le *Publiciste* feraient naître dans l'esprit de la multitude d'assez vives inquiétudes ; si elles étaient fondées. Elles sont, d'une part, la présomption d'une réunion complète de tous les votes au congrès de Rastadt, contenant une réponse négative à la note des plénipotentiaires du 14 floréal; d'une autre part, le bruit de déclarations faites par le prince héréditaire de Hesse-Cassel, que l'alliance entre les cours de Pétersbourg, de Vienne et de Naples était conclue et signée. — La destitution des membres de l'administration municipale du Mans excite les plaintes du *Républicain;* il observe qu'elle était choisie par le peuple et qu'elle a été destituée sous le motif banal d'anarchie, allégué à Paris par un député qui fait le constitutionnel depuis fructidor. — L'*Ami des Lois* accuse le *Surveillant* de jouir du privilège de faire transporter tous les jours sa feuille par des voitures extraordinaires, contre les dispositions de l'arrêté du Directoire, et fait entendre que c'est le fruit d'un sacrifice que les propriétaires du journal ont fait dans les bureaux du ministre des finances. — Les autres feuilles ne motivent aucune autre observation.

Lessore.

(Arch. nat., BB ³ 87, et F ⁷, 3840.)

Journaux.

Patriote français du 30 floréal : « *Paris, 29 floréal...* Les administrateurs du jardin d'Idalie avaient annoncé hier une représentation d'*Idalie incendié par la comète Vénus et Mars.* Mars, placé à l'Orient, vient lentement au-devant de Vénus, et tous les deux ils devaient aller se cacher derrière un nuage transparent qui eût laissé apercevoir leur conjonction. L'on assure que le Bureau central a fait suspendre ce spectacle, comme contraire aux bonnes mœurs..... » — *Républicain* du 29 floréal : « Le gouvernement, toujours occupé d'étendre le progrès des connaissances humaines, fait prévenir le public que la bibliothèque placée à l'Arsenal lui sera ouverte, à commencer du 1ᵉʳ prairial prochain, tous les 1ᵉʳ, 3, 6 et 8 de chaque décade, depuis dix heures du matin jusqu'à deux heures de l'après-midi ; les autres jours sont exceptés, pour que les citoyens attachés au service de ce précieux et immense dépôt littéraire puissent continuer les opérations ultérieures que demande encore sa parfaite organisation. A mesure que le travail avancera, la jouissance du public deviendra plus étendue. Cette bibliothèque, dont le Directoire a ordonné la publicité par son arrêté du 9 floréal de l'année dernière, est située dans la seconde cour de l'Arsenal en entrant par le quai des Célestins. » — *Publiciste* du 1ᵉʳ prairial : « *Paris, 30 floréal.* Le nouveau ministre de la police, Le Carlier, a été installé et est entré en fonctions avant-hier. C'est un ancien membre de l'Assemblée constituante. Il passe pour un esprit sage et éclairé. Ceux qui ont eu des rapports avec lui attestent sa modération et l'honnêteté de ses principes. Son dévouement à la République est prouvé par sa conduite durant toute la Révolution. Il a su se faire estimer en Suisse, d'où il arrive, et où il était commissaire du gouvernement auprès de l'armée française..... »

MCCCXLVIII

30 FLORÉAL AN VI (19 MAI 1798).

Rapport du bureau central du 1er prairial [1].

Mœurs et opinion publique. — Le peu d'urgence des renseignements donnés sur les opinions et sur les mœurs et même leur peu d'importance ont engagé le rédacteur à en remettre l'analyse au rapport prochain.

Journaux. — Un seul journal continue à se montrer en opposition avec les idées reçues en politique : c'est le *Républicain*; il a pris particulièrement à tâche de s'élever contre les assertions les plus simples du journal le *Rédacteur*. L'article que l'on a vu dans cette dernière feuille et dans le *Conservateur*, qui rapportait un propos tenu à Rastadt par un chanoine, écho alors de ceux dont l'espérance est de voir l'ancien ordre de choses se rétablir en France n'est point éteinte, a été pour le *Républicain* l'objet d'une censure injuste. Ce qu'il y blâmait principalement, c'est qu'on y présentât cet interlocuteur comme comptant beaucoup sur les Jacobins de France pour le retour du royalisme ; il invite le Directoire à se méfier de Rastadt et à ne pas perdre de vue que les Jacobins qui ne veulent pas de l'ordre actuel des choses, n'ont pourtant proposé encore un revisement (*sic*) de la Constitution. — Aujourd'hui le *Républicain* attaque, avec une aigreur aussi peu fondée, le *Rédacteur*, sur ce qu'il dément les calomnies et les fausses nouvelles répandues dans les pamphlets. Il demande pourquoi on se taisait, lorsque les gazetiers d'infamie travaillaient « en grand » la diffamation et l'imposture. Ce dernier mot explique tout ; on voit qu'il est question des affiches qui ont paru quelque temps sur les murs ; on n'occuperait pas l'autorité de cette rivalité de journalistes, si elle ne portait l'empreinte d'un véritable esprit de parti, qu'on ne voit bien en évidence que dans le *Républicain*. — Le même annonce que le roi de Piémont vient de faire fusiller quatre-vingts patriotes à Turin, mais ne l'annonce que comme un bruit pu-

---

1. Il n'y a pas de rapport à la date du 30 floréal.

blic. L'administration ignore s'il est fondé. — On se plaint, dans la *Clef du Cabinet*, de ce que le jury d'accusation, à Montauban, a acquitté un nommé Delisle, que l'on y qualifie d'assassin. Cette nouvelle, suivant le correspondant, a fait naître beaucoup d'indignation parmi les citoyens de Castelsarrasin et y a mis l'effervescence à son comble. — Si l'on en croit le *Journal de l'armée d'Angleterre*, qui le tient d'un citoyen nouvellement arrivé de Turin, le roi de Sardaigne a abdiqué et se dispose à venir vivre en France, en simple particulier; on prétendait même qu'il aurait fait retenir l'hôtel de Salm. — Il est dans le *Nouvelliste politique* des conjectures souvent injurieuses à des artistes de théâtre, à des journalistes; on ne note ces personnalités que pour prouver l'inconséquence et la légèreté du rédacteur, qui a quelquefois traité des matières politiques dans un style aussi leste. — On ne peut encore soupçonner la bonne foi du rédacteur de l'*Écho* dans les réflexions qu'il a faites le 30, sur l'avantage qu'il verrait à confier au Directoire la faculté de nommer aux diverses fonctions judiciaires vacantes par non élection ou élimination. Il règne dans tout cet exposé une tendance extraordinaire à augmenter les attributions du Directoire. — Il n'est aucune autre remarque à faire sur les feuilles périodiques.....

LESSORE.

(Arch. nat., BB³ 87, et F⁷, 3840.)

JOURNAUX.

Clef du Cabinet du 2 prairial: « *Paris le 1er prairial.* Hier s'est faite à l'Institut des boursiers, en présence du ministre de l'intérieur, du chef de la 5° division de son ministère et des parents des jeunes élèves, la touchante cérémonie de la distribution des prix que le gouvernement accorde aux dispositions morales et civiques des enfants qu'il réunit au collège de l'Égalité. Que de larmes le discours du citoyen Champagne, directeur de cet institut, a fait couler des yeux des pères et mères, et comme il a prouvé, par le rare talent de parler aux jeunes âmes, que la tribune institutrice lui convient encore mieux que la tribune législative, où ses ouvrages garantissent qu'il aurait porté, en politique et en législation, des idées précieuses, si son zèle pour l'établissement qu'il dirige lui eût permis d'accepter l'honneur que lui ont fait ses concitoyens. Le ministre, instruit de la bonne tenue, des progrès et de la moralité des élèves, a témoigné la satisfaction qu'il en éprouvait. Sur le compte qui lui a été rendu de la conduite, des dispositions d'un jeune enfant, admis comme externe aux cours de l'intérieur, il lui a donné, avec la couronne méritée, une des bourses vacantes, et l'on a regardé cette justice envers cet écolier sans fortune comme une suite de l'attention que le ministre a toujours apportée dans la distribution de ces bienfaits du gouvernement. »

MCCCXLIX

COMPTE DÉCADAIRE DES OPÉRATIONS DU BUREAU CENTRAL DU 21 AU 30 FLORÉAL AN VI.

..... *Correspondance et exécution relatives aux mœurs et opinion publique* [1]. — Imprimerie de la *Gazette politique*. Le Bureau central, en conséquence d'une lettre du ministre de la police, a fait lever les scellés qui avaient été apposés sur les presses du citoyen Pierret, imprimeur de la *Gazette politique*, rue du Murier-Victor.

Colporteurs. — Il a, d'après l'invitation du ministre, donné des ordres pour faire arrêter tous les colporteurs d'un pamphlet ayant pour titre : *Cruel massacre commis par quatre frères très connus, envers le père, la mère et la fille*.

Brochure fanatique et royaliste. — Le commissaire du Directoire exécutif près l'administration départementale de la Somme a répondu au Bureau central, qui l'avait invité à faire faire une perquisition chez le nommé Mariette, libraire à Amiens, à l'effet de saisir les exemplaires qui pourraient s'y trouver d'une brochure fanatique et royaliste intitulée : *Prédiction pour la fin du XVIIIe siècle*, etc., que, visite faite chez la mère de ce citoyen, où il avait son domicile, la brochure ne s'y était pas trouvée, mais qu'il en avait été saisi plusieurs autres, sous différents titres.

Caricatures. — D'après l'annonce faite par le ministre de la police, qu'il était informé que des marchands d'estampes exposaient en vente des caricatures, où l'on faisait danser le Directoire exécutif et dont le but était d'avilir les autorités constituées, le Bureau central a pris des mesures pour faire disparaître ces gravures.

Uniformes portés par des individus qui n'en ont pas le droit et qui les aviliraient. — Le ministre de la police ayant annoncé être instruit que des individus se permettaient de faire monter derrière leur voiture des laquais vêtus en dolmans semblables à ceux des officiers du 2e régiment de hussards, ce qui tendait à avilir l'uniforme de ce corps, le Bureau central a donné ordre d'arrêter tous ceux qui seraient rencontrés portant cet uniforme sans y être autorisés.

Oratoires. — Sur la réclamation des juifs et sectateurs de la religion réformée, le département a donné ordre aux commissaires de

---

[1]. Ce n'est point là le début de ce rapport. Il y est d'abord question de l'esprit public, des journaux, des brochures. Mais ce qu'on y dit sur ces sujets n'est que la répétition de ce qu'on a lu dans les rapports précédents.

police des divisions de la Réunion et des Tuileries de suspendre jusqu'à la décision du ministre de la police l'exécution de l'arrêté relatif aux oratoires, quant aux synagogues et au temple de la rue Thomas seulement.

Théâtres. — Le Bureau central a mandé tous les directeurs des spectacles qui ne se conformaient pas à l'arrêté qui leur ordonne de faire lever la toile à six heures précises, afin de leur enjoindre de s'y conformer. — Il a donné acte au citoyen Joigny, auteur dramatique, de la déclaration par lui faite qu'il avait loué le théâtre dit de Molière, rue Martin, qui serait désormais connu sous le titre de Théâtre des Amis des Arts et des Élèves de l'Opéra-Comique, et dans lequel il ferait représenter tous les jours des comédies et opéras-comiques.

Fêtes publiques. — Informé que les entrepreneurs de l'Élysée, Idalie et autres n'observaient pas les conditions imposées dans leurs permissions, en ne faisant pas déposer dans un bureau particulier les cannes, sabres, etc., le Bureau central a invité circulairement les commissaires de police à tenir la main à l'exécution de son arrêté, et à ce que les cannes, sabres, etc., soient déposés sous clef.

Bals. — Sur l'avis donné par le commissaire de police de la division de l'Observatoire, que le bal tenu par le citoyen Chalumeau était un lieu de désordre et de libertinage, et sur la proposition par lui faite de retirer au citoyen Chalumeau la permission, ou au moins de le forcer à ne donner à danser que deux fois par décade, le Bureau central a enjoint à ce citoyen de ne donner à danser que deux fois par décade, en lui observant qu'à la première plainte qui surviendrait sur la composition de son bal, la permission lui serait retirée. — D'après un rapport de l'adjudant de brigade de la 30ᵉ brigade, annonçant que les hommes envoyés par lui chez le citoyen Coulon, pour surveiller son bal, y avaient été maltraités, et qu'aucun d'eux ne voulait y retourner, attendu que ce bal n'était rempli journellement que de femmes prostituées, qui y causaient le plus grand scandale, le Bureau central a donné l'ordre de fermer ce bal. — Il a invité le commissaire de police de la division de Montreuil à lui faire savoir s'il était vrai, comme l'annonçait le rapport d'un officier de ronde, la nuit du 18 au 19 floréal, qu'il eût délivré au citoyen Grégoire Bienaimé, marchand de vin, une permission de faire danser pendant des nuits entières.

Petites loteries. — D'après l'avertissement du ministre de la police, le Bureau central a pris des mesures pour faire saisir et arrêter les teneurs de petites loteries qui s'étaient établis boulevard Marcel et Clos Payen.

Jeux prohibés. — Le chef de l'État-Major a répondu au Bureau central avoir ordonné de fréquentes patrouilles à l'effet d'arrêter tous ceux qui seraient trouvés tenant des jeux prohibés sur les places publiques.

Filles publiques. — Le Bureau central a donné les ordres nécessaires pour faire disparaître les filles publiques des Champs-Élysées.

Commerce... Nouvelles mesures de longueur. — Le Bureau central a répondu au département, qui lui avait demandé les résultats des mesures prises par les commissaires de police en conséquence de sa circulaire du 14 germinal pour assurer l'exécution de la loi sur les nouvelles mesures de longueur, que, d'après les instructions qu'il avait données aux commissaires de police, ils avaient fait des visites chez tous les marchands de cette commune, sur les halles et marchés, marchands ambulants et sédentaires ; qu'il en était résulté la saisie d'une assez grande quantité d'anciennes mesures ; qu'en général on se servait du mètre dans Paris, et que les commissaires de police qui avaient constaté des contraventions avaient remis leurs procès-verbaux aux juges de paix.

Mesures agraires. — D'après l'invitation du ministre de la justice, le Bureau central a donné ordre de surveiller scrupuleusement toutes les affiches des biens à vendre sous la dénomination d'anciennes mesures agraires, pour pouvoir donner au ministre les noms des notaires, huissiers ou autres, par le ministère desquels ces ventes se devront faire, afin qu'il puisse provoquer contre eux les mesures convenables.....

Adjudication de l'île Louviers. — Informé que des affiches annonçaient au public l'adjudication de l'île Louviers pour le 26 floréal, le Bureau central a invité l'administration centrale du département, en lui rappelant les différentes demandes qu'il lui avait déjà faites pour que cette île fût mise à sa disposition, à faire suspendre cette adjudication, ce à quoi elle a déféré.....

Arrêté relatif aux assemblées d'ouvriers. — Le Bureau central a envoyé aux contrôleurs généraux des ports et bois, aux inspecteurs des ports et aux préposés en chef des arrivages par eau des exemplaires de son arrêté du 18 floréal qui rappelle des articles essentiels de la loi concernant les assemblées d'ouvriers, etc.....

Salubrité et voie publique... Démolition de l'église Jacques-la-Boucherie. — Le Bureau central a chargé le commissaire de police des Lombards de veiller à ce que les adjudicataires de la démolition de l'église Jacques-la-Boucherie prennent toutes les mesures nécessaires pour éviter les accidents.....

Calendrier républicain. — Il a invité circulairement les quarante-huit commissaires de police à faire de fréquentes rondes pour faire exécuter strictement le calendrier républicain.....

Tortoni glacier. — Le Bureau central a enjoint au citoyen Tortoni, glacier au pavillon de Hanovre, de se pourvoir chaque jour, et à ses frais, de six ou huit hommes de force armée pour assurer le maintien du bon ordre au devant de sa maison.....

L. MILLY.

(Arch. nat., BB³ 88.)

MCCCL

1ᵉʳ PRAIRIAL AN VI (20 MAI 1798).

RAPPORT DU BUREAU CENTRAL DU 2 PRAIRIAL.

Mœurs et opinion publique. Esprit public. — Il n'est rien dans l'opinion de la majorité qui ne soit rassurant pour les observateurs dévoués au maintien de la République ; le calme règne dans tous les lieux de réunion ; les discussions patriotiques sur des objets d'utilité, sur des points essentiels d'amélioration, sont aussi sages qu'elles sont fréquentes. Les nominations aux premières places de diplomatie ou de judicature obtiennent toutes un assentiment sans partage. On voit, d'un côté, le Corps législatif ouvrir sa nouvelle session ; de l'autre, l'expédition de Toulon marcher vers son but sous les plus heureux auspices. L'ordre existe dans les ateliers, où les travaux ont été assez actifs pendant cette décade. La voie publique n'offre aucun scandale. Les hommes de parti sont obligés d'étouffer leurs espérances ; on connait le véritable degré de leur secret mécontentement, mais on remarque qu'ils ont soin de n'en rien laisser transpirer, et il résulte de ces différentes causes que la société jouit, non seulement en apparence, mais aussi en effet, d'une parfaite tranquillité sur tous les points de cette commune.

Culte. — Il est certain que le fanatisme travaille dans l'ombre ; des ministres du culte catholique ont pris un tel ascendant sur les esprits faibles qu'ils ont obtenu, les derniers jours des fêtes ou dimanches de leur calendrier, un concours plus grand que de coutume à leurs exercices. En étendant leur empire sur des chefs de famille, et surtout sur les femmes, dont l'esprit moins éclairé est plutôt la dupe de l'adroite éloquence de la chaire, ils menacent de s'emparer de l'imagination bien autrement docile des enfants et de les rendre inhabiles ensuite à se pénétrer des grandes vérités de la philosophie qui servent de base à nos institutions républicaines. L'indolence sacerdotale et la pusillanimité du caractère seraient un jour les qualités marquantes de la génération naissante, à laquelle il faut au contraire ces mâles développements qui la rendent propre un jour à concevoir l'étendue de ses droits, le prix de la liberté, et à sentir le courage de la défendre dans toutes les circonstances.

Pamphlets. — L'auteur du pamphlet qui a circulé sous le titre de : *Ordre du gouvernement de faire fermer des églises, arrestation de quarante-huit prêtres,* etc., a été, aussitôt la publicité connue de cet écrit, mandé auprès de l'administration, et, comme il est convenu de ses torts sans autre défense que celle de son extrême misère, il a été renvoyé après les plus sévères injonctions de ne point se livrer par récidive à un abus aussi préjudiciable au maintien de l'ordre et aussi injurieux à l'autorité dont il s'était fait l'organe.

Journaux. — Les feuilles périodiques de ce jour ne donnent lieu à aucune observation. En effet, on ne notera pas comme abusif l'article que le *Publiciste* a puisé dans une gazette de Hongrie et qui tendrait à faire croire que la Porte ottomane chasse de ses États tous les Français, ceux de notre légation exceptés, penche vers une alliance avec la Grande-Bretagne, consentirait même, pour y parvenir, à des sacrifices pécuniaires, et regarderait la République française comme ayant la plus grande part aux troubles intestins qui agitent la Turquie, puisqu'il pense que ces nouvelles sont semées par le ministre anglais qui voudrait, en essayant de former une coalition de ce côté, détourner le coup qui le menace à l'Ouest [1].

L. MILLY.

(Arch. nat., BB³ 88, et F⁷, 3840.)

[1]. A la date du 1ᵉʳ prairial an VI, par un arrêté que l'administration centrale de la Seine approuva le 18 prairial, le Bureau central interdit de chanter ou de lire sur les théâtres « des airs, chansons et hymnes, qui ne feraient pas partie des pièces annoncées », à l'exception des airs patriotiques mentionnés dans l'arrêté du Directoire exécutif du 18 nivôse an IV (voir t. II, p. 639). Les spectateurs qui les réclameraient seront arrêtés comme perturbateurs, ainsi que ceux qui « insisteraient avec opiniâtreté et violence » pour exiger qu'un acteur ou un auteur paraisse sur la scène, « malgré les observations faites que l'un ou l'autre est absent ou hors d'état de paraître ». (*Rédacteur* du 9 messidor an VI.) Cet arrêté avait été provoqué par une lettre du ministre de la police, que nous avons donnée plus haut, p. 592.

MCCCLI

2 PRAIRIAL AN VI (21 MAI 1798).

RAPPORT DU BUREAU CENTRAL DU 3 PRAIRIAL [1].

Mœurs et opinion publique. — Les renseignements remis aujourd'hui au bureau des mœurs sur l'opinion ne sont pas assez importants pour devenir l'objet d'un rapport particulier.

Journaux. — On est forcé de revenir encore sur l'esprit dangereux dans lequel continue d'écrire le rédacteur du *Républicain*; le n° 32 de cette feuille contient une satire amère de l'opinion sage qui domine aujourd'hui et garantit la parfaite tranquillité dont jouissent toutes les classes de la société ; le caractère de dépit qu'elle présente paraît même dirigé contre le gouvernement. On y dit qu'à Castelsarrasin la division est si frappante entre les républicains et les royalistes, que des plaintes respectives ont été faites aux autorités constituées et que les royalistes avaient été portés à cette démarche par l'espèce de faveur « qu'ont reprise depuis quelque temps les vieilles machinations carnotiennes contre les républicains ». — On y met encore de l'affectation à dire que, sur le prononcé du tribunal de Nîmes, la conspiration anarchique, tendant à se rendre maître des élections (en italiques), avait été reconnue l'ouvrage du crime et de l'imposture [2]. — Le n° 33, c'est-à-dire celui qui a paru aujourd'hui, renferme encore un outrage indirect, mais violent, à l'ordre et à la soumission aux lois, qui sont aujourd'hui observées de tous côtés. On tire, du peu d'affluence de ceux qui se sont portés civiquement aux réparations des routes dans le département de la Marne, occasion de déclamer contre l'indifférence et l'apathie des citoyens, d'avancer que, grâce aux flatteurs, en République, « posséder aujourd'hui cette indifférence, c'est se laisser

---

1. Dans BB³ 87, ce rapport est daté par erreur du 3 floréal an VI. Voir plus haut, p. 515.
2. Ces extraits ne sont pas très exactement faits. Voici comment s'exprime le rédacteur du *Républicain*, n° 39, du 2 prairial an VI, p. 128, col. 2 (Bibl. nat., Lc 2/734-735, in-4) : « On écrit de Nîmes que l'instruction qui a eu lieu à Uzès pour vérifier les pièces de *la conspiration anarchique* fabriquée dans le Gard par Blanc-Pascal et Vigier-Sarrasin a achevé de couvrir de honte ces deux intrigants. Les lettres prétendues de Raoux et Pelissier, où le projet de la conspiration était exposé à l'effet *de se rendre maître des élections*, ont été reconnues l'ouvrage du crime et de l'imposture ; le faux a été déclaré évident, et la conspiration une fumée. »

gouverner, que l'obéissance n'est plus que la passivité, et surtout que ce n'est plus l'exécution des lois et la confiance du peuple qui fait la force du gouvernement, mais que c'est le pouvoir personnel des gouvernants ; que le peuple, loin de s'intéresser aux affaires publiques, est réduit à craindre de s'en occuper par le fantôme des conspirations en permanence. » Puis on ajoute : « Combien de monarchies s'arrangeraient d'une pareille République? » Enfin on ne rougit pas de voir déjà le trône renaître de ses débris en disant « qu'à voir l'état de l'esprit public, nous ne devons pas nous croire encore bien éloignés de cette époque[1] ». L'administration avoue que, depuis longtemps, elle n'avait vu d'assertions aussi étranges et aussi affligeantes pour les ennemis de toute espèce d'anarchie.

LESSORE.

(Arch. nat., F 7, 3840.)

MCCCLII

3 PRAIRIAL AN VI (22 MAI 1798).

RAPPORT DU BUREAU CENTRAL DU 4 PRAIRIAL.

Mœurs et opinion publique. — Les renseignements parvenus aujourd'hui sur les opinions ne peuvent faire l'objet d'un rapport. — Les journaux ne donnent pareillement lieu à aucune observation importante. — Les spectacles ne présentent aucun fait qu'il soit

1. Voici le texte véritable : « On mande de Châlons (Marne) que, l'administration ayant invité les citoyens à la *corvée civique* de la réparation des routes, il s'en est trouvé à peu près une quarantaine qui aient pris la pelle et la pioche ; encore les deux tiers étaient-ils des fonctionnaires publics, qui n'avaient pu se refuser à donner l'exemple. On ne peut se dissimuler les progrès que fait l'indifférence apathique des citoyens. C'est, au reste, l'effet nécessaire des prédications journalières des nouveaux faiseurs d'esprit public. Pour cette tourbe de flatteurs en République, c'est *se laisser gouverner*; pour eux l'obéissance est la *passivité*; ce n'est plus l'exécution des lois et la confiance du peuple qui fait la force du gouvernement, c'est le pouvoir personnel des gouvernants ; et le peuple lui-même a atteint, selon eux, le maximum de philosophie sociale et de liberté, quand, désintéressé des affaires publiques, réduit même à craindre de s'en occuper par le fantôme des conspirations en permanence, il se trouve, après sept ans de révolution, avec le privilège de retourner en paix à sa charrue, et le droit d'adorer sans murmures l'ouvrage de ses mains. Combien de monarchies s'arrangeraient d'une pareille République ? Et, à entendre ce qui se dit, à voir l'état de l'esprit public, combien devons-nous nous-mêmes nous en croire éloignés? » (*Républicain*, n° 33, du 3 prairial an VI, p. 132, col. 1.)

essentiel de relater. Le calme existe de tous côtés ; rien ne semble menacer la tranquillité générale, ni la sûreté individuelle des citoyens, et aucun scandale n'afflige les regards sur la voie publique...

LESSORE.

(Arch. nat., BB³ 88, et F 7, 3840.)

JOURNAUX.

Ami des Lois du 4 prairial : « Plusieurs coups de canon ont annoncé, ce matin 3 prairial, l'arrivée du nouveau Directeur Treilhard ; il a été installé de suite, après les cérémonies d'usage, qui n'ont pas exclu les embrassements de l'amitié entre les cinq anciens et nouveaux collègues. Treilhard entre au Directoire sous les plus heureux auspices, au moment d'une victoire éclatante remportée sur les Anglais, victoire qui n'est que le prélude des grandes opérations préparées contre la nouvelle Carthage. Puissent, comme nous l'avons déjà dit, les premiers jours de son administration voir la chute du plus infâme des gouvernements ! Puisse la paix continentale signaler l'an Ier de son directoriat!..... »

MCCCLIII

4 PRAIRIAL AN VI (23 MAI 1798).

RAPPORT DU BUREAU CENTRAL DU 5 PRAIRIAL.

Mœurs et opinion publique. — Les journaux ne présentent aucun fait intéressant la chose publique, un seul excepté, qui motivera un rapport particulier au ministre de la police générale. — Les renseignements fournis sur les opinions ou sur les mœurs publiques ne peuvent faire l'objet d'un rapport.....

LESSORE.

(Arch. nat., BB³ 88, et F 7, 3840.)

MCCCLIV

5 PRAIRIAL AN VI (24 MAI 1798).

RAPPORT DU BUREAU CENTRAL DU 6 PRAIRIAL.

Mœurs et opinion publique. Journaux. — Il ne pourrait être fait qu'un rapport satisfaisant sur chaque feuille périodique en particulier. Toutes sont écrites dans la seule vue du bien public ; c'est du moins l'esprit réel d'une partie de ces feuilles et l'esprit apparent de toutes. L'opinion néanmoins est non seulement respectée, mais souvent secondée par les écrivains. Les nouvelles sont ou sagement ou prudemment annoncées ; les conjectures sont louables ou bien intentionnées. — Quelques journaux donnent des avis dont l'autorité peut seule apprécier le mérite. Le *Journal de l'armée d'Angleterre*, par exemple, pense que nos côtes sont trop exposées à l'ennemi, pas assez gardées depuis Calais jusqu'à Flessingue, qu'il ne s'y trouve presque point de troupes, et que peut-être on ne pourrait opposer assez à temps de la résistance aux Anglais dont les bâtiments s'approcheraient dans le dessein de rompre les écluses. — Les autres feuilles, toutes dans l'acceptation favorable que l'on établit par ce rapport, ne donnent lieu à aucune remarque importante.

Esprit public. — La nouvelle de la victoire remportée à Ostende fait la plus grande sensation et donne à l'esprit public une occasion de paraître encore amélioré ; il n'est qu'un sentiment aujourd'hui, dans toutes les classes de la société, celui d'une haine profonde du gouvernement anglais. Ce point remplace par son importance la futilité des entretiens du jour ; on ne dédaignera pas même de dire que le sexe lui-même attache un grand intérêt à notre succès et partage l'horreur qu'inspire la politique cruelle du cabinet de Saint-James. C'est ici que l'on aperçoit les premiers progrès de l'opinion dans les cercles ; la trace des préjugés monarchiques semble quelquefois s'y affaiblir ; les conjectures sur notre expédition maritime y sont très variées sans doute, mais toutes accompagnées de vœux pour sa réussite. — On continue de voir de bon œil les différentes mutations qui ont eu lieu ou que l'on annonce dans les premières places, principalement celles de diplomatie ; d'un autre côté, on augure bien favorablement des dispositions des législateurs nommés en dernier lieu, des travaux du Corps législatif en général pendant cette nouvelle session ; chacun se plaît à les encourager dans cette importante carrière, et à leur recommander l'union la plus parfaite, qui doit, pense-t-on, mettre le sceau véritable au bonheur public. — Il n'est parvenu, quant aux mœurs, aucun renseignement qui motive une remarque essentielle ; la décence a régné dans tous les lieux publics de réunion, et les spectacles n'ont offert aucune particularité digne de remarque...

L. Milly.

(Arch. nat., BB³ 88, et F⁷, 3840.)

JOURNAUX.

Républicain du 6 prairial : « *Paris, 5 prairial*..... La ferme générale des jeux est donnée à Mlle La Bouchardée, moyennant 120,000 livres par mois. Paris est assez garni de dupes et de fripons pour qu'elle soit assurée de ses reprises. On dit qu'elle a eu l'avantage d'évincer plus de deux cents concurrents, dont quelques-uns même couvrirent son offre de beaucoup; mais Mlle La Bouchardée offrait plus de sûreté. C'est avec cette dame que vit Chénier, qui s'est battu pour elle l'année dernière..... »

MCCCLV

6 PRAIRIAL AN VI (25 MAI 1798).

RAPPORT DU BUREAU CENTRAL DU 7 PRAIRIAL.

Mœurs et opinion publique. — Les renseignements parvenus sur les mœurs et les opinions ne suffisent pas pour établir un rapport particulier.

Journaux. — Les feuilles périodiques ne contiennent rien d'abusif ; elles sont, pour la presque totalité, dans un très bon esprit. — Il est peut-être un peu d'affectation de la part du *Nouvelliste politique* à citer diverses plaintes que le Directoire helvétique est censé avoir faites ou reçues contre des commissaires français. — Outre l'embargo mis sur les papiers et paquets venant de l'Angleterre, le *Bien-Informé* demande un embargo hospitalier sur les Anglais mêmes qui fourmillent, dit-il, à Paris; on ne cite cette réflexion qu'en très bonne part. — Enfin, on voit dans la *Gazette de France* une légère censure d'un discours ou plutôt du débit d'un discours, prononcé à la dernière séance par le citoyen Guyot-Desherbiers. — Le reste des journaux ne fournit aucune remarque importante.

L. MILLY.

(Arch. nat., BB³ 88, et F⁷, 3840.)

JOURNAUX.

Clef du Cabinet du 7 prairial : « *Paris, le 6 prairial.* ... Certains écrivains périodiques ont annoncé avec affectation que la ferme des jeux venait d'être donnée à la citoyenne Bouchardée, moyennant la somme de 120,000 francs par mois. Nous croyons que ces écrivains ont voulu faire une épigramme, et non publier une vérité. » — « Il s'est établi, depuis quelque temps, rue de

Sèvres, vis-à-vis le cadran de l'hospice des Petites-Maisons, faubourg Germain, une excellente maison d'éducation pour les jeunes personnes, où nous ne saurions trop la recommander aux pères et mères qui veulent assurer le bonheur et l'innocence de leurs enfants. Bon air, beau jardin, nourriture saine, occupations utiles, études agréables, tout y concourt à former le corps, l'esprit et le cœur. On n'y a point, comme dans d'autres maisons de Paris, l'impertinente vanité d'appeler *Mesdames* des filles, dont la plupart sont destinées à conduire un ménage modeste ; on s'y souvient sans cesse que nous vivons sous des lois républicaines et que c'est rendre un fort mauvais service aux jeunes personnes que de les bercer d'illusions. Quant au prix, il est modéré ; les citoyennes infiniment estimables qui sont à la tête de cette institution y voient moins leur avantage que celui de la patrie, et ne se refusent à aucun arrangement, quand il est dicté par la justice et les convenances..... »

MCCCLVI

7 PRAIRIAL AN VI (26 MAI 1798).

RAPPORT DU BUREAU CENTRAL DU 8 PRAIRIAL.

Mœurs et opinion publique. — Les anarchistes, dépités et même désespérés du calme dont jouissent aujourd'hui toutes les parties de la société, ne négligent aucun effort pour le troubler ; ils méditent de sortir de leur nullité ; ils murmurent sourdement contre le gouvernement, ou bien, dans des écrits anarchiques, feignent de défendre certains principes qu'ils croient conservateurs de la Constitution de l'an III, afin de l'attaquer ensuite à face ouverte. Ils ne dissimulent même pas toujours leurs menaces ; on peut en juger par un pamphlet perfide qui circule en ce moment sous le titre de : *Grande conspiration anarchique de l'Oratoire, renvoyée à ses auteurs par le citoyen Bach, médecin de la ci-devant Université de Montpellier.* C'est revenir aujourd'hui un peu trop tard contre l'évidence ; mais le citoyen Bach a son but. Une partie de ce pamphlet est une réplique à la partie du rapport du représentant Savary, ou plutôt des pièces qui étaient jointes au message du Directoire, qui pouvaient le concerner personnellement, lui Bach. Les citoyens Mathieu et Gostrez, comme commissaires du Directoire exécutif, y sont traités, non sans dessein, de chefs des Philistins, de recruteurs de tout électeur repoussé par les lois, de prêtres féroces de Moloch, venus pour marquer les victimes humaines, dont le dieu aime à se repaître. — On y appelle encore ouvertement le peuple à l'insurrection ; on lui dit que tout y est en conspiration permanente contre lui ; on lui redit qu'il est malheureux, et que ceux qui seuls pouvaient améliorer son sort sont proscrits, et en un mot les membres du Directoire y sont dépeints nommément comme les véritables conspirateurs. — La loi du 19 fructidor est blâmée dans ses effets; on va jusqu'à mettre en question si elle a tourné au bonheur du peuple, auquel on répète encore qu'il est malheureux, écrasé d'impôts, sans pain, comme sans liberté. — L'administration, au moment où elle donnait l'ordre d'arrêter cet écrivain coupable, apprend avec satisfaction que le ministre de la police a prévenu ses vœux à cet égard; elle dirige au surplus sa surveillance particulière sur des individus qui lui sont signalés; mais tel est le bon esprit qui anime aujourd'hui la masse du public que ce pamphlet n'y produit qu'une indignation profonde.

Spectacles. — Le tumulte qu'occasionne au théâtre Favart le lever tardif de la toile, les jours de représentation de l'opéra de *Zoraïme et Zulnare* [1], tumulte qui va jusqu'à étouffer l'exécution des airs civiques, et à les faire accueillir avec peu de décence, ayant continué d'avoir lieu, le Bureau central vient de prendre des mesures à l'effet de faire disparaître cet abus.

Journaux. — Des lettres de Perpignan annoncent au *Républicain* que toutes les contrées méridionales de ces côtés sont infestées de voleurs et d'assassins, qui paraissent vouloir surtout faire une guerre de détail aux républicains. Il croit que c'est une suite du grand plan de contre-révolution conçu par Bésignan, et suivi par le brigandage, ainsi que par la désorganisation générale. Jusqu'où faut-il porter le sens de ces derniers mots? — Il est, suivant l'*Ami de l'ordre*, des injustices à réparer, et qui consisteraient [2] à replacer dans les bureaux de l'enregistrement des citoyens qui, dit-il, ont été renvoyés par les anarchistes, et [dont] des enfants de Babeuf occupent aujourd'hui les places; il donne comme un effet de cette mutation une diminution qui doit être chaque jour plus sensible dans la recette de l'enregistrement. Il règne dans ces plaintes une légère teinte de partialité. — On découvre quelquefois dans les journaux des éloges au gouvernement, mais il en est dans le nombre que leur source rend évidemment suspects; on rangera dans cette espèce ceux que le *Nouvelliste politique* donne à la détermination que le *Rédacteur* annonce avoir été prise par le gouvernement de porter secours au roi de Sardaigne contre les tentatives des insurgents qui menacent la sûreté de ses États. En approuvant cette démarche, le *Nouvelliste* ajoute que plus le Directoire se rend coupable envers le parti de l'anarchie, plus il

---

1. Opéra en trois actes, paroles de Saint-Just, musique de Boieldieu.
2. Il faut sans doute lire : *Et cela consisterait...*

acquiert de droits à l'attachement des propriétaires, des véritables citoyens, etc. — On voit dans cette opposition aristocratique les propriétaires évidemment indiqués comme formant une classe à part dans le peuple, ce qui est une véritable violation des principes d'égalité. — On aperçoit un penchant marqué, dans la *Gazette de France*, à tourner en ironie, soit l'opinion qu'un membre du dernier tiers émet à la tribune, soit la manière dont le représentant débite son discours. Dans le cas où cet abus prendrait un caractère mieux prononcé, il en sera sévèrement rendu compte...

COUSIN.

(Arch. nat., BB³ 88, et F⁷, 3840.)

JOURNAUX.

Républicain du 12 prairial : « *Paris, 11 prairial*... Les journaux nous apprennent que le clergé catholique de Paris a fabriqué à Notre-Dame trois évêques, le jour de la Pentecôte : l'un est monseigneur Royer, ex-député, nommé évêque de Paris ; le deuxième, monseigneur Primat, évêque de Lyon ; le troisième, monseigneur Audrein, ex-député, évêque de Quimper. On croit que c'est le Saint-Esprit en personne qui a inspiré l'idée de nommer monseigneur *Primat* à Lyon ; car jadis l'évêque de Lyon s'appelait aussi primat des Gaules. Des critiques, sentant le fagot, pourraient trouver que le Saint-Esprit n'a fait là qu'un mauvais calembour ; mais son frère Jésus lui en a jadis donné l'exemple avec son *tu es Petrus*. Au reste, les fabricants étaient au nombre de seize mille neuf cent cinq. Quoi ! encore tant d'imbéciles ! Oh ! Salomon ! vous aviez bien raison de vous écrier que le nombre des fous est infini..... »

MCCCLVII

8 PRAIRIAL AN VI (27 MAI 1798).

RAPPORT DU BUREAU CENTRAL DU 9 PRAIRIAL.

Mœurs et opinion publique. Esprit public. — Il n'est parvenu aucuns renseignements qui puissent motiver un rapport sur les opinions et les mœurs.

Journaux. — Les nouvelles que donne le *Républicain* de divers points du département du Pas-de-Calais sont effrayantes au point que l'administration croit de son devoir de provoquer des éclaircissements sur chacun des faits qu'elles annoncent, d'autant que, d'après ce tableau, le département dont est question paraîtrait dans une insurrection complète. Ces détails, s'ils ne sont reconnus de la plus exacte vérité, seraient dès lors donnés dans l'intention la plus perfide. Un officier municipal est insulté et un arrêté du Directoire inconnu à Frévent; *idem* à Saint-Pol on chante des couplets injurieux pour les citoyens Merlin, Daunou et Buonaparte ; idem, à Saint-Venant, trois cents jeunes gens se révoltent et enclouent un canon ; à Saint-Omer, la municipalité est insultée, le tribunal criminel se recompose de juges frappés par la loi du 19 fructidor ; à Pernes, rassemblement séditieux ; à Arras, on ne veut plus de fêtes décadaires, on se prépare à réagir ; à Thérouanne, incendie de cinquante-neuf maisons ; à Saint-Hilaire, incendie ; à Ruttoire, incendie d'une ferme acquise de la République; trois autres procès-verbaux d'incendie ; tels sont les excès que le *Républicain* dénonce et qu'il dit avoir été commis la plupart au chant du *Réveil du Peuple*[1]. Il se plaint encore beaucoup de l'esprit qu'il dit animer le département de l'Eure, des destitutions que l'on dit pleuvoir sur les commissaires du Directoire, qui ont montré le plus de zèle à dévoiler les manœuvres chouanes. — On assure, dit l'*Ami de l'ordre*, que L..., député élu et non admis de la Dordogne, parce qu'il n'était revenu d'Espagne qu'en 1791, et que par conséquent il n'avait pas le temps de résidence exigé par la Constitution pour être éligible au Corps législatif, est arrivé de Paris depuis quelques jours et qu'il assiste tous les soirs à une assemblée d'amis, où l'on délibère sur les moyens de lui obtenir, ainsi qu'à ses collègues disgraciés, une réparation authentique. Le journaliste tire de cette conjecture occasion de remarquer que, depuis quelque temps, les royalistes à bonnets rouges affluent à Paris et qu'on ne saurait trop appeler sur eux la surveillance du Directoire. — La *Gazette diplomatique* et le *Publiciste* voient aussi des symptômes alarmants de fermentation dans le département du Pas-de-Calais. — La petite guerre que le *Journal des campagnes* fait au citoyen Poultier, sur un point peu important de littérature, ressemble un peu à une guerre d'opinions ; on se propose de suivre cette observation sur les numéros suivants. — Les autres journaux ne donnent lieu à aucune remarque essentielle...

LESSORE.

(Arch. nat., BB³ 88, et F⁷, 3840.)

---

[1]. Cette analyse est assez exacte. Voir le *Républicain* du 9 prairial an VI, p. 156.

MCCCLVIII

9 PRAIRIAL AN VI (28 MAI 1798).

JOURNAUX.

Publiciste du 10 prairial : « *Paris, 9 prairial.* ...Une des conditions du nouveau bail des postes adjugé à Merlin de Thionville, Ausun et Cie porte que les courriers de la malle partiront tous les jours pour les principales villes de la République. On ne saurait trop s'empresser de mettre à exécution cette disposition salutaire. Elle est réclamée de toute part par le commerce, qui languit faute de moyens assez fréquents et assez rapides de circulation..... »

MCCCLIX

10 PRAIRIAL AN VI (29 MAI 1798).

RAPPORT DU BUREAU CENTRAL DU 11 PRAIRIAL [1].

Mœurs et opinion publique. Esprit public. — Les renseignements donnés sur l'opinion publique, autant qu'ils sont le résultat des observations faites dans les divers lieux de réunion, ne peuvent faire l'objet d'un rapport. — Il paraît sur papier bleu un placard intitulé l'*Ami du peuple ;* c'est le détail d'une séance supposée des Jacobins ; sous des lettres initiales paraissent successivement à la tribune des hommes qui tiennent le langage le plus anarchique et dont on a voulu faire une satire sanglante. Ce placard n'est point signé, et, quelque pure que soit en apparence ou en effet l'intention de son auteur, il n'est pas moins coupable d'aigrir certains esprits. Il avait paru la veille sous la même teinte, et sorti à ce qu'il semble de la même plume, un placard écrit dans le même sens, mais sous le titre tout opposé de l'*Ami du peuple* (sic).

Mœurs. — Les bruits d'une rupture avec l'Empereur sont entièrement dissipés. — Malgré le peu d'attachement des employés de boutique aux institutions républicaines, on observe avec plaisir que le nombre des boutiques fermées a été plus grand cette décade, et que

1. Ce rapport se présente sous deux formes. C'est d'abord un rapport, daté du 16 prairial, et qui n'a pour objet que la surveillance. Nous n'en extrayons rien. C'est ensuite un « supplément » à ce rapport, en date du 12 prairial. Nous en extrayons ce qu'on va lire. — Il n'y a pas de rapport à la date du 10 prairial.

la classe nombreuse des ouvriers avait hier un extérieur plus soigné que de coutume.

Spectacles et promenades. — Ces divers lieux ont offert beaucoup d'affluence, et il ne s'y est rien passé de contraire à l'ordre et à la décence.

Journaux. — Le *Républicain* a donné hier la nouvelle de plusieurs assassinats commis dans le département de la Sarthe ; la manière dont il présente ces faits donne à croire que c'est particulièrement aux républicains que l'on en veut et aux acquéreurs de domaines nationaux ; suivant le journaliste, les communes d'Avoise, Sablé, Bonnes et Poillé sont les principaux théâtres des horreurs commises par les Chouans. — Les mêmes nouvelles se trouvent dans le *Révélateur.* — Le public peut croire, d'après ces assertions, que la chouannerie renaît de ses cendres dans les contrées de l'Ouest. — Ce qui suit, et qui est encore tiré du *Républicain*, regarde principalement le roi de Sardaigne, mais peut intéresser le gouvernement, qui n'est point en guerre avec cette puissance. « On ne dit point si c'est toujours l'hôtel de Salm ou quelque chose de plus conséquent que veut acheter le pauvre roi de Sardaigne, que nos journaux, au reste, doivent avoir bien consolé dernièrement en lui promettant le secours des baïonnettes françaises pour l'aider, ainsi que lui-même le fit en son temps pour le bon Louis XVI, à dompter ses rebelles sujets. » — Enfin on regrette de voir, dans le même journal, de véritables injures adressées au citoyen Casabianca, et comme ex-législateur et comme commandant aujourd'hui le vaisseau *l'Orient* [1]. — « Paris est un désert », s'écrie l'*Ami de l'ordre*, qui trouve que, « plus cette commune présente de mouvement, plus elle force à s'enfoncer profondément dans le sentiment de son infortune ». — Il y a ici des points, signes de réticence qui font croire que les intentions du journaliste ne sont pas sans reproche. — Le *Journal du Soir* et le *Nouvelliste politique* s'accordent à annoncer la nomination de différents évêques, tels que le citoyen Royer, pour Paris ; Primat, pour Lyon ; et Audrein, pour Quimper. Il y avait, dit le *Journal du Soir*, 16,905 votants pour l'élection du citoyen Primat, mais on ne désigne pas où cette élection peut avoir été faite. On ignore quel est le véritable but utile de ces nouvelles. — Les feuilles périodiques, tant d'hier que d'aujourd'hui, ne donnent lieu à aucune autre observation...

(Arch. nat., F⁷ 3840.) COUSIN.

1. « On observe... qu'un marin aussi peu expérimenté qu'il était pauvre législateur, que Casabianca enfin choisissait mal son moment pour faire son apprentissage. » (*Républicain* du 10 prairial, p. 159.)

JOURNAUX.

Républicain du 13 prairial : « Au rédacteur du *Républicain*. *Paris, 10 prairial an VI*. Je vous prie, citoyen, d'insérer le trait suivant dans votre prochain numéro : J'étais hier à la première représentation de *Jacquot ou l'École des Mères*. Les paroles de cet opéra sont à la vérité peu dignes de l'auteur de la *Marseillaise*, mais je ne pus entendre sans indignation un *anti-té-o-iste* s'écrier (quand le public demandait les auteurs) : « Il ne faut pas que l'auteur de l'infâme *Marseillaise* paraisse sur la scène. » Je l'apostrophai par une ou deux chiquenaudes, et le suivis jusque sur la place. Là, je lui demandai raison des chiquenaudes qu'il avait reçues ; il s'en défendit par de plates excuses, refuge ordinaire des compagnons du Soleil. Je lui demande son nom, il se refuse à me le donner : l'impatience me prend, je lui applique quelques coups de canne sur les épaules, et laisse là ce membre de la brillante jeunesse. Maintenant, je lui donne mon nom et mon adresse par la voie de votre journal, soit pour afficher sa couardise, soit pour se rappeler ce qu'il se doit à lui-même. PAITEL, rue Censier, n° 9. »

MCCCLX

COMPTE RENDU DÉCADAIRE DES OPÉRATIONS DU BUREAU CENTRAL DU CANTON DE PARIS DU 1ᵉʳ AU 10 PRAIRIAL AN VI [1].

Mœurs et opinion publique. — L'esprit public n'a rien laissé apercevoir qui ne fût rassurant pour les observateurs dévoués au maintien de la République. Il a paru encore amélioré à l'occasion de la nouvelle victoire remportée à Ostende, qui a fait la plus grande sensation dans toutes les classes de la société, où il ne s'est manifesté qu'un sentiment : celui d'une haine profonde du gouvernement anglais [2].....

Crieurs de journaux. — En conséquence d'une lettre du ministre de la police, informant le Bureau central qu'au mépris des lois, les colporteurs continuaient de crier le sommaire de leurs journaux, et de vociférer les nouvelles les plus absurdes et les plus affligeantes, le Bureau central a chargé les officiers de paix de s'entendre avec les commissaires de police de leurs arrondissements pour arrêter les infracteurs aux lois.

Jeux prohibés. — Le commissaire de police de la division du Finistère a constaté par procès-verbal qu'ayant besoin d'être accompa-

---

1. Ce rapport est daté du 19 prairial.
2. Suit la répétition presque textuelle des précédents rapports quotidiens.

gné de la force armée pour aller saisir des jeux prohibés établis sur les boulevards, il s'était transporté le 1ᵉʳ prairial au poste du Marché aux chevaux pour y requérir assistance, mais que l'absence des hommes de garde l'avait mis dans l'impossibilité d'opérer.

Prêtres. — D'après l'invitation du Département, qui a annoncé être informé que plusieurs églises étaient desservies par des prêtres qui, quoiqu'ayant prêté le dernier serment, avaient rétracté le premier, le Bureau central a chargé deux de ses agents de prendre des renseignements sur ces faits et de lui en rendre compte.

Mendiants. — Le Bureau central a mis à la surveillance de deux de ses agents le père des citoyennes Taurade, âgé de soixante-quatorze ans, qu'elles ont annoncé soutenir de leur mieux, et qu'elles ont dénoncé comme mendiant, se couvrant de guenilles et feignant d'être estropié d'une jambe.

Théâtre de la rue Favart. — Il a transmis aux entrepreneurs du théâtre Italien l'ordre du ministre de la police de ne point différer l'entrée en scène au delà de six heures et demie, quand même ils ne donneraient qu'une pièce, et il les a prévenus que, faute par eux de s'y conformer, leur spectacle serait fermé pour trois jours.

Bals. — Le nommé Février, teneur de bal, rue de la Croix, n'ayant pas donné à danser le 30 floréal, quoiqu'il eût déclaré vouloir donner à danser tous les jours, il a été dressé procès-verbal de cette contravention à l'arrêté du Directoire exécutif du 14 germinal.

Impôt affecté au secours des indigents. — Sur la demande de la municipalité du VIᵉ arrondissement, si les teneurs de bals sont obligés de déposer entre ses mains les sommes provenant de l'impôt affecté au secours des indigents, le Bureau central a répondu négativement, en observant que les teneurs de bal doivent verser tous les mois à la Caisse des hospices.

Fêtes champêtres. — Le Bureau central a envoyé au département de la Seine, qui se plaignait de voir que les infractions de l'arrêté du Directoire exécutif concernant le calendrier républicain se renouvelaient fréquemment de la part des teneurs de fêtes champêtres, un état des jours périodiques choisis par les entrepreneurs de fêtes publiques et lui a rendu compte des mesures prises pour l'exécution dudit arrêté.....

L. MILLY, LESSORE.

(Arch. nat., F⁷ 3840.)

MCCCLXI

11 PRAIRIAL AN VI (30 MAI 1798).

Rapport du bureau central du 12 prairial.

Mœurs et opinion publique. Journaux. — Le tableau alarmant que le journal le *Républicain* a donné hier de la situation de quelques parties du département du Pas-de-Calais éprouve de la contradiction dans le *Nouvelliste politique*, et cette dernière feuille contient de plus un démenti formel donné par le citoyen Prévost, membre du Conseil des Cinq-Cents, à plusieurs assertions de la même nature que le *Républicain* avait publiées sur le département de la Mayenne ; ce département, au contraire, au dire du *Nouvelliste*, continue à jouir de la plus parfaite tranquillité. Le rédacteur de ce journal voudrait que, quand le *Républicain* avance des faits aussi graves, il ne le fît pas sous l'anonyme. — Le *Républicain* annonce aujourd'hui que des brigands ont ravagé et pillé la propriété du citoyen Roux, commissaire du Directoire à Cassis, département des Bouches-du-Rhône ; ce fait lui paraît peu étonnant, sur la réflexion qu'il fait que le citoyen Roux est un des terroristes du canton, et que Cassis et Roquefort sont les deux points où se réunissent le plus volontiers les brigands royaux et les émigrés, et que ces messieurs, depuis qu'ils ont appris que les *terroristes* (ce mot est toujours en italiques) conspiraient contre le Directoire et la Constitution, ont pullulé considérablement. — Il est à remarquer que les deux journaux que l'on vient d'analyser, et qui sont aux prises aujourd'hui, ont été constamment notés pour des opinions extrêmes, mais dans un sens diamétralement opposé. Il est entre eux deux un heureux intermédiaire, dont on voit avec plaisir la ligne exactement suivie depuis quelque temps par la majorité des feuilles périodiques. — *L'Ami des Lois* reçoit la nouvelle que le département de l'Ardèche est ravagé par des brigands, qui fondent de préférence sur les propriétés acquises de la République ; il affirme que ces contrées ont été constamment le théâtre de la réaction, avant comme après le 18 fructidor, et que les dévastations et les assassinats s'y commettent au chant du *Réveil du Peuple* et au cri de *Vive le Roi !* « O mon pays, s'écrie le rédacteur, que vas-tu devenir, si le gouvernement trompé ajoute à tes maux, en donnant sa confiance aux réacteurs de l'an IV et de l'an V, ainsi qu'on le lui propose ? »   Cousin.

(Arch. nat., BB³ 88, et F⁷ 3840.)

JOURNAUX.

Clef du Cabinet du 12 prairial : « ....Plusieurs journalistes assurent que le nouveau signal de ralliement des fils légitimes consiste dans un bouton d'habit placé sur chaque épaule, et des bas qui tombent sur les talons. Seize autres boutons distribués sur l'habit forment avec les deux premiers le nombre de dix-huit. Que de génie dans ce calcul ! En vérité, si depuis longtemps on ne connaissait ces plats et lâches ennemis de la République, on ne pourrait croire à des sottises d'un genre si puéril. Et ne croyez pas que ce soient là ce qu'on appelle des hommes de l'ancien régime. Non, non. Des courtauds de boutique, d'anciens laquais, de mauvais perruquiers, tous ayant pillé, pillant encore à qui mieux mieux les Français, les étrangers, toutes les administrations, toutes les caisses : voilà maintenant, en France, la cour de Louis XVIII.»

MCCCLXII

12 PRAIRIAL AN VI (31 MAI 1798).

RAPPORT DU BUREAU CENTRAL DU 13 PRAIRIAL.

Mœurs et opinion publique. — Les renseignements parvenus sur les mœurs et opinions ne peuvent aujourd'hui faire l'objet d'un rapport particulier.

Journaux. — Les feuilles périodiques n'offrent rien qui soit de nature à être particulièrement remarqué.....

LESSORE.

(Arch. nat., BB³ 88, et F⁷ 3840.)

JOURNAUX.

Patriote français du 13 prairial : « *Paris, le 12 prairial.* ...Le citoyen Primat, évêque de Cambrai, a été appelé au siège de Lyon. Il y avait 16,905 votants pour cette élection ; le citoyen Primat a eu 15,000 voix. Que d'idiots !... Le citoyen Audrein, membre de la première législature et de la Convention, vient aussi d'être nommé évêque de Quimper. Verrait-on, après neuf ans de révolution, sacrer des évêques qui feront encore des prêtres, s'ils n'espéraient pas exister aux dépens des crédules dont ils attendent la pâtée ?... Et ces gens-là se disent républicains ! O ma patrie !... C'est bien dommage qu'on ait fait une superbe auberge de l'ancien palais de l'évêque de Quimper : *monseigneur* Audrein y logerait son *éminence* ennemie des philosophes, pour le triomphe desquels nos soldats vainqueurs ont été détrôner le vice-dieu qui régnait à Rome et lançait de sa chaire les foudres de l'anathème sur tout ce qui osait penser. L'évêque Audrein, beuglant comme un taureau ses jérémiades dans nos vastes églises de Paris, contre la philosophie, et les distribuant pour de l'argent, avec une grande profusion, va donc établir sa boutique de pieuses rapsodies à Quimper ! Quel étroit théâtre pour un aussi grand comédien ! Mais le saint homme aux yeux louches aura beau faire, on ne dira jamais de lui ce que le savant Huet disait du célèbre Hardouin, de Quimper : « Il a travaillé pendant quarante ans à ruiner sa réputation sans en pouvoir venir à bout. » Mais on dira de l'évêque Audrein : « Il a travaillé toute sa vie à se faire une réputation, sans en pouvoir venir à bout. » On lit dans l'épitaphe du père Hardouin, faite par Vernet, professeur de philosophie à Genève, cette inscription latine :

Credulitate puer, audacia juvenis,
Deliriis senex.
Uno verbo dicam : hic jacet Harduinus.

On pourra lire un jour sur le tombeau du fameux Audrein, qui n'est et ne sera jamais Hardouin :

Pectore taurus, malitia simius,
Astutia vulpes,
Uno verba dicam : hic jacet Audreinus. »

— *Publiciste* du 13 prairial : « *Paris, 12 prairial.* ...La guerre des placards, assoupie depuis que les élections sont achevées, semble vouloir renaître. On en lit deux sur les murs de Paris ; ils ont pour titre : *l'Ami du roi*, par l'ombre de Royou, et *l'Ami du peuple*. L'intention de leurs auteurs est de prouver que l'anarchie et le royalisme se donnent la main, et ne forment guère qu'une seule faction..... »

MCCCLXIII

13 PRAIRIAL AN VI (1er JUIN 1798).

RAPPORT DU BUREAU CENTRAL DU 14 PRAIRIAL.

Mœurs et opinion publique. — Les rapports sur les mœurs et opinions étant parvenus trop tard, il en sera fait demain un rapport particulier ainsi que sur les journaux.

LESSORE.

(Arch. nat., BB³ 88 et F⁷ 3840.)

[Voici ce rapport, qui est daté, non du lendemain, mais du 14 prairial :]

Mœurs et opinion publique. Esprit public. — De ce que les sectataires (sic) de l'anarchie ne peuvent rien contre la tranquillité publique, il ne faut pas en conclure qu'ils aient adopté d'autres principes que ceux à la faveur desquels ils méditaient la subversion de l'ordre actuel des choses. Ils n'osent se réunir, parce qu'ils redoutent l'œil sévère et vigilant de la surveillance, mais ils s'agitent, ils intriguent, et surtout ils se recommandent soigneusement entre eux de rester tranquilles ; ils s'observent mutuellement « qu'il n'est pas encore temps ». Ils étudient et s'invitent à étudier les opinions des nouveaux députés; les moins marquants de cette opinion se réunissent, sans paraître s'être concertés, dans des tabagies ou des cafés peu famés, où ils ne cachent point leur mécontentement. Les premières autorités ont perdu leur confiance; mais ils comptent bien s'y ménager un point d'appui. C'est là du moins leur grand espoir. Leur conduite est si peu à l'abri du reproche, qu'un grand nombre d'entre eux se considèrent toujours comme à la veille d'être inquiétés. — L'imprimé anarchique de Bach[1] est très répandu chez ceux qui professent les mêmes opinions que lui; son arrestation paraît les avoir beaucoup déconcertés.

Spectacles. — Les théâtres ont eu beaucoup d'affluence, surtout celui de l'Odéon, où il y eut quelques altercations pour des places; cependant il n'est survenu aucun accident. On remarquera que la tragédie[2] offre des passages dont le royaliste pouvait tirer une sorte de jouissance par de mauvaises allusions; mais on rendra justice, d'une part au bon esprit du public, qui impose lui-même silence aux moindres signes d'applications donnés pas les ennemis de l'ordre, et d'une autre part au soin que le citoyen Larive a pris de précipiter son débit, lorsque les vers pouvaient prêter une équivoque à la malveillance.

Journaux. — Il se manifeste dans le *Nouvelliste politique* un esprit évidemment mauvais[3]. Hier le journaliste, en ayant l'air d'approuver le frein mis à la licence de la presse par la loi du 19 fructidor, s'arrogeait le droit de frauder à tort et à travers non seulement les abus, mais les hommes même occupant des places éminentes et jusqu'aux ministres; la légèreté, l'étourderie et le goût de la satire sont consacrés en principe, et c'est avec aussi peu de circonspection que de convenance que l'auteur lie à ses idées littéraires des idées politiques dont le sens n'est jamais très clair. « Tout gouvernement sage, dit-il, par exemple, doit faire la part de l'envie. » — La manière dont le même journaliste rend compte aujourd'hui de la réclamation des savants faisant partie de l'expédition de Buonaparte,

---

1. Voir plus haut, p. 684. Il s'agit de l'imprimé intitulé : *La grande conspiration anarchique de l'Oratoire, renvoyée à ses auteurs,* par le citoyen Bach, médecin de la ci-devant Université de Montpellier. Sans lieu ni date, in-8°, Bibl. nat., Lb 42/550.
2. Il s'agit de l'*Œdipe* de Voltaire, repris à l'Odéon le 13 prairial. Larive y remplissait le rôle d'Œdipe, et Mlle Raucour celui de Jocaste.
3. La Bibl. nat. ne possède pas, pour cette époque, de numéro de ce journal.

pour être admis à une table supérieure à celle qui leur avait été désignée, n'est pas moins inconvenante; il semble faire entendre que cette légère circonstance pouvait compromettre le succès de l'expédition. Ainsi, dit-il, la colère d'Achille retarda la prise de Troie. On voit que l'auteur sacrifie à cette petite citation, qui flattait son amour-propre, la décence qui convient surtout à un écrivain périodiste (sic).
— On est fondé à croire authentique la note que le *Propagateur* annonce tenir du ministre des finances et que donne aussi le *Journal de Paris*, note d'après laquelle le gouvernement est instamment invité à prohiber, sous les peines les plus sévères, la circulation du papier-monnaie anglais et autres, et à défendre aux tribunaux de s'immiscer en aucune contestation relative à ces papiers, le ministère britannique ayant fait fabriquer lui-même de faux papiers anglais dont il a infesté les États du continent pour miner leur crédit et qu'il refuse d'admettre en circulation dans les banques et dans le commerce de l'Angleterre même, lorsqu'ils doivent y retourner. L'*Ami des Lois* contient la même note. — Suivant une nouvelle donnée par le même journal, le ministère anglais aurait annoncé que la Grande-Bretagne ne paraissait pas menacée aussitôt d'une invasion par les forces françaises. On n'a pas vu sans peine le même journaliste, dans un numéro précédent, supposer un homme faisant voir une espèce de curiosité dans laquelle il offrait le bonheur en perspective pour l'an centième de la République. — Le *Républicain* demande sur quelle loi est basé le jugement qui condamne à 2,000 francs de dommages et intérêts, applicables à la descente en Angleterre, et à trois jours de prison l'auteur de la *Gazette de Bordeaux*, qui avait calomnié plusieurs citoyens irréprochables de cette commune. — Le même journaliste annonce une détérioration sensible dans l'esprit public du département du Loir-et-Cher par suite de l'annulation des élections qui y avaient été faites; il en résulte, selon lui, que la garde nationale se recompose de fructidorisés et d'agents de Louis XVIII, que le fanatisme et le royalisme reparaissent, que des bandes d'hommes de ce dernier caractère s'organisent, qu'on s'insurge à Villedieu, qu'on coupe l'arbre de la Liberté à la Ville-aux-Clercs, et ces événements, ajoute-t-il, sont les conséquences immédiates et nécessaires du coup porté au patriotisme par l'application des dernières mesures du gouvernement à une contrée où on ne reconnaît que deux classes d'hommes : des royalistes et des républicains.....

L. MILLY.

(Arch. nat., BB³ 88, et F⁷ 3840.)

MCCCLXIV

14 PRAIRIAL AN VI (2 JUIN 1798).

Rapport du bureau central du 15 prairial.

Mœurs et opinion publique. Journaux. — La *Gazette diplomatique*, en cela d'accord avec plusieurs journaux, rappelant quelques faits désastreux qui ont eu lieu dans la ci-devant Bretagne, ne doute plus que l'horrible chouannerie, aidée des guinées de l'Angleterre, ne cherche à réorganiser le pillage, l'assassinat et la guerre civile dans les contrées de l'Ouest. — Il est un fait faux et en même temps horrible, avancé par le *Révélateur :* il dit qu'un voleur, qui se livrait à la rapine pendant l'incendie du théâtre de Lazari, fut au moment même tué par un pompier, qui lui fendit le crâne d'un coup de hache, et cette action lui paraît un acte de justice, à laquelle il faut applaudir et qu'il faut publier pour servir d'exemple aux voleurs. Ce serait supposer que l'homme, en punissant le crime, peut tenir lieu de la loi elle-même ; ce serait mettre l'arbitraire à la place de la justice. — Que fait le rentier? demande l'*Ami de l'ordre;* il espère. Ah ! sans l'espérance le rocher de Leucade verrait tous les jours accourir des milliers de malheureux. Ce journaliste donne toujours aux mots une entente double, dont les ennemis de la République peuvent tirer des inductions plus ou moins perfides. — Les autres journaux ne donnent lieu à aucune observation.....

Cousin.

(Arch. nat., BB³ 88, et F⁷ 3840.)

MCCCLXV

15 PRAIRIAL AN VI (3 JUIN 1798).

Rapport du bureau central du 16 prairial.

Mœurs et opinion publique. Journaux. — En annonçant que les corvettes *le Vésuve* et *la Confidente*, poursuivies par les Anglais au sortir du port du Havre, avaient été obligées de faire côte, le *Journal du Commerce* dit que, sur la déclaration d'un commissaire de police, chargé par la municipalité d'informer dans cette affaire, il a été reconnu authentiquement que les corvettes n'étaient sorties du port qu'après que des fusées tirées de terre, en forme de signaux, eussent informé les Anglais du départ des bâtiments. — La même nouvelle est donnée par l'*Écho de la République*, qui y ajoute même un précis des dépositions de différents témoins. Le journaliste en infère qu'il est certain que les Anglais ont sur nos bords des traîtres correspondants. On fait encore attention à la nouvelle, également donnée par l'*Écho*, de l'envoi fait dans le Sund de vingt-deux vaisseaux de ligne et de deux cent cinquante galères par le tsar Paul Ier, pour protéger, est-il dit, le commerce général dans cette mer. — Il est dans le *Patriote français* des réflexions produites par un ex-législateur, désigné par la lettre initiale G., qui tendent à provoquer un grand changement dans le système actuel des finances. C'est contre l'impôt direct et en faveur de l'impôt indirect qu'écrit le citoyen G. Le premier, selon lui, pèse trop sur l'agriculture ; il trouve la preuve de ce qu'il avance dans le déficit qu'offre chaque année la perception, déficit qu'on pourrait à son avis diminuer d'autant sur l'impôt foncier, pour le remplacer par l'impôt indirect. Il rejette cependant celui du timbre, qu'il range dans la classe des plus étroites perceptions [1], et qu'il dit provenir de notre manie à singer les Anglais, principalement dans ce qu'ils ont de destructif : « C'est plus encore, ajoute-il, sur le vice de notre système en finances que l'Anglais fonde sa sécurité, et sur notre maladresse à faire usage de nos ressources, que sur ses flottes, ses matelots et son or corrupteur. » Enfin il considère comme anti-populaire toute autre répartition de contributions qui pèserait ailleurs que là où sont les ressources, état dans lequel, si nous l'en croyons, nous nous trouvons aujourd'hui. — C'est toujours dans un esprit évidemment mauvais que le *Nouvelliste politique* manifeste sa joie sur les bruits d'une paix prochaine et décidée. Pouvait-on penser qu'un journaliste tirerait d'une idée aussi douce une occasion de se retracer les plus funestes souvenirs et les plus noires images? C'est pourtant ce que fait le *Nouvelliste*, qui s'applaudit de ce que l'Océan ne portera plus, au lieu de « bêtes féroces » acharnées à se détruire, que des messagers d'abondance ; de ce que les défenseurs vont enfin revenir au sein de leurs foyers; de ce que les Jacobins n'auront plus l'espoir de ressusciter la Terreur ; de ce qu'on ne criera plus au suspect, au traître ; enfin de ce qu'il ne faudra plus de passeports pour

---

1. « Des mesures étroites et mesquines », et non *des plus étroites perceptions*, voilà ce qu'on lit dans le *Patriote français* du 16 prairial an VI, p. 1027. (Bibl. nat., Lc 2/981, in-4.)

voyager d'un faubourg de Paris à l'autre. — Le *Républicain* donne, ou plutôt continue à donner dans un excès contraire ; il faut douter d'abord des dispositions pacifiques de l'Empereur, en regardant une dernière lettre du comte de Colloredo au général Bernadotte comme une nouvelle insulte pour l'ambassadeur français. Il s'attache à trouver la propagation ou plutôt la renaissance du plus mauvais esprit dans différentes contrées de la République ; hier c'était à Vendôme et dans les environs ; aujourd'hui c'est à Saint-Étienne, à Montbrison et dans tout le département de la Loire, où déjà (ce mot n'est pas à négliger) les égorgeurs se promènent en plein jour ; c'est encore à Bapaume et dans le département du Pas-de-Calais ; enfin, c'est plus particulièrement à Grasse ; et ces assertions sont effrayantes, par conséquent bien criminelles, si elles ne sont pas dans la plus exacte vérité ; car elles portent qu'à Grasse, « la République, la liberté, la Constitution n'y seront bientôt plus que des fantômes errants et toujours poursuivis ». Ce journal, en un mot, qui ne diffère en rien de celui des *hommes libres*, auquel il succède, paraît avoir un plan déterminé, qui consiste à faire passer, non pas ouvertement, mais insensiblement, et par des nouvelles isolées, les choix admis aujourd'hui au Corps législatif, de préférence à ceux qu'il a rejetés, pour être la cause des troubles nés ou à naître sur différents points de départements, et comme une source de calamités inévitables......

LESSORE.

(Arch. nat., BB³ 88, et F⁷ 3840.)

JOURNAUX.

Publiciste du 16 prairial : « *Paris, 15 prairial.* ...Il ne reste plus de doute que l'expédition de la Méditerranée ne soit destinée pour Alexandrie et qu'elle n'y arrive bientôt sans obstacle, à moins que des vents contraires ne l'aient retenue et exposée à la rencontre des Anglais. On ignore si c'est de concert avec le Grand-Seigneur que se fait le débarquement en Égypte, qui est une des provinces de sa domination ; il sera dans tous les cas hors d'état de s'y opposer. Si donc on touche une fois à terre, le succès sera aussi sûr et aussi facile que brillant dans ses résultats et étendu dans ses conséquences..... »

MCCCLXVI

17 PRAIRIAL AN VI (5 JUIN 1798).

Rapport du bureau central du 18 prairial.

Mœurs et opinion publique. Journaux. — Il y a, non pas constance, mais acharnement dans le *Républicain* à tirer des événements de toute nature des inductions qui puissent faire douter que l'anarchie ait eu aucune influence dans les dernières assemblées primaires. Le citoyen Gastrez, membre du département, est désigné sous la qualification d'un des chefs de la scission de l'Institut [1] ; on sent jusqu'où le journaliste a porté les conséquences de ce mot : *chef de scission*, qui devient un outrage formel aux représentants de la Seine. — En annonçant une tentative d'assassinat en la personne du citoyen Barret, de Sablé (Sarthe), il croit que l'animosité ou les inimitiés auxquelles est en butte ce citoyen ont pour cause la résolution qui repousse du Corps législatif moitié de notre représentation, comme ennemie de la Constitution et protectrice de l'anarchie. En un mot, il n'est pas une expression de cette feuille qui, en de pareilles occasions, ne soit conçue de manière à porter coup pour discréditer les derniers choix et faire considérer comme seuls bons ceux qui ont été rejetés. — Il n'est rien dans les autres feuilles qui puisse blesser l'opinion publique, attaquer les lois, compromettre la tranquillité ou cacher de mauvaises intentions...

Lessore.

(Arch. nat., BB³ 88, et F⁷ 3840.)

Directoire exécutif.

Séance du 17 prairial an VI.

Le Directoire exécutif, après avoir entendu le même ministre [de la justice], confirme la nomination faite par l'administration centrale du département de la Seine du citoyen Lessore aux fonctions d'administrateur du Bureau central du canton de Paris, qu'il avait quittées par l'effet du tirage au sort.

(Arch. nat., AF* III, 11.)

1. Voir le *Républicain* du 17 prairial, p. 188.

MCCCLXVII

18 PRAIRIAL AN VI (6 JUIN 1798).

Rapport du bureau central du 19 prairial.

Mœurs et opinion publique. Esprit public. — Si le calme extérieur était toujours l'image parfaite de celui qui règne dans les esprits, depuis quelque temps on n'aurait à donner sur leur situation que des résultats très satisfaisants. Cependant on avouera que l'apparence n'a pas été trompeuse ces jours derniers. La tranquillité est réelle à tous égards. La forte masse du public sent plus que jamais le prix du bon ordre et prouve par sa conduite et ses discours que le bonheur n'existe dans aucun extrême. On déverse une égale haine sur le royalisme et sur l'anarchie; on cesse peu à peu à faire du mot *principes* une source de sophismes à l'aide desquels chacun prétend mettre la raison de son côté et préparer adroitement des changements dans l'ordre actuel des choses. Le procès que des mécontents semblaient faire aux derniers choix est entièrement jugé; les autorités inspirent beaucoup de confiance, et chacun fonde son repos personnel sur le degré d'harmonie qu'elles conserveront entre elles. — Mais cet heureux état des esprits en général n'a pas aveuglé sur les exceptions que l'on pouvait faire. Ce calme tutélaire, s'il caractérise la grande masse du peuple, est étranger à un petit nombre de partisans invétérés, et l'on peut dire incorrigibles, de l'anarchie; des désorganisateurs de profession, gênés dans leurs moyens de se réunir et de se concerter, conservent néanmoins assez d'intelligences entre eux pour s'encourager à quelque circonspection, quant au moment présent, et de (*sic*) ménager l'occasion la plus prompte et la plus sûre possible de porter atteinte à la Constitution, de renverser le gouvernement, et de plonger de nouveau la patrie dans le deuil. Il est encore des amis du désordre qui annoncent ne pouvoir se plier à aucune forme de gouvernement, qui traitent d'esclaves serviles tout ce qui ne partage pas leur indomptable fanatisme politique, ou plutôt leur insatiable penchant à dominer seuls sur les hommes comme sur les fortunes; aux yeux de qui enfin tout pouvoir au-dessus d'eux est tyrannie. Leur attitude, on l'affirme, est celle de gens qui aspirent après quelque désunion parmi les membres d'une même autorité, qui attendent un point d'appui, qui comptent sur la hardiesse ou sur l'habileté de quelques chefs. Telle est l'ombre, heureusement circonscrite, mais saillante et pour ainsi dire palpable, que l'œil de la surveillance aperçoit dans le tableau politique. — On ne tiendra pas note ici des conjectures qu'ont fait naître les nouvelles reçues de l'extérieur ; elles sont toutes en faveur de la chose publique et concourent au maintien de la tranquillité générale. Cependant on conçoit quelques inquiétudes sur l'esprit que l'on dit animer différentes contrées de l'Ouest ; on craint qu'il ne s'y forme peu à peu des rassemblements de brigands et de royalistes qui vinssent à organiser les assassinats des hommes connus par leur attachement particulier à la République ; on penche à croire que sur nos côtes il est des hommes assez criminels pour servir secrètement les Anglais. La haine que ces derniers inspirent et l'exécration que l'on porte à leur gouvernement en sont d'autant plus grandes. Ce bon esprit est réellement public ; il règne dans tous les lieux de réunion ; il respire dans les cafés et jusque dans les foyers de nos spectacles. — Au surplus, les tentatives des malveillants pour troubler le bon ordre et jeter des germes d'anarchie ne sont pas de nature à faire naître des alarmes : tantôt ils cherchent à préoccuper les esprits en distribuant, certainement dans une très mauvaise intention, le portrait en couleur de Michel Le Peletier, représenté la tête couronnée d'une étoile ; tantôt ils font crier des pamphlets, insignifiants en apparence, mais qui contiennent toujours le récit mensonger de quelques malheureux événements. Il faut ranger dans cette classe les bruits récents d'erreurs commises au dernier tirage de la loterie, bruits qui tendent à discréditer cet important établissement. — Tous les journaux ont aujourd'hui une marche uniforme, à peu de nuances près, mais sûre et hors de tout reproche. Deux seulement paraissent très blâmables et sont dans un sens tout à fait opposé. Le *Nouvelliste politique* flatte les propriétaires, répand le bruit mensonger d'une apparence de désunion parmi les membres de la représentation, rappelle continuellement et sans cause louable des souvenirs douloureux, des images d'excès révolutionnaires, et nourrit à la fois l'espoir et l'animosité des royalistes. — Le *Républicain* rompt effrontément en visière avec l'opinion publique, nie l'existence de l'anarchie, voit au contraire le seul royalisme prêt à nous dévorer et la guerre civile sur le point d'éclater dans les contrées de l'Ouest, du Nord ou du Midi ; partout il voit les émigrés protégés, les Chouans, les acquéreurs de domaines nationaux et les meilleurs républicains assassinés ; tous malheurs qu'il fait implicitement émaner de la préférence donnée au choix actuellement admis au sein du Corps législatif, et des mesures prises par le Directoire pour étouffer les ferments de l'anarchie. Il est rare que la feuille de ce journaliste ne renferme pas une sorte d'insulte à l'une des premières autorités de la République.

Culte. — Le fanatisme fait des progrès dans l'ombre : l'affluence progressive de nouveaux zélateurs du culte catholique (cette affluence est si grande depuis quelque temps que les églises y suffisent à peine, et que des personnes s'y sont trouvées mal, suffoquées par la multitude et par la chaleur), l'air de triomphe qui règne parmi eux à l'aspect de leur nombre plus grand, et l'espérance qu'ils ne cachent pas de voir leur religion conserver une grande influence sur nos mœurs et sur nos usages civils, sont une preuve parlante des efforts que les prêtres ont fait dans le silence pour établir la dominance du culte catholique ; c'est peut-être encore le résultat des intelligences qu'ils se ménagent dans cette vue et qu'ils entretiennent parmi eux de différents points de la République. De constitutionnels à non constitutionnels l'intolérance est flagrante, ainsi que la rivalité, et il faut qu'il y ait quelque différence politique entre eux, puisqu'il perce une espèce de schisme. On en juge par l'observation suivante : des quinze édifices ouverts aux catholiques, sept seulement ont pris part à la nomination de l'évêque de Paris. — Le culte, du reste, a été généralement paisible.

Spectacles. — Une seule production nouvelle, donnée au théâtre de la rue Feydeau, sous le titre de *Jean-Baptiste*[1], prêtait à des applications, équivoques pour la plupart, ou tout au moins de nature à éveiller des animosités de parti ; l'auteur avait fait disparaître ces équivoques à la seconde représentation ; l'esprit public et l'ouvrage lui-même y ont également gagné. — Les théâtres n'ont offert aucune particularité importante ; ils ont joui du calme et de la décence convenables. — On est fondé à déclarer faux le bruit que l'on fait courir et même le détail que l'on s'est permis d'imprimer de prétendus événements survenus au théâtre de l'Ambigu-Comique : il n'y est survenu aucun accident.

Journaux. — Le *Républicain* exige aujourd'hui toute l'attention de l'autorité ; il n'est pas un article qu'on ne puisse regarder comme un appel tacite à tout ce que l'anarchie peut compter de partisans fanatiques. La municipalité de Castelsarrasin est destituée par le Directoire, et le *Républicain* annonce cet acte comme un nouveau triomphe des « messieurs » sur les « citoyens ». — Il cite une lettre du général Vimeux aux administrations des départements de Loir-et-Cher,

---

1. *Jean-Baptiste*, opéra en un acte, paroles et musique du Cousin Jacques, représenté pour la première fois le 13 prairial an VI.

[6 juin 1798]

d'Indre-et-Loire, de Mayenne et de la Sarthe, parce qu'elle contient beaucoup d'assertions hasardées, que le journaliste a soin de marquer en lettres italiques. On y remarque, entre autres, ce passage : « Nous ne le dissimulons pas, citoyens administrateurs, il existe dans les fonctions publiques *des hommes que la crainte agite*, qui redoutent l'influence que des prêtres ont prise dans l'esprit des habitants des campagnes. *Riches propriétaires, ils s'imaginent n'avoir qu'à jouir de leurs biens sans se mêler des dissensions civiles*..... Mais la crainte fait toujours calculer faussement, et ils ne voient pas qu'en ne s'opposant pas de suite aux progrès du brigandage, ils seront les premières victimes des brigands, dès qu'ils leur auront laissé prendre assez de force pour se montrer à découvert. *Jamais, en révolution, le parti de la neutralité ne fut celui de la prudence, et toujours l'égoïsme fut un crime.* » — « Voici, ajoute le journaliste, un rapport qui ne nous paraît pas très propre à faire prendre crédit à la doctrine des frères Constant et compagnie, qui ont vu que l'anarchie était le royalisme en bonnet rouge ; et que les riches propriétaires étaient les invincibles chevaliers du gouvernement. » — Les réflexions que le *Républicain* fait sur la mise en liberté du citoyen Bach[1], et les expressions injurieuses à l'autorité qu'il se permet, sont encore plus blâmables ; les membres du Directoire y sont appelés « gouvernants », qualification familière au journaliste et quelquefois affectée. Le pamphlet du citoyen Bach y est défendu avec chaleur, comme une œuvre de vérité qui démontrait l'odieux des manœuvres employées pour anéantir les opérations de l'Assemblée électorale. Bach, est-il dit, n'a fait que châtier par le fouet du mépris de plats coquins, dont le seul talent est la diffamation clandestine, la seule logique, le secret des pamphlets. L'accusation portée contre ce citoyen par l'arrêté du Directoire est traitée de formule avec laquelle on s'habituerait à jouer avec la liberté des citoyens. — Tout renferme dans ce journal un mépris implicite des premières autorités. Aucune feuille n'est plus propre, on ne balance pas à le dire, à pervertir l'opinion publique et à encourager les sectataires de l'anarchie.....

L. MILLY.

(Arch. nat., BB³ 88.)

1. Voir plus haut, p. 695.

MCCCLXVIII

19 PRAIRIAL AN VI (7 JUIN 1798).

JOURNAUX.

Publiciste du 20 prairial : « *Paris, 19 prairial.* ...On lit aujourd'hui, sur les murs de Paris, une affiche répandue avec profusion. Elle est intitulée *Les Finances*. On y accuse quelques membres du Corps législatif de suivre déjà, à l'égard des contributions, la même marche que l'année dernière. On leur reproche leurs cris contre les dilapidateurs qu'ils ne nomment pas, pendant que, sous ce prétexte, ils retardent la rentrée des fonds dont le gouvernement a besoin pour les dépenses les plus urgentes. On les soupçonne de reprendre au profit de l'anarchie un système d'opposition et de déclamation déjà mis en usage pour le compte de la royauté. » — « On ne néglige rien pour étudier l'instinct moral des éléphants arrivés de Hollande à Paris. On vient de leur donner un concert pendant lequel ils se sont livrés à la joie la plus vive. Le célèbre peintre des fleurs Van Spaendonck, témoin oculaire de l'expérience, assure que l'hilarité de ces animaux était à son comble et se manifestait par une sorte de délire, quand l'orchestre a joué le *Ça ira*. La femelle surtout se faisait remarquer par le mouvement continu de ses oreilles, par le jeu de sa trompe et par cette espèce de cri que Buffon appelle *le Cri d'amour*. »

MCCCLXIX

20 PRAIRIAL AN VI (8 JUIN 1798).

RAPPORT DU BUREAU CENTRAL DU 21 PRAIRIAL.

Mœurs et opinion publique. Journaux. — Les craintes qu'inspirent les brigandages commis dans le Calvados sont communes à plusieurs journalistes, notamment au *Messager*, qui observe que les brigands, connus sur les lieux sous le nom de Chouans, sont parfaitement couverts. — L'*Écho*, de son côté, blâme beaucoup l'esprit qu'il dit animer les membres de l'administration municipale de Dives, même département; il leur reproche, entre autres, d'avoir préféré que les Anglais vinssent brûler la frégate échouée à ce que les Français la brûlassent eux-mêmes, ainsi que le capitaine Perrieux le demandait. — Avant le 18 fructidor, les journaux royalistes prenaient chaudement la défense des collets noirs ou violets, et cachaient leur amour pour le trône en criant à l'anarchie. L'*Ami de l'ordre*, aujourd'hui, veut défendre le costume des jeunes gens du jour, et saisit cette occasion pour se déchaîner contre les amis de Babeuf, auxquels il trouve aujourd'hui un maintien plus rassuré et même triomphant. Si ce journaliste n'a pas réellement l'esprit de ceux que fructidor a frappés, il en adopte néanmoins la marche. — « Nous recevons à l'instant, dit le *Républicain*, la nouvelle que les Chouans ont levé le masque dans la Sarthe et marchent par gros rassemblements armés et organisés. » Le ministre de la police peut seul apprécier cette nouvelle. On voit au surplus avec peine que ce journaliste affecte de faire des mots *républicain* et *terroriste* un amalgame et une sorte de synonymie, qui semblent signifier que, sous ce dernier nom, on comprend tous les républicains. — Si l'on en croit le même, les croix sont réexposées dans le canton de Muret, département de la Haute-Garonne, à la vénération publique. — Le *Fanal* déclare qu'il reçoit, sur la situation actuelle du Midi, des renseignements tout à fait contraires de ceux que l'*Ami des Lois* a publiés. Les excès que celui-ci avait attribués au royalisme, le *Fanal* les attribue à l'anarchie. Il pense que le Directoire ne pourrait mieux faire pour connaître la vérité que d'envoyer des commissaires sur les lieux. — Cette note, qui nous paraît mériter beaucoup d'attention, est extraite du *Propagateur* : « Les dernières lettres d'Amérique annoncent que l'on y construit avec la plus grande activité vingt-cinq vaisseaux de guerre depuis vingt jusqu'à soixante-quatorze canons ; les négociants de Philadelphie ont offert une prime pour les matelots. »...

L. Milly.

(Arch. nat., BB³ 88, et F⁷ 3840.)

JOURNAUX.

Publiciste du 22 prairial : « *Paris, 24 prairial.* ...La fête donnée hier à Tivoli (jardin Boutin) a été extrêmement brillante. Elle avait attiré un concours immense. Il est impossible de tirer un meilleur parti du plus beau local champêtre de Paris, d'y réunir plus de plaisirs et de les marier avec plus de goût. Ce sont les jardins d'Armide transportés au sein de cette ville. Le citoyen Despréaux a ainsi justifié et accru la réputation qu'il s'était depuis longtemps acquise par son talent connu pour la direction des fêtes publiques. La première sera, dit-on, encore plus parfaite, parce que tous les travaux accessoires, qui n'étaient pas encore achevés, le seront alors. » — *Publiciste* du 24 prairial : « On porte à douze mille le nombre de personnes qui ont assisté à la reprise des fêtes de Tivoli, à quinze cents celui des voitures, et à 29,000 et quelques centaines de francs le montant de la recette. Les fêtes suivantes attireront sans doute le même concours, si le citoyen Brémont, entrepreneur de ce jardin, continue à employer le même zèle pour les plaisirs du public..... »

MCCCLXX

COMPTE RENDU DÉCADAIRE DES OPÉRATIONS DU BUREAU CENTRAL DU CANTON DE PARIS DU 11 AU 20 PRAIRIAL AN VI [1].

Correspondance relative aux mœurs et opinion publique. Réunion dans l'église du Haut-Pas. — Le commissaire de police de l'Observatoire ayant observé que, depuis la fermeture des oratoires particuliers, l'église Jacques du Haut-Pas était devenue le lieu de réunion de tous les dévots fanatiques, qui s'y rendaient de tous les quartiers de Paris avec affectation, le Bureau central a invité ce commissaire à surveiller cette réunion, à prendre toutes les précautions qu'exige la prudence, et à faire part de ses remarques ultérieures.

Bals. — D'après l'avis donné par le commandant de la place de Paris que l'adjudant de la 5ᵉ brigade lui avait soumis différentes observations sur la force armée chargée de maintenir l'ordre dans les bals de son arrondissement, savoir chez Matoisel Ruggieri et à l'Ermitage, commune de Montmartre, où l'affluence est très grande et y occasionne des disputes, et d'après l'invitation du même commandant d'intimer l'ordre à ces teneurs de bals d'y entretenir une force armée suffisante pour en imposer aux turbulents, le Bureau central a invité le commissaire de police de ces divisions à lui faire un rapport sur ces bals, pour prendre ensuite les mesures nécessaires.....

Prélèvement en faveur des pauvres sur les recettes des spectacles et fêtes publiques. — L'accusateur public près le tribunal criminel ayant annoncé être prévenu que le Bureau central, après avoir dénoncé les entrepreneurs de spectacles et fêtes publiques comme retentionnaires de deniers publics, suspendait quelquefois l'action de la justice en leur accordant du temps, le Bureau central lui a répondu que jamais il n'avait eu l'intention d'empêcher la marche de la justice et qu'il poursuivait ceux qui étaient en retard.

Imprimé non timbré. — Le commissaire de police a transmis au Bureau central un imprimé comme n'étant point timbré, intitulé : *Nouvelle officielle annonçant un grand combat entre les Anglais et les*

---

[1]. Dans ce rapport, qui est daté du 29 prairial, nous ne reproduisons pas les articles intitulés : *Mœurs et opinion publique, Spectacles, Cultes, Journaux :* ils n'ajoutent rien à ce qu'on a déjà lu dans les rapports quotidiens de la seconde décade de prairial an VI.

Français. Il n'a rien été fait sur cet objet, non plus que sur beaucoup d'autres semblables, qui restent déposés en attendant l'avis du Département, auquel il a été adressé par le Bureau central un projet d'arrêté relatif à cet objet.....

Salubrité et voie publique. Incendie du théâtre Lazari. — Le Bureau central a rendu compte des mesures qui ont été prises lors de l'incendie du théâtre Lazari, boulevard du Temple ; le feu qui se conservait dans les décombres de la salle a rendu nécessaire, jusqu'au quatrième jour, la présence des pompiers, qui ont donné en cette occasion de nouvelles preuves du courage, du zèle et de l'activité qui ont toujours distingué ce corps. Cent ouvriers environ ont été requis et mis en œuvre pour les déblais nécessaires jusqu'à ce que le feu eût été entièrement éteint. On n'a pu acquérir aucun renseignement certain sur la manière dont cet incendie a eu lieu ; seulement, le feu s'étant manifesté avec la plus grande activité, une heure au plus après la visite des pompiers de garde qui s'étaient assurés qu'il n'existait pas le moindre danger, cette circonstance a donné lieu de présumer que le feu avait été mis par des malveillants. Les porteurs d'eau à tonneaux, les voituriers qui ont attelé leurs chevaux aux gros tonneaux, les pompiers et les ouvriers employés aux déblais ont été payés par le Bureau central, d'après des états et certificats. Tous ces frais de sûreté publique se sont élevés à environ une somme de 3,000 livres.

Mesures de précautions à l'égard des autres théâtres. — Le Bureau central, en observant par une circulaire aux entrepreneurs de théâtres de Paris, à l'exception de l'Odéon, l'Opéra-Comique de la rue Favart, et le théâtre des Arts, que l'intérêt public et le leur en particulier commandaient les plus grandes précautions, que depuis quelque temps la plupart des productions dramatiques n'étaient jouées sur leurs théâtres qu'au milieu des flammes et de pluies de feu, qu'il était de son devoir d'interdire sérieusement toute représentation qui pourrait entraîner de funestes accidents, les a invités en conséquence à suspendre ces sortes de représentations jusqu'à ce que l'on se fût assuré qu'il n'y a pas d'inconvénient à leur permettre ces feux, qui ne cessent d'être dangereux que dans un local dont la construction a été dirigée pour ce genre de spectacle. Il leur a observé en même temps qu'il se préparait incessamment à cette vérification. Il a donné avis de cette circulaire aux commissaires de police des divisions Le Peletier, Butte-des-Moulins, Cité, Temple, Bondy, Luxembourg et Lombards, et les a chargés, dans le cas où des pièces à feu seraient annoncées dans lesdits théâtres sans son autorisation, de s'opposer à leur représentation. — Le Bureau central a répondu à l'administration municipale du IX⁰ arrondissement qu'il venait d'interdire les représentations des pièces à feu dans les théâtres qui ne sont pas destinés à ce genre de spectacle. — Il a chargé le commissaire de police de la division des Gravilliers d'enjoindre au citoyen Doyen, locataire d'une salle de spectacle, rue Nazareth, de pourvoir son théâtre de tous les ustensiles propres à arrêter et prévenir les incendies.....

LESSORE.

(Arch. nat., BB³ 88, et F⁷ 3840.)

MCCCLXXI

21 PRAIRIAL AN VI (9 JUIN 1798).

RAPPORT DU BUREAU CENTRAL DU 22 PRAIRIAL.

Mœurs et opinion publique. Journaux. — La masse des journaux ne représente rien de répréhensible ; quelques-uns seulement, en déversant sur le gouvernement et les autorités constituées le soupçon d'être ou les partisans des royalistes, ou d'avoir favorisé ce parti en réprimant l'anarchie dans ses intrigues lors des dernières élections, peuvent offrir quelques articles à remarquer. — Le *Républicain* cite la préférence accordée aux élections de la scission des Pénitents, à Lyon, parmi lesquels, dit-il, la loi du 22 floréal a reconnu seulement les vrais amis de la Constitution, et de qui d'après cela on devait attendre les talents et la force nécessaires pour la faire régner dans ce département ; il ajoute : « Les *Jésus* reparaissent ; la débauche, l'or leur offrent le prix du crime et le signal de l'assassinat ; les patriotes, par suite de la scission, sont incarcérés, un procès criminel entamé et les électeurs royaux seuls entendus devant un tribunal, en même temps juge et partie. — Dans un autre article, relatif à la publication de la négociation des agents des États-Unis avec le gouvernement français, il affecte d'inculper le ministre des relations extérieures, dont il dit la probité officiellement rétablie. — Le *Journal du Citoyen*, à l'occasion de l'arrestation du citoyen Bach, traite de valets de cour, de flatteurs du pouvoir ceux qui avaient reconnu dans ses écrits une attaque contre le gouvernement. Le même dit, sans doute avec intention : « Des mouvements insurrectionnels ont été comprimés dans l'État de Parme ; on dirait qu'il y a déjà trop de liberté en Europe. » — Mais si la surveillance du gouvernement doit être active sur la suite des intentions d'un parti déjoué dans les élections dernières, l'hypocrite silence des journaux, précédemment connus pour être les trompettes fidèles du royalisme, ne doit pas endormir ses justes inquiétudes sur leur compte ; souvent ils répètent complaisamment les bruits de guerre qui peuvent réveiller l'espoir du changement qu'ils désirent ; plusieurs annoncent que l'Amérique arme vingt-cinq vaisseaux contre la République.

L. MILLY.

(Arch. nat., BB³ 88, et F⁷ 3840.)

JOURNAUX.

Patriote français du 24 prairial : « Defrance, ex-conventionnel, est nommé substitut du commissaire du Directoire près les postes et messageries. Ysabeau, ci-devant député, va remplir les mêmes fonctions à Bruxelles..... »

MCCCLXXII

22 PRAIRIAL AN VI (10 JUIN 1798).

RAPPORT DU BUREAU CENTRAL DU 23 PRAIRIAL.

Mœurs et opinion publique. Journaux. — Même système dans le *Républicain* pour présenter la contre-révolution comme prête à se faire dans telle ou telle contrée ; il publie aujourd'hui un fragment de lettre à lui écrite de Cette, par un charpentier de marine, qui, en s'éloignant, regrette de laisser son département dans un état de désolation, et les royalistes, depuis la destitution de l'administration centrale, relever plus que jamais la tête et menacer les républicains, en chantant publiquement le *Réveil du Peuple*. — On voit dans la *Gazette de France* une note assez mauvaise contre la loterie nationale, qu'on affecte de présenter comme une source dangereuse de peines et de misère. — On ne conçoit pas dans quelle vue et sur quels fondements le *Patriote français*, d'après une gazette allemande, à ce qu'il paraît, dit très probable que le citoyen Siéyès ne prendra pas à Berlin le ton qu'il a pris à La Haye, parce que le chef d'une armée aguerrie de cent trente mille combattants ne se laisserait pas maltraiter impunément par un évêque de Bamberg. Le bon esprit du journaliste français est trop connu pour que l'on présume qu'il ait eu l'intention de ravaler le caractère d'un ambassadeur français par une rodomontade tout à fait déplacée. — Le *Point du jour* annonce, ou plutôt soutient les bruits de quelques débarquements d'émigrés sur les côtes de Binic, département des Côtes-du-Nord. — Il soutient également ceux de dépêches secrètes, extraordinairement envoyées à Paris par les États-Unis d'Amérique, pour signifier à l'envoyé Hertry l'ordre de sortir à l'instant du territoire français. — Le *Fidèle historien* dit que des traîtres ont débauché, sur la route de Boulogne à Lille, cinq cents hommes d'une seule demi-brigade, et leur ont fourni des vêtements et des faux passeports pour déserter lâchement à l'intérieur. Il n'affirme cependant pas cette nouvelle.

L. MILLY.

(Arch. nat., BB³ 88, et F⁷ 3840.)

JOURNAUX.

Républicain du 25 prairial : « *Paris, 24 prairial.* Deux citoyens, demeurant cour Thomas d'Aquin, ont reçu avant-hier, saint jour de dimanche, une lettre anonyme dans laquelle on les prévenait que, s'ils continuaient à travailler le dimanche et à fermer leurs magasins les jours de décade, ils seraient mis sur la liste des impies, dont on avait note exacte, et que les honnêtes gens en sauraient, sous peu, faire justice. Les deux lettres ont été déposées chez le commissaire de police..... »

MCCCLXXIII

23 PRAIRIAL AN VI (11 JUIN 1798).

RAPPORT DU BUREAU CENTRAL DU 24 PRAIRIAL.

Mœurs et opinion publique. Journaux. — Rien de ce qui constitue aujourd'hui la feuille le *Républicain* n'est à passer sous silence, et tout son contenu est dans le cas de faire, non seulement une impression profonde, mais une diversion dangereuse dans l'opinion publique, si tous les faits annoncés ne sont pas dans la plus sévère vérité, et s'ils ne sont au contraire que des appuis en quelque sorte à un système d'alarmes qui tendrait à faire croire que, depuis l'ouverture de cette session, la liberté de la République est de plus en plus exposée. Est-il vrai, en conséquence, que le commandant de Toulon, auquel on annonce un prévenu de vol, ait fait assembler la troupe et lui ait donné ordre de charger pour forcer, par cette espèce de question, le prévenu à avouer son crime ? Est-il vrai que les dernières nominations faites à Toulouse de membres du tribunal criminel et de l'administration centrale n'aient été annulées par le Directoire que parce que l'intrigue a surpris et trahi sa confiance, et que les faits qui l'avaient porté à cette mesure aient été notoirement reconnus faux ? Est-il vrai que, dans le département de la Sarthe, on ait affiché deux proclamations, dont il donne le texte, et qui, sous les couleurs du patriotisme, laissent percer l'esprit sanglant du royalisme, et celui non moins perfide du fanatisme, et que l'une de ces affiches soit revêtue du cachet du roi ? On observe ici que le journaliste ajoute cette note : « Sans doute les proclamateurs ne se sont pas encore procuré les preuves que les soi-disant anarchistes et les républicains les plus prononcés sont les plus sûrs et les meilleurs de leurs amis. Il faut vivre habituellement à Paris pour y voir de cette manière. » Sens forcé et ironique donné à l'opinion reconnue et incontestable que les anarchistes et les royalistes soient unis d'intention pour opérer le [renversement du] gouvernement de la République. Est-il vrai que, sous le ministère du citoyen Dondeau, et, comme semble vouloir le faire entendre le journaliste, par la faute de ce ministre, il ait été loisible à des brigands de la Sarthe de racheter leur liberté pour des 15 (*sic*) et 5,000 francs et qu'il en existe des déclarations chez un juge de paix, au Mans, de la bouche même d'un coupable et de la femme d'un autre coupable, connus tous pour chefs des Chouans ? — Ces faits, qui vont être recopiés par des journaux, semblent à l'administration nécessiter les plus exacts éclaircissements ; déjà des feuilles, même officielles, redisent plusieurs nouvelles de cette nature, que le *Républicain* a précédemment données. — L'*Ami des Lois* annonce et l'*Ami de l'ordre* blâme un fait qui consiste en une proclamation rendue à Rome par le général Saint-Cyr, ordonnant que les prêtres prévenus, mais non convaincus, d'avoir participé à un attroupement seraient détenus et gardés en ôtage dans une forteresse aussi longtemps que le chef le jugerait à propos, disposition que l'*Ami de l'ordre* assimile à la loi des suspects imaginée par Robespierre. — Le *Journal des Lois et des Faits*, qui, après avoir fait suite au ci-devant *Aviso*, s'est borné longtemps à copier les nouvelles les plus accréditées, en donne aujourd'hui de son chef, qui paraissent puisées dans les gazettes anglaises les plus mauvaises, celles en un mot où le gouvernement britannique veut faire parade de ses nouveaux armements contre la France et veut peindre les Français comme se livrant aux plus grandes horreurs dans leurs courses guerrières et héroïques, bien certain que ces feuilles, en circulant dans l'intérieur, seront accueillies et commentées avec plaisir par les amis du trône de Blankenbourg. — Un véritable esprit de royalisme perce chaque jour davantage dans les réflexions auxquelles se livre le *Nouvelliste politique ;* il intitule aujourd'hui un article assez long : *Anarchie*, et c'est le détail d'un mouvement arrivé, il y a trois mois, à Besançon, à l'occasion d'une enseigne qui portait pour légende : *Café du 9 thermidor*. Peut-on donner une bonne intention à ce détail aussi tardif qu'inutile ? Non. Mais l'écrivain veut exaspérer et veut ranimer de ses cendres cette anarchie qu'il feint de détester. — Même esprit dans ses réflexions, plus sages cependant, sur la session actuelle; elles commencent ainsi : « Jusqu'au 18 fructidor, toutes les assemblées législatives n'avaient été que des chefs-lieux de faction. » — L'*Écho*, de son côté, annonce, par la correspondance de Francfort, que la Russie met une partie de ses forces navales à la disposition de la cour de Londres. Sur quoi fonde-t-il cette nouvelle ? C'est très évidemment pour servir la surveillance que la *Gazette de France*, se plaisant à contredire le *Rédacteur*, affecte de dire que les cadavres retirés de temps à autre de la Seine déposent comme preuve de la misère publique, et que les suicides ont rarement d'autres causes.

L. MILLY.

(Arch. nat., BB³ 88, et F⁷ 3840.)

JOURNAUX.

Patriote français du 26 prairial : « *Paris, 25 prairial*. D'après l'invitation de l'administration centrale du département de la Seine, se sont formés en Société libre d'agriculture les citoyens Vilmorin, Cels, Thouin, Desfontaines, Bergon, Parmentier, Poulain-Grandprey, Dubois, Piot, Saint-Victor, Cretté de Palluel, Filassier, J.-V. Christi, Antoine Giroux, Bossu, G. Leblanc, Merolles, Godefroy, Saint-Genis, P. Gatellier, Yvart, Hébert, Gossuin. Le 19 du présent, ces citoyens ont tenu leur séance première, dans laquelle ils se sont adjoints les citoyens Creuzé-Latouche, Tessié, Gilbert, Huzard, Chobert, Vitel, Descemet, Grégoire, Heurtault-Lamerville. Le 23, ils ont procédé à la formation de leur bureau. Creuzé-Latouche a été président, Cels vice-président, et Gilbert secrétaire. La société s'est ensuite organisée sous le titre de *Société d'agriculture et d'économie rurale*. Le reste de la séance a été consacré à la discussion du règlement. Les séances sont fixées aux 2 et 16 du mois.... »

MCCCLXXIV

24 PRAIRIAL AN VI (12 JUIN 1798).

RAPPORT DU BUREAU CENTRAL DU 25 PRAIRIAL.

Mœurs et opinion publique. Esprit public. — L'opinion n'a pas présenté d'autre caractère sensible que celui dont on a donné le tableau dans le précédent rapport ; cependant on a cru apercevoir un degré nouveau de mouvement parmi les hommes de parti ; on sent un peu plus en un mot les efforts qu'ils font pour rompre le long silence auquel ils se sont trouvés réduits. A la vérité, les royalistes et les anarchistes gardent encore respectivement le rôle d'observateurs très circonspects, mais chacun de leur côté, en s'accusant de vouloir troubler le repos de la République, ne sont (sic) réellement occupés que d'éloigner le soupçon pour agir plus sûrement en concentrant, s'il était possible, toute l'attention du gouvernement sur une seule classe de malveillants. — Les résultats catégoriques des observations prises sur l'opinion publique pendant les cinq jours sont, d'une part, que les partisans ténébreux de Babeuf n'ont rien affaibli de leurs ressentiments, de leur secrète haine contre la forme actuelle du gouvernement et de leur désir impatient de la changer ; d'une autre part, que les royalistes affectent plus d'espérance, se livrent à des propos plus audacieux contre la République, et annoncent, par le plaisir barbare avec lequel ils amplifient les ressources de l'Angleterre en ravalant les nôtres, la criminelle sympathie qui existe entre eux et nos plus mortels ennemis. Cette nouvelle jactance du royalisme dans cette commune est peut-être ce qui donne un nouveau poids aux nouvelles de trahisons que l'on dit ourdies dans les départements de l'Ouest pour y faire triompher le machiavélisme du cabinet de Saint-James et y former sur divers points des noyaux d'insurrection. — L'inquiétude que ces nouvelles, effectivement assez accréditées, répandent dans les esprits est le seul caractère nouveau de l'opinion qui soit bien prononcé ; mais il paraît tendre à le devenir encore davantage, tant est prompte la malveillance à saisir les moindres occasions d'entretenir l'alarme parmi les citoyens paisibles. — De ces images douloureuses pour les amis de la patrie, en conclura-t-on que l'esprit public ait dépéri dans cette commune ? Non, sans doute. Et l'on en allèguera pour preuve l'impression de joie qu'a faite et que fait encore la nouvelle répandue, par anticipation, de la prise de Gibraltar. Des papiers, inconsidérés sans doute, puisqu'ils n'avaient rien d'officiel sur un événement de cette importance, l'avaient annoncée, et ils étaient achetés et lus avec avidité dans tous les lieux publics. On peut affirmer que les odieuses espérances des gens de parti seront bien peu de chose devant la joie que causera le premier succès officiellement annoncé de la grande expédition confiée au général Buonaparte.

Spectacles. — Ils n'ont offert, à l'exception du Vaudeville, aucune particularité remarquable. Calme et décence sont tout ce qu'on y observe. On n'y a reconnu aucune mauvaise application, si ce n'est celle-ci : au théâtre du Vaudeville, à la première représentation de *La Vallée de Montmorency*[1], Jean-Jacques Rousseau était censé recevoir des lettres ; entre autres, il en reçoit une de M. de Malesherbes, qu'il place au nombre de ses bienfaiteurs ; les applaudissements au nom de Malesherbes, dont on connaît la conduite à l'égard du dernier des monarques en France et en même temps la fin tragique, ont été excessifs ; il est encore très douteux qu'ils aient été donnés plutôt à une victime du régime décemviral qu'à un défenseur du ci-devant roi. L'administration dirigera sur cet incident une surveillance plus profonde, à la seconde représentation de cette pièce.

Culte. — Le culte n'a fourni aucune observation ; il a eu lieu dans le plus grand calme.

Bals. — Le Bureau central annonce aujourd'hui circulairement aux commissaires de police que, conformément à une lettre du ministre de la police du 21 de ce mois, il annule toutes les déclarations portant fixation des jours choisis par les teneurs de bals, et qu'en conséquence, il leur est libre de donner à danser tous les jours de la décade, excepté les jours connus anciennement sous la dénomination de dimanches et fêtes, à moins que ces jours ne coïncident avec les décadis et fêtes nationales. Il leur recommande de tenir fortement la main à ce que les teneurs de bals ne contreviennent pas aux intentions du ministre et aux articles 12 et 13 de l'arrêté du Directoire du 14, de dresser procès-verbal des contraventions et de lui envoyer sans délai [ces procès-verbaux].

(Arch. nat., BB³ 88, et F 3840.)

L. MILLY.

MCCCLXXV

25 PRAIRIAL AN VI (13 JUIN 1798).

Rapport du bureau central du 26 prairial.

Mœurs et opinion publique. Journaux. — Les feuilles périodiques ne fournissent, ces deux jours, que de légères observations. Cependant, on rangera dans la classe des abus sérieux celui que se permet le *Journal des séances*, soit sous ce titre, soit sous celui de *Postillon*

---

1. Cette pièce a été imprimée sous ce titre : *La Vallée de Montmorency ou Jean-Jacques Rousseau dans son ermitage*, opéra-comique en trois actes et en prose, par Piis, Barré, Radet et Des Fontaines. Paris, 1798, in-8. Voir plus loin, p. 720.

de Calais, en annonçant dans son titre toutes choses affirmativement, tandis que ces choses ne sont qu'en conjectures dans le corps du journal; ainsi il fait lire : « Ruse employée par le général Bonaparte pour s'emparer de Gibraltar. Entrée de dix mille Français dans cette forteresse, etc. » Cet abus est d'autant plus grand que les colporteurs font de ce charlatanisme un objet de spéculation qui les enhardit à violer la loi prohibitive du cri des sommaires de journaux. Il en résulte que le principal mal de ces journaux est dans leur titre imposteur. On observe ici qu'il vient d'être réitéré des ordres très pressants d'arrêter tout colporteur de journaux en contravention à la loi.

— La même feuille a été la première à publier cette découverte épouvantable de têtes plantées sur des piques, de crânes servant de tasses, trouvés à Genève dans le cercle de la Grille ; tous faits qui soulèvent le cœur et sont démentis par les journaux, notamment par celui des *Campagnes*. — Sur l'annonce de beaucoup de ternes gagnants à Bordeaux, d'après le dernier tirage de la loterie nationale, le *Républicain* ajoute une note peu faite pour servir cet établissement. « Que de familles, s'écrie-t-il, vont être ruinées par l'appât d'un heureux hasard!»

— Le *Révélateur*, assez dans l'habitude de copier le *Républicain*, copie effectivement ce qu'il a dit de l'ordre simulé donné par le général Saint-Cyr, de faire fusiller un voleur pour lui faire avouer son crime.

— Il est probable, comme le dit aujourd'hui la *Clef du Cabinet*, que c'est encore là une calomnie.....

LESSORE.

(Arch. nat., BB³ 88, et F⁷ 3840.)

JOURNAUX.

Ami des Lois du 26 prairial : « J'ai le plaisir de vous adresser, nous écrit aujourd'hui le citoyen Garnerin, copie d'une lettre du Département de la Seine, qui lève la défense que le Bureau central m'avait faite de voyager dans les airs avec une personne d'un autre sexe. La jeune citoyenne qui m'accompagne est d'une joie extrême de voir approcher le jour du voyage : c'est du parc de Mousseaux[1] que je m'élèverai avec elle, dans le courant de la décade prochaine. Notre ascension sera précédée de celle de plusieurs ballons d'essai, de l'expérience d'un globe détonant et de l'expérience du parachute sur des animaux qui redescendent dans le parc de Mousseaux même. Quel que soit l'intérêt que puissent offrir ces expériences, elles ne seront cependant que l'accessoire principal d'une superbe fête que les entrepreneurs propriétaires de Mousseaux font disposer pour le jour de mon départ. Un architecte habile, vingt artistes et quatre cents ouvriers travaillent journellement à donner des

---

1. On sait que le nom du parc Monceau est constamment écrit de la sorte dans les documents du temps.

formes encore plus heureuses à ce séjour consacré, dès son origine, aux fêtes et aux plaisirs. Une belle allée ornée d'orangers, de statues et de vases d'où s'exhaleront des parfums de l'Asie se prépare pour servir de point de réunion ; une route s'ouvre pour la course des chevaux et la circulation des voitures ; les rivières, les bassins, les cascades et les torrents vont reprendre leur cours au travers des sites pittoresques et variés du parc de Mousseaux. Le jeu d'une pompe à feu est destiné à y entretenir les eaux. Le château, les galeries, les grottes et les souterrains éprouvent aussi des changements favorables ; des décorations élégantes vont être placées pour les illuminations, qui seront composées par mon frère. Enfin, il va être publié un programme de cette fête, qui égalera, au moins en bon goût et en magnificence, celles qui furent données à Versailles sous Louis XIV [1].

MCCCLXXVI

26 PRAIRIAL AN VI (14 JUIN 1798).

RAPPORT DU BUREAU CENTRAL DU 27 PRAIRIAL.

Mœurs et opinion publique. Journaux. — N'y a-t-il pas beaucoup de malignité dans le passage suivant du journal le *Républicain*, relatif au ministre des relations extérieures, ou plutôt ne renferme-t-il pas la plus forte insulte à ce magistrat ? « Quelques personnes, qui se prétendent bien instruites, assurent que François (de Neufchâteau) entrera au ministère des relations extérieures, et Talleyrand se rendra au pays de la peste pour y puiser les dernières observations sur le despotisme oriental. » — Cela seul excepté, les feuilles périodiques ne motivent aujourd'hui aucune remarque essentielle.....

L. MILLY, LESSORE.

(Arch. nat., F⁷ 3840.)

1. Voici la lettre de l'administration centrale au citoyen Garnerin ; nous y retrouvons avec plaisir une partie des raisons que nous avions opposées au trop pudibond Bureau central : « Citoyen, d'après la réclamation que vous nous avez adressée contre l'arrêté du Bureau central qui vous défend de voyager dans un aérostat avec une jeune citoyenne, nous avons consulté le ministre de l'intérieur et celui de la police générale, qui tous les deux sont d'un avis conforme au nôtre et pensent qu'il n'y a pas plus de scandale à voir deux personnes de sexe différent s'élever ensemble dans l'air, qu'à les voir monter dans une même voiture, et que d'ailleurs on ne peut empêcher une femme majeure de faire à cet égard ce que l'on permet aux hommes, et de donner, en s'élevant dans les airs une preuve à la fois de confiance dans les procédés et d'intrépidité. En conséquence nous avons invité le Bureau central à rapporter son arrêté. Ainsi vous pourrez, quand vous le jugerez convenable, faire l'expérience que vous vous proposez, en nous avertissant du jour où elle aura lieu. (*Note de l'original.*)

MCCCLXXVII

27 PRAIRIAL AN VI (15 JUIN 1798).

RAPPORT DU BUREAU CENTRAL DU 28 PRAIRIAL.

Mœurs et opinion publique. Journaux. — Le *Publiciste* est la seule des feuilles de ce jour qui exige une observation particulière, mais elle paraît l'exiger impérieusement. Le journaliste paraît s'être attaché à présenter le Corps helvétique comme très mécontent de la conduite des commissaires ou généraux français ; si on l'en croit, le Conseil helvétique a dû envoyer une députation au Directoire exécutif de la République française pour y porter des plaintes. Il donne à penser aussi que le mécontentement des Helvétiens vient de ce qu'ils se sentent sous l'influence du gouvernement français ; il cite même ces phrases, qu'il dit avoir été proférées à la tribune du Corps législatif helvétique : « Combien de temps une puissance étrangère nous prescrira-t-elle encore des lois ? Nous avons une Constitution ; nous sommes une puissance indépendante ; il y a des personnes étrangères qui voudraient nous donner des fers. A quoi nous sert notre Constitution, qui nous promet notre liberté et l'indépendance ? A quoi nous servent nos délibérations, si nous sommes à tous moments sous l'autorité des agents français ? A quoi nous servent nos formes judiciaires, si nos concitoyens peuvent être traînés devant des conseils de guerre ? » On regrette que le journaliste n'ait pas craint d'être accusé d'un défaut, tout au moins de discernement, en n'entrant dans le détail que des nouvelles étrangères qui peuvent prêter à la malveillance, et faire espérer aux ennemis de la République la plus légère altération dans la bonne harmonie qui règne entre elle et la République helvétique.....

L. MILLY.

(Arch. nat., BB³ 88, et F⁷ 3840.)

JOURNAUX.

Publiciste du 28 prairial : « *Paris, 27 prairial*. Des hommes, qui semblent fatigués de la profonde tranquillité dont nous jouissons, s'efforcent en ce moment de rallumer le feu de la discorde parmi les citoyens, au sujet des costumes. Autrefois la guerre a été faite aux cadenettes et aux collets verts ; aujourd'hui, c'est contre les cheveux coupés et sans poudre, contre les perruques à la Titus et à la Brutus, qu'on paraît vouloir la commencer. C'est contre ce genre de coiffure que s'élèvent plusieurs de ceux mêmes qui l'ont jadis portée comme un signal de patriotisme. Ils prétendent à présent y voir un moyen de ralliement. Quelques citoyens ont déjà été insultés sous ce prétexte. La police s'empressera sans doute de prévenir à temps les suites de ces provocations, qui finiraient par des troubles et des malheurs, et qui pourraient relever les partis, tous également comprimés sous la main et sous la puissance du gouvernement..... »

MCCCLXXVIII

28 PRAIRIAL AN VI (16 JUIN 1798).

RAPPORT DU BUREAU CENTRAL DU 29 PRAIRIAL.

Esprit public. — Ce n'est pas seulement au peu d'occasion que l'opinion a eu à se manifester qu'il faut attribuer le calme dont cette commune a joui sans aucune altération pendant les cinq derniers jours de cette décade, mais encore au bon esprit qui anime toutes les classes de cette société et qui fait que le besoin de l'ordre est plus généralement senti. Aucun sujet important n'a fait le fond particulier des entretiens publics. L'armement de Toulon y est suivi, dans sa destination, de tous les vœux des citoyens pour la réussite de l'entreprise dont il est l'objet; les conjectures qu'il continue à faire naître sont toujours très vagues, mais toutes marquées au coin du patriotisme. Rien n'a prouvé que les perturbateurs fissent des tentatives pour changer en orages cet état paisible des choses, si ce n'est quelques rumeurs satiriques sur les costumes du jour, observations qui appartiennent à l'article suivant.

Mœurs. — Il est certain que, comprimée par une sévère surveillance, une classe incurable de frondeurs du gouvernement et d'égoïstes, auxquels le bien ou le mal de notre situation politique sont tout à fait indifférents, n'ont plus d'autre manière de signaler leur opposition aux principes républicains que d'affecter une mise extraordinaire en quelques points : les collets verts, les collets noirs, les collets violets, ensuite les cravates, ensuite les cannes plombées, s'ils n'ont pu, faute d'occasion, servir de signe de ralliement aux royalistes, étaient du moins autant d'insultes tacites à ces mêmes principes, et, ne fût-ce que le doute que ces modes ont fait naître sur le caractère politique de certains individus, il semble que, par respect pour l'opinion, ceux-ci auraient dû se les interdire. Cependant les collets violets et noirs commencent à reparaître. Une autre mode excite quelques soupçons : elle consiste en une certaine forme d'habits longs, sur les épaules desquels sont placés des boutons. Si, comme on l'assure, cette mode est copiée sur celle répandue à la cour de Londres, notre mortelle ennemie, les murmures qu'elle excite sont réellement fondés, et les autorités supérieures doivent tourner leur attention sur ce costume. Mais, d'un autre côté, à considérer combien cette mode se généralise aujourd'hui et quels ont été dans tous les temps l'intolérance et le rigorisme des anarchistes, qui mesuraient le patriotisme sur l'extérieur et faisaient d'une mise plus ou moins élégante un motif de proscription ou du moins de persécution, quelque tort qu'aient ceux qui portent maintenant des habits de la forme indiquée ci-dessus, ou des cheveux courts, dits à la Titus, on aperçoit quelquefois parmi ceux qui les frondent une sévérité qui tient de l'exagération, une véritable passion et des symptômes de cet esprit de parti qui ne demande qu'un aliment pour grossir, qu'un prétexte pour éclater. Les partisans de l'anarchie ne peuvent diviser les autorités ; ils voudraient diviser la société. Mais si on s'applaudit de voir sans effet dangereux, ni même à redouter pour la tranquillité publique, leurs satires des costumes du jour, on n'exerce pas moins une surveillance très sévère sur ceux qui les portent, et sur leur conduite politique, de manière à pouvoir discerner, en toute circonstance, ceux qui affectent une mode en mépris de la République et ceux qui l'adoptent par goût et comme simplement livrés au torrent du caprice des goûts.

Spectacles. — Les spectacles n'ont offert aucune particularité. Au théâtre Favart, les airs civiques ont été quelquefois applaudis plus que de coutume. On gémit de ne voir paraître sur la scène aucune production nouvelle capable de nourrir dans les cœurs le feu du patriotisme. L'application qui avait été faite au théâtre du Vaudeville, à la première représentation de *La Vallée de Montmorency*, au moment où Jean-Jacques prononce le nom de Malesherbes[1], n'a pas eu de caractère soutenu ; tout prouve même qu'il n'y a point l'application que l'on avait soupçonnée.

Culte. — Le culte a eu lieu au milieu du plus grand calme ; il y a toujours une affluence plus remarquable aux temples catholiques dits Saint-Gervais et Saint-Jacques ; on y remarque surtout un grand nombre de femmes.....

L. MILLY.

(Arch. nat., BB³ 88, et F⁷ 3840.)

1. Voir plus haut, p. 715.

Journaux.

Républicain du 1er messidor : « *Paris, 30 prairial*..... La presque totalité du Corps législatif s'était réunie, le 28 prairial, au jardin Biron, pour fraterniser à la mode de nos bons aïeux et faire connaissance, le verre à la main. On y attendait même les Directeurs et leurs ministres, qui ne s'y sont point rendus. Le dîner n'était donc que de députés et ils étaient à peu près six cents. L'allée où l'on avait servi était décorée de vases remplis de lis, dont il y a pépinière au jardin Biron. Ce genre d'ornement, assez singulier vu les circonstances, et un peu moins équivoque encore que les fleurs de lis de l'autel de la patrie de Lyon, avait excité l'indignation générale, et soudain le royal emblème était disparu sous les pieds. Ce sacrifice de nobles fleurs, fait au génie de la République, avait servi à commencer le repas sous d'heureux auspices ; mais la discorde a toujours une pomme d'or à jeter sur la table des dieux. Les santés de la République, de la Souveraineté du peuple avaient été portées avec enthousiasme ; celle du 18 fructidor avait eu le même succès, bien qu'un journaliste, connu par la légèreté de ses jugements, y ait vu de la froideur et un commencement de répugnance. Enfin la pomme d'or tombe au milieu des convives, et c'est Bailleul qui la lance, en proposant, tout glorieux, le toast du 22 floréal, de cette journée qui a, selon Bailleul, sauvé encore une fois ou du moins raffermi la liberté contre les attaques de ces anarchistes qui s'étaient emparé des principes pour rétablir la royauté dont on a si subtilement découvert qu'ils étaient les agents. Cette proposition, comme un coup de foudre, chasse la joie, éveille les souvenirs, les craintes, et soulève en un clin d'œil un orage de contradictions. L'un demande si la férule magistrale le poursuivra jusqu'au sein d'un banquet fraternel ; l'autre, si l'on veut lui faire boire la flétrissure de la représentation nationale. Blin (d'Ille-et-Vilaine) veut qu'on renvoie la proposition à l'examen du Corps législatif. Hardy, en tendre père du 22 floréal, propose de chasser les blasphémateurs contre son enfant chéri ; un autre prend acte de cette nouvelle insulte, qu'il trouve passablement *tyrannique*. Guyot-Desherbiers, chevalier et député de l'Institut, accuse Briot d'avoir toasté en disant : « Mort au 22 floréal » ; celui-ci nie vivement le dire du procureur des scissions, déclare qu'il s'est contenté de refuser le toast de Bailleul, et avertit en galant homme l'accusateur Guyot qu'il lui « donne un démenti ». Celui-ci se réserve à soutenir et prouver le fait par un beau factum, procès-verbaux à l'appui et pièces justificatives. Enfin, le toast expire, rebuté partout, et la société se sépare, agitée encore de la vivacité et surtout de la nouveauté de la scène. Nous avions cru devoir garder le silence sur cette anecdote, dans l'intention de fournir le moins possible d'aliments à la passion et à la mauvaise foi ; mais tous les journaux se sont hâtés d'en parler ; elle est devenue une propriété nationale ; puisse-t-elle au moins servir à prouver qu'il est plus facile de commander des scissions, des pamphlets et même des lois, que d'étouffer la vérité et le cri de la conscience publique ! » — *Publiciste* du 30 prairial : « *Paris, 28 prairial.* Il y a aujourd'hui un banquet de réunion, rue Varennes, dans le ci-devant hôtel Biron. La table sera de sept cents couverts ; les convives y seront servis à 10 francs par tête. Les membres des deux Conseils s'y trouveront. On assure que les cinq Directeurs et les sept ministres y assisteront aussi..... » — *Publiciste* du 1er messidor : « Comme nous n'avons point assisté au banquet dont nous avons parlé hier, nous sommes obligés de nous en rapporter à ce qu'en ont publié des personnes qui se sont sans doute assurées de l'exactitude des faits avant de les hasarder ; nous en puisons donc le récit dans la *Chronique universelle* et dans l'*Ami des Lois*. Ce banquet, dit la première de ces feuilles, n'a point répondu à nos espérances. Les Directeurs et les ministres n'y ont point paru. Le nombre des convives pouvait être de six cents. Le moment du repas a été fort paisible. Le premier toast a été porté par le président du Conseil des Anciens en l'honneur de la République française ; celui des Cinq-Cents a porté le second à la Souveraineté du peuple ; Laloy a porté le troisième à la Constitution de l'an III. Un assentiment unanime a accueilli des santés aussi chères aux amis de la liberté. Un des convives, dans l'effusion de son cœur, a porté une santé à ses bons et chers collègues. Ce toast impromptu a été accueilli avec transport. Le plaisir animait tous les convives, lorsqu'un toast est venu éveiller de tristes souvenirs. Les victoires de la République sur elle-même sont toujours douloureuses. On a porté un toast à la journée du 18 fructidor. On a unanimement applaudi à ce toast, dit la *Chronique*. Suivant l'*Ami des Lois*, au contraire, il a paru refroidir une « très petite » partie des buveurs. Mais ces deux feuilles s'accordent sur les murmures qui se sont élevés lorsque Bailleul a proposé le toast au 22 floréal. La première juge ce toast impolitique, inutile, et croit devoir taire les débats qui l'ont suivi. La seconde, moins circonspecte, les raconte en ces termes [1] : Le toast du 18 fructidor a été suivi de celui à la journée du 22 floréal. Les cœurs se sont serrés. Le silence avait succédé à la première agitation, lorsqu'on a entendu Blin (d'Ille-et-Vilaine), proposer le renvoi de cette journée à un nouvel examen. Regnier s'est écrié : «Vous voulez nous faire revenir sur la journée du 22 floréal ; nous ne le souffrirons pas. » Une vive agitation, un tumulte toujours croissant, avaient déjà presque entièrement dissipé la satisfaction qu'on avait jusqu'alors montrée, lorsqu'un nouvel incident vint porter le trouble à son comble. Briot (du Doubs) se trouvait placé vis-à-vis de Guyot-Désherbiers. On a entendu ce dernier accuser son collègue d'avoir trinqué avec lui en disant : «Mort à la journée du 22 floréal ! » Ce fait a été démenti ensuite par Briot lui-même ; mais Guyot Desherbiers a persisté dans son assertion, et le trouble que ce dernier incident a excité dans l'assemblée a hâté la séparation des convives, qui se sont quittés mécontents d'une réunion qui avait mal répondu à leur attente. Nous observerons cependant que les représentants qui étaient auprès de Briot et de Guyot-Desherbiers n'ont point entendu le propos que l'on prête au premier. Il s'est borné, selon eux, à un refus de prendre part au toast porté à la journée du 22 floréal. Enfin, voici un fait qui n'est pas moins extraordinaire : on avait servi sous une allée très longue : il s'est trouvé entre chaque arbre une plante de lis que l'on y avait plantée, après l'avoir coupée dans une pépinière qui se trouvait dans le jardin. Est-ce le hasard ou la malveillance qui avait disposé cette étrange décoration ? C'est ce que nous ne décidons point : mais elle a été aussitôt arrachée et foulée aux pieds avec une indignation qui n'a pas besoin d'interprétation. »

1. Tout ce qui suit, jusqu'à la fin de l'article, est emprunté à l'*Ami des Lois*.

MCCCLXXIX

30 PRAIRIAL AN VI (18 JUIN 1798).

RAPPORT DU BUREAU CENTRAL DU 1ᵉʳ MESSIDOR.

Mœurs et opinion publique. Journaux. — Le *Nécessaire*, n° 84, du 29 prairial, mérite une attention particulière. Rédigé dans l'esprit le plus dangereux, il a cela de remarquable que les réflexions qu'il donne dans un sens patriotique ne lui appartiennent pas, et que celles faites dans un sens contraire sont absolument de son propre fonds. Le caractère décidé de ce numéro est le royalisme. Les observations suivantes en serviront de preuve. Dans les divers articles du sommaire, on trouve ceux-ci : *Langueur du Congrès de Rastadt; Doléances de quelques députés du Corps helvétique.* En présumant le cas où Buonaparte serait rencontré par la flotte anglaise, le journaliste amène adroitement l'attention sur le combat du 13 prairial an II. — Sur l'observation qu'aurait faite le *Républicain* que personne ne voulait aller au marché de Châlons, depuis que les jours où il devait se tenir étaient réglés d'après le calendrier républicain, le *Nécessaire* prêche la tolérance, éloigne l'idée de toute mesure coercitive, veut qu'on s'en remette au temps seul pour obtenir l'observance des institutions républicaines ; son opinion n'est nullement propre à la faire prospérer. Sur la question, également faite par le *Républicain*, pourquoi plusieurs refus de suite avaient laissé vacantes des fonctions publiques à Châlons : « L'instabilité des choses humaines, mon cher frère », répond le *Nécessaire*, qui saisit cette occasion de faire une forte sortie contre le terrorisme, pour ajouter : « Consolez-vous, mes chers frères ; l'instabilité des choses humaines peut encore le ramener », de sorte qu'en une seule application ce journaliste avilit les fonctions publiques, en les présentant comme peu stables ; de l'autre, [il] pronostique de nouvelles crises anarchiques. Beaucoup plus loin, à des questions proposées par l'*Ami des Lois* sur les finances, questions en elles-mêmes très déplacées, le *Nécessaire* répond encore par l'instabilité des choses humaines. — C'est dans un sens très équivoque qu'il parle des derniers événements de Hollande, et il n'est certainement pas de bonne foi, en les appelant une opération « fructidorienne ». — On pense de même sur la manière d'entrevoir une fructidorisation dans la République romaine ; dans ce style léger, qui est le même dans tout l'article, on ne voit rien moins qu'un approbateur de cette époque ; on croit en avoir la preuve, lorsque le journaliste annonce que la Ligurie et la Cisalpine sont en proie à d'autres fléaux. — Le *Nécessaire* insiste, en dépit des assertions contraires, à croire que les crânes trouvés dans un cercle à Genève servaient de tasses à des anarchistes [1] ; non content de revenir sur cette épouvantable image, il combat l'*Ami des Lois*, qui prêche l'oubli des excès, et veut qu'au contraire on s'en souvienne toujours ; rien, en un mot, n'est oublié de ce qui peut réveiller les haines et encourager le royalisme. — N'y a-t-il pas encore un but perfide dans la manière dont sont présentées quelques nouvelles étrangères? On citera d'abord cette phrase : « On dit que le Directoire exige une satisfaction formelle de la cour de Vienne pour l'affaire de Bernadotte ; l'Autriche pourrait se refuser à cette demande, qui pourrait bien entraver la marche des conférences à Seltz. » — Les troubles de la Suisse, ou plutôt les débats actuels, qui ont eu lieu au Corps législatif helvétique viennent, selon le *Nécessaire*, de ce qu'on leur demande des indemnités pour les frais de la guerre ; il copie toutes les plaintes que l'on dit avoir été proférées à la tribune par quelques législateurs, occasion ridiculement saisie de rappeler le proverbe : *Point d'argent, point de Suisses*. S'il faut l'en croire, le commissaire Rapinat a fait enlever sur des chariots le trésor de Zurich. — Il peint l'Empereur comme mécontent de se voir entouré de petites républiques, qui pourraient s'agrandir à ses dépens, par des réunions qu'autorise le principe de la souveraineté des peuples. On sent tout ce que cette remarque a de criminel. Ailleurs, il ne craint pas de mettre en question si la flotte de la Méditerranée ne doit pas s'emparer de la Ligurie pour la donner au roi de Sardaigne en échange de cette île. « Ce qui se passe en France, dit-il encore, annonce plutôt la crainte de la guerre que la certitude ou même l'espérance de la paix. » — On observe que le Bureau central ne connaît qu'accidentellement l'existence de ce journal, qui ne lui est jamais parvenu d'office, comme les autres, qu'il ne porte aucun nom d'imprimeur, qu'il donne simplement l'adresse du lieu où l'on souscrit, indiqué chez Priet, éditeur, rue de la Liberté, n° 76, adresse fausse, puisqu'on souscrit réellement rue du Foin-Jacques, maison du citoyen Antoine, menuisier [2]. — Le *Patriote* annonce qu'il existe à Paris un comité anglais à l'affût de toutes les opérations du gouvernement ; ce bruit, répété par d'autres journalistes, ne leur paraît aucunement à dédaigner. — La sensation qu'ont causée quelques toasts portés au

1. Voir plus haut, p. 716.
2. La Bibl. nat. ne possède, du *Nécessaire*, que des numéros de l'an VII.

dernier banquet que les membres du Corps législatif ont fait au jardin Biron[1] est remarquée par beaucoup de journalistes, mais aucun ne fait de réflexion dont on puisse rendre un compte utile. — Il y a une véritable affectation, de la part du *Nouvelliste politique*, à puiser dans les papiers anglais des lettres venant du pape au général Berthier, qui est censé lui avoir envoyé une cocarde nationale, et de Louis XVIII au pape. On fait dater cette lettre *à Mittau, le 16 prairial*, ce qui prouve l'apocryphe; on demande au surplus ce que ces lettres peuvent apporter d'amélioration dans l'esprit public. — Le *Fanal* se récrie contre un jugement du tribunal du département de la Haute-Loire, qui condamne à deux ans de détention un citoyen âgé, convaincu d'avoir entendu la messe clandestinement ; il dit que dans ce département on rédige des listes de ceux qui ont entendu des messes particulières durant l'an V, et que déjà deux mille individus y sont inscrits ; il appelle sur ces faits l'attention du ministre de la police.

L. MILLY.

(Arch. nat., BB³ 88, et F⁷ 3450.)

MCCCLXXX

Compte rendu décadaire des opérations du Bureau central du canton de Paris, du 20 au 30 prairial an VI.

Mœurs et opinion publique. Esprit public. — Dans cette décade, comme dans la précédente, on a vu toutes les classes de la société animées d'un bon esprit et cette commune jouir d'un calme parfait; aucun sujet important n'a fait le fond particulier des entretiens publics. On a remarqué que l'armement de Toulon était suivi dans sa destination de tous les vœux des citoyens pour la réussite de l'entreprise dont il est l'objet ; les conjectures qu'il a continué à faire naître ont toujours été très vagues, mais toutes marquées au coin du patriotisme. — On a cependant remarqué que les partisans ténébreux de Babeuf n'avaient rien laissé affaiblir de leurs ressentiments, de leur secrète haine contre la forme du gouvernement et de leur désir impatient de la changer [2].....

Correspondance et exécution relatives aux mœurs et opinion publique. Annonces des spectacles et fêtes publiques. — Le ministre de

---

1. Voir plus haut, p. 721.
2. Les articles *Mœurs*, *Spectacles*, *Journaux*, qui suivent, n'ajoutent rien aux rapports quotidiens.

l'intérieur, en annonçant au Bureau central qu'il était informé qu'au mépris de l'article 20 de la loi du 1er vendémiaire an IV, les entrepreneurs des théâtres et fêtes publiques continuaient à se servir de l'ancienne manière de compter, et l'ayant chargé de leur enjoindre de se conformer à cette loi, le Bureau central lui a répondu qu'avant la réception de sa lettre, il avait invité les entrepreneurs des divers spectacles et divertissements à se conformer strictement à l'article 20 de ladite loi sur le calcul décimal.

Mesures prises pour faire célébrer le décadi. — Le ministre de la police générale, en accusant la réception du tableau des déclarations des entrepreneurs des bals et fêtes publiques, ayant observé qu'il regardait comme illusoire la mesure d'accorder cinq jours aux guinguettes et autres bals publics, et ayant chargé le Bureau central de leur laisser la faculté de faire danser tous les jours, sans pouvoir jamais le faire les dimanches et fêtes, le Bureau central a annoncé, par une circulaire aux commissaires de police, qu'il annulait toutes les déclarations portant fixation de jours choisis par les teneurs de bals, qu'en conséquence il leur était libre de donner à danser tous les jours de la décade, excepté les jours connus anciennement sous la dénomination de dimanches et fêtes, à moins que ces jours ne coïncident avec les décadis ou les fêtes nationales ; il leur a recommandé de tenir sévèrement la main à ce que les teneurs de bals ne contrevinssent pas aux intentions du ministre et aux articles 12 et 13 de l'arrêté du Directoire du 14 germinal dernier. — Il a envoyé à la municipalité d'Amiens, qui le lui avait demandé, le détail des mesures qu'il a mises en usage pour faire célébrer le décadi et pour parvenir à effacer les marques extérieures du souvenir des dimanches et fêtes catholiques. — Le commandant de la place ayant donné avis que les chefs de bataillon à l'Indivisibilité lui avaient rendu compte qu'il existait dans leur arrondissement des marchands de vin qui donnaient à danser à des heures indues, et que, dans leur ronde, ils y étaient entrés pour faire retirer les personnes qui y étaient, mais qu'on leur avait exhibé une permission signée du commissaire de police des Quinze-Vingts, et d'après l'invitation faite par le commandant de faire surveiller ces endroits, où il annonçait que de mauvais sujets pouvaient se retirer, le Bureau central a chargé le commissaire de police des Quinze-Vingts de lui rendre compte des motifs qui l'ont déterminé à accorder cette permission et même de les lui faire parvenir.

Colporteurs du « Postillon de Calais ». — D'après l'avis donné par le ministre de la police que depuis quelques jours les colporteurs du journal *Postillon de Calais* en criaient le sommaire et annonçaient une nouvelle rupture avec l'Empereur, le Bureau central a ordonné une surveillance active à l'égard des colporteurs de ce journal et de tous autres.

Pamphlet. — Chargé par le ministre de la police d'employer les mesures convenables pour arrêter la circulation d'un pamphlet, intitulé *Le Masque arraché*, sans nom d'auteur ni d'imprimeur, tendant à troubler l'ordre, le Bureau central a ordonné la surveillance la plus sévère à cet égard.

Chansonniers. — Le ministre de la police, en prévenant le Bureau central qu'il était instruit que plusieurs chansonniers donnaient à leurs chansons une interprétation maligne, lui ayant recommandé de les surveiller avec attention et d'observer la manière avec laquelle ils chantaient de misérables couplets intitulés : *Grandes vérités à l'ordre du jour*, le Bureau central a chargé les officiers de paix de cette surveillance.

Filles publiques. — Le même ministre ayant appelé de nouveau l'attention du Bureau central sur le désordre qu'occasionnent tous les soirs, sur le boulevard du Temple, les filles prostituées qui y fourmillent et qui s'y disputent et se battent, le Bureau central lui avait répondu qu'il avait réitéré l'ordre aux commissaires de police de faire de fréquentes rondes sur ce boulevard, que déjà dix de ces prostituées étaient arrêtées et allaient être interrogées par un juge de paix ; mais il lui a observé que ces efforts seraient vains, si les juges de paix continuaient à mettre en liberté les femmes traduites devant eux.

Société dite des Fendeurs. — Le commissaire de police de la division de Bondy ayant annoncé que le citoyen Demetz, marchand de vin, faubourg du Temple, lui avait demandé permission de tenir chez lui une société dite des *Fendeurs*, et ayant observé que, ces réunions étant nombreuses et se tenant à huis clos, il n'avait pas cru devoir donner cette autorisation, le Bureau central a invité ce commissaire à prendre des renseignements sur cette société, en lui observant qu'avant d'autoriser le citoyen Demetz à la recevoir chez lui il était nécessaire qu'il fît lui-même une déclaration par écrit et donnant des détails sur cette société.....

Salubrité et voie publique. — ... *Artifices, fêtes de Paphos.* — Le commissaire de police du Temple ayant transmis une déclaration du citoyen Boucheron, propriétaire d'une maison, rue de Vendôme, n° 24, portant que, le 20 prairial, les entrepreneurs du jardin de Paphos, en remplacement des feux d'artifices, dits artichauts, supprimés par ordre du Bureau central, y ont substitué une pièce bruyante, dont six cartouches sont tombées toutes en feu dans sa cour, où se trouvent des bois d'acajou et autres, et que ses locataires, justement effrayés, l'ont menacé de le quitter, le Bureau central a recommandé au commissaire de police de lui faire part de ses observations sur les fêtes de Paphos.

Théâtre de la Cité. — Les administrateurs du théâtre de la Cité ayant demandé au Bureau central la permission de donner la troisième représentation du *Bombardement d'Ostende,* suspendu par ses ordres, et la pantomime d'*Amour et Courage,* le Bureau central a chargé le commissaire de police de la Cité de faire, de concert avec les pompiers, une visite pour savoir si ces pièces pouvaient être données sans inconvénient, et les a prévenus que l'architecte du Bureau central devait, de son côté, faire une visite de ce théâtre.

Démolition de la tour du couvent des Cordeliers. — Il a chargé le commissaire de police de la division du Finistère de s'opposer à ce que l'adjudicataire de la démolition du couvent des Cordeliers effectue cette démolition par le moyen du feu.....

COUSIN.

(Arch. nat., BB³ 88, et F⁷ 4381.)

MCCCLXXXI

COMPTE RENDU AU MINISTRE DE LA POLICE GÉNÉRALE PAR LE COMMISSAIRE DU DIRECTOIRE EXÉCUTIF PRÈS LE DÉPARTEMENT DE LA SEINE, DE LA SITUATION POLITIQUE DE CE DÉPARTEMENT PENDANT L'AN VI [1].

Esprit public. — Je commence par définir ce que j'entends par esprit public, afin que le ministre puisse mieux apprécier le tableau que j'en tracerai. Il est des hommes qui le font consister dans la turbulence; ils ne voient point d'esprit public où il n'y a point d'exaltation, de démonstrations violentes. Il est certain que l'esprit public, qui n'est qu'un sentiment, que l'amour raisonné du gouvernement et des institutions politiques, se manifeste de deux manières. Quand l'État est en convulsions ou que quelques obstacles s'opposent à la marche du gouvernement, il doit se prononcer alors par des actes extérieurs qui manifestent fortement sa volonté. Mais quand le gouvernement

1. En réalité, comme on le verra par son contenu, ce rapport n'a pour objet que les neuf premiers mois de l'an VI. Aussi avons-nous cru devoir le placer ici, à la fin de prairial. D'ailleurs on lit en marge ces mots : *Département de la Seine, prairial an VI.*

marche régulièrement, quand toutes les mesures sont utiles, nécessaires pour le salut de l'État, pour le maintien de la Constitution, l'esprit public doit être tranquille, son énergie doit être concentrée, il est essentiellement obéissant, et dès lors il est bon. — Ainsi dans ce moment l'esprit public n'est point exalté, mais il se maintient bon ; il est à un degré de confiance dans le gouvernement qui présage le succès de tout ce que celui-ci entreprendra pour le maintien de la Constitution et de l'exécution des lois ; mais ce calme n'est point de l'apathie. A la nouvelle précoce d'un succès de notre flotte, quel est le Parisien qui n'a pas fait éclater son émotion ? Pensons-le, parce que cela est vrai, pensons que l'esprit de ce département est essentiellement républicain. Je défie à celui qui sourit, ou par faiblesse, ou par humeur, ou par préjugé, aux satires des ennemis de la République, de pouvoir se replier au joug monarchique. Il a bu, sans s'en apercevoir, dans la coupe de la liberté ; il faut y boire encore. Cependant, parmi les habitants de ce département, il est une classe d'hommes qui n'est pas la classe ouvrière, mais celle qu'à Rome on appelait *plebs*, cette masse d'individus qui n'appartiennent à aucun parti et qui sont vendus à tous, parce qu'ils sont au premier qui les payera, cette masse dans laquelle les royalistes ont choisi les comités révolutionnaires, dont la cour de Coblentz a payé dans le temps la souveraineté pour massacrer les patriotes ; cette classe paraît tranquille dans ce moment, mais elle sera toujours prête de servir de marche-pied aux conspirateurs pour arriver à la tyrannie. Le gouvernement doit donc avoir l'œil constamment ouvert sur cette classe dangereuse, mais il doit la traiter comme un père traiterait des enfants disgraciés de la nature. Il faut qu'il s'occupe de les former par la morale et les institutions républicaines, afin qu'ils puissent devenir citoyens utiles ; il faut qu'il prévoie leurs besoins et leur donne la possibilité de les satisfaire, leur procurant la facilité du travail. C'est à un gouvernement républicain qu'il appartient d'utiliser et de moraliser des hommes que la monarchie avilissait et auxquels elle semblait reléguer l'apanage honteux du vice. — Il y a bien des journalistes royaux qui se coalisent avec des journalistes anarchistes pour décrier le gouvernement ; il y a bien quelques cercles où le royalisme triomphe ; quelques prêtres fanatiques qui anathématisent contre la République ; quelques coteries où les coryphées de l'anarchie se consolent de leur dernière défaite par de folles espérances ; mais la masse du peuble laborieux est bonne, tranquille et soumise aux lois. Les fonctionnaires publics sont une cire molle, que le Directoire exécutif peut pétrir à son gré, et s'il fut un temps où l'on puisse assurer aux institutions républicaines un succès durable, c'est le moment actuel. Il faut profiter.

Des associations politiques. — C'est dans les Cercles constitutionnels que s'était tramé le complot qui a mis la République à deux doigts de sa perte. Ces cercles sont dissous depuis les assemblées primaires. Cependant les chefs de parti se réunissent toujours avec mystère ; mais on les surveille, et, s'ils conspirent, le gouvernement en sera instruit. L'expérience a prouvé que ces cercles, même ceux les mieux intentionnés, ne pouvaient se borner à de simples discussions instructives sur les intérêts politiques. Tous, plus ou moins, ont voulu se mêler du gouvernement ; de là des tiraillements qui fatiguent et tuent l'esprit public. Toutes ces réunions, de quelques titres qu'on les décore, sociétés populaires, cercles constitutionnels, ne sont bonnes que pour préparer un grand mouvement, pour détruire, mais non pour conserver.

Des journaux. — Ceux que la crainte d'une juste peine avait ralliés au gouvernement commencent à détacher leur masque et font apercevoir le dard du serpent. Par des insinuations perfides, ils cherchent à diriger les autorités ; ils flattent les unes pour pouvoir lancer la calomnie contre les autres. Parlent-ils de l'esprit public ? Il n'y en a point, le peuple est dans la léthargie, la République n'est plus ; ils annoncent avec mystère des libelles qui se colportent sous le manteau ; ils semblent faire entendre qu'ils contiennent de tristes vérités. En parlant des grandes opérations de nos armées, ils y joignent des détails qui les ridiculisent, ou bien ils y accordent des circonstances fausses. En parlant des cours et des rois, ou de quelques objets qui y sont relatifs, ils s'étendent avec une insolente complaisance sur la plus petite chose, en font l'éloge avec emphase ; ils veulent faire dire aux sots et aux méchants que le peuple d'un tel gouvernement est heureux. Enfin la plupart des journaux font sentir aux amis de la Constitution la nécessité de maintenir les mesures de répression du 19 fructidor. Il en est même plusieurs dont l'intérêt du gouvernement exigerait la prohibition. Cependant je dois rendre justice à plusieurs journalistes, qui se maintiennent dans un très bon sens et qui se rendent utiles.

Police des cultes. — L'exercice des cultes est paisible. Les cultes différents ou soi-disant tels, dans le département de la Seine, sont : le culte hébraïque ; le culte protestant ou calviniste ; le culte catholique papiste ; le culte catholique gallican, autrement dit constitutionnel ; le culte théophilanthropique. Les deux premiers ont peu de sectaires et ne sont pas dangereux. Les dogmes protestants sont d'ailleurs favorables à la liberté. Le culte papiste a pour sectaires les fanatiques, les femmes surtout, et généralement tous les individus regrettant l'ancien régime ; il a pour ministres des prêtres qui n'ont pas prêté le serment de la Constitution civile du clergé, soit qu'ils n'y fussent pas tenus ou qu'ils s'y soient soustraits, ou qu'ils l'aient secrètement rétracté : hommes dangereux et qui exigent une surveillance particulière et infatigable. Jamais ils ne se plieront au calendrier républicain. De temps en temps, la police en surprend quelques-uns faisant des prières publiques pour le roi, la reine, etc., ou cherchant à inspirer aux gens crédules et faibles l'esprit de désobéissance et de rébellion. On les arrête. Ces exemples-là intimideront les autres. Il est très difficile de pénétrer dans le mystère de leurs parjures ; mais ils se décèlent par leurs nombreux prosélytes. Tous les dévots qui naguère fréquentaient les oratoires desservis notoirement par des réfractaires affluent dans certaines églises depuis que les oratoires sont fermés ; j'en conclus que ces églises sont desservies par d'autres prêtres, qui ne valent pas mieux. J'ai appelé à cet égard tout le zèle et la vigilance des commissaires du pouvoir exécutif ; ils n'ont pu recueillir sur les rétractations de serment que des bruits publics, et point de notions certaines. Cependant je crois que la conscience du gouvernement est suffisamment éclairée pour le déterminer à faire un exemple parmi les prêtres papistes qui se sont emparés des huit églises de Paris. Il serait utile d'expulser ceux que la notoriété publique accuse fortement. On les remplacerait par des prêtres constitutionnels, que la suppression des oratoires expose à la nécessité de se réunir aux papistes pour avoir des moyens d'existence. Cet acte de sévérité intimiderait et contiendrait les autres. On les surveillerait d'abord avec soin, et il est un moyen infaillible de s'assurer de leurs sentiments les plus cachés, c'est d'envoyer des agents adroits se confesser à eux. Si, dans le secret de la confession, ils prêchent une doctrine contraire aux lois, on les déportera ; si, au contraire, ils ne tournent pas contre la République cette arme, qui est la plus dangereuse de toutes celles que le fanatisme et la crédulité leur ont laissé usurper, on pourra se dispenser de prendre contre eux une mesure générale. Je crois même que la politique conseille au gouvernement cette tolérance, afin de balancer l'influence des prêtres soi-disant constitutionnels, qui, au fond, ne valent guère mieux. — Ceux-ci viennent de nommer des évêques ; ils essayent de ressusciter cette hiérarchie ecclésiastique, jadis si puissante et si funeste à la liberté. Qu'on les laisse faire, et ils sont tout prêts à nous remettre sous le joug. Ils ne sont pas moins intolérants que leurs adversaires les papistes, et la plupart ne feignent de se soumettre aux lois que par grimace ou par ambition. Il en est beaucoup qui refusent les cérémonies religieuses du mariage aux personnes divorcées. Et lorsque, par promesses ou par menaces, on les force de trouver avec le ciel des accommodements, ils donnent cette instruction : « Nous voulons bien consentir à vous marier, quoique vous soyez divorcés, mais il faut, pour le repos de notre conscience, que nous puissions l'ignorer. Ainsi, lors de la cérémonie, on vous demandera si vous êtes divorcés, vous aurez soin de répondre *non*. » Enfin, on ne peut pas espérer d'en faire jamais des républicains ; ils seront toujours prêtres, et le meilleur prêtre ne vaut rien Ils sont courroucés contre les papistes, qui n'ont jamais voulu se réunir à eux pour la nomination des évêques ; ils dénoncent ce refus comme un signe certain d'incivisme ; on peut, en effet, l'attribuer à un reste d'attachement à l'ex-archevêque Juigné ; mais il faut profiter de leur haine et non pas la servir. Voilà le schisme établi, tant mieux. Tandis qu'ils seront occupés à se persécuter entre eux, la philosophie s'établira, se propagera et acquerra des forces pour les terrasser à leur tour. Déjà elle y réussit, et il est à remarquer que ses premiers triomphes sont dans les campagnes où, s'il y a plus de crédulité, il y a bien moins d'intrigue. Dans plusieurs cantons ruraux du département de la Seine, les prêtres fêtent le décadi à l'égal du dimanche ; il en est même quelques-uns où le dimanche est oublié. — Quant aux théophilanthropes, dont la morale si pure doit un jour remplacer les superstitions du catholicisme, leur nombre est assez grand dans le département de la Seine ; il le serait davantage, si des hommes, trop connus par leur immoralité, ne se fussent mis à la tête et n'eussent voulu faire de cette belle institution un instrument d'intrigue, peut-être quelque chose de plus. Il existe un comité de direction, composé en grande partie d'hommes dont le patriotisme est celui de 1793, et ce comité a eu beaucoup d'influence dans les dernières élections. Il faut donc surveiller les individus, mais protéger la morale. Je désirerais qu'il y eût des théophilanthropes dans toutes les églises de Paris. Il n'en est plus que deux où ils ne soient pas établis, faute de fonds, et ces deux églises sont le rendez-vous de tous les prêtres intolérants. 300 francs, que le ministre prendrait sur ses fonds secrets, suffiraient pour les dépenses de premier établissement, et il est un moyen d'empêcher qu'à l'avenir les théophilanthropes, comme les prêtres catholiques, puissent donner de l'inquiétude au gouvernement, c'est d'appliquer aux sociétés religieuses l'article de la Constitution qui défend l'affiliation et la correspondance aux sociétés politiques. Alors, plus de Comité central de direction théophilanthropique, plus de nominations d'évêques catholiques. Tous ces faisceaux divisés ne seraient plus que des baguettes que le gouvernement briserait à son gré. Il s'établirait entre les ministres de chaque temple une différence de dogmes, une discorde dont le gouvernement saurait profiter. En attendant, nous attaquons les prêtres par l'observation du calendrier républicain et par l'introduction de la liberté et de la philosophie dans les écoles.

Calendrier républicain. — L'arrêté du Directoire exécutif du 14 germinal s'exécute assez bien. Les autorités constituées ont fait toutes les dispositions nécessaires, et l'on s'y soumet généralement. Il faut pourtant stimuler sans cesse les agents municipaux, dont plusieurs n'obéissent et n'ordonnent l'obéissance qu'à regret; mais, avec de la fermeté et de la persévérance, on obtiendra un plein succès. Le peuple entier sera républicain, sitôt que les fonctionnaires publics lui donneront l'exemple, et, à cet égard, ce qu'ils ne font pas par sentiment, désormais ils le feront par devoir. L'administration centrale a enjoint à tous les agents, adjoints et officiers municipaux d'assister, eux et leurs familles, aux fêtes nationales, de célébrer et faire célébrer par leurs enfants et domestiques les jours du repos républicain, de n'employer dans leurs affaires particulières que les nouvelles mesures etc. J'attends un très bon effet de cette mesure, que le Directoire exécutif pourrait étendre généralement à tous les fonctionnaires et salariés publics. Les bureaux des administrations ferment deux heures plus tôt le quintidi. Ce point de repos, placé au milieu de la décade, marque davantage les supputations du nouveau calendrier, et contribue par contre-coup à faire oublier l'ancien. Les marchands se plient à la décade plus difficilement que les artisans et ouvriers. Les commissaires de police font des rondes toute la matinée du décadi et empêchent les étalages. Des procès-verbaux sont dressés; des condamnations prononcées; elles y sont trop rares, mais tout le monde fêtera le décadi, dès que les prêtres en donneront l'exemple. Jusque-là, on n'obtiendra que des succès partiels; c'est une condition qu'il serait juste d'attacher à la concession des édifices nationaux pour l'exercice du culte, et le Directoire, qui a les prêtres sous sa surveillance spéciale, serait en droit de l'exiger. La déportation est là pour punir les mutins, et ce sera les traiter selon leurs propres maximes : *Compellite eos intrare.* Je proposerai aussi que l'on empêche la vente de l'ancien calendrier, même accolé au nouveau. Pour que le peuple s'habitue à la décade, il faut qu'il oublie la semaine, le dimanche et toute la légende. Le calendrier républicain est une loi de l'État; le calendrier papiste est abrogé pour les usages civils, et, si on le tolère pour les usages religieux, ce ne doit être que dans les lieux destinés par la loi aux cérémonies religieuses. La police saisit les anciennes mesures linéaires et de capacité, et, malgré son respect pour la liberté des cultes, elle n'admettrait pas pour excuse que ces anciennes mesures servent aux usages religieux. Pourquoi les anciennes mesures du temps seraient-elles plus respectées ? Peut-être même ne serait-ce pas un sophisme que de ranger les almanachs dans la classe des écrits périodiques qui sont sous la surveillance du Directoire par la loi du 19 fructidor. Enfin on pourrait insérer dans les patentes l'obligation de ne faire aucun commerce le décadi ; il ne serait même pas besoin d'une loi. Tant de marchands sollicitent et obtiennent des sursis au payement de leurs contributions ; il suffirait de n'accorder ces sursis qu'à cette condition, bien entendu sans retarder le recouvrement de l'impôt ; mais il y aurait toujours au moins un tiers des marchands soumis à fêter le décadi. L'exemple convertirait les autres, car en France l'exemple fait tout.

Instruction publique. — Quant aux écoles, la surveillance dont le Directoire a fait un devoir aux municipalités a été fortement ralentie, pendant ce trimestre, à cause des élections, des renouvellements et de l'incertitude où sont encore plusieurs municipalités sur la validité de leur nomination. Les visites ne sont pas faites exactement, mais elles reprennent de l'activité. Des rapports ont été faits contre des instituteurs fanatiques. L'administration centrale, sur mon réquisitoire, a prononcé la clôture de leurs écoles et pensionnats. Il existe dans le département de la Seine plus de deux mille écoles particulières et cinquante-six écoles primaires seulement. Je pense qu'il faudrait au moins deux cents écoles primaires pour lutter contre les autres avec avantage. La crainte trop fondée de les voir déserter a empêché jusqu'à ce jour leur établissement; mais quelques municipalités plus zélées s'occupent de recueillir les soumissions de nombre de bons citoyens pour envoyer leurs enfants aux écoles primaires, sitôt qu'elles seront établies ; de cette manière on pourra les augmenter avec la certitude du succès. La vogue du principe constitutionnel de la liberté des cultes est le principal obstacle que rencontrent les autorités à républicaniser les écoles. La République ne reconnaît aucun culte ; ainsi il n'en doit être enseigné aucun dans les écoles de la République. Mais les municipalités ne pensent pas avoir le même droit sur les écoles particulières, et tous les gens à préjugés retirent leurs enfants des écoles primaires pour les envoyer dans les écoles où ils pourront apprendre « la religion de leurs pères ». Il me semble que, si les autorités inférieures ne peuvent pousser plus loin la défense, le

Directoire peut venir à leur secours. Il peut défendre dans toutes les écoles, pensionnats, maisons d'éducation, l'usage des livres d'aucune religion. Les parents enseigneront chez eux leur culte à leurs enfants, s'ils le jugent à propos. Sans cette mesure, qui me paraît indispensable, les prêtres s'empareront de nos enfants sous l'habit d'instituteur, et la génération naissante, pervertie, corrompue dès le berceau, détruira la République. — Les Écoles centrales deviennent florissantes ; trois seulement sont établies ; elles réunissent environ cinq cent vingt élèves ; on attend avec impatience la désignation des locaux pour les quatrième et cinquième écoles.

Fêtes nationales. — On ne peut se dissimuler que les fêtes républicaines n'ont pas encore obtenu un plein succès, mais la principale cause, et peut-être la seule, est le peu de zèle que les fonctionnaires publics ont apporté à leur solennité. Dans les cantons et les arrondissements où les municipalités ont montré de l'ardeur et du civisme, la célébration de ces fêtes, surtout celle de la Reconnaissance, a eu un éclat qui a fait de l'impression et excité la sensibilité. Il faudrait que les fonctionnaires et salariés publics se montrassent zélés pour la célébration de ces fêtes, qu'ils fussent tenus d'y assister avec leurs femmes et leurs enfants, et bientôt le peuple y prendra part. Ayons des administrateurs patriotes, le peuple le deviendra ; c'est une maxime politique dont ma correspondance me démontre tous les jours la vérité. — L'administration du département a fait des dispositions pour célébrer centralement et avec toute la solennité convenable la fête de l'Agriculture. Des médailles sont frappées pour les cultivateurs les plus distingués par leurs travaux et leurs vertus.

Spectacles. — Les spectacles, sans rien faire pour l'esprit public, ont cependant donné la preuve de son amélioration. Les applications anarchistes ou royalistes n'y sont plus avidement saisies ; et s'il se trouve encore quelques malveillants qui veulent tâter à cet égard l'opinion par des applaudissements concertés, ils voient bientôt qu'ils ne sont pas secondés.

Force armée. — Le service de la garde nationale a peu d'activité, il se fait presque partout par des remplaçants, qui n'ont ni le zèle ni la dignité des âmes républicaines. Cette négligence de leur part n'enhardit pas peu les voleurs, qui trouvent quelquefois moyen de se glisser parmi eux. Une autre cause de sa chute, c'est le défaut de payement des adjudants ; je m'occupe d'un travail qui sera présenté incessamment à l'administration centrale, et qui a pour but d'activer le service de la garde nationale et d'assurer la solde de ses officiers. Quant au service de la gendarmerie, il est fort exact, et si multiplié, qu'il sert d'excuse aux habitants de la campagne de la cessation du service de la garde nationale et des patrouilles de nuit. — Les gardes-champêtres font assez bien leur devoir. — Les troupes de ligne, stationnées dans le département de la Seine, sont mieux disciplinées que la licence de Paris semble le permettre.

Commerce et industrie. — Le commerce languit par la rareté du numéraire et le taux excessif de l'intérêt ; il ne se fait point de grandes entreprises, point de spéculations utiles. Les marchands de vin en ont fait de fausses, qui paraissent être la ruine de plusieurs. Le commerce ne peut prospérer qu'avec la paix. Il l'attend avec impatience.

Agriculture. — Conformément aux intentions du ministre de l'intérieur, l'administration centrale a organisé une Société d'agriculture[1], qui ne contribue pas peu à embellir et à rendre intéressante la fête du 10 messidor. Cette société, composée d'hommes zélés, instruits, distingués par leur probité et leur civisme, doit donner de grandes espérances.

Subsistances. — Elles sont abondantes, saines et à bon marché.

Épizootie. — L'épizootie qui régnait sur les vaches laitières est totalement cessée.

Mœurs. — Les mœurs ne sont pas mauvaises ; il y a encore une pudeur publique, et, malgré les censeurs sévères, on peut dire, en comparant les mœurs d'aujourd'hui à celles de l'ancien régime, qu'il y a moins de cérémonial, mais au moins autant d'honnêteté. Depuis quelque temps, la prostitution est moins scandaleuse. La police travaille sérieusement à la réprimer. — Les crimes, sans être aussi nombreux qu'ils l'ont été quelquefois, et qu'une population immense et entassée pourrait le faire craindre, paraissent depuis quelque temps se multiplier davantage. On compte dans le mois de prairial six assassinats et treize suicides, fruits funestes de la misère et de la débauche. — Il y a eu trois incendies considérables ; l'un paraît devoir être attribué à l'imprudence avec laquelle on emploie l'artifice dans les petits théâtres ; les deux autres sont l'effet de la scélératesse.

Exécution des lois de police. — Depuis quelque temps on remarque une amélioration sensible dans cette partie du service ; les commissaires de police font des rondes plus fréquentes.

Routes. — Les grandes routes sont en assez bon état. On peut en juger par l'offre que font des soumissionnaires pour l'adjudication des barrières de prendre les routes dans l'état où elles sont.

Droits de passe. — Les droits de passe se payent sans difficulté ; il

---

1. Voir plus haut, p. 713.

y a cependant quelques réclamations sur la manière leste et illégale de quelques préposés; mais l'administration centrale a destitué provisoirement ceux qui manquaient au public et ceux qui détournaient les fonds. Ces exemples contiendront les autres. L'établissement des barrières de seconde ligne a éprouvé un peu de difficulté et même de résistance dans quelques campagnes. On y a envoyé des détachements de troupes de ligne, et l'ordre s'est rétabli. Les chemins vicinaux sont moins bien entretenus; quelques administrations municipales s'occupent utilement de les réparer, et l'administration centrale travaille à en diminuer le nombre et à rendre à l'agriculture ceux qui ne sont pas nécessaires. — On suit également avec activité les opérations ordonnées par les arrêtés du Directoire pour débarrasser le cours de la rivière des obstacles qui peuvent en rendre la navigation dangereuse et difficile.

Voirie. — Les différents services relatifs à la voirie dans la commune de Paris, comme le pavé, l'illumination, le nettoiement, éprouvent des entraves inquiétantes par le défaut de payement des entrepreneurs. J'observe à cet égard qu'il est impossible que cette commune se soutienne avec ses ressources actuelles. J'ai appelé sur cette situation déplorable l'attention de l'administration centrale; la loi veut que, si les sous additionnels sont insuffisants, il soit pourvu aux besoins des communes par des contributions indirectes sur la demande desdites communes, approuvées par l'administration centrale. Le Bureau central a donc été chargé de reprendre avec les présidents des municipalités les conférences commencées il y a six mois, et interrompues dès l'approche des élections. Ces conférences auront peu de résultat. Chacun voit l'abîme, et personne ne veut jeter la première pierre pour le combler. On demande l'état exact des dettes et des dépenses annuelles. Je le fais dresser; on l'aura incessamment, et je ne vois plus d'excuse; mais on craint de se dépopulariser. En attendant, je provoque des économies. L'administration centrale a résilié le marché du nettoiement comme beaucoup trop onéreux; celui de l'illumination expire au 1er vendémiaire prochain; on dresse le cahier des charges, et une nouvelle adjudication donnera un rabais considérable. L'administration centrale va mettre aussi en adjudication au rabais l'entretien des boulevards; elle y mettra, s'il est possible, celui des conduites et regards, et elle s'occupe d'utiliser pour le gouvernement et pour la commune de Paris l'entreprise des pompes à feu.

Prisons. — Les prisons du département de la Seine sont en assez bon état sous le rapport matériel de sûreté et de salubrité. Cependant il est encore des travaux considérables à faire à plusieurs pour les terminer. On y consacre les fonds alloués par le ministre de l'intérieur. Quant à l'administration économique, elle offre plus d'un abus à réformer ; déjà on a remédié à plusieurs d'après les ordres du ministre de l'intérieur, et ce travail donne une économie importante. Ce qui est le plus important, mais aussi le plus difficile, c'est de faire travailler les condamnés ; la loi le veut, et quand elle n'en ferait pas un devoir, cela serait indispensable pour rappeler les détenus à la moralité et leur ôter l'envie de s'évader. Déjà il y a des ateliers établis dans quelques prisons ; je m'y suis transporté moi-même pour vérifier la possibilité d'en établir d'autres. Cette possibilité existe : on s'en occupe.

Hôpitaux. — Les hospices de Paris sont dans la détresse. Leurs créanciers sont en faillite ou au bord de l'abîme. La commission administrative vient d'être renouvelée dans la personne de deux de ses membres ; je vais profiter de ce changement pour provoquer des réformes et des économies.

Observations générales sur les autorités constituées. — L'administration centrale est bien composée. Ses membres réunissent l'expérience, les lumières, la probité la plus délicate à un vif désir de se conformer en tout aux intentions du Directoire exécutif. Un parfait accord règne entre eux. Les affaires s'expédient avec promptitude et impartialité. — Le Bureau central est animé d'un très bon esprit. Sa correspondance et ses rapports sont depuis quelque temps beaucoup plus soignés et plus intéressants que par le passé. J'aime à attribuer cette amélioration au commissaire du pouvoir exécutif près le Bureau central qui concilie la douceur des formes avec l'énergie des principes. — Les administrations municipales, en général, sont assez bonnes. Cependant il en est plusieurs où les anarchistes et les royalistes se sont introduits. L'administration centrale s'occupe de leur épuration ; le patriotisme le plus pur dirige cette opération. — Les commissaires de police et les officiers de paix ne sont pas tous dignes de la confiance du gouvernement ; le Bureau central se prépare à les épurer. La même mesure sera nécessaire à l'égard des Comités de bienfaisance.

Le commissaire du pouvoir exécutif,

Dupin [1].

(Arch. nat., F 7, 7419.)

---

1. L'auteur de cet intéressant rapport, Claude-François-Étienne Dupin (né en 1767, mort en 1828), devint préfet des Deux-Sèvres en l'an VIII, et occupa ces fonctions jusqu'en 1813. Il fut fait baron de l'Empire en 1809. A partir de 1813, il

MCCCLXXXII

1er MESSIDOR AN VI (19 JUIN 1798).

RAPPORT DU BUREAU CENTRAL DU 2 MESSIDOR.

Mœurs et opinion publique. Journaux. — Il n'y a rien de moins clair que ce que le *Nouvelliste politique* écrit en faveur du rétablissement du droit de pêche, et, malgré son assentiment à ce qui a été dit à la tribune pour que le gouvernement rentrât dans ce qui lui appartient en cette partie de la propriété nationale, il donne à croire qu'il considère ces vues comme devant opérer la résurrection d'un droit de féodalité contre toute attente. Ces réflexions finissent par une injure aussi gratuite qu'inconvenante au citoyen Poultier, rédacteur de l'*Ami des Lois*. Le *Journal des Campagnes*, en faisant l'éloge de l'esprit qui anime les autorités constituées de Vendôme, dit qu'elles sont menacées chaque jour de destitution, mais ne dit pas par qui. — Il y a toujours abus dans la manière dont est conçu le sommaire du *Postillon de Calais*, sommaire que crient souvent, au mépris de la loi, les colporteurs de ce journal, quand ils croient échapper à la surveillance qui les suit. On distingue particulièrement aujourd'hui cette énonciation mensongère : *Lettres du général Buonaparte annonçant à son épouse qu'il va s'emparer de l'île de Malte.* — L'administration observe qu'elle a réitéré hier l'injonction précise d'arrêter tous les colporteurs qui seraient en contravention. — Il y a insignifiance dans ce que le *Fanal* écrit sur le dernier banquet des membres du Corps législatif[1] ; ses réflexions à ce sujet aboutissent à blâmer les toasts qui ont été portés à des époques annonçant des triomphes de la République sur elle-même. — Le *Publiciste* soupçonne le ministre de la Prusse à Rastadt, nommé Jacobi, d'être entièrement dans les intérêts de l'Angleterre. — Le journal le *Républicain* n'est point parvenu à l'administration. — Les autres journaux ne donnent lieu à aucune observation importante.....

LESSORE.

(Arch. nat., BB³ 88, et F⁷ 3841.)

devint conseiller-maître à la Cour des comptes, et la Restauration le maintint dans ce poste, qu'il occupait encore en 1822. Il avait épousé la veuve de Danton, et ce mariage avait eu lieu en 1796, d'après la *Biographie des préfets* (Paris, 1826, in-8), p. 193.
1. Voir plus haut, p. 721.

MCCCLXXXIII

2 MESSIDOR AN VI (20 JUIN 1798).

Rapport du bureau central du 3 messidor

Mœurs et opinion publique. Journaux. — Le *Républicain*, n° 63, exige une attention particulière. La moitié de cette feuille est remplie d'une suite de réflexions sur les derniers événements de la Hollande; et les raisonnements sont tels, les idées tellement multipliées, les mots en *italiques* tellement sacramentels, que ce morceau est à lire en entier et perdrait tout à l'analyse, dont il n'est aucunement susceptible. On doit dire sommairement que le *Républicain* appelle cette dernière révolution « un acte d'anarchie militaire », une étonnante usurpation, qui vient en vingt-quatre heures de donner un petit Cromwell à la Hollande. Mais, par-dessus tout, on signalera cette phrase, qui n'a pas besoin d'interprétation, eu égard au caractère provocateur dont elle est imprégnée : « Heureux au moins que, jetant bas tout masque et foulant aux pieds les lois, la tyrannie ait révélé aux amis de la liberté que tous les moyens lui étaient bons, que par conséquent ils n'avaient plus rien à ménager avec elle, et que, dans de pareilles entreprises, le succès remplaçait toujours et donnait quelquefois la légitimité ! » On observera encore qu'à l'occasion des événements qui ont eu lieu le 3 pluviôse dans la République batave, il est dit que les habitants firent alors leur 31 mai ou leur 18 fructidor; en sorte que le journaliste donne à ces deux époques absolument le même caractère dans l'opinion; et de ce que les Bataves n'ont pas fait juger alors les Orangistes constitutionnellement, il en infère qu'ils se sont exposés à l'arbitraire qui les enveloppe aujourd'hui « et que déjà on salue en France du nom de 9 thermidor, sans doute pour annoncer aux républicains bataves que la réaction va commencer ». Il assimile la conduite que tenaient dans cette dernière circonstance le Directoire et une partie du Corps législatif batave à celle de la Convention en vendémiaire, et par suite de cette opinion Daëndels est appelé le Danican de la Hollande. Mais on remarquera qu'un citoyen qui occupe une place très éminente dans la République, et qu'on reconnaît facilement pour être celui contre lequel le journaliste s'est déjà livré précédemment aux plus fortes personnalités, est violemment attaqué dans ce numéro, puisqu'il est traité d'intrigant politique, dépeint comme étant dans les intérêts de l'Angleterre, notre mortelle ennemie, et soupçonné, pour ne pas dire accusé, d'avoir fait passer 150,000 francs en Hollande pour persuader à deux compagnies de grenadiers qu'il fallait sauver la patrie. Enfin il n'est pas une ligne de cette feuille qui ne nécessitât une remarque. Il suffit de dire que cette dernière révolution y est considérée, en propres termes, comme une révolution anglo-stathoudérienne soutenue par le grand diplomate de Paris. On croit très important de reproduire ici le *nota bene* qui termine l'article du journaliste ; il est ainsi conçu : « *N. B.* On assure aujourd'hui que, de deux membres du Directoire français, l'un paraît assez mécontent de ce qui s'est passé et l'autre garde un silence obstiné; on ne parle point encore des sentiments des trois autres. » — Dans le n° 61 du même journal, dont l'envoi a été tardif, Lyon est présenté comme redevenu le théâtre des vengeances du royalisme et comme livré aux assassinats qu'y exercent des individus qui faisaient partie des compagnies de Jésus et du Soleil. Il est dit encore que la conspiration du royalisme est flagrante à Blois ; les nouveaux juges sont traités de juges royaux; il y a des personnalités particulières au président et à l'accusateur public. Il y est encore question des repas des membres du Corps législatif; on n'y distingue de remarquables que quelques nouvelles personnalités, mais qui ont un caractère réel d'opinion ; par exemple Guyot-Desherbiers et Hardy y sont dépeints, l'un comme « chevalier et député de l'Institut[1], et procurant des scissions », l'autre comme « tendre père du 22 floréal ». Puisse cette anecdote, dit-il en terminant, prouver au moins qu'il est plus facile de commander des scissions, des pamphlets et même des lois, que d'étouffer la vérité et le cri de la conscience publique ! — Il se manifeste un esprit de véritable royalisme dans un nouveau journal paraissant sous le titre de *Messager des relations extérieures* ; il copie des papiers anglais qui donnent de grands désavantages aux insurgés Irlandais ; bien plus, il s'attache avec un peu d'affectation à regarder comme erronée l'opinion dans laquelle est le *Bien Informé* que les Irlandais aient triomphé sur divers points. — Le *Nouvelliste politique* conserve toujours un très mauvais esprit. La manière dont il semble approuver les actes de l'autorité, ou les opinions de journaux recommandables par leur patriotisme et leur véracité, est réellement perfide; aujourd'hui encore sa manière de partager l'opinion du journal *le Rédacteur*, qui prouve que l'or de l'Angleterre excite des soulèvements soit en Italie, soit en Hollande, peut être prise comme une véritable

---

1. Il s'agit de l'assemblée électorale scissionnaire qui avait siégé à l'Institut.

critique. — On ferait des reproches non moins fondés sur la manière dont ce journaliste s'occupe des ressources de la République en finances : « Espérons, dit-il, qu'un jour nous aurons comme les Anglais, plus heureux en cela que nous, une représentation gratuite, une justice gratuite .» — Les *Nouvelles de Paris* offrent en partie un esprit semblable à celui du *Nouvelliste;* il est facile d'en juger par cette phrase : « En vain la nature répand sur nous ses bienfaits, nous n'en jouirons pas ; ils sont déjà flétris par l'éternel rapporteur de la Commission des finances, ce grand restaurateur des droits de pêche et de chasse [1]. »

L. Milly.

(Arch. nat., BB³ 88, et F⁷ 3841.)

Journaux.

Clef du Cabinet du 2 messidor : « Jamais on n'a vu en France tant de malheurs et tant de crimes qu'on en déploie dans les circonstances, disent certaines personnes qui parlent avant de réfléchir. D'abord, nous leur répondrons que dans tous les siècles les hommes ont été les mêmes, et que, si l'on en doit croire un sage, il ne faut pas dire que « les temps passés valaient mieux que les temps présents ». Ensuite nous leur demandons si jadis il y avait chaque matin deux cents journaux qui, la plupart, ne sachant que publier ou voulant nuire, entassent mensonges sur mensonges, quand il s'agit d'inculper le régime actuel. Qu'aviez-vous sous les rois ? Une seule *Gazette de France*, rédigée par des stipendiés du gouvernement, et qui n'annonçait que ce qu'il voulait bien qu'on sût dans le monde ; on ignorait parfaitement alors ce qui se passait dans la ville même qu'on habitait. Aujourd'hui, il n'y a pas le plus petit événement arrivé dans le Nord que dix jours après le Midi ne l'apprenne ; soyez donc encore étonné de la longue liste des crimes et des malheurs journaliers. » — *Ami des Lois* du 3 messidor : « *Variétés*... Les journalistes anglais font d'assez bonnes plaisanteries sur l'état de la liberté en France ; il vient même de paraître à Londres une caricature très curieuse à ce sujet, dont nous ne pouvons pas rendre compte ; un temps viendra peut-être où nous imposerons silence à tous les *Mornings;* mais, pour récupérer cet avantage, il faut que le Corps législatif fasse des lois pour réprimer promptement les abus de cette même liberté de la presse..... »

1. Il s'agit de Villers, qui, le 26 prairial an VI, avait présenté un projet tendant à affermer le droit de pêche.

MCCCLXXXIV

3 MESSIDOR AN VI (21 JUIN 1798).

RAPPORT DU BUREAU CENTRAL DU 4 MESSIDOR.

Mœurs et opinion publique. Journaux. — « La guerre civile qui s'organise en Irlande », dit le *Messager des relations extérieures*..... Cette expression ne pourrait-elle pas être prise pour la mesure de l'opinion du journaliste sur les mouvements que font les Irlandais pour s'affranchir du joug? — Des soins de police occupent l'*Indépendant*; il appelle l'attention sur l'inconvénient de laisser subsister des chantiers de bois dans l'intérieur de Paris, sur la nécessité de défendre des cannes, appelées sceptres, et renfermant un stylet ; enfin sur celle d'avoir un code de police pour la garantie de la sûreté des citoyens. — Faut-il donc s'étonner, dit le *Révélateur*, par application à un trait historique, que les ennemis du gouvernement n'aient cherché jusqu'à ce moment qu'à lui faire faire de mauvais choix ? — Toujours même abus dans la manière dont est conçu le sommaire du *Postillon*. — L'*Ami de l'ordre* se plaît inconsidérément à voir augmenter l'aigreur du gouvernement helvétique contre le gouvernement français. — Est-ce aussi dans la vue d'indisposer contre le gouvernement que le *Propagateur* remarque que le citoyen Rapinat a déclaré propriété française tous les magasins publics de la Suisse ? Et ce fait, énoncé sans aucun détail circonstanciel, ne tend-il pas à faire soupçonner le désintéressement et la loyauté du gouvernement français ? — De leur côté, les *Annales de la République* racontent dans un sens très mauvais les différends qu'elles disent avoir existé entre le citoyen Rapinat et les magistrats de Zurich, lors de la levée des scellés qui avaient été apposés sur le trésor de cette ville. — Les autres feuilles ne donnent lieu à aucune autre observation.....

L. MILLY.

(Arch. nat., BB³ 88, et F⁷, 3841.)

MCCCLXXXV

4 MESSIDOR AN VI (22 JUIN 1798).

RAPPORT DU BUREAU CENTRAL DU 5 MESSIDOR.

Mœurs et opinion publique. Esprit public. — On a vu, dans les premiers jours de ce mois, un air et même un ton nouveau d'espérance parmi les hommes de parti ; le calme politique les afflige ; le pressentiment d'une heureuse issue aux négociations de Rastadt les inquiète. Le royaliste parle plus hardiment et avec plus de joie de prétendues coalitions du Nord, et il est des cafés, notamment dans le 2me arrondissement, où l'on se fait un plaisir particulier de ne considérer la République que comme le jouet de la diplomatie des puissances étrangères. En un mot, les amis du trône paraissent espérer davantage, tout en s'observant avec un soin et, pour ainsi dire, avec un accord remarquables. — Il y a plus de hardiesse parmi les sectaires de l'anarchie ; on ne cachera point qu'ils donnent à leur mécontentement des derniers événements de la Hollande un caractère d'aigreur et de passion tel, qu'ils en infèrent qu'aujourd'hui on peut oser tout sans crime contre une autorité légitime, pourvu qu'on l'accuse d'usurpation de pouvoir et que le succès couronne l'attentat. Ils affectent de croire que le gouvernement français a beaucoup contribué aux changements survenus dans le gouvernement batave et ne lui épargnent pas les plus graves reproches, en assimilant cette époque à celle du 31 mai de notre Révolution. Ce qu'il y a de très remarquable, c'est qu'on a entendu des royalistes forcenés se plaire aux mêmes raisonnements. — On ajoutera, sur le compte de ces derniers, qu'ils n'omettent dans les lieux publics aucune occasion de supposer au gouvernement helvétique les plus graves sujets de plainte contre le gouvernement français. Tout prouve enfin que les ennemis de l'ordre actuel des choses parlent ouvertement dans le sens même du perfide cabinet de Saint-James, en concordant, pour ainsi dire, avec les agents secrets qu'il solde partout, notamment dans les pays sur le point de s'allier avec la République par l'amitié la plus sincère. Toutes leurs conversations frappent sur la situation politique des États voisins à notre égard et vice-versa, mais de manière à brouiller toutes les idées, et à jeter de la défaveur et de l'ombrage sur la pureté de la conduite du gouvernement français. — Mais on fait observer, avec une véritable satisfaction, que ce n'est pas là *l'esprit public :* ce n'est que l'esprit des factieux, que la force imposante de l'opinion réduit à une vaine loquacité, et dont elle paralyse les détestables intrigues ; le peuple n'aspire qu'à la paix, loin de l'éloigner par de perfides conjectures ; la haine appartient à l'Angleterre, l'amour à la liberté, le respect aux pouvoirs constitutionnels, l'obéissance aux lois, le calme à la société : tels sont les sentiments particuliers et généraux de la partie saine du peuple qui en fait actuellement la grande masse.

Mœurs. — Nouvelle affectation de costume parmi les jeunes gens des cercles les moins occupés des affaires publiques : ils portent une petite canne dont la tête recourbée sert de manche, dit-on, à un stylet ; ces cannes sont connues aujourd'hui dans le public sous le nom de *sceptres*, nom qui devrait les faire rejeter par tous ceux qui auraient quelque pudeur. — L'immoralité, gênée par la surveillance, a été moins sensible à l'extérieur, et l'arrestation de vingt-quatre femmes prostituées a du moins apporté une digue à ce scandale. On voit avec regret les femmes les plus faites pour fixer par leurs attraits et leur moralité les hommages qu'elles recherchent affecter des dehors contraires à l'honnêteté de leurs propres sentiments, et enhardir ainsi involontairement par leur exemple celles reconnues pour être les plus déhontées. — Les mesures prises pour la répression des jeux prohibés n'ont point été sans succès ; il a été fait quelques opérations qui auront modéré la passion des joueurs ; on est continuellement occupé à en purger les lieux publics, et les efforts, d'ailleurs multipliés, ne sont pas toujours impuissants. — Le culte ne donne lieu à aucune observation importante. — On a réprimé quelques teneurs de bal qui donnaient à danser en contravention aux dispositions de l'arrêté du Directoire exécutif du 14 germinal dernier. — Les spectacles n'ont offert aucune particularité.....

L. Milly [1].

(Arch. nat., BB³ 88, et F.⁷, 3841.)

---

1. A la suite d'un autre rapport (car à cette époque il y en a quelquefois deux pour le même jour), on lit : « *Journaux.* — Les feuilles périodiques de ce jour ne donnent lieu à aucune observation. » — Arch. nat., BB³ 88, et F⁷ 3841.

MCCCLXXXVI

5 MESSIDOR AN VI (23 JUIN 1798).

RAPPORT DU BUREAU CENTRAL DU 6 MESSIDOR.

Mœurs et opinion publique. Journaux. — Toujours même abus dans la rédaction du sommaire du *Postillon de Calais*. — D'un autre côté, toujours même esprit dans le *Nouvelliste politique* ; il met en question qu'il est dans l'ordre du droit des gens qu'un gouvernement favorise les entreprises élevées contre un autre. Il y a, dans cette question, faite au sujet des vœux des Irlandais-Unis, à Paris, pour préparer des secours à leurs frères opprimés, un ménagement bien condamnable pour le ministère anglais. — L'opinion du *Journal des Campagnes* au sujet des derniers événements de la République batave se conçoit dans cette seule phrase : « L'Angleterre sourit à tous ces bouleversements ; elle y reconnaît la puissance de son infernal génie. » — Le numéro d'hier du *Messager des relations extérieures* est rédigé dans le sens le plus répréhensible ; à la faveur d'un titre semblable, ce journal, qui est nouveau, serait de nature à nuire à l'opinion publique, s'il continuait à renfermer des hypothèses aussi fausses que celles contenues à l'article *Vienne*. Le rédacteur de ce journal, passant en revue toutes les puissances, voit partout la paix prête à fuir, et partout les symptômes d'une guerre qui doit embraser toute l'Europe.....

LESSORE.

(Arch. nat., BB³, 88, et F⁷ 3841.)

MCCCLXXXVII

6 MESSIDOR AN VI (24 JUIN 1798).

JOURNAUX.

Clef du Cabinet du 6 messidor : « *Jeux gymniques, rue de Varenne, n° 667*. La maison, le jardin et la bibliothèque, où se trouvent tous les journaux, sont ouverts au public tous les jours, depuis neuf heures du matin jusqu'à la nuit, moyennant 1 franc 50 centimes. Les abonnements donnent l'entrée journalière, et de plus à tous les jeux, exercices extraordinaires et cours qui auront lieu dans ledit établissement. Les cours d'équitation, d'escrime et de danse commenceront primidi prochain, 11 messidor. Les professeurs sont : pour l'équitation, le citoyen Vieillard; pour l'escrime, les citoyens Lebrun et Malafosse ; pour la danse, le citoyen Blanche. Ils annonceront avant cette époque le jour, l'heure et la durée de leurs cours. Les jeunes gens, depuis quinze jusqu'à vingt ans, qui voudront s'exercer à la lutte, à l'arc et à la course, pourront se faire inscrire. Ils auront leur local particulier pour leurs exercices, et les quinze premiers inscrits auront leurs entrées gratuites, et ils seront également admis les premiers à disputer le prix de l'exercice dont ils auront fait choix. Ils ne seront cependant admis qu'après avoir donné sur leurs personnes les renseignements convenables, et après avoir été adoptés par les professeurs de la classe à laquelle ils s'attacheront. Il n'y aura pas plus de trente élèves pour chaque exercice. On s'inscrit au secrétariat des Jeux gymniques, rue de Varenne, n° 667. On peut, moyennant 1 franc 50, le matin déjeuner, ou se rafraîchir le jour et passer tout le jour dans la maison des Jeux gymniques, où l'on trouve un excellent restaurateur et glacier, y jouir des jardins, qui sont très beaux, très grands et très variés, ainsi que des appartements, qui joignent à la magnificence tout ce que les arts peuvent offrir de plus précieux et de plus agréable. L'on trouvera le programme à la porte, moyennant 1 franc. On peut aussi s'adresser par écrit au receveur des Jeux gymniques pour s'en procurer. — N. B. On entrera tous les jours gratis à la bibliothèque, excepté les jours d'exercice. »

MCCCLXXXVIII

7 MESSIDOR AN VI (25 JUIN 1798).

RAPPORT DU BUREAU CENTRAL DU 8 MESSIDOR.

Mœurs et opinion publique. Journaux. — L'esprit répréhensible du *Messager des relations extérieures* continue à se manifester dans son affectation à ne regarder comme certaines que les nouvelles qui annoncent toutes sortes de revers éprouvés par les patriotes irlandais ; il ne publie effectivement aujourd'hui que des victoires remportées par les troupes royales. On ne peut que blâmer fortement l'*Ami des Lois* qui, après une esquisse rapide des plaisirs du jour, revient par opposition sur des souvenirs douloureux, et « il n'est pas, dit-il, un seul de ces sybarites qui ne danse sur les ossements de ses parents assassinés », etc. — On est également frappé de la légèreté du jugement suivant porté en un trait de plume par le rédacteur des *Annales de la République :* « Nos agents diplomatiques, dit-il, ne répondent pas à l'attente de leurs commettants. Il en est plusieurs qui portent chez l'étranger des idées irréfléchies et des principes dangereux. Ils y multiplient le nombre de nos ennemis en faisant croire aux rois que notre intention est de les détrôner tous, depuis le premier jusqu'au dernier. Quelques-uns d'entre eux ne sentent pas même la dignité de leurs fonctions ; l'un, entre autres, agit en secret contre une puissance amie. » Nous pensons que de semblables réflexions ne tendent qu'à avilir le gouvernement français et à lui ôter une partie de la grande considération qu'il a auprès des diverses puissances. — Les autres feuilles ne donnent lieu à aucune observation importante....

Cousin.

(Arch. nat., BB ª 88, et F⁷ 3841.)

JOURNAUX.

Patriote français du 8 messidor : « *Paris, le 7 messidor.* ...La salle du Manège, que le conseil des Cinq-Cents occupait, va être transformée en une serre pour les orangers du Conseil des Anciens..... »

MCCCLXXXIX

8 MESSIDOR AN VI (26 JUIN 1798).

RAPPORT DU BUREAU CENTRAL DU 9 MESSIDOR.

Mœurs et opinion publique. Journaux. — Si le *Nouvelliste politique* n'était qu'inconséquent, on se bornerait à le signaler comme tel une fois pour toutes, mais il paraît avoir pour système de flatter les amis de l'ancien régime en leur présentant le plus souvent, sous les couleurs de la morale ou de la littérature, tous les raisonnements qui peuvent être pris à la rigueur pour une censure de l'ordre actuel des choses. Cette manière de fronder le gouvernement est très adroitement déguisée, il est vrai, mais n'en est que plus perfide, et surtout est très soutenue depuis quelque temps, au point que ce journal peut passer pour le plus agréable aux royalistes et fait pour eux. Dans le n° 216, on trace le tableau suivant appliqué à la Révolution : « L'homme rejette le frein du pouvoir, le pouvoir cesse de le protéger, et il tombe à l'instant sous l'empire de la force, et on porte contre lui les lois révolutionnaires. » Et comme l'auteur n'aurait osé tirer lui-même la conséquence de ce raisonnement, qui est sans doute que le pouvoir (celui de 88 sans doute) était à regretter, il ajoute seulement cet adage énigmatique : *Qui potest capere capiat.* — Le n° 217 est encore plus répréhensible. On ne s'arrêtera pas à ce que le rédacteur du journal dit pour ravaler la dignité du peuple en le traitant de *race mouton-*

nière, mais on fera sortir la malignité de l'application par lui faite de nos usages politiques du reproche que faisait Caton aux Romains de conserver toujours les mêmes hommes dans les emplois publics : « C'est ici, dit-il, comme du temps de Caton : les magistrats, temporaires de droit, sont inamovibles de fait. » C'est vouloir, comme les journaux d'avant fructidor, recréer une faction des *perpétuels*. Caton traitait de séditieux Socrate, qui avait voulu abolir les coutumes reçues et introduire de nouvelles opinions, et Caton avait raison, dit le journaliste, qui, s'appuyant des usages de la Révolution, applique formellement sa censure au nouvel ordre de choses parmi nous. — Un autre mot de Caton, qui regrettait un jour d'avoir fait par eau un trajet qu'il pouvait faire par terre, donne occasion au journaliste de s'écrier : « Génie de la France, épargnez à Buonaparte le repentir de Caton ! » — Il serait curieux de voir, dit le *Journal des Séances* [1], comment on parviendra à faire la paix. Il cite tout ce qui peut la faire regarder comme très éloignée. — Les on-dit sur Buonaparte que se permet le *Messager des relations extérieures* sont de la plus blâmable légèreté ; le premier est celui sur la disparition de la flotte, et le rédacteur ne rougit pas de dire qu'il est des gens, même parmi les patriotes, qui semblent sourire à ce bruit. Mais ce qui ne comporte pas d'excuse, c'est d'une part ce qui suit : « On dit que le roi d'Espagne, notre intrépide allié, avait fait annoncer au Directoire que sa flotte tenterait la sortie de Cadix, pourvu que les Anglais voulussent bien se retirer de devant ce port. » Ce qui est une bien mauvaise ironie. Et, d'une autre part, l'espèce d'improbation donnée aux républiques d'Italie à raison de la défense qu'elles prennent de leur liberté et de leur territoire contre des invasions : « Ces deux jeunes républiques, est-il dit, brûlaient du désir de signaler leur valeur, et les voilà qui rossent déjà ce pauvre roi Sarde. » On observe que la feuille s'est annoncée sous ce même esprit dès le premier jour...

LESSORE.

(Arch. nat., BB³ 88, et F⁷ 3841.)

AUTRE RAPPORT DU MÊME JOUR.

Mœurs et opinion publique. Esprit public. — On ne peut qu'interpréter à l'avantage de la chose publique la grande rareté d'opinions nouvelles, mais avec plaisir on fera remarquer que celles qui, depuis

[1］ L'exemplaire de ce journal, à la Bibl. nat., ne commence qu'en fructidor an VI.

quelque temps, ont paru de nature à donner au gouvernement un nouveau degré de force et de considération prennent de jour en jour plus de caractère, tandis que les malveillants, toujours si disposés à entretenir l'alarme parmi les citoyens et à nourrir les regrets des royalistes pour le régime qu'ils ont perdu sans retour, prennent de plus en plus le parti du silence. Un point intéressant est aujourd'hui agité dans les différents endroits publics, celui relatif à l'instruction publique, et on doit dire qu'à ce sujet on manifeste presque toujours des vues, différentes à la vérité, mais toutes également patriotiques.

— Il y a quelques entretiens sur les finances, mais sans aucun caractère décidé ; la plupart de ceux qui émettent leur avis attachent à la fin de la guerre les moyens puissants de régénération qu'il serait nécessaire d'employer, pour rendre à cette partie l'importance et la régularité convenables. — Les conjectures sont rares sur la flotte employée à l'expédition conduite par le général Buonaparte ; quelques mauvais bruits ont couru et ont contrebalancé celui de la prise de Malte, sans que les premiers aient eu plus de crédit que l'autre. Les plus sages et les mieux intentionnés regardent comme d'un bon augure cette absence de tous renseignements certains sur la flotte et sa véritable destination, se plaisant à dire que, dans ce cas, « point de nouvelles, bonnes nouvelles ».

Mœurs. — Rien de ce qui peut les arracher au scandale n'a été négligé ; cependant la prostitution usurpe encore sur la bienséance, mais la hardiesse avec laquelle elle se propageait aux yeux du public est du moins modérée par des exemples continuels de sévérité ; il serait affligeant pour les amis des bonnes mœurs de trouver ici l'énumération des êtres avilis, que la surveillance a séquestrés de la société dans le cours de cette décade, et on avoue avec regret être obligé de suivre ces mesures de répression avec la même activité.

Culte. — Le culte a lieu en général au milieu du plus grand calme ; celui des théophilanthropes a eu un peu plus d'affluence que de coutume ; mais, quant à celui des catholiques, on observera qu'il est suivi en quelques endroits avec une espèce de fureur ; on citera particulièrement les églises dites Saint-Gervais et Saint-Jacques. La première a renfermé, le dernier jour de fête catholique, environ trois mille personnes. Il arrive que l'on y souffre alors prodigieusement de la chaleur. On y remarque toujours les trois quarts environ de personnes du sexe sur la totalité des assistants.

Spectacles. — Non seulement ils jouissent d'une parfaite tranquillité, mais on y reconnaît quelquefois une amélioration sensible dans l'esprit public. Au théâtre Feydeau notamment, toutes les moralités civiques de la tragédie *Fénelon* ont été applaudies avec une sorte d'enthousiasme, qui s'est fait remarquer encore hier, jour de la seconde représentation de cette excellente pièce [1]; en outre, les airs civiques ont été accueillis aussi avec plus d'applaudissements que d'ordinaire ; et tout donne à penser que l'opinion n'espère pour se soutenir sur ce pied, ou pour s'améliorer encore, que de nouvelles productions capables d'attacher encore davantage les cœurs à la République. — On ne donnera point ici le détail de la conduite scandaleuse qu'ont tenue quelques jeunes gens à la première et à la seconde représentation de *La Nonne de Lindenberg* au théâtre des Jeunes-Artistes [2] ; les principaux auteurs du trouble ont été arrêtés et traduits devant le juge de paix.

LESSORE.

(Arch. nat., BB³ 88, et F⁷ 3841.)

JOURNAUX.

Conservateur du 10 messidor : « *Paris, le 9 messidor*. Le charmant jardin de Bagatelle fut hier le théâtre d'une scène assez plaisante. Un banquier huppé de Paris, que nous ne nommerons pas, y avait conduit une jeune et jolie nymphe, à laquelle il vient de sacrifier le précédent objet de ses amours. Assis dans un coin solitaire de ce jardin, nos deux amants savouraient le plaisir d'être ensemble, lorsqu'ils furent aperçus par l'amante délaissée ; celle-ci, ne pouvant supporter un spectacle aussi déchirant pour son cœur, et se livrant aux transports de la jalousie, fond avec la rapidité de l'éclair sur son heureuse rivale, lui arrache sa perruque et la fait voler dans le jardin. La belle, décoiffée, épouvantée de ce début, prend précipitamment la fuite au travers d'une foule nombreuse ; l'autre, après avoir reproché au banquier stupéfié sa perfidie, son ingratitude, se jette à ses genoux, le prie de pardonner à l'excès d'un amour malheureux celui d'un emportement bien excusable; elle s'efforce de ranimer sa tendresse, et le conjure enfin de se ressouvenir qu'elle porte depuis huit mois, dans son sein, le fruit des nœuds qui les unissaient, et qui, s'ils sont rompus, vont bientôt conduire au tombeau la mère et l'enfant. Le banquier, qu'une scène aussi imprévue avait jusque-là rendu immobile, se lève tout honteux, repousse l'infortunée qui l'implorait, lui lance un regard d'indignation, et court après l'objet décoiffé de son volage amour..... »

1. Le théâtre Feydeau avait repris *Fénelon*, tragédie par M.-J. Chénier. La première représentation de cette reprise avait eu lieu le 6 messidor an VI.

2. *La Nonne de Lindenberg ou la Nuit merveilleuse*, « pièce à grand spectacle en cinq actes et en prose, mêlée de pantomimes, marches, combats et évolutions, avec démolition et explosion de la tour du château de Lindenberg, décors et costumes nouveaux », par Cailleau-Coupilly et Desbords jeune, fut jouée pour la première fois le 5 messidor an VI. On en trouvera un compte rendu dans le *Courrier des Spectacles* du 6 messidor.

MCCCXC

9 MESSIDOR AN VI (27 JUIN 1798).

JOURNAUX.

Clef du Cabinet du 10 messidor : « *Paris, le 9 messidor.* ...Qu'un peuple nouveau, que des sauvages nouvellement réunis en corps social, éprouvant des besoins jusqu'alors inconnus, empruntent des sociétés plus avancées dans la civilisation des mots pour exprimer leurs nouveaux besoins, cela se conçoit ; mais qu'une ancienne et grande nation, dont la langue est la plus riche et la plus étendue de l'Europe, aille chercher un vieux mot grossier chez ses irréconciliables ennemis, les marchands anglais, pour exprimer la somme d'argent nécessaire aux besoins actuels du gouvernement, cela ne se conçoit point. Ceux de nos représentants qui se servent du mot anglais *budget* dérivé du saxon *bude, boutique, lage,* ignorent sans doute qu'il ne signifie autre chose qu'une *bougette*, une *poche de cuir*, un *sac*, une *escarcelle*. Quelle barbarie ! L'escarcelle de la grande nation, pour ses dépenses de l'an VII !.... »

MCCCXCI

10 MESSIDOR AN VI (28 JUIN 1798).

RAPPORT DU BUREAU CENTRAL DU 11 MESSIDOR.

Mœurs et opinion publique. Journaux. — *L'Ami des Lois* avait donné hier la teneur d'un arrêté pris par le citoyen Rapinat, commissaire de la République en Suisse, et par lui communiqué au Conseil helvétique. La même pièce est publiée aujourd'hui par le *Républicain*, qui ajoute que de pareilles mesures ne sauraient, selon lui, être favorables au développement de la liberté en Suisse, et qu'il en résulte que ce pays est dans un état effrayant de conflagration. — Il est un trait cité par le même, et qui tend à faire croire que l'un de ceux qui occupent en France les premières fonctions publiques a placé comme secrétaire auprès du citoyen Buys, ci-devant ambassadeur de la République batave, un émigré français nommé Ismenard, que le ministre de la police ensuite a fait arrêter ; ce fonctionnaire public n'est pas nommé, seulement il est désigné comme le plus effronté roué de la diplomatie, et connu par l'intimité de ses liaisons avec les Anglais de Londres, d'Amérique et de Paris[1]. — Après avoir observé qu'à

---

1. Il s'agit sans doute de Talleyrand.

Londres la multitude proscrit d'elle-même, et par la seule impulsion de l'esprit public, les marchandises françaises, l'*Ami des Lois* appelle l'attention du ministre de la police et du Bureau central sur la quantité de marchandises anglaises qui se vendent à Paris, particulièrement au Palais si bien appelé Royal, marchandises qui se vendent encore par anciennes dénominations de nombre et de mesure. — On ne peut rendre sensible par des citations le mauvais esprit du *Nouvelliste politique*, attendu la nature de ses articles, vagues et bien intentionnés au premier aperçu; mais une affectation à tirer continuellement du silence ou de l'oubli ce mot *Jacobin*, que les royalistes ne manquent pas d'assimiler au mot *Républicain*, prouve que le journaliste cherche encore à flatter les ennemis de l'ordre actuel des choses, en leur fournissant des prétextes d'appliquer ce nom de Jacobin aux plus sincères patriotes. — Il n'est aucune autre observation à faire sur les feuilles périodiques de ce jour.....

L. MILLY.

(Arch. nat., BB³ 88, et F⁷ 3841.)

JOURNAUX.

Rédacteur du 12 messidor : « *Paris, le 11 messidor.* La fête de l'Agriculture a été célébrée aujourd'hui dans cette commune, avec toute la pompe qui a paru convenable pour honorer le premier des arts, si longtemps avili. Le cortège, parti de la place Vendôme, s'ouvrait par un détachement de gendarmerie. Suivaient des habitants de la campagne, un groupe de laboureurs couronnés de fleurs et d'épis, tenant à la main un bouquet; ils environnaient une charrue attelée de deux chevaux, un char à l'antique traîné par six bœufs ornés de guirlandes, bandelettes et étoles; leurs cornes et leurs sabots étaient dorés. S'élevait pompeusement un faisceau d'instruments d'agriculture, surmontés d'une gerbe de blé, au-dessus de laquelle flottait l'oriflamme nationale, comme le *palladium* de l'agriculture Ce char, décoré de tous les produits de la terre, était accompagné de la Société libre d'agriculture, de l'administration du Muséum national d'histoire naturelle et de l'École vétérinaire. A la suite des laboureurs, des gardes nationales sédentaires en activité, se tenant sous le bras, indiquaient que ceux qui tour à tour cultivent ou défendent les champs servent également l'agriculture. Suivaient des forts de la Halle-au-Blé, en costume, portant sur un palanquin le plus âgé d'entre eux, avec cette inscription : *De longs travaux honorent la vieillesse ;* fermières, meunières et boulangères, tenant des corbeilles remplies de graines, de farine et de pains; cultivateurs, meuniers et boulangers, tenant des instruments de leur état ; char doré de Bacchus, orné de fruits et de vignes, traîné par quatre chevaux, précédé des gardes champêtres ; un enfant, représentant ce jeune dieu, est assis sur un tonneau et groupé avec quatre vignerons; des enfants, vêtus de tuniques blanches ornées de pampres, etc., accompagnaient ce char ; plusieurs d'entre eux portaient des corbeilles de fleurs et de fruits.

TOME IV. 48

On voyait ensuite les divers fonctionnaires publics de cette commune et des cantons ruraux. Le cortège s'est rendu à la Halle-au-Blé, décorée de guirlandes, où il a été reçu par le Bureau central, environné des forts. Après avoir entendu un discours du président du Département, le cortège a été à la place de la Concorde, où il a fait le tour de la statue de la Liberté, et a continué sa marche jusqu'à la grande salle des Champs-Élysées, au milieu de laquelle le temple de Cybèle était érigé en verdure. — Le Conservatoire a exécuté une symphonie. Le président de l'Administration centrale a prononcé un discours, à la suite duquel il a proclamé, à haute voix, les noms des trois laboureurs dont les travaux ont mérité d'être couronnés ; et ces citoyens ont reçu cette couronne au bruit des fanfares. Après les chants, le président de l'Administration, les laboureurs et les gardes nationales se sont réunis autour de la charrue, où les cultivateurs ont fait l'échange de leurs ustensiles champêtres contre les fusils des gardes nationales. Le président a tracé un sillon au bruit de l'air *Ça ira*, joué par la musique des Conseils. Aussitôt les laboureurs ont repris leurs instruments, et ont rendu aux soldats les fusils armés d'épis et de fleurs ; le Conservatoire a chanté l'*Hymne à l'Agriculture*. Ensuite, le Département et les laboureurs couronnés se sont rendus sur le parvis du Temple, où ils ont reçu les ustensiles aratoires et les productions de la terre que sont venus leur offrir les fermières, meunières, boulangères, laboureurs, meuniers, boulangers, etc. ; ils les ont déposés sur le stylobate du temple, en forme d'offrande à la déesse de la terre. Cette offrande achevée, le Département et les laboureurs ont repris leurs places, et le Conservatoire a exécuté le *Chant du Départ*. Un nombreux concours de spectateurs s'est rendu à cette fête, qui empruntait un nouvel éclat de la sérénité du temps. Voici l'hymne qui a été chanté.

Hymne à l'Agriculture :

Gloire à la main habile
Qui cultive nos champs !
Honneur à l'art utile
Qui les rend abondants !
Du héros et du sage
Cet art fait le plaisir ;
Il obtient leur hommage,
Et charme leur loisir.

Que de belles campagnes
Lui doivent leurs attraits !
Que de riches montagnes
Étalent ses bienfaits !

S'il prête à la nature
Des secours infinis,
Toujours avec usure
Il en reçoit le prix.

Culture bienfaisante,
Que tes efforts sont doux !
Par toi tout nous enchante,
Tout rit autour de nous.
En tout lieu on encense
Tes travaux immortels,
Et la reconnaissance
T'élève des autels.

— *Mercure français* du 30 messidor : « Chant pour la fête de l'Agriculture, qui a été célébrée le 10 messidor an VI. Par François (de Neufchâteau).

Air des *Marseillais*.

Allons, amis du labourage,
Poussez le soc avec vigueur ;
Charmez les soins de votre ouvrage
Par un chant qui parte du cœur (*bis*).

Du sein de la moisson naissante,
A vos besoins l'espoir sourit;
Et sous vos mains partout fleurit
La campagne reconnaissante.

Aux armes, laboureurs ! Prenez votre aiguillon ;
Marchez (bis), qu'un bœuf docile ouvre un large sillon.

On a moins de peine à l'ouvrage,
Quand on s'y porte avec gaîté.
Pour le prix de votre courage,
Le ciel vous donne la santé (bis);
Pour vous guider, pour vous instruire,
Dieu fit les astres des saisons ;
Ce que demandent vos moissons,
C'est dans le ciel qu'il faut le lire.

Aux armes, laboureurs ! etc.

Sans faste et sans vaine opulence,
Vous avez les seuls vrais trésors.
Vous faites germer l'abondance
Par vos soins et par vos efforts (bis).
Travaillez d'une ardeur extrême;
Que vos guérets soient toujours pleins.
Ah! le meilleur de tous les pains
Est celui qu'on sème soi-même.

Aux armes laboureurs ! etc.

En cultivant votre héritage,
Songez à nos fiers défenseurs,
A qui vous devez l'avantage
D'en être libres possesseurs (bis).
Leur sang coula pour la patrie ;
Pour elle versez vos sueurs.
Heureuse par leurs bras vengeurs,
Par les vôtres elle est nourrie.

Aux armes, laboureurs ! etc.

Vous n'allez plus à la corvée
Vous épuiser pour un seigneur ;
La gerbe n'est plus enlevée,
Sous vos yeux, par un exacteur (bis).
La charrue, aux yeux de la France,
Aujourd'hui remise en honneur,
Vous assure avec le bonheur,
La véritable indépendance.

Aux armes, laboureurs ! etc

Honneur, salut à la patrie,
Où le soc a repris ses droits !
Honneur, salut à l'industrie
Du laboureur, ami des lois! (bis)
Chez vous, Français ! les arts utiles
Des préjugés sont triomphants.
Faites chérir à vos enfants
Celui qui rend les champs fertiles.

Aux armes, laboureurs ! etc.

— *Journal du Soir des frères Chaigneau*, du 10 messidor : « On annonce l'ouverture, pour le 25 de ce mois, d'un nouveau spectacle rue du Bac, dans l'église des ci-devant Récollets. Il s'appellera théâtre des Victoires-Nationales. On y jouera la tragédie, la comédie, l'opéra-vaudeville et la pantomime. C'est beaucoup pour que tout soit bon..... » — *Patriote français* du 12 messidor : « *Paris, le 11 messidor*. On a célébré hier, 10 messidor, la fête de l'Agriculture. Un char, surmonté d'une gerbe d'épis jaunissants, s'avançait vers le temple de Cybèle, à la Halle-au-Blé ; il était traîné par six bœufs, ornés de guirlandes, de bandelettes ; leurs cornes et leurs sabots étaient dorés. Un second char, celui de Bacchus, était décoré de fruits et de pampres verts ; un enfant, assis sur un tonneau, représentait ce dieu. Le président de l'Administration centrale a prononcé un discours, à la suite duquel il a proclamé les noms des trois laboureurs dont les travaux ont mérité la couronne d'encouragement, et il leur a remis une couronne d'argent. Nous avons attribué à

[18 AU 28 JUIN 1798] DIRECTOIRE EXÉCUTIF

la grande chaleur du jour le peu d'ordre que nous avons observé dans la marche du cortège, et nous aimons à croire que c'est cela qui a empêché qu'il y ait eu plus d'affluence. Il y avait peu de ce qu'on appelle encore le beau monde, pour qui les bamboches de Tivoli, les farces de Lazzaroni, les fusées de Ruggieri ont plus d'attraits que les chars où l'on promène en pompe l'utile laboureur couronné de fleurs, et que les trophées de l'agriculture. Qu'est-ce, en effet, que cet art nourricier pour cet essaim de guêpes dorées si venimeuses, et qui vivent du travail de l'abeille? La nature et ses dons peuvent-ils donc avoir des charmes pour ceux qui ne s'occupent que d'inutiles frivolités?..... »

MCCCXCII

Compte décadaire des opérations du Bureau central du canton de Paris, du 1ᵉʳ au 10 messidor an VI [1].

Mœurs et opinion publique. Esprit public. — ...On a été fondé à conclure de la manifestation des sentiments particuliers et généraux de la partie saine du peuple, qui en fait actuellement la grande masse, qu'il n'aspire qu'à la paix, et qu'il se maintient dans sa haine contre le gouvernement anglais, dans son amour pour la liberté, son respect envers les pouvoirs constitutionnels et sa soumission aux lois. On doit à ces sentiments le calme qui a continué de régner sur tous les points de cette commune, et ce sont ceux aussi qui réduisent à une vaine loquacité.....

Mœurs. — Les tableaux scandaleux de la prostitution ont paru moins multipliés, et la hardiesse avec laquelle elle se propageait aux yeux du public a paru modérée par des exemples de sévérité. La surveillance dans le cours de cette décade a séquestré de la société cinquante-six de ces êtres avilis..... — Les jeux prohibés ont fait aussi l'objet d'une surveillance active de la police, et les mesures prises pour leur répression n'ont point été sans succès.....

Affiches de théâtre. — Le Bureau central a répondu au citoyen Ballard, qui demandait la permission d'imprimer sur papier blanc les affiches du théâtre des Arts, que la loi n'admettait point d'exception et qu'il devait s'y conformer.

Brochure. — Il a fait remettre au citoyen Dufort, imprimeur libraire, rue des Noyers, à la charge de ne le point vendre, ni distribuer, un ouvrage qu'il avait réclamé, intitulé : *Justine ou les malheurs*

---

1. Nous ne reproduisons pas les parties de ce rapport décadaire qui n'ajoutent rien aux rapports quotidiens.

de la vertu, en 2 vol. in-18, qui avait été saisi chez le citoyen Barba, à qui il l'avait confié pour l'assembler.

Maisons de jeu. — Instruit par le commissaire de police du Contrat-Social qu'il existait une maison de jeu rue des Prouvaires, n° 562, qui était ouverte depuis huit heures du soir jusqu'à dix, le Bureau central a fait saisir le jeu.

Teneurs de bal. — Le commissaire de police de la division des Champs-Élysées, en annonçant qu'il avait notifié aux teneurs de bals de son arrondissement la défense de donner à danser les jours de fêtes et dimanches catholiques, ayant observé que tous s'y étaient conformés, mais que Dormel, l'un d'eux, avait une musique nombreuse, quoiqu'il n'eût point fait danser, et qu'il désirait connaître l'intention du Bureau central à cet égard, le Bureau central a demandé à ce commissaire si Dormel avait de la musique tous les jours, et, sur la réponse négative, le Bureau central a donné ordre de défendre à tous les teneurs de bal d'avoir de la musique chez eux les fêtes et dimanches de l'ancien calendrier.

Bal du Jardin-Champêtre. — Le ministre de la police ayant fait part qu'il avait été instruit que, dans le bal du Jardin-Champêtre, Champs-Élysées, et autres de ce genre, des femmes publiques dansaient d'une manière scandaleuse, au point que le public en était révolté, et ayant cru convenable que, pour purger ces lieux des prostituées qui s'y trouveraient insulter aux mœurs et pour y arrêter des individus échappés à la justice, des réquisitionnaires et des déserteurs, il fallait les cerner, le Bureau central a donné des ordres à cet effet.

Bal du citoyen Coulon, traiteur. — Le même ministre ayant demandé par quelle raison on avait fait cesser la danse chez le citoyen Coulon, traiteur, rue de Varenne, et ayant demandé quelles précautions de police pourraient être prises pour rendre à ce père de famille le libre exercice de son industrie, le Bureau central lui a répondu que la permission du citoyen Coulon lui serait rendue lorsqu'il apporterait un avis favorable du commissaire de police de sa division. Il a en même temps fait passer au ministre copie du rapport de l'adjudant général et de la lettre du commandant de la place contre le bal du citoyen Coulon.

Élysée. — Prévenu par le citoyen Havyn, administrateur de l'Élysée, que le citoyen Ribié donnerait dorénavant les fêtes publiques dans cet établissement et que ce serait lui qui serait tenu de payer l'impôt des indigents, le Bureau central a averti qu'il fallait que le citoyen Ribié fît une déclaration, comme nouvel entrepreneur, ce qui a été fait.

Prêtre. — L'administration municipale du V* arrondissement ayant informé que le citoyen Jeunot, se disant prêtre, venant de la commune de Malange, département du Jura, s'était présenté pour prêter serment à l'effet d'exercer le culte catholique et de pouvoir être instituteur, mais qu'elle n'avait pas cru devoir l'y admettre, attendu qu'il n'avait représenté aucun des actes antérieurs, et encore bien qu'il eût représenté un passeport dans lequel il était qualifié de prêtre conformiste, le Bureau central a répondu à cette administration qu'il fallait que ce citoyen se pourvût auprès du ministre de la police, pour en obtenir la permission de résider à Paris.....

Travaux défendus le décadi. — Prévenu par le commissaire de police de la division des Arcis que le citoyen Blézimard, meunier sous les arches du pont Notre-Dame, faisait travailler à des déchargements de sacs le jour de décadi, 30 prairial, quoiqu'il lui eût déjà enjoint le décadi précédent de ne plus enfreindre l'arrêté du Directoire, le Bureau central a fait défense au citoyen Blézimard de travailler les décadis, en le prévenant qu'en cas de nouvelle contravention, il le ferait poursuivre devant les tribunaux, et en outre lui retirerait la place qui lui a été accordée.. .

L. MILLY.

(Arch. nat., BB * 88, et F ⁷ 3841.)

MCCCXCIII

11 MESSIDOR AN VI (29 JUIN 1798).

RAPPORT DU BUREAU CENTRAL DU 12 MESSIDOR.

Mœurs et opinion publique. Journaux. — Le *Messager des relations extérieures,* qui, dès le premier jour où il a paru, a montré le plus mauvais esprit, et qui paraît avoir spéculé sur le crédit qu'il obtiendrait parmi les hommes les moins attachés à la République, n'a pas honte aujourd'hui de faire l'apologie d'une proclamation fanatique, censée avoir été répandue par soixante évêques, chefs de famille, etc., « à tous ceux du peuple aveugle qui sont en rébellion contre le gouvernement de Sa Majesté ». « Les catholiques, dit le correspondant du journaliste, jouissent de la dureté des lois de l'Angleterre, mais ils sentent aussi qu'il est des devoirs à garder, même envers un gouvernement injuste, pour ne pas tomber dans l'inconvénient, mille fois pire, de l'horrible et sanglante anarchie où nous allons tomber, si nous ne parvenons à nous affranchir. » Est-il possible de copier le nouvelliste perfide qui offre comme certaine une telle alternative à ceux qui tenteraient de rompre les fers de la tyrannie ? Une pareille publicité ne peut avoir pour but que de pervertir l'opinion publique. — Le *Nécessaire* porte toujours le même caractère et le prouve en traitant un journaliste, assurément très modéré, le *Fanal*, de Jacobin. — C'est aux derniers changements faits dans le département de la Sarthe que le *Révélateur* attribue le surcroît d'audace que montre le royalisme......

LESSORE.

(Arch. nat., BB³ 88, et F⁷ 3841.)

JOURNAUX.

Conservateur du 12 messidor : « Paris, *11 messidor*... On voit, depuis trois jours, l'éloge de Buonaparte placardé sur tous les murs de Paris; mais il est bien mieux gravé encore dans tous les cœurs..... »

MCCCXCIV

12 MESSIDOR AN VI (30 JUIN 1798).

RAPPORT DU BUREAU CENTRAL DU 13 MESSIDOR.

Mœurs et opinion publique. Journaux. — Le *Républicain*, à la suite d'une lettre du Mans, du 8 messidor, annonçant l'apparition de cinq brigands dans la commune de Laigné et qui ont, dit-il, pris la note des Chouans leurs amis, soi-disant vendus, et les noms des agents municipaux anarchistes élus en l'an VI et non destitués, dit que l'un d'eux, sachant que le citoyen Jouineau, agent de Moncé, faisait par intérim les fonctions de l'agence de Laigné, a dit qu'il le dispenserait sous peu de l'embarras de ses doubles fonctions. Il ajoute : « On ne peut se dissimuler que le déplacement des fonctionnaires éclairés n'ait découragé les républicains et ranimé l'espoir des brigands. » — Le *Nécessaire*[1], suivant constamment son système ordinaire, cherche à avilir l'acte du gouvernement et du Corps législatif, en disant ironiquement : « Il a dû être présenté au Corps légis-

---

1. La Bibl. nat. ne possède aucun numéro de ce journal pour l'an VI. Son exemplaire va du 12 messidor an VII au 18 fructidor suivant. Lc 2/879, in-4. — Voir plus haut, p. 723, le rapport du 1ᵉʳ messidor.

latif d'Aarau[1] une liste de législateurs qui doivent être floréalisés. » — Le *Publiciste* dit que c'est le 1er de ce mois que s'est mis en route le courrier qui va commander la paix à la partie de l'Italie menacée de la guerre. — Le *Messager des relations extérieures*, fâché sans doute du succès des Irlandais, donne une longue liste de leurs prétendues défaites, et dit que ceux qui annoncent leurs succès ne présentent au public, sur ce point, que l'expression des désirs de leurs traducteurs infidèles.....

L. Milly.

(Arch. nat., BB³ 88, et F⁷ 3841.)

JOURNAUX.

Patriote français du 13 messidor : « *Paris, 12 messidor*... On annonce un nouveau chef-d'œuvre de peinture. C'est un tableau de David, représentant les Sabines au moment où elles s'élancent entre les deux armées d'Albe et de Rome pour séparer les combattants. On assure qu'il ne sera pas exposé au Muséum, et que son auteur ne le fera voir qu'aux curieux qui payeront. Nous ne croyons pas que cet artiste ait fait une pareille spéculation sur son sublime ouvrage ; cependant les peintres anciens le faisaient..... »

MCCCXCV

13 MESSIDOR AN VI (1er JUILLET 1798).

RAPPORT DU BUREAU CENTRAL DU 14 MESSIDOR.

Mœurs et opinion publique. Journaux. — Le peu de réflexions que se permet le *Nouvelliste politique*, dans ses feuilles des 13 et 14 de ce mois, justifie l'idée que l'on avait de son esprit répréhensible et ce que l'on a dit dans les précédents rapports. « Les feuilles républicaines, dit-il, dont l'Italie est inondée, chargent excessivement le tableau contre le roi de Naples, et personne n'ose enluminer celui de Garat. » Le 13, il donne facétieusement dans le sens de ceux que, par ménagement, on appelle insouciants sur les affaires publiques, en disant que, si la politique est le dieu des autres, le plaisir est le sien, et que, si d'autres parlent de l'Angleterre et de l'Irlande, il préfère lui parler de Garnerin[2], de Phaéton, et autres rapprochements qui prouvent la légèreté du journaliste. — Le *Républicain* et le *Journal*

1. Le Corps législatif et le Directoire de la République helvétique siégeaient à Aarau.
2. Célèbre alors par ses ascensions en ballon.

des Campagnes persistent, au sujet des derniers événements de la République batave, dans l'opinion contradictoire dont on a précédemment rendu compte. Il semble, ajoute le *Républicain*, que le Directoire français augmente de réserve pour tout ce qui s'est passé. — Les autres feuilles périodiques ne donnent lieu à aucune observation importante.....

L. MILLY.

(Arch. nat., BB³ 88, et F⁷ 3841.)

JOURNAUX.

Ami des Lois du 13 messidor : « Je réclame une place dans votre journal pour la publicité des réflexions suivantes, nous écrit le citoyen Eryas ; c'est la pensée d'un homme libre ; sa voix sera sans doute *vox clamantis in deserto*. Le moyen d'être entendu, quand on parle de mœurs à des hommes qui n'en ont ni n'en veulent avoir, de patrie à des sybarites qui ne connaissent de législation que celle d'Idalie et de Tivoli, de liberté à des esclaves qui redemandent des fers, qui couronnent le vainqueur de la joute, et ne prononcent qu'avec l'affectation de l'ironie les noms glorieux des vainqueurs de Fleurus, d'Arcole et de Lodi ? Quand on réfléchit sérieusement sur l'état de démoralisation dans lequel nous sommes plongés, et qui empire tous les jours, on ne peut se défendre d'une sorte d'effroi sur les destinées futures et peut-être très prochaines de la République. Tous les symptômes qui accompagnèrent la décadence et la décrépitude des républiques anciennes se manifestent parmi nous. Nous commençons précisément comme finirent les Grecs et les Romains........ Quand je parcours nos cités et nos places publiques, je me demande s'il est bien vrai que la royauté n'est plus, je me demande où sont les monuments durables qui attestent que nous avons reconquis nos droits et que nous les transmettrons à nos neveux. Quelques statues d'argile, quelques pyramides en bois tombant en ruine de toutes parts, voilà les seuls trophées élevés à la liberté et aux mânes de ceux qui moururent pour elle. Je cherche la République dans nos spectacles ; je cherche la République dans nos lycées ; je cherche la République dans ces fêtes brillantes, où tout Paris court en foule ; c'est en vain, je ne la trouve nulle part. Je ne vois pourtant qu'un luxe effréné, contraste scandaleux d'une richesse factice avec la misère trop réelle d'une nombreuse et respectable portion de la société. Je ne vois partout que de merveilleuses puérilités, que de frivoles délassements qui ne délassent personne, qui étourdissent les sens, mais ne disent rien à l'âme, et renvoient le spectateur tout aussi seul, tout aussi indifférent pour la patrie et ses destinées, qu'il était venu. Ces établissements (auxquels il serait possible sans doute de donner une direction véritablement utile à l'esprit public), leur multiplicité, le concours qu'ils attirent, et qui, dans un état florissant et bien constitué, attesteraient l'abondance et l'allégresse publique, n'attestent au fond parmi nous que la frivolité, le besoin de s'étourdir chez les uns, et chez les autres, celui de faire ressource et de gagner de l'argent. Qu'un gouvernement monarchique favorise ces sortes d'institutions, qu'il en abandonne la direction au plaisir et à la cupidité, je le conçois ; il est par essence protecteur de tout ce qui énerve l'homme, l'amollit et le distrait; son but constant doit être de couvrir de fleurs les chaînes qu'il distribue. Mais il n'en est point ainsi d'un gouvernement républicain; une marche contraire est précisément celle que lui indique la nature de ses devoirs; il ne peut sans crime séparer ses intérêts de ceux du peuple, par qui et pour qui il existe. Favoriser l'expansion des lumières; appeler sans cesse le peuple à la morale, à l'amour de ses droits, à la pratique de ses devoirs; le préserver des vices corrupteurs; lui inspirer des idées grandes et généreuses; faire que partout, jusque dans ses délassements même, il retrouve la patrie et la liberté; lui retracer, par des monuments durables et par des jeux publics, le souvenir des grandes époques et des actions sublimes qui ont illustré la nation, voilà, ce me semble, quelle doit être la règle invariable d'un gouvernement républicain. Je ne doute point que ces principes ne soient ceux de notre gouvernement; il ne peut en avoir d'autres; ses destinées sont liées à celles de la République; il ne peut vouloir ce qui tend à la détruire, et veut essentiellement ce qui tend à la conserver. Espérons que bientôt, enfin délivré des travaux accablants de la guerre, il pourra s'occuper activement de l'administration intérieure, et donner à notre malheureux pays une physionomie républicaine. Je borne là ce premier article; mais je me réserve, si vous le trouvez bon, de vous envoyer des réflexions sur le jeu, ce fléau dévorateur de la société. Je prouverai qu'il importe à la tranquillité publique, qu'il est de la gloire, de la sûreté même et de l'intérêt bien entendu du gouvernement d'anéantir ces foyers de démoralisation, qu'une main ennemie sans doute lui a présentés sous les dehors fallacieux d'un lucre qui déshonore la République, puisqu'il se compose des larmes, de la misère, du désespoir et de la désolation des familles. *Signé* : Eryas... (de S. et L.) »

MCCCXCVI

14 MESSIDOR AN VI (2 JUILLET 1798).

Rapport du bureau central du 15 messidor.

Mœurs et opinion publique. Journaux. — Les feuilles périodiques de ce jour ne donnent lieu à aucune observation importante.

Spectacles. — Le Bureau central vient d'envoyer aux autorités constituées et de donner l'ordre d'afficher son arrêté du 1er prairial, approuvé par le Département le 18, qui porte qu'à l'exception des airs patriotiques mentionnés dans l'arrêté du Directoire exécutif du 18 nivôse an IV, il ne sera chanté ni lu sur les théâtres de cette commune des airs, chansons et hymnes qui ne feraient point partie des pièces annoncées [1].

Lessore.

(Arch. nat., BB³ 88, et F⁷ 3841.)

1. Voir plus haut, p. 678.

Journaux.

Journal du Soir des frères Chaignieau du 2 thermidor : « Arrêté du Directoire exécutif du *17 messidor*. Le Directoire exécutif, après avoir entendu le rapport du ministre de la police générale, considérant que plusieurs journalistes, pour se soustraire à la prohibition de leur feuille, frappée, soit par la loi du 22 fructidor dernier, soit par différents arrêtés pris en vertu de celle du 19, substituent des nouveaux titres à ceux de ces feuilles justement interdites, et, sous ce déguisement, continuent de diffamer le gouvernement, de déverser sur ses opérations le blâme et le mépris, d'attaquer les institutions et les lois républicaines ; considérant que ce moyen dérisoire de se soustraire aux mesures prises pour assurer la tranquillité publique décèle, de la part de leurs auteurs, une intention formelle de résister aux autorités constitutionnelles ; considérant que ces journaux se rattachent sans cesse au plan combiné et suivi d'opérer la désorganisation générale du corps politique; considérant que d'autres journaux, qui n'ont pas été frappés de prohibition, sont rédigés dans le même esprit; considérant que ces productions liberticides, formant en apparence deux classes bien distinctes, l'une sous la livrée du royalisme et l'autre sous les couleurs de l'anarchie, tendent en effet, quoique par des voies différentes, au même but, le renversement de l'ordre actuel des choses ; considérant que le *Républicain* et le *Censeur dramatique*, si divergents dans plusieurs points, donnent un exemple frappant de cette vérité, puisqu'ils mettent sur la même ligne, l'un les journées des 31 mai et 18 fructidor, l'autre, les 2 septembre et 13 vendémiaire ; qu'en confondant ainsi des journées salutaires avec des journées qui ont couvert la République de deuil, ils cherchent également à pervertir l'esprit public et calomnient les opérations des premières autorités républicaines ; considérant que le *Censeur dramatique* a l'impudeur de publier, entre autres diatribes virulentes, celle-ci, contre les défenseurs et amis de la liberté :

> Bientôt tous nos bandits, à Rome transportés,
> Se crurent des héros pour s'être révoltés ;

considérant que les *Annales de la religion* et le *Journal religieux*, destinés principalement à publier les actes et à propager les maximes du prétendu Concile national de France, opposent les lois de l'Église aux institutions républicaines ; qu'ils cherchent à augmenter la puissance du fanatisme et de la superstition, à pervertir l'esprit public et étouffer l'amour de la patrie, qu'ils abusent de la liberté des opinions religieuses pour prêcher l'intolérance religieuse et politique; considérant que les journaux intitulés *le Nécessaire* et *l'Ami de l'Ordre* développent des maximes royalistes et des principes subversifs du corps politique, qu'ils suivent constamment un plan de diffamation contre les principales autorités et saisissent toutes les occasions d'attaquer les lois et de paralyser l'action du gouvernement; considérant que différentes feuilles périodiques qui s'impriment dans les départements autres que celui de la Seine, les unes dans le sens de l'anarchie, les autres dans celui du royalisme, sont également dangereuses ; qu'elles sont propres surtout à fomenter des haines et à jeter la discorde entre les citoyens, par la discussion particlle des intérêts locaux et les personnalités auxquelles elles s'abandonnent; considérant que le gouvernement ne peut prendre trop de soins pour comprimer toutes les factions et éclairer le peuple sur les manœuvres du royalisme, de l'anarchie et du fanatisme; en vertu de l'article 35 de la loi du 19 fructidor, arrête : 1° Les journaux suivants, savoir : L'*Ami de l'Ordre*, ci-devant la *Petite poste de Paris;* le *Nécessaire*, ci-devant le *Précurseur* et le *Diurnal;* le *Républicain*, ci-devant *Journal des hommes libres* et le *Persévérant;* le *Censeur dramatique;* le *Journal religieux;* l'*Étoile de Bruxelles*, ci-devant l'*Impartial bruxellois* et le *Messager des lois*, à Bruxelles; l'*Abeille*, ci-devant la *Chronique de la Sarthe* et l'*Indiscret*, de l'imprimerie de Toulippe, au Mans; l'*Eburon ou Journal de Liège*, par Dellaye, rédacteur des ci-devant *Soirées liégeoises*, à Liège; l'*Écho du Midi*, à Nîmes; le *Courrier de la Gironde*, à Bordeaux; le *Journal de Lyon*, ci-devant le *Télégraphe*, à Lyon, sont prohibés. — 2° Les scellés seront apposés sur les presses servant à les imprimer. — Le ministre de la police générale est chargé de l'exécution du présent arrêté, qui ne sera point imprimé [1]. »

MCCCXCVII

15 MESSIDOR AN VI (3 JUILLET 1798).

RAPPORT DU BUREAU CENTRAL DU 16 MESSIDOR.

Mœurs et opinion publique. Esprit public. — C'est lorsqu'il n'a qu'un compte favorable à rendre de l'état des choses confiées à la surveillance immédiate que le fonctionnaire public sent mieux le prix du caractère dont il est revêtu. Jamais peut-être l'esprit public de cette commune n'a donné autant d'espérances pour l'avenir et pour le présent des résultats plus satisfaisants. Ce n'est [pas] par un enthousiasme équivoque qu'il signale ses progrès, mais par une marche douce, uniforme et sûre, que le temps affermit insensiblement. Le silence des cafés où l'on avait pour habitude de fronder les plus sages institutions et les patriotes les plus énergiques de la République est à remarquer. L'esprit de tous les autres est généralement bon : plus de malignes conjectures, plus de ces ironies qui tendaient à faire douter du succès des opérations les plus importantes du gouvernement, enfin plus de ces propos à la faveur desquels on voulait accréditer dans le public les bruits d'une funeste mésintelligence entre les premières autorités. Seulement des hommes connus pour ennemis irréconciliables de l'ordre actuel des choses, et qui ne prennent pas même la peine de dissimuler leur opinion, se sont livrés à des discours dans lesquels ils témoignaient un intérêt assez vif pour les émigrés, mais la honte en restait à eux seuls; la pitié pour ces traîtres est au-dessous de l'horreur

---

1. Le registre du Directoire exécutoire, AF* III 12, indique en outre la suppression des *Annales de la religion*.

qu'ils inspirent. — Mais deux circonstances ont beaucoup contribué à faire ressortir l'attachement de la grande majorité des habitants de cette commune à la République. Premièrement la fête de l'Agriculture a été célébrée et suivie avec plus d'empressement et plus d'affluence que dans les années précédentes ; cette fête a été généralement chômée, et on a vu très peu de boutiques qui ne fussent fermées ce jour-là. L'extérieur du public annonçait aussi le repos auquel il était consacré. Le soir de la solennité, une foule de citoyens s'est encore transportée aux Champs-Élysées pour en reconnaître les dispositions, ce qui se faisait avec éloges. On peut dire que les vœux, en cette occasion, ont été unanimes pour que toutes les autres parties de l'institution décadaire fussent revêtues d'un appareil aussi solennel, et l'on fixait à une époque assez rapprochée le moment où les cérémonies du fanatisme, comparées à nos fêtes publiques, sortiraient entièrement du souvenir des Français régénérés. — En second lieu, la prise de l'île de Malte a fait la plus grande sensation et pénétré d'une joie universelle ; il n'est personne qui n'apprécie l'importance de cette conquête, et on a entendu plus d'un citoyen faire l'observation que la prise de cette île était un coup mortel porté au cœur de l'Angleterre. — En dernière analyse, la tranquillité à l'extérieur parfaitement établie, la disposition des esprits encore améliorée, la confiance toujours croissante dans les premières autorités, et la chute des préjugés fanatiques plus sensible et une absence réelle de toute exagération d'opinion, tels sont les résultats que donnent les observations faites dans toutes les classes de la société depuis le 9 de la dernière décade.

Cultes. — Les cultes ont été pratiqués avec décence et tranquillité. L'affluence des catholiques est toujours plus considérable à l'édifice dit Saint-Gervais ; on y remarque surtout beaucoup d'enfants.

Spectacles. — Il y a eu sans doute une affectation très équivoque dans les applaudissements donnés, le 14, à ce passage du *Vieux célibataire* :

> . . . . . . J'aime à voir quereller les méchants,
> C'est un repos du moins pour les honnêtes gens.

C'est au mot *honnêtes gens* surtout que l'on paraît avoir voulu donner une assez mauvaise acception. — On remarquera que décadi, jour de la fête de l'Agriculture, les airs civiques ont été accueillis au théâtre Favart avec un enthousiasme particulier ; plus froidement au surplus les autres jours, à ce théâtre comme aux autres.

L. MILLY.

(Arch. nat., BB³ 88, et F⁷ 3841.)

AUTRE RAPPORT DU MÊME JOUR.

Mœurs et opinion publique. Journaux. — Pour qui douterait encore du mauvais esprit du *Nouvelliste politique*, il suffirait de lire un article de *Variétés* dans sa feuille de ce jour, 16 messidor : « Il veut la liberté, dit-il en parlant de Buonaparte ; peut-être la fatalité l'a déjà condamné à devenir un tyran, un usurpateur ; ou peut-être il mourra comme un citoyen vertueux, quoiqu'en secret il ait toujours aspiré à la tyrannie et à renouveler l'attentat de César. » Après cette petite supposition, le journaliste avec finesse s'impose silence à lui-même ; puis, plus bas, il ajoute : « Qui de nous peut-être ne regretterait pas d'avoir échappé à Robespierre, s'il pouvait prévoir ?... » Le journaliste laisse complaisamment rêver ses lecteurs sur cette perfide réticence. — Les autres journaux ne donnent lieu à aucune autre observation.

L. MILLY.

(Arch. nat., BB³ 88, et F⁷ 3841.)

JOURNAUX.

Clef du Cabinet du 17 messidor : « ....Puisque tous les journaux ont cru devoir annoncer le retour de Mme de Staël, il faut bien aussi que nos lecteurs l'apprennent; mais nous les assurons que c'est à Saint-Ouen, et non à Paris, que cette femme, beaucoup plus aimable que dangereuse, fixera son séjour..... » — *Conservateur* du 17 messidor : « *Paris, 16 messidor*. Trois jeunes gens, dont l'un portait une chevelure à la *Titus*, le second à la *Brutus*, et le troisième à la *Caracalla*, passaient hier ensemble dans la rue Poissonnière, au moment où quelques soldats, qui descendaient la garde, traversaient la même rue. L'un de ces militaires, qui n'aime vraisemblablement pas ces sortes de coiffures, se mit à les huer; son camarade en fit autant, et, de proche en proche, ce ne fut en deux secondes qu'un chorus général de fi ! fi ! han ! han ! hu ! hu ! qui excitèrent une risée bruyante et quelques bravos, peu réfléchis, sans doute; car, loin d'applaudir à une telle plaisanterie, elle nous paraît blâmable sous plus d'un rapport. A propos de ces coiffures, on remarque certain médecin et quelques hommes de loi qui ont adopté de préférence celle à la *Caracalla*. Ils ignorent sans doute que l'empereur qu'ils singent était l'ennemi juré des médecins et des jurisconsultes. Qu'ils ouvrent l'histoire, et ils y verront que Caracalla fit mourir tous les médecins, parce qu'ils n'abrégèrent pas la vie de son père; que le célèbre jurisconsulte Papinien subit le même sort, pour n'avoir point voulu défendre ou excuser le parricide et le fratricide de ce tyran. Ceux qui portent sa chevelure retracent l'odieux souvenir d'un monstre cruel et sanguinaire, qui, après avoir fait périr plus de vingt mille de ses sujets, devenu l'exécration et l'opprobre du genre humain, fut enfin massacré lui-même. Cette seule considération devrait, ce semble, faire proscrire la coiffure de cet anthropophage couronné..... »

MCCCXCVIII

16 MESSIDOR AN VI (4 JUILLET 1798).

Rapport du bureau central du 17 messidor.

Mœurs et opinion publique. Journaux. — La manière dont le *Républicain*, ou le correspondant dont il publie la lettre, écrit sur le compte des nouveaux membres du Directoire batave paraîtra sans doute dépasser toutes les règles de la décence. On les traite de nos « stathouders intermédiaires », et, à l'occasion du rapport d'une loi qui défendait aux ministres de l'ancien régime de vendre ou aliéner leurs biens, il est dit que « l'irresponsabilité des anciens tyrans se trouve consacrée par les nouveaux en fait et en principe ». — Les autres journaux, ou bien dirigés, ou circonspects, ne donnent lieu à aucune observation importante...

L. Milly.

(Arch. nat., BB³ 88, et F.⁷ 3841.)

MCCCXCIX

17 MESSIDOR AN VI (5 JUILLET 1798).

Rapport du bureau central du 18 messidor.

Mœurs et opinion publique. Journaux. — A bien pénétrer l'esprit d'un dialogue que le *Nouvelliste politique* introduit entre un libraire et un comédien, on ne pourra s'empêcher de reconnaître l'intention d'aliéner les cœurs à la République et surtout d'en faire regarder le séjour comme odieux. Ce libraire et ce comédien sont sur le point de quitter le sol français ; le premier va en Amérique pour chercher le repos, et parce qu'il compte y vendre des livres sans blesser « l'intérêt du congrès », l'autre va en Russie pour y faire briller son art, parce qu'on ne représente plus, ou plutôt qu'on ne pourra plus représenter en France que *Thémistocle*, *Caleb* et *Madame Angot*, qu'il ne sait que des rôles de rois et qu'on n'en veut plus dans la République. Le moyen de s'en passer ? demande le libraire. — En supprimant les pièces où il s'en trouve, et en les mutilant, répond le comédien. Ce dernier donne ensuite, à l'exemple de l'ancienne *Quotidienne*, les censures les plus amères à des auteurs connus autant par leur attachement à la République que par leurs talents. — Les autres journaux ne donnent lieu à aucune observation. — Les six journaux suivants ont été supprimés par arrêté du Directoire exécutif du 14 messidor [1], portant ordre d'apposer les scellés sur leurs presses. Ces journaux sont : l'*Ami de l'Ordre*, ci-devant la *Petite poste* ; le *Nécessaire*, ci-devant le *Précurseur* ; le *Républicain*, ci-devant *Journal des hommes libres* ; le *Censeur dramatique* ; les *Annales de la religion* ; le *Journal religieux*. Cet arrêté a été aussitôt mis à exécution, et les opérations d'apposition des scellés se trouvent terminées.

LESSORE.

(Arch. nat., BB³ 88, et F⁷ 3841.)

MCD

18 MESSIDOR AN VI (6 JUILLET 1798).

RAPPORT DU BUREAU CENTRAL DU 19 MESSIDOR.

Journaux. — Les feuilles périodiques de ce jour ne donnent lieu à aucune observation.

COUSIN.

(Arch. nat., BB³ 88, et F⁷ 3841.)

SÉANCE DU DIRECTOIRE EXÉCUTIF DU 18 MESSIDOR.

Le ministre de la police générale fait un rapport sur les dangers de laisser plus longtemps le journal intitulé *le Nouvelliste politique* répandre ses poisons anti-républicains. Il établit qu'il est la continuation des deux journaux supprimés précédemment, intitulés *la Quotidienne* et *la Feuille politique*. Il propose, et le Directoire arrête que ledit journal est prohibé et que les scellés seront apposés sur les presses servant à l'imprimer.

(Arch. nat., AF* III, 12.)

JOURNAUX.

Patriote français du 19 messidor : *Paris 18 messidor*. ...La nouvelle administration des postes vient de faire publier que les lettres pourront être désormais déposées à la grande boîte, rue Jean-Jacques Rousseau, jusqu'à

1. Voir plus haut, p. 764.

trois heures, et qu'elles partiront le même jour. Elle commence aussi à tenir l'engagement qu'elle a contracté dans son bail, de faire partir tous les jours les courriers sur les principales routes de la République. Orléans, Bourges, Limoges, Bordeaux, Toulouse et les villes qui sont sur la même ligne jouissent de cet avantage à dater du 17 de ce mois. Il ne faudra sans doute, pour l'étendre aux autres grandes villes et places de commerce, que le temps nécessaire pour les nouvelles mesures qu'exige ce doublement de service. »

MCDI

19 MESSIDOR AN VI (7 JUILLET 1798).

JOURNAUX.

Rédacteur du 20 messidor : « *Paris, le 19 messidor.* D'après la loi d'hier, qui autorise le Directoire à faire faire, pendant un mois, des visites domiciliaires dans Paris [1], différents quartiers ont été investis dès le matin, et un assez grand nombre d'individus, qui ne se trouvaient munis d'aucun papier, ont été arrêtés. Beaucoup ont été relâchés sur-le-champ, d'après les renseignements qu'ils ont donnés sur leur état ; d'autres restent détenus jusqu'après un plus ample examen. Ces mesures ont eu lieu avec le plus grand ordre et tous les égards propres à concilier la liberté individuelle des citoyens avec la sûreté publique ; et l'on ne peut que se louer du zèle des autorités constituées et des militaires qui ont concouru à leur exécution. C'est à tort que l'on avait répandu le bruit que ces visites avaient pour objet l'évasion de six cents voleurs. Cette nouvelle est tout à fait dénuée de fondement et n'avait sans doute pour objet que de jeter l'alarme et le trouble parmi les citoyens. Les visites qui se font n'ont d'autre but que de purger enfin la République des émigrés et agents de l'Angleterre, qui y affluent de toutes parts et qui dissimulent moins que jamais leurs espérances, depuis que le parti anarchique leur avait semblé offrir d'utiles auxiliaires. En un mot, on ne fait qu'exécuter la loi que le Corps législatif vient de rendre. Le message du Directoire et les discussions qui ont eu lieu aux Conseils à ce sujet en ont fait suffisamment connaître l'importance et la nécessité. » — *Conservateur* du 22 messidor : « *Paris, 21 messidor.* ...Les visites domiciliaires faites hier, en exécution de la loi, ont eu lieu dès quatre heures du matin, dans les maisons garnies et autres lieux publics. Plusieurs individus qui n'étaient munis d'aucun papier ont été arrêtés et relâchés de suite, d'après de bons renseignements sur leur état ; d'autres restent détenus jusqu'après un plus ample examen. On a fait une petite cueillette de soixante filles publiques au Palais-Égalité, chez la plupart desquelles on a trouvé des personnes grandement suspectes. Cette mesure, qui déjoue un complot funeste et anéantit de coupables espérances, a été exécutée avec le plus grand ordre. L'on ne peut qu'applaudir au zèle éclairé qu'ont montré dans cette occasion les autorités constituées et les militaires..... »

---

1. Pour l'arrestation des agents de l'Angleterre, des émigrés rentrés, etc.

MCDII

20 MESSIDOR AN VI (8 JUILLET 1798).

RAPPORT DU BUREAU CENTRAL DU 21 MESSIDOR.

Mœurs et opinion publique. Journaux. — Le *Publiciste* annonce que la nouvelle division de Toulon va sortir incessamment du port. — Les *Annales de la République* et le *Courrier du Corps législatif* sont prompts à répéter cette nouvelle. — Le *Bien Informé* croit qu'elle est plus qu'impolitique, en ce qu'elle prévient les Anglais de nos dispositions maritimes. — Le troisième numéro du *Journal des Francs*, fait par des représentants et composé des caractères typographiques du *Républicain*, contient quelques conjectures peu importantes sur les motifs de la suppression de ce dernier journal, dont il paraît prendre la défense. — Les autres journaux ne donnent lieu à aucune observation importante.

L. MILLY.

(Arch. nat., BB ³ 88, et F ⁷ 3841.)

AUTRE RAPPORT DU MÊME JOUR.

Esprit public. — Les dernières mesures qui ont été prises par le gouvernement ont fourni à l'opinion l'occasion de se prononcer davantage que de coutume, et l'on n'avance rien de trop en disant qu'elle donne une garantie de plus au maintien de la République. Les observations suivantes le prouveront. Il régnait, les derniers jours de la décade, un ton plus rassuré, plus hardi parmi les royalistes et ces gens bouffis d'égoïsme, pour lesquels un gouvernement et ses opérations sont des choses tout à fait indifférentes, lorsque rien ne blesse leur intérêt particulier. L'esprit de certains cafés revenait à des sarcasmes sur les affaires du temps ; on entendait quelques doléances en faveur des émigrés, et les opiniâtres apologistes de la monarchie, qu'avait réduits au silence la prise de Malte, se dédommageaient par des propos sur les négociations de Rastadt et sur les événements de l'Irlande. Tout ce que les agents de l'Angleterre soufflent de perfides nouvelles parmi nous était accrédité de préférence à ce qu'il pouvait y avoir de flatteur pour les amis de la liberté. Il paraissait enfin que les ennemis de l'ordre actuel des choses voulussent de loin affaiblir les effets salutaires de la loi du 19 fructidor, lorsque d'une part l'active surveillance exercée contre les émigrés, [de l'autre] la fermeté des Commissions militaires dans les jugements de ces individus, et l'harmonie des pouvoirs constitutionnels, cette première force des États, sont venus déconcerter tous les projets de la malveillance. Aussi, tandis que les mauvais citoyens, ceux-là surtout qui, dans leur antique morgue, rougissent de ce nom, vont porter dans le cercle de leurs intimités leur haine pour la République et leur animosité secrète contre tous ceux qui, en général, ont contribué à la régénération politique de la France, les véritables républicains applaudissent d'un concert unanime à des mesures qui prouvent la vigueur du gouvernement et qui enlèvent aux royalistes tout espoir de faire jamais rétrograder la Révolution. La sécurité avec laquelle la majorité des citoyens de cette vaste commune a vu s'effectuer les visites domiciliaires, qui avaient principalement pour objet la recherche des émigrés, prouve combien peu ils inspirent de pitié, mais en même temps combien est plus grande la confiance que l'on a dans les premières autorités. Il serait à désirer seulement que le nombre de ceux qu'anime ce bon esprit s'accrût plus sensiblement...

Lessore.

(Arch. nat., BB³ 88, et F⁷ 3841.)

JOURNAUX.

Publiciste du 23 messidor : « *Paris, le 22 messidor.* ...Une des municipalités de Paris s'est transportée avant-hier, avec une escorte nombreuse, chez un maître de pension qui lui avait été dénoncé. Elle s'est convaincue qu'environ soixante pensionnaires y étaient nourris dans la haine de la Révolution. Elle a en conséquence ordonné à cet instituteur de fermer son école..... » — *Journal des Francs* du 24 messidor : « *Paris, 23 messidor.*... Des prêtres insoumis desservaient les temples dits de Saint-Gervais et Saint-Eustache. Ils y ont été enlevés décadi dernier, et les portes fermées ; elles ont été rouvertes à midi aux théophilanthropes..... »

MCDIII

Compte décadaire des opérations du Bureau central du canton de Paris, du 10 au 20 messidor an VI [1].

... *Mœurs et opinion publique. Esprit public*; — Trois circonstances ont beaucoup contribué à faire ressortir l'attachement de la

[1]. Dans ce rapport décadaire, comme dans les précédents et les suivants, nous ne reproduisons que ce qui se rapporte à notre sujet.

grande majorité de cette commune à la République. Premièrement, la fête de l'Agriculture a été célébrée et suivie avec plus d'empressement et plus d'affluence que dans les années précédentes [1]..... En second lieu, la prise de l'île de Malte a fait la plus grande sensation et répandu une joie universelle. L'importance de cette conquête a été sentie de tout le monde, et on a entendu plus d'un citoyen faire l'observation que la prise de cette île était un coup mortel porté au cœur de l'Angleterre. — Enfin les dernières mesures de sûreté publique qui ont été prises par le gouvernement, et qui avaient principalement pour objet la recherche des émigrés, ont obtenu l'assentiment des véritables républicains.....

Mœurs. — Il s'en faut de beaucoup que les observations faites sur les mœurs aient été aussi satisfaisantes. D'un côté, on a remarqué que les promenades publiques étaient remplies d'escrocs ou même de voleurs, de gens notés pour tels, mais exerçant leur odieux métier avec assez d'habileté pour sauver jusqu'aux indices du délit. D'un autre côté, on a continué de voir une grande affectation de mode parmi les jeunes gens qui se font un plaisir de faire suspecter leur patriotisme par un extérieur, un ton particuliers ; enfin on a remarqué que la prostitution, gênée par une continuelle surveillance, reparaissait à mesure qu'elle était réprimée, mais au moins sauvait déjà les apparences.....

Spectacles. — On a remarqué que des directeurs des petits spectacles spéculaient sur la curiosité, surtout sur le mauvais goût, pour produire sur leurs théâtres des tableaux épouvantables. C'est la férocité mise en action. Les héros sont des brigands, dans la bouche desquels on place, tantôt des propos de cannibales, tantôt de grandes maximes qui dérivent de notions du juste et de l'injuste ; le scélérat finit par trouver un châtiment qu'il mérite, mais après avoir commis avec impunité les crimes les plus monstrueux, en sorte que la chance est encore pour celui qui tenterait de l'imiter. Tel est le caractère d'une pièce, entre autres, qui a été donnée au théâtre Louvois sous le titre de *Crève-Cœur ou le Brigand par Amour* [2], pièce à plus d'un égard susceptible d'une sévère censure et dont il serait à désirer que le public vengeur de la saine morale fît lui-même une entière justice. — La plus grande tranquillité au surplus a régné dans les spectacles.....

Correspondance et exécution relatives aux mœurs et opinion pu-

---

1. La suite comme plus haut, p. 765.
2. Pièce en trois actes, à grand spectacle, représentée le 19 messidor an VI. Le *Courrier des Spectacles* du 20 messidor dit qu'elle ne réussit pas, et que l'auteur ne fut pas demandé.

blique. Ancien calendrier. — Le citoyen Langlois, imprimeur, ayant demandé s'il pouvait faire imprimer, à la suite du calendrier républicain de l'an VII, l'ancien calendrier sur ses rapports commerciaux avec l'étranger, le Bureau central a soumis cette demande à la décision du ministre de la police et l'a invité à lui faire connaître ses intentions à cet égard.

Crieurs de journaux. — Invité par le ministre de la police à réprimer la licence des crieurs de journaux et pamphlets, licence qu'il annonçait être à son comble, le Bureau central a donné de nouveau des ordres pour faire arrêter tous les contrevenants à la loi.

Loteries prohibées. — Le commissaire de police de la division du Temple a saisi et envoyé devant le juge de paix la citoyenne Barré, rentière, rue Bas-Froid, la citoyenne Baussard, marchande de tabac, rue des Ménétriers, n° 606, et la citoyenne Mollet, rue du Temple, n° 7 : la première prise en flagrant délit délivrant des billets pour une loterie clandestine ; la deuxième, tenant aussi un bureau clandestin pour loterie particulière ; et la troisième aussi pour avoir tenu une loterie particulière et avoir refusé de payer un terne gagné chez elle.

Femmes publiques. — Plusieurs habitants de la rue d'Anjou-Honoré ayant dénoncé des femmes de mauvaise vie qui occupaient une maison dans cette rue, n° 1364, et qui par leur libertinage scandalisaient tout le quartier, le Bureau central a donné des ordres pour faire arrêter lesdites femmes, et leur arrestation a eu lieu.

Recettes des spectacles. — Il a envoyé au département de la Seine l'état des recettes des spectacles et bals pendant la 2me décade de prairial. — Le Bureau central a fait prélever, par le citoyen Sapineau, huissier, sur les fonds dont il était dépositaire, appartenant au citoyen Gérard Desrivières [1], et a fait verser dans la caisse du trésorier des hospices la somme de 6,802 fr. 84, montant de ce qui restait dû aux indigents. — L'administration municipale du 1er arrondissement ayant fait part des difficultés qu'elle éprouvait pour constater les recettes des spectacles et fêtes publiques de son arrondissement, qu'elle voyait avec douleur que les recettes étaient beaucoup au-dessous du concours des assistants, et ayant demandé à être autorisée à s'adjoindre autant de commis de son administration qu'il y avait de bureaux dans chaque spectacle, en sollicitant pour eux dans ce cas une indemnité, le Bureau central lui a répondu qu'elle pouvait s'adjoindre pour cet objet autant de commis de son administration qu'elle le jugerait nécessaire, se réservant de statuer sur leur traitement.

---

[1]. Ancien député de l'Orne à la Convention.

Bals. — Le commandant temporaire de la place de Paris ayant transmis expédition d'un rapport de l'adjudant de la 5ᵐᵉ brigade, relatif à différents bals qui avaient lieu les jours de dimanche et fête de l'ancien calendrier, le Bureau central a chargé le commissaire de police de la division Faubourg-Montmartre de lui rendre compte des mesures par lui prises sur la contravention du citoyen Goudal. — Sur la question faite par le commissaire de police de la division de Bondy, s'il pouvait accorder la permission de faire danser pour une noce l'un des jours de dimanche ou fête de l'ancien calendrier, le Bureau central lui a répondu négativement, en l'invitant à se conformer à sa circulaire du 18 prairial. — Il a donné ordre de faire fermer le bal tenu par le citoyen Poccard, marchand de vin, rue du Petit-Bac, qui, sous prétexte de noces, a éludé les défenses de l'autorité et a donné à danser deux dimanches de suite.

Désarmement dans les bals. — Le ministre de la police ayant demandé pourquoi dans les bals on était plus sévère qu'au spectacle à désarmer les citoyens, comment s'effectuait ce désarmement, le Bureau central lui a répondu que ce désarmement s'opérait dans les petits bals, à l'effet de prévenir les rixes, et ce en vertu d'un de ses arrêtés revêtu de l'approbation du département, que cet arrêté avait été modifié à l'égard des militaires.

Salubrité et voie publique..... Théâtre du Lycée des Arts, Jardin-Égalité. — Instruit par le commissaire de police de la Butte-des-Moulins que le nouveau spectacle qui vient de s'établir Jardin-Égalité, dans le local du Lycée des Arts, n'avait d'autre entrée qu'une voûte très longue à parcourir, le Bureau central a chargé ce commissaire de notifier aux entrepreneurs de ce théâtre l'ordre de faire ouvrir la porte sur le jardin.....

L. MILLY.

(Arch. nat., BB³ 88, et F⁷ 3841.)

MCDIV

21 MESSIDOR AN VI (9 JUILLET 1798).

JOURNAUX.

Journal du Soir des frères Chaignieau du 21 messidor : « Hier décadi (et dimanche), dans le nombre des quinze édifices publics affectés à l'exercice des cultes, il s'en est trouvé plusieurs, et entre autres Eustache et Gervais, qui sont restés fermés durant la matinée. Les théophilantropes y ont tenu leur séance religieuse à midi ; les édifices où le culte catholique est desservi par les prêtres dont la soumission aux lois n'est pas équivoque ont été ouverts aux heures accoutumées..... » — *Conservateur* du 22 messidor : « *Paris, 21 messidor*. ...En parlant des exploits immortels de Buonaparte, nous l'avons appelé le César français ; la *Clef du Cabinet* s'élève aujourd'hui contre cette dénomination, croyant sans doute, avec raison, qu'il ne peut y avoir aucun rapport entre le héros de la liberté française et l'oppresseur de cette même liberté chez les Romains. Sous ce point de vue, le scrupule de la *Clef du Cabinet* est parfaitement fondé ; nous conviendrons même que, s'il nous eût paru possible qu'on pût faire un tel rapprochement, nous ne nous serions pas exposés à la rigoureuse réclamation de notre cher collègue. Mais nous le prions de considérer qu'en nommant Buonaparte le César français, nous n'avons pu avoir en vue que la gloire militaire d'un des plus grands capitaines de l'antiquité ; gloire, à la vérité, que notre héros a si fort éclipsée, qu'on ne peut plus le comparer qu'à lui seul..... »

MCDV

22 MESSIDOR AN VI (10 JUILLET 1798).

JOURNAUX.

Rédacteur du 25 messidor : « *Paris, le 24 messidor*. C'est avant-hier qu'a eu lieu l'ascension aérostatique du citoyen Garnerin, avec une femme qui, la première, a eu le courage de s'élever dans la région des airs. Ce voyage, annoncé depuis longtemps et auquel le mauvais temps s'opposa décadi dernier, avait attiré au parc de Mousseaux un concours immense de spectateurs. La jeune et belle nymphe aérienne, accompagnée du fameux Saint-Georges, qui lui donnait le bras, a fait plusieurs fois le tour de l'enceinte au milieu des applaudissements universels. L'astronome Lalande lui a ensuite offert la main pour entrer dans le char, où elle s'est élancée avec la plus grande intrépidité. Son voyage a eu le succès le plus complet. Les voyageurs sont descendus à Goussainville, près Sauche (?), à 4 lieues de Paris. » — *Patriote français* du 22 messidor : « *Variétés*. En parlant dernièrement, au sujet des monuments publics, du jardin des Tuileries, depuis peu si magnifiquement orné par les soins des inspecteurs de la salle, il s'en faut bien que nous ayons voulu critiquer leur zèle infiniment louable. Nos plaintes ne portent que sur l'espèce de négligence qu'on a mise en faisant un choix particulier des figures et des groupes qui ornent ce jardin délicieux, où la nature et l'art semblent avoir épuisé leurs dons pour la jouissance des citoyens. Qui pourrait en effet ne pas admirer l'ardeur avec laquelle on a su l'embellir, pour faire oublier, comme par magie, l'affreux régime des dévastateurs, et nous ramener à la plus douce civilisation ? Les efforts que font les arts et le génie pour réparer les pertes immenses que deux ans de vandalisme *anglais* nous ont occasionnées méritent bien que l'approbation publique les en récompense avec usure par des applaudissements sincères, quand même ils se seraient trompés dans leurs moyens. Quoi de plus touchant que cette attention marquée pour procurer au peuple, dans cette promenade merveilleuse, toutes les commodités qui semblaient lui avoir été refusées lorsque c'était un jardin royal? On n'y voyait pas un banc, comme si les esclaves eussent reçu l'ordre muet de se tenir toujours debout devant le maître du palais. Maintenant on a su mêler avec art l'utile à l'agréable, et, d'espace en espace, le vieillard fatigué, la mère chargée du précieux fardeau d'un enfant, le convalescent qui vient respirer le parfum des roses avec la santé, l'amant qui guette celle dont son cœur a fait choix, le guerrier mutilé, la tendre nourrice trouvent sous l'ombre épaisse des marronniers un siège pour leur repos. Tout se répare, tout s'embellit dans ce nouvel Éden : les bassins, les allées, les gazons toujours verts, les terrasses, les escaliers, les parterres, tout montre qu'une main amie, qu'une autorité bienfaitrice et populaire s'occupe, à chaque instant du jour, à semer de fleurs tous les pas des citoyens que la belle saison attire autour du temple révéré des lois. Qui ne sent pas un plaisir inexprimable à l'ombre embaumée de cette multitude d'orangers conservés si soigneusement ? Ce que nous avons demandé, ce qui manque à ce jardin national, doit un jour servir à compléter tout ce qu'il rassemble de sublime et d'enchanteur ; mais qu'on songe bien que la magnificence seule éblouit et ne charme pas. Ne conviendra-t-on pas avec nous qu'une grande jouissance de moins pour l'ami de la patrie, qui vient y rêver au bonheur de ses semblables, c'est de n'y trouver rien qui parle à son cœur? Un théâtre pareil ne doit pas seulement offrir un spectacle pour les yeux. Les amis des arts, mais non les amants de la liberté, peuvent y être satisfaits. Quand l'âme trouvera de quoi savourer des plaisirs plus solides que celui que procurent un parterre émaillé de fleurs et la vue d'un grand nombre de chefs-d'œuvre antiques, dont l'inimitable perfection peut enflammer le génie de nos jeunes artistes, nous ne saurons plus qu'être ravis, admirer et nous taire. » — *Ami des Lois* du 26 messidor : « ...La jeune et jolie personne qui est montée le 22, dans le ballon de Garnerin, se nomme la citoyenne Henry ; elle a fait plus d'une rivale en cette occasion, comme en beaucoup d'autres sans doute, car nous avons vu pleurer, de chagrin ou de dépit, des femmes qui avaient déjà fait leurs dispositions pour lui disputer le prix du courage. Nous devons dire que la citoyenne Henry n'a été mue en cette occasion par aucun motif d'intérêt ; cependant le citoyen Garnerin lui a fait un cadeau : le citoyen Lalande a calculé que le baromètre étant descendu de 8 pouces dans le ballon, cela supposait 1460 toises d'élévation ; il observe que cette expérience, nouvelle pour une femme, a eu lieu le jour où l'on célèbre à Beauvais la levée du siège de 1472 par la valeur d'une femme, Jeanne Hachette..... »

MCDVI

24 MESSIDOR AN VI (12 JUILLET 1798).

RAPPORT DU BUREAU CENTRAL DU 25 MESSIDOR [1].

Mœurs et opinion publique. Esprit public. — On aperçoit qu'il y a

1. Il n'y a rien d'intéressant dans les rapports des 22, 23 et 24 messidor.

de jour en jour plus d'esprit public. L'opinion, qui depuis quelque temps est très caractérisée, suit aujourd'hui une marche plus légale et plus sûre. Si l'on observe les amis du gouvernement républicain, dont le nombre est encore augmenté, on voit parmi eux une nouvelle énergie, une sécurité nouvelle sur le sort de la patrie d'après les dernières mesures provoquées et adoptées par les premières autorités pour la recherche des émigrés et de tous les contraventionnaires à la loi du 19 fructidor. Si, d'un autre côté, on porte l'attention sur ces ennemis irréconciliables de l'ordre actuel des choses, il est facile de voir combien ils soupirent après l'expiration du terme prescrit à cette même loi qui contrarie toutes leurs espérances, qui gêne toutes leurs vues. On devine toutes leurs craintes de la voir proroger. Tous les moyens de surveillance employés contre les émigrés, contre les prêtres réfractaires, contre ces traîtres qui, sous un nom étranger, servent secrètement l'Angleterre, sont à leurs yeux des moyens révolutionnaires. Mais ils n'osent plus manifester qu'à demi ces sentiments; leur silence y supplée. En un mot, ils ont de moins en hardiesse ce que les sincères patriotes ont de plus en rassurance (sic).
— Le caractère de tranquillité dont jouissent aujourd'hui les esprits de la généralité des citoyens est dû au peu d'espoir que les malveillants conçoivent de la troubler. Les royalistes et les anarchistes sont également consternés; ils ont, tous ces jours derniers, fréquenté les lieux publics moins que de coutume. Les partisans incorrigibles du trône sont fidèles aux mêmes rendez-vous, comme aux mêmes principes, mais à leur opinion politique se mêle un esprit d'égoïsme tout particulier; jamais, d'après leurs propos journaliers, quelquefois d'après leur propre aveu, ils ne se rattacheront au gouvernement républicain; mais qu'on éloigne de leur idée tout ce qui leur ferait craindre un retour du régime de la terreur, qu'on ne leur impose aucune espèce de sacrifices, qu'on ne touche point à leurs petits intérêts personnels, qu'on leur laisse ignorer jusqu'à l'existence du gouvernement sous lequel ils vivent: telle est la lâche résignation de plusieurs d'entre eux, telle est celle encore, mais en apparence, d'un nombre d'autres que la moindre détente dans les ressorts politiques rendrait bientôt de fougueux contre-révolutionnaires. — On a remarqué, parmi les anarchistes, moins d'exaspération ou plutôt de découragement; ils ont également observé un profond silence sur les dernières mesures du gouvernement; ils n'osent s'expliquer sur ce qui tend à comprimer les factions et maintenir l'ordre, sous l'empire duquel ils n'existent qu'avec beaucoup de peine. — Le calme du moment paraît devoir durer longtemps sans altération.

Mœurs. — Le résultat des observations sur les mœurs, on le dit à regret, n'est pas aussi satisfaisant ; il règne parmi quelques individus qui paraissent tenir à la dernière classe des ouvriers une sorte de vagabondage, qui exige et motive une surveillance particulière. Le désœuvrement n'est pas le seul vice social de ces êtres : ils y joignent la plus honteuse immoralité, et ils sont tellement faits à leur mauvaise conduite, qu'il n'est qu'un délit public qui les fasse tomber entre les mains de l'autorité, chutes d'ailleurs assez fréquentes. — Cependant tout sentiment de moralité n'est pas éteint parmi le peuple. Quelques événements l'ont prouvé. D'une part, le blâme général suit dans la tombe le malheureux qui affecte et outrage sa patrie par un suicide; de l'autre, la cause de Serugue [1], prévenu d'avoir ôté la vie à sa maîtresse, a attiré un grand concours de citoyens de tous états qui se montraient pénétrés d'horreur pour l'assassinat. On était surtout satisfait que cette cause eût été promptement appelée, afin que, dans tous les cas, l'exemple du châtiment suivît de près le crime et le fît craindre, s'il ne le faisait abhorrer.

Spectacles. — Le public s'est trouvé un moment sévère au théâtre de la citoyenne Montansier, à la représentation des *Mariés* [2], mais les auteurs de cette petite rumeur étaient malheureusement plutôt des cabaleurs envieux que des vengeurs de mœurs. — Au théâtre de la Cité, les airs patriotiques ont été constamment bien applaudis ; on désire avoir incessamment le même compte à rendre sur la manière dont ils seront reçus dans les autres théâtres ; ceux qui les exécutent ont peut-être beaucoup de négligence à se reprocher.

L. MILLY.

(Arch. nat., BB ³ 88, et F⁷ 3841.)

JOURNAUX.

Rédacteur du 24 messidor : « *Variétés*. Les partisans de tout ce qui est ancien (et le nombre n'en est pas petit) crient tant contre tout ce qui est nouveau, qu'il n'est pas hors de propos de leur faire observer aussi le bien qu'ont produit plusieurs innovations, qu'ils auraient certainement repoussées, s'ils en avaient été les maîtres. En allant l'autre jour à Passy, avec le citoyen C..., membre du Conseil des Anciens, nous rencontrâmes plusieurs voitures

---

1. Il est probable que ce nom est défiguré. Les journaux impriment *Siru*. Voici ce qu'on lit dans le *Conservateur* du 25 messidor : « Le tribunal criminel du département de la Seine vient de condamner à la peine de mort Jean-Baptiste Siru, celui-là même dont nous avons annoncé l'assassinat commis sur Éléonore Santerre, sa maîtresse, qu'il avait amenée coucher chez lui. »
2. Je ne trouve rien sur cette pièce dans le *Courrier des Spectacles*.

publiques suspendues et menées au train de poste. « Voyez-vous, me dit mon camarade de voyage, comme ces voitures sont remplies?..... Il n'y a pas une place de vacante. Et quels sont les voyageurs? Presque tous des hommes en veste et des femmes en casaquin, dont la mise annonce qu'ils iraient à pied, comme ils faisaient *anciennement*, si l'on ne voyageait pas à meilleur marché en voiture. Aussi trouve-t-on bien moins de piétons sur les routes. Combien croyez-vous qu'il m'en a coûté l'autre jour pour aller à Melun, en partant d'ici à l'issue du Conseil et revenir le lendemain avant l'ouverture de la séance? 7 francs! Encore le droit de passe et le droit du dixième, perçus par chaque place au profit du Trésor public, étaient-ils compris dans cette chétive somme, pour laquelle j'ai fait 20 lieues en huit heures de temps dans une chaise de poste. » — « Cette innovation de voitures libres, cependant, lui répondis-je, avec l'abolition des messageries ci-devant royales, et depuis nationales, était un objet de frayeur pour tous nos vieux routiers en finance et en économie publique. Croyez-vous, disaient-ils, que les voitures libres entreprendront les routes peu fréquentées? Elles seront absolument désertes. Comment feront donc les voyageurs? Comment fera le gouvernement pour faire transporter ses fonds? Que deviendra ce superbe établissement de messageries nationales, qu'on a été tant de temps à perfectionner avant que la Révolution l'eût détruit? Et les routes les plus fréquentées, croyez-vous qu'elles s'en trouveront mieux? Tous ces voituriers libres vont se réunir, et puis il n'y aura plus ni messageries ni voitures. N'avons-nous pas vu la chute des turgotines? En vain cherchait-on des réponses à ces objections futiles des amis des vieux us et coutumes; en vain leur citais-je pour exemple l'Angleterre, où il n'y a point de messagerie nationale ni royale qui voiture exclusivement, et où cependant les routes sont parfaitement bien servies, autant que le demande la concurrence des voyageurs. A la vérité, disais-je, il y a beaucoup de chemins de traverse, et notamment ceux des hameaux jusqu'à l'église de la paroisse, qui n'ont pas de voitures libres pour les servir, parce que personne ne se présente pour prendre des places; car il en est à cet égard des routes comme des rues, et des diligences comme des fiacres. Avez-vous vu jamais ces derniers s'établir dans la rue Mouffetard? Pourquoi servent-ils le Palais-Égalité de préférence aux Porcherons? C'est que ce quartier en demande moins. De même, s'il ne s'établit pas de voiture libre sur une route, c'est un signe qu'il n'y a pas assez de voyageurs pour en faire les frais. Voudriez-vous, dans ce cas, que le gouvernement entretînt à ses dépens une diligence qui allât les trois quarts du temps à vide pour se trouver prête lorsqu'il plairait à quelques individus de passer par cette route? — Mais comment feront les voyageurs? Ils feront comme ils pourront. C'est le remède avec lequel Jeannot, se tirait de tout, et qui, dans une infinité de cas, vaut mieux qu'une loi réglementaire ou une mesure administrative. S'il y a du bénéfice à transporter les fonds du gouvernement au taux qu'il paie actuellement, les voitures libres les lui transporteront également et probablement à meilleur marché. S'il n'y en a pas, il faudra bien que les régisseurs ou les fermiers des messageries nationales s'en dédommagent ailleurs à ses dépens, car ils ne feront certainement pas ce transport gratis et à perte. Quant au superbe établissement des messageries, il aurait pu l'être en effet, si tout ce que le gouvernement a dépensé depuis le commencement de ce siècle pour perfectionner cette machine lui avait un peu profité. Avec ce qu'il en a coûté à l'État et au public, pour entretenir et améliorer ce superbe établissement, on aurait transporté dans des voitures libres l'armée de Darius de Perse en Macédoine. — Les voituriers ne peuvent se ruiner par le concours, si leurs voitures sont toujours remplies ; car aucun entrepreneur ne sera assez extravagant pour voiturer à un prix qui présenterait de la perte, même lorsque toutes les places seraient prises. Or, plus le concours les forcera de voiturer à meilleur marché, plus le nombre de voyageurs augmentera, et les entrepreneurs feront beaucoup de petits bénéfices, qui valent mieux qu'un petit nombre de gros gains. Les turgotines n'ont pas réussi, précisément parce que le gouvernement s'en mêlait, qu'une grande compagnie les régissait et que 'e ministre la protégeait. Toutes ces réponses ne servaient à rien : il a fallu l'expérience ; encore n'a-t-elle pas guéri tous les adorateurs des us de nos pères ; car un de ces derniers me disait l'autre jour : « Il en est de toutes ses innovations comme de la République ; « on a chanté *Ça ira*, il faut voir si cela tiendra. » — Une autre amélioration bien remarquable, quoiqu'on y fasse peu d'attention, est la manière de vivre des ouvriers et journaliers : non seulement leur nourriture journalière est meilleure, en ce qu'ils mangent proportionnellement plus de viande et de légumes qu'autrefois, mais elle est plus également distribuée. Jadis, deux misérables repas à 5 sols et même à 4 sols 1/2, avec de l'eau claire pour boisson, alimentaient tous les garçons tailleurs, cordonniers, selliers, maçons, etc. dans Paris pendant toute la semaine. En revanche, ils se saoulaient à la Nouvelle-France, à la Pologne, aux Porcherons, etc., les dimanches et la moitié du lundi, et toutes les rues aboutissantes à ces quartiers étaient couvertes d'ivrognes, pour qui elles n'étaient pas assez larges, et qui se battaient entre eux ou avec leurs femmes qui voulaient les ramener. Aujourd'hui, ces mêmes ouvriers mangent et boivent moins les décadis et primidis, les dimanches et les lundis, mais en revanche ils font meilleure chère tous les jours et boivent généralement un peu de vin à tous les repas. Leur physique et leur moral ne peuvent que gagner à ce changement de régime. — J'ai déjà fait observer, il y a un an, qu'on ne trouvait plus de petits pois à 50 écus le litron, mais qu'aussi dans les temps d'abondance on ne les avait pas pour 3 sols ; c'est qu'il n'y a plus de gens qui puissent mettre 50 écus à un plat d'entremets, ce qui n'est pas un très grand mal, tandis qu'il y en a beaucoup qui, par le travail, gagnent de quoi pouvoir payer 5 sols pour une entrée, ce qui est un grand bien. Je me sers des anciennes dénominations, parce que, dans une bonne comédie (et il y a beaucoup de comédies dans ce bas monde), le langage doit être conforme au siècle des héros de la pièce. » — *Clef du Cabinet* du 24 messidor : « Du temps où l'on enlevait tout ce qui était bronze pour en faire des canons, quatre mascarons, dont un du ciseau de Bouchardon, furent arrachés de la fontaine de Grenelle. Heureusement préservés de la fonte, ils existent sains et entiers dans le dépôt de Beaune, et aucun d'eux ne porte l'empreinte de la féodalité. Nous sommes persuadés qu'on ne tardera pas à les faire remettre, et qu'on prendra un peu plus de soin de cette belle fontaine, où le marbre, négligé depuis longtemps, est tout noirci, et sur lequel l'herbe et la mousse s'élèvent, au grand regret des amateurs de nos chefs-d'œuvre..... » — *Conservateur* du 25 messidor : *Paris, 24 messidor*. Le thermomètre de Paris est au beau fixe pour l'immense majorité des citoyens amis de l'ordre et du gouvernement qui l'assure ; à la tempête pour les agents de l'Angleterre, les émigrés, les royalistes, les brigands, les filles de joie, etc.;

et au variable pour une multitude de trembleurs, qui, ne calculant pas l'indispensable nécessité de comprimer la malveillance par des mesures vigoureuses, croient voir la terreur où ils ne devraient apercevoir que de nouveaux motifs de sécurité. Au milieu de cette divergence d'opinions, le plaisir est cependant la déité suprême des Parisiens et ce qui les occupe le plus. Nos fêtes champêtres, nos spectacles, nos bals, nos concerts attirent tous les jours une foule immense avide d'amusement. La dernière ascension de Garnerin a produit seule, aux entrepreneurs, une recette de 30,000 francs......»

MCDVII

25 MESSIDOR AN VI (13 JUILLET 1798).

RAPPORT DU BUREAU CENTRAL DU 26 MESSIDOR.

Mœurs et opinion publique. Journaux. — N'y a-t-il pas beaucoup de malignité dans le passage suivant du journal *le Républicain*, relatif au ministre des relations extérieures, ou plutôt ne renferme-t-il pas la plus forte insulte à ce magistrat? « Quelques personnes, qui se prétendent bien instruites, assurent que François (de Neufchâteau) entrera au ministère des relations extérieures, et Talleyrand se rendra au pays de la peste pour y puiser les dernières observations sur le despotisme oriental. » — Cela seul excepté, les feuilles périodiques ne motivent aujourd'hui aucune remarque essentielle.

L. MILLY, LESSORE.

(Arch. nat., BB³ 88.)

MCDVIII

26 MESSIDOR AN VI (14 JUILLET 1798).

RAPPORT DU BUREAU CENTRAL DU 27 MESSIDOR.

Mœurs et opinion publique. Journaux. — Les feuilles périodiques, depuis quelques jours, observent la plus grande circonspection; cependant, il en est qui laissent toujours percer un caractère peu favorable aux progrès de l'opinion publique. Le *Journal des Francs*, qui paraît depuis la suppression du *Républicain*, compare le général Schauenburg au cruel empereur Commode. — Le *Messager des relations extérieures*, rédigé dans un esprit différent, a grand soin de relever cette comparaison, et, dans une colonne précédente, annonce, avec une véritable malignité, que le ministre des finances promet d'opérer avec deux lignes une rentrée de 120 millions par an. Il s'agit tout simplement, dit-il, de la levée d'une contribution extraordinaire. — D'un autre côté, l'*Écho* se propose de ne laisser passer aucune erreur d'opinion dans laquelle tomberait le *Journal des Francs* ; cette obligation qu'il contracte est certainement soufflée par un esprit de parti, ou du moins présagerait l'aurore de ces sortes de luttes qui déshonorent les écrivains périodistes et qui les déshonorèrent surtout avant le 18 fructidor. — Il n'est encore aucune observation à faire sur les *Nouvelles de Paris*, paraissant faire tacitement suite au *Nouvelliste politique*.

LESSORE.

(Arch. nat., BB³ 88, et F⁷ 3841.)

JOURNAUX.

Rédacteur du 28 messidor : « *Paris, le 27 messidor*. La fête du 14 juillet a été célébrée avec beaucoup de pompe, et dans l'ordre annoncé dans l'arrêté du Directoire. Une galerie ouverte en demi-cercle était destinée à recevoir les autorités constituées. Après le discours du président, un ballon aérostatique, couvert d'inscriptions, s'est élevé au son d'une musique guerrière. Le soir, les principaux édifices publics de Paris, les palais des Conseils, du Directoire, etc., ont été illuminés. Le concours des spectateurs était immense, et l'ordre le plus parfait, qui a régné pendant toute la cérémonie, ne laissait entrevoir que l'expression variée de la satisfaction publique. Rien n'égale la précision et l'ensemble avec lesquels les évolutions militaires ont été exécutées. » — *Mercure français* du 30 messidor : « L'anniversaire du 14 juillet a été célébré au Champ de Mars avec une pompe et une solennité dignes de cette époque fondatrice de la liberté. Jamais, depuis la fameuse fédération de 1790, les fêtes nationales n'avaient offert un concours aussi nombreux de spectateurs, ni de témoignages d'une satisfaction plus vive et d'un civisme plus vrai. C'est que les souvenirs de cette mémorable journée ne retracent à l'imagination que des idées de grandeur et d'énergie, sans aucun mélange qui puisse en altérer la pureté..... — *Patriote français* du 28 messidor : « La fête du 14 juillet a été magnifique : il y avait plus de trois cent mille hommes. Le ciel le plus beau éclairait cette auguste cérémonie, que la pluie du matin n'annonçait pas devoir être brillante. Mais il semble que, sitôt que des chants à la liberté frappent la voûte des cieux, Celui qui tient dans sa main les saisons et les orages, les vents ou la pluie, écarte avec un soin divin tous les nuages qui pourraient obscurcir nos plus beaux jours. Le succès de l'aérostat n'a pas été complet ; il était trop mesquin pour le local. Il faut du gigantesque dans les fêtes solennelles du chef-lieu de la République. Tout en faisant l'éloge des talents du décorateur de la fête, le citoyen Chalgrin, architecte du Directoire, on pourrait se plaindre que la colonnade qu'il a fait élever autour de la statue de la Liberté a masqué, pour la moitié des spectateurs, le point de vue qui fait le charme de ces réunions populaires ; en effet, tous ceux qui étaient placés derrière cet édifice en planches, et non terminé, parce qu'on s'y prend toujours trop tard, n'ont pas vu le cortège. Avouons que la façade offrait un coup d'œil admirable, et que rien n'a paru plus imposant, plus majestueux que l'arrivée de toutes les autorités constituées et du Directoire en grand costume, défilant au milieu de l'armée de l'intérieur pour arriver sur le tertre, aux cris répétés de : *Vive la République!* Les évolutions militaires ont été parfaitement exécutées, mais trop lentes dans leurs mouvements. Les combats simulés, le bruit de la mousqueterie et du canon ont produit un bel effet. Oh! combien l'ami de la liberté jouissait par la pensée, qui se portait en même temps sur tous les points de la République, où au même instant trente millions d'hommes, ne formant qu'un groupe majestueux, faisaient retentir les airs de leurs cris d'allégresse et de leurs serments civiques! Quel beau jour! Quelle immense réunion, quel accord! Que d'heureux présages, que d'impressions flatteuses, comme par un mouvement électrique, sont venues frapper tant d'âmes à la fois! Quel peuple plus magnifique, si, toujours attaché fortement à la Constitution qu'il s'est donnée, il veut seconder les destins propices qui bientôt doivent mettre, par la victoire, la paix et la chute du gouvernement anglais, le comble à leurs faveurs? N'est-il pas vrai que cette fête eût été plus intéressante, si Chalgrin, d'accord avec le ministre, dont les moyens sont souvent au-dessous de son zèle, eût élevé, à la place de ces colonnes et de ces pavillons insignifiants, une Bastille simulée qu'on eût prise d'assaut! On vient bien de le faire à Chartres. C'est ainsi que, par la magie des arts, on remet sous les yeux des faits éclatants qui, retracés en grand, laissent des impressions profondes dont le souvenir ne s'efface jamais. Honneur à l'administration de Chartres, d'avoir eu cette heureuse idée, qui nous a fait regretter de ne l'avoir pas vu saisir par ceux qui habitent le sol encore fumant où fut renversée la Bastille! Qu'on juge quelle sensation eût produite le siège de cette forteresse remis sous les yeux de ceux qui, n'ayant pu le voir, n'ont pu s'en former une idée! Quel spectacle c'eût été! Une autre fois nous serons peut-être plus satisfaits, si toutefois on l'exécute. »

MCDIX

27 MESSIDOR AN VI (15 JUILLET 1798).

RAPPORT DU BUREAU CENTRAL DU 28 MESSIDOR.

Mœurs et opinion publique. Esprit public. — On n'a rien avancé que d'exact dans les rapports précédents en disant que de jour en jour un plus grand nombre de citoyens prenaient intérêt à la prospérité de la République; cette vérité a été encore plus sensible cette décade, mais en même temps on a vu ressortir d'assez vives inquiétudes sur notre situation politique, particulièrement sur l'état actuel des négociations de Rastadt, inquiétudes que les frondeurs accoutumés du régime républicain se plaisent constamment à nourrir par l'exagération de leurs conjectures. Cependant tel est le respect porté aujourd'hui à l'opinion que, dans leurs adroites déclamations, les royalistes eux-mêmes la ménagent et redoutent de manifester leurs sentiments. Les appréhensions d'une guerre nouvelle sur le Rhin toutefois sont réelles ; l'opiniâtreté des plénipotentiaires de l'Empire, la raideur de leurs observations, le résultat peu satisfaisant des conférences de Seltz, le refus constamment apporté à donner aucune garantie de la sûreté des limites actuelles de la République française, tout en un mot est interprété comme avant-coureur de prochaines hostilités de ce côté. Ces idées ont paru attrister un peu les esprits, mais non pas les abattre, et, à travers les regrets qui émanent du pressentiment de la guerre, perce l'indignation qu'inspire la mauvaise foi qui aurait présidé pendant si longtemps aux propositions des cercles et qui n'aurait eu que le but secret de ralentir les armées de la République dans leurs courses victorieuses, d'acheter (sic) une partie de leurs conquêtes en Italie par un vain préliminaire au traité de paix projeté, et de procurer un moment de repos à l'Empereur, menacé au sein de sa capitale. — Ainsi c'est par la seule pensée des fléaux toujours déversés par la guerre sur l'humanité que les patriotes l'entrevoient avec peine, mais la sûreté de la République et le soin de sa gloire l'emportent dans leur esprit sur toutes les considérations. Des doutes, enfantés par cette circonstance, s'élèvent sur la bonne foi ou sur les dispositions amicales de quelques puissances à notre égard. La neutralité de la Prusse, qui, la première, s'est retirée de la coalition, passe pour une véritable faveur accordée à l'Autriche, tandis qu'elle eût pu, en adoptant un autre système, accélérer la pacification générale et accroître sa considération dans le Nord. Au Midi, Naples est regardé comme sous l'influence tacite de l'Angleterre ; le bruit même a couru dans quelques endroits que les troupes de la République s'étaient emparées de divers points de la Sicile, où les esprits étaient le plus ouvertement exaspérés contre la Révolution française et les principes de ceux qui semblaient y applaudir. — Ces opinions sont journalières dans les cabinets de lecture, dans un très grand nombre de cafés fréquentés par des hommes paisibles, amis de l'ordre et du gouvernement. Ce ne sont pas celles d'un café du Palais-Égalité où l'on met continuellement à honneur de décrier tout ce qui tient au régime actuel, et de donner le ton du royalisme à quelques autres cafés épars dans Paris, toujours à l'affût de ce qui se pense, de ce qui se dit dans cette espèce de petit foyer d'opposition. — On se dispose dans le public à puiser quelques intérêts nouveaux dans les prochaines séances des Conseils ; cependant aucune de leurs séances n'a donné lieu ces jours derniers à des conversations dont l'esprit puisse être remarqué particulièrement, et en général il a été fort peu question de la situation intérieure de la République. — Des citoyens bien intentionnés présument que le débit se fait encore en fraude de beaucoup de marchandises anglaises et pensent que le gouvernement ne saurait trop réactiver la surveillance des préposés à la recherche de ces objets si utilement prohibés.

Mœurs. — L'immoralité, habile à se soustraire aux yeux de l'observateur, n'échappe cependant point à sa pénétration. Les ravages de ce fléau de la société sont occultes, mais n'en sont pas moins sérieux et déplorables ; on emploie du moins des soins continuels à purger la voie publique de tout ce qui peut afficher ce trop grand débordement des mœurs.

Spectacles et fêtes. — Pour qui étudie l'opinion et ses progrès, le spectacle du concours considérable de citoyens qui se sont portés à la fête du 14 juillet aura été le sujet des réflexions les plus satisfaisantes ; le luxe y assista comme la médiocrité, ou plutôt les différents états de la société, confondus comme les frères d'une même famille, présentaient l'image de la concorde et le tableau de la plus heureuse harmonie. On était porté au Champ-de-Mars autant d'esprit (*sic*) que de curiosité, le cortège y a été vu avec un véritable intérêt. On remarquait avec éloges les brillantes dispositions de la fête ; on observait encore qu'elle ne présentait pas de ces allégories gigantesques qui, faisant du peuple français un peuple grec ou romain, l'empêchaient d'être lui-même et l'éloignaient de l'esprit de la solennité, en reportant ses idées vers des temps et des faits qui n'appartiennent point à sa révolution, et qui n'ont de commun avec elle que leur principe, l'amour de la liberté ; on considérait le soin avec lequel on célèbre les grandes époques de notre régénération comme un garant certain de la durée de la République, et, comme un garant de plus, l'empressement avec lequel des milliers de citoyens courent embellir les fêtes de la République, comme des enfants reconnaissants aiment à embellir la table de leur mère. On se réjouissait enfin que l'atmosphère, qui le matin se chargeait de nuages, se soit le soir entièrement dégagée, comme par respect pour l'anniversaire du premier jour de la Révolution.

Culte. — Le fanatisme est un peu déconcerté ; les églises sont fréquentées par les catholiques, mais avec beaucoup moins d'affectation. Le calme et la décence président à tous les exercices du culte.

COUSIN [1].

(Arch. nat., BB³ 88, et F⁷ 3841.)

---

[1]. Un autre rapport du même jour contient la mention suivante : « *Journaux.* — Les feuilles périodiques de ce jour ne donnent lieu à aucune observation importante. » COUSIN. — Arch. nat., BB³ 88, et F⁷ 3841.

MCDX

28 MESSIDOR AN VI (16 JUILLET 1798).

RAPPORT DU BUREAU CENTRAL DU 29 MESSIDOR.

Journaux. — Il existe dans les feuilles périodiques de ce jour beaucoup plus de sagesse quant à la manière dont elles rendent compte des nouvelles étrangères ; presque toutes sont remplies des réflexions insérées dans les derniers numéros du *Rédacteur*, et qui semblent avoir été dictées par le plus pur patriotisme. Tous les journaux s'accordent à dire et à prouver, par quelques pièces de correspondance, que l'harmonie est parfaitement rétablie entre les gouvernements français et helvétique. On y donne des éloges à la disposition de nos ministres auprès des États d'Italie et en Prusse. Il n'est aucunes mauvaises conjectures sur les opérations de diplomatie en général. — Quelques nouvelles de l'intérieur, notamment l'annonce de différentes destitutions prononcées par le département de la Seine, tendent à seconder les progrès de l'esprit public. Un seul journal, qui ne paraît que pour la septième fois, le *Clairvoyant*[1], relève avec une sorte d'esprit de parti quelques expressions du dernier discours du représentant du peuple Marbot, au Conseil des Anciens, à l'occasion du 14 juillet[2]. La manière dont le journaliste s'exprime à ce sujet paraît moins propre à maintenir l'harmonie actuellement existante dans les esprits qu'à fomenter la division. Il est nécessaire de citer ici le paragraphe : « Cette tirade, dit-il, après quelques citations du discours, s'adresse évidemment à ceux qui ont combattu le parti connu sous le nom de *principiers*. Elle nous fait voir qu'il y a dans le Corps législatif une fraction mécontente de ce qui a eu lieu à la fameuse réunion où fut rejeté le toast au 22 floréal[3]. Ce parti peut s'endormir ou paraître assoupi, mais ce n'est jamais pour longtemps. Il ne manque guère une occasion de nous avertir de son existence. »

L. MILLY.

(Arch. nat., BB³ 88, et F⁷ 3841.)

1. La Bibl. nat. ne possède, sous ce titre, qu'un journal de l'an VII, suite du *Postillon de Calais*. Voir Tourneux, n° 11235.
2. *Discours prononcé par Marbot (de la Corrèze), président du Conseil des Anciens, à l'occasion de la fête du 14 juillet. Séance du 26 messidor an VI.* Impr. nat., an VI, in-8. Bibl. nat., Le 45/1058.
3. Voir plus haut, p. 721.

MCDXI

30 MESSIDOR AN VI (18 JUILLET 1798).

RAPPORT DU BUREAU CENTRAL DU 1er THERMIDOR.

..... *Journaux*. — L'esprit de la *Gazette diplomatique*, n° 386, a quelque chose de répréhensible, si l'on en juge par les observations suivantes : 1° Il y a une sorte d'ironie dans la manière dont on critique dans cette feuille les espérances que quelques autres conçoivent patriotiquement de voir Thomas Paine, Thomas Muir et Kosciuszko contribuer un jour à l'affranchissement chacun de leur patrie ; 2° On s'y exprime avec un peu d'irrévérence à l'égard d'un consul de la République cisalpine, résidant à Florence, où on suppose qu'il cherchait à fomenter des troubles. Ces articles sont écrits avec une circonspection qui ne peut cependant échapper à l'œil de la surveillance. — Les autres journaux sont la plupart bien intentionnés et n'ont offert, ni le 30 messidor, ni aujourd'hui, matière à des remarques de quelque importance.

L. MILLY.

(Arch. nat., BB³ 88, et F⁷ 3841.)

JOURNAUX.

Ami des Lois du 30 messidor : « *Rire et pleurer*. Un jeune écrivain, dans un article plein de grâce et d'originalité, s'alarme sur la foule des Antinoüs et des Phrynées, qui remplit les bosquets de l'Élysée et d'Idalie ; un autre, moins brillant, mais d'une morale plus austère, assure que ce penchant effréné pour la mollesse, la dissipation et les plaisirs frivoles, annonce la chute de la République. J'avoue que nos mœurs, considérées sous un certain aspect, sont désolantes pour les amis de la liberté, et provoquent les pleurs des Héraclites modernes ; mais tout n'est pas perdu, et l'observateur impartial peut trouver encore de quoi louer, si son examen ne se borne pas aux tripots du Palais-Royal, ni aux jardins consacrés à l'impudicité des Messalines de Paris. Le corps humain a sa bile, son bassin, et ses matières fécales ; la terre a ses volcans, ses inondations et ses convulsions physiques. Les grandes villes ont leurs vices, comme leurs immondices et leurs égouts ; ces égouts sont des lieux de réunion pour les gens corrompus ; ces réunions sont des écoulements nécessaires, préparés par la police, aux sécrétions des sociétés populeuses ; ce sont des cautères politiques qui, en attirant toute la putridité d'une commune étendue sur une de ses parties, maintiennent dans tout le reste la santé, la force et la vigueur. Ainsi le monde, en nous offrant des côtés propres à exciter nos larmes, nous en présente d'autres qui peuvent faire naître le rire.

On rit en voyant Bonaparte se rendre impénétrable aux Anglais, et faire la conquête de la Méditerranée comme il a fait celle de l'Italie. On pleure sur quelques crimes inutiles, commis envers une nation courageuse, qui méritait par ses mœurs et ses vertus, plus de confiance et de générosité de la part de ses libérateurs. On rit en écoutant les détails des premiers succès de ces insulaires unis, qui opposent aux cruautés de Pitt l'opiniâtreté du désespoir, et attendent, pour organiser leur République, nos vaisseaux et nos soldats. On pleure en comptant le nombre infini de ces braves immolés sur l'autel de la Vengeance, et sacrifiés à l'ambition d'un ministre perfide et sanguinaire. On rit, lorsqu'on voit, dans le filet des lois, les prêtres turbulents et réfractaires qui vont dans les campagnes prêcher la révolte et l'assassinat. On pleure en réfléchissant sur la funeste crédulité du peuple qui, longtemps leurré et pressuré par ces prédicateurs hypocrites et dissolus, refuse d'ouvrir les yeux à la lumière, et persiste à prêter l'oreille à ces furets fanatiques qui, tous les jours, alarment la sollicitude des magistrats. On rit, lorsqu'on rencontre une commune vierge de crimes et de vengeance, où, comme à Montreuil-sur-Mer, les citoyens soumis aux lois, amis de la Constitution et du gouvernement, paient leurs impôts avec empressement, entretiennent parmi eux l'union par l'indulgence et bannissent de leur langage toutes les qualifications enfantées par le royalisme et la terreur. On pleure en visitant l'une de ces villes qui, comme Arras, fut livrée aux fureurs d'un prêtre conculaire (sic), et n'offre aujourd'hui aux yeux attristés que des rues désertes, dont la population, moissonnée par le fer, ne se répare qu'avec lenteur, et laisse pour longtemps dans les familles une sombre douleur, une inquiétude secrète, plus nuisible à la République que les baïonnettes des rois coalisés. On rit, lorsqu'on entend murmurer des bruits de paix. On pleure, lorsque l'aveuglement des rois éloigne encore le retour de cette paix si désirée. On rit lorsqu'on voit le Corps législatif et le Directoire marcher ensemble, et réunir leurs lumières et leurs efforts pour affermir la République. On pleure, quand un petit nombre de députés, dans une fête consacrée à l'union, réveillent, par des vœux indiscrets, des souvenirs qu'il faut effacer[1]. On rit, lorsqu'on voit, cette année, la terre chargée de riches moissons, et les coteaux promettre de superbes vendanges. On pleure, lorsqu'on apprend que le féroce Anglais porte le brigandage sur nos côtes, jusqu'au point d'enlever les filets des malheureux pêcheurs. Ainsi rire et pleurer est notre partage; ainsi le monde offre partout un mélange de bien et de mal, d'anxiété et de joie, de bonnes mœurs et d'immoralité, de vertus et de vices, d'édification et de scandale, de peines et de plaisirs, de patriotisme et d'aristocratie, de générosité et d'avarice, de simplicité et de faste, de douceur et de brutalité, d'équité et d'injustice, de cupidité et de désintéressement, de franchise et de fourberie. Toutes les plaintes, toutes les déclamations des journalistes sur la dépravation du siècle et les dangers de la République ne sont que des répétitions surannées. J'ai parcouru plusieurs départements depuis le 18 fructidor; j'y ai vu plus de républicains que de royalistes, plus d'amis de la Constitution que de partisans de l'anarchie. J'ai vu la confiance et la tranquillité régner dans les campagnes et dans les villes; j'ai vu les propriétés respectées, les lois observées; j'ai vu de la bonne foi dans les mariages, de la simplicité dans les mœurs, et de la décence dans les cercles.

---

1. Voir plus haut, p. 721.

Les rois de l'Europe se plaignent de notre républicanisme. Les républicains impatients se plaignent de notre royalisme. Les émigrés assurent qu'il n'y a plus d'espoir, que la France est démocratisée pour jamais ; et nos Diogènes patriotes trouvent à peine, selon eux, l'occasion de souffler leur lanterne. Les uns et les autres exagèrent : tout n'est pas encore ce qu'il doit être. Les mœurs et les habitudes d'un peuple ne se changent pas en six années. L'éducation d'une nation de trente millions d'âmes ne se fait pas si vite ; il faut du temps et de la persévérance. En réformation, on avance lorsqu'on ne rétrograde pas. Surtout n'employons jamais la violence ; elle irrite, aliène les esprits, et ne les corrige pas. Employons, tour à tour, le ridicule, les sarcasmes, la plaisanterie, la persuasion, les exhortations, le torrent des lumières, les charmes de l'éloquence et l'influence des institutions républicaines. POULTIER. »

MCDXII

COMPTE DÉCADAIRE DES OPÉRATIONS DU BUREAU CENTRAL DU CANTON DE PARIS DU 20 AU 30 MESSIDOR AN VI.

... *Culte.* — On a remarqué que les églises étaient fréquentées par les catholiques avec beaucoup moins d'affectation, qu'aucun rassemblement de dévots n'avait eu lieu aux portes de l'église Eustache, qui était fermée le dimanche 27 messidor, mais que, dans plusieurs divisions de cette commune, les marchands tenaient leurs boutiques fermées le dimanche et les ouvraient, les uns à moitié, les autres tout à fait le décadi. Les théophilanthropes se sont emparés, à Saint-Gervais, de la grande sacristie des catholiques. — Le calme et la décence ont présidé à tous les exercices du culte.

Cercle constitutionnel. — Le Cercle constitutionnel, séant au local des Aveugles-Travailleurs, rue Denis, avait cessé de se réunir après les élections de germinal dernier; mais, depuis quelque temps, ses membres se réunissent au même local pour célébrer les fêtes décadaires; ils jouent quelques petites comédies, prononcent quelques discours, chantent des airs patriotiques et terminent par la danse. On n'a vu là qu'une gaîté patriotique; si elle devenait licencieuse sous quelques rapports, le commissaire de cette division ferait son devoir.....

Correspondance et exécutions relatives aux mœurs et opinion publique. — Le ministre de la police ayant transmis l'arrêté du Directoire exécutif du 22 messidor, qui rapporte celui du 27 frimaire, contre le journal *l'Écho et le Correspondant français*, seulement en ce qui concerne l'apposition des scellés sur les presses, le Bureau central a donné sur-le-champ l'ordre au commissaire de police du Pont-Neuf de lever lesdits scellés. — Il a donné l'ordre de fermer le théâtre du Marais, qui n'avait pas fait de déclaration des jours d'ouverture de ce théâtre, malgré l'invitation faite, et il a écrit au directeur dudit théâtre du Marais pour qu'il ait à indiquer à l'administration municipale de son arrondissement les jours d'ouverture[1]. — Informé par le commissaire de police de la division des Champs-Élysées que plusieurs teneurs de bal refusaient de payer les factionnaires placés à l'entrée de leurs maisons pour le maintien du bon ordre, le Bureau central a invité le commandant temporaire à lui faire connaître quelle était la taxe pour ce genre de service et à quelle époque elle avait été réglée, pour pouvoir contraindre les teneurs de bals à payer suivant cette taxe juste, et qu'il fallait s'adresser au Département pour savoir s'il avait fixé cette rétribution.

Impôt au profit des pauvres. — Le citoyen Maze, instituteur, ayant demandé à ne pas payer l'impôt des pauvres pour l'exercice et la danse qu'il a donnés au lycée des Arts, le Bureau central lui a répondu qu'il devait verser le quart de la recette dans la caisse des hospices et a invité la municipalité de cet arrondissement à envoyer l'état de cette recette.

Attributs de royauté. — Instruit par le ministre de la police qu'il existait encore dans la rue du faubourg Martin, nos 37 et 176, des attributs de royauté et dénominations féodales, le Bureau central les a fait disparaître.

Lieu de débauche. — L'administration municipale du XIIe arrondissement ayant dénoncé un lieu de débauche existant rue des Anglais, le Bureau central a fait arrêter les prostituées qu'il renfermait.

Prêtre ayant administré le baptême chez lui. — L'administration du département de la Seine ayant dénoncé le nommé Drouart, ministre du culte catholique à Saint-Laurent, qui avait administré le baptême dans son domicile, le Bureau central a répondu au Département que ce citoyen avait prêté le serment exigé par la loi.

Salubrité et voie publique. — ..... Informé par le commissaire de police de l'Arsenal que le citoyen Susse, adjudicataire de la ci-devant église Saint-Paul, faisait enlever, à la suite des fouilles et démolition

---

1. On lit dans le *Courrier des Spectacles* du 25 messidor an VI : « *Théâtre du Marais, rue Culture-Catherine.* La nouvelle administration, sous la direction du citoyen Chénier, artiste connu, ouvrira le 10 thermidor an VI, par une pantomime nouvelle et un nouvel opéra-comique. On jouera également à ce théâtre la comédie et le vaudeville. Cet artiste ne négligera rien pour obtenir le suffrage du public. Il fera aussi jouer trois fois par décade, dans une nouvelle salle, rue de la Roquette, faubourg Antoine, maison Montalembert. »

de cet édifice, les cercueils de plomb qui y étaient déposés, le Bureau central a invité le Département à lui faire connaître si ces objets font partie de l'adjudication et l'a prévenu qu'il a provisoirement donné des ordres pour empêcher cet enlèvement.....

LESSORE.

(Arch. nat., BB 3 88, et F 7 3341.)

MCDXIII

1er THERMIDOR AN VI (19 JUILLET 1798).

RAPPORT DU BUREAU CENTRAL DU 2 THERMIDOR.

...*Journaux*. — Plusieurs journaux annoncent des craintes de la reprise des hostilités sur le Rhin. Le *Point du jour* cite un passage du *Bulletin* de Rastadt, d'après lequel le comte de Cobenzel aurait déchiré quelques articles contenant des modifications au Conclusum, sur le refus que le citoyen François (de Neufchâteau) aurait fait d'en prendre communication. — Le doute des autres feuilles sur l'heureuse issue que l'on attend des négociations est beaucoup moins caractérisé, mais n'en est pas moins réel. — On trouve dans la *Gazette historique* une note plus que hasardée, portant que, suivant des conjectures, il sera mis très promptement un embargo sur tous les bâtiments américains qui se trouvent dans nos ports, attendu que c'est ici un droit de représailles, qu'au surplus on ne pourrait qu'applaudir à cette mesure, qu'il y a longtemps qu'on aurait dû la prendre et « considérer les Américains comme de vrais Anglais ». — Il y a une grande affectation dans le *Journal des Francs* à publier une lettre datée de Bilques (Pas-de-Calais), qui présente ce canton comme en pleine contre-révolution ; il en allègue pour preuves que tous les administrateurs destitués après le 18 fructidor sont maintenant en place ; que, de deux émigrés, l'un se promène avec un agent municipal, l'autre obtient une patente de porte-balle, qu'enfin les prêtres réfractaires et les réquisitionnaires paraissent y obtenir la protection de divers fonctionnaires publics, dont plusieurs sont nommés et désignés. Le même journaliste, à l'occasion de la fête prochaine, fait la réflexion suivante, que l'on croit très essentiel de noter : « En disant hier que la translation triomphale des monuments des Arts aurait lieu le 9 thermidor, nous ne rapportions qu'un bruit courant, auquel nous ne croyons pas. » — L'éloge que fait le citoyen Barbault-Royer, dans la *Chronique universelle*, de la conduite et des principes de Toussaint-Louverture devient, et par le fait, et par les expressions, la censure de celle d'un autre agent, ci-devant employé dans la même colonie par le gouvernement, lequel est tellement désigné qu'il serait facile de le nommer, quoique le citoyen Barbault-Royer s'en abstienne. — Le *Messager des relations extérieures* cite, aux nouvelles de Londres, une séance des pairs d'Angleterre pouvant faire connaître, est-il dit, les causes de la révolution qui s'est déployée en Irlande avec des accès si effrayants. L'intention de ces expressions, d'après l'esprit connu du journal, ne paraît nullement claire. — Il n'est aucune réflexion essentielle à faire sur les autres journaux.

Cousin.

(Arch. nat., BB³ 88, et F⁷ 3841.)

Journaux.

Clef du Cabinet du 2 thermidor : « *Paris, le 1ᵉʳ thermidor.* ...Le gouvernement vient d'autoriser la construction et l'essai d'une machine destinée à transmettre des idées à toute une ville, à tout un peuple assemblé. Cette machine est appelée *Tour parlante* ou *Télélogue* (qui parle au loin). La tour parlante est percée de grosses bouches ou ouvertures dirigées vers tous les points. Par ces ouvertures on aperçoit un cylindre assez grand pour présenter sa surface près des ouvertures. Ce cylindre est mu horizontalement par un cheval qui tourne dans le bas de la tour, et il se charge successivement de toutes les lettres, de tous les mots qui composent le discours qu'on veut transmettre au peuple assemblé. Les lettres sont de grandeur colossale ; après avoir fait un tour entier, c'est-à-dire après avoir paru devant toutes les ouvertures, et à mesure qu'elles arrivent au point de renouvellement, elles disparaissent du cylindre, pour faire place aux suivantes qui se montrent successivement jusqu'à la fin du discours..... » — *Journal du Soir des frères Chaignieau* du 2 thermidor : « Il a été lu hier, à l'ordre du service une défense expresse à tout militaire d'attaquer ni d'insulter en aucune manière les individus à raison de leur coiffure ou de leur costume ; chacun applaudit à cette mesure, dictée par le respect dû à la liberté individuelle... »

MCDXIV

2 THERMIDOR AN VI (20 JUILLET 1798).

Rapport du bureau central du 3 thermidor.

... *Journaux*. — Le journal *le Postillon* continue à développer, dans la rédaction de son sommaire, un charlatanisme qui induit en erreur le plus grand nombre de citoyens. Aujourd'hui, par exemple, il annonce la reprise des hostilités, un décret de conscription des jeunes gens de l'âge de vingt à vingt-cinq ans, etc.; toutes phrases qui sont tellement liées qu'elles font croire au recommencement de la guerre. — Il en est de même du sommaire du journal *le Clairvoyant*, qui annonce l'arrivée d'une flotte russe à Saint-Domingue. Il règne dans cette feuille certaine teinte d'ironie sur tout ce qui semble offrir un caractère prononcé de patriotisme. On doit dire ici que le premier bruit d'hostilités commencées de part et d'autre a été répandu par l'*Ami des Lois*. — L'*Auditeur national* adopte celui d'un embargo mis sur tous les navires américains et pense que les dernières mesures adoptées par le Congrès justifient d'avance toutes celles que nous prendrons. — Des lettres positives, au dire de la *Gazette de France*, confirment la nouvelle précédente, et cette gazette ajoute que cet embargo a fait hausser les denrées coloniales au point que l'augmentation du prix des sucres a été en un seul jour de 10 pour 100. Cette dernière rédaction (*sic*), si la nouvelle est fausse, est de nature à occasionner une hausse semblable dans le débit de ces objets en cette commune, et n'est peut-être lancée dans le public que pour servir quelques spéculations particulières. — La manière dont s'expriment les *Nouvelles de Paris* sur l'arrestation de Leutraud-Beauregard [1], sa fuite et la saisie de quelques papiers de conspiration, fait croire que le rédacteur, ou du journal ou de l'article seulement, est du nombre de ceux, très à surveiller, qui croient difficilement au royalisme et à l'existence de quelques agents secrets du prétendant qui trahissent en silence la patrie. — Il y a certainement un plan adopté par le *Journal des Francs* d'annoncer telle ou telle nomination faite par le Directoire comme un signal de renaissance pour le royalisme, de sécurité pour les émigrés et les prêtres réfractaires dans les lieux où doit être en activité le fonctionnaire qu'il dénonce, et qu'il peint le plus souvent comme contre-révolutionnaire ; le tableau politique que trace le journaliste de Mâcon et des cantons environnants est effrayant et ces détails sont liés à la nomination de l'ex-législateur Chombart [2], qu'il représente comme de nature à ranimer l'espérance des royalistes. — Il fait naître des alarmes au moins aussi vives d'après la peinture qu'il fait de la situation des esprits à Blois; après quelques détails d'une affaire criminelle, on lit cette réflexion : « Les

---

1. Voir le *Moniteur*, réimpression, t. XXIX, p. 296, 317, 558.
2. Pierre-Joseph-Marie Chombart, député du département du Nord au Conseil des Anciens, n'avait pas fait partie de l'Assemblée législative, mais de l'Assemblée constituante.

résultats du 22 floréal seront-ils tels qu'ils nous ramèneront à l'anarchie qui a précédé le 18 fructidor ? » Plus loin on trouve cette réflexion, qu'il importe à l'autorité de connaître : « On se souvient que les mouchards de Cochon conduisaient les patriotes à Grenelle et que les pièces incendiaires de la conspiration, dite de Babeuf, furent reconnues au procès de Vendôme être l'ouvrage de Grisel. » Ailleurs enfin le journaliste désapprouve que des *diviseurs* répandent les bruits d'attaque contre les gouvernants, mais se plaint surtout de ce qu'on lie la cause de ceux-ci avec celle du gouvernement. On croit cette disjonction voulue par le *Journal des Francs* de nature à être particulièrement remarquée.....

LESSORE.

(Arch. nat., BB³ 88, et F⁷ 3841.)

FIN DU TOME QUATRIÈME.

A PARIS

DE L'IMPRIMERIE DE JOUAUST

L. CERF, SUCCESSEUR

Rue Sainte-Anne, 12

—

MCM

COLLECTION
DE
Documents relatifs à l'Histoire de Paris
PENDANT LA RÉVOLUTION FRANÇAISE

Publiée sous le patronage du Conseil Municipal

OUVRAGES PARUS :

Les Élections et les Cahiers de Paris, par Ch.-L. CHASSIN. — 4 volumes.

L'État de Paris en 1789, par H. MONIN. — 1 volume.

La Société des Jacobins, par A. AULARD. — 6 volumes.

Personnel municipal de Paris pendant la Révolution, par Paul ROBIQUET. — 1 volume.

Assemblée électorale de Paris, par Étienne CHARAVAY. — 2 volumes.

Les Actes de la Commune de Paris pendant la Révolution, par Sigismond LACROIX. — Tomes I à VII.

Les Clubs Contre-Révolutionnaires, par CHALLAMEL. — 1 volume.

Le Mouvement Religieux à Paris pendant la Révolution, par le Dr ROBINET. — Tomes I et II.

Paris pendant la Réaction Thermidorienne et sous le Directoire, par A. AULARD. — Tomes I, II et III.

Les Volontaires Nationaux pendant la Révolution, par Ch.-L. CHASSIN et L. HENNET. — Tome I.

OUVRAGES EN PRÉPARATION :

Les Actes de la Commune de Paris pendant la Révolution, par Sigismond LACROIX. — Tome VIII.

Paris pendant la Réaction Thermidorienne et sous le Directoire, par A. AULARD. — Tome V.

Le Mouvement Religieux à Paris pendant la Révolution, par le Dr ROBINET. — Tome III.

Les Volontaires Nationaux, par Ch.-L. CHASSIN et L. HENNET. — Tome II.

www.ingramcontent.com/pod-product-compliance
Lightning Source LLC
Chambersburg PA
CBHW061731300426
44115CB00009B/1170